宝应县志

（1990~2005）

下册

宝应县地方志编纂委员会 编

BAOYING XIANZHI

方志出版社
Publishing House of Local Records

图书在版编目（CIP）数据

宝应县志：1990～2005 / 宝应县地方志编纂委员会编. -- 北京：方志出版社，2014.9
ISBN 978-7-5144-1382-3

Ⅰ. ①宝… Ⅱ. ①宝… Ⅲ. ①宝应县－地方志－1990～2005 Ⅳ. ①K295.34

中国版本图书馆CIP数据核字(2014)第223745号

宝应县志（1990～2005）

编　　者：	宝应县地方志编纂委员会
责任编辑：	诸玲珍
出 版 人：	冀祥德
出 版 者：	方志出版社
	地址　北京市朝阳区潘家园东里9号（国家方志馆4层）
	邮编　100021
	网址　http://www.fzph.org
发　　行：	方志出版社发行中心
	电话（010）67110500
经　　销：	各地新华书店
印　　刷：	扬州市机关彩印中心
开　　本：	889×1194毫米　1/16
印　　张：	81.375
字　　数：	2363千字
版　　次：	2014年9月第1版　2014年9月第1次印刷
印　　数：	0001～5500册

ISBN 978-7-5144-1382-3/K・1128　　定价：600.00元

总目录

下册目录

第二十篇　经济综合管理

第二十一篇　中共地方组织和群众团体

第二十二篇　人大　政府　政协

第二十三篇　政法　军事

第二十四篇　人事　劳动和社会保障

第二十五篇　民　　政

第二十六篇　科学技术

第二十七篇　教　　育

第二十八篇　文化　体育

第二十九篇　卫　　生

第三十篇　社会生活

第三十一篇　各镇概览

第三十二篇　人　　物

第二十篇　经济综合管理

1990年后，随着经济体制改革逐步推进和市场经济体制初步建立，全县经济综合管理工作不断加强和改进。计划管理由传统的下计划、分物资、管审批等微观直接管理，逐步转向宏观调控、协调服务；由偏重年度计划制定，转向侧重中长期规划和专项规划制定；由注重检查计划执行情况，转向加强对经济运行质态的跟踪监测、分析预测，为领导决策发挥参谋作用。适应经济体制变化，统计工作按照新的国民经济核算体系和国家统计报表制度，逐年开展各项经济社会统计和专项调查，先后开展人口、第三产业等全国普查，及时开展统计资料汇编、运用，为领导机关决策和经济社会活动提供权威、准确的数据服务。以完善市场经济运行机制为目标，物价管理由行政定价为主转向主要由市场定价，从单纯的物价管理向收费管理、监督检查、咨询服务拓展，推进投资发展环境优化和市场经济秩序稳定。在计划经济向市场经济转变过程中，工商行政管理不断加大市场培育、监督检查和规范管理力度，通过查处不正当竞争，维护经营者、消费者权益；依法开展企业登记，提供快捷方便的"一条龙"服务；参与企业改制，扶持发展私营个体经济；重视加强经济合同、商标、广告管理，为经济发展保驾护航。县质量技术监督局统一承担质量、标准、计量监督管理和锅炉压力容器安全监察，并牵头组织"打假"统一行动。为适应改革开放、搞活经济，审计监督力度加大、工作创新、领域拓宽。1996年，首次对县级财政预算执行情况进行审计，首次开展企业资产、负债、损益审计。1998年首次开展领导干部经济责任审计。通过财税金融审计、企业审计、经济责任审计、固定资产投资审计、专项资金审计、审计调查等国家审计项目的逐年实施和社会审计的开展，及时查处财务违纪行为，严肃财经纪律，在促进国有资产保值增值、加强廉政建设等方面发挥积极作用。2001年，宝应县先后成立食品药品监督管理局和安全生产监督管理局，依法加强食品药品监督管理，开展安全生产宣传教育、制度建设、执法检查和专项整治。2005年，县内组织10次大规模安全检查，有效推进全县各业安全生产。

第一章　计划管理

1990年后,全县计划体制实现由计划经济为主到市场经济体制初步建立的重大转变。计划管理重点由传统的分钱、分物、分指标的微观管理,转向宏观调控、协调服务;由行政手段直接管理为主,转向综合运用经济、行政、法律等手段间接管理为主;由单纯制定年度计划,转向主要编制中长期规划,加强对经济运行质态跟踪监测和分析预测,对经济生活中热点、难点问题及时提出对策建议,为党委、政府领导决策施政当好参谋,提供服务。2001年,县计划委员会更名为县发展计划局。2005年,县发展计划局更名为县发展和改革委员会。

第一节　中长期经济社会发展计划

一、"七五"计划

1986年由县计委编制全县国民经济和社会发展第七个五年计划(草案),1987年5月经县第九届人民代表大会第一次会议批准实施。"七五"计划指导思想:坚持把改革放在首位,贯彻执行对外开放、对内搞活方针,稳妥推进经济、科技、教育等管理体制改革;继续贯彻绝不放松粮食生产,积极发展多种经营方针,把提高经济效益作为中心工作,正确处理质量和数量、效益和速度的关系,坚持量力而行、尽力而为,搞好综合平衡,严格控制固定资产投资规模;推进科技进步,加强智力开发;坚持"两个文明"一起抓。"七五"末主要指标(1980年不变价):国民收入7.50亿元;工农业生产总值13.50亿元,其中工业生产总值9亿元、农业生产总值4.50亿元;财政收入(预算内收入,下同)0.43亿元;外贸收购额0.55亿元;农民年人均纯收入650元。

"七五"计划完成较好,除工农业总产值和农民年人均纯收入未完成计划外,其他经济指标均超额完成计划。1990年,国内生产总值9.20亿元,比1985年增长77.9%,年递增12.2%;国民收入8.80亿元,比1985年增长97.3%,年递增14.6%;工农业总产值12.45亿元(1980年不变价),年递增10.8%;其中工业产值8.80亿元,年递增17.2%;财政收入4468万元,年递增7.9%;社会消费品零售总额5.57亿元,年递增13.1%;外贸出口收购额6217万元,比1985年增长2.20倍,年递增26.2%;固定资产投资额0.60亿元,年递增6.4%;农民年人均纯收入608元,比1985年增长52.3%,年递增8.8%;职工年人均工资1562元,比1985年增长77.5%,年递增12.2%。

二、"八五"计划

1990年,根据经济发展形势和治理整顿要求,县计委编制以调整和发展为主要内容的"八五"计划(草案),1991年3月,经县第十届人民代表大会第二次会议批准实施。"八五"计划指导思想:继续坚持以经济建设为中心,坚持深化改革;围绕提高经济整体素质,积极调整经济结构,促进经济持续、稳定协调发展;强化农业基础地位,不断提高农业综合生产能力;坚持科教兴县战略,推进科技进步;相应发展各项社会事业,不断提高人民物质文化水平。"八五"末主要指标(1990年不变价):国民生产总值13亿元、工农业生产总值21亿元、财政收入0.60亿元、实际利用外资300万美元、社会消费品零售总额9亿元、城镇居民年人均生活费收入1584元、农民年人均纯收入900元。主要措施:千方百计组织好工农业生产,抓好外向型经济的战略突破,实施科教兴县战略,深化和完善经济体制改革,加强实施"八五"计划的领导。

1992年,在邓小平南方谈话精神鼓舞下,全县出现经济加速发展势头。8月,县委、县政府印发《关于调整"八五"后三年主要经济指标的通知》,其中期末工业总产值由16.50亿元调整为50亿元(现行价)。至1995年,“八五”计划全面超额完成。1995年,全县国内生产总值33.19亿元,完成计划的255%,比1990年增长2.61倍,年递增32.3%;工农业总产值76.39亿元(现行价),比1990年增长3.52倍,年递增44.5%;财政收入1.37亿元,完成计划的211%,比1990年增长206.7%,年递增25%;固定资产投资5.51亿元,比1990年增长8.20倍,年递增55.8%;出口商品供货额4.23亿元,比1990年增长5.30倍,年递增44.6%;城镇居民年人均可支配收入3107元,比1990年增长1.60倍,年递增21.3%;农民年人均纯收入2085元,比1990年增长2.25倍,年递增26.6%。

三、“九五”计划

1995年,县计委编制宝应县国民经济和社会发展“九五”计划(草案),于1996年3月13日经县第十一届人民代表大会第四次会议审议通过。“九五”计划指导思想:努力实现经济体制从计划经济向市场经济转变、经济增长方式从粗放型向集约型转变、人民生活水平从小康向富裕转变,坚持改革驱动、外向牵动、科技推动,大力实施规模经济战略、“龙”型经济战略、科教兴县战略,促进三次产业协调发展、经济社会协调发展、“两个文明”协调发展,提前全面实现小康。“九五”末主要指标(1990年不变价):国内生产总值120亿元、人均国内生产总值1.30万元、自营出口2500万美元、城镇居民年人均可支配收入9000元、农民年人均纯收入4000元。“九五”计划在提出主要经济社会发展目标的同时,还提出着力推进三次产业快速协调发展,大力推进基础设施建设,协调推进科技教育事业发展,努力提高经济外向水平,继续深化各项改革,继续推进卫生、文化、环保、民主法制等社会建设主要措施。

“九五”计划实施过程中受1997年亚洲金融危机影响,加之“九五”期间国家实行适度从紧的宏观调控政策,使县域经济发展受到市场和资金两方面制约,“九五”计划实际完成与原计划出现一定差距。2000年,国内生产总值52.66亿元(现价),比1995年增长58.5%,年递增9.7%;人均国内生产总值5766元,比1995年增长58.1%,年递增9.6%;财政收入2.41亿元,比1995年增长75.9%,年递增12%;固定资产投资10.51亿元,比1995年增长90.8%,年递增13.8%;社会消费品零售总额15.66亿元,比1995年增长68.2%,年递增11%;实际利用外资800万美元,比1995年增长40.4%,年递增7%;城镇居民年人均可支配收入5223元,比1995年增长68.1%,年递增11%;农民年人均纯收入3265元,比1995年增长65.2%,年递增10.6%。自营出口和对外经济技术合作营业额出现高速增长,分别增长2217.7%和640.4%。

四、“十五”计划

《宝应县国民经济和社会发展“十五”计划纲要》于2001年2月经县第十二届人民代表大会第四次会议批准实施。“十五”计划指导思想:以经济建设为中心,以推进城市化为抓手,以富民强县为目标,着力调整优化所有制结构、经济结构、城乡结构,加快工业化、城市化、信息化进程,促进经济、社会、生态协调发展,努力把宝应建成富裕型小康县。“十五”末主要指标:国内生产总值93亿元,年均递增12.1%;财政收入4.40亿元,年均递增12.8%;自营出口2亿美元,年均递增46.1%;城镇居民年人均可支配收入8000元,年均递增8.9%;农民年人均纯收入4500元,年均递增6.6%。主要措施:围绕农业增效、农民增收,大力发展现代农业;以提高综合竞争力为目标,加快发展工业经济;加快发展第三产业,提高贡献份额;大力发展开放型经济,提高外向度;强化基础设施建设,改善经济发展环境;继续实施“科教兴县”战略,推进科教与经济紧密结合;积极发展文化、卫生、体育等社会事业;抓好计划生育、土地管理和环境保护工作;切实转变政府职能,不断提高服务水平等。

“十五”计划主要预期目标全面超额完成。“十五”时期成为宝应历史上经济社会发展最快、改革开放力度最大、城乡面貌变化最明显、人民得实惠最多的时期之一,经济实力大幅提升。至2005年,地区生产总值98.52亿元;人均生产总值首次突破1万元,达11824元,分别比2000年增长87.3%、105.2%;财政收入8.51亿元,比2000年增长253.1%。改革开放取得突破。“十五”期间,实施企业改制400多家(不含乡镇、村办企业),置换职工身份近3万人。累计利用外资1.68亿美元、自营出口3.14亿美元、外经营业额2932万美元,分别为“九五”期间的5倍、3.20倍和2倍。城乡面貌显著变化。“十五”期间,全社会固定资产投资108.37亿元,是“九五”期间的2.66倍,大力实施城市建设、农村公路黑色化、电网改造、水利建设等基础设施工程,县城建成区由7.20平方千米扩大到21.87平方千米。居民收入明显提高。“十五”期间,城镇居民收入年均增长9.1%,农民人均纯收入年均增长8.5%。2005年,城镇居民年人均可支配收入8084元,农民年人均纯收入4900元,比2000年分别增长54.8%和50.1%。

第二节　专项规划

一、城区供热规划

2003年8月,县政府委托省节能工程设计研究院编制《宝应县城区供热规划(2003～2020)》。规划指导思想:合理布置热源点,减少热力网投资和运行费用;近期以取代现有分散小锅炉为重点,远期以满足宝应县总体规划中各类用地用热需求为重点。规划目标:城区近期新建热电厂1座,供热规模110吨/时,管网总长度14千米;远期城区扩建热电厂,并扩建相应的供热管网。

二、第三产业“十五”规划

“九五”期末,为适应加快发展全县第三产业需要,经过广泛调查研究,编制《宝应县第三产业“十五”规划》。规划指导思想:紧紧围绕经济体制和经济增长方式两个根本性转变,贯彻实施科教兴县和可持续发展两大战略,继续坚持国家、集体、个人一起上,多层次、多渠道、全方位兴办第三产业,深化改革,扩大产业规模,提高产业素质,增强服务功能,促进三产健康协调发展。发展目标:在5年时间里,建立较为合理规范的市场体系。到“十五”期末,全县基础行业适度超前,传统行业素质显著提高,新兴行业发展壮大,第三产业结构趋向合理化、现代化。全县第三产业增加值年均增长8%～10%,到2005年,实现年度三产增加值34亿元,占国内生产总值的比重达36.6%;从业人员占全社会劳动力总数的33.3%。重点发展商品流通业、金融保险业、交通、通信、房地产业以及个体私营经济、社会服务和农村服务业。至2005年实现第三产业增加值(现价)31.22亿元,占国内生产总值的31.7%,年均递增14.6%。以信息咨询、科技服务、现代物流、职业介绍为主的新兴产业有较快发展,占第三产业比重达12%,比1995年上升11.8个百分点。

三、旅游业“十一五”发展规划

2004年,县发展计划局编制《宝应县旅游业“十一五”发展规划》。规划总体目标:在未来5年内,以生态观光、旅游休闲、度假、疗养为主题,以荷文化为推力,以文物古迹为内蕴,把宝应建成国内知名的里下河湿地生态旅游度假目的地。2010年,旅游人数达到30万人次,实现旅游收入1.20亿元,实现增加值8400万元,占服务业增加值1.5%。总体构想:优化总体布局,强化宝应旅游业整体环境和形象设计,充分挖掘旅游资源,开发旅游产品,优化旅游配套设施,做好旅游产品宣传促销工作。

第三节　宏观调控

一、计划调控

90年代初,县内对经济社会的宏观调控主要是计划调控,侧重制定指令性年度计划。年度计划主要有工农业生产、工业产品产量、交通运输、综合财政、基本建设、户口“农转非”、防汛物资储备、主要物资(包括木材、钢材、水泥、煤炭、柴油、煤油等)计划和社会事业发展计划等。1994年起,指令性计划逐步取消,仅保留基本建设、户口“农转非”、防汛物资储备等少部分计划。1997年起,随着社会主义市场经济体制初步建立,基本建设、户口“农转非”等指令性计划不复存在。至此,县级指令性计划全部取消,经济活动完全通过市场调节。宏观调控主要是下达指导性计划,内容包括:地区生产总值、财政收入、固定资产投资和工业、农业、服务业发展计划,招商引资及重点建设项目计划,用于推进经济结构调整、产业发展升级和区域经济协调发展。

二、行政审批

1990～1994年，行政审批是宏观调控的重要内容。主要审批事项：企业开办审批。由开办者出具报告和相关材料，县计委根据产业政策和相关规定，进行审核调查，认定具备开办条件后行文批复。项目开发审批。由开发单位出具报告及项目认证等相关材料，县计委根据有关政策，审核认定后行文批复或报上级有关部门审批，为企业争取拨改贷资金。固定资产投资审批。县计委对基建规模、资金来源、用地等，按相关政策法规审查认定后行文批复。此外，还有用汇额度审批、“农转非”指标审批和重要生产资料等物资计划审批。1997年起，项目审批逐渐弱化。企业开办，县计委不再审批，由工商行政管理部门按规定注册登记。用汇额度、“农转非”指标、重要生产资料物资计划等均不再审批。2000年仅保留固定资产项目审批和建立加油站、农贸市场审批。2005年，宝应县开始对项目实行备案制。

第四节　协调服务

一、协进生产资料

1990年，县计委在正常划拨下达钢材、木材等计划内物资的同时，协同有关部门计划外协进煤炭、木材、钢材、生铁、铜材、成品油等，支持全县工农业生产。是年计划外协进煤炭26万吨、木材2.35万立方米、钢材2.61万吨、生铁0.38万吨、铜材0.09万吨、成品油1.15万吨。1991年起，协进物资逐年减少。1994年后不再组织物资协进。

二、服务重点项目

1990年，全县新建、续建固定资产投资项目94个，建成项目47个。至2005年累计实施建设项目4246个。在每年施工项目中，县政府筛选确定一批重点项目，全力推进实施。对这批重点项目，县计划部门全程跟踪督查、掌握进度，还及时协调解决项目建设中遇到的困难和问题，推进重点项目顺利实施。

1990～1994年宝应县固定资产投资额排序前三名项目一览

表20-1-1　　单位：万元

年份	建设单位	建设项目及内容	计划总投资	当年完成投资	至当年末累计完成投资
1990	宝应米厂	葡萄糖分厂生产线	1680	653	1379
	宝应拾屯煤矿	挖井工程	1811	619	1811
	县商品房开发公司	商品房建设	541	515	515
1991	宝胜电缆厂	二期工程	1639	813	813
	县商品房开发公司	商品房开发	450	552	579
	宝应米厂	葡萄糖分厂生产线	1680	542	1920
1992	宝胜电缆厂	二期工程、职工宿舍	1912	1907	1907
	县商业局	商业大厦	660	870	870
	县农业开发局	黄淮海农业综合开发	916	524	654
1993	宝胜电缆厂	交联电缆等	2267	1947	1947
	宝应电器厂	生产线扩建	1100	1277	1300
	宝应面粉厂	年产3.80万吨特制粉车间	1250	1070	1250
1994	宝胜集团	交联电缆等	5986	3629	4760
	县供电局	220千伏输变电工程	3800	1400	1400

续表20-1-1

年份	建设单位	建设项目及内容	计划总投资	当年完成投资	至当年末累计完成投资
1994	县交通局	农村公路建设	1208	1208	1208

1995～2005年宝应县建设投资5000万元以上非工业重大项目一览

表20-1-2　　单位:万元

年份	建设单位	建设项目及内容	投资额	建设工期
1995	县邮电局	农话交换机扩容	5545	1995年
1997	县邮电局	移动基站等	7980	1997年
1998	县电信局	市农话线路管道等	6353	1998年
2000	县电信局	农话线路	6367	2000年
2000	县供电局	10千伏及以下农村电网改造	7820	2000～2001年
	县交通局	丹宝明公路接线工程	5037	2000～2001年
2001	翔宇教育集团	宝应中学、实验小学新建,宝中体育馆、翔宇花园等	16984	2001～2004年
	县人民医院	门急诊大楼	5773	2001～2003年
2002	县水利局	南水北调东线一期工程	24093	2002～2005年
2003	县经济开发区	新区基础设施建设	12292	2003～2005年
	县弘凯房地产有限公司	房地产开发	7270	2003～2004年
	扬州恒达房地产开发有限公司	房地产开发	7243	2003～2004年
2004	宝应协鑫生物质环保热电有限公司	热电项目	11500	2004年
	县交通局	公路改建	6250	2004年
	县供电公司	乡镇变电所建设	6244	2004年
	县建设局	道路等基础设施建设	7148	2004年
	县皇骐房地产开发有限公司	房地产开发	6038	2004～2005年
	市安宜房地产开发有限公司	房地产开发	12790	2004～2005年
	县好景置业有限公司	房地产开发	7049	2004～2005年
	扬州金达房地产开发有限公司	房地产开发	6873	2004～2005年
2005	县水务局	河道加固等工程	10890	2005年
	县交通局	道路建设	9650	2005年
	县教育局	安宜高中教学楼	12000	2005年
	县建设局	基础设施建设	9264	2005年
	县供电公司	变电所改造	5898	2005年
	县中德房地产开发有限公司	房地产开发	12921	2005年

三、争取专项资金

1991～1995年,向上累计争取资金近2000万元,其中里下河农业资源开发项目争取国家和省投资93万元、县特种水产养殖公司龟鳖人工繁育项目和外贸食品厂醋酸芽项目获得国家投资250万元。1997年,为德州仪器(中国)有限公司申报中方配套资金1300万元,是扬州市唯一获国家计委批准的专项资金。1998年,金夏纺织集团再生绒二期工程扩建和扬州得宝集团年产2000吨水煮藕生产线两个项目,分别获得“粮食大县”和“两高一优”(高产、高效,优质)示范区贷款620万元。2002年,宝应廷柏粮食储备库5000万斤扩容工程项目获国务院批准,工程总投资1375万元全部由国家提供。2003年起,县政府加大部门争取专项资金工作力度,由县发展计划局负责牵头考核验收。是年,全县争取无偿资金1.16亿元。2004年争取专项无偿资金2.59亿元。2003~2004年,宝应县争取专项资金连续两年在扬州市各县(市、区)名列第一。2005年争取专项资金3.58亿元。县交通局争取县乡道路改造、乡村通达工程等项目无偿资金6580万元,位居全县第一。

四、协调产业发展

1993年,成立县第三产业领导小组,下设办公室(简称县三产办),与县计委合署办公,负责对全县第三产业进行统筹规划、分类指导、牵头协调、检查促进、考核评比和市场体系培育等。1994年,县计委印发《关于下达1994年各镇和有关部门第三产业发展计划的通知》,从此每年下达各镇、有关部门三产增加值、销售(营业收入)、利润、税金、固定资产投入等指标。在全县建立三产统计网络,制定考核办法。1995年,县计委增设第三产业科。1998年设立三产建设基金。是年,成立县农业产业化经营领导小组,办公室设在县计委,负责全县农业产业化经营规划指导、项目申报和龙头企业管理、扶持等。1999年设立农业产业化发展基金,重点用于龙头企业新品开发和技术改造。2005年,全县完成第三产业增加值31.22亿元,比1990年增长19.50倍;农业产业化龙头企业产销增长25%。

第二章　统计管理

1990年,全县29个乡镇建立计划统计办公室。2000年,统计工作局域网建成。2001年,县统计信息网站建成开通,乡镇统计办均配备计算机,实现数据资料网上传输。2002年,县统计局成立综合统计调查队。2003年,县政府开始对各镇统计工作进行考核。随着统计组织、调查网络健全和统计手段现代化,统计资料客观性、准确性、权威性进一步提高。

第一节　统计报表制度

1990年,宝应县国民经济核算仍是物质产品平衡表体系(MPS)与国民经济账户体系(SNA)并存阶段。农业和农村统计主要是农村社会总产值、农村从业人员结构、耕地面积、农作物面积与产量等。工业统计以工业总产值为主。贸易业统计主要有社会商品零售额,国营、合作商业购销存,社会消费品零售量,社会农副产品收购量和商业、饮食业机构人员等。基本建设统计由全民基本建设和全民更新改造及集体固定资产投资三部分组成,商品房建设分含在三部分中。劳动统计主要是统计国有和城镇集体单位职工人数与工资情况及新增劳动者人数等。1992年年报开始,乡及乡以上工业企业加设增加值统计,并建立工业经济效益评价考核体系。1993年,国民经济核算取消国民收入指标,由国内生产总值指标替代。工业报表设置工业中间投入指标。社会商品零售总额改为社会消费品零售总额,统计中剔除农业生产资料零售额。1994年,固定资产投资统计新增房地产开发指标。1995年始,房地产开发统计从固定资产投资统计中分离,单独建立房地产开发统计制度。1996年,建筑业统计范围由乡镇集体以上建筑企业,改为建筑业资质等级四级以上各种经济类型建筑业企业。是年,县内企业改制出现职工失业下岗现象,劳动统计及时增加在岗职工工资情况等指标。1997年,工业统计首次进行国有及年销售收入500万元以上企业(规模企业)统计。同时增加上述企业主要原材料、能源消耗与库存报表。是年,商贸业统计有较大改革,开展小型贸易业、餐饮业抽样调查,全县共抽44个样本单位,按月报送资料,以点推面。1998年,工业统计月报全部实行国有及年销售500万元以上企业统计。1999年,对国有及年销售500万元以上工业企业统计采用计算机汇总。建立全社会固定资产投资统计制度,将个体、私营固定资产投资纳入统计范围。同时,采用抽样调查方法,对5万元～50万元零星投资进行统计。是年,亿元商品交易市场纳入贸易统计。2003年,宝应县按照新国民经济核算体系核算国内生产总值。2004年,规范国内生产总值名称为地区生产总值。

第二节　普　　查

一、人口普查

根据国务院统一部署,宝应县分别于1990年、2000年开展第四次、第五次人口普查。第四次人口普查登记标准时点为1990年7月1日零时。1989年10月成立县第四次人口普查领导小组。第四次人口普查历时26个月,于1991年11月结束。这次人口普查共设置15项人记录栏目、6项户记录栏目,比第三次人口普查增加人口迁移情况。普查主要结果:全县总户数232044户(家庭、人口普查数据以个位为数据单位,下同),其中家庭户231186户、集体户858户。全县常住人口877212人,其中男性人口442134人、女性人口435078人。全县汉族人口876779人,占99.95%;各少数民族人口433人,占0.05%;少数民族16个,比第三次人口普查增加10个。年龄构成:0～14岁儿童占21.77%;65岁及以上老年人口占5.88%。

第五次人口普查登记标准时点为2000年11月1日零时。1999年6月成立县第五次人口普查领导小组。这次人口普查历时34个月,于2002年8月结束。此次人口普查首次将居民住房情况纳入普查内容,首次采用长、短表方式,普查项目增加到49项,其中户记录23项、人记录26项。还新增1张暂住人口调查表。普查采用光电录入技术汇总。普查主要结果:全县共有家庭户256452户,家庭户人口810311人。全县常住总人口869972人,其中男性人口434842人、女性人口435130人。全县居住在城镇的人口230087人,居住在乡村的人口639885人。全县汉族人口868346人,占99.81%;各少数民族人口1626人,占0.19%;少数民族29个,比第四次人口普查增加13个。年龄构成:0～14岁儿童占19.08%,65岁及以上老年人口占8.77%。

二、第三产业普查

1993年10月,根据国务院统一部署,县政府印发《关于认真做好第三产业普查工作的通知》,成立县第三产业普查工作领导小组及其办公室。普查主要内容:第三产业机构和人员、生产经营活动情况、实物资产情况等。普查年度为1991年和1992年。1994年6月完成普查数据处理工作。普查结果:至1992年底,全县第三产业单位机构3717个,职工6.90万人;第三产业增加值3.07亿元,比1991年增长33.2%;第三产业单位拥有的固定资产原值5.33亿元;三产个体户8791户,从业人数1.37万人。

三、工业普查

1995年1月1日,国务院发出《关于进行第三次全国工业普查的通知》。普查对象为1995年末域内全部工业企业和工业生产单位。1995年3月成立县第三次工业普查领导小组及其办公室。普查内容为企业生产发展、行业结构、企业规模、生产能力、职工素质、财务状况、科技活动等。1996年12月,县统计局、县工业普查办公室发布普查数据公报。普查结果:1995年末,全县工业企业和生产单位2672个,从业人员8.60万人,工业总产值按1990年不变价格计算45.73亿元,按当年价计算50.46亿元。其中,乡及乡以上独立核算工业企业单位406个,工业总产值按1990年不变价格计算32.36亿元,按当年价计算40.30亿元;工业增加值5.26亿元,产品销售收入33.10亿元;利税总额1.67亿元,其中利润总额0.29亿元;资产总额27.30亿元;从业人员5.65万人。

四、基本单位普查

1996年、2001年分别开展第一、二次全国基本单位普查。第一次基本单位普查标准时点为1996年

12月31日。普查对象为全县除农户和个体户外所有从事社会经济活动的法人单位和产业活动单位。普查结果:至1996年末,全县共有各类法人单位2355个、产业活动单位2638个。

第二次基本单位普查标准时点为2001年12月31日。普查对象为全县所有法人单位及其所属产业活动单位。普查结果:2001年末,县内共有各类法人单位2946个,比1996年第一次全国基本单位普查时增加591个,增长25.1%;产业活动单位12662个,比1996年增长3.80倍,各类法人单位实有从业人员13.57万人;有个体工商户1.87万户,从业人员3.42万人。

五、农业普查

根据国务院统一部署,1996年4月成立县农业普查工作领导小组及其办公室。10月30日,县政府与各乡镇政府签订农业普查工作目标责任状。普查标准时点为1996年12月31日,普查时期为1996年1月1日至12月31日。普查内容涉及农村生产经营单位、从业人员、村、农业用地等38个调查项目687个指标。此次农业普查首次采用光电录入技术对普查数据进行处理。2000年4月,县农业普查办公室编辑出版《中国第一次农业普查——宝应县资料汇编》。普查结果:全县农村有426个村、20.24万户、77.26万人,其中农村从业人员54.85万人;耕地面积7.72万公顷,粮食种植面积8.95万公顷,饲养生猪30.73万头、家禽374.80万羽。

六、经济普查

2004年4月,县政府印发《关于认真开展宝应县第一次全国经济普查的通知》,成立由23个部门组成的领导小组及其办公室。此次普查合并原来的工业普查、第三产业普查和基本单位普查,还新增建筑业普查,并将个体工商户列为普查对象。普查对象为域内从事第二产业和第三产业的全部法人单位、产业活动单位和个体生产经营户。普查标准时点为2004年12月31日,普查时期为2004年度。普查主要内容:单位基本属性、从业人员、财务状况、生产经营情况、生产能力、原材料和能源消耗、科技活动情况等。普查结果:2004年末,全县共有法人单位2860个、产业活动单位3748个、个体经营户24352户,其中第二产业2819户、第三产业21533户。2005年7月,经济普查工作通过市级质量抽查。

第三节　抽样和专题调查

一、抽样调查

(一)农村住户调查

1984年,县农村抽样调查队成立,负责全县农村住户抽样调查。1990年起,农村住户抽样调查样本点每5年轮换一次,每轮均抽选100户。农村住户抽样调查内容分为13个大项,分别为人口和文化状况,耕地和固定资产,房屋情况,农副产品产量,农副产品出售情况,人均全年粮食收支平衡,人均总收入和纯收入,全年人均总支出,人均全年现金收支平衡,人均购买衣着、日用品,户均购买生产资料和建筑材料,人均实物消费量,每百户年末拥有耐用物品。

(二)城镇住户调查

1989年,县城市社会经济调查队成立,主要负责城镇住户调查等。城镇住户调查内容主要包括家庭人口、就业、收入、消费、储蓄、耐用消费品和住房情况等。1992年,城镇住户调查开始与国际接轨,城镇居民消费支出采用联合国住户能力调查方案分类标准。2002年,借鉴国际住户调查方法,采用住宅框选取调查户样本。调查对象涵盖居住在城关镇(安宜镇)区域内所有住户,名称更改为城镇住户调查。1990~2005年,城镇住户抽样调查样本先后进行5次轮换,分别为1992年、1995年、1998年、2002年、2005年,采用分层随机抽样(PPS)方法抽中调查户。2002年以前常规调查户50户,2002年扩为100户。每年统计公报城镇居民人均可支配收入数据来自城镇住户抽样调查汇总推算结果。

(三)农业产量抽样调查

1990年,全省在乡镇推行“乡乡测产,以测定产”方法,用乡乡测产数取代层层上报数。1994年,统计调查方法以全面报表为主。1995年扩大农业经济抽样调查范围,由原来单一粮食产量抽样调查,增加棉花产量、畜牧业产量等抽样调查。2005年抽取15个村进行实割实测。测产结果:是年农作物总播种面积11.62万公顷,粮食总产61.76万吨,每公顷单产6735千克。

(四)千分之一人口抽样调查

1995年10月1日零时和2005年11月1日零时,分别开展当年千分之一人口变动抽样调查。1995年,调查登记项目36项,其中人记录22项、户记录14项。2005年调查登记项目55项,其中人记录35项、户记录20项。调查样本分布在全县15个镇(包括原沿河镇)100个调查小区,共调查6326户22119人。

二、专题调查

1991年,县统计部门开展城镇居民对1990年县政府10件实事实施情况、特困企业职工生活状况和百户农民系列民情民意专题调查。1994年,除开展省统计局和省城调队布置的全省固定资产投资项目快速调查、《劳动法》专题问卷调查外,还受县烟草专卖局和宝应酒厂委托开展荷仙烟草市场、地方白酒市场情况调查。1997年受亚细亚商城委托,开展亚细亚形象调查。2001年开展省、市统计局布置的城镇劳动力流向、行风廉政建设、公众安全感、妇女儿童规划等专项调查。2005年开展省、市统计局布置的农村居民教育医疗、农村税费减免、非公有制企业人才状况、外籍专家、企业职工在岗工资和社会保险状况及电力用户满意度调查等专项调查。1991~2005年,县统计局共完成省、市统计部门布置的专题调查43项,完成本地专题调查12项。

第四节 统计服务

一、资料汇编

1989年起,县统计局按年度编印《宝应县统计资料》。1999年编印《宝应县建国50年主要统计指标汇编》。此外,各乡镇统计部门根据统计报表资料,每年编制一本综合统计资料汇编或统计手册,全面反映各地发展情况。2003年起,县统计局每月编发《统计快报》和《宝应统计月报》,为各级领导了解经济发展、指导经济工作提供服务。在重大县情县力普查后,县统计普查部门及时进行资料汇编,或向社会发布公报。县交通、金融、卫生、教育等部门,在统计年报或历史资料基础上,编印本部门统计资料汇编。

二、统计分析与信息

1990年,县统计局发布各类统计信息31篇,撰写统计分析8篇。2000年,发布各类统计信息67篇,撰写统计分析13篇,向社会提供信息100条次,统计政务信息工作列全市第一。2003年,县统计局在走访多家房地产企业和有关部门基础上,结合城市住户资料,撰写《解读宝应房价》,对商品房价格构成、房价居高不下的成因以及供需走势进行剖析。2005年,县统计局撰写各类统计分析24篇,报送各类统计信息200多条,有80多条信息被采用,有3篇统计分析和2篇统计信息被县主要领导批示。其中,统计分析《再谈我县农民增收问题》,从收入构成、与全市水平比较,对宝应县农民人均纯收入进行客观分析。1990~2005年,县统计局共撰写统计分析报告和统计信息376篇。

三、统计调查研究

1992年开展农产品购销体制改革调研。1995年开展关于调整农村产业结构、加快奔小康步伐专题调研。1997年开展国有企业资产闲置情况调查、下岗职工再就业状况调查和农副产品深加工调查。2004年,对全县各镇综合经济实力进行综合评价,形成《关于县域经济发展、沿河开发及再干三五年、实现新跨越》的专题调研报告。2005年对全县第三产业发展现状进行专题调研。

四、全面小康进程监测

2003年,县统计局根据《江苏省全面建设小康社会主要指标体系》对全县小康进程开展监测。《江苏省全面建设小康社会主要指标体系》共有4大类18项28个指标。至2005年，全县有9个指标达标，分别为城镇登记失业率、城镇人均住房建筑面积、农村村通灰黑公路（或航道）比重、城镇人均拥有道路面积、新型农村合作医疗覆盖面、人民群众对社会治安满意率、城镇社区居委会依法自治达标率、农村村委会依法自治达标率、环境质量综合指数和城镇基本养老保险、城镇失业保险。

2005年宝应县全面建设小康社会进程指标一览

表20-2-1

指　标　名　称	单位	目标值	2005年实绩	实现程度(%)
一、经济发展				
1.人均地区生产总值	元	≥24000	11824.00	49.3
2.二、三产业增加值占地区生产总值比重	%	≥92	75.50	82.1
3.城市化水平	%	55	36.80	66.9
4.城镇登记失业率	%	<5	4.00	100.0
二、生活水平				
5.居民收入				
(1)城镇居民人均可支配收入	元	≥16000	8084.00	50.5
(2)农村居民人均纯收入	元	≥8000	4900.00	61.3
6.居民住房				
(1)城镇人均住房建筑面积	平方米	30	31.00	100.0
(2)农村人均钢筋、砖木结构住房面积	平方米	40	30.50	76.3
7.居民出行				
(1)农村村通灰黑公路(或航道)比重	%	100	100.00	100.0
(2)城镇人均拥有道路面积	平方米	12	13.20	100.0
8.居民信息化普及程度				
(1)百户家庭电话拥有量	部	200	198.00	99.0
(2)百户家庭计算机拥有量	台	40	6.90	17.3
9.居民文教娱乐服务支出占家庭消费支出比重	%	18	12.70	70.6
10.恩格尔系数	%	<40	46.50	86.0
三、社会发展				
11.R&D经费支出占地区生产总值比重	%	≥1	0.94	94.0
12.初中毕业生升学率	%	≥90	88.19	98.0
13.卫生服务体系健全率	%	≥90	72.60	80.7
14.社会保障				
(1)城镇社会保障三大保险覆盖率	%	≥95	88.62	93.3
城镇基本养老保险	%	≥95	95.15	100.0
城镇失业保险	%	≥95	96.00	100.0
城镇基本医疗保险	%	≥95	74.70	78.6
(2)新型农村合作医疗覆盖面	%	≥85	95.40	100.0
15.人民群众对社会治安满意率	%	90	98.89	100.0
16.城乡村(居)民依法自治				

续表20-2-1

指　标　名　称	单位	目标值	2005年实绩	实现程度(%)
(1)城镇社区居委会依法自治达标率	%	90	94.00	100.0
(2)农村村委会依法自治达标率	%	95	97.00	100.0
四、生态环境				
17.绿化水平				
(1)城市绿化覆盖率	%	80	38.70	96.8
(2)森林覆盖率	%	20	10.90	54.5
18.环境质量综合指数	分	80	82.10	100.0

第三章　物价管理

1989年成立县物价管理检查站。1990～1991年，汜水、射阳湖、山阳、望直港、曹甸、小官庄、泾河、小尹庄、子婴河等9个乡镇相继建立物价管理检查站，实行划片管理。随着价格改革深入，物价管理不断拓宽工作领域，由侧重于商品定价审批，转为对价格、收费调控、管理、监督和服务，努力为经济社会发展营造良好物价环境，在控减企业和农民负担方面取得明显成效，基本形成适应市场经济的物价管理体制和工作机制。

图20-3-1　宝应县"价格诚信单位"命名会议

第一节　价格管理

一、粮食价格

1990年，小麦、杂交稻、粳稻定购价分别为每50千克25.60元、23元和26.80元。是年，为保证国家合同定购任务完成和议购工作正常开展，县内出台小麦、籼稻、粳稻等议购指导价格：每50千克小麦38元、籼稻36.50元、粳稻39元。1991年5月，粮油销售价格大幅度提高。1993年4月，粮油定购任务改为合同订购，放开收购价格和定量供应粮油价格，取消粮票、油票使用。1994年从新粮上市起提高定购价，并对稻谷实行价外补贴。1996年为补偿农民种粮成本上升，调高粮食定购价。1997年，粮食销售价格下跌，为保护农民利益，仍执行省定粮食收购保护价，敞开收购农民余粮。1998年下半年，实施粮食流通体制改革，进一步完善粮食价格市场形成机制，国有粮食部门按不低于保护价敞开收购，顺价销售。2000年，红小麦、粳稻等退出保护价收购。2001年全面放开粮食价格。

二、棉花蚕茧价格

(一)棉花

1990～1997年，棉花收购价格实行政府定价。其间，1992～1995年，棉花供不应求，连续几年大幅度提高棉花收购价格，并强调不放开棉花经营和价格。1998年，棉花收购价格由政府统一定价改为政府指导下的浮动价。1999年放开棉花收购价格，按市场行情，由购销双方协商定价。

（二）蚕茧

1990年，鲜茧收购实行由中央管理的政府定价，中准级（9.20克干壳量）每50千克最高限价480元。1993年4月，改革茧丝流通体制，蚕茧经营权下放到县（市），以县（市）为单位自主经营，但鲜茧收购仍实行全省统一定价。1998年，蚕茧收购价由政府定价改为政府指导价，收购中准价和浮动幅度由省物价局制定。

1990～2005年宝应县主要农产品收购价格一览

表20-3-1　　单位：元/50千克

年份	花小麦	杂交稻	粳稻	棉花	蚕茧	油菜籽	备注
1990	25.60	23.00	26.80	236.42	480	70.40	
1991	25.60	23.00	26.80	300.00	480	70.40	
1992	31.60	26.00	31.80	310.00	480	70.40	
1993	31.60	32.50	37.50	330.00	440	70.40	
1994	52.00	53.00	54.00	500.00	650	120.00	含抗旱补贴
1995	52.00	53.00	54.00	700.00	630	130.00	含抗旱补贴
1996	74.00	73.00	81.00	700.00	630	115.00	实际收购价
1997	54.00	73.00	81.00	700.00	730	120.00	
1998	72.00	70.00	76.00	650.00	730	130.00	
1999	62.00	54.00	59.00	390.00	640	88.00	
2000	54.00	54.00	59.00	510.00	800	90.00	
2001	48.00	54.00	65.00	375.00	780	92.00	
2002	44.00	48.00	55.00	520.00	680	95.00	
2003	47.00	60.00	72.00	810.00	600	130.00	
2004	70.00	75.00	90.00	570.00	680	138.00	
2005	66.00	72.00	86.00	650.00	730	118.00	

1990～2005年宝应县粮油主要品种销售价格一览

表20-3-2　　单位：元/千克

年份	面粉中等	粳米上等	菜籽油中等	年份	面粉中等	粳米上等	菜籽油中等
1990	0.40	0.30	1.58	1998	2.66	2.00	8.00
1991	0.70	0.64	4.16	1999	2.60	2.20	8.40
1992	1.02	1.00	4.16	2000	2.60	2.40	9.20
1993	1.30	1.20	4.80	2001	2.60	2.60	10.00
	1.58	1.74	6.60	2002	2.65	2.80	9.00
1994	2.02	2.06	8.40	2003	2.65	3.00	9.60
1995	2.70	2.80	9.50	2004	2.70	3.20	9.00
1996	2.70	3.00	8.00	2005	2.70	3.40	9.80
1997	2.66	2.20	7.70				

三、农业生产资料价格

1990年，对计划外尿素、复合肥、农膜和非省管农药近20个农资主要品种综合价格，实行全县统一价。1993年1月放开计划外农业生产资料价格,实行企业自主定价。2月对化肥、农药、农膜、农用柴油实行最高限价。1994年5月改革化肥价格管理办法,改为省定出厂中准价和浮动幅度,化肥调拨价格和零售价格实行经营差率或利润率控制。1995年1月对敌敌畏等11种省管农药实行指导价管理,经营部门销售价格按差率可相应浮动。1996年,对化肥调拨、零售实行综合作价,按不同购入渠道,分品种制定综合市场零售价格,本着"上小下大、让利基层"原则调整综合差率水平。1997年3月,实施农药分级管理,零售价实行经营差率和价格水平双重控制管理。1999年3月,国产农膜由国家定价改为国家指导价,销售价格实行差率管理。2002年12月,农药、农膜价格放开。其间,种子价格按规定的作价原则、差率制定销售指导价格。

1990～2005年宝应县化肥、农药价格一览

表20-3-3　　单位:元/吨

年份	尿素	碳酸氢铵	年份	尿素	碳酸氢铵
1990	900	450	1998	1700	500
1991	900	450	1999	1400	500
1992	900	450	2000	1200	500
1993	950	450	2001	1200	380
1994	1100	500	2002	1200	420
1995	1100	500	2003	1360	380
1996	1200	500	2004	1500	440
1997	1600	500	2005	1900	500

四、工业生产资料价格

1991年,一季度提高成品油、钢材价格,四季度调高统配水泥、钢材价格,放开指导性计划煤、部分化工产品、统配玻璃、部分优质钢材和绝大部分机电产品价格。1993年放开钢铁产品、统配煤价格。1994年调整电力、煤炭价格,计划内外成品油价格并轨。生产资料价格"双轨制"基本停止执行,初步建立以市场为主体的价格形成机制。1998年6月,成品油价格实行政府指导价,由中石油集团公司和中石油化集团公司在5%浮动幅度内制定统一价格,全省一价,统一配送。2005年,成品油价格继续实行政府指导价,由中石油集团公司和中石化集团公司在8%浮动幅度内制定统一价格,全省一价,统一配送。

五、自来水价格

1990年核定居民生活用水0.22元/立方米、工业用水0.30元/立方米。1995年,加强农村乡镇自来水价格管理,民用水平均价1.00元/立方米～1.10元/立方米,工业用水平均价1.10元/立方米～1.20元/立方米。1998年8月,县物价局在小官庄镇举行县内首次自来水调价听证会。1999年在水价构成中开征污水处理费0.13元/立方米。2001年2月,县物价局举行城区自来水价格调整听证会,城区自来水价格由每立方米0.88元调至1.18元。2001年在水价构成中开征水利工程供水费用0.03元/立方米。2005年,污水处理费提高到0.91元/立方米,核定居民生活用水到户价2元/立方米、工业用水到户价2.30元/立方米。

1990～2005年宝应县自来水供水价格一览

表20-3-4　　单位:元/立方米

年份	居民生活	工业	商业	其他特种	年份	居民生活	工业	商业	其他特种
1990	0.22	0.30	0.30	—	1998	0.80	1.05	1.35	1.50
1991	0.22	0.30	0.30	—	1999	0.88	1.15	1.50	1.65

续表20-3-4

年份	居民生活	工业	商业	其他特种	年份	居民生活	工业	商业	其他特种
1992	0.29	0.42	0.42	—	2000	0.88	1.15	1.50	1.65
1993	0.29	0.42	0.42	—	2001	1.18	1.30	1.75	1.85
1994	0.40	0.55	0.65	—	2002	1.18	1.30	1.75	1.85
1995	0.40	0.55	0.65	—	2003	1.60	1.80	2.20	2.30
1996	0.52	0.70	0.90	1.05	2004	1.60	1.80	2.20	2.30
1997	0.72	0.90	1.20	1.35	2005	2.00	2.30	2.70	2.90

六、电力价格

1990年，上半年核定电价加价标准4.74分/千瓦时，下半年为7.02分/千瓦时。1992年执行峰谷电价，峰期电价0.34元/千瓦时、谷期电价0.10元/千瓦时。1993年1月开始征收三峡工程建设基金。7月实行新目录电价，制定统一的电价管理办法。1994年上半年，推行电费一乡一价，农村居民用电最高由1.30元/千瓦时降至0.55元/千瓦时。1996年和1997年提高电价，平均上调0.03元/千瓦时，重新制定各乡镇电价，对随电量收取的集资进行清理。1998年6月，实行一县一价，乡镇电管站实行收支两条线，停止各乡镇政府规定的随电量收取的各项费用。11月，省政府征收的基金以及市、县政府征收的电力建设费全部停止，县地方加工电费由供电部门统一收取，农村电价在1997年降低0.04～0.06元/千瓦时基础上，又降0.106元/千瓦时，全县一年减少用户电费负担785.80万元。1999年7月实行省统一销售电价。2000年4月，全县农村实行一县一价，农村到户电价0.61元/千瓦时、其他照明用电0.98元/千瓦时、工业用电0.86元/千瓦时、农业用电0.62元/千瓦时，全年为农民减轻负担294万元，为企业减负292万元。6月，取消省以下各级政府及部门自行出台的电力增容费，各地自行提高的贴费标准停止执行，现行贴费标准降低50%，同时免征农村用电户贴费和电网改造新增的用电容量贴费，清退电费保证金和电表保证金。2002年，对城乡非居民照明用电实行同网同价。2005年，城乡实行同网同价。

1990～2005年宝应县供电局售电均价一览

表20-3-5　　单位：元/千瓦时

年份	售电均价	年份	售电均价
1990	0.101	1998	0.343
1991	0.102	1999	0.408
1992	0.101	2000	0.524
1993	0.162	2001	0.491
1994	0.268	2002	0.541
1995	0.269	2003	0.457
1996	0.290	2004	0.474
1997	0.322	2005	0.529

七、液化气价格

1990年，民用液化气实行差率管理，其他用气实行随行就市。1994年，县物价局与县经委印发《关于加强液化气销售价格管理的通知》。是年，城区民用液化气10千克瓶装30元、15千克瓶装43元。2001年调整10千克瓶装33元、15千克瓶装50元。2005年调整10千克瓶装47元、15千克瓶装70元。

八、商品房价格

1990年对普通商品房和非住宅商品房实行政府定价。1月,全县首次对泰山东村商品住宅楼进行核价,每平方米580.88元～655.40元,材料差价147元～147.30元。1997年,县物价局与县建委联合印发《宝应县商品房价格管理办法》,明确经济适用房和普通住宅商品房实行政府指导价,高档住宅和非住宅商品房实行市场调节价管理。1998年,县内对公有住房进行改革,住房每平方米建筑面积补贴额上限180元。2002年,经济适用房和普通住宅商品房预售价格实行备案制度,销售价格实行审核制度。2003年,县政府印发《宝应县商品房价格管理办法》。2005年,普通住宅商品房价格上涨8%～10%。是年,宝应普通住宅商品房城区均价1360元/平方米、最高价1700元/平方米、最低价1050元/平方米,郊区均价1020元/平方米、最高价1300元/平方米、最低价750元/平方米,集镇均价810元/平方米、最高价1050元/平方米、最低价550元/平方米。

1990～2005年宝应县住宅商品房销售基准价格一览

表20-3-6　　单位:元/平方米

年份	经济适用住房	普通住宅	年份	经济适用住房	普通住宅
1990	—	500	1998	600	700
1991	—	500	1999	600	750
1992	—	550	2000	650	800
1993	—	550	2001	650	800
1994	—	600	2002	750	900
1995	—	600	2003	880	1080
1996	550	650	2004	1180	1300
1997	600	700	2005	1280	1450

第二节　收费管理

一、管理制度

1989年,开始实行收费许可证制度,对县内所有行政事业性收费单位,统一发放收费许可证、收费员证。1990年,首次对收费许可证和收费员证开展年审验证,建立收费年审制度。1991年发放省收费许可证158本。1996年对行政事业性收费进行年检,受检金额2.40亿元。1997年,举办3期收费员年检培训班,对文教、卫生、公安等系统约300名收费人员进行集中培训。1998年选择20家重点企业试行企业缴费登记制度。是年,免费向个体私营企业发放缴费登记卡1万多份,并在宝应电视台发布公告,要求收费单位必须在付费登记卡上如实填写收费项目、标准,主动接受持卡人监督。1999年,县政府印发《关于进一步加强收费管理的意见》,全面实行企业付费登记卡制度。2000年3月,县内开始换发全国统一式样的收费许可证。是年,企业付费登记卡制度全面推开,印制企业缴费登记卡6000多份,对100家重点企业进行跟踪检查,90%企业使用付费登记卡。至此,涉企收费全面推行“两证一卡”(收费许可证、收费员证,企业缴费登记卡)制度。2001年,在柳堡镇进行涉农收费公示试点,县政府召开现场会向全县推开。2002年统一印制涉农收费公示牌5000个,免费发放到各村、组、居委会。2003年,县政府办公室印发《关于做好涉农收费公示的通知》,确定10月为涉农收费公示月。是年,建立教育收费公示制度,统一公示内容、格式,推动中小学规范收费。2005年共年审收费许可证820本,核准保留816本,核销4本,年审金额1.80亿元,审核行政事业性收费项目130个,取消收费项目26个,降低收费标准

9个。是年逐村逐组发放市涉农收费手册20万份。

二、清费减负

1990年成立县治理整顿“三乱”(乱收费、乱摊派、乱集资)领导小组,全面开展“三乱”治理。通过对行政事业性收费全面清理,取消不合理收费项目6个,降低收费标准8个。1991年,县物价局增设收费管理股,清理整顿158家收费单位1175个收费项目,对110个不合理项目严格把关。1995年对省、市明确取消的48个建设服务收费项目进行审核取消。1997年对部门收费开展大检查。全年检查85家单位,其中查出教育收费违纪金额510万元。1998～1999年,先后取消收费项目27个,降低收费标准42个,为企业和消费者减轻负担1600多万元。2002年,集中开展涉企收费清理,对涉及的40家部门和单位214个收费项目重新审核,编印《宝应县涉企服务收费目录》1000册,发送到企业。全年共取消收费项目37个,降低收费标准5个,为企业减负350万元。2005年,重点对进入宝应经济开发区工业企业和新办工业收费项目进行清理,取消收费项目48个,降低收费标准项目8个。1990～2005年累计减轻涉企负担6500万元,减轻涉农负担2800万元。

图20-3-2　全县“扎口收费”管理会议

第三节　价格监督检查

一、全国性物价大检查

1990年,按国务院统一部署,开展全国性财务、税收、物价大检查。1990～1991年共查出价格违法案件63件,实行经济处罚62.97万元,其中没收非法所得56.82万元、罚款2.67万元、退还消费者3.48万元。1992年重点检查企业定价权落实情况,整顿市场秩序和治理乱收费。1993年重点检查国务院减轻农民负担政策落实情况、国家定价商品价格及收费执行情况。1994年,查出价格违法案件30多件,实行经济制裁48.50万元,其中退还消费者0.89万元。1995年、1996年继续对人民生活必需品,特别是主、副食品执行价格监审规定情况进行检查,并对棉花、电力价格及各类收费进行检查。1997年后不再开展全国性物价检查。

二、正常物价收费检查

1990年,组织开展乡镇电力站收费价格检查,对农村电价中存在问题进行处罚,罚没款32.50万元。1991年,检查13家经营化肥、种子农资单位,对价费违规行为实行经济处罚4.18万元;检查9家经营柴油、农药生资单位,查出违规金额11.09万元。1996年,对19所学校收费情况进行检查,没收违法所得3.80万元,罚款1.85万元,清退给学生11.83万元。1998年查处各类价格违法行为和案件293件,其中重大案件18件,查出价格违法金额853万元,实行经济处罚92.73万元。2003年,先后开展教育、国土收费,药品和医疗服务价格,石油制品价格,税务代理和殡葬服务收费,电力价格等专项检查,查处各类价格违法案件(行为)137件,实施经济处罚497.16万元。2005年,针对企业和群众反响较大的价费问题开展专项检查,查处违法所得328万元,实施经济处罚152.94万元,其中退还用户36.97万元、没收115.38万元、罚款0.59万元。1990～2005年,查处价格违法案件1563件,查处非法所得金额3141.68万元,实施经济处罚1250.17万元,其中退还用户389.98万元、没收非法所得796.68万元、罚款63.51万元。

三、价格举报查处

1998年，县机构编制委员会批准，在县物价检查所内增设县价格监督举报中心。2001年4月，开通“12358”价格举报电话，建立值班制度，受理群众投诉举报。2005年受理各种举报68件，办结66件。至2005年，接受价格咨询或投诉319件，办结率100%，无行政复议及诉讼。

第四节　价格服务

一、价格信息咨询

1991年，市价格信息中心宝应工作站成立。1993年创办《宝应价格信息》刊物，1998年停办。通过《宝应价格信息》、《商品供求快讯》、全国电传网络中心等媒介，为小官庄镇粮油加工厂、泾河粮管所、小尹庄绝缘材料厂等20多家生产经营单位发布500多条产(商)品供求信息；在《扬州价格信息》上专版介绍宝应酒厂、县磷肥厂等10多家单位。1999年建立宝应物价信息网站。至2005年为企业、群众提供价格信息2万多条。

二、价格监测

1990年，价格监测工作主要是向国家、省、市物价局报送统一报表数据。1995年5月，全县确立12个价格监测点，对粮食、农产品等主要商品价格实施监测，定期报价，及时掌握、分析物价变动情况，为上级物价部门和县政府调控物价提供决策依据。1997年，价格监测增加主要工业品价格和食品市场零售价格监测。2000年，宝应县被国家发改委确定为粮食价格监测直报点，每年向国家、省、市上报近万个商品价格数据。2005年，根据价格部门的监测数据，县政府对城区低收入居民给予一次性价格补助。是年，宝应荷藕被列为国家特色农产品价格信息监测品种，宝应成为全国荷藕产地唯一价格信息监测县。全年采价483次，上报463次。

三、成本调查

1991年，县内开展小麦、粳稻生产成本定点调查。2003年开始，县物价局对荷藕特色产品开展成本调查、监测。2005年，县内正常开展小麦、粳稻、荷藕成本调查，指导农户降本增效，引导农业种植结构调整。

1990～2005年宝应县小麦种植成本及收益调查一览

表20-3-7

年份	每亩								每50千克主产品		
	产量(千克)	产值(元)			总成本(元)			净利润(元)	平均出售价格(元)	总成本(元)	净利润(元)
			主产品产值	副产品产值		物质与服务费用	人工成本				
1990	295.00	189.19	162.01	27.18	114.94	67.75	47.19	74.25	27.46	17.64	9.82
1991	277.00	167.68	143.50	24.18	116.74	70.15	46.59	50.94	25.90	18.94	6.96
1992	348.80	254.81	219.15	35.66	131.63	79.90	51.73	123.53	31.41	17.49	13.92
1993	302.50	238.55	207.99	30.56	130.91	82.50	48.41	107.64	34.43	20.40	14.03
1994	289.50	324.49	299.04	25.45	158.11	97.63	60.48	166.38	51.65	27.29	24.36
1995	304.00	418.29	390.46	27.83	215.97	125.97	90.00	202.32	64.22	35.62	28.60
1996	392.50	618.89	584.87	34.02	272.71	158.31	114.40	346.18	74.50	35.41	39.09
1997	379.50	473.70	434.48	39.22	300.17	172.77	127.40	173.53	57.24	38.89	18.35
1998	217.60	275.85	264.99	10.86	351.91	210.21	141.70	-76.06	60.87	85.33	-24.46

续表 20-3-7

年份	每亩								每50千克主产品		
	产量(千克)	产值(元)			总成本(元)			净利润(元)	平均出售价格(元)	总成本(元)	净利润(元)
			主产品产值	副产品产值		物质与服务费用	人工成本				
1999	331.40	376.25	362.80	13.45	298.35	181.35	117.00	77.90	54.50	47.11	7.39
2000	302.50	231.33	222.74	8.59	212.31	164.03	48.10	19.02	36.82	38.97	-2.15
2001	304.60	321.57	308.22	13.35	209.21	162.41	46.80	112.36	50.59	40.60	9.99
2002	324.80	282.70	271.42	11.28	262.98	221.38	41.60	-9.41	41.78	43.17	-1.39
2003	339	412.95	400.66	12.29	257.32	217.02	40.30	123.94	59.09	41.36	17.73
2004	386.30	591.53	554.56	36.97	281.91	241.97	39.94	263.62	71.78	39.79	31.99
2005	402.80	529.62	514.44	15.18	294.89	253.04	41.85	120.44	63.68	49.34	14.34

1990～2005年部分年份宝应县粳稻种植成本及收益调查一览

表 20-3-8

年份	每亩								每50千克主产品		
	产量(千克)	产值(元)			总成本(元)			净利润(元)	平均出售价格(元)	总成本(元)	净利润(元)
			主产品产值	副产品产值		物质与服务费用	人工成本				
1990	456.00	290.96	262.84	28.12	152.84	88.88	63.96	138.12	28.82	15.90	12.92
1992	485.40	352.62	308.14	44.48	162.28	92.62	69.66	190	31.74	15.52	16.22
1994	491.70	739.29	706.89	32.40	227.65	147.57	80.08	511.64	71.89	23.38	48.51
1996	584.00	1007.13	964.53	42.60	392.42	227.42	165.00	614.71	82.58	33.84	48.74
1997	498.50	749.66	722.25	27.41	402.03	209.63	192.40	347.63	72.44	40.84	31.60
1999	542.80	614.97	589.64	25.33	342.71	225.71	117.00	272.26	54.31	33.02	21.29
2000	524.60	613.65	589.76	23.89	314.83	197.83	117.00	298.82	49.34	31.11	18.23
2002	571.70	617.81	600.20	17.61	363.43	273.73	89.70	214.61	52.49	34.26	18.23
2004	430.00	776.82	757.65	19.17	419.74	348.83	70.91	275.69	86.88	56.78	30.10
2005	500.10	930.54	912.01	18.53	455.69	377.57	78.12	333.76	91.18	58.48	32.70

四、价格评估、认证

1993年12月，县价格事务所成立。是年，有价格顾问服务户110户，办理产品价格证明300多笔，受公安机关委托开展赃物估价92件，为刑事、民事进行司法鉴定120件。1996年配合住房制度改革，开展公有住房评估。1997年11月成立县车辆损失评估部，负责全县交通事故车辆损失评估。全年接受司法部门委托估价139件，鉴定评估值85万元。1998年2月，扬州拍卖行宝应分行建立，当年拍卖成交额1300多万元。是年，开展破产企业资产评估、抵债物品评估鉴定。7～9月，县价格事务所会同县供电局、县三电办组成评估小组，对全县24个乡镇农电站资产进行评估。1999年，配合乡镇医疗体制改革，先后对19家乡镇医院资产进行评估。2000年11月，县价格事务所增设价格认证中心。2005年共办理价格认证700件，认证金额1000万元。至2005年，受理社会委托评估180件，评估值600多万元；受理法院委托评估220件，评估值1000多万元；受理公安部门委托评估事故车辆700多辆，评估值900多万元,事故车辆评估有效率90%以上。

第四章　工商行政管理

1978年6月,县工商行政管理局(简称县工商局)成立。1999年7月,省以下工商行政管理机关实行垂直管理,县工商局更名为扬州市宝应工商行政管理局。2000年8月,12家工商所撤并为安宜、泰山、望直港、曹甸、氾水、鲁垛、柳堡、射阳湖8个工商行政管理分局。1990～2005年,县工商局参与国有、集体企业改革、改组、改制;扶持私营个体经济发展;做好各类企业注册登记;加大市场监督检查力度,保护经营者和消费者合法权益;加强商标、广告、合同管理,争创省著名商标和中国驰名商标。2005年,登记工商企业(含改制企业)3714家,注册资金50.40亿元;受理仲裁案件444件,金额169.88万元;办理抵押登记58件;拥有注册商标735件,其中中国驰名商标1件、省著名商标7件、市知名商标25件。

第一节　企业登记管理

一、内资企业、个体工商户登记管理

1990年,县工商局印发《工商企业登记须知》,公开登记程序,依法开展企业登记管理。是年,新增注册法人企业154家、营业单位160家,新发展个体工商户1822户。年末,全县注册登记法人企业、营业单位4573家、个体工商户1.06万户、私营企业20家。1991年全面实行新办企业回访制度,换发3229家法人企业及营业单位营业执照。是年,新注册法人企业234家、营业单位188家。1993年,支持创办新型集体经济组织,新注册集团公司4家、有限责任公司6家、股份合作制企业6家,新发展私营企业48家、个体工商户3706户。

1994年,县工商局按照现代企业制度要求,改革企业登记制度,弱化前置审批,由审批登记逐步向依法登记独立注册过渡。是年,新注册各类工商企业839家,其中法人企业512家、营业单位327家。新开办企业中有31家有限责任公司、51家股份合作制企业,占新办法人企业总数的18%,是前两年的4倍。1995年,县工商局参与企业改制工作,核准注销1272家企业;对无经营资金、无经营场地、无经营机构的"三无"企业进行清理整顿,核销228家"三无"企业经营资格;查处100起违反企业登记管理法规的案件,罚没款7.26万元;完成3429家法人企业和410家营业单位年检,合格率92.5%。1996年新开办企业603家,其中企业法人154家、营业单位499家。新开办企业有78家是有限责任公司,占新办企业法人数的50%。新发展个体工商户3560户、营业单位50家。1997年新登记企业312家,其中公司制企业85家,占新开业法人企业数的56%。新注册省级集团6家,完成宝胜集团国有独资公司变更登记。改制企业950家,清理"三无"企业169家,注销企业1078家。1998年有内资企业3577家,其中股份制企业21家、股份合作制企业54家、有限责任公司51家、企业集团25家。在396家私营企业中,"双百"企业(注册资本100万元以上、用工100人以上)39家,比上年净增29家。1999年开设登记注册服务大厅,实行企业登记注册咨询、受理、审核、发照"一条龙"服务。2000年开始建立企业电子数据库,共建立经济户口档案3247家,对企业实行计算机管理。清理假集体企业56家。支持企业转换经营机制,办理变更登记472家,注销登记278家。2002年,企业注册登记与监督管理分设科室,开始实施经济户口管理。2004年,修改完善经济户口管理办法、企业登记管理警示制度、企业风险预警制度、法定代表人登记管理警示制度、企业退出督查制度。同时,对全县企业实施信用分类监管。2005年末,全县登记注册内资企业1280家,注册资金27.04亿元。全年新增私营企业1019家、个体工商户4758户,新增注册资本21.54亿元。全县有私营企业3000家,注册资金35.11亿元。私营企业注册资本500万元以上67家,

1000万元以上51家。个体工商户1.53万户，注册资金6.83亿元。

二、中国港澳台资及外资企业登记管理

1991年，县制药厂与中国香港钟山有限公司和省医药保健品进出口公司合资注册生产经营甲砜霉素项目，注册资金112万美元。4月，县商品房开发公司与中国台湾龙河电子股份有限公司合资兴办宝应龙扬房地产开发有限公司。1994年，新发展外资法人企业10家，注册资本627万美元。1995年11月，宝应电器厂与美国德州仪器公司双方共同出资830万美元注册成立德州仪器（中国）股份有限公司。1998年，宝应电器厂将所持40%股份转让给美方。县工商局及时做好美方独资登记前期业务指导和初审工作。10月，县内首家美商独资企业——德州仪器（中国）有限公司成立，总投资2000万美元，注册资本825.38万美元。2001年起，全县招商引资力度逐年加大，中国港澳台资企业数量增多、规模增大，且独资企业呈上升趋势。是年，注册登记企业11家，注册资本3124.16万美元；2003年22家，注册资本8185.20万美元；2004年，新成立22家外资、中国港澳台资企业，其中13家为独资企业，占全年新办企业的59%，是往年所有独资企业的总和。2005年，登记外资和中国港澳台资企业28家，投资总额1.58亿美元，注册资本1.01亿美元。其中，注册200万美元以上独资企业6家。是年末，县内正常运行的外资、中国港澳台资企业100家，投资总额4.97亿美元，注册资本2.91亿美元。其中，独资企业58家。

第二节 市场建设与管理

一、市场培育

1990年，城乡共有农贸市场34个，年交易额9.80亿元。是年，县糖烟酒公司投资122万元（累计投资155万元）建设城南菜场，建筑面积3260平方米。1992年7月，苏中路农贸市场开业，总投资200万元，占地5552平方米，可容纳1450个摊位，时为扬州市规模最大的农贸市场之一。是年12月，在原子婴河苗猪市场基础上易地新建的苏中苗猪市场开业，占地2.70万平方米，集苗猪产、销、存于一体，时为苏中地区规模最大的苗猪市场。副省长俞兴德为市场题词："搞好市场建设，促进商品流通"。1994年3月，苏中农副产品批发市场建成，占地3.60万平方米，建筑面积1.06万平方米，建设投资1395万元，成为全县最大的农贸市场，年交易额3.10亿元。1996年，新建各类市场6个，总投资790万元，新增面积4.40万平方米。县工商局投资124万元（累计投资160万元）建成城南农贸市场。是年，专门从事水产品交易的江苏水鲜批发交易市场和旧机动车辆交易市场建成启用。完成6个直管市场和管办脱钩工作。1997年，市场交易额首次突破10亿元。1999年，县工商局累计完成市场建设投资320万元，安宜商贸城、平安农贸市场先后建成使用。2000年，柳堡镇立足水产资源优势，投资250万元建成水产品交易市场，日水产品交易50多吨，时为县内农村最大水产品交易市场。是年，市场培育实行管办分离，成立县市场建设发展有限公司，负责市场规划、新建、扩建、维修和经营管理。县工商部门负责市场监管。经过多年培育和建设，初步形成以苏中农副产品批发市场为中心、江苏水鲜批发交易市场、大发商贸城等专业市场为骨干，各镇农贸市场为基础的市场体系。至2005年，全县有各类集贸市场53个（其中亿元市场5个），年成交额22亿元。

二、规范化管理

1990年，县工商局开展集贸市场规范化管理，实行"四定、三包"（即定人、定位、定责、定奖罚措施，包管理、包服务、包收费）制度。1992年，市场管理实行统一政策、统一收费票据、统一收费标准、统一由工商行政管理部门扎口管理。1993年1月，县大桥农贸市场被省工商局命名为1991—1992年度全省文明集贸市场。1995年，对市场经营者和管理者实行两个百分制考核，开展信得过摊点评比活动。年终考核，全县有27个市场达到规范化管理标准。1996年全面开展创建文明市场活动。年末，经县、市工商局考核验收，评选出10个县级文明市场、10个市级文明市场（苏中路、安宜、大桥、氾水、黄浦、子婴、射阳湖、小尹庄、夏集、苏中农副产品批发市场)和3个省级文明市场(苏中路、安宜、大桥)。1998年,粮食购销体制改革,为维护粮食市场秩序,县工商局聘请粮食市场协管员,加强市场巡查。全年清理整顿粮食经营兑换点、加工点611家,取缔无照经营107家,查处粮食案件28件,查扣非法收购粮食32吨。2000年,基层工商所打破驻乡式管理模式,建立内务组、巡查组和督查组,市场管理由巡查组实施,重点对乡镇市场脏、乱、差现象进行整治。2005年,强化肉菜粮检测窗口建设,检测各类蔬菜2982批次18.10万吨,销毁不合格蔬菜61批次约3.85吨;检测各类肉及制品2372批次,收缴未经检疫的肉及制品2413千克。是年,在开展农资市场专项整治行动中,工商干部与120户农资经营户建立联系点,督促农资经营户建立进销货台账制度、索票索证制度和商品质量承诺制度。

三、监督检查

1990年,针对1989年洪涝灾后影响,组织力量查处蔬菜抢购、囤积居奇等违法违章行为为29件,罚没款12万元。1993年,全县市场分为一、二、三类,采取分类管理办法,坚持抓两头带中间,每月组织一次市场自查,每季进行一次抽查,半年初评,年终总评。1997年,查处掺杂使假、短斤少两违法违章行为197件,罚款7.20万元。2001年对全县拍卖市场进行监督管理。2005年,开展"红盾"护农工程,查处坑农害农的各类违法行为,查处农资案件36件,罚没款18万元,为农民挽回经济损失360万元,依法移送涉农案件1件;开展商品质量工程,完成食品饮料、保健品、电动自行车、农药、化肥、电线电缆、油漆、木工板等12大类近80个批次商品质量的抽查。对抽查不合格商品立案35件。是年,现场监管拍卖60多场次,拍卖金额7.20亿元,查处违法拍卖行为案件3件。

图20-4-1　县工商部门对营业场所监督检查

四、经纪业

县内经纪业始于90年代中后期,起初主要从事农产品经纪业务。随着市场经济发展,经纪业逐渐向广告、信息、技术、文化、房地产等行业拓展。2000年10月,县经纪人协会成立,会员358人。2005年,全县拥有注册登记的经纪人4360户,其中农副产品经纪人3658户、房地产经纪人132户、技术经纪人25户、文化经纪人10户、广告经纪人37户、旧机动车经纪人31户、信息经纪人145户、保险经纪人322户。全年经纪人及农村专业合作经济组织的农产品交易额12亿元。随着经纪业发展,荷藕、慈姑、水芹、水产品等主要农副产品80%以上由农村经纪人和专业合作经济组织销往全国各地或走出国门。

第三节　公平交易监督管理

1990年,县工商局成立经济监督检查中队,与经济监督检查股分开办公。1992年1月,对经销烟酒副食品的152家单位和个体户进行突击检查,查扣假冒红塔山香烟154条、走私外烟26条、过期变质罐头1263瓶。5月,捣毁城区一走私冒牌香烟窝点,查获走私烟137箱。全年查结各类案件55件,罚没款21.80万元。1996年查结各类违章违法案件684件,罚没款106.80万元。1997年10月,县工商局成立公平交易股,并挂"经济监督检查大队"牌子。2001年,先后开展农资、盐业、食品、医药、成品油、建筑装潢材料市场等15次专项整治和红盾闪光行动及打击传销活动。全年立案查处各类经济违法违章案件1066件,罚没款301万元,万元以上案件45件。其中,查处不正当竞争案件17件,罚没款82.30万元。2002年8月,县工商局公平交易股更名为公平交易科,与"12315"消费者投诉举报中心、经济监督检查大队合署办公。2004年,组织打假护农、食品整治等10多次专项执法行动。全年立案查处各类经济违法违章案件607件,罚没款320万元。其中,查处不正当竞争案件19件,罚没款27.66万元;查处商标、广告违规案件79件,罚没款43万元;查处产品质量及假冒伪劣商品案件74件,罚没款74.10万元。2005年,开展节日市场整治、房地产市场专项整治、红盾护农等多项执法行动,查处服装销售中的假冒名牌案件6件,罚没款5.50万元;查处房地产企业虚假宣传、无照开发等行为案件13件,罚没款30万元。

第四节　经济合同管理

一、鉴证、仲裁和抵押登记

1990年,县工商局鉴证经济合同2160份,金额15.87亿元;调解仲裁经济合同75份,金额203.20万元;确认和查处无效、违法经济合同5份。1994年8月,《中华人民共和国仲裁法》颁布,工商行政管理机关经济合同纠纷调解、仲裁工作结束,无效合同确认权随之取消。1990年至1994年8月,县工商局受理经济合同纠纷2749件,争议金额1791.22万元。其中,调解2308件,金额1576.10万元;裁决14件,金额101.02万元;确认无效合同9份,金额62.04万元;自动撤诉418件,金额52.06万元。1995年10月,《中华人民共和国担保法》颁布实施。1996年,全县办理抵押登记169件,主债权3.19亿元。2000年,办理抵押登记85件,主债权1.28亿元。2005年,办理企业动产抵押73件,为企业引入资金1.42亿元。

二、评定"重合同守信用"企业

1990年,县工商局鼓励、帮助有条件的企业参与申报"重合同守信用"企业。全县首批有78家企业被评为"重合同守信用"企业。1992年2月,县无线电厂等15家企业被命名为市"重合同守信用"企业,宝应开关厂等67家企业被命名为县"重合同守信用"企业。1994年4月,宝应车辆厂等50家企业被命名为市"重合同守信用"企业,县涂料化工厂等60家企业被命名为县"重合同守信用"企业。是年,县轻纺工业供销公司等6家企业被县工商局撤销"重合同守信用"称号。2000年11月,县企业合同信用管理协会成立。2002年1月,宝胜科技创新股份有限公司成为县内首家国家级"重合同守信用"企业。2004年,新认定江苏玉华容器制造有限公司等17家企业为市"重合同守信用"企业。2005年底,全县有"重合同守信用"企业103家,其中省级1家、市级17家、县级85家。1990～2005年,全县累计认定"重合同守信用"企业399家,其中国家级2家(宝胜科技创新股份有限公司和江苏迎浪科技集团)。

第五节　商标广告管理

一、商标管理

1990年,全县有效注册商标160件。当年新申报商标注册16件,商标注册单位以工业企业和食品加工企业为主。全县实行商标印制管理,核准17家指定商标印制企业,并核发指定印制商标单位证书。1991年9月,县工商局组织全县377家工商企业参加省运用商标和广告成果展览会。1995年,县工商局设立商标广告管理股。是年,新申报商标注册44件。"宝胜"(电线、电缆)、"安宜"(钢瓶)商标成为县内第一批被认定的省著名商标。2000年,全县拥有有效注册商标385件,当年新申报商标注册50件,办理商标案件69件。2002年,"宝胜"(电线、电缆)、"五琼"(酒)、"安宜"(钢瓶)、"迎浪"(水泵)、"宝开"(高压开关柜)、"双飞"(麦芽)、"金禾"(西瓜)等7件商标成为县内第一批市知名商标。2004年初,县政府首次制定创牌奖励办法,规定对新获得驰名、著名、知名商标的企业,分别给予10万元、5万元、2万元奖励。2月,"宝胜"注册商标被认定为中国驰名商标,实现宝应历史上中国驰名商标零的突破。2005年,新发展注册商标200件,比上年增长24%,"宝应湖"(活鱼、甲壳动物)、"宝瓷"(照明器械及装置)商标被认定为省著名商标,"宝开"(高压开关柜)、"金禾"(西瓜)、"宝菱"(中、西药)、"凯福"(汽车配件)、"美家通"(塑料管)、"安益"(钢瓶)、"申宝"(输液器)、"电力"(安全绳、带、网)、"莲顺"(藕粉)等9件商标被认定为市知名商标。是年办理商标侵权案件25件,罚没款42.80万元。2005年末,全县有效注册商标735件,其中中国驰名商标1件、省著名商标7件、市知名商标25件,其他商标702件。

2005年宝应县驰名、著名、知名商标一览

表20-4-1

序号	商标名称	核定使用商品	注册单位	认定等级
1	宝胜	电缆、电线	宝胜科技创新股份有限公司	中国驰名商标
2	安宜	钢瓶	江苏玉华容器制造有限公司	省著名商标
3	五琼	酒	江苏五琼浆酒业有限公司	省著名商标
4	迎浪	水泵	江苏迎浪科技集团	省著名商标
5	晨化	整理剂、阻燃剂、表面活性化学剂等	扬州晨化科技集团	省著名商标
6	宝应湖	活鱼、甲壳动物	江苏水仙实业有限公司	省著名商标
7	金瓶	水处理设备	县华东净化设备有限公司	省著名商标
8	宝瓷	照明器械及装置	县电子陶瓷厂	省著名商标
9	宝开	高压开关柜等	江苏菲达宝开电气有限公司	市知名商标
10	金禾	鲜水果	县金禾商贸有限公司	市知名商标
11	电力	安全绳、带、网	县安全工具厂	市知名商标
12	玉华	玩具	江苏宝乐实业有限公司	市知名商标
13	蜻蜓	三相异步发动机	扬州宝飞机电有限公司	市知名商标
14	晨光	蒸汽锅炉	扬州晨光锅炉有限公司	市知名商标
15	千纤	蔬菜汁	扬州花仙子食品有限公司	市知名商标
16	厚福	蔬菜汁	扬州华贵食品有限公司	市知名商标
17	宝菱	中、西药	扬州中宝制药有限公司	市知名商标
18	凯福	汽车配件	市凯翔电器绝缘配套厂	市知名商标
19	美家通	塑料管	市美家通管业有限公司	市知名商标
20	莲顺	藕粉	扬州莲顺食品有限公司	市知名商标
21	安益	钢瓶	江苏安益钢瓶制造有限公司	市知名商标
22	申宝	输液器	江苏康宝医疗器械有限公司	市知名商标
23	兴洋	弯头	江苏兴洋管业股份有限公司	市知名商标
24	安宜	起动器	宝应电器厂	市知名商标
25	宝池	磁线等	江苏迅达电磁线有限公司	市知名商标
26	银宝	混纺棉布	江苏银宝实业股份有限公司	市知名商标
27	天禾	熟蔬菜、速冻方便菜肴等	扬州天禾食品有限公司	市知名商标
28	T	安全滑触线、母线槽	市天宝滑线电气有限公司	市知名商标
29	波达	悬式棒型合成绝缘子	市双宝电力设备厂	市知名商标
30	苏宝	绝缘材料	江苏亚宝绝缘材料股份有限公司	市知名商标
31	江鹤	测压仪器、母线槽、电动调节设备	江苏江鹤滑线电气有限公司	市知名商标
32	ANGLON	瓷、赤陶或玻璃艺术品	扬州康龙玻璃工艺制品有限公司	市知名商标
33	九力及图形	绳索	县九力绳缆有限公司	市知名商标

二、广告管理

1991年，县工商局全面推行广告业务员证书制度，发放资格证书6份。1993年9月，查处县晨光中药材种子站发布虚假广告非法活动，为数百农户挽回经济损失1万多元。1995年2月1日，《中华人民共和国广告法》实施，县工商局在全县设置6座宣传台，开展咨询、宣传和服务活动，挂条幅88条，办培训班23场，培训1600多人。2000年，针对户外广告管理上存在问题，县政府印发《宝应县城区户外广告管理办法》，当年办理户外广告登记545件。2005年，对全县10家广告经营单位开展年检，有8家通过年检，2家办理注销，当年新开业3家。是年，办理户外广告登记600多件，查处广告违法案件43件，罚没款16.30万元。

第六节　消费者权益保护

1989年3月，县消费者协会成立。1994年1月，《中华人民共和国消费者权益保护法》实施，县工商局举办培训班13期，培训1025人次，编印学习材料400多份。开展消费者权益保护法知识竞赛活动，编印宣传资料5400份，加大消费维权教育力度。1998年3月，县工商局与质监、物价、卫生等部门联合开展第一个"3·15"国际消费者权益保护日活动。1999年10月，县内开通"88200315"消费投诉热线，县维护消费者合法权益行动进入全国统一维权打假网络。2000年3月，在全市率先开通"12315"全国消费者权益保护投诉热线，至年底，接受消费者来电、来信和来访1546人次，受理投诉774件，调处762件，结案率98.4%，为消费者挽回经济损失51.50万元，罚没款11.88万元，经营者因欺诈行为受到加倍处罚金额1.26万元。2001年1月，县消费者协会被省消协评为保护消费者权益先进集体。2003年11月，县消费者协会设立8个分会，以工商分局设立的巡查监管组为依托，设立30个投诉站，并在39家企业设立维权监督站。2004年2月，县工商局消费者权益保护科从公平交易科分离单设，建立和完善"12315"基层投诉网络57个，受理各类消费投诉568件，立案查处178件；对9类流通领域商品实施53个批次质量抽查；成立县消费者协会家居装饰装潢行业自律会，吸纳会员30个；成立青少年维权岗19个。12月成立县消费者协会人民调解委员会。2005年，开通"12315"投诉举报网上受理系统，实现全市联网服务，受理消费者申诉举报306件，转办149件，立案查处13件，罚没57万元。是年，加强消费者投诉接待窗口规范化建设，设立调解庭。县消费者协会窗口全年受理消费者投诉556件，结案处理550件，结案率99%，为消费者挽回经济损失89万元。1990～2005年，组织假冒伪劣商品展16次，接受消费者咨询1.80万人次，受理消费者投诉6254件，办结6140件，结案率98%，为消费者挽回直接、间接经济损失350多万元。

图20-4-2　县消费者协会行业自律会成立

第五章　质量技术监督

1990年，标准化、计量等管理工作分别由县经济委员会下属的标准局和县科委下属的县计量局负责，压力容器管理由县劳动部门负责。1997年5月，县标准局和县计量局合并为县技术监督局。2000年3月，县技术监督局更名为扬州市宝应质量技术监督局（简称县质监局），实行省以下垂直管理。是年，压力容器、特种设备安全监察职能及相关机构成建制从县劳动局划归县质监局；由县经济委员会负责的质量管理职能划归县质监局。县质量技术监督局加大质量监督和创争名牌产品力度，加强标准化、计量管理和特种设备安全监察，组织开展“打假”行动。宝应县先后建成省消灭无标生产县和省质量兴县先进县。至2005年，有120家企业通过质量体系认证，52家企业通过计量确认，创成名牌产品61个，其中国家级1个、省级29个、市级31个。

第一节　标准化管理

一、消灭无标生产

1990年4月有2家企业完成标准化水平定级试点工作，制定、修订和备案产品标准9个。1992年制定、修订和备案产品标准24个，清理无标产品31个。1994年首次制定电缆产品标准。1998年成立县争创省消灭无标生产县领导小组，组织对648家企业1365个产品进行普查，帮助企业收集各类标准1290个，制定、修订和备案产品标准114个，全县企业产品标准覆盖率从82.3%上升到98.6%。建立产品标准数据库、采标产品库、标准目录库等。是年6月，宝应县通过省消灭无标生产县验收。2000年，成立企业标准审定专家组，制定、修订和备案产品标准154个，其中电缆产品46个。2001年，夏集镇通过省级执行标准优秀乡镇验收。全年制定、修订企业标准180个，标准覆盖率99%以上。2004年，江苏宝源电缆料有限公司等2家企业获“市执行标准优秀企业”称号，县自来水公司获“市服务标准优秀企业”称号。2005年，宝胜集团在全市首家通过标准化良好行为企业验收。1990～2005年，制定、修订和备案产品标准1429个。

二、采用国际标准和国外先进标准

1986年5月，宝应车辆厂生产的安宜牌YSP-10型液化石油气钢瓶通过省、市验收，成为宝应县第一个采用国际标准生产的产品。1990年，县内10个产品采用国际标准和国外先进标准。1997年，县政府明确提出，凡省以上名牌产品、省重点新产品、获质量管理奖企业的主导产品、支柱产业的主导产品必须采用国际标准和国外先进标准。年内，4个产品通过采标验收。2001年，县化学试剂厂等8家企业的无水乙醇等产品通过省级采标验收。县钢瓶厂、县安宜阀门制造有限责任公司获得产品采标标志。2004年，县内7家企业的10个产品通过采用国际标准和国外先进标准验收，累计90%的名牌产品采用国际标准和国外先进标准。2005年，宝胜科技创新股份有限公司、县安全工具厂等8家企业的11个产品通过采标验收。

三、农业标准化

2002年，全县农业标准化工作起步，县委、县政府印发《关于宝应县农业标准化“十五”发展计划的通知》，建立农业标准化联席会议制度，成立县农产品质量检测监督站。水泗万亩荷藕种植示范基地被列为省级农业标准化示范区。泾河西瓜、氾水无公害水稻种植基地被列为市农业标准化示范区。制定水稻、西瓜、乳鸽等16个农产品地方标准。2003年制定、修订农业标准38个。2004年，宝应湖大闸蟹、黄颡鱼养殖示范区获“国家级标准化示范区”称号。是年，宝应荷（莲）藕获国家原产地域保护。2005年4月，宝应荷藕标准通过专家审查成为国家标准。全年编制15个有机食品、绿色食品和无公害产品生产、加工技术标准，认证通过无公害农产品11个、绿色食品10个、有机食品5个。至2005年，全县制定农业标准和操作规程45个，其中国家标准1个、省地方标准2个（无公害莲藕技术操作规程、无公害莲藕产品标准）、市级标准1个（无公害优质蒸煮类专用小麦生产技术规程）；创建农业标准化示范区9个，其中国家级2个（宝应湖大闸蟹、黄颡鱼养殖）、省级2个（无公害莲藕、优质专用小麦）、市级5个；有无公害农产品41个、绿色食品18个、有机食品8个。

四、推行条形码代码

1994年起对机关、企事业单位和社团组织实行代码管理。2000年对组织机构代码证书进行年检，新办代码证书560份，发放代码IC卡518张。2002年12月，扬州花仙子食品有限公司生产的倾心牌莲藕汁和雨之荷牌速溶藕粉通过美国索德实验室测试认证，其条形码同时在美国注册，为全省食品行业首例。2005年新发展条形码9个，续展条形码7个。1994～2005年，共办理代码证书5166份，有商品条码注册37家。

1990～2005年宝应县产品标准备案一览

表20-5-1　　单位：个

年份	化工建材	食品	饮料	酒类	农产品	轻纺	电器仪表	电缆	机械	其他	合计
1990	1	1	—	—	—	2	1	—	3	1	9
1991	3	4	—	1	—	7	1	—	3	1	20
1992	3	2	—	—	—	4	1	—	4	2	16
1993	5	—	2	1	—	5	—	—	6	3	22
1994	5	2	1	1	—	2	8	1	7	2	29
1995	6	1	1	—	—	1	10	—	3	6	28
1996	10	3	—	—	—	—	12	—	4	8	37
1997	8	4	—	—	—	1	14	1	—	6	34
1998	38	15	3	5	—	5	30	8	4	6	114
1999	14	12	2	2	—	1	11	29	3	2	76
2000	13	36	2	1	—	3	46	46	3	4	154
2001	42	39	6	—	—	16	57	15	11	12	198
2002	36	38	2	1	16	5	28	24	7	8	165
2003	27	22	3	1	38	2	28	61	10	64	256
2004	20	34	3	—	—	7	20	37	13	15	149
2005	13	19	2	1	1	1	26	37	17	5	122

第二节　计量管理

一、社会公用计量标准

1986年开始对非法定计量单位的计量器具进行改制。1990年改制各种压力表610只（计量单位由KgF改为Mpa）。1991～1992年，新增一批新的计量标准器，增加氧气表、负压表、电能表等检测项目。完成各种度量衡器改制，全县统一实行法定计量单位。2005年，社会公用计量标准受检率100%。1990～2005年，全县建立企业最高计量标准47项。县质量技术监督部门每年组织最高计量标准考核，对工作计量器具开展量值传递工作。

二、计量检定

1990年，县标准计量管理所检验计量器具3030台（件），受检率100%，基本完成商贸、卫生等方面强制检定计量器具登记造册。此后，每年正常开展计量器具强检，强检覆盖率95%以上。每年对集贸市场在用计量器具组织1～2次集中强检，强检率100%。1994年加强石油液化气计量管理。1995年新增加油机容量检定装置标准器,对加油站计量达标进行考核。1997年授权县自来水厂为县技术监督局水表检定站。1998～2000年开展商品房面积公测,测量面积31万平方米。2000年,授予淮江公路加油站等5个加油站“计量信得过企业”称号,开展眼镜测量仪器检定。是年,由县计量测试检定所承担研制的液体商品含量标准器项目通过国家成果鉴定。2002年,县计量测试检定所与美国德州仪器(中国)有限公司签订全年计量检定服务协议。2005年检定“三表”(水表、电表、煤气表)8200台,电表、煤气表抽查合格率100%,水表合格率98%。

三、计量确认

1990年,全县有二级计量企业2家、三级计量企业20家、计量合格企业33家。1995年,县内有二级计量企业28家、三级计量企业15家。1999年停止企业计量定、升级,推行计量确认。2000年,江苏银宝集团等2家企业通过计量保证确认,宝应开关厂等15家企业通过计量合格确认。2002年开展ISO 10012计量确认。2004年有20家企业通过计量确认。至2005年累计有62家企业通过计量确认。

四、计量器具与定量包装计量管理

1990年核发计量器具生产许可证1家、修理许可证12家。2000年,县威海仪表厂、华美仪表厂2家企业取得计量器具生产许可证,11家定量包装商品生产企业通过计量保证能力考核验收,完成县热工仪表厂等7家企业计量器具制造、修理许可证年审。2005年,3家企业取得计量器具生产许可证,抽查定量包装产(商)品300批次,合格率87%。

1990～2005年宝应县计量器具检验统计

表20-5-2　　单位:台(件)

年份	合计	长度	温度	力学		电磁	光学	声学	化学	电离子辐射	无线电	时间频率	其他
					衡器								
1990	3030	289	51	2139	503	489	—	—	21	24	17	—	—
1991	3340	301	66	2404	565	505	—	—	21	24	19	—	—
1992	3727	322	70	2661	578	605	—	—	23	25	21	—	—
1993	3908	321	72	2754	589	732	—	—		29	—	—	—
1994	4334	346	80	2996	608	853	—	—	30	29	—	—	—
1995	4556	324	129	3035	503	970	—	—	30	41	27	—	—
1996	5032	305	21	3241	603	1398	—	—	35	32	—	—	—
1997	5650	605	111	3480	801	1378	—	—	40	36	—	—	—
1998	16627	1962	121	11775	6869	2642	—	36	54	37	—	—	—
1999	5561	624	—	3357	796	1499	—	—	46	35	—	—	—
2000	5890	530	123	3835	1989	1219	23	36	53	39	32	—	—
2001	10594	1848	117	7715	2944	356	—	—	173	36	45	—	304
2002	6012	445	276	4090	2755	972	—	—	95	40	33	61	—
2003	4620	776	526	2137	2533	1020	—	—	60	41	—	40	20
2004	6882	1030	853	4219	2563	668	—	—	75	37	—	—	—
2005	7792	1243	1511	3641	2108	995	—	—	156	52	—	23	171

第三节　质量管理监督

一、质量管理小组活动

1990年，全县工业企业开展争创"安宜杯"管理奖竞赛活动。通过推行全面质量管理（TQC）和开展群众性质量管理（QC）小组活动，促进产品质量稳定提高。是年，工业产品获部优8个、省优19个、市优10个，优质产品率12.5%，产品质量稳定提高率85%。1992年发表QC小组成果31项，其中获市以上表彰3项。全县产品质量稳定提高率93%。1994年有3000多名职工接受TQC培训，发表QC小组成果15项，其中获省优秀1个、市优秀4个。1998年，江苏恒兴麦芽有限公司制麦工艺QC小组被评为全国优秀QC小组。此后连续3年获"全国食品行业优秀QC小组"和"全国优秀QC小组"称号。至2005年，全县通过开展群众性QC小组活动，共取得5000万元左右经济效益。

图20-5-1　"质量月"进社区宣传活动

二、质量认证

1994年，宝胜集团在县内首家通过ISO 9001质量体系认证。1999年，江苏宝开集团、江苏金夏集团等10家企业通过ISO 9001或ISO 9002质量体系认证。2001年为重点骨干企业培养40名国家注册的内部质量认证审核员。2003年，宝胜集团在县内首家通过ISO 14000环境体系认证。至2005年，有120家企业先后通过ISO 9000系列质量体系认证和产品质量认证，电线、电缆、半挂车等产品先后取得3C认证证书50张，256家年销售收入100万元以上企业全部建立质量档案，建档面100%。

三、争创名牌产品

1994年，宝胜集团宝胜牌电线电缆创成省名牌产品（有效期2年），实现县内名牌产品零的突破。2002年强化对名牌产品争创工作的业务指导、申报考核和跟踪管理。是年，江苏玉华容器制造有限公司安宜牌石油液化气钢瓶、宝胜集团宝胜牌干式变压器等6个产品创成省名牌产品。2003年，宝应电器厂安宜牌热保护器、扬州晨光锅炉有限公司晨光牌锅炉等5个产品成为全县第一批市名牌产品。2004年，宝胜集团宝胜牌交联乙烯电缆获"中国名牌产品"称号（有效期3年），为县内首个国家级名牌产品。是年，创市名牌产品13个。2005年，江苏宝源电缆料有限公司安宜牌电线电缆用塑料等6个产品获"省名牌产品"称号，江苏迎浪科技集团迎浪牌水泵等13个产品获"市名牌产品"称号。1994～2005年，全县累计有名牌产品61个，其中国家级1个、省级29个、市级31个。

1990～2005年宝应县名牌产品情况一览

表20-5-3

级　别	企业名称	产品名称	认定年份
中国名牌产品	宝胜集团	宝胜牌交联乙烯电缆	2004
江苏省名牌产品	宝胜集团	宝胜牌电线电缆	1994
	宝应车辆厂	安宜牌液化石油气钢瓶	1995
	宝应麦芽厂	双飞牌麦芽	1996

续表20-5-3

级　别	企业名称	产品名称	认定年份
江苏省名牌产品	江苏五琼浆集团	五琼牌五琼浆系列白酒	1997
	宝胜集团	宝胜牌电线电缆	1998
	宝胜集团	宝胜牌干式变压器	1998
	宝应车辆厂	安益牌液化气瓶	1999
	宝应车辆厂	安宜牌液化气瓶	1999
	江苏恒兴麦芽有限公司	双飞牌麦芽	2000
	江苏五琼浆集团	五琼牌五琼浆系列白酒	2001
	宝胜集团	宝胜牌电线电缆	2002
	宝胜集团	宝胜牌干式变压器	2002
	江苏玉华容器制造有限公司	安宜牌液化石油气钢瓶	2002
	江苏安益集团	安益牌液化石油气钢瓶	2002
	江苏恒兴麦芽有限公司	双飞牌浅色啤酒麦芽	2002
	江苏五琼浆集团	五琼牌五琼浆系列白酒	2002
	扬州晨化科技集团	晨化牌建筑用硅酮密封胶	2003
	宝胜集团	宝胜牌电线电缆	2004
	宝胜集团	宝胜牌干式变压器	2004
	永顺泰(宝应)麦芽有限公司	双飞牌啤酒麦芽	2004
	江苏玉华容器制造有限公司	安宜牌液化石油气钢瓶	2004
	江苏玉华容器制造有限公司	安益牌液化石油气钢瓶	2004
	宝应电器厂	安宜牌热保护器	2004
	江苏宝源电缆料有限公司	安宜牌电线电缆用塑料	2005
	扬州晨化科技集团	晨化牌硅酮密封胶	2005
	江苏亚宝绝缘材料有限公司	苏宝牌聚酰亚胺薄膜	2005
	江苏五琼浆酒业有限公司	五琼牌五琼浆系列白酒	2005
	江苏水仙实业有限公司	宝应湖牌中华绒螯蟹	2005
	扬州华贵食品有限公司	厚福牌盐渍、水煮系列蔬菜	2005
扬州市名牌产品	宝应电器厂	安宜牌热保护器	2003
	扬州晨光锅炉有限公司	晨光牌锅炉	2003
	扬州蓝宝石食品有限公司	荷仙牌调理蔬菜	2003
	市同松机电制造有限公司	同松牌直流电动机	2003
	江苏兴洋管业有限公司	兴洋牌钢制对焊无缝管件	2003
	县九力绳缆有限公司	九力牌化纤绳缆	2004
	江苏奥新路业电器有限公司	奥新牌电加热器	2004
	县宝乐文体玩具总厂	玉华牌玻璃钢玩具制品	2004
	县迅达电磁线有限公司	宝池牌聚酯亚胺漆包铜扁线	2004
	市天宝滑线电气有限公司	天宝牌母线槽	2004

续表20-5-3

级　别	企业名称	产品名称	认定年份
扬州市名牌产品	江苏亚宝绝缘材料有限公司	苏宝牌聚酰亚胺薄膜	2004
	扬州宝飞机电有限公司	飞月牌轴承	2004
	江苏科龙直流电机制造有限公司	科海得龙牌Z4系列直流电动机	2004
	江苏苏中电缆厂	苏中牌电线电缆	2004
	县洁莹精制米厂	洁莹牌大米	2004
	扬州永佳食品有限公司	怡味莲牌速溶加味藕粉	2004
	扬州华贵食品有限公司	厚福牌盐渍、水煮系列蔬菜	2004
	县金禾商贸有限公司	金禾牌西瓜	2004
	县科达汽配制造有限公司	盈科牌汽车行李架	2005
	扬州华宇管件有限公司	华宇牌钢制管件	2005
	江苏康宝医疗机械有限公司	申宝牌一次性使用无菌注射器	2005
	县环宇机械有限公司	九州牌输送机械	2005
	江苏菲达宝开电气有限公司	宝开牌高低压开关设备	2005
	江苏迎浪科技集团	迎浪牌水泵	2005
	市凯翔电器绝缘配套厂	凯福牌盖板分总成系列	2005
	宝应电子陶瓷厂	宝瓷牌燃气具陶瓷点火电极	2005
	扬州华电电气有限公司	春神牌变频串联谐振成套装置	2005
	县苏中电力设备厂	宝正牌试验变压器	2005
	江苏宝源电缆料有限公司	安宜牌电线电缆用塑料	2005
	江苏金夏纺织有限公司	金夏牌金棉本色竹节纱	2005
	扬州宝泰米业有限公司	安宜牌特制籼米	2005

四、质量监督

1993年，县产品质量监督检验所成立，隶属县经济委员会，重点对食品、建材、电器等32类产品质量进行监督检查。1997年4月，县产品质量监督检验所划归县技术监督局，5月成立县质监稽查大队。9月，县产品质量监督检验所通过省技术监督局组织的计量认证和实验室认可。2000年完成各类产（商）品监督检查471批次，计划完成率96%；实施定期监督检查283批次，产品合格率77%；市场监督检验345批次，产品合格率71%；委托检验170批次。至2005年，县内产品质量监督检查执法累计出动1.2万人次，办案852件，案件当年办结率均在90%以上。

五、创建省“质量兴县”先进县

2003年，宝应县被列为省第二批“质量兴县”试点县。3月，县政府成立“质量兴县”工作领导小组，制定《宝应县质量振兴“十五”计划》和《宝应县“质量兴县”工作实施意见》，召开全县质量振兴工作会议。县政府与各乡镇、有关部门签订2003年度质量工作目标责任状。9月成立乡镇质量监督管理站。是年，宝胜集团获省质量管理奖，江苏玉华容器制造有限公司获市质量管理奖。创名牌产品6个，其中省级1个、市级5个。12家企业通过ISO 9001质量体系认证，宝胜集团首家通过ISO 14000环境体系认证。2004年开展质量诚信企业星级评定试点工作，制定企业诚信评分细则，有100多家企业申报质量诚信单位，中国人民财产保险股份公司宝应支公司、宝应电信公司、县自来水厂、晨怡大酒店获市服务奖。10月，县政府制定奖励政策，对首次获得名牌产品或省市质量诚信企业及制定国家标准的，分别给予20万元至2万元奖励。宝胜牌电线电缆获“国家免检产品”称号。创名牌产品20个，其中国家级1个、省级6个、市级13个。创省质量信用产品6个。宝胜集团获“国家免检企业”称号，宝胜集团、江苏玉华容器制造有限公司、江苏安益钢瓶制造有限公司3家企业获“省产品质量诚信企业”称号，宝应亚细亚商城获“省质量诚信企业”称号，江苏银宝集团等14家企业获“市产品质量信得过企业”称号。宝应电器厂获市质量管理奖。20家企业通过ISO 9000质量体系认证。2005年4月召开名牌推进工作会，县政府出资100万元对获得2004年度名牌产品的企业进行奖励。同时对2004年度质量工作先进乡镇和部门进行表彰。8月组织专门工作班子，按照“质量兴县”验收细则要求，开展自查自纠，落实整改措施。12月，宝应县“质量兴县”工作通过省验收，成为省级“质量兴县”先进县。

第四节　打假治劣

1992年，县工商部门组织开展打击制售假冒伪劣商品行动，查处劣质盐15吨、酱油331吨，假冒“镇江”陈醋1200瓶、“洋河”酒4060瓶、香烟1.62万条，假冒“凤凰”“永久”自行车93辆，假冒服装1.23万件，捣毁假酒、劣质盐制造生产窝点2个。8月在县体育场举行销毁假冒伪劣商品大会。全年查结各类案件55件，罚没金额21.80万元。1996年，在省政府部署的集中打假行动中，查处伪劣化肥206吨、农药71.25万瓶(支)、种子1273千克、柴油70.30吨、水泥725吨、饮料7.86万瓶(袋)、麻油8920瓶、灶具4526台、一次性输液器10万支、换气扇1880台、漏电保安器279只。查处万元以上大案14件，捣毁制售假冒伪劣窝点21个。1999年，根据国家质检总局提出的打好“三大战役”要求，1月开展“查市场、保两节”战役，检查超市和自选商店80多家；5月开展查建材、保建设战役，出动执法人员520人次，检查32个建筑工地；开展查农资、保农业战役，查获假冒宝应碳铵20吨、南京栖化尿素67吨和膘马农药800多瓶。

2000年成立县打假领导小组办公室(简称县打假办)，办公地点设在县质监局，负责组织全县统一打假行动。县质监局设立“12365”电话，受理打假投诉举报。6月，由县打假办组织工商、公安、卫生等部门联合开展打假捣窝整治行动，查办制假售假案件118件，案值92万元，捣毁制假窝点8个。9月，在县公安部门协助下，捣毁宝应历史上最大的制售假酒窝点案，案值近15万元，6名涉案人员中2人被刑事拘留。2001年，制定《宝应县“打假联合行动”实施方案》，由县打假办组织开展食品、农资、药品、棉花、汽摩配件5个专项打假，出动执法人员3000人次，查办制售假冒伪劣商品案件近200件，移交司法机关3件，刑事拘留7人。其中，查处假冒“巨星”农药案，案值25万元，主要当事人被刑事拘留；涉嫌销售假冒三星牌手机案，案值90多万元，涉案嫌疑人被取保候审。2002年在打假行动中，突出重点保护地方名牌产品。1月，县质监局在公安部门配合下，现场查获制售假冒宝胜牌电线电缆，涉案金额高达480万元，追缴违法货款100多万元，5人被追究刑事责任。2005年以查处大要案作为打假重点，开展农资等涉及人民群众生命财产安全的专项打假行动。5月，沿河镇官沟村农民举报使用某厂生产的“秧草净”农药后，秧苗僵化、矮化。县质监局及时将农药抽样送检，并组织专家现场鉴定，确认为农药药害。随后，与厂方进行索赔谈判，最终生产厂家赔偿60万元现金、20万元农药。是年，共查处打假案件63件，涉案金额300多万元，案值5万元以上11件。其中，查处销售假冒伪劣种子和种子销售虚假宣传案件10件，及时追回假劣稻种2万多千克，罚没款18万元，追究刑事责任1人。1990～2005年查处假冒伪劣产(商)品总货值1700多万元。

第五节　特种设备安全监察

一、特种设备检验整治

1990年，县锅炉压力容器检验所检验在用压力容器53台、锅炉64台，检验率90%，对7台锅炉制造质量、6台锅炉安装质量、5台锅炉修理质量进行监督；会同市锅炉压力容器检验所对32万只石油液化气钢瓶进行监检。1991年重点对29家锅炉房进行综合治理，25家验收合格，合格率86.2%。1992年全面完成523台在用压力容器检测。1997年，县锅炉压力容器检验所通过5年一次省级复查验收。1998年，检验在用锅炉142台，确认停用29台，报废5台；检验在用压力容器35台，报废2台，使用变更为常压11台；检验出厂锅炉203台、压力容器3台、液化石油气钢瓶70万只。与县工业供销公司联办太平钢瓶检测站，通过省劳动厅资格认可，领取检验许可证；与县锅炉厂联办水质监测站，全年对水质监测160次。2000年初，县锅炉压力容器检验所划归县质监局后，分别于二、三季度组织6次大检查，检查企业158家次、设备330台次，下发监察意见书近100份。取缔1家非法制造锅炉厂家，对1家存在较大事故隐患的液化气充装站下发停业整改通知。同时，在全县范围内开展压力容器、特种设备普查，普查登记锅炉411台、压力容器772台、特种设备229台，并建立管理台账。2001年，县质监、工商、公安等部门联合开展“土锅炉”整治行动，取缔全部“土锅炉”126台。2005年组织7次安全大检查，其间“五一”黄金周前，检查特种设备使用单位68家，查出安全隐患158条，下发整改意见书50份，及时整改140条。先后增加压力管道元件产品监检、压力管道安装监检、压力管道在线检验和压力容器安装监检等新检验项目。2005年末有特种设备使用单位440家，有在用锅炉479台、压力容器833台、电梯81台、超重机械404台。累计完成特种设备定期检验16.80万台次，其中锅炉10万台次、压力容器5万台次、电梯1万台次、行车0.50万台次、厂内机动车0.30万台次，定检率100%；完成特种设备监督检验10万台次，其中锅炉5万台次、压力容器3万台次，安全阀校验5万台次，锅炉水质化验1万批次。

二、特种设备操作人员培训

1990年，县劳动部门组织锅炉房司炉工、水处理人员和压力容器操作工近100人参加培训。此后，每年对特种设备操作人员进行培训考核。1993年，对147名特种设备作业人员进行培训考核，对105名压力容器焊工考核换证。1996年有285名特种设备作业人员参加培训考核。2001年结合开展“土锅炉”整治行动，重点培训司炉工，近100人通过考核持证上岗。2005年举办4期培训班，培训司炉工、压力容器操作工362人。上门培训、复训机电类特种设备操作人员289人，培训液化气站充气操作人员28人。

第六章　审　　计

第一节　财税审计

1990年，县审计局对城郊乡1989年度财政决算进行审计。审计发现，预算内收支基本平衡，但预算外收入仅完成65%，存在农业投入较少、巧列名目支取招待费等问题。1991年、1992年，对汜水、射阳湖、山阳、曹甸4个乡镇财政决算审计，查出少支多报、虚列财政支出等违反财经纪律的问题金额38.52万元。1996年首次对1995年度县级财政预算执行情况进行审计。审计发现，存在超预算安排资金、部分税种未及时足额征收、部分预算支出科目使用不当、部分退库手续不完备等问题。1997年，探索从账户入手的审计方法，开展同级财政审计。审计查出，当年财政收入款未及时入账金额221.80万元。同时，对企业纳税情况进行延伸审计，查出有6种税种、基金多征收62.80万元，少征收55.50万元。1998年，同级财政审计首次延伸到二、三级预算单位，清理出预算单位在资金分配、管理和使用中存在损失浪费问题，对乡镇单位存在的乱设基金、乱开口子、增加开支和社会负担的问题进行处理。1999年，在同级财政审计中强化对财政性资金分配、管理和使用效益的监督，发现违规金额578万元。2000年，完成县本级预算执行审计和5个乡镇、11个重点部门的财务收支审计，重点查处乱收费、乱罚款和小金库等问题，共查出违规金额948万元，增加财政收入316万元。2002年，扩大审计覆盖面，财政资金审计量达50%以上，一级预算单位审计10%以上，重点审查财政、税务等部门，延伸审计15家与预算有缴拨关系的单位，提出应纠正资金7052万元。2003年在同级财政审计中，突出税收收入审计和规范各项开支。审计发现，违规减免应缴未缴的预算收入129万元，隐瞒转移预算收入1242万元，延缓滞留预算资金1619万元，乱收费、乱摊派、乱罚款金额390万元。对县地税局2002年财务收支情况审计，查出违规减免少征未征收入16万元、虚减财政收入91万元、截留挤占挪用财政资金74万元。2005年，在县本级预算执行情况审计中，共审计20家单位，查出管理不规范金额3.09亿元，其中违规减免少征应缴未缴预算收入1.10亿元、隐瞒转移预算收入17万元、虚列财政支出5314万元、截留挤占挪用预算资金17万元、其他问题金额1.45亿元。对县开发区和泾河、鲁垛、广洋湖3镇财政决算审计，查出违规金额5万元，管理不规范金额981万元。

第二节　金融审计

1991年，县审计局对县人行、县中行、县建行和县保险公司财务收支进行审计，共查出违纪金额100万元。县政府召开“三行一保险”部门负责人会议，逐项纠正审计查出的问题，对违纪金额予以收缴，对“小金库”予以处罚。1996年，对中国人民保险公司宝应县支公司1995年度财务收支进行审计，查出白条字据报销21.60万元，并作出补缴营业税的审计决定。2001年，对中国人寿保险公司宝应县支公司和县农村信用合作联社2000年度财务收支进行审计，查出违规金额365万元，其中少计利润159万元、虚列利润200万元、挤占成本6万元。2002年，对中国农业发展银行宝应县支行2001年度资产负债损益进行审计，提出审计意见和建议。2003年后，金融审计属上级审计机关授权审计项目，县级审计机关不再对县域内金融机构实施审计。

第三节　行政事业单位审计

1990年，县审计局对16家行政事业单位财务收支进行审计，审计金额3215万元，查出违纪金额16万元。是年增设农水审计股，负责农业水利资金审计，审计22家单位，占应审单位36%，审计总金额101.60万元。1992年对7家行政事业单位财务收支进行审计，查出违纪金额8.52万元。1993年对21家行政事业单位审计，查出违纪金额133万元。1996年对1995年预算外资金审计，重点抽查8个部门，查出违纪金额16万元。1998年对县教委、县民政局、县交通局等11家机关单位财务收支进行审计，重点检查有无乱收费、乱罚款、乱摊派和截留、挤占应上缴款及滥发钱物等问题。2001年对县国土局、县计委、县教委、县劳动局、县交通局等单位财务收支与专项资金进行审计，查出违规金额1147万元。2005年对县国土资源局、县法院和县农工办等6个部门财务收支进行审计，审计专项资金总额2.29亿元，查出管理不规范金额1254万元。

第四节　企业审计

1990年起，企业审计重点是检查财务收支合法性和企业盈亏真实性，为承包经营奖兑现提供依据。是年对县纺织厂等16家企业进行审计，发现挤占成本少计利润116万元、偷漏税金17万元。1992年对13家企业开展审计，查出偷漏税金32.46万元，多报或少报利润436.26万元。1994年，企业审计由过去单纯查处违规违纪，转变到全面监督国有资产保值增值和盈亏真实性。1996年开始，企业资产、负债、损益审计成为企业审计主要内容。全年共审计8家企业，核减资产2469万元，核增负债257万元，核减所有者权益2726万元。1999年对县化肥厂资产、负债、损益进行全面审计。审出不良资产1231万元，占总资产的19.8%；负债8942万元，资产负债率高达143.8%；实际亏损5300万元，资不抵债2722万元。根据审计结果，县政府召集有关部门研究企业改制方案。2000年对县车辆厂、江苏五琼浆集团等企业进行审计，重点检查企业资产质量和盈亏情况，督促企业加强管理和完善现代法人治理结构。审计查出资产不实6280万元、负债不实3190万元、盈亏不实1000多万元。2001～2002年，对县医药公司、县自来水公司等6家企业资产、负债、损益进行审计，查出违规金额413万元。2005年，对县自来水公司和市政工程管理处等4家企业资产、负债、损益审计，查出少计成本24万元、少缴税金135万元、虚增资产889万元、虚增负债1030万元、虚增所有者权益910万元、虚增不良资产额952万元，对审计发现的问题依法进行审计处理。

第五节　经济责任审计

1990～1995年，经济责任审计对象主要是企业厂长（经理），目的是客观评价企业承包经营成效及经营者责任。1998年4月，县委印发《关于对全县乡镇和行政机关、企事业单位领导干部实行离任审计的意见》，经济责任审计对象扩大到县管领导干部。是年对10个乡镇和部门主要负责人进行离任审计。2001年，宝应在扬州市率先成立县经济责任审计工作领导小组，并建立联席会议制度，启动任中经济责任审计，实现经济责任审计由离任向任中前移。是年首次对2个乡镇、2个部门主要负责人进行任中审计。2002年3月，召开经济责任审计联席会议，讨论通过《关于进一步加强乡镇和县行政机关、企事业单位领导干部经济责任审计工作的意见》和《宝应县乡镇和县行政机关、企事业单位领导干部经济责任审计实施办法》，将经济责任审计与乡镇部门财务收支审计和企业资产负债损益审计结合在一起，做到一次进点、同步实施。是年，对5个乡镇、2个部门、1家企业主要负责人进行经济责任审计，其中任期审计6人、离任审计2人。共查出违规金额487万元（主管责任金额193万元）、损失浪费金额531万元（主管责任87万元），提出应纠正金额1.03亿元。2003年，对2个乡镇、2个部门主要负责人进行任期审计，查出违规金额575万元、管理不规范金额1887万元、损失浪费40万元。2005年，对泾河镇、县房改办等16个镇、部门、企业主要负责人进行经济责任审计，审计查出问题金额7037万元，其中认定主管责任的违规金额232万元、管理不规范金额6636万元、损失浪费169万元。

第六节　固定资产投资审计

1993年，县审计局首次开展基建审计，完成57个项目，审核金额2547万元，审定金额2340.10万元，核增金额40万元，核减金额246.90万元。1994年完成基建审计项目34个，审计金额2648万元，查出高估冒算金额230万元，占总投资8.7%。2000年，县审计局将基建审计关口前移，完成开工前审计项目10个、竣工决算审计项目3个、装饰装潢审计项目1个，查出超规模投资800万元，核减高估冒算金额203万元，核减率9%。2001年对全县454个村农村电网建设和改造工程进行审计，审计资金总额1.15亿元，审计面100%。延伸审计49个村10千伏以下工程项目决算，送审金额1084.16万元，审定金额1068.29万元，核减15.87万元。2002～2003年，对县劳动服务就业中心大楼等10个基建项目

图20-6-1　对建筑工程进行审计

进行审计,审计金额9559万元,核减工程款957万元,核减率9.1%,查出资金来源不合规金额115万元、少缴税金12万元。2005年,对县地税局综合楼、叶挺桥小学教学楼、县公安局办公楼装饰工程以及宝应经济开发区路桥和绿化工程竣工决算进行审计,审计投资总额4147万元,核减工程款1173万元,核减率28%。

第七节 专项资金审计和审计调查

1990年,开展粮食生产专项基金审计,审计22家单位,占应审计单位的36%;审计金额101.60万元,占应审金额的82.6%。开展1988～1989年度水利工程水费收支、使用、管理审计,抽查11个乡镇水管站和4个灌区,审计金额321.40万元,占两年水费收入的87.5%。对查出的拖欠应缴上级水费、截留挤占水费等问题分别作出处理。1992年,对1990年、1991年待业保险基金和退休养老金收支及管理开展审计调查,查出各类问题资金30万元,针对征缴不足、解缴不及时和挪用等问题提出改进意见。1999年,按省审计厅统一部署,对全县30个乡镇294个村计划外生育费财务收支情况进行审计,共查出村收村支金额760万元、乡镇挤占挪用金额288万元、使用不合规收据收取金额220多万元。县审计局印发内参《计划外生育费管理亟待加强》,报送县四套班子领导。2003年,审计专项资金2109万元,查出问题资金1225万元,占专项资金的58%。2005年,有计划地对农村草危房改造、农村改水、农村公路建设、新型农村合作医疗基金、城市建设、土地出让金等专项资金进行审计和审计调查,共审计6家单位,审计专项资金2.29亿元,查出应缴未缴专项资金4万元、配套资金不落实2994万元、未按时拨付资金2484万元,督促拨付资金到位2484万元。

第八节 社会审计

1990年,县审计事务所完成16家单位工会经费审计,审计查证单位30个。1992年,县审计事务所更名为县审计师事务所。全年完成9个基建工程决算项目审计,总金额547万元,核减决算支出48万元,核减率8.7%;办理2062户企业资金年检,申报注册资金4.74亿元,验证注册资金3.64亿元。1993年,共完成25个审计查证项目,追回损失金额近20万元,促进提高经济效益180万元。是年4月成立县基建审计师事务所。1994年,县审计师事务所增挂“市审计师事务所宝应分所”牌子,为市审计师事务所派出机构。全年共完成委托事项2095项,核减虚假注册资金942万元,为委托单位追回损失8万元,完成经济责任承包审计30项、财务收支审计45项、离任审计8项、验资年检1968项,担任常年顾问单位87家,协助法院查处经济案件2件。1998年,县审计师事务所与县基建审计师事务所合并,两块牌子、一套班子。是年,承办财务收支审计项目51个、基建工程决算审计项目67个,送审金额6463万元,审计核减金额574万元。1999年10月,县审计师事务所与县审计局脱钩,改制成立县中兴会计师事务所有限公司,从业人员12人;县基建审计师事务所与县审计局脱钩,改制成立县宝审工程造价事务所有限公司,从业人员8人,具有工程造价乙级资质。脱钩改制后的两家单位均为股份制性质社会中介组织,独立核算、自负盈亏。2000年,县宝审工程造价事务所有限公司完成社会审计项目100个,送审金额3873.40万元,核减金额491.52万元,核减率12.7%。县中兴会计师事务所有限公司实现年营业收入46.20万元。2003年,县宝审工程造价事务所有限公司与扬州长城基建审计事务所有限公司联合成立江苏汇诚投资咨询管理有限公司,具有工程造价甲级资质、工程招标代理甲级资质。2005年,江苏汇诚投资咨询管理有限公司完成审计项目276个,送审金额1.32亿元,核减金额2218万元,核减率16.8%;完成标底编制69个,编制金额3.03亿元;完成工程招标代理69项,代理金额2.88亿元;拥有固定资产48万元;实现营业收入140.60万元;单位从业人员18人。县中兴会计师事务所有限公司完成验资项目

159项，验资金额4.12亿元；完成审计项目209项，审计金额10.45亿元；实现营业收入115.80万元；从业人员18人。

1990～2005年宝应县审计工作情况统计

表20-6-1

年　份	审计项目(个)	查处违纪金额(万元)	上缴财政金额(万元)
1990	50	217	81
1991	44	182	68
1992	34	101	3
1993	37	455	—
1994	50	125	4
1995	27	113	18
1996	33	879	6
1997	28	1001	98
1998	49	3960	51
1999	46	2020	50
2000	38	7112	55
2001	28	5300	69
2002	30	263	30
2003	38	434	238
2004	69	4304	—
2005	40	231	231

第七章　食品药品监督管理

1990～2001年10月，县药品监管工作由县卫生局负责。2001年11月，市宝应药品监督管理局（简称宝应药监局）成立，由省扬州食品药品监督管理局垂直管理。2005年7月，宝应药监局更名为扬州市宝应食品药品监督管理局，增加对食品安全进行综合监督、组织协调和查处重大事故职能。

第一节　食品安全监督管理

1990～2005年7月，全县食品安全由县卫生、农业、工商、质监等部门分头负责监督管理。2005年9月，县食品安全委员会成立，办公室设在宝应药监局，制定《宝应县食品安全委员会工作规则》《宝应县食品安全委员会成员单位职责》，初步建立食品安全综合监督、组织协调、督查督办、信息联络等制度，逐步完善食品安全综合监管工作机制。

一、食品卫生执法检查

1990年，县卫生防疫部门开展经常性和突击性食品卫生监督执法检查。对违反食品卫生法情节较

图20-7-1　食品生产企业对产品质量安全承诺倡仪

重的单位和个人，依法进行处罚，食品卫生监督实现法治化管理。2000年，对全县白酒市场开展专项检查，捣毁制售假冒“五粮液”“剑南春”等名酒及“五琼浆”等地方名酒窝点。2004年9月，国务院印发《关于进一步加强食品安全工作的决定》，明确质监部门从2005年1月1日起履行食品生产加工环节质量卫生监督职能。县质监局成立食品安全领导小组，设立“12365”社会公众投诉举报电话，建立由镇村食品监督员、协管员、信息员三支队伍组成的食品质量安全监管网络。2005年9月，宝应质监局组织对全县食品生产加工企业开展历时3个月的地毯式普查，共普查食品生产加工企业、作坊629家，建立健全食品生产加工企业档案。是年实施食品安全工程，立案查处食品违法案件31件，销毁各类不合格食品1200多千克，捣毁制假窝点2个，涉案金额50万元。1990～2005年，共检查食品生产经营单位17.59万户次，警告并限期、责令改正1570户次，责令退回产品9户次，没收或销毁不合格食品1.94万千克，罚没款92.38万元，责令停业整顿287户次。

二、食品卫生监测

1990年起对各类食品及餐具坚持抽检监测，特别在元旦、中秋、国庆等重大节日期间，加强对酒类、糕点、饮料、冷菜、熟食、月饼等重点食品进行监测。1997年起，县产品质量监督检验所对食品生产加工企业开展监督委托检验。2003～2005年，全县食品生产加工企业在国家、省、市食品质量监督抽检中，合格率分别为90%、93.5%、94.6%，高于全市其他县(市)水平。2005年，食品卫生合格率90.9%，比1990年上升4.50个百分点；餐具消毒合格率71.3%，比1990年上升10个百分点。

三、食品卫生许可证核发

根据《中华人民共和国食品卫生法》规定，对从事食品生产、经营单位和个人核发食品卫生许可证，并每年复核1次。1990年，应发证3803份，实发证3781份，发放率99.4%。1992～2005年核发率100%。

1990～2005年宝应县食品卫生许可证发放(复核)统计

表20-7-1

年份	应发(复核)证(份)	实发(复核)证(份)			发放率(%)
			生产经营单位(份)	食品商贩(份)	
1990	3803	3781	940	2841	99.42
1991	3503	2454	494	1960	70.05
1992	2977	2977	1131	1846	100.00
1993	3187	3187	1529	1658	100.00
1994	1701	1701	1043	658	100.00
1995	1851	1851	1166	685	100.00
1996	1905	1905	1203	702	100.00
1997	1570	1570	1128	442	100.00
1998	1555	1555	1247	308	100.00
1999	2470	2470	1904	566	100.00
2000	3066	3066	2382	684	100.00

续表 20-7-1

年份	应发(复核)证(份)	实发(复核)证(份)			发放率(%)
			生产经营单位(份)	食品商贩(份)	
2001	3108	3108	2352	756	100.00
2002	3032	3032	2291	741	100.00
2003	2154	2154	1870	284	100.00
2004	2883	2883	2318	565	100.00
2005	2923	2923	2382	541	100.00

四、食品生产许可证管理

2002年起，严格执行食品质量安全市场准入制度，首批对大米、小麦粉、酱油、食醋、植物油5类食品实行生产许可证管理。2003～2005年，共有63家食品生产加工企业领取食品生产许可证，23家食品外销企业领取出口食品卫生注册证，产品涉及蔬菜制品、大米、小麦粉、白酒、酱油、食醋、植物油、乳制品等15类近200个品种。

五、食物中毒事故查处

1990年，全县发生食物中毒6起、食物中毒79人。1991～2000年，全县发生食物中毒7起、食物中毒132人。其中，沙门氏菌2起、亚硝酸盐1起、变形杆菌2起、矿物油1起、副溶性弧菌1起。2000年4月30日，山阳镇中心幼儿园为311名幼儿提供河南省清丰县豫华食品有限公司生产的大丰车牌奶酥作课间餐，食后有44名幼儿出现腹痛、腹泻、恶心、呕吐等食物中毒症状。经省卫生防疫站对剩余奶酥检测含有矿物油，县卫生防疫部门依法对销售该产品的山阳镇饮服商店副食一店和个体批发商处以1.50万元罚款和行政处罚。2001～2005年，全县发生食物中毒5起、食物中毒86人。至2005年末，全县共发生食物中毒18起、食物中毒297人。

第二节　药品监督管理

一、药品检验

1990年起，县药品检验所每年定期或不定期对县内药品生产、经营企业及医疗机构的药品进行抽检。至2000年共抽检4316个品种，合格率平均86.9%。2002年，宝应药监局抽样送检78批，合格率86%。通过抽检，查出不合格药品货值8万多元。2005年送样本180件，检验样品125件，合格率84%。是年，宝应药监局在全市率先制定《宝应县药品不良反应报告和监测考核管理办法》，报告药品不良反应60例。

二、执法检查

1990年起，每年组织药品质量大检查。至1998年先后出动1240人次，检查单位2466家，查出假劣药品4275种次，价值14.95万元。立案查处违法案件48件，罚没款40万元，查处取缔游医药贩223人次。2000年，开展药品市场专项整治，取缔13家用乡镇供销社名义、12家个体诊所无证经营药品。2002年4～7月，按照省药监局统一部署，组织开展确保人民用药安全的“正源行动”，先后出动900多

图20-7-2　用药安全宣传

人次,检查单位320家,查获假劣药品、医疗器械244种次,价值14.42万元。2003年4月,开展"正源行动在农村"药品监督执法检查,并组织开展二类精神药品专项检查。全年出动检查人员1552人次,检查药品和医疗器械生产、经营、使用单位539家次,查获假劣药品、医疗器械612种次,价值17.80万元,取缔无证经营药品单位7家,立案查处各种违法案件134件。2004年4～10月,开展"正源行动保健康"药品监督执法检查,出动检查人员1005人次,检查各类医疗机构和药品、医疗器械生产、经营企业278家次,查获假劣药品、医疗器械57种次,价值5.52万元,非法经营药品、医疗器械价值9.39万元,立案查处案件53件。2005年,组织开展省、市统一部署的基层药品质量大检查执法行动,出动执法人员1565人次,检查药品,医疗器械生产、经营、使用单位468家次,取缔无证经营药品、医疗器械单位15家,立案查处案件128件,结案124件,集中销毁假劣药品和医疗器械货值40万元。

三、质量管理认证

2000年,扬州中宝制药有限公司投资1000多万元实施大容量注射剂(大输液)车间药品生产质量管理规范(GMP)改造,2001年通过国家级审查。2002年,扬州中宝制药有限公司小容量注射剂通过国家GMP认证验收,并获得GMP认证证书。2003年10月,县医药有限公司通过省药品认证中心组织的药品经营质量管理规范(GSP)认证验收,成为县内首家获GSP认证的药品经营企业。2004年,黄河集团中宝制药公司在新厂区实施固体制剂、原料药GMP改造,7月通过国家级现场认证验收。是年,GSP认证全面推开,县城27家零售药店全部通过认证。2005年推进农村药店GSP认证。10月末,镇村73家药店全部通过认证。是年末,全县132家药品经营企业有103家通过GSP认证,占78%。

四、申领、换发产品注册证

2002年,县朝阳药用玻璃厂通过省和国家食品药品监督管理局验收,取得药用包材注册证书。是年,县内唯一生产一次性无菌医疗器械的江苏申宝医用制品厂,投入近1000万元改造厂房、车间,通过省食品药品监督管理局组织的现场验收,成功换领新的产品注册证。2004年,江苏华东药用包材有限公司通过国家食品药品监督管理局现场验收,获得产品注册证。

五、药品零售监管

1993年,29家乡镇供销社开展经营药品零售业务,县卫生局药政股对其规定经营范围和品种。1994年,规定凡外省市到宝应经营药品必须注册登记送检合格后才能销售。1999年,药品经营单位与纪检部门签订廉政共保书和守法经营责任书,规范经营行为,严防药品购销过程中的不正之风。2001年6月,宝应首家民营药店人医药店开业。2002年5月后,药品零售市场放开,宝应药监局严守准入条件,坚持程序规范。全年受理申请65家,立项26家,其中19家获得药品零售经营许可证。2003年7月,对零售药店进行突击检查,发出责令整改通知书37份,提出整改意见150多条。宝应药监局印发《关于加强药品零售企业日常监管的通知》,进一步规范企业经营管理行为,并开展创建诚信药店活动,建立零售药店日常监管档案,及时记录不良行为。至2005年,全县共有药品经营企业132家,其中批发企业1家、零售连锁门市27家、零售企业104家(城区34家、乡镇70家)。县内各镇均设有零售药店。

图20-7-3　药品安全协管员培训

六、药品两网建设

2004年4月,宝应药监局在城乡共聘请125名药品协管员,其中城区20人、镇村105人,初步建立药品监督网。12月,全县各镇卫生院(医院)全部实行为村卫生室代购药品制度,建立起农村药品供应网。

第三节　药师队伍

1999年，2人通过考试取得县内首批执业中药师资格。2000年，5人取得执业药（中药）师资格。2002年，首批38人取得从业药（中药）师资格。至2005年，全县有执业药（中药）师104人、从业药（中药）师173人；评定药学技术人员职称345人，其中高级职称2人（主任药师和副主任药师各1人）、中级职称48人（主管药师30人、主管中药师18人）、初级职称295人（药师124人、中药师82人、药士50人、中药士39人）。

第八章　安全生产监督管理

1990～2001年7月，安全生产监督管理主要由县劳动局负责。2001年8月组建县安全生产监督管理局（简称县安监局），与县经贸局合署办公，为县政府综合管理安全生产的直属机构。2005年4月，县安监局升格为一级局，为政府组成部门。是年，烟花爆竹生产、批发经营安全监管由县公安局划归县安监局，作业场所职业病防治安全监管由县卫生局划归县安监局，增加煤矿安全生产监督管理职责。

第一节　宣传教育

一、安全宣传

1990年，县劳动局牵头举办"安全保险杯"文艺汇演，从中优选3个节目参加全市汇演，获优秀创作奖、优秀演员奖、演出三等奖和优秀组织发动奖。1991年开展全县"安全生产在我心中"演讲竞赛，14个系统27名选手参加，从中选出5名优胜者组成演讲小分队，在全县巡回演讲12场。1993年组织开展安全生产周活动，放映安全录像片46场，悬挂横幅63条，设广播宣传台8处，编印安全法规文件汇编2000册，分发各企业、单位。1994年5月开展以"勿忘安全、珍惜生命"为主题的全国安全生产周和县安全生产月活动。组织近1万名职工参加"太平洋杯"安全生产知识竞赛，县化肥厂代表队参加市电视竞赛获三等奖。2000年先后组织安全生产月（周）和夏季安全生产百日竞赛等活动，开展形式多样安全生产宣传教育，提高广大干部职工的安全生产意识。2004年，县安监局刻录《法佑平安》光盘100份，免费送发各乡镇、部门、重点企业，并巡回播放145场。2005年，县安委会组织12个部门共同举行安全生产现场咨询日活动，发放宣传材料3000份，出动宣传车2辆、宣传艇1艘进行流动宣传。举办安全在我心中大型演出活动，近1000人观看演出。公安部门与学校联合开展安全进校园活动。10多个部门举行安全知识竞赛。县安委会办公室专门印发安全生产理念用语39条。

图20-8-1　　安全培训

二、教育培训

1990年，县劳动局组织县内32家有压力容器的企业、单位分管负责人到靖江化工设备厂容器爆炸点进行现场教育。全年举办12期培训班，乡镇企业、建筑施工单位负责人和安全员，锅炉房管理人员、司炉工、水处理人员，压力容器操作工等600多人参加培训。1994年，举办各类人员安全技术培训班16期，培训1916人，发证1215人。电工、电焊工、司炉工等特殊工种人员坚持先培训后考核，持证上岗。1996年，县劳动局先后举办6期培训班，共有厂长(经理)、行车工、司炉工、电焊工、厂内机动车驾驶员等特种作业人员285人参加。2000年，县劳动局共举办7期厂长(经理)、电工、电焊工、起重机械驾驶员培训班，有401人参加培训，对587名电工、电焊工进行复审。在江苏恒兴麦芽有限公司、县纺织厂、宝胜集团等企业进行"事故隐患和职业危害监控"试点。2004年，县安监局培训特种作业人员、安全管理人员260人次，广洋湖镇、西安丰镇举办消防知识培训班，各村委会主任、生产经营单位负责人和相关部门600多人参加。2005年，县安监局先后举办18期安全培训班，培训1301人，发证317人。对机电类特种设备操作工进行上门培训、复训，先后上门培训宝胜集团27名桥式起重机操作工，复训57名桥式起重机操作工和17名叉车操作工。

第二节　制度建设

1990年，县内继续实行安全生产责任制。年初，县政府与各乡镇、各部门签订安全生产目标管理责任状，坚持安全生产"一票否决"。此后，每年年初，县政府与各乡镇和有关部门签订安全生产责任状，将安全生产列入年度考核范围。各乡镇和有关部门分别与下属单位签订安全生产责任状。1991年，实行企业安全管理合格证制度和高危生产企业安全许可证制度，县粮食胶辊厂、县糖烟酒公司、县第一副食品商店3家企业取得安全管理合格证书。县供电局安全工具厂、县橡胶制品厂、小官庄织带厂、石桥网绳带厂、夏集光学仪器厂、鲁垛中学劳保用品厂、射阳绳缆厂、城郊船舶器材厂等8家劳动保护用品生产厂取得劳动部颁发的生产许可证。是年，县车辆厂、县振动仪器厂通过机械电子工业部安全性评价检查，获部级安全企业称号。1992年，18家生产经营企业开展安全性评价活动。2003年7月，县政府印发《宝应县重大安全事故应急救援预案》，明确规定重大安全事故应急救援预案启动条件和范围、应急指挥组织机构、应急抢险救灾总指挥部及其办公室职责、重大安全事故报告和现场保护、事故应急处理方案和措施等。9月，县政府印发《宝应县行政领导安全生产责任规定》，县政府办公室印发《宝应县安全生产行政责任追究制》。2005年7月，县安委会办公室印发《关于建立安全生产事故报告及统计制度的通知》，对事故快报程序和时限、事故快报内容、安全生产事故月报等提出明确要求。10月，县安委会印发《关于实施安全生产风险抵押金制度的通知》，明确规定，凡属宝应县管理的矿山(含非煤矿山)、道路交通运输、建筑施工、危险化学品、烟花爆竹和民用爆破器材等危险性较大领域的生产经营活动单位，一律按规定缴纳安全生产风险抵押金。

第三节　安全监管

1990年，县劳动局会同县总工会在春节、"五一"、元旦期间和夏、冬两季开展5次安全生产检查，查出重大事故隐患90条。至年底整改80条，整改率88.9%。1991年，县内先后开展5次安全生产大检查，查出事故隐患2000条，其中重大事故隐患20多条。至年底整改1700多条，整改率87%。1993年，在安全生产大检查中，采取企业自查、行业互查、组织抽查相结合，全面普查与专业专项检查相结合，检查与整改相结合的方法，做到检查不漏一个单位、不留一个死角、不放过一个事故隐患。对不具备安全生产条件的2家鞭炮厂、7个建筑工地采取停产整顿的措施。事故隐患整改率80%以上。1995年，开展6次安全生产大检查，立即整改事故隐患625条。2001年，县安委会组织县经委、县质监局、县总工会、县乡企局等部门对安全生产大检查中发现的事故隐患进行筛选、评估，实行分级管理。对可能导致1人以上死亡或财产损失100万元以上事故隐患定为县重大事故隐患，由县安委会直接跟踪督查整改，其他一般事故隐患由乡镇、部门直接督促整改。全年取缔"土锅炉"115台，整改重大安全事故隐患9条。

2004年，各镇、各系统开展拉网式安全检查，各专项整治牵头单位开展专项安全检查，检查单位、企业5518家，查出事故隐患6500多条，下发整改通知书120多份，立即整改4300多条，责令停业整顿15家。2005年，县内先后组织10次大规模安全检查，6月，县安委会对安宜镇城东村桥南组35号至39号5户非法玻璃制品小作坊等14项较大事故隐患进行通报，提出明确整改要求。

第四节　专项整治

一、危险化学品

1995年，县劳动局牵头对49家乡镇小化工企业进行安全生产专项整治，县第四化工厂通过审查验收。2001年，在专项整治中严格执行危险化学品安全生产许可证制度，对7家未领证化工企业由县安委会下达停产整顿通知书。2002年，县安监局印发《宝应县化工企业安全生产专项整治实施方案》，责令关停县化肥厂、县化工厂、大有化工厂等不具备安全生产条件的化工企业。全县共实施危险化学品生产企业行政许可18宗、发证17宗，危险化学品经营户发证13家，剧毒化学品经营户备案发证5家。2004年，专项整治以申领危险化学品安全生产许可证和换发危险化学品经营许可证为重点，小官庄镇风顺氧气厂取得市批准设立文书，天平液氧站取得省危险化学品安全生产许可证。至年底发证40家，完成县内危险化学品生产储存企业安全状况评估。2005年，集中对危险化学品道路运输开展专项整治，重点对21家生产经营储存企业和危险化学品运输车辆的安全隐患整改，先后进行专项检查和突击检查21次，实现全年安全无事故。

二、烟花爆竹

2000年3月成立县烟花爆竹专项治理工作领导小组，制定《宝应县烟花爆竹专项整治方案》。7月，县政府组织劳动、公安、消防等部门，对县花炮厂超量存放的14吨药物进行集中销毁。县政府召开专题会议，通报全县专项治理情况，对全县7家烟花爆竹生产企业一律实行关停，限期转产。县劳动、公安、消防等部门立即对全县烟花爆竹企业库存的药物进行销毁，价值约17.50万元。年底，县内烟花爆竹生产企业全部停产。在加强烟花爆竹生产企业整治的同时，加大对私产烟花爆竹和经营网点查处力度。韦镇鞭炮厂私自生产被县工商局、县公安局严厉查处，销毁黑火药314.50千克，县检察院对业主立案侦查。对2534家烟花爆竹销售点进行封存，没收烟花1927只、爆竹1321件。2002年，全县7家鞭炮生产企业彻底关停，县政府拨款15万元对关停企业进行善后处理。2005年，县安监局印发《宝应县烟花爆竹销售安全管理办法(试行)》，对烟花爆竹储存、批发、零售、运输、燃放等环节提出专项整治和规范管理要求，完成250户烟花爆竹零售点发证工作。全县依法取缔非法销售烟花爆竹网点10家、非法储存烟花爆竹地点12处，收缴各类烟花爆竹1700多大件。

三、玻璃制品

2001年，对县内玻璃制品加工企业进行3次专项治理，督促初具规模的企业按安全生产必备条件逐步规范。2002年11月，县政府印发《宝应县玻璃制品企业安全生产管理细则》，对厂区布置与厂房建筑、安全生产条件、事故应急预案与调查处理、管理责任等作明确规定。2005年3月，县安委会印发《宝应县玻璃制品企业安全生产专项整治工作方案》，全县各地加大专项整治力度。安宜镇组织6个部门近40人集中行动，依法取缔东升桥南小区不符合安全生产条件的玻璃制品加工点5处。镇政府在创业园区安排专门厂房，引导玻璃制品小作坊、加工点迁入园区。小官庄镇、射阳湖镇取缔不具备安全生产条件的玻璃制品企业和小作坊56家，规划筹建玻璃工业园，有30家企业入驻园区。

四、非煤矿山(砖瓦窑)

2004年，县安委会印发《宝应县非煤矿山专项整治工作意见》，并制定《宝应县非煤矿山重大安全事故应急救援预案》。9月，县安监局牵头组成非煤矿山安全评估组，历时近1个月，对县内15家砖瓦企业进行逐一评估，评估合格13家，责令停业整顿2家。2005年，15家砖瓦企业全部领取安全生产许可证。

五、公众聚集场所

2001年,对全县684家营业场所进行分类、分工整治,整治合格率90%,10月通过市级验收。2005年3月,按照省、市《人员密集场所"生命畅通工程"消防安全活动方案》,宝应县成立专项整治活动领导小组,下设办公室,负责组织协调专项活动。专项整治期间,全县共出动检查人员250人次,检查单位1200多家,发现火灾隐患241处,其中单位自查发现120处、自查整改103处,部门检查发现火灾隐患121处,下发责令限期整改通知书121份,到期下发复查意见书104份,复查合格74家,复查不合格12家均立案查处,其中2家被列为市级挂牌督办单位、2家被列为县级挂牌督办单位。经过整改,4家被市县挂牌督办的重大消防隐患均整改到位,通过验收摘牌。

第五节　安全生产事故处理

1990年,全县发生企业职工伤亡事故5起,其中死亡事故1起、死亡1人。事故发生后,严格按照事故原因分析不清不放过、事故责任者和群众没有受到教育不放过、没有落实防范措施不放过的"三不放过"原则处理结案。1993年发生企业安全生产事故6起,其中死亡事故3起、死亡3人。充实调整10个工业系统安全技术人员,建立乡镇以上安全管理机构61个,配备专兼职安全技术人员773人,聘请15名县级安全监察员。1995年,安全生产事故上升。全年发生企业职工伤亡事故10起、死亡5人。2000年起,事故处理坚持做到"四不放过",即在"三不放过"基础上,增加事故责任人没有严肃处理不放过。2002年6月15日,泾河镇黄浦社区居委会一居民私自倒灌石油液化气,导致液化气泄漏遇明火发生钢瓶爆炸,烧死2名儿童。事故发生后,按"四不放过"原则严肃查处。县安监局及时印发《宝应县化工企业安全生产专项整治实施方案》,对危险化学品和易燃品加强监管监察,防范类似事故再次发生。2005年,县安委会印发《关于开展2005年度安全生产行政正职述职报告的通知》,规定各镇、宝应经济开发区行政主要负责人每年向上级政府进行安全生产工作书面述职。述职报告内容包括年内辖区各类事故情况、事故处理是否严格执行"四不放过"原则等。是年发生安全生产事故2起、死亡2人。

1990～2005年宝应县安全生产伤亡事故统计

表20-8-1

年份	事故(起)	死亡(人)	年份	事故(起)	死亡(人)
1990	5	1	1998	2	1
1991	7	2	1999	6	3
1992	11	2	2000	5	2
1993	6	3	2001	2	0
1994	9	5	2002	6	2
1995	10	5	2003	4	3
1996	4	2	2004	0	0
1997	3	3	2005	2	2

第二十一篇　中共地方组织和群众团体

1988年4月至1991年4月，中共宝应县第六届委员会贯彻中共十三大精神，实施主攻工业、开发副业、稳定农业、扩大外向型经济的发展战略，加快全县改革开放和经济建设步伐。1991年4月至1996年4月，中共宝应县第七届委员会坚持以中国特色社会主义理论为指导，组织全县广大干群深入学习邓小平南方谈话精神，进一步解放思想、更新观念、抢抓机遇、拼搏进取，坚持深化改革和外向开拓，推进全县经济跨越发展、超常规发展，全面、提前、超额完成“八五”计划。1996年4月至2001年3月，中共宝应县第八届委员会按照中共十五大精神，实施党政机关机构改革、企业改制、发展规模经济等，全县民营经济、规模经济、外向型经济取得突破性进展。2001年3月至2005年12月，中共宝应县第九届委员会以邓小平理论和“三个代表”重要思想为指导，围绕富民兴镇强县主题，提出打好招商引资、民营经济、农业产业化经营三个硬仗，实施工业强县、外向带动、科教兴县、城镇化、生态建设五大战略，全县出现大开放、大招商、大发展的生动局面。按照两手抓、两手硬和党要管党原则，县委在以经济建设为中心的同时，高度重视精神文明建设，不断加强和改进党的建设，在组织、宣传、纪律检查、统战、党务等方面取得明显成绩。

1986年，县工商业联合会（简称县工商联）恢复活动。至2005年，县工商联组织开展系列专题调研，积极为全县工商企业特别是民营经济发展献计献策。同时，加强自身组织建设，动员广大会员企业和非公有制经济人士捐资助学、扶贫济困，回报社会。

1990～2005年，县内总工会、共青团、妇联等群众团体，按照各自章程，在加强自身建设同时，围绕中心，服务大局，积极开展凝心聚力、特色鲜明、富有成效的各项活动，为县域经济社会发展作出贡献。

第一章 中国共产党宝应县地方组织

第一节 组织机构

一、领导机构

1990～2005年，中国共产党宝应县委员会先后召开第七次、第八次、第九次代表大会，选举产生中共宝应县第七届、第八届、第九届委员会。每届委员会设县委书记1人、副书记若干人。

1990～2005年中共宝应县委书记、副书记任职一览

表21-1-1

职务	姓名	性别	民族	籍贯	任职时间
书记	姚佩伦	男	汉	江苏宝应	1990.1～1990.9
	蒋进	男	汉	江苏南京	1990.9～1993.6
	冯国平	男	汉	江苏靖江	1993.6～1995.6
	纪春明	男	汉	江苏邗江	1995.6～1999.1
	高瑞芹	男	汉	江苏宝应	1999.1～2001.1
	闻道才	男	汉	江苏江都	2001.1～
副书记	张军	男	汉	江苏句容	1990.1～1991.1
	蒋进	男	汉	江苏南京	1990.1～1990.9
	周学恒	男	汉	江苏宝应	1990.1～1990.2
	陈卫庆	男	汉	江苏东台	1990.1～1993.6
	沈汉庭	男	汉	江苏宝应	1990.1～1996.4
	冯国平	男	汉	江苏靖江	1990.4～1993.6
	成际辉	男	汉	江苏宝应	1992.12～2004.2
	刘克明	男	汉	江苏宝应	1993.6～2000.10
	徐志福	男	汉	江苏邗江	1993.6～1995.6
	高瑞芹	男	汉	江苏宝应	1993.6～1999.1
	韩国柱	男	汉	江苏宝应	1997.12～2004.2
	闻道才	男	汉	江苏江都	1999.1～2001.1
	姜振林	男	汉	江苏宝应	2000.10～2001.3
	林正玉	男	汉	江苏扬州	2001.1～
	徐少龙	男	汉	江苏宝应	2002.2～2005.8
	张小一	男	汉	河南西平	2002.5～2002.11
	徐乃宝	男	汉	江苏宝应	2004.2～
	刘星驰	男	汉	江苏高邮	2004.2～
	张耀武	男	汉	江苏邗江	2005.3～
	肖鸣祥	男	汉	江苏姜堰	2005.11～

二、工作机构

1990年初，县委设办公室、组织部、宣传部、统战部、农工部、政法委等6个工作机构和研究室、机要室、机关党委、老干部局、党校、党史办、区划办、保密办、对台办等9个直属机构。5月，建立县农村经济工作委员会，与县委农工部两块牌子、一套班子。12月，县对台办更名为县台湾工作办公室（简称县台办）。是年建立县社会治安综合治理委员会，与县委政法委员会合署办公。1997年4月，实施党政机构改革，县委设办公室、组织部、宣传部、统战部、农工部、政法委等6个工作机构，党校、档案馆、党史办等3个直属机构和机关党委、老干部局、机要室、台办等4个归口管理机构。2001年12月，县台办调整为与县委办公室合署办公，县直属机关党委更名为县级机关党工委，与县委组织部合署办公，县档案馆与县委办公室合署办公；县委党史办并入县档案馆；县委办机要室与县委保密办（县国家保密工作局）合并，组建县委机要保密局，由县委办公室管理；县委农工部更名为县委农村工作办公室（简称县委农工办）；县委、县政府信访局，由县委办公室、县政府办公室管理。至2005年底，县委设办公室、组织部、宣传部、统战部、农工办、政法委6个工作机构，老干部局、信访局、机要保密局3个归口管理机构和党校1个直属事业机构。

三、机关党组

1990年，在党政机关中分别设立县人大常委会、县政府、县政协、县法院、县检察院5个党组。2月恢复设立县公安局党组建制。1994年9月成立县国税局党组。1996年1月建立县工商局党组。1997年5月建立县经委党组，6月建立县工商联党组，8月建立县司法局党组、县计委党组。1999年5月建立县烟草局党组，6月建立县地税局党组。2000年7月建立县科委党组，12月建立宝应质监局党组。2001年11月建立宝应药监局党组，12月建立县劳动和社会保障局、县国土局、县环保局、县总工会党组。2002年1月，建立县财政局党组。至2005年底，全县共有县人大常委会、县政府、县政协、县法院、县检察院、县国税局、县地税局、县经济贸易局、县工商联、县司法局、县发改委、县烟草局、县科技局、县劳动和社会保障局、县国土局、县环保局、县总工会、县财政局和宝应质监局、宝应食品药品监督管理局、宝应工商局等21个党组。

四、基层党组织

（一）乡镇党组织

1990年，全县有城镇、氾水、射阳湖、山阳、曹甸、西安丰、小官庄、望直港、子婴河、夏集、天平、鲁垛、广洋湖、石桥、沿河、城郊、黄浦、泾河、黄塍、芦村、韦镇、郭桥、柳堡、小尹庄、獐狮荡、下舍、水泗、长沟、中港、氾光湖30个乡镇党委。1998年10月，城镇、城郊乡合并，建立安宜镇党委。2000年4月，全县乡镇区划调整，设立安宜、氾水、夏集、柳堡、鲁垛、广洋湖、小官庄、沿河、望直港、射阳湖、水泗、西安丰、曹甸、泾河、黄塍、山阳16个乡镇党委。2003年10月，水泗乡并入射阳湖镇，撤销水泗乡党委。2005年10月，沿河镇并入安宜镇，撤销沿河镇党委。至2005年12月，全县共有安宜、氾水、夏集、柳堡、鲁垛、广洋湖、小官庄、望直港、射阳湖、西安丰、曹甸、泾河、黄塍、山阳14个镇党委。

（二）县属机构党组织

1990年，全县有县属直机关、县城乡建设环保局、县商业局、县粮食局、县物资局、县交通局、县卫生局、县文教局、县建筑工程局、县机电公司、县化建公司、县轻纺公司、县供销合作联（总）社、县人武部、县化肥厂、县拾屯煤矿、县纺织厂、宝胜电缆厂、宝应县中学19个系统党委。1995年8月，宝应酒厂党总支改建为宝应酒厂党委（1997年4月改称为江苏五琼浆集团有限公司党委）；宝应车辆厂党总支改建为宝应车辆厂党委（2001年9月撤销），县制药厂党支部改建为扬州中宝制药有限公司党委。1996年2月，宝应县中学党委改建为宝应县中学党总支。1996年10月撤销县纺织厂党委，建立江苏银宝集团公司党委（2003年11月撤销）。1997年2月建立江苏水鲜集团有限公司党委（2004年12月更名为县水产局党委）。5月，县建筑工程局党委改称为县建筑安装工程总公司党委。1998年3月建立县公安局党委。8月建立县电信局、县邮政局党委。1998年10月建立县民政局党委。2001年6月撤销县供销（集团）总公司党委、县物资(集团)总公司党委,建立县供销合作总社党委。8月建立县供电公司党委。12月,县直属机关党委更名为县级机关党工委,建立县农林局党委。2002年9月建立宝应经济开发区党工委。2003年5月建立县农村信用合作社联合社党委。2004年2月撤销县机电公司、县轻纺公司党委,建立县机电(轻纺)工业公司党委。3月撤销县商业集团总公司党委、县供销合作总社党委,建立县商贸总公司党委。撤销县化建公司党委,所属基层党支部划归县经贸局党总支。2005年7月撤销县化肥厂党委。至年末,全县共有县级机关党工委、县建设局、县粮食局、县交通局、县卫生局、县教育局、县邮政局、县民政局、县水产局、县公安局、县农林局、县电信局、县供电公司、县建筑安装工程总公司、县拾屯煤矿、宝胜集团、江苏五琼浆集团有限公司、扬州中宝制药有限公司、县信用联社、县机电(轻纺)工业公司、县商贸总公司21个系统党委和宝应经济开发区党工委。

第二节　党的代表大会

一、中共宝应县第七次代表大会

1991年4月16～19日,中共宝应县第七次代表大会在县城召开,出席大会正式代表379人,其中妇女代表66人。大会审议并通过蒋进代表县委所作的题为《以党的七中全会精神为指导,团结带领全县人民向着新的目标迈进》的工作报告和高德黔代表县纪律检查委员会所作的工作报告,并作出相关决议。大会提出今后三年工作总的要求是:以中共十三届七中全会精神为指导,专心致志地抓经济建设,聚精会神地搞好党的建设,扎实有效地推进精神文明和民主法制建设,坚持深化改革和外向开拓,坚持科教兴县、依法治县、勤俭建县,团结和带领全县人民,为促进全县经济协调发展、科技教育进步、社会文明安定、生活逐步改善而奋发努力。大会要求纪检工作要紧紧围绕党的基本路线,全面履行纪检机关职能,严肃党的纪律,不断推进党风和廉政建设,更好地为改革和经济建设服务,保证和促进全县"八五"计划顺利实施。大会以无记名投票方式选举产生中共宝应县第七届委员会委员29人、候补委员4人,选举产生县纪律检查委员会委员13人。

中共宝应县第七届委员会任期至1995年4月,共召开8次全体(扩大)会议。1991年4月19日召开第一次全体会议。会议选举蒋进、冯国平、陈卫庆、沈汉庭、高德黔、陈志恕、高瑞芹、贾殿华、仇学程为县委常委,蒋进为书记,冯国平、陈卫庆、沈汉庭为副书记。在纪委全体委员会议上选举高德黔为纪委书记。1992年1月19日召开第三次全体(扩大)会议,讨论通过《关于进一步加强乡村农业社会化服务体系建设的意见》和《关于加快发展村级集体经济的意见》。1995年12月4～6日召开第八次全体(扩大)会议,审议通过县委《关于宝应县国民经济和社会发展"九五"计划和2010年远景目标的建议》。

二、中共宝应县第八次代表大会

1996年4月22～25日,中共宝应县第八次代表大会在县城召开,出席大会正式代表400人,其中妇女代表79人。大会审议并通过纪春明代表县委所作的题为《团结拼搏,再创辉煌,为胜利实现跨世纪宏伟目标而努力奋斗》的工作报告和华占全代表县纪律检查委员会所作的工作报告,并作出相关决议。大会提出,以中国特色社会主义理论和党的基本路线为指导,切实加强党的建设,团结带领全县人民,围绕"全面达小康,奋力进百强"的目标,着力推进经济体制和经济增长方式两个转变,进一步加快改革开放和经济建设步伐,实现一二三产业协调发展,经济、社会、环境协调发展,物质文明建设和精神文明建设协调发展,本世纪末全面实现小康,加快向现代化目标迈进。大会要求全县各级纪检组织要紧紧围绕经济建设中心,深入开展反腐败斗争,进一步加强党风廉政建设,为全县经济建设和社会发展创造良好环境。大会以无记名投票方式选举产生中共宝应县第八届委员会委员27人、候补委员4人,选举产生县纪律检查委员会委员13人。

中共宝应县第八届委员会任期至2001年3月,共召开11次全体(扩大)会议。1996年4月25日召开第一次全体会议。会议选举纪春明、高瑞芹、刘克明、成际辉、华占全、陈志恕、姜振林、仇学程、臧民为县委常委，纪春明为书记，高瑞芹、刘克明、成际辉为副书记。在纪委全体委员会议上选举华占全为纪委书记。是年7月27～29日召开第二次全体（扩大）会议，研究部署加快推进企业改制、大力发展工业规模经济、积极推进农业产业化、建设高素质干部队伍等重点工作。是年12月10～12日召开第三次全体（扩大）会议，审议通过《关于加强社会主义精神文明建设的意见》。1997年11月27～29日召开第五次全体（扩大）会议，贯彻中共十五大精神，以大力发展个体私营经济为突破口，突出工业结构调整，部署1998年乃至今后一个时期工作。1999年11月12～13日召开第九次全体（扩大）会议，突出产权制度改革，部署全县国有、集体企业改革和发展，审议通过县委《关于进一步深化国有集体企业改革的意见》。2000年12月25日召开第十一次全体（扩大）会议，审议通过县委《中共宝应县委关于制定国民经济和社会发展第十个五年计划的建议》。

三、中共宝应县第九次代表大会

2001年3月27～30日，中共宝应第九次代表大会在县城召开，出席大会正式代表360人，其中妇女代表80人。大会审议并通过闻道才代表县委所作的题为《围绕富民兴镇强县，全面推进二次创业，努力开创新世纪之初改革开放和现代化建设的新局面》的工作报告和徐少龙代表县纪律检查委员会所作的工作报告，并作出相关决议。大会提出，要以邓小平理论和“三个代表”重要思想为指导，围绕“一个主题”（富民兴镇强县），推进“二次创业”，打好“三个硬仗”（招商引资、民营经济、农业产业化经营），实施“五大战略”（工业强县、外向带动、科教兴县、城镇化、生态建设），切实加强党的建设和精神文明建设，推动经济持续快速发展和社会全面进步，建设富裕型小康县。会议要求，全县各级纪检组织要坚持从严治党方针，深入推进反腐败斗争，加大从源头上预防和治理腐败力度，积极探索服务经济建设的方法和途径，为实现第九次党代会提出的各项目标任务提供有力的政治保证。大会以无记名投票方式选举产生中共宝应县第九届委员会委员26人、候补委员5人，选举产生县纪律检查委员会委员13人。

中共宝应县第九届委员会任期至2006年5月共召开19次全体（扩大）会议。2001年3月30日召开第一次全体会议。会议选举闻道才、林正玉、成际辉、韩国柱、徐少龙、徐乃宝、刘星驰、张志安、宋祥林为县委常委，闻道才为书记，林正玉、成际辉、韩国柱为副书记。在纪委全体委员会议上选举徐少龙为纪委书记。7月9～15日召开第二次全体（扩大）会议，县委书记闻道才作题为《大力弘扬二次创业精神，进一步推进全县大开放大招商大发展》的工作报告。10月11日召开第四次全体会议，原则通过《关于调整不胜任现职领导干部职务的意见》和《关于鼓励机关干部外出边创业边招商引资的实施意见》。11月5日召开第五次全体（扩大）会议，对40名乡镇和县直部门（一级局）领导班子党政正职的拟任免人选和推荐人选进行无记名投票表决。2002年12月16日召开第九次全体（扩大）会议，提出紧紧抓住“一个中心、四个突破”（以项目建设为中心，在园区建设、利用外资民资、经营城镇、作风建设上求突破）的总要求。2003年7月20～21日召开第十一次全体（扩大）会议，总结实施工业强县战略三年来的工作，提出今后一个时期推进工业化进程的总体部署。县委书记闻道才作题为《立足“两个率先”，加快工业化进程，为全面建设小康社会而奋力拼搏》的工作报告。2005年12月9～10日召开第十九次全体（扩大）会议，审议通过《宝应县国民经济和社会发展“十一五”规划纲要》。

图21-1-1　县委九届十九次全体会议

第三节 重大决策

一、推进思想解放

中共十一届三中全会冲破“两个凡是”的思想禁锢，重新确立解放思想、实是求是的思想路线，把全党工作重点从“以阶级斗争为纲”转到“以经济建设为中心”上来，实现第一次思想大解放，从而加快社会主义现代化建设步伐。1990年，县委六届六次全体(扩大)会议提出，解放思想、更新观念，正确处理稳定与发展、速度与效益、农业与工业、投入与产出关系，推进经济建设和各项工作持续、稳定、协调发展。1992年12月，县委七届四次全体(扩大)会议要求，进一步解放思想，转换脑筋，大胆地闯，大胆地试，在实践中试出新招数、闯出新路子。县委号召，“学苏南、赶沿江、超邻县”，加大改革力度，加速经济发展。1993年11月，县委召开七届五次全体(扩大)会议，深入贯彻邓小平南方谈话和中共十四大精神，动员全县各级党组织、广大党员干部和人民群众进一步解放思想，深化农村改革，加快社会化服务体系建设，进一步把农业和农民引向市场；转换政府职能，推进配套改革，优化经济发展环境，进一步解放思想，大胆放手发展个体私营经济，积极推进农业产业化。

1999年8月，县委八届八次全体(扩大)会议提出，突出工业主导地位，围绕经济建设“四个着力点”(工业主导地位、工业结构调整、农业产业化经营、个体私营经济和建筑业)，积极组织突破。是年11月，县委印发《关于进一步深化国有集体企业改革的意见》。县委八届九次全体(扩大)会议要求，以中共十五届四中全会精神为指导，以产权制度改革为核心，把加快大企业建立现代企业制度与加快中小企业“放”的步伐结合，把深化企业改革与推进企业战略性重组、加快技术改造、强化企业管理结合，把企业内部改革与外部配套改革结合，着力制度创新、技术创新、管理创新，进一步形成新的竞争优势，推动全县经济更快更好地发展。2000年7月，县委八届十次全体(扩大)会议提出，以“三个代表”重要思想为指导，树立集中精力抓发展、振奋精神抓发展、调整创新抓发展的思想，突出“两个创新”(机制创新、技术创新)，借助两股力量(外资、民资)，加快全县改革建设步伐，以良好的业绩、高昂的斗志跨入新世纪。2003年7月，县委九届十一次全体(扩大)会议提出，立足“两个率先”，加快工业化进程，为全面建设小康社会而奋力拼搏。2004年7月，县委提出，解放思想，奋力争先，加快全县工业化、城市化进程，招商引资加快推进，园区开发加快实施，创业氛围加快形成，农民收入加快增长。2005年7月，县委经济工作会议提出，进一步解放思想，抢抓机遇，争先进位，为实现“两个翻番”、加快宝应崛起而奋力拼搏。

二、制定发展战略

长期来，宝应县经济以农业为主体。解放后，农业得到很大发展，但受“以粮为纲”的影响，农业基本上是单一的粮食经济。中共十一届三中全会后，县委在总结历史教训的基础上，不断提出与完善以突出工业经济发展为主导地位的经济发展战略。1993年11月，提出在工业经济发展中以市场为导向，围绕“突破50亿、加快奔小康”的目标，抓住“调整、改革、开放、科技”四个战略重点，加速经济发展，提高运行质态。1994年7月，县委七届六次全体(扩大)会议提出强化“四个意识”(抢抓机遇的发展意识、注重质态的效益意识、敢于竞争的市场意识、敢闯敢试的改革开放意识)。1995年12月，县委七届八次全体(扩大)会议提出，以邓小平理论和中共十四届五中全会精神为指导，牢牢把握经济建设中心，着力推进经济体制和经济增长方式两个转变，坚持改革驱动、外向带动、科技推动，大力实施规模经济战略、“龙”型经济战略、科教兴县战略，促进三次产业协调发展、经济社会协调发展、“两个文明”建设协调发展，提前全面实现小康，努力把宝应建成为经济繁荣、科教发达、生活富裕、社会文明的县份。1997年11月，县委八届五次全体(扩大)会议提出，以调整完善所有制结构，大力发展个体私营经济为突破口的指导思想。会后，制定《关于进一步加快发展个体私营经济的十条规定》。1998年7月，县委八届六次全体(扩大)会议提出，确保“一个目标”(全年国内生产总值可比价增长12.4%)、打好“两个硬仗”(技改投入和再就业工程）、做实“三篇文章”（工业结构调整、农业产业化经营、发展个体私营经济），促进全县经济持续快速健康发展。

1999年8月，县委八届八次全体（扩大）会议提出，以中共十五大和省、市委扩大会议精神为指导，围绕确保“一个目标”（全年经济增长10%）、坚持“两个并举”（眼前发展与长远后劲并举、改革发展与保持稳定并举）、把握“三个突破口”（项目建设、招商引资、深化改革），确保实现全年奋斗目标。2000年12月，县委八届十一次全体（扩大）会议提出，全县经济社会发展紧紧围绕“拼搏进取、富民强县”的目标，坚持以结构调整和产业升级为主线，以制度创新和技术创新为动力，大力实施工业强县战略、外向带动战略、科教兴县战略、城镇化战略和生态建设战略，加快发展税源经济、“龙”型经济、开放经济、民营经济和生态经济，坚持经济社会、“两个文明”协调发展，建成宽裕型小康县。2001年1月，县委召开全县加快实施工业强县战略动员大会，动员全县上下以招商引资为突破口，大力实施工业强县战略。会后，制定《宝应县对工业经济有突出贡献人员实行重奖的试行办法》。2003年，县委制定《宝应县招商引资优惠政策》。是年12月，县委九届十三次全体（扩大）会议提出，坚持“一个中心、四个突破”（坚持以重大项目建设为中心，在利用“双资”、园区开发、城市化建设、致富群众上求突破），加快工业化、城市化进程，推进经济社会追赶式、跨越式发展，为富民兴镇强县、全面建设小康社会而努力拼搏。2004年12月，县委九届十六次全体会议提出，推进大招商、大投入、大开发、大创业，苦干三五年，实现再翻番。2005年3月，县委印发《关于进一步加强机关干部外出驻点招商工作管理的意见》。9月，县委印发《关于进一步鼓励机关部门副科级以上干部参与驻点招商的意见》。

图21-1-2　县委经济工作会议

三、坚持改革开放

（一）农村改革

1990年，县委六届六次全体（扩大）会议学习贯彻中共十三届五中全会精神，结合宝应工业生产速度回落过猛，经济效益出现负增长；市场疲软、销售难度加大；投入较少，生产发展后劲不足的实际，讨论落实全县深化改革目标、任务和措施。县委提出“稳定发展农业，综合开发副业，调整提高工业”要求，着力抓好“一个推向”“三个放手”（把农业全面推向市场，放手发展多种经营，放手发展二、三产业，放手发展个体和私营经济）。1998年7月，县委八届六次全体（扩大）会议提出，着力推进农业产业化经营，千方百计增加农民收入。精心组织农业生产和农业结构调整，寻求农产品流通、加工的新突破，加大农业产业化经营扶持力度。1998年8月，县委印发《关于鼓励加快推进农业产业化经营的政策性意见》。1999年8月，县委八届八次全体（扩大）会议提出，围绕农民增收、农村稳定，积极推进农业和农村经济发展，大力调整农业结构，搞活农副产品流通，发展农产品加工。2000年，为适应新形势，全县实施乡镇和村组区划调整，全县村和村民小组分别由原来的426个和5070个调整为235个和2649个，调减率分别达44.8%和47.8%；全县29个乡镇调整为16个。使乡镇行政支出有所减少、干部队伍进一步优化，撤并乡镇的资产被盘活运用，有效促进经济发展。

（二）企业改革

1996年7月，县委八届二次全体（扩大）会议提出，加快推进以产权制度为核心的企业改革。是年9月6日，县委召开10万人企业改制动员大会，作题为《统一思想，坚定信心，扎扎实实推进企业改制工作》的动员报告。会后，在不同类型的16家企业进行试点。企业改制由点到面全面推开。1998年3月，县委召开全县企业改革工作会议，着重围绕“抓大放小”继续推进。1999年11月，县委召开八届九次全体(扩大)会议，作题为《认真贯彻十五届四中全会精神，加快推进全县国有集体企业改革和发展》的报告。会议提出，以“三改一加强”为主线，突出产权制度改革核心，加快推进重点骨干企业规范化的股份制改革，加快中小企业和困难企业改制的步伐。会后，县委印发《关于进一步深化国有集体企业改革的意见》。以产权和职工劳动关系双置换为内容的新一轮企业改制启动，186家企业实施改制，通过出售、转让股权等形式，使1.13亿元公有资产得到盘活，41家企业公有资产全部或大部退出，售价总额2847万元。2005年，企业改制进入扫尾阶段，先后对8家企业进行改制，置换1000多名职工劳动关系。至2005年，全县153家国有、县属企业和746家乡镇企业完成改制。

(三)开放型经济

1998年7月，县委八届六次全体(扩大)会议提出，大力发展开放型经济，抓好现有合资合作项目进展，寻求新的合资合作。1999年8月，县委八届八次全体(扩大)会议提出，加大对外招商力度，优化软硬环境吸引客商。2001年7月，县委九届二次全体(扩大)会议提出，大力弘扬二次创业精神，进一步推进全县大开放、大招商、大发展。2002年7月，县委经济工作会议围绕全年“一个突破、四个加快”总体要求，突出主攻“一主两翼”(工业为主体，开放型经济、民营经济为两翼)，动员全县上下凝心聚力，开拓奋进，把招商引资工作推向高潮，把实施工业强县战略引向深入，加快富民兴镇强县步伐。利用一切优势，开展全方位招商，在“抓多”上求突破；把企业嫁出去、引进来，在“抓大”上求突破；推进重点合资、合作，“以外引外”，在“抓外”上求突破；用“四两拨千斤”的办法加强载体建设，在“抓优”上求突破。2005年，招商引资势头强劲，引进各类项目274个，计划总投资37.10亿元，到账资金17.30亿元，合同利用外资4500万美元，实际利用外资3750万美元，分别增长26%、79.2%，实际利用外资增幅列扬州市第一。至2005年，全县有实际投入运行的外资企业32家，美国德州仪器股份有限公司、意大利比瑞利公司、意大利意维丝公司等全球500强企业相继落户宝应。

四、加强精神文明建设

1990年，县委六届六次全体(扩大)会议提出，依靠强有力的思想政治工作，组织和发动群众，共渡难关。1994年9月，在总结历史经验基础上，县精神文明建设活动委员会、县委宣传部在全县广泛开展征询宝应精神活动。11月，县委决定把“团结拼搏、艰苦创业、开拓争先、务实奋进”作为宝应精神在全县宣传实践，成为加快发展的强大动力之一。1995年12月，县委七届八次全体(扩大)会议提出，要坚持用邓小平理论武装全党，教育干部和群众，加强爱国主议、集体主义、社会主义思想教育和艰苦奋斗的优良传统教育，树立正确的世界观、人生观、价值观、道德观。深入开展精神文明建设活动，提倡科学、文明、健康的生活方式；积极探索社会主义市场经济新形势下搞好精神文明建设的新思路、新方法。是年，县委宣传部与县委组织部联合发出《关于在全县党员干部中开展向孔繁森同志学习活动的通知》，全县城乡掀起学习孔繁森热潮。1997年7月，县委八届四次全体(扩大)会议要求各级党政组织把精神文明建设贯穿于实现奋斗目标的工作全过程，努力营造积极向上、催人奋进的强烈氛围。

2000年7月，县委八届十次全体(扩大)会议提出，认真开展“三讲”集中教育，做到“三讲”教育与当前工作两不误、两促进，进一步加强精神文明建设。2001年，县委九届二次全委(扩大)会议提出，始终坚持“两手抓、两手都要硬”的方针，切实加强社会主义精神文明建设。2002年8月，成立“三个代表”重要思想理论巡讲团，深入基层宣讲中共十六大精神和“三个代表”重要思想。2003年，全县贯彻实施《宝应县公民道德教育实施意见》，在镇村干部中开展“真诚待人、踏实干事、清白为官”的思想道德教育。2005年7月，县委提出，深入开展创建学习型社会活动，开展“我爱我家、共建家园”，引导市民讲文明、讲公德、讲诚信、讲和谐，塑造宝应人崭新的时代形象。全县构建学校、家庭、社会“三位一体”青少年教育网络，实施教书育人、阵地育人、活动育人、环境育人“四大工程”，建立青少年思想道德建设长效机制。

五、加强党的建设

1990年起，县委遵循中共中央和省委、市委决策部署，积极探索适应新时期党建工作新思路，切实加强党的各项建设。县委印发《发展党员公示制度》《关于整顿后进村党支部的意见》和《后进村党支部整顿工作验收细则》。是年，县委六届六次全体(扩大)会议提出，坚持民主集中制，正确处理好厂长中心地位和党组织核心地位的关系，充分发挥企业党组织在思想政治方面的核心作用和厂长在生产经营中的中心作用。1991年起，全面推行党建工作三级目标管理机制，完善党的组织生活制度，制定《整顿后进村和经济薄弱村三年规划》《宝应县后进村党支部整顿工作检查考核细则》。1992年12月，县委七届四次全体(扩大)会议要求，始终坚持"两手抓、两手都要硬"，切实加强党的建设，确保社会主义现代化建设顺利进行。1999年8月，县委八届八次全体(扩大)会议提出，加强党风廉政建设，树立党和政府的良好形象。要从源头上防起，要从重点问题抓起，要从领导干部做起。2000年7月，县委八届十次全体(扩大)会议提出，大力加强基层党组织建设，增强各级党组织的战斗力，不断推进领导干部思想作风建设，促进党风、政风进一步好转。2000年，深入开展"三讲"教育，抓好党委中心组学习，县委印发《关于加强基层党委中心组学习的意见》。2002年1月，县委九届六次全体(扩大)会议提出，强化党的建设，加快领导干部和机关作风转变。解放思想，与时俱进，以思想跨越赢得发展的跨越；艰苦奋斗，实干为民，保持同群众的血肉联系；增强各级党组织的创造力、凝聚力和战斗力；从制度建设入手，加强党风廉政建设；提高领导水平，埋头苦干、狠抓落实。2003年7月，县委九届十一次全体(扩大)会议提出，各级干部一定要坚持立党为公、执政为民，牢记"两个务必"，坚持群众利益无小事，始终做到以民为本、富民优先。2005年7月，县委提出，以党员先进性教育为载体，提升党员干部的政治素质，从领导上提高加快发展的真本领。

第四节　纪检监察工作

1990年初，全县有基层纪委31个、部门纪检组17个。1993年2月，县纪委与县监察局合署办公，县监察局仍属县政府序列。1995年，乡镇设立监察室，与乡镇纪委合署办公。1997～1998年，县纪委分别向县计划委员会等12个部门、单位派驻纪检组。2000年，县监察局分别向县公安局等3个部门派驻监察室。2002年，县公安局等部门纪检组撤销，分别建立纪委。县直属机关纪委撤销，建立县纪委县级机关工作委员会。至2005年末，全县有镇纪委15个(含宝应经济开发区)、镇政府监察室15个(含宝应经济开发区)，直属部门、单位纪委18个、监察室10个。县纪委有派驻纪检组(纪工委)8个、派驻监察室3个。

图21-1-3　纪检监察干部培训

一、领导干部廉洁自律

1990年，县纪委、县监察局联合印发《关于调查和清理"空关房"的通知》和《关于清理纠正违反规定用公款装修住房和购买商品房的工作意见》。1993年，中共中央关于领导干部廉洁自律五项规定和省委三条要求印发后，县委制定实施意见提出具体要求。是年，县纪委转发省纪委、省监察厅制定的《关于党政机关干部廉洁自律的几项实施办法》。1994年进行发扬党的优良传统，深入开展党风廉政建设和反腐败斗争主题教育活动。1995年，县委印发《关于继续抓好领导干部廉洁自律工作的通知》。1996年，县委印制领导干部廉洁自律"31个不准"情况登记表，县委印发《关于领导干部离任实行考核、审计和公物移交的意见》，县委办印发《党政机关公费手持机使用证制度》，县纪委印发《关于对共产党员在减轻农民负担工作中违法违纪问题处理的暂行规定》。是年，开始实行领导干部个人重大事项报告制度。1998年，县纪委印发《关于重申领导干部廉洁自律有关规定的通知》。1999年，中共中央、国务院《关于实行党风廉政建设责任制的规定》颁布后，县委、县政府制定实施意见、考核办法和责任追究实施办法，明确县委常委和县政府党员副县长的党风廉政建设责任。乡镇、部门结合实际，制定相应细则，强化责任分解，明确乡镇部门主要负责人对本地区、本部门的党风廉政建设状况负总责。2000年，县委办印发《关于实行党风廉政建设责任制考核的暂行办法》。2001年1月，县委、县政府召开全县党政机关工作人员抵制“红包”承诺大会，县纪委设立“581581”廉政账户。是年，县委办印发《关于开展土地批租专项治理大力推进土地招标拍卖工作的实施意见》。2002年开展牢固树立正确权力观主题教育活动。2003年，县纪委制定领导干部谈话制度，明确规定对新任领导干部提出廉政勤政要求，不定期了解乡镇、部门领导班子成员廉政情况，廉政谈话时提出建议和要求；对群众来信来访反映领导干部在政治思想、道德品质、廉政勤政方面的一般问题，由县纪委领导与当事人提醒谈话；对苗头性、倾向性问题，与领导干部进行诫勉谈话，提出诫勉要求，并由其作出说明和表态。2004年，将中央纪委“四大纪律、八项要求”，以告知书形式印发至全县每位领导干部，县纪委印发《经营性土地使用权招标拍卖挂牌出让监督实施办法》。2005年，贯彻中共中央《建立健全教育、制度、监督并重的惩治和预防腐败体系实施纲要》和省委具体意见，县委、县政府主要负责人集中向全县各级领导干部进行宣讲，将实施纲要的工作项目分解到县委、县政府领导及其职能部门。

1990～2005年，全县有领导干部586人(次)主动申报个人及家庭重大事项，其中婚嫁276人(次)、购(建)房208人(次)、其他事项102人(次)。全县领导干部登记并上交或拒收礼品、礼金价值140.75万元。县纪委负责人先后对129名新任领导干部进行任前谈话，对23名在任领导干部进行提醒谈话和诫勉谈话。清理出领导干部违反规定为配偶、子女办理户口“农转非”28户。清理出党员干部53人违反规定报支子女上学费用计6.60万元，涉及领导干部26人均责成纠正，1人被立案查处。清理出违反住房规定的领导干部288人、建筑面积9594.72平方米，收缴违规金额355.45万元。其中，对在清理中没有整改纠正到位的6名领导干部发出党政廉政建设通知书。清理出14名领导干部违反规定建私房问题，责成拆除违章建筑132.80平方米，收缴建筑材料差价款、占地补偿费等1.19万元，4人受到纪律处分。清理出机关干部“空关房”92间1401.80平方米，对包括8名领导干部的1068.60平方米“空关房”全部收回。清理领导干部违反规定用公款购买商品房、新建机关职工宿舍问题，对其中16套住房以商品住宅出售。清理29名党员干部用公款超标准装修住房，涉及金额4602.83元，全部由当事人退出。清理经旅游渠道公费出国(境)61人，计101.11万元，其中违规支出费用30.34万元予以退出；县粮油食品(集团)总公司15人违反规定组团出国出境，受到县纪委通报批评。清理出机关部门违规购置超标准小轿车4辆，其中3辆进入市场拍卖、1辆在省规定时间以前购买的改作接待用车。清理出领导干部违反规定配置移动电话516部，其中211部作折价处理，收回资金93.15万元，收回409部住宅电话折价款192万元，折价处理公费配置移动电话164部。

图21-1-4　反腐倡廉成果展

二、案件查处

1990年，县纪委及基层纪监部门受理举报495件，立案71件(其中科级领导干部案件8件)，挽回经济损失4.70万元，81人受到党纪政纪处分，其中开除党籍11人、开除公职3人。追究刑事责任7人。1992年，查处县物资局党委原书记、局长，县物资集团总公司原总经理谷某某等人受贿案，谷某某被开除党籍、依法追究刑事责任。1996年，查处射阳湖镇党委原书记范某某、广洋湖镇党委原书记祁某某、县地方工业局原局长田某某受贿案，范某某、祁某某、田某某分别被开除党籍、依法追究刑事责任。1997年，查处县教育局原局长、县教委原主任生某某，鲁垛镇党委原书记王某某等，利用职务之便，收受贿赂案件，生某某受到党纪处分，王某某、贾某某、杨某某被开除党籍、依法追究刑事责任。2000年，市纪委查处县委原副书记刘某某（兼宝胜集团党委书记、董事长）、县政府原副县长胡某某受贿案，刘某某、胡某某被开除党籍、开除公职、依法追究刑事责任。2001年，查处县粮食局原局长、党委书记翟某某等人受贿案，翟某某被开除党籍、依法追究刑事责任。2002年，查处江苏五琼浆集团原董事长、党委书记向某某受贿案，向某某被开除党籍、依法追究刑事责任。至2005年，全县纪检监察部门累计受理各类举报8860件，立案1860件（其中经济案件875件、科级领导干部案件121件），挽回经济损失3327.56万元，1933人受到党纪政纪处分，其中开除党籍315人、开除公职11人。追究刑事责任126人。

1990～2005年宝应县立案查处违纪案件情况一览

表21-1-2

年份	受理举报(件)	立案(件)			其中			处分情况(人)				追究刑事责任(人)
		县纪委立案	委局立案	基层立案	经济案件(件)	挽回经济损失(万元)	科级干部案件(件)	党纪	开除党籍	政纪	开除公职	
1990	495	71	23	48	20	4.70	8	63	11	18	3	7
1991	631	103	26	77	32	20.25	7	101	12	10	—	7
1992	740	97	21	76	20	44.82	4	90	13	10	—	4
1993	851	68	17	51	32	4.71	4	90	15	10	—	8
1994	501	66	14	52	40	18.29	3	63	14	15	1	4
1995	646	78	17	61	35	13.56	7	68	18	18	—	8
1996	876	94	21	73	49	73.50	12	84	19	25	—	12
1997	665	119	24	95	52	109.45	7	96	14	28	—	4
1998	741	125	20	105	74	187.16	8	108	17	20	—	1
1999	578	140	31	109	84	831.08	10	113	18	29	—	—
2000	510	141	31	110	68	227.77	12	112	39	32	—	10
2001	510	152	37	115	82	250.43	12	129	39	26	2	10
2002	368	154	33	121	83	247.00	10	123	45	27	1	11
2003	292	155	33	122	80	778.31	9	114	11	34	3	19
2004	269	149	28	121	69	284.92	4	126	19	15	—	6
2005	187	148	24	124	55	231.61	4	124	11	12	1	15
合计	8860	1860	400	1460	875	3327.56	121	1604	315	329	11	126

三、纠风和专项治理

1990年，县纪委会同县工商局等部门对全县党政机关兴办的各类经济实体进行清理，148个经济实体停办、并转或脱钩，党政机关干部在企业兼职的均辞去兼职或本人与机关脱购。是年起对全县行政事业单位预算外资金和“小金库”进行清理，先后制定《宝应县预算外资金专户储存缴存办法》《宝应县预算外资金管理处罚暂行办法》等，查出“小金库”5236.10万元，追缴资金3011.40万元，没收违规票据5288本，撤销违规账户520个，冻结资金167万元。1991年开展党员干部违反计划生育规定的清理，151名违反计划生育政策的党员干部受到党纪政纪处分，其中原獐狮荡乡牌楼村党支部书记张某被开除党籍；会同审计和计划生育管理部门，对全县计划外生育费征收管理情况专项清理，制定计划外生育费财务管理制度。1992年对全县行政执法部门统一着装进行清理，查出15个部门915人的乱着装问题。其中，对不应配发统一制服的，停止统一着装；对超范围超标准配发或降低个人支出比例的，作退款处理，追缴款项9.31万元。1993年对1991年后党员干部拖欠公款进行清理。全县清理出党政机关和国有企事业单位党员干部拖欠公款2219.58万元，追缴1267.94万元，占57.1%，其余的订立计划，限期归还。是年，全县清理出以私人名义领取牌照的公有汽车23辆，全部按规定办理过户手续，补缴汽车消费附加费；清理、纠正非公安部门车辆挂公安牌照31辆，收缴违规配置警灯30只、警报器28只、非法定标志牌50副；清理出公费购买摩托车121辆、金额59.91万元，其中对违规集资、拉赞助购买的13辆摩托车和向企业长期借用的1辆摩托车，分别由当事人退出车辆或补缴款项；清理纠正党政机关及其工作人员违规无偿占用单位和个人小汽车，对以借用、受赠名义无偿占用的小汽车及占用期间支出的汽油费、修理费进行清退。1994年，全县清理并纠正1991年后党政机关工作人员无偿占用企业资金12.50万元、"大哥大"10部、寻呼机14只、电话单机1部、空调器1台等。是年起，对公路、河道"三乱"(乱设卡、乱收费、乱罚款)现象进行专项整治，撤销违章收费卡、点6个，处理21人；对广洋湖公安派出所、县水产局渔政站等单位问题进行通报；组织明查暗访50多次，对存在问题的31名责任人分别给予批评教育、调整岗位、解聘、辞退或行政处分；对县公安局交警大队氾水中队的乱设卡行为，分别给予县公安局分管领导和交警大队大队长、教导员纪律处分。1996年起，全县开展工程建设专项治理，县政府印发《宝应县建设工程招投标管理规定》，全县有形建筑市场建成并投入运行，凡投资额50万元以上工程建设项目均进入有形建筑市场招投标。推行工程建设项目廉政合同制度，在签订工程建设业务合同时，一并签订廉政合同。

1997年对全县公款吃请问题进行专项清理，查出26家单位发放代币购物券，责成购销双方停止使用，结清款项；某公安派出所借单位建设工程落成庆典收受礼金、礼品、公款请客，对该所主要负责人进行党纪处分。1998年对柳堡乡郑渡村、长沟乡沿湖村公款吃喝、招待费开支问题，分别追究这两个村主要负责人党纪责任。将剖析非正常亏损企业作为纪检监察机关服务于经济建设的重要工作。至1999年，通过对214家亏损企业进行剖析，扭亏为盈或实现减亏、止亏的有66家，帮助处理积压物资385.93万元，收回应收账款2700.65万元，立案36件，移送司法机关11人，追缴违纪款和挽回直接经济损失238.85万元。全县开展治理经济发展环境工作，突出治理执法部门和单位针对企业的"三乱"(乱收费、乱罚款、乱摊派)行为，印发涉及企业收费管理办法。全县建立统一的政务服务中心，落实"两证一卡"(收费许可证、收费员证和企业缴费登记卡)制度，聘请50名行风监督员，建立行政效能投诉中心；工业企业试行"一费制"。2000年起对医药购销领域不正之风进行专项治理，规范药品价格，建立医疗服务收费公示制和药品、医疗器械采购制。全县公有制医疗机构普遍设立药事委员会，对全县22家医疗机构、29种药品和一次性医疗用品实行招标采购，二级医院实行医药分开核算和收支两条线。县纠风办、县卫生局等部门印发《宝应县医疗卫生单位药品询价采购办法(试行)》；对某县属医院科室主要负责人利用职务便利，在药品采购过程中收受经销商好处费问题立案查处，给予留党察看1年处分，并建议撤销其行政职务；提请县政府制定《宝应县医疗机构药品集中招标采购管理实施意见》。2003年对教育乱收费进行清理，先后对1所初级中学和1所乡镇中心小学乱收费问题进行查处，追究这两个学校主要负责人纪律责任；全县高级中学实行收费公示和"收支两条线"管理。2005年，全县将教育收费工作纳入乡镇、部门党风廉政建设责任制百分考核。通过治理，全县退还违规收费1602.78万元，实施工程审计41项，收缴违纪金额66.69万元，立案处分11人，组织处理5人。

四、行政监察

(一)廉政监察

1990年，县纪委常委分头参加各乡镇、部门领导班子成员民主生活会，发现问题，督促整改和纠正。1993年聘请44名党风廉政监督员，组建城区部门、企事业单位信访网络，调整乡镇三级信访网络。1994年建立全县领导干部廉政档案，各乡镇、部门普遍建立党风责任制和廉政建设责任制。1997年组织全县党员干部学习县地税局党支部原书记、副局长李长生的先进事迹，参加"扬泰两市反腐败成果展"等，进行正反两方面典型教育。是年，县纪委印发《关于领导干部离任实行考核、审计和公物移交的意见》。1998年对29个乡镇、5家县直部门399名领导班子成员进行廉政考评。是年，先后87次对乡镇党委、县直部门和重点国有企业主要领导干部进行任职责任审计。2000年，县纪委印发《关于实行党风廉政建设责任制考核的暂行办法》，结合"三讲"教育，通过廉政考评，对党性党风方面存在问题进行责任追究，其中纪律处分13人、组织处理17人。2001年，县委成立党风廉政建设责任制考核工作领导小组，县纪委分别与各乡镇、县直部门签订党风廉政建设责任状。2002年，县委成立落实党风廉政建设责任制工作领导小组，组成由县委常委和党员副县长为组长的16个责任制考核小组，对32个乡镇、部门进行考核。2005年，县纪委印发党风廉政建设重点工作任务分解落实意见，形成"一级抓一级，层层抓落实"的责任制网络。通过党风廉政建设责任制考核，县纪委先后对6家单位、64名领导干部进行责任追究，其中对34人给予党纪、政纪处分。

（二）执法监察

1990～1991年，对税务、公安、民政等部门及乡镇政府财政性农业发展基金管理使用情况进行执法监察，查出违纪金额50.40万元，提出处理整改意见24条，发通报3次，4人受到政纪处分。1993年对《全民所有制工业企业转换经营机制条例》贯彻落实情况开展执法监察，针对少数部门出现的简政放权不到位、不得力、不落实现象提出整改措施。1994年配合开展村级财务清理，查出少数村组干部擅自提高补助标准、自立奖励项目、违规参加商业保险、参与推（托）销商品，以及侵占、挪用集体资金等问题。全县立案查处75人，收缴违法违纪金额159.08万元，挽回经济损失1190.55万元，清收欠款1112万元。1995年对工商行政管理系统"两费"（行政性规费、管理费）征收管理开展执法监察，查出违规违纪金额102.65万元。2001年起连续5年开展土地批租专项治理，加大国土管理专项执法监察力度，先后对10人予以立案查处，其中2人被移送司法机关追究刑事责任。2005年对群众反映的86件教育收费投诉逐一调查核实，退还违规收费26万元，纠正与入学挂钩的捐资助学，全县清退秋季学期捐资款392.20万元。

（三）效能监察

1990年，对乡镇工业发展现状进行全面调查分析，在全县乡镇工业三级干部大会上作题为《全力为乡镇工业发展保驾护航》的发言，为推动乡镇工业提质增效加速发展发挥效能监察的作用。1993年起，突出剖析亏损企业和重点工程两个重点，强化对企业的立项效能监察和随机效能监察。1995年，对子婴河镇镇村工业进行效能监察，发现存在隐瞒企业亏损、虚报工业产值等问题，对镇党委主要负责人予以责任追究。1997年，以剖析亏损为重点开展效能监察，立项效能监察66次，随机效能监察4次，提出建议71条，节约投资126.20万元，查处违纪案件7件，挽回经济损失25.40万元，剖析非正常亏损企业23家，收缴违法违纪金额27.05万元，清收欠款515.23万元，处理积压物资223.97万元。1998年对全县最大的技改项目——宝胜集团220千伏交联聚乙烯电缆和淮江高速公路宝应段征地拆迁情况进行立项效能监察。2002～2004年对泾安公路改造工程、南水北调工程拆迁安置、城区市政建设重点工程和县政府实事工程实施效能监察。2005年，重点对行政中心、安宜高级中学等重点工程进行立项效能监察，全程参与监督，全面参与招标、采购102项，通过招投标节约资金2000多万元。

第五节　组织工作

一、党员队伍建设

（一）党员发展

1990年，全县有党员2.78万人。其中，35岁以下5405人，占总数的19.4%；高中以上学历6351人，占22.8%；女性党员2439人，占总数的8.8%。是年，全县发展党员229人。1993年，全县发展党员844

人，其中工作一线党员499人、女性党员77人。1995年制定《宝应县1995～1997年发展党员工作规划》，编印发展党员工作手册，全县新发展党员1206人。其中，35岁以下685人，占56.8%；25岁以下67人，占5.6%；女性党员185人，占15.3%。1998年，建立党员发展预审制度，把发展重点放在企业、农村和教学、科研等生产工作一线，重视培养和吸收35岁以下青年和妇女中的优秀分子入党。全县发展新党员1251人。其中，女性党员252人，占20%以上；生产工作科研一线787人，占62.9%；35岁以下808人，占64.6%。2000年，在发展党员时注意文化水平的要求，在830名新党员中，高中以上学历的占74%。至2005年，全县累计发展党员1.40万人。其中，35岁以下8081人，占总数的57.7%；高中以上学历的9617人，占68.7%；女性党员2440人，占总数的17.4%。是年末，全县共有党员3.10万人。其中，35岁以下4188人，占总数的13.5%；高中以上1.14万人，占36.8%；女性党员3396人，占总数的11%。

（二）党员教育与管理

1990年，首轮民主评议党员结束，全县1284个党支部2.41万名党员参评，其中被评为不合格党员323人、出党处置20人。“七一”前，向县委推荐表彰先进基层党组织50个、优秀党务工作者42人、优秀共产党员103人。1993年转发省委组织部《关于加强和改进对流动党员管理的意见》，开展“先锋杯”竞赛活动。组织拍摄电视专题片《先锋之歌》和科教电视片《发展牛蛙养殖、拓宽致富门路》，组织技术人员编写《牛蛙养殖实用技术手册》《农村致富30法》。举办各类培训班76期，培训党员、干部6000多人次。1995年组织全县党员开展学习孔繁森活动。指导基层党委抓好实用技术培训工作，全县乡镇举办各种实用技术培训班，571名农村党员、干部获得农民技术员以上职称。子婴河特种水产研究所被省委组织部、省科协选定为全省第一批省农村党员、基层干部实用技术示范点之一。1998年拍摄并在县电视台播放10名勤政廉政好公仆先进事迹。2000年启动党员电教科技致富工程，开展“我为党旗增光辉”和“忆传统、作贡献、做新时期合格党员”主题教育活动。2005年为1900多名不同类型的党员理顺、转接组织关系。组织党员开展“进社区（农村、企业）、亮身份、办实事、树形象”主题实践活动，全县机关、企事业单位党员先后走访联系群众1.86万户，进社区做义工近1万人次。1990～2005年累计举办各类培训班287期，培训党员和入党积极分子3.63万人次。组织42个县级机关党组织和宝胜集团党委与城区20个社区进行结对帮学，开展机关、企业党组织和社区党组织结对共建活动，并被市委组织部向全市推广。

二、基层组织建设

1990年制定党委党建工作记载簿和基层党支部党建工作记载簿。印发《关于整顿后进村党支部的意见》，开展后进村党支部整顿工作，列出44个后进村党支部作为整顿重点对象，占村党支部总数的10.3%。10月印发《后进村党支部整顿工作验收细则》。推行农村党支部和党员“双目标”管理，在全县417个村党支部和1.30万名党员中普遍实行村党支部任期目标管理责任制和党员目标管理考核制。1993年选拔任用村级主要干部509人，其中村支书69人。对115名村、厂后备干部进行培训。1995年，县委成立县农村基层组织建设工作领导小组，印发《关于对乡镇党委1995年度组织工作实行目标管理考核的通知》，制定《宝应县1995～1997年村级组织建设工作规划》，确定氾水、射阳湖、韦镇3个乡镇作为进一步加强村级组织建设的联系点，开展培育奔小康建设示范村试点工作。全县调整97个村党支部组成人员。在新选拔的村支书中，35岁以下50人，30岁以下26人，最小的只有24岁。选拔221名30岁以下的年轻干部进村党支部班子或担任村主要干部。全县35岁以下村支书74人，占总数的17.5%；35岁以下村主要干部468

图21-1-5　全县党建工作会议

人，占村主要干部总数的31.3%。全县建立2398人村级后备干部队伍。调整企业党组织设置，新建宝应车辆厂、宝应酒厂、扬州中宝制药有限公司3个企业党委。

1998年，县委印发《关于进一步加强村干部队伍建设的意见》，实施村组干部交叉兼职，精简村组干部1850人，年减少农民负担700多万元。2000年在鲁垛等乡镇试行村支书和村支委公推直选制度，印发《关于在村党（总）支部选举中试行“公推直选”制度的意见》，全年有10个乡镇在村支部换届选举中推行公推直选制度。9月，县委印发《关于加强新经济组织党建工作的意见》，全县有157家符合条件的新经济组织分别新建或改建党组织，占应建总数的93%。2003年推进社区党组织建设，安宜镇建立20个社区党支部。2005年推进15家重点非公企业党建示范工程，有6家被命名为首批市级非公有制企业示范党组织。

三、干部队伍建设

1990年印发《关于县级机关到农村蹲点锻炼干部的管理意见》，从县直机关选调108名干部到农村下基层工作。16名助理制后备干部走上副乡镇长领导岗位。组织145名低学历年轻干部参加高中文化补习，选送120名干部参加各类高校学习。1993年在乡镇政府换届中，注重选拔年轻干部和女干部，换届后乡镇政府班子成员127人，平均年龄39岁，45岁以下占90.6%，12名年轻干部主持乡镇党委和政府工作，女干部由换届前1人增加到10人。举办后备干部培训班5期，培训271人次，7名后备干部走上乡镇党委书记领导岗位。组建百人经济工作团，选调206名机关中青年干部到经济工作第一线，抽调97名干部到村扶贫。

1995年印发《关于推荐各类后备干部的通知》《宝应县跨世纪领导干部培养选拔规划》，开展民主推荐乡局级后备干部活动，建立后备干部名册445人，其中女后备干部76人。从县直机关选调173名机关干部到乡镇、后进村、亏损企业挂职帮扶。选拔42名35岁以下年轻干部进入乡镇、局级领导班子或担任乡镇长助理，其中女干部19人，破格提拔15名35岁以下年轻干部到乡镇、局级岗位上。从机关下派到村的28名年轻干部中，有9人被提拔到乡镇领导岗位上。对全县30个乡镇的领导班子进行全面考察，组织有1868人参加的民主评议乡镇领导班子活动，分别与705人进行交谈，全县提拔乡镇党委书记7人，明确乡（镇）长助理47人，其中女干部26人。调整后，乡镇党政班子平均年龄由1994年的42.4岁下降到40.7岁，35岁以下的从11.6%上升到22.9%。建立全县十大工业系统122家企业479名企业党政领导班子成员数据库。1998年，县委在全县副科级以上领导干部中开展走向新世纪读书活动，收到读书征文100多篇。对1000多名副科级以上领导干部读书情况进行试卷检查，回收率95%以上。年底，举办读书知识竞赛，城乡44个党委132名副科级领导干部参加竞赛。结合纪念建党71周年，评选表彰10名“勤政廉政好公仆”。研究制定领导干部离任审计制度、考廉制度、述职制度等，对17名乡局级主要领导干部进行离任审计；对全县30个乡镇副乡级以上领导干部廉洁自律情况进行考评；组织452名乡镇人大、政府和县直部门党政领导干部进行述职、民主测评；通过创办服务实体、参与地产品销售等形式，230多名乡镇机关干部走上经济一线。

2000年组织开展“三讲”教育，县委印发《领导干部选拔任用公示制度》《关于进一步加强干部教育管理的意见》。选调11名应届优秀大学生到乡镇锻炼。2001年4月，县委常委会首次采用无记名投票方式对34名干部进行任免表决。2003年印发《关于加强对党政一把手监督管理的意见》，建立党政“一把手”年度总结报告制度，县四套班子成员分别与16个乡镇、81个部门单位领导班子成员普遍进行一次谈心谈话活动。2005年，举办年轻干部商务知识专题读书班，选送5名年轻干部到高等院校学习深造，组织10名镇长或分管工业的副书记到苏南跟班学习，组织110多名机关干部到县外驻点招商。在全市率先开展村级干部核编定员、竞争上岗，全县村组干部从4554人精简至1735人。

第六节 宣传工作

一、理论宣传

1990年,组织全县党员干部学习中共十三届六中全会精神和中共中央《关于加强党同人民群众联系的决定》,举办专题辅导报告会23场,受众8200人次。1992年10月组织全县党员干部收听收看中共十四大召开实况,县委及县委宣传部领导分别在各乡镇和县直机关学习会、报告会和培训班上作辅导报告。组织宣讲团到企业、学校、农村宣传,编发3期辅导报告材料和2集《改革开放新知识》,引导党员干部群众以“三个有利于”为标准想问题、办事情,增强敢闯敢试的胆识,克服“四怕”(怕搞市场经济导致私有化、怕搞成绝对自由化经济、怕搞乱思想、怕否定计划指导作用)思想。1997年组织党员干部学习中共十五大精神和邓小平南方谈话,举办党员干部中共十五大精神知识竞赛。

2000年开展“三讲”教育,县委印发《关于加强基层党委中心组学习的意见》,派员分组到基层参加中心组学习、指导和检查,举办各类培训班进行学习培训,定期编发《理论学习宣传》刊物,县“一报两台”开辟“双思”(致富思源、富而思进)、“三个代表”专栏。各地利用报告会、演讲比赛、党员例会、自编教材等形式开展学习活动。2002年8月成立“三个代表”重要思想理论巡讲团,举办29场报告会,参训党员干部2万多人。2004年为推动学习型城市建设,县委中心组集中学习12次,撰写理论和调研报告64篇。基层党委中心组学习有组织、有时间、有计划、有台账、有效果。县委宣传部与县委组织部在县委党校联合举办部、委、办、局、镇村和宣传文化系统干部学习中共十六大和中共十六届三中、四中全会精神轮训班,培训干部2000多人。举办党员干部培训班60多期、理论巡回宣讲10场,培训党员近1万人。是年8月,县委宣传部召开纪念邓小平诞辰100周年座谈会,有18个部门干部职工交流学习邓小平理论、贯彻“三个代表”重要思想的心得体会。2005年组建百人理论巡讲团,到社区举办30多场理论讲座。确定命名西瓜种植、玻璃制品、乱针绣等41个党员干部教育基地,把基层党校建在村口、场头,提高带领群众致富本领,培训党员干部4000多人。1990~2005年,全县累计举办党员干部各类理论培训班322期(班)次,培训党员干部10.13万人次。

二、形势宣传

1990年在全县组织开展以纪念鸦片战争150周年为中心内容的爱国主义教育活动,各地各部门举办爱国主义教育电影月、近现代史图书展销等活动,中小学校通过开展影评、书评、知识竞赛、演讲等形式开展爱国主义教育。7月联合县总工会举行形势政策教育知识竞赛,23家单位、264名个人受到表彰。9月联合县计生委、县总工会、县妇联、团县委等单位开展纪念中共中央《关于控制我国人口增长问题致全体党员、共青团员的公开信》发表10周年宣传教育活动。1991年,面对国际风云急剧变幻和特大洪涝灾害袭击,县委宣传部通过《宝应宣传》期刊及宝应电视台、宝应人民广播电台,把握“团结、稳定、鼓劲”的基调,宣传党的基本路线,统一全县人民思想,消除干部群众思想疑虑;与宝应电视台联合制作抗灾纪实片;收集、展出有关灾情和抗灾的录像、照片和文字资料;接待中央、省、市20家新闻单位65人次采访,撰写新闻报道,市以上新闻单位采用372篇。1995年起为改革开放和经济建设营造良好舆论环境,以宝应电视台、宝应人民广播电台和县乡党校、成人教育学校、文化中心、企业政校、社区市民学校为阵地,有计划有步骤地开展经济形势宣传。宝应电视台增设《宝应新貌》栏目,《宝应宣传》开辟《经济要闻》《改革潮》等专栏。县城文化中心广场设置大型电子广告显示屏,开展宣传活动。2005年开展形势政策宣传教育活动,机关部门举办形势报告会,开展形势政策知识竞赛。全县共有3000多人参加市形势政策教育书面知识竞赛,参赛人数居全市各县(市)之首,获得1个特等奖、2个二等奖、3个三等奖。

三、典型宣传

1990年5月联合团县委开展县“十佳青年”评选表彰和学习宣传教育活动。9月在全县宣传“严打”斗争、扑灭造纸厂沿河草场火灾和抗击台风救灾中涌现出来的英雄人物和先进事迹。1991年6~7月,

图21-1-6　学先进专场文艺晚会

全县遭受特大洪涝灾害，县委宣传部成立抗灾宣传报道组，到抗灾第一线了解抗灾典型，印发10多期抗洪救灾事迹专辑。1993年6月组织宣传县建安公司驻青岛前海商城项目施工队长陈玉祥冒生命危险救人的事迹。8月，县委召开表彰大会，邀请被救的北京客人参加活动，全县掀起学习英雄陈玉祥的热潮。1995年，县委宣传部与县委组织部联合印发《关于在全县党员干部中开展向孔繁森同志学习活动的通知》。是年，宣传为保护国家财产与歹徒搏斗牺牲的一等功臣万国青烈士事迹，宣传全国劳模陈瑞仁、救助落水儿童的刘晓剑等一批先进典型。1996年8月，组织10名"两个文明"建设先进人物巡回演讲，数万人受到教育。1997～1999年，开展向县司法局、县"110"指挥中心以及李长生、李永定、毕文彩等先进集体和先进个人学习活动。2001年，宣传"行千里路义务普法"的退休干部雍立泰、"种粮支书"陈方林、"校园里的爱迪生"梁正平等一批先进典型，举办残疾人自强模范事迹报告团演讲活动。2003年开展全国公民道德建设先进典型柳堡"二妹子"模范民兵班和市优秀共产党员、宝亚集团董事长芮和荣两个先进典型学习宣传活动。2005年成立"十佳创业之星"创业致富宣讲团，在全县大动员、全民共创业大会上宣讲创业事迹，与团县委开展"十佳青年创业之星"评选活动。

四、对外宣传

1990年，宝应县参加对外贸易南京恳谈会，县委宣传部与县经委、县广电局联合制作播放电视片《可喜的起步——宝应对外贸易掠影》。1992年10月8日，宝应定名1230周年暨开发区开工庆典日，邀请《柳堡的故事》作者、表演艺术家及画家等10多名文艺界人士参加活动，播放专题片《宝地应时更生辉》。是年11月，举办第二届"宝胜杯"围棋名人邀请赛，聂卫平、马晓春等参加，《新华日报》《文汇报》《解放日报》《中国体育报》等多家新闻单位记者到宝应采访。1993年，县委宣传部会同县有关部门制作《宝应投资指南》、《宝应画册》、折页《苏中明珠——宝应》和电视片《苏中明珠——宝应》、县邑丛书《宝应》等。1994年10月，为迎接宝应金秋经贸洽谈会暨首届艺术节，邀请省、市新闻记者到宝应采访，有20篇稿件被市以上新闻单位刊播，并推出《扬州日报》宝应专版。1995年，县委宣传部组织撰写《宝应立足奔小康》等9篇稿件刊登在《新华日报》头版头条。《牵动经济全局的关键之举》获《新华日报》好新闻一等奖，《不求全能冠军，但争单打第一》获省报纸好新闻二等奖、《新华日报》好新闻二等奖，《宝应写史立标，深化爱国主义教育》获《新华日报》好新闻三等奖。组织专人创作《新柳堡的故事》，并参与上海创新影视制作社联合拍摄8集同名电视连续剧，当年创作，当年拍摄，当年播出。1996年，反映全县两个文明建设成就的稿件在香港《大公报》扬州新闻版和美国东方卫星电视台《中国扬州》栏目中刊播。1997年，泾河乡党委、政府组织撰写本籍在外立功战士《种植双拥银杏树》和《宝应村民考评干部》两则消息在中央电视台一套新闻节目播发。在中央电视台二套《人民子弟兵》栏目播发专题片《柳堡新故事》，《新华日报》头版头条以《宝胜决胜在市场》为题刊载宝应发展规模经济的主要经验。1998年，《新华日报》头版头条刊登《宝应，在江苏腹地崛起》《江苏腹地"开放县"》两篇长篇报道；新华社《经济参考报》在全国"两会"期间整版刊登宝应两个文明建设成就。1999年与中国教育电视台联合制作专题片《宝应的传说》，在该台《中国县情》栏目播出。2002年在中国宝应荷藕节，广东东莞、浙江宁波招商推介会，上海、江阴农副产品推介会和南水北调工程开工典礼等重大活动期间，刊播新闻报道300多篇(条)，法国国家电视台记者专程到宝应采访报道。2005年，县委宣传部通过"烟花三月"经贸旅游节、中国宝应荷藕节等重大活动，邀请《新华日报》《扬州日报》等媒体记者到宝应采访报道，进行重点宣传。

1990～2005年宝应县新闻稿件被市以上新闻媒体录用情况一览

表21-1-3 单位:篇(件)

年份	合计	中央级		省级		市级
		小计	其中	小计	其中	
1990	246	—	—	130	《新华日报》头版头条2篇(件)	116
1991	372	—	—	132	《新华日报》头版头条2篇(件)	240
1992	391	20	—	136	《新华日报》头版头条2篇(件)	235
1993	394	16	《人民日报》10篇、中央电视台6篇(件)	140	《新华日报》头版头条2篇(件)	238
1994	359	—	—	139	《新华日报》头版头条3篇(件)	220
1995	251	—	—	135	《新华日报》头版头条9篇(件)	116
1996	371	—	—	140	《新华日报》头版头条2篇(件)	231
1997	387	3	中央电视台一套2篇(件)、中央电视台二套专题片	151	《新华日报》头版头条1篇(件),江苏电视台、江苏人民广播电台105篇	233
1998	521	1	中央电视台一套、《经济参考报》4版报道亚细亚商城三周年庆典	150	《新华日报》:锦绣江苏宝应专版、江苏电视台、江苏人民广播电台100篇	370
1999	556	1	中国教育电视台:《宝应的传说》专题片	180	《新华日报》头版头条1篇(件),江苏电视台、江苏人民广播电台130篇	375
2000	306	1	—	175	《新华日报》头版头条3篇(件),江苏电视台、江苏人民广播电台135篇	130
2001	466	1	—	175	《新华日报》头版头条3篇(件)、江苏电视台、江苏人民广播电台130篇	290
2002	486	8	中央电视台2篇、中央人民广播电台6篇	217	《新华日报》57篇(件)、江苏电视台、江苏人民广播电台160篇	261
2003	475	2	中央电视台2篇	171	《新华日报》31篇(件)、江苏电视台、江苏人民广播电台140篇	302
2004	456	1	中央电视台1篇	175	《新华日报》头版头条3篇(件)、3个专版,江苏电视台、江苏人民广播电台130篇	280
2005	512	2	中央电视台2篇	190	《新华日报》头版头条3篇(件)、2个专版,江苏电视台、江苏人民广播电台140篇	320

五、党员干部冬训

1990年,县委宣传部组织开展以“三基本”为主要内容的党员基本知识教育和农村党员冬训工作。1991～1992年将乡镇党员冬训和社会主义思想教育结合在一起,在未开展“社教”的乡镇进行试点,运用“社教”4个专题对党员干部进行冬训。1993年,县委宣传部在獐狮荡乡举办农村党员冬训试点。1999年,农村冬训通过以点带面,集中授课、座谈讨论、典型交流、成果展览等形式,对农村党员干部集中进行中共十五大精神教育。省委、市委宣传部以“简报”转发宝应县冬训做法。2000年在山阳镇进行冬训试点,学习中共十五届五中全会精神、“两手抓、两手都要硬”、“三个代表”重要思想,开展公正执法、勤政廉政和陈先岩事迹学习教育,利用成克杰、胡长清等重大反面典型案件对党员干部进行警示教育。2005年,各地围绕冬训主题,利用基层党校、政校、市民学校等阵地,通过专题讲课、观看音像资料、集中讨论等形式,以支部为单位集中学习,有计划展开轮训。农村党员干部应训2.60万人,实训2.33万人,其中村组以上党员干部、种养大户党员参训率96%。1990～2005年,全县累计冬训党员干部45

万人次。

第七节　农村工作

一、农村经营管理

(一)农村财务管理

图21-1-7　　村务公开栏

1990年1月,全县农村贯彻农业部、财政部印发的《村合作经济组织会计制度(试行)》。至5月10日,419个村5001个组按照新会计制度要求,普遍建立新账,分别占村、组总数的97.9%、98.7%。1992年起,将每年4月定为村组财务清理月。县与各乡镇选择重点村进行财务清理,对问题较多、群众意见较大、管理混乱的进行重点解剖,严肃查处。1997年4月,县纪委、县委农工部、县审计局等部门会同有关乡镇对柳堡乡郑渡村、城郊乡七里村、长沟乡沿湖村近几年村级财务进行清理。8月,在全县财务管理大会上,对这3个村财务管理混乱问题进行公开处理,并部署开展偿还集体债务、清收两项(债权、债务)往来、压缩非生产性开支活动。1998年7月,在韦镇乡进行农村清债还债工作试点。召开全县村级债务化解工作会议。此后,各乡镇围绕“减债、还债、管债”,全面开展村级债务化解工作。2000年全面推行以财务公开为重点的村务公开,村务公开普及率100%,其中比较规范的村95%以上。2001年推行村账乡代管制度。2002年5月召开全县化解村级债务工作会议,明确各乡镇党委书记、乡镇长为债务化解工作第一责任人,分管负责人为主要责任人,并将化解村级债务工作列入各乡镇目标考核。当年,全县净减债1.34亿元,化债率40.3%。2004年,农村财务规范管理实现5个百分之百,即核发民主理财证100%、实行村账乡“双代管”(既管账又管钱)的村100%、村组并账100%、推行财务会计电算化管理的镇100%。2005年末,全县村级集体债务由2000年末的3.79亿元降至2.33亿元,总额下降38.5%。全县做好农村集体债务清理和偿还工作的经验,得到省、市领导充分肯定,并分别在省委农工部、省农林厅主办的杂志上作专题介绍。

(二)农村集体资产管理

1996年,各乡镇成立公有资产管理委员会和公有资产管理办公室,建立农村集体资产管理台账。全县29个乡镇和828家乡镇、村集体企业拥有集体净资产2.50亿元。7月,在黄浦乡进行清产核资工作试点。随后,举办全县农村集体资产管理培训班,开办农村集体资产管理专题讲座。1997年,县委农工部增挂“县农村集体资产管理办公室”牌子,内设集体资产管理科。进一步明确乡镇农工商实业总公司、乡镇农村集体资产管理委员会和村经济合作社对农村集体资产所有权和经营权的管理职责。2000年,各乡镇成立农村集体资产管理办公室,开展农村集体资产集中清理活动。8月中旬开始在曹甸镇进行农村集体资产清产核资、登记发证试点工作。至2001年末,基本摸清全县农村集体资产家底,即组级集体资产5492.70万元,村级集体资产1.99亿元、账外资产1734.70万元,土地占用面积7.27万公顷;乡镇级集体资产7.94亿元,其中行政事业单位占有、使用集体资产5.96亿元,集体企业、民营企业经营性集体资产1.98亿元,土地占用面积1177.15公顷。此后,各乡镇对各级农村集体资产依法进行确权,由县农村集体资产管理办公室向各乡镇核发农村集体资产产权登记证745份,占应发证总数的91.4%。其中,核发乡镇产权证484份、核发村产权证261份。2002年,安宜、汜水、夏集、小官庄、望直港、山阳6个镇率先成立集体资产经营公司,有序、规范运营集体资产。当年,汜水镇实现集体资产保值增值15%以上。同时,探索农村"三小"(小农机、小农水、小林业)产权制度改革。至2004年末,全县圩堤改制1323千米,泵站改制380座,涵、闸改制690座,小型水利工程改制面80%。2005年,全县通过出售、拍卖集体产权和资产营运,实现资产收益1.86亿元。

二、控减农民负担

1990年,县委、县政府把控减农民负担作为全县农村工作目标管理的一项重要内容,实行严格考核。1991年4月,成立县农民负担清理整顿领导小组,在县委农工部设办公室,统一对控减农民负担实行扎口管理,先后废止和修改涉及农民负担文件22份,制定控减农民负担、规范收费文件20多份。1992年起加大控减农民负担监督管理力度,规定各乡镇必须将上年度农民负担决算和本年度农民负担预算方案,提交乡镇人代会审议通过,并报县农民负担监督管理部门审批,再分解到各村组,填表到农户,签约盖章,张榜公布,接受群众监督。1993年为宣传《中华人民共和国农业法》《中华人民共和国农业技术推广法》和国务院《农民承担费用和劳务管理条例》("两法一例"),在长沟乡进行控减农民负担试点,并将"两法一例"汇编成册,印发10万份。当年,全县农民上交提留比春定时减少1024万元。1996年底,宝应县被省政府确定为全省29个减轻农民负担重点管理县之一。1997年控减农民负担突出严管严控。凡涉及农民负担的文件,未经县控减农民负担领导小组会签一律不得下发,已下发的坚决废止。乡镇、村所有基建项目须经县农民负担监督管理部门审核;未经审核的,计委不得立项,城建、建筑、土地等部门不得发放有关证件。所有涉及农民负担的达标升级活动,须经县控减农民负担领导小组同意;未经同意不得开展。取消县政府出台的3个收费项目。1999年推行农民负担一定三年不变,着重在减人、减事、减费上下功夫。全县开展人员控减和清退工作,核减乡镇机关人员、乡村教师、村组干部2456人,清退乡镇事业单位临时人员824人,节约开支1500多万元;停止22个建设项目,减轻农民负担350万元;停止和取消121个村的事业项目256个,节省开支950万元;清退各类违纪费用384万元;调减村提留乡统筹和教育集资1771万元,全县农民实际承担提留统筹费9221万元,占上年农民人均纯收入的4.1%。是年,经省委、省政府考核组验收,宝应县退出农民负担重点管理县。2001年,全县实行农村税费改革,减轻农民负担取得明显成效。全县农民负担总额9857.50万元,比上年减少5250万元,农民负担第一次出现较大幅度下降。2002年重点加强控减农民负担工作制度建设,全面推行涉农收费公示制,继续实行农民负担监管卡和农民负担专用票据制度,进一步健全村民议事制度,实施村级报刊订阅费用限额制度。全县农民负担总额比上年减少4093.60万元,人均减负63.80元。2005年,全县农民负担总额1917万元,比1999年减少1.59亿元。

三、农村扶贫

(一)老区开发扶贫

1992年10月,县老区经济开发促进会(简称县老促会)成立。1993年,农村贫困户脱贫1710户,脱贫率60%。1994年4月成立县扶贫开发协会,与县老促会合署办公,两块牌子、一套班子。9月,县扶贫开发经济服务公司成立,有扶贫资金48万元。各乡镇也先后成立29个扶贫开发协会。1997年春,县扶贫开发协会出资5000元,配合县多管局举办7期银杏栽培嫁接培训班,为农户嫁接银杏10万多株。1998年8月,县老促会会长沈汉庭引进有机肥生产技术,帮助创办宝应地力源有机复合肥厂(为全省第一家),总投资328万元,县老促会帮助协调流动资金76万元。当年利用畜禽粪便,生产销售高效、优质有机复合肥2万多吨。是年,县、乡"两会"(老促会、扶贫开发协会)在18个乡镇帮扶204户791人,投入资金36.20万元,户均增收2619元,人均增收676.50元。当年脱贫163户,脱贫率81%。1999年,县老促会与曹甸镇神禾食品厂、宝应地力源有机复合肥厂、山阳镇红光食品有限公司、氾水镇金桥乳业有限公司4家民营企业建立挂钩关系,先后滚动投放扶贫资金350多万元,吸纳贫困户劳动力200多人次就业。2000年9月,县老促会、县扶贫开发协会合并,更名为县老区扶贫开发促进会(简称县老促会)。2001年,县老促会组建凿井队,在农村打深水井110口,帮助23万农民吃上安全卫生的地下水。2001～2004年,县、镇老促会共筹集扶贫资金60.40万元,帮扶贫困户465户1559人,脱贫率70%以上。2005

年，县、镇老促会直接帮扶贫困户94户314人，有61户脱贫，人均纯收入2500元以上；筹集助学资金10万元，资助325名贫困生。至2005年，县、镇老促会先后帮扶经济薄弱村81个，向上争取和协调帮扶资金120多万元，帮助修建泵站18座、道路97千米、桥梁19座。县老促会提供扶贫资金538.41万元，帮扶贫困户2190户，落实帮扶项目2600多个。

（二）单位挂钩扶贫

1990年，县委、县政府成立县级机关干部挂职帮扶工作管理办公室。县委组织部、县委农工部和县人事局共同做好下派干部选调、轮换及管理考核工作。挂钩的部门、乡镇与县政府签订帮扶工作责任状。1991年7月至1993年6月，33个县级机关、部门挂钩33个贫困村，共兴办企业46家，实现产值1820.60万元、利税188.23万元。1997年开展"双百"脱贫致富活动。组织100家县级机关、企事业单位，帮扶100个村的万户贫困家庭，扶贫户人均增收922元，贫困户比重由年初的11.2%降至4.9%。完成农村扶贫通电工程，村组通电率100%。1999年全面开展为期两年的"百村千户"扶贫工程，帮扶经济薄弱村148个。其中，组织30个县直部门帮扶30个经济薄弱村，118名乡镇党委、政府负责人帮扶118个经济薄弱村，2119名乡村党员干部、专业户帮扶2200家贫困户，投入扶贫资金1824万元。至2000年底，有110个村集体经济纯收入达3万元，其中70个村集体经济纯收入达5万元，有1680户人均纯收入在2000元以上。2002年，县委、县政府组织128个县级机关、部门结对帮扶45个经济薄弱村。帮助贫困村实施水利桥、涵、闸配套建设和卫生改水等项目60多个，帮助近百户特困户解决危房修建、儿童上学和生产、生活等困难。至2004年，县直部门和个人支持经济薄弱村和特困户资金700多万元，建设村内公路62千米、桥17座、闸12座、机电泵站19座，卫生改水3752户，帮助452户特困户改建草危房1449间，资助学生1695人完成学业。2005年开展渔业科技扶贫入户活动，科技培训6000人次，350户科技扶贫示范户户均增收1万元以上。1990～2005年，全县累计为226个贫困村筹集生产发展资金5280.80万元，其中无偿投入扶贫资金922.40万元。

四、小康村创建

1992年，中港乡渔场利用丰富的水面资源，发展水产养殖和水生种植，人均社会总产值超1万元，达1.28万元，人均纯收入2125元。全场职工享受养老保险，60岁以上老人享受退休金。1993年4月，县委、县政府命名该渔场为小康村，时为全县第一个小康村。1995年初，成立县农村小康考评小组及办公室，制定小康村标准8项：农民人均纯收入、社会总产值、农民住房、计划生育与卫生健康、公路与农户照明、教育与文化、村规民约与社会风气、户达小康。是年末，柳堡乡郑渡村等14个村被命名为县级小康村。1996年，小康村标准增加贫困户比重和集体经济纯收入与农民负担率等项。年末，经考评、验收，城郊乡三里村等被命名为小康村。1997年，小康村标准增加多种经营产值比重、农民养老保险考核内容。是年，有205个村跨入小康村行列。至此，经考评命名的小康村有299个，占全县总村数70.2%，实现全县基本达小康的奋斗目标。2005年开展"三村"（全面小康示范村、小康建设先行村、加快脱贫致富村）联创奔小康活动。县、镇成立"三村"联创工作指导协调小组，明确各成员单位工作职责，制定联创规划和实施方案。10月，县委办公室、县政府办公室印发《宝应县"三村"联创考核验收实施细则》。经市、县两级综合考核验收，安宜镇三里村、柳堡镇郑渡村被命名为市全面小康示范村，安宜镇东升村、花庄村等26个村被命名为县小康建设先行村，夏集镇相庄村等4个村被命名为县加快脱贫致富村。

第八节　统战工作

一、非党知识分子工作

1990年6月，县委统战部对全县非党知识分子基本情况进行调查摸底，建立中、高级非党知识分子名册。1991年3月会同县委组织部印发《关于加强党外干部队伍建设的意见》，制定对党外后备干部推荐、选拔、考察、培养和安排工作程序。经过考察，向县委推荐6名可担任实职的非党领导干部。是年，全县有16名党外人士担任副科级以上领导干部职务,其中处级5人、科级11人。1992年4月召开教育、卫生等11个部门党外知识分子座谈会,进一步掌握他们的工作情况和思想动态。5月召开全县党外人士实职安排工作会议,向省、市人大、政协推荐4名党外人士候选人,向县人大推荐35名党外人士候选人。1993年6月,县委统战部分别在县卫生局、电大分校建立非党知识分子联络小组和工作联系点,探索加强与党外知识分子联系措施和方法。1994年7月确定45名党外知识分子作为县级重点联系对象,向县政府、县纪委、县法院、县检察院、县国土局、县税务局、县审计局推荐非党知识分子特邀监察员、经济发展环境监督员、特邀陪审员、检察员、特约审计员105人。1995年6月制定《培养选拔党外领导干部工作规划》,对101名非党股级干部进行专题培训。1996年建立614名非党股级干部名册。1999年5月与县委组织部在县委党校联合举办为期2天的乡镇党外中青年干部培训班,45人参加。2005年在教育、卫生、水利、农业等6个部门物色42名党外高级知识分子,作为部门领导干部培养对象。10月,县委统战部排出已配备、应配备和必须优先配备党外领导干部的部门和团体,特别是县政府组成部门,并逐一走访,与县委组织部共商建立党外后备干部名单,向县委举荐3名县处级党外后备干部人选。

二、服务统战对象工作

1991年6月向省、市统战部门争取2万元救灾款,帮助89户重点受水灾的台属、归侨、侨眷、少数民族及原工商业者解决灾后建房和生活困难。1994年会同县工商联重点联系100名非公有制经济代表人士,为他们排忧解难。1997年为12名起义投诚人员和9名宗教职业人员提高生活补助费。12月走访6名定居台胞,为其中2人化解家庭矛盾。1999年帮助1名原黄埔军校生解决部分医疗费用和拖欠工资,为1名起义投诚人员解决生活定补,为1名原国民党县团职宽释人员解决退休工资(由县劳动部门统筹发放)等问题。2002年9月帮助晨怡大酒店业主、党外人士郜俊孝协调解决酒店归口收费问题。2003年,多次与县劳动部门协调,按照调资政策,帮助146名老工商业者增资到位。至2005年累计慰问党外代表人士3025人次,发放慰问金20多万元。

第九节　台湾工作

1990年起,县台办利用每年中秋、春节等重大节日,举行台属茶话会、座谈会。1991年1月,县台胞接待站被省委台办授予全省台胞接待工作先进单位。1993年,县台办先后接待中国台湾地区原"国大代表"杨俊、"教育厅"原副厅长汤振鹤、原"驻芬兰办事处"代表张鸿藻、夕止镇秀峰山弥勒内院住持宽裕法师等。1995年12月接待中国台湾地区长乐电视公司《大陆寻奇》摄制组一行,拍摄以地方古迹、人文景观及全藕席菜肴为内容的录像片,于1996年7月在中国台湾地区电视台播放。2001年7月接待以台胞王道循为团长的宝应旅台同乡会一行15人返乡访问。2001年2月,县台办编印《对台业务知识培训》讲稿,为全县机关单位及乡镇统战干部作台湾业务工作知识专题培训。2002年11月～12月,宝应经贸考察团一行8人赴台,分别与宝应旅台同乡会联谊,还与50多名中国台湾地区工商界人士餐叙,并洽谈经贸合作意向。2003年4月,县台办与安宜镇党委配合,选择县城世纪园住宅小区为涉台教育进社区试点小区。是年,县台办为县直机关干部、离退休老干部、企业职工、青年学生等作"台湾问题与两岸形势"报告会11场次,为全县机关公务员作"一国两制"和台湾工作方针政策及反分裂国家法专题讲座10场次,受听人数4000多人。2005年,县台办向台胞馈赠《水乡风貌》《荷乡放歌》等录像光盘50多盘。接受台胞捐赠62.50万元人民币、5000美元,用于修缮寺庙、修桥造路、奖学基金、救济灾民及兴办教育、福利事业等。至2005年,县台办累计接待回乡探亲台胞1400人次,赴台探亲90人次。

第十节　党校工作

一、党员干部培训

1990年，县委党校以主题班次教育为中心，结合时事政治教育要求，举办分层次、多形式党员干部培训班。是年10月，举办副科级以上干部培训班，学习中共十三届六中全会精神，538人参训。1992年举办县属工业企业中青年干部、局级干部、外向型经济培训班和村党支部书记岗位培训班。1994～1995年连续举办科级、副科级、村党支部书记、农村中青年干部、县属企业党支部书记培训班，学习邓小平理论。1998年举办副科级、中青年干部、村党支部书记等培训班，学习中共十五大精神。2002年举办学习中共十六大精神培训班，县、镇、村干部参加学习。2005年举办先进性教育和政法、信访等条线干部培训班。1990～2005年累计举办各类培训班119期，培训1.56万人次。其中，中青年干部培训班11期，培训972人次；村级干部培训班21期，培训3209人次；副科级以上干部培训班57期，培训8002人次；其他党员干部培训班30期，培训3402人次。

二、学历教育

1990年，县委党校相继开办成人大专班、中专班和职业高中、中专班。1993年与扬州财经职业中学联办财会专业职业高中班5个，学制3年。1996年11月与扬州工学院联办工业企业管理专业大专班。1997年与县委组织部联办农村干部中专班2个。1998年与解放军南京政治学院联办政法专业全日制大专班。2005年12月与省青年管理干部学院联办社区管理、经济管理成人大专班，学员26人；与县职业教育集团联办机电、电子电工、机械专业职业中专班，学员181人。至2005年，相继开办成人大专班、中专班和职业高中与中专班共15个教学班次，培训学员728人；累计举办函授大专班、本科班35个班次，培训干部1663人。其中，举办党政管理专业和经济管理专业函授大专班20个班次，学制3年，毕业学员994人；举办经济管理和行政管理专业函授本科班15个班次，学制2年半，毕业学员669人。

第十一节　党史研究工作

1981年9月，县委成立党史资料征集领导小组办公室（简称县党史办），启动党史资料征集编辑出版工作。1982年4月编辑出版第一辑《宝应县党史资料》。1985年8月编辑出版《烈士传》（抗日战争时期），收录9名烈士传记，6万多字。1986年编辑出版《烈士传》（解放战争时期），收录32名烈士传记，15万字。1988年7月编辑出版《中国共产党江苏省宝应县组织史资料》（1927～1987），全书90多万字。1991年6月编辑出版《宝应人民革命斗争简史》。1995年7月编辑出版《宝应县革命斗争大事记》（1919～1949）。1997年6月编辑出版《江苏人民革命斗争群英谱》（宝应分卷）。2004年编辑出版《湖荡雄师》。该书记载苏中党政军领导机关及其所属机构1944年3月至1945年9月期间在宝应所进行的一系列革命活动。至2005年编辑出版《宝应县党史资料》14期，征集到1944年苏中公学课本《学习》第二期、陈处泰烈士、在车桥战役中牺牲的日本籍烈士松野觉、"四一"南京惨案中牺牲的宝应籍学生成贻宾烈士等资料，及革命战争年代在宝应战斗、工作过的老干部回忆资料等5000多份。协助县委联络接待陈丕显、华克之、曾涛、江渭清、惠浴宇、吴运铎等老一辈革命家，探访他们抗日战争、解放战争期间在宝应生活、工作、战斗过的地方。

第十二节　老干部工作

1990年，全县有离休干部566人。2005年末，全县有离休干部442人，其中享受地市级生活待遇12

人、县(处)级生活待遇151人。

一、落实待遇

1990年起，县委每年召开2次享受县(处)级待遇以上老干部情况通报会，请老干部参观工农业生产项目，按规定请老干部参加有关会议、阅读文件。请老干部代表参加重大节日、重要活动，逢年过节均上门慰问。1997年，县政府对企业离休干部离休金实行社会化发放，确保205名企业离休干部离休金按时足额发放。1998年1月，提高离休干部护理费标准，县财政每年对有困难的自收自支事业单位进行补贴，解决部分事业单位离休干部离休金不能足额及时发放的问题。县教育局、县工商局等单位为住房有困难的离休干部落实住房政策。1999年，县委组织部、县委宣传部、县委老干部局为198名企业离休干部每人征订一份《新华日报》或《扬州日报》，各单位为离休干部每人订阅一份《银潮》。2000年10月，县政府作出离休干部医疗统筹的决定，全县所有离休干部参加医疗保险，县财政每年拿出100多万元补贴企业离休干部医疗费费用。2005年再次提高离休干部护理费标准，为符合条件的8名离休干部办理享受地市级乘车和医疗待遇。

二、文体生活

1990年后，县老干部活动中心设有棋牌、门球、钓鱼、书画等协会，每天参加活动的老干部近100人，活动内容有桥牌、象棋、扑克、麻将、门球、乒乓球等10多项。每年组织老干部钓鱼、棋牌、门球等比赛10多次，老年艺术团一年四季活跃在街头广场。2000年后，老年艺术团多次代表宝应县参加省、市和全国老年文艺会演，老干部门球队每年代表宝应县参加市级以上门球赛。至2005年，老干部活动中心每日正常开放，除常规的文艺体育活动，定期组织各种业余爱好培训活动。

三、老年大学

图21-1-8　老年大学文艺演唱宣传

1992年3月，成立县老年大学，聘请有办学经验、热爱老年教育事业、乐于奉献的老干部组成校务委员会。办学宗旨为增长知识、丰富生活、陶冶情操、服务社会，办学初期条件简陋，无教室，借用老干部俱乐部活动室上课；无课桌学凳，请氾水布厂和氾水钢木家具厂无偿支援60张课桌和120条学凳。初期开设文史、老年保健、书法国画和花卉盆景4门课程。离休干部学员100多人，单科近200人次。至2005年，学校开设13门课程，9个班，学员218人，单科400多人次。设半年、一年、二年、三年、五年学制。学校除正常教学外，还适时举办时政报告会，重大节日举办庆典文艺演出，组织外出参观旅游，为70岁和80岁学员举行集体祝寿活动，举办书画、摄影作品展，组织参加社区文艺活动。

第十三节　机关党务工作

一、机关基层组织建设

1990年，县直属机关党委下设党总支15个、党支部111个，党员1979人。1991年下设党总支20个、党支部129个，党员2207人。1994年下设党总支28个、党支部175个，党员2830人。1997年下设党总支30个、党支部193个，党员3253人。2001年12月改为县级机关党工委。2005年末，设直属党总支24个、直属党支部34个，总支所属支部117个，党员2662人。县级机关党工委全面推行发展党员公示制、预审制、票决制和责任追究制度，年轻党员、高学历党员比例增加，党员队伍结构明显改善。

二、机关党的思想建设

1990年起，县直属机关党委将党的思想建设作为机关党务工作首要任务。坚持用党的创新理论成果武装党员干部头脑，适时开展形势政策教育，提高党员干部理论水平和业务素质。每年举办一次入党积极分子培训班。先后举办"信合杯"党的知识竞赛、"苏源杯"学习"三个代表"重要思想知识竞赛、"天宇杯"保持共产党员先进性教育知识竞赛等。1994年成立县直机关党校。1996年"七一"前夕，举办4期学习邓小平建设有中国特色社会主义理论学习纲要轮训班，440名党员参加学习。1997年举办县直机关迎回归"五琼浆杯"围棋邀请赛。1999年7月联合县文明办召开县直机关职业道德先进事迹报告会，县直机关600名党员、干部参会，对10名先进个人先进事迹进行宣讲。2005年，县级机关党工委组织开展保持共产党员先进性教育活动。

三、机关作风建设

1990年起，县直属机关党委每年根据县委对机关党建工作要求和县委召开的机关作风建设会议精神，运用各种载体，落实监督考核机制，推进县级机关作风建设。1996年根据县政府百家千户扶贫工程计划，县直机关67个党总支、支部与24个乡镇67个村670户贫困户结对帮扶。是年，组织开展县直机关党风廉政建设研讨活动，17家单位共21篇研讨文章参加交流。1998年举办"110"事迹演讲会，开办党风廉政法律法规专题培训班，组织2500人参加法律法规知识考试。2000年、2001年分别开展"三服务"(服务经济、服务大局、服务基层)、"二为"(为党旗增光辉、为创业作贡献)活动。2003年开展县级部门结对服务百家规模民营企业活动。是年开展对机关党员干部住房、通信工具专项治理活动。2005年，县级机关各部门、单位开展保持共产党员先进性教育活动，组织党员干部进社区、亮身份、办实事、树形象，机关部门推行服务承诺制、首问负责制，开通审批绿色通道，实行"一窗式"、"一站式"服务。

图21-1-9　县级机关党建工作会议

四、创优争先

1995年，县直机关80多名妇女干部组成方队走上街头，开展庆"三八"、迎"十四大"健身长跑活动。1996年举办机关干部乒乓球比赛。1999年，机关女职工委员会参加妇女、环境、家园主题教育活动和"助春蕾"活动，18名女职工与36名失去父母的女孩长期结对，资助他们完成学业。2004年，县级机关党工委牵头组织36家机关单位开展爱心助成才活动，捐款2.34万元。2005年，县级机关党工委组织参加创建省级文明城市活动，在77家县级机关开展以"三优、三满意"为内容的创建文明机关活动。机关部门规范服务内容，工作人员挂牌上岗，公示办公文明用语和服务忌语、承诺服务内容、公开办事程序和各项规章制度。建立卫生管理制度，开展城区门前卫生段包干等工作，净化、美化机关内外环境。是年，县级机关部门、单位与社区结对开展共建活动，为社区送去办公桌椅、图书、电教器材等物品，资助农村草危房改造资金60多万元。

第二章　工商联　群众团体

第一节　宝应县工商业联合会

一、组织机构

1986年8月，县工商业联合会（简称县工商联）恢复活动，内设经济科和会员科。1991年末有公有制企业会员73个、团体会员1个、老会员339人。1992年1月首批发展私营个体企业会员85个。1993年5月增挂“宝应县商会”牌子，与县工商联两块牌子、一套班子。1995年2月有会员678个（人），其中公有企业会员92个、团体会员2个、私营企业会员20个、个人会员564人。是年，建成柳堡等乡镇分会6个，建立小官庄等乡镇分会筹备组7个。1997年，全县30个乡镇全部建立工商联分会组织，在全市率先实现乡镇工商联组织建设全覆盖。2000年，乡镇区划调整后，全县有乡镇分会16个。2001年后，成立私营企业家联谊会、宝应浙江商会、宝应青年商会、宝应常州商会、县商会休闲沐浴行业协会、氾水商场商会等基层组织。2005年，全年发展企业会员98个、个人会员158人，内设经济科和会员科。全县共有会员2318个（人），其中个人会员1392人（个体工商户会员1108个）、团体会员717个（私营企业608个）、原工商业者老会员209人。

二、代表大会

1990年12月20～21日，县工商联第八届代表大会在县城召开，选举产生第八届执行委员会委员35人、常务委员11人，芮家斐为主任委员。1993年4月26～27日，县工商联第九届会员代表大会在县城召开。大会代表163人，其中非公有制经济会员代表58人，占代表总数的35.6%。选举产生第九届执委会委员35人、常务委员13人，韩福华为主任委员。1997年6月26～27日，县工商联第十届会员代表大会在县城召开。大会代表164人，其中非公有制企业会员代表85人，占代表总数的51.8%。选举产生执委会委员41人、常务委员15人，韩福华为会长。2001年12月28～29日，县工商联第十一届会员代表大会在县城召开。大会代表200人，代表全县2200多名新老会员。选举产生第十一届执委会委员51人、常务委员21人，韩福华为会长。

三、参政议政

1990年，县工商联对全县私营企业进行调查，为有关部门掌握私营企业发展情况提供资料。1992年围绕私营企业发展过程中出现的问题先后提出30多条建议，《对发展非公有制经济应给予实质性支持》等材料被《宝应经济》采用。1994年专访40多家民营企业和部分个体工商户，形成两篇调查报告，组织县政协工商联工作组撰写提案40多件。1995年在县政协全会上，作题为《关于实现我县民营工业产值硬超五亿元的五点建议》发言。是年，就加强企业职工思想教育等开展专题调查。1996年，在县政协九届四次全会上作题为《建立有规模、有特色的商品市场》大会发言。1997年到12个乡镇走访70多户私营个体业主，为县委、县政府提供基础资料，并参与起草扶持发展民营经济政策的文件。1998年，围绕县委、县政府关于发展私营个体经济的十条规定贯彻落实情况，撰写《私营企业抢抓机遇快发展》和《私营企业对收费的反映及建议》调查报告。1999年在县政协全会上作题为《关于对全县二十强私营企业情况的调查报告》专题发言。2000年就全县经济建设和社会事业发展等多方面问题提出提案23件。2004年对2003年规模民营企业发展、民营企业家队伍建设及私营企业诚信开展调研，形成多份调研报告。2005年在县政协相关会议提交《推进以企招商，以商引商，努力实现招商引资工作新突破》和《内河居家船家庭的生存现状》等调查报告。

四、服务会员

1990年组织会员企业参加华东“六省一市”商品交易会，钢瓶、灶具、白酒等地产品销售额90多万元。1995年编印《工商联简讯》，发布各类信息90条2450份，为会员企业融资60多万元。1997年在十届会员代表大会期间，首次举行信息发布会，邀请县保险公司、宜诚律师事务所、县农行分别发布信息，为70多家私营个体企业办理企业代码。1998年参与举办银企座谈会，直接为私营业主拆借资金100多万元；为30多家企业提供用地、用电、供水、基建和业务中介、合同认证、回收债款等方面服务。1999年参与建立县民生担保有限责任公司，缓解中小私营企业贷款难问题。是年，为会员提供会计咨询服务，为2家企业代理审计出具证明，挽回经济损失240多万元。2000年为私营企业解决生产、技改急需资金100多万元，为10多家企业提供法律咨询、公证服务，依法维护业主合法权益。2003年先后为非公企业开展培训8次。做好100多名原工商业者遗孀生活补助工作。2004年收集招商引资信息40多条，接待外地客商30多人次，组织4名私营业主参加中央党校学习培训。2005年组织私营企业会员参加展销会、洽谈会7次，帮助会员企业引进项目19个，投资约2亿元，其中当年投产经营项目12个。

五、光彩事业

1995年，县工商联柳堡分会会员陆宜华致富不忘乡亲，捐款5000元铺设村级公路；曹甸商会委员从才发5年捐款助学5万元。1997年，县楚天实业有限责任公司招收11名聋哑青年为公司职工。1998年，会员在扶贫济困、拥军优属、救助危难、资助社会事业活动中，捐献资金100多万元。是年，长江流域和东北地区发生水灾后，全县会员捐款近20万元，捐衣被近1万件(条)。2001年资助200多名特困生重新入学，用于扶贫、助学、修桥铺路赞助款近200万元。8月，仅10天时间收到会员捐献衣被1万多件(条)，捐款10多万元，支援受灾的延安地区。2003年在抗“非典”和抗洪中，发出《致全县私营个体业主的信》。在抗击“非典”中，会员捐款4.60万元，捐物价值4000元；在防汛中，捐资3.41万元。2005年，会员资助失学儿童50多人就学，为社会各项公益事业捐款150多万元，新安置下岗职工及农村富余劳动力1000多人。至2005年，会员为光彩事业活动累计捐款2800万元。

第二节　宝应县总工会

一、组织机构

1990年，县总工会内设组织部、宣传部、生产保护部、生活女工部、办公室。全县有基层工会组织394个、会员4.98万人。至1994年组建乡镇企业工会237家。1995～1999年组建改制后企业工会252家。2000年贯彻县委办《关于进一步加强新经济组织工会组织建设的意见》，联合县委组织部开展“党建带工建、工建促党建”活动，全县组建私营企业工会435家、外商投资企业工会28家。2004年开展农民工入会专项活动，吸收近1万名农民工加入工会。2005年，县委组织部、县工商局、县经贸局、县总工会联合开展“党建带工建百日推”活动，组建非公企业工会52家。县总工会内设组织部、宣传部、生产保护部、生活女工部、办公室。至2005年底，全县有15家镇(区)工会联合会、15家系统工会、53家村(社区)联合工会、916家独立基层工会，联合工会覆盖法人单位551家，工会会员4.88万人。

1990～2005年宝应县基层工会组织情况一览

表21-2-1

年份	基层工会组织(个)	会员(万人)	年份	基层工会组织(个)	会员(万人)
1990	394	4.98	1998	391	5.14
1991	397	5.01	1999	405	5.18
1992	403	5.22	2000	1098	5.26
1993	408	5.25	2001	1101	4.96

续表21-2-1

年份	基层工会组织(个)	会员(万人)	年份	基层工会组织(个)	会员(万人)
1994	426	5.26	2002	1106	4.24
1995	431	5.28	2003	1217	4.28
1996	395	5.21	2004	1329	4.85
1997	387	5.20	2005	1467	4.88

二、代表大会

1991年7月3～5日，县工会第十三次代表大会在县城召开。出席会议正式代表400人、列席代表80人、特邀代表50人。会议选举产生县总工会第十三届委员会和经费审查委员会，张廷锟当选县总工会主席。1997年1月15～16日，县工会第十四次代表大会在县城召开。出席会议正式代表349人、列席代表68人、特邀代表63人。会议选举产生县总工会第十四届委员会和经费审查委员会，陆界平当选县总工会主席。2002年10月24～25日，县工会第十五次代表大会在县城召开。出席会议正式代表300人、列席代表24人、特邀代表34人。会议选举产生县总工会第十五届委员会和经费审查委员会，陈卫荣当选县总工会主席。

三、主要活动

(一)劳动竞赛

1990年，县总工会以增产节约、增收节支和支农兴农为重点，开展“我在治理整顿中闪光”为主题的劳动竞赛和“兴农杯”专题竞赛，参赛职工2.10万人，收到合理化建议9251条，被采纳2825条，为企业创造效益670万元。1992年开展以“推动企业科技进步，发挥职工聪明才智”为主要内容的“智慧杯”立功竞赛活动，全县321家单位4.62万人参赛，收到合理化建议1.06万条，被采纳3821条，创造经济效益380万元。是年，基层职工技术协作组织发展到17个，攻克技术验证题112项，推广新技术14项，创经济效益530多万元。1995年开展以“争先进，树形象，干‘八五’，立新功”为主要内容的“安宜杯”立功竞赛活动，收到合理化建议4.28万条，被采纳4732条，攻克技术难题121项，开发新品47个，创经济效益1000万元，其中有2个项目申报国家专利。2000年组织职工开展以降本增效为主线的“跨世纪奉献杯”立功竞赛活动，136家基层工会、1万多名职工参赛，创综合经济效益1779万元。至2003年通过开展以“三创三赛”(思维创新、技能创新、岗位创新，立功竞赛、优质服务竞赛、重点工程竞赛)为重点的群众性经济技术创新工程竞赛活动，评选出群众性经济技术创新示范岗52个、优质服务示范岗20个；组织技术比武67次，竞赛工种32个，参赛职工6000多人次；实施技术创新、工艺创新项目103个，新品开发项目52个。2005年围绕县委确定的“苦干三五年、实现再翻番”奋斗目标，开展“跨越杯”立功竞赛活动，举办各种技能竞赛、选拔赛60多场，2万多名职工参加。全县95%企业参加“安康杯”竞赛，90%企业推行监控法，检查企业合格率60%。

(二)学习教育

1990年，县总工会组织开展形势政策教育，以工人阶级传统、地位、责任、作用大家谈为主题开展征文和演讲等活动，数万名职工参加。1991～1992年，围绕“五爱”(爱党、爱国、爱社会主义、爱企业、爱本职)主旋律，举办黑板报联展、职工文化回顾展和集邮展，组织13场演讲比赛，参演人数2400多人，开设政治培训班700期，培训职工7100人，组织演讲会142次，主办专栏、黑板报4800多期。1992年，县总工会在全市率先成立县职工俱乐部协会。1993～1995年，组织120个班组5000多名职工参加全国班组社会主义市场经济知识竞赛，先后举办专题学习班、培训班430期，培训职工近2.60万人。运用橱窗、墙报出专栏1600多期，举行演讲比赛、知识竞赛300多场。1999年开展争当文明职工、争建文明班组的“双争”活动，职工参与率90%以上，窗口服务群众满意率逐步提高。举行“安宜钢瓶杯”职工乒乓球赛，39支代表队288名运动员参加比赛，组织7300名职工参加澳门回归知识竞赛，有13名职工获竞赛奖。

2004年,组织开展“两争一树”(争创学习型企业、争做知识型职工,树新时期职工形象)活动,明确10家单位为示范点,开展丰富多彩的创建活动。2005年,全县40家单位、班组成为第二批学习型组织示范点,5家先进单位、3个示范班组、6名知识型职工受到市总工会表彰。全县建有职工俱乐部114家、各类球场51个、职工兴趣小组270个。

(三)维护权益

1990年,全县基层工会召开职代会497次,提交职代会审议方案2189件、提案1535件,落实提案749件,对103家单位中层以上干部进行民主评议。县总工会参与县政府设立的有关涉及职工群众具体利益的年终分配领导小组、企业第二轮承包指导小组、安全生产委员会、工人技师评审委员会等15个领导机构,参与县政府企业年终分配方案审批验收和企业第二轮承包方案审议签约。1994年,县总工会先后与县劳动局、县财政局等部门制定《关于适当提高城镇职工生活困难补助标准的通知》《宝应县职工社会补充保险暂行办法》等6份文件。县总工会与县劳动局联合举办6期劳动法学习班,200多名工会干部、行政负责人和职工骨干参加培训。1995年,在县面粉厂召开全县第一家集体合同签约大会,集体合同在全县逐步推开。至1996年,全县有368家单位建立健全职代会制度,有30家单位建立三级民主管理网络。至2005年,国有、集体企事业单位集体合同签约率100%,354家企业签订工资集体协商合同,工资集体协商合同签约率85%;全县运行正常的国有集体企业和事业单位基本建立职代会制度,90%以上企事业单位实行企事务公开。非公企业职代会建制面60%,其中百人以上非公企业职代会建制率超过90%。收到职工代表提案1.82万件,落实3627件,民主评议中层以上干部2813人次;建立职工劳动争议调解委员会225个,占应建数的93%,创建合格调解委员会128个。

(四)扶贫帮困

1990年,县总工会制定职工来信来访接待制度,全年接待来信来访120多件次。组织动员基层单位开展扶贫工作,对33家单位1.67万名困难职工补助资金67.91万元。组织141家单位开展互助储金活动,2.61万人参储10.46万元。1991年夏,全县发生特大洪涝灾害,各级工会帮助职工转移财产、撤离险区,发动职工捐款、捐物,帮助受灾职工解决生活困难。全年扶助贫困职工466人,定期补助困难职工816人,临时补助1.97万人次,补助资金66万多元。1992年,县总工会启动“进万家门、知万家情、解万家难”的送温暖活动。至1996年,各级工会组织慰问、帮助困难职工1.20万人次,基层工会相继建立友情基金会、医疗金互济会、困难互助会等群众性互助互济组织。1996年,县职工困难互助救济会成立。至1998年,全县有22个系统(单位)1.70万名职工加入互济会,吸纳会费43万元,向12个系统(单位)33名困难职工发放死亡补助和医疗互助金1.26万元。2000年建立特困职工档案120份,113人享受补助3.64万元。2003年建立县困难职工援助中心和县再就业服务中心,为困难职工提供职业介绍、就业培训、信访接待、法律援助、困难救助、工会补充保险等服务。是年,县总工会职业介绍所和工人文化宫职业介绍所免费、优惠介绍500多名困难职工实现再就业。2005年开展新一轮职工困难互助救济会入会工作,年末吸纳会员1万人,筹集资金57万元。当年补助困难职工32人,补助资金近6万元,其中帮助30户特困职工解决生活困难支出资金2万元,帮助26名特困职工子女上学资助资金8000元。是年,成立县劳模协会,建立劳模电子档案,建立健全劳模帮扶机制,发放劳模荣誉津贴8.70万元,解决31名劳模医疗保险费用45万元。

(五)建立职工之家

1990年,县总工会提出改革建家同步、以改革促进建家、以建家蕴含改革的工作思路,深入开展建设职工之家活动。1991年印发建家文件汇编1500册,组织学习1023次,出黑板报260期、画廊143期、专刊126期,受教育面1.90万人次。至年末,全县有91家基层工会建成合格职工之家。1992年,全县有320家基层工会建成合格职工之家,建家率超过80%,有36家基层工会被评为县级先进职工之家,871家基层工会小组被评为先进工会小组、7家基层工会被评为市级先进职工之家。县五交化公司工会被省总工会授予“模范职工之家”称号。至1996年,全县有合格职工之家387个。1999年,县总工会对全县22家基层工会职工之家工作进行检查验收，评选表彰12个模范职工之家和14个先进职工之家。2003年，在非公企业工会中开展建设职工之家活动，安宜镇工会联合会被省总工会命名为百强示范乡镇工会，广洋湖镇工会联合会等9家乡镇工会被命名为合格乡镇工会，县电信局线路维护中心工会小组被授予“全国模范职工之家”称号。2005年，县供电局安宜变电所被授予“全国模范职工之家”称号，氾水高级中学被授予“省模范职工之家”称号，县国税局、县汽车运输总公司、宝飞机电公司、县妇幼保健院被授予“市模范职工之家”称号。至年末，全县有合格职工之家600个，其中非公企业建设合格职工之家470个。

图21-2-1　2005年，县首届劳模评选表彰大会

(六)劳模评选

1990年，全县有各级各类劳动模范96人，其中全国劳动模范2人、省部级劳动模范90人、市级劳动模范4人。1991年起，全县每5年组织一次省部级劳动模范推荐评选活动，当年获得省部级劳模12人，其中部级劳模3人、省“五一”劳动奖章获得者1人。1993年，2人被授予“全国优秀教师”称号，1人获得省“五一”劳动奖章。1994年获得市劳动模范12人。是年获得全国优秀人民警察、全国建设系统劳动模范各1人。1995年获得全国劳动模范1人。1996年获得全国劳动模范10人。1998年分别有1人获得省“五一”劳动奖章和省“见义勇为模范人物”称号。1999年，市级劳动模范评选改为每3年一次。是年，获得市劳动模范12人。2001年获得省劳动模范6人。2002年获得省“五一”劳动奖章1人、市劳动模范7人。2004年获得省“五一”劳动奖章1人。2005年获得全国先进工作者1人、市劳动模范5人。同年，县政府组织首届县劳动模范评选活动，60人获得县劳动模范。至年末，全县有各级各类劳动模范232人。

第三节　共青团宝应县委员会

一、组织机构

1990年，共青团宝应县委员会共有基层团(工)委、直属团总支57个，内设办公室、组织部、宣传部、青工部、学少部。1997年内设组织部、青工部、青农部、学少部。2002年，组织部更名为组织宣传部。2005年有基层团(工)委、直属团总支45个，其中乡镇(开发区)团(工)委15个、系统企业团委(直属团总支)14个、学校团委(直属团总支)16个，内设组织宣传部、青工部、青农部、学少部。全县14～28周岁青年14.60万人，其中共青团员6.65万人，占青年总数的38.7%。

二、团代表大会

1993年5月18～20日，共青团宝应县第十三届代表大会在县城召开。出席会议正式代表320人、列席代表50人、特邀代表30人。会议选举产生由31名团县委委员和7名候补委员组成的新一届团县委，陈卫荣当选书记。1997年1月19～20日，共青团宝应县第十四届代表大会在县城召开。出席会议正式代表320人、列席代表10人、特邀代表34人。会议选举产生由27名团县委委员和11名候补委员组成的新一届团县委，夏顺义当选书记。2001年11月30日至12月1日，共青团宝应县第十五届代表大会在县城召开。出席会议正式代表220人、列席代表30人、特邀代表30人。会议选举产生由29名团县委委员和9名候补委员组成的新一届团县委，李琪当选书记。

三、主要活动

(一)希望工程

1993年成立县希望工程办公室，相继开展“青旅情·宏志行”希望工程助学行动、希望工程书画义捐义卖、移动手机吉祥号码拍卖捐助、"关爱未来"希望工程圆梦行动等活动。2001年在县农行各营业厅以及商业网点等设立27个捐款箱。是年末筹集希望工程助学款40多万元。2002年在对全县140名贫困儿童继续实行希望工程资助的基础上，开展"心连心"扶贫助学助优行动。2003年举办县希望工程实施10周年"爱心永恒"大型交响音乐会，募集助学资金14万元。至2005年，累计筹资110多万元，筹集衣物、文具用品、图书等实物价值10万元。救助全县贫困中小学生6523人，帮助102名贫困学子升入大学，援建水泗文曲星、苏中公学2所希望小学。

（二）青年志愿者

1997年3月成立县青年志愿者协会，组建县建设局等10家首批自愿者服务站、绿叶等13支志愿者服务队，在县公安局消防大队建立市首家军队青年志愿者服务站。2000年在城区首次公开招募青年志愿者。2003年推行注册志愿者制度。2004年组织青年志愿者参与县荷藕节、人代会、政协会等大型活动志愿服务。2005年举办"3·15"注册志愿者千人集中宣誓，开展"爱我宝应·奉献青春"宝应籍大学生暑期志愿服务活动。是年，县职业技术学校老师张信荣获"全国优秀青年志愿者"称号。至2005年，全县组建51支志愿者服务大队、1000多支服务小队，成立45家青年志愿者服务站，注册1.30万多名志愿者，累计服务4万多人次，服务时间超过16万小时。

图21-2-2　县青年志愿者服务站成立

（三）青年文明号

1997年8月，团县委成立县"双争"活动领导小组办公室，启动青年文明号行动。2003年通过捐资助物等方式投入全县抗灾。2004年开展青年文明号服务卡助万家、青年文明号促假日经济等系列活动。2005年开展县十佳青年文明号评比，优秀青年文明号集体与宏志班签订爱心约定。至2005年，全县创建省级青年文明号25家，市、县级青年文明号500多家。

（四）青春创业

2001年，团县委启动以帮助青年就业创业为题的青年创业活动。2002年举办沪宝两地青年企业家经济论坛。2004年成立县青年商会，举办青春创业江浙行交流互访活动。2005年开展首届县十佳青年创业之星评选活动，编印《向导——服务青年创业手册》，举办"宝胜杯"青年创业论坛。是年在安宜镇工业园建成县青年创业园。至2005年，全县启动青年创业行动项目54个，120名青年走上创业之路，带动1000名青年参与创业，帮助2000多名青年实现就业。

第四节　宝应县妇女联合会

一、组织机构

1990年，全县设有30个乡镇妇女联合会。县妇联内设组织宣传部、生产福利部、办公室。1997年调整为组织宣传部、城乡工作部、权益部、儿童工作部（挂县妇女儿童工作委员会办公室牌子）。2000年，全县乡镇区划调整后设乡镇妇女联合会16个。2004年分设县妇女儿童工作委员会办公室。2005年，沿河镇并入安宜镇，全县有15个镇（开发区）妇女联合会。县妇联内设组织宣传部、城乡工作部、儿童工作部、权益部、妇女儿童工作委员会办公室。

二、妇女代表大会

1991年11月5～7日，县妇女第八届代表大会在县城召开。出席会议正式代表350人、列席代表25人、特邀代表21人。会议选举产生县妇联第八届执行委员会委员39人、常委9人，柏莉娅当选主任。

图 21-2-3　　关爱妇女活动宣传

1997年1月14日,县妇女第九届代表大会在县城召开。出席会议正式代表350人、列席代表40人、特邀人员30人。会议选举产生县妇联第九届执行委员会委员39人、常委7人,柏莉娅当选主席。

三、主要工作

(一)宣传工作

1990年开展双文明户、新风户、放心农户等宣传评比活动。1993年在全县宣传省五好家庭周七余一家事迹。1995年开展以"学在家庭、俭在家庭、美在家庭、乐在家庭"为主体的家庭文化宣传教育活动。1999年参与组织五好文明家庭、十星级文明户创建评比活动。2002年在全县妇女中开展"四五"普法宣传活动。2004年宣传全县创业女强人先进典型事迹,组织召开报告会,各界女性代表200多人参加会议。2005年在全县女共产党员中开展保持共产党员先进性教育活动。县妇联将每年10月定为全县反家庭暴力宣传月,组织妇女学习宣传保护妇女儿童权益法律法规。全县近5万名妇女接受"四自"(自尊、自信、自立、自强)教育培训,开展创建"学习型家庭、绿色家庭、廉政文化家庭"活动。

(二)维权工作

1990年起,县妇联每年举办"三八"维权周活动,宣传《中华人民共和国妇女权益保障法》《中华人民共和国劳动法》《中华人民共和国婚姻法》等法律法规,举办法律培训班195期,开展宣传咨询活动34次,发放法律宣传资料11万多份,受教育群众20多万人次。1998年到县看守所、南京女子监狱,对在押宝应籍女犯人开展赠书寄语活动,赠送法律法规、科技等各类书籍2000多册。2000年联合有关部门对水泗乡等地外籍婚进妇女逐一调查,将6名被拐卖妇女解救回云南、贵州老家。2001年在取缔邪教"法轮功"期间,组织万名妇女参加拒绝邪教签名活动,发放《家庭拒绝邪教,倡导科学文明》倡议书5万多份。2005年,城区建立家庭暴力维权站、家庭暴力投诉站,镇、村建立维权服务点,在全市率先创建零家庭暴力社区活动,并召开创建零家庭暴力社区活动现场会。1990～2005年累计接待妇女来信来访1556件2000多人次,结案率97%以上。

(三)创先争优工作

1990年组织18万名妇女开展学文化、学技术,比成绩、比贡献的"双学双比"竞赛活动。举办"庆'三八'架金桥,促进妇女就业"女性招聘专题洽谈会,帮助3000多名下岗失业妇女就业、再就业,促进2万多名女职工立足岗位成才。1993年开展"三八丰产方"竞赛,涌现一批种田女状元、养殖女能手、致富女能人,打造"鲁垛绣姑""泾河瓜嫂""玻璃水晶花"等"妇字号"劳务品牌。开展农村"万名妇女大转移"行动,举办各类培训班200多期,培训妇女3万多人次,帮助2万人次农村妇女劳动力有序转移、务工致富。2002年参与组织开展县市民教育工程和农民教育工程活动。省"三八"红旗集体柳堡"二妹子"模范民兵班与市"三八"红旗集体县地税直属分局结对共建,带动和促进全县妇女精神文明建设。2003年举办庆"三八"外籍女投资者、女企业家座谈会。柳堡"二妹子"模范民兵班申报全国"三八"红旗集体。2004年,县政府将原宝应电机厂旧厂房划拨给县妇女联合会,创办县妇女儿童活动中心。2005年实施以家庭教育、家庭奉献、家庭文化及巾帼文明社区等活动为主的家庭文明工程,引导广大妇女和家庭成员弘扬社会公德、职业道德、家庭美德。射阳湖镇林上村村民王步英被全国敬老爱老助老主题教育活动组委会授予全国"孝亲敬老之星"称号。至2005年,县妇联5次被评为省"双学双比"活动先进集体,全县48名妇女、13个集体被授予省、市"'三八'红旗手"、"'三八'红旗集体"称号;创建各级巾帼文明岗89个、县级以上巾帼示范岗180个,有55人获省、市"巾帼建功先进个人"称号。

(四)儿少工作

1997年4月组织开展“建行杯”万名年轻妈妈读书评比活动，评出全县十佳年轻妈妈、25名优秀年轻妈妈。1998年开展“妇女·家园·环境”主题教育系列活动，全县3万名中小学生和家长参加。2002年“六一”举办小公民道德建设计划启动仪式，12所中小学被命名为小公民道德建设实施基地，6所中、小学校被命名为绿色学校。2003年，周恩来少年读书处、县直机关幼儿园被命名为市级小公民道德建设示范基地，魏舒阳等13名学生被评选为市“五好”小公民；在省“小公民”道德建设成果作品评选中，宝应县选送的摄影作品《果壳箱洗澡喽》、绘画作品《彩色的房子》分别获得省一等奖和三等奖。2004年开展“小公民”道德建设系列活动，100名“五好”小公民受到表彰。2005年参与爱心助成才活动，筹集助学金30多万元，帮助近1000名女童继续完成学业。1997～2005年共帮扶586名女童重返校园，涌现省级优秀“春蕾女童”20人、市级优秀“春蕾女童”60人。

第五节　宝应县文学艺术界联合会

一、组织机构

1991年1月成立县文学艺术界联合会(简称县文联)。至2005年，建有作家、书法家、美术家、摄影家等38个协会，共有会员1200多人。

二、代表大会

1991年1月30～31日，县文联第一次代表大会在县城召开。出席会议正式代表154人、特邀代表24人。分为文联筹委会和文学、书法、美术、摄影、音舞、戏剧、诗词8个代表组及特邀代表组。会议通过县文联章程，选举产生县文联首届委员会及领导机构。成立相关协会，选举产生协会理事会，通过协会章程。沈立德当选县文联主席。1996年8月22日，县文联第二次代表大会在县城召开。出席会议正式代表100人、特邀代表39人。分为文学、书法、美术、摄影、音舞、戏剧、诗词、白田诗社、国画院9个代表组。仇学程当选县文联主席。2003年12月5日，县文联第三次代表大会在县城召开。出席会议代表138人，分为文学、书法、美术、摄影、音乐、舞蹈、戏剧、诗词、收藏、民间文艺、国画院等11个代表组。何开文当选县文联主席。

三、主要活动

(一)文学艺术活动

1991年，县文联组织县预备役文艺演出队创作排演节目《绿杨新旅之歌》，并拍摄成电视舞台艺术片，在中央电视台二套节目播出。1992年5月，邀请电影《柳堡的故事》二妹子扮演者陶玉玲和作者胡石言，《血战落魂桥》宝应籍导演胡立德、演员魏宗万、电影表演艺术家程之等，到宝应参加纪念毛泽东《在延安文艺座谈会上的讲话》发表50周年、宝应定名1230周年等庆典活动。1994年，县文联参与编写县邑丛书《宝应》。2001年组织创作书法、美术、摄影作品30多幅，征集民间工艺根雕、水晶、乱针绣等10件作品，参加市首届农民艺术节综艺展，15件作品获优秀奖。2002年初组织夏集农民艺术博物馆创作、制作46件水乡风物作品，组织鲁垛乱针绣、荷乡捏面人、书画作品30多件参加省首届农民艺术节综艺展，7件作品获优秀奖。2003年10月组织全县特色文化和民间艺术资源普查，历经3年编辑完成《宝应特色文化和民间艺术》。2004年组织13幅书法作品和10多幅乱针绣、

图21-2-4　县文联创作基地揭牌

水晶工艺、剪纸、根雕、紫铜浮雕、刺绣、十字绣等作品，分别参加省第二届社区艺术节综艺展宝应书法作品展和省第二届农民艺术节综艺展。与县委宣传部共同举办县首届艺术之星评选活动。是年12月承担省《英雄少年》宝应部分撰写工作。2005年组织创作《诗话扬州》宝应景点（周恩来少年读书处、纵棹园、荷园）诗、书、画、印作品。是年9月在同松机电制造有限公司建立县文联创作基地。

（二）书画考级

2000年组织宝应书画爱好者参加全市书画考级，参加考级人数200多人。2001年，书画考级参考人数为全市最多，考级成绩为全市最高（唯一七级为宝应人获得）。2002年4月选送14名书画爱好者参加省朝霞工程推新人大赛暨第九届全国推新人大赛扬州赛区活动，11人分获“十佳”和“十优”奖。2003年，宝应考生获得全市书画考级最高九级，市书画考级办公室在宝应设立书画考级基地。2004年创建市书法之乡。6月，在全市书画考级工作会议暨书法之乡命名仪式上，宝应县被市文联授予“书法之乡”称号。2005年组织260多名书画爱好者参加全市书画考级，多人取得八级、九级好成绩，列全市各县（市）之首，其中城西少儿书画班、神龙书画班分别有4人和2人获得九级证书。

第六节　宝应县科学技术协会

一、组织机构

1990年，乡镇开始建立科协组织，县科学技术协会（简称县科协）内设普及部、学会部。1992年成立12个乡镇科协。2000年，乡镇行政区划调整后，全县有16个镇科协。2002年，县科协增设办公室。2005年，全县有14个镇科协。县科协内设办公室、普及部、学会部。

二、代表大会

1992年8月31日至9月1日，县科协第三届代表大会在县城召开。出席大会正式代表260人、特邀代表57人。会议审议通过《县宝应县科学技术协会章程》，选举产生县科协第三届委员会委员63人。在三届一次全委会上选举产生县科协常委21人，选举袁旺生为主席。2002年7月25日，县科协第四届代表大会在县城召开。出席大会正式代表220人、特邀代表56人。会议审议通过《宝应县科学技术协会章程》（修订），选举产生县科协第四届委员会委员41人。在四届一次全委会上，选举产生县科协常委15人，选举冯兆华为主席。

三、主要活动

1990年，县科协配合县委组织部等部门举办特水养殖、银杏嫁接、食用菌栽培、苏太猪养殖、畜禽疫病防治、种草养鹅、庭园经济、棉花高产栽培等培训班，培训农村党员、基层干部近2万人次，推广致富项目1000多个，帮助400多户脱贫。1993年10月，县委批转县委组织部、县科协《关于对全县农村基层干部和党员进行实用技术培训的意见》。1994年组建学用科技百人讲师团，下设农业、林蚕、农机、水产、畜禽、工业等6个组，开展送教下乡，进村入户指导，建立省级子婴河镇特种水产养殖教学示范点。是年9月，县科协在全省率先组织农口部门对学有专长的农民进行技术职称评定工作。1996年3月对具有技术职务的村组干部实行技术职务津贴。1999年3月，县科协组建农业科技“110”，将28名具有中级以上职称和本科以上学历的农业技术人员姓名、电话号码和专业特长向全县基层干部和农民公布。2003年4月，县科协、县人事局印发《宝应县农民技术人员职称评定工作实施细则》，9月组建农民专业技术职称评审委员会。至2005年，农业科技“110”组织网络向乡镇延伸，服务领域向水利、农机、环保等方面拓展，服务内容40个32个专业，42名队员常年开展工作，形成科技专家常下乡、常在乡服务机制，建立省级实用技术示范基地（点）2个、市级10个、县级21个；累计办培训班1000多场次，培训30多万人次，推广新技术100多项；发展农技协会30个、科技示范户150户，223个村建立科普分会；县科协所属学（协、研究）会23个，会员5437人；评定农民技术职称1918人。

1994～2005年宝应县农村实用技术示范基地(点)情况一览

表21-2-2

级别	建立年份	名　　称
省	1994	子婴河镇特种水产养殖教学示范点
	1999	泾河镇鸽业养殖示范基地
市	2000	泾河乡大同村西瓜种植示范基地、山阳镇光辉村稻田养蟹示范基地、广洋湖镇桥头村青虾养殖示范基地
	2001	柳堡镇迎湖村水产养殖协会示范基地、曹甸镇溪北村四季鹅养殖专业协会示范基地、射阳湖镇高夏村合心银杏栽培示范基地
	2002	望直港镇苏太猪繁殖场示范点、小官庄镇祖全村种草养鹅示范点、水泗乡刁夷村油菜种植示范点、泾河镇大地蔬菜研究所示范点
县	2003～2005	安宜镇草莓大棚栽培基地、珍稀花卉苗木种植基地、泽天特水养殖基地,氾水镇京杭优质梨栽培基地,夏集镇双塘优质棉栽培基地、相庄生猪养殖基地,柳堡镇清元村蛋鸡养殖基地、王通河无公害蔬菜栽培基地、文宁牌鹧鸪养殖加工基地,鲁垛镇中华鳖仿野生养殖基地、肉兔生态养殖加工基地,沿河镇蛋鸡养殖基地,望直港镇荷藕新品种引进栽培基地、种桑养蚕基地,射阳湖镇四联“六小”品种水产养殖基地、荷藕高产种植基地,西安丰镇水产无公害养殖加工基地,曹甸镇李沟水芹无公害种植基地、屈舍紫圆牌慈姑无公害栽培基地,黄塍镇江跳生猪繁育饲养基地,山阳镇西湖农业综合生产基地

第七节　宝应县残疾人联合会

一、组织机构

1990年11月筹建县残疾人联合会。1991年12月,县残疾人联合会(简称县残联)成立。1992年11月,县残联内设康复部。12月,全县30个乡镇全部建立残疾人联合会。1995年5月成立县残疾人工作协调委员会。1997年5月,县残联由副科级调整为正科级,增设办公室、教育就业部。是年起,推动建立村(社区)残疾人协会,配备镇残联和村(社区)残协残疾人专职委员。至2005年,全县15个镇(开发区)残联全部配备残疾人专职委员,90%村(社区)配备残疾人专职委员。县残联内设办公室、康复部、教育就业部、宣传部。

二、代表大会

1991年12月17～18日,县残联第一次代表大会在县城召开。会议代表160人,其中盲人13人、聋哑人29人、肢残人37人、智残亲友11人。县残联一届一次主席团会议推举郑寿高为执行理事会理事长。1997年1月31日,县残联一届二次主席团会议推举陶春为执行理事会理事长。1997年5月27日,县残联第二次代表大会在县城召开。正式代表173人、特邀代表78人。推举陶春为执行理事会理事长。2002年5月28～29日,县残联第三次代表大会在县城召开。正式代表175人、特邀代表81人。推举陶春为执行理事会理事长。同时组建肢残人、盲人、聋哑人、智残人亲友、精神病亲友5个专门协会。

三、主要活动

(一)助残康复

1993年,县残联启动残疾人康复工作。5月,3名国家医疗队专家到宝应,为147名儿童麻风病患者进行手术矫治。是年,在县人民医院和县眼病防治院手术点做手术87例。1997年,残疾人康复工作由机构康复扩大到家庭和社区康复。10月启动视觉第一光明行动,对贫困白内障患者施行扶贫手术。年末,县残联成立残疾人用品用具供应站。1998年,县眼科医院被确定为省扬州市“视觉第一光明行动”扶贫定点医院。县残联和县卫生部门合作,每年组织一次全县白内障患者筛查,每年完成白内障复明手术200例以上。9月，宝应县被全国残联确定为全国社区康复训练与服务10家重点联系县之一。2001年7月为旅英侨胞卢崇信的84岁胞姐卢崇姮施行现代囊外摘除白内障联合人工晶体植入手术，术后复明，兄妹重逢。11月上旬，县残联、县眼科医院分别收到英国伦敦《星岛周刊》刊载的专题图文报道，对宝应县“视觉第一光明行动”予以高度评价。2002年8月，宝应县被国务院残工委表彰为全国残疾人康复工作先进单位。2005年4月，省、市残联到宝应调研指导社区残疾人康复训练与服务工作，对泾河镇钱庄村8户残疾人家庭康复训练情况予以肯定。8月，县残联筹集6万元，为150名特困精神病人免费给药。至2005年，累计完成白内障复明手术近3000例，为276名儿童麻风病患者手术矫治，为15名下肢残疾人免费安装假肢，发放残疾人轮椅车650辆，向残疾人提供各类辅助用品4500多件，换发残疾人证1.20万本。

(二)助残教育

1992年，对考取中专、大学的残疾学生，县残联与招生办和相关院校联系协商，帮助残疾学生圆升学梦。1997年后，残疾人考生大学入学率均在95%以上。2000年9月，县残联召集当年被录取的残疾人大学生及其家长与县教委、县劳动局等部门举办祝贺残疾学子圆大学梦座谈捐助会议，县残联向5名残疾人大学生每人捐助500元。2003年8月，县教育局、县残联联合发文，对全县家庭贫困户、特困户(或低保户)残疾学生及残疾人子女给予扶助，其中对贫困户残疾学生及残疾人子女减免学杂费和相关费用，对特困户残疾学生及残疾人子女除收取书本费和代办费外，其他费用全免。2004年8月，刘飞等6名残疾人高考被录取后，县残联资助每人助学金800元～1000元。

(三)助残就业

1997年5月，县政府印发《宝应县按比例安排残疾人就业实施细则》，规定县内机关、团体、企事业单位(不含福利企业)按不低于本单位城镇户口从业人员总数的1.5%比例安排残疾人就业。安排残疾人就业达不到规定比例的单位，每年度向残疾人劳动就业服务机构缴纳残疾人就业保障金。1999年1月，县政府办公室转发县财政局、县地税局、县物价局、县残联等部门制定的《宝应县残疾人就业保障金收缴及管理暂行办法》，全县按比例安排残疾人就业工作全面开展。2000年起，实行由地税部门代收残疾人就业保障金，得到省市肯定。2001年，县劳动和社会保障局、县民政局、县残联印发《关于对残疾人就业情况实施劳动监察的通知》。2002年8月，县残联和县工商局联合印发《关于积极扶持残疾人个体从业的通知》，为残疾人个体经营提供优惠照顾。2004年9月，南京白象方便面厂到宝应招收10名残疾人。2005年助残日期间，在宝应招收14名残疾人。至2005年，全县分散安置残疾人131人，征收保障金489万元，658名残疾人从事个体经营，自谋职业。

附：自强不息的一等功臣——苗挺龙

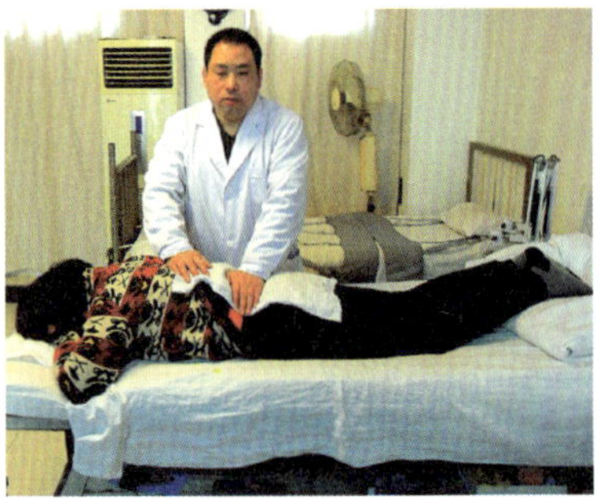
图21-2-5　苗挺龙

苗挺龙　男，汉族，1964年10月出生，小官庄镇人。1984年10月应征入伍，1985年赴老山前线参加对越自卫反击战。1986年在“111”高地战斗中身负重伤，双目失明。荣立一等功，为一等伤残军人。

退伍后赴北京协和医院推拿中专班学习，以惊人的毅力克服重重困难，攻读23门近40万字的医学教材，掌握医学基础知识和推拿按摩技术。1989年9月毕业于京华医科大学后，在小官庄镇开办家庭推拿按摩门诊，接着在县城安宜医院理疗科任医师，后开设中医推拿按摩诊所。1997年3月成为省中医学会会员。2002年11月成为国家授证的按摩师。先后撰写多篇学术论文，在省及省以上专业杂志或学术研讨会上发表、交流。从医10多年，为经济困难的病员免费提供服务，先后被评为省新长征突击手、省劳动模范、省优秀共产党员标兵、省十大杰出青年。

（四）助残扶贫

1990年起组织县级机关、单位与贫困残疾人结对帮扶，乡镇党员干部和企业主、种养大户结对帮扶残疾人。1992年10月，县政府印发《关于对残疾人实行优惠政策的若干暂行规定》。1993年下半年，县残联组织调查残疾人基本情况。全县有各类残疾人4.69万人，占总人口4.5%。其中，视力残疾0.78万人、听力语言残疾1.91万人、肢体残疾0.62万人、智力残疾0.63万人、精神残疾0.14万人、综合残疾0.61万人。全县有贫困残疾人1.35万人，占全县贫困人口60%；其中2000多人为特困，占全县特困人口70%。1997年起，全县建立最低生活保障线，对残疾人特困户优先照顾纳入低保。2001年3月，县政府对农村残疾人实行税费减免政策。7月，县残联与县司法局联合开展残疾人法律援助工作，在县残联设立法律服务站，各乡镇法律服务所为城乡残疾人法律服务定点单位。为城区14户残困户解决廉租房。至2005年，全县筹集资金300多万元，为贫困残疾人新建、修建房屋2100多间；累计慰问残疾人7500多户次，发慰问款300多万元，帮扶1800多户，脱贫1050户；全县城镇840 名、农村1670 名残疾人享受政府最低生活保障，高于健全人15%；举办各种农村残疾人实用技术培训班135期，培训残疾人2300人次。

（五）文体活动

1990年起，县残联组织残疾人开展体育活动和文艺创作。1998年5月，组织残疾人参加全省残疾人美术摄影艺术作品展览，宝应县有10件作品获奖。1999年9月，县残联获省残疾人群众体育先进单位。2000年9月，肢残人诸坚参加省首届残疾人职业技能大赛，获计算机网页制作金牌。2001年9月，县首届残疾人运动会在县体育馆举办，15个乡镇及县级机关共19支代表队150多名运动员，参加田径、游泳、举重、乒乓球、柔道5大项80多个小项比赛。2003年9月，县残疾人运动员在全国第六届残运会上夺得3金2 银2铜的好成绩。县委书记闻道才在县残联简报上批示，要求全县大力宣传残疾人运动员“自强不息、顽强拼搏”精神。2004年11月，县残联、县文体局、县职教集团联合举办县首届残疾人声乐器乐大赛，24名残疾人参赛。2005年9月，全县第二届残疾人运动会在县体育馆举办，15个镇及有关部门组织19支代表队近200名残疾人参加比赛。

第八节　宝应县红十字会

一、代表大会

1991年1月恢复重建县红十字会，1月22日召开县红十字会成立大会。县红十字会第一次会员代表大会推举43人组成第一届理事会，选举王秉禄、王峰、黄冶平为名誉会长，华占全为会长。会址设于叶挺路27号县卫生局内。是年在28个乡镇，38个医药卫生单位、教育系统，29个乡镇教办室及所属266所中小学校、华联商厦等建立红十字会基层组织363个，会员8.24万人，其中成人会员1.04万人、青少年会员7.20万人。1996年4月17日，县红十字会第二次会员代表大会召开，选举57人组成第二届理事会，推选纪春明为名誉会长、陈寿英为会长。2002年4月13日，县红十字会第三次会员代表大会召开，选举57人组成第三届理事会，推选闻道才、徐少龙为名誉会长，陈寿英为会长。会址设于健康路11号县卫生局内。

二、主要活动

1991年，宝应遭受特大洪涝灾害，36家医疗卫生单位均成立红十字医疗救护队，为县城企事业单位培训347人，参与全县抗洪救灾。县红十字会先后接受食品、药品、生活用品捐赠及救灾款计710万元，并及时将救灾款物发放到灾民手中。1992年，县红十字会与县文教局、县环保局、县科协等单位共同组织品学兼优的红十字青少年参加红十字科技夏令营活动。1993年9月，县红十字会以乡镇卫生院和村卫生室为依托建立9个救护点，对医务人员进行救护技术培训。1994年，仪征市后山区发生严重干旱，县红十字会支援灾区1万元。是年，结合机动车辆年检，对1780名驾驶员分批进行外伤救护技术培训。1995年,云南丽江地区发生地震,县红十字会捐赠1万元。1997年起,县红十字会开展无偿献血工作。1998年在丹宝明公路宝应段设置4个救护点。是年,长江流域洪灾,江西省九江市长江大堤决口,县红十字会冒雨与县晶宝玻璃厂进行3天义卖筹得1.04万元全部捐赠灾区,基层红十字会捐赠14.50万元,由县民政部门转给灾区。是年11月,将募集的20万件衣被,用专车运往九江发给灾民。2003年抗"非典"期间,县红十字会开展社会劝募活动,募得4.51万元、物资折合5.36万元,争取省、市红十字会下拨物资折合约20万元,全部拨给相关医疗机构用于防治"非典"。2004年,全县开展造血干细胞志愿者采样登记工作,首次采样163人。2005年登记采样105人。至2005年,无偿献血量占临床用血量105.6%。

第九节　宝应县个体私营经济协会

一、组织机构

1984年8月,成立县个体劳动者协会,有基层分会12个、市场大组1个。1990年,县个体劳动者协会及基层分会创办会员之家。1992年,各基层分会相继成立个体劳动者业余学校。1998年3月更名为县个体私营经济协会(简称县个私协会)。1999年5月成立县个体私营经济协会妇女工作委员会。2002年9月,基层个体私营协会调整为8个。2004年4月组建县、镇、村三级会员服务网。2005年7月成立8个个私协会党支部。是年底,有会员1.51万户,其中团体会员2590户、个体会员1.25万户。

二、代表大会

1990年12月28～29日,县个体劳动者协会第三届代表大会召开,12个基层分会151名代表参加会议。选举产生县个体劳动者协会第三届理事会,张宏宽任会长。1995年6月30日,县个体劳动者协会第四届代表大会召开,12个基层分会、市场大组79名代表参加会议。选举产生县个体劳动者协会第四届理事会,郑汉伶任会长。1998年5月12日,县个体私营经济协会第五届代表大会召开,基层12个分会、市场大组106名代表参加会议。选举产生县个体私营经济协会第五届理事会,张宏宽任会长。2003年3月10日,县个体私营经济协会第六届代表大会暨2002年度光彩之星表彰大会召开,8个基层协会96名代表参加会议。选举产生县个体私营经济协会第六届理事会,韩寿根任会长。会议表彰省级光彩之星1人、市级光彩之星14人、县级光彩之星101人。

三、主要活动

1991年9月,全县个体劳动者首届乒乓球赛在县城举办。1997年6月开展"户户讲道德、店店无假货"活动。10月在个体工商户和私营企业中开展献爱心光彩小学捐资活动。1998年8月开展抗震救灾活动,募得捐款4.62万元。10月举办"光彩杯"拔河比赛。1999年1月评选"光彩之星"活动,4月开展庆祝建国50周年群众性歌咏活动,9月举办"国庆杯"篮球赛和缝纫、家用电器维修培训班。2000年6月开展创建文明经营示范街(市场)活动。11月组织会员为西部地区捐建"光彩水窖"。2003年评选表彰"十佳光彩之星",开展"玉华杯"个体私营业主法律法规知识竞赛。2004年举办企业管理与品牌战略高层经济论坛,启动私营个体经济发展推进月活动,在宝应人民广播电台开办《民营经济发展与品牌战略之声》特别节目。2005年组织开展"创省级文明城、做文明经营户"活动,9月召开全县个体工商户和私营企业党建工作现场会。

第二十二篇　人大 政府 政协

1990年3月，县第十届人民代表大会在县城召开，依法行使地方国家权力机关职能，选举县人大常委会（简称县人大）组成人员和县政府、县法院、县检察院（简称“一府两院”）领导成员，讨论决定全县国计民生重大事项，对“一府两院”实施法律和工作监督，保障人民依法行使当家作主的权利。1993年起，县人民代表大会，由3年一届改为5年一届。至2003年，先后召开县第十一届、第十二届、第十三届人民代表大会。1990～2005年，县人大代表提出议案539件和建议、批评、意见1980件。县人民代表大会对依法治县、工业强县、县城总体规划、义务教育、农村公路和新农村建设等作出决议、决定。

1990年起，县政府坚持改革、开放、搞活方针，围绕县委决策、决议和全县重点、热点、亮点问题，每年组织落实近100件实事，带领全县人民不断推进国民经济和社会事业发展。1992年，城乡居民生活水平基本实现初步小康。1993年认真贯彻邓小平南方谈话精神，开展“学苏南、赶沿江、超邻县”活动，把科教兴县、外向型经济和农业结构调整等工作不断引向深入。2001年组织实施“富民兴镇强县，推进二次创业”战略，招商引资、民营经济、城镇化、园区建设、农业产业化、工业化等方面不断开创新局面。2005年，全县地区生产总值从1990年的9.20亿元增至98.52亿元，财政收入（预算内收入，下同）从1990年的0.45亿元增至8.51亿元，城乡居民生活水平进一步提高。

1990年3月，县第八届政协会议在县城召开。1993年1月、1998年1月、2003年1月相继召开县第九届、第十届、第十一届政协会议。至2005年，县政协坚持以经济建设为中心，团结社会各界力量开展视察调研、关注民生，了解民情，反映民意，履行政治协商、民主监督、参政议政职能，为促进全县“两个文明”建设又好又快发展发挥作用。

第一章　县人民代表大会

根据《中华人民共和国选举法》规定，1990～1992年，县人民代表大会3年一届，1993～2005年5年一届。至2005年，县人大常委会组织实施4届县人大代表换届选举，指导乡镇人大工作。

1990年，县第十届人大常委会决定，常委会工作机构设办公室、法制工作委员会、财经城建工作委员会、教科文卫工作委员会、农业经济工作委员会、人民代表选举工作委员会。1998年，县人大常委会工作机构改革，设办公室、内务司法委员会、财政经济委员会、社会事业委员会、人民代表联络委员会。2001年增设农村经济工作委员会。2005年，县人大常委会工作机构设办公室、内务司法工作委员会、财政经济工作委员会、社会事业委员会、人民代表联络委员会、农村经济工作委员会。

第一节　全体会议

一、县第十届人民代表大会

1990年3月27～31日，县第十届人民代表大会召开第一次会议。应出席代表335人，实到会代表325人。审议报告，作出决议。大会选举陆茂椿为县十届人大常委会主任，吴先培、徐珠、仲伟功、陈袭、丁振隆为副主任，人大常委会委员17人。选举蒋进为县长，华占全、朱康、成际辉、梁联标为副县长。选举张德胤为县人民法院院长、杨应顺为县人民检察院检察长。代表提出建议、批评、意见315件。

1991年3月26～30日，县十届人大召开第二次会议。出席代表317人。审议报告，作出决议。代表提出议案3件，建议、批评、意见285件。

1992年3月25～28日，县十届人大召开第三次会议。出席代表315人。审议报告，作出决议。大会通过《关于全县水利建设挡、排、灌工程达标议案决议》。代表提出议案31件，建议、批评、意见156件。

二、县第十一届人民代表大会

1993年1月10～14日，县第十一届人民代表大会召开第一次会议。应出席代表348人，实到会代表330人。审议报告，作出决议。大会选举沈汉庭为县十一届人大常委会主任，徐珠、仲伟功、陈袭、丁振隆为副主任，人大常委会委员18人。选举冯国平为县长，高瑞芹、华占全、梁联标、韩福华、刘克明、吴伯良、韩国柱为副县长。选举张德胤为县人民法院院长、杨应顺为县人民检察院检察长。选举县出席市第三届人民代表大会代表50人。代表提出议案44件，建议、批评、意见179件。

1994年3月16～18日，县十一届人大召开第二次会议。出席代表335人。审议报告，作出决议。代表提出议案35件，建议、批评、意见95件。

1995年3月8～11日，县十一届人大召开第三次会议。出席代表333人。审议报告，作出决议。代表提出议案32件，建议、批评、意见98件。

1996年3月10～13日，县十一届人大召开第四次会议。出席代表338人。审议报告，作出决议。大会补选高德黔、张新武为县人大常委会副主任，通过《关于接受张新武辞去宝应县人民政府副县长职务请求的决定》。代表提出议案56件，建议、批评、意见84件。

1997年3月18～20日，县十一届人大召开第五次会议。出席代表336人。审议报告，作出决议。大会补选曹步华为县人民法院院长。代表提出议案54件，建议、批评、意见96件。

三、县第十二届人民代表大会

1998年1月4～8日，县第十二届人民代表大会召开第一次会议。应出席代表307人，实到会代表

302人。审议报告,作出决议。大会选举纪春明为县十二届人大常委会主任,高德黔、张新武、戴建国、芮家斐为副主任,人大常委会委员18人。选举高瑞芹为县长,姜振林、梁联标、陈寿英(女)、王振祥、徐乃宝、胡晓宏为副县长。选举曹步华为县人民法院院长、王振亚为县人民检察院检察长。选举县出席市第四届人民代表大会代表66人,选举县人民法院人民陪审员46人。代表提出议案48件,建议、批评、意见55件。

1999年3月16～19日,县十二届人大召开第二次会议。出席代表293人。审议报告,作出决议。大会补选高瑞芹为县十二届人大常委会主任、闻道才为县长。代表提出议案32件,建议、批评、意见86件。

2000年1月19～22日,县十二届人大召开第三次会议。出席代表295人。审议报告,作出决议。大会补选高德黔为县十二届人大常委会主任。代表提出议案28件,建议、批评、意见74件。

2001年2月7～10日,县十二届人大召开第四次会议。出席代表288人。审议报告,作出决议。大会补选林正玉为县长、杨善慧为县十二届人大常委会副主任。代表提出议案21件,建议、批评、意见36件。

2002年1月23～26日,县十二届人大召开第五次会议。出席代表290人。审议报告,作出决议。代表提出议案26件,建议、批评、意见68件。

四、县第十三届人民代表大会

2003年1月6～10日,县第十三届人民代表大会召开第一次会议。应出席代表307人,实到会代表304人。审议报告,作出决议。大会选举成际辉为县十三届人大常委会主任,杨善慧、陈寿英(女)、李增环、曹步华为副主任,人大常委会委员23人。大会选举林正玉为县长,徐乃宝、王振祥、吴顺文、秦有芳、袁竹青、李琪(女)为副县长。选举刘强为县人民法院院长、王振亚为县人民检察院检察长。代表提出议案49件,建议、批评、意见163件。

图22-1-1　县第十三届人大第三次会议

2004年1月5～8日,县十三届人大召开第二次会议。出席代表299人。审议报告,作出决议。代表提出议案40件,建议、批评、意见90件。

2005年1月19～22日,县十三届人大召开第三次会议。出席代表296人。审议报告,作出决议。大会补选李长春为县十三届人大常委会副主任。代表提出议案40件,建议、批评、意见100件。

1990～2005年宝应县人大常委会主任、副主任任职一览

表22-1-1

职务	姓　名	籍　贯	任职时间
主任	陆茂椿	江苏宝应	1990.3～1993.1
	沈汉庭	江苏宝应	1993.1～1998.1
	纪春明	江苏江都	1998.1～1999.1
	高瑞芹	江苏宝应	1999.3～1999.12
	高德黔	江苏邗江	2000.1～2003.1
	成际辉	江苏宝应	2003.1～
副主任	吴先培	江苏宝应	1990.3～1993.1
	徐　珠	江苏宝应	1990.3～1996.3

续表22-1-1

职务	姓　名	籍　贯	任职时间
副主任	仲伟功	江苏宝应	1990.3～1996.3
	陈　袭	上 海 市	1990.3～1998.1
	丁振隆	江苏宝应	1990.3～1996.3
	高德黔	江苏邗江	1996.3～2000.1
	张新武	江苏宝应	1996.3～2003.1
	戴建国	江苏泰兴	1998.1～2003.1
	芮家斐	江苏宝应	1998.1～2003.1
	杨善慧	江苏宝应	2001.2～
	陈寿英(女)	江苏宝应	2003.1～
	李增环	江苏阜宁	2003.1～
	曹步华	江苏南京	2003.1～
	李长春	江苏宝应	2005.1～

第二节　重要会议

1990～2005年,县人大常委会共召开126次常委会会议、50次常委会主任会议,听取和审议"一府两院"法律实施和工作情况汇报229项,作出决议、决定85项。

一、县人大常委会会议

(一)县十届人大常委会

1990～1992年共召开18次会议,听取和审议"一府两院"有关法律法规执行情况和政治、经济、教育、卫生、民政、城市建设、计划生育等工作情况汇报。

1990年12月,第三次常委会会议听取县政府关于控减农民负担情况的汇报。会议对减轻农民负担和清理随意增加定购任务等问题提出5条建议,交县政府研究办理。

(二)县十一届人大常委会

1993～1997年共召开39次会议,重点审议农业投入、控减农民负担、科教文卫、公路建设、水利工程建设情况和重要经济法律法规贯彻实施情况汇报。

1993年,第二次常委会会议听取并审议县政府贯彻《中华人民共和国农民承担费用和劳务管理条例》控减农民负担情况汇报。会议要求县政府清理各种涉及农民负担的文件,停止各种摊派、集资、达标活动,规范行政事业性收费标准。会后,常委会组成人员跟踪监督,多次到县控减农民负担试点乡镇调查研究,检查落实情况。是年底,全县农民上交提留金额比春定计划减少1024万元,人均减轻农民负担12.7元。

(三)县十二届人大常委会

1998～2002年,县十二届人大常委会共召开43次会议,重点审议企业改革、招商引资、民营经济、税费改革、农民增收、依法行政等工作情况汇报。

1998年,县十二届人大第六次常委会会议听取并审议县政府关于农副产品加工、商贸流通业发展情况汇报。会议建议县政府从战略和全局高度,深化对农业产业化重要性认识;按照市场经济规律调整工作思路,转变工作方式,把着力点放在培育龙头企业上;加强规划指导,积极扶持新兴产业,大力实施名牌战略,着力盘活闲置资产,促进龙头企业低成本扩张;搞好政策扶持,建立发展基金,兑现优惠政策，加大科技投入，切实解决乱收费问题。

(四)县十三届人大常委会

2003～2005年，县十三届人大常委会共召开26次会议，重点审议发展外向型经济、民营经济、工业经济、财政预算调整、乡镇撤并、县城总体规划、有机农业发展、农村劳动力转移、养老保险扩大覆盖面(简称扩面)等工作情况汇报。

2005年，县十三届人大第二十二次常委会会议审议县政府关于养老保险扩面工作，建议县政府把养老保险扩面作为以人为本、关注民生的实事和要事抓在手里，强化引导，强化服务，强化执法，使全县养老保险扩面不断取得新进展。

二、县人大常委会主任会议

(一)县十届人大常委会主任会议

1990～1992年，县十届人常委会共召开6次主任会议，听取县政府关于外向型经济、“菜篮子”工程建设、经济体制改革、预算外资金管理、科教兴县等工作情况汇报。

1990年9月，县十届人常委会主任会议听取县财政局、县税务局关于1989年财政预算调整及1～8月财政收支执行情况和税收工作情况汇报。会议要求压缩投资规模，调整投资结构，加强预算外资金管理，严格财经纪律，提倡艰苦奋斗，开展“双增双节”(增产节约、增收节支)，促进全县增产增收。

(二)县十一届人大常委会主任会议

1993～1997年，县十一届人常委会共召开11次主任会议，听取县政府关于开展财务、税收、物价大检查，清理乱收费，农村实施初级卫生保健规划，加强社会治安综合治理，加快建筑业发展，企业改制，农村扶贫，乡镇广播建设，加快发展职业教育和成人教育，加强市场建设与管理和县检察院开展反腐败斗争与县法院执行民事诉讼法、改革民事审判方式等情况汇报。

1996年10月，县十一届人大常委会主任会议听取县政府、县检察院关于开展“严打”和反腐败斗争工作情况汇报。会议建议“一府两院”认真抓好宣传发动，不断提高思想认识，形成围歼犯罪分子的强大攻势；加大打击和查处力度，依法严惩严重刑事犯罪和经济犯罪；坚持标本兼治，抓好综合治理和创“三安”(安定、安全、安民)活动，强化教育和防范措施；进一步加强政法队伍建设，坚持从严治警，严格执法，坚决纠正以罚代法、以权代法等执法不严现象。

(三)县十二届人大常委会主任会议

1998～2002年，县十二届人大常委会共召开17次主任会议，听取县政府关于国有流通企业改革、贯彻落实《进一步加快发展个体私营经济十条规定》、住房基金管理使用、加快农业结构调整、培植龙头加工企业、推进农业产业化、发展优质高效农业、开展群众文化活动、农村税费改革、农业服务体系建设、应对中国加入世贸组织、城镇职工医疗保险、改革行政审批制度、建设政务服务中心、推行会计委派制和代理制等工作情况汇报。

2001年4月，县十二届人大常委会主任会议听取县政府关于养老保险金征收和社会化发放、管理情况汇报，建议县政府多渠道筹集养老保险资金，采取有效措施推进养老金社会化发放。是年末，养老金征缴管理工作得到加强，养老保险金社会化发放率95%。

(四)县十三届人大常委会主任会议

2003～2005年，县十三届人大常委会共召开16次主任会议，听取县政府关于加强社区建设和管理、促进农业农民增收、有机产业发展规划实施、推进全民创业、三产发展、商圈培育、旅游开发、推动公办教育和民办教育多元发展、优化便企服务和便民服务、就业再就业、推进农村公路建设、建立新型农村合作医疗制度等工作情况汇报。

2005年11月，县十三届人大常委会主任会议听取县政府关于城市建设十大工程进展情况汇报，要求县政府坚持以工业化带动城镇化、以城镇化促进工业化，加大城建招商攻势，做活城市经营文章，强化城建推进力度，使县城进一步变大、变绿、变亮、变清。

第三节　重大事项审议与决定

县人民代表大会及其常委会在审议“一府两院”法律实施和工作监督中,依法行使决定权,对关乎国计民生的事项作出决议、决定。重大事项主要有依法治县、工业强县、县城总体规划、义务教育、农村公路建设。

一、依法治县

1990年12月,县十届人大常委会第三次会议听取和审议县政府关于普法工作情况汇报,分管主任参与普法工作检查验收。会议要求各地把学法与经常性思想政治工作结合起来,开展好依法治镇试点,巩固和发展普法成果。1996年,县十一届人大常委会第四次会议听取并审议县政府关于在全体公民中开展法制宣传教育第三个五年规划的汇报。会议作出开展依法治县决议和法制宣传教育决议。县人大常委会加强对“三五”普法和依法治县工作监督检查。1998年,县十二届人大常委会第一次会议作出《关于在全县行政执法部门和司法机关推行执法责任制和错案责任追究制的决议》(简称“两制”),要求各行政执法部门和司法机关1999年全面实行“两制”,2000年做好巩固、完善、提高工作。2005年初,县十三届人大常委会听取并审议“一府两院”关于2004年度依法治县方案实施情况和2005年度依法治县方案汇报,并对方案实施加强监督和检查。县十三届人大常委会第二十二次会议着重对法治宝应、平安宝应的建设工作进行审议,督促“一府两院”为打造良好法治环境作出不懈努力。

二、工业强县

1990年,在困难较多、经济形势严峻的情况下,县十届人大常委会贯彻治理整顿、深化改革方针,把保障全县经济稳定、协调发展作为审议监督重点。面对工业生产市场销售疲软、产品积压增加、经济效益下降的新情况,县人大常委会组织到基层调查。县十届人大常委会第四次会议听取并审议县政府关于工业生产情况汇报。会议要求县政府调整产品结构、落实增产措施、提高经济效益。1995年,县十一届人大常委会第十九次会议重点审议县政府关于工业技改投入情况汇报,要求县政府明确发展方向,加大技改力度,落实技改任务,压缩非生产性支出,把有限资金用在技改上,确保完成全年技改任务。2001年,县人大常委会突出“工业强县”战略目标,重点审议私营个体经济发展。县十二届人大常委会第三十二次会议听取并审议全县私营个体经济发展情况汇报。会议指出,加快发展私营个体经济是实施工业强县战略的重要举措,要进一步解放思想,深化认识,落实政策,优化发展环境,强化配套服务,提高企业素质。2005年,县十三届人大常委会第二十一次会议听取并审议县政府实施工业强县战略、加快重大项目建设、推进“两个翻番”(2006年主要经济指标在2003年的基础上翻一番,2009年比2006年再翻一番)工作情况汇报。会议建议县政府在坚持项目兴县的过程中,倾力主攻重大项目和外资项目的引进、落地和达效,在更高平台上提升全县工业经济水平。

三、县城总体规划

1990年1月,县十届人大常委会听取并审议县政府关于调整完善县城总体规划情况汇报。会议建议,县城性质定位应从宝应实际出发,把原县城性质从“全县的政治、经济、文化中心,以食品工业为主要发展方向的县城”调整为“全县的政治、经济、文化中心,以开发利用本地资源优势为方向,具有水乡特色的工商业县城”。要求县政府及时组织调研认证,广泛征求意见,尽快将修改完善的规划方案,提交县人大常委会审议。1997年5月,县人大常委会组成人员和部分人大代表对城市规划修编工作进行视察调研。第三十三次常委会审议通过修编后的《宝应县城总体规划》,同意上报市政府审批。2004年,县十三届人大常委会第十四次会议听取并审议县政府关于县城建设情况汇报。会议要求县政府按照县城总体规划,加快编制和完善控制性详规,依法推进城建规划的实施。围绕城区建设总体目标,严格执行规划,强化城建招商和城市经营,强力推进城建十大工程,大幅度扩展城市规模,提升城市品位,使县城建设在高起点上实现大跨越。2005年4月,县人大常委会听取并审议县人大执法检查组关于

《中华人民共和国城市规划法》贯彻执行情况汇报。要求县政府强化宣传，增强广大干部群众法制意识和规划意识；加大投入，编制、完善专业规划和详细规划；加大力度，查处违章建筑；加强培训，提高村镇建设管理人员素质；加强协调，推动城镇化进程。

四、义务教育

1990年12月，县十届人大常委会第三次会议听取并审议《宝应县实施九年制义务教育规划》，作出《宝应县实施九年制义务教育规划的决议》。是年12月，召开两次人大代表和有关单位负责人座谈会，了解义务教育规划实施情况，加快实施义务教育步伐。1992年，县十一届人大常委会第十八次会议听取并审议县政府关于贯彻《中华人民共和国义务教育法》，实施九年制义务教育规划情况汇报。会议针对义务教育工作中的薄弱环节提出建议，要求增强法制观念、广泛宣传、积极推行义务教育法，如期实施全县九年制义务教育规划，努力提高教育质量，为经济发展增添后劲。2001年5月，县十二届人大常委会听取县政府关于中小学实施素质教育情况汇报，要求县政府强化舆论宣传，加大教育投入，深化教育改革，提高教师素质，推进中小学素质教育深入发展。

五、农村公路建设

2004年，县十三届人大常委会第十次会议作出《关于加强农村公路交通建设的决议》，要求县政府加强组织领导，把通达工程作为农村头等大事，制定公路建设总体规划，优化项目方案和施工技术，根据全面建设小康社会要求，把农村公路建设与农田基本建设、水利改造、环境综合整治等工作结合进行。县政府在积极争取省、市补助资金的同时，制定农村公路建设补助政策，各镇把农村公路建设列入财政预算范围。县、镇、村三级均制定通达工程管理办法，明确交通部门及建设、施工、监理单位职责，把社会舆论监督、行业主管部门监督、纪检部门监督引入施工现场，确保工程质量与进度。是年末，全县通达工程投资9000多万元，新增通村公路近400千米。

第四节　监　　督

1990～2005年，县人民代表大会及其常委会通过听取并审议“一府两院”工作报告、深入基层调查、干部述职评议等途径，对“一府两院”的法律实施、财政预决算、经济社会发展计划执行情况、国家机关工作人员履职情况实施法律监督和工作监督。

一、法律监督

1990年，县十届人大常委会根据第三次全国法制宣传教育会议精神，督促司法行政部门继续抓好以宪法为核心的法律法规学习宣传，进一步增强国家机关工作人员国家观念、法制观念，提高依法办事自觉性。县十届人大常委会建议县政府在总结普法工作的基础上，为制定第二个五年普法规划作好准备，并开展依法治理试点工作。县人大常委会多次到氾水镇调查试点工作情况，总结和推广该镇依法治理的经验，巩固和发展普法教育成果。1994年，县十一届人大常委会对《中华人民共和国环境保护法》贯彻执行情况进行视察，听取县政府情况汇报。会议要求县政府增强国策意识，强化目标管理，抓紧治理重点污染源，采取有效措施，改善和提高环境质量。1996年，县人大常委会组织1650多人次人大代表，对县政府实施《中华人民共和国环境保护法》《中华人民共和国水污染防治法》工作进行评议。人大代表广泛联系选民，共收集表扬意见231条，批评和建议334条，督促县政府及其相关部门整改。1998年，县十二届人大常委会在审议、检查《中华人民共和国消防法》贯彻实施情况时，提出把消防工作纳入全县国民经济和社会发展计划，加强消防设施建设，抓好重点单位、重点场所消防安全。至2005年末，县城工业污染总负荷下降50%，全县水环境质量明显好转，城区噪音达标通过市级验收，群众多年意见较大的“红龙”（县染料化工厂排污的红水）、“黑龙”（宝应造纸厂排污的黑水）问题得到较好治理。

二、财政预决算监督

历届县人民代表大会历次会议对县政府当年财政预算和上年财政决算进行审议监督。大会闭会后，由县人大常委会审查监督县财政执行和调整情况。

1990年3月，县十届人大一次会议听取县政府关于1989年财政决算和1990年财政预算（草案）的报告。经过审议，会议批准1989年财政决算和1990年财政预算（草案）的报告，并作出《关于1989年财政决算和1990年财政预算的决议》。会议建议，1990年财政工作要在保证社会稳定的前提下，认真贯彻治理整顿、深化改革精神，从过几年紧日子要求出发，以促产增收、提高效益为目标，开展增产节约、增收节支，大力组织各项财政收入，加强财政监督，严肃财政纪律，强化预算外资金管理，把好各项支出关口，力争全年财政收支基本平衡。

1995年3月，县十一届人大三次会议听取县政府关于1994年财政决算和1995年财政预算（草案）的报告。经过审议，会议批准1994年财政决算和1995年财政预算（草案）的报告，并作出《关于1994年财政决算和1995年财政预算的决议》。会议建议，深化经济体制改革，抓好现代企业制度试点工作；努力提高工业经济运行质态和效益；继续加强农业基础地位，加快农村经济发展；继续加强环境保护，提高环境质量；切实关心群众生活，尽量多办实事。

2000年1月，县十二届人大三次会议听取县政府关于1999年财政预算执行情况和2000年财政预算（草案）的报告。经过审议，会议批准1999年财政预算执行情况和2000年财政预算（草案）的报告，并作出《关于1999年财政决算和2000年财政预算的决议》。会议建议，围绕农民增收，全面推进农村改革和经济结构调整；以体制创新和科技创新为动力，推动结构优化和产业升级，全面提高工业经济整体素质和市场竞争力；优化产业内部结构，加快发展建筑业和第三产业；积极引导扶持，落实促进民营经济发展的关键措施；积极应对加入世贸组织面临的机遇和挑战，全方位扩大对外开放；积极推行财政改革，确保财政收支平衡；加快社会保障体系建设，努力提高城乡居民生活水平；大力发展科技教育和各项社会事业，促进社会全面进步。

2005年1月，县十三届人大三次会议听取县政府关于2004年财政预算执行情况和2005年财政预算（草案）的报告。经过审议，会议批准2004年财政预算执行情况和2005财政预算（草案）的报告，并作出《关于2004年财政决算和2005年财政预算的决议》。会议建议，强力推动项目建设，实现工业经济新突破；更加注重扩容和提质并举，塑造文明城市新形象；始终突出农业增收和农民增收主题，加快建设社会主义新农村；切实加强财源建设和金融支持，为财政收入翻番提供新动力；高度关注就业和社会保障，提高社会事业建设新水平。

三、经济计划监督

历届县人民代表大会历次全体会议对县政府当年国民经济和社会发展计划执行情况及下一年国民经济和社会发展计划（草案）报告进行审议监督。大会闭会后，由县人大常委会审查监督县国民经济和社会发展计划执行情况。

1990年3月，县十届人大一次会议听取县计委关于国民经济和社会发展计划的报告，并作出决议。会议建议，1990年经济计划工作要认真贯彻进一步治理整顿和深化改革精神，计划指导和市场调节有机结合，强化生产调度，搞好综合平衡，注意统筹兼顾，瞻前顾后，促进全县经济建设持续稳定协调发展，努力完成1990年国民经济和社会发展计划。

1996年3月，县十一届人大四次会议审议通过县政府提出的《宝应县国民经济和社会发展"九五"计划和2010年远景目标纲要》和县计委关于国民经济和社会发展计划报告。并作出决议。会议建议，县国民经济和社会发展"九五"计划和2010年远景目标纲要，目标明确，重点突出，措施实在，体现积极进取精神，符合宝应实际，为全县人民描绘了一幅鼓舞人心的跨世纪宏伟蓝图。

2000年1月，县十二届人大三次会议审议通过县计委关于1999年国民经济和社会发展计划执行情况及2000年计划（草案）的报告。会议建议，在国内需求不足、通货紧缩、经济社会各种深层次矛盾进一步显露的情况下，取得的成绩来之不易。但存在一些不容忽视的问题：年度经济指标未能全面完成；工业结构性矛盾比较突出，增长速度和运行质态不高，技改投入不足，重大技改项目出现断层，发展后劲乏力；就业和再就业压力较大；农业结构调整步伐不快，农民增收趋缓；税源偏紧，财政收支矛盾较为突出。

2005年1月，县十三届人大三次会议审议通过县发展计划局关于2004年国民经济和社会发展计划执行情况及2005年计划（草案）的报告。全年实现地方生产总值62亿元，按可比价计算，比上年增长13.4%，占计划105.9%。国民经济综合实力明显增强，人均地区生产总值首次突破1000美元。

四、干部履职监督

1991年5月，县十届人大常委会首次安排15名政府组成人员和“两院”负责人在县人大常委会会议上作述职报告。会后，组织有关人员对述职人员进行回访，进一步了解情况，听取干部群众意见，加强对被任命干部履职监督。1997年，县十一届人大常委会在完善政府组成人员和“两院”负责人述职的同时，把述职对象延伸到审判人员、检察人员。是年，组织12名审判人员和检察人员进行述职。县人大常委会机关工作人员受常委会委托，到“两院”召开座谈会、查阅办案卷宗，到有关方面走访，进一步了解述职人员办案质量、工作作风、勤政廉政等方面情况，并听取述职汇报。

2000年，县十二届人大常委会集中听取7名政府组成人员和“两院”负责人述职报告。县人大常委会还委托办事机构组织9名“两院”审判人员、检察人员进行述职，通过个别走访、召开座谈会、民主测评，了解述职人员情况，并对其在述职后落实整改意见情况跟踪监督。2005年8～10月，县十三届人大常委会集中评议宝应质量技术监督局工作。通过个别走访、组织座谈、问卷调查、常委会票决测评等方式，对受评部门工作进行客观公正评价，督促质监部门进一步把握严格执法与支持服务的结合点，主动服务企业，推进“质量兴县”，为宝应经济社会发展作出更多贡献。

1990～2005年宝应县“一府两院”向县人大常委会述职情况一览

表22-1-2　　单位：人次

年　份	届次	述职人员			
			政府领导人员	“两院”人员	政府组成人员
1990～1992	十届	44	—	—	44
1993～1997	十一届	33	—	12	21
1998～2002	十二届	69	—	26	43
2003～2005	十三届	47	3	30	14
合　计		193	3	68	122

第五节　人事任免

县人大常委会依法行使人民代表大会闭会期间的职权，决定任免县人大常委会组成人员，县政府组成部门主要负责人，县人民法院院长、副院长、庭长、副庭长、审判员、审判委员会委员，县人民检察院检察长、副检察长、检察委员会委员。2000年11月，县十二届人大常委会第二十四次会议依法决定免去胡晓宏副县长职务。是年12月，郭桥乡选区选民、小官庄镇选区选民依法罢免刘克明、胡晓宏县第十二届人大代表职务。1990～2005年共决定任免936人次（其中决定任命副县长和代理县长19人次），接受辞职25人。

1990～2005年宝应县人大常委会决定任命副县长、代理县长名单一览

表22-1-3

届 别	姓 名	任命时间	会 次	职 务
第十届	冯国平	1990.5.11	第一次	副县长
	高瑞芹	1991.5.29	第八次	
	郭 拓	1991.9.28	第十次	
	韩福华	1991.11.29	第十一次	
	刘克明	1992.7.28	第十五次	
	吴伯良	1992.7.28	第十五次	
第十一届	周 超	1993.9.25	第四次	副县长
	张新武	1994.7.31	第十一次	副县长
	陈寿英(女)	1995.3.4	第十五次	副县长
	姜振林	1995.3.4	第十五次	副县长
	高瑞芹	1996.1.25	第二十三次	副县长、代理县长
	马火青	1996.1.25	第二十三次	副县长
第十二届	张 卫	2000.7.29	第二十二次	副县长
	吴顺文	2000.11.8	第二十四次	副县长
	林正玉	2001.1.19	第二十六次	副县长、代理县长
	秦有芳	2001.3.22	第二十七次	副县长
	袁竹青	2001.3.22	第二十七次	副县长
第十三届	周玉宝	2004.2.20	第九次	副县长
	王业明	2004.2.20	第九次	
	侯承海	2004.12.23	第十六次	

第六节 代表工作

一、代表联系

1990年起,县人大常委会每年初指导各代表组制定代表活动计划,委员与代表、代表与选民联系互动,促进沟通,凝聚共识。1993年1月,县十一届人大一次会议因新当选的代表多,会上组织代表学习《中华人民共和国宪法》《中华人民共和国地方组织法》《中华人民共和国代表法》,明确代表的权利和义务。1997年,县人大常委会组织全县1750多名县、乡镇人大代表联系选民1.53万人次,对县文化局工作进行评议,提出批评意见828条。2005年起,县十三届人大常委会规定,每年5月8日为县人大代表与选民统一见面日,组织代表与选民开展见面活动,促进代表联系选民正常化、制度化。各镇代表组建立人大代表联系选民接待室,组织代表分期分批接待和联系选民。

二、代表评议

1995年起,县十一届人大常委会每年组织县人大代表评议"一府两院"工作。是年,县、乡人大代表评议土地管理部门工作,收集表扬、批评和建议1888条。整改阶段,组织代表开展行政执法检查,共查出各类违法用地98件64.50公顷。是年末处理83件54.80公顷,平毁小土窑120座。2000年7～10月,组织县、乡镇人大代表评议民政部门工作,联系选民3.40万人次,收集评议意见758条。民政部门及时

图22-1-2　　市、县人大代表评议县法院工作

落实整改方案，及时解决“三老”（老烈属、老革命伤残军人、老复员军人）治病难问题。2005年6月，组织部分委员和代表专题视察骏升科技（扬州）有限公司、江苏菲达宝开电气有限公司、扬州中宝制药有限公司、宝应协鑫生物质环保热电有限公司、宝胜电缆城、安宜工业园等重点企业及重大项目，听取企业发展情况介绍，要求政府做好企业项目跟踪服务。

三、代表质询

2000年1月，在县十二届人大三次会议上，严珍林等10名县人大代表首次依法联名向县政府提出“关于大溪河黑色路面集资问题质询案”，要求改建大溪河公路。质询案经大会议案组审议确认立案后，转交县政府职能部门办理。县政府领导立即召集交通部门负责人认真研究，及时与提出质询案的代表沟通，当面答复。代表们对质询案的办理答复表示满意。2001年2月，县十二届人大四次会议组织代表进行询问活动，县政府及其相关职能部门和县人民法院、人民检察院负责人接受代表询问。代表们对政府部门负责人提出询问意见53件，其中当场解决6件、解释清楚45件、会后处理2件。

四、代表视察

1990年夏收前，为推动“四夏”工作，县十届人大常委会组织全县人大代表并邀请省、市和乡镇人大代表近1000人对夏熟生产进行视察，共视察全县30个乡镇61个村、158个服务部门和8个县属服务部门工作。代表提出关于农村政策、后勤服务和立足抗灾夺丰收等方面意见46条，交县政府及有关部门办理，对个别单位销售劣质农药和有毒磷肥行为进行严肃处理，责成有关部门向受害农民补偿经济损失3.10万元。1994年组织代表视察调研“菜篮子”工程建设情况，听取县政府相关工作情况汇报。要求县政府加强对“菜篮子”工程建设领导，完善规划，搞好基础建设和市场建设，抓好科技推广和市场管理，完善服务体系，提高生产水平。视察调研推进全县投入“菜篮子”工程建设资金1200万元，新扩蔬菜基地198公顷，增加蔬菜大棚1520个，市场供应和管理得到进一步加强。2001年组织部分委员和县人大代表，视察调研城乡20多家个体私营企业发展情况，并召开县十二届人大常委会第三十二次会议，审议县政府关于全县个体私营经济发展情况汇报。会议要求县政府进一步解放思想，深化认识，抓好政策落实，优化发展环境，强化配套服务，提高企业素质。2005年6月组织部分人大代表持证视察淮江公路临城段、中沟河驳岸等城建拆违重点区域，观看拆违现场录像，对拆违过程中县政府既严格执法、又做大量艰苦细致的工作给予肯定和支持，并督促县政府建立长效机制，协调利益关系，巩固拆违成果，坚定地推进城镇化建设。

第七节　议案　建议

一、议案

1990～1992年，县十届人大代表提出的议案86件，其中工交财贸方面35件，占议案总数的40.7%。1993～1997年，县十一届人大代表提出议案212件，其中工交财贸方面102件，占议案总数的48.1%。1998～2002年，县十二届人大代表提出的议案下降到155件，其中工交财贸方面83件，占议案总数的53.5%。2003～2005年，县十三届人大代表提出的议案又下降到129件，其中工交财贸方面69件，占议案总数的53.5%。1990～2005年，县人大代表共提出议案582件。其中，工交财贸方面289件，占49.7%；农业水利方面87件，占15%；科教文卫方面80件，占13.7%；城建环保方面64件，占11%；民主法制方面9件，占1.5%；劳动人事4件，占0.7%；市政建设方面3件，占0.5%；其他方面46

件,占7.9%。

经过大会审议,对代表议案作出立案决议的有2件,并交县政府执行;其余580件转为代表建议,会后由县人大常委会办事机构交“一府两院”有关部门办理。

附:三横河公路建设议案

1991年3月,在县十届人大二次会议上,郑文祥等13名代表提出《关于加快三横河公路建设促进经济发展的议案》。三横河公路南起子婴河乡,北至西安丰镇,途经郭桥、小尹庄、鲁垛、獐狮荡、天平、水泗等乡,全长38.55千米,除建成的郭桥乡至小尹庄乡廷柏段7千米外,尚有31.55千米未建。会议认为,建好三横河公路,把县内界临线、氾柳线、沿广线、宝建线、宝水线、泾安线等6条公路连成一体,不仅有利于宝应县腰部地区乡镇的联系和发展,而且对于加快全县经济发展有着重要意义。经过全体代表讨论,会议作出《关于加快三横河公路建设促进经济发展议案的决议》。是年,县政府成立三横河公路第一期工程建设指挥部。该公路拓宽为三级砂石路面;1995年改建为三级沥青路面,路基宽12米,路面宽9米;1997年完成黑色化改造工程。

1990～2005年宝应县人大代表提出议案情况统计

表22-1-4　　单位:件

届次		代表联名提出议案	农业水利	科教文卫	市政建设	工交财贸	劳动人事	城建环保	民主法制	其他	立案交办	转为重要建议办理
十届	一	25	5	3	3	9	—	—	—	5	—	25
	二	30	8	6	—	13	2	1	—	—	1	29
	三	31	4	9	—	13	—	3	—	2	1	30
	小计	86	17	18	3	35	2	4	—	7	2	84
十一届	一	44	4	10	—	23	2	2	3	—	—	44
	二	35	7	4	—	14	—	5	—	5	—	35
	三	32	7	5	—	13	—	5	2	—	—	32
	四	56	10	14	—	24	—	5	1	2	—	56
	五	45	9	4	—	28	—	2	—	2	—	45
	小计	212	37	37	—	102	2	19	6	9	—	212
十二届	一	48	8	8	—	25	—	3	—	4	—	48
	二	32	6	—	—	17	—	4	2	3	—	32
	三	28	4	3	—	17	—	1	—	3	—	28
	四	21	5	—	—	9	—	2	1	4	—	21
	五	26	—	3	—	15	—	5	—	3	—	26
	小计	155	23	14	—	83	—	15	3	17	—	155
十三届	一	49	2	2	—	32	—	7	—	6	—	49
	二	40	2	9	—	16	—	10	—	3	—	40
	三	40	6	—	—	21	—	9	—	4	—	40
	小计	129	10	11	—	69	—	26	—	13	—	129
合计		582	87	80	3	289	4	64	9	46	2	580

二、建议

1990年,县十届人大一次会议收到代表提出的批评、意见和建议315件。至1992年,县十届人大会议共收到批评、意见和建议756件。县十一届人大会议收到批评、意见和建议552件,县十二届人大会议收到319件,县十三届人大会议收到353件。1990～2005年,县人民代表大会共收到代表提出的批评、意见和建议1980件,代表议案转为重要建议580件,计2560件。除在会议期间县“一府两院”及有关部门直接答复办结的237件外,其余2323件由县人大常委会办事机构在县人民代表大会闭会期间召开会议,交“一府两院”及相关部门办理,答复代表,并向县人大常委会备案,接收监督。

第八节　换届选举

1990～2005年,县人大常委会组织开展4届县人大代表换届选举,选出县人大代表1297人;乡镇人大代表换届选举,选出乡镇人大代表8779人。

1989年11月至1990年1月,县十届人大代表进行换届选举。全县代表选区173个,选出县人大代表335人。其中,工人、农民138人,占41.2%;干部126人,占37.6%;知识分子65人,占19.4%;爱国人士2人,占0.6%;解放军3人,占0.9%;其他1人,占0.3%。代表中,妇女74人,占22.1%;少数民族2人,占0.6%;共产党员211人,占63%;中青年312人,占93.1%。

1992年10～12月,县十一届人大代表进行换届选举。县选举委员会派出工作组在长沟乡先行试点。全县代表选区173个,选出县人大代表348人。其中,工人、农民157人,占45.1%;干部79人,占22.7%;知识分子99人,占28.4%;解放军4人,占1.2%;爱国人士5人,占1.4%;其他4人,占1.2%。代表中,妇女83人,占23.9%,比1989年高1.80个百分点;共产党员227人,占65.2%,比1989年高2.20个百分点。

1997年9～12月,县十二届人大代表进行换届选举。市人大和县选举委员会在黄浦乡先行试点,全乡投票选举一次成功。江苏省各省辖市、扬州市各县(市)、宝应县各乡镇负责选举工作的领导参加黄浦乡换届选举现场会,《新华日报》、江苏电视台、《扬州日报》、扬州电视台等多家媒体现场采访报道。全县代表选区146个,选出县人大代表307人。其中,工人、农民138人,占44.9%;干部80人,占26.1%;知识分子84人,占27.4%;解放军、武警及其他代表5人,占1.6%。代表中,妇女80人,占26.1%;非中共党员101人,占32.9%。

2002年9～12月,县十三届人大代表进行换届选举。县选举委员会派出工作组在望直港镇先行试点。全县代表选区156个,选出县人大代表307人。其中,工人、农民145人,占47.2%;干部74人,占24.1%;知识分子84人,占27.4%;解放军、台属4人,占1.3%。45岁以下代表209人,占68.1%。此届代表素质进一步提高,代表结构更加合理。代表中,妇女91人,占29.6%,比1997年高3.5个百分点;非中共党员110人,占35.8%,比1997年高2.90个百分点;高中以上文化程度257人,占83.7%,比1997年高7.50个百分点。

第九节　乡镇人大工作

一、人民代表大会

乡镇人民代表大会每年至少举行一次会议,听取和审查乡镇人民政府工作报告,审查和批准上年度财政预算执行情况和本年度财政预算报告,听取和审查乡镇人大主席团工作报告,决定乡镇重大事项。1990～2005年,全县乡镇人民代表大会共作出决议992项、决定31项,选举乡镇人大主席135人、副主席78人,乡镇长86人、副乡镇长662人。乡镇人代会经过审议立案的议案7件,收到代表提出的建议、批评、意见7613件。

二、人大主席团

1990年前,乡镇人大主席团设主席、副主席、秘书3人,成员由本级人民代表大会在代表中选举产生。主席团主持乡镇人民代表大会会议,依法行使职权。1990年后,乡镇人大主席团设常务主席、副主席,任期与人民代表大会相同。大会闭会期间,乡镇人大主席团负责组织代表学习法律法规,联系乡镇人大代表和本乡镇的上级人大代表,组织执法检查、视察、调研,督促政府对代表议案和建议、批评、意见的办理,反映代表和选民对本级人民政府工作的意见和建议,做好召集本级人民代表大会各项准备工作。

第二章　县人民政府

第一节　机构设置

一、领导机构

1990～2005年,县人民政府领导机构与县人民代表大会同时换届,先后历经第十届、第十一届、第十二届、第十三届政府。县政府由县长、副县长和委、办、局主要负责人组成,在县委领导下,实行县长负责制,对县人民代表大会及其常委会负责并报告工作,同时对上级人民政府负责并报告工作。

县第十届人民政府(1990.3～1992.12)　县第十届人民政府由县第十届人民代表大会第一次会议选举产生县长1人、副县长4人。

县第十一届人民政府(1993.1～1997.12)　县第十一届人民政府由县第十一届人民代表大会第一次会议选举产生县长1人、副县长7人。1996年3月补选高瑞芹为县长。

县第十二届人民政府(1998.1～2002.12)　县第十二届人民政府由县第十二届人民代表大会第一次会议选举产生县长1人、副县长6人。1999年3月补选闻道才为县长,2001年2月补选林正玉为县长。

县第十三届人民政府(2003.1～)　县第十三届人民政府由县第十三届人民代表大会第一次会议选举产生县长1人、副县长6人。

1990～2005年宝应县人民政府县长、副县长任职一览

表22-2-1

职　务	姓　　名	籍　　贯	任职时间
县长	蒋　进	江苏南京	1990.3～1991.1
	冯国平	江苏靖江	1991.1～1991.3　(代理县长)
	冯国平	江苏靖江	1991.3～1995.6
	高瑞芹	江苏宝应	1996.1～1996.3　(代理县长)
	高瑞芹	江苏宝应	1996.3～1999.1
	闻道才	江苏江都	1999.1～1999.3　(代理县长)
	闻道才	江苏江都	1999.3～2001.1
	林正玉	江苏扬州	2001.1～2001.2　(代理县长)
	林正玉	江苏扬州	2001.2～
副县长	华占全	江苏宝应	1990.3～1996.3
	朱　康	江苏南京	1990.3～1992.9

续表22-2-1

职 务	姓 名	籍 贯	任职时间
副县长	成际辉	江苏宝应	1990.3～1992.12
	梁联标	江苏宝应	1990.3～2002.12
	冯国平	江苏靖江	1990.5～1991.1
	于汉周	江苏泰州	1990.6～1991.9
	高瑞芹	江苏宝应	1991.5～1996.1
	郭 拓	江苏南京	1991.9～1994.6
	韩福华	江苏高邮	1991.10～1996.5
	刘克明	江苏宝应	1992.7～1996.3(1995.6～1996.1主持工作)
	吴伯良	江苏宜兴	1992.7～1994.4
	韩国柱	江苏宝应	1993.1～1997.12
	周 超	江苏射阳	1993.9～1996.1
	张新武	江苏宝应	1994.7～1996.3
	姜振林	江苏宝应	1995.3～2000.11
	陈寿英(女)	江苏宝应	1995.3～2002.12
	马火青	江苏溧阳	1996.1～1997.12
	王振祥	江苏宝应	1996.5～2004.10
	徐乃宝	江苏宝应	1998.1～2004.2
	胡晓宏	江苏宝应	1998.1～2000.11
	张 卫	湖北随州	2000.7～2002.12
	吴顺文	江苏仪征	2000.11～
	秦有芳	江苏宝应	2001.3～
	袁竹青	江西新建	2001.3～
	李 琪(女)	江苏宝应	2003.1～
	周玉宝	江苏宝应	2004.2～
	王业明	江苏兴化	2004.2～
	侯承海	江苏宝应	2004.12～

二、工作机构

1990年,县政府工作机构有县政府办公室、县计划委员会、县城建局、县物资局、县统计局、县物价局、县劳动局、县经济委员会、县地方工业局、县交通局、县财政局、县审计局、县税务局、县商业局、县粮食局、县工商局、县农业局、县多种经营管理局、县水利局、县科学技术委员会、县文教局、县卫生局、县机构编制委员会办公室、县水产局、县法制局、县档案局、县体育运动委员会、县计划生育委员会、县公安局、县司法局、县人事局、县民政局、县土地管理局、县广播电视局、县监察局、县外贸经济委员会、县财贸办公室、县环境保护局、县体制改革委员会、县信访办公室、县爱国卫生运动委员会办公室、县经济技术协作办公室、县食品工业办公室。

1997年,县政府工作机构有县政府办公室、县计划委员会、县建设委员会、县物资局、县统计局、县物价局、县劳动局、县经济委员会、县乡镇企业管理局、县交通局、县财政局、县审计局、县税务局、县农业资源开发局、县商业局、县建工局、县粮食局、县工商局、县农业局、县农机局、县多管局、县水利局、县科学技术委员会、县教育委员会、县文化局、县卫生局、县水产局、县法制局、县档案局、县体育运动委员会、县计划生育委员会、县体制改革委员会、县公安局、县司法局、县人事局、县民政局、县国土管理局、县质量技术监督局、县广播电视局、县监察局、县外贸经济委员会、县住房制度改革办公室、县老龄办、县环保局、县信访局、县地震局。

2001年，县政府工作机构有县政府办公室、县发展计划局、县经贸局、县教育局、县科技局(挂“县地震局”牌子)、县公安局、县监察局(不计机构数)、县民政局、县司法局、县财政局、县人事局、县劳动和社会保障局、县国土资源局、县建设局、县交通局、县水利局、县农林局、县对外贸易经济合作局、县文化体育局、县卫生局、县计划生育局、县审计局、县环境保护局、县统计局、县粮食局、县物价局。直属事业机构有县广电局、县农业资源开发局、县水产局。2004年设立市住房公积金管理中心宝应分中心、县民营经济发展局。

2005年，县政府工作机构有县政府办公室、县发展和改革委员会、县经济贸易局、县安全生产监督管理局、县教育局、县科技局、县公安局、县监察局(不计机构数)、县民政局、县司法局、县财政局、县人事局、县劳动和社会保障局、县国土资源局、县建设局、县交通局、县水务局、县农林局、县对外贸易经济合作局、县文化体育局、县卫生局、县人口和计划生育委员会、县审计局、县环境保护局、县统计局、县粮食局、县物价局。直属事业单位有县广播电视局、县农业资源开发局、县水产局。

第二节　重要会议

1990～2005年，县政府组成人员全体会议共召开18次，县政府常务会议共召开115次，县长办公会议共召开415次，专题会议(1999年前统称县长办公会议)共召开127次，研究落实县委重大决策和县人大重要决议及全县各方面重要工作。

一、县政府组成人员全体会议

1991年2月2日，县十届人民政府召开组成人员全体(扩大)会议。副县长冯国平就新的一年如何坚持以经济建设为中心、加强和改进政府工作、继续推进全县国民经济和各项社会事业全面协调发展等提出意见。是年10月26日召开第二次组成人员全体(扩大)会议。县委、县人大、县政协主要负责人和相关部门负责人参加会议。县长冯国平就贯彻落实县委七届二次全体(扩大)会议精神，推进1992年政府工作深入开展，保证“八五”计划顺利实施等提出意见。

1995年12月1日，县十一届人民政府召开组成人员全体(扩大)会议。与会人员分组讨论《宝应县国民经济和社会发展“九五”计划目标及1996年计划安排意见》，副县长刘克明(主持政府工作)就1995年1月以来政府工作基本评估、1996年工作初步意见、年底前要抓的几项工作等提出意见。

2000年3月2日，县十二届人民政府召开组成人员全体(扩大)会议。县长闻道才就贯彻落实县委八届九次全体(扩大)会议、县委经济工作会议和县十二届人大三次会议精神，明确目标，改进作风，优化服务，确保完成全年经济和社会事业各项目标任务，促进全县经济更好更快发展等提出意见。是年8月3日召开第二次组成人员全体(扩大)会议。县长闻道才就贯彻落实省城市工作会议和县委八届十次全体(扩大)会议精神，认真抓好项目建设和招商引资工作等提出意见。

2005年2月3日，县十三届人民政府召开组成人员全体会议。县长林正玉就贯彻落实县委九届十六次全会和县十三届人大三次会议精神，奋力实现“苦干三五年，实现再翻番”工作目标，提出三个方面要求：进一步认清形势，始终保持奋发有为的进取精神；进一步狠抓落实，确保完成全年各项目标任务；进一步改进政风，不断加强政府行政能力建设。

二、县政府常务会议

(一)十届政府常务会议

1990年5月8日，第二次常务会议研究当前经济工作和相应的政策措施，确定5月中旬召开全县外贸工作会议，5月15日召开“四夏”工作会议。会议原则同意关于撤销无田村民小组工作意见的汇报。

1991年10月10日，第十九次常务会议听取县财办关于秋季粮棉收购准备情况汇报。会议原则同意县经委关于煤加工电贴价调整意见和县城建局提出的城区防汛排涝设施建设方案。会议还讨论1992年全县国民经济和社会发展计划、县农业机械管理公司增挂“县农业机械管理局”牌子问题。

（二）十一届政府常务会议

1993年5月3日，第一次常务会议听取特钢项目筹备建设情况汇报和县城建局《关于加强城市规划、建设及管理的意见》。

1994年12月12日，第八次常务会议听取、讨论并原则通过县劳动局、县教育局、县民政局、县土地管理局、县体改委、县交通局、县科委、县财政局提出的企业职工调资实施意见、民办教师工资制度改革实施方案、进一步完善义务兵家庭优待金发放办法、县城和集镇规划区内村（居）民宅基地使用制度改革意见、扬汽总公司宝应县分公司体制改革实施意见、1995年度县乡公路升级改造筹资方案等。会议决定批准县人事局关于卫生系统定量户口临时工转为企业合同制性质的请示。

1996年5月19日，第二十四次常务会议讨论并原则通过县经济开发区管委会提出的《关于进一步加快经济开发区建设的意见》。

1997年12月1日，第二十九次常务会议听取县委农工办《关于完善小康村综合评价指标体系及1997年小康村考评工作意见》的汇报。

（三）十二届政府常务会议

1998年3月16日，第一次常务会议讨论并原则同意《宝应县财政资金结算办法》《关于预算外资金收入及统筹计划方案》。会议原则通过县劳动局1998年实施再就业工程、劳动力市场管理、社会保险基金收缴以及调整企业退休人员1997年度基本养老金、实行企业工资指导线等意见和《宝应县国有土地管理权租赁管理暂行办法》《宝应县出租汽车行业管理办法》。

1999年5月21日，第七次常务会议听取并原则同意县政府办公室《关于进一步扩大对外开放、加快发展外向型经济的政策意见》。是年9月29日，第十次常务会议讨论并原则同意《关于加强全县土地资源管理的意见》，听取并原则同意县环保局提出的《关于生态县建设的意见》。

2000年5月11日，第十五次常务会议听取并原则同意县国土局、县经委、县人事局、县物价局、县建委等部门提出的县国有土地收购储备管理办法、扶持重点工业企业（集团）发展意见、人才资源开发工作若干意见、取消和降低一批收费项目及标准的建议、城区环境卫生有偿服务收费暂行办法和北河路、邗沟路、纵棹园详细规划及运西（宝应运河大桥至宝应运河二桥）用地规划方案。

2001年1月21日，第十九次常务会议专题研究筹建宝应民办教育集团问题。会议原则同意建立宝应民办教育集团，由私营企业上海龙菱实业有限公司投资，宝应县中学、县实验初中、县实验小学整体改制，实行民办机制。

2002年9月23日，第三十二次常务会议听取县建设局关于县开发区新区（启动区）规划框架方案汇报和宝胜电缆城规划方案汇报。

（四）十三届政府常务会议

2003年8月23日，第三次常务会议听取并原则同意县交通局、县水利局、县民政局、县卫生局、县教育局等提出的《宝应县农村公路建设实施方案》《宝应县“碧水”工程实施意见》《宝应县农村草危房改造实施计划》《宝应县农村低保工作实施计划》《宝应县农村改水实施方案》《宝应县建立新型农村合作医疗制度实施方案》《全县农村中小学信息网络建设实施方案》等农村八件实事。

2004年5月18日，第五次常务会议听取并原则同意县监察局、县国土局、县建设局等提出的《关于进一步严格土地管理规范房地产市场秩序的意见》，要求相关部门对意见作进一步修改完善后，提请县委常委会讨论审定。会议听取并原则同意县政府办公室等部门提出的《关于进一步加快民营经济发展的意见》。

2005年2月23日，第十次常务会议听取并原则同意县人事局等部门《关于加强和改进镇农技推广和农经服务体系建设的实施意见》和县科技局《关于工业、建筑业引进优秀人才实施办法》的情况汇报。

三、县长办公会议

（一）十届政府县长办公会议

1990年11月13日，会议专题研究县林纸结合项目有关问题。

1991年5月25日，会议对加快甲砜霉素工程建设问题进行专题研究。

1992年5月26日，会议对县板纸厂扩建万吨牛皮箱纸板及5000吨刷光涂布生产线申报、立项、建设资金、设备选型等问题进行专题研究。

（二）十一届政府县长办公会议

1994年3月11日，会议就加快三横河公路建设有关问题进行专题研究。

1995年10月30日，会议就解决县航运实业总公司有关困难的措施进行专题研究。

1996年3月2日，会议研究落实宝胜集团公司发展、改革、规划等有关问题，要求进一步营造有利于宝胜集团加速发展的良好氛围。

1997年8月31日，会议研究落实卫生事业发展、公有资产管理、建立城乡最低生活保障线制度、发展社区服务业等方面工作。会议讨论并原则同意县民政局关于建立农村最低生活保障制度的实施方案。

（三）十二届政府县长办公会议

1998年7月1日，会议就基础教育、办学体制改革问题进行专题研究。会议确定稳步进行义务教育阶段办学体制改革试点，继续推进非义务教育阶段办学体制改革，适当提高教育收费标准。

1999年7月14日，会议就加快安宜镇工业发展问题进行专题研究和现场办公。会议就扬州杰特沈飞机电制造有限公司、天虹金属制造厂、县锅炉厂、城北社会福利厂等企业申请流动资金贷款问题，安宜镇部分企业要求缓征陈欠税款问题，解决下岗职工工资问题，部分困难企业缓缴养老保险金以及破产企业退休职工养老金发放问题等进行研究和协调。

2001年3月23日，会议原则同意县经委《宝应县对工业经济有突出贡献人员实行重奖的试行办法》和县财政局《2001年县行政事业单位预算外资金收支计划及核定办法》。

2002年1月17日，会议听取县发展计划局关于城市污水处理厂项目申报情况汇报，研究部署县城市污水处理厂项目申报和建设问题。

（四）十三届政府县长办公会议

2003年4月8日，会议听取并原则同意民政局关于农村五保供养工作的实施意见，并对县民政局建议调整农村居民最低生活保障资金负担比例的请示进行研究。会议原则同意县农村居民最低生活保障资金由现行的县、乡、村三级按3:3:4负担调整为由县、乡两级按3:7负担。

2004年4月21日，会议专题研究县开发区新区二、三期工程基础设施建设有关事宜。

2005年7月30日，会议研究推行农村部分计划生育家庭奖励扶助制度。会议决定奖励扶助金发放时间从2005年1月1日起计算。

四、专题会议

（一）十二届政府专题会议

1999年8月11日，会议就加快华森公司民用变频调速器批量投产问题进行研究。

2000年1月6日，会议听取县三电办关于综合差价电费收取情况汇报，就县综合差价电费余额安排问题作出决定。

2001年3月5日，会议就扶持建设望直港镇装饰建材市场有关问题进行研究和协调。会议就装饰建材市场土地出让、规费、税收、市场布点、规范服务等问题作出明确规定。

2002年5月12日，会议就粮食企业房产权证和土地使用证问题进行研究和协调。

（二）十三届政府专题会议

2004年10月25日,会议协调德州仪器(中国)公司增资扩股项目建设问题。

2005年4月5~6日,会议研究协调西气东输冀宁线宝应段工程建设有关服务和管理问题。

1990~2005年宝应县政府重要会议统计

表22-2-2　　单位:次

年份	县政府组成人员全体会议	县政府常务会议	县长办公会议	专题会议	年份	县政府组成人员全体会议	县政府常务会议	县长办公会议	专题会议
1990	1	10	14	—	1999	1	8	35	12
1991	2	8	28	—	2000	2	7	29	14
1992	1	9	35	—	2001	1	9	32	20
1993	1	4	28	—	2002	1	4	23	14
1994	1	4	19	—	2003	1	4	25	22
1995	1	10	22	—	2004	1	4	24	16
1996	1	9	53	—	2005	1	5	20	29
1997	1	14	3	—	小计	18	115	415	127
1998	1	6	25	—					

第三节　施政纪要

一、科教兴县

1990年根据县委科教兴县战略,县政府成立县经济技术开发咨询委员会及知识分子工作领导小组,建立人才专家库,制定科教兴县工作规划、年度计划和各级领导班子目标考核责任制等。全面加强科技工作领导,建立健全科技工作网络和三级科教培训网络,落实科技新产品、中间试验、重大科研项目补助等三项经费,创建全国科技工作先进县。同时,进一步加大县、乡中小学校布局调整力度,优化基础教育、职业教育、成人教育和高等教育结构,深化教育改革和发展。1995年,全县科技三项经费从1993年县财政预算支出的0.3%增加到1.2%;科技进步对工农业总产值平均增长贡献份额45.8%,较前三年提高10.20个百分点。30个乡镇全面实施九年制义务教育后,全县教育投入继续实行“三增长一优先”(即拨款、预算内教育费支出比例、生均教育费逐年增长,学校基建指标优先)政策,一批小学、中学、职校和成人校被评为省级重点学校,宝应县被评为全国扫除青壮年文盲工作先进县。1996年制定《宝应县教育现代化总体规划及年度实施计划》,各类学校开始有计划、有步骤的运用电视机、投影幕、互联网教学设备,提高教育教学质量。是年3月,宝应县被国家科委授予“全国科技工作先进县”称号。2001年,县政府探索教育发展新路,引入民资,推动教育事业加快发展。与上海龙菱实业有限公司签订合作办学协议,组建民办翔宇教育集团。2003年,县政府批准氾水、曹甸、城镇、城郊、城北等5所高级中学实施资产国有、校长聘任、办学自主、经费自筹改革,提升普通高级中学办学水平。是年8月,扬州广播电视大学宝应分校、县教师进修学校、县职业教育中心校、县职业高级中学合并成立县职业教育集团。2005年,县政府批准县职业教育集团以县职业中心校与苏州光华集团所属的苏州工业园区职业技校联合办学,组建县光华职业学校。是年9月,城镇高级中学与城郊高级中学合并成立安宜高级中学。全县各类学校办学规模普遍扩大、布局日趋合理、条件面貌一新,教学质量不断提高。

二、为民办实事

1990年起,县政府根据群众生产、生活需要,每年确定数十件至上百件实事项目,并列为重点工作。是年，帮扶1250户农村困难家庭脱贫致富；安置800名待业青年就业；建成县水产养殖公司、北港蔬菜村、八浅机械化蛋鸡养殖等3个种植、养殖基地；新建100座钢架塑料温室大棚；建成宝应至金湖、小尹庄至夏集、中港至汜光湖等4条土质公路；完成城郊桥等10座桥梁的扩建维修；新建县实验小学、扬州电大宝应分校等学校2幢教学楼和1幢宿舍楼；完善和添置电视摄像设备，开办电视自办项目；新建县档案馆；农村自来水新增受益人口4万人；建成南苑变电所、完成县城小区配电线路改造工程；完成邮电通信大楼主体工程，开通国际长途直拨电话；完成文化广场整治；实施城市河道清淤疏浚，提高防洪标准；建成县液化石油气供应站100立方米贮气池工程等50多件民生实事项目。1991年实施完成扶贫、就业、乡村公路建设、水利设施配套、群众生活用水、基层卫生服务设施条件、"菜篮子"工程、标准化水冲式公共厕所建设、程控电话、叶挺路延伸段地下工程基础、安宜东路拓宽改造、城区防汛、市政工程等方面项目100多个，推动全县人民生产、生活条件不断改善。1993年起，在注重解决燃眉之急实事的同时，着力加强中、长期民生实事规划和落实。是年，在做好城市规划基础上，新建和改造10条城区主干道、2座桥梁和1个市民广场；完成2万平方米商品房和2个农贸市场及一批商业网点建设、企业职工养老保险扩面征缴等。1995年实施普及九年制义务教育、乡村公路"黑色化"改造、农村社会养老保险和城镇职工基本医疗保险等。1997年全面推行城乡居民最低生活保障线制度、下岗职工再就业工程、控减农民负担等。2001年，县政府专门明确各级政府分管领导、职能部门及其负责人为民办实事工作职责，并纳入年度工作目标考核。是年，按照工业、农业、建筑业、服务业、招商引资、园区建设、社会保障、社会事业和其他工作等分类，将108件实事分解到责任部门和责任人，推动实事做实做好。1990～2005年，县政府先后组织职能部门完成实事项目1600多件。

图22-2-1　"黑色化"改造后的乡镇公路

三、园区建设

1992年，根据县委决策，县政府在县城东侧启动县经济开发区建设，规划面积5平方千米，1993年建成面积4.94平方千米。是年11月被批准为省级经济开发区。1994年，宝应经济开发区有47家企业，年产值6.50亿元。2000年为做大做强电缆产业，开工建设宝胜电缆城，面积5平方千米，先后建成特种电缆工业区、电缆材料区、电器产品工业区、高新技术合作区、A股上市项目区、现代化物流中心等。2003年根据县委工业强县战略要求，县政府印发《关于进一步加快工业园区建设的意见》，并启动省宝应经济开发区新区建设，面积8平方千米。各乡镇在全面规划基础上，分别开工建设环城工业园区和乡镇工业集中区，相继建成江苏耿耿工业园、安宜工业区、城南工业园、运西工业园和工艺玻璃、水晶、文体教玩具、食品、纺织、陶瓷、汽车配件、水泵等乡镇工业集中区。是年7月，县政府规划发展有机产业，建成有机食品基地15个，面积1000公顷。2005年开工建设省级宝应湖有机农业开发区，规划面积120平方千米。至是年末，全县有省级开发区2个、电缆城1个、工业园4个、镇工业集中区11个。

四、城镇化建设

1992年，县政府组织力量完成县城总体规划编制，并实施新城区开发和老城区主干道拓宽及部分街巷路面改造、水乡特色文化广场建设。1995年进一步加强城市化建设力度，明确县城环境绿化、美化、亮化、硬化目标，全民动员、各方联动，开展创建省级卫生城活动，县城管理水平迅速提高。1996年3月，宝应县城被评为省级卫生城。1997年，县财政投入9400万元，强化城区硬件建设，铺设混凝土、沥青路面3.90万平方米，更新改造主干道亮化设施4条，新增公共绿地1.50万平方米，建成窑河防洪工程，扩大城区面积6.20平方千米。1999年加强城市规划和建设、改造管理，编制苏中南、北路、邗沟路、北河路等一批建设项目规划，延伸苏中路北段，建成大昌路东段、东升路北段和亚细亚街心广场，改造旧城区面积2.30万平方米，新建世纪园一期工程等。2001年实施城镇兴县战略，围绕"古文化、水文化、绿文化"等城市定位，进一步完善城市建设总体规划，落实县城南大街区域、里运河、中沟河、城市河、二里排河等主要河道两岸景观设计。2003年组织县城第三轮总体规划编制，启动实施城市水、电、路、气、污水处理等基础设施建设十大工程。2005年先后举办"4•28""11•8"城建招商推介会，引进城市建设资金2.51亿元。2001～2005年，城区基础设施建设投入14.40亿元，新增道路93.63千米，新建桥梁11座，新增绿化面积439.50公顷，建成世纪园、润扬花园等居民新区23个面积55万平方米，街景市民广场9个等。各乡镇建设总投资18.50亿元，集镇合计面积由1990年的5.83平方千米增至22.37平方千米。至2005年底，县城建成区面积由1990年的7.20平方千米增至21.87平方千米；城区绿化覆盖率39.7%，城镇居民生活环境明显改观。

五、外向型经济

1990年10月，县政府首次召开全县"三外"（外商、外资、外贸）工作会议，全面启动发展外向型经济工作。1993年，江苏荷仙食品集团公司在县内率先获得自营出口权。1995年，县政府与各乡镇和有关部门签订"三外"工作责任状，实行"三外"工作目标管理一票否决制。1997年4月召开全县外向型经济工作会议，着力推动外向带动战略取得新突破，扬州得宝集团、扬州蓝宝石食品有限公司、扬州华贵食品有限公司等农副产品加工企业相继获得自营出口权。1998年，县政府采取走出去、请进来等措施，加大招商引资工作力度。是年9月，美国德州仪器（中国）有限公司落户宝应，成为县内第一个、市内最大的外商投资企业。2003年贯彻县委《关于加快实施工业强县战略的意见》精神，县政府进一步细化、分解外资、外贸工作任务，并将利用外资、外贸出口等情况纳入乡镇和有关部门的经济百分考核。是年，全县完成自营出口额6204万美元、对外合作营业额950万美元。2005年，外商及中国港澳台商投资企业完成销售收入21.72亿元，占全县规模工业企业的21.6%。

六、发展民营经济

1993年8月，县委、县政府印发《关于鼓励扶持民营经济进一步发展的决定》。1997年12月，县政府按照县委全委（扩大）会议关于调整完善所有制结构、大力发展个体私营经济的意见和县委《关于进一步加快发展个体私营经济的十项规定》，成立县个体私营经济工作委员会，召开3万人大会，制定优惠政策，发展个体私营经济。1999年5月，县民生担保公司成立，为个体工商户和私营企业贷款提供担保。2001年根据县委《关于加快发展私营个体经济的意见》精神，县政府召开全县加快民营经济跨越式发展动员大会，促进民营经济做大企业、做响品牌、做优秀企业家。2004年，县政府实施民营经济"六个一百"工程，即动员100名机关和事业单位干部带头创办、联办各类民营实体，引导100名宝应籍在外创业人士凤还巢、钱回流，组织县直部门和金融单位与100家民营工业企业结对服务，推动100家民营工业企业对外寻求嫁接，新增100家规模以上民营企业，争创100个市级以上科技型企业、产品或品牌。是年新发展民营企业520家，其中注册资本100万元、职工100人及以上的"双百"民营企业105家；新发展个体工商户3700户，新增从业人员5000人，注册资本8亿元，发展总量和增幅创近三年新高；产销1000万元以上民营企业75家，获批市以上民营科技企业7家，玻璃工艺品、藕制品、教玩具等民营特色企业进一步壮大。2005年组建县中小企业融资服务中心，为民营企业发展提供资金保障，召开有4000人参加的全民创业动员大会，表彰创业先进，宣传创业典型，完善创业政策，促进民营经济进一步发展。是年底，全县共有个体工商户1.53万户、私营企业3000家，其中产销过1000万元的私营企业130家。

七、农业产业化

1995年9月，县政府召开推进农业产业化、加快奔小康会议，提出推进农业产业化经营10条意见和"三五"工程目标，即：奋斗五年，实现荷藕、水产、畜禽、棉花、林园五大产业产业化经营，力争产加销系列产值50亿元。1997年，县财政加大农业投入，实施农业基础设施建设，开展黄淮海项目开发和多种经营生产。同时围绕农业产业化、贸工农一体化项目,向上申报争取专项资金130多万元,建成中华鳖生产基地和荷藕速冻生产线等。1998年,贯彻县委《关于鼓励加快农业产业化经营的政策性意见》,县政府成立县农业产业化经营领导小组办公室,负责农业产业化经营规划和组织、协调、指导工作。按照县有区域、乡有特色、村有专业发展思路,利用生态环境优势,推进规模种植、养殖。2000年,全县有种植业基地乡镇16个面积4万公顷,畜禽业基地乡镇6个、畜禽饲养量分别为19万头和450万羽,水产业基地乡镇15个、面积2.67万公顷;有粮食、荷藕、棉花、蔬菜、畜禽、林木为主的农副产品加工流通企业130家,其中龙头带动型企业14家、省市级以上龙头企业8家;建成农业产业化合作社、协会74家,有各类从业人员1.33万人;农村产业化经营收入38亿元,农产品商品率75%,比1994年提高13个百分点。2001年,贯彻县委关于做好农业产业化经营的有关意见精神,县政府进一步明确品种调优、效益提高、产业调大思路和商重于农的观念,大力发展生态农业、有机农业,做大做强"龙"型企业,不断提高"三品"(无公害、绿色、有机食品)农产品比重。至2003年,陆续把江苏荷仙食品集团等9家农产品加工企业建成省和国家级农产品龙头企业,初步形成金玫瑰园、射阳湖荷园、扬州泽天特种生态养殖示范园、南美白对虾养殖园、黄塍花木园、中宝德园有机农场、有机荷藕种植园、西瓜园和特水养殖园等20个具有特色的优质农产品园区。"三品"农业基地比重种植业达45.4%、畜禽业达35%、水产品达60%。2005年,全县建成有机稻米、荷藕、慈姑、西瓜、蔬菜、特种水产、鸡、鹅、猪、蚕桑等10大规模生产基地,基本实现"东有藕慈、西有特水、南有畜禽、北有西瓜"的农业经济特色和产加销一条龙的目标,粮经比例由1995年的8:2调整到5.70:4.30;农产品商品率85%,比1994年的62%提高23个百分点。

图22-2-2　丰收的喜悦

八、招商引资

1995年起,县政府组织开展招商引资。1999年首次举办中国·宝应荷藕节,开展招商引资活动。2000年,建立健全招商项目体系和招商网站,广泛搜集、精心挑选各类项目,举办金秋经贸洽谈会、玻璃工艺品信息发布会等招商引资活动,引进境外资金800万美元。同时举办民营经济招商月活动,引进项目81个、资金4900万元。2001年,先后在北京、上海、福州、东莞、杭州、温州、昆山等地设招商办事处,引进项目208个,到账资金2.22亿元。其中,市场建设、社会事业项目取得新突破,有外商投资项目16个,实际利用外资812万美元。2003年,进一步创新招商引资工作方式方法,对外放宽优惠政策,对内加大考核力度。先后开展"烟花三月"经贸旅游节、中国·宝应荷藕节、南方招商、意大利招商等专项、专题招商活动,共引进资金8亿元。新办外资项目31个、"三资"农业项目126个;向上申报专题项目128个,争取资金1.10亿元。2004年,进一步加大招商引资工作力度,利用"烟花三月"商机说明会、中国·宝应荷藕节、杭州投资环境说明会等,引进资金20亿元。新增外资项目21个,合同利用外资8061万美元,实际利用外资4006万美元;新办"三资"农业项目163个,利用"三资"2.86亿元;向上争取各类无偿资金2.50亿元。2005年,全县不断强化项目落实督查和帮办服务制度,组织机关干部190多人,在沪宁线、浙江、广东等3个区域设驻外招商点78个,引进项目420个,资金30亿元。其中,外资项目46个,合同利用外资1.33亿美元,实际利用外资7730万美元;当年实施固定资产投入1000万元以上项目113个。

九、企业改制

1996年9月,根据县委八届二次全体(扩大)会议精神,召开10万人参加的企业改制动员大会,全面部署企业改制工作。县政府成立企业改制指挥部,抽调机关干部300多人,组建企业改制工作团8个、工作队40个。各镇、各企业主管部门分别成立企业改制工作领导小组，开展宣传发动和思想政治工作。按照"抓大放小"总体思路，因企制宜，分类指导，推动不同企业采取不同方式改革。具有一定规模、产品有优势、发展势头好的企业组建企业集团，走规模发展道路。小微亏企业实行拍卖、租售结合，放掉一批，搞活一批，推进企业发展壮大。至当年底，全县有818家村以上企业完成改制，其中实行股份制企业115家、股份合作制企业96家，股金总额5.40亿元，吸纳股金6800万元；骨干企业和优势产品企业组建省级集团13家、市级集团2家；引入民营机制，实行民营172家、租售结合144家、拍卖48家、租赁149家，其他形式92家。至1997年末，全县改制企业869家，占应改制企业96.1%。1999年11月，贯彻县委全体（扩大）会议关于突出产权制度改革的意见，全县加快推进重点骨干企业股份制改革和中小企业及困难企业开放步伐，成立县企业改革指挥部，下设县属工业、乡镇工业、县属流通企业和宝胜集团4个改制分指挥部，启动以产权和职工劳动关系"双置换"为主要内容的新一轮企业改制。12月，全县首家由集体所有制企业改制成股份制企业的江苏科龙直流电机制造有限公司成立。2000年新组建宝胜科技创新和盈科实业股份有限公司，江苏安宜集团实行招标租赁经营。2001年，宝应车辆厂、宝应纺织厂出售转民营，县无线电厂由香港仁恒集团收购嫁接，宝应造纸厂、县化工厂、县晶宝玻璃厂依法实施破产。2002年，县化肥厂、县轴承厂、江苏五琼浆集团实施"双置换"改革，商业大厦实行内部三项制度改革。2003年，江苏宝开集团、扬州中宝制药有限公司、县磷肥厂等38家工交企业、37家流通企业、12家建安企业实施"双置换"改革。2004年，江苏五琼浆集团等11家工业企业、宝亚公司等12家流通企业和3家交通企业、9家县属建安企业，实施"双置换"改革，宝胜电气股份有限公司等5家实施股份制改革。2005年，县食品公司等8家企业改制工作进入扫尾阶段，全县1451家工商、交通等企业"双置换"改革基本结束。

十、工业强县

2001年1月，县政府召开加快实施工业强县战略动员大会，印发《宝应县对工业经济有突出贡献人员实行重奖的试行办法》等，落实工业强县战略。是年，完成工业技改投入4.26亿元，开发新产品100个，其中进入国家和省重点新产品计划5个、高新技术产品5个，建成省级高新技术企业2家，通过ISO 9000质量体系认证企业6家。2002年通过项目拉动、重点企业带动，推进工业结构调整、机制转换和技术创新，工业发展进一步提速，运行质态明显改善，工业强县战略不断深化。全县实现工业产值99.60亿元，比上年增长17.7%。重点企业加快发展，宝胜集团项目建设、引进外资和产销全面提升，德州仪器（中国）有限公司、江苏银宝实业公司、县迅达电磁线有限公司等企业产销大幅增长，新增省高新技术企业5家、省级高新技术产品13个。2003年进一步加大工业技改投入，重点企业支撑作用更加突出，初步实现工业经济提速增效目标。是年完成技改投入8亿元，实现工业产值120亿元，工业产值增长20.5%，其中20强企业实现销售收入33亿元。全县开发新产品110个，有省级高新技术产品16个、省名牌产品4个、国家重点新产品1个。获批省高新技术企业2家，通过质量体系认证企业15家。2005年，全县强势推进工业"一电两品"（电工、食品药品）和棉纺织品、玻璃制品、电子陶瓷、车辆配件、管道配件、压力容器等6个特色行业发展。是年完成工业技改投入24.54亿元，实现工业产值200.03亿元，增长31.1%，其中25家重点企业产值、销售、利税、利润分别增长35.2%、33.9%、51.9%、31.3%，占规模工业总量的60%、60%、66%、70%。全县过1亿元产值企业15家，其中宝胜集团产值35.01亿元、德州仪器（中国）有限公司产值超5亿元，永顺泰（宝应）麦芽有限公司、江苏银宝实业有限公司、江苏金夏纺织有限公司产值均超2亿元。

第四节　日常政务

一、代表建议、委员提案办理

1990年3月，县十届人大一次会议代表提出解决水泗乡南塘村供电问题的建议，县供电部门到实地调查,研究方案,落实资金,迅速施工,该村供电问题及时得到解决。1993年1月,县十一届人大一次会议代表联名提出搬迁张桥农贸市场、解决交通堵塞的建议。县工商部门会同泾河乡政府,先后10多次到张桥实地勘察,选定市场地址,制定建场方案,投入8万元,当年10月建成占地6600平方米、棚面1000平方米、容纳100个摊位的新的张桥农贸市场。1998年1月,县十二届人大一次会议代表提出整顿全县酱油产销市场的建议。县政府专门开会研究,责成宝应技术监督局、宝应工商局和县工业主管部门联合对酱油市场进行专项整治,县政府为此转发宝应技术监督局《关于打击假冒伪劣酱油、禁止销售散装酱油的意见》。1999年3月,县十二届人大二次会议代表提出进一步加强全县生猪定点屠宰管理的建议。县政府及时召开生猪定点屠宰管理工作会议,相关部门强化生猪检疫,严防屠杀病猪上市。税务部门强化税费征收管理,统一税费征收标准。工商部门严格执行定点屠杀、定位销售管理,城乡联动,每月组织综合执法检查,打击小刀手私屠滥宰、点外宰杀不法行为。2001年,人大代表提出尽快解决农村教职工医疗保险的建议后,县长多次到县财政局、县劳动和社会保障局、县教育局等部门和部分镇及学校调研,形成切合宝应实际的工作方案,并经县政府常务会议通过,决定将全县农村在职和退休教师纳入医保范围。2005年1月,县十三届人大三次会议代表提出完善新型农村合作医疗政策的建议,分管副县长多次召开有关部门、镇负责人会议,与县人大代表座谈,征求社会各界对新型农村合作医疗运作的意见和建议。县长办公会议讨论通过并印发《宝应县新型农村合作医疗管理办法》。

1990～2005年,县政府及组成部门承办县人大代表建议2323件、承办县政协委员提案2506件,均及时办理答复。

二、行政审批

2002年3月,成立县政务服务中心(简称县政务中心),环保、卫生、农林、交通、工商、公安、消防、国税、地税、质监、建设、国土、发改、建管、气象、经贸、外经等首批17个部门和安宜镇入驻。县政务中心围绕便民、规范、高效、廉洁服务宗旨,实行进一个门受理、缴规定费办事、在承诺日办结。推行公开服务部门、公开办理事项、公开办理程序、公开申报材料、公开承诺时限、公开收费标准和依据运行机制,实行直接办理制、承诺办理制、联合办理制、上报办理制、明确答复制和扎口收费制。对重大项目审批建立绿色审批通道,由县政务中心总值班室主任召集相关部门,召开联合审批会议,为申办对象提供周到、便捷、高效的服务。是年共为72个重大项目进行联合审批。2003年,县政务中心增设民政窗口;强化对重点项目全方位、"一条龙"服务,做到内资项目5个工作日内办结、外资项目7个工作日内上报市政务中心审批。是年共办结联办件135件,先后为22个重点项目召开联办会议,为130个重大项目开展联合审批。2004年增设粮食窗口,安宜镇窗口撤出;突出对200万元以上招商引资项目、500万元以上技改项目、500万元以上建设工程项目联合办理、限时办结、跟踪服务。是年共为81个重点项目开展联合审批,为14个重点项目召开咨询会议,并推行全天候办理制,对权限外项目实行专人协办制。2005年2 月,县政务中心专门设立工业企业土地和房产抵押登记窗口。当年进县政务中心的行政许可、行政审批及服务项目共186个。县政务中心为投资客商发放优待证35本,其中新发证28本、补办和换证7本。2002～2005年,县政务中心为120个重点项目组织联合办理,共办结审批事项9.56万件,办结率100%。其中办结私营个体企业注册登记2551家(其中私营企业1660家)、200万元以上项目249个、"三资"企业90家、500万元以上技改项目65个、500万元以上建设工程项目78个。

三、政务公开

2004年7月,县政府成立县政务公开领导小组,县委、县政府印发《关于全面推行县级政务公开工作的实施意见》,决定在全县各级行政机关、公用事业单位全面实行政务公开,规定对运用行政权力办理与人民群众利益相关的各类事项,只要不属于党和国家秘密,要向社会公开。8月,县政府印发《宝应县人民政府政务公开目录》,规范和完善政务公开内容。印发《宝应县政务公开考核办法(试行)》,明确规定考核对象、内容、标准、方法、程序及结果;印发《宝应县各镇人民政府政务公开目录》,规范和完善各镇政务公开内容。

第五节　法制工作

一、规范性文件审核与清理

1991年10月起，县政府制定规范性文件，由县政府法制局审核后，提交县政府常务会议或县长办公会议讨论通过。至2005年底，县政府共制定规范性文件254件。县政府对新中国成立后印发的规范性文件进行全面清理，对已不能适应改革开放和市场经济建设的规范性文件，及时予以废止，共废止1990年至2003年期间规范性文件322件。

二、行政复议

1991年7月，县政府成立行政复议委员会，受理行政复议案件。1999年11月29日，长沟乡政府对兴同村村民孙某某作出《关于对农业特产税抗税人的处罚决定》，认定孙某某抗缴税款，处以应缴税款的1倍罚款1.14万元。被处罚人不服处罚，于2000年1月10日向县政府申请行政复议，要求撤销处罚决定。经审查，对违反《中华人民共和国税收征收管理法》规定的行政处罚，由县以上财政行政部门决定，对个人罚款额在1000元以下的，由乡财政所决定。长沟乡政府的上述处罚决定属于超越职权行为。2000年1月20日，县政府向长沟乡政府送达行政复议答复通知书，要求其在10日内向县政府提出书面答复，并提交当初作出具体行政行为的证据、依据和其他有关材料。1月29日，长沟乡政府主动向被处罚人送达撤销原处分决定通知。鉴于长沟乡政府自我纠正超越职权的违法行为，2月17日，申请人孙某某向县政府提出撤回行政复议申请。于2月20日，县政府终止审查长沟乡政府的具体行政行为。至2005年，依法受理行政复议案件193件。其中，决定维持89件，占46.1%；撤销7件，占3.6%；变更4件，占2.1%；确认违法1件，占0.5%；责令履职3件，占1.6%；不予受理5件，占2.6%；申请人撤回80件，占41.5%；转送4件，占2%。

三、行政执法监督

1992年5月，县政府办公室印发《关于设置法制员的通知》。各乡镇政府、县政府各部门秘书或秘书科(股)长兼任法制员。县政府向全县44个行政执法部门2354名行政执法人员颁发行政执法证。1999年起，县政府每隔3年聘请10人为县政府特邀行政执法监督员。是年7月，县法制局组织并请特邀行政执法监督员参加，组成3个检查组，分别对12个部门(交通、盐务、环保、技监、建委、劳动、水利、工商、国土、多管、教委、卫生)和3个乡镇(安宜、氾水、鲁垛)，检查"两制"(推行执法责任制和错案责任追究制)落实工作。2001 年6月，县政府印发《宝应县行政执法监督办法》和《宝应县行政执法证件管理办法》。2002年12月，县政府印发《关于确认宝应县行政执法主体资格的通知》，全县确认具有行政执法主体资格的机关部门和单位153个、行政委托组织201个。2005年4月，确定20家重点企业为全县行政执法监督工作联系点。宝应县法制工作被确定为省联系点。宝应县建立行政执法监督工作联系点的做法在全省推广。6月，县政府再次确认行政执法主体资格323个，其中法定行政机关50个、法定授权组织103个、行政委托组织170个。

四、推行执法责任制

1999年5月，根据县人大常委会在全县推行"两制"决议要求，县政府常务会议讨论通过《宝应县人民政府关于推行行政执法责任制和错案责任追究制工作的实施方案》，县十二届人大常委会第十二次会议批准该方案。县政府在10个部门和5个乡镇先行试点。至6月末，全县有219个机关、部门和单位具有行政执法主体资格，其中法定行政机关62个、法定授权组织157个，另有行政委托组织193个。8月，县政府印发《宝应县行政执法机关法律、法规、规章目录》和《关于确认江苏省宝应经济开发区等单位行政执法主体资格的通知》，补充确认5个法定授权组织，公布73个行政委托组织。2000年对全县16个乡镇和50个行政执法部门推行"两制"情况考核验收，合格率95%以上。2001年起，"两制"工作纳入依法治县、依法行政正常轨道。2005年再次清理行政执法依据，重新修订完善行政执法岗位责任制。

各重点执法部门收集整理建立行政执法基础台账和依法行政资料档案卷宗112份。

第六节　外事　侨务

一、外事

1983年10月成立县归侨侨眷联合会。1997年组建县政府外事侨务办公室(简称县外侨办)。1998年,日本爱知县围棋代表团、朝鲜国家艺术团、美国IT公司M&C总裁一行先后访问宝应县。2002年,县外侨办主要负责人应邀回访日本厚木市。2003年6月,美国加州武术代表团到宝应进行武术交流。10月,意大利里米尼市市长阿尔伯托·拉瓦奥里和议长塞萨·马吉安提率里米尼市政府和议会代表团一行58人,到宝应考察宝胜集团、翔宇教育集团。县外侨办向客商发招商宣传资料600多份。邀请客商400多人,参观重点企业和绿色农产品生产基地,宣传宝应特色产品和生态优势。至2005年末,共办理出国(境)团组或人员130批347人次、劳务输出33批1303人次,邀请外国人到宝应32批54人次。接待美国、意大利、法国、俄罗斯、荷兰、希腊、澳大利亚、日本、韩国等国家外宾、客商、记者175批1319人次,参与商贸洽谈81次,签订合资意向56个,合同利用外资1428.80万元,实际引进外资1178.80万元。

二、侨务

1997~2005年,县外侨办接待到宝应探亲访友华人华侨、海外侨胞114批260人次,接受华侨、海外侨胞捐赠51.8万元(人民币),配合办理出国(境)定居手续12人次,办理出国(境)探亲手续101人次,向海外华人华侨发送信函、贺卡232份,走访归侨侨眷155户,落实侨务政策、处理涉侨事件494起,解决侨属子女升学18人次,解决侨属下岗再就业23人次,发放归侨侨眷慰问金9万多元,发放救灾物资折合人民币1.50万元。

第七节　信访工作

1990年5月,县有关部门配备专职信访干部28人,30个乡镇有信访工作人员245人。1998年,县委、县政府组建信访工作领导小组,下设办公室,与县信访局合署办公。是年,宝应县被省信访局列为全省信访工作重点管理县。2000年,明确各村党支部书记为村信访工作第一责任人、村民调解小组成员为信访联络员,形成纵向到底、横向到边的三级信访工作网络。2001年,宝应县获得全省信访工作先进集体。2002年1月,县信访局升格为一级局。

一、信访受理

1990年,县信访局针对不同信访问题,采取不同办理方法。黄浦乡新胜村发生毁苗、迁村民小组等问题,县信访局会同有关部门办理村民上访,有效保护农民合法权益。残废军人刘某某因医疗费、子女就业问题,学生仇某被车撞伤医疗费、伤残补助费等问题,县信访局自办立案,妥善办理。是年,自办、会办信访问题620多件,其中立案自办案件112件,年末办结105件,占93.8%。1991年,全县遭受特大洪涝灾害,各级党政领导到灾区了解民情,稳定灾后信访形势。各部门、各乡镇到县信访量比1990年减少1001件,下降28.3%。1992年受理各类信访总量比1991年下降22%,未出现一个新上访老户,未发生一起越级集体上访。1993年,全县有9个乡镇成为“无越级上访、无信访老户、无信访积案、无集体上访”的“四无”乡镇。6月建立县长信访接待日制度,每月5日、20日为县长信访接待日。1994年,全县实施企业改制,企业职工全员进行身份置换,解除劳动合同关系。要饭碗找政府一度成为企业职工上访的理由,堵政府大门、静坐办公楼道、围攻接待人员等时有发生,正常信访秩序和机关工作秩序受到严重影响。随着改革力度加大,各种利益矛盾凸显,来县集访、到省市上访呈上升趋势。1998~2000年,宝应县连续3年被省信访局列为全省信访工作重点管理县。

2001年,县委、县政府加强信访工作领导,印发《关于加强维护机关工作秩序的意见》和《关于进一

图22-2-3　县信访工作交流会议

步加强信访工作若干规定的通知》，加大综合治理力度，加大对违法上访处理力度，加大对失职、渎职的党政干部追究力度。全县上下基本做到来访接谈不过班、联系处理不过夜。宝应县获“全省信访工作先进集体”称号。2002年在全省率先实行县委政法委、县法院、县检察院、县公安局、县司法局等部门“五长”联合接待，集中处理群众反映有关司法方面信访案件。是年，群众得知县殡仪馆计划从县城搬迁到里运河西原中港乡境内的信息，20多名群众到县政府集体上访，县政府主要领导亲自接待，并实行部门会办。县委、县政府领导尊重民意，接受上访群众提出殡仪馆污染严重影响农民生活环境，重新选址的要求，及时重新调研选址，将县城殡仪馆搬迁到黄塍乡境内的空旷地带，群众对此表示满意。2004年，县建立集中处理信访突出问题及群体性事件联席会议，同时建立农村土地征用、城市房屋拆迁、国有企业改制、涉法涉诉、企业军转干、社会和劳动保障等6个专项工作小组。是年，联席会议集中处理信访突出问题及群体性事件108件，结案率69%，有效预防和减少群众越级上访。2005年，县领导共接待、会办信访52件(批)，涉及渔塘、荷藕承包、村级财务、宅基地纠纷、土地管理、农民负担、城市管理等政策性强的信访问题得到及时化解。

1990~2005年部分年份宝应县信访工作情况一览

表22-2-3

年份	信访总数(件　批次)	来信(件)	来　访		县领导阅批人民来信		县领导会办信访事项		县领导接待群众来访	
			批次(批)	人数(人)	阅批(件)	有结果(件)	会办(件)	办结(件)	接待(批次)	办结(件)
1990	3540	2684	856	7539	1092	981	40	28	75	70
1995	2188	1365	823	5384	940	865	48	35	127	108
2000	2186	1012	1174	10454	172	162	56	48	92	82
2005	2301	1209	1092	6951	756	740	72	65	52	50

二、机制建设

1990年，对排查出的信访突出问题和复杂矛盾纠纷，按照谁主管、谁负责和属地管理的信访工作原则，逐件逐项交办到相关责任单位和责任人，提出化解要求，明确办结时限，形成交办机制。此后，县信访局年均交办各类信访问题和矛盾纠纷129件，通过责任单位化解，结案率90%以上。1991年，县委、县政府建立信访工作督办机制，针对信访突出问题及时到基层督查督办，使苗头性群体事件化解在萌芽状态。1992年初，县委、县政府首次把信访工作纳入各乡镇、各部门经济工作目标管理考核和社会治安综合治理工作考核，实行一票否决制和末位警示制，形成信访工作考核机制。考核结果与单位主要负责人和分管领导的绩效、晋升、奖金挂钩。1995年实行县领导信访工作接待、会办机制，把县领导接待日制度逐步改进为融接待、会办、处理信访、掌握信息、检查工作为一体的县领导会办日。2000年，县委、县政府成立信访信息工作领导小组，负责每周信访信息排查、分析、上报，形成排查机制。从来信来访中筛选出影响社会稳定和关系群众切身利益的社情民意，从各镇、部门反映的信访动态中分析有价值的形势走向，从执行政策、法律法规中发现不和谐因素等，及时向县委、县政府主要领导、分管领导提供预测性、预警性信息。宝应县在全省首家创建信访信息每周必报制度。2001年重点对进京上访、到省市县集访、重点人员稳控、矛盾纠纷化解、重大活动和敏感时期信访情况及时通报,形成每月通报机制。一年中,两次被通报批评的,实行黄牌警告;连续三次被通报批评的,列为全县信访工作重点管理镇或部门。2002年,县委、县政府对越级上访、重点信访、信访老户反映的问题,根据县领导分工和职责范围,落实包案领导,明确结案时间,实行包案机制。规定包案领导亲自制定工作预案,参与调查处理,跟踪落实情况。对已处理但又继续上访的老户,仍由原包案领导负责处理。2004年,县委、县政府印发《关于实行信访工作领导责任制和责任追究制的若干规定》,全县构建"大防控、大调处、大信访"工作体系,成立县社会矛盾纠纷调处中心,县委分管领导担任中心主任,县信访局局长担任中心常务副主任,从县法院、县司法局抽调3名工作人员,对全县社会矛盾纠纷进行受理、分流、查处,形成调处机制。全县设立基层调解室330个,聘请调解员、信息员3496人。县、镇两级实行一个窗口对外、一站式服务。9月30日,县委办公室组织县委组织部、县人事局、县粮食局、县信访局等部门领导,邀请市组织、人事部门领导,对上访30多年的信访老户李某要求解决干部性质的信访事项举行听证会,形成终结机制。这是扬州市首家就无理信访事项举行听证。

2005年创建"四联"调处法,做到信息联通、纠纷联排、力量联动、矛盾联调。柳堡镇实行的"五访""五谈"调处工作法在全省得到推广。"五访""五谈"即定点接访、选点专访、重点走访、超前造访、跟踪回访,谈政策、谈党性、谈出路、谈问题、谈建议。是年底,县、镇两级调处中心共受理社会矛盾纠纷2109件,结案率74%;有效预防群体性事件223批次。

第三章　县政协委员会

1990年,县政协设秘书处和学习委员会、文史资料研究委员会、提案委员会及城建、农业科技、工业科技、教育、文体、医卫、工商、民族宗教、台务、侨务、氾水、射阳湖等12个工作组。1991年6月撤销秘书处,设立办公室。1993年增设经济、曹甸、山阳、芦村、望直港等5个工作组,城建组调整为城建环保组。1994年1月增设经济科技委员会。1995年5月增设法制工作组。1998年,农业科技、工业科技组调整为工业、农业、科学技术3个组,经济组调整为经济一组、经济二组,教育、文体组调整为教育体育、文艺新闻组,工商组调整为工商联组,台务、侨务组合并为台侨组,增设天平工作组。1999年4月学习委员会和文史委员会合并,更名为文史和学习委员会,增设社会事业和法制委员会。2001年3月,农村委员工作组调整为农村一组(含氾水镇、夏集镇、柳堡镇)、农村二组(含水泗乡、西安丰镇、曹甸镇、泾河乡、黄塍乡、山阳镇)、农村三组(含鲁垛镇、广洋湖镇、小官庄镇、沿河乡、望直港镇、射阳湖镇)。2003~2005年,县政协十一届委员会设办公室、文史和学习、提案、社会事业和法制、经济科技4个专门委员会。文史和学习委员会增挂"海外、对外联络委员会"牌子。有党群政法、工业与科技、农业、财贸金融、教育、建设与环保、文体新闻、医卫人口、工商联、民族宗教、台侨委员工作组和氾水、沿河、柳堡、黄塍、曹甸、射阳湖、山阳等18个委员活动组。

图22-3-1　县政协五十周年庆典文艺演出

第一节　全体委员会议

一、县政协第八届全体委员会议

1990年3月26～30日，县政协八届第一次全体会议召开。出席会议委员209人、列席42人。会议学习中共十三届六中全会文件和《中共中央关于坚持和完善中国共产党领导的多党合作和政治协商制度的意见》。听取县政协常委会工作报告、提案工作报告。列席县十届人大一次会议，听取政府工作报告等报告。选举朱国良为县政协委员会主席，朱洪青、袁荣煦、许志明、芮家斐、韩福华、马云仙为副主席，宋英俊为秘书长，政协常委29人。

1991年3月25～29日，县政协八届第二次全体会议召开。出席会议委员157人、列席41人。听取县政协常委会工作报告、提案工作报告。列席县十届人大二次会议，听取政府工作报告等报告，讨论《宝应县经济和社会发展第八个五年计划（草案）》。会议增选沈立德为县政协副主席。

1992年3月24～28日，县政协八届第三次全体会议召开。出席会议委员166人、列席106人。听取县政协常委会工作报告、提案工作报告。列席县十届人大三次会议，听取政府工作报告等报告。会议表彰5个先进集体和28名先进个人。

二、县政协第九届全体委员会议

1993年1月9～13日，县政协九届第一次全体会议召开。出席会议委员178人、列席54人。听取县政协常委会工作报告、提案工作报告。列席县十一届人大一次会议，听取政府工作报告等报告。会议选举朱国良为县政协委员会主席，沈立德、袁荣煦、芮家斐、马云仙、李增环为副主席，柳骥为秘书长，政协常委31人。

1994年3月15～18日，县政协九届第二次全体会议召开。出席会议委员178人、列席86人。听取县政协常委会工作报告、提案工作报告。列席县十一届人大二次会议，听取政府工作报告等报告。补选政协常委2人。

1995年3月7～10日，县政协九届第三次全体会议召开。出席会议委员181人、列席87人。听取县政协常委会工作报告、提案工作报告。列席县十一届人大三次会议，听取政府工作报告等报告。选举仇春树为秘书长，补选常委1人。

1996年3月9～12日，县政协九届第四次全体会议召开。出席会议委员180人、列席98人。听取县政协常委会工作报告、提案工作报告。列席县十一届人大四次会议，听取政府工作报告等报告。围绕全县经济和社会发展"九五"计划和2010年远景目标纲要提出意见和建议。增选王永连、韩福华为县政协副主席，补选常委1人。授予高寿椿等"十佳政协委员"称号。

1997年3月17～20日，县政协九届第五次全体会议召开。出席会议委员191人、列席99人。听取县政协常委会工作报告、提案工作报告。列席县十一届人大五次会议，听取政府工作报告等报告。增选杨善慧为县政协副主席。会议对九届一次会议以来30名优秀政协工作者和16件优秀提案给予表彰。

三、县政协第十届全体委员会议

1998年1月3～7日，县政协十届第一次全体会议召开。出席会议委员207人、列席67人。听取县政协常委会工作报告、提案工作报告。列席县十二届人大一次会议，听取政府工作报告等报告。选举高瑞芹为县政协委员会主席，杨善慧、王永连、韩福华、马云仙、李增环为副主席，仇春树为秘书长，政协常委33人。

1999年3月15～19日，县政协十届第二次全体会议召开。出席会议委员216人、列席93人。听取县政协常委会工作报告、提案工作报告。列席县十二届人大二次会议，听取政府工作报告等报告。会议选举闻道才为县十届政协委员会主席，补选常委1人。

2000年1月18～21日,县政协十届第三次全体会议召开。出席会议委员203人、列席98人。听取县政协常委会工作报告、提案工作报告。列席县十二届人大三次会议,听取政府工作报告等报告。会议选举华占全为县十届政协委员会主席,补选常委1人。

2001年2月6～10日,县政协十届第四次全体会议召开。出席会议委员219人、列席115人。听取县政协常委会工作报告、提案工作报告。列席县十二届人大四次会议,听取政府工作报告等报告。会议同意杨善慧辞去县政协副主席职务,补选常委3人;表彰10个先进委组和50名优秀政协委员。

2002年1月22～25日,县政协十届第五次全体会议召开。出席会议委员222人、列席76人。听取县政协常委会工作报告、提案工作报告。列席县十二届人大五次会议,听取政府工作报告等报告。增选夏礼诚为县政协副主席,选举王振海为秘书长,补选常委4人。

四、县政协第十一届全体委员会议

2003年1月5～8日,县政协十一届第一次全体会议召开。出席会议委员233人、列席80人。听取县政协常委会工作报告。列席县十三届人大一次会议,听取政府工作报告等报告。选举韩国柱为县政协委员会主席,王永连、韩福华、夏礼诚、张从正、夏征宇为副主席,王振海为秘书长,政协常委37人。

2004年1月4～7日,县政协十一届第二次全体会议召开。出席会议委员233人、列席98人。听取县政协常委会工作报告、提案工作报告。列席县十三届人大二次会议,听取政府工作报告等报告。补选常委2人。

2005年1月18～21日,县政协十一届第三次全体会议召开。出席会议委员233人、列席96人。听取县政协常委会工作报告、提案工作报告。列席县十三届人大三次会议,听取政府工作报告等报告。

1990～2005年宝应县政协委员会主席、副主席任职一览

表22-3-1

职务	姓　名	籍　贯	任职时间
主席	朱国良	福建泉州	1990.3～1998.1
	高瑞芹	江苏宝应	1998.1～1999.3
	闻道才	江苏江都	1999.3～2000.1
	华占全	江苏宝应	2000.1～2003.1
	韩国柱	江苏宝应	2003.1～
副主席	朱洪青	江苏宝应	1990.3～1993.1
	袁荣煦	江苏泰州	1990.3～1995.3
	许志明	江苏江都	1990.3～1993.1
	芮家斐	江苏宝应	1990.3～1998.1
	韩福华	江苏宝应	1990.3～1993.1
	马云仙(女)	江苏南京	1990.3～2003.1
	沈立德	江苏宝应	1991.3～1998.1
	李增环	江苏阜宁	1993.1～2003.1
	王永连	江苏涟水	1996.3～
	韩福华	江苏宝应	1996.3～
	杨善慧	江苏宝应	1997.3～2001.2
	夏礼诚	江苏宝应	2002.1～
	张从正	江苏宝应	2003.1～
	夏征宇	江苏宝应	2003.1～

1990～2005年宝应县政协会议大会发言一览

表22-3-2 单位:篇

年 份	发 言	发 言 者	典型发言
1991	11	农业科技组	切实抓好战略措施,促进农业稳定发展
1992	12	农业科技组	强化农业服务体系,提高为农服务水平
1993	10	农业科技组	关于进一步加强我县农业的几点建议
1994	11	农业科技组	以市场需求为导向,积极稳妥地搞好农业结构调整
1995	12	工业科技组	关于改善运行质态,加速发展工业经济的建议
1996	14	工业科技组	企业技改应注意技术含量
1997	9	农业组	强化科技推广工作,实现农业新的增长
1999	12	工业组	关于加快我县工业经济发展的几点建议
2000	10	工业组	关于对我县国有、集体企业产权制度改革的几点建议
2001	9	科技组	技术创新要重视科技项目的实施
2002	11	工业组	关于加快改制企业发展的几点建议
2004	11	工业科技组	依靠科技进步,增强中小企业市场竞争力
2005	11	工业科技组	完善激励服务机制,推进企业技术创新

第二节 重要会议

一、县政协常务委员会会议

县政协常务委员会会议(简称常委会议)由县政协主席、副主席、秘书长、常务委员组成,一般每季度举行一次。会前由主席会议拟定会议议程等事宜,提请常委会议协商决定。会议讨论决定县政协及常委会会务和工作中的重大事项;听取县委、县政府及其部门关于宝应大政方针及经济社会发展重大问题的报告或说明,进行协商讨论,提出意见和建议;审议提交县政协委员会全体会议的文件;审查重要建议案、调查报告和视察报告等。

1991年12月23日,县政协八届九次常委会议听取并讨论县经委、县物资局、县机电局、县糖业烟酒公司、县水泥厂、县羊毛衫厂、宝应电器厂7个部门和生产流通领域单位、企业情况通报。

1993年11月22日,县政协九届四次常委会议听取县政府关于外向型经济工作情况和1994年国民经济、社会发展计划指标制定情况通报,并开展协商讨论。

1998年9月22日,县政协十届三次常委会议听取县劳动局关于县属企业下岗职工基本生活保障和再就业工作,县教委关于教育体制改革,县房改办关于住房制度改革,县城建局、县规划办关于老城区改造规划等情况通报。着重围绕县属企业下岗职工再就业和社会保障工作与县政府有关部门展开协商。

1999年7月,县政协十届九次常委会议听取县劳动局关于县属企业下岗职工再就业和县国土管理局关于全县土地管理情况通报,开展协商讨论。

2000年3月28日,县政协十届十三次常委会议听取县委农工部关于全县农村增收减负情况通报,并开展协商;听取县多管局关于全县多种经营发展情况通报,并通过县政协2000年工作要点、县政协2000年常委会议题、县政协2000年调研、视察及其他活动安排。

2001年9月,县政协十届二十一次常委会议就县建委、县物价局、宝应质量技术监督局在履行职能、服务经济、行风建设、规范收费等工作进行民主评议，常委们对3个部门工作作实事求是、客观公正评议，并提出切实可行的整改意见。

2005年10月，县政协十一届十六次常委会议专题协商全县招商引资工作。会前，组织全体政协委员分6个专题小组进行调研。会上，各调研组分别从项目用地、金融服务、以商引商、优化环境、队伍建设、城市建设等6个方面提出对策建议，并向大会提交综合调研报告。

1990～2005年，县政协各届委员会共举行常委会议61次，听取和讨论县党政机关的重大报告与重要情况通报106次，提交调研报告15篇，制定和修订政协规范性文件和决定决议23项，撤并和增设工作机构3个，任免负责人256人次。

二、县政协主席会议

县政协主席会议由主席、副主席和秘书长组成，委办主要负责人列席主席会议。主席会议一般每月举行一次，讨论处理常委会议闭会期间日常事务，协商讨论全县大政方针和群众普遍关心的重大问题，审查向县委、县政府提交的建议案，决定常委会议召开日期和议程，审议提交常委会议讨论研究的事项、调研报告、讨论决定委员视察和专委会、工作组年度工作计划和其他重要活动。

1991年5月，县政协八届委员会主席会议对县电缆厂、宝应麦芽厂、县制药厂、氾水布厂等重点技改项目进行专题调查，总结"七五"技改工作经验教训，并提出技改工作意见和建议。

1993年8月，县政协九届委员会主席会议讨论城市河治理工作规划，城建环保、医疗卫生、工商、水利等方面专家和政协委员参加讨论，并形成会议纪要送县政府。

2004～2005年，县政协十一届委员会召开5次主席会议，通过《关于城市河道综合整治工作建议案》，并先后视察城市河道，专题协商城市卫生和碧水工程、防洪保安，听取县水利局关于城区河道整治情况汇报，并对下一步整治工作和长效管理进行座谈，推动城市活水工程实施，取得明显效果。

2005年5月，县政协十一届委员会主席会议视察望直港镇荷藕科技示范园、黄塍镇"扬麦11号"繁种基地、西瓜基地、省渔业科技示范园、兴泰牧业、正润林木基地等。听取县水产局关于水产品种资源保护与利用、县农林局关于主要农林牧品种应用情况通报，并就农产品品种保护与利用工作进行协商座谈。

第三节　协商议政

1990年6月，县政协八届委员会组织农业、多管、水利、农机、水产等部门的政协委员进行座谈，对县委、县政府提出的5年内深度开发6666.67公顷水面滩地，开展6666.67公顷耕地立体种植，建设2万公顷吨粮田，改造2万公顷中低产田的战略决策，提出建设性意见。

1994年9月，县政协九届委员会组织工业、农业、经济、城建、教育、文体、卫生等工作组，对全县经济与社会发展"九五"计划和2010年规划进行协商、论证，提出进一步修改完善的建议和意见。

1995年11月23日，县政协九届委员会组织城建、农业、教育、文体等工作组的委员，会同县文化局、县城建局、县规划办等单位负责人，对运西旅游文化资源开发利用进行专题讨论。

1996年5月，县政协九届委员会第二十次常委会，听取县经委关于全县工业经济运行情况通报、县卫生局关于全县改水改厕工作情况汇报和县建行关于支持基础设施建设、促进社会事业发展情况通报，

图22-3-2　县政协委员调研论坛

进行协商讨论。

2000年5～6月，县政协十届委员会经济科技委员会组织部分常委、委员就全县重点工业企业技术改造、技术创新工作进行调研，解剖8个乡镇5个系统24家工业企业生产、经营、技改情况，形成《关于工业企业投资多元化问题思考》调研报告，相关建议和意见得到采纳。

2001年6月，县政协十届委员会组织部分常委、委员对全县招商引资工作进行调研，形成调研报告，就加大领导力度、重视省级开发区和乡镇工业园区载体作用、优化投资环境、队伍建设等方面提出意见和建议，县政府主要负责人予以批示办理。

至2005年末，县政协委员在协商议政中，形成整体协商、专题协商和对口协商3个层次有机结合的机制。在调查研究基础上，形成调研报告30篇，受到县委、县政府高度关注和有关方面采纳。

第四节 民主监督

县政协通过委组专题视察、民主评议等活动，开展民主监督。围绕县委、政府工作重点和全县人民群众关注的热点问题，充实民主监督内容，拓宽民主监督渠道。在开展调研基础上，先后组织143人次大会发言，向县委、县政府提出建议。通过建议、批评，帮助政府有关部门转变作风、依法行政、提高效能。县委、县政府和各部门重视邀请政协委员担任特邀监督员。

1993年7月，县九届政协医卫组、工商组联合县人大科教文卫委员会，配合县卫生局、县法制局，对城区公共卫生领域贯彻执行食品卫生法、公共场所卫生管理条例、化妆品监督管理条例、放射性同位素和射线装置防护条例、学校卫生工作条例、尘肺病防治条例情况进行视察监督。

1997年9月，县九届政协二十六次常委会听取县政府关于全县工业结构调整情况、县公安局关于“110”警报服务工作情况通报，开展协商讨论，提出许多建设性意见和建议。

2000年，县十届政协组织政协委员对县工商局、县地税局服务私营个体经济情况进行评议，形成3份调研报告，提出12个方面整改措施。《人民政协报》刊登县政协开展民主评议做法和经验。

2003年7～8月，县十一届政协组织经济、工商界委员分别对工商、地税部门服务私营个体经济工作进行评议调研，向全县政协委员、个体工商户、私营业主和乡镇基层商会发出443份评议表和征求意见表，走访10个乡镇，先后组织召开有130多名私营个体业主参加的座谈会，进行问卷调查，对4个地税分局、4个工商所100多名地税、工商干部、代助征员、协管员进行有关地税、工商知识和优惠政策书面测试，走访听取23户私营业主汇报，查阅企业税费方面财务账目，进行归纳分析，形成调研报告，送交县委、县政府领导参考。

2005年8月15日，县政协十一届委员会组织委员对县建设局、宝应质量技术监督局、县物价局履行工作职能、服务经济建设情况开展评议调研，分3个组到12个乡镇、8个部门和30多家企业开展调查，形成3份调研报告。

第五节 社情民意

1995年6月，县政协创办《社情民意》简报，反映基层群众及民间各种意见。是年出刊简报4期。

2001年9月，县政协《社情民意》第十期反映乡镇企业卡外收费现象仍很严重，县政协《社情民意》第十一期反映农网改造材料收费混乱，农村干部群众反映强烈。县委书记闻道才分别批示给县优化办、县供电局，要求严肃查处。

2002年4月，县政协《社情民意》第二期反映珍贵文物华家大院无端被毁于一旦，建议违法必究、亡羊补牢、引以为戒。县长林正玉作出批示，批评有关领导重视不够，文物保护意识淡薄。

2003年3月,县政协《社情民意》第一期提出规范行风监督员工作几点建议。县委书记闻道才作出批示,要求有关部门领导认真研究。5月,县委办公室、县政府办公室转发县纠风办、县廉政办《关于行风监督员聘请和管理暂行办法》。

2005年初,县政协印发通知,要求全体委员围绕党政工作中心,抓住人民群众普遍关心的热点、难点问题,拓宽层面,扩展视角,积极反映社情民意。为增加社情民意信息来源,各委员工作组在方便群众的醒目位置设置社情民意信箱。至2005年末,共出刊《社情民意》53期,内容涉及经济建设、文化教育、城市管理与创建、交通治安及党风建设等热点、难点问题。县委、县政府主要领导对一些社会影响大、人民群众普遍关注的社情民意作出批示。

第六节　提案工作

参加县政协的各人民团体和政协委员广泛听取群众意见、深入调查研究,每年提出提案100多件,最高年份200多件,经县政协提案委员会审查立案后,交相关部门办理。2001年,部分委员建议,治理经济发展环境,保护私营业主权益,支持民营企业发展。县委、县政府采取一系列措施,成立专门组织,设立经济"110",建立4个行政审批中心,开展企业收费审批事项专项清理。43个相关经济部门向社会公开服务承诺,精心组织评选最佳、最差服务部门活动,收到明显成效。2004年起,为提高提案质量,将提案征集时间提前到当年10月,对时效性较强、需纳入当年政府计划的提案,在县"两会"(人代会、政协会)召开前交办,收到较好效果。《关于加强宝应中沟河综合整治的建议》等5件提案确定为主席督办提案。至2005年底,县政协交办提案2506件,先后表彰《关于建设古文化一条街的建议》等优秀提案79件。

第七节　文史工作

1991年与有关部门联合举办刘夜烽书法作品展。1992年,纪实文学《华克之传奇》在南京举行首发式,联合举办宝应籍画家黄廷海画展。1993年举办赵文澜书法作品展。1995年、1997年、1999年先后牵头举办"里下河三县(市)第二、三、四届书画联展"。2001年举办建党80周年书画展。

1992～2005年宝应县政协编印文史资料一览

表22-3-3

年　份	辑　次	内　　容
1992	专辑	长篇纪实文学《华克之传奇》
1995	第8辑	《华克之诗集》《纪念抗日战争胜利五十周年诗词集》
1999	第12辑	《历代文人咏宝应》辑录177位名人的335首诗词
2000	第13辑	《宝应老字号》
2003	第14辑	《蒲松龄与宝应》
2004	第15辑	《大刀魂》
2005	第16辑	《美地美人美作》

第二十三篇　政法　军事

1990年，全县政法系统有专业干警和司法工作者574人，其中大专以上学历62人，占10.8%。完成第一个五年普法计划，各乡镇相继开展以法治村试点工作，公检法司各部门坚持以服务经济建设为中心，社会治安秩序明显好转。1993年，全县开展打击车匪路霸和"破大案、打团伙、追逃犯"斗争，严打工作成效显著，一批有影响的重大恶性案件陆续告破，犯罪嫌疑人被绳之以法，社会治安进一步稳定。1995年，《宝应县1991～1995年社会治安综合治理工作规划》实施成果丰硕，建成达标治保会471个，城乡实行护巷、护村、护楼管理覆盖面90%，财会室、仓库、车间、门卫安全合格内保单位占98%，无刑事案件、无火灾、无职工犯罪、无治安事件单位比上个5年增长1倍多。1996年开展创建安全乡镇、安全单位、安全小区活动。经过3年建设，建成安全乡镇26个，占总数的86.7%；安全村363个，占85.2%；安全单位536个，占87.5%。1997年建成市内第一家"110"报警服务中心。进入新世纪，政法系统人员素质、工作作风、办案质量普遍提高，打击各类犯罪活动成效显著，办案率、执行率迅速攀升，卖淫嫖娼、黄赌毒等丑恶现象明显减少。2003年，全县开展建设平安宝应、创建最安全地区活动，进一步健全治安防控体系，加大攻克积案、快破重案力度，不断深化普法、帮教措施，群众安全感快速提升。2005年，全县政法系统有专业干警和司法工作者857人，其中大专以上学历685人，占79.9%，分别是1990年的1.49倍和11倍。

1990年，全县有预备役3团和民兵29个营。1996年初，县内预备役军官303人被分别授予校、尉级军衔。是年，县人武部复归军队建制，实行上级军事机关和县委、县政府双重领导。1997年，全县服士兵预备役的退伍军人有5239人。1998年开展柳堡"二妹子"模范民兵班学习宣传。1999年4月，预备役3团移师他地。是年6月，组建省预备役步兵师炮团122榴弹炮第2营。2003年8月，柳堡"二妹子"模范民兵班被中宣部、解放军总政治部评为全国公民道德建设先进典型和爱国拥军模范集体。2005年，全县有预备役高炮二师防化营和民兵14个营。

第一章　社会治安综合治理

第一节　群防群治

1991年,县社会治安综合治理工作委员会(简称县综治委)制订《宝应县1991～1995年社会治安综合治理工作规划》。全县社会治安综合治理组织网络基本健全,联防队、护厂队、护巷员、护庄员成为一支重要治安防范力量。27个乡镇组建治安联防队,协助破获刑事案件160多起、查处治安案件400多起,缴获赃款、赃物价值8.80万元。城乡住宅小区实行“四护”(护巷、护村、护院、护楼)管理,内保单位全面开展创建“安全四合格”(财会室、仓库、车间和门卫)活动,社会防范覆盖面90%以上。1992年,全县总结推广沿河乡村级治安防范经验。城区214家内保单位被列入公安机关管理,“安全四合格”率98%,有84家单位获“四无(无刑事案件、无火灾、无职工犯罪、无治安事件)单位”称号。1993年招收武警退伍战士组建县保安公司,有87人为县政府、宝胜电缆厂、县液化气站等16个重要部门和15家单位要害部位承担治安保卫任务。淮江公路宝应段交通沿线相继建立6个治安办公室,有专职治安管理人员18人,专门负责路边店治安管理。城区105幢楼房和71个院落达到有围墙铁栅栏、有保卫室、有专职保卫人员、有保卫制度要求,实现楼群住宅封闭式管理,占楼房和院落总数的56.2%。乡镇信用社、供销社、财政所、粮管所、工商所、税务所等单位大部分达到“安全四合格”标准,部分乡镇企业财会室、门卫基本达标。1994年,城区建立巡警队,有队员17人,城市管理执法人员增加到30人,初步形成由交警、巡警、城管、联防队、护巷员等组成的治安防范网络。1995年,全县开展以创建安全村和内保单位“安全四合格”为重点的固本工程。新建治保会8个,累计建成达标治保会471个。进一步落实《宝应县治安联防队伍暂行管理规定》精神,对34支联防队487名联防队员逐一审核,重新办理聘用手续。1997年,城镇城中街道办事处组建夕阳红义务护巷队,《人民日报》对街道实行义务护巷经验和做法作专题报道。1999年5月,全县开展安全城区创建工作,建成白田等一批封闭式、半封闭式、开放式管理的安全文明示范住宅小区。2000年11月,全县召开农村社会治安综合治理现场会,推广小官庄镇“户户联防、店店联防”经验,落实以“自防、群防、专业防范、技防”为内容的“四防”工作。2002年3月,全县推广望直港镇实行综合治理社会化模式。2004年,城乡接合部推行治安民警包社会、保安队伍包区域、驻区单位包自身的三级治安防范承包模式。各镇组织机关和企事业单位人员轮流参加集镇义务夜巡活动。2005年,全县招聘专职辅警513人,调整、新建各级治保组织530个,有治保干部2300多人,成立义务护楼队、护厂队34支830人,组建治安志愿者队伍15支1000多人,基本形成民警专职防、社区专业防、志愿者队伍义务防、机关企事业单位内部防、主要街路定点防、居民增强意识防的“六防”并举新局面。

第二节　平安创建活动

1990年,县综治委制订《三年反盗窃斗争总体计划》,在全县范围内开展防护城乡住宅区和合格内部单位创建活动,确保一方平安。1993年6月至1994年6月,全县先后开展打击车匪路霸、“破大案、打团伙、追逃犯”等为重点的“严打”斗争,破获犯罪团伙11个40人,其中车匪路霸团伙4个16人,2名持枪抢劫犯被执行死刑;破获4起重大恶性案件。1995年,县委、县政府印发《关于一九九五、一九九六年实施社会治安综合治理“固本工程”的意见》,加强对暂住人口、流动人口管理,查处卖淫嫖娼案件40起,抓获违法人员196人,依法逮捕6人。县政府在芦村乡召开会议,全面部署安全村创建工作。至年末,全

图 23-1-1　县公安局"平安杯"道路交通知识竞赛

县建成安全村142个，占村总数的31%。1996年，全县开展创建安全乡镇、安全单位、安全小区（简称创三安）活动，先后共建成安全乡镇10个、安全村278个、安全单位138个、安全小区5个。至1998年末，全县有达标的安全乡镇26个、安全村363个、安全单位536个、安全小区39个，分别占总数的86.7%、85.2%、87.5%、83%，基本实现创三安活动总体目标。1999年后，全县创三安活动进入巩固提高阶段。2000年，全县推广小官庄、山阳等乡镇开展千名党员联系万户群众等群防群治工作经验，加强县城重点部位管理，并与"110"报警系统联网，在城区所有出入口及主干道交叉口安装电子监控系统，实行全天候监控。2003年，县委、县政府印发《关于开展"建设平安宝应、创建最安全地区"活动的实施意见》，县综治委制定平安创建、防控体系建设工作规划，各乡镇、各单位明确年度平安创建工作要点、目标任务及责任分解表、考评细则与表彰暂行办法等。组织防范破案百日竞赛、攻克积案、快破重案等活动。打击镇霸、村霸、路霸、行霸，区域性治安、校园周边治安环境、高速公路出口及车站周边客运市场秩序明显好转。2005年，宝应县被省委、省政府授予"首批社会治安安全县"称号。

第二章　公　　安

第一节　机构队伍

一、机构

1990年，县公安局内设办公室、政工室、行政监察室、法制室、装备通信股、治安股、户政股、内保股、政保股、预审股、刑警队、交警大队、看守所、派出所等。1991年7月新建中港、沿河、黄浦、石桥、夏集、郭桥、下舍、黄塍派出所。1992年7月，刑警队升格为刑警大队（副科级），治安股升格为治安大队（副科级）。12月新建巡警队。1993年3～5月新建天平、獐狮荡、韦镇、氾光湖和城东派出所。9月，巡警队更名为治安巡逻警察中队，隶属于治安大队。1994年2月，撤销装备通信股，分别建立行政装备股和通信机要股。1995年1月建立县公安消防大队（正营级）。1996年，新建财计股、计算机安全监察股，治安巡逻警察中队升格为巡警大队（副科级），撤销城东、南运西闸派出所。1997年新建经济案件侦查大队（副科级），撤销预审股。1998年12月成立县公安水上警察大队（简称县水警大队，副科级），辖水上派出所、大运河堤防派出所。1999年5月，政保股更名为政治侦察保卫大队，新建警务督察队。2000年在县公安局办公室增挂"县公安指挥中心"牌子；县交警大队增挂"公路巡逻警察大队"的牌子，不久更名为交通巡逻警察大队；撤销石桥、韦镇、氾光湖、獐狮荡、天平、黄浦、下舍、长沟、郭桥、子婴河、芦村、小尹庄派出所。2001年，内保股升格为经济文化保卫大队（副科级），政工办公室升格为政治处（副科级），新建"610"工作科。2002年10月，通信机要股并入县公安指挥中心，新建出入境管理科，行政装备股和财计股合并为装备财计科，户政股更名为户政管理科并入治安大队，城郊、中港派出所更名为城东、城西派出所。2003年新建审计科（与监察室合署办公）、防控大队（副科级）和科技科。法制室更名为法制科，政保大队更名为国内安全保卫大队（副科级），装备财计科更名为后勤管理科。撤销城中、大运河堤防派出所。2004年11～12月，南门、城东、东荡派出所先后更名为画川、白田、射阳湖派出所，撤销城西、水泗派出所,新建开发区派出所。2005年4月,指挥中心所属的通信机要股、计算机安全监察股并入科技科,并建立情报信息中心。

二、队伍

1990年,全县有公安民警261人(不含消防队、武警中队),其中本科学历3人、大专学历31人。1992年,县公安局增加地方事业编制99人,当年实际使用编制61人。是年12月增加巡逻民警(简称巡警)。1993年4月实行警衔制,首次授衔210人,其中警督警衔85人、警司警衔82人、警员警衔43人。1994年,原合同制民警74人、以工代干人员34人转为公安民警。1995年,县公安局实行竞争机制,经考核晋升为股所队正职6人、副科职2人,被免职5人,降职使用1人。1996年5～7月增加计算机安全监察民警和经济案件侦察民警。县公安局举办3期在岗公安函授专业证书班,毕业学员155人。1997年8月改革侦审分设体制,撤销预审民警建制。1999年5月增加督察民警。全县实施公安干部聘任制、民警聘用制改革。坚持重素质、重业务、重公认原则,对干部选拔任用严格执行推荐、考核、公示、任用等程序,将优秀民警提拔到领导岗位。共聘任中层干部111人,在职干部落聘10人;聘用民警307人,民警落聘3人。2000年,增加县公安指挥中心民警职数,交警与巡逻警并为交巡警。2001年,县公安局与有关教育部门联合开办本科学历教育班。2003年开展创建"好班子"和干部述职述廉活动,先后提拔任用中层干部18人,工作不力的中层干部被免职3人。增加审计、防控、信访、科技民警。2004年组织全员大练兵活动,相继进行人民警察基本素质考试、人民警察执法资格证书考试以及计算机应用能力培训等。是年开展113个职位公开竞聘工作,新任股级干部33人、提任25人、转任21人、交流31人、轮岗74人、新提副科职干部10人、明确职级6人。2005年与扬州大学、江苏警官学院合办法律和治安管理本科班。是年末,全县有公安民警577人,其中本科学历154人,占26.7%。

附:全国优秀人民警察——唐积桐

图23-2-1　唐积桐

唐积桐　男,汉族,1958年9月出生,柳堡镇人。中共党员,县公安局城北派出所副主任科员。

1993年从部队转业,先后在沿河、南门、城中等派出所工作,一直坚持"有事请打我电话,我一定会尽快赶到"的承诺,做好社区警务工作。2003年5月调到城北派出所苏中警区岗位后,用1个月时间,冒着高温酷暑,走访调查每条街巷、每户人家,进行科学编号,一个人将数千个门牌、路牌安装到位,并给每户送上1张警民联系卡。建立24小时全天候防范网络,聘请信息员50人和义务护巷员16人,每4人编成一组,每组负责一片,推动社区警务工作健康有序发展。社区人口管理按居住性质收集资料、登记造册,整理成59个文件盒,根据不同人群采取不同管理方式。亲民爱民的行动赢得社区居民信赖,不到半年时间,社区社会秩序明显好转,发案率下降30%,受到县、市公安局肯定,成为全县社区民警学习样板。2005年被评为全国优秀人民警察。

第二节　案件侦查

一、刑事案件侦查

1990年,全县组织集中"严打"行动,强化侦查破案工作,破获各类刑事案件397起,其中重特大案件62起。1991年开展打拐专项斗争,抓获拐卖妇女儿童违法人员17人,解救妇女12人、儿童1人。1992年9～12月针对淮江公路宝应段相继发生12起抢劫、敲诈案件,先后组织3次侦破攻势,破案170起,摧毁涉案团伙5个,抓获作案成员43人。1993年相继开展集中"严打"斗争和夏季侦破攻势,破获各

图 23-2-2　刑事案件现场勘查

类作案团伙32个，抓获团伙成员135人。1996年5～9月，全县集中开展以打盗窃、挖团伙、追逃犯、保平安为目标的“严打”斗争，出动3097人次，破获刑事案件313起，抓获违法犯罪嫌疑人349人。1999年探索刑警专业破案与派出所协助破案优势互补模式，引进破案奖惩制度。2000年组织开展打黑扫恶专项斗争，抓获涉黑涉恶违法犯罪嫌疑人70人，破获黑恶团伙7个，依法打击处理51人，追逃、打拐工作分列全市第一和第二。4月起，全县开展为期2年的“严打”整治斗争，社会治安秩序明显好转。2003年建立健全“三个必破”(杀人案件必破、挂牌案件必破、重大涉企案件必破)工作机制，两年内全部破获100多起必破案件。2004年8月11日，安宜镇三里村发生1起杀人案，通过DNA检测等技侦手段，抓获在江都作案的犯罪嫌疑人徐某某。是年，追逃工作位居全省前列。2005年，破获公安部挂牌督办的盗窃汽车案件，县公安局专案组被省公安厅授予集体二等功。

1990～2005年宝应县刑事案件统计

表 23-2-1

项目 / 年份	发生案件(起)	破获案件(起)	重特大案件			杀人案件		追赃挽回损失(万元)
			发生案件(起)	破获案件(起)	抓获人数(人)	发生案件(起)	破获案件(起)	
1990	492	397	82	62	373	6	6	19.62
1991	437	363	84	71	377	5	5	28.02
1992	340	286	111	95	309	4	4	32.55
1993	411	350	88	70	303	5	4	48.00
1994	463	392	112	90	280	7	6	41.00
1995	270	224	85	68	216	4	4	59.00
1996	382	313	117	88	339	5	5	220.00
1997	509	414	183	140	486	4	4	111.40
1998	717	546	278	194	467	3	3	366.64
1999	982	754	382	157	445	7	5	170.00
2000	1721	1014	107	96	793	7	7	161.82
2001	1519	2707	91	82	1492	5	5	163.00
2002	1471	1520	104	97	590	8	8	165.00
2003	1503	1554	85	82	452	7	7	162.32
2004	1477	1375	55	51	486	8	7	171.06
2005	2695	1529	47	46	543	7	6	195.00

二、经济案件侦查

1990年，县内经济案件由县公安局刑侦部门侦办。1992年，公安干警赴福州、淮安、芜湖等地查办中港粮管所、县木材公司被骗案,追回小麦14万千克、木材款72万元。1993年组织干警为10家单位追回款物250万元,其中赴京追款办案组用半月时间追回被骗款66万元。至1996年,县公安局先后开展打击经济诈骗、走私贩私、打假等专项行动,共立案880起,破案796起,抓获犯罪嫌疑人930人,挽回经济损失2.92亿元。1997年,县经济案件侦查大队(简称县经侦大队)成立,受理经济案件58起,立案24起,破案21起,办结20起,涉案金额667.20万元,挽回经济损失278万元。1999年,县公安局、县地税局、县国土局、县审计局联合行动依法专门查处数十起建筑工程承包商经济犯罪案件,追缴税款110万元。2000年7～9月,在全省"经侦追逃"统一行动中,先后抓获经济案件在逃人员61人,挽回经济损失666万元,抓获追逃人数位居全市前列,县经侦大队获集体二等功。2001年,全县加强"三员一情"(即经侦员、联络员、信息员,经侦特情)经侦情报信息收集网络建设,被省公安厅经侦总队向全省推广。2003年,县经侦大队在苏中地区率先建成省级经侦工作示范点。是年,全县开展打"三假"(假食品、假药品、假农资)专项行动,至2004年,共查处涉假案件212起,涉案金额914.87万元,协助外地公安机关破案199起。2005年相继开展保护知识产权"山鹰行动"和打击涉税、金融、假币犯罪等一系列专项行动。全年破获经济案件69起,查结65起,涉案金额6312.85万元,追回5526.64万元,追回率87.5%。其中,侦破特大虚开抵扣税款发票案,为国家追缴税款4511万元。

1997～2005年宝应县经济案件侦查情况统计

表23-2-2

年份	受理数(起)	立案数(起)	破案数(起)	涉案总值(万元)	挽回损失(万元)	抓获人员(人)		案件类别(起)									协办案件(起)
							逮捕	生产销售伪劣商品	侵犯知识产权	扰乱社会秩序	妨害公务秩序	挪用资金	破坏金融秩序	金融诈骗	危害税收征管	其他	
1997	58	24	21	667.20	278.00	35	—	2	—	1	—	2	—	19	—	—	8
1998	30	16	14	—	290.07	30	3	—	—	—	—	8	—	—	8	—	16
1999	53	35	32	1285.75	423	34	4	1	—	—	—	14	—	5	13	2	23
2000	78	76	66	1563.15	708.21	89	14	—	—	—	—		—	—	—	—	—
2001	25	21	18	2297.01	1006.86	42	16	8	—	4	—	2	—	2	4	1	36
2002	38	30	29	1984.31	256.61	55	16	1	2	4	—	8	1	2	5	7	36
2003	31	115	115	1370.36	367.2	29	6	—	—	4	1	7	—	2	101	—	24
2004	36	61	59	3983.35	704.83	33	11	—	—	5	4	12	1	1	38	—	36
2005	37	73	69	6312.85	757.31	50	7	3	4	50	—	4	4	2	4	2	28

三、案例选录

(一)刑事案件

"4·29"特大报复杀人案 1999年4月30日凌晨,射阳湖镇赵家村大圩组杨某(女)及其12岁女儿赵某,被犯罪分子杀死在家中。县公安局立即投入排查侦破。发现天平镇射南村赵庄组熊某有重大杀人嫌疑,案发后不明去向。追捕小组辗转江苏、上海、四川等地,于5月19日将刚潜回宝应的熊某擒获。经查,熊某因多次婚变受到杨某的戏弄,遂于1999年4月29日22时许,持杀猪用的点刀窜至杨屋后的草堆,待杨回家上床休息后,撬开杨家防盗门入室,趁杨起床小便不备持刀将杨刺倒,随即又将起床欲呼救的杨女赵某刺死,紧接着又刺杨一刀,致杨当即死亡。作案后熊犯立刻潜逃外地。

"4·12"爆炸杀人案 2001年4月12日9时53分,"110"接报安宜镇文化站二楼发生爆炸,当即炸死1人、重伤2人、轻伤2人。县公安局迅速调集警力赶至现场进行勘查。经查,是日9时40分左右,卢某为劳务输出经济纠纷，到案发地安宜镇劳动所职介处找工作人员乔某讨要缴纳的劳务中介费1500元。其间，卢掏出自带爆炸物威胁乔说："如果不退还劳务费1500元，即炸死你"。在乔连声不要乱来中，卢引爆爆炸物致乔当场炸死，卢本人炸成重伤，另有3名工作人员被炸伤。4月12日中午，犯罪嫌疑人卢某因伤势过重，在县人民医院经抢救无效死亡。

"9·26"摧毁贩毒团伙案　2005年9月26日凌晨，民警夜巡至县城花城路时代网吧附近时，发现一辆红色富康出租车形迹可疑，盘查发现车上3名男子随身携带注射器、橡皮筋等物。经审查，陈某、刘某、沙某3人交待吸毒，并交待毒品从陈某某等2人处购得。9月27日，民警将陈某某抓获，在其住处搜出36.20克海洛因。据陈某某交待的线索，民警立即赴上海、淮阴，抓获毒贩杨某（女）、孙某（均上海市人）、龚某（女，四川省人）等人。10月26日又赴广州将提供毒品给陈某某的秦某抓获。经审查，秦交待2005年9月24日，伙同其妻李某以2.25万元价格，出售150克海洛因给陈某某等2人的犯罪事实。在这起破获贩毒团伙中，共抓获毒贩8人，缴获毒品海洛因70多克、杜冷丁112支、现金10.90万元和20万元存折。

（二）经济案件

陆某集资诈骗案　1994～1997年，陆某（女）以承包宝应商业大厦、人民商场柜台以及房地产开发为幌子，以2分～7分的月息为诱饵，采取先兑现部分借款利息手段，先后骗取40多人集资款21.46万元。1999年立案侦查，对犯罪嫌疑人陆某执行拘留，是年3月20日转逮捕。

陆某等虚开增值税专用发票案　2001年9月至2003年4月，陆某伙同于某等为他人虚开增值税专用发票20份，税款合计88.73万元。2002年11月至2003年8月，陆某在任县鸿洋电器设备厂经营负责人期间，以该厂为开票单位，为他人虚开增值税专用发票28份，税款24.80万元。案发后，县经侦大队抓获犯罪嫌疑人陆某、于某、唐某、徐某等4人。2004年4月16日，陆某等4人分别被判处三年至十年零六个月不等的有期徒刑。此案被市公安局评为2003～2004年度扬州市十大精品案例。

第三节　治安管理

一、公共场所管理

1990年，全县有影剧院17家、录像放映厅40家、营业性舞厅6家、溜冰场1家、台球桌300多张。先后在县文化馆、县文化宫等公共娱乐场所设立治安执勤办公室。1992年，县公安局印发《宝应县路边店治安管理规定》。首先对淮江公路宝应段路边店招手拦车、以色相招徕顾客现象进行集中整治，108家餐饮店和380多名从业人员实行登记管理，先后查获违法违规人员85人，收审4人，治安拘留10人，治安罚款72人，依法取缔8家，责令停业整顿16家，并对"招手女郎"作集中教育处理。1993年实施公共场所安全合格证和特种行业营业许可证（简称"两证"）制度，全县641家娱乐及公共营业性服务场所换发新证。1995年针对荷藕市场季节性治安问题，组织相关部门开展集中整治，保护外地客户及驾驶员合法权益。1997年成立县公共场所特种行业治安管理办公室，对娱乐等公共场所设施、照明、服务项目、营业时间等实行统一要求和规定。先后开展集中清查和专项整治活动19次，拆除封闭式包厢、暗隔间216个，发放整改通知书660多份，取缔违法经营场所41家和无证经营户34家，停业整顿142家。1998年对288家公共娱乐场所等进行两次检查，查封取缔26家，停业整顿16家，拆除封闭式包厢382个，整改场所93家，查获违法犯罪嫌疑人308人。1999年先后查封华运休闲娱乐中心、金门楼休闲饮吧、豪客餐厅、大成舞厅等严重违法违规经营场所。2000年，全县有娱乐等服务场所858家，其中登记注册488家。通过清查整治压缩至322家，全部换发新证。2002年，县内开展校园周围"三厅一吧"（录像厅、歌舞厅、美容厅，网吧）集中整治活动，清理娱乐场所、服务行业31家，查处违规经营业主13人，关闭无证经营、违法经营网吧、录像厅、游戏室12家。2003年起，全县改进公共娱乐场所管理方式，成立县公共场所行业治安管理协会，对50家沐浴休闲中心评星定级，并授予铜牌。2005年，推进场所行业治安动态掌控机制,查处"三厅一吧"违法违规问题。至年末,全县登记公共服务场所227家,其中演出放映场所8家,歌舞游艺场所4家,洗浴中心107家,美容美发店70家,酒吧、茶座、咖啡馆15家,棋牌室23家。

二、水上治安管理

1990年,县公安局发布里运河宝应段水上交通秩序管理通告。在临城区和船闸上下游划分装卸、过境、待闸船停泊区,并设立标志牌。1991年,外来船舶实行定点停泊,健全县内营运船舶往返签证制度。6月成立京杭大运河宝应段水陆联合巡逻队,对境内42千米水道、公路昼夜巡逻,预防和打击违法犯罪活动。1993年为打击船匪水霸,县公安局与广洋湖、天平、射阳湖、西安丰等乡镇派出所组成联防队,对水上采取多层次、全方位清查,破获一批涉水犯罪团伙,破获刑事案件42起,治安罚款137起。1994年加大水上卡口建设力度,建立区际治安卡口、县际卡口、周边县市交会处卡口5个,设立10个信息反馈点、有信息员368人。卡口做到24小时运行并处置突发事件,依法处理宝射河沿河段哄抢水运物资、强买强卖等违法犯罪嫌疑人18人。1995年5月起,全县集中开展整治水上治安专项斗争,登记杂船161条、农杂船318条。水上船舶户口、重点人员全部录入计算机管理。经过对里运河宝应段、三大船闸及沿运河船舶集中停泊点进行连续3年专项治理,至1998年7月,全县水域治安秩序明显好转,共查获水上违法嫌疑人员33人。在宝应船闸、南运西闸和八浅渡口设立3个水上民警值班室。2000年先后对船闸、码头、渡口、桥梁、涵洞、露天货场及重点复杂水域220多处进行清查,查验船舶296艘、船员892人,同时开展网上追逃,抓获盗窃、倒卖销赃、收赃、赌博等各类违法嫌疑人员63人,收缴枪支8支。成功抓获持刀抢劫犯罪嫌疑人张某、吴某。2002年,县水警大队与周边公安机关进行"两河"(里运河、宝射河)、"两湖"(宝应湖、白马湖)治安防控协作。2005年组织公安干警上港、上航2500人次,出动海事艇、巡逻艇250航次,实施水上打击查处10多次。共检查各类船舶3500多艘、水上流动人口近1万人。破获各类案件10多起,抓获犯罪嫌疑人10人,取缔"三无"(无船民证、无船籍港证、无船舶证)船舶80多艘。是年末,县水警大队有民警11人、巡逻艇2艘。

三、特种行业管理

1990年,全县加强旅店业管理,统一清理整顿国营、集体和个体旅店205家,查出有问题旅店79家,其中关闭容留卖淫、赌博的个体旅社9家,处理36人。1991年结合各项专项斗争,严格"两证"(安全合格证、营业许可证)核发和查验制度,各派出所每月坚持检查2次,初步形成教育培训、制度约束、检查监督、打击处理"四位一体"治安防范机制。1993年,县内推广使用原子印章,明确兴安服务公司为公章刻制定点单位。1994年对废旧金属收购业实行专线管理,成立县废旧金属治安管理办公室和稽查队,整顿收购站点,打击盗窃犯罪活动,取缔集体、个体及外来人员在县城私设的收购站点67家。1995年,破获沿河印刷厂非法印制机动车票据案,该厂承包人被依法逮捕。1997年,加强非生产性废旧金属回收企业管理,重新明确物资、供销部门2家企业为非生产性废旧金属收购企业,并落实制度,签订责任状。取缔大中型企业周边非生产性废金属收购点23家,查处8人。1999年,全县有机动车修理店铺418家,登记发证409家,依法查处违法经营户30家,取缔非法经营户4家。2001年集中开展收旧业和摩托车修理业整治活动,查获各类案件21起,处理犯罪嫌疑人28人,取缔无证经营户6家,限期整改33家。全县大型宾馆、招待所实行计算机管理。2002年,全县旅馆业实行计算机管理,规定30张床位以上旅馆人员入住信息网上传送。2004年组织开展印章刻字业突击检查活动,查处3家未履行审批手续刻制公章的违法行为。2005年强化制约、自律和监督机制,成立县旅馆业治安管理办公室和行业管理协会,6家旅馆协助公安机关抓获逃犯受表彰。是年末,全县有特种行业1500多家,其中调卖行4家、废旧金属收购门点149家、印刷和打字复印单位31家、印章刻字门点19家。

四、危险物品管理

1990年,全县开展流散社会的爆炸物品与枪支弹药清查、收缴活动,收缴各类非法枪支235支、子弹427发、管制刀具26把、雷管45枚。1991年抗洪救灾期间,县消防大队帮助转移化学危险物品1350

吨。1992年开展散失社会的枪支弹药专项治理和打击制贩枪支违法犯罪活动,民用枪支弹药全部纳入日常治安管理,常年组织查缉收缴。1995年开展烟花爆竹和石油销售市场检查,发现隐患24处,督促整改17处。1996年8~9月,全县开展民用枪支清理、登记、收缴及清缴非法枪支的专项治理工作,清理、收缴枪支896支。组织持证枪支登记、检查和核对工作,落实保管使用制度。1997年,县消防部门先后开展液化石油气、工业用气、易燃易爆物品等专项治理活动。1999年,县内全面实行易燃易爆物品经营贮存许可证制度,发证735家。2000年,全县开展烟花爆竹专项清理,封存销售点2534家,发出告知书2921份,没收烟花1927只、爆竹1321件,核定销售点100家,县内7家烟花爆竹厂一律关停转产。2001年,全县开展治爆缉枪专项斗争,缴获非法枪支271支,其中气枪126支、猎枪142支,步枪、手枪、冲锋枪子弹1705发,猎枪弹12千克及铅弹1万发,雷管7枚,管制刀具50把。破获夏集镇丰收村非法制造、销售枪支案。同年,民用爆炸物品监督管理职能由消防部门划归治安部门。按城区控死、集镇控严、农村从宽审批要求,新批烟花爆竹销售点39家,销售点增至189家,其中城区58家、农村131家。2003年9月,县危险物品治安管理协会成立,规范专储仓库和专储公司双人双锁、流向登记制度。举办22家剧毒化学物品储用单位从业人员培训班,培训合格者核发资格证书。开展清缴毒鼠强行动,收缴剧毒物品500千克、毒鼠强0.95千克、氰化物4千克、溴敌隆母液32瓶、其它鼠药69包。2004年,县日杂公司烟花爆竹仓库安装电子监控系统。2005年,《宝应县烟花爆竹销售安全管理办法(试行)》施行。开展治危除患百日专项行动,收缴、销毁各类烟花爆竹160万只。

五、查禁社会丑恶现象

(一)查禁赌娼

1990年,全县开展除“六害”(扫除卖淫嫖娼、制贩淫秽物品、拐卖妇女儿童、种吸贩毒品、聚众赌博和利用封建迷信骗财害人)专项斗争,破获赌博团伙5个,查获参赌人员近100人。1991年,县公安局印发《关于禁止赌博的工作意见》,动员群众自觉抵制和举报赌博活动。是年,先后查处卖淫嫖娼案件5起、赌博案件83起。1993年,全县开展以禁赌、禁毒、禁娼为重点的除“六害”斗争,查获涉赌人员580多人、卖淫嫖娼人员19人。1994年,加大“三禁”专项治理力度,查获卖淫嫖娼案件20起,查处违法犯罪嫌疑人108人,其中卖淫女20人、嫖客76人、介绍容留卖淫嫖娼的犯罪嫌疑人12人。1996年查处卖淫嫖娼、赌博、传黄播黄等违法案件104起、犯罪嫌疑人374人,其中卖淫嫖娼案件44起(126人)、赌博案件40起(189人)。1997年,县公安局会同县工商、广电、文化等部门开展集中清查行动9次,组织干警突查城区相关场所、行业4次,共破获黄娼赌毒案件144起393人,取缔违法经营户28家,停业整顿6家,限期整改23家。1998年,县公安局加强行业治理管理力量,投入警力2400多人次,清查公共场所2000家次、特种行业近1000家次,查处嫖娼案件72起110人、赌博案件104起446人,苏中娱乐城因涉嫌介绍容留卖淫嫖娼被依法取缔。1999年,在“三禁一打”专项斗争中,查处红裙歌舞厅、西湖旅行社、金满楼歌舞厅、宝源休闲中心等一批违法违规经营场所。2000年3月,县公安局会同市公安局治安行动队查封太平洋休闲中心等场所,查处涉嫌卖淫嫖娼人员12人。2004年,射阳湖镇捣毁一地下赌场,抓获盐城籍参赌人员40多人,缴获赌资2.87万元;破获县城二月天茶社涉赌人员11人,收缴赌资4万多元。2005年1~5月,开展打击赌博违法犯罪专项行动,印发张贴通告1万多份,实行举报奖励制度。查破涉赌案件718起,查获涉赌1272人,没收赌资150多万元,收缴赌具450多台(副),整治涉赌服务场所41家。

(二)禁毒查毒

1991年4月,按省公安厅统一部署,全县开展集中铲除非法种植罂粟专项治理活动。1992年,黄塍、山阳等地铲除罂粟2000多株,并对当事人依法进行治安处罚。1996年5月,县刑警大队、县治安大队联合行动,铲除沿河、石桥两地毒品原植物2317株。1997年,全县开展禁毒专项斗争,铲除罂粟1.24万株。1999年1月,县内破获首起吸贩毒案件,抓获犯罪嫌疑人4人,查缴海洛因0.60克。2001年4月,根据公安部批转省公安厅交办意见,查破宝应某制药有限公司非法制售易制毒化学品案,共抓获犯罪嫌疑人13人,缴获易制毒化学品10吨。2002年,全县开展无毒社区、无毒校园、无毒场所创建活动,编发毒品知识和典型案例,先后建成20个无毒社区。1991～2005年,共查获种植毒品原植物案件49起、铲除罂粟1.75万株,查处贩卖、吸食毒品案件19起。

(三)扫黄打非

1993年3月,全县开展扫黄和打击非法出版物工作。1994年,先后组织打黄、铲除“六害”、整顿文化市场等专项治理活动,查缴淫秽录像带28盒、黄色书刊143本。1996年在城区和沿运河14个乡镇展开扫黄打非集中行动,收缴、封存黄色、非法出版物5523册(盒)。经3年连续集中行动,至1998年,共收缴淫秽、盗版录像磁带和影碟光盘2.38万盒,黄色书刊、扑克等印刷品3730多册(副),非法出版物4550多册,捣毁复制淫秽录像带窝点2个,取缔播放黄色录像放映厅7个,查处139人。2005年,查处涉黄案件4起,缴获各类非法录像制品2万多件,盗版书籍500多册。

1990～2005年宝应县治安案件情况统计

表23-2-3

类别 年份	受理案件(起)	查处案件(起)	案件查处率(%)	查处违法人员(人)	治安警告	治安罚款	治安拘留	其他处罚
1990	466	446	95.7	1083	27	886	170	0
1991	342	317	92.7	816	44	473	185	114
1992	379	343	90.5	843	25	477	166	175
1993	460	388	84.3	836	70	335	164	267
1994	426	397	93.2	734	60	312	163	199
1995	389	365	93.8	960	52	425	191	292
1996	550	517	94	1047	85	340	209	413
1997	576	558	96.9	1029	73	350	203	403
1998	851	813	95.5	1529	398	480	156	495
1999	973	950	97.6	1525	276	981	168	100
2000	1194	1127	94.4	1734	138	1249	192	155
2001	1196	1097	91.7	1665	104	1258	160	143
2002	1812	1683	92.9	2535	86	1934	266	249
2003	2619	2501	95.5	3609	82	3132	241	154
2004	1991	1871	94	2863	101	2395	251	116
2005	11982	11982	100	14412	2143	11078	1049	142

说明:1.2005年按新统计口径,含治安行政处罚。
2.其他处罚包括逮捕、收审、劳教、移交预审、收容教育等处罚措施。

第四节　安全保卫

一、国内安全保卫

1991年夏,县内10多个乡镇先后发现台湾空飘过来的宣传品等40多种2万多张,县公安机关立即会同有关乡镇党委、政府组织收缴,教育广大群众不信、不听、不传。1995年,侦破西安丰“12·14”投寄反革命挂钩信等案件11起,预防和挫败敌对势力颠覆渗透活动。1996年,县公安机关截获与境外联系的挂钩信6封,其中调查2封、控制掌握4封。1997年,县公安局组织政保、内保、办公室等部门到“三资”企业对敏感问题开展调查，收集信息143条，被市《政保信息》录用32条、《江苏政保》刊登两条。1999年为切实做好政治保卫工作，在特殊期间，全体政治特情和政保信息员牢牢控制政治重点人口和重点部位，全县未发生一起有影响的政治集会和政治事件。2003年围绕全国“两会”和中共十六大召开，强化侦控措施。2005年及时预防和挫败各种敌对势力的渗透破坏活动，较大规模群体性事件同比下降75%，各种重要保卫和警卫活动安全无事故。

二、反邪教组织

1990年2月，台湾“血水圣灵重建教会”从江西传入宝应，秘密串联，并不断发展成员。1991年对两名台湾“血水圣灵重建教会”人员进行处理。1992年，县公安局会同有关乡镇开展集中取缔邪教组织活动。1996年，全县开展查禁邪教组织、邪教活动专项斗争。发现有天仙道、一贯道、红三教、乌风黑会、同善社等5个非法道种活动，清查道首骨干86人、道徒380人。1997～1998年查获邪教骨干105人，取缔“血水圣灵重建教会”残余活动点23个，摧毁邪教非法聚会点34个，捣毁邪教骨干黑窝点1个、地下联络点2个，查缴各类非法宣传品10种400多件。1999年，县内依法解散邪教“法轮功”辅导站1个，取缔练功点3个和学习点2个，收缴邪教“法轮功”出版物和宣传品724件。对74名“法轮功”参练人员逐一建立帮教小组，落实长效管理措施，其中痴迷人员3人，专门举办普法学习班，实行集中教育转化，严防反复反弹。2000年8月，专案侦查“血水圣灵重建教会”，取缔非法聚会点2个、刑拘2人，取保候审2人，治安处罚15人，并配合省、市劳教委收容教会骨干头目7人。邪教骨干张某经多次教育不思悔改，被法院以“利用邪教组织破坏法律实施罪”判处有期徒刑3年。收缴“法轮功”宣传品93件、宣传单65张。2002年查缴邪教“法轮功”非法宣传品93件。后该邪教活动基本禁绝。至2005年，全县先后集中查禁“呼喊派”“被立王”“实际神”等邪教组织和“红三教”反动会道门家谱会复辟活动。

三、重点单位保卫

1990年，全县开展创建合格仓库、合格财会室、合格门卫活动，建成合格财会室96个、合格仓库478个。县政府恢复保卫科，有专职门卫4人。明确治安直接列管单位42家、重点指导单位127家。1991年，全县企事业单位开展反内盗专项斗争，县城有192家企事业单位、137家财会室和仓库安装防盗门，安装率71.4%，内部单位“四无”（无刑事案件、无火灾、无职工犯罪、无治安事故）率43.2%。1993年，县邮电局、县供电局、县自来水厂、汜水布厂等组建经济民警队，有队员51人。1994年，全县经济、文化系统开展百日安全竞赛活动，建成内部单位护卫队6个138人。重新审定要害单位40家、要害部位178个，明确要害岗位工作人员211人。1995年，全县内部单位开展治安安全合格单位及保险箱安全防范专项治理活动，创建安全合格财会室142个、安全合格仓库516个、治安安全合格单位559家。1996年8月起，金融系统开展为期3年的金库、营业网点、运钞车三项整治规范。1997年，全县开展企业内部及周边治安秩序专项整治斗争，县公安局印发“为人民服务、树公安新风”10项承诺，实行警企挂钩制度，重新明确内保股、派出所“双列管”重点要害单位66家，企业建立护厂队23个。1998年，开展破案防范百日会战活动，整改安全隐患118处，内部单位刑事案件发案率下降15.7%。1999年，全县内部单位全面推行治安责任制，与县公安局内保股签订责任书单位占85%以上。2001年，县金融系统加大营业网点、金库、运钞车整治力度，撤销不合格网点5个。2003年，金融系统开展银行卡安全整治活动。教育系统实施创建安全文明校园活动。2004年，县公安局实行百名干部与重点企业、校园挂钩，明确治安重点服务单位100家，企业、校园周边治安秩序明显好转。2005年，全县组建保卫科12个，登记重点单位249家，其中直接列管单位50家，重点指导单位94家。企事业单位有保卫组织309个628人。

四、重大保卫警卫

（一）重大活动保卫

1993年10月18日，县内举办经贸洽谈暨纪念县开发区成立一周年活动，有国内外客商200多人，预备役民兵、学生和职工欢迎队伍1700多人，参观和围观群众12万多人。县公安局组织公安干警和联防保安队员650多人，守卫各活动场点，负责做好安全保卫。1994年10月8～10日，加强交通整治、治安清查、秩序维护等,完成县金秋经贸洽谈会暨首届宝应艺术节安全保卫。1996年9月,县委、县政府召开企业改制动员大会,县体育场设万人主会场和65个分会场,组织公安干警400多人和联防队员750多人投入安全保卫。2000年12月30日至2001年1月3日,县城举行大型体育彩票销售活动,每天数万人参加购买。组织民警和保安人员57人,成立安全秩序组、现场巡视组、交通疏导组和刑侦防盗组,有序开展安全保卫活动。2003年9月2日,县公安局完成南水北调宝应站主体工程建设开工仪式安全保卫任务。2004年4月10日,中国台湾弥勒内院住持长老护送佛陀舍利到宁国寺供奉,组织民警维护现场安全秩序。2005年12月5～9日,县公安局完成国际禁止化学武器组织视察安全保卫任务。1990～2005年,保卫县人大、县政协等重要会议,中国·宝应荷藕节业务洽谈、项目推介、文艺演出等系列活动100多次,做到安全无事故。其间,完成上级领导人途经或到宝应视察调研活动安全保卫。

(二)特大灾情安保

1991年夏,县公安局成立抗洪救灾指挥组,调用无线总台、基地台及150部手持台,为抗洪救灾通信保障提供服务。交警24小时冒雨值勤沿运要道,为112辆支援宝应的救灾车和715辆过境救灾车引导护送。先后出动警力1100多人次,抢运物资1200多吨,紧急转移群众6万多人,转移危险品1350吨,排除隐患158处,为国家、集体、个人避免损失90多万元。为维护灾区治安秩序,先后快侦快破、快抓快查趁水打劫、拦路抢劫、强奸、敲诈勒索、杀人等重大案件7起,一般盗窃案件11起。2003年7月,县内遭遇特大洪涝灾害。县公安局组织基层民警76人、保安人员137人,专门成立防汛突击队,配备相应器材,24小时集中待命。县水警大队组织水上清障和抢险小组,出动警力50多人次、巡逻艇11次,历时7天行程500多千米,清除内河航道垃圾500多吨及鱼簖27道、鱼罾29个。是月10日18时,国家粮食储备库廷柏粮库发生严重险情。县公安局立即组织200多名民警,第一时间赶到现场在水中筑起人墙,经过军警民的日夜奋战,终于控制住险情,保住国家粮库安全。是年,抗击非典型肺炎(简称"非典")和防治高致病禽流感疫情期间,县公安局制定应急处置预案,参与实施疫情防治紧急状态管制。加强车站、集市等人员密集场所值勤巡逻,落实社会面管理控制措施,严防严打违法犯罪活动。配合交通、卫生防疫部门,在县内公路沿线设卡查控,严防输入性感染。其中,抗击"非典"期间,累计投入警力3487人次,检查过境车辆15万多辆,检查登记58万多人,协助防疫部门送医院体检280多人。

五、基层治安保卫

1990年4月,全县加强乡镇治保组织和干部队伍建设,建立健全治保会943个、治保小组4724个,专职干部4266人,成员1.19万人。1991年,组建基层派出所专职治安联防队34个,并在城区和乡镇建立企事业单位护卫队、城乡治保会等群防群治组织,开展护街、护巷、护厂、护庄等活动。城镇地区常设城南船闸卡、城西运河大桥卡、城东大桥卡,抓获犯罪嫌疑人840人,破获刑事案件98起、治安案件284起。1993年,结合专项整治活动,探索治安防范社会化、市场化路子。在城区推行住宅楼群封闭式管理,建立"夕阳红"义务巡逻队,实行临街店堂车辆集中收费停放,开展无毒社区、无盗社区创建;在农村推广小官庄镇塘塘户户联防模式和望直港镇、曹甸镇竞标承包落实治安巡护的经验。1995年,全面整顿城乡治保会,经考核验收,有合格治保(调)会471个、成员4140人。1996年底,全县实现村村有治保会。2001年11月20日,组织城区治安夜巡活动,出动民警360人次,出动保安协管员、护巷员889人次,抓获犯罪嫌疑人30人,破案15起。2003年开展"建设平安宝应,创建最安全地区"活动。至2005年,有专职辅警500多人、治保组织530个、治保干部2300多人,成立义务护村、护楼、护厂、护校队伍30多支,组建治安志愿者队伍,推进技防街、技防小区建设。

附:县保安服务公司

1993年6月,县保安服务公司建立,为县内第一家从事治安服务的全民企业,由县公安局管理。1994年1月对外营业,有保安队员160人,其中管理人员8人,为29家企事业单位提供保安服务。是年,保安队员为公安机关提供破案线索15条,查获违法犯罪嫌疑人24人,缴获赃款赃物价值2万多元,扑灭火灾4起。1995年，县保安服务公司人员增至200人，驻勤单位增至36家。1996年，保安队员协助驻勤单位整改事故隐患300多次，发现和扑灭火灾10多起，查获偷窃、夹带物品150多次，涉案价值数万元；为驻勤单位大型临时性活动提供安全保卫服务500多人次，驻勤单位满意率95%。2001年初，全县推行保安、联防一体化改革，22个基层派出所保安人员全部重新整合，建立保安中队45个。2003年10月，县保安服务公司首先与县工商银行签订武装押运协议书。2004年，县建行、县中行等先后与县保安服务公司签订武装押运协议，金融系统全部实现武装押运。2005年，县保安服务公司成为武装押运、守护、技防销售安装、消防器材营销、人物查询等多元服务的经营实体公司，有车辆16部、保安队员500多人，派驻单位近50家，重点服务单位52家。

第五节　户政管理

一、常住人口管理

1990年，14个未设派出所乡镇的户口由县公安局统一管理。严格执行户口申报、注销、迁入、迁出变动手续制度。1992年，全县统一换发新式户口簿。为解决农村经商办企业人员后顾之忧，县委、县政府决定开始办理县内有效城镇户口，共办理“农转非”地方户口2496人。1995年推行计算机管理人口信息。1996年7月1日，全县启用新的常住人口登记表和居民户口簿。1997年，全县实施小城镇户籍管理制度改革，实行以居住地划分城镇人口和农村人口，以职业划分农业人口和非农业人口。经过试点，凡具备规定条件的，均可在小城镇落户，全面推行农村户口城市化管理。县公安局加强人口信息系统建设，33个派出所将全县90多万常住人口信息全部录入计算机。1998年，进一步健全农村户口城市化管理网络，有户口管理机构34个、专兼职户口协管员572人。1999年，全县进入办理小城镇和“三投靠”户口迁移手续阶段，至2001年办理进城入镇户口4.53万人，办理夫妻、子女和老人投靠迁移户口769人。2002年进一步提高户口管理信息质量，更改人口综合信息1785条。2003年推行一元化居民户口管理制度，取消农业户口和非农业户口性质，城乡统称家庭户。2004年全面开展户口核实工作，提高人口信息质量，完成常住人口户核91.56万人、办理户口迁移6455人、落户1.62万人、注销户口1.04万人、变更主次项目28.62万项。2005年，全县开展服兵役、出入境、刑释解教和婚嫁户口未迁及新生儿等户口调查，补登未落户常住人口2336人。

二、暂住人口管理

1990年，全县开展16周岁以上、居住超过3个月的暂住人口、流动人口调查，有流动、暂住人口3.30万人，其中暂住人口1万多人。1991年登记暂住人口8670人，领取暂住证6308张，落实专兼职管理人员164人。1992年10月起对外来人员全部启用全省统一印发的暂住证。至1993年初，共清理暂住人口8449人，领发新证率88.8%。对1570户私房出租户核发特种行业许可证，签订治安承包合同。1994年6月，根据全县集中清理整顿暂住人口通告精神，清理暂住人口5748人，登记率100%，发证率69%。1995年，贯彻《江苏省暂住人口管理条例》，部分派出所成立暂住人口治安管理办公室。全年登记暂住人口1.04万人，应发证6712张，实发证6108张，发证率91%。1996年贯彻公安部《暂住证申领办法》，建立健全用工单位、居(村)委会等暂住人口管理网络，实行教育、登记、发证“一条龙”服务，对房屋出租户实行“四个一”(一块牌子、一本簿子、一份责任书和一套管理制度)。至1997年，全县有暂住人口管理办公室33个、管理小组57个、管理站点142个，管理人员722人，初步形成派出所、居(村)委会、居(村)民小组和房屋出租户四级管理网络，登记暂住人口1.70万人，发暂住证1.18万张。2001年，全县开展流动人口专项整治，登记暂住人口1.20万人、房屋出租户2096户，采集录入信息1.10万人，查获违法犯罪嫌疑人62人，破案47起。2002年制定流动人口管理考核细则，加强对暂住人口登记发证和身份检查。登记暂住人口1.24万人，发证9762张，审核房屋出租户2725户，查获违法犯罪嫌疑人133人。2003年，开展流动人口落脚点清理整治活动，清理登记暂住人口7603人、房屋出租户2329户。2005年，县公安局成立流动人口管理中心,派出所成立流动人口管理分中心,有流动人口信息员2500多人,管理重点转向服务与保护,简化登记发证手续,增加提示性工作内容,登记暂住人口3.56万人、房屋出租户2704户,核发暂住证9700张。

三、居民身份证管理

1990年,全县发放居民身份证59.10万张,占应发证数98.5%。1991年,当年递增人员身份证办理实现正常化,发证数增至60.80万张,占应发人数96%。同时发放居民临时身份证5627张。此后,全县居民身份证申领、换领、补领等项工作正常化。1993年4月起实施居民身份证使用和核查制度。1998年完善居民身份证签发、登记、申领、换领、补领、缴销管理制度,换发10年期满和重错证5.80万张。2001年,居民身份证号由15位升至18位,全县完成逐户逐人打印登录内页和身份证号码升位登录16.80万人。2002年完成县内跨省辖市居民身份证重证号修改和换发1124张,制发新证3.90万张。2004年,县内中小学生身份证赋号8万多人次,新办居民身份证4.30万张。2005年11月,城北、沿河、射阳湖等3个派出所开展第二代居民身份证(简称二代证)试点,全县启动二代证换发,停办一代证,至12月20日,办理二代证11.50万张。

四、边境通行证办理

1990年,边境通行证签发由市公安局办理,县公安局负责有关申请证件办理与报批。1992年,边境通行证签证权限由市公安局下放至县公安局,办理申请审批手续不变。1993年9月1日起开展办理边境通行证满意服务活动,简化申请审批手续,实行24小时昼夜服务,缩短制证周期,保证外出人员及时领到边境通行证。2003年,县公安局会同县劳动部门组成专门班子对到边境经济特区务工人员办证,实行"一条龙"服务。1990～2003年共办理边境通行证5.36万张。2004年,边境特区放开人员进入控制,身份查验以身份证为主,边境通行证发放减少。当年新办边境通行证387张。后不再办证。

第六节　出入境管理

一、县内公民出入境

1990年,县公安局出入境管理股办理出国(境)探亲、访友、劳务、商务等活动47人次,其中出国8人次、赴中国港澳台39人次。1998年,全县出入境受理审批执行全市统一的申请办法、审批条件、办理时限、收费标准。2000年对法定不批准出境人员实行报备制。是年12月,县公安局改革赴中国港澳地区商务受理审批办法。2003年10月28日起,全县实行公民凭身份证、户口簿按需申领护照办法。县办证部门使用特定身份人员出国(境)登记备案系统、法定不批准出境人员通报备案系统,严格实行部分国家工作人员因私出国(境)登记备案制度,严格查处法定不批准出境人员蒙混出境和少数申请人弄虚作假骗取出国(境)证照等问题,先后查处骗办出国(境)证照案35起。2004年4～6月,全县开展清理整顿非法出入境中介活动。2005年4～9月对违法违规办理出入境证件进行专项清理。是年,受理与获批出国(境)2800人次,其中出国2064人次、赴中国港澳台地区736人次。县出入境管理科被授予省级巾帼示范岗。1990～2005年,全县共办理出境人员8767人次,其中出国6188人次、赴中国港澳地区2440人次、赴中国台湾地区139人次。

二、港澳台同胞出入境

1990年接待中国港澳台同胞154人,办理临时户口149人。1992年7月,县内启用台湾居民来往大陆通行证,代替台湾居民旅行证明。1993年,出入境管理坚持"方便简捷"原则,实行专人汇编材料、专车报批证件等制度,为港澳台同胞服务。1995年办理出入境手续61人,其中中国台湾居民37人、中国港澳居民24人。1999年1月15日启用港澳居民来往内地通行证。2001年接待中国台湾居民115人、中国港澳居民17人,户口申报率100%。1990～2005年接待中国台湾居民1506人次、中国港澳居民504人次,办理港澳台居民签证签注手续172人次。

三、境外人员管理

1990年起，县出入境管理部门会同县侨办、县台办等部门，经常召开涉外饭店、宾馆有关人员会议，利用中秋、春节茶话会等宣传《中华人民共和国外国人入境出境管理法》和《中华人民共和国公民出境入境管理法》。1993年加强境外人员临时居住申报管理，在涉外单位聘用外事户口联络员9人。1996年对非法入境、非法居留、非法就业外国人进行清查处理。1998年，境外人员管理纳入派出所日常工作。2002年启用境外人员管理信息系统，先后开展两次清查非法入境外国人行动。2003年制定《宝应县公安派出所出入境管理工作规范》。2004年，县出入境管理部门聘请英、日、泰、韩等语种翻译人才6人。对非法居留宝应38天的一墨西哥籍人实施罚款处罚。2005年印发中英文对照《在宝外籍人员须知》，提醒境外人员遵守的法规、风俗人情等。两名未申报住宿登记的多米尼加客商受警告处罚。1990～2005年，共有到宝应的境外人员5078人次，其中外国人3036人次、华侨32人次，办理外国人签证签注68人次，查处涉外案（事）件31起。

第七节　道路交通管理

一、管理组织及交通设施

1990年4月，县交警大队建立，下设黄浦中队、氾水中队。1991年，县交警大队制作交通标志牌28块。1993年新增、更新交通标志牌63块，架设隔离栏3千米。1994年4月，泾河交通检查站改建为县交警大队机动中队。1995～1996年，维修城区交通标志，增加交通隔离设施、分道行驶标志和停车线标志，改造安宜东路、叶挺路隔离栏，建成城郊桥至县人民医院段隔离栏。1997年5月30日，市内首家公路巡逻民警大队在县交警大队成立。城区重点路段设禁鸣标志。1999年5月，县交警大队设事故处理股。城区禁鸣标志牌增至30块。2000年6月，县交警大队增挂“县公路巡逻警察大队”的牌子，不久更名为县交通巡逻警察大队（简称县交巡警大队）。2003年为弥补交巡警编制不足，在各乡镇派出所派驻交通巡逻民警，实行既管治安、又管交通“一岗双职”的驻所交巡警制度。至2005年，城区和干线公路增设、更换警示标志及指示牌664块，标划交通标线1.02万平方米，增设交通信号灯43处（组）、交通护栏2100米。是年，县交巡警大队东荡中队、山阳中队、夏集中队相继成立，设立东荡市际卡口、山阳市际卡口。是年末，县交巡警大队下设7个执勤中队及5个业务部门，有民警107人、辅警208人。

二、道路交通秩序管理

1990年组织交警上路分段定岗定位，实行岗段承包责任制和夜间巡逻检查制度。1991年开展环城路及城区交通秩序集中清理整顿活动5次。1992年，城区推行机动车与非机动车分道行驶，叶挺路和安宜东路实行行人与机动车分道行驶。交警实行高峰上岗、平峰上线，固定与流动相结合，昼巡与夜巡相结合的交通管理方式。1993年，城区交警实行“高峰站岗、低峰巡线”的点管和面控相结合的路面管理办法，对部分路段设简易停车点，加强交通秩序管制。1994年实行定时间、定路线、定车型机动车进城管理办法，客运车辆一律定点停放，淮江公路宝应段实行24小时全天候值勤巡逻。1995年开展大规模城区道路交通秩序整治，组织交警上路集中整顿44次。省长郑斯林视察时，对宝应城区交通管理给予较高评价。1996年组织交通秩序集中整顿活动两次，重点查纠干道和危险路段严重交通违章行为。1997年以告别不文明行为为主题，相继开展“五小”车辆

图23-2-3　交通指挥

专项整顿和交通秩序大整顿等活动,纠正交通违章3万多起,道路交通秩序明显改观。1998年对淮江公路无牌证车及“三超”违章行为进行整治,重点解决农用车无序停放、载客营运车乱停乱靠和集市、临时摊点交通堵塞等问题。1999年开展整治城区交通秩序专项斗争,加强机动车辆和人力三轮车管理。2000年开始实施为期3年的城市畅通工程,县交巡警大队创新交通管理办法,推行班管一条线。县城因地制宜划设临时停车带和停车位60个,解决车辆乱停乱放问题。2001年重点对淮江高速泾河、望直港出入口随意停车、客车抛客和行人闯高速等现象进行整治。2002年从严整治违反交通行为,规定政府工作人员违反交通规章的,其单位主要负责人接受电视采访,公开曝光。建成叶挺路、苏中路交通文明示范路。2004年按照教处并举、严管重罚、标本兼治要求,推进城区道路交通秩序优化,重点治理闯红灯、不戴安全帽、乱鸣喇叭、不按道行驶等“顽症”。2005年开展畅通工程和平安大道创建活动,县公安局会同县安监局、县交通局、县水务局等部门排查和整改道路事故多发地段、危险路段和危险桥梁93处;在城区继续治理交通“顽症”并在主要道路实行禁鸣,在农村查禁农用运输车、机动三轮车、拖拉机无牌证上路等。

三、交通事故预防与查处

(一)交通事故预防

1990年,通过挂横幅、贴标语、竖戗牌、发通告、录制录音带、出动宣传车、放映幻灯片、播放电视专题片等方式,宣传交通安全知识,本籍车辆交通肇事同比下降48.6%。1991年组织开展“琼花杯”交通安全竞赛活动,春运期间未发生一起交通事故。1992年7月开展交通安全宣传月活动。1994年,县交警大队与宝应电视台合办《交警热线》节目。1996年4月举办交通安全宣传周活动,到学校给学生上交通安全课。1997年,县公安局与宝应人民广播电台合办《交通专刊》52期。后又与宝应电视台开办《交通违章曝光台》、与《宝应报》联办《交通安全与生活》专栏等,进一步普及交通安全知识。1999年开展交通安全宣传活动,城乡组织有影响活动38次,新创5个交通安全村。2000年起,县公安局、县交巡警大队先后与宝应电视台合拍专题片《没有规矩不成方圆》,与《宝应报》联办《红绿灯下》专版,向社会赠送《市民交通行为规范手册》5000多册等。2002年,全县开展交通安全宣传进乡村、进社区、进机关、进学校、进企业“五进”活动。2003年,县政府建立交通安全工作联席会议机制,突出危险桥梁、危险车辆、危险路段、重点单位管理。2004年采取全方位、密集式、不间断方式宣传道路交通安全法规,重大交通事故同比下降4.1%。2005年继续开展道路交通安全宣传“五进”活动,县、乡道路交通事故同比下降21.3%。

(二)交通事故查处

1990年交通事故查处统一应用交通违章事故责任认定书、协议书和违章肇事驾驶员处理情况表等,严格责任人的处罚审批权限。全年发生交通事故127起,结案115起,吊销驾驶证20本,刑事拘留16人,判刑16人。1993年,县公安局印发《关于事故处理的内部暂行规定》和《交警中队处理事故有关规定》,对办案制度和事故管理审批权限作出明确要求。1996年,交通事故查处实行双人办案、逐级审批和“两公开一监督”制度。1998年对交通事故实行分段处理,使事故勘察、责任认定与善后调解、驾驶员处理相分离,明确办案职责,公开处理程序。2000年,县交巡警大队专门成立重大交通肇事逃逸事故侦逃小组。2001年,县法院两次召开交通肇事公开处理大会。2002年,县交巡警大队成立交通肇事逃逸案件追逃工作领导小组。2004年试行轻微事故现场调解、一般以下事故由当事人商定责任赔偿后撤离现场的事故处理模式。2005年,全年共发生交通事故144起,结案141起,吊销驾驶证30本、刑事拘留34人、判刑34人。

四、车辆与驾驶员管理

(一)机动车辆管理

1990年,全县年检机动车2776辆,其中市管车704辆。1992年6月采取现场办公等形式,补办无证无照“五小”车辆牌照162副。1993年,县交警大队聘请和培训乡镇车管员27人,修建机动车混凝土检考场1580平方米。1994年印发加强“五小”车辆管理通告，对机动车实行定时间、定路段、定车型、定进城停放地点。1996年，各派出所设立机动车辆管理办公室，调整和充实乡镇车管员。城区划定机动车停靠站点和禁行禁停时段。1997年，县出租汽车行业管理协会成立。禁止高分贝、高污染车辆进城。1998年，全县开展无牌无证机动车辆专项整治活动，对在用的420辆机动车集中安装防雾灯。至1999年，全县查扣无证机动车6093辆，发牌照1.84万副；发放“马自达”城区通行证796张。2001年从严查处无牌证“马自达”，割除“马自达”车篷89个。乡镇“五小”车辆年检年审改由交巡警中队办理，交巡警中队设立流动车管所，到乡村现场办理。2002年开展打击车辆超载活动，在淮江公路泾河市际治安卡口、宝应收费站和淮江高速望直港入口处设驳载点，对查获的严重超载车辆一律驳载。2003年10月起，机动车牌号采用计算机两次选号方式，车主在两个号码中任选一个。2004年，县交巡警大队实施“驻站式”管理制度，长假期间派驻警力到车辆单位，与相关部门联合加强车辆安检。2005年，县交巡警大队加强接送学生车辆管理，逐一检查并建立台账，开展校车安全隐患专项治理。全县有各类注册登记的机动车7.57万辆，其中市管车6397辆。

（二）非机动车辆管理

1990年，县交警大队禁止在城区道路骑自行车带人，在公共场所划定自行车停放处近1000平方米。1992年到工厂、学校、机关、街道为自行车、三轮车打印验证27.40万辆次、人力搭客三轮车878辆。1993～1994年，城区人力三轮车实行划区定点停放，严格执行许可证制度；对无照人力三轮车主规定营运时间。1995年，划定人力三轮车停车区，调整并限定各区车辆数，严格审批、重新核发牌证，统一车辆制式和车主服装。1999年，县交警大队对下岗职工、无业人员、无耕地人员购买的人力三轮车发照755副。2001年，县营运三轮车管理协会成立，取缔无证照人力三轮车，查封非法生产电瓶三轮车作坊6家，取缔上路非法电瓶车101辆。2002年开展自行车专项整治行动，换发自行车分合式牌照13万多副。2004年，非机动车管理所成立。2005年开始对电动自行车上牌发证，办理牌证8256辆。至年底，全县约有自行车38.80万辆、电动自行车4.10万辆、有证人力搭客三轮车1207辆、无证人力三轮车1850辆。

（三）驾驶员管理

1990年举办驾驶员安全教育活动33次，举办违章驾驶员学习班6期358人次，举办县管车驾驶员培训班10期、考试合格910人。1991年处罚交通违章肇事驾驶员626人。1993年，全县驾驶员统一使用《江苏省机动车驾驶员违章肇事信息传递卡》。1994年，县交警大队排查驾驶作风恶劣、发生过交通事故和多次违章驾驶员20人，对他们作出严肃处理。1997年组织全县驾驶员学习《机动车驾驶员考试办法》《机动车驾驶员管理办法》。1999年12月，县机动车驾驶员协会成立。2000～2001年，县交巡警大队到客运车辆和危险品运输车辆单位，对592名驾驶员落实安全管理责任制。2003年开办C照驾驶证培训班，143名学员全部通过考试。2004年5月后，驾驶员培训监督管理划归县交通部门负责。2005年，全县有市管机动车驾驶员1.28万人、县管机动车驾驶员8.44万人。

五、重特大交通事故选介

1991年5月12日17时许，鲁垛乡高家村五组28名村民乘一条农用水泥挂桨机船，行至小尹庄乡建设村附近三横河面时，与王某（建湖县渔民）驾驶的18吨农用水泥船相撞，挂桨机船被撞沉，船上28人（男性2人、女性26人）全部落水。经全力施救，生还22人，6人失踪。事后查明，两船均无证无照，属违章操作。

1992年7月21日11时25分，一辆由金湖开往高邮的客车核载40座，在宝应汜光湖地龙汽渡口过河时，由于渡船违章超载，加之客车脚刹失灵，致使实载59人的客车滑入大运河中，造成10人死亡的特大水上交通事故。市政府专门成立事故处理领导小组，历时4天，该事故妥善处置。

1996年7月10日19时20分，周某（山西省盂县供销社人）驾驶晋C50219面包车，行至淮江线40千米+600米处，由于雨天能见度差，周某在超车过程中与对向行驶的浙江绍兴汽车运输公司刘某驾驶的大客车发生碰撞，造成周某及面包车上乘客4人死亡、5人受伤。

2001年9月23日8时55分，蔡某(射阳县新洋港乡人)驾驶大货车，沿正在施工的丹宝明公路临城段由西向东行驶，至该路与宝曹公路平交道口时，与县汽车运输总公司李某驾驶的公交车发生碰撞，致公交车乘客4人死亡、3人重伤及21人轻伤。

2004年10月22日晚，辽宁省营口市老边区卢某驾驶海城市运输总公司联营车队解放大货车行驶至237省道47千米+770米地段时，与对向行驶的浙江省正和动物保健饲料有限公司陈某驾驶的厢式小货车相撞，造成4人死亡。

1990～2005年宝应县道路交通事故统计

表23-2-4

年 份	事故(起)	死亡(人)	受伤(人)	直接经济损失(万元)
1990	127	36	66	16.98
1991	121	39	54	13.43
1992	106	37	59	19.71
1993	106	36	69	19.81
1994	111	41	59	14.51
1995	85	36	51	10.71
1996	83	58	45	23.40
1997	64	46	33	25.07
1998	161	76	91	65.73
1999	153	74	82	45.82
2000	384	110	213	124.69
2001	267	76	211	74.12
2002	231	82	156	51.55
2003	183	59	125	48.16
2004	138	59	116	32.60
2005	144	62	143	24.81

第八节　预审与监所管理

一、预审

1990年，预审受理报捕案件137起206人，经审核提请逮捕115件169人，批捕率84%；报少管2件2人，报劳教1件1人，均获批准；逮捕129件197人(含上年结审)；直诉案件3件7人，直免5件7人，审结案件及时率81%，准确率97%，退查率0.5%；纠正错拘案件3起，发现认定事实错误1起。1991年抗洪救灾期间受理张某拦路强奸案，从案犯抓获到移送起诉用时5天。两年审讯查证破案44起，其中重大案件12起。1994年，预审部门审结及时率97.6%。全年案件审结率、准确率均100%，提捕案件平均每件4.50天内审结，移诉案件平均每件24天内审结。1995年共受理20件38人，均在20天内审结，及时率100%。1996年，预审部门20天内审结率100%。其后不再进行预审。

二、监所管理

1990年，县看守所开展百日安全竞赛活动。其间，医生为在押人员体检两次，发现麻风病患者3

人、性病患者13人，均予以治疗。定期组织在押人员洗澡、理发、剪指甲等，注重监室卫生。1991年，县看守所实行安全承包责任制，连续多年被省公安厅评为无重大事故单位。1993年对监室内牢头狱霸行为予以重点打击。1994年，监所开展百日安全竞赛活动，突出“反逃跑、反牢头狱霸、反自杀自残”专项斗争。县公安局针对关押死刑犯、重刑犯20人实际情况，增调警力16人，并增派武警协助看守。其间，县看守所请在押人员亲属写信，配合监所管理教育。1996年组织在押人员向“8•17”煤气泄漏事故救火英雄陶镇沂、李永昌捐款。1997年，县看守所被省公安厅通报表彰。1998年，监所对在押人员实行分关、分管，设立过渡室、未成年人监室和严管监室等。2000年3月，县看守所被公安部授予全国一级看守所。2001年，县看守所与驻所检察室、武警中队开展共建共管、共保安全活动。2002年起，规定无论是收人还是收物，收押民警检查后，须交管教民警再次检查，方可入监。2005年，县看守所根据在押人员思想动态表现，运用安全系数法进行分层次管理，实现连续23年安全无事故。

第九节　消防管理

1990年，县消防大楼及其训练场地和附属用房修建落成。全县有县防火安全委员会和消防中队，有村和村民小组防火领导小组5489个。1993年10月，广洋湖等乡镇成立专职消防队。1995年建立县公安消防大队，接受武警序列和公安机关双重领导。1996年6月，县消防联席会议制度建立。1999年，全县有义务消防队300多个5000多人，部分乡镇组建专职消防队，并配备消防车、水带、水枪。2001年，15个乡镇建立专职消防队，有队员92人。2002年，县消防大队成立消防志愿者工作站。2005年，农村有专职消防队14支84人，配备消防车14辆、消防泵14台、水带1680米、水枪28支、战斗服84套；全县有义务（志愿者）消防队223支721人，配有手抬消防泵192台、灭火器615只、水枪211支、水带1998米、其他器材129具；企事业单位消防队150支885人，配备消防泵243台、水带2350米、灭火器3425只、消防栓255只；县消防大队有消防官兵22人，下设1个中队，装备有消防车4辆、消防泵52台、水带4000米。

一、火灾预防

1990年开展重点消防单位检查活动，发现隐患100多处，发出整改通知书5份。1991年，县政府组织全县防火大检查，参加检查小组3350个，查处隐患5200处，整改5185处。1992年，侦破和查处火灾事故26起，依法处理事故责任人15人。1993年，县公安局组织火灾事故查处活动，依法处理事故责任人10人。1994年，督查重点防火单位落实预防措施，对县商业大厦进行6次检查，发出整改通知书3份，商业大厦投资30万元安装防火门。1995年重新确定消防重点单位35家、重点部位13个、特种行业管理部门58个。1998年组织开展全县重点防火单位监督检查，参加检查168人次，整改隐患545处。1999年，县消防大队对未经消防审核擅自投入使用的县工行、县汽车运输总公司、县水利局、安宜镇东郊居委会等单位责令限期整改。2000年将石油和石油液化气列为年度管理工作重点，先后对24座加油站和100家加油点、7个液化气站及200家个体燃气点进行检查，发现隐患190处，落实整改170处，停业关闭8家。开展烟花爆竹专项治理，查封网点64个，没收烟花538只、爆竹26.40万只，在射阳湖镇销毁成品“黑火药”14.50吨。至2003年，全县连续13年麦收季节无火灾。2004年开展消防宣传“进农村、进社区、进学校、进工厂”活动。全县组织864人进行烟花爆竹安全检查，封存销售点2534家，关停生产工厂7家。2005年，县消防大队管辖二级消防安全重点单位60家，派出所管辖三级消防安全重点单位183家。1990～2005年，每年11月9日开展防火宣传日活动，发现消防隐患1.38万处，整改1.28万处。

二、火灾事故处置

1990年8月4日17时40分，县造纸厂沿河草场遭雷击失火，调集25家单位、28台消防泵进行扑救，淮安、高邮、江都、邗江等地消防队赶至增援，至8月5日凌晨2时成功控阻火势蔓延，8月10日扑灭余火。1991年，全县遭受特大洪涝灾害，县消防中队确保30千米长堤2.80万户灾民棚户区防火安全。1993年，县消防中队设立农村火警报警电话“229119”。1994年4月9日19时15分，县纺织厂原棉仓库棉堆起火,县消防中队出动3辆消防车扑救,因火势大蔓延快,遂调集县内12支义务消防队、13台手拉泵,在高邮、淮安消防中队增援下,于当晚22时控制火势,次日凌晨扑灭大火。1998年10月18日下午,苏中宾馆发生火灾,过火面积400平方米。经过4个小时奋力扑救,保住1～5层、价值400多万元国家财产。1999年,全县有消防报警专线3对。2000年12月21日凌晨2时10分,淮江高速泾河段两辆卡车追尾引发火灾,其中一事故车辆装有3吨桶装乙醚,翻车泄漏猛燃,随时可能发生爆炸。县消防大队出动消防车2辆、消防队员10人,半小时后扑灭大火。2002年1月19日,安宜镇东升村卞湾组宋某家失火,村中锣声响起,周围4个村10多支义务消防队与附近村民急速赶到,扑灭大火,四周房屋安全无损。2003年4月8日,淮江高速宝应段30多辆车追尾。一辆30吨液化气槽车侧翻,经过消防官兵12小时抢险,终于排除险情,救出重伤人员2人。2004年4月5日凌晨2时45分,洪泽化工集团一辆装有10吨浓硝酸的槽车,途经丹宝明公路宝应二桥加油站西3千米处发生侧翻,造成浓硝酸泄漏。县消防大队立即出水稀释,疏散下风居民,采取堵漏措施,经2个多小时努力,消除险情。1990～2005年,县消防大队共驰援、扑救火灾687起,查处火灾责任事故单位20个,查处相关人员169人。

第十节 “110”接警与处置

1996年11月,县公安局筹建“110”报警台。1997年1月10日,市内第一家县级“110”报警服务台建成开通。县“110”报警服务中心24小时受理群众报警求助,县巡警大队全天候巡逻待命,随时听候“110”指令。县“110”报警服务中心被评为省级文明示范窗口。1998年6月18日,县“110”社会联动工作领导小组成立,启动“110”社会服务联合行动工作,处警车配备大力钳、灭火器等服务器材。县“110”报警服务台首批通过全省县级“110”社会化报警服务台,被省公安厅授予“人民满意‘110’”称号。1999年,县内成立全国首家“110”险、急、难基金会。城乡接合部设立处警队,县公安水警大队建立“110”指挥室,并与“110”指挥中心连接。县“110”报警服务台被省委政法委授予集体三等功。2000年1月18日,县“110”指挥中心成立,在全县设立2821个治安报警电话,建立专职处警队先期处警,属地派出所和相关职能部门负责后续的接处警模式。县交巡警大队与县人民医院及公路沿线乡镇建成伤员抢救急救网。县“110”报警服务台同时受理群众对公安机关及民警的电话投诉。2002年成立“110”专职接警队伍,实行24小时坐班制接警。城区派出所及交巡警中队配备专门处警车辆,实行路面处警兼巡防堵控,改变坐候接警、被动处警做法。2003年,县“110”指挥中心实行辅警接警、民警指挥制度。2004年10月,“110”“122”“119”三台合一,统一接警,实行总值班长带班指挥和分级处警、就近处警。2005年全面实行总值班长带班指挥制度,统一指挥权、调度权和处置权。5月10日起,城区推行先处置后移交两级接处警模式,即防控大队先执行一级处警指令,再移交有关单位执行二级处警任务,遇有突发警情快速联动。1997～2005年,县“110”报警服务台共接受各类报警电话59.06万个,有效处置各类警情8.77万起。县指挥中心先后被授予省“110”报警服务工作先进集体、省公安系统青年文明号等。

1997～2005年宝应县公安局指挥中心接处警统计

表23-2-5

年份	接受报警电话(个)	有效处置警情(起)								为民做好事(件次)
			刑事案件	治安案件	交通事故	火灾事故	纠纷	求助	其他	
1997	6345	3882	89	1407	423	18	1668	277	—	910
1998	6106	4816	110	1789	505	19	1512	293	588	—
1999	8623	5228	1018	973	153	28	2635	421	—	—

续表23-2-5

年份	接受报警电话(个)	有效处置警情(起)								为民做好事(件次)
			刑事案件	治安案件	交通事故	火灾事故	纠纷	求助	其他	
2000	14008	6435	1721	1194	747	60	2150	563	—	—
2001	89762	7095	1902	459	1028	50	2430	685	541	653
2002	97785	9747	1814		1603	52	5062	784	414	668
2003	112520	11252	1653		2497	24	5399	940	739	—
2004	134926	16522	469	447	3188	76	10577	1765	—	—
2005	120569	22695	965	763	4384	171	15041	1371	—	—
合计	590644	87672	16773		14528	498	46474	7099	2282	2231

第三章　检　　察

第一节　机构队伍

一、机构

1990年，县人民检察院(简称县检察院)内设办公室、刑事检察一科、刑事检察二科、法纪检察科、经济检察科、监所科、控告申诉科、刑事技术科、经济罪案举报站和驻县税务局、县供销合作联社检察室。1991年12月增设政工科。1992年增设民事行政检察科和调研室。1993年设驻县看守所检察室，并在县供电局、县交通局、氾水镇、四达股份总公司等14家单位设检察室。1996年3月，县反贪污贿赂局(二级局)成立，同时撤销经济检察科。是年12月，刑事检察一科、二科分别改为审查起诉科、审查批捕科。2003年2月，除保留县看守所检察室外，撤销其他单位检察室。2005年，县检察院内设办公室(与法律政策研究室合署办公)、政治处、监察室、侦查监督科、公诉科、反贪污贿赂局(下设综合科、侦查一科、侦查二科)、渎职侵权检察科、监所检察科、民事行政检察科、控告申诉检察科、检察技术科、司法警察大队、举报中心、驻县看守所检察室。

二、队伍

1990年，全县有检察干警69人，其中大专以上学历4人，占5.8%。县检察院先后开展清正廉明、秉公执法、严格执法、狠抓办案等系列教育，提升检察干警政治业务素质。1997年起，检察干警签订廉政建设责任状，实行检察员向县人大常委会述职制度，接受县人大代表评议和监督。1998年实行检务公开制度，在全市检察机关率先开展中层干部竞聘上岗。1999年推行主诉、主办检察官制度，从社会各界聘请检风监督员7人。县检察院开展检察官等级评定活动，有不同等级检察官76人。其中，省检察院批准四级高级检察官11人、三级高级检察官1人、二级检察官19人、一级检察官15人，市检察院批准四级检察官8人、三级检察官22人。2000年，在职人员增至92人。2001年，县检察院开展领导班子好、工作业绩好、队伍素质好、管理机制好、社会形象好和人民满意的检察院、人民满意的检察干警争创活动，当年被市检察院评为“五好”和人民满意的检察院。2005年，全县有检察干警77人。

第二节 职务犯罪侦查和预防

一、反贪污贿赂

1990年,县检察院受理经济案件36件(不含上年结存),立案侦查17件18人,其中贪污贿赂案13件14人,移送审查起诉8件9人,挽回经济损失7.13万元。1992年9月组织检察干警到重点亏损企业江苏橡胶雨衣厂,查出贪污受贿11人,追缴赃款赃物15万多元。1996年受理经济案件66件,立案41件44人,其中贪污贿赂案18件19人,移送审查起诉13件14人,挽回经济损失142万元。1997年查处乡镇教育助理利用教师"民转公"收受贿赂案2件。在侦查鲁垛镇原教育助理贾某过程中发现鲁垛镇原党委书记王某涉嫌受贿,3件案件当年立案当年移送审查起诉。1999年,县农行原职工尤某和天平信用社原职工严某侵吞公款先后潜逃,9月26日严某被抓获,9月29日尤某被迫投案自首。2000年查办宝胜集团等国有企业、单位贪污贿赂案14件,占全年立案总数58.3%。追捕犯罪嫌疑人6人。立案侦查县建设银行张某等涉嫌贪污贿赂案件4人。2001年受理贪污贿赂及挪用公款案件59件,立案并移送审查起诉21件21人,不起诉1件1人,挽回经济损失86.38万元。2002年重点侦查涉及国有企业职务犯罪案件,全年立案查处此类案件11件11人。2004年受理贪污贿赂及挪用公款等案件37件,立案并移送审查起诉10件12人,先后查处县国土资源局许某受贿案、县地方海事处孙某贪污案和县船闸管理所陆某贪污、挪用公款案,挽回经济损失427万元。同年9月办理市检察院交办的江苏工艺江都中心库原主任陈某等特大挪用公款案。2005年,与县审计部门建立案件协调配合领导小组,实行案件移送和联席会议制度。当年受理贪污贿赂及挪用公款案件线索22件,立案6件6人,挽回经济损失10.48万元。1990～2005年,共受理各类经济案件904件,立案360件。其中,贪污贿赂案件183件,占50.8%;副科级以上干部案24件,占6.7%。挽回经济损失1528.46万元。

1990～2005年宝应县检察院受理经济案件统计

表23-3-1

年份	受理案件(件)	立案(件/人)		挽回经济损失(万元)
			贪污贿赂案件	
1990	36	17/18	13/14	7.13
1991	36	24/35	15/20	57.02
1992	53	32/44	19/29	42.17
1993	47	31/36	18/22	42.16
1994	61	30/31	19/19	83.76
1995	68	35/43	12/19	178.91
1996	66	41/44	18/19	142.00
1997	59	26/27	10/10	47.76
1998	96	17/17	6/6	140.27
1999	92	16/16	7/7	62.56
2000	73	24/24	14/14	103.73
2001	59	21/21	13/13	86.38
2002	52	17/17	7/7	51.13
2003	47	13/13	4/4	46.00
2004	37	10/12	5/5	427.00

续表 23-3-1

年份	受理案件(件)	立案(件/人)		挽回经济损失(万元)
			贪污贿赂案件	
2005	22	6/6	3/3	10.48
合计	904	360/404	183/211	1528.46

二、反渎职侵权

1990年，县检察院运用专题广播讲话、上法制课等多种形式，宣传检察院直接受理的侵犯公民民主权利、人身权利和渎职案件立案标准。受理渎职侵权案件25件，立案侦查11件11人，移送审查起诉3件3人，免予起诉或不起诉6件6人。立案侦查氾水镇劳武砖瓦厂设备科原科长招某玩忽职守案。1992年，受理渎职侵权案件线索31件，立案侦查13件17人，移送审查起诉4件5人，移送免予起诉或不起诉9件12人。1994年，县磷肥厂职工周某多次到邮局拍发电报给县检察院，告发该厂某厂长贪污30多万元，经立案侦查系诬告陷害，侦查终结后移送审查起诉。1997年，受理渎职侵权案件19件，立案侦查4件4人，移送审查起诉3件3人，查办望直港镇鞭炮厂发生爆炸致人死亡案，原厂长朱某涉嫌重大事故责任。1998年、1999年侦办两起公安派出所所长徇私枉法案。2000年立案查办宝应国税局两名税务专管员。2003年，根据省、市检察院指定，立案侦查高邮市法院送桥法庭原庭长林某滥用职权案和高邮市天正法律服务所原主任张某涉嫌帮助伪造证据案。2004年受理渎职侵权案件2件，立案侦查2件2人，移送审查起诉1件1人，办理最高人民检察院和省检察院交办的高邮市法院原副院长薛某滥用职权案。2005年受理案件4件，未立案侦查。1990～2005年共受理案件252件，立案85件105人，移送审查起诉30件36人，免予起诉或不起诉42件50人。

图 23-3-1 “反渎职侵权”宣传

1990～2005年宝应县反渎职侵权案件统计

表 23-3-2

年份	受理案件(件)	立案(件/人)	滥用职权	玩忽职守	徇私舞弊	非法侵入他人住宅	非法拘禁	其他案件
1990	25	11/11	—	5/5	—	2/2	1/1	3/3
1991	23	13/19	—	2/3	—	8/13	1/1	2/2
1992	31	13/17	—	2/2	—	5/7	3/5	3/3
1993	23	10/16	—	3/6	—	2/3	2/4	3/3
1994	30	7/9	—	1/1	—	—	3/5	3/3
1995	38	10/11	—	4/4	1/1	1/1	1/2	3/3
1996	27	6/7	—	—	—	3/3	2/3	1/1
1997	19	4/4	—	1/1	—	1/1	—	2/2
1998	3	1/1	—	—	1/1	—	—	—

续表23-3-2

年份	受理案件(件)	立案(件/人)	滥用职权	玩忽职守	徇私舞弊	非法侵入他人住宅	非法拘禁	其他案件
1999	4	2/2	—	1/1	1/1	—	—	—
2000	6	2/2	—	2/2	—	—	—	—
2001	6	1/1	—	—	—	—	—	1/1
2002	5	1/1	—	—	—	—	—	1/1
2003	6	2/2	2/2	—	—	—	—	—
2004	2	2/2	2/2	—	—	—	—	—
2005	4	—	—	—	—	—	—	—
合计	252	85/105	4/4	21/25	3/3	22/30	13/21	22/22

三、预防职务犯罪

1990年,县检察院经济检察科在侦查宝胜电缆厂周某玩忽职守致使该厂被骗260万元一案中,帮助发案单位分析发生案件原因,制定措施,健全制度,堵塞漏洞,开展个案预防,并运用此案例在全县巡回宣讲。1992年,在侦查泾河建材厂原总账会计陈某、原现金会计邵某贪污案件过程中,发现该厂亏损88万多元,在办案的同时,多方收集信息,帮助企业分析严重亏损原因,形成4条检察建议,促使该厂进行制度建设。1994年,运用典型案例,制作警示教育戗牌,在县城主要街道广场进行展示。1996年起,运用办案与建章立制相结合的办法,预防职务犯罪。两年内先后与发案单位举行座谈会和建章立制会议11次,发出检察建议书43份。1998～2000年,从城建、交通、金融、教育、卫生等系统聘请预防职务犯罪联络员76人,选择典型案例制作教育资料,举办展览,开展警示教育。2000～2002年在金融、医药、建筑等8个系统建立预防职务犯罪网络。2003年,县反贪污贿赂局增设预防科,负责县预防职务犯罪领导小组日常工作,先后到县供电公司、拾屯煤矿、宝应国税局、县建行开设法制课;结合法律宣传周,扩大预防职务犯罪的范围和影响;在县委党校建立廉政教育基地,利用党员干部培训进行反腐倡廉教育;在城乡建设、交通、水利等国家重点投资建设领域推行市场廉政准入制度等。是年8月对南水北调三阳河潼河宝应段工程、宝应站、潼河影响工程、三横北套闸工程现场开展预防工作。2005年,到交通、金融、教育、卫生、宝胜集团等重点部门和企业调研企业改制、公共设施建设、房产开发等工作中预防职务犯罪问题,并整理成书面材料,用于党员冬训班警示教育课。

第三节　刑事检察

一、审查批捕

1990年,县检察院对杀人、抢劫、强奸、车匪路霸、敲诈勒索、多发性盗窃等严重刑事犯罪案件依法从严从快办理。受理公安机关移送审查批捕案件138件204人,批准逮捕122件179人,其中批捕未成年人犯罪案件4件4人。1991年7月,抗洪救灾抢险期间,沿河乡发生张某强奸、抢劫致人死亡案,立即选派干警提前介入侦查,公安机关提请批准逮捕当日,就对张犯作出批准逮捕的决定。1993年夏季“严打”斗争中,共批准逮捕严重刑事案犯76人。1994年5月,县检察院及时指派检察员2人、书记员1人赶赴案发地,提前介入侦查朱某、张某、戴某、陈某轮奸一案。1996年末实行捕诉分开。1997年提前介入重大案件侦查10次,批准逮捕138人,其中3日内批准逮捕60人。1999年,县维护青少年权益领导小组成立,在审查批捕科成立青少年维权岗。2002年,加大审查批准逮捕涉及黑社会性质的团伙犯罪,流氓恶势力犯罪，杀人、抢劫、绑架等严重刑事犯罪以及重大盗窃案件工作力度，审查案件121件193人。在氾水镇中心初中建立检校共建法制教育基地，派干警到城北中学担任法制副校长和法制班主任。至2003年，县检察院先后被评为市和省级优秀青少年维权岗。2005年，为预防和减少未成年人犯罪，与宝应人民广播电台、宝应电视台联合开办《未成年人犯罪及预防》专题节目。当年受理批准逮捕未成年犯罪嫌疑人案件26件26人，批捕23件23人。1990～2005年，全县共受理审查批准逮捕2629件3674人，批准逮捕2263件3122人。

1990～2005年宝应县检察院审查批准逮捕案件统计

表23-3-3

年份	受理案件(件/人)	批准逮捕(件/人)	不批准逮捕(件/人)	重特大案件(人)	介入侦查(件/人)
1990	138/204	122/179	7/9	45	12/12
1991	119/182	109/158	4/10	50	12/12
1992	109/149	98/130	6/12	39	6/8
1993	129/251	114/220	10/21	90	8/12
1994	101/158	94/142	4/10	69	2/4
1995	144/204	121/173	19/24	56	14/15
1996	166/210	134/181	32/29	80	7/15
1997	129/176	103/138	25/37	42	10/10
1998	170/221	137/180	32/40	24	9/9
1999	181/253	150/190	28/51	61	4/5
2000	265/379	228/319	31/45	114	18/30
2001	254/339	211/278	20/28	74	14/29
2002	198/248	185/228	8/9	62	11/19
2003	141/182	120/156	16/18	—	5/7
2004	158/202	139/180	13/16	—	14/24
2005	227/316	198/270	17/25	—	6/13
合计	2629/3674	2263/3122	272/384	806	152/224

二、审查起诉

1990年，县检察院受理审查起诉案件159件237人，决定起诉135件208人，其中起诉侵犯财产犯罪案件89件162人、侵犯女性权益案件22件25人、3人以上团伙犯罪19件。1992年实行专人办理青少年犯罪案件制度。1994年，受理审查起诉113件196人，决定起诉99件174人，报市检察院8件30人。1995年加大审查破坏市场经济秩序类犯罪案件工作力度。1997年7月贯彻新的《中华人民共和国刑事诉讼法》，审查证据、提起公诉以及出庭支持公诉等程序发生重大变化。在对166人提起公诉时，有17人翻供，除1人退查外，3人报市检察院审查起诉，13人经复核证据依法提起公诉，法院均作有罪判决。2000年参与全国打击拐卖妇女儿童专项斗争，向县法院提起公诉涉嫌拐卖妇女儿童案12件22人。2001年与县法院会商并形成《关于实行普通程序简便审的会议纪要》，试行刑事案件普通程序简便审理。2002年为加大打击破坏市场经济秩序犯罪，迅速办结涉嫌经济犯罪案件16件51人，出庭公诉徐某等23人虚开增值税专用发票案，并依法追诉9家发案单位。2003年审查起诉县内首例聚众冲击国家机关案。2005年受理审查起诉或不诉案件287件445人，决定提起公诉251件368人，其中侵犯财产类犯罪案件113件191人。是年试行对不起诉案件举行人民监督员听证评议，接受监督。1990～2005年共受理审查案件2862件4197人,决定起诉2402件3405人,免予起诉228件307人,不诉49件83人。

1990～2005年宝应县审查起诉案件统计

表23-3-4　　单位:件/人

年份	受理案件	决定起诉	决定免予起诉	决定不诉	其中报送市检查院	退查重报	其他处理
1990	159/237	135/208	31/39	—	2/4	7/10	—
1991	54/76	38/50	30/45	—	7/13	14/19	—
1992	101/150	84/125	33/44	—/1	5/5	16/20	—
1993	111/203	95/149	34/64	—	6/25	18/10	—
1994	113/196	99/174	30/32	—/1	8/30	16/11	—
1995	147/215	110/163	21/24	—/2	5/11	—	16/26
1996	162/212	120/157	49/59	4/6	5/6	11/10	—
1997	117/166	93/133	—	15/17	4/8	—	9/16
1998	149/199	126/169	—	5/6	5/6	—	18/24
1999	176/251	139/189	—	—	4/6	—	37/62
2000	266/392	230/316	—	1/1	2/3	—	35/75
2001	312/446	277/397	—	4/4	3/6	—	31/45
2002	299/443	257/359	—	2/4	5/7	—	40/80
2003	224/312	179/232	—	5/5	4/7	—	40/75
2004	185/254	169/216	—	6/23	4/11	—	10/15
2005	287/445	251/368	—	7/13	5/11		29/64
合计	2862/4197	2402/3405	228/307	49/83	74/159	82/80	265/482

说明:起诉免予起诉中含退查重报数;其他处理为积存、撤回案件数等。

第四节　民事行政检察

1992年,民事行政检察科成立,配备检察人员2人。接待民事行政申诉来访者12人次。其中,受理不服法院判决民事申诉案件2起,经调查和补充证据,说服申诉人息诉,2起案件当年办结。1995年,首次办理1起民事抗诉案。申诉人夏某涉经济纠纷案经立案审查后,发现原判决在审判程序和认定事实上确有错误,依法提请市检察院抗诉。经抗诉后,市中级法院发回重审,再审改判。1997年受理9件,立案1件。1998年,行政检察人员增至5人,受理案件22件,立案3件。1999年立案审查被告徐某不服县法院判决的借款纠纷案。经审查,原审原告与他人恶意串通,制造假债务,导致县法院错判,遂向县法院提出检察建议,县法院通过再审纠正此案。2000年,与县司法局联合成立律师代理申诉领导小组,印发代理申诉实施意见及实施细则,推行民事行政检察律师代理申诉制度,聘请10名律师为代理申诉员,在4个律师事务所和6个法律服务所设立民事行政申诉案件受案点。2002年,与县法院联合召开研讨会,在民事行政申诉案件受理、调卷、审查、检察建议、抗诉、庭审旁听等环节形成32条意见。同年,县检察院受理巩某诉于某货款纠纷案,被省检察院评选为民事行政抗诉案件20件精品案件之一。2004年受理民事行政申诉案件15件,立案审查10件,成案率67%。经审查提请抗诉7件,建议提请抗诉2件,市检察院审查后共抗诉8件,在全市名列前茅。2005年,县检察院印发《民事行政抗诉案件办案规定》和《关于民事行政检察息诉工作的意见》。全年受理案件16件,立案10件,提请抗诉3件,建议提请抗诉4件，出席再审庭审1件。1997～2005年共受理民事行政申诉案件197件，立案88件，提请抗诉35件，建议提请抗诉20件。

1997～2005年宝应县民事行政案件统计

表23-3-5　单位：件

年份	受理案件	立案	建议提请抗诉	提请抗诉	出席再审法庭
1997	9	1	—	2	—
1998	22	3	3	2	—
1999	23	10	2	7	—
2000	45	18	5	5	—
2001	38	17	3	7	—
2002	18	12	1	1	—
2003	11	7	—	1	—
2004	15	10	2	7	—
2005	16	10	4	3	1
合计	197	88	20	35	1

第五节　控告申诉检察

1990年，县检察院受理来信245件、来访93人次。移送公安、法院等职能部门查处212件，县检察院受理96件，其中涉嫌经济犯罪案件37件。1992年，受理来信174件、来访116人次，其中首次信访271件次，举报贪污贿赂等经济问题145件。长沟乡沿湖村马圩组22人联名举报该组组长贪污1万多元。经查，被举报人确有经济问题，但数额未构成犯罪最低立案标准，对村民的法律意识和维权行为予以表扬，同时责令被举报人退出公款、公物，做好息访工作。1995年运用宝应人民广播电台、宝应电视台和公告牌等形式宣传检察长接待日制度。7月6日，市检察院副检察长成国平在宝应接待群众来访17件33人，其中举报经济案件线索13件。1996年奖励6名举报有功人员。1998年开通全国检察机关统一尾号的举报电话“8242000”，受理来信来电248件次。2001年2月，县检察院印发《处理突发信访事件预警方案》。7月，控告申诉举报中心设立电子举报信箱。2003年，全县28个机关、企事业单位和16个乡镇建立法律服务联系网络。2004年12月，县检察院控告申诉举报接待室被最高人民检察院授予“文明接待室”称号。2005年受理来信78件、来访22人次、来电4次，其中县检察院办理65件次。1990～2005年共受理来信2360件、来访1322人次、来电15件，其中县检察院办理1477件次。

1990～2005年宝应县检察院受理控告申诉案件统计

表23-3-6

年份	受理				处理结果		
		来信(件)	来访(人)	来电(件)	县检察院办理(件)	移送其他机关(件)	息访(件)
1990	338	245	93	—	96	212	30
1991	282	188	94	—	121	121	40
1992	290	174	116	—	106	139	45
1993	241	139	102	—	102	81	58

续表 23-3-6

年份	受　理				处理结果		
		来信(件)	来访(人)	来电(件)	县检察院办理(件)	移送其他机关(件)	息访(件)
1994	230	167	63	—	87	72	71
1995	224	125	99	—	73	56	95
1996	362	285	77	—	68	115	179
1997	256	—	256	—	127	129	—
1998	248	182	66	—	129	119	—
1999	221	166	55	—	72	149	—
2000	224	172	52	—	69	115	40
2001	262	162	100	—	123	135	4
2002	183	126	57	—	91	92	—
2003	121	89	22	10	69	52	—
2004	111	62	48	1	79	32	—
2005	104	78	22	4	65	39	—
合计	3697	2360	1322	15	1477	1658	562

第六节　履行监督

一、立案监督

1990年，县检察院实施立案监督，通知公安机关立案1件1人，并在公安机关移送审查批捕后，依法作出批准决定。1992年监督公安机关撤回、撤销4名立案侦查对象。1994年在审查林某、吕某抢劫一案过程中，发现吕某有强奸犯罪嫌疑，遂通知公安机关立案补充侦查。1997年7月依据《中华人民共和国刑事诉讼法》，采用说明不立案理由通知书、检察建议等对公安机关进行立案监督，立案监督逐步规范化。1998年监督立案6件12人。1999年对不满14周岁的夏某作出不批准逮捕决定，并建议公安机关撤销案件。2003年在审查犯罪嫌疑人陆某诈骗案中，发现范某有窝藏涉嫌信用卡诈骗犯罪嫌疑人行为，对其行为公安机关未予立案，遂发出要求说明不立案理由通知书，公安机关接到通知后依法立案。2005年加强对不应当立案而立案的监督，通过调阅卷宗，发现被立案侦查的孙某等5人涉嫌赌博案，不符合聚众赌博特征，不应当追究刑事责任，遂建议公安机关撤销案件。排查立案线索8件，向公安机关发出要求说明不立案理由通知书4份，监督立案2件、撤案2件。

图23-3-2　县检察院立案会审

二、侦查监督

1990年，县检察院在审查批捕过程中，注重对事实之间关联性进行实质审查，并重点侦查证据合法性。当年经审查，对7件9人作出不批捕决定。参加公安机关讨论案件15次，追捕1人。1991年在审查批捕王某盗窃案件时，发现有部分证据收集不合法，并立即提出书面补充侦查意见，同时建议承办案件派出所不再用联防人员参加办案。在审查批捕张某等9人盗窃一案过程中，失窃户反映被窃款物未全额发还。经查证，侦查部门对赃款赃物处理不合法，向县公安局预审股发出书面违法通知书，公安机关及时予以纠正。1992年对11名不符合逮捕条件的涉案人依法作出不批捕决定，同时追捕2名犯罪嫌疑人。1993年对20名不符合逮捕条件的涉案人作出不批捕决定，退回公安机关补充侦查，建议撤销案件23人。1996年不批捕案件32件29人，运用检察建议对公安机关侦查适时监督。2000年对31件45人作出不批捕决定，追捕8人，发出应当逮捕犯罪嫌疑人意见书、应当逮捕犯罪嫌疑人建议书8份。在审查范某盗窃案时，经仔细核查发现范某户籍登记有差错，范某不满16周岁，不构成盗窃犯罪，遂作出不批捕决定。2005年4月对2004年公安机关报请延长侦查羁押期限情况进行复查，发现有些报请案件不符合刑事诉讼法有关规定，向公安机关发出检察建议，要求严格依据刑事诉讼法规定的报请延长羁押期限条件报批。是年，不批准逮捕犯罪嫌疑人16件26人，追捕5人，书面纠正违法6起，并及时纠正讯问(询问)笔录中个别办案人员不签名的情况。在审查一起盗窃案时，发现被拘留人通知书未在24小时内送达其家属，侦查监督部门发出纠正违法通知书，要求公安机关立即纠正。

三、刑事审判监督

1991年依法提出抗诉1件。1993年12月对被告人钱某、潘某盗窃案提出抗诉。市中级法院对被告人钱某予以改判，加重处罚，对被告人潘某维持原判。2004年对县法院已判决于某受贿罪、贪污罪、挪用公款罪再审改判为受贿罪提出抗诉，市检察院予以支持。2005年，市法院裁定驳回抗诉。

四、刑事执行监督

1990年，县检察院监所科及驻看守所检察室全面履行刑事执行监督，催办即将到期案件91件101人，审查各种法律文书392份，给在押人员上法制课3次，考察监外执行罪犯21人次，纠正超期案件7件15人。1991年，经驻所检察室干警教育，在押人犯共检举犯罪线索165条，依据线索，破获盗窃案件66件，其中大案18件，追赃8万多元。部分在押人员主动坦白18条违法犯罪行为。1994年，县看守所留所服刑犯王某，在出所劳动途中抢救落水母子2人。驻所检察室干警主动进行调查，收集证据，并建议检察长召开检委会会议，拟向县法院建议减刑，后经检委会决定向县法院提出司法建议，并提供相关证据，依据建议和证据，县法院裁定其减刑一年。1995年配合县看守所组织犯人亲属规劝会和赴劳改农场探监座谈会，向在押人犯亲属写信125封。1998年在例行检查中，发现犯罪嫌疑人宋某行为举止异常，询问其他同监号人员得知宋被同监犯人张某拳击致重伤，公安机关未立案侦查。经监督，公安机关对张某立案侦查并移送审查起诉。1999年发现因犯盗窃罪被判处有期徒刑5年的余某未收监执行，立即发出纠正违法通知书，公安机关将其收监执行。2000年向县看守所提出检察建议，纠正2起不应被关押人员案件。监所检察干警在审核有关材料时，发现未满16周岁李某属不应被关押人员，另1名正在怀孕妇女盛某符合取保候审条件，就此向县看守所提出建议，县看守所采纳建议。2001年，驻县看守所检察干部利用各种形式，对在押人员进行法律教育，鼓励坦白、自首、检举。当年在押人员共坦白、检举犯罪线索76条，从中破获刑事案件12件，其中盗窃9件、诈骗2件、故意杀人1件。2002年，驻县看守所检察室运用计算机系统，对看守所人犯出入情况进行全天候监督。2003~2005年发现并要求执行机关纠正不当减刑5人、不宜留所服刑9人，办理监外执行罪犯又犯罪案件11件11人。2005年共催办即将到期案件11件28人，审查各种法律文书1873份，提审教育人犯650人次，上法制课8次，考察监外执行罪犯366人次，提出纠正违法意见9次。1990～2005年共催办案件720件，审查各类法律文书1.70万份，提审教育在押人员6790人次，上法治课93次，考察监外执行罪犯4158人次。

1990～2005年宝应县监所检察数据统计

表23-3-7

年份	纠正超时案件(件/人)	催办即将到期案件	审查法律文书(份)	提审教育人犯(人次)	上法制课(次/人)	考察监外执行罪犯(人次)	提出纠正违法意见(次)
1990	7/15	91/101	392	310	3/366	121	12
1991	17/25	54/62	369	348	6/455	134	16
1992	10/31	74/85	416	256	3/398	176	22
1993	19/26	123/208	496	318	2/182	208	29
1994	52/86	36/37	544	441	7/750	195	32
1995	56/66	49/65	537	296	6/514	242	57
1996	40/72	26/37	665	314	6/666	270	42
1997	16/27	37/51	983	717	6/582	271	45
1998	18/19	42/65	1165	258	7/794	247	37
1999	6/7	17/21	936	221	6/803	261	56
2000	—	21/30	832	365	6/1210	259	50
2001	—	46/70	1832	492	6/1274	277	57
2002	—	39/55	2520	662	6/1158	371	31
2003	—	31/41	1847	474	7/728	395	15
2004	—	23/35	1625	668	8/903	365	44
2005	—	11/28	1873	650	8/1287	366	9
合计	241/374	720/991	17032	6790	93/12070	4158	554

第四章　审　　判

第一节　机构队伍

一、机构

1990年，县法院内设办公室、刑事审判一庭、刑事审判二庭、民事审判庭、经济审判庭、行政审判庭、执行庭、告诉申诉庭和城郊、氾水、曹甸、鲁垛、子婴河、射阳湖6个人民法庭。1991年5月成立政工科。1995年8月增设法警队。1998年，政工科改为政治处，刑事审判一庭、刑事审判二庭合并为刑事审判庭，增设纪检监察室、法医技术室。1999年8月，法警队改为法警大队。12月撤销子婴河、鲁垛人民法庭。2000年1月成立书记官处，撤销告诉申诉庭，设立立案庭、审判监督庭。2002年10月增设县纪委派驻县法院纪检组；撤销民事审判庭、经济审判庭，设立民事审判第一庭、第二庭，执行庭改为执行局。2003年2月撤销城郊人民法庭。2004年设行政装备科。10月，执行局内设综合科、实施一科、实施二科。2005年,县法院内设办公室、刑事审判庭、民事审判第一庭与第二庭、行政审判庭、执行局、立案庭、审判监督庭、政治处、监察室、行政装备科、法医技术室、法警大队及氾水、曹甸、射阳湖3个人民法庭。

二、队伍

1990年,县法院有干警108人,其中正、副院长3人,审判员、助理审判员54人,法警5人,具有大专以上学历干警22人、占干警总数20.4%。1993年增加副院长2人。1998年10月,经省高级人民法院审批,县法院98名审判人员被确定法官等级,其中四级高级法官13人,一、二、三、四级法官分别为21人、16人、26人、22人。2003年,公开选拔副院长2人。2005年,14名年轻干部通过公开选拔走上中层领导岗位。有法官等级审判人员109人,其中四级高级法官19人,一、二、三、四级法官分别为31人、42人、14人、3人。是年底,县法院有干警106人,其中正、副院长5人,审判员、助理审判员66人,法警11人,具有大专以上学历干警91人、占总数的85.8%。1990~2005年,县法院有1人被最高人民法院授予"全国法院模范"称号,1人被评为全国法院系统先进工作者,8人立二等功,36人次立三等功。

第二节 司法改革

1990年9月,市中级法院受省高级法院委托在宝应召开县法院蔡春道改革审判方式、提高办案效率经验交流会。最高法院《人民司法》主编童秀峰到宝应调研蔡春道办案工作法。省高级法院向全系统发出开展学习蔡春道活动。是年,县法院针对民事案件审判周期长问题,依法扩大适用简易程序审理案件范围,提高审判效率和速度。1995年,县法院制定《关于民事、经济审判方式改革的实施细则》,并在城郊、鲁垛法庭试点,逐步落实合议庭和独任审判员裁判权。1998年4月成立审判方式改革工作领导小组。1999年全面推行公开开庭,当庭举证、质证、认证、辩论、宣判。是年,各类案件直接开庭率99.7%、当庭宣判率92.6%。2000年推行审判长、独任审判员选任制。市中级法院确定县法院为实行书记官单独序列管理试点单位。建立相互监督制约的案件流程管理体系,成立立案庭,负责告诉立案工作。2001年探索刑事案件普通程序简便审理路子。被告人路某盗窃作案10起,涉及证人证言130多份,按常规方法开庭审理至少需要2天时间,该案采用普通程序简便审进行审理,庭审仅用2个小时作出当庭宣判。2002年,县法院将执行程序中裁决权、实施权、异议审查权分别由不同合议庭行使,实现执行权能分离和制约;改革执行案件流程管理,案件执行工作分阶段由不同合议庭实施;制定工作量化考核指标体系,确保案件流程管理顺畅。贯彻最高法院《关于民事诉讼证据规则的若干规定》,改革审判人员对证据规则理解把握能力不足弊端,转变片面强调举证责任,解决案件处理方式以判决居多、上诉率和申请执行率居高不下等问题,确定调解作为处理案件主要方式之一。2004年,全面推行审判质量效率指标体系,建立办案责任管理机制和审判工作业绩考评机制。全年未出现1件超期案件,无1件刑事案件被发回重审或改判,平均审理周期12.50天,名列全市第一;民商事案件平均审理周期38.60天,同比缩短8天;执行案件平均执行周期68.40天,同比缩短14天。2005年印发《关于庭前调解工作的实施办法》,探索诉讼调解与社会大调解有机衔接的方式、方法,民商事案件调解撤诉率达52.9%。

附:蔡春道工作法

1982年,蔡春道从部队转业到县法院工作,任城郊法庭副庭长、教导员。1987年起,他每年办案超过100件,速度既快又好,无一件错案。1990年,省高院专门召开蔡春道办案经验交流会。蔡春道在从事民商事案件审判中,具有丰富的调解工作经验。他办案的主要特点是:在依法办案前提下,突出一个"活"字。做到运用简易程序审理,利用可能运用的力量,配合做好双方当事人工作,审判员、书记员事前谈方法步骤,不拘泥于我审你记,把疏导说法工作做活。在注重办案质量基础上,强调一个"快"字。方法主要有科学安排,抓主要矛盾的主要方面,学会运用心理学,强调当事人当庭举证,减少庭前事实争议等。在严谨细密上下功夫,狠抓一个"实"字。注重调解,把思想政治工作贯穿案件审理全过程,从

图 23-4-1　蔡春道

实际出发,积极帮助当事人解决实际问题。改革审判方式,不苛求当事人递交书面诉状,个人起诉的可以口述,单位起诉的填写一张表格。望直港水运分公司诉100多户船民欠款纠纷,若分别填写诉状,工作量很大。他设计一份表格,指导原告填写,仅用一个晚上时间,诉状即填写完毕。这些创新做法实用而快捷,大大减轻当事人讼累。1992年办案308件,为当年全国法院系统最高纪录。1993年4月,最高法院委派两名记者到宝应了解情况后说,老蔡办案实、方法活、速度快,实现法律效果与社会效果有机统一,应当尽快向全国法院推广。至1997年10年间,办案2000多件,平均审理时间仅1.80天,案件调解撤诉率90%以上。1998年10月,他被省高级法院评定为四级高级法官,多次在全省作审判经验和先进事迹巡回报告。至2005年,先后受到最高法院、省高级法院、市委、市中级法院嘉奖,立一等功两次、二等功两次、三等功一次,被授予"全国法院模范""江苏省劳动模范"和市"十佳法官""优秀共产党员"等称号。

第三节　立案、信访

1990年,县法院告诉申诉庭在办理人民来信来访中,实行接受、审查起诉、立案、预收诉讼费、申诉等"一条龙"服务。同时依照当事人申请,在依法审查基础上,办理公示催告案件和发出支付令。审查立案采取双轨制,告申庭和职能庭同时办理。是年4月,县法院制定告诉申诉工作意见及工作细则,当年办理告诉立案2371件、申诉立案84件。1993年,围绕起诉状书写规范、诉讼主体资格认定、主要证据、管辖范围、时效等,逐件填表、逐案审查,7日内立案率100%。1994年恢复每周三院长接待日制度。1996年,县法院制定告申立案工作规则,实行立审分开,统一立案、统一编号,强化审判监督职能,告诉申诉工作逐步规范。1997年协助有关部门妥善处理商业大厦集资纠纷案等。1998年启用现代办公工具,将案件基本信息输入计算机,对案件审理进程跟踪监控,对临近审限的发出催办案件通知书,预防和减少超审限情况发生。1999年妥善处理安宜商贸城、县化肥厂等单位群众集访等事件。2000年在立案权与审判权分离基础上,加强审判程序动态管理与控制。2004年按照省高级法院统一部署,开展集中处理涉诉上访工作,完善申诉信访工作机制,有效缓解信访工作压力。2005年开展案件质量效率考评,制定实施《进一步规范裁判文书送达和案件报结的规定》,做好案件审限跟踪管理和卷宗扎口移送、报结、中止、延长等4类案件检查工作。当年受理立案3012件。1990～2005年,告诉立案5.24万件,处理来信来访3765件次,办理公示催告案件82件,发出支付令1569份。

图 23-4-2　县法院立案审判工作汇报会

1990～2005年宝应县告诉立案统计

表 23-4-1　　单位:件

年份	数量	年份	数量
1990	2371	1998	3910
1991	2093	1999	4734

续表23-4-1

年份	数量	年份	数量
1992	2931	2000	3771
1993	3452	2001	3768
1994	3356	2002	3261
1995	3472	2003	2850
1996	3396	2004	2849
1997	3143	2005	3012

第四节　刑事审判

1990年，县法院针对盗窃农机具犯罪活动猖獗的现状，运用多种形式敦促犯罪分子投案自首，引导农民加强防范措施，倡导乡村组织治安护庄队。受理刑事案件143件，当年全部结案。朱某等5名被告人黑夜蒙面持刀抢劫，被从重判处三年零六个月至九年零六个月不等有期徒刑。县法院对案件做到快审快判，并召开专场宣判会等，遏制犯罪势头，维护正常农业生产秩序。1992年，故意纵火犯高某在县内作案10起，烧毁30余户农民的大柴2万余束、稻草1万千克，直接经济损失16万元，市中级法院依法判处其无期徒刑，剥夺政治权利终身。是年7月，地龙汽渡特大交通肇事案造成10人死亡，在对被告人判处有期徒刑的同时，向县交通局发出加强渡口管理、政纪处分责任人等司法建议。1993年，高某等7名犯罪分子多次抢劫、敲诈过往驾驶员钱财，数额较大，闹得人心不安。县法院及时审理、公开宣判一批“车匪路霸”，收到震慑作用。1994年针对未成年人犯罪逐年上升趋势，县法院邀请有关部门和团体共商综合治理对策，与县公安局、县检察院和县司法局联合印发《关于办理未成年人刑事案件的实施意见》，并对各部门工作衔接和配合作出具体规定，形成未成年人刑事案件羁押、预审、起诉、辩护、审判、管教“一条龙”工作体系。1995年11月，县内审理首起种植毒品原植物犯罪案件。安徽来安县邹某携带100克罂粟种到石桥乡串通连襟冼某到韩某等人家，以多补偿种植油菜籽的损失为条件怂恿种植罂粟。韩某种植成活2061株，冼某种植成活256株。案发后，3名被告人坦白认罪态度尚好。翌年，以非法种植毒品原植物罪判处邹某、冼某、韩某三年至一年零六个月不等有期徒刑，并处4500元至2500元罚金。1996年，刑庭内设少年犯合议庭，专门审理未成年人犯罪案件，聘请熟悉青少年工作的各界人士12人为特邀陪审员，审理未成年人犯罪案件42件。1997年8月组织有关人员赴省少管所看望13名宝应籍少年犯，赠送法律书籍和生活用品。1999年，判处五年以上有期徒刑30多人，占判处人犯的20%。选择典型案件到案发地召开宣判大会7次。2000年审理张某组织与利用邪教组织破坏法律实施案、陈某雇凶杀人案等一批重大有影响案件。2001年依法严惩侵占企业资产、出卖企业利益的腐败分子。县车辆厂原厂长陈某、县葡萄糖厂原厂长周某、县粮食局原局长翟某因受贿罪，一审被分别判处六年和六年零六个月有期徒刑。2003年7月26日，县法院院长刘强任审判长审理曹甸镇新南村村民曹某用毒鼠强毒杀其子案，县检察院检察长王振亚出庭支持公诉。这是县内历史上首次“两长”同时出庭审理案件

图23-4-3　刑事案件审判现场

(因曹某义愤杀子,故从轻判处有期徒刑八年)。2004年选派32名法官担任中小学法制副校长或法制班主任,为8所学校举办法制报告会9场次,受教育师生近1万人次。设立青少年维权岗,开通青少年维权热线,组织模拟法庭,编写发送案例教材,定期回访被判处管、缓、免的少年犯,积极预防和减少青少年犯罪。2005年审理省挂牌案件2件40多人。以被告人李某、王某为代表的两帮犯罪团伙聚众斗殴案,涉案30多人,是宝应历史上罕见的人数多、规模大、影响恶劣的案件。全年审结244件355人,结案率99.6%,案件平均审理时间14.50天,名列全市前茅。1990～2005年共受理故意杀人、故意伤害、抢劫、强奸、盗窃、聚众斗殴、贪污受贿、职务犯罪等各类刑事案件2749件,审结2739件,对3636名被告人作出刑事判决,其中判处十年以上有期徒刑94人,三年以上十年以下有期徒刑1227人,三年以下有期徒刑1411人,拘役、管制265人,适用缓刑、单处罚金等非监禁刑594人,免于刑事处罚45人。

1990～2005年宝应县刑事案件审判统计

表23-4-2　　单位:件

年份	受案	结案	年份	受案	结案
1990	143	143	1998	155	152
1991	110	109	1999	162	158
1992	111	111	2000	234	233
1993	108	108	2001	306	305
1994	121	121	2002	282	282
1995	131	131	2003	203	203
1996	149	149	2004	164	164
1997	126	126	2005	244	244

第五节　民事审判

一、婚姻家庭案件审判

1990年,县法院受理婚姻家庭案件347件,其中离婚案件270件,占77.8%。1991年,八旬老人姚某被人撞伤,其3个儿子互相推诿,导致老人失去生活来源。受案后及时审理,就地办案,不仅使老人生活起居得到妥善安置,并对当事人伤害赔偿纠纷一次性处理。1993年审理案件426件。宋某诉唐某离婚案,双方对立情绪严重,均有过自杀行为。经耐心细致地疏导教育,最终使这一死亡婚姻调解结案。1996年重阳节前夕,城郊法庭在长沟乡龚陈村开庭审理龚某与其子女赡养一案,600多人旁听,达到促进社会尊老敬老的办案效果。1998年,离婚案件呈上升趋势,不仅数量增多,而且在财产分割、住房、子女抚养等方面出现新问题。在分清是非基础上,严格依照《中华人民共和国婚姻法》规定妥善处理。2001年在婚姻家庭案件审理中,加强调解,尽可能化解婚姻家庭纠纷;以实现最大限度公平为目标,适用证据规则,强化诉讼指导和职权干预。总结发生家庭暴力的类型、原因及预防对策,并向县妇联等有关部门发送司法建议。坚持以夫妻感情是否破裂作为是否准予离婚的原则。涉及子女抚养和财产分割,以维护妇女、儿童及无过错方合法权益为原则,所采取的分割方式与市场经济运行的规则相适应,当年妥善处理离婚、赡养、继承等婚姻家庭案件560件。柳堡镇1名10岁女孩父母离异后,随父生活,其父照料不周,致女孩辍学。其母诉至法院,要求依法变更抚育关系。新学期开学前县法院强制执行,该小孩重新回到课堂。2002年审结离婚及解除非法同居关系案件560件,审结赡养案件23件。吕某与他人婚外同居,其妻提出离婚诉讼后,依法判令其承担过错损害赔偿金2000元。2003年,因夫妻一方患重病而引发的离婚案增多，审理难度大，坚持以维护稳定为前提，依照法律和社会公德妥善处理。全年审结离婚及解除非法同居关系案件559件，宣告婚姻无效案件2件，审结抚养、扶养纠纷案件5件，审结赡养纠纷案件12件。2005年受理婚姻家庭案件725件，审结710件。1990～2005年，共审结婚姻家庭案件8608件，占民事案件受案总数的38.1%。

二、损害赔偿案件审判

1990年，县法院受理损害赔偿案件28件。审理刘某诉王某侵犯承包权案，开始王某不但不认识违法行为严重性，还妨害两级政府办公秩序。县法院对该案进行公开开庭审理，维护原告合法权益，制裁被告不法行为，全程录像在宝应电视台播放，社会反映很好。1993年，邵某诉李某家树枝断落致伤请求人身损害赔偿，为县内首次审理此种案件。1995年受理损害赔偿案62件，审结57件。1997年2月审结县内首起医患纠纷案件。原告高某于1996年7月6日在被告芦村乡卫生院施行前列腺摘除手术，先后输血3次。原告诉称因输血感染丙肝，要求被告赔偿4项费用计7.27万元。经审理查明，被告违反规定，将单采血浆直接用于临床，未执行对供血者进行包括丙肝在内的五项血液传染病检查的复检制度，又不能提供供血者确无丙肝之证据，故推定被告有过错，负全部责任。判决被告给付原告继续治疗费、营养费、律师代理费、交通费合计2.80万元。1999年10月5日，水泗乡祁某服安眠药自杀身亡。《扬州晚报》《扬子晚报》分别刊登文章，称祁是从事违法色情活动的风尘女郎，报道内容严重失实，对死者名誉造成侵害。祁的两个妹妹为此诉至法院。2000年4月12日判决被告两报社刊登更正声明，消除影响，向原告公开赔礼道歉；两被告各给付原告精神抚慰金2500元。2000年农历十月，原告陈某等人之父去世后，将其骨灰安葬于被告氾水镇柘沟村统一规划的公墓内。2001年2月10日，原告发现其父坟墓被掘，骨灰抛洒在外，诉至法院，要求被告村委会承担精神损失费7000元、误工费2000元、交通费600元和律师代理费赔偿责任并赔礼道歉。经审理认定，原、被告之间不符合保管合同关系法律特征，被告不应承担违约责任。被告开设的公益性公墓应有相应管理制度，陈父坟墓遭掘使原告精神受到打击造成损害，亦应承担相应民事责任，可适当补偿，予以安慰。判决被告给付原告精神损害补偿金1200元。该案例被中央电视台《今日说法》采用播出。2005年受理损害赔偿案285件，审结223件。

三、债务纠纷案件审判

1990年，县法院审理个人欠乡镇供销社和乡办企业款项案件51件，返还资金10多万元。1991年，张某诉柏某、荀某借款纠纷，原告指使贿买五六个人作伪证，经深入查证真相大白，避免冤案发生。1993年，小官庄镇侯某等3人在与山东省农民李某、刘某多次交易玉米取得信任后，骗取李、刘的玉米1.35万千克而不支付货款。案件受理后迅速查明玉米去向并予以诉讼保全，避免损失扩大。1998年配合清理整顿农村合作基金会，帮助清收债权。对证据充分、债权债务关系明确的，运用督促程序向当事人发出支付令，并在5个乡镇召开集中执行大会。至1999年末，共受理此类案件500多件，标的1000多万元，审结400多件，执行到位98件计300多万元。是年，广洋湖镇王某承包40公顷水面从事养殖，举债300多万元后举家外逃。受案后，组织干警进驻鹤湾村，妥善分配财产，平息事态。2005年春节前，县大田出租车公司股东间因经济利益出现矛盾起诉到法院，驾驶员集体停运，挡堵有关机关，在社会上造成较坏影响。受案后多方协调，积极做好驾驶员思想稳定工作，争取相关部门支持，终于达成协议并自觉履行，保证人民群众出行方便。

四、其他民事案件审判

1990年，县法院受理相邻权及宅基地使用权纠纷案件9件。县羽绒厂委托广告公司制作5000份产品广告，该广告公司制作羽绒被广告时使用《宝应画册》中陶某的1张照片。陶知情后向该厂提出异议并要求赔偿。法院受理，追加广告公司为被告。经审理认为，两被告未征得原告同意，擅自将原告肖像用于营业性广告，侵犯原告肖像权，负全部责任。经调解达成协议：被告向原告赔礼道歉，经济补偿900元，原告同意羽绒厂继续使用剩余的4343份广告。1993年审理1起福利奖券纠纷案，在中央电视台《今日说法》栏目播出。原告王某于是年6月向被告姜某借得8000元，约定还款期限与月息，原告用县建设银行发行的7900元奖券抵押给被告。当月11日,其中1张奖券中一等奖3.51万元。被告明知此情,却于16日与原告用抵押的奖券冲抵欠款结账。18日中奖号码公布,原告闻讯与被告为中奖奖券归属诉至法院。经调解,双方自愿达成协议,被告返还中奖奖券。双方如期履行。1998年,因机构改革、企业改制及劳动用工制度变化,用人单位与劳动者之间劳动争议案件大幅上升。2003年审结劳动争议案件22件,是前三年总和。2005年,《中华人民共和国道路交通安全法》实施后,诉至法院的道路交通事故赔偿案件上升至208件,且审理难度大。县法院采取集中人员设立巡回法庭的办法,提高办案质量和效率,当年审结150件。

五、民事调解

1990年,调解结案以及经说服疏导作撤诉处理的民事案件760件。1991年,县航运公司部分老职工退休后上岸安家,几名职工因房屋使用权与子女发生矛盾,甚至相互致伤。案件受理后及时深入调查,选择一起典型案件到该公司开调解会,并组织有关人员旁听,促使几件纷争一并得以圆满解决。1992年,在审理的民事案件中,调解结案以及经说服疏导作撤诉处理的占86%。1993年调解结案724件。1997年,县城乡建设局决定在安宜镇铁桥村跃进组建立一个垃圾中转站,附近4户居民阻拦施工。案件受理后,认真倾听其看法,有针对性地宣讲法律法规,宣传创建卫生城重要性。经多次调解,4户服从大局,中转站得以顺利建成。2000年审理安宜镇刘堡村与鲁某农业承包合同纠纷案。合同签订后,该村单方提高承包金,鲁某遂拒缴合同约定的承包金。法官既指出前者做法违反法律规定和有关政策,又指出后者的做法属违约行为。经调解双方达成协议。2003年将调解工作列入考核指标。是年,民事案件调解撤诉率从2002年的37%上升到45%。2004年,民事案件调解撤诉率48.6%,居全市法院第二。2005年,民事案件调解撤诉率52.9%,位列全市法院第三位。

1990～2005年宝应县民事案件审判统计

表23-4-3　　单位:件

年份	总数		婚姻家庭		损害赔偿		相邻宅基		债务		道路交通		其他	
	受案	结案	受案	结案	受案	结案	受案	结案	受案	结案	受案	结案	受案	结案
1990	933	863	347	338	28	25	9	9	435	425	11	11	103	55
1991	1020	950	417	404	39	33	1	1	308	299	15	15	240	198
1992	1315	1280	423	409	34	27	19	19	693	686	13	13	133	126
1993	1321	1300	426	420	35	33	1	1	812	800	18	18	29	28
1994	1368	1335	427	417	43	39	1	1	843	830	20	20	34	28
1995	1316	1284	571	558	62	57	18	18	590	578	22	21	53	52
1996	1321	1276	530	526	68	62	15	15	603	594	18	18	87	61
1997	1306	1249	538	524	73	65	17	16	585	562	21	21	72	61
1998	1616	1460	703	644	97	88	35	30	618	559	25	23	138	116
1999	1634	1623	700	694	102	102	19	19	660	657	17	17	136	134
2000	1249	1228	516	507	86	81	44	44	443	442	22	22	138	132
2001	1360	1332	572	560	90	84	31	30	390	389	19	19	258	250
2002	1763	1729	622	602	96	91	25	25	899	892	20	20	101	99
2003	1774	1730	620	602	85	77	25	24	865	858	20	19	159	150
2004	1854	1796	715	693	119	109	16	16	910	899	50	46	44	33
2005	2058	1907	725	710	285	223	13	12	756	744	208	150	71	68

第六节　商事审判

一、合同纠纷案件审判

1990年，县城北建筑站诉县水泥厂产品质量有问题，权威机构鉴定产品质量合格。经调解原告撤诉，消除社会对县水泥厂信誉的负面影响。县法院当年审结案件597件，成为全市审结经济纠纷案件数量最多的县级法院。1992年，县法院印发《签订、履行经济合同应该注意的十个问题》。成立经济纠纷调解服务中心，采取“即告即收，即收即调，简化程序，快速结案”办法，方便当事人诉讼。年调处经济纠纷23件，结案标的69.87万元。1995年针对一些企业怕打官司、不会打官司的情况，到乡镇帮助企业清理合同和账目，挽回经济损失390万元。1997年处理农村承包合同纠纷案件67件。县法院的《如何审理农村水面养殖合同纠纷》经验材料被最高法院向全国法院转发。是年，受理汜水布厂诉湖北仙桃制衣厂25万元货款纠纷案，仙桃制衣厂开办时注册资金未到位，不具有法人资格，而仙桃市纺织工业局和仙桃市中行为该制衣厂申请开业提供资金担保，遂依法判决制衣厂主管部门仙桃市鞋帽工业公司承担本案民事责任，并依法追究仙桃市纺织工业局和仙桃市中行的连带责任，最终追回全部货款。《江苏法制报》对审理过程进行报道，《新华日报》发表题为《宝应法院向死亡之债开刀》的报道。1999年，审理农村承包合同以及在农业服务、农产品收购、加工、销售过程中发生的纠纷，依法制裁单方撤销合同及其他侵犯农民合法权益的行为。2001年加强对房地产、商品房销售中各类纠纷案件审理。对建筑企业无资质、超越资质等违反法律法规订立的合同依法宣告无效，对在商品房销售中出现的房屋质量问题依法予以处理，制裁违规经营，保护商品房买受人的合法权益。年审理此类案件63件，维护房地产市场秩序。县华联商厦少数原承租户拒绝让出，导致引资项目协议迟迟不能实施。受理案件后仅用三天时间，使问题得以解决，该商厦引进的申联超市按期开业。2003年，落实服务措施，诉讼保全62件，保全资产1500多万元；审理银行等金融机构提起的借款合同纠纷案件380件、涉案标的6800多万元。2005年受理合同纠纷案件286件。其中，江苏天宇建筑工程有限公司诉扬州元昌纸业塑胶有限公司建筑工程合同纠纷案，由于原告已垫付资金500多万元，大量民工工资急待发放，极易引发群体上访事件。法院对被告遗留厂房财产采取诉讼保全措施，使原告合法权益得到保障，及时缓解矛盾。

二、企业破产清算案件审判

1994年，县劳武物资经销处申请破产还债，这是县内首起企业破产还债案。该企业经营管理不善负债104万多元，资产总额仅39万多元（大部分债权难以收回），严重资不抵债。经半年多紧张工作收回债权10万多元，变卖库存商品4万多元。县法院依法召开债权人会议，耐心细致说服疏导，裁定破产财产分配方案，债权人获得实际债权12%，妥善终结诉讼。1998年，县法院成立破产案件审理组。在破产案件审理中加强破产债权清收，防止国有资产流失，促进企业增资减债和实现资产重组，协助政府部门妥善安置职工。县胶鞋厂、县船厂是老企业，职工较多，在审理其破产案中深入细致开展思想工作，与有关部门协调解决问题办法，协助主管部门对职工分流、重组，使破产工作得以顺利进行。2000年受理企业破产案件12件，审结9件。2003年，2家破产企业资产以高出标底2倍价格成交，最大限度实现企业资产价值。县化肥厂有职工1200多人，是年9月30日向县法院提出破产申请。经全面清理，核定该厂负债总额7858万元，破产财产总额180多万元（不含优先受偿财产）。召开债权人会议，讨论通过破产财产处理和分配方案，清算组分配完毕后，县法院于2004年7月12日依法宣告破产程序终结，妥善处理好这起案件。1994～2005年共审理96起企业破产案件。

三、其他商事案件审理

1991年，县法院针对企业“三角债”现象，向全县企事业单位发出法律服务函。对重点企业上门服务。县建设银行无法收回1600万元贷款，县法院抽调审判骨干成立4个办案组，帮助该行突击清理。1992年为县重点骨干企业解决纠纷249件，标的521.12万元。1993年抽调38名审判人员，帮助企事业单位、金融系统清理三项资金和“三支一宕”款680.59万元。1998年8月，县液压件厂1000多万元资金无法回笼，严重影响正常生产。县法院专门成立清理小组，帮助核对债权债务，对符合条件的债权，指导企业提起诉讼。2005年开展延伸服务，与企业建立联系制度，帮助企业建章立制、培训供销业务人员，及时通报审判工作中遇到的新情况，预防和减少纠纷发生。是年，为企业和金融机构清收债权3000多万元，其中为宝胜集团清收债权1000多万元。

1990～2005年宝应县商事案件审判统计

表23-4-4 单位：件

年份	受案	结案	年份	受案	结案
1990	677	597	1998	594	549
1991	373	319	1999	720	672
1992	657	579	2000	608	592
1993	921	793	2001	704	695
1994	783	711	2002	731	726
1995	799	725	2003	644	636
1996	790	731	2004	560	548
1997	623	587	2005	458	409

第七节　行政审判

1990年，县法院受理行政诉讼案件2件。某乡一户居民违反集镇规划建房，乡政府作出责令拆除违章建筑的处罚决定，行政相对人不服诉至法院。经审理查明，乡集镇规划经过县政府审批，处罚决定程序亦合法，依法维持该乡政府处罚决定，在社会上产生较大影响。1991年成立公路巡回法庭。1994年成立兽医行政执行监督室，受理案件3起，诉讼外调处纠纷10起。1995年，某镇政府为实施集镇规划，在未下达处罚决定书情况下，即强行拆除一相对人的营业亭棚，相对人诉至法院。案件受理后派人宣传有关法律规定，镇政府负责人认识到在行政执法上工作不细、手续不完备，主动为原告作安置，原告撤诉，该案得以妥善处理。1997年，首次受理请求撤销公证文书案、不服工伤认定处理案、不服拆迁裁决案、请求撤销规划许可证案等新类型行政诉讼案件。坚持平等保护行政相对人和行政机关双方合法权益，严格审查行政机关的具体行政行为，共判处行政机关败诉案件7件。2000年，因土地征用、房屋拆迁、环境整治、农民负担、企业改制、社会保障等引发的行政争议较多，且涉及面广、人数众多、矛盾尖锐。2002年受理行政诉讼案件15件，依法判决行政机关败诉5件，行政机关改变具体行政行为后当事人撤诉3件。2001年10月25日，县农林局(被告)作出第76号行政处罚决定，认定江苏国联化肥有限公司宝应经营部(原告)两个肥料批发网点经销的45%高效复合肥外包装物上未附肥料登记证号，违反农业部《肥料登记管理办法》有关规定，作出停止销售及罚款6000元的行政处罚。原告不服，诉至法院。经审理查明，被告的处罚决定认定事实清楚，但仅适用《肥料登记管理办法》，且不能提供外包装无肥料登记证号的行为是违法行为给予处罚的法律规范，属没有法律依据。同时，被告对同一违法行为作出四份行政处罚，违背一事不再罚原则。根据《中华人民共和国行政诉讼法》第五十四条第(二)项之规定，撤销被告行政处罚决定。2002年2月1日，邢某(原告)与第三人郝某骑摩托车在县内天水公路水天大桥南侧发生道路交通事故纠纷，县交巡警大队(被告)于是年3月1日作出第037号道路交通事故责任认定书，认定原告违反《道路交通管理条例》有关规定，负主要责任；第三人负次要责任。原告不服，向市公安局交巡警支队申请重新认定，支队维持大队认定书，原告仍不服，遂向法院提起行政诉讼。经审理判决，被告撤销第037号认定书，重新作出责任认定；驳回原告要求确认被告扣押车辆行为违法，并要求赔偿损失2700元的诉讼请求。2004年推行行政首长出庭应诉。县公安局局长到庭参加一起行政诉讼案件审理。这是县内第一起由行政机关首长出庭应诉的案件。此后，被诉行政机关负责人出庭应诉逐步增多，行政诉讼中"告官不见官"的现象减少。2005年审结行政案件17件，审查办理非诉行政执行案件148件。是年12月9日凌晨，县城泰山东村238号住宅发生火灾，造成寄宿的原告王某之子死亡。原告认为是县公安消防大队救火行为迟缓，要求赔偿损失12.33万元。经审理认为，被告不是具有行政权能的组织，救火行为是一种社会公益救助行为，非行政行为。原告无权要求被告承担赔偿责任。起诉请求不属于法院行政审判权限范围。原告服从裁定，未上诉。1990～2005年，全县共受理行政诉讼案件189件，审结183件；受理和执行非诉行政执行案件1142件。

1990～2005年宝应县法院行政诉讼案件受理统计

表23-4-5　　单位：件

年份	受案	结案	年份	受案	结案
1990	2	2	1998	10	10
1991	8	7	1999	14	14
1992	9	6	2000	15	15
1993	8	8	2001	6	6
1994	7	7	2002	15	15
1995	9	9	2003	10	10
1996	18	18	2004	20	19
1997	21	20	2005	17	17

1990～2005年宝应县法院非诉行政执行案件受理统计

表23-4-6　　单位：件

年份	受案	结案	年份	受案	结案
1990	9	9	1998	21	21
1991	11	11	1999	126	126
1992	12	12	2000	114	114
1993	14	14	2001	101	101
1994	24	24	2002	75	75
1995	112	112	2003	55	55
1996	119	119	2004	106	106
1997	95	95	2005	148	148

第八节　审判监督

1990年，县法院申诉立案84件，经审理维持原判。1991年加大诉前引导和判后答疑工作力度，促进当事人服判息诉。是年申诉立案34件，案件数量同比下降59%。1993年申诉立案31件，其中民事、经济类申诉案件27件，刑事申诉案件4件，经审理维持原判。1994～1998年，申诉立案数保持平稳，年均申诉立案16.60件。1999年1月成立案件质量督查办公室。是年受理申诉案件15件。2000年成立审判监督庭,负责办理申诉再审和抗诉案件,建立审判监督卡制度。严格按照程序法规定审理案件,在法定期限内审执完毕,杜绝产生新的积案。采取分案到人、限期办结措施,全部办结往年积存案件。是年,立再审案件15件,审结14件。2004受案38件,全部结案。2001年以落实执法责任制和错案责任追究制为重点,改进和完善内部制约机制。是年受案22件,当年结案。2002年全面推行审判监督工作改革,调整审判监督庭和立案庭职能分工,确定再审案件立案标准和再审改判标准,规范再审案件开庭审理程序。是年受案29件,无积案。2003年起,案件质量评查工作划归审判监督庭,对已结案件评查20%以上,对改判、发回重审案件逐件评查,定期通报存在问题。是年受案18件,结案14件。2004年受案33件,结案31件。对原审确有错误的2件案件,依法予以纠正。2005年,审判监督庭发挥审判、监督、管理职能作用,受案29件,审结28件。对本院指定复查的15件案件,件件有着落。共评查案件460件,完成质评报告4份,逐案列表,严格把关,定期反馈。1990～2005年审结各类申诉、再审案件387件,维持原判385件,改判2件。

1990～2005年宝应县法院申诉立案统计

表23-4-7　　　　单位:件

年份	立案	年份	立案	年份	立案	年份	立案
1990	84	1994	17	1998	17	2002	21
1991	34	1995	16	1999	15	2003	19
1992	23	1996	15	2000	14	2004	21
1993	31	1997	18	2001	24	2005	18

第九节　执行工作

1990年,县法院受理执行案件503件,结案330件,执结率65.6%。1991年,根据省高级法院统一部署,组织实施为期3年的全面清理积案工作,共执结案件2027件,执结率88%。1993年,重点解决多年未结的疑难案件,逐案研究执行方案,定时间、定任务,提高执结率。朱某申请执行顾某欠款7200元一案,调解书1990年生效,顾某分文未还。法院强制执行时顾某暴力抗拒,依法对其实施司法拘留15天,其在被拘的第三天即将所欠款项及逾期利息一次性还清。是年,受理执行案件709件,执结594件,执结率83.8%。1995年起实施第二个三年规划,执结案件2271件,执结率92%。1997年组织4次会战,执结案件210件。加大案件异地执行力度,为企业追回资金180多万元,维护法律尊严和企业合法权益。1998年,开展为期10个月的执行大会战,集中力量清理政府机关、乡村组织及个人的长期难以执结的案件,共结案1128件,执行标的额1600万元。2000年,开展执行舆论攻势活动,在宝应电视台、《宝应报》等播出、刊登执行公告,对60多名被执行人公开曝光。对有履行能力而不履行义务的当事人,在耐心教育无果时依法坚决执行,拘留被执行人300多人次,罚款10多人次,搜查5次。2001年执结被执行人为乡镇政府和县部委办局的案件24件。2003

图23-4-4　县法院解决执行难问题专项整治联席会议

年对涉及交通事故赔偿、人身损害赔偿、赡养费、报酬等方面的执行案件，急案急办，执结51件。对确有能力而拒不履行的，依法适用强制措施，共拍卖、变卖被执行人房产9幢、价值320万元，司法拘留120多人次。2004年采取执行会战、专项执行、举报奖励、限制债务人高消费、公开曝光等行之有效的方式方法，执结率93.2%。对1986年后因无财产可供执行而中止、终结的529件案件集中清理，符合条件的及时恢复执行，执结260件。2005年开展规范司法行为，促进司法公正专项整治活动，突出抓好制度建设，规范民事执行中查封、扣押、冻结、评估、拍卖、变卖财产等行为，执结案件532件，执行标的到位率78.7%，为企业追讨资金1800万元。1990～2005年共受理执行案件1.49万件，执结1.35万件，执行标的总金额3.14亿元。

1990～2005年宝应县法院执行工作情况统计

表23-4-8

年份	受理（件）	结案（件）	执行到位标的额（万元）	年份	受理（件）	结案（件）	执行到位标的额（万元）
1990	503	330	275.33	1998	1264	1128	1592.60
1991	546	349	289.45	1999	1424	1464	2548.30
1992	724	639	365.94	2000	1371	1334	1188.52
1993	709	594	326.67	2001	1230	1213	1091.64
1994	869	794	773.87	2002	1092	1042	5705.80
1995	1077	1022	1321.35	2003	874	795	7046.83
1996	904	827	794.66	2004	805	750	3082.17
1997	844	733	1247.47	2005	701	525	3705.30

第五章　司法行政

第一节　机构队伍

一、机构

1990年，县司法局设置办公室、宣传教育股、基层工作股、公证处、政工股。1996年增设刑释解教人员安置帮教办公室。1997年设公证律师管理股、法学教育股。1998年10月，县法律援助中心成立。1999年6月，“148”法律服务协调指挥中心成立（2001年6月撤销）。2002年5～10月，全县15个乡镇设司法所。2005年5月增设社区矫正办公室。是年末，全县有15家司法所、1家公证处、20家法律服务所。

二、队伍

1990年，县司法局有工作人员24人，其中大专以上文化程度20人，占83.3%。1997年，县司法局工作人员增至28人，其中大专以上文化程度22人，占78%。2001年，县司法局工作人员减至26人。2005年，县司法局有工作人员29人，全部为大专以上文化程度。

第二节　法治宣传

一、“一五”普法

1986年起，全县开展第一个五年普法(简称“一五”普法)，从点到面有组织、有计划地开展普及法律知识。至1990年，先后完成《中华人民共和国宪法》《中华人民共和国刑法》《中华人民共和国经济合同法》《中华人民共和国兵役法》《中华人民共和国婚姻法》《中华人民共和国继承法》《中华人民共和国民事诉讼法》《中华人民共和国民法通则》《中华人民共和国土地管理法》《中华人民共和国集体游行示威法》和《中华人民共和国治安管理处罚条例》等10部法律和1个条例(简称“十法一条例”)学习任务。是年4月，全县相继开展依法治村试点工作和学习、宣传《中华人民共和国行政诉讼法》活动，分期分批对县政府各部门、各乡镇领导干部及有关人员1983人进行培训，制作《中华人民共和国行政诉讼法》基本知识宣传专栏1期，印发宣传提纲300份、学习提要1100份、学习问答3000册、辅导讲话2100册，出动宣传车22次。“一五”普法期间，有130个集体和186名个人受到省、市、县表彰。

图23-5-1　普法宣传

二、“二五”普法

1991年，县委、县政府召开法治宣传教育工作会议，部署第二个五年普法(简称“二五”普法)，在继续深入学习“十法一条例”基础上，组织氾水镇、郭桥乡友映村、城北中学、宝应酒厂、县燃料公司开展普法试点。1992年，城乡开展《中华人民共和国土地管理法》《中华人民共和国环境保护法》《中华人民共和国义务教育法》《中华人民共和国计划生育条例》等“四项基本国策”为主的法律法规宣传。副科(局)级以上干部增学《宪法讲座》《法治建设若干问题讲座》两本书，先后在郭桥乡友映村、城北中学、县燃料公司召开普法学习现场会，举办宪法宣传周万人法律知识竞赛等。1993年将15部法律法规归纳为企业转换经营机制、涉外经济、发展第三产业、深化改革完善社会主义市场经济体制、农业“两法一条例”(《中华人民共和国农业法》《中华人民共和国农业技术推广法》《中华人民共和国农民承担费用和劳务管理条例》)等5个专题进行宣传学习。举办骨干培训班342期，参学4.15万人。1994年，全县突出社会主义市场经济和未成年人保护法、教师法等法律法规宣传普及。全县有203个村实施依法治村，占村总数的48%。1995年，各有关乡镇和县直机关党委(总支、支部)制定普法验收领导责任制，各单位分别组织环保法、土地法、妇女权益保障法、计划生育条例宣传周和税法宣传月活动。县法宣办和宝应电视台联合开办《法制纵横》专题栏目，在《宝应农村经济报》增设法治专题。“二五”普法期间，全县应普及对象69.11万人，实际参学56.89万人，普及率82.3%，其中副科级以上领导干部98.1%、一般干部96.6%、农民77.2%、居民84.7%、在校生92%、县属企业职工87.6%、乡镇企事业单位职工与个体工商户89.8%。共有150个集体和202名个人受到省、市、县表彰。

三、“三五”普法

1996年，全县实施第三个五年普法(简称“三五”普法)和第一轮依法治县规划。县委、县政府成立县依法治县办公室(简称县法治办)，相继召开全县“三五”普法启动、法治宣传教育暨依法治县工作会议，开展《中华人民共和国人民警察法》暨“三五”普法宣传活动月活动。1997年4月召开全县依法治县工作会议，在夏集镇、城郊乡金湾村、县国土局、城镇中学、亚细亚商城、县化肥厂等6家单位开展“三五”

普法试点。全县先后举办《中华人民共和国行政处罚法》宣传月、集中宣传《中华人民共和国香港特别行政区基本法》等活动；9月在城北中学召开全县教育系统“三五”普法依法治校现场会，在乡镇全面推进以村务公开为核心的依法治村工作。1998年，县人大常委会听取并审议“一府两院”关于依法治县工作汇报。县政府印发《宝应县行政执法责任制实施意见》，先后在全县开展送法到基层和守法标兵、护法模范评选活动；11月，县政协召开依法治县汇报会，全县按不同对象组织法律知识统一考试。1999年3月，县委、县政府印发《宝应县依法治县工作意见》，先后举办县四套班子领导和县各部门、乡镇主要负责人宪法修正案和依法行政知识讲座。5～8月，县法治办组成6个组对29个乡镇及部分村、15个部门(单位)“三五”普法和依法治理工作进行考核，县政府相继召开青少年法治教育工作会议、依法治村现场会、企务公开现场会。2000年3月，县法治办部署“三五”普法迎检工作，确定夏集镇、江苏恒兴麦芽有限公司、县交通局等3个观摩点，并分别召开“三五”普法迎检观摩现场会。举办全县机关工作人员法治培训班，县、乡机关干部1000人参加培训。县教委等单位联办以16部法律法规为内容的法律知识测试活动，全县教育系统近7000人参加测试。9月，市法制办到宝应进行“三五”普法检查验收。“三五”普法期间，全县共举办法治讲座12期、骨干培训班19期，制作电视栏目《法治纵横》31档，普及法律法规36部，实现依法治乡(镇)100%、依法治村74%、骨干企业依法治企73%，有160个集体和210人受到省(部)、市、县表彰。

四、“四五”普法

2001年2月，县政府制定第四个五年普法(简称“四五”普法)和2001～2005年依法治县规划(征求意见稿)，宝应县被市政府确定为“四五”普法和新一轮依法治市试点县。县委印发《关于在全县开展依法治县工作的决定》，县人大常委会作出决议，县委、县政府批转县委宣传部、县司法局《关于在全县公民中开展法治宣传教育第四个五年规划》，成立县依法治县领导小组，在县司法局设办公室，成立“四五”普法讲师团。9月，县委、县政府召开全县“四五”普法动员大会，各地、各部门签订“四五”普法依法治县工作责任书。2002年，全县普法依法治县工作转为实施阶段，印发《关于“两台一讯”开辟法治宣传专栏的实施方案》《宝应县送法下乡实施方案》等，举办《法制纵横》《法制时空》《法制园地》专栏，确定每双月18日为送法日。5月，在全县开办“法律超市”28个，开展普法和法律服务。2003年在全县中小学生中开展“税务杯”法律知识竞赛，有10万多名中小学生参加知识竞赛，各中小学校聘请200多名政法干警担任法治副校长和法治班主任，每双月召开青少年法治教育联席会议。2004年在全县私营企业中开展“人保财险杯”法律知识竞赛。2005年，县委办、县政府办印发《宝应县“四五”普法工作考核验收实施意见》，部署全县“四五”普法工作普查。是年8月，市人大检查验收“四五”普法工作。“四五”普法期间，组织3000多名公务员举行4次法律知识轮训、6次法律知识考试，参学率96%，考核合格率100%；组织送法活动32次，各类法律咨询48次，编发《依法治县简报》152期；举办法律知识竞赛58场次、法治文艺演出52场次；“法律超市”共接待群众5万多人次，解答群众电话、信函咨询280多人次，提供法律援助118件，调解各类矛盾纠纷516起。有70个集体、150人次受到省、市、县表彰，创建民主法治示范村(社区)105个。

第三节　人民调解

1990年，全县建有县、乡镇、村三级人民调解组织网络，调解纠纷3410件，调解率和调解成功率分别达97%和98%。1991年，30个乡镇逐步建立健全调解工作目标管理制度，把岗位责任制、防激化工作制、经济奖惩制度、财务管理制度有机地结合起来，责权利相统一，以制度促人民调解工作顺利展开。1995年10月举办调解骨干培训班2期，共培训调解人员3386人次。当年调解纠纷3513件，调解率、调解成功率分别达100%、98%。1996，全县各村(场、居)人民调解委员会全面开展规范化达标活动。1998年成立县调解指挥中心，乡镇成立调解分中心。当年调解纠纷1365件，调解率、调解成功率分别达

图 23-5-2　县司法局颁发人民调解员聘书

100%、96%。2000年8月，县调解指挥中心实行纠纷管辖责任、纠纷排查、专项治理情况报告、联络员、检查评比5项制度。乡镇调解中心建立健全重大疑难纠纷快报、社情分析、纠纷排查、专项治理、纠纷管辖督办、共同调解和设立调解庭(室)等制度。2001年建立"五预"(预测、预报、预案、预警、预防)人民调解工作新机制。2002年6月，"五预"工作经验在全省人民调解工作暨表彰大会上作交流。当年调解纠纷3943件，调解率、调解成功率分别达99%、96%。2003年7月，县司法局成功处置1起影响南水北调工程施工的群体性事件。夏集镇近100名群众连续5天阻挠60台施工机器进入南水北调工地施工。县司法局组成两个工作组，连夜抽调律师、公证员等10人，分头与20户重点对象进行接触，宣传相关法律法规和政策，说服当事群众，让施工机械顺利进场施工。2004年，"五预"机制在全国综治工作会议上作交流。2005年在全市成立首家县消费者协会调委会，村级调委会达标率85%。1990～2005年，全县调解各类纠纷约5万件，调解率、调解成功率分别达99.8%、97%。

1990～2005年宝应县调解工作统计

表 23-5-1

年份	调解纠纷(件)	调解率(%)	成功率(%)	防止"民转非"(件/人)	防止"民转刑"(件/人)	化解群体性械斗(件)	化解群体性上访(件)
1990	3410	97	98	20/28	11/18	27	21
1991	3722	98	98	22/31	13/20	31	27
1992	5047	99	98	31/39	44/52	42	34
1993	3977	98	97	33/59	34/45	33	30
1994	2816	99	98	14/49	21/54	34	31
1995	3513	100	98	28/33	9/14	30	27
1996	3280	97	98	31/42	13/15	47	34
1997	1150	98	95	18/25	22/30	51	42
1998	1365	100	96	22/28	35/39	42	38
1999	2327	99	95	19/25	21/30	45	37
2000	2896	98	97	24/27	10/10	38	31
2001	3134	99	96	21/26	18/21	85	42
2002	3943	99	96	51/59	60/65	97	45
2003	3046	100	96	41/71	52/106	92	36
2004	3486	100	96	33/37	47/88	94	39
2005	2843	100	98	32/40	45/86	98	47
合计	49955	—	—	619	685	886	561

附:全国模范人民调解员——陈家高

图 23-5-3　陈家高

1983 年,陈家高任村委会主任,1994 年调入镇政府从事司法行政工作,任射阳湖镇司法所所长。他探索新形势下矛盾纠纷预防调处方法,在全县率先设立镇疑难纠纷调解中心,制作民事纠纷调处流程图,探索矛盾纠纷“五预”(预测、预报、预案、预警、预防)机制,提高矛盾纠纷处置效率,其经验在全县推广,市司法局专门发文推广,先后在省厅人民调解工作会议和全国综治工作会议上作交流发言,《新华日报》《扬州日报》等多家媒体作专题报道。他先后指导基层调解组织调处各类纠纷 1600 多件,亲自调处疑难纠纷 186 件,避免“民转刑”案件 78 件,防止非正常死亡 86 人次,帮助镇村完善经济合同 3000 多份,为集体和个人挽回经济损失近 1000 万元,制止和化解群体性上访 68 件,连续多年被省、市、县评为先进工作者。2004 年末,他被表彰为全国模范人民调解员。

第四节　公证工作

1990 年,县公证处有公证员 4 人,办理公证 4772 件。1992 年 4 月,全县举行纪念《中华人民共和国公证暂行条例》颁布 10 周年和公证宣传月活动。1994 年开始办理涉中国港澳台公证,当年办理 34 件。1995 年 3 月,县司法局开展《江苏省公证条例(试行)》宣传周活动。开始办理涉外公证,当年办理 27 件。1996 年实行公证员年度注册制度,对公证员实施德、能、勤、绩考核,合格率 100%。2000 年,公证工作实行司法行政机关行政管理和公证员协会行业管理相结合的管理体制。2004 年,县公证处加强建筑市场招投标公证,安排专人常驻招投标中心办公,消除公证程序上存在的不连贯问题。蔡如银被省公证员协会表彰为人民满意公证员。2005 年,全县有公证员 5 人,其中专职公证员 4 人、助理公证员 1 人,全部为大学学历;涉外公证员 4 人(兼)。县公证处被省公证员协会授予“文明公证处”称号。1990～2005 年累计办理各类公证 5.93 万件。

1990～2005 年宝应县公证业务统计

表 23-5-2　　单位:件

年份	办证总数	国内公证				涉外公证		
			民事类	经济类	涉港澳台		民事类	经济类
1990	4772	4772	491	4281	—	—	—	—
1991	2176	2176	289	1887	—	—	—	—
1992	6971	6971	1949	5022	—	—	—	—
1993	3044	3044	530	2514	—	—	—	—
1994	2919	2919	351	2534	34	—	—	—
1995	5655	5628	4059	1549	20	27	27	—
1996	4500	4384	1658	2663	63	116	116	—
1997	11681	11657	8513	3114	30	24	24	—
1998	2507	2453	920	1511	22	54	54	—
1999	2840	2762	1149	1597	16	78	78	—
2000	3199	2935	647	2255	33	264	240	24

续表23-5-2

年份	办证总数	国内公证				涉外公证		
			民事类	经济类	涉港澳台		民事类	经济类
2001	2611	2447	590	1808	49	164	164	—
2002	1926	1725	566	1117	42	201	201	—
2003	1788	1639	580	1028	31	149	149	—
2004	1386	1173	490	656	27	213	213	—
2005	1346	1130	606	493	31	216	216	—
合计	59321	57815	23388	34029	398	1506	1482	24

第五节　律师工作

1990年1月设宝应律师事务所，有律师15人，担任15家单位法律顾问，办理、代理各类案件249件，法律咨询1236人次。1992年，宝应律师事务所分设为县第一、第二律师事务所。同年，县第一、第二律师事务所分别更名为宜诚、安宜律师事务所。1996年增设宜天律师事务所。2000年，律师事务所与县司法局脱钩改制，为自主执业主体。2001年开展“严打”整治斗争刑事法律援助工作。是年5月在县信访局设律师工作室，律师提前参与处理信访问题。2002年，全县有注册执业律师24人、实习律师13人，有10名律师担任政府法律顾问。市律师协会宝应分会成立，陈冠华任会长。中国·宝应荷藕节前夕，县纺织厂几百名职工因企业改制群访，县司法局组织律师参与处置工作，进行法律宣传，平息群访事件。2005年，安宜律师事务所在苏州、吴江两地5家单位担任常年法律顾问。首次开展律师述职活动，邀请县人大代表、县政协委员、行风监督员、服务对象、顾问单位等150多人参加。4名律师从近3年来的办案情况、职业道德、职业纪律、工作作风、政治思想等方面进行现场述职。至年底，全县有3个律师事务所、律师28人，其中高级职称1人、中级职称7人；省知名律师1人，市十佳律师1人。1990～2005年共办理、代理各类案件8921件。

1990～2005年宝应县律师业务统计

表23-5-3

年份	担任法律顾问(家)	民事诉讼代理(件)	刑事诉讼辩护(件)	非诉讼法律事务(件)	代写法律文书(件)	法律咨询(人次)	追回赔偿款(万元)
1990	85	179	28	42	202	1236	237
1991	102	164	33	36	218	1109	265
1992	89	175	31	28	237	1330	220
1993	146	170	29	78	372	1201	408.50
1994	139	156	58	50	198	1292	330.50
1995	152	377	57	40	301	925	769
1996	198	452	52	55	313	1007	1570
1997	173	493	86	31	291	1481	840
1998	128	471	59	26	308	1792	2387
1999	187	394	72	49	381	2318	817
2000	160	515	53	80	427	4103	1784

续表 23-5-3

年份	担任法律顾问(家)	民事诉讼代理(件)	刑事诉讼辩护(件)	非诉讼法律事务(件)	代写法律文书(件)	法律咨询(人次)	追回赔偿款(万元)
2001	156	703	121	163	407	4762	986
2002	160	586	153	38	415	5700	3200
2003	150	523	121	46	482	5422	4580
2004	168	595	89	222	494	5891	6685
2005	172	657	98	187	471	5117	5447
合计	—	6610	1140	1171	5517	44686	30526

第六节　法律援助

1998年10月，县法律援助中心成立。当年办理法律援助案件21件，其中刑事类案件7件、民事类案件12件、非诉讼类案件2件。1999年设立"148"("要司法"谐音)法律服务专用电话。县人武部、县残联、县妇联、团县委、县老龄委相继建立法律援助站。建成乡镇法律援助站30个。2001年8月与县人武部联合成立县维护国防利益和军人、军属合法权益法律援助站。2002年，乡镇司法所建立法律援助站16个，原乡镇法律援助站自然撤销。全县法律服务机构、社会团体、行政执法部门等设青少年维权岗106个。2003年8月组建以律师、公证员、基层法律服务者、司法行政机关人员为主体，行政执法单位、政法部门、学校以及社会各界热心法律服务事业人士为补充的县法律援助志愿者团，当年办理法律援助案件207件。2004年8月，全县建立15个涉军维权援助站。2005年4月，在汜水、泾河两镇各村(社区)设法律援助站，实行统一挂牌、统一聘任、统一培训、统一管理，后在全县逐步推开。是年12月，县法律援助中心通过省规范化法律援助机构验收。1999～2005年共办理法律援助案件1136件。

图 23-5-4　新闻采访法律援助工作

1998～2005年宝应县法律援助业务统计

表 23-5-4　单位：件

年份	办案数	民事类	刑事类	非诉讼类
1998	21	12	7	2
1999	69	41	20	8
2000	87	49	21	17
2001	105	69	25	11
2002	157	110	32	15
2003	207	106	43	58

续表23-5-4

年份	办案数	民事类	刑事类	非诉讼类
2004	234	118	56	60
2005	256	119	62	75
合计	1136	624	266	246

第七节　基层法律服务

1990年，全县有乡镇法律服务所30个、法律工作者112人，担任法律顾问单位508家，代理民事诉讼案件682件，提供法律咨询3379人次，为单位和个人追回赔偿款682.60万元。1995年10月，县政府批转县司法局《关于深化乡镇法律服务工作改革的意见》，明确乡镇法律服务所为具有独立法人资格的法律服务实体，归口县司法局管理，乡镇政府协助管理。当年全县基层法律工作者担任1188家单位法律顾问，代理民事诉讼案件768件，提供法律咨询5000人次，为单位和个人追回赔偿款1054.70万元。1996年12月，全省深化基层法律服务改革会议在宝应召开，全县30个法律服务所全部与乡镇司法科分离，司法助理员不再兼任法律服务所主任。2000年3月，全县设立首家合作制法律服务所——国法法律服务所。2001年8月，县政府转发县司法局《关于基层法律服务机构脱钩改制工作实施意见的通知》。2002年3月，全县24个法律服务所改制到位。脱钩改制的法律服务所，其财务与原组建单位脱钩，执业形式为合伙制，实行自主执业、自收自支、自我管理、自我发展的运行机制。是年，全县基层法律工作者担任759家单位法律顾问，代理民事诉讼案件917件，提供法律咨询6900人次，为单位和个人追回赔偿款1862.50万元。2004年，30多名村民推倒城西工业园某企业临时围墙和辅助用房。县运西法律服务所主动协助山阳镇政府处理城西工业园征地补偿纠纷，向村民宣传刑法、合同法、治安管理处罚条例及国家关于征地补偿标准的法律法规等，撰写10份调查材料，召开2个村民小组群众大会，引导群众依法维权，最终纠纷得到解决。2005年，全县有20个法律服务所，注册人员68人。1990～2005年，累计代理各类案件3.18万件。

1990～2005年宝应县基层法律服务业务统计

表23-5-5

年份	担任法律顾问单位(家)	民事诉讼代理(件)	非诉讼法律事务(件)	代写法律文书(件)	法律咨询(人次)	追回赔偿款(万元)
1990	508	682	674	1208	3379	682.60
1991	555	693	726	1264	3521	612.80
1992	571	721	652	1227	3442	746.30
1993	537	667	711	1313	3861	546.42
1994	742	579	1720	1470	4771	643.42
1995	1188	768	2000	1653	5000	1054.70
1996	1208	860	1136	1731	5117	1454.80
1997	1360	820	1710	1542	6200	1724.50
1998	1686	1560	2305	1417	5913	4650
1999	1459	1745	1855	1780	5712	3241

续表 23-5-5

年份	担任法律顾问单位(家)	民事诉讼代理(件)	非诉讼法律事务(件)	代写法律文书(件)	法律咨询(人次)	追回赔偿款(万元)
2000	1200	1241	860	1653	6511	3300
2001	1212	824	711	1618	6772	2860
2002	759	917	921	1712	6900	1862.50
2003	854	810	157	1823	6817	6540
2004	786	875	346	1790	6858	4211
2005	1341	922	652	1882	7105	5072
合计	—	14684	17136	25083	87879	39202.04

第八节　安置帮教与社区矫正

一、安置帮教

1993年，各乡镇多渠道、多形式安置刑释解教人员，绝大部分回归人员生活得到妥善解决。1996年8月，刑释解教人员安置帮教工作由县公安部门转交到县司法行政部门，县刑释解教人员安置帮教工作领导小组成立，领导小组办公室设在县司法局。是年在全省率先设立安置帮教基地——县胜达电缆材料厂。1998年，全县各地切实做好农村籍刑释解教人员安置工作，帮助落实责任田、口粮田，对符合条件的“三无”(无业可就、无房可住、无亲可投)人员，一视同仁，逐步纳入社会保障体系。是年，接受刑释解教人员171人，帮教率97.2%、安置率95%，重新犯罪率2.4%。1999年，县司法局被省综治委表彰为全省刑释解教人员安置帮教工作先进集体。2000年，鲁垛镇陶林村在全省率先设立村级刑释解教人员安置帮教基金。2001年，15个乡镇各选择1～2个村开展设立村级刑释解教人员安置帮教基金试点工作。2002年接受刑释解教人员292人，帮教率98%、安置率95%，重新犯罪率2.2%。2003年春节前，县安置办组织人员赴无锡监狱对宝应籍服刑人员进行迎春节、话乡情延伸帮教活动，并与无锡监狱签订帮教协议书。2004年，县安置办与上海市闵行区虹桥镇政府联系，委托帮教宝应籍在虹桥镇务工人员，取得较好效果。2005年在全市率先实现镇镇有过渡性安置基地的目标，刑释解教人员安置率96%；有80个村设立刑释解教安置帮教基金，总额50万元；有400名干部及相关人员与220名刑释解教特困人员或家庭开展结对帮教活动。1997～2005年累计接受刑释解教人员2370人。

1997～2005年宝应县安置帮教情况统计

表 23-5-6

年份	接受数(人)	帮教率(%)	安置率(%)	重新犯罪率(%)
1997	188	96	94	3.1
1998	171	97	95	2.4
1999	157	99	97	2.2
2000	233	99	99	1.5
2001	271	99	98	2.1
2002	292	98	95	2.2
2003	352	98	95	0.6
2004	350	98	96	1.0

续表 23-5-6

年份	接受数(人)	帮教率(%)	安置率(%)	重新犯罪率(%)
2005	356	98	96	1.6
合计	2370	—	—	—

二、社区矫正

2005年3月,县司法局设县社区矫正办公室,开展社区矫正试点。县委办、县政府办印发《宝应县社区矫正试点工作实施意见》,拨付启动资金10万元。望直港镇举行社区矫正集中入矫仪式。全县社区矫正工作全面开展。矫正对象杨某于1995年因犯抢劫罪被判入狱两年,1999年又因抢劫被判七年零六个月有期徒刑,后由于表现良好两次获得减刑,被有关部门批准实施社区矫正,成为县内首批社区矫正对象之一。县社区矫正办公室安排专人与他结对开展帮教活动。根据他想重新做人改过自新的要求,经过多方联系,最终一家饭店愿意招他学习厨师,使他有了正式职业,后帮教人员又为其介绍对象,杨某深受感动,表示要真心悔过、好好改造。至年底,全县有社区矫正专兼职(含志愿者)人员240人,接受社区矫正对象85人。

第六章 军　　事

第一节 组织机构

一、县人民武装部

1990年,县人民武装部(简称县人武部)为地方建制,设军事科、政工科、办公室,为县委军事部门和县政府兵役机关,接受县委、县政府和扬州军分区双重领导,负责县内民兵和兵役工作。县人武部下辖30个乡镇人武部、1个县级机关人武部和5个局(系统)、企业人武部。是年,县委书记兼任县人武部党委书记,县委定期召开议军会议,听取县人武部工作汇报,研究解决民兵预备役工作中的重大问题。1994年,县机电公司、县轻纺公司、县化建公司、县粮食局、县商业集团总公司、县供销合作总社设人武部。

1996年4月,县人武部复归军队建制,编制为正团级,设军事科、政工科和后勤科,县委书记改为兼任县人武部党委第一书记,县人武部政委任书记。县人武部改为军队建制后,其性质、职能不变。1999年12月,县建设委员会、县教育委员会和县交通局设人武部。2000年后,随着乡镇区划调整、机构改革、企业改制,乡镇、企业、系统和局人武部机构均同步落实到位。2001年3月,县人武部被中国人民解放军总参谋部评为民兵武器装备仓库管理工作先进单位。2005年,县人武部辖14个镇人武部和县直机关、县交通局、县建设局、县教育局、县粮食局人武部5个。1990～2005年,县人武部在兵役创“三优”、武器装备管理、民兵训练基地建设、科技练兵、后勤规范化建设和国防教育等方面受省政府、省军区表彰36次。

1990～2005年宝应县人民武装部领导人任职一览

表 23-6-1

职务	姓名	任职时间
部长	王永连	1990.1～1996.4

续表23-6-1

职务	姓名	任职时间
部长	任秋平	1998.3～2000.3
	朱从安	2000.3～2002.3
	陈　雷	2002.3～2004.3
	朱兆权	2004.3～
政委	陈志恕	1990.1～1998.3
	徐书海	1998.3～2000.3
	张志安	2000.3～2001.3
	鞠国祥	2001.3～2005.3
	袁余富	2005.3～
副部长	范学锋	1990.8～1999.3
	徐登山	1996.4～1998.3
	任秋平	1997.3～1998.3
	顾　宏	1999.3～2002.3
副部长	吴晓杰	2002.3～2004.3
	金时明	2004.3～2005.3
	王家彪	2005.3～
副政委	张驯龙	1995.4～1996.4

1990～2005年宝应县人武部党委历任第一书记、书记、副书记一览

表23-6-2

职务	姓名	时间
党委书记	姚佩伦	1990.1～1990.9
	蒋　进	1990.9～1993.6
	冯国平	1993.6～1995.8
	纪春明	1995.8～1996.4
党委第一书记	纪春明	1996.4～1999.2
	高瑞芹	1999.2～2001.1
	闻道才	2001.1～
党委书记	陈志恕	1996.4～1998.4
	徐书海	1998.4～2000.4
	张志安	2000.4～2001.4
	鞠国祥	2001.4～2005.4
	袁余富	2005.4～
党委副书记	陈志恕	1990.1～1996.4
	王永连	1990.1～1996.4
	范学锋	1996.4～1998.4
	任秋平	1998.4～1999.4

续表23-6-2

职务	姓名	时间
党委副书记	朱从安	1999.2～2002.4
	陈　雷	2002.4～2004.5
	朱兆权	2004.5～

二、县全民国防教育委员会、国防动员委员会

1990年10月，县全民国防教育领导小组成立。县长兼任组长，县人武部政委、预备役3团负责人、县委宣传部部长分别兼任副组长。在县委宣传部设国防教育办公室。1993年12月，县全民国防教育领导小组撤销，建立县全民国防教育委员会。1997年5月，县全民国防教育委员会与县双拥工作领导小组合并，成立县双拥和全民国防教育领导小组，在县民政局设办公室。是年6月，县建立国防动员委员会(简称县国动委)，县国动委第一主任、主任分别由县委书记和县长担任，常务副县长和县人武部部长、政委、副部长分别任副主任，相关部门负责人为成员。2002年6月，县国动委在县人武部设综合办公室、在县人武部军事科设人民武装动员办公室、在县委宣传部设政治动员办公室、在县发展计划局设经济动员办公室、在县建设局设人民防空办公室、在县交通局设交通战备办公室、在县科技局设科技动员办公室、在县电信局设信息动员办公室。至2005年，县国动委每年召开全体人员会议，听取县人武部关于国防动员工作情况报告，讨论研究国防动员工作中的重大问题。

1990~2005年宝应县国防教育领导机构领导人任职一览

表23-6-3

机构名称	职务	姓名	任职时间
全民国防教育领导小组	组长	冯国平	1990.10～1993.12
	副组长	沈立德	1990.10～1993.12
		陈志恕	1990.10～1993.12
		阮定魁	1990.10～1993.12
全民国防教育委员会	主任	冯国平	1993.12～1996.7
		高瑞芹	1996.7～1997.5
	副主任	陈志恕	1993.12～1996.7
		阮定魁	1993.12～1996.7
		沈立德	1993.12～1996.7
		陈志恕	1996.7～1997.5
		仇学程	1996.7～1997.5
		姜振林	1996.7～1997.5
		张玉林	1996.7～1997.5
县双拥和全民国防教育领导小组	组长	刘克明	1997.5～2000.11
		成际辉	2001.4～2003.5
		徐少龙	2003.5～
	副组长	仇学程	1997.5～2001.4
		陈志恕	1997.5～2000.8
		姜振林	1997.5～1998.3

续表23-6-3

机构名称	职务	姓名	任职时间
县双拥和全民国防教育领导小组	副组长	张玉林	1997.5～2000.8
		陈寿英	1998.3～2001.4
		张志安	2000.8～2003.5
		宋祥林	2001.4～2003.5
		梁联标	2001.4～2003.5
		鞠国祥	2003.5～
		宋祥林	2003.5～
		王振祥	2003.5～

1997～2005年宝应县国防动员委员会第一主任、主任、副主任一览

表23-6-4

职务	姓名	任职时间
第一主任	纪春明	1997.6～1999.5
	高瑞芹	1999.5～2001.4
	闻道才	2001.4～
主任	高瑞芹	1997.6～1999.5
	闻道才	1999.5～2001.4
	林正玉	2001.4～
副主任	陈志恕	1997.6～1998.3
	姜振林	1997.6～2001.4
	范学锋	1997.6～1999.3
	任秋平	1999.5～2000.4
	徐书海	1999.5～2000.4
	徐乃宝	2001.4～2004.8
	张志安	2000.2～2001.1
	朱从安	2001.4～2002.3
	陈　雷	2002.6～2004.8
	鞠国祥	2002.6～2005.7
	吴晓杰	2002.6～2004.8
	周玉宝	2004.8～
	朱兆权	2004.8～
	袁余富	2005.7～

三、预备役部队

1984年8月，扬州陆军预备役师步兵第三团在宝应组建。1986年4月，预备役部队改称为中国人民解放军扬州陆军预备役师步兵第3团（简称预备役3团）。1999年4月，预备役3团移防他地。

1999年6月，在宝应组建中国人民解放军江苏陆军预备役步兵师炮兵团122榴弹炮第2营，营部设在县人武部。沿宝（宝应）射（射阳湖）、沿（沿河）广（广洋湖）、芦（芦村）氾（氾水）3条公路干线，分别组建第4、第5、第6连,连部分别设在望直港镇、小官庄镇、氾水镇。2004年12月,122榴弹炮第2营撤销。

2005年4月在宝应组建中国人民解放军江苏陆军预备役高射炮第2师防化营。兵员为城区及部分镇退伍军人和专业技术对口人员。县政府分管军事副县长任营党委第一书记,营长由现役干部担任,营政治教导员由县委组织部副部长兼任。

1984年5月至1999年4月扬州陆军预备役师步兵第3团主要领导任职一览

表23-6-5

职务	姓名	任职时间	备注
第一政委	贾　彬	1984.5～1987.7	县委书记(兼)
部队长	张汝琪	1984.5～1985.10	
	刘贵华	1986.3～1988.3	
	阮定魁	1988.3～1992.3	
	潘万春	1992.3～1994.6	
	张玉林	1994.6～1999.3	
政委	顾盛宏	1984.5～1985.12	
第二政委	陈志恕	1986.11～1989.10	
政委	姚佩伦	1987.7～1991.1	县委书记(兼)
政委	蒋　进	1991.1～1993.3	县委书记(兼)
政委	冯国平	1993.3～1995.12	县委书记(兼)
政委	纪春明	1995.12～1997.12	县委书记(兼)
政委	高瑞芹	1998.4～1999.4	县委书记(兼)

第二节　兵役工作

1990年,全县征兵工作分别在春季和冬季进行。县人武部被省政府、省军区评为全省征兵工作先进单位。1991年起,县内征兵工作改为冬季进行。1993年,企事业单位青年征兵年龄放宽到21周岁,非农业户口青年应具备高中(含职业高中)文化程度。1996年,县人武部规范兵役登记工作,集中1个多月时间,经过宣传发动、公民登记、集中发证3个阶段完成兵役登记。2000年,针对大专院校扩招,应征青年中高中毕业生比例下滑趋势,县政府和县人武部到基层开展调查研究、采取对策,各乡镇及企事业单位实行征兵工作目标责任制,建立纵向到底、横向到边征兵宣传网络,解决军人、军属实际困难,落实优抚政策,鼓励适龄青年踊跃报名应征。2001年,县人武部推行兵役工作"六步工作法",即:一查(查清适龄青年住址、单位和数量)、二填(填好登记表各项内容)、三核(核对本人签字、派出所审核意见)、四测(目测)、五定(定免征、缓征、预征对象)、六发(发兵役证、预征通知

图23-6-1　欢送新兵入伍

书)。是年,县人武部被省政府和省军区评为全省征兵工作先进单位。2004年,县人武部贯彻中国人民解放军总参谋部《关于认真做好平时征兵工作的通知》精神,将全县年满18周岁适龄青年录入征兵工作管理系统。2005年,全县对征兵工作坚持早安排、早发动,各镇春节前后向适龄青年发出以应征入伍是你明智选择为主要内容的公开信。9月,以学习新颁布的《江苏省征兵工作条例》为契机,县征兵办公室开展图片展览、征兵知识咨询等活动,各镇利用书信、电话对外出务工预征对象进行动员。是年,全县在外打工的850多人全部返乡应征,适龄青年兵役登记率99%,目测初检到位率98%。

第三节　民　　兵

一、组织建设

1990年起,每年9~10月进行一次民兵组织整顿。1993年9月在沿河乡进行民兵整组工作试点。凡符合民兵组建条件的企事业单位建立民兵组织,民兵年龄结构形成梯次,编制做到"两少三多",即:对关键生产岗位人员少编、长期外出人员少编,退伍军人和参加过训练人员多编、非生产一线人员多编、专业对口人员多编。调整后,基干民兵中转业退伍军人比例占50%,在位率90%,专业对口率80%。1995年,民兵整组工作以强化民兵应急分队和装备建设为主,城区和周边乡镇民兵应急分队经过整组,全部配备对讲机等通信、交通工具。1998年3~5月,县人武部贯彻南京军区《民兵工作调整改革三年规划》精神,在广洋湖镇、县机电公司先行试点。2001年7~8月,进一步调整改革民兵组织,加强基干民兵和公路沿线乡镇民兵组织建设。2002年,民兵整组工作紧紧围绕打得赢、不变质要求,制定各类应急预案,建立有效的人员管控措施和收拢办法,确保随时拉得出、用得上、起作用。2004年,县人武部按照"编为战、建为用"原则,加强民兵专业技术分队建设,提升民兵组织战斗力。2005年,重点将各类专业技术兵从农村外出务工青年向企事业单位职工转移,组建电子对抗、防化救援、工程抢修、伪装防护、汽车运输、军械修理、医疗救护、气象预警等专业技术分队。

图23-6-2　县民兵整组工作会议

二、政治教育

1990年,县人武部以全军政治工作会议纪要为指针,在广大民兵、预备役人员中进行"反渗透、反腐蚀"教育和改革开放、基本国策教育,组织编写民兵政治教育教材11讲,撰写辅导文章18篇。1993年,县人武部在射阳湖镇进行民兵政治教育规范化试点,受到扬州军分区肯定,并在全区推广该镇在组织领导、教员队伍、教案编写、教育形式、教育阵地以及教育保障、考核等方面经验。1994年5月,扬州军分区、预备役师在宝应召开民兵、预备役部队政治教育经验交流会,县人武部、预备役3团、县钢瓶总厂、氾水镇分别作典型发言,经验材料被省军区转发、南京军区《政工简报》全文登载。1997年,县人武部结合香港回归,组织民兵收看《百年沧桑》专题片、举办专场报告会、参加扬州军分区演讲比赛等,激发民兵、预备役人员的爱国热情。2001年10月,县人武部印发《深入开展与"法轮功"邪教组织斗争的通知》,通过多种活动,使广大民兵进一步认清"法轮功"邪教组织的危害性,旗帜鲜明地反对伪科学和封建迷信。2005年,县人武部以保方向、保本色、保打赢为目标,紧贴应急作战准备任务,在民兵中开展"强化战斗精神,提高打赢能力"主题教育。结合民兵整组、兵役登记、征兵、训练、演练等,组织参观青年民兵之家,收听收看广播、电视、报刊和请老干部、老军人、老民兵宣讲等,增强民兵、预备役人员战斗精神。

三、军事训练

1990年,县人武部坚持突出重点、改进方法、注重实效原则,按照《民兵军事训练大纲》规定的内容、训练时间,集中训练专武干部34人、民兵干部424人、专业技术兵38人、步兵分队169人。1995年8月,柳堡"二妹子"民兵班参加市民兵、预备役部队轻武器射击对抗赛,获第一名,立集体三等功。1997年,县人武部坚持基地集中施训,组织民兵应急分队、专业技术分队和民兵干部开展"三实"(实爆、实打、实投)作业训练。1998年3月,全县分别组织应急分队和82迫击炮、通信专业分队集训,时间各20天。4月,县人武部进行民兵82无座力炮专业分队训练,并组织泾河乡、獐狮荡乡、广洋湖镇、黄塍乡基干民兵30人到扬州军分区教导队集训。1999年9月组织民兵专业技术骨干30人参加扬州军分区开展的地炮分队训练。是年,县人武部安装民兵武器装备仓库"三监一控"(监视、监测、监控,控制温湿度)自动管理系统,被南京军区评为军事科技进步三等奖。2001年4月,县人武部组织民兵干部、应急分队、步兵分队和柳堡"二妹子"民兵班分别进行为期20天集训,组织地炮、工兵、侦察、通信等专业技术分队参加扬州军分区统一组织的联训。2002年,全县深化民兵训练改革,增加军事高科技知识训练,分步细训、循序渐进,开展小会操、小比武,进一步提高民兵、预备役人员战斗力。2004年9月,县人武部组织民兵应急连107人参加扬州军分区组织的比武性考核。经省军区考核组和扬州军分区评判组评定,县民兵应急连军事基础理论、手榴弹投准成绩优,警棍盾牌使用、对固定目标射击和带反恐背景综合演练成绩良,获优胜奖。2005年5～6月,县人武部组织县民兵应急连进行队列、盾牌操、投弹、射击和3千米越野等课目训练。

第四节　预备役

一、预备役登记

1990年起,预备役登记工作从战时扩编动员需要出发,在每年民兵整组和预备役部队建设中,做好退伍军人登记核对和国防潜力调查。此后,预役登记工作逐步实行网络化管理。1997年,县人武部抽调20人建立专门班子对全县预备役人员进行核查。全县有服士兵预备役退伍军人5239人,其中一类2112人、二类3127人。2004年,组织各基层人武部采取调查和采集相结合方法,完成退伍军人4982人素质构成及分布情况核查汇总。

二、预备役军官授衔和管理

(一)授衔

1996年初,县委、县政府和县人武部部署预备役军官评衔、授衔工作。是年6月完成1988年9月1日后军队转业干部调查,确定评授对象。是年7月31日举行授衔仪式,303名预备役军官分别授予校、尉级军衔。1997年6月13日举行第二次预备役军官授衔仪式,为32名中校、52名少校、37名尉官授衔。至2005年,全县有预备役军官424人。

(二)管理

1990年,根据中国人民解放军总参谋部通知要求,预备役3团预备役人员在参加军事训练和集中活动中,统一着现役部队87式作训服,佩戴现役军人现行帽徽、军种符号和预备役人员专用臂章。是年3月,预备役3团强化预任军官管理,与县委组织部联合制定预任军官到岗日制度。每月25日,预任军官着装到指定地点签到,参加学习或训练。1991年4月,预备役3团在全师预任军官管理和兼职尽责经验交流会上作到岗日制度专题交流。1996年,进一步细化机关预任军官到岗日制度,一般每个季度1次总结部署工作。经常结合军事训练、政治教育、以劳养武以及营(连)党委(支部)工作,落实分队预任军官到岗日活动。2000年3月,贯彻师政治部等单位印发的《预任军官履职尽责规定》精神,落实六项基本要求,即:树立国防观念,增强服役意识;明确岗位职责,熟悉本职业务;着眼平战结合,提高综合素质；服从双重领导，兼顾军地工作；自觉参加活动，坚决完成任务；利用自身优势，发挥桥梁作用等。至2005年，预任军官积极参加部队组织的各种培训、检查和交流活动。

三、军事训练

（一）部队训练

1990年，预备役3团组织首长机关进行本职业务和本级战术指挥课目训练。机关每半月召开一次训练分析会，在分队进行正规化训练试点，完善规范训练制度。1992年7月组织分队军事主管50人在扬州军分区训练基地集中训练21天。9月，预备役3团代表省军区参加南京军区华东地区预备役部队军事考核，获得总分第一名。1994年，预备役3团参加总部和南京军区预备役“94•10”（新旅1号）演习，使用空炮弹316发、炸药包54个、爆破筒12具，炮兵实弹射击7次，发射炮弹195发。其间，在省军区军容风纪、内务卫生和作风纪律考核中，获两次总分第一、1次总分第二。1996年组织开展1期通信兵骨干和2期新编士兵集训，连战术合练和新士兵训练，其做法被师部在全师推广。1997年组织开展营、连、排三级军事主官集训，7月参加全师首长机关比武竞赛，获2个第一、1个第二。2000年，122榴弹炮第二营赴京参加“砺剑——2009”科技练兵成果演示，参演官兵汇报表演取得3发3中好成绩，受到江泽民等中共中央、中央军委领导人亲切接见。2003年，122榴弹炮第二营参与省军区组织的“劳动——03”军事演练，完成快速动员、机动、临战训练等科目演练任务。2005年5月，新组建的预备役防化营结合预备役整组点验，组织分队官兵进行基础科目训练，还组织所属分队官兵20人参加省军区统一组织的高炮实弹射击训练。

（二）学生军训

1991年在全县普通高中一年级新生中首次开展军训。在其他学校进行学生国防教育试点宣传，筹建预备役班和少年军校等。1992年，县人武部、预备役3团分别在县职业中学和城郊中学成立预备役班。1994年8月，县人武部抽调34名民兵骨干担任军事教员，对宝应县中学和县工业学校学生1000多人进行集中军训10天。1995年5月，各乡镇人武部在辖区范围内条件适宜的学校分别开办少年军校和开展学生军训。1998年2月，县工业学校扩大学生军训活动内容，组织96、97级电子专业班90人建立预备役班，进行军事高科技知识学习和队列、射击、投弹等科目训练，经过考核，合格率100%。至当年，全县组建中小学青少年军（警）校34所。2001年8月，县教育局组织预备役学校学生和高一、初一新生2.80万人进行军训。2004年8月，全县10多所高级中学、初级中学及职业学校一年级新生代表进行学生军训汇报表演，翔宇教育集团宝应中学代表队获第一名。1998～2005年参加军训学生14.27万人。

第五节　国防动员与教育

一、国防动员

1990年，县人武部将部队转业、复员到宝应工作的军官服预备役登记工作，作为国防潜力调查重要内容之一。1995年12月，全县组织26个部门、10个工作组，开展国防潜力调查，历时1个多月，对县内交通运输、邮电通信、原材料生产储备、油料及油库、医疗卫生、工程机械、军工和可转军工生产、水电房屋、军需资源及生产、测绘和气象等情况进行全面调查。1997年8月，根据省国防动员委员会通知要求，县国动委经济动员办公室组织人员，用2个月时间对全县农业资源、工业生产、物资储备等经济动员潜力进行全面调查和核实。2001年，县国动委组织经济潜力调查核对，进一步摸清

图23-6-3　国防动员演练

全县经济建设、军民通用装备物资和民转军企业情况等，完成数据采集、资料审核和数据录入工作。2004年9月，县国动委开展“艳阳天——2004”动员演练，重点围绕平战转换和保交(交通)护路两个课题排兵布阵，实行网上演练与实地、实兵、实装演练相结合。至2005年，县国动委建立健全兵员动员预案、科技信息动员预案和交通战备动员指挥体系等。

二、国防教育

1990年8月开展全民国防教育宣传月活动。1991年12月，县全民国防教育委员会印发《宝应县全民国防教育实施办法》。1992年，全县开展国防教育学习宣传活动，举办国防教育骨干培训班、“祖国在我心中”、“前线英雄谱”事迹展览，并在中小学开设国防教育课程。各单位运用《国防教育简明读本》，对干部、学生、民兵和预备役人员普及国防教育知识。县人武部、预备役3团组织民兵、预备役人员和青年学生4000多人参加南京军区、中国民兵杂志社等主办的国防知识题竞答活动，有100多人获奖。1993年，宝应县被省全民国防教育委员会评为全省国防教育工作先进单位。1994年，全县贯彻中共中央《爱国主义教育实施纲要》，以点带面，建好校(党校)、家(青年民兵之家、职工之家)、园(国防园、烈士陵园)教育阵地。县委宣传部、县人武部和县教育局等单位根据《国防教育简明读本》自编教材、组织授课。每期党校培训和中学生军训，国防教育不少于2个课时，民兵、预备役人员集训不低于4个课时。1996年，全县在党政干部中开展“六个一”活动，即读一本军事书籍、过一日军营生活、给现役军人写一封信、为部队建设做一件好事、为国防后备力量建设办一件实事、帮助一户烈军属脱贫致富。1999年，宝应电视台录制播放16期专题节目《寻访功臣》。2001年9月15日，全县举办第一个全民国防教育日活动，县委宣传部、县人武部、县司法局、县广电局、县双拥办在县城文化广场设宣传台。县司法局组织律师为广大市民现场解答国防建设问题。柳堡“二妹子”民兵班在城区各十字路口散发1万份《中华人民共和国国防教育法》宣传品。成立县国防知识竞赛组委会，印刷答题和辅导材料2万份、答题卡1.50万份。县委学习中心组举办国防理论讲座，请中国人民解放军南京政治学院专家授课。县人武部把国防教育法纳入民兵、预备役人员季度教育内容。宝应电视台、宝应人民广播电台分别开设《国防之声》《国防苑》专题节目。是年，县国动委被省全民国防教育委员会评为全省国防教育工作先进单位。2004年9月，在第四个全民国防教育日活动中，全县组织爱中华、奔小康、强国防为主题的万人签名活动。至2005年，全县建成国防园、苏中公学纪念碑、周恩来少年读书处、曹甸烈士墓等国防教育场所20处。

第六节　拥政爱民

一、维护地方社会治安

1990年后，民兵、预备役人员经常参加车站、码头、街道值勤和节日值班，并多次配合公安机关开展打黑除恶、反盗窃等专项斗争，稳定社会治安秩序。1995年，县人武部、预备役3团、武警县中队、武警县消防大队把维护地方平安作为军(警)民共建活动重要内容，武警县中队连续两年被市政府评为拥政爱民先进单位。至2000年，全县建立以民兵、预备役人员为主的治安巡逻分队40多个。2001年组织民兵投身平安宝应创建活动，参与社会治安综合治理。2002年12月，县人武部组织民兵维护秩序，保证国家南水北调工程(潼河段)开工仪式圆满举行。1990～2005年，在县委、县政府连续举办的6届中国·宝应荷藕节等重大活动中，县人武部组织民兵1000多人次站岗、巡逻、警戒和值勤，先后协助处理治安案件50多起。

二、抢险救灾

1990年8月5日，县造纸厂草场失火，县人武部、预备役3团组织1连、4连、2机连(石桥乡)、3机连(氾水镇)、1炮连(黄塍乡)、2炮连(中港乡)、炮兵营营部等7家单位民兵、预备役人员241人紧急赶赴现场，投入灭火战斗，连续奋战7小时，完成扑火、清理火灾现场任务。1991年，宝应遭受特大洪涝灾害，9500多名基干民兵、6.50万名普通民兵到重点险患地段设防看护，加固圩堤217千米、堆积土方200万立方米，排除险情1948处；突击装运麻袋20多万条、草包50多万条、编织袋30多万条、蒲包30多万条、铁丝50多吨、石块2万立方米、柴油300多吨、木桩40万根、其他物资500多吨，砍伐树木1万株。其间，还组织2个民兵突击队和15个民兵突击排，历时10天在八浅等8个渡口，帮助转移群众10多万人次，转移粮食5000吨、物资900吨。实现防洪地段无倒圩破圩、转移群众无伤亡事故。2003年6月下旬，县内连降暴雨，汛情来势迅猛，全县6.02万公顷农田受灾、351家企业受淹。7月3日下午1时，广洋湖镇向阳河堤岸发生管涌，镇人武部组织83名民兵突击队员在20分钟内赶赴现场，奋战6小时，打桩100多根，垒沙袋1000多个，堵住管涌，化险为夷。7月10日17时，柳堡镇廷柏粮库旁水闸崩塌，洪水淹没附近村庄和农田。柳堡镇民兵突击队100多人和“二妹子”民兵班首先投入抢险战斗。县人武部接到险情报告后，迅速调集鲁垛、小官庄镇民兵突击队300人，城区民兵应急分队50人前往增援，与武警和公安民警等协同作战，奋战14个小时，终于封堵决口。至7月14日，全县出动抢险救灾民兵3.50万多人次、车船400多辆（条）次，加固堤坝8400米，完成土石方5万多立方米，抢修路段1350米，堵截崩堤、堵漏管涌数百处。1990～2005年，全县民兵、预备役人员和武警等共20多万人次参加抢险救灾10多次。

三、扶贫济困

1990年，民兵、预备役人员把扶贫济困作为开展“双学”（学雷锋、学好八连）、“双服务”（为经济建设服务、为社会稳定服务）重要内容。至1992年，全县820个民兵学雷锋小组帮助400户军烈属脱贫、100户军烈属致富、1000名军属学到一门致富技术。1994年，全县民兵、预备役人员开展帮助困难军属家庭致富活动。当年有356户军属家庭脱贫致富，其中年收入6000元以上100多户、1万元以上的40多户。1999年，县委、县政府开展“爱心献功臣行动”。民兵、预备役人员开展“兵帮功臣户、同奔小康路”活动，组成100多个民兵帮扶服务队，与200多户功臣贫困户结成帮扶对子，为功臣户助耕、助种、助收，排扰解难。宝应县被全国双拥工作领导小组、民政部表彰为爱心献功臣行动先进单位。2000年，县人武部帮扶10户贫困家庭脱贫致富，指导民兵发展养殖业、种植业、建筑业、加工业等带头致富，带动周围贫困户致富，为帮扶项目提供技术和启动资金。当年，全县民兵组织确定烈军属等困难户帮扶对象400多户。2003年，武警县消防大队被县委、县政府评为双拥先进单位。至2005年，全县民兵组织资助贫困群众生产生活资金6万元，提供担保贷款扶贫周转金15万元，推广开发项目12个，招商引资8个项目1775万元。先后结对帮扶贫困户418户，其中重点扶持低收入农户120户，实现预定户均年增收1500元目标，比帮扶前增长40%。

第七节　人民防空

1992年，县人民防空委员会组织修订《宝应县防空袭作战预案》，建立健全由县人武、公安和邮电等系统组成的防空通信警报网。1997年，全县贯彻《中华人民共和国人民防空法》，开展人防法律法规宣传教育，普及人防知识，在社区中进行人防知识教育，在重点学校开设人防知识普及课程。2001年，县人武部结合应急作战方案，修订城市人口疏散方案和重点目标防护方案，组织民兵、预备役干部统一反空袭作战思想，参加扬州军分区组织的首长机关网上练兵和演习。2004年，县人防办公室结合县国动委“艳阳天——2004”演练，进一步完善防空袭作战预案、城市人口疏散方案。2005年，县人武部根据应急作战预案，建立民兵扬州人防专业分队。

第八节　武装警察部队

一、武警宝应县中队

1990年，县公安局人民武装警察中队改称为中国人民武装警察部队江苏省总队扬州地区支队宝应县中队。是年，武警县中队被省武警总队评为执勤达标先进中队。1994年改称为中国人民武装警察部队江苏省总队扬州市支队宝应县中队(简称武警县中队)，为正连级建制，受武警市支队和县公安局双重领导。主要担负县看守所武装警戒任务，同时配合县公安局执行治安巡逻和抢险救灾等任务。2000年起，武警县中队连续3年被省武警总队表彰为政治教育先进单位、基层建设先进单位。2005年，武警县中队1班被省武警总队记集体三等功。

二、武警宝应县消防大队

1990年，县公安消防中队改为武警部队序列，为中国人民武装警察部队扬州地区支队宝应县消防中队，接受武警扬州地区支队和县公安局双重领导。1995年，改为中国人民武装警察部队扬州市消防支队宝应县消防大队(简称武警县消防大队)，为正营级单位，下辖县消防中队，编制19人，有装备执勤车辆4辆和各类灭火、救援器材。主要担负辖区内消防及危险品管理。2000年，县消防中队被省武警消防总队评为先进集体。2001年，开展消防宣传进学校、进社区、进企业、进农村活动，把宣传普及消防知识与消防安全大检查有机结合，防患于未然。至2004年，组织“119消防日”大型宣传活动3次，消防演练、知识竞赛各1次，消防安全检查7246家次，发出整改通知书2482份，整改火灾隐患2573条，接警出动262次，挽回直接经济损失210多万元。

专记：柳堡“二妹子”模范民兵班

始建于1959年3月，原为村级民兵组织一个建制班，1986年改建为柳堡乡女子民兵班，由乡人武部直接领导。1992年10月，影片《柳堡的故事》中“二妹子”扮演者(国家一级演员)陶玉玲重返柳堡，该民兵班遂更名为柳堡“二妹子”民兵班，陶玉玲应邀担任名誉班长。1995年，“二妹子”民兵班参加扬州军分区举办的全区民兵实弹射击比赛。“二妹子”不怕苦、不怕难，勤学苦练40天，获团体总分第一名。1998年起，“二妹子”班先后与丹阳“八姑娘”班、南京路上好八连、天安门国旗护卫队开展互学共建活动，坚持“继承传统做传人、爱军习武做强人、经济建设做能人、精神文明做新人”，在拥军优属、拥政爱民、发展经济、抢险救灾、扶贫济困、组织建设、文明创建、军事训练中拉得出、打得响、过得硬，成为全省基层民兵组织先进典型。新华社、《人民日报》、《解放军报》、《光明日报》、《中国国防报》、《中国青年报》、《新华日报》和中央电视台、江苏电视台等数十家新闻媒体报道她们的先进事迹。2001年4月29日，“二妹子”民兵班被团省委授予“新长征突击队标兵”称号。是年12月4日，被省委、省政府、省军区授予“柳堡‘二妹子’模范民兵班”称号。2003年8月被中宣部、中国人民解放军总政治部评为全国公民道德建设先进典型和爱国拥军模范集体。2004年1月，“二妹子”班班长作为爱国拥军模范单位代表，赴京参加全国双拥工作会议，接受国务院总理温家宝颁奖。“二妹子”班历任班长13人，先后培养民兵180多人。1986～2005年，全班先后36次受到省、市、县表彰，立集体三等功3次、个人三等功2次。

图23-6-4　2004年，著名演员陶玉玲与“二妹子”民兵班成员合影

第二十四篇　人事　劳动和社会保障

1990年,全县人事劳动工作紧密联系县情实际,厉行改革,人事劳动管理体制逐步由计划经济向社会主义市场经济管理模式转变,人力资源配置工作不断创新创优。经过3次党政机构改革、事业单位综合配套改革和推行国家公务员制度,机构设置不断优化,人员编制日趋合理。1994年起,县内大中专毕业生就业和军队转业干部安置,机关干部和事业单位工作人员考核、录用、管理、退休、调资及人才使用、引进等进一步公开、透明、有效。人事工作初步实现从单纯为机关事业单位服务向国有企业和非公经济组织服务拓展。劳动工作以贯彻《中华人民共和国劳动法》为契机,全面推进劳动就业和工资制度改革,建立健全最低工资、企业工资增长指导线、工资集体协商、职业技能培训与鉴定、劳动争议仲裁、劳动保障监察制度。1997年,全县30个乡镇建立劳动管理所。2000年,全面加强农村劳动力转移工作力度,统筹解决下岗职工和城镇失业人员就业再就业问题,基本形成劳动者自主就业、市场调节就业、政府促进就业和劳动工资由国家调控、企业自主分配的新格局。2001年12月,县劳动局更名为县劳动和社会保障局。至2005年末,全县就业总量51.10万人,拥有各类人才3.60万人,城镇登记失业率控制在3.5%以内,累计转移输出农村劳动力254.53万人次。

关注民意,重视民生,逐步建立和完善由养老保险、医疗保险、失业保险、工伤保险、生育保险以及下岗职工基本生活保障和城乡居民最低生活保障等组成的社会保障体系。

第一章　人　　事

第一节　党政机构改革

1990年,县轻工纺织工业公司、县机械电子工业公司、县化工建材工业公司继续保留"县轻工纺织局""县机械电子局""县化工建材局"牌子,不列入政府序列。1992年8月,县商业局、县物资局、县供销合作总社分别成立县商业(集团)总公司、县物资(集团)总公司、县供销(集团)总公司,暂保留原机构名称,不再列入政府序列。1994年9月,国税、地税分设,县国税局为系统垂直管理单位,县地税局列县政府序列,实行地方与上级地方税务局双重领导,以县政府领导为主。此后,县供电局、县电信局、县工商局、县质监局等陆续改为系统垂直管理单位。

1997年,县级党政机构改革按照"小机构、大服务"方向,实行政企分开和精简、统一、效能原则。根据"三定"(定机构、定职能、定编制)方案,县级机构从改革前的97个减至56个(含县人大、县政协、县法院、县检察院,下同),行政编制人员精简51人。此后,部分机构升格、更名、撤并或变更隶属关系。2001年,县级党政机构再次进行改革,机构数从56个减至41个,行政编制人员精简17人。乡镇党政机构改革与县级党政机构改革同步进行。2005年,县政府机构进行第三次改革,重点是职能建设,调整部分工作机构,行政编制人员减少97人。

一、县级党政机构改革

(一)县委机构改革与设置

1996年,县委有工作、归口管理、部门管理机构和直属事业单位21个。1997年,县委机构按照划清职责范围、减少职能交叉、理顺关系、精简内设机构和人员、改善干部队伍结构、提高干部素质和工作效率精神实施改革。其中,县纪律检查委员会机关与县监察局合署办公;县委研究室与县委办公室合署办公;县委保密委员会办公室(县保密局)并入县委办公室,挂"县委保密委员会办公室(县国家保密工作局)"牌子;县委机要室更名为县委办公室机要室;县委老干部局、县直属机关党委归口县委组织部管理,县委组织员办公室在县委组织部挂牌;县委政法委挂"县社会治安综合治理委员会办公室"牌子;县委台湾工作办公室(县政府台湾事务办公室)由县委统战部管理,县民族宗教事务办公室并入县委统战部,挂"县民族宗教事务局"牌子;县委农村工作部挂"县农村经济委员会""县政府农村集体资产管理办公室"牌子;撤销县农业区划办公室,其职能划归县委农村工作部;县档案局保留牌子与县档案馆合并,县档案馆挂"县地方志办公室"牌子,县档案馆、县委党史办公室改为直属事业单位。经过改革,县委机构减至13个,其中工作机构6个、归口管理机构4个、直属事业单位3个。

2001年,县委机构进一步改革,县委研究室、县委台湾工作办公室、县档案馆与县委办公室合署办公,县档案馆挂"县档案局""县地方志办公室""县委党史办公室"牌子;县精神文明建设指导委员会办公室在县委宣传部挂牌;县政府民族宗教事务局与县委统战部合署办公;县社会治安综合治理委员会办公室与县委政法委员会合署办公;县委农村工作办公室挂"县政府农村工作办公室"牌子;县机构编制委员会办公室与县人事局合署办公;县委老干部局由县委组织部管理;县信访局挂"县人民建议征集办公室"牌子,由县委办公室、县政府办公室管理;县委机要保密局挂"县委保密委员会办公室""县国家保密工作局"牌子,由县委办公室管理。改革后,县委设办公室、组织部、宣传部、统一战线工作部、政法委员会、农村工作办公室等工作机构6个,设老干部局、信访局、机要保密局等部门、归口管理机构3个和党校1个直属事业单位。

(二)县政府机构改革与设置

1996年，县政府有工作、部门管理机构和直属事业单位65个。1997年，县政府机构改革从转变职能入手，理顺各部门之间、政府与企事业单位之间关系，增强政府对宏观经济活动管理能力，完善政府管理体系。县教育局、县城乡建设局、县土地管理局、县地方工业局分别更名为县教育委员会、县建设委员会、县国土管理局、县乡镇企业管理局；县农村经济委员会并入县委农村工作部；撤销县经济研究中心，其职能划归县政府办公室；撤销县政府外事办公室、侨务办公室，组建县政府外事侨务办公室，与县政府办公室合署办公；县政府财贸办公室、县经济体制改革委员会、县无线电管理办公室保留牌子，并入县政府办公室；县拥军优属拥政爱民工作领导小组办公室保留牌子，并入县民政局；县地方志编纂委员会办公室保留牌子，并入县档案馆(局)；撤销县职工教育办公室，其职能划归县教委；县爱国卫生运动委员会办公室保留牌子，并入县卫生局；撤销县农村能源办公室、县食品工业办公室，其职能划归县经济委员会；撤销县标准局、县计量局，建立县技术监督局；县城乡建设规划办公室改为县建委下属股级事业单位，其职能划归县建委；县住房制度改革办公室为县政府负责住房制度改革的职能部门，同时为县住房制度改革领导小组办事机构，由县政府办公室管理；县技术改造办公室改为县经委下属副科级事业单位，其职能划归县经委；县城市管理委员会办公室保留牌子，并入县建委；县军队转业干部安置工作小组办公室保留牌子，并入县人事局；县政府法制局与县政府办公室合署办公；县机构编制委员会办公室与县人事局合署办公；县计划委员会挂“县三产办公室”“县地质矿产局”牌子；县多种经营管理局挂“县绿化委员会办公室”牌子；县委、县政府信访局由县政府办公室管理；县国有资产管理局由县财政局管理；县广播电视局、县体育运动委员会、县水产局为县政府直属事业单位；县农业资源综合开发利用管理局更名为县农业资源开发局，增挂“县外向型农业综合开发区委员会办公室”牌子，县农业机械管理公司更名为县农业机械管理局，县地震办公室更名为县地震局，均为县政府直属事业单位；县经济技术协作委员会其行政职能划归县计委，并隶属其领导；县老龄问题委员会办公室为县政府直属(副科级)事业单位。同时，将县商业(集团)公司、县物资(集团)公司、县轻工纺织工业公司、县机械电子工业公司、县化工建材工业公司、县建筑工程局逐步过渡为经济实体机构，过渡期保留局的牌子。经过改革，县政府机构减少到40个，其中工作机构31个、部门管理机构2个、直属事业单位7个。

2001年8月，组建县安全生产监督管理局，为县政府直属管理单位。年末，县政府工作机构再次改革，县政府法制办公室与县政府办公室合署办公，县政府办公室“挂县无线电管理办公室”牌子；县发展计划局挂“县三产办公室”牌子；县经贸局挂“县乡镇企业管理局”牌子；县科学技术局挂“县地震局”牌子；县纪委机关与县监察局合署办公；县老龄工作委员会办公室与县民政局合署办公，县民政局挂“县双拥和全民国防教育领导小组办公室”牌子；县财政局挂“县国有资产管理委员会办公室”牌子；县人事局挂“县军队转业干部安置工作小组办公室”牌子；县建设局挂“县城市管理委员会办公室”牌子；县水务局挂“县农业机械管理局”牌子；县农林局挂“县绿化委员会办公室”牌子；县文化局与县体委合并，成立县文化体育局，挂“县体育局”牌子；县卫生局挂“县爱国卫生运动委员会”办公室牌子；县教委、县计生委分别更名为县教育局、县计划生育局。通过改革，县政府机构减至28个，其中工作机构25个、直属事业单位3个。

2004年4月，县新闻出版局、县版权局在县文化体育局挂牌。

2005年，县政府实施第三次机构改革，实现上下基本对应、权责一致、依法行政。县安全生产监督管理局调整为县政府工作部门；县发展计划局、县计划生育局分别更名为县发展和改革委员会、县人口和计划生育委员会，不再保留县经济体制改革委员会办公室。是年12月，县知识产权局在县科技局挂牌。经过3次改革后，县政府设办公室、县发展和改革委员会、县人口和计划生育委员会、县经济贸易局、县安全生产监督管理局、县教育局、县科学技术局、县公安局、县民政局、县司法局、县财政局、县人事局、县劳动和社会保障局、县国土资源局、县建设局、县交通局、县水务局、县农林局、县对外贸易经济合作局、县文化体育局、县卫生局、县统计局、县审计局、县物价局、县环境保护局、县粮食局等工作机构

26个，设县广播电视局、县农业资源开发局、县水产局等直属事业单位3个。

(三)县人大与县政协机构改革与设置

2001年核定县人大常委会设6个工作机构，即办公室、内务司法工作委员会、财政经济工作委员会、社会科学教育文化卫生工作委员会、人事代表提案工作委员会、农村经济工作委员会，机构均为正科级。其中，办公室设秘书科，为正股级。核定县政协设5个工作机构，即办公室、文史学习委员会、提案工作委员会、经济科技工作委员会、社会法制工作委员会，机构均为正科级。其中，办公室设秘书科，为正股级。

(四)县法院与县检察院改革与设置

2001年核定县人民法院设9个职能机构，即办公室、政治处、刑事审判庭、民事审判庭、经济审判庭、行政审判庭、告诉申诉庭、执行庭、研究室。下设4个基层法庭：曹甸法庭、射阳湖法庭、鲁垛法庭、氾水法庭。核定县人民检察院设11个职能机构，即办公室、政治处、审查批捕科、审查起诉科、法律检察科、监所检察科、控告申诉科、民事行政检察科、举报中心、反贪污贿赂局、政策研究室。

(五)群众团体机构改革与设置

在2001年县级党政机构改革中，除县总工会、团县委、县妇联、县工商联等仍为群众团体行政单位外，其他群众团体一律改为事业性质独立法人单位。县总工会设6个职能科室，即办公室、组织部、维护保障部、宣传教育部、财务部、生产保护部，团县委设3个职能科室，即组织宣传部、青工部、青农部(挂“学少部”牌子)，县妇联设4个职能科室，即组织宣传部、城乡工作部、儿童工作部(挂“宝应县妇女儿童工作委员会办公室”牌子)、权益部。

二、乡镇党政机构改革

1990年后，乡镇党政机构分工越来越细，职能交叉重复，各乡镇机构设置三五十个不等。1997年，乡镇党政机构改革，坚持理顺县与乡镇关系，合理设置乡镇机关内部机构，加强和完善乡镇政府行政管理职能，建立健全农业社会化服务体系，增强为农村经济服务功能的原则。乡镇内部统一设置六大办公室，即党政办公室、财经办公室(乡镇财政所与其合署办公)、社会事务办公室(挂“综合治理办公室”牌子)、乡镇建设办公室、工业办公室(乡镇企业管理站与其合署办公，挂“三产办公室”牌子)、农业办公室。工作人员数比1996年的1356人减少177人。

2001年，乡镇进行第二次党政机构改革，重点是理顺关系，合理划分事权，切实转变乡镇政府职能，调整优化组织结构，增强为农服务功能。不再保留乡镇党委、政府内设的4个综合性办公室和2个专业性办公室，统一实行委员、助理制。乡镇党政机构统一改设为19个管理岗位(职位)，分别为组织、宣传、纪检(监察)、人武、共青团、妇联、人大秘书、党委秘书、文书(档案与信访)、人事、统计(审计)、民政、计划生育、科教文卫体、司法、村镇建设(环保)、乡镇工业(三产)、农副业、农经。工作人员从1997年的1179人减至817人。

第二节　事业单位综合配套改革

一、体制改革

(一)机构设置改革

1994年起，全县事业单位实行分类法人登记管理。当年有各类事业单位1034家，其中全额拨款事业单位688家、差额拨款事业单位150家、自收自支事业单位196家。1997年，事业单位机构改革与党政机构改革同步进行，各类事业单位实行“定编制、定岗位、定职能”改革。县广播电视局、县体育运动委员会、县农业资源开发局、县农业机械管理局、县水产局、县地震局、县老龄问题委员会办公室等7家单位由行政机构改为全额拨款事业单位，由县政府直接管理；156家全额拨款单位转为事业差额拨款和自收自支事业单位，全额拨款事业单位人员编制数比1996年的9408人减少737人，实有人数比上年的

9945人减少997人。经过改革，全县事业单位数减至850家，其中全额拨款事业单位502家、差额拨款事业单位188家、自收自支事业单位160家。2000年2月，县政府印发《关于改革乡镇广播站管理体制的通知》，29家乡镇广播电视站作为县广播电视局派出机构，机构、编制不变，人财物由县广播电视局直接管理。2001年，县规划设计室、县审计事务所、县会计事务所、县律师事务所等事业单位进行脱钩改制；乡镇工商所、物价监督管理站等有关站所与乡镇政府脱钩，归口管理。至此，县内事业单位数减至583家。仅全额拨款事业单位比1997年减少336家，其中改为差额拨款事业单位8家、自收自支事业单位61家、合并并转为企业单位267家。2004年末，县新华书店由全民事业单位性质转为全民企业单位。至2005年末，全县有事业单位418家，其中全额拨款事业单位175家、差额拨款事业单位93家、自收自支事业单位150家，分别比1994年减少513家、57家、46家。

（二）基层站、所合并

2000年6月，全县乡镇有文化站、广播电视站、水管站、农技站、农机站、兽医站、工商所、税务所、劳动所等事业单位522家（不含教育、卫生事业单位）。随着乡镇行政区划调整，全县实施基层事业单位站、所合并，其中广播电视站、工商所、税务所等改为主管部门直管。至2001年末，乡镇基层事业单位站、所撤并为288家。至2005年末，全县14个镇有事业单位站、所256家。

二、产权制度改革

2000年，汜水、望直港、射阳湖、西安丰等镇中心幼儿园进行拍卖，改为民办幼儿园。2001年2月，对县实验小学、县实验初级中学、宝应高级中学3所公办学校实施改制，组建民办翔宇教育集团；以产权转让、租赁结合、经营承包等方式，对县内5所高级中学和部分乡镇中心初中食堂，实行后勤服务社会化改革。县卫生局通过转让、租赁、抵押等形式，对部分卫生分院等医疗卫生单位所有权、执业权进行置换改革，建立合作经营医院3所、租售结合医院3所、租赁经营医院1所、风险抵押医院8所。至2005年末，县内教育、卫生系统实施产权制度改革的幼儿园、中小学校、学校食堂、医院等事业单位40多家。

三、内部管理改革

（一）用人机制改革

1998年，全县事业单位工作人员在实行全员聘用合同制的同时，通过竞争上岗、优化组合，有近1.40万人实现定岗、定员、定责。2001年，县教育局根据农村中小学机构编制、教师学科结构和教辅人员比例，对全县教师7500人进行定岗、定职。2002年，各乡镇水务站实行全员聘用合同制，建立健全以岗定人、以人定责的内部管理机制。县卫生系统实行全员人事代理制、全员聘用合同制、竞聘上岗责任制，1000多人由单位人转变为社会人。

（二）清退编外人员

1998年8月，全县各类事业单位有计划有步骤地进行计划外用工清退。是年底共清退计划外临时人员712人，其中全额拨款事业单位清退455人、差额拨款事业单位清退112人、自收自支事业单位清退145人。至2005年末，全县各类事业单位共清退临时工1693人。

第三节　机构编制管理

一、党政机构编制管理

1990年核定县直机关行政编制865人，实有889人，超编24人；核定乡镇机关行政编制973人，实有877人，余编96人；核定政法机关行政编制475人，实有515人，超编40人。1991年，县编委对各级党政群机关（含行政管理公司）机构、编制实行冻结，停止增设机构（含内设机构）、提高机构规格、增加人员编制和领导职数等，严格控制党政群机关进人。是年末，全县各类机关实有人员与行政编制核定人数超编现象得到扭转。其中，县级机关和政法机关扭超为余，分别余编128人、8人；乡镇机关余编63人。1995年核定县直机关行政编制833人，实有840人，超编7人；核定乡镇机关行政编制973人，实有1326

人,超编353人;核定政法机关行政编制491人,实有509人,超编18人。是年,县编委、县委组织部、县人事局针对超编问题,联合印发《关于严格控制机关、事业单位机构编制和调入人员的通知》,超编问题得到有效制止。2000年初,核定乡镇机关行政编制1210人,年底乡镇区划调整时,实有963人,余编247人。2001年,全县实施党政机构改革,县直机关核定行政编制730人,实有781人,超编51人;乡镇机关核定行政编制1210人,实有952人,余编258人;政法机关核定编制627人,实有589人,余编38人。2002年,全县贯彻省委办公厅、省政府办公厅《关于加强管理严格控制机构编制的通知》精神,县内行政人员编制严格执行"三定"方案,超编现象明显好转;乡镇和政法机关行政人员编制继续余编;县级机关行政人员实有数比上年净减少99人,超编人数净减少10人。2005年,全县各类机关行政人员编制严格执行"三定"方案,县委、县人大、县政府、县政协、县政法和镇政府机关无1个超编,只有群众团体机关中县总工会超编5人。

1990～2005年宝应县国家行政机关人员编制一览

表24-1-1　　单位:人

年份	县直机关		乡镇机关		政法机关		合计	
	行政编制	实有	行政编制	实有	行政编制	实有	行政编制	实有
1990	865	889	973	877	475	515	2313	2281
1991	867	739	973	910	438	430	2278	2079
1992	869	732	973	892	456	515	2298	2139
1993	869	741	973	998	463	500	2305	2239
1994	852	796	973	1237	478	515	2303	2548
1995	833	840	973	1326	491	509	2297	2675
1996	836	829	973	1356	534	529	2343	2714
1997	785	878	1210	1179	588	512	2583	2569
1998	730	815	1210	1121	592	580	2532	2516
1999	730	810	1210	1056	607	592	2547	2458
2000	730	798	1210	963	612	598	2552	2359
2001	730	781	1210	952	627	589	2567	2322
2002	641	682	888	792	467	458	1996	1932
2003	642	679	888	789	467	434	1997	1902
2004	650	675	888	787	467	422	2005	1884
2005	654	633	888	817	467	417	2009	1867

二、事业单位编制管理

1990年,县内实行按年度分部门审定事业单位人员编制,重点核定全额拨款事业单位和差额拨款事业单位人员变化和工资基数使用计划,控制和防止人员盲目增长。当年核定事业编制12687人,实有12589人,占编制数的99.2%。其中,全额拨款编制1872人,实有1858人,占编制的99.3%;差额拨款编制8987人,实有8917人,占编制的99.2%;自收自支编制1828人,实有1814人,占编制的99.2%。此后,全县严格控制各类事业单位人员增长。至2005年末,全县事业单位人员编制12381人,实有12990人,是编制的104.9%,是1990年实有人数的103.2%。其中,全额拨款编制8044人,实有9289人,是编制的115.5%;差额拨款编制2447人,实有2428人,是编制的99.2%;自收自支编制1890人,实有1273人,是编制的67.4%。

1990～2005年宝应县事业单位人员编制一览

表24-1-2

年份	合计			全额拨款			差额拨款			自收自支		
	单位(家)	事业编制(人)	实有(人)	单位(家)	事业编制(人)	实有(人)	单位(家)	事业编制(人)	实有(人)	单位(家)	事业编制(人)	实有(人)
1990	948	12687	12589	140	1872	1858	671	8987	8917	137	1828	1814
1991	953	12724	12667	141	1878	1870	675	9013	8973	137	1833	1824
1992	961	13260	12886	137	1898	1845	691	9543	9274	133	1819	1767
1993	998	13324	13216	142	1907	1892	717	9589	9511	139	1828	1813
1994	1034	13528	13978	688	9015	8315	150	1846	1908	196	2667	2755
1995	1096	13684	14072	730	9119	9378	149	1868	1921	217	2697	2773
1996	1103	14118	14923	651	9408	9945	150	1927	2037	302	2783	2941
1997	850	14680	15149	502	8671	8948	188	3255	3359	160	2754	2842
1998	813	14178	14378	480	8374	8493	179	3143	3188	154	2661	2697
1999	824	13923	14121	486	8223	8341	181	3086	3131	157	2614	2649
2000	837	13687	13796	493	8083	8149	183	3034	3059	161	2570	2588
2001	583	13102	13145	166	8422	8643	196	2858	3118	221	1822	1384
2002	568	13321	13212	162	8563	8687	191	2906	3134	215	1852	1391
2003	576	13683	13386	165	8788	8802	194	2985	3175	217	1910	1409
2004	453	13951	13581	130	8960	8931	153	3044	3222	170	1947	1428
2005	418	12381	12990	175	8044	9289	93	2447	2428	150	1890	1273

第四节　干部与公务员管理

一、干部管理

1990年，全县有国家干部10458人，其中国家行政机关干部2281人。1991年，全县机关事业单位人员冻结，调进干部（含军转干部）84人，调出干部21人，平行移动干部61人，任免正、副科职干部64人次，其中企业科级干部8人次。是年成立县退休干部服务中心。1992年，县直机关和政法系统补充工作人员85人。年末，全县有国家行政机关工作人员2139人。1994年为适应"三农"（农村、农业、农民）服务需要，通过考试考核录用乡镇机关工作人员和聘用农技、农机、水利以及林牧副渔等各类干部与工作人员293人。1996年，全县有国家机关事业干部及工作人员12792人，其中机关干部2714人、科级干部893人、离退休人员765人。1997年，全县国家行政机关干部实施国家公务员过渡工作。

二、公务员管理

（一）公务员过渡

1997年，县政府根据国务院《国家公务员暂行条例》精神，组织开展国家公务员过渡工作，建立县推行和参照试行国家公务员制度工作领导小组，印发《宝应县国家公务员制度实施方案》和《宝应县国家行政机关现有工作人员向国家公务员过渡的实施方案》，完成30个乡镇、107个县直单位职位说明书编制，拟过渡登记国家公务员1867人，对县委、县人大、县政协和群团组织以及具有行政管理职能的事业单位352名工作人员被列入参照依照管理范围进行登记。

1998年,全面实施拟过渡国家公务员职位设置及考核、资格审查和报批工作。根据机构编制“三定”(定职能、定内设机构、定领导职数和人员编制)方案和职位设置方案,设置领导职位和非领导职位2241个。其中,县直机关设正科职领导职位31个、副科职领导职位100个、正科级非领导职位15个、副科级非领导职位50个,乡镇机关设正科职领导职位87个、副科职领导职位193个、正科级非领导职位15个、副科级非领导职位56个。经资格审查与考核,对乡镇副主任科员以下工作人员职位进行竞争上岗,双向选择。对副科级以上和县直机关人员直接办理公务员过渡审批手续。至是年底,完成2186人国家公务员过渡和参照依照国家公务员管理人员审批。其中,县直行政机关850人、乡镇机关984人过渡为国家公务员,党群系列283人被列入参照国家公务员管理,县广电局、县水产局、县农业资源开发局、县农机局、县体委、县残联、县房改办、县老龄办、县茧丝绸公司69人被列入依照管理范畴,并被纳入国家公务员范围统计。另有3人因身体等原因暂缓过渡,1人不合格不予过渡,29人办理提前离岗手续,进行人员分流。

2005年,根据国家公务员法有关规定,把列入参照管理的党群系列279人全部过渡为国家公务员。是年末,全县有国家公务员2579人。

(二)公务员录用

1999年,全县对新录用的国家公务员和事业单位工作人员实行凡进必考制度。是年,经过考试、体检和考察(政审),吸收录用国家机关副主任科员以下非领导职务人员29人。2002年后,县内党政机关先后公开招录国家公务员138人。至2005年末,全县累计招录国家公务员167人,其中本科生占77%、专科生占23%。

(三)公务员培训

图24-1-1　公务员培训

1997年,县人事局与县国家公务员领导小组办公室联合印发《关于组织向国家公务员过渡的工作人员培训意见》,开展拟过渡国家公务员过渡培训,先后举办培训班11期,培训2642人。1999年开展国家公务员更新知识培训,举办现代科技知识培训班20个,培训2560人。2000年举办《中国与世界贸易组织》《知识经济》培训班15个,培训2200人次。举办初任公务员培训班1期,组织新录用的29名国家公务员学习《国家公务员暂行条例》、机关应用文写作、机关工作人员礼仪、县内自然历史概况、工农业及三产发展状况等。2001年起,全县公务员培训工作进入正常化,每年举办2～5个专题培训班。至2004年底,先后举办《创造与应用》《推广普通话》《邓小平行政法制理论》《中华人民共和国国家赔偿法》《中华人民共和国行政处罚法》《中华人民共和国宪法修正案》和加入世界贸易组织与政府职能转变等12个专题培训班,培训国家公务员和机关工作人员9588人次。2005年,县人事局、县司法局、县依法治县领导小组办公室联合举办《中华人民共和国公务员法》培训班,历时3个月,举办培训班21个,参训人数2650人,考试优秀率90%以上。1997～2005年共举办公务员培训班116个(期),培训近2万人次,其中新招录公务员初任培训班8期320人次。

(四)辞职辞退

1998年,全县实行公务员辞职辞退制度,当年有3名乡镇和机关干部辞职经商办企业。1999年对犯有嫖娼错误的1名公务员予以辞退。2001年在实施行政事业单位站所改制改革中,有20多名行政事业单位人员先后辞职。至2005年末,全县辞退公务员12人,办理公务员辞职手续56人。

第五节　考核奖惩

1990年,全县对行政机关和事业单位工作人员考核奖惩,通常在录用、招聘、转正定级、职务晋升、职称评定以及调动、评比、年终总结时进行。从1994年起,全县实行行政机关和事业单位工作人员年度考核制度。至2005年,全县参加年度考核16.44万人次,其中被评为优秀等次1.54万人次、受县级政府以上表彰7744人次、受行政处分174人。

一、考核

1994年,全县实施机关工作人员和事业单位工作人员年度考核。县、乡镇机关和各类事业单位全部建立年度工作考核小组,每年年末或翌年初,对机关和事业单位工作人员从德、能、勤、绩、廉5个方面进行考核。副科级以上干部由县委组织部统一考核。机关干部考核等次分为优秀、称职、不称职、不定等次4种,事业单位工作人员考核等次分为优秀、合格、不合格、不定等次4种。2000年起,机关干部和事业单位工作人员考核结果由4个等次增加为5个等次,即增加基本称职和基本合格1个等次。1994～2005年,全县参加年度工作考核16.44万人次,其中机关干部考核3.45万人次、事业单位工作人员考核12.99万人次。优秀等次分别占11.5%和11.1%,不称职、不合格等次分别占0.11%和0.05%。

1994～2005年宝应县机关、事业单位年度考核情况一览

表24-1-3　　　　单位:人

年份	机关					事业				
	优秀	称职	基本称职	不称职	不定等次	优秀	合格	基本合格	不合格	不定等次
1994	324	2558	—	1	45	99	8124	—	6	266
1995	298	2549	—	1	49	1100	8268	—	3	180
1996	308	2600	—	2	45	1120	8405	—	2	30
1997	301	2578	—	1	39	1155	9209	—	5	12
1998	303	2564	—	3	44	1175	9510	—	3	10
1999	308	2532	—	2	38	1184	9795	—	5	12
2000	354	2510	—	5	46	1502	9997	—	4	12
2001	359	2494	1	8	48	1200	10098	3	9	7
2002	352	2477	3	6	45	1200	10187	5	8	9
2003	370	2377	2	2	41	1220	10203	7	11	13
2004	341	2374	3	3	31	1224	10475	19	2	26
2005	350	2338	6	3	57	1342	10497	45	6	33

二、奖惩

1990年对国家机关和事业单位有功人员实行记功、记大功、授予奖品或奖金、升级、升职、通令嘉奖6种奖励,对违纪人员实行警告、记过、记大过、降级、降职、撤职、留用察看和开除等8种行政处分。1993年对国家机关和事业单位有功人员实行嘉奖、记三等功、记二等功、记一等功、授予荣誉称号等5种奖励;对违纪人员实行警告、记过、记大过、降级、撤职和开除等6种行政处分;触犯刑律的移送司法机关处理。1990～2005年,全县机关和事业单位工作人员受县级政府及以上表彰的共有7744人次,其中受市级以上政府表彰的30人,受行政处分的国家干部(公务员)和事业单位工作人员174人、开除17人。

第六节　工资福利管理

一、工资(离退休金)调整与改革

1990年,对全县机关、事业单位专业技术人员进行两个工资档次的职务工资起点标准和最高工资标准调整。1992年1月,机关、事业单位工作人员工龄津贴标准,由原来每工作1年0.50元调整为1元。

1993年10月,机关、事业单位全面推行职务级别(岗位)工资制。机关干部工资由职务工资、级别工资、基础工资、工龄工资构成,机关技术工人工资由岗位工资、技术等级(职务)工资和奖金构成,机关普通工人工资由岗位工资、奖金津贴构成。事业单位工作人员工资由职务(岗位)工资、津贴、职务岗位津贴、综合补贴构成,实行职员职务工资制、专业技术职务工资制、技术工人技术等级工资制和普通工人等级工资制;津贴根据不同类型事业单位工作人员职务工资比例(全额拨款30%、差额拨款40%、自收自支45%)发放。离退休人员离退休金按照其办理离退休手续时身份对号入座,增加离退休金。全县参加工资制度改革的国家机关和事业单位在职干部和工作人员1.20万人,离退休干部职工2608人,人均月增资110元,月增资总额162万元。

1995年对连续两年年度工作考核称职(合格)的机关、事业单位工作人员晋升1个职务(岗位)工资档次,人均月增资20元;离退休人员人均月增离退休费20元。此后,每两年调整一次,人均月增资25~28元不等。1997年,机关行政人员基础工资标准由原每人每月90元提高到每人每月110元,离退休人员每人每月增加20元,机关事业单位在职及离退休人员增加综合补贴64元。1999年7月1日起,机关行政人员基础工资标准由每人每月110元提高到180元,级别(从15级到1级)工资标准分别提高30元至250元不等。同时,对机关工人、事业单位工作人员和离退休人员分别提高工资、津贴和离退休费。2001年1月、10月和2003年7月,对国家机关、事业单位工作人员工资标准和离退休人员离退休费标准进行提高,人均分别月增资85元、60元、25元。至2005年,全县机关、事业单位工作人员实行职务(岗位)工资正常晋升6次,职务级别(岗位)工资(离退休金)和津贴标准调整多次,以及年功性增资等,人均年工资收入水平与1990年相比,机关人员增长10.59倍,事业单位工作人员增长10.89倍,离退休人员增长8.95倍。

1990~2005年部分年份宝应县机关事业人员和离退休人员收入情况一览

表24-1-4

年份	国家机关人员				事业单位人员				离退休人员			
	年均人数(人)	工资总额(万元)	年均工资(元)	比上选年增长(%)	年均人数(人)	工资总额(万元)	年均工资(元)	比上选年增长(%)	年均人数(人)	离退休金总额(万元)	年均离退休金(元)	比上选年增长%
1990	3088	664	2151	—	12520	2046	1634	—	589	116	1976	—
1995	2675	1747	6532	203.77	14072	8618	6124	274.79	698	339	4860	145.95
2000	2299	2663	11585	77.36	13057	14382	11015	79.87	807	817	10122	108.27
2005	2395	5971	24929	115.18	11941	23199	19428	76.38	1063	2090	19657	94.20

二、津补贴

1990年,全县机关、事业单位实行肉价、回民生活、洗理费等地方性综合补贴。对卫生、文教、司法、纪检等系统一线岗位、艰苦特殊岗位工作人员,发放卫生防疫津贴、班主任津贴、教护龄津贴、公安干警执勤岗位津贴、监察纪检人员办案津贴、法院检察院干警岗位津贴、信访岗位津贴、机要岗位津贴、环境保护监测津贴等。1993年对县政法、公安和乡镇综治办专职副主任等工作人员增发政法津贴、警衔津贴;机关、事业单位全面实行地方综合补贴,国家机关和全额拨款事业单位工作人员每人每月239元,差额拨款、自收自支事业单位工作人员每人每月234元。1995年11月提高县机关、事业单位在编在职人员和离退休人员职务(岗位)津贴标准。此后又相继提高津贴标准3次。2004年7月对全县机关、事业单位在编在职人员和离退休人员实行地方岗位补贴制度,每人每月发放标准按国家机关工作人员及离退休人员职级确定:办事员200元、科员220元、副科级240元、正科级260元、副处级280元、正处级300元,事业单位工作人员220元、退休人员176元。

三、福利

(一)福利费

1990年,全县机关、事业单位工作人员福利费一律实行单位提取、集体使用,标准每人每月2.50元,用于干部、职工困难家庭补助、伤病员慰问等。1992年7月,行政事业单位福利费提取标准改为行政机关每人每月4元,事业单位按其工资总额2.5%提取。1995年7月,全县实行住房公积金制度。至2005年,国家机关和事业单位工作人员还享受防暑降温费、误餐费和独生子女费等。

(二)假期及待遇

1990年起,全县机关、事业单位工作人员结婚享受婚假1至3天。女职工生育享受产假90天(其中产前假15天);难产的增加产假15天;多胞胎生育的,每多生1个婴儿,增加产假15天;实行晚育的夫妻,增加女方产假15~30天、男方护理假3~7天。与配偶、父母不在一起的、连续工龄满1年的正式人员,又不能在公休假团聚的,可享受探亲假。其中,探望配偶的,每年1次探亲假,假期30天;未婚人员探望父母的,每年1次探亲假,假期20天;已婚人员探望父母的,每4年1次探亲假,假期20天。1995年6月起对晚婚者增加婚假7天。1998年对机关、事业单位工作人员病假待遇进行调整:病假两个月内的,基本工资和省地方性补偿工资全额发放;2~6个月之间的,从第三个月起,工作年限满10年的,行政人员按职务、级别工资和职岗津贴,事业单位人员按工资固定部分,机关工人按奖金部分90%发放,基本工资和省地方性补偿工资全额发放;病假超过6个月,从第七个月起,工作年限满10年的、11~20年的、21~30年的分别参照上述内容70%、80%、90%计发。

(三)死亡抚恤

1990年实行国家机关、事业单位工作人员亡故,发放丧葬费、抚恤金和遗属补助费制度。丧葬费标准为:牺牲或因公死亡为3个月人均工资,因病或非公死亡为2个月人均工资;抚恤金一次性发给6~12个月工资;遗属补助费按其生前供养的直系亲属,农村每人每月25元~28元、城镇每人每月28元~30元。1993年提高遗属补助标准。其中,户口在农村的,每人每月140元、粮食补贴9元;户口在城镇的,每人每月160元、粮食补贴34元。1999年10月提高机关、事业单位离休干部遗属补助标准。户口在城镇的,红军时期每人每月250元、抗日战争时期每人每月220元、解放战争时期每人每月190元,每人每月发粮、煤补贴34元;户口在农村的,红军时期每人每月230元、抗日战争时期每人每月200元、解放战争时期每人每月170元,每人每月发粮、煤补贴9元。2004年1月调整机关、事业单位工作(含退休)人员遗属补助标准为:户口在农村的调整到200元、户口在城镇的调整到220元;离休干部遗属补助标准为:红军时期350元、抗日战争时期310元、解放战争时期270元。是年10月起对病故的、因公牺牲的机关事业单位工作人员和革命烈士分别按其在世前的20个月、40个月、80个月工资发放抚恤金,丧葬费标准不变。

第七节　专业技术人员管理

1990年,县技术职称改革领导小组办公室设有22个初级专业技术职务评定委员会和1个工程技术中级职务评定委员会。1997年7月,职称工作由县科委移交县人事局后,重新组建县职称工作领导小组,在县人事局设县职称工作领导小组办公室,重新组建文化、档案、农经、教育、卫生、建筑工程等6个初级专业技术职务评审委员会，增设政工和地方农民技术职称初级专业技术职务评审委员会。至2005年，全县有初级专业技术职务评审委员会8个。

一、职称评聘

1990年依据任职条件与专业人员基本条件，评定职称523人，其中高级职称26人、中级职称185人、初级职称312人，年末有各类专业技术人员1.18万人。1991年，为301人晋升专业技术职称，其中高级38人、中级263人。1992年起，全县职称改革工作转入正常化，对统计、会计、经济、审计等系列专业技术职称任职资格，实行以考代评办法。当年经考试确定各级职称任职资格2221人。1993年，县内首次实施以省统考与评审相结合办法晋升专业技术职称。是年有3313人评定职称，其中1973人晋升职称，(初级521人、中级1323人、高级129人)。1994年，县内首次将工商专业64人列入全国专业技术职称统考评定范围。同年评定农民专业技术职称264人，其中技师6人、助理技师169人、技术员89人。1997年对企事业单位专业技术职称总量、结构比例及其分布进行严格控制和调节。是年评定和晋升专业技术职称1754人，其中晋升高级33人、中级361人。2003年印发《宝应县农民技术职称的实施意见》，重新明确评审条件、范围、对象和评审要求。是年评定农民专业技术职称164人。2005年末，全县有各类专业技术人员1.87万人。1990～2005年，全县先后评定各类专业技术人员2.78万人，其中县属企事业单位2.42万人(高级841人、中级7025人、初级1.63万人)、地方专业技术职称2822人(高级15人、中级1065人、初级1742人)、农民专业技术职称809人。

1990～2005年宝应县专业技术人员职称评定统计

表24-1-5　　单位:人

年份	评定职称人数	县属企事业单位评定人数				地方职称评定人数				农民职称评定人数	年末人数
		高级	中级	初级	合计	高级	中级	初级	合计		
1990	523	26	185	312	523	—	—	—	—	—	11808
1991	1013	38	263	423	724	—	—	289	289	—	11959
1992	2458	206	900	1115	2221	—	237	—	237	—	13443
1993	3313	129	1323	1448	2900	—	413	—	413	—	15618
1994	3115	50	651	1456	2157	—	—	694	694	264	17457
1995	3822	64	570	2090	2724	—	275	517	792	306	19824
1996	2501	42	375	2084	2501	—	—	—	—	—	20797
1997	1754	33	361	1360	1754	—	—	—	—	—	21007
1998	1369	25	352	992	1369	—	—	—	—	—	20845
1999	1324	18	477	748	1243	—	62	19	81	—	20652
2000	1640	35	125	1428	1588	1	—	51	52	—	20767
2001	1171	54	371	700	1125	2	11	33	46	—	20437
2002	689	20	112	503	635	4	16	34	54	—	19682
2003	1450	43	312	873	1228	8	16	34	58	164	19688
2004	778	26	223	348	597	—	35	71	106	75	18968
2005	913	32	425	456	913	—	—	—	—	—	18740

二、继续教育

1990年起，县科委对晋升职称的专业技术人员不定期进行外语或古汉语培训，鼓励专业技术人员在岗学习理论业务，参加专业调研和撰写论文等，并纳入继续教育计算课时。1992年，县科委先后组织

图 24-1-2　　继续教育

工程、经济、会计等7期晋升中级专业技术人员培训班，培训620人，学时20～30课时。与农业、水利、工商、建筑等部门联办初级专业技术人员培训班，参加学习800多人，学时18课时。此后，县内专业技术人员继续教育步入正常化。至1996年6月，县内先后举办培训班20期，参加培训5052人次。1997年7月后，县人事局、县职改办以长短结合、点面交叉方法，加强全县专业技术人员继续教育。是年，举办县直机关、事业单位技术工人继续教育培训班，参加专业技术理论与实际专业操作培训的有50人，30个课时。1998年，县人事局会同县教育局举办专业技术人员职称外语培训班，历时1个月，经考试有30人获得合格证书，并晋升中级专业技术职务。1999年，县人事局举办《现代科技与21世纪》专题知识培训班12期，20个课时，参加培训的专业技术人员2120人。2000年起，县职改办把专业技术人员计算机培训作为继续教育重点内容，举办培训班15期，参加外语、计算机等专业培训2228人次。1990～2005年先后举办继续教育培训班94期，培训专业技术人员1.39万人次。

第八节　人才工作

1990年，全县除做好统配大中专毕业生安置工作外，县委组织部和县人事局遵循“积极引进、控制外流”原则，做好人事人才各项工作。1993年3月，县人才交流服务处更名为县人才交流中心。2001年3月，县人才交流中心增挂“县人事代理中心”牌子，同时成立县人事租赁服务中心。2004年成立县高级人才服务中心。至2005年，县内有大中专毕业生、专业技术人员及国家行政机关和企事业单位管理人才等3.60万人。

一、人才市场与安置

1990年，继续沿用大中专业毕业生计划安置办法，接收和分配大中专毕业生513人，其中分配在县属单位与乡镇机关工作36人、事业单位336人、企业141人。1994年，县人才市场成立。1995年，大中专毕业生“统包统配”取消，大中专毕业生全部进入人才市场，实行自主择业、双向就业。是年在县首届人才集市中，有15人在县和乡镇机关就业，392人在文教、卫生等事业单位就业，81人在县属、乡镇等企业就业。1998年，县人才市场先后举办县属十大工业系统人才市场、乡镇企业人才市场、医学院校毕业生人才市场等，大中专业毕业生实现就业400多人。2000年为减少人才外流，县人事局与县卫生局、县教委等联办人才市场，使医学、师范类院校毕业生全部在县内就业。至2005年共接收安置大中专毕业生7577人。

1990～2005年宝应县大中专毕业生就业情况一览

表24-1-6　　单位：人

年份	合计	县乡机关	事业				企业			
				文教	卫生	其他		县属	乡镇	其他
1990	513	36	336	201	95	40	141	140	—	1
1991	461	23	284	167	52	65	154	154	—	—

续表24-1-6

年份	合计	县乡机关	事业				企业			
				文教	卫生	其他		县属	乡镇	其他
1992	562	7	334	192	81	61	221	218	2	1
1993	500	7	315	160	99	56	178	178	—	—
1994	397	6	300	201	73	26	91	90	—	1
1995	488	15	392	215	96	81	81	57	24	—
1996	568	3	422	243	97	82	143	77	60	6
1997	589	5	316	168	118	30	268	193	75	—
1998	456	8	274	206	54	14	174	77	62	35
1999	562	39	358	243	75	40	165	82	58	25
2000	480	49	365	233	76	56	66	18	2	46
2001	353	20	280	247	16	17	53	10	1	42
2002	321	17	191	180	6	5	113	40	—	73
2003	391	10	314	297	10	7	67	11	—	56
2004	466	71	317	271	34	12	78	21	—	57
2005	470	42	293	246	15	32	135	32	—	103

二、人才交流与引进

1993年，县人才交流中心在南京、哈尔滨、西安等地大专院校设联系点。1996年，县委、县政府加强人才交流与引进工作，对引进人才使用、培养、管理等方面作出规定。1998年，县人才交流中心采取自办、联办、流动办人才市场方法，招聘理工科大专以上毕业生290人。1999年，县人事局贯彻县政府《关于大力引进科技人才的若干意见》精神，引进本科生5人，其中任企业管理人员1人、工程师2人、技术员2人。2000年7月，县委、县政府印发《关于引进和使用人才的若干意见》。是年，县人才资源开发领导小组成立，在县人事局设县人才资源开发工作办公室，县财政安排人才专项基金40万元。至2004年，县政府拨款200万元，帮助解决引进人才最低工资标准、租房补贴、购房优待和奖励等。2005年，县委、县政府印发《关于引进工业、建筑业科技人才的若干意见》，引进工业、建筑类本科生105人。县人事局、县财政局印发《宝应县人才开发基金管理使用暂行办法》，县财政拨款80万元，启动人才公寓建设。至2005年底，县财政共安排人才专项基金280万元。1999～2005年，全县先后引进人才212人。

三、人事代理与租赁

(一)人事代理

1997年5月，县人事局开展人事代理服务，主要服务项目有政策咨询、人事档案保管、聘用(任)合同签证、养老保险、户籍粮油关系迁移、工资定级(晋升)、专业技术职务任职资格申报和党团组织关系接转等。当年办理人事代理500多人。1998年4月，县人才交流中心为机关、企事业单位274人办理人事代理手续。至2005年末，全县人事代理6584人，其中单位代理4748人、个人代理1836人。

(二)人事租赁

2004年3月，县人事局、县财政局、县劳动和社会保障局、县审计局联合印发《宝应县人事租赁暂行办法》。至2005年末，县人才租赁服务中心为32家单位83人办理人事租赁手续，其中县和乡镇机关租赁15人、事业单位租赁68人。

第九节　军转干部安置与解困

1990年,全县严格执行军队转业干部指令性分配计划,安置连职以上军转干部19人。1995年,全县接收安置军转干部32人,为历年之最。至1998年,全县共接收安置军队转业干部190人,其中安置到党政机关、事业单位和垂直管理部门177人,企业5人,自主择业8人。1999年,全县有企业军队转业干部340人,其中退休185人。由于企业改制,部分在企业工作的军队转业干部经济利益和家庭生活受到影响。当年起,军转干部全部改在机关事业单位和垂直管理部门安置。2000年,县政府成立县企业军转干部解困工作领导小组,建立长效工作机制,多方面、多渠道帮助企业军队转业干部解决实际困难。每年按时提高"两平"(市当年社会平均工资、社会平均养老金)标准,并及时足额发放。2002年起,军队转业干部安置实行阅档积分(根据军龄、职务、学历、立功、奖惩、伤残、参战等要素和国家规定的长期驻守边防、海岛及飞行、潜艇特种岗位,量化分值,并以得分名次安置单位或岗位)办法。2003年,县政府拨专款为企业军转干部解决医保问题,同时做到每年每人体检1次。对缴纳军转干部养老保险费有困难的企业,由县财政挂账,确保军转干部按时办理退休手续。对企业军转干部办理建房手续、营业执照等方面,建立绿色通道,给予关心和照顾。2004年起,组织未到退休年龄的企业军转干部135人参加平安社区创建工作,使其家庭解困与合理发挥军转干部作用有机结合,受到省、市好评。2005年,县政府印发《关于宝应县军队转业干部和随调配偶安置的实施意见》,进一步细化军转干部阅档积分办法,按照个人得分情况,张榜公布进行安置。至年底,全县累计接收安置军队转业干部367人。

第二章　劳　　动

第一节　劳动制度改革

一、就业制度改革

1990年,全县实施统包统配就业制度改革,劳动用工实行固定工和合同制工并存,单位用工仍以计划配置为主。1993年,全县劳动用工不再下达指令性计划,以开放劳动力市场形式,实行用人单位与求职者双向选择。县政府开始对农村劳动力流动实施有序化转移工程。1994年,县粮食系统在县内率先进行全员劳动合同制试点。1995年,县葡萄糖厂、县轴承厂等10家企业推行全员劳动合同制。1996年,全县企业职工全面推行劳动合同制,327家企业先后与2.04万名固定工签订合同,分别占全县企业单位数的69.6%和职工人数的28.6%。翌年,原企业固定工全部与企业签订长期合同。同时,由于市场经济快速发展,各种经济成分企业日益增多,出现一批未经劳动部门鉴证的钟点工、季节工等。

图24-2-1　县劳动力市场

1997年,全县加快推进企业改制,有11个系统54家企业出现下岗职工。县劳动部门面对劳动就业新情况,对改制企业下岗职工进行登记,通过与新办企业联系用工和开辟新的就业渠道等措施,采取政府统筹、企业帮助、市场调节等办法,安置下岗职工再就业。1998年,加强企业下岗职工再就业服务中心建设和管理工作,按照财政划拨、企业自筹、社会募集各三分之一原则筹集资金,先后建立再就业服务(指导)中心47个,接纳下岗职工进中心。县劳动部门推进劳动力市场建设,开展职业培训和就业服务,开拓就业再就业渠道,让下岗职工出中心,走上新的工作岗位。2001年,县内在全市率先实施城乡劳动就业一体化,将下岗职工一并纳入有序化转移和输出劳动力工程,城乡劳动就业工作实行登记、培训、职业介绍等"一条龙"服务。2004年,全县城乡劳动力就业工作归口县劳动和社会保障部门统一管理。2005年,全县初步形成劳动者自主就业、市场调节就业、政府促进就业的基本制度。

二、劳动工资制度改革

1990年,县内继续推行企业职工工资总额同企业经济效益挂钩(简称工效挂钩)制度,按规定扣除工资调节税后以人均300元封顶核入基数,企业当年新增效益工资按30%～50%比例提留,建立工资储备金。1991年,县政府印发《关于深化企业工资制度改革意见》,工效挂钩实行由单项产值增长指标向产值、利税增长等复合指标转变,建立职工正常考核升级制度,职工固定升级按企业上年工资基金增长幅度的一定比例下达指标,由企业自主安排。困难企业由工效挂钩改为工资总额包干。

1991年9月,县内实行报酬向一线苦、脏、累、险和高技术人员倾斜的岗位技能工资制试点。县粮食胶辊厂在人均改革增量15元前提下,拉开6元至30元收入差距,充分体现轻重工种、技术含量、贡献大小在工资分配中的作用。1994年1月,全面推行技能工资制度,职工工资作为档案工资封存,政府不再统一安排企业内部职工工资分配,技能工资制成为企业内部收入分配基本制度。全县企业建立健全职工考核增资办法,形成企业职工正常工资增长机制,统一实行动态调控的弹性工资计划。至1995年,全县322家企业完成工效挂钩或工资总额包干和自定工资总额核定,企业职工工资内部分配初步建立向苦、脏、累、险、技术、贡献倾斜的新机制。

1995年,全县建立最低工资保障制度,确保企业职工月工资收入不低于175元。此后,最低工资标准每年均有增长,递增幅度10%左右。1996年,企业职工工资由微观管理向宏观调控过渡,打破计划经济条件下的职工工资审批制度,推行企业工资增长指导线。企业根据劳动工资部门确定的工资增长基准线、预警线、下线,给职工增加工资。1997年,企业离休干部工资实现社会化发放。1998年,试行职工代表与企业代表依法进行工资集体协商制度,进一步明确职工在企业中的主人翁地位。至2005年,全县企业职工工资在国家宏观调控政策指导下,基本形成企业自主分配、按劳分配和技能分配相结合的工资制度。

第二节 劳动就业

1990年,城乡劳动就业总量47.60万人,待业青年就业以统包统配办法为主,城镇人员登记失业率5%。1991年,全面推行先培训后就业、先培训后上岗制度,增强失业人员就业能力,城镇人员登记失业率降至3%。1994年,县职业介绍所成立,劳动就业逐步向企业与职工双向选择的模式过渡。此后,城镇人员登记失业率一直稳定在3%左右。1996年,随着企业改制工作启动,县劳动局加大就业培训力度,扩大职业介绍范围,帮助下岗职工再就业和失业人员就业。1997年,为进一步适应城乡劳动力转移输出工作需要,30个乡镇先后成立劳动管理所。2002年,全县企业改制进入高潮,城镇人员登记失业率回升至4.5%。县政府出台一系列优惠政策和措施,鼓励下岗失业人员自主创业;县劳动和社会保障局利用市场调节就业,安置下岗失业人员近3万人。2005年,全县劳动就业总量51.1万人;下岗未就业人员327人,占下岗职工总人数的1.1%,城镇人员失业率回落至3.5%。

一、安置就业

1990年,县内城镇待业青年就业实行计划分配。城镇待业人员统一集中登记,统一组织文化知识考试,进入劳务市场统一安置。各个系统根据县下达的就业安置指标,由县劳动部门统一面向社会公开招收、择优录取安置城镇待业青年1382人，其中国有企业安置就业630人。

1991年，城镇待业青年就业安置由县统一招收改为以系统统一招收。当年待业青年安置暂不招收应届初中毕业生，对高中、职校和往届初中毕业生分别确定比例招收，先后由各系统安置城镇待业青年1663人。1992年，待业青年安置就业实行灵活、宽松的计划分配办法，即各系统在完成县下达就业安置指标基础上，可以公开招收本系统待业青年。全县安置城镇待业青年1311人，其中系统招收计划外待业青年111人。至1995年，共安置城镇待业青年5209人，其中系统自招待业青年560人。此后，城镇待业青年安置工作逐步走向市场。

1996年，根据政府引导扶持、社会帮助服务、鼓励和推动劳动者靠自己努力实现就业精神，改变城镇待业青年单纯依靠政府安排就业的局面。城镇未就业人员安置范围由全民、县属集体企业扩大到乡镇、私营、外商投资等各种经济类型企业。统筹城镇未就业人员自主择业和农村富余劳动力流动就业。全年新增就业人员3715人，其中安置城镇未就业人员1451人。至此，城镇未就业人员统包统配制度基本结束，就业实现市场化。

二、职业介绍

1988年10月，县内首个劳动服务市场开放。1994年4月，县职业介绍所成立，与县劳动服务公司合署办公。至1995年末，县职业介绍所介绍就业2636人。

图24-2-2　专项用工招聘会

1996年5月起，劳动力市场面向全县放开，农村剩余劳动力纳入县职业介绍所对内对外转移输出对象。是年，有135家县内外用人单位和6788人次求职者参加职业介绍活动，达成用工协议4551人，占求职人数的67%，其中城镇户口1451人、农村户口3100人。1997年，各乡镇成立劳动管理所。当年县职业介绍所公布招工职业208个，其中县外用工职业66个，签订用工协议1246人。1998年，县职业介绍所对下岗失业人员实行免费服务，县内企业进场招用下岗失业人员实行优惠服务。至2001年，县内共为下岗失业人员介绍职业194个(次)，5272名失业人员实现再就业。

2002年1月，县职业介绍所更名为县职业介绍服务中心。6月，县劳动部门投资近1000万元，建成县劳动力市场综合楼。1994~2005年，县职业介绍服务中心(所)累计挂牌展示职业(工种)近1000个(次)，先后提供就业岗位11.17万个，转移输出城乡劳动力90多万人次，其中介绍下岗失业人员就业1.15万人次。县职业介绍服务中心被省劳动和社会保障厅表彰为劳动力市场“三化”(科学化、规范化、现代化)建设先进单位、省四星级示范职业介绍机构。

三、下岗职工再就业

1997年，全县开始实施再就业工程，安置就业5006人，其中城镇下岗职工再就业3760人。1998年，县政府印发《关于1998年实施再就业工程工作意见》，县劳动局成立全市第一家再就业服务中心，11个系统成立行业下岗职工再就业指导中心，为4948人签订托管协议。8月，宝应印刷厂下岗职工再就业服务中心成立，时为县内第一家企业再就业服务中心。至2002年，全县在“一规范、四鼓励”(规范企业下岗职工行为，鼓励用人单位招用下岗失业人员、鼓励下岗失业人员参加转业转岗培训、鼓励下岗失业人员自谋职业、鼓励下岗失业人员兴办劳动就业服务企业)原则指导下，通过挖掘就业空岗和拓展就业渠道，提高城镇职工就业率和下岗职工出中心率，先后分流安置下岗职工再就业1.50万人。

2003年，对国有、集体改制企业解除劳动关系、尚未再就业的职工1500多人发放再就业优惠证。

县政府印发《关于下岗失业人员再就业享受有关优惠政策的通知》,通过对下岗失业人员从事私营个体经济给予免费办理相关证照、减免有关税费和优先安排场地等措施,为下岗失业人员减免税费118.20万元,7812人实现就业和再就业。2004年,县政府印发《宝应县下岗失业人员小额担保贷款管理办法》,建立下岗失业专项基金资助制度,让下岗失业人员通过资金扶持,实现再就业。是年发放再就业优惠证820份。2005年,县劳动部门提供就业岗位2.80万个,介绍下岗失业人员3821人再就业,为下岗失业人员发放再就业优惠证4461份。城区开展创建"无双下岗、双失业家庭"社区活动,帮助近100户"双下岗、双失业家庭"有1名成员在1周内就业,县城20个社区实现无"双下岗,双失业家庭"。全县筹集250万元专项基金,帮助51名下岗失业人员解决资金困难;为4家小企业申请小额担保贷款130.20万元;为100户"4050"(女40岁、男50岁)特困户和131名下岗失业人员提供岗位补贴、社保补贴和再就业援助资金89万元;对自谋职业、从事个体经营的下岗失业人员减免各种税费532.30万元,实现自主创业和再就业。1997～2005年,全县有2.90万名企业下岗职工实现再就业。

四、就业培训

1990年,县就业培训指导站举办就业前培训班9个,培训待业青年1163人,培训率95.6%。此后,对待业青年实行先培训再就业、先培训后上岗。1992年8月,县就业培训指导站更名为县就业训练中心。至1995年共举办待业青年就业前培训班101个,培训1.32万人次,就业培训率80%。

图24-2-3　待业青年就业培训

1996年开始举办下岗职工、失业职工转业转岗培训。当年举办培训班28个,培训1421人次,其中举办失业职工、企业富余人员转业转岗培训班3个,培训381人,待业青年就业培训率99%。1997年,为应对下岗职工人数增多状况,县就业训练中心指导系统、企业举办下岗职工转岗培训班。县就业训练中心举办就业前培训班19个,企业下岗、失业职工专业培训班10个,培训3677人,培训率、培训就业率均为100%。指导、协调系统举办转业转岗培训班11个,培训1360人。此后,待业青年就业培训纳入下岗职工培训。1998年,县劳动部门组织各类培训单位拓展培训门类,提高下岗职工再就业率。当年共举办计算机、服务员、裁剪、电焊等转业转岗培训班90个,指导企业再就业服务中心和行业再就业指导中心举办培训班108个,培训下岗职工9600人,参加培训率100%,培训再就业率90%。1999～2000年举办就业再就业培训班78个,近1万名下岗职工参加转业转岗培训。2001年,县劳动部门举办全日制班3个、半日制班26个,培训下岗失业人员3407人,并实现再就业。

2002年实行"先培训、后发证、再上岗"的订单式就业培训制度,为德州仪器(中国)有限公司、天元大酒店等单位举办岗前培训班16个,培训装配工、餐饮服务人员1769人;举办刺绣、计算机、电子装配、电动缝纫工等培训班12个,培训下岗失业人员1205人再就业。2004年,全县整合职业教育资源,形成以县职教集团、县就业训练中心、各镇成人校等为主体的培训基地。县就业训练中心办班22个,培训2988人;各镇成人学校等办班230个,培训农村劳动力2.30万人。2005年,全县采取培训、就业"一条龙"服务方法,培训下岗失业人员和农村劳动力2.60万人。1990～2005年,全县共举办就业培训班1015个,培训待业青年、下岗职工5.77万人次,培训农村劳动力4.30万人次。

第三节　农村劳动力转移

1990年,随着社会"打工潮"兴起,外出打工农民逐年增多。1993年,县委农工部实施农村劳动力流动有序化工程，通过各级政府内外联系，引导农村剩余劳动力就地就近务工和向外适当转移。当年经过政府组织向外市、县输出农村剩余劳动力870人。此后，县内农村劳动力转移初步形成政府有序组织、本地企业吸收和农民自找门路外出打工的新局面。至1999年底，县内累计转移农村劳动力123.37万人次。

2000年2月，全县建立农村劳动力转移输出及培训工作情况年报制度，由县委农工部负责。是年，全县农村劳动力转移输出15.58万人次，其中县外输出9.91万人次、县内转移5.66万人次。2004年4月，全县农村劳动力转移输出及培训工作职责由县委农工办划归县劳动和社会保障局。6月，全县15个镇设立20家农村劳动力开发就业培训基地。11月，宝应县被省农村劳动力转移输出工作协调小组办公室、省劳动和社会保障厅确定为农村劳动力转移输出培训财政补助县，全年获得省级农村劳动力培训补助资金74.75万元、劳务输出奖励资金29.48万元。是年起，县内每年筹集100万元设立农村劳动力转移输出工作奖励资金。2005年4月，县政府印发《宝应县农村劳动力转移输出及培训工作考核办法》。是年7月，在全市率先建立农村劳动力资源数据库。当年获得省级农村劳动力培训补助资金135万元、劳务输出奖励资金24万元。1990～2005年，全县农村劳动力累计转移输出254.53万人次，其中县外输出161.41万人次、县内转移93.12万人次。

1990～2005年宝应县农村劳动力转移输出统计

表24-2-1　　单位：万人次

年份	农村劳动力总人数	县外输出人数		县内转移人数		合计人数	
			女性		女性		女性
1990	39.77	6.18	1.91	4.02	2.41	10.20	4.32
1991	40.55	6.52	19.60	4.16	2.49	10.68	4.45
1992	41.43	6.80	2.11	4.33	2.58	11.13	4.69
1993	42.28	7.53	2.21	4.48	2.63	12.01	4.84
1994	42.86	7.48	2.24	4.62	2.72	12.10	4.96
1995	43.21	7.74	2.32	4.77	2.76	12.51	5.08
1996	42.61	8.05	2.49	4.91	2.84	12.96	5.33
1997	42.01	8.36	2.61	5.05	2.89	13.41	5.50
1998	41.82	8.71	2.88	5.21	2.96	13.92	5.84
1999	41.41	9.13	3.19	5.32	3.03	14.45	6.22
2000	40.84	9.91	3.37	5.66	3.23	15.57	6.60
2001	40.84	11.80	4.09	6.20	3.53	18.00	7.63
2002	40.75	14.56	5.05	6.60	3.76	21.16	8.82
2003	41.72	16.88	5.86	6.20	3.54	23.08	9.39
2004	40.66	15.13	5.15	10.48	4.97	25.61	10.12
2005	40.65	16.63	5.77	11.11	5.33	27.74	11.10

第四节　职业技能培训与鉴定

1990年，县工人技术考核委员会成立，在县劳动局下设办公室。是年，在县机械电子工业公司所属8家企业开展工人技术等级考核和技师聘任制试点，参加培训、考核职工5407人，评定初级工2208人、中级工627人、高级工62人、技师28人。1991年后全面推行职业技能培训、考核定级、发证。1992年6月,县劳动局增设技工培训股。1997年10月,县劳动和社会保障局设职业技能开发股。1998年,第一家社会职业技能培训机构——县房产服务部电脑培训中心成立。是年培训电脑操作人员230人。至2000年,社会职业技能培训机构11家,年培训技术工种人员2210人次。是年12月,县白田国家职业技能鉴定所成立。2001年,全县实行职业资格证书制度,核发初级工、中级工、高级工、技师资格证书3267份,其中技师15 份。2004年,县政府办公室印发《宝应县三年二百三十名新技师培养实施计划》。是年培养技师112人。县劳动和社会保障局规定,凡通过培训考核取得高级工、技师、高级技师职业资格证书的企业职工,分别享受月岗位津贴40元、100元、160元。2005年末,全县有初级工3.21万人、中级工5538人、高级工915人、技师461人。1990～2005年,全县共组织11.22万人参加职业技能培训考核鉴定,共评定初级工3.27万人、中级工1.21万人、高级工1278人、技师472人。

1990～2005年宝应县取得职业资格证书人员统计

表24-2-2　　单位:人

年份	初级工	中级工	高级工	技　师	合计
1990	2208	627	62	28	2925
1991	1269	340	80	25	1714
1992	1322	383	89	18	1812
1993	1365	427	77	10	1879
1994	1468	463	66	17	2014
1995	1519	493	47	16	2075
1996	1586	516	34	21	2157
1997	1694	533	28	13	2268
1998	1731	641	19	12	2403
1999	1868	608	36	14	2526
2000	2087	568	18	10	2683
2001	2508	712	32	15	3267
2002	2632	818	56	17	3523
2003	1930	1800	79	15	3824
2004	4124	1861	168	112	6265
2005	3399	1261	387	129	5176

第五节　劳动工资

一、工效挂钩浮动工资制

1990年,县政府改进企业工效挂钩办法,实行企业工资总额包干、超定额计件工资制等。是年,县内实行工效挂钩企业219家,占全县企业总数的29.2%。完成1989年实行工效挂钩的144家企业职工浮动工资改为固定工资审批手续,涉及职工2.90万人,每人增加0.5～1级工资,人均月增资5.22元,年增资181.37万元。对未实行工效挂钩的607家企业(职工3.69万人)进行工资调整。1991年,全县进一步完善工效挂钩办法,探索企业职工内部分配制度改革,以劳动贡献大小确定劳动报酬。县粮食胶辊厂在坚持工资总量与产值、利润、税收挂钩浮动基础上,对525名职工按岗位制定工资浮动标准,坚持岗动薪动，鼓励职工在一线岗位劳动，拉开苦、脏、累、险和高技能岗位与一般岗位的分配差距6元至30元。全县参加劳动、工资、保险三项制度改革企业436家，并建立正常的工资浮动考核升级制度，对效益工资增长过快企业以税后300元封顶核人工资基数，超出部分纳入下年工资储备金。全县企业职工月增资16.50元。是年在部分企业试行工资总额和经济效益以实现利税为主的复合指标挂钩。试点企业职工工资总额与企业综合经济效益既挂“上”又挂“下”（上指提取效益工资，下指职工工资基数），既负盈又负亏，取消提取效益工资超基数20%以上分级递减和职工增资7%以上扣减工资调节税及20%限额进基数的做法。是年，对312家企业4.72万名职工实行工效总挂钩，职工年人均工资1962元。1993年，全县实行工效挂钩企业363家，实行工资总额包干企业108家。

二、岗位技能工资制

1991年，岗位技能工资制在县粮食胶辊厂试点。1994年，县内企业全面推行技能工资制度，取消企业干部和企业职工工资分类，将原来等级工资制改为技能工资制，职工个人按原级别套入对应的企业技能工资标准。全县月技能工资执行标准：工交企业最高不得超过135元，商业流通企业不得超过125元。企业实行技能工资制后，对职工工资分配有充分自主权。可在县劳动主管部门核定增资额度内，自主调整岗位技能工资标准，自主调整企业内部的工资挂钩项目和办法，并将工资、奖金、津贴等工资性收入纳入企业工资总额管理范围。同时，统一提高企业新进人员工资基础标准和待遇。是年，全县企业职工年人均工资收入3304元，比1993年净增788元。1995年，全县322家企业完成工效挂钩、工资总额包干和自定工资总额核定工作，并全部实行技能工资制。

三、最低工资保障制度

1995年，全县建立最低工资保障制度。最低月工资标准175元。1996年调高为200元。2000年确定小时最低工资标准为1.74元。2001年，小时最低工资标准增至2.60元。至2005年，全县月最低工资标准增至480元，小时最低工资标准增至4.10元。其间，县内无一企业违反最低工资保障制度。

四、工资增长指导线

1996年，全县始行工资增长指导线办法，以工资增长基准线、工资增长预警线调控企业工资分配，引导企业职工工资合理增长。是年有83 家企业1.04万名职工达到工资增长预警线，有284家企业3.65万名职工达到或超过基准线增资；有50家企业6200名职工未达到增资基准线。全县职工年人均增加工资544元。1997年，全县职工年人均工资再比1996年增加369元。1998年进一步改进企业职工工资增长指导线办法，规定企业职工工资增长下线不得低于3%。是年有145家企业1.75万名职工实施工资增长下线调资。1999年，国有企业职工工资增长较快，年人均比上年净增1586元，是历史上增长较多年份之一。2001年暂停实行企业职工工资增长下线。2002年，企业职工工资增长下线恢复为2%。此后，全县发布的职工工资增长线时有高低，但县内职工年人均工资一直呈增长趋势。2004年、2005年，企业职工年人均工资增长较快，分别比上年净增1090元和2189元。2005年末，职工年人均工资收入1.30万元，是1995年的3.1倍和1990年的8.3倍。

1995～2005宝应县企业最低工资标准及工资增长指导线一览

表24-2-3

年份	最低工资标准(元)		工资增长基准线(%)	工资增长预警线(%)	工资增长下线(%)
	月最低工资标准	小时最低工资标准			
1995	175	—	—	—	—
1996	200	—	10	16	—
1997	210	—	6～10	10～14	—
1998	220	—	6～10	10～14	3
1999	250	—	7	14～16	4

续表 24-2-3

年份	最低工资标准(元)		工资增长基准线(%)	工资增长预警线(%)	工资增长下线(%)
	月最低工资标准	小时最低工资标准			
2000	290	1.74	7～10	13～15	3～4
2001	300	2.60	7～9	14～16	—
2002	320	2.70	8～10	15～17	2
2003	390	3.30	6～9	15～17	2～3
2004	440	3.70	6～11	15～17	2～3
2005	480	4.10	6～12	14～18	3～4

五、工资集体协商制度

1998年在宝胜集团、江苏恒兴麦芽有限公司、扬州中宝制药有限公司、扬州同松机电公司等企业试行工资集体协商制度。至1999年，全县有近300家企业实行工资集体协商制度，签订工资专项集体合同。2005年7月，全县召开工资集体协商制度推进工作会议，县政府印发《关于进一步推进全县企业工资集体协商工作的通知》，并作为县政府为民办实事项目之一，纳入年度目标考核。11月召开各镇、系统工资集体协商工作经验交流会。当年末，全县基本实行工资集体协商制度，签订工资专项集体合同285份，占应签企业数的90.6%。

1990～2005年宝应县企业职工工资发放统计

表 24-2-4

年份	国有企业			集体及其他所有制企业		
	年均人数(人)	工资总额(万元)	年人均工资(元)	年均人数(人)	工资总额(万元)	年人均工资(元)
1990	28535	5565.12	1950	37443	4740.94	1266
1991	29618	6258.84	2113	37338	5518.75	1478
1992	30063	7220.20	2402	37481	6313.60	1684
1993	35338	10362.00	2932	34415	7188.00	2089
1994	34929	13933.60	3989	35957	9485.60	2636
1995	37649	18921.40	5026	34644	11505.70	3321
1996	40217	22401.50	5570	33387	12610.90	3777
1997	42365	24856.40	5867	29375	11821.00	4024
1998	33830	25786.50	7632	18897	8619.40	4561
1999	32187	27677.60	8599	18238	8430.20	4622
2000	28954	26962.00	9312	21202	10691.90	5043
2001	29230	29502.00	10093	12886	5424.00	4209
2002	27150	30858.00	11366	9245	3876.00	4192
2003	28489	34734.00	12192	8157	2498.00	3062
2004	27844	37397.80	13431	7823	3661.40	4680
2005	24338	43182.80	17743	18892	13094.00	6931

第六节　劳动合同管理

1990年，企业劳动用工继续推行固定工和劳动合同制工并存的做法，但企业新进职工一律为劳动合同制工。1991年，县劳动部门开始对企业职工建立劳动合同制工台账。年末，全县有1.02万人纳入劳动合同制工台账管理。

1994年，全县企业试行全员劳动合同制，逐步将固定工与劳动合同制工并入劳动合同制管理。对私营企业用工试行劳动合同制工制度，对全民企业混岗的6335名集体人员纳入全民劳动合同制工计划管理。1993年，县政府印发《宝应县企业实行全员劳动合同制试行办法》，对固定工签订长期劳动合同；对全民企业混岗的集体人员全部改为全民劳动合同制工，签订为期3年的劳动合同；为全县企事业单位1365名临时工办理劳动合同制录用手续。粮食系统试行全员劳动合同制工个人卡片管理制度，宝应米厂、宝应油厂、县饲料厂等8家企业2.05万名职工建立劳动合同制工卡片。1995年9月，县政府召开全县实施劳动合同制度动员大会，县劳动部门开始在全民、集体企业中实施合同鉴证管理，95%企业为职工办理劳动合同鉴证手续。

1996年，县内企业改制工作启动，县胶鞋厂率先依法破产，332名集体劳动合同制工人依法解除劳动合同关系。全县贯彻市《关于企业签订集体合同的实施意见》精神，在全县企业职工全面实施劳动合同管理基础上，先后有250家企业与职工签订集体劳动合同，有312家企业与4.30万名职工签订个人劳动合同。县劳动部门鉴证劳动合同5426份。1998年，县政府印发《关于在乡镇各类企业中实施劳动合同制度的通知》，乡镇企业职工纳入劳动合同管理，并逐步实施乡镇企业职工劳动合同鉴证制度。当年为乡镇企业职工鉴证劳动合同5598份，纠正无效合同523份，补签劳动合同890份，审查集体劳动合同3份。1999年，在乡镇企业和私营企业中普遍推行劳动合同管理制度，为乡镇企业和私营企业职工审查、鉴证劳动合同4659份。为破产改制企业职工2000多人办理解除劳动合同关系手续。2000年，全县乡镇企业与职工3000人、私营企业与职工4000人签订劳动合同。县劳动部门为各类企业审查、鉴证劳动合同4.70万份，纠正无效劳动合同589份。县政府印发《关于进一步深化国有集体企业改革的意见的补充意见》，统一企业与职工解除劳动关系的补偿标准。2001年有142家企业改制，1万多名职工与企业解除劳动关系。2002年，全县开展劳动合同和集体合同“两个合同”管理年活动。在管理年活动中，通过组织“两个合同”管理宣传月、举办培训班、开展执法大检查等，建立健全用人单位、企业职工、劳动管理部门“两个合同”目标管理责任制，签订劳动合同2.43万人、企业集体合同38份。有69家企业改制，6600多名职工与企业解除劳动合同关系。2003年，县劳动部门在企业中推行劳动合同手册管理制度。当年实施劳动合同手册管理企业占79%，合同鉴证率100%。有36家企业改制，5300多名职工与企业解除劳动合同关系。2004年有35家企业改制，解除劳动合同关系3.16万人。2005年，全县国有、集体、外商投资企业基本实现全员劳动合同制，劳动合同签订率83%。当年，县劳动部门鉴证劳动合同6934份，审查集体合同36份、区域性集体合同15份。

第七节　劳动争议仲裁

1990年，县劳动争议仲裁委员会（简称县仲裁委）加强企业调解委建设，先后建成企业调解委81个。1992年末，全县有173家企业建立基层调解组织。其间，县内发生的劳动争议申请基本由企业调解委与当事人协商处理，未发生立案仲裁案件。1993年，县内试行劳动仲裁员、仲裁庭制度，筹建县劳动仲裁庭，企业职工提出劳动争议申请6件，县仲裁委依法立案受理1件，企业调解委案外调解处理劳动争议纠纷5件。1994年，县内全面实行劳动仲裁员、仲裁庭制度。县仲裁委首次组庭处理县商业局五金公司职工李某诉五金公司辞退一案，后经庭内调解结案。1995年，全县企业职工提出劳动争议申请56件，其中不予受理1件、企业调解委案外调解劳动争议纠纷53件、县仲裁委立案处理劳动争议案件2件(其中裁决案件1件)。1996年，建立和调整企业调解委223个，初步形成企业调解、主管部门协调、县仲裁委仲裁的三级劳动争议处理机制。1997年，为适应企业改制工作需要，县仲裁委主动与基层单位加强联系，充实企业调解委成员86人。至此，全县企业调解委成员1000人。是年，县内发生劳动争议申请76件，实际接受申请73件，其中企业调解委案外调解65件、县仲裁委依法立案受理8件(其中案内调解5件、仲裁3件)。

1998年实行仲裁员办案制和首席仲裁员负责制及当事人举证制度。县仲裁委聘请兼职仲裁员6人，在氾水镇和泾河乡成立县仲裁委办事处。1999年，在西安丰、射阳湖等4个镇增设县仲裁委办事处，培训兼职仲裁员3人。2000年新聘仲裁员7人，在鲁垛镇设县仲裁委办事处。至此，全县有县仲裁委办事处7个。至2002年5年间，县内共提出劳动争议申请452件，其中不予受理93件、企业调解委案外调解255件、县仲裁委及其7个办事处立案104件，全部实行首席仲裁员负责制，每年结存案件均分别转下年案内调解结案。2003年开始推行劳动争议当事人选择仲裁员制度。全年发生劳动争议申请95件，其中不予受理31件、立案19件(当事人选择仲裁员审理11件，占58%)。2004年，县仲裁委建立和完善县仲裁委例会、案件通报、重大疑难案件会审制度等，向社会公开仲裁员选择名单，全面推行当事人选择仲裁员制度。2005年，仲裁案件全部由当事人选择仲裁员调处。1993～2005年，全县共发生劳动争议申请916件(不予受理150件)，其中企业调解委案外调解591件、县仲裁委及其办事处立案审理175件，结案171件，结案率97.7%。

图24-2-4　劳动争议仲裁开庭

1993～2005年宝应县劳动争议纠纷调处统计

表24-2-5　　　　单位：件

年份	争议申请			案外调解	立案仲裁				未结案件后续处理
		不予受理	受理			调解	仲裁	未结案	
1993	6	—	6	5	1	1	—	—	—
1994	1	—	1	—	1	1	—	—	—
1995	56	1	55	53	2	1	1	—	—
1996	67	5	62	56	6	4	2	—	—
1997	76	3	73	65	8	5	3	—	—
1998	67	20	47	36	11	7	3	1	下年结案
1999	81	19	62	41	21	15	4	2	下年结案
2000	111	25	86	60	26	17	5	4	下年结案
2001	118	26	92	63	29	23	6	—	—
2002	75	3	72	55	17	11	5	1	下年结案

续表24-2-5

年份	争议申请			案外调解	立案仲裁				未结案件后续处理
		不予受理	受理			调解	仲裁	未结案	
2003	95	31	64	45	19	12	5	2	下年结案
2004	67	10	57	52	5	2	1	2	下年结案
2005	96	7	89	60	29	1	4	4	下年结案

第八节 劳动保障监察

1995年，县劳动局内设劳动关系监察股。1998年4月，县劳动监察大队成立。年内以巡查、年检等方式，先后检查用人单位280家，开展社会保险登记扩面征缴和规范劳动用工等劳动监察工作。接受群众举报53次，为企业职工补签劳动合同563份。至2000年，先后检查单位780家，接受群众举报209次，立案监察120件，补签劳动合同1546份，罚款2.09万元。

2001年，县劳动监察大队围绕“两个确保”（确保下岗职工基本生活费、确保离退休人员养老金按时足额发放）和拖欠农民工工资问题开展工作，先后清欠养老保险金150万元，帮助324名私营企业职工参加社会养老保险。春节前夕，追回拖欠农民工工资38.97万元。2002年，县内开展劳动合同专项检查，抽查120家企业，帮助签订集体合同38家，企业职工补签劳动合同2.43万份。2003年，开展以再就业优惠政策为主要内容的劳动保障维权年系列活动，实施劳动保障维权执法和农民工工资支付情况等专项检查，追回拖欠农民工资196.21万元。2005年，组织开展《劳动保障监察条例》《江苏省劳动合同条例》《江苏省工资支付条例》《江苏省社会保险费征缴条例》《江苏省集体合同条例》5个条例百题知识竞赛活动。追发拖欠农民工工资553.65万元，补签劳动合同2269份，清退童工2人。通报表彰宝胜集团等20家用人单位为县2004年度劳动保障诚信示范单位。1998～2005年，先后检查用人单位3530家（次），接受群众举报1157次，立案监察645件，清退童工13人，追缴补发拖欠农民工工资1171.50万元，为企业职工补签劳动合同3.40万份。

图24-2-5 县劳动监察大队为农民工追讨拖欠工资

1998～2005年宝应县劳动保障监察情况一览

表24-2-6

年份	检查用人单位(家次)	清退童工(人)	行政处罚(件)	追发拖欠工资(万元)	接受群众举报(次)	立案监察(件)	补签劳动合同(份)	罚款(万元)
1998	280	—	5	—	53	30	563	0.31
1999	380	—	11	—	97	52	716	0.98
2000	400	5	8	—	112	68	830	1.11
2001	560	3	7	38.97	173	97	1260	0.81
2002	510	1	5	59.42	182	98	24300	0.38
2003	520	1	2	196.21	185	101	1860	0.70

续表24-2-6

年份	检查用人单位(家次)	清退童工(人)	行政处罚(件)	追发拖欠工资(万元)	接受群众举报(次)	立案监察(件)	补签劳动合同(份)	罚款(万元)
2004	530	1	1	323.25	195	110	2175	0.50
2005	350	2	1	553.65	160	89	2269	1

第三章　社会保障

第一节　养老保险

一、城镇企业职工基本养老保险

1981年6月,县劳动局增设社会劳动保险管理处(简称县社保处)。1990年,全县311家企业3.17万名职工参加企业职工基本养老保险,分别占县属集体以上企业和在岗职工总数的100%、49%。其中,国有企业参保115家1.70万名职工,分别占国有企业数和职工人数的100%、53%;集体企业参保196家1.50万名职工,分别占企业数和职工人数的100%、45.1%。国有企业和县属集体企业分别按职工工资总额的16%和23%缴纳基金;结算方法由县社保处与企业全额结算、差额缴拨(即参保人员养老金发放由企业代发,冲抵缴纳基金,多余缴县社保处,不足由县社保处拨付)。此后,县内参加基本养老保险企业范围和职工人数不断扩大和增加。1992年起,全县统一使用职工养老保险手册。镇办企业、私营企业和个体劳动者缴纳基金标准、参保人员养老金发放和基金结算方法参照集体企业处理。

1994年,县政府印发《宝应县企业职工养老保险暂行办法》,征缴范围扩大到境内经劳动行政管理部门鉴证的临时工和个体工商户从业人员。是年底,2542名临时工、164名个体工商户从业人员参保,其缴纳的基本养老保险基金由县社保处实行专户存储、专款专用。县内国有、集体企业基本养老保险基金标准统一为当年县内职工人均工资的23%,其中单位缴20%、个人缴3%。1996年,县政府印发《关于深化职工社会养老保险制度改革,完善养老保险政策性措施的通知》,个人缴费比例提高到4%。此后,原则上每两年提高1个百分点,逐步提高至8%。同时,县内企业职工基本养老保险在社会统筹基础上引入个人账户。年末实有参保人数5.21万,覆盖率71%。

1998年,县政府印发《关于在城镇私营企业、个体工商户中实行社会养老保险的通知》,全县实行基本养老保险一体化,覆盖各类企业所有职工、个体工商户及其聘用的帮工、自由职业者,统一建立个人账户、统一收支标准、统一管理、统一调剂使用基金。当年单位缴纳部分降低1个百分点,为县内职工年人均工资的19%(翌年20%)。年末实有参保人数4.99万人,参保率95.8%。

图24-3-1　社保办理窗口

2000年7月起,县内基本养老保险基金实行收支两条线制度,即由差额缴拨改为全额征收,杜绝少数企业收取职工个人养老保险基金,而不参加保险的现象。2001年由于企业改制,参保单位与人数减少和部分接近退休年龄或工龄达到一定年限可提前办理退休手续等因素,县内社会养老保险基金当年倒挂891万元。是年,全县企业离退休人员养老金全面实行社会化发放。2002年,全县企业职工参加基本养老保险参保率首次实现100%。由于享受养老保险人数增加,基金赤字现象依然存在。当年社会养老保险基金倒挂2019万元,除用完前期累计结余的社会养老保险基金1221万元外,还赤字798万元。2005年,全县实有基本养老保险职工4.50万人,其中国有企业0.87万人、集体企业1.25万人、私营个体企业0.88万人、自由职业者1.50万人。

1990～2005年宝应县城镇企业职工基本养老保险统计

表24-3-1

年份	参保户数(户)	参保人数(万人)	缴费标准(元)	缴费比例(%)			人均缴费基数(元)	人均月缴费基数(元)
				合计	单位	个人		
1990	311	3.17	—	—	—	—	1271	106
1991	436	3.29	—	—	—	—	1459	122
1992	370	3.77	2400	—	—	—	1587	132
1993	427	4.11	2516	—	—	—	1706	142
1994	361	4.63	3303	23	20	3	1830	153
1995	405	5.21	4171	23	20	3	2914	243
1996	417	5.21	4754	24	20	4	3808	317
1997	418	5.24	5123	24	20	4	3906	326
1998	418	4.99	5433	24	19	5	4157	346
1999	420	4.94	5981	25	20	5	4324	360
2000	495	4.97	6262	26	20	6	4272	356
2001	459	3.58	7503	27	20	7	5515	460
2002	643	3.84	9212	27	20	7	3658	305
2003	583	3.83	10041	28	20	8	4677	390
2004	531	4.09	13375	28	20	8	5072	423
2005	440	4.51	13028	28	20	8	5457	455

1990～2005年宝应县城镇企业职工基本养老保险基金收支统计

表24-3-2

年份	基金收入(万元)	离退休人数(人)	平均养老金水平(元)	基金支出(万元)	当期结余(万元)	累计结余(万元)
1990	738	5092	983	564	174	657
1991	923	4894	1236	733	190	847
1992	1173	5479	1301	994	179	1026
1993	1262	5615	1614	941	321	1347
1994	1875	7055	2154	2139	-264	1083
1995	3195	8750	2804	2693	502	1585
1996	3889	8998	3546	3671	218	1803
1997	3864	9406	3766	3842	22	1825
1998	4334	9842	4165	4194	140	1965
1999	4998	10161	4793	4808	190	2155

续表24-3-2

年份	基金收入(万元)	离退休人数(人)	平均养老金水平(元)	基金支出(万元)	当期结余(万元)	累计结余(万元)
2000	5996	10933	5275	5769	227	2382
2001	5220	11607	5112	6111	-891	1491
2002	5276	12294	5524	7295	-2019	-528
2003	7705	13223	5667	8026	-321	-849
2004	8717	14511	5989	9146	-429	-1278
2005	10384	15376	6547	10576	-192	-1470

二、机关事业单位职工养老保险

1993年11月，县机关事业社会保险管理处(简称县事保处)成立，隶属于县人事局。1994年1月，首先在自收自支事业单位中实施养老保险制度改革。是年末，有78家单位1088人参保，征缴基金88.46万元。基金缴纳标准：单位缴费比例为年职工工资总额的21%～35%，个人缴费为职工工资的2%，结算方式以单位全额结算，差额拨付。1996年1月，参保范围扩大至差额拨款事业单位，参保单位增至99家，人数增至3200人，征缴基金236.49万元。单位缴费标准未变，个人缴费比例增至3%。此后，单位结算方式、单位缴费标准不变，个人缴费标准每两年提高1个百分点，直至8%封顶。2001年9月，参保范围扩大到教育系统人事代理的新任教师。当年有140家机关事业单位4800人参加机关事业养老保险，分别占全部机关事业单位的24%、职工人数的36.6%，筹集养老保险基金2137万元。

2002年5月，机关事业单位养老保险工作由县人事局划转到县劳动和社会保障局，原县事保处并入县社保处。是年末，全县实有参保人数4945人，基金结余422万元，累计结余1506.72万元。此后，参加机关事业养老保险单位、职工人数不断增加。2003年7月按时足额结算的参保单位试行养老金社会化发放。2005年末，全县有340家机关事业单位5890人参加机关事业养老保险，单位覆盖率81.3%、职工覆盖率47.9%；单位缴费标准未变，个人缴费标准7%；20家参保单位55名离退休人员实行养老金社会化发放，其余单位仍为全额结算、差额拨付。

1994～2005年宝应县机关事业养老保险统计

表24-3-3

年份	参保单位数(家)	参保人数(人)	基金收入(万元)	离退休人员(人)	平均养老金水平(元)	基金支出(万元)	当期结余(万元)	累计结余(万元)
1994	78	1088	88.46	267	498	51.21	37.25	37.25
1995	82	1300	88.43	288	522	53.71	34.72	71.97
1996	99	3200	236.49	581	560	171.33	65.16	137.13
1997	110	3379	270.04	591	598	159.16	110.88	248.01
1998	130	3409	276.73	626	602	165.52	111.21	359.22
1999	130	3468	433.57	736	638	259.44	174.13	533.35
2000	134	3569	731.56	746	642	590.23	141.33	674.68
2001	140	4800	2137.03	1183	1216	1726.99	410.04	1084.72
2002	144	4945	2557.46	1210	1470	2135.46	422.00	1506.72
2003	183	5478	2700.81	1216	1315	1919.56	781.25	2287.97
2004	250	5518	3419.80	1430	1453	2494.87	924.93	3212.90
2005	340	5890	3199.62	1623	1330	2592.21	607.41	3820.31

三、农村社会养老保险

1992年8月，县农村社会养老保险事业管理处（简称县农保处）成立，隶属于县民政局。30个乡镇设立农村社会养老保险事业管理所（简称农保所）。1994年，农村社会养老保险基金征缴工作启动，有1100人参保。缴费以农民个人缴费为主，村集体给予适当补助。参保人到达退休年龄时，养老金发放标准按个人账户积累总额、采用银行储蓄方式计算。1995年，首批13人领取养老金。1999年末，全县实有参保人数9.40万人。当年征收保险费39万元，领取养老金人数75人，基金支出3.34万元。

2000年1月，农村社会养老保险工作由县民政局划转至县劳动和社会保障局，乡镇农保所划入县劳动和社会保障局。4月，各乡镇农保所和劳动管理所合并。由于缺少配套政策措施等，县内出现退保现象。其间，2003年末参加农村社会养老保险人数比2002年末净减少4000人。2004年，县劳动和社会保障局加强农村社会养老保险宣传力度，参保人数有所回升。2005年按照个人缴费、集体补助、财政补贴方式将村干部纳入农村社会养老保险范围。是年末，全县参加农村社会养老保险8.70万人。当年有1043人领取养老金。1994～2005年，全县共征收基金5534万元、支出223.45万元。

1994～2005年宝应县农村社会养老保险统计

表24-3-4

年份	参保人数(万人)	基金征缴(万元)	领取人数(人)	基金支出(万元)
1994	0.11	106	—	—
1995	4.00	1523	13	0.47
1996	7.70	1576	19	0.53
1997	9.50	1432	24	1.00
1998	9.50	236	35	1.91
1999	9.40	39	75	3.34
2000	9.30	48	151	9.60
2001	9.20	64	255	16.40
2002	9.00	89	465	32.30
2003	8.60	104	600	41.60
2004	8.70	119	797	51.70
2005	8.70	198	1043	64.60

第二节 失业保险

1990年，失业保险基金按国有企业职工标准工资总额1%收取。至年末，全县有225家企业3.26万人参加失业保险，征收失业保险基金31万元。是年有解除劳动合同职工6人（计60个月，月标准50元）领取失业保险金0.30万元。1992年，对破产企业职工、濒临破产企业精简职工、企业解除劳动合同职工及企业辞退职工，统筹解决失业期间基本生活补助费，发放失业保险金9万元。

1993年2月，失业保险基金征收范围扩大到县属以上集体企业全部职工（不含农民合同制工人、计划外用工及季节性临时工）、国家机关事业单位和社会团体劳动合同制工人、外商投资企业中方职工。是年征收失业保险费83万元，发放失业保险金0.50万元。1994年，失业保险逐步扩大到安置在乡镇企业、街道办企业、私营企业中就业的城镇户口职工。失业保险基金征收标准由职工标准工资总额的1%调整为职工工资总额的1%。1996年10月，失业保险基金征收标准由职工工资总额的1%调整到职工工资总额的2%,其中企业负担1.5%、职工个人负担0.5%。1998年7月,失业保险基金征收标准由职工工资总额的2%调整到职工工资总额的3%,其中企业负担2%、职工个人负担1%。

1999年,失业保险基金支出增加职业介绍补贴等费用。6月,失业保险参保范围进一步扩大到驻宝应部、省、市属事业单位及其职工和城镇私营企业与其他城镇企业及其职工。各类企事业单位招用的农民合同制工本人不缴纳失业保险费,城镇私营企业、个体工商户及其从业人员按不低于县内上年社会平均工资的70%作为缴费基数。是年末,参保私营企业49家、事业单位51家,新增职工1万多人参加失业保险。此后,私营、个体工商户参加失业保险人数逐年增加。

2000年,企业改制工作进一步深化,领取失业保险金人数快速增长,失业保险金支出526万元,收支赤字60万元。2002年后,随着失业保险金发放标准和项目费用的增加,失业保险基金收支赤字加大。是年赤字273万元。2005年末,全县有失业保险人数4.22万人。当年征收失业保险基金683万元,用于失业人员生活补助及再就业工程等费用1758万元,赤字1075万元。

1990~2005年宝应县失业保险统计

表24-3-5

年份	参保人数(万人)	基金收入(万元)	基金支出(万元)			
				职业培训费	职业介绍费	发放失业保险
1990	3.26	31	11	6	—	0.30
1991	3.62	36	31	25	—	0.06
1992	4.35	60	21	4	—	9.00
1993	4.35	83	30	11	—	0.50
1994	4.48	111	44	26	—	0.70
1995	4.35	151	71	30	—	18.00
1996	4.66	174	214	23	—	164.00
1997	4.75	164	143	22	—	84.00
1998	4.88	292	177	22	—	51.00
1999	5.90	341	324	19	21	49.00
2000	6.20	466	526	23	38	322.00
2001	4.20	657	594	40	51	171.00
2002	3.85	724	997	12	115	401.00
2003	4.15	717	810	3	101	183.00
2004	4.02	717	717	10	82	92.00
2005	4.22	683	1758	10	87	21.00

第三节 医疗保险

一、城镇职工基本医疗保险

1990年,县内机关、企事业单位继续执行公费医疗制度,职工个人看病缴费由单位在医疗经费中列支报销。机关、全额拨款事业单位和经济条件好的企业单位全额报销。部分事业单位和企业实行门诊看病药费5~8折比例报销。1995年前后,县内大部分企事业单位实行按工龄随工资一同发放医疗费,少数单位住院费用按工龄确定报销比例,控制医疗经费超支。

图24-3-2　召开国有集体困难和改制、破产企业退休人员参加医疗保险工作会议

1999年5月成立县城镇职工医疗保险制度改革领导小组，在县劳动局下设办公室。2000年11月，县医疗保险基金管理中心（简称县医保中心）成立，隶属县劳动局管理，负责医疗保险基金征缴、结算以及定点医疗机构管理等。12月，县政府印发《宝应县城镇职工基本医疗保险办法》等文件，规定从2001年起，用人单位按职工工资总额的7%、职工按本人工资收入的2%，由单位代扣代缴本单位职工基本医疗保险基金。按参保人年龄和缴费的一定比例，建立职工个人医保卡，医保卡用于指定医院门诊就诊和药店购药。大病统筹每人每月8元，享受按一定比例报销住院费用。全县统一执行国家基本医疗保险药品目录。第一批指定定点医疗机构22家、定点零售药店2家。医疗保险基金由县地税局统一缴存至财政专户。至此实施多年的公费医疗制度结束。

2001年，县政府印发《宝应县国家公务员医疗补助实施意见》，规定单位按职工工资总额的4%缴纳医疗补助费，医疗补助费全部划入个人账户。是年末，全县参加医疗保险职工1.94万人，其中国家行政机关和事业单位1.33万人。2002年，县内职工医疗保险对象增加县重点企业、骨干企业职工9700多人。2003年1月起，根据县政府《关于调整公务员医疗补助比例和使用范围的通知》精神，公务员医疗补助比例由4%提高至4.5%，其中3.5%划入公务员个人账户、1%划入公务员住院医疗补助社会统筹账户。是年，城镇职工基本医疗保险扩大到其他企业和灵活就业人员等，并在全县推行困难企业职工和灵活就业人员参加住院基本医疗保险和大病医疗统筹。困难企业职工参保不建立个人账户的，可享受住院医疗费用报销。灵活就业人员参保缴费基数为上年社会平均工资的80%，按基数5.2%比例缴纳，但不建立个人账户，6个月后享受住院医疗保险待遇；如按9%比例缴纳医保费用的，可参加社会统筹和个人账户（简称统账结合）基本医疗保险，参保后享受门诊医保，满6个月后享受住院及慢性病治疗费补助。2004年，县政府印发《宝应县困难企业退休人员和享受低保待遇下岗失业人员参加医疗保险的意见》，明确缴费优惠政策、财政补贴等。对困难企业军转干部、伤残军人和困难企业退休的市级劳模，按照应缴参保资金先企业自筹、再主管部门调剂、后财政兜底的做法，参加统账结合或大病住院基本医疗保险。当年新增参加医疗保险6000多人，其中灵活就业人员参保人数增至1058人。2005年末，全县有5.99万人参加城镇职工基本医疗保险，基金结余7231万元。

2001～2005年宝应县城镇职工基本医疗保险统计

表24-3-6

年份	参保人数（人）			基金收入（万元）	基金支出（万元）	当年结余（万元）	累计结余（万元）
		退休	灵活就业				
2001	1.94	3229	—	1471	409	1062	1062
2002	2.92	4862	—	2234	1445	789	1851
2003	3.03	5050	280	3262	1935	1327	3178
2004	3.64	9098	1058	4865	2629	2236	5414
2005	5.99	12114	2783	5312	3495	1817	7231

二、离休干部医疗统筹

2000年10月起，全县离休干部停止享受公费医疗待遇，实行医疗费用统筹，费用由县地税部门征收并缴存财政专户、县医保中心管理使用。机关和全额拨款事业单位离休干部医疗统筹费用由县财政拨付；运行正常单位统筹费用自理；困难单位由县委老干部局与县财政局对接后，由县财政补贴。统筹费用30%用于离休干部个人门诊医疗，70%用于住院医疗。离休干部用药参照国家基本医疗保险药品目录执行。门诊费用先由个人现金结算，超出个人门诊定额部分，待年终按规定到县医保中心核报；住院医疗费用在病人出院时，由县医保中心直接与医院核实结算；转外地治疗的手续与费用结算，参照基本医疗保险办法办理。是年，全县41家国家行政机关和企事业单位离休干部247人实行医疗费统筹，筹集资金37万元，支出18万元。

2002年7月起，县内离休干部门诊就医实行医保卡管理。定额之内门诊费用凭医保卡直接在县内定点医院结算；超定额部分由个人垫付，年终核报；结余部分50%奖励个人，50%结转下年个人账户合并使用。

2003年4月，县内进一步明确离休干部治疗药械使用规定，基本医疗保险目录范围内国产药品费用据实报销，进口药品报销90%；体内置放材料费用，国产的报销90%、个人负担10%，进口的报销80%、个人自付20%。因病情需要，确需使用基本医疗保险目录范围以外的费用先由个人垫付，年末可申请医疗费用补助，补助标准为垫付金额的50%。是年，离休干部个人账户3000元，每月按250元标准划入个人医保卡；经鉴定符合慢性病条件的，每年增加1500元，每月按125元标准划入个人医保卡。其他规定不变。2005年，参加离休干部医疗费用统筹的有450人，征收资金540万元，支出710万元。2000～2005年，全县收取离休干部医疗统筹费用2203万元，实际支出离休干部医疗费用2749万元，累计超支546万元。

2000～2005年宝应县离休干部医疗统筹费收支统计

表24-3-7

年份	参加人数	征收标准(元)	征收(万元)	支出(万元)	年份	参加人数	征收标准(元)	征收(万元)	支出(万元)
2000	247	1500	37	18	2003	484	10000	404	520
2001	499	8000	290	354	2004	470	10000	465	545
2002	511	8000	467	602	2005	450	12000	540	710

第四节　农村新型合作医疗

1990年初，县内推行合医合药(即看病、用药不花钱)的有34个村、合医不合药(即看病不花钱，用药付款)的有384个村、合预防不合药(即预防接种不花钱，用药付款)的有10个村。1991年，全县推行初级卫生保健制度。1992年，县政府印发《宝应县农村合作医疗管理办法》，各乡镇普遍实行以乡办乡管为主的大病合作医疗。至1994年末，全县农村合作医疗人口覆盖率87.7%。1996年，县内实行控减农民负担监督卡制度后，农村合作医疗中个人分摊费用受到制约。至1999年，全县实行农村合作医疗制度的村只有95个，占村级总数的22.7%。

2000年，县政府印发《关于加快发展和完善农村合作医疗制度的意见》，推动农村合作医疗制度恢复和发展。县卫生局推行乡村卫生机构一体化管理，按照“一村一室、联村建室”原则，乡镇卫生院对农村合作医疗做到人员统一调配、药品统一调拨、财务统一管理、任务标准统一规范、报酬统一发放，稳定乡村医生队伍，优化农村合作医疗资源。全县有87个村筹集资金138.45万元，完善农村合作医疗制

图 24-3-3　新型农村合作医疗费用兑现会议

度，有22万多人受益，村和人口覆盖率分别为36.7%和24.3%。2001年，县政府印发《关于进一步落实农村卫生经费政策的通知》，从政策上完善农村合作医疗制度，农村合作医疗村覆盖率提高10个百分点。2002年5月，县长办公会议讨论通过《宝应县农村居民大额费用合作医疗管理章程》。是年10月，全县贯彻中共中央、国务院《关于进一步加强农村卫生工作的决定》，县内逐步建立以大病统筹为主的新型农村合作医疗制度和医疗救助制度，农村合作医疗村级覆盖率63.8%。2003年9月，县政府办公室印发《宝应县建立新型农村合作医疗制度的通知》。2004年1月，县长办公会议讨论通过《宝应县新型农村合作医疗基金管理办法》，建立以县统筹的新型农村合作医疗制度，每年农民每人投保12元，县财政每人补助6元、乡财政每人补助2元，先后筹集合作医疗基金1989.26万元。宝应县被省政府纳入首批支付配套资金的县，省每人补助10元、市每人补助2元。全县有1.40万人报支医疗费用1260多万元。村级覆盖率100%，参加农村新型合作医疗农业人口61.89万人，占全县农业总人口的94.1%。2005年，全县进一步调整和完善农村合作医疗制度，农民看病费用报销起点从500元调至300元，并适当提高报销比例，扩大药品及诊疗项目报销范围，实行最低补助制度，对已享受合作医疗补助的大病重病进行二次补助，扩大合作医疗受益面。至年末，参加农村新型合作医疗的农民62.37万人，占农民总人数的95.1%。

第五节　工伤保险和生育保险

一、工伤保险

1994年10月，县政府印发《宝应县企业职工工伤社会保险暂行办法》，规定工伤保险费用由企业缴纳，县社保处按职工工资总额的1%筹集。参加工伤社会保险的企业职工因工负伤或患职业病，医疗期内各项医疗费用由社会保险机构与企业共同负担，护理、工资及有关福利待遇费用由所在单位发给；经鉴定符合伤残等级的，享受伤残保险待遇，费用由县社保处支付。是年，全县有361家企业4.63万人参加工伤保险，征缴基金14万元，支出基金1万元。此后，凡符合工伤保险范围的，县社保处均及时给予工伤保险待遇。1997年开展企业工伤保险宣传扩面，年末参保单位比上年新增14家，人数增加3700人。1998年后受企业改制影响，参加工伤保险单位和人数及基金收入起伏不定。是年，参保单位比上年减少71家，参保职工减少6600人，基金收入减少6万元。2001年后，参保单位数回升，参保职工持续减少。2002年末，参保职工减至1.95万人，为历史最低。此后，参加企业工伤保险人数逐年回升。2005年末参加企业工伤保险3.94万人。1994～2005年，全县征缴企业职工工伤保险基金标准一直未变，累计征缴基金1756万元，支出基金1523万元，结余233万元。

1994～2005年宝应县工伤保险统计

表 24-3-8

年份	参保企业数(户)	参保人数(万人)	基金收入(万元)	享受人数(人)	基金支出(万元)	当期结余(万元)	累计结余(万元)
1994	361	4.63	14	—	1	13	13
1995	392	4.39	90	—	10	80	93

续表24-3-8

年份	参保企业数(户)	参保人数(万人)	基金收入(万元)	享受人数(人)	基金支出(万元)	当期结余(万元)	累计结余(万元)
1996	403	4.68	114	—	7	107	200
1997	417	5.05	105	—	88	17	217
1998	346	4.39	99	—	171	-72	145
1999	310	4.56	103	—	111	-8	137
2000	330	4.14	128	—	199	-71	66
2001	404	3.05	213	—	193	20	86
2002	461	1.95	339	18	184	155	241
2003	432	2.23	199	47	131	68	309
2004	416	2.44	188	54	123	65	374
2005	402	3.94	164	82	305	-141	233

二、生育保险

1994年8月，县政府印发《宝应县生育社会保险实施细则》，明确生育保险费根据以支定收、收支平衡原则，按用人单位在职职工工资总额1%提取，由参保单位按月申报、缴纳；生育保险金实行专户储存、专款专用，财政、审计部门监督。是年，全县生育保险基金与工伤保险基金一并捆绑征缴，有361家企业4.63万人参加生育保险，征缴基金14万元。享受生育保险待遇女职工7人，基金支出2万元，人均2850元。1996年后，县内进入新一轮生育高峰，享受生育保险基金补偿人数从1995年的172人增至323人。1998年由于企业改制，参加生育保险企事业单位数、人数、基金收入明显减少。此后，县劳动局在保证生育保险费及时足额发放基础上，加强基金收缴工作力度，基金收入逐年回升。2002年基金收入339万元，创历史最高水平。2005年，全县征收生育保险基金标准未变，将待遇改成定额补助，并扩大补助对象，即一胎顺产补助1800元(不含工资及各项补贴，下同)、剖腹产补助2000元(含经批准二胎)；对主动退出符合照顾生二胎计划的一次性奖励500元；对已参加生育保险的男职工，其配偶未列入职工生育保险范围的、在符合计划生育规定生育时，按生育补偿标准的50%给予一次性补偿。当年享受生育保险基金补偿的男女职工近200人。1994~2005年，全县参加生育保险职工累计45.44万人次，征缴基金1871万元，支出基金1147万元，4035人享受生育保险待遇。

1994~2005年宝应县生育保险统计

表24-3-9

年份	参保企业数(户)	参保人数(万人)	基金收入(万元)	基金支出(万元)	当期结余(万元)	累计结余(万元)	年末享受(人)
1994	361	4.63	14	2	12	12	7
1995	392	4.39	90	49	41	53	172
1996	403	4.68	114	92	22	75	323
1997	417	5.05	105	103	2	77	361
1998	346	4.39	99	115	-16	61	404
1999	310	4.56	137	125	12	73	439
2000	330	4.14	141	84	57	130	295
2001	404	3.05	203	107	96	226	375

续表 24-3-9

年份	参保企业数(户)	参保人数(万人)	基金收入(万元)	基金支出(万元)	当期结余(万元)	累计结余(万元)	年末享受(人)
2002	461	1.95	339	65	274	500	228
2003	432	2.23	264	151	113	613	530
2004	416	2.44	201	200	1	614	702
2005	402	3.93	164	54	110	724	199

第六节 下岗职工基本生活保障

1996年底,县政府通过个人捐助、部门募资、财政安排等多种渠道筹集600多万元,解决下岗职工基本生活保障问题。1997年5月,县政府印发《宝应县企业解困资金筹集使用管理暂行办法》,县财政、劳动等部门和企业专门组织力量筹集资金550多万元,解决下岗职工基本生活问题,月生活费每人每月110元。是年8月,抽调机关干部100人组成调查组到29家企业,对4253名下岗职工逐户上门进行调查核实,保证解困资金有效使用。1998年6月,县政府明确解困资金按照"三三制"(财政、社会、企业各三分之一)原则筹集。9月,《宝应县县属企业下岗职工管理暂行办法》出台,明确下岗职工在20人以上的企业建立企业再就业服务中心,具体负责下岗职工管理和再就业工作指导,以及督促、检查下岗职工基本生活保障落实情况。是年末有下岗职工4150人,发放下岗费用和基本生活费1145万元。1999年末,县内下岗职工全部签订托管协议,进入企业再就业服务中心。县职工解困和再就业工作领导小组办公室向下岗职工发放待岗证4948份,下岗职工凭待岗证到所在企业再就业服务中心领取基本生活费,发放标准仍为每人每月110元。是年,筹集解困资金1350万元,解决下岗职工基本生活费1166万元。2002年开始,全县实施再就业工程,推进企业改制,置换职工身份,组织下岗职工2036人出中心,发放下岗职工基本生活费330多万元。至2005年末,全县下岗职工出中心再就业累计2.90万人,占下岗职工总人数的98.9%;未出下岗再就业中心的只有327人;累计发放下岗再就业职工基本生活费5418.88 万元。

1997~2005年宝应县下岗职工基本生活费发放统计

表 24-3-10

年份	年末下岗职工人数(人)	发放生活费(万元)	年份	年末下岗职工人数(人)	发放生活费(万元)
1997	4464	559.00	2002	2036	336.50
1998	4150	1145.00	2003	1384	216.60
1999	6600	1166.00	2004	499	81.18
2000	5754	1207.00	2005	327	40.10
2001	4169	667.50			

第七节 城乡居民最低生活保障

一、城镇居民最低生活保障

1997年12月始,县政府对城镇"三无"(无生活来源、无劳动能力、无法定赡养人或抚养人)人员实施最低生活保障,每人每月120元。1998年,县政府印发《宝应县城镇居民最低生活保障暂行办法》,由县财政对家庭月人均收入低于最低生活保障线的居民，在其原有收入基础上，补足至最低生活保障线水平。单身人员(包括孤老、孤儿)在最低生活保障线基础上增加15%，80岁以上孤老每人每月再增加10元。1999年7月最低生活保障金标准递增30%，人均月增加36元。2000年1月对在职人员和下岗人员在领取工资或最低工资、基本生活费后，以及退休人员领取退休金后，其家庭人均月收入低于最低生活保障标准的居民也实行低保。2002年第四季度起，人均月最低生活保障金提高至180元，对“三无”孤老和符合条件的残疾人、独生子女户、少数民族对象再提高15%，对80岁以上的孤老每月另增加10元。2004年7月，人均月最低生活保障金标准提高至220元。1997年12月至2005年底累计发放城镇居民最低生活保障金1099.04万元。

二、农村居民最低生活保障

1997年10月，县政府发放农村最低生活保障补助金领取证，对农民年人均纯收入低于1000元的1181户3211人实施最低生活保障补助金制度，人均月补差20元。保障金由县、乡镇财政和村按3:3:4负担，村负担部分从公益金和村集体经济中列支。2003年，取消村级保障金负担，人均月补差标准未变，保障金由县和乡镇财政按3:7负担。2004年，人均月补差调高至25元。2005年，人均月补助标准提高至36元。省财政补贴县内农村居民最低生活保障资金230万元，弥补乡镇财力不足。是年6月，县政府印发《宝应县农村最低生活保障实施办法》，对持证农民除实行人均月补差标准外，还享受免收村一事一议筹资，无劳动能力的不承担村一事一议筹劳；免收其子女义务教育阶段杂费、非义务教育阶段学费50%或全部；优先办理营业执照，免收证照工本费和管理费；就医免收门诊挂号费，按成本收取体检费和从事个体经营的健康证体检费；每户每月减收5千瓦时电费；免收新建、改建住房有关费用；酌情减收初装有线电视费及收视维护费，优先按排就业等。1997年10月至2005年末，累计发放农村居民最低生活保障金1232.95万元。

1997～2005年宝应县城乡居民最低生活保障情况一览

表24-3-11

年份	城镇居民低保发放				农村居民低保发放			
	户数(户)	人数(人)	发放标准(元/月)	发放总额(万元)	户数(户)	人数(人)	发放标准(元/年)	发放总额(万元)
1997	379	504	120	2.21	1181	3211	1000	19.64
1998	379	504	120	26.50	1181	3211	1000	78.55
1999	379	504	156	37.39	1181	3211	1000	78.55
2000	552	841	156	51.75	1181	3211	1000	78.55
2001	846	1641	156	88.45	1181	3211	1000	78.55
2002	1099	2654	180	118.45	1181	3211	1000	78.55
2003	1352	3402	180	194.29	1242	3488	1000	78.55
2004	1745	4452	220	280	3118	9326	1000	279.78
2005	1809	4623	220	300	3907	9395	840	462.23

第二十五篇　民　政

1990年起，全县民政工作继续坚持以民为本、为民解困、为民服务宗旨，以改革促民生改善，让社会弱势群体和优抚对象共享改革开放成果。1991年起连续9次提高“五保”对象供养标准。社会救济、住房和灾害救助工作进一步完善，先后发放补助经费1.19亿元，救灾建房6943户。不断提高优抚对象待遇，对城乡义务兵家属优待金和老烈属、老复员军人、老残废军人、带病退伍军人定补、抚恤建立自然增长机制，发放经费1.09亿元，并在住房、生活、医疗、子女入学与就业等方面实施多项优惠政策和制度。1993年改革村委会选举办法。1999年，宝应县“献爱心助功臣”行动受到全国双拥工作领导小组和民政部表彰。2001年建立重点优抚对象医疗保障体系。2002年，在市内率先实施农村草危房集中改造工程，先后改造农村草危房1464户，全县基本实现瓦房化。对退伍义务兵实行自谋职业经济补偿为主、就业安置为辅的改革办法，先后接收安置7319人，安置率100%，其中有偿安置748人，发放补偿金、立功奖励金1643.60万元。2004年成立县慈善会，开展助医、助学、助困等救助活动。至2005年，全县殡葬、婚姻、地名勘界、民间组织等管理工作日趋完善和规范。福利企业、福利彩票销售等社会福利事业不断发展壮大。依法组织6次村委会换届选举，引入竞争机制实行差额选举。村务公开、民主管理示范单位创建活动成效显著，有13个镇被评为省、市村民自治模范镇，有219个村被评为村民自治模范村，宝应县被评为省级村民自治模范县。全县双拥工作制度化、社会化、规范化，双拥创建、军民共建取得实效。先后4次被评为省双拥模范县。

第一章　基层自治组织建设

第一节　村民委员会建设

1983年5～9月，全县农村进行体制改革，生产大队改为村，设村民委员会(简称村委会)。1987年9月，全县分成4个片，每个片各选取1个村开展村委会选举试点。至12月末，全县428个村第一届村委会全部选举产生，各村选出村委会主任1人、委员3～5人。1990年冬，在组织学习《中华人民共和国村民委员会组织法》期间，全县普遍改选村委会，在近3个月时间内，434个村第二届村委会全部选举产生。1992年3月，在子婴河乡丰收村进行村民自治示范工作试点，其后各乡镇村民自治工作逐步展开。

1993年10月，对村委会换届选举办法进行改革，村委会成员候选人改由选民10人以上提名或由村党组织、村属单位提名酝酿产生，经村民代表会议协商一致后，提出正式候选人。全县433个村由村民大会选举产生第三届村委会。1996年11月，全县推行民主选举村委会制度，428个村村委会候选人均由村民推荐，选举产生第四届村委会，其中282个村实行差额选举。1998年，各村实行“三会一日”(村委会、村民代表会、村民会，村民质询日)制度，统一规范村务公开活动，接受民主监督。1999年2月，县委、县政府在射阳湖镇赵家村召开村委会换届选举工作现场会。该村村委会及其成员均由村民直接选举。全县村委会改选全部采取“直接提名、直接选举”办法，选举产生413个村第五届村委会，选出村委会成员1912人，其中125名村委会主任连任。是年5月，在夏集镇召开实施“四个民主”(民主选举、民主决策、民主管理、民主监督)现场会，全面开展村民自治模范县创建工作。2000年，宝应县被省民政厅授予“村民自治模范县”称号。

2001年9月，县人大针对乡镇、村行政区划调整较大的情况，在夏集镇蒋庄村进行换届选举试点，印发村民委员会组织法宣传提纲和村民自治工作规程等资料，印发《给广大选民的一封信》20多万份，宝应电视台连续两周播放民主选举专题片等，推进村委会选举、决策、管理和监督方面的民主进程。至年末，新建制的238个村完成第六届村民委员会选举，选出村委会成员1202人，比上届减少710人。2004年，在第七届村委会换届选举中，提倡和鼓励村党支部书记参选村委会主任及在编村干部参选村委会成员。12月10日为第七届村委会换届选举日。此次换届选举，登记选民参选率94.7%，233个村一次选举成功，占村总数的98.7%。“一肩挑”(村党支部书记兼村委会主任)的村109个，占46.1%，其中夏集、望直港、射阳湖、西安丰、黄塍等镇占70%以上。7个镇17个村采取无候选人一次直选产生村委会，村委会主任一次当选，投票率84.4%。2005年6月，县成立村务公开民主管理工作领导小组。9月，县政府在柳堡镇郑渡村召开现场会。至是年末，全县建成村务公示栏的村213个，占村总数的91%。村财政计划、收入、支出、财产、债权债务、所有者权益、收益分配、计生政策落实、宅基地安排使用、承包地调整、一事一议集资筹劳、种粮直接补贴、合作医疗筹资使用及村民要求公开的其他事项等做到全部公开。全县有市以上

图25-1-1　鲁垛镇贾林村村委会民主选举现场

村民自治模范镇13个、县级村民自治模范村219个。

第二节　社区居委会建设

1956年3月，城镇始设居民委员会（简称居委会）。1990年，全县设22个居委会（城镇18个、氾水镇3个、射阳湖镇1个）。此后，随着小城镇建设步伐不断加快，居委会设置逐年增多。至1993年，全县设居委会31个，1996年增至37个。

1997年，县政府印发《关于加快发展社区服务业的若干规定》。城镇政府组织力量进行居委会服务工作情况调查，开展建立社区服务体系试点。至1998年底，安宜镇建立社会志愿者组织57个、党员志愿者服务队236个2162人，建成社区服务站22个。氾水、夏集、射阳湖、曹甸等镇新办和完善调解、卫生、帮扶等社区服务组织100多个。2001年，县委印发《关于加强社区建设工作的意见》，成立县社区建设工作领导小组，乡镇成立协调工作机构。同年，居委会全部改称为社区居委会。2003年7月，全县54个社区居委会全部改选，选举产生主任、副主任、委员，增设社区协商议事委员会、社区成员代表大会。建立社区服务、卫生、计划生育、文化、环境保护、治安委员会等工作机构，配备居民小组组长，形成社区自治管理和自我服务网络。2005年4月，城区20个社区党组织与县直43个部门党组织联手共建平安环境、共育文明市民、共倡文明新风、共塑良好形象、共担覆盖责任活动。自筹和募集资金100万元，新建和修缮办公、活动用房，配备计算机、VCD音响、数码相机、空调等设施、用品。是年末，全县社区居委会都有民事调解、老年人和残疾人志愿服务、贫困户帮扶等队伍，社区普遍建有文化活动室、图书阅览室、幼儿园、托儿所、体育设施、卫生室及居民健康档案，初步形成治安调解、优抚安置、救灾救济、幼托、婚育、丧葬、文体等便民服务体系。

附：世纪园社区

建于2001年，位于县城东北部，东至淮江公路临城段、南至泰山路、西至邗沟路、北至北河路，由世纪园、新加坡花园、国泰华苑、花庄、华阳路、华运别墅等6个小区组成，面积0.76平方千米。常住居民3780户1.17万人。社区有驻区单位20多家、个体经营店面240多家，有商业服务、文化娱乐、医疗卫生、邮政电信、幼儿园、会所等设施。2002年建立党支部，选举产生社区居民委员会和社区协商议事委员会。社区党支部以“红色驿站”为阵地，凝聚党员、服务群众，确立民思我想、民困我帮、民求我应、民需我做的为民服务宗旨，发挥党员和党组织的先锋模范作用和战斗堡垒作用。社区居委会通过市民学校、校外辅导站和社区宣传栏等渠道，对广大居民、青少年进行爱国主义、理想道德和法律法规教育，提升人的文明素质，增强社区凝聚力。社区拥有一支近100人的志愿者服务队，常年参加社区公益活动；有一支业余文艺演出、戏剧演唱团队，常年活跃在小区广场，丰富群众文化生活；有一个体育健身俱乐部和配套的群众体育设施，晨练、晚练成为社区一道独特的风景线。社区设警务室和人民调解室，各小区设监控系统，实现技防、人防、物防有机统一，居民生活的平安和幸福指数节节攀升。至2005年，世纪园社区先后被评为国家级全民健身小区、全国物业管理优秀小区、省文明小区、省和谐示范社区、省示范社区居委会、省民主法制示范社区、省科技进社区活动先进集体等。

第二章　社会救助

第一节　社会救济

一、临时救济

新中国建立后，县委、县政府重视人民群众生计问题，对缺乏劳动力或主要劳动力长期生病，家庭成员突发大急重难病症，遭遇天灾人祸、自然灾害以及孤儿寡母等生活困难家庭，不定期发放救济款；冬天发放御寒棉衣、棉被，夏季发放蚊帐等。1990年春节前，县民政局、县财政局、县劳动局等单位及时编制春节慰问计划，筹措专项资金30.50万元及救济物资(折合人民币18万元)，慰问特困户、伤残军人、"五保"户、优抚对象等1625户，其中县领导上门慰问100户，各乡镇、各单位上门慰问1500多户，每户慰问金200元～500元。是年，全县发放临时救济5270人次，救济金61.10万元。1991年6月下旬至7月上旬，全县遭受特大洪涝灾害，20万人家庭生活困难，13万人离家转移。在抗洪救灾前期，县民政局启动临时救济应急预案，发放临时救济款8万多元，保灾民生活、保社会稳定。1993年，县财政对乡镇财政实施包干改革后，救济经费以县财政为主、乡镇财政为辅。1997年10月农村实行最低生活保障后，农村社会救济面缩小，对大病、急病、重病、疑难病的临时救济标准提高到最低标准1000元。2003年，为使部分群众不因自然灾害造成家庭生活困难，县委、县政府加大临时救济力度，发放临时救济款105万元。1990～2005年，全县累计发放临时救济款845.71万元。

二、定补

1990年，全县有社会困难人员、农村解放前入党的老党员、原国民党军政释放投诚人员、归国华侨等2400多人，享受定期定量补助，年发放补助经费13.50万元；有原单位发放、享受原工资40%和定期定量补助的60年代精简下放、退职的老职工291人。1993年，定期定量补助人员补助标准从年人均60元调高到72元。是年有1359人享受定补，年发放补助经费16.91万元。1995年，年人均定期定量补助标准提高到96元。1996有2725户、1725人享受定补，年发放补助经费26.02万元。1997年10月开始，城乡社会困难户和享受定期定量补助对象相继被纳入城乡居民最低生活保障范围；对于部分未能纳入的定期定量补助人员，补助标准提高到年人均120元。2001年，城乡定补人员最低定补标准调高到年人均180元。2004年和2005年又连续两次调高标准。1990～2005年，全县发放定期定量补助资金338.67万元。

1990～2005年宝应县社会救济发放情况一览

表25-2-1

项目/年份	临时救济		定期补助			项目/年份	临时救济		定期补助		
	人数(万人次)	资金(万元)	人数(万人)	资金(万元)	补助标准(月·元/人)		人数(万人次)	资金(万元)	人数(万人)	资金(万元)	补助标准(月·元/人)
1990	0.53	61.10	0.24	13.50	5	1998	1.43	48	0.13	15.81	10
1991	2.00	9.81	0.23	13.20	5	1999	0.31	29	0.13	20.39	13
1992	2.02	17.80	0.24	14.50	5	2000	0.33	26	0.13	20.62	13
1993	1.85	49.00	0.23	16.91	6	2001	0.33	54	0.12	20.41	15
1994	1.52	58.00	0.25	21.05	7	2002	0.63	35	0.13	23.93	15

续表25-2-1

年份 \ 项目	临时救济		定期补助			年份 \ 项目	临时救济		定期补助		
	人数(万人次)	资金(万元)	人数(万人)	资金(万元)	补助标准(月·元/人)		人数(万人次)	资金(万元)	人数(万人)	资金(万元)	补助标准(月·元/人)
1995	1.35	60	0.25	24.00	8	2003	0.38	105	0.13	23.93	15
1996	1.36	41	0.27	26.02	8	2004	0.15	106.80	0.12	29.15	20
1997	1.39	42	0.27	26.10	8	2005	0.69	103.20	0.10	29.15	25

说明:每年春节慰问和解困资金未列入临时救济统计。

第二节　灾害救助

1990年,县委、县政府修订救灾应急预案。1991年夏季,遭受特大洪涝灾害。6月29日,县委、县政府紧急动员部署抗灾救灾。7月下旬,中国国际减灾十年委员会、民政部、解放军"三总部"、市募捐办公室、侨胞、港澳台同胞先后向宝应赈灾拨款和捐赠款物。其中,接受社会捐赠物资折合人民币200多万元、上级救灾资金1856万元,救助重灾户4992户。1994年,县财政安排自然灾害救助经费47.20万元、社会统筹经费299.89万元,帮助灾民安排生活、恢复生产。1998年,为支援长江、松花江流域抗洪救灾,全县捐款100多万元、衣被10万件。1999年,全县组织赈灾彩票销售活动,支援灾区786万元。2000年,县内遭受洪涝、台风、龙卷风灾害,县委、县政府紧急调拨灾害救助经费178万元,社会筹集资金847.30万元,帮助灾民解决生产生活问题。2001年,全县募集寒衣被15万多件,对口支援延安老区。2003年,县内遭遇特大洪涝和风雹灾害,省、市分配救灾款1125万元,县调拨和社会统筹1008.30万元,解决灾民基本生活、灾后重建和恢复生产等问题。2005年,全县先后遭受冰雹、强风暴雨及台风袭击,导致水稻条纹叶枯病等病虫害严重发生。县委、县政府立即组织灾害自救,县民政局筹集灾害救助款509.72万元、社会统筹救灾款1390.93万元、募集棉被1000多件,灾民生活均得到妥善解决。1990~2005年,全县发放自然灾害救助款7406.34万元,其中上级救助拨款4875.82万元、实物折款200万元和棉被1000件;对外援助资金886万元、衣被25万件;救灾建房6943户。

第三节　住房救助

1979年,全县实行老烈属、老复员军人、老残废军人(简称"三老")住房救助政策。1990年,采取财政补一点、集体帮一点、自己拿一点办法帮助农村"三老"和特困户家庭新建、翻建住房。至1991年上半年,国家补助85万元,村组集体支持2.80万元,救助农村"三老"和特困户93户建房。1993年起,全县制定住房救助计划,逐步解决农村"三老"和特困户住房问题。1998年,全县开展农村"三老"和特困户住房状况调查,当年解决急需建房户20户。1999年,县委、县政府组织90多个县级机关部门、企事业单位开展结对帮扶农村困难户,实施建房三年规划活动;各乡镇与村、组签订责任状,采取国家、集体、社会、亲属等多方面帮扶支持,实施农村困难户住房救助规划。是年,县、乡镇、村组联动,投入资金76万元,帮助164户建房。至2001年末,累计投入近300万元,帮助635户农村困难户建房,占应帮扶户85%。2002年,全县在市内率先实施农村草危房集中改造工程,用3个月时间对农村草危房进行调查,制订计划,落实资金筹集渠道,建立目标责任制。是年,筹集资金500万元,帮助386户将草危房改造成砖瓦房。2002~2005年,筹集资金2000万元,改造农村草危房1464户,基本消除草危房,农村住房实现"瓦房化"。1990~2005年,全县累计筹集资金3310多万元,帮助农村4230户改善住房条件。

第四节 “五保”供养

1990年,县内对符合条件的城乡居民实行“五保”(保吃、保穿、保住、保医、保葬)供养制度。是年,全县有“五保”供养人员4579人,其中37所敬老院集中供养414人、确定联系人并签订协议负责散居“五保”供养4165人。年供养标准251元。农村由村组供给每人每年粮食350千克、食用油6千克、烧草250千克～1000千克、生活补助费每月15元～20元。1991年起,“五保”供养标准实行动态增长机制,当年“五保”供养标准432元,比1990年增长72.1%。农村供养标准按全县农民年人均纯收入70%确定,入院供养标准高于散居供养10%～15%。城镇等乡镇和部分村启动敬老院、福利院建设计划,连续5年投入500万元新建、翻建敬老院,使敬老院从37所增加到45所。1994年,贯彻国务院《农村“五保”供养条例》精神,凡符合“五保”供养条件的全部按条例规定落实到位。至1997年,连续7次调高“五保”供养标准到1696元,是1990年的6.76倍。2000年起,“五保”供养人员经费全部由政府拨款,年标准1760元,均以现金支付。散居“五保”供养人员年基本生活费1200元由县财政分两次打卡到户,其余560元设立专户,解决医疗、住房等问题。沿河、曹甸、广洋湖、鲁垛、泾河等乡镇多方筹集资金,实施敬老院改扩建工程,改善集中供养“五保”人员的生活和居住条件。2001年,全县撤销15所村级敬老院,原村级敬老院供养人员全部集中到乡镇敬老院。此后,各乡镇实施新一轮敬老院建设计划,至2004年,先后筹集资金1100万元,对闲置办公用房、学校进行改造或扩建,设棋牌室、文体活动室,添置电视机等家电用品,建成15所花园式、公寓型、现代化的敬老院,其中安宜、鲁垛、夏集3所敬老院被评为省级文明敬老院。2005年,全县有“五保”供养人员3572人。其中,集中供养1214人,占34%,比1990年净增25个百分点;散居供养2358人,比1990年减少1807人。年“五保”供养标准1760元,是1990年的7.01倍。1990～2005年,全县共发放“五保”供养经费8084.52万元。

1990～2005年宝应县“五保”供养情况一览

表25-2-2

项目 年份	“五保”人员		集中供养			发放总额(万元)	供养标准(年·元/人)
	户数(户)	人数(人)	敬老院(所)	村敬老院	人数(人)		
1990	4298	4579	37	13	414	114.93	251
1991	4085	4407	37	13	500	190.38	432
1992	4002	4304	37	13	889	186.93	434
1993	4002	4289	37	13	800	215.73	503
1994	3925	4378	45	14	807	299.89	685
1995	3959	4317	45	14	854	431.70	1000
1996	3959	4317	45	14	854	600.26	1390
1997	3769	4069	45	14	839	690.10	1696
1998	3769	4069	44	15	838	691.73	1700
1999	3769	4069	44	15	846	691.73	1700
2000	3769	4069	40	15	874	717.00	1760
2001	3501	3699	40	—	839	651.02	1760
2002	3501	3699	29	—	1120	651.02	1760

续表25-2-2

项目/年份	"五保"人员		集中供养			发放总额(万元)	供养标准(年·元/人)
	户数(户)	人数(人)	敬老院(所)	村敬老院	人数(人)		
2003	3864	3888	29	—	1004	684.30	1760
2004	3602	3631	15	—	1089	639.10	1760
2005	3480	3572	15	—	1214	628.70	1760

附:安宜镇社会福利院

1986年3月,城镇政府在县南街34号设立社会福利院,占地1200平方米,固定资产2.17万元,有宿舍9间床位25张、食堂5间、文化活动室和办公室5间。1990年1月,被明确为自收自支事业单位。1991年接收社会自愿有偿寄养老人6人,供养"五保"老人20人。1993年起,城镇地区集中供养"五保"人员逐年减少,寄养老人不断增加。1998年更名为安宜镇社会福利院。2001年,无集中供养的"五保"人员,有寄养老人32人。2005年有寄养老人33人。福利院注重关爱特困老人,环境、服务不断改善,深受市民好评。曾多次被市政府、市民政局评为先进单位。

第五节　慈善救助和收容救助

一、慈善救助

1990年,县内无专业慈善机构,不定期举行募捐活动,由党委、政府及民政部门组织开展救助活动,慈善资金以财政拨款、单位支持、个人募捐为主。1995年,县教育局、县民政局等单位支持县实验小学开办公办民助班,至1997年共办4个班,有特困家庭子女195人入学就读。1998年,各界人士响应县委、县政府组织的募捐救灾活动,先后捐款100万元、衣被10万件(套),支援长江、松花江流域灾民。2004年9月10日,县慈善会成立,秘书处设在县民政局。县慈善会制定《宝应县慈善会章程》《宝应县慈善会基金管理办法》。募集资金的主要途径有接受集体和个人捐赠、发动社会募捐、开展"5·19"慈善一日捐活动和在部分机关、超市、宾馆、银行等单位设慈善箱等。是年,募集资金120万元,建立慈善基金,救助城乡特大病患者187人,发放救助金30.95万元(城区39人10.70万元、农村148人20.25万元),资助贫困学生和残疾人等困难对象10万元。2005年,县慈善会募集资金90万元,设立大病救助基金,救助城乡特重病对象230人,发放救助金93.90万元。社会各界捐助贫困学生及减免学杂费1万人次,资助资金200万元;资助画川初级中学"宏志班"10万元;资助特困大学生108人18.30万元。

图25-2-1　　慈善捐助

二、收容救助

1990年,县城流浪乞讨人员有500多人次,县民政局协助县公安局组织专人收容遣送近300人次。1991年,流浪乞讨人员明显减少,有260多人接受收容救助,其中强制遣送170多人。1992年起,县城流浪乞讨人员增多。1995年,全县收容救助630多人次,组织专人收容遣送526人次。1996年,县城流浪乞讨人员逐年减少。1997年收容救助420人次,其中精神病人120人次、被拐卖或出走妇女20人、外流乞讨人员280人次。2003年8月起，对城市生活无着的流浪乞讨人员，从强制性收容遣送向关爱性救助管理转变，落实人性化收容措施，做到明确专人，安排专项资金，实行以救助、教育、疏导为主的自愿受助、无偿援助的新型社会救助制度。2005年，全县先后收容救助300多人次，其中救助贵州、四川、云南等省30人次。1990～2005年，全县共收容救助流浪乞讨等人员6540人次

第三章 优抚安置

第一节 优待抚恤

一、义务兵家属优待

1990年，非农业户口义务兵优待金一律由其父母所在系统或单位筹集发放，父母无工作单位的和农村义务兵家属优待金由政府统筹发放。义务兵家属优待金依照《宝应县义务兵家属享受优待金实施细则》，城乡执行统一规定，年人均350元。此后，城乡义务兵家属优待金分别实行新的标准，且标准不断提高。1993年，农村户口义务兵家属优待金标准按当地上年度人均收入的70%确定，标准为515元。非农业户口在职入伍的义务兵家属优待金，第一年600元，第二年开始每年700元；非农业户口无工作单位入伍的义务兵家属优待金，第一年500元，第二年开始每年600元。定销户口入伍的义务兵家属优待金为上述同类型标准的90%。1997年，非农业户口从企事业单位入伍的义务兵家属优待金标准第一年1400元，第二年起每年1500元；非农业户口无工作单位入伍的第一年1200元，第二年起每年1300元。定销户口入伍的按同类型标准的90%发放。是年起，县政府规定，非农业户口义务兵家属优待金发放标准由民政部门一年一定。1998年，县政府规定城区非农业户口义务兵家属优待金统筹办法：父母均有单位，双方单位各发放50%；一方有单位，由有单位的发放；均无工作单位的，由安宜镇政府统筹发放；由于企业亏损、破产，优待金不能兑现的，由主管部门从统筹经费中发放。各乡镇非农业户口义务兵家属优待金均由乡镇政府统筹发放。2001年，县政府印发《城区义务兵家属优待金统筹发放管理暂行办法》，规定县直和安宜镇机关、事业单位、人民团体干部职工，每人每年按30元筹集，由县财政部门负责征收；部、省、市属驻宝单位和外省市驻宝事业单位干部职工，每人每年按30元征收，由县民政部门负责筹集。县属部门、单位、安宜镇及部、省驻宝企业职工和"三资"企业中方人员及城区个体工商户从业人员每人每年按10元征收，由县地税部门负责筹集。征收的经费由县财政局统一拨给县民政局按标准发放。2003年，县政府规定非农业户口义务兵家属优待金城区的由县财政预算安排，各乡镇由乡镇财政预算安排。1990～2005年，全县城乡发放义务兵家属优待金4632.53万元。

1990～2005年宝应县义务兵家属优待金发放情况一览

表25-3-1

项目 年份	发放人数(人)		发放标准(元)		发放总额(万元)	
	农村	城镇	农村	城镇	农村	城镇
1990	1982	430	350	350	69.37	15.05
1991	1952	435	356	370	69.49	16.10
1992	2070	325	425	500	87.98	16.25
1993	2004	290	515	600	103.21	17.40
1994	2002	285	627	630	125.53	18.00

续表25-3-1

年份＼项目	发放人数(人)		发放标准(元)		发放总额(万元)	
	农村	城镇	农村	城镇	农村	城镇
1995	1890	298	1000	650	189	19.37
1996	1932	306	1400	1000	270.48	30.60
1997	1954	319	1700	1400	332.18	44.66
1998	1826	321	1700	1400	310.42	44.94
1999	1816	316	1700	1200	308.72	37.92
2000	1811	317	1700	1200	307.87	38.04
2001	1705	342	1760	1300	300.08	44.46
2002	1605	341	1760	1300	282.48	44.33
2003	1580	305	1900	1300	300.20	39.65
2004	1573	398	2900	2200	456.17	87.56
2005	1544	382	3300	2500	509.52	95.50

二、伤残复退军人优待

1990年，全县有1954年10月31日前入伍牺牲的军人家属、老复员军人、老伤残军人4497人。县委、县政府除在解决住房、医疗、生活等方面给予抚恤、定补和临时家庭生活困难救济外，还明确优先安排宅基地，建房减免规费，医疗看病凭证免收挂号费、化验费、体检费，子女入学减免或减半收费，乘车乘船优先，村组帮耕帮种等。1993年，电话和有线电视普及后，县有关部门免收或优惠收取初装费和线路维护费等。1996年后，对于略低于当地人均收入水平的“三老”实行多项优待，救灾物资优先安排，免除一人义务工，安排子女进乡镇企业和社会福利企业工作。2000年起，对带病回乡的老复员军人，以县人民医院为医疗保障点，县卫生局优先安排治病，县财政局安排统筹经费报销药费70%。乡镇卫生院免收挂号费、观察费、注射费等，并适当减免住院费。2001年，全县对领取优待抚恤金的优抚对象进行全面普查，重新核定抚恤、定补对象4989人，其中“三属”(革命烈士、因公牺牲和病故军人家属)353人、老复员军人1969人、在乡伤残军人473人、在职伤残军人271人、带病退伍军人881人、定期定量补助人员1042人。县民政局统一换发新的优待抚恤证。是年，县政府印发《宝应县重点优抚对象医疗保障实施办法》，各乡镇建立解决优抚对象治病难领导小组，重点优抚对象标准按每人每月180元标准筹集医疗基金52.20万元；明确新的合作医疗制度，各乡镇卫生院设优抚门诊和病房，组织单位和私营业主结对帮扶。2002年，县政府组织实施重点优抚对象安心工程。至2004年，县直部门、镇、村干部、党员结对帮助重点优抚对象2363人，落实住房、生活、医疗等优惠政策资金215万元。2005年，全县有伤残复退军人优抚对象3594人，在住房、生活、医疗、子女入学、就业方面均有优惠政策和制度。

图25-3-1　组织复员老军人外出疗养

三、复员退伍军人定补

1990年，全县有抗日战争、解放战争和抗美援朝时期入伍的复员军人和带病退伍军人4035人，县民政局按定补优待标准发放定补款。1991年，对城镇户口的抗日战争、解放战争和抗美援朝时期入伍的复员军人分别调高月定补标准6元。1992年，对农村户口的抗日战争、解放战争和新中国成立后的复员军人分别调高月定补标准3元、9元、8元，同时对城镇户口各个时期的复员军人分别调高月定补标准12元。1996年，调高带病退伍军人月定补标准8元，1997年又调高22元。1999年，县政府建立复员军人定补标准自然增长机制。2002年起，每年调高城乡各个时期入伍的复员军人定补标准。2005年，城、乡抗日战争时期入伍的复员军人月定补标准分别提高到500.20元、309.80元，城、乡解放战争时期入伍的复员军人月定补标准分别提高到442.90元、267.80元，城、乡抗美援朝时期入伍的复员军人月定补标准分别提至388元、249.20元。至2005年，全县累计发放复员退伍军人定补经费5049.83万元。

1990～2005年宝应县复员退伍军人每月定补经费发放情况一览

表25-3-2

项目/年份	性质	抗日战争时期			解放战争时期			抗美援朝时期			带病退伍军人			合计		
		发放标准(元/月)	发放人数(人)	发放金额(元)	发放标准(元/月)	发放人数(人)	发放金额(元)	发放标准(元/月)	发放人数(人)	发放金额(元)	发放标准(元/月)	发放人数(人)	发放金额(元)	发放人数(人)		发放金额(元)
1990	农村户口	30	442	13260	20	1609	32180	20	1068	21360	12	893	10716	4012	4035	78206
	定量户口	30	5	150	30	6	180	30	12	360				23		
1991	农村户口	30	442	13260	20	1609	32180	20	1068	21360	12	893	10716	4012	4035	78344
	定量户口	36	5	180	36	6	216	36	12	432				23		
1992	农村户口	33	442	14586	29	1609	46661	28	1068	29904	12	991	11892	4110	4133	104147
	定量户口	48	5	240	48	6	288	48	12	576				23		
1993	农村户口	42	442	18564	38	1609	61142	37	1068	39516	12	1040	12480	4159	4182	133151
	定量户口	63	5	315	63	6	378	63	12	756				23		
1994	农村户口	52	434	22568	48	1601	76848	47	1059	49773	12	1139	13668	4233	4256	164536
	定量户口	73	5	365	73	6	438	73	12	876				23		
1995	农村户口	52	434	22568	48	1601	76848	47	1059	49773	12	1230	14760	4324	4347	165628
	定量户口	73	5	365	73	6	438	73	12	876				23		
1996	农村户口	102	434	44268	88	1601	140888	77	1059	81543	20	1275	25500	4369	4392	293993
	定量户口	78	5	390	78	6	468	78	12	936				23		
1997	农村户口	102	434	44268	88	1601	140888	77	1059	81543	42	1275	53550	4369	4392	322380
	定量户口	101	5	505	95	6	570	88	12	1056				23		

续表25-3-2

项目/年份	性质	抗日战争时期			解放战争时期			抗美援朝时期			带病退伍军人			合计		
		发放标准(元/月)	发放人数(人)	发放金额(元)	发放标准(元/月)	发放人数(人)	发放金额(元)	发放标准(元/月)	发放人数(人)	发放金额(元)	发放标准(元/月)	发放人数(人)	发放金额(元)	发放人数(人)		发放金额(元)
1998	农村户口	102	364	37128	88	1315	115720	77	879	67683	42	1532	64344	4090	4107	286471
	定量户口	101	5	505	95	5	475	88	7	616				17		
1999	农村户口	122	269	32818	108	999	107892	97	689	66833	42	1625	68250	3582	3594	277528
	定量户口	154	5	770	143	4	572	131	3	393				12		
2000	农村户口	122	269	32818	108	999	107892	97	689	66833	42	1625	68250	3582	3594	277528
	定量户口	154	5	770	143	4	572	131	3	393				12		
2001	农村户口	122	269	32818	108	999	107892	97	689	66833	42	1625	68250	3582	3594	277528
	定量户口	154	5	770	143	4	572	131	3	393				12		
2002	农村户口	129	269	34701	114	999	113886	103	689	70967	42	1625	68250	3582	3594	289616
	定量户口	163	5	815	148	4	592	135	3	405				12		
2003	农村户口	154	269	41426	139	999	138861	128	689	88192	42	1625	68250	3582	3594	338841
	定量户口	188	5	940	173	4	692	160	3	480				12		
2004	农村户口	247.30	269	66523.70	232.20	999	231967.80	221.30	689	152475.70	42	1625	68250	3582	3594	524040
	定量户口	437.70	5	2188.50	394.50	4	1578	352	3	1056				12		
2005	农村户口	309.80	269	83336.20	267.80	999	267532.20	249.20	689	171698.80	42	1625	68250	3582	3594	596254
	定量户口	500.20	5	2501	442.90	4	1771.60	388	3	1164				12		

四、"三属"抚恤

1990年,全县有"三属"抚恤对象462人,县民政局按定期抚恤标准发放抚恤金。1991年,县政府对城市户口"三属"人员月定期抚恤标准分别提高6元。1992年,提高城乡"三属"人员定期抚恤标准,农村"三属"增加3元,城镇"三属"增加12元。1993年,提高"三属"定期抚恤金标准,并对"三属"实行粮食补贴。1998年,县政府建立优抚对象定期抚恤标准自然增长机制。2001年起,城乡"三属"定期抚恤标准逐年提高。2005年,城、乡革命烈士家属月定期抚恤标准分别提高到501.50元、453.20元,城、乡因公牺牲军人家属月定期抚恤标准分别提高到461元、397.70元,城、乡病故军人家属月定期抚恤金标准分别提高到436元、340.30元。1990~2005年,全县共发放"三属"抚恤金1209.18万元。

1990～2005年宝应县“三属”抚恤每月经费发放情况一览

表25-3-3

年份	性质	革命烈士家属			因公牺牲军人家属			病故军人家属			合计		
		发放标准(元/月)	发放人数(人)	发放金额(元)	发放标准(元/月)	发放人数(人)	发放金额(元)	发放标准(元/月)	发放人数(人)	发放金额(元)	发放人数(人)		发放金额(元)
1990	农村户口	40	380	15200	40	17	680	35	47	1645	444	462	18395
	定量户口	50	12	600	50	—	—	45	6	270	18		
1991	农村户口	40	380	15200	40	20	800	35	47	1645	447	465	18623
	定量户口	56	12	672	56	—	—	51	6	306	18		
1992	农村户口	43	365	15695	43	20	860	38	51	1938	436	454	19687
	定量户口	68	12	816	68	—	—	63	6	378	18		
1993	农村户口	62	334	20708	62	23	1426	57	52	2964	409	427	26706
	定量户口	91	12	1092	91	—	—	86	6	516	18		
1994	农村户口	72	319	22968	72	26	1872	67	63	4221	408	426	30849
	定量户口	101	12	1212	101	—	—	96	6	576	18		
1995	农村户口	72	319	22968	72	26	1872	67	63	4221	408	426	30849
	定量户口	101	12	1212	101	—	—	96	6	576	18		
1996	农村户口	117	319	37323	117	26	3042	112	63	7056	408	426	50289
	定量户口	161	12	1932	161	—	—	156	6	936	18		
1997	农村户口	134	319	42746	134	26	3484	115	63	7245	408	426	56343
	定量户口	161	12	1932	161	—	—	156	6	936	18		
1998	农村户口	134	285	38190	134	26	3484	115	57	6555	368	386	51097
	定量户口	161	12	1932	161	—	—	156	6	936	18		
1999	农村户口	189.50	245	46427.50	189.50	26	4927	163.50	57	9319.50	328	353	66169
	定量户口	221	12	2652	221	7	1547	216	6	1296	25		
2000	农村户口	189.50	245	46427.50	189.50	26	4927	162	57	9234	328	353	66054
	定量户口	221	12	2652	221	7	1547	211	6	1266	25		
2001	农村户口	201	245	49245	201	26	5226	182	57	10374	328	353	70715
	定量户口	236	12	2832	236	7	1652	231	6	1386	25		
2002	农村户口	283	245	69335	283	26	7358	250	57	14250	328	353	99063
	定量户口	326	12	3912	326	7	2282	321	6	1926	25		
2003	农村户口	313	245	76685	313	26	8138	280	57	15960	328	353	110403
	定量户口	386	12	4632	386	7	2702	381	6	2286	25		
2004	农村户口	379.80	245	93051	369.80	35	12943	324.80	59	19163	339	364	135622
	定量户口	425	12	5100	415	7	2905	410	6	2460	25		
2005	农村户口	453.20	245	111034	397.70	35	13919.50	340.30	59	20077.70	339	364	156782
	定量户口	501.50	12	6018	461	7	3117	436	6	2616	25		

第二节 接收安置

一、退伍军人安置

1990年,全县接收退伍军人、转业回乡人员574人,其中农业户口293人、非农业户口204人、转业士官77人。根据国家义务兵安置有关规定,对农业户口退役士兵,实行从哪里来到哪里去安置办法;对非农业户口退役士兵,采取按系统分配任务,实行包干安置。坚持“三优先”分配原则,即立功或负伤致残人员优先照顾安置,超期服役和转业志愿兵优先妥善安置,退伍义务兵军地两用人才优先对口安置。至1999年,全县先后安置转业士官和非农业户口退役士兵2270人。

2000年,县内改革转业、退伍军人安置办法,鼓励退役士兵自谋职业。对自愿自谋职业者,与县安置办签订协议书,按军龄每人每年补偿4000元发放补偿金。对转业士官、伤残军人以及在艰苦边远地区服役和立三等功以上退伍军人实行就业安置,对多次立功受奖、素质较好的转业士官安排到省、部属单位,其他转业士官、伤残军人安置到县直有关部门和乡镇所属单位。当年接收安置转业、退役士兵246人,其中尝试有偿安置193人。为使安置工作不断优化,还实施转业、退伍军人人才培养工程,让其具备一技之长,先后培训学员329人,98%考试合格,颁发专业技术结业证书,帮助推荐就业。2001年,对转业士官和非农业户口退役义务兵安置进行改革,全面推行以自谋职业、经济补偿为主,就业安置为辅的安置形式。对转业士官原则上实行就业安置,接收单位安排就业确有困难,经与安置对象协商同意,可自谋职业、领取补偿金,标准每人3.50万元,每立一次三等功另增发500元。对非农业户口退役义务兵实行自谋职业,发放补偿金标准为服役10年以下发给1.50万元,每立一次三等功另增发500元。2004年,县政府提高转业士官和非农业户口退役士兵自谋职业补偿金标准。转业士官自愿自谋职业者补偿金标准提高到4万元,每立一次三等功改为增发补偿金标准的3%;非农业户口退役士兵补偿金标准:义务兵2万元、西藏兵3万元。立三等功增发安置补偿金基本标准的3%。服役期满的一级士官2.50万元、二级士官3万元,立三等功另增发安置补偿金基本标准的3%。2005年着力提高转业士官自谋职业率。当年需由县政府安置19人,自愿自谋职业领取补偿金的有18人。转业士官和非农业户口义务兵自谋职业者补偿金标准未变。对入伍前在职职工,退役后仍回原单位、系统安排的原则不变。自谋职业补偿金、立功奖励基金由县、镇共同承担,县财政局负责资金筹集,县民政局负责发放,统一办理自谋职业证。至2005年,全县共发放转业自谋职业补偿金、立功奖励金1644万元。对农村退役士兵(后拓展到小城镇户口及定销户口退役士兵),以开发利用军地两用人才为重点,鼓励和扶持有专长的创办经济实体,推荐优秀者为基层组织的后备力量。

1990~2005年,全县接收安置退伍军人7319人,其中转业士官730人、非农业户口义务兵2437人、农业户口义务兵4152人,安置率100%。在安置退伍军人中,有女兵53人、西藏兵39人。

1990~2005年宝应县退伍军人接收安置情况一览

表25-3-4

项目 年份	接收					安置			
	义务兵(人)			转业士官(人)	合计	就业安置(人)	自谋职业(人)	发放自谋职业补偿金、立功奖励金	
	农业户口	非农业户口	小计					人数(人)	金额(万元)
1990	293	204	497	77	574	281	—	—	—
1991	174	141	315	34	349	175	—	—	—
1992	326	149	475	22	497	171	—	—	—
1993	209	120	329	47	376	167	—	—	—

续表 25-3-4

项目/年份	接收					安置			
	义务兵(人)			转业士官(人)	合计	就业安置(人)	自谋职业(人)	发放自谋职业补偿金、立功奖励金	
	农业户口	非农业户口	小计					人数(人)	金额(万元)
1994	256	125	381	64	445	189	—	—	—
1995	134	197	331	51	382	248	—	—	—
1996	128	226	354	72	426	298	—	—	—
1997	154	185	339	27	366	212	—	—	—
1998	272	171	443	62	505	233	—	—	—
1999	239	189	428	107	535	296	—	—	—
2000	188	193	381	53	434	53	193	193	400
2001	342	100	442	42	484	42	100	100	154
2002	368	89	457	21	478	21	89	89	140
2003	375	110	485	27	512	27	110	110	256
2004	371	143	514	5	519	5	143	143	352
2005	323	95	418	19	437	1	113	113	342

二、军队离退休干部安置

1990年，县军队离休退休干部休养所(简称县军队干休所)有军队离退休干部17人。县军队干休所按时将老干部工资、福利、各种报销费用和文件、报刊送上门，定期组织老干部学习和开展文体活动。“八一”建军节、重阳节、春节等重要节日，县委、县政府领导登门慰问等。接收军队离退休干部1批次19人，其中离休干部12人(副师级2人、正团级7人、副团级2人、正营级1人)、退休干部7人。2005年末，县军队干休所有军队离退休干部11人。

第三节　烈士褒扬

1949年，为纪念缅怀烈士，官庄区政府在大官庄东陶祖全烈士牺牲的地方修建烈士墓。1957年，曹甸区政府为纪念1940年在曹甸战役中牺牲的烈士，在曹南村建烈士墓，墓碑正面有陈毅元帅题词：“在曹甸战斗中英勇牺牲的先烈们，你们的革命精神，永垂不朽！我高呼曹甸的英雄们，万岁！万岁！万万岁！”钟期光上将撰写祭文。至1987年，全县共修建烈士墓、纪念碑9座。

1990年，全县有在革命战争、保卫祖国和社会主义建设事业中牺牲的革命烈士1160人(列入《江苏省革命烈士英名录》)。1991年，下舍乡溪北村村民郝立芹，在抗击特大洪涝灾害中，为保护200公顷农田和人民生命财产安全而牺牲，被省政府批准为革命烈士。县委、县政府号召全县人民向郝立芹学习。1992年9月，县革命烈士纪念馆更名为县烈士陵园，并进行大修，重新制作革命烈士展览等。

图 25-3-2　　县革命烈士陵园

1993年11月，中国人民解放军80305部队宝应籍战士万国青在驻地湖北省潜江市某生产基地执行渔塘巡护任务时，为保护集体财产，被两名歹徒用猎枪击中胸部，光荣牺牲。县委、县政府作出向烈士学习的决定。1996年，全县农村实行土地二轮承包后，各乡镇进一步与相关村组落实好革命烈士家庭种好责任田，同时对劳动力富余的革命烈士家庭子女，帮助做好劳动力转移安置工作。2001年，县政府决定在安宜镇大桥社区居委会南港组重建县革命烈士陵园，占地3.99万平方米。一期工程投入资金550万元，建成烈士纪念碑、纪念馆、烈士墓区、祭扫凭吊广场等，绿化面积2.79万平方米。纪念碑主体高21米，正面镌刻着“革命烈士永垂不朽”8个金色大字，背面镌刻着1118名烈士英名。祭扫凭吊广场1万平方米。纪念馆大厅正北墙壁上悬挂着曹甸战役、车桥战役、大官庄战斗、下舍甸战斗经过要图和陈毅元帅题词。展览分土地革命战争、抗日战争、解放战争和社会主义建设时期4个部分，展出各个时期108名烈士生平事迹，陈列革命烈士遗物87件。2002年3月30日，县委、县政府举行烈士陵园迁建工程落成暨祭扫仪式。2005年，曹甸镇重修曹甸革命烈士墓。1990～2005年，全县被批准为革命烈士的有颜景德、陈殿才、朱子车、王干臣、吴永太、吴继典、郝立芹、万国青、王景凤、刘荣彪、胡春香、古怀才、董仲德、相咸荣、郭文奎、赵元忠、张兆宽、孙玉龙共18人。

2005年宝应县革命烈士纪念碑(墓)情况一览

表25-3-5

名　称	地　址	建立年份
祖全烈士墓	小官庄镇大官庄东	1949
射阳烈士墓	射阳湖镇桥东村	1957
曹甸烈士墓	曹甸镇东首	1957
氾水烈士墓	氾水镇北首	1959
安丰烈士墓	西安丰镇东北	1965
夏集革命烈士纪念碑	夏集镇双塘村	1978
天平革命烈士纪念碑	射阳湖镇天平集镇南首	1978
广洋湖革命烈士纪念碑	广洋湖镇塑料厂后	1984
水泗革命烈士纪念碑	射阳湖镇水泗集镇西侧	1987

第四章　社会福利

第一节　福利企业

1990年，全县有福利企业45家，职工1830人，其中残疾职工822人，占职工总数的44.9%，实现产值1775万元、利税75.50万元。1991年起，部分乡镇为实现残疾人就业目标，兴办福利企业。至1994年，相继兴办福利企业12家，自行关闭福利企业7家。1995年，曹甸社会福利厂产品发展到50多个，实现销售2338万元、利税232万元。1998年，该厂投入500万元开发系列产品，其中建筑硅酮玻璃密封胶填补省内空白。1999年，福利企业推行现代企业制度，改革运行机制，推进企业向高新技术企业和高新技术产品方向转变。西安丰镇恒鑫特种钢管有限公司生产的陶瓷复合钢管被列为国家“星火计划”和省级高新技术产品。2001年，全县实施新一轮社会福利企业发展规划。安宜镇新办阀门厂，年生产销售3000万元，退税150万元。2002年，县民政局和乡镇配合，根据福利企业运行质态，对28家利税为零的福利企业，采取兼并、重组、引进新项目等办法，使部分福利企业焕发生机与活力。石桥工艺福利厂投入400万元开发新产品节能灯管玻璃料，实现年产值1000万元、利税100万元；隆昌福利钢模机械厂投资600万元，开发替代进口的硫基乙酸异辛酯(硫醇)，实现年销售2000万元、利税200万元；沿河福利厂重组后，投资1000万元生产电磁线，实现年销售3500万元、利税250万元；黎明轧花厂被县新奇特电缆材料厂兼并后，投资500万元生产电线、电缆桥线母架，实现年产值1500万元。当年培强福利企业4家，盘活福利企业5家。2003年，新办企业6家，吊销福利企业证书5家，暂停年检福利企业2家。县福利厂通过与吴江客商合作，成为全县第一家销售过1亿元的福利企业。2004年，县民政局新办福利企业宝鼎电缆厂实现销售2亿元。2005年成立县社会福利企业管理协会。全县有电工电器、精细化工、玻璃制品、电子陶瓷、管道管件、车辆配件、服装加工等社会福利企业63家，职工2503人，其中残疾职工1016人，占40.6%。全年实现产值12亿元、利税6000万元。福利基金征收首次突破100万元。1990～2005年，全县累计征收福利基金850万元。

1990～2005年部分年份宝应县福利企业情况一览

表25-4-1

项目 年份	企业(家)	职工(人)		产值(万元)	利税(万元)
			残疾职工		
1990	45	1830	822	1775	75.50
1995	50	1990	830	18100	632
2000	51	2000	850	22000	1000
2005	63	2503	1016	120000	6000

第二节　福利彩票

1992年，县内开始发售即开型福利彩票。1993年11～12月，在县开发区销售即开型大奖组福利彩票30万张60万元。1994年，采取城乡结合等方法扩大福利彩票销售，在氾水镇试点后向各乡镇推开。1996年5月第六个全国助残日，在县体育场举行福利巨奖彩票销售活动，12天销售360万元。是年，全县即开型福利彩票销售创历史最高，达429.35万元。1999年，举办赈灾福利彩票销售，销售即开型福利彩票748.30万元，筹集近100万元社会福利基金。

2000年6月起，县内开始销售电脑型福利彩票，县城设投注站13家，乡镇集镇设投注站13家。是年，第一个电脑型“江苏风采”福利彩票销售406万元，筹集社会福利基金80多万元。2002年停售即开型福利彩票。2003年，县城兴办两家电脑型福利彩票销售专营店。是年，全县有电脑型福利彩票销售投注站、专营店34家，福利彩票种类有双色球、7乐彩、东方1+1、15选5等。2004年，全县电脑型福利彩票销售点发展到48家，年销售额520万元。2005年，全县有电脑型福利彩票投注站72家、专营店7家，投注机79台，年销售突破1000万元大关。1992～2005年，全县销售福利彩票5291.95万元，其中即开型福利彩票1978.95万元、电脑型福利彩票3313万元，筹集社会福利基金600万元。

图25-4-1　宝应福彩基金资助麻风休养员

第五章　社会事务管理

第一节　民间组织管理

一、社团管理

1990年，全县贯彻国务院《社会团体登记管理条例》精神，县民政局始设社团管理股。1991年，县民政局对民间组织进行重新审查登记，登记社会团体37家。1992年，社会团体年检率和新证换发到位率均为100%。1993年，全县开展民间社团组织清理整顿，对社会团体机构逐一进行复查登记，规范社团名称，建立健全规章制度，理顺与业务主管部门的关系，维护社团合法权益。对共青团、工会、妇联、科协、工商联、台联、侨联和青联等8大人民团体不再进行社会团体登记。1994年，县内社团完成全国统一代码标识赋码工作。1996年，结合年检建立健全乡镇社团注册登记簿、年检备考表、印章管理登记簿等16个台账。1997年，坚持依法行政、从严管理和统一归口登记原则，对全县社团进行第二次清理整顿，清理社会团体45家，依法重新登记社团8家。明确各乡镇计生协会为县计生协会乡镇分会，不再进行年检登记。针对社团发展和管理中的薄弱环节，落实整改措施，推进社团登记管理工作规范化、法治化。1999年，推行民间组织管理公示制和行政执法责任制，清理社团50多家，重新登记社会团体法人15家，规范登记新建社团5家，年末实有社团139家。2000年，按社团分布和业务主管单位分工包干负责，建立工作责任制，依法注销县香功协会等。2002年，在全县社团中建立业务主管单位和登记管理机关双重负责的管理体制。是年5月下旬，县民政局对166家社会团体进行清理、规范，核准登记84家，重新核准登记5家，对79家社团分支机构进行复查登记。2003年发展有利于经济运行、文化进步和扶弱助残的民间社团组织8家。2005年，全县有民间社团机构81家，其中学会12家、协会44家、研究会3家、促进会16家、联谊会3家以及商会、红十字会和基督教三自爱国运动委员会各1家。

图25-5-1　宝应县社会组织评估工作推进会

2005年宝应县社团组织情况一览

表25-5-1

名　　称	登记时间	业务主管部门
县财政会计学会	1999.3.28	县财政局
县商会	1999.4.29	县委统战部
县农机安全互济协会	1999.8.10	县农机局
县人大系统老龄协会	1999.8.31	县老龄办
曹甸镇文体教玩具行业协会	1999.9.16	县乡企局

续表25-5-1

名　　称	登记时间	业务主管部门
县技术监督协会	1999.11.5	县科协
县台属联谊会	1999.11.12	
县机动车驾驶员协会	1999.12.30	县公安局
县汽车维修行业管理协会	1999.12.31	县交通局
县珠算协会	1999.12.31	县财政局
县电机工程学会	2000.1.15	县科协
县玻璃(水晶)工艺制品行业协会	2000.2.15	县外经贸局
县佛教协会	2000.3.12	县民族宗教局
县老区扶贫开发促进会	2000.3.20	县委农工办
县企业合同信用管理协会	2000.3.31	县工商局
县基督教三自爱国运动委员会	2000.3.31	县民族宗教局
县人大工作研究会	2000.6.20	县人大常委会办公室
县畜牧兽医学会	2000.6.30	县科协
县集邮协会	2000.6.30	
县个体私营经济协会	2000.6.30	县工商局
县青年志愿者协会	2000.6.30	团县委
县政协联谊会	2000.7.3	县政协办公室
县林学会	2000.7.12	县科协
县农村金融学会	2000.7.12	
县水利学会	2000.7.15	
县乒乓球协会	2000.7.15	县文体局
县篮球协会	2000.7.15	
县青少年科技辅导员协会	2000.7.18	县科协
县质量管理协会	2000.7.20	县经贸局
县食疗研究会	2000.7.23	县科协
县老科技工作者协会	2000.7.31	
县危险品行业治安管理协会	2000.7.31	县公安局
县计划生育协会	2000.8.8	县计生局
县农学会	2000.8.10	县科协
县农村卫生协会	2000.8.18	县卫生局
县预防医学会	2000.8.18	
氾水镇老区扶贫开发促进会	2000.8.18	县委农工办
夏集镇老区扶贫开发促进会	2000.8.20	
柳堡镇老区扶贫开发促进会	2000.8.20	
县渔业协会	2000.8.30	县科协
县红十字会	2000.8.30	县卫生局
县医学会	2000.8.30	县科协

续表 25-5-1

名　　称	登记时间	业务主管部门
泾河镇老区扶贫开发促进会	2000. 9. 10	县委农工办
县钱币研究会	2000. 9. 18	县科协
县经纪人协会	2000. 9. 18	县工商局
黄塍镇老区扶贫开发促进会	2000. 12. 1	
曹甸镇老区扶贫开发促进会	2000. 12. 31	县委农工办
山阳镇老区扶贫开发促进会	2000. 12. 31	
县档案学会	2000. 12. 31	县档案局
泾河镇鸽业协会	2001. 1. 19	县农林局
广洋湖镇老区扶贫开发促进会	2001. 1. 31	县委农工办
县建筑业协会	2001. 2. 2	县建管局
射阳湖镇老区扶贫开发促进会	2001. 2. 20	
鲁垛镇老区扶贫开发促进会	2001. 2. 20	
西安丰镇老区扶贫开发促进会	2001. 2. 20	县委农工办
小官庄镇老区扶贫开发促进会	2001. 2. 21	
望直港镇老区扶贫开发促进会	2001. 3. 10	
县微机应用协会	2001. 4. 1	县科协
县围棋协会	2001. 4. 5	县文体局
县消费者协会	2001. 8. 8	县工商局
县城人力营运三轮车协会	2002. 4. 13	安宜镇
县汽车配件行业协会	2002. 8. 2	县乡企局
县荷藕行业协会	2002. 8. 20	县科协
县鹅业协会	2002. 8. 29	县农林局
县税务学会	2002. 11. 5	县国税局
县电力行业协会	2003. 3. 16	县经贸局
县再生资源行业协会	2003. 5. 15	县供销合作总社
安宜镇老区扶贫开发促进会	2003. 5. 20	县委农工办
县公共场所行业治安管理协会	2003. 5. 26	县公安局
县汽车出租行业治安管理协会	2003. 8. 18	
县教育学会	2003. 9. 22	
县青少年科普促进会	2003. 12. 8	县科协
县乡镇工业星期日工程师协会	2003. 12. 30	
县文化经营业行业协会	2004. 10. 9	县文体局
县海外联谊会	2004. 11. 8	县委统战部
县外商投资企业协会	2005. 3. 7	县外经贸局
县社会福利企业管理协会	2005. 4. 15	县民政局
县双拥和国防教育协会	2005. 4. 28	县双拥和全民国防教育领导小组
县生猪养殖协会	2005. 6. 3	县农林局

续表25-5-1

名　　称	登记时间	业务主管部门
县粮食行业协会	2005.7.15	县粮食局
县科普支援运行者协会	2005.10.24	县科协

二、民间非企业单位管理

1990年，县内民间非企业单位均由业务主管部门管理。1993年，县民政局进行民间非企业单位调查准备工作。1994年，全面开展摸底登记，当年登记民间非企业单位31家。1995年，县民政局会同有关社团及业务主管部门组织民间非企业单位围绕章程、宗旨与任务，开展学术研究、社会服务、行业管理、文艺体育等活动。1997年，开展民间非企业单位调查、核实、登记，全县有民间非企业单位67家。2001年，贯彻国务院《民办非企业单位登记管理暂行条例》和民政部《民办非企业单位登记暂行办法》，对民办非企业单位进行复查登记，除在工商部门登记的3家外，属复查登记范围的有64家，其中批准登记的有体育类10家、教育类21家、卫生类16家、民政类1家、其他类11家，暂缓登记5家。2002年，县内建立民办非企业单位年检制度，与社团年检同步实施。2005年，县民政局和各民办非企业单位业务主管部门开展民办非企业单位自律与诚信建设活动。是年末，全县有民办非企业单位59家，其中教育类21家、卫生类16家、体育类10家、劳动保障类2家、民政类1家、其他类9家。

第二节　婚姻登记

1990年，婚姻登记继续由乡镇按照民政部《婚姻登记办法》办理，县民政局负责业务指导、数据统计和工作检查。1991年，全县结婚登记的有8032对，婚姻登记率97.3%；符合结婚条件未领证的223对，发现后组织专人到村、组清理，依法补办登记。1992年起，涉外婚姻登记改由市民政局办理。1993年7月1日起，全县一律使用省民政厅统一印制的新式婚姻状况证明书。1994年建立婚前健康检查制度。1998年10月10日起，除安宜镇外，其他各乡镇婚姻登记、发证由县民政局负责。2000年8月1日起，婚姻登记工作恢复由乡镇办理。县民政局对婚姻登记员进行培训，实行持证上岗。2002年，县内婚姻登记取消婚前健康检查和户籍单位婚姻状况证明。2004年9月，县长办公会议同意安宜、黄塍、望直港、泾河、小官庄、山阳等6个镇和县开发区到县婚姻登记处集中办理婚姻登记。1990～2005年，全县结婚登记11.86万对、协议离婚(不含法院调解与判决离婚)1699对。

1990～2005年宝应县婚姻登记情况一览

表25-5-2

项目 年份	结　　婚			协议离婚(对)
	准予登记(对)	再婚(人)	复婚(对)	
1990	7226	151	—	24
1991	8032	—	—	—
1992	7659	—	—	—
1993	7920	160	14	30
1994	7685	70	—	50
1995	7805	20	—	28
1996	8219	—	—	30
1997	8188	—	—	—

续表 25-5-2

年份＼项目	结婚			协议离婚(对)
	准予登记(对)	再婚(人)	复婚(对)	
1998	8157	67	20	58
1999	7338	328	2	77
2000	7117	234	17	105
2001	7443	635	276	171
2002	6000	466	30	199
2003	6712	380	19	210
2004	7071	636	20	329
2005	6067	1999	34	388
合计	118639	5146	432	1699

第三节　收养管理

1992年，全县贯彻省民政厅《关于认真贯彻〈中华人民共和国收养法〉，做好收养登记工作的通知》精神，召开乡镇、村(居)干部会议，学习、宣传收养法及公民收养登记若干规定，推进收养工作法治化、规范化。当年办理42例收养登记。1993年，贯彻《江苏省收养登记管理细则》规定，办理收养登记51例。2000年，县民政局依法办理收养登记96例。2005年办理收养登记83例。1992～2005年，全县办理收养登记846例。

第四节　殡葬管理

一、殡仪服务

1965年，县火葬场开始进行殡仪服务。1990年，县殡仪馆有运尸、火化、悼念、冷冻、骨灰寄存等服务项目。1992年，广洋湖乡居委会、黄塍乡联合村、沿河乡船闸村和蒋湾村、城郊乡花庄村等建骨灰陈放室5处，陈放骨灰1100盒。1994年末，县殡仪馆从城郊乡东升村迁至该乡三里村大兴组，扩建为国家三级殡仪馆。1995年，在中港乡北闸村建立松岗墓园，占地2.34公顷，其中利用废地平整0.67公顷、老墓地1.67公顷。由县民政局与中港乡政府联合经营，县民政局负责管理，为自收自支事业单位。2001年4月，县民政局等部门印发《关于加强公益性公墓和骨灰存放室建设与管理的意见》，规定公益性墓葬收费实行公示制，做到价格规范合理，对军烈属、五保户等优抚对象实行优惠。2003年，县殡仪馆实施第二次搬迁，主馆位于黄塍镇小垛村，占地4.90公顷，建筑面积

图25-5-2　松岗墓园园区

5500平方米;分馆位于鲁垛镇三新村,占地2.50公顷,建筑面积2700平方米。总投资2500万元。2005年,县殡仪馆有职工67人,有火化机5台、运尸车6辆。松岗墓园面积6.67公顷,有职工19人。县内有公益性公墓133处,其中镇级41处、村级92处,总穴位20.10万个。

1990～2005年宝应县尸体火化和公墓安葬统计

表25-5-3

项目 年份	尸体火化(具)	松岗墓园安葬穴数(穴)	乡镇村公墓安葬穴数(穴)	项目 年份	尸体火化(具)	松岗墓园安葬穴数(穴)	乡镇村公墓安葬穴数(穴)
1990	5185	—	5180	1998	6205	500	5705
1991	5269	—	5261	1999	5500	480	5020
1992	6130	—	6130	2000	5600	423	5177
1993	5401	—	5342	2001	5400	437	4963
1994	5678	—	5674	2002	5774	440	5334
1995	6221	124	6097	2003	5840	440	5400
1996	6220	205	6015	2004	5542	530	5012
1997	6223	578	5645	2005	5950	656	5294

说明:公墓安葬含骨灰寄存数。

二、丧葬管理

1990年,全县遗体火化逐步形成社会风气,个别偏僻村庄仍有将遗体骨灰用棺木二次土葬现象。1995年4月,县民政局等部门印发《深化殡葬改革、强化殡葬管理的实施意见》,县、乡镇、村联动,加强二次土葬管理,基本实现火化一次安葬。是年11月,县民政局、县土地管理局联合组织打击非法出售墓穴活动,先后清理10多起。1998年2月,县政府印发《关于加强殡葬管理的通告》。10月,县政府印发《宝应县殡葬管理暂行办法》。县殡仪馆逐月将尸体火化名单发放到各乡镇核对,设立信息员,先后查处违规殡葬70多起,有效杜绝二次土葬现象。城区丧户殡仪活动由社区督查管理。提倡丧事定点承办,倡导文明节俭办丧事。1999年,县民政、公安、工商、交通等部门联合行动,对丧葬用品市场和殡葬专用车辆进行全面清理整顿。经检查考核,发放丧葬用品经营许可证21本、殡葬专用车辆许可证18本。对限期内未整改的,吊销营业执照3本。2000年,县民政局、县公安局对城区丧葬用品市场开展集中治理,检查26家生产经营点,对3家证照不全的进行限期整改,没收并销毁封建迷信用品近100件。2001年起,对殡葬车辆驾驶员、防腐人员、乐队负责人进行分期培训。至2003年,先后培训丧葬市场从业人员180多人次。2005年,全县有殡葬车辆40辆、殡葬乐队54个、防腐人员30多人。

三、墓葬改革

1997年3月,县政府印发《关于深化殡葬改革清理墓葬用地工作的意见》,召开全县专项治理动员会议,运用广播、电视、板报、标语等形式进行宣传教育,开展墓葬改革复垦还田。在做好思想工作基础上,由坟主按时、按规定自行迁坟。对烈士墓、有保护价值古墓以及华侨祖墓,报县民政部门按政策特殊处理。每年清明节前,全县均组织以墓葬改革为主要内容的殡葬管理突击月活动。2000年,县政府在泾河乡召开殡葬改革工作现场会。当年复垦旧墓地104公顷。2001年,全县统一实施公墓建设长远规划和年度计划,扩大乡镇级公墓规模,撤并村级坟墓安葬点。当年400多个村级坟墓安葬点缩减到90多处,平整复垦土地518.39公顷。1997～2005年,全县累计平整复垦土地876.67公顷。

第六章　地名管理和县界勘定

第一节　地名管理

一、地名普查

1980年9月至1981年5月，全县首次开展地名普查。1989年，全县有各类地名4128条。是年12月29日至1990年7月31日，为统一全县行政区划代码和行业、职业编码，以利于第四次全国人口普查，停止对乡镇行政区划、基层群众性自治组织、厂矿企业名称的调整、更名和命名。

1990年6月，在子婴河乡开展地名补查和资料更新试点。1992年11月，全县地名补查和资料更新工作通过省、市验收，并汇编《宝应地名录》。共查地名4446条，其中更新地名1189条、查漏地名184条、设新地名317条、查错地名24条、消亡地名108条、原地名2624条。1994年，全县72个地名条目入选《中华人民共和国地名大辞典》。1998年10月，县地名委员会组织力量对县城及各乡镇路、街、巷、居民区、桥梁、河流、大型建筑物进行调查核实。至1999年12月，共调查核实乡镇地名4000多条、城区地名280条，其中老地名156条(包括路名、街巷名、居民区名、桥名)。其间，完成城区及各乡镇主次干道与街巷、村庄的名称设置，更新地名标志牌，基本消除县城及各乡镇范围内有地无牌、有牌不实等现象。2004年5月，县政府召开全县地名普查工作会议，部署新一轮地名普查更新。抽调各镇及社区居委会工作人员近100人，对各类数据逐一审核考证，其中群众自治组织名284条、居民点名201条、建筑物名155条、道路名415条、河流名77条、湖泊名9条、旅游景点名9条，并输入地名数据库。

二、地名命名与更名

1996年，对长沟、郭桥两个乡进行地名命名，其中路名19条、巷名16条。同期，完成各乡镇村及自然庄牌、路街巷牌、门牌设置工作。1999年，经过对县城及中港、沿河等乡镇路、街、巷、居民区、桥梁、河流、大型建筑物全面调查，根据掌握的现用名、曾用名、拟定名以及道路起止点实际情况，县政府批复命名地名65条、广场名1条、路名14条、巷名31条、居民区(村)名8条、桥梁名11条；对已规划尚未正式命名的6条，结合原有地理位置变化和新的地理文化含义需要进行命名和更名；对名存实亡的1条路名和2条村名作消亡处理。对五琼浆大桥、宝胜大桥、亚细亚广场等首次开展地名有偿命名与更名。对城区主次干道及街巷，进行地名标志牌设置和更新。2003年，对新建道路、广场、街、路等，县地名办邀请地名专家论证，经广泛征求市民意见后命名，并设置地名标志牌。对已消失的道路、广场、桥梁、河流、街巷，根据现状进行复查更名。2005年，编纂出版《宝应县城区地名简册》，收录标准地名348条、名胜古迹名38条。1990～2005年，全县地名命名、更名和消亡地名261条，其中命名246条、更名12条、消亡3条。

1992～2005年宝应县地名命名、更名、消亡情况一览

表25-6-1　　单位:条

年份	区域	类型	类别	数量	名　称
1992	县城	命名	路	2	叶挺、泰山
1996	县城	命名	路	20	健康、四通、气象、益民、泰山西、泰山东、苏中北、苏中南、南苑、南苑东、闸北西、白田、邗沟、东升、桥前、新河、莲花、南郊、新建、下湾
			巷	4	华园、长乐、莲池、桥西

续表25-6-1

年份	区域	类型	类别	数量	名称
1996	县域	命名	桥	1	贾家
			街	1	油坊
			河	1	头引
	长沟	命名	路	6	杨河、长港、万康、富士、合义、万元
	郭桥	命名	路	13	镇西、人民、横滨东、横滨西、立新、塘北、陵园、友映东、友映西、安居、建设、振兴东、振兴西
			巷	14	潼河，兴隆，幸福，利民，友映东路南一支、南二支、南三支，友映西路南一支、南二支、南三支、南四支，友映西路北一支、北二支、北三支
1998	县城	更名	桥	1	二盐河桥更名为五琼浆大桥
1999	县城	命名	桥	1	宝胜桥
			广场	1	亚细亚广场
			路	14	泰南、花庄、窑北、韩建、朱庄、新庄、闸北东、东阳南、东阳北、大桥东、扬清、滨河、合心、中欣
			巷	31	安平、睦邻、延龄、齐心、为民、新安西、新安民、兴旺、建设、郝家、兴盛东、兴盛西、胜利、民桥一、民桥二、民桥三、民桥四、民桥五、民桥六、平安东、东升一、东升二、刘沟东一、中南、南园桥、鸿运、向阳、闸南一、闸南二、油坊、头引河
			村	8	东升村(原东升、南郊、城东村)、三里村(原三里、葫芦桥村)、花庄村(原花庄、拥军、爱民村)、齐心村(原齐心、晏坝、爱民村)、苏中新村、宝胜新村(泰山东村部分)、白田新村、闻莺新村
			桥	10	文星、南园、来薰(战备河桥)、老鸦、许庄、引凤(宝射河桥)、荷仙(城市河桥)、斗拱(沿河总干渠桥)、镇洪、宝应运河二桥
		更名	路	6	白田南路(原名白田路)、白田北路(原名白田路)、泰山西路(原车站北路)、四通北路(原车站北路部分)、苏中北路(原车站北路部分)、苏中南路(原车站南路)
		消亡	路	1	东窑
			村	2	泰山新村、莲花新村
2000	黄塍	命名	路	10	溪河北路、溪河南路、皇城、通和、丰乐、朝阳、夏浦、西环、宝楠、宝腾
	郭桥	命名	路	4	丰泽、广场、花园、东环
			街	2	龙腾、丰阳
			巷	5	陈西、陈中、陈东、百米、兴旺
	鲁垛	更名	村	1	徐家更名为五顷
2001	泾河	命名	路	18	劲久、建业、泾安西路、泾安东路、金龙、驸马营、金禾、沿运、沿运南路、白龙北路、白龙南路、颐园、仲兰、文苑、花园、闸北、闸南、沁园
			街	3	后街、前街、十字街
			巷	6	东岳庙、商誉、王家、文化、保卫、西巷1-7支
			村	2	闸南新村、桥东新村
			市场广场	2	泾河农贸市场、金龙广场
			小区	3	西苑、南苑、东苑
			桥	10	越河、金龙、驸马、金禾、白龙、沁园、颐园、荟文、文苑、花园
		更名	村	1	张桥村更名陈桥村

续表25-6-1

年份	区域	类型	类别	数量	名　　称
2002	沿河	命名	路	6	南窑集镇：南唐、孝义、南窑、槐楼、金牛、式丹
2003	县城	命名	道	2	宝应大道、曙光大道
			广场	3	白田、诚信、宝楠园
			街	1	丽人
			路	6	金湾、东阳、泰山东、荷香、大福、大发
			河	3	东阳、惠政、太清
		更名	路	2	兴阳南、北路（原东阳南北路）
2004	县城	命名	广场	1	花城
2005	县城	命名	路	19	画川、人民、东阳（向北延伸段）、宝源、金源、荷香（向南、向北延伸段）、柳河（向东延伸）、太河、宝胜（原淮江路）、宝泰、利民、苏中北（延伸至八浅大河）、南园（南园东路延伸段）、白田北（延伸至八浅大沟）、白田中（原白田路）、白田南（延伸段）、东升（延伸段）、爱民（向西延伸段）、金湾（南延伸段）
			桥	10	白田、南园东、贾家沟、世纪园、大兴、八浅、金源、宝源、宝发、宝兴
			河	1	郜家
		更名	街	1	百兴路更名为百兴街

三、地名选介

县内地名承载着区域范围内的自然景观和人文景观，具有丰富的历史底蕴和文化内涵。其中，有以宗教、姓氏及神话、传说命名的，有以地形地貌及人工建筑物命名的，也有以历史人物、事件及革命烈士命名的。

苏律村　驻地氾水西福记。为纪念革命烈士苏律而定名。

高阳村　驻地氾水胡营。为纪念革命烈士高阳而定名。

诚忠村　驻地小官庄谭庄。为纪念革命烈士叶诚忠而定名。

祖全村　驻地小官庄戴章沟。为纪念革命烈士陶祖全而定名。

友映村　驻地夏集夏沟头。为纪念革命烈士林友映而定名。

廷柏村　驻地柳堡十字桥。为纪念革命烈士蔡廷柏而定名。

寿林村　驻地柳堡崔家沟。为纪念革命烈士胡寿林而定名。

鉴青村　驻地鲁垛仓家。为纪念革命烈士闵鉴青而定名。

石先村　驻地小官庄苗庄。为纪念革命烈士王石先而定名。

日升村　驻地氾水董家沟。为纪念革命烈士范日升而定名。

杨蒋村　驻地小官庄冯廒。为纪念革命烈士杨玉祥、蒋得才而定名。

白鼠庄　属广洋湖镇。明代称王家河，后此庄常有白鼠出现，且地形像鼠头，遂名白鼠庄。

太仓庄　属西安丰镇。据清《山阳县志》载，太仓原为“故仓城”，隋文帝欲讨伐陈国，在此建仓储粮，大业末年，遂改太仓。

大营庄　属氾水镇。据传南宋元帅韩世忠屯兵于此，因范围大，故称大营。

南窑庄　属安宜镇。清代中朝，此地建窑，盛产砖瓦，因在宝应城以南而得名。

八浅庄　属泾河镇。据明嘉靖《宝应县志》记载，大运河在宝应段有9个浅滩，因此处位于第八浅滩而得名。

邵　庄　属泾河镇。据泾阳邵氏祠堂石碑记载，家祠建于明洪武八年，取名邵庄。

白姑塔庄　属泾河镇。据清《山阳县志》记载：“白果塔在治东南泾河蔡家桥南，地多墩。”相传未有塔时大雾三日,雾开见塔,大如白果树,俗称白果塔,后讹音为白姑塔。

龙河庄　属汜水镇。传说古时此地曾有一土龙,被斩落于河中,遂称龙河。

茅家舍庄　属望直港镇。传说宋太祖赵匡胤追捕“灵鸡”至此,且扯鸡毛,遂称毛舍,后人讹为茅家舍。

朱　庄　属柳堡镇。据传芦村有朱天官之祖墓在此地,故名。

康营庄　属汜水镇。宋代元帅韩世忠曾领兵在此扎营,又因该地康姓多而得名。

团　庄　属柳堡镇。据团庄《夏氏家谱》,此庄原名疃庄,因“团”为“疃”的谐音,后人习称团庄。

牌楼庄　属望直港镇。明代为衡庄。据《衡氏家谱》记载,清光绪年间为表彰进士衡筱衫行孝之德,为其建牌楼,上书“衡公之坊”,故名。

石仑庄　属射阳湖镇。明代于此发现一战车石呈轮盘状,即称石轮庄,后演化为石仑庄。

大瓦甸庄　属汜水镇。传说裴元庆曾领瓦岗义军驻此。唐李世民为帝时即封此地为瓦甸。曾有王氏兄弟住此,分居后以长兄住地为大瓦甸。

山宝圩庄　属山阳镇。据传淮安府山阳县和宝应县于交界处合建一圩,取名山宝圩,以此得名。

第二节　县界勘定

宝应县与盐城市建湖、盐都,泰州市兴化,淮安市楚州、洪泽、金湖及扬州市高邮等7个县(市、区)接壤。1996年11月,县政府成立县勘界工作领导小组,在县民政局下设办公室。有关乡镇分别成立勘界领导小组和工作班子,开展勘界工作。至2001年,完成扬州与盐城、淮安、泰州市际勘界和宝应与高邮县界勘界,绘制边界走向线240千米,设置界桩点29个,埋设界桩46根。

一、盐(城)扬(州)线宝应段勘界

边界线南北走向,长约54千米。北起淮安、盐城、扬州3市交界点(西安丰镇集丰村大五叉河中心交会点),南至盐城、扬州、泰州3市交界点(广洋湖镇高家舍向阳河河中心),接壤地区共有8个乡镇,以陆地、河流、湖泊、滩地为主,“插花地”(指两个或两个以上单位因地界相互穿插或分割而形成的零星分布的土地)、“飞地”(指属于本区而位于对方区域里且不与本区相连的土地)较多,边界线弯曲交错,走向变化较大;湖泊、滩地全部开发利用,资源权属现状比较清楚。1998年5月,盐城、扬州市政府签署《联合勘定盐城市与扬州市行政区域界线实施方案》。1998年5～8月,宝应县与盐都县联合进行盐都—宝应段勘定,全线贯通,确定设界桩点9个,竖立界桩13根;宝应县与建湖县联合进行建湖—宝应段勘定。8月3日举行第二次联席会议,对水泗乡蒋堡村与建湖县恒济乡恒庆村在白水荡界河的争议,达成“白水荡界河北段300米以河中心为界,中段570米界河水面属建湖,南段750米以河中心为界”的协议,全线贯通。初步拟定界桩点7个、界桩9根。8月,宝应与盐都、宝应与建湖县勘界工作领导小组办公室分别形成工作纪要。

二、扬(州)泰(州)线宝应—兴化段勘界

边界线走向由北向南,总长约24.20千米。北起扬州、盐城、泰州3市交会点,南至高邮、宝应、兴化3县(市)交会点。接壤地区有5个乡镇,以河沟、湖泊、滩地为主,“插花地”“飞地”较多,边界线弯曲交错,走向变化较大。历史上以土墩或柴草捆为界,含糊不清。本段边界线,双方有4块合作开发鱼塘,总面积约56.93公顷,其中兴化约34.33公顷、宝应约22.60公顷。1998年6～11月,宝应县与兴化市联合进行勘定。9月,在扬州、泰州市勘界办直接指导和调处下,达成以下协议:位于西塘河东岸、向阳河南岸、刘家舍东北的2块合作开发鱼塘,由西向东分别编为1号、2号。1号约28.80公顷,其中兴化15.91公顷、宝应12.89公顷;2号约12公顷,其中兴化9.82公顷、宝应2.18公顷。位于刘家舍西南的1块合作开发鱼塘编为3号,面积约11公顷,其中兴化6.27公顷、宝应4.73公顷。位于北杨家舍西南的1块合作开发鱼塘编为4号,面积约5.13公顷,其中兴化2.33公顷、宝应2.8公顷。1号、2号划入宝应县境内。2号东圩堤中心以西的兴化数块水面、滩地,包括1号、2号中兴化水面,作为兴化的“飞地”;1号西沿之西塘河一段约长500米,作为公用河段;3号、4号划入兴化市境内,其中宝应水面作为宝应的“飞地”。11月2日,双方签约。2001年2月设界桩点3个、界桩4根。

三、淮(安)扬(州)线勘界

1997年10月,淮阴市和扬州市签署《淮阴市、扬州市联合勘定淮扬线实施方案》。2000年3月,淮阴市与扬州市签署《南京联席会议纪要》明确:淮安(楚州)南闸乡与宝应长沟乡在大运河西的运西河南堤两处权属争议地段,住有20多户居民问题,按省民政厅与省国土局转发国土资源部与民政部文件从运西河南堤边划定;20多户村民住房土地权属按省国土局有关文件执行。洪泽与宝应段界线按1965年11月18日宝应与洪泽两县人民委员会签订的《关于解决两县在白马湖地区插花地等纠纷问题的协议》为依据划定,共认的应予肯定,对仍有争议的由当地老渔民到现场认定准确位置,在确实无法认定的情况下,按双方实际开发利用的现状划定,或按80图习惯线协商划定。金湖与宝应、高邮段界线按1960年4月29日《国务院关于设立金湖县的决定》作为法定线的依据。2001年4月中旬,由淮安市勘界办牵头召开会议,宝应分别与金湖、洪泽、楚州进行图上定点,又分别实地查勘、定位。淮扬线总长约137千米。金湖—宝应段设界桩点3个、界桩4根,洪泽—宝应段设界桩点1个、界桩1根,楚州—宝应段设界桩点7个、界桩12根。

图25-6-1　界桩维护

(一)宝应—金湖段

边界线走向由西北向东南,北自龙头庄起,经白马湖、宝应湖、大汕子至退水闸下游高邮湖汕子与天星河交汇点,边界线长约37千米。2县接壤有8个乡镇和宝应湖农场。山阳、长沟、中港、氾光湖、氾水、韦镇、沿河、小官庄8个乡镇在金湖县境内有15块“飞地”,面积约813公顷。边界地区以陆地、河流、湖泊为主,“插花地”“飞地”较多,边界线弯曲交错;法定线、习惯线、争议线并存,历史遗留问题较多,双方差异较大,情况比较复杂;双方行政区域管辖明确。1997年初开始勘界工作,11～12月,两县两次对图接边:贯通段约17.40千米,占47%;差异段5处,约19.60千米,占53%。宝应县在金湖县境内的“飞地”,由2县共同丈量,绘制地形图,明确土地资源权属和行政管辖范围,签订保护“飞地”协议。省勘界办组织召开两市联席会议,双方陈述各自绘制边界线走向和划定边界线的依据。宝应县执行国务院“以宝应县的宝应湖西地区为金湖县的行政区域”的批复,通过友好协商,解决与金湖县边界争议问题。

(二)宝应—楚州段

两县(区)接壤有10个乡镇,多次联合实地踏勘。至1999年8月上旬第五次联席会议,全长约80千米边界线,除里运河西运西河南堤尚有两处(总长1303米,包括路面面积约2.67公顷)权属争议外,其余界线贯通。两处权属争议地段位置和长度是:东争议段由北运西闸口向西560米处(原逸云闸小沟头)为起点,至方庄小荒地为止,长930米;西争议段由辕门泵站向西延伸373米止。两争议段之间736米(由方庄小荒地至辕门泵站)大堤权属楚州,其余两处土地权属宝应县。经协商,以运西河南堤北堤脚线为2县(区)界线。

(三)宝应—洪泽段

洪泽县与宝应县接壤有2个镇,边界线长约20千米。1997年12月31日,2县举行第一次对图接边会议。双方认为此次勘界应以2县县人委1965年11月18日签订的协议为依据,通过联合实地踏勘,进一步了解和明确土地和自然资源权属关系后,按协议所确定的边界线走向,实事求是地确定边界线。宝应方认为,协议中的“从龙头庄农户陈乐奎、王步金两家屋基之间的小河槽向北至谢家庄正东边的大港河中心为一直线，线西属洪泽县管辖，线东属宝应县管辖”双方已经联合实地核定，作为法定线不变。对于“再由此向东北到王骆店东南林家墩子东边的小港河中心向北为一直线。这一线以西属洪泽县管辖，此线以东属宝应县管辖”问题，按照勘界政策规定，以双方水面利用现状和实际管辖范围定界。

四、宝应—高邮段勘界

1999年5月初，宝应县与高邮市勘界工作全面展开，由宝应县牵头、高邮市配合，至2001年9月下旬结束。9月17日，两县(市)政府签署联合勘定行政区域界线协议书。2002年4月，市政府批复同意。高宝线总长38.31千米。界线走向由西向东，西起金湖县、高邮市、宝应县3县(市)交会点，东至高邮市、宝应县、兴化市3县(市)交会点。交界地区地势平坦，以陆地为主，水面滩地次之，自然资源及经营权属明确，基本为习惯界线，近一半界线以子婴河为界。双方接壤地区有5个镇。设界桩点4个、界桩6根。2005年10月下旬，界桩无一损坏、更换、移动，毗邻双方生产、生活正常，人民群众和睦相处。

2005年宝应县与周边县(市、区)边界情况一览

表25-6-2　　单位：千米

边界线名	涉及乡镇名称	边界线长度	勘界协议签订时间
宝(应)金(湖)段	宝应县山阳镇、安宜镇、氾水镇，金湖县白马湖乡、前锋镇、涂沟乡、唐港乡、宝应湖农场	37.00	1960年4月国务院全体会议第100次会议决定设金湖县
宝(应)洪(泽)段	宝应县山阳镇，洪泽县岔河镇	20.00	1965年11月2县签订协议
宝(应)盐(都)段	宝应县射阳湖镇、广洋湖镇，盐都县北龙港镇	25.00	1998年8月2县签署勘界工作纪要
宝(应)建(湖)段	宝应县西安丰镇、射阳湖镇，建湖县蒋营镇、恒济乡、沿河乡	45.00	1998年8月2县签署勘界工作纪要
宝(应)兴(化)段	宝应县广洋湖镇、柳堡镇、夏集镇，兴化市沙沟镇、周奋乡	24.20	1998年11月2县(市)签署联席会议纪要
宝(应)楚(州)段	宝应县山阳镇、泾河镇、曹甸镇、西安丰镇，楚州区南闸乡、平桥镇、施河镇、流均镇	80.00	1999年8月2县(区)签署联席会议纪要
宝(应)高(邮)段	宝应县氾水镇、夏集镇，高邮市界首镇(含高邮芦苇场)、周巷镇、临泽镇	38.31	2001年9月2县(市)签订协议书

第七章　军民共建

第一节　组织领导

1990年，县委、县政府组织开展创建拥军县活动。1991年调整创建拥军县工作领导小组，办公室设在县民政局内。1992年，县委成立县双拥工作领导小组，领导小组成员由军地双方负责人组成，县委主要领导任组长。县委、县政府定期召开会议，研究解决双拥和国防后备力量建设等重大问题。全县基本形成办公、互访及议军等制度和双拥工作组织网络。1997年5月，县委成立县双拥和全民国防教育领导小组，办公室设在县民政局内。2005年4月，县双拥国防教育协会成立，60多家企业、部门、医院、学校为会员单位。各镇、各系统建立领导小组和办公室，配备专兼职人员500多人。村(居)委会、企事业单位建立工作小组，制定规划和工作目标。是年，全县完成有影响的双拥实事100多件；县、镇安排60多万元资金，改善双拥工作办公设施和办公条件，开通双拥信息网，双拥工作实现制度化、社会化、规范化。

第二节　双拥活动

一、走访慰问与解困

1990年,全县建立拥军优属服务网络,县工商局、县卫生局、县交通局、县邮电局等部门设立军人优先优惠窗、柜。1991年,驻宝部队指战员参与抗洪抢险,县委、县政府领导主动关心,拨款2万元购买特价鱼、肉、鸡蛋送到抗洪第一线。1993年建军节期间,城区30多个部门组织代表队与服役官兵共度佳节,县电缆厂捐赠2000元给驻地部队,县交通局、县五金公司赠送教练车和冰柜,县液化气站赠送1000多元文体器材。春节前夕,县机电局等部门向预备役团赠送年画和猪肉食品,有关部门向武警中队战士赠送被褥等。1994年,县工交部门向武警、预备役部队赠送慰问金9500元。1995年,县供销大厦向百户立功军人家属赠送毛毯,全县1万多名民众自发捐资10万元救助双肾功能衰竭的军嫂晏芳。1996年,县液化气站免费供应武警县消防大队生活用气。1998年,全县开展科技拥军活动。县工商银行向武警县消防大队赠送计算机3台,新华书店向驻宝部队指战员赠送科技书籍3000多册,帮助武警县中队建立文化活动室。1999年,城北中学教师王庆祥帮助县人武部研制武器装备仓库自动化管理系统,科研成果被评为南京军区科技进步三等奖,城北中学被评为省科技拥军先进单位。2000年"八一"前夕,县新华书店向驻宝部队赠送价值3000多元的科普书籍;县图书馆为驻宝官兵发放图书免费借阅卡100张;县职教中心利用科技基地免费为武警县中队、武警县消防大队、县人武部官兵举办计算机、普通话、英语等培训班;城北中学选派12名优秀教师帮助20多名战士定期补习文化课,经过考试,均获高中毕业证书。2003年,在抗洪抢险中,县和乡镇两级党委、政府不忘现役军人的家庭困难,主动上门走访发放慰问金,为武警县中队宿舍安装空调等。2005年,在纪念抗日战争胜利60周年活动中,县四套班子领导走访慰问抗战老军人和驻宝部队指战员,并组织文娱晚会等联欢活动。

二、后勤保障

1990年,县委、县政府帮助驻宝部队和军事单位办实事。至1993年,县财政先后拨款500万元,为县人武部等单位新建办公、训练用房及宿舍楼3幢,建筑面积1000多平方米。1995年起,县财政每年增拨10万元,提高驻宝部队生活补助标准。是年,宝应车辆厂捐赠30万元给武警县消防大队建围墙,修营房、伙房,完善训练场地和设施。1998年,筹集40多万元,为武警县中队修缮宿舍楼,新建餐厅、招待所、娱乐用房,铺设训练场、篮球场。1997～1999年,县财政安排100万元,完善县人武部武器库安全监控系统和办公条件,更新武警县中队、武警消防大队营区装备。2002年,县财政拨款20多万元,帮助县人武部建立市内首家军事计算机局域网。2003年,县财政筹资30多万元,完善和提高县国防动员信息网络系统。2005年,县财政向县人武部提供民兵训练经费100多万元。

三、爱心献功臣行动

1999年,全县开展爱心献功臣行动。当年,全县农村共有功臣2762人,其中747名家庭在住房、医疗、生活方面有一定困难。县政府、县人武部制定爱心献功臣行动实施方案,建立和完善功臣生活、住房、医疗等保障机制。对农村功臣住房困难户由村负责宅基地报批和建房,有关部门减免规费,多渠道筹集建房资金,使其住房达到人均20平方米砖瓦房标准。由乡镇、有关部门、县民政局统筹经费,为全部功臣建立医疗保障基金;每年为功臣免费体检,建立健康档案,功臣治病报销标准适当高于当地群众,二等乙级以上伤残军人享受公费医疗;功臣生活保障标准高于当地群众的平均生活水平,失去生活自理能力的由集体供养。免除义务工,减免水利土方、有关集资等。功臣子女义务教育阶段学杂费减免,在同等条件下优先录取报考高中、职业中专。对自愿兴办经济实体的功臣,县工商、税务等部门给予减免税费优待。组织双拥志愿者为功臣提供经常性生产、生活保障服务,其工日可适当折减义务工,超出部分适当付酬。县民政局开通热线电话,为功臣提供服务,为结对帮扶牵线搭桥。县委、县政府协调组织县城90个机关部门、企事业单位、人民团体和驻宝部队帮扶142户贫困功臣家庭。乡镇组织志愿者服务队，与功臣户结对帮扶。当年，全县爱心献功臣行动受到全国双拥工作领导小组、民政部表彰。

2000年，县民政局、县委农工部、县扶贫办、县工商局、县国税局、县地税局、县农行、县信用社、团县委、县妇联联合开展“一助一”帮扶活动，对贫困线以下的369户，生产、生活困难的435户落实帮扶措施。当年帮扶的178户中165户基本脱贫。嗣后，各单位、乡镇不仅注重帮扶困难功臣户脱贫，而且从解决项目、技术、资金等入手，让他们尽快致富。至2005年，300多户功臣困难户脱贫致富。

第三节　创建双拥模范县

1988年，全县开展创建拥军乡镇活动。1992年，县委、县政府、县人武部制定《创建双拥模范县工作规划》和《驻宝部队拥政爱民三年规划》(拥政爱民情况详见“政法、军事”篇)，确定每年8月为全县双拥月。是年，拍摄完成双拥电视资料片《鱼水情深》，各部门、乡镇实行双拥工作责任制，服务单位设军人优先窗口100多处，发放军烈属优待证5000本，走访慰问烈军属、残疾军人和驻宝部队官兵1000人次，解决驻宝部队和民兵、预备役工作中的实际困难等。1993年，中央电视台《新闻联播》节目报道县委双拥工作事迹。是年，宝应县被省委、省政府、省军区授予“双拥工作先进县”称号。1995年，县委、县人大进一步明确创建省级双拥模范县目标。驻军与100多家企事业单位建立共建关系，建立社区共建点1800个。开展科技拥军、科技助民、兵帮优抚户、同奔小康路等活动。当年，宝应县被省委、省政府、省军区授予“双拥模范县”称号。1996年，县委、县政府把爱国主义教育和国防教育基地建设作为创建双拥模范县内容之一，先后开放周恩来少年读书处、国防园等爱国主义教育基地17处。拨款600多万元易地重建县烈士陵园，西安丰镇新建红枫园，编写《绿草荡畔风雷激》《芦荡烽火》等反映老区革命斗争历史的书籍，组织干部、职工、教师、学生等参观革命烈士纪念馆、纪念地，学习革命斗争史，祭扫烈士墓等，激发全县人民的爱国主义热情。1998年起，先后制作、播放双拥电视专题片5部，编发国防教育稿件500多篇。在淮江高速公路宝应道口、宝应运河二桥、县长途汽车站、花城广场等附近地段设立巨幅双拥宣传牌，会同宝胜集团、五琼浆集团、人寿保险公司、金汇百货等单位制作双拥广告500多幅。组织宣传柳堡“二妹子”模范民兵班、氾水镇、县工业学校及曹甸镇从才发、柳堡镇夏玉新等双拥工作先进集体和先进个人典型事迹。是年，宝应县再次被省委、省政府、省军区授予“双拥模范县”称号。2001年起，确定每年9月第三个星期六为全民国防教育日，成立县国防教育学校，举办学习国防知识培训班，组织国防法规知识竞赛和双拥慰问、文娱演出、军事操练等活动。是年，县国防教育学校培训村级以上干部6500人次，各乡镇党校利用党员冬训班，对全体党员上一堂国防课；县教育部门将国防教育作为中小学生素质教育重要内容之一，各中小学校组建青少年军校38所，成立“三班一队”(国旗班、国防武术班、拥军优属服务班，双拥文艺宣传队)，组织初中、高中新生开展1～2周军事训练，学习国防知识、常规武器常识和基本军事技能，各类学校军训面95%；宝应人民广播电台、宝应电视台、县新闻中心等发挥双拥宣传主渠道作用，开辟专题节目《双拥天地》《国防园》及专栏《抗日英雄谱》，宣传双拥工作先进典型和政策法规。全县在组织领导、国防教育、双拥活动、军民共建、抓基层办实事、军政军民关系、改革创新等方面形成特色。2002年，县筹集50万元、各乡镇筹集2万元，设立双拥基金。建立健全以情况汇报和实绩评比为主要内容的工作制度，定期检查创建双拥模范县工作情况。各单位每年对照目标责任自查自纠，迎接检查考核和评比。至2005年末，全县双拥工作被省委、省政府、省军区等表彰12次，先后4次被授予省“双拥模范县”称号。

第二十六篇　科学技术

1990年,全县以"科学技术是第一生产力"为指针,推进科技服务体系建设。1995年,县委、县政府分别成立县科技工作领导小组和县科普工作领导小组,实施科技兴县和可持续发展战略,开展创建全国科技工作先进县和科技先进乡镇活动,建成省级科技先进乡镇20个。1996年,宝应县获"全国科学技术工作先进县"称号。1997年,县政府印发《关于"九五"期间加速科技进步的若干意见》,一大批新技术、新设备在工业、农副业、医药卫生业中得到广泛应用,推动电线电缆、水产、水生蔬菜等行业迅速发展,成为支柱产业。1999年,《宝应县科技发展基金和科技三项经费管理暂行规定》和《工业、农业科技成果转化推广考核奖励办法》出台,科技项目、科技经费、奖励资金管理进一步规范和落实。进入21世纪,企业以兴办科技研究中心为龙头、以引进科技项目为重点,实施"借脑工程"、企校挂钩、厂所合作,推进高新技术企业建设和科技进步,先后建成国家级重点高新技术企业1家、省级高新技术企业17家,获批国家、省、市级高新技术产品187个。2005年,全县拥有国家级企业技术中心1个、博士后工作站1个、县属及企业和民营科研机构56个,有专业科技人员3.35万人。科技进步对经济发展的贡献率48%,其中对农业的贡献率58%。1990～2005年,全县先后投入科技经费5.73亿元,实施国家、省级"星火计划""火炬计划"等科技计划项目425个,市、县科技计划项目617个,组织技术推广项目1116个,获县以上科技进步奖641个。

科普宣传、科技培训和科技交流经常化、制度化。2000年12月被评为省科普示范县,2005年建成全国科普工作示范县。知识产权保护、防震减灾、气象服务工作进一步加强,为发展地方经济和维护人民生命财产安全等方面发挥一定作用。

第一章　机构与队伍

1990年，全县部分机关部门和县属企事业单位设科技科(股)，30个乡镇配备专职或兼职科技助理。1995年7月，成立县科技工作领导小组，县委书记任组长。2001年12月，县科委更名为县科学技术局(简称县科技局)。2003年10月，县地震局与县科技局合署办公。2004年12月，县科技局增挂“县知识产权局”牌子。

第一节　机　　构

一、科研机构

(一)县属科研机构

1990年，全县有县农业技术推广中心(所、站)、县水利试验站、县特种水产研究所、县电子研究所、县应用技术研究所和30个乡镇农技站、畜牧兽医站等科研机构65家。1992年7月，县应用技术研究所与上海申联新能源技术设备工程公司合资创办申宝测控新技术研究所。2000年，县荷藕和水生蔬菜研究所成立。2001年，县科委、县农业技术推广中心和泾河镇政府联合组建县大地蔬菜研究所。至2005年末有36家县属科研机构。

(二)企业科研机构

1990年有振动仪器新技术研究所1家。1996年，亨利医疗器械研究所、县绳缆技术开发中心成立。2000年，县新奇特电缆厂组建市阻燃、耐火材料工程技术研究中心。2002年，市聚酰亚胺薄膜工程技术研究中心成立。2003年，县银湖水产研究所成立。4月，宝胜集团建成博士后科研工作站。2004年，江苏迎浪科技集团建立市泵机械工程技术研究中心，江苏广兴达银大科技有限公司建立市监控系统工程研究中心。2005年，市烟草机械工程研发中心、维尔电器设备技术研究中心成立；4月，宝胜集团建成省电线电缆工程技术研究中心、国家级企业技术中心；11月，江苏宝源电缆料有限公司建成市特种测控电缆工程技术研究中心。至2005年末，全县有15家企业科研机构和1家博士后科研工作站。

(三)民办科研机构

1990年，有化工研究所1家。1993年5月，县康达技术研究所成立。1994年，县生物研究所成立。1998年，县草坪新技术研究所、县食用菌生物技术研究所成立。至2005年末有5家民办科研机构。

二、科技团体

1990年，全县有县属学会(协会、研究会)21个。是年9月，县内第一个乡镇科委——长沟乡科委成立。至1995年，全县30个乡镇先后建立科委或科协，部分县属学会(协会、研究会)进行改选。2000年，乡镇区划调整，有16个乡镇科协。2003年和2005年，水泗乡、沿河镇科协先后并入射阳湖镇、安宜镇科协。至2005年末，有县属学会(协会、研究会)21个，会员5389人；有14个镇科协，分会233个，会员3216人。

2005年宝应县科技学会(协会、研究会)一览

表26-1-1　　单位：人

名　　称	会员数	名　　称	会员数
县农村金融学会	60	县教育学会	391
县钱币研究会	73	县电机工程学会	95

续表26-1-1

名称	会员数	名称	会员数
县农学会	180	县质量技术监督学会	86
县畜牧兽医学会	267	县食疗研究会	35
县林学会	73	县老科技工作者协会	93
县荷藕行业协会	149	县集邮协会	1183
县水利学会	136	县星期日工程师学会	56
县渔业协会	43	宝胜集团科学技术协会	115
县医学会	1946	宝开集团科学技术协会	41
县中医学会	288	县青少年科普促进会	54
县青少年辅导员协会	25		

第二节 队 伍

1990年,全县有科技人员1.34万人,其中自然科学技术人员0.36万人、社会科学专业人员0.98万人。9月,市科技干部进修学院宝应分院(简称县科技分院)成立后,首届招收学历班、资质班、短期培训班学员800人;承办汜水布厂2个纺织专业班,学员90人。1991年,在市内率先评聘地方专业技术职称289人。1992年,县科技分院8个大专班247人结业。1994年委托大、中专院校代培建筑工程技术人员100人,全县建筑科技人员数占建筑职工人数比例上升到4%。年末,首次对学有所长的科技致富带头人264人评定农民专业技术职称,颁发农民专业技术职称证书。1999年,县科委建成国家最新科技成果名录、科研院所名录、企业产品名录、国家专利产品名录等4个数据库。组织科技人员学习商业秘密、信息网络、专利、科技法规等知识。2000年引进国外高新技术人才10多人。2005年,全县实施县委、县政府《关于引进工业、建筑业科技人才的若干意见》,引进外籍、外地专业科技人员207人。县政府印发《宝应县科技奖励工程实施办法》《关于奖励科技创新工作办法》。当年有176名科技人员获奖,奖金100万元。至年底,全县先后评聘地方专业技术职称2822人、农民专业技术职称809人,有近1万人在县科技分院完成学历和资质培训。共有科技人员3.35万人,其中自然科学技术人员1.88万人、社会科学专业人员1.47万人,分别是1990年的5.22倍和1.50倍。

第二章 科技普及

1989年举办首届科普宣传周,此后每年1届。1990年,全县开展农村普及型技术培训和科技交流,其内容和规模日渐丰富和扩大。1995年,县委、县政府成立县科普工作领导小组。1996年,送科技下乡形成制度,科技交流范围扩大。2000年,宝应县被省科协授予“省科普示范县”称号。2003年起,组织开展全国科普日和开展科技进社区活动。2005年,被科技部等部门授予“全国科普工作示范县”称号。

第一节　科普宣传

1990年，县科委、县科协不定期编印内刊《科技工作》《科协工作》，开展科普宣传。1992年6月，《宝应情况》特辟《科技群英》专栏9期，宣传29名优秀科技工作者。1993年起，县科委、县科协经常运用科技宣讲小分队、文艺演出、橱窗、画廊等形式，开展科普宣传，并编辑《奉献·追求·人生》专题录像带和图书，作为中小学生科普教材，受到省、市科技部门高度赞扬。1995年把科普宣传纳入创建科技先进乡镇、先进县活动重要内容。1999年前后，县科协会同县文化局等单位举办崇尚科学文明、反对迷信愚昧、反邪教等图片展、报告会，开展“中国移动杯”科普知识竞赛和街头宣传咨询等活动，观众10万多人。2000年，宝应生态园、县职教中心被市科委、市科协、市教委批准为市首批科普教育基地。2003年，县科协等单位组织开展依靠科学战胜“非典”宣传活动。2005年，《宝应日讯》开辟《科普之窗》专栏，宝应人民广播电台、宝应电视台开播《科普大篷车》广播、电视栏目，每周1期，分别刊登、播放52期。

图26-2-1　科普宣传

一、科普宣传周

1990年9月，县科协会同县农业、文化、卫生、物资、供销等30个部门，举办县第二届科普宣传周，有讲座、展览、咨询等活动近20项，参与群众近10万人。此后宣传周每年1个主题，一般5～10天时间，县领导发表广播电视讲话，参与组织活动的单位有二三十家，参加活动的群众有一二十万人次。1995年举办科普知识竞赛，1.50万人次参加竞赛。1996年起，县科协把参加省百万农民学科技知识竞赛与科普宣传周知识竞赛有机结合，参赛人数逐年增加，2004年参赛人数最多达8万人。1990～2005年，全县共举办科普宣传周16届，开设“科技集市”15个，黑板报、专栏393个，橱窗画廊32个，展览板1861块，科普征文、绘画、演讲、电影、录像等活动124个，科普报告、专家讲座13个，科普培训班24个，散发科普图书、资料278种29.30万册(份)，组织科技知识竞赛17次，有45.80万人次参加，名医诊治4050人次，接待咨询9.36万人次。县科协9次被评为全省“科普宣传周”先进集体，5次获全省“科普宣传周”组织奖。

1990～2005年宝应县科普宣传周情况一览

表26-2-1

年份	项目 / 主题	科技集市(个)	板报专栏(个)	橱窗画廊(个)	展览板(块)	图书资料		科普文化活动(个)	报告讲座(次)	科普培训班(个)	知识竞赛		名医诊治(人次)	接待咨询(万人次)
						种数	万册				次数	万人		
1990	科教兴农	1	30	2	100	12	1.20	8	3	1	—	—	200	0.50
1991	科学技术是第一生产力	1	30	2	200	12	1.20	7	3	1	—	—	250	0.50
1992	科技兴县	1	30	2	100	12	1.30	4	3	1	—	—	200	0.56
1993	加速科技成果商品化	1	30	2	—	12	1	3	3	1	—	—	200	0.40
1994	科学与健康	1	30	2	100	12	1	2	2	1	—	—	300	0.50
1995	环境与人类	1	30	2	110	15	1.10	7	2	1	2	1.50	200	0.45

续表 26-2-1

年份	主题	科技集市(个)	板报专栏(个)	橱窗画廊(个)	展览板(块)	图书资料		科普文化活动(个)	报告讲座(次)	科普培训班(个)	知识竞赛		名医诊治(人次)	接待咨询(万人次)
						种数	万册				次数	万人		
1996	公众理解科学	1	30	2	110	15	1	7	2	1	2	2	200	0.50
1997	科学在我身边	1	30	2	110	15	1	10	3	1	1	3	300	1
1998	提高科技素质迎接21世纪	1	30	2	130	20	1.60	9	3	1	1	2.50	200	1
1999	依靠科技进步迎接21世纪挑战	1	29	2	133	20	2	13	3	4	1	3	200	1.30
2000	提高全民创新意识促进跨越发展	1	16	2	145	22	2.30	11	3	4	2	3	300	0.50
2001	环境保护——安全与健康	1	16	2	120	26	3	10	2	3	1	4.80	300	0.30
2002	科技创造未来	1	16	2	110	24	1.50	14	2	3	1	3	300	0.35
2003	依靠科学战胜“非典”	—	16	2	—	19	1.80	2	1	—	2	3	300	0.50
2004	科技以人为本全面建设小康	1	16	2	120	20	2.80	7	3	1	3	8	300	0.50
2005	保护生态环境共建美好家园	1	14	2	100	22	6	10	3	—	3	12	300	0.50

说明：科普文化活动含征文、绘画、演讲、比赛、座谈、调研、放电影、放录像等。

二、全国科普日

2003年9月第三个星期日开展全国科普日宣传活动。县科协制作科普宣传牌80块，发放科普资料1.20万份，在县城街心广场开展科普咨询、义诊等活动。2004年9月，组织科普志愿者50人举办广场科普早市、科普知识展、义诊、营养膳食保健和健康讲座等，组织科普志愿者167人到村庄田头为种植、养殖户提供技术指导。2005年9月，县科协组织专业队伍到各镇开展科学发展观巡回展、有奖科普知识问答、关爱老人健康行、科普咨询、义诊等活动，并到田间地头、大棚圩口提供咨询服务。

三、送科技下乡

1996年1月，县科协组织科技人员80人制作科普宣传牌100块，到山阳、长沟等6个乡镇开展送科技下乡活动，散发科普材料3000份，播放科普录像28场，观众5000人次，接待农民咨询近1万人次。此后，经常组织“科普大篷车”下乡，宣传蟹和青虾养殖及三麦、水稻、棉花、油菜种植等方面实用科技知识。2001年，县科协与县残联到泾河镇举办食用菌栽培技术培训班2期，培训残疾人家庭成员200多人。2002年5月，组织科技人员60人配合市科协送科技到望直港镇，开展科普宣传、咨询和落实科技项目，专家义诊300人，其中治疗白内障和脑血管患者10多人。2003年9月，县科协、县农林局送科技到西安丰镇，先后举办市场营销、食用菌栽培、青少年科技创新知识讲座3个、科普知识展览1个，接待科技咨询、义诊1000人次。2004年7月，配合省科协“科普大篷车”送科技到氾水镇，开展科普猜谜、

图 26-2-2　送科技下乡

科普画展、科普实验、农业科技和健康知识讲座等活动，受教育1000多人。2005年4月，配合省“科普大篷车宝应乡村行”活动，省水产专家和县内知名科技人员分别在射阳湖、柳堡、西安丰3个镇举办4场水产养殖讲座，镇村干部、科技示范户代表500多人参加。1996～2005年，县科委、县科协等部门开展送科技下乡活动30多次，赠送科技书籍1万多册，印发科普资料10万份，举办科技讲座90场，受训人数超1万人，帮助农民解决科技难题近1000个。

四、送科技进社区

2003年7月，县科协会同县文化、卫生、司法等部门开展送科技、送文化、送卫生、送法律进社区活动，至10月，利用每个月第三个星期天早晨，在县城社区运用戗牌、科普资料、义诊咨询、文艺宣传等形式举办科普早市。2004年，科技进社区活动扩大到县城各大街心广场。至2005年，先后组织送科技进社区活动8次，展出科普宣传牌400块，发放科普知识资料6万份，宣传大众科学、身边科学、健康健身、营养保健等，义诊近1000人次，咨询解答2万人次。

第二节　技术培训

1990年初，全县技术培训单位有县电大、县委党校、县工业学校、县农机学校、县建工学校、县农业技术学校和乡镇、村成人校400多所。9月，县科技分院成立后，全县初步形成一个门类齐全的技术培训网。是年，全县举办各类普及型技术培训班1050个，培训农民9万人次。

图26-2-3　科技培训到农村

1991年起，全县在开展普及型技术培训的同时，开展专门技术知识培训。是年，举办网络技术培训班近500个，为乡村培养上网实用技术人才2万人。县科委、县农干校等联合举办乡镇干部农业技术培训班3期，参加培训200人。1994年3月，县科协联合县水产局举办特种水产养殖培训班，参加培训的有各乡镇水产养殖重点村负责人和养殖大户170多人。1995年11月，县科协举办农业政策和农业技术培训班，培训农业干部90人。1996年5月，县科协联合县委组织部举办特种水产养殖技术培训班，聘请农民水产高级工程师毕文彩主讲鳖、龟、黄鳝养殖技术，参加培训的养殖大户近100人。是年，县多管局举办多种经营培训班100期，印发多种经营培训资料4万份，培训农民3.60万人。曹甸镇农技站举办种植、养殖技术培训班60期，培训3000多人。1999年3月，县科委、县科协等单位举办银杏嫁接技术培训班，各乡镇专业村技术骨干、专业户60多人参加。6月，县科协举办草菇栽培技术培训班，培训191人。2000年2月，县科协联合县老年科协举办鸡腿菇栽培技术培训班，培训专业户123人。9月，县农干校举办食用菌栽培技术培训班，培训栽培大户80人。2001年3月，县委组织部、县科协举办乡镇党员致富带头人培训班，参加培训党员85人。

2002年，全县技术培训采取专家授课方式，帮助种植、养殖专业户释疑解难。是年1月，县多管局举办淡水养殖与病虫害防治培训班，中国科学院水生生物研究所专家讲课并现场答问，有专业户72人参加学习。5月，县水产局等单位举办特种水产养殖技术培训班，邀请市水产专家专题讲授特种水产养殖等方面知识，参加听课300多人。2004年3月，县委组织部、县科协、县科技局等单位举办无公害种植、养殖及市场营销培训班，特邀扬州大学农学院、动物学院等院校教授，为村、组干部和党员代表136人讲解无公害种养技术、市场营销、法律法规、农产品供求信息以及专业协会组建与运作等8个专题，

110人通过学习和考核取得经纪人资格证书。2005年5月，县科协配合县委组织部举办农村"双带"型基层干部科技素质培训班，邀请扬州大学博士生导师和教授等专家授课，讲解利用无公害技术发展现代农业和有机农业等知识，近100人参加学习培训。至2005年，全县共举办各类科技培训班1.68万个，培训人员128万人次。

第三节　科技交流

1990年选派长沟乡农技员胡大成到日本进行为期6个月的农业科技研修与交流。1992年，县科协及其所属21个学会开展学术交流活动70次，收到《加入世界贸易组织面临的机遇和挑战》《农村产业结构调整》《费改税后农村幼儿教育队伍管理的问题与对策》等20多个专题论文610篇，其中选送181篇参加市自然科学优秀学术论文研讨会，获二等奖4篇、三等奖23篇。1994年9月，宝应县承办世纪之交中国农业发展战略研讨会。1997年，宝胜集团、荷仙集团、德州仪器(中国)有限公司等单位先后特聘4批外国专家对科技人员进行传、帮、带。县医学会承办市泌尿专科研讨会。1999年，县科协组织环保、建筑科技人员10人参加国际学术交流会。县科技局引进国际电线电缆、荷藕、变频专家3人到有关企业进行技术指导与考察。2001年5月承办全国药食两用动物养殖技术交流大会，全国20多个省、市专家、学者100多人参加会议。其间，特邀中国农科院、中国科学院水生植物研究所、南京农业大学等院校专家、教授作农村养殖技术专题讲座。2002年，县医学会承办省、市医学学术论文交流会各1次。县农村金融学会论文《新形势下如何进一步完善信贷风险防范措施的思考》在《现代金融》杂志发表。2003年，县教育学会创办月刊《宝应课改实验通讯》，年出刊12期，入选课改文章60篇。县农村金融学会征集论文63篇，其中参加市交流10篇，入选《现代金融》2篇、《中国成长金融报》3篇。2004年，县水利学会围绕南水北调工程、提高防洪保安能力和优化配置水资源等课题，撰写论文60篇，先后被县以上刊物录用40篇次，其中《中国水利报》采用3篇、省级报刊录用14篇、市级报刊选用15篇。2005年，共征集论文333篇，被国家、省、市报刊或行业内刊录用153篇。至2005年，全县共举办科技交流活动1100多次、各类研讨会160场，征集各类学术论文2761篇，其中在省以上刊物发表515篇。

第三章　科技推广

1990年，县内实施"科教兴县"战略，有国家重点新产品项目1个、省级新产品开发项目7个。1992年，获批和实施国家"星火计划"和省级"火炬计划"项目3个，科技进步对工农业总产值平均增长贡献份额35.6%，1995年45.8%。此后，全县获批国家和省级各类科技计划项目不断增多，1999年46个，2005年68个。至2005年，先后获批国家、省级"星火计划"、"火炬计划"、重点新产品、高新技术产品、科技创新服务体系等科技项目17大类425个。其间，工业、农副业、医药、科研等单位实施企校挂钩、厂所合作，运用新技术、新成果、新装备，通过产学研有机结合，完成技术推广项目1116项，推动全县科技计划项目不断转化为社会生产力。科技对经济社会发展贡献率48%，其中对农业生产科技贡献率58%。

第一节　科技计划项目

一、"星火计划"

1992年，宝应电器厂全封闭制冷压缩机用过载保护器、启动继电器2个项目，获批国家级"星火计划”项目。1993年，县绳缆厂高强度尼龙多股编织绳分别获批国家、省级“星火计划”项目。1998年，全县共获批科技计划项目29个，其中国家级“星火计划”项目1个、省级“星火计划”项目2个。1999年，江苏五琼浆集团保健莲藕汁饮料先后获批国家和省级“星火计划”项目，项目总投资1536万元，年产1.25万吨，年销售1.50亿元，利税2300万元。2000年起，获批国家和省级“星火计划”项目逐年增多。2002年，县特种水产开发总公司黄颡鱼、乌鳢苗种人工繁育基地建设获批国家级“星火计划”项目后，解决黄颡鱼、乌鳢、鳜鱼、黄鳝、泥鳅、塘鳢养殖的种苗制约问题。至2005年末，全县获批国家级、省级“星火计划”项目65个，其中水产、水生蔬菜等31个。

1992～2005年宝应县获批国家级、省级“星火计划”项目情况一览

表26-3-1

年份＼项目	项目名称	级　别	实施单位
1992	全封闭制冷压缩机用启动继电器	国家级	宝应电器厂
	全封闭制冷压缩机用过载保护器	国家级	宝应电器厂
1993	高强度尼龙多股编织绳	国家级	县绳缆厂
	高强度尼龙多股编织绳	省　级	县绳缆厂
1994	新型卷门器	省　级	县传动机械厂
	多股系列制绳机械设备	省　级	县轻纺机械厂
1996	高性能抗静电针织品防护服	省　级	县羊毛衫总厂
	CGY-2聚氨酯匀泡剂	省　级	扬州晨化科技集团
	JW7AM高性能分马力电机保护器	省　级	宝应电器厂
1997	220千伏高压交联聚乙烯绝缘电力电缆	省　级	宝胜集团
1998	新型SHS-陶瓷内衬钢管	国家级	江苏龙安集团
	新型SHS-陶瓷内衬钢管	省　级	江苏龙安集团
	快速养龟技术	省　级	县正宗中华鳖原种养殖有限公司
1999	保健莲藕汁饮料	国家级	江苏五琼浆集团
	3～35千伏真空开关	国家级	江苏宝开集团
	保健莲藕汁饮料	省　级	江苏五琼浆集团
	3～35千伏真空开关	省　级	江苏宝开集团
	中华绒鳌蟹纯种培育	省　级	江苏水鲜集团
2000	保健莲藕汁饮料	国家级	江苏五琼浆集团
	新型高阻燃、隔氧、隔火布包带	国家级	县新奇特电缆材料厂
	水煮藕	省　级	江苏得宝集团
	再生绒	省　级	江苏金夏集团
	新型高阻燃、隔氧、隔火布包带	省　级	县新奇特电缆材料厂
	反渗透装置水处理设备	省　级	宝应华东净化水设备有限公司
	保健莲藕汁饮料	省　级	江苏五琼浆集团
2001	硅烷交联聚乙烯绝缘电力电缆	省　级	宝胜集团
	PET贴合纸	省　级	县天宇纸制品有限公司
	莲藕深加工	省　级	扬州得宝集团

续表 26-3-1

年份＼项目	项目名称	级　别	实施单位
2001	网箱养蟹	省　级	县三洋祥和特种水产养殖场
	五类以上局域网电缆、地铁干线用通信电缆	省　级	宝胜集团
2002	黄颡鱼、乌鳢苗种人工繁育基地建设	国家级	县特种水产开发总公司
	因特网信息高速公路骨干网电缆开发	国家级	宝胜科技创新股份有限公司
	莲藕良种繁育基地建设	国家级	水泗乡农业技术推广站
	莲藕综合深加工	国家级	江苏太荷藕制品有限公司
	调理蔬菜	省　级	扬州蓝宝石食品有限公司
	因特网信息高速公路骨干网电缆开发	省　级	宝胜科技创新股份有限公司
	莲藕良种繁育基地建设	省　级	水泗乡农业技术推广站
	莲藕综合深加工	省　级	江苏太荷藕制品有限公司
	黄颡鱼、乌鳢苗种人工繁育基地建设	省　级	县特种水产开发总公司
	牡丹平地催花	省　级	宝应兴隆实业有限公司
2003	“丰优香占”稻米产业化开发	国家级	扬州宝泰米业有限公司
2004	莲藕行业协会科技服务体系建设	国家级	县荷藕行业协会、县生产力促进中心
	鹤望兰等珍稀花卉种菌快繁及鲜花生产	国家级	江苏兰馨精致农业有限公司
	啤用小麦示范	国家级	江苏恒兴麦芽有限公司
	防白蚁电缆开发	国家级	宝胜科技创新股份有限公司
	80T/Y超薄型幅宽100毫米聚酰亚胺薄膜	国家级	江苏亚宝绝缘材料有限公司
	鹤望兰等珍稀花卉种菌快繁及鲜花开发	省　级	江苏兰馨精致农业有限公司
	防白蚁电缆开发	省　级	宝胜科技创新股份有限公司
	啤用小麦开发	省　级	江苏恒兴麦芽有限公司
	中华鳖仿自然生态养殖技术开发	省　级	县银湖水产研究所
2005	农业标准化生产技术培训	国家级	县农业干部学校
	荷藕加工出口订单生产基地全程质量控制技术服务	国家级	县荷藕行业协会
	CGN-3植物性农药表面活性剂	国家级	扬州晨化科技集团
	泥鳅无公害集约化养殖技术示范与推广	国家级	江苏水仙实业有限公司
	辐照交联改性电缆	国家级	宝胜科技创新股份有限公司
	江苏农民星火科技远程培训	省　级	扬州永佳食品有限公司
	年产万吨系列水煮混合菜产品开发	省　级	扬州华贵食品有限公司
	CGN-3植物性农药表面活性剂产品开发	省　级	扬州晨化科技集团
	泥鳅无公害集约化养殖技术及产业化开发	省　级	江苏水仙实业有限公司
	双向拉伸幅宽1200毫米聚酰亚胺薄膜产品开发	省　级	江苏亚宝绝缘材料有限公司
	冷冻系列保鲜蔬菜产品开发	省　级	扬州天禾食品有限公司
	双层多股编织绳缆产品开发	省　级	县九力绳缆有限公司
	辐照交联改性电缆产品开发	省　级	宝胜科技创新股份有限公司
	荷藕加工出口订单生产基地全程质量控制技术服务	省　级	县荷藕行业协会
	农业标准化生产技术培训	省　级	县农业干部学校

二、“火炬计划”

1992年，县应用技术研究所PRT基桩动态数据分析仪项目获批县内首个省级“火炬计划”项目。1995年，宝胜集团计算机网络通信电缆项目获批省级“火炬计划”项目。1998年，县华森公司HSC-3交流变频调速器项目成为县内第一个国家级“火炬计划”项目。该产品质量达到国际先进水平。1999年，江苏宝开集团自筹资金1200万元，实施省级“火炬计划”项目3～35千伏户内金属封闭移开式开关设备，采用CAD(计算机辅助设计)技术开发电压等级10千伏和35千伏、额定电流630-3150A、型式中置、铠装，并配备相同电压等级的真空断路器，使开关设备防护等级提高到IP2Z类，为企事业单位、居民小区等场所供用电做到科学接受和合理分配。2001年，县新奇特电缆材料厂无卤低烟高阻燃玻璃布包带项目先后获批省和国家级“火炬计划”项目。至2005年，全县获批国家级、省级“火炬计划”项目54个，其中宝胜集团获批国家和省级“火炬计划”项目23个，占获批项目总数的42.6%。

1992～2005年宝应县获批国家级、省级“火炬计划”项目情况一览

表26-3-2

年份＼项目	项目名称	级　别	实施单位
1992	PRT基桩动态数据分析仪	省　级	县应用技术研究所
1995	计算机网络通信电缆	省　级	宝胜集团
1997	高强度铜基合金	省　级	县传动机械厂
1998	HSC-3交流变频调速器	国家级	县华森公司
	ITO导电透明电玻璃	省　级	县热工仪表厂
1999	建筑硅酮玻璃密封胶	省　级	扬州晨化科技集团
	3～35千伏户内金属封闭移开式开关设备及CAD	省　级	江苏宝开集团
	BS-CIMS	省　级	宝胜集团
	10～110千伏SF6电流互感及开关设备研制开发	省　级	宝胜集团
	地铁干线用通信电缆	省　级	宝胜集团
	500千伏及以下架空线	省　级	宝胜集团
	高压开关机械特别性测试仪	省　级	三拓高压测试仪器厂
	电线电缆用低烟卤聚烯烃塑料	省　级	宝胜集团
	新型同心导体分支电缆	省　级	宝胜集团
	耐火型母槽	省　级	宝胜集团
	转子变频调整装置	省　级	扬州天宝滑线电气公司
	重合器分段器的智能控制器	省　级	扬州天宝滑线电气公司
	N-乙基哌嗪	省　级	县大有化学品制品有限公司
2000	额度电压35千伏及以下防水交联电缆	国家级	宝胜集团
	SF131型旋盘气力式烟丝分配系统	国家级	县无线电厂
	额定电压35千伏及以下防水交联电缆	省　级	宝胜集团
	铜芯铜护套氯化镁绝缘防火电缆	省　级	宝胜集团
	SF131型旋盘气力式烟丝分配系统	省　级	县无线电厂
	双轴定向拉伸聚酰亚胺薄膜	省　级	江苏亚宝绝缘材料有限公司
	FXB-220/110有机复合棒形悬式绝缘子	省　级	市双宝电力设备厂

续表 26-3-2

年份＼项目	项目名称	级　别	实施单位
2001	五类以上局域网电缆、地铁干线用通信电缆	国家级	宝胜科技创新股份有限公司
	无卤低烟高阻燃玻璃布包带	国家级	县新奇特电缆材料厂
	KY161/KY241型烟叶预压打包系统	国家级	县无线电厂
	五类以上局域网电缆	省　级	宝胜科技创新股份有限公司
	地铁干线用通信电缆	省　级	宝胜科技创新股份有限公司
	高阻燃隔火层电缆	省　级	宝胜科技创新股份有限公司
	硅橡胶绝缘耐火控制电缆	省　级	宝胜科技创新股份有限公司
	无卤低烟高阻燃玻璃布包带	省　级	县新奇特电缆材料厂
	KY161/KY241型烟叶预压打包系统	省　级	县无线电厂
2002	500摄氏度高温绝缘控制电缆	国家级	宝胜科技创新股份有限公司
	无卤低烟高阻燃玻璃布包带	国家级	县新奇特电缆材料厂
	火灾感温报警电缆	省　级	宝胜集团
	500摄氏度高温绝缘控制电缆	省　级	宝胜科技创新股份有限公司
	耐化学药品功能的电缆	省　级	宝胜集团
	CGN-3植物性农药表面活性剂	省　级	扬州晨化科技集团
	YTZ型系列无堵塞纸浆泵	省　级	江苏迎浪科技集团
2003	XBD-YL型消防泵	国家级	江苏迎浪科技集团
2004	变频器用电缆	国家级	宝胜科技创新股份有限公司
	YZA型高效无泄漏石油化工流程泵	国家级	江苏迎浪科技集团
	YZA型高效无泄漏石油化工流程泵	省　级	江苏迎浪科技集团
	变频器用电缆	省　级	宝胜科技创新股份有限公司
	YD型数字监控系统	省　级	江苏广兴达银大科技有限公司
2005	YD型嵌入式数字硬盘录像机	国家级	江苏广兴达银大科技有限公司
	多媒体通信综合电缆	国家级	宝胜科技创新股份有限公司
	硅氧烷聚氨酯密封胶	国家级	扬州晨化科技集团
	YD型嵌入式数字硬盘录像机	省　级	江苏广兴达银大科技有限公司
	YGZB型高级无堵塞无泄漏纸浆泵	省　级	江苏迎浪科技集团
	热塑性低烟无卤阻燃聚烯烃护配套料	省　级	江苏宝源电缆料有限公司
	硅氧烷聚氨酯密封胶	省　级	扬州晨化科技集团

三、其他科技项目

1990年，宝胜电缆厂KVV(1)、KVV22(2)、KVVP2、KVVPZ-22发电厂变电站用屏蔽型控制电缆项目在县内率先获批国家级重点新产品项目。1993年，县无线电厂自筹资金开发的仿科马斯香精香料配制系统及制丝生产线控制系统项目获批省高新技术产品。2001年后，县内获批省高新技术产品项目每年10多个。至2005年，全县获批国家级重点新产品、国家科技成果推广、国家级地方科技攻关、省级新产品开发、省高新技术产品、省科技发展计划、省级科技攻关、省级科技成果推广等项目303个，其中获批省级新产品项目226个，占全县获批其他科技项目总数的74.6%。

1990～2005年宝应县获批其他科技计划项目统计

表26-3-3 单位:个

项目/年份	国家级重点新产品	国家科技成果推广	国家级地方科技攻关	省级新产品开发	省高新技术产品	省科技发展计划	省科技攻关	省级其他	合计
1990	1	—	—	7	—	—	—	—	8
1991	1	1	—	12	—	—	—	—	14
1992	—	1	1	26	—	—	1	—	29
1993	4	1	—	—	1	—	1	1	8
1994	1	1	—	15	1	—	2	—	20
1995	6	—	—	6	—	—	1	—	13
1996	1	1	—	20	6	—	1	4	33
1997	1	—	—	10	2	—	—	1	14
1998	1	—	—	13	5	—	—	2	21
1999	—	—	—	20	3	2	—	—	25
2000	—	—	—	—	—	—	—	—	—
2001	1	—	—	—	7	—	—	1	9
2002	-	—	—	—	17	5	—	—	22
2003	1	—	—	—	16	5	—	—	22
2004	5	—	—	—	17	7	—	—	29
2005	4	—	—	—	22	9	—	1	36

说明:省级其他含科技成果推广、社会发展、示范园区建设、科技成果开发、农业科技开发、科技创新服务体系项目。

第二节 农副业技术推广

一、农业科技推广

1990年,县内水稻栽培方式以人工手栽为主。沿河乡农技站在农业新技术综合试验示范基地试行水稻塑盘育苗抛秧技术,面积1.33公顷,探索解决农民插秧难问题。翌年,30个乡镇全面试行水稻抛秧技术,面积66.67公顷。1992年,市、县科委推广新品种水稻亚优2号。此后,陆续引进扬麦9号、11号、13号、15号、19号,徐稻3号、4号,淮稻4号、5号、7号、8号、9号,秦油和杂交棉系列品种。是年,在大面积推广大苗抛秧的同时,推广小苗抛寄、大苗抛栽新技术。至1994年,全县抛秧技术发展到6666.67公顷,占全县杂交稻面积的22.8%。1997年,普遍推广水稻轻型栽培技术,比常规栽培增产15.9%,增收稻谷3.10万吨。1999年,县农业技术推广中心普遍推广作物高产高效、优质平衡施肥、种子处理、病虫害防治等新技术,推动全县粮食生产持续高产。2000年,全县推广运用机械插秧技术,面积600公顷,成为解决农民插秧难新途径。2003年,全面推广水稻三化螟全程控制技术,面积3.33万公顷,综合防治效果超过90%,每公顷挽回稻谷损失750千克,新增效益2750万元。2004年,市农科院挂职干部在泾河镇黄浦村、张北村推广超高茬麦套稻新技术,面积8.53公顷。2005年,推广面积300.93公顷,每公顷增收节支3300元。1990～2005年,全县推广农业科技新品种、新技术、新方法180多项。

1990～2005年宝应县部分农业技术推广项目一览

表26-3-4

类别	年份	项目名称	实施单位
作物栽培	1990	水稻塑盘育苗抛秧技术	沿河乡农技站
		稻茬免少耕种麦技术	各乡镇农技站
	1997	①粳稻塑盘育苗抛秧技术,②水稻轻型栽培技术,③水稻肥床旱育、稀播和化控化除技术	各乡镇农技站
	2000	机械化插秧技术	各乡镇农技站
	2004	超高茬麦套稻技术	泾河镇
品种	1990	①无病杂交稻制种基地建设,②无病杂交稻制种技术	南京农业大学、省里下河农科所、县科委
	1992	水稻新品种亚优2号示范推广项目	市、县科委
	1993	泗棉3号引进及其种植技术	夏集镇农技站
	1994	农作物良种繁育基地建设	县农业技术推广中心
植物保护	1991	①ABT生根粉,②883丰产灵	望直港镇农技站等
	1999	①作物高产高效、优质平衡施肥技术,②新农药复配制剂种子处理技术,③小麦矮苗壮拌种技术	县农业技术推广中心
		水稻高产节水控制灌溉技术	县水利技术推广中心
	2000	①苯噻酰防治水稻大田杂草应用技术,②快灭灵防治麦田恶性杂草控制技术,③水稻条枯病综合防治技术,④水稻干尖线虫防治技术,⑤稻纵卷叶螟预警及无公害控制技术	县农业技术推广中心、各乡镇农技站
	2003	水稻三化螟全程控制技术	各乡镇农技站

附:省优秀科技工作者——陶有龙

图26-3-1　陶有龙

陶有龙　男,汉族,1949年5月出生,柳堡镇人。农业科技推广研究员、曾任县农林局首席专家。

1975年,从江苏农学院农学专业毕业,分配至县农业局工作,一直以科技兴农、致富农民为己任,深入村组田头,致力农业科技推广工作,为全县水稻生产实现高产稳产、增产增收,不断攻坚克难、建功立业。80年代,与同事们推广常规中稻"优培法",使全县近1/3水稻单产超过500千克,并使两段大苗杂交稻单产增长1成。90年代,成功攻克大穗型杂交稻结实率低的技术难题,使优质杂交中籼稻丰优香占扩种1万公顷。2000年后,通过反复试验、示范,摸索、总结出一套解决中粳稻僵苗不发的调控技术。总结多年实践经验,主持编写省四大作物综合生产能力培训系列丛书之一《优质水稻栽培技术》,先后发表论文20余篇。1994年,"水稻高产节水灌溉试验研究"获国家科委科技成果完成证书。2002年,获"省第五届优秀科技工作者"称号。

二、副业科技推广

1990年,城镇在北港蔬菜专业村推广塑料大棚技术,反季节食用菌、瓜、角、茄、菜等品种本地化程度显著提高。1993年,水泗乡七顷塘村和县生物研究所引进牛蛙和蚂蚁养殖技术获得成功。速生杨树,江南1号、2号杂交鸭,杂交猪,革胡子鲶鱼等种植、养殖新技术推广,带动全县果木、畜禽更新换代,并为“六小”鱼种养殖开辟新局面。1997年，推广荷藕、慈姑等水生蔬菜高产栽培技术，面积分别达5467公顷和1733公顷，增产增收率10%。1999年，市水产局与县经济作物栽培站联合推广藕田水体套养持续高产高效技术和黄鳝混套养、虾蟹混养、鱼鳝混养新技术，提高全县水体利用率和经济效益。进入新世纪，副业生产发展进入快车道，一批新品种、新技术在水产养殖业和水生蔬菜、果木花卉、畜禽、蔬菜加工、野生蔬菜栽培等方面广泛推广和应用，其中水产、水生蔬菜成为支柱产业之一。2004年，县农业技术推广中心对宝应地区独有的乌菜品种进行提纯复壮。至2005年，推广副业生产新品种、新技术260多项。

1990～2005年宝应县部分副业技术推广项目一览

表26-3-5

类别	年份	项目名称	实施单位
水产、水生蔬菜	1993	龟、鳖大批量养殖技术	长沟乡水产养殖场
	1994	革胡子鲶鱼养殖技术	县生物研究所
		黄颡、乌鳢、鳜鱼、塘鳢、黄鳝、泥鳅养殖技术	县特种水产研究所
	1997	①水生蔬菜综合高产栽培技术，②荷藕高产栽培技术，③慈姑高产栽培技术	县蔬菜指导站
	1999	①藕田水体套养持续高产高效技术，②青虾高产高效养殖技术，③黄鳝混套养技术，④虾蟹混养技术，⑤鱼鳝混养技术	市水产局、县经济作物栽培站
	2000	①史氏鲟养殖技术，②河蟹健康养殖技术，③黄鳝网箱和稻田养殖技术	县水产局等
	2002	黄颡、乌鳢苗种人工繁殖技术	县特种水产开发总公司
	2003	①武植2号荷藕种植技术，②荷叶综合利用及荷叶黄酮素提取与分析技术	县荷藕研究所、县生产力促进中心
	2004	①吊笼养蟹技术，②中华绒螯蟹品种引进与养殖技术，③青、草、鲢、鳙鱼原种引进与繁育技术，④泥鳅池塘精养技术，⑤中草药防治鱼病技术	县水产指导站
	2005	①泥鳅无公害集约化养殖技术，②中华鳖仿自然生态养殖技术	江苏水仙实业有限公司
		长江鮰鱼池塘育苗养殖技术	长沟特种水产育苗场
		池塘养蟹优质水草技术	县银湖水产研究所
牲畜家禽	1993	江南1号、江南2号杂交鸭引进与养殖技术	县种禽场
	1994	朗德鹅、七彩山鸡养殖基地建设	县种禽场
		①苏太猪二元母猪引进与养殖技术，②三元杂交猪引进与养殖技术	县、乡镇畜牧兽医站
	1997	杂交鹅引进与高效饲养技术	县多管局
	1999	①杂交羊引进与饲养技术，②母猪胎产病综合防治技术	县多管局、县畜牧兽医站
	2000	苏太猪扩繁技术	县、乡镇畜牧兽医站
	2002	①无公害畜牧生产示范区建设，②有机鸭生产基地建设	县畜牧兽医站、曹甸镇、柳堡镇
	2004	①生猪规模化养殖项目及技术，②高致病性禽流感防治技术	各镇畜牧兽医站
	2005	有机鹅和牧草鹅养殖技术	黄塍镇、小官庄镇
		优质瘦肉型猪养殖技术	县、镇畜牧兽医站
果木花卉	1990	成材林、经济林树种引进与种植技术	县多管局、各乡镇
	1994	杂交桑引进与种植技术	县蚕桑站、有关乡镇
	1998	①主要造林树种繁育及高效栽培技术，②野生蔬菜、葡萄、银杏主体复合栽培技术	县农业技术推广中心
	2000	苏桐3号引进及高效栽培技术	县多管局、各乡镇

续表 26-3-5

类别	年份	项目名称	实施单位
花卉果木	2002	牡丹平地催花技术	宝应兴隆实业有限公司
		鹤望兰优质种苗选育技术	扬州大学、江苏兰馨精致农业有限公司
	2004	①日本丰水梨无公害栽培技术，②葡萄十字架栽培技术	县子婴河果园场
		盆栽莲花品种引进与栽培技术	射阳湖镇农技站
	2005	①草本化栽培杂交桑在蚕桑生产上的运用与推广技术，②苗圃（杨树）渍疡防治技术	县蚕桑站等
蔬菜及其他	1990	蔬菜生产应用塑料大棚技术	城镇等乡镇蔬菜村
	1993	牛蛙引进及养殖技术	水泗乡七顷塘村
		拟黑多刺蚂蚁养殖与自繁技术	县生物研究所
	1998	乳鸽引进与饲养技术	泾河乡
		①野生蔬菜、雪菜等高产栽培与加工技术，②荷藕、茭白抗病和耐深水新品种选育技术	县农业技术推广中心
	1999	①野菜棚式栽培高产高效技术，②马铃薯高产栽培配套技术	县农业技术推广中心
	2002	调理蔬菜加工技术	扬州蓝宝石食品有限公司
		荸荠、慈姑脱毒种苗技术	水泗乡农技站
	2004	①水煮蔬菜加工技术，②冷冻保鲜蔬菜加工技术	扬州华贵食品有限公司

第三节　工业技术推广

一、电工机械技术推广

1990年，宝胜电缆厂与华北电力设计院应用电工屏蔽技术，研制屏蔽控制电缆产品，填补国内电厂变电站用电缆空白。自此，宝胜电缆厂与大专院校、科研院所建立研制和推广新产品、新技术和使用新设备的紧密型关系，逐步成长为省和国家高新技术企业和电线电缆行业龙头企业。1993年，县应用技术研究所采用日本安川电机技术，生产VS616高性能变频调速器，经华北油田试用，最高节电率55%。此后，各类电工机械企业加大新技术开发力度，国际信息高速公路用计算机网络电缆、多功能切焊机、微电脑直流调速系统等一批产品被国家、省、市列为科技成果推广项目和高新技术产品。2000年前后，引进美国德州仪器公司等一批国际知名企业，推动热保护器、直流电机、烟草机械、真空开关等新技术广泛运用。2004年，江苏宝源电缆料有限公司投入3000万元，引进辐照交联生产线关键设备与技术，推广125摄氏度辐照交联阻燃电缆料生产技术。1990～2005年，全县电工机械企业推广新技术、新设备近300项。

图26-3-2　科技创新论坛

1990～2005年宝应县部分电工机械技术推广项目一览

表26-3-6

类别	年份	项目名称	实施单位
电线电缆	1990	屏蔽控制电缆生产技术	宝胜电缆厂
	1993	五芯电力电缆生产技术	宝胜电缆厂
	1994	国际信息高速公路用计算机网络电缆生产技术	宝胜集团
	1995	①铁路长途通信综合光缆生产技术,②180级聚酯亚胺漆包铜线生产技术	宝胜集团
	1996	①测量和计算机输入用电缆生产技术,②10BSE-T计算机网络系统数据通信电缆生产技术	宝胜集团
	1997	220千伏高压交联聚乙烯绝缘电力电缆生产技术	宝胜集团
	2000	①额定电压35千伏以下防水电缆生产技术,②地铁F线用通信电缆生产技术	宝胜集团
	2002	①火灾感温报警电缆生产技术,②变频器用电缆生产技术	宝胜科技创新股份有限公司
	2005	35千伏及以下防水交联电缆生产技术	宝胜集团
电工电器	1990	防爆电机生产技术	宝应电机厂
	1993	VS616高性能变频调速器生产技术	县应用技术研究所
	1996	微电脑直流调速系统生产技术	县控制设备厂
	1998	HSC-3交流变频调速器生产技术	县华森公司
		低损耗、薄绝缘环氧树脂浇注干式变压器生产技术	宝胜集团
		3～35千伏真空开关生产技术	江苏宝开集团
	2000	①温度传感器生产技术,②ZN-40.5高压真空断路器生产技术	市双宝电力设备厂
		KY161/KY241烟叶预压打包系统生产技术	县无线电厂
	2001	①NEWRAC热保护器生产技术,②174M装入式热保护器生产技术	德州仪器(中国)公司
	2002	YD型多功能电子回单系统生产技术	江苏广兴达银大科技有限公司
		1NT系列温度控制器生产技术	德州仪器(中国)有限公司
		SNC-20M/S超声波平衡梁生产技术	四明仪器有限公司
		手动复位式温度传感控制器生产技术	宝应电器厂
	2004	TP2型36束接触式超声波找平仪生产技术	江苏奥新路业电器有限公司
		智能远红外加热器生产技术	江苏奥新路业电器有限公司
机械制造	1990	煤矿用阻燃输送带生产技术	县粮食机械胶辊厂
	1994	多功能切焊机生产技术	宝应车辆厂
	1996	高强度铜基合金生产技术	县传动机械厂
	1997	高空跌落冲击力吸收装置生产技术	县安全工具厂
	1999	车用液化石油气装置生产技术	江苏安益集团
	2002	①YTZ型无堵塞纸浆泵生产技术,②XBD-YL型消防泵生产技术	江苏迎浪科技集团
	2004	125摄氏度辐照交联阻燃电缆料	江苏宝源电缆料有限公司
		YZA型石油化工流程泵生产技术	江苏迎浪科技集团
		液化石油气过量限充装置生产技术	县安宜阀门厂

二、轻工化工技术推广

1990年，县化工研究所等单位推广聚酰亚胺薄膜、七水硫酸锌生产技术，其中七水硫酸锌产品月产近1000吨，销往东欧等地。1991年，天平绳缆厂运用新技术生产高强度双层多股编织绳缆，是县内第一个由国家专项贷款和世界银行贷款资助项目，年产值5000万元。此后，轻纺化工企业加快新技术应用步伐，远红外、防静电防护服与隔热、保温、防水系列材料深受市场青睐。1996年，县化肥厂、扬州晨化科技集团推广膜分离回收氢气成套装置和新型天然表面活性剂烷基多苷新技术，产品分别被列入省和国家科技成果推广项目计划。1998年，推广应用新型SHS-陶瓷内衬钢管、自蔓延燃烧铝热—离心工艺制备陶瓷复合钢管新技术。2003年，江苏亚宝绝缘材料有限公司引进日本专家攻克生产技术难题。2005年，该公司推广新型耐电晕、超宽超厚聚酰亚胺薄膜生产技术。至2005年，全县推广轻工化工生产新设备、新技术230多项。

1990～2005年宝应县部分轻工化工技术推广项目一览

表26-3-7

类别	年份	项目名称	实施单位
轻工纺织	1991	高强度多股双层编织绳缆技术	天平绳缆厂
	1993	①远红外毛针织防护服生产技术，②防静电毛针织防护服生产技术	县羊毛衫厂
		塑料分丝机生产技术	县控制设备厂
	1995	聚丙烯单丝薄膜高强度多股纺织绳技术	县绳缆厂
	1997	聚焦型太阳能热水器生产技术	县钢瓶厂
	1998	导轨式LH型玻璃集装箱架生产技术	扬州宝利坚集装箱有限公司
	1999	彩色钢板门窗生产技术	扬州宝利坚集装箱有限公司
	2003	①双层多股编织系列绳缆生产技术，②尼龙粗单丝复合绳索生产技术	县九力绳缆有限公司
石化管件	1990	①HPVC食品包装膜生产技术，②聚酰亚胺薄膜生产技术，③七水硫酸锌生产技术	县化工研究所
	1991	隔热、保温、防水系列材料生产技术	水泗乡防水材料厂
	1993	聚醚生产技术	县晨光化工厂
	1995	PVDC肠衣膜生产技术	县晨光化工厂
	1996	膜分离回收氢气成套装置生产技术	县化肥厂
		新型天然表面活性剂烷基多苷生产技术	扬州晨化科技集团
	1997	间氨基乙酰苯胺生产技术	县化肥厂
		CGY-2聚氨酯匀泡剂生产技术	扬州晨化科技集团
	1998	新型SHS-陶瓷内衬钢管生产技术	江苏龙安集团
		自蔓延燃烧铝热-离心工艺制备陶瓷复合钢管技术	江苏龙安集团
	1999	建筑硅酮玻璃密封胶生产技术	扬州晨化科技集团
		N-Z甲基哌嗪生产技术	县大有化学品制品有限公司
	2000	双轴定向拉伸聚酰亚胺薄膜生产技术	江苏亚宝绝缘材料有限公司
	2002	CGH-3植物性农药表面活性剂生产技术	扬州晨化科技集团
		新型耐电晕聚酰亚胺薄膜生产技术	江苏亚宝绝缘材料有限公司
	2005	硅氧烷聚氨酯密封胶生产技术	扬州晨化科技集团
		新型耐电晕、超宽超厚聚酰亚胺薄膜生产技术	江苏亚宝绝缘材料有限公司

三、医药、食品技术推广

1990年，县医疗仪器厂推广多功能冷冻治疗仪、阴道显微镜、超声乳化注吸仪等5项新技术。1992年，县酒厂利用保健食品技术生产龄酒获全国老年用品博览会银奖。1994年，县大自然果蔬食品厂推广纯天然莲藕汁饮料生产技术，产品获中国食品交易博览会金奖。2001年，江苏恒兴麦芽有限公司推广优质啤用麦芽生物转化技术、国产特色啤酒麦芽工艺技术，年产值1.02亿元，企业降低成本和农民增收2450万元。2003年，扬州宝泰米业公司推广丰优香占稻米加工新技术，企业年产值3184万元。至2005年，全县医药、食品企业推广新技术、新项目140多项。

1990～2005年宝应县部分医药食品技术推广项目一览

表26-3-8

类别	年份	项目名称	实施单位
医疗器械	1990	①多功能冷冻治疗仪生产技术，②阴道显微镜生产技术，③白内障冷冻摘除器生产技术，④超声乳化注吸仪生产技术，⑤单式电动玻璃体摘除器生产技术	县医疗仪器厂
		自动排气安全输液器生产技术	县卫生用品厂
	1991	一次性注射器生产技术	县卫生用品厂
	1993	①心脏外科可控式冷冻仪生产技术，②GB-952钾钠分析仪生产技术	县医疗仪器厂
	1996	DCS-E·F·G型多功能可控式冷疗器生产技术	亨利医疗器械研究所
	1997	①WX8846-4无损微波诊断仪生产技术，②DCS多功能前控式冷疗器生产技术	亨利医疗器械研究所
	1998	钾钠氯钙分析仪生产技术	宝光电子有限公司
食品药品	1993	氨力农及氨力农注射液生产技术	县制药厂
		酶法固态分层发酵酿醋工艺	县德和酱醋厂
	1994	纯天然莲藕汁饮料生产技术	扬州大自然果蔬食品厂
		龄酒酿造工艺	宝应酒厂
	1996	葡萄糖生产技术	县葡萄糖厂
		扶正抑毒丸生产技术	县中医医院
	1999	保健莲藕汁饮料生产技术	江苏五琼浆集团
		①依替膦酸二钠片生产技术，②荧光增白剂*CBS-120*生产技术，③羟乙膦酸钠片生产技术，④盐酸洛镁沙星注射液生产技术	扬州中宝制药有限公司
	2001	①优质啤用麦芽生物转化技术，②国产啤麦系列特色啤酒麦芽工艺	江苏恒兴麦芽公司
	2003	丰优香占稻米加工新技术	扬州宝泰米业公司
	2004	①葛根素葡萄糖注射液生产技术，②盐酸格拉司琼氯化钠注射液生产技术	扬州中宝制药有限公司
		戊二醛消毒液生产技术	扬州迈博药业公司
	2005	①二十二碳六—烯酸生产技术，②阿奇霉素葡萄糖注射液生产技术，③苦参素氯化钠注射液生产技术	扬州中宝制药有限公司

第四节　产学研结合

一、科技攻关

1990年，扬州饲料厂生产流水线环形挡边输送带损坏。县粮食机械胶辊厂科技人员与有关大专院校科研部门协作，用两个月时间，研制出合格产品，使生产线恢复运转，结束输送带依赖进口的历史。

江苏雨衣厂购置的生产煤矿井下风筒布设备，在试生产中出现故障，闲置5年。通过与上海有关科研院所合作攻关，对设备进行改进，排除故障，仅5个月时间生产风筒布12万米，创产值150万元。1992年，县特种水产研究所与中国科学院水生植物研究所合作，开展黄鳝出血病病理学研究，经过反复实践，初步找到黄鳝出血病的病理症结和防治方法。该技术填补国内空白。1996年，县科委会同部分企业到省内外高校和科研单位聘请专家、教授，攻克数十项生产技术难题。1997年，县政府与省属科研院所合作，初步解决荷藕、胡萝卜、乳鸽等地方资源深度开发和电动机、控制箱等电工产品改造更新难题，并形成10多个新的发展项目计划。1999年，县无公害农业科技示范园与南京农业大学、省里下河农科所等8所科研院校，签订18项技术合作和技术攻关协议。瘦肉型猪产业化发展和运用现代化加工技术生产方便雪菜系列产品取得实效。是年，生物防治荷藕食根金花虫以及大面积荷藕种植采用不同用种量、用肥量、用药量对比试验等取得新突破。2003年5月，江苏亚宝绝缘材料有限公司引进日本专家小阪义一，攻克聚酰亚胺薄膜生产过程中的技术难题。至2005年末，县内企业与国内数十所高等院校、科研院所专家学者联合进行科技攻关活动近1000次。

二、企校挂钩、厂所合作

1990年，县医疗仪器厂先后与航天部第二设计院、上海医科大学、南京玻璃纤维设计院等单位横向联合，改全套引进为联合研制，使企业迅速走出困境，产值、利税年增50%。宝胜电缆厂通过与华北电力设备研究院挂钩，研制、生产屏蔽控制电缆295.47千米。经鉴定验收合格，被国家科委列入新产品开发项目。1992年，鲁垛、子婴河、小官庄、沿河、望直港、水泗、黄塍等乡镇和县电缆料厂、县控制设备厂等企业，与省内外数十家科研院校技术合作，开发研制耐高压PVC电缆料、高温涂料、粉末压机、自动排气一次性输液器等新产品，并成功地从混合二甲苯中分离间二甲苯等项目。1993年，县科委南下北上走访高校和科研院所，历经8个月，使近100个项目实现企校挂钩、厂所合作，其中陶瓷拉丝模、幕墙玻璃、多功能切焊机等10多个项目进入立项和生产。1994年，全县20多家科技企业实施“前厂后院工程”和“借脑工程”，先后与中国科技大学、南京航天航空大学、南京农业大学、华中理工大学、扬州大学等一批名牌大学签订长期技术合作协议。至1998年，有65项科研成果获得省、市科技进步奖。1998年，全县开展开发高新技术产品、创建高新技术企业活动，有10多家企业与高校、科研单位建立技术依托制度。是年，建成国家、省、市高新技术企业4家，获批省高新技术产品12个、省高新技术推荐产品6个。至2005年末，100多家企业（镇）与41所高等院校、科研院所建立紧密型挂钩合作关系。

第四章　科技成果

第一节　科技成果推介

一、参展参会

1990年10月，县内组织防静电工作鞋、煤矿用阻燃输送带、多功能冷冻治疗仪等6个新产品参加省政府在南京举办的全国适用性科技成果和新产品展览交易会。1996年，组织扬州宝利坚集装箱有限公司等企业开发导轨式LH型玻璃集装箱架、地铁信号电缆等6个专利产品，参加全国专利及新产品博览会。其中，导轨式LH型玻璃集装箱架获金奖，并签订供需协议87项（次），成交额5776.80万元。1999年10月，组织计算机网络电缆和自蔓延燃烧铝热——离心工艺制备陶瓷复合钢管两个产品，参加中国首届高新技术成果交易会展销。2001年起，组织企业和产品先后参加中国863计划十五周年成就展、第四届中国北京高新技术产业科技周及高新技术项目洽谈会、“九五”攻关科技成就展、东北高新博览会中国“星火计划”成果展、军民两用技术与产业化科技成果洽谈会和东南大学、扬州大学科技成果展示等。至2005年底,全县参加省和国家科技成果展览会、洽谈会14个,推介科技新产品131个。

二、科技信息发布

1991年5月,县内首次召开适用技术成果发布会,有工业企业、乡镇主要负责人450人参会。省内外科研院校发布轻纺、化工等方面最新科技成果、专利产品信息600多条,印发国内外科技文献资料500多篇,提供国外样品300多件和计算机数据库微机检索成果4万多条。县内有近100家企业与发布单位进行洽谈,达成协议30多个,其中最新科技成果项目3个。1996年4月,县政府召开科技信息发布会,发布科技信息1000多条,印发信息汇编200多册。2003年5月,县科技局在《宝应日讯》开辟《科技项目投资指南》专栏,每周发布2～3条科技投资项目信息,每年发布科技信息150条。至2005年底,县内邀请省内外科研院校召开大型科技信息发布会6次,发布产品信息1万多条。

三、科技项目恳谈会

1992年7月,县政府分别在宝应、上海召开大型科技项目恳谈会,应邀参加恳谈会的有合肥、南京、上海、扬州等地科研院所、大专院校代表100人,共达成300多个产品转让或技术合作项目。中国科技大学向县振动仪器厂转让细丝测量仪、金相图像处理系统和CCD光谱分析仪3个产品项目。是年,细丝测量仪样机投入试生产。县应用技术研究所与上海同济大学达成江阴长江大桥主动减震装置技术合作协议。1994年,县委、县政府先后两次在南京召开科技贸易暨招商引资洽谈会。1996年5月,县科委等单位承办县科技项目恳谈会,邀请中国科技大学、东南大学等10所高等院校、科研单位代表92人,县内企业代表400多人参会,共举办15场科技成果报告会、信息发布会,发布信息1500多条,展示科技成果500多项,达成书面协议42项。县政府与南京航空航天大学,氾水、望直港两镇与扬州大学分别签订全面技术合作协议。是月,电子工业部在南京为县华森公司召开变频产品推广交流会。1997年10月,省委科工委、省科委和市政府联合举办“省属科研院所为江苏经济建设服务”扬州科技洽谈会,县政府组织30个乡镇70多人参会,获取科技项目信息1500多个,与省农科院等达成合作协议10项;12月,县无公害农业科技示范园组团参加南京农业大学科技服务地方经济恳谈会,达成17个合作协议。1999年8月,全县组织53家私营企业参加市私营个体企业科技洽谈会,洽谈项目120个。2000年起,每年结合招商引资等活动,组织科技项目恳谈活动1～2次。至2005年末,先后举办和参加省内外科研院校召开的科技项目恳谈会30多个,达成书面协议项目644个。

第二节　科技成果认定与获奖

一、科技成果认定

(一)高新技术企业

1990年后,宝胜电缆厂不断加大人才、科技、设备投入,连年有科技新产品出现。1996年12月,宝胜集团在县内首家被省科委认定为省高新技术企业。1998年,全县被认定为高新技术企业4家,其中宝胜集团被科技部认定为国家级高新技术企业。至2005年末,全县企业被认定为市级以上高新技术企业29家(次),其中国家级1家、省级16家。

1996～2005年宝应县获批省级以上高新技术企业一览

表26-4-1

年　份	企　业	级　别
1996	宝胜集团	省　级
1997	扬州晨化科技集团	省　级
1998	宝胜集团	国家级

续表26-4-1

年　份	企　　业	级　别
1998	宝应开关厂	省　级
	江苏亚宝绝缘材料厂	省　级
	扬州恒鑫特种钢管公司	省　级
2000	江苏亚宝绝缘材料有限公司	省　级
2001	宝应电器厂	省　级
	德州仪器(中国)有限公司	省　级
	江苏迎浪科技集团	省　级
2003	宝胜BICC通用电缆有限公司	省　级
2004	江苏广兴达银大科技有限公司	省　级
	县新奇特电缆材料厂	省　级
2005	县九力绳缆有限公司	省　级
	江苏宝源电缆料有限公司	省　级
	宝胜科技创新股份有限公司	省　级
	宝应仁恒实业有限公司	省　级

(二)科技新产品

1990年,宝胜电缆厂和华北电力设备研究院共同研制的屏蔽控制电缆、县应用技术研究所生产的PDM桩基动测仪等,分别被认定为国家、省级科技新产品。1996年起,全县企业加大科技投入力度,科技新产品数量逐年增多。2000年后,每年被省以上科技部门认定为科技新产品的有12个以上,2005年为历史最高,有27个。1990～2005年,全县有187个产品分别被国家、省、市认定为科技新产品,其中国家级科技新产品18个、省级科技新产品113个。

1990～2000年宝应县获批省级以上科技新产品一览

表26-4-2

项目 年份	产品名称	级别	完成单位
1990	屏蔽控制电缆	国家级	宝胜电缆厂、华北电力设备研究院
	PDM桩基动态测试仪	省　级	县应用技术研究所
	PDAS桩基动态数据分析仪	省　级	县应用技术研究所
1991	HPVC食品包装膜	省　级	县化工研究所
	黄鳝出血病病理学研究	省　级	县特种水产研究所
1993	氨力农及氨力农注射液	国家级	县制药厂
	五芯电力电缆	国家级	宝胜电缆厂
1994	HYA型铜芯聚烯烃绝缘铝护套市内通信电缆	国家级	宝胜集团
	ST21型高架机械式烟丝输送分配系统	省　级	县无线电厂
	高强度多股编织绳	省　级	县绳缆厂
	仿科马斯香料配制系统及制丝生产线控制系统	省　级	县无线电厂
1995	MZZ高性能抗静电防护服	国家级	县羊毛衫厂

续表 26-4-2

年份 \ 项目	产品名称	级别	完成单位
1995	远红外保暖防护服	省　级	县羊毛衫厂
	计算机网络电缆	国家级	宝胜集团
1996	地铁信号电缆	省　级	宝胜集团
	CNCH系列计算机网络数据通信电缆	省　级	宝胜集团
	导轨式LH型玻璃集装箱架	国家级	扬州宝利坚集装箱有限公司
	江苏不同栽培制度水稻抛秧高产技术研究	省　级	县农业技术推广中心
	测量和计算机输入用电缆	省　级	宝胜集团
	10BSE-T计算机网络系统数据通信电缆	省　级	宝胜集团
	低损耗、薄绝缘环氧树脂浇注干式变压器	省　级	宝胜集团
	CGY-2聚氨酯匀泡剂	省　级	扬州晨化科技集团
1997	ST型自来水专用水泵	国家级	县水泵厂
	检验液体商品标准器	国家级	县技术监督局
	水泗乡2万亩油菜亩产200千克配套栽培技术	省　级	水泗乡农技站、县蔬菜指导站
	水稻轻型栽培技术研究及其应用	省　级	县农业局
	轻型栽培稻田杂草发生规律及化学除草配套技术研究	省　级	县植保植检站
	水生蔬菜综合高产栽培技术研究及推广	省　级	县科委、县蔬菜指导站
	国产啤酒大麦制芽新工艺新技术研究	省　级	江苏恒兴麦芽有限公司
	低烟低卤阻燃电力电缆	省　级	宝胜集团
	100MBPS高速高性能计算机网络系统数据通信电缆	省　级	宝胜集团
	铜芯铜护套氧化镁绝缘防火电缆	省　级	宝胜集团
1998	6051聚酰亚胺薄膜	省　级	江苏亚宝绝缘材料厂
	HSC-3交流变频调速器	国家级	县华森公司
	DL-II变压器负荷保护开关	省　级	同松机电公司
	钾钠氯钙分析仪	省　级	宝光电子有限公司
	ZN28-10户内高压真空断路器	省　级	宝应开关厂
	聚全氟乙丙烯绝缘及护套电力电缆	省　级	宝胜集团
	额定电压35千伏及以下铜芯铝芯交联聚乙烯电缆	省　级	宝胜集团
	自蔓延燃烧铝热——离心工艺制备陶瓷复合钢管	省　级	恒鑫公司
1999	建筑硅酮玻璃密封胶	省　级	扬州晨化科技集团
	烟草制丝生产自动化控制系统	省　级	县无线电厂
	3～35千伏铠装移开式开关设备	省　级	宝应开关厂
2000	高阻燃隔火层电线电缆	省　级	宝胜集团
	建筑硅酮玻璃密封胶	省　级	扬州晨化科技集团
	LXL型两相交流纸浆水泵系列	省　级	江苏迎浪科技集团
	市内通信电缆用HDPE绝缘料	省　级	宝胜集团
	PVC2H-90电缆料	省　级	宝胜集团

续表 26-4-2

年份 \ 项目	产品名称	级别	完成单位
2000	PVC2J-70电缆料	省　级	宝胜集团
	额定电压35千伏及以下防水交联电缆	省　级	宝胜集团
	XGN2-10箱型固定式金属封闭开关设备	省　级	江苏宝开集团
	KYN800-10型户内交流金属铠装移开式开关设备	省　级	江苏宝开集团
	JYN6-10型移开式交流金属封闭开关设备	省　级	江苏宝开集团
	ZN12-10系列户内高压真空断路器	省　级	江苏宝开集团
	ZW口-12系列户外高压真空断路器	省　级	江苏宝开集团
2002	YD型多功能电子回单系统	省　级	江苏广兴达银大科技有限公司
	XBD-YL型消防泵组	省　级	江苏迎浪科技集团
	YTZ型无堵塞纸浆泵	省　级	江苏迎浪科技集团
	1NT系列温控器	省　级	德州仪器(中国)有限公司
	SNC-20M/S超声波平衡梁	省　级	四明仪器有限公司
	手动复位式温度传感控制器	省　级	宝应电器厂
	CGN-3植物性农药表面活性剂	省　级	扬州晨化科技集团
	“日洋”版胶体免维护电动车蓄电池	省　级	润扬特种电源有限公司
	变频器用电缆	省　级	宝胜科技创新股份有限公司
	火灾感温报警器	省　级	宝胜科技创新股份有限公司
	额定电压0.6/1千伏交联聚乙烯绝缘聚烯烃护套	省　级	宝胜科技创新股份有限公司
	额定电压35千伏及以下交联聚乙烯绝缘电缆	省　级	宝胜科技创新股份有限公司
	预制型建筑配电电缆—分支电缆	省　级	宝胜科技创新股份有限公司
2003	变频器用电缆	国家级	宝胜科技创新股份有限公司
	核电站用IE级K3类专用电缆	省　级	宝胜科技创新股份有限公司
	铝铰线芯聚酯薄膜绝缘扁形绕组线	省　级	宝胜科技创新股份有限公司
	额定电压0.6/1千伏及以下平行集束架空绝缘电缆	省　级	宝胜科技创新股份有限公司
	多媒体通信综合电缆	省　级	宝胜科技创新股份有限公司
	无毒无害防白蚁铁路信号电缆	省　级	宝胜科技创新股份有限公司
	YD数字监控系统	省　级	江苏广兴达银大科技有限公司
	风速可调式卷烟机吸风管机组	省　级	宝应仁恒实业有限公司
	交联聚乙烯绝缘直流牵引电缆	省　级	宝胜科技创新股份有限公司
	铁路数字信号电缆	省　级	宝胜科技创新股份有限公司
	220千伏交联聚乙烯绝缘电力电缆	省　级	宝胜BICC通用电缆有限公司
	ZW口-40.5/1600-31.5户外高压真空断路器	省　级	江苏菲达宝开电气有限公司
	YZA型石油化工流程泵(高效无泄漏石油化工泵)	省　级	江苏迎浪科技集团
	双层多股编织系列化纤绳缆	省　级	县九力绳缆有限公司
	综合屏障信号电缆	省　级	宝胜科技创新股份有限公司
	室外数字通信用对接电缆	省　级	宝胜科技创新股份有限公司

续表26-4-2

年份＼项目	产品名称	级别	完成单位
2003	自控温加热电线	省　级	宝胜科技创新股份有限公司
2004	220千伏交联聚乙烯绝缘电力电缆	国家级	宝胜比瑞利电缆有限公司
	YGZB型高效无堵塞无泄漏纸浆泵	国家级	江苏迎浪科技集团
	多媒体通信综合电缆(DTZ-SYWV/HSYV5)	国家级	宝胜科技创新股份有限公司
	AY型离心油泵(径向斜流式低比速离心油泵)	省　级	江苏迎浪科技集团
	葛根素葡萄糖注射液	省　级	扬州中宝制药有限公司
	盐酸格拉司琼氯化钠注射液	省　级	扬州中宝制药有限公司
	电线电缆用防鼠防白蚁黑色聚乙烯护套料	省　级	江苏宝源电缆料有限公司
	额定电压0.6/1千伏铜芯塑料绝缘多芯一体化型分支电力电缆	省　级	宝胜科技创新股份有限公司
	额定电压0.6/1千伏交联聚乙烯绝缘环保型防鼠电力电缆	省　级	宝胜科技创新股份有限公司
	弹性体绝缘无卤低烟阻燃耐火电缆	省　级	宝胜科技创新股份有限公司
	硅橡胶绝缘及护套扁平移动软电缆	省　级	宝胜科技创新股份有限公司
	轻型铜芯护套氯化镁绝缘电缆	省　级	宝胜科技创新股份有限公司
	微型断路器	省　级	宝应电器厂
	额定电压0.6/1千伏铜芯塑料绝缘耐火分支电力电缆	省　级	宝胜科技创新股份有限公司
	额定电压300/500伏交联聚乙烯绝缘加热电缆	省　级	宝胜科技创新股份有限公司
	楼宇智能控制系统总线电缆	省　级	宝胜科技创新股份有限公司
	尼龙粗单丝复合绳索	省　级	县九力绳缆有限公司
	BC3670B全自动变比测试仪	省　级	扬州宝测电气有限公司
	智能远红外加热器	省　级	江苏奥新路业电器有限公司
	TP2型36束非接触式超声波找平仪	省　级	江苏奥新路业电器有限公司
2005	额定电压0.6/1千伏交联聚乙烯绝缘环保型防鼠电力电缆(HFS-YJYN)	国家级	宝胜科技创新股份有限公司
	YZA型石油化工流程泵	国家级	江苏迎浪科技集团
	端氨基聚醚	国家级	扬州晨化科技集团
	YD数字图像采集系统	国家级	江苏广兴达银大科技有限公司
	液化石油气钢瓶过量限充装置	省　级	县安宜阀门厂
	SCB10全箔绕树脂浇注干式变压器	省　级	宝胜集团
	125摄氏度辐照交联聚乙烯绝缘机车车辆用电缆(电线)	省　级	宝胜科技创新股份有限公司
	地铁干线用26/35千伏及以下环保型A类防火电力电缆	省　级	宝胜科技创新股份有限公司
	额定电压450/750伏耐酸碱高温控制电缆	省　级	宝胜科技创新股份有限公司
	交联聚乙烯绝缘屏蔽耐油防潮气电力电缆	省　级	宝胜科技创新股份有限公司
	飞机发动机专用运输车	省　级	扬州航鹰机器厂
	阿奇霉素葡萄糖注射液	省　级	扬州中宝制药有限公司
	苦参素氯化钠注射液	省　级	扬州中宝制药有限公司

续表 26-4-2

项目 年份	产品名称	级别	完成单位
2005	端氨基聚醚	省 级	扬州晨化科技集团
	新型超宽超厚型聚酰亚胺薄膜	省 级	江苏亚宝绝缘材料有限公司
	自动保护开关	省 级	宝应电器厂
	点钞数码监控系统	省 级	江苏广兴达银大科技有限公司
	数字图像采集系统	省 级	江苏广兴达银大科技有限公司
	DFW-12型交流高压户外电缆分接箱	省 级	宝胜集团
	YBWMZ-12型半地埋式智能化预装变电站	省 级	宝胜集团
	KYN口(GZS1)-12(Z)/T1250-31.5户内金属铠装移开式开关设备	省 级	江苏维尔电气有限公司
	额定电压0.6/1千伏铜芯塑料绝缘动力配电型分支电缆	省 级	宝胜科技创新股份有限公司
	轨道交通用无卤低烟阻燃耐火信号电缆	省 级	宝胜科技创新股份有限公司
	125摄氏度辐照交联阻燃电缆料	省 级	江苏宝源电缆料有限公司
	无卤低烟硅橡胶绝缘阻燃耐火计算机电缆	省 级	宝胜科技创新股份有限公司
	轨道交通用低电容无卤低烟联跳控制电缆	省 级	宝胜科技创新股份有限公司

二、科技进步奖

1991年,宝胜电缆厂屏蔽控制电缆、县水利试验站水稻高产节水试验分别获省科技进步四等奖、市科技进步三等奖。1994年、1997年、2002年全县科技项目成果丰硕,分别获省、市科技进步奖9个、14个和8个。其中省级科技进步奖12个,占获奖数的36.4%。至2005年底,全县获批县以上科技进步奖641个,其中省级17个、市级60个。

1991～2005年宝应县获批省、市级科技进步奖一览

表 26-4-3

年 份	项目名称	级别与等次	获奖单位
1991	屏蔽控制电缆	省级四等奖	宝胜电缆厂
	水稻高产节水试验	市级三等奖	县水利试验站
1993	PDAS-II桩基动态数据分析系统	市级三等奖	县应用技术研究所
	PC-3降水量器检定装置	市级三等奖	县计量器具实验工厂
	酶法固态分层发酵酿醋工艺	市级三等奖	县德和酱醋厂
	PQ32/48-III型三股制绳机	市级三等奖	县轻纺机械厂
1994	五芯电力电缆	省级四等奖	宝胜集团
	0.6/1千伏硅烷交联电力电缆	省级四等奖	宝胜集团
	数字巡回屏蔽电缆	市级三等奖	宝胜集团
	温度继电器	省级四等奖	宝应电器厂
	温度继电器	市级三等奖	宝应电器厂
	直流电机	省级四等奖	县电机厂
	杂交桑	市级三等奖	县蚕桑站
	增粒剂	市级四等奖	县种子站

续表26-4-3

年　份	项目名称	级别与等次	获奖单位
1994	脾保留术后初探	市级四等奖	县人民医院
1995	农业鼠害优势种生态特性及其监控技术	市级二等奖	县植保植检站
	泗棉3号引种与高产栽培技术研究	市级三等奖	县棉花办
	莲藕新品种科选1号选育与推广	市级三等奖	县科委、县农业技术推广中心
	优生优育保偿系列服务	市级四等奖	县卫生局
1996	江苏不同栽培制度水稻抛秧高产技术研究	省级二等奖	县农业技术推广中心
	稻麦棉主要自然灾害的抗逆应变技术及其应用	市级二等奖	县农业技术推广中心
	10BSE-T计算机网络系统数据通信电缆	市级二等奖	宝胜集团
	计算机网络通信电缆	市级一等奖	宝胜集团
1997	水泗乡2万亩油菜亩产200千克配套栽培技术	省级三等奖	水泗乡农技站、县蔬菜指导站
	水稻轻型栽培技术研究及其应用	省级三等奖	县农业局
	轻型栽培稻田杂草发生规律及化学除草配套技术研究	省级三等奖	县植保植检站
	水生蔬菜综合高产栽培技术研究及推广	省级三等奖	县科委、县蔬菜指导站
	国产啤酒大麦制芽新工艺技术研究	省级三等奖	江苏恒兴麦芽有限公司
	低烟低卤阻燃电力电缆	省级三等奖	宝胜集团
	100MBPS高速高性能计算机网络系统数据通信电缆	省级三等奖	宝胜集团
	100MBPS高速高性能计算机网络系统数据通信电缆	市级一等奖	宝胜集团
	铜芯铜护套氧化镁绝缘防火电缆	市级三等奖	宝胜集团
	低烟低卤阻燃电力电缆	市级三等奖	宝胜集团
	LXL型两相交流造纸浆泵	市级四等奖	江苏迎浪科技集团
	高空跌落冲击力吸收装置	市级四等奖	县安全工具厂
	棉花新良种及配套增产技术	市级四等奖	县棉花办
	低耗损、薄绝缘环氧树脂浇注干式变压器	省优秀项目	宝胜集团
1998	杂交稻制种高产稳产技术研究与应用	市级三等奖	县种子公司
	ZM23-35/1600-25型户内高压真空断路器	市级三等奖	江苏宝开集团
	导轨式LH型玻璃集装箱架	市级三等奖	扬州宝利坚集装箱有限公司
	KYN1-10型户交内流金属铠装移开式开关设备	市级四等奖	江苏宝开集团
	ZH28A-10型户内高压真空断路器	市级四等奖	江苏宝开集团
	有衬里消防水带	市级四等奖	县消防水带厂
1999	额定电压35千伏及以下交联聚乙烯绝缘无卤低烟阻燃电力电缆	市级三等奖	宝胜集团
	KY161/KY241型烟叶预压打包系统	市级三等奖	县无线电厂
	因特网信息高速公路骨干网电缆	市级三等奖	宝胜集团
	额定电压35千伏及以下交联聚乙烯绝缘无卤低烟阻燃电力电缆	市级二等奖	宝胜集团
	无卤低烟高阻燃玻璃布包带	市级四等奖	县新奇特电缆材料厂
	铜芯地铁干线用通信电缆	市级四等奖	宝胜集团

续表26-4-3

年　份	项目名称	级别与等次	获奖单位
1999	额定电压0.6/1千伏塑料高阻燃隔火层电力电缆	市级四等奖	宝胜集团
2000	额定电压35千伏及以下交联聚乙烯绝缘无卤低烟阻燃电力电缆	省级三等奖	宝胜集团
2002	高阻燃隔火层电缆	省级三等奖	宝胜科技创新股份有限公司
	变频器用电缆	市级三等奖	宝胜科技创新股份有限公司
	河蟹健康养殖技术	市级三等奖	县特种水产开发总公司
	17AM热保护器	市级三等奖	德州仪器(中国)有限公司
	ZWID-40.5户外高压真空断路器	市级二等奖	江苏宝开集团
	交流高压氟化硫环网开关设备	市级二等奖	江苏宝开集团
	YTZ型系列无堵塞纸浆泵开发设计	市级二等奖	江苏迎浪科技集团
	棒形悬式复合绝缘子	市级二等奖	市双宝电力设备厂
2003	腮腺肿瘤手术并发症的处理和预防	市级二等奖	县人民医院
	HP感染与食管癌相关性研究	市级二等奖	县人民医院
	多媒体通信综合电缆	市级二等奖	宝胜科技创新股份有限公司
	无毒无害防白蚁铁路信号电缆	市级三等奖	宝胜科技创新股份有限公司
	核电站用IE级K3类专用电缆	市级三等奖	宝胜科技创新股份有限公司
	1NT温控器	市级三等奖	德州仪器(中国)有限公司
	无公害莲藕生产技术开发	市级三等奖	县荷藕研究所
	扬州市森林分类区划界定	市级三等奖	县林特产指导站等
2004	多媒体通信综合电缆	省级三等奖	宝胜科技创新股份有限公司
	动力控制综合电缆	市级三等奖	宝胜科技创新股份有限公司
	额定电压0.6/1千伏铜芯塑料绝缘多芯一体化型分支电力电缆	市级三等奖	宝胜科技创新股份有限公司
	轨道交通用低电容无卤低烟联跳控制电缆	市级三等奖	宝胜科技创新股份有限公司
	安定配伍利凡诺在引产术中促宫颈成熟的临床研究	市级三等奖	县计划生育宣传指导站
	YGZB型高效无堵塞无泄漏纸浆泵设计	市级三等奖	江苏迎浪科技集团
2005	地铁干线用26/35千伏及以下环保防火电力电缆	市级三等奖	宝胜科技创新股份有限公司
	额定电压0.6/1千伏铜芯塑料绝缘动力配电型分支电缆	市级三等奖	宝胜科技创新股份有限公司
	剖宫产术后镇痛对婴儿母乳化喂养的影响	市级三等奖	县人民医院
	红外线乳腺诊断仪用于乳腺癌普查的研究	市级三等奖	县妇幼保健院

第五章　科技管理

第一节　科技项目管理

一、项目立项

1990年起，县科委(县科技局)每年会同项目企业技术人员及主管单位，分析、研究、筛选项目申报计划，编制科技计划项目任务书，按级别、分类上报上级科技部门审批，获批后正式立项。至2005年，全县企业共获批立项计划1042个，其中经国家科委(科技部)等部门批准立项的“星火计划”、“火炬计划”、科技项目推广计划等72个、经省科委(科技厅)等部门批准立项的各类科技计划353个，经市、县科委(科技局)立项的科技计划项目617个。

1990～2005年宝应县科技计划项目立项统计

表26-5-1　　单位：个

年　份	获批立项			
		市县级	省　级	国家级
1990	51	43	7	1
1991	85	71	12	2
1992	75	43	28	4
1993	32	21	5	6
1994	71	49	20	2
1995	33	17	8	8
1996	58	22	34	2
1997	47	31	15	1
1998	72	46	23	3
1999	46	3	41	2
2000	98	84	10	4
2001	97	74	19	4
2002	49	10	33	6
2003	61	37	21	3
2004	83	40	31	12
2005	84	26	46	12

二、考核鉴定

(一)项目考核

1990年起，全县企事业单位全面推行技术项目承包责任制，县科委(科技局)每年会同相关部门对获批的立项科技计划项目进行考核。内容主要有组织机构、技术力量、配套资金、依托单位、计划进度、产品质量、验收鉴定、参评参展等，考核结果作为县评比科技进步先进企业和科技进步奖、优秀科技工作者，以及上报上级表彰、奖励的重要依据。1990～2005年，全县实施项目考核989个，占总数的94.9%。

（二）项目鉴定

1990年，县科技部门根据科技项目转化的考核情况，筛选一部分进度快、效果好的项目，邀请有关院校与研究院所专家、学者开展成果鉴定。是年，宝胜电缆厂的屏蔽控制电缆通过国家科技新产品鉴定。县应用技术研究所研制的PMD桩基动态测试仪、PDAS桩基动态分析仪通过省级科技成果鉴定。1993年，全县开发科技新产品81个，其中列入省级新产品29个，通过部、省、市级科技新产品鉴定16个，获省新品开发和新技术推广应用"金牛奖"11个。此后，每年有10～20个项目通过省级以上科技成果鉴定。1999年，县新奇特电缆材料厂生产的高阻燃隔火玻璃布包带、无卤低烟阻燃玻璃布包带2个产品，通过北京、上海、广州、南京等地专家鉴定。2003年，宝胜科技创新股份有限公司生产的屏蔽和耐化学品功能电缆、扬州晨化科技集团生产的CN-3植物性农药表面活性剂、江苏迎浪科技集团生产的YTZ无堵塞纸浆泵等3个项目，通过省级科技成果鉴定。2005年，宝胜科技创新股份有限公司承担的交联聚乙烯环保型防鼠防白蚁控制电缆、大功率变频驱动系统用电力电缆等10个产品和江苏宝源电缆料有限公司承担的硅烷可交联低烟无卤阻燃绝缘料、环保型防鼠防白蚁低烟无卤阻燃聚烯烃护套料等4个产品通过省级鉴定。至2005年，全县通过高等院校、科研院所鉴定的省级以上科技成果227个。

第二节　科技创建

一、创建全国科技工作先进县

1993年，宝应县被省科委推荐参加全国科技工作先进县创建活动。1995年，县委、县政府把创建全国科技工作先进县纳入全县重大工作议事日程，县和乡镇分别建立科技工作领导小组和科技办公室，创省级科技先进乡镇20个，建立农村科技服务组织1500多个、技术经济合作组织1000个，创办县级特种水产养殖、荷藕开发、特种稻米开发、农业技术综合试验、蚕桑新技术、黄淮海农业综合开发等示范区6个和一批乡镇科技示范片、示范方、示范村。农副业科技推广覆盖率为种植业82%、牲畜类85%、家禽类95%，良种覆盖率为农作物91.4%、三禽92%、生猪90%。工业科技进步明显，新建各类科研机构15个，全县骨干企业设置新技术、新产品开发机构数占骨干企业数的60%，与高等院校、科研院所建立合作或依托关系的企业有400家。聘请高科技人才顾问1300多人，获批各级各类科技新产品项目340多个，被评为适用技术、高新技术产品250多个，其中获国家、省、市、县科技成果奖和优秀新产品奖80个。省命名的科技进步先进企业2家、市命名的科技进步先进企业2家、县命名的科技进步先进企业13家。年普及型科技培训率为干部90%、农村劳动力80%、企业职工90%。年科技经费从1990年的20万元增加至74万元。科技进步对全县经济发展贡献率上升到45.8%，较1993年提高10.20个百分点。12月，通过市创建全国科技工作先进县预验收委员会预验收，并上报省和国家进行验收。1996年7月，被国家科委授予"全国科技工作先进县"称号。1998年3月至2004年，多次通过国家、省、市科技部门和省人大及相关部门的全国科技进步考核，宝应县继续保留"全国科技工作先进县"称号。

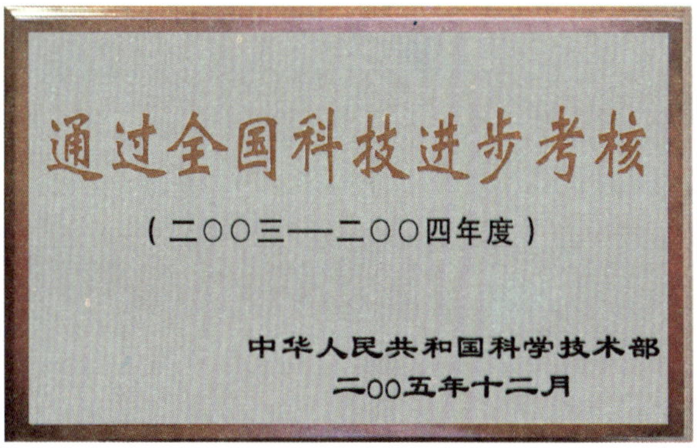

图26-5-1　获得"全国科技进步考核（2003～2004年度）"铜牌

二、争创先进企业与个人

（一）科技进步先进企业

1990～2005年，全县企事业单位获县以上政府科技表彰的有448家，其中宝胜电缆厂（集团）先后被评为省专利百强企业、省制造业大中型工业企业科技综合实力百强企业、全国火炬先进企业；获批市科技进步先进企业151家、县科技进步先进企业294家。

1990～2005年宝应县获批科技进步先进企业统计

表26-5-2　　单位：家

年　份	合　计	县　级	市　级	省以上
1990	15	10	5	—
1991	21	15	6	—
1992	18	15	3	—
1993	19	15	4	—
1994	14	10	4	—
1995	17	13	2	2
1996	64	53	11	—
1997	23	21	2	—
1998	30	25	4	1
1999	33	28	5	—
2000	37	26	11	—
2001	32	26	6	—
2002	24	20	4	—
2003	29	4	25	—
2004	34	6	28	—
2005	38	7	31	—

(二)优秀科技工作者

1990～2005年，全县科技工作者受县以上政府表彰的有1546人次。其中，县荷藕研究所顾茂才被授予全国“星火计划”先进个人，宝胜电缆厂张湘平、吴春中被授予省科技成果向现实生产力转化优秀个人，获得市优秀科技工作者41人次、县科技工作先进个人1502人次。

1990～2005年宝应县获批优秀科技工作者统计

表26-5-3　　单位：人

年　份	合　计	县　级	市　级	省以上
1990	106	105	1	—
1991	83	80	3	—
1992	76	75	1	—
1993	82	81	1	—
1994	88	85	3	—
1995	83	80	2	1
1996	88	84	4	—
1997	86	81	3	2
1998	93	90	3	—
1999	95	91	4	—

续表 26-5-3

年　份	合　计	县　级	市　级	省以上
2000	91	90	1	—
2001	86	85	1	—
2002	98	95	3	—
2003	102	100	2	—
2004	108	104	4	—
2005	181	176	5	—

(三)有突出贡献的中青年专家

1991年,县畜牧兽医站冒金美被市政府授予"有突出贡献的中青年专家"称号。1992年、1994年、2002年,宝胜电缆厂张湘平、县农业技术推广中心顾文然、县文艺创作室成砺志先后被批准享受国务院特殊津贴。至2005年,全县有6人被授予"省有突出贡献的中青年专家"称号、10人被授予"市有突出贡献的中青年专家"称号。3人经国务院批准享受政府特殊津贴。

附:省有突出贡献的中青年专家——顾文然

图 26-5-2　顾文然

顾文然　男,汉族,民国30年(1941)2月出生,江苏建湖县人。高级农艺师。1961年,从扬州农校分配至县农业局工作,先后担任农技员、县农业技术推广中心副主任、县科协副主席。

从事农业技术推广40多年,完成多个农业科研项目研究,先后获农业部科技成果奖2个,省政府奖2个,厅、市级奖4个,县级奖7个。1983年,《扬州里下河地区沤改旱技术》获农牧渔业部技术改进一等奖。1986年,《水稻籼粳杂种优势利用研究》获省科技进步四等奖。1992年,《扬辐糯1号的选育及其开发利用》获省科技进步三等奖,《江苏不同栽培制度水稻抛秧高产技术研究》获省科技进步二等奖。1995年,《宝应县35万亩水稻高产高效综合增产栽培技术》获省农业丰收三等奖。参与推广吨粮田建设,取得较好的社会效益。先后发表《汕优63配套栽培技术》《扬麦2号利用价值的探讨》《药处大苗无土抛秧技术》等论文多篇。

1989年,被市政府授予"市有突出贡献的中青年专家"和"市劳动模范"称号。1990年,被国家计委、农业部表彰为全国第一批农业商品基地建设先进工作者。1992年,被农业部表彰为全国振兴农业工作先进个人。1993年被省政府批准为"省有突出贡献的中青年专家"。1994年,经国务院批准,享受政府特殊津贴。

1991～2005年宝应县有突出贡献的中青年专家一览

表 26-5-4

年　份	姓　名	所在单位	授予单位
1991	冒金美	县畜牧兽医站	市政府
1992	章寿明	宝应县中学	市政府
	张湘平	宝胜电缆厂	省政府
1993	陈处达	宝应酒厂	市政府
1994	顾文然	县农业技术推广中心	省政府
	童楚生	县华森公司	市政府

续表26-5-4

年　份	姓　名	所在单位	授予单位
1995	刘爱娟	县林业站	市政府
1996	张长顺	县中医医院	市政府
	唐朝荣	宝胜集团	市政府
	王中发	县畜牧兽医站	市政府
1998	成砺志	县文艺创作室	省政府
	潘晨曦	宝胜集团	省政府
2002	唐朝荣	宝胜集团	省政府
2003	蔡顺章	县林业站	市政府
2003	房权生	宝胜集团	市政府
2005	房权生	宝胜集团	省政府

第三节　科技经费管理

一、科技拨款

1998年,省、市科技主管部门始对县内获批的部分科技计划项目给予经费补助。2004年,科技部对县内列入国家科技计划的项目下拨经费。至2005年底,共获得国家和省、市50个科技计划项目拨款826万元。

1998～2005年宝应县科技计划项目获拨款情况一览

表26-5-5　　单位:万元

年　份	项目名称	实施单位	计划类别	资金来源	金额
1998	CIMS应用示范工程	宝胜集团	重大科技攻关	省	20
	养龟等	县特种水产养殖场	农业科技攻关	市	10
2000	自动化护理病床	南京物探研究所、宝光电子有限公司	院企合作计划	省	8
	水网地区中低产田渔池综合开发利用	柳堡镇水产技术推广服务站	院企合作计划	省	8
2003	生物农药“锐星”在无公害稻米生产上的推广应用	县宝星农业科技有限公司	科技项目补助	省	10
	日本三池蒿菜优质栽培与调理菜加工技术应用	扬州蓝宝石食品有限公司、县荷藕研究所	科技项目补助	省	10
	因特网信息高速公路骨干网电缆开发	宝胜科技创新股份有限公司	科技项目补助	省	10
	反渗透装置水处理设备	宝应华东净化水设备有限公司	科技项目补助	省	6.5
	生态肥在莲藕生产上的示范推广	县荷藕研究所、县科技局	科技项目补助	省	10
	新型生物农药病毒增强Bt的产业化开发	绿源生物化工有限公司、宝应县无公害农业科技示范园	科技项目补助	市	4
	宝胜集团ERP系统	宝胜集团	科技项目补助	省	10
	荷叶黄酮化合物提取鉴定及功能研究	扬州大学、县科技局	科技项目补助	省	5.5

续表26-5-5

年　份	项目名称	实施单位	计划类别	资金级别	金额
2003	新国标三级以上水稻新品种丰优香占、扬两优6号示范推广及产业化开发	县农业技术推广中心、扬州绿野食品有限公司	科技项目补助	省	10
	CN-3植物性农药表面活性剂	扬州晨化科技集团	科技项目补助	省	5
	具有屏蔽和耐化学药品功能的电缆	宝胜科技创新股份有限公司	科技项目补助	省	15
	YTZ型无堵塞纸浆泵	江苏迎浪科技集团	科技项目补助	市	5
	可*UV*固化的汽车漆用水性聚氨酯分散体	扬州晨化科技集团	科技项目补助	市	20
	高效石油化工流程泵	江苏迎浪科技集团	工业科技攻关计划	省	50
	500摄氏度高温绝缘控制电缆	宝胜科技创新股份有限公司	"火炬计划"	市	9
	端氨基聚醚	扬州晨化科技集团	"火炬计划"	市	8
	YD型多功能电子回单系统	江苏广兴达银大科技有限公司	"火炬计划"	市	14
	引进防火电缆氧化镁灌装生产技术	宝胜科技创新股份有限公司	国际合作计划	市	5
	保健型复合莲藕粉生产关键技术与产业化开发	扬州永佳食品有限公司	农业科技攻关	省	18
2004	县水生资源专家咨询决策系统	县信息网络中心	农业示范推广	省	10
	水生资源立体种养及加工技术培训	县信息网络中心	农业示范推广	省	10
	莲藕良种繁育基地建设	射阳湖镇农科站	"星火计划"	省	15
	莲藕综合深加工	江苏太荷藕制品有限公司	"星火计划"	省	10
	黄鳝集约化养殖示范推广	江苏水仙实业有限公司	科技发展计划	省	12
	宝应县科技大厦建设	县建设局	科技活动条件	省	5
	220千伏交联聚乙烯绝缘电力电缆	宝胜比瑞利电缆有限公司	重点新产品	国家	20
	YGZB型高效无堵塞泄漏纸浆泵	江苏迎浪科技集团	重点新产品	国家	20
	宝胜集团ERP系统	宝胜集团	工业科技计划	市	10
	县水生资源专家咨询决策系统	县信息网络中心	工业科技计划	市	5
2005	省电线电缆工程技术研究中心	宝胜集团	工程技术中心	省	200
	轨道交通用35千伏防蚁鼠无卤低烟A类阻燃特种电缆	宝胜科技创新股份有限公司	工业科技攻关计划	省	40
	火灾感温报警电缆	宝胜科技创新股份有限公司	"火炬计划"	省	8
	XBD-YL型消防泵	江苏迎浪科技集团	"火炬计划"	市	9
	户外型环氧树脂浇注中高压互感器制造技术	宝胜集团	国际合作计划	市	6
	优质抗僵加工出口专用莲藕新品种(系)选育	江苏荷仙集团	农业高技术研究	省	20
	调理蔬菜加工技术	扬州蓝宝石食品有限公司	"星火计划"	省	20
	水生蔬菜安全加工常温贮藏技术研究与开发	扬州蓝宝石食品有限公司	农业科技攻关计划	省	20
	水芹菜保鲜包装技术研究与开发	市清纯食品有限公司	农业科技攻关计划	省	25
	莲藕加工出口全程质量控制体系建设	县科技孵化中心、县荷藕行业协会	科技创新服务体系	省	20
	农业标准化生产技术培训	县农干校	"星火"培训	省	15

续表26-5-5

年　份	项目名称	实施单位	计划类别	资金级别	金额
2005	“星火计划”培训二期工程	县科技局	“星火”培训	省	12
	端氨基聚醚	扬州晨化科技集团	重点新产品	国家	20
	省单季稻丰产高效技术集成与示范	县科技局、县农林局	粮食丰产科技	国家	15
	省单季稻丰产高效技术集成与示范	县科技局、县农林局	“51880”补助	市	4
	河蟹、鳜鱼套养技术示范与推广	江苏水仙实业有限公司	“51880”补助	市	2
	莲藕无公害标准化生产技术推广	县荷藕研究所	“51880”补助	市	2

二、科技贷款与贴息

(一)科技贷款

1991年，宝应电器厂开发微型温度继电器项目，首次获得世界银行50万美元贷款，国内配套50万元人民币贷款。至2005年，全县有“星火计划”“火炬计划”等44个项目获国家科技开发贷款和银行贷款等5.51亿元，占全县此类科技项目总投入的26.8%。

1991～2005年宝应县获得科技贷款项目情况一览

表26-5-6　　单位：万元

年　份	项目名称	获贷单位	贷款金额
1991	微型温度继电器	宝应电器厂	450
1992	高强度多股双层编织绳缆	天平绳缆厂	247
1993	塑料分丝机	县控制设备厂	20
	LB-I型自动排气输液器	县医疗卫生用品厂	60
1996	新型天然表面活性烷基多苷	扬州晨化科技集团	500
1997	220千伏高压交联聚乙烯绝缘电力电缆	宝胜集团	2000
	100MBPS高速高性能计算机网络系统数据通信电缆	宝胜集团	200
1998	HSC-3交流变频调速器	县华森公司	1429
	农业科技发展计划项目	县农业技术推广中心	250
1999	保健莲藕汁饮料	江苏五琼浆集团	806
	3～35千伏真空开关	江苏宝开集团	1200
	建筑硅酮玻璃密封胶	扬州晨化科技集团	800
	中华绒螯蟹纯种培育	江苏水鲜集团	450
2001	KY161/KY241型烟叶预压打包系统	县无线电厂	4350
2002	因特网信息高速公路骨干网电缆开发	宝胜科技创新股份有限公司	3570
	500摄氏度高温绝缘控制电缆	宝胜科技创新股份有限公司	1000
	火灾感温报警电缆	宝胜科技创新股份有限公司	800
	莲藕良种繁育基地建设	水泗乡农业技术推广站	500
	莲藕综合深加工	江苏太荷藕制品有限公司	2850
	黄颡苗、乌鳢苗种人工繁育基地建设	县特种水产开发总公司	400
	无卤低烟高阻燃玻璃布包带	县新奇特电缆材料厂	500

续表 26-5-6

年　份	项目名称	获贷单位	贷款金额
2002	具有屏蔽和耐化学药品功能的电缆	宝胜科技创新股份有限公司	1500
	CN-3植物性农药表面活性剂	扬州晨化科技集团	560
	YTZ型系列无堵塞纸浆泵	江苏迎浪科技集团	760
	调理蔬菜加工技术	扬州蓝宝石食品有限公司	1000
	黄颡、乌鳢苗种人工繁育	县特种水产开发总公司	400
	牡丹平地催花	宝应兴隆实业有限公司	1600
2004	防白蚁电缆开发	宝胜科技创新股份有限公司	800
	80T/Y超薄型幅宽100毫米聚酰亚胺薄膜	江苏亚宝绝缘材料有限公司	600
	变频器用电缆	宝胜科技创新股份有限公司	1000
	500摄氏度高温绝缘控制电缆	宝胜科技创新股份有限公司	1000
	端氨基聚醚	扬州晨化科技集团	800
	YD型多功能电子回单系统	江苏广兴达银大科技有限公司	1500
2004	莲藕良种繁育基地建设	射阳湖镇农科站	500
	莲藕综合深加工	江苏太荷藕制品有限公司	1450
	PET贴合纸	县天宇纸制品有限公司	700
	高效石油化工流程泵	江苏迎浪科技集团	50
2005	YD型嵌入式数字硬盘录像机	江苏广兴达银大科技有限公司	1500
	YGZB型高效无堵塞无泄漏纸浆泵	江苏迎浪科技集团	1600
	热塑性低烟无卤阻燃聚烯烃护套料	江苏宝源电缆料有限公司	1320
	硅氧烷聚氨酯密封胶	扬州晨化科技集团	1000
	多媒体通信综合电缆	宝胜科技创新股份有限公司	3250
	220千伏交联聚乙烯绝缘电力电缆	宝胜比瑞利电缆有限公司	4150
	调理蔬菜加工	扬州蓝宝石食品有限公司	1000

(二)科技贷款贴息

2000年,江苏亚宝绝缘材料有限公司双轴定向拉伸聚酰亚胺薄膜项目获国家中小企业创新基金项目计划贴息60万元,占全县贷款贴息总金额的38.1%。至2003年,全县有12个科技项目获科技贷款贴息157.50万元。此后,科技贴息贷款停止。

三、科技三项经费

1990年,全县科技三项(新产品试制、中间试验和重大科研项目补助)经费20万元。1996年起,县政府加大对科技三项经费投入,达110万元。1997年科技三项经费190万元。1998年后,全县每年下拨科技三项经费100万元以上。至2005年,全县有348个项目使用科技三项经费,共投入资金1419万元。

1990~2005年宝应县科技三项经费使用情况一览

表 26-5-7

年份	项目数(个)	资金数(万元)	年份	项目数(个)	资金数(万元)
1990	7	20	1998	23	100
1991	11	25	1999	37	105

续表 26-5-7

年份	项目数(个)	资金数(万元)	年份	项目数(个)	资金数(万元)
1992	16	41	2000	32	115
1993	16	40	2001	31	110
1994	25	50	2002	29	100
1995	13	74	2003	22	100
1996	19	110	2004	15	114
1997	25	190	2005	27	125

第四节　知识产权保护

1990年,全县专利申请13件,其中授权专利9件,科技成果转化创产值100万元、利润20万元。1991年6月,县科委举办《中华人民共和国专利法》《中华人民共和国技术合同法》培训班。有92家企业制定专利管理制度,配备专兼职专利管理员92人。1995年,县科委利用科普画廊和科技"三下乡"等途径,开展专利宣传、咨询。1998年,县科委帮助翁同松、张小根、郝达进3人申请发明专利和实用新型专利共3件。2001年12月,县科技局增设县知识产权办公室。2003年,开始实施专利申请项目资助方案,发放30件专利申请资助资金1.65万元,同时支付21件专利委托专利事务所代理项目费用2.34万元。2004年5月,县内有32人获省知识产权工作者证书。全县专利申请量大幅增加,达143件。县政府明确规定在实施专利申请资助的同时,再对每项授权发明专利奖励1万～2万元、实用新型专利奖励1000元、外观设计专利奖励500元。2005年4月,县知识产权局成立,建立知识产权工作联席会议制度。是年10月,宝应县被确定为省知识产权保护工作试点县。县科技局(县知识产权局)会同司法、质监、工商等部门运用戗牌、专利资料和咨询等形式,进行保护知识产权、促进创新发展街头宣传活动。县领导发表保护知识产权电视讲话等。《扬州日报》《宝应日讯》开辟专版,刊登知识产权基本常识问答18条。宝应仁恒实业有限公司专利产品风速可调卷烟机吸风管获县技术发明奖一等奖,宝胜集团、江苏迎浪科技集团、县九力绳缆公司、亚星特种电器公司和宝应电器厂5家企业11件专利产品分获县技术发明奖二、三等奖。至2005年,累计专利申请量640件,拥有专利授权336件,共发放专利申请资助资金40.18万元、专利奖16万元,先后举办知识产权培训班9期,954人参加培训;有95家企业建立专利管理制度,有专利管理员116人。

1990～2005年宝应县专利申请、授权情况统计

表 26-5-8　　单位:件

年份	申请	授权	年份	申请	授权
1990	13	9	1998	22	1
1991	8	7	1999	21	19
1992	6	4	2000	19	15
1993	7	5	2001	30	11
1994	9	6	2002	31	22
1995	5	4	2003	41	32
1996	11	6	2004	143	35
1997	6	6	2005	268	154

第六章　气象与防雷防震

第一节　气象测报

1990年，县气象站有气象传真胶片机、高频电话、PC-1500袖珍计算机等主要设备和地面观测站设施。地面观测站每天3次定时观测云状、云量、能见度、天气现象、气温、湿度、气压、风向、风速、降水、蒸发、日照、地面湿度、浅层地温以及雪深等。每天实时向省、市气象台上报区域天气报和重要天气报。气象资料处理靠人工接收无线气象电报，翻译气象数据，填写天气图，制作天气预报。1991年，县气象局成立，保留“县气象站”名称。1995年，县气象局采用计算机和人工相结合方法，制作长、中、短期和短时预报气象产品，天气预报日趋客观化、定量化、程序化和自动化。1997年，县气象局投资10万元，添置卫星云图接收处理机等，建立卫星云图接收系统，接收日本GMS5同步气象卫星发送的云图资料，加入全国气象部门“9210”（卫星通讯网工程）系统。同时，添置气象信息处理专用设备，建成气象信息综合处理MICAPS（人机交互）系统。1999年4月，添置气象数据无线接收专用电脑，建立气象数据单向广播PC-VSAT（接收系统和语音系统）单收站。2000年5月增加拍发天气加密报。2003年4月与10月建成2座无人自动气象站，观测ZQZ-AE风向、风速、气温和降水实况，增加气象要素观测时空密度，进一步适应气象工作对地面观测定时、定点、定量需求。2004年，增设省—市—县地面2兆数字光纤专网，实现气象服务平台、PC-VSAT卫星电话、监控图象、自动站资料等多媒体大容量信息双向传输。2005年9月，每30分钟1次通过“9210”系统接收风云二号卫星播发的红外线、可见光、水气云图，天气预报逐步向定时、定点、定量方向发展，天气预报准确率进一步提高。

第二节　气象服务

1990年，县气象站通过电台每天3次向社会发布降水性质、量级，风向、风力，最高、最低气温等短期天气预报。与各乡镇和有关系统签订气象服务协议，加强突发性、强对流等灾害性天气的预报工作。1995年，环流指数与暴雨关系研究获市科技成果三等奖。此后，县级降水预报自动化系统、杂交稻生态保养技术、用模糊识别法预报棉铃虫、农业气象经济信息服务网站建设研究等气象科研成果，为全县经济建设提供服务，分别获省、市科技进步奖。1998年，开通“121”电话气象咨询热线和电视天气预报，并逐步在电视天气预报中增加人体舒适度指数、紫外线防护指数和城市防火等级内容。2003年3月，开辟网络发布渠道，在市内率先开通手机短信查询天气预报业务。2005年7月，“121”天气预报电话自动答询系统全面升级，与全国同步改号为“96121”，全天候滚动播发天气预报。同时，根据各种灾害性天气造成的影响发布预警信号，发布预警信号的灾害性天气有台风、暴雨、高温、寒潮、大雾、雷雨大风、冰雹、雪灾、道路结冰等。预警信号按影响的轻重，分蓝色、黄色、橙色、红色4种，服务人民生产、生活。《中国气象报》曾以《为了大地的丰收》《为了源头工程》专题报道县气象局为农业生产和南水北调工程建设服务的先进事迹。

第三节　防　　雷

1997年，县防雷安全管理中心成立。当年对300多家企事业单位避雷针装置进行检测，开展雷电防御宣传和收集、调查、鉴定、上报雷电灾害等。1998年,县政府印发《关于加强防雷安全管理工作的通知》,县气象局把防雷安全工作纳入气象工作规范化管理范畴,并会同县公安局、县教育局联合印发《关于加强计算机信息系统防雷安全管理工作的通知》,对全县易燃易爆单位和计算机系统等加大防雷管理力度。1999年,县防雷中心履行全县建筑工程项目防雷审批论证和工程竣工验收职责。2000年,宝应在大运河上架设战备钢索斜拉大桥(宝应运河二桥),县防雷中心按照国际建筑物防雷规范进行壳体及桥面防雷设计,运用国际防直击雷标准(NFC17-102)器材,解决大桥防雷击难题,保证工程顺利进行。《京杭运河国防斜拉桥防雷工程研究》获当年省科技进步三等奖。2005年,县防雷中心会同有关部门和乡镇建立健全防雷安全监督管理人员队伍。至年末,全县共开展高层建筑、计算机设备、电力通信设备、易燃易爆场所防雷安全设施设计、审查、验收、检测近3000次,参与雷灾事故调查、鉴定数十起。

第四节 防　　震

1990年,小官庄地震测报点有模拟DPJ-Ⅲ型地震电磁辐射观测仪、ULF-Ⅲ型超低频地震电磁信息观测仪、DJ-Ⅰ记录仪等监测设备。每月坚持1次震情监测会商制度,分析观察资料,进行地震趋势预测等,并上报省、市地震主管部门。1993年起,县内连续7年无地震参数信号。1994年,县政府制定《宝应县抗震防灾规划》。1996年,县政府防震减灾领导小组增加抗震救灾指挥部职能。1997年10月,县地震办公室更名为县地震局。1998年,县政府制定《宝应县破坏性地震应急预案》; 5月,中国地壳运动观测扬州市测绘点在小官庄地震监测站建立。2000年,县政府印发《宝应县建筑工程抗震设防管理办法》。县地震局先后两次运用科普画廊、街头设点、戗牌、宣传资料等,开展防震减灾宣传活动。2002年,在全县基本建设工程中实施建设工程抗震设防要求审定和场地地震安全性评价结果审定两个项目,把抗震设防纳入基本建设审批程序。制定学校、医院、商场、交通枢纽、公共文化设施等重大建设工程抗震设防专门标准和安全性评价标准。2003年,县政府建立县防震减灾工作联席会议制度,坚持每月震情会商活动,组织各镇、各单位开展防震减灾宣传。是年6月,县地震局与县科技局合署办公。2004年5月,县地震测报站震前连续测到黄海里氏4.0级、东台里氏3.9级、射阳里氏3.4级3次地震异声信号,获市地震局好评;7月29日准确预报境内将发生地震;8月16日,省地震局分析预报中心专家组专程到宝应考察"7•29"震前电磁波异常情况,其预报准确率受到专家组肯定。是年,建成数字化深井1口,添置强震仪1台。2005年,实施震前电磁波改造、数字化电磁波观测等建设项目。县政府印发《宝应县防震减灾"十一五"规划和2020年远景规划》。26所中小学校被命名为县防震减灾科普示范学校,翔宇教育集团宝应实验小学被列为省、市防震减灾教育基地、防震减灾科普示范学校。

1990～2005年宝应县地震情况一览

表26-6-1

日期	时间	纬　度	经　度	震　级	日期	时间	纬　度	经　度	震　级
1990.9.6	12:41	33°16′	119°26′	里氏1.2	2004.7.29	09:54	33°15′	119°14′	里氏2.3
1991.7.4	13:35	35°12′	119°29′	里氏1.2	2004.7.29	12:50	33°15′	119°12′	里氏2.0
1992.12.1	05:30	33°16′	119°18′	里氏1.7	2005.3.18	09:28	33°12′	119°35′	里氏2.0
2000.5.1	00:43	33°15′	119°25′	里氏2.5	2005.10.16	02:26	33°13′	119°17′	里氏1.5
2001.10.24	10:58	33°18′	119°26′	里氏2.6	2005.10.16	02:44	33°14′	119°16′	里氏2.4
2002.3.7	02:39	33°16′	119°28′	里氏1.6					

第二十七篇 教 育

1990年,全县有幼儿园472所,在园幼儿1.66万人;中小学598所(含职业中学、特殊教育学校等),学生11.87万人;教职工7893人,其中民办教师3970人。随着教育教学改革步伐加快,相继进行师资、学校资源整合和布局调整。1995年建成全国扫除青壮年文盲工作先进县,30个乡镇全面实施九年制义务教育。1996年,制定县教育现代化总体规划及年度实施计划,各乡镇学校配备录音机、电视机、投影仪、投影幕教学,小学生入学率100%。1999年,郭桥乡建成全县第一个教育现代化乡镇,射阳湖镇中心幼儿园率先实行租赁办园。2001年,通过省、市中小学校无危房县验收,民办翔宇教育集团成立。2003年,优化教育结构,组建县职业教育集团;初中、高中分设,独立办学;普通高中实施办学权与所有权分离改革。2004年,完成农村中小学新课桌、新板凳、新讲台、电灯亮工程,建成一批现代化、书院气、花园式的中小学校。县教育信息资源中心成立,教育网站开通。2005年,全县中小学校实现校校通,拥有计算机网络教室153个、多媒体教室307个、电子备课室54个,有计算机8098台,实现一人一机开设信息技术教育课。是年,全县有幼儿园46所,在园幼儿2.06万人;中小学校(含职业学校、特殊教育学校)148所,学生11.55万人;教职工7543人,其中民办教师45人。1990~2005年,县财政教育投入11.59亿元,教育费附加2.19亿元,各级各类学校办学水平和教学质量不断提高,先后培养职业中专、职业高中、普通高中毕业生4.88万人,向高校输送人才2.16万人,电大、高师函授、高等教育自学考试毕业生9655人。

第一章　教育改革

第一节　体制改革

一、管理体制改革

1986年，县政府印发《宝应县中小学教育分级办学、分级管理实施方案》，改变县文教局统一管理全县教育格局，实行"三级(县、乡镇、村)办学、两级(县、乡镇)管理"模式。全县30个乡镇成立教育委员会，下设办公室，行使乡镇教育管理职能。1990年，县文教局履行县级学校管理职责。1993年9月，撤销县文教局，建立县教育局。1997年，县教育局更名为县教育委员会。1998年，县委办公室、县政府办公室转发《县教育委员会〈关于进一步完善乡镇教育管理体制的意见〉》。2001年，撤销乡镇教育办公室，改由乡镇中心初中负责乡镇教育管理。2002年1月，县教育委员会更名为县教育局。是年，县政府加大农村基础教育统筹权，全县教育实现两个转变：以农民办学为主向以政府办学为主转变，以乡、村办学为主向以县办学为主转变。2003年秋，全县高、初中分设后，首先在高中推行后勤社会化管理改革。至2005年，全县高中、定点初中及各类职业学校的食堂、商店、浴室、校办工厂全部与学校剥离，实行社会化运作。

二、办学体制改革

(一)幼儿教育办学体制

1990年，全县有公办、集体、个体幼儿园472所，其中公办幼儿园276所。1999年，公办幼儿园尝试产权制度改革，射阳湖镇中心幼儿园在县内率先实行租赁办学。2000年，夏集幼儿园和氾水、射阳湖、望直港、西安丰等镇中心幼儿园拍卖给个人独资办园。其间，公办幼儿园逐步合并，实行规模办学。2002年，夏集幼儿园和射阳湖镇中心幼儿园办学权被镇政府收回。2005年7月，完善世纪园幼儿园租赁办学办法。是年底，全县有幼儿园46所，其中公办幼儿园41所。

(二)民营、合作办学体制

1995年，县实验小学在全市率先开办公办民助班1个，学生50人。至1997年，共开办4个班，资助家庭困难学生195人。2001年2月，县政府和上海龙菱实业有限公司签约，由上海龙菱实业有限公司投资组建翔宇教育集团，将宝应高级中学、县实验初级中学、县实验小学改制为民办，并先后投入2.30亿元，在县开发区新建高级中学和实验小学。2005年，县职业教育集团与苏州光华集团及其所属苏州工业园区职业技术学院联办宝应(光华)职业技术学校。11月投入2亿元，在县开发区开工建设新校区。

(三)普通高中办学体制

1997年，宝应县中学首先打破完中办学格局，高中、初中分设，成为县内第一家独立的高级中学。2003年，全县高中、初中基本实现分设。为增强活力，形成竞争机制，氾水、曹甸、城郊、城镇、城北5所公办普通高中实施以"资产国有、校长聘任、办学自主、经费自筹"为主要内容的"两权"(所有权、办学权)分离改革。

(四)职业教育办学体制

2003年8月，打破高等职业教育与中等职业教育、职业教育与成人教育之间壁垒，实施"四改一"(市广播电视大学宝应分校、县教师进修学校、宝应职业教育中心校和县职业高级中学)合并工程，组建县职业教育集团(简称县职教集团)。2005年，县职教集团与苏州光华集团及其所属苏州工业园区职业技术学院联办宝应(光华)职业技术学校。

（五）成人教育办学体制

1997年，县内创新成人教育与职业教育办学模式，30个乡镇成人教育中心校陆续与乡镇党校、团校、人口学校、农业技术学校合并办学，实现资源共享，优势互补。至2005年，全县基本形成普通教育、职业教育、成人教育"三教统一"的办学格局。

第二节　教育教学改革

一、素质教育

1990年，县文教局以加强学生德、智、体、美、劳全面发展为素质教育基础。1993年，全县在学生中开展"四有"（有理想、有道德、有文化、有纪律）教育，培养和提升广大中小学生整体素质。1995年，各级各类学校全面开展学雷锋、讲文明、树新风活动，推动中小学生在社会、学校、家庭中树立良好形象。1997年，在全县教学工作会议上，首次提出中小学生素质教育是学校教育教学工作的重要内容之一。1999年，落实教育部《关于深化教育改革，全面推进素质教育的决定》精神，统一全县学生素质教育活动内容，教学上增加培养小学生数学口算、语文听力，中学生英语听力和会话能力，学生成绩由百分制改为等级制，设立学生素质发展报告书和《成长记录袋》，学生操行评定采用鼓励性评语。2000年，全县学校全面开展课堂教学改革和创建市素质教育先进校活动，把素质教育纳入强化教学质量综合评估的条件之一，统一"三表"（课程表、作息时间表、活动课表），严格控制考试、竞赛频率和学生作业量 推进素质教育规范化。是年，氾水、夏集、小官庄等镇中心小学被评为市素质教育先进学校。2002年，各镇中心初中、中心小学及县属学校设多媒体网络教室、多媒体投影教室和教师电子备课室，开始实施计算机教学，加强中小学生素质教育平台建设。组织校长、教师10多人到南通等地名校跟班学习；邀请教育部教科所华国栋、省教学研究所成尚荣等专家开设素质教育讲座。2003年，构建素质教育质量管理机制和责任体系、评价体系，推进素质教育先进学校创建活动。至2005年末，全县共建成市素质教育先进学校20所。

图27-1-1　宝应中学师生清明祭扫革命烈士墓

二、思想品德教育

1990年起，全县学校以每年的3月为"文明规范月"，推进中小学生行为规范养成教育。是年，组织学生开展"五爱"（爱祖国、爱人民、爱社会主义、爱集体、爱劳动）活动。此后每年一个主题，开展思想品德、劳动技术、社会实践等方面活动，让学生学会生存、学会学习、学会做事、学会做人。1994年，宝应县中学、郭桥中学、小尹庄中学被评为省德育工作先进学校，并获全国"寻伟人足迹，学雷锋精神"理想教育活动组织奖。1998年，全县中小学校开展纪念周恩来总理百年诞辰活动，每个学生做到读一本有关周恩来的书、参加一次纪念周总理的主题班会、参观一次周恩来少年读书处、到为民服务基地做一件有意义的事。2000年，各级各类学校建立健全德育工作组织网络和德育基地，设立德育（校史）室，建立升国旗和国旗下讲话制度。此后，在学生中定期开展"三德"（社会公德、职业道德、家庭美德）、"五心"（忠心献给祖国、爱心献给社会、关心献给他人、孝心献给父母、信心留给自己）教育活动。2001年，县内学校普遍建立家长学校、青年军警校，开展"党在我心中""珍惜伟大时代""树立远大理想""努力成为有用人才"和"新世纪我能行"等活动。并在高中和职业学校学生中，举行18周岁成人宣誓仪式。至2005年，安宜高级中学等7所高级中学建成中学生党校。全县中学普遍使用德育手册，学生操行评语实行学生自评、小组互评、班主任和任课教师参评制度。

三、课程改革

1992年，根据国家教委《九年义务教育全日制小学、初级中学课程计划》，全县学校在课程行政管理体制上，打破全国统一大纲、统一教材、统一使用格局，确立"一纲多本"(一纲即全国统一大纲，多本即多种教材、各校选择使用)课程改革方略；在课程目标、内容、组织、结构等方面注重个性发展、选修课程、活动课程。1996年，全县制定《教育教学质量规范》，贯彻落实"六统一"(统一课程计划、统一作息时间、统一教学进度、统一学生作业量、统一学生考试次数、统一学生校外实践活动量)、"六不准"(不准违规补课、不准随意延长学生在校时间、不准布置超时或惩罚性作业、不准挤占其他课程改上语数课、不准频繁考试、不准开设重点班和提优班)等要求，强化教学管理，规范教学行为。2001年，宝应县被省教委确定为扬州市第一家省基础教育课程改革实验区。县教育局印发《宝应县创建课改实验示范校、骨干校基本要求》。翌年，县教育局印发《关于宝应县中小学校本课程的实施意见》，小学一年级全面实施新的课程设置、课程标准，使用国标实验教材，开设品德与生活、语文、数学、艺术、体育等课程；小学三年级开设英语和科学课程；初中一年级使用新课程标准和新教材；示范幼儿园和乡镇中心幼儿园按国家新颁布的《幼儿教育指导纲要》开展教育实验。2003年10月，宝应县通过省课改实验县验收。2005年秋季开始，县内实施新一轮课程改革方案，更新教与学观念，转变教与学方式，重建学校管理与教育评价制度。

四、课堂教学改革

1990年，各类学校实施课堂教学改革。小学广泛开展集中识字、大量阅读、分步习作的课堂教学实验研究，中学不断探索整体推进、单元合成的课堂教学实验研究。1995年，县教育局印发《关于提高课堂教学效益的意见》，召开以提高课堂教学效益、减轻学生过重课业负担和深化素质教育为主题的全县教学工作会议。修订完善《宝应县中小学教学工作规范化基本要求》，加大教学流程管理力度，坚持教学"六认真"(认真备课、认真上课、认真布置与批改作业、认真组织考试、认真参加教研)，实行"四精"(精选、精讲、精练、精批)、"四必"(有发必收、有收必改、有改必评、有错必纠)。1999年，县内实施骨干教师、学科带头人、名教师培养工程，推动课堂教学改革，先后培养县级名教师360人、市级名教师96人，用数以百计的名课件提高全县各级各类学校的课堂教学效果。2000年，县内学校全面实施课堂教学改革年方案，重新制定《课堂教学评估标准》，组织学科带头人编制《示范性教学设计》，学习和推广泰兴市洋思中学经验，打破满堂灌式教学传统，发挥学生主体和教师主导作用，形成先学后教、当堂训练的教学新模式。2004年，县内开展名师课堂教学观摩活动，组织骨干教师上研究课，以走百校、进千班、听万课的方法，推进课堂教学改革。在小学和普通中学教学中，以学生知识和技能的获得为中心，注重学生学习过程、方法、情感态度和价值观等方面的全面发展；职业教育从社会需求、市场需要出发，改革课堂教学内容，讲究学生的专业技能培养，按照社会需要定单办学、定单培训。2005年印发《宝应县中小学教师教学规范化实施细则》《课堂教学达标活动实施方案》。全县课堂教学改革以构建区域教研、联片教研、结对教研网络为基础，搭建教师专业成长平台，引导教师开展校本教学研究，使教师教学行为制度化、规范化。是年，全县开展教师人人参与课堂教学练兵活动。

图27-1-2　中央电视台播出的宝应中学课改课堂展示

五、招生制度改革

1990年，全县初中招生采用统一试卷，各初中按施教区范围择优录取；高中招生使用市统一试卷，县文教局按一、二、三类高中顺序择优录取；职业教育招生在中考前填写志愿，中考后由县文教局将录取名单批转各校，发放录取通知书。1994年，招生打破施教区界限，允许农村高中面向全县招生；扩大招生自主权，允许非义务教育阶段招收自费生。1995年，开设职业教育招生市场，招生68个班3200多人。1997年，实施初中招生改革，取消小学毕业升学考试，取消初中重点班，实现就近划片入学。2001年，在中考中增加英语口语测试和音、体、美特长加试，开设中等学校招生市场；推行成人高中3+X(3门文化知识课+专业知识课)模块教学、成人中专免试入学及成人综合高中弹性学制等；县农干校招生由在职人员扩展到回乡的初中、高中毕业生，并从业余教育改变为脱产教育。2002年，职业教育实行提前招生。

第三节　人事制度改革

1992年，贯彻县政府《批转县文教局〈关于深化学校内部管理改革的意见〉》，实行校长选任负责制、教师定编聘任制、教育岗位责任制、教育奖金浮动制，有200名中小学校长竞争上岗、38名校长落选、76名教师落聘。1993年，平行调动校长26人，19名教师落聘、65名教师待聘，民办教师11人和临时代课人员306人被辞退。1999年，县委、县政府印发《关于深化学校内部管理体制改革的意见》，实行新“四制”，即校长聘任负责制、全员聘用合同制、教育岗位责任制、校内结构工资制，学校中层干部落聘73人，教师转聘251人、试聘104人、低聘177人、落聘30人。2001年，开设教育人才市场，140名师范毕业生应聘上岗。2003年，县教育局印发《关于进一步深化学校人事制度改革的意见》，全县7758名教职员工由“单位人”转变为“系统人”、由“身份管理”转变为“岗位管理”，其中有教师99人转岗、146人待岗。2004年有4名校长降职、195名教职工待聘。2005年有47名教师转聘、186名教师待聘。

第四节　学校布局调整

一、小学布局调整

1990年，根据省、市教育主管部门关于做大中心校、建好定点校、撤并薄弱校的小学布局调整要求，首先撤销夏集镇四新小学。至1995年秋，先后撤销农村小学28所。1996年，启动县城小学布局调整工作，城镇培红小学并入城中小学。1998年全面推行农村小学布局调整。全县30个乡镇中，有24个乡镇撤销村级完小与教学点29所。2000年秋，县城交通小学并入城南小学。2003年11月，县政府印发《关于进一步做好全县中小学校布局调整工作的意见》，城乡小学布局调整步伐加快。至2004年秋，先后撤并农村小学66所。当年，县城城北小学并入桃园小学、城东小学并入城中小学。1990～2005年，全县先后撤并完小、初小283所和教学点3个。

1990～2005年宝应县小学撤销情况一览

表27-1-1

年份	被撤销学校名称
1990	四新小学
1991	红旗小学
1992	双营、万沟、太平、宋埠、高家、上舍小学6所
1993	新阳、卢沟、戴庄、大王、潘家、头桥小学6所
1994	杨林、桑庄小学2所

续表27-1-1

年份	被撤销学校名称
1995	康营、黄圩、迎丰、徐甸、丰乐、白果塔、宝丰、新胜、官田、杨桥、张吉、崔渡小学12所
1996	太和、郜家、马荡、宴坎、杜巷、塘河、广虹、娄黄、培红小学9所
1997	闸北、柴沟、郎儿、三合、塘北、朱庄、颜庄、六合、耿庄、杨柳、潼河、曹塘、范仓、乔舍、木排、潘夏、南湖、刘家、瓜墩、沙河、姜庄、繁荣小学22所
1998	芦桥、西港、冯荡、官沟、许庄、马圩、高阳、柘沟、苏律、张沟、老庄、迎湖、玉露、苗林、易家、三联、三桥、谭庄、姜家、红星、建新、直塘、北河、大树、桥南、廖渔、谢桥、清水河、大陶小学29所
1999	渔场、南闸、新安、新桥、王圩、军师、花亭、兴旺、合心、新联、射南、元通、吉乐、张庄、华庄、王家、殷庄、衡楼小学18所
2000	槐楼、双塘、秦河、万民、李荡、张袁、任庄、清元、芦东、五顷口、朱联、月蟾、凤凰、冲林、苏宁、新南、光明、康庄、前庄、金泄小学20所
2001	陆家、潘桥、台河、白田、贾桥、唐桥、建设、寿林、贾林、胡家、万家、东进、鹤湾、北荡、南廖徐、芦赵、同兴、新丰、双钱、溪北、舍新、郝舍、龚陈小学23所
2002	西郊、刘堡、刘庄、三团、莲花、蒋湾、苏雅、丰收、五桥、王通河、仁里、廷柏、荡西、双楼、葛庄、赖南、双闸、杨庄、南河、范舍、走马坊、新陈、丁庄、魏荡、宋庄、小垛、南舍、天亭、包湾、新建、柴家、徐阳、吴坝、春光、长沟小学35所
2003	雍桥、三洋河、邬杨、陈幸、崔王、三新、范沟、四联、竹墩、大桥、柳树、风车、平江、向阳、落潮、蒋堡、大同、头坝、太仓、林溪、花亭、林北、大新、梁沙、马家、曹北、陆庄小学27所
2004	渔业、东升、金湾、双琚、潼口、赵河、卫星、团庄、荡口、鉴青、朱斗、韦庄、严桥、肖家、四集、蛤拖、火花、吴堡、张楼、国强、南沙、北沙、仲墩、潘舍、黄荡、七顷塘、大李庄、大陆、小新庄、湘成、闫庄、陈桥、丁牛、屈舍、夏庄、顾家、茆舍、周管、崔堡小学39所
2005	爱民、相庄、柳堡、洪庄、联丰、塘新、何家、杨林沟、桥头、诚忠、石先、陈范、赵家、戴堡、倪星、江跳、左堡、刘家潭、松竹、刘上、虹桥、泾农、东红、陈东、刘舍、黄家、大东、中南、顺河、颂扬、杨河、徐庄、光辉小学33所

二、普通中学布局调整

1991年，先后撤销韦镇乡韦北初中、石桥乡三合初中、氾水镇土塘初中、夏集镇相庄初中、山阳镇徐庄初中5所。各乡镇根据布局调整规划，逐步开展农村初中撤并。1994年，县教育局加大农村初中布局调整力度，有11个乡镇调整乡镇以下初中16所。1997年，宝应县中学初中部并入城郊中学初中部，城东初中并入画川初中。2001年9月，夏集高中撤并到鲁垛高中。翌年9月，射阳湖高中撤并至鲁垛高中。2005年9月，撤销城镇、城郊高级中学，组建成立县安宜高级中学。至此，县内先后撤销初中70所，合并初中7所，撤并高中4所。

1991～2005宝应县普通中学撤并情况一览

表27-1-2

年份	被撤并学校名称
1991	韦北、三合、土塘、相庄、徐庄初中5所
1992	郎儿、翠沟、双琚初中3所
1993	卫星、运河、团庄、祝阳、沿湖、徐扬、祁舍、天亭、南舍初中9所
1994	三团、官沟、马庄、雍桥、光华、廷柏、联丰、柳堡头、郑庄、鲁大舍、兴同、祖全、张楼、倪星、徐家、陶林初中16所，鲁垛中学初中部组建为鲁垛镇中心初中
1995	七里、花庄、金湾、新民、朱桥、赵河、兰亭、赵家、月蟾、巨丰、头坝、新舍、李沟、新建、古塔初中15所，四联、廖徐两初中合并组建为射阳湖第二初中
1996	杜巷、顾河、三联、联合、西南、柴家、屈舍初中7所
1997	齐心、火花、和平、蛤拖、虹桥初中5所，宝应县中学初中部并入城郊中学，城东初中并入安宜初中

续表27-1-2

年份	被撤并学校名称
1998	王通河初中1所，射阳湖第二初中并入射阳湖镇中心初中
1999	双河初中
2000	鲁庄初中
2001	夏集高中并入鲁垛高中
2002	曹坝初中，城西初中并入画川初中，射阳湖高中并入鲁垛高中
2003	前庄初中
2004	汜光湖、韦镇、台许、南窑、镇南初中5所
2005	城郊、城镇高中组建为安宜高中

第五节　教育督导

1992年10月，县教育督导室成立。1993年，县教育督导室开展普及九年制义务教育（简称普九）跟踪督导。至1995年，县内全部实施九年制义务教育。对九年制义务教育阶段控制学生辍学进行专项督导检查，学生辍学现象逐年减少。1995年12月，县政府聘任督学3人、兼职督学7人。2002年8月，县教育督导室更名为县政府教育督导室。2003年，全县初中生辍学率不到0.3%，为全省最低，受到省、市义务教育阶段控辍工作专项督查组充分肯定。是年起用两年时间，完成全县中小学首轮综合督导任务。2004年，县教育局和县政府教育督导室制定新一轮综合督导方案，从全县中心初中选聘特约教育督导员15人，选聘市县级学科带头人、骨干教师、教育管理干部90人与有关方面人员担任兼职督学和督导员，健全督导网络，完善督学责任区制度。其间，组织常规管理百校行、创建教育现代化乡镇和县、市模范学校考核等活动。在督查中，对各乡镇中心小学、中心初中、中心幼儿园和成人教育中心校以及县属中小学校、幼儿园、民办学校的办学思想、队伍建设、管理水平、学生全面发展、教科研工作、办学质量、办学条件等进行综合评估。是年4月，县教育局在全市教育督导会议上，作《宝应教育督导做到四个一（即巩固一块阵地、建设一支队伍、制定一套方案、打造一个平台）》专题发言，全文在省教育厅《简报》2004年第三期刊出。县政府教育督导室被评为市先进督导室。2005年，县政府教育督导室对民办翔宇教育集团实验初中和实验小学进行常规督导，对全县中小学贯彻落实党和国家教育方针以及公用经费使用情况进行全面督导和专项督查。

第二章　设施与经费

第一节　教学设施

一、校舍建设

1990年，全县各级各类学校占地268.18万平方米，学生人均22.54平方米。中小学校校舍建筑面积37.02万平方米。其中，小学21.81万平方米，学生人均占有2.63平方米；中学14.61万平方米，学生人均占有4.25平方米；职业学校等6000平方米。是年，全县学校校舍以修缮为主、新建为辅，修缮和新建校舍面积分别为3.28万平方米、0.76万平方米。

1993年,县工业学校、宝应县中学先后新建图书馆楼,氾水中学新建实验综合楼,城北中学和城郊中学新建教学楼等。全县学校校舍新建比重加大。是年,全县新建和修缮面积分别为3.10万平方米、1.68万平方米。1995年,鲁垛、氾水、曹甸、城郊4个乡镇新建中心初中,黄浦、广洋湖、小官庄3个乡镇新建中心小学。是年,全县新建校舍面积5.10万平方米。1999年,县聋哑学校新建教学楼1200平方米。2000年10月,中国香港邵逸夫资助100万元,新建广洋湖、鲁垛中心小学教学楼和广洋湖兰亭小学、鲁垛胡家小学校舍。2001年起,全县校舍建设发生变化,新建扩建单位多、规格高,注重教学楼、宿舍楼、图书馆、实验综合楼等相互配套。是年,中、小学新建校舍14.20万平方米,其中易址新建0.30万平方米,翻建教学楼、办公楼、宿舍楼11幢,建筑面积共4.50万平方米;翔宇教育集团宝应中学建成使用,建筑面积9.40万平方米。2002年,翔宇教育集团宝应实验小学建成使用,建筑面积3万平方米。2005年7月,安宜高级中学建成教学楼、图书馆、体育馆、学生宿舍和实验楼等校舍,建筑面积6.40万平方米;城北高级中学在新校区新建教学楼、综合楼等,建筑面积1万平方米。至年末,全县普通中小学占地318.90万平方米,学生人均占地28.60平方米。中小学校校舍建筑面积76.46万平方米。其中,小学28.76万平方米,学生人均占有5.24平方米;中学47.70万平方米,学生人均占有8.83平方米。职业学校等校舍建筑面积4.72万平方米。

1990～2005年宝应县各级各类学校校舍建设情况统计

表27-2-1

项目 年份	在校学生(万人)	学校占地面积(万平方米)	生均占地面积(平方米)	校舍面积(万平方米)	生均校舍面积(平方米)	修缮面积(万平方米)	新(扩)建面积(万平方米)	投资(万元)
1990	11.90	268.18	22.54	37.02	3.11	3.28	0.76	152.80
1991	11.37	268.18	23.60	37.95	3.34	6.03	2.42	945.50
1992	10.79	272.08	25.20	39.74	3.68	4.83	1.85	1587.40
1993	10.32	279.10	27.03	41.10	3.66	1.68	3.10	1489.90
1994	10.30	350.90	34.10	43.20	4.19	2.20	1.40	1404.50
1995	10.45	340.57	32.60	46.52	4.50	1.60	5.10	2945.10
1996	10.80	334.50	30.98	52.90	4.90	1.50	4.20	2500
1997	11.21	351.04	31.30	54.50	4.86	2.40	2.50	1920
1998	11.53	328.36	28.30	56.50	4.88	2.50	2.80	1400
1999	11.61	345.61	29.80	56.78	4.89	3.20	1.60	1200
2000	11.93	354.47	29.00	58.80	4.93	2.10	2.60	1500
2001	12.03	338.92	28.20	65.02	5.40	3.65	14.20	14300
2002	12.09	367.54	30.40	67.80	5.60	2.20	5.30	6700
2003	11.78	319.28	27.10	66.79	5.70	7.10	4.60	5800
2004	11.42	324.38	28.40	68.34	6.00	1.90	1.80	2900
2005	11.15	318.90	28.60	81.18	7.28	1.10	9.20	12300

二、危房改造

1994年,全县学校实施危旧校舍改造工程。是年,改造危旧校舍0.60万平方米,大修校舍1.60万平方米。此后,县内每年改建危旧校舍和大修校舍面积2.50万平方米左右。2001年4月,县政府召开学校危房改造工作推进会,实行危房改造目标责任制。是年,全县共投入2800万元,拆除危房2.60万平方米，修缮、改造危旧校舍3.70万平方米，基本消除中小学校危房，通过省、市学校无危房县验收。

三、教学设备

1990年后，全县各级各类学校教育设备逐步改善。1993年，全县学校投入5.70万元，添置图书5.98万册和部分体育器材及教学仪器。1996年制定县教育现代化总体规划及年度计划。1997年，10个乡镇学校率先实施“三机一幕”（电视机、录像机、录音机，大屏幕）教学装备计划，大多数乡镇学校实现计算机教学。1999年，郭桥乡率先在县内建成教育现代化乡镇。2003年，组建县内教育城域网，各学校购置微机，新建标准机房、多媒体网络教室和多媒体投影教室。2004年，根据省教育厅统一部署，解决农村中小学“三破一暗”（破课桌、破板凳、破讲台，光线暗）状况，全面实施“三新一亮”（新课桌、新板凳、新讲台，电灯亮）工程。全县维修出新桌凳3.95万张（条），添置新桌凳2.90万张（条），维修出新讲台953张，添置新讲台656张，安装改造照明教室1539间。2005年，全县实施农村中小学“六有”（有整洁校园、有满足师生就餐需要的卫生食堂、有干净卫生的饮用水、有水冲式厕所、有安全宿舍、寄宿生1人有1张床）工程，改建、新建宿舍项目39个2.90万平方米；改建、新建厕所106个9839平方米；饮用水、双人床等设施配套齐全，校园环境整洁、硬化、绿化、亮化、美化，通过省级“六有”工程验收。各镇中心初中、中心小学、县属学校建成“三室”（实验室、微机室、图书室）和塑胶操场、煤渣跑道，并配齐学生体育锻炼器材。宝应高级中学、安宜高级中学、宝应职业教育中心校建有室内体育馆。至年末，全县中小学体育运动场、馆面积110.57万平方米，计算机8098台，图书室藏书185.98万册，电子藏书6.38万册，实验、实习仪器设备价值1.10亿元。

第二节　教育经费

一、经费投入

（一）地方财政拨款

1990年，全县教育经费总额2986万元，其中县财政拨款1529万元，占51.2%。1991年，县财政拨款1660万元，占全县教育经费总额3065万元的54.2%，比1990年增加131万元，比重下降3个百分点。1995年，县政府实行分税制财政管理体制改革后，县和乡镇财政对教育的投入继续做到“三增长一优先”（拨款逐年增长、预算内教育费支出比例逐年增长、生均教育费逐年增长，教育基建指标优先）。全县两级财政投入4327万元，比1994年净增587万元。其中，鲁垛、汜水、曹甸、城郊、黄浦、广洋湖、小官庄7个乡镇投入310万元，新建中小学校教学楼。2001年，全县教育实现由农民办学、乡村办学向政府办学、县办学转变，县政府加大教育经费投入力度。当年地方财政拨款1.19亿元，占当年全县教育经费总量的62.3%。2005年，全县教育经费总量2.89亿元，其中地方财政拨款2.06亿元，是1990年的13.46倍，比2004年净增4851万元，创历年增加额之最。1990～2005年，地方财政累计投入教育经费11.59亿元，占全县教育经费总量22.17亿元的52.3%，是全县教育经费的主要来源。

（二）教育费附加

1990年，教育费附加征收范围和费率为：乡村企业、合作经济组织以及联产经营或个体经营的工商户按销售收入的2.5%征收；农户以乡镇为单位，按农民人均社会纯收入的1.2%～1.5%征收；县城工商企业按产品税、营业税、增值税的2%～2.5%征收。是年，全县共征收教育费附加961万元。1993年，全县教育费附加增加到1153万元。1995年，实行分税制改革，乡镇直接征收教育费附加，当年教育费附加2045万元。2001年，教育费附加征收减少到534万元。1990～2005年，全县征收教育费附加2.19亿元。

（三）社会捐赠

1990年，全县捐资助学收入80万元。1992年，中国台湾客商王龙霖捐款10万元设立宝应县中学龙霖奖学金基金会。当年共收到捐资助学款165万元。1994年，县内外捐资助学资金910万元。1996年，新四军老战士、苏中公学校友捐款13.29万元，新建苏公希望小学。民营企业家马国山捐赠30万元设立国山助学基金。全年共收到捐资助学款3239万元。是年起,全县捐资助学收入逐步增加。1999年,日本利民工程捐助县实验幼儿园67万元。全年共收到捐资助学款5481万元。2000年,县内捐资助学资金再创新高,达6118万元。1990～2005年,全县接收中国港澳台胞、外籍华人、企业家及社会各界捐资助学款4.36亿元。

(四)人民教育基金及其他

1990～2005年,全县征收人民教育基金及其他收入款共1.51亿元。

1990～2005年宝应县教育事业经费收入统计

表27-2-2　　　　单位:万元

年份＼项目	财政拨款	教育费附加	捐资助学	学杂费	其他收入	合计
1990	1529	961	80	204	212	2986
1991	1660	725	86	211	383	3065
1992	1798	865	165	302	368	3498
1993	2147	1153	421	436	393	4550
1994	3740	1325	910	708	521	7204
1995	4327	2045	1180	1014	1114	9680
1996	4339	2518	3239	1745	820	12661
1997	4849	2509	3689	1810	1168	14025
1998	5127	2553	3859	2584	889	15012
1999	5800	2329	5481	2982	1084	17676
2000	6620	2257	6118	2928	1127	19050
2001	11903	534	3238	2166	1225	19066
2002	11859	218	4743	2642	691	20153
2003	13890	1091	3684	2239	1212	22116
2004	15729	388	3189	1757	1044	22107
2005	20580	435	3496	1453	2888	28852

(五)勤工俭学

1990年,县文教局把校办企业发展作为全县学校勤工俭学的重要组成部分。是年,有校办企业150家,产值2000万元,实现勤工俭学收益200万元。1991年,全县校办企业发展到167家。1992年起,县内校办企业逐步由数量扩张向规模扩大转变。1995年,县教育局先后创办时新服装厂、恒泰电器设备厂、电缆辅助材料厂和宝工电器厂等骨干企业。1991～1995年,全县校办企业产值4.24亿元,实现勤工俭学收益2335.51万元,其中用于发展教育事业、改善办学条件经费800万元。1996年起,县教育局相继对文教印刷厂、文教复合包装品厂、钢木家具厂、涂料化工厂等进行租赁结合、破产、建新租旧改革。1996～2000年,全县校办企业产值6.95亿元,实现勤工俭学收益3193.99万元。2001年,县教委先后对县文教劳动服务公司、宝应中学科技服务部、县特殊教育学校印刷厂、县汽车电机厂等县属校办企业实行改制,分别转为民营,或破产、倒闭,优化校办企业结构。2001～2003年,全县校办企业产值3.02亿元,实现勤工俭学收益2800多万元。2004年,经过重新组建的时新服装厂、宝工电器厂、电缆辅助材料厂、恒泰电器设备厂、兴亚电器厂等,共创造产值9939万元,实现勤工俭学收益889万元。2005年,全县有校办企业4家。1990～2005年,全县校办企业产值(收入)16.42亿元,实现勤工俭学收益1.05亿元，其中用于发展教育事业、改善办学条件经费6500万元。

二、经费支出

1990年，全县教育经费支出2985万元。其中，人员经费1845万元，占61.8%；公用经费1140万元，占38.2%。继续实行分级办学、分级管理的财务管理体制，即乡镇教育由乡镇政府负责，县属学校由县政府负责，两级政府各自负责所属范围内学校办学经费筹集、拨付。县文教局负责指导全县各类学校财务管理工作，在财务核算体制上采取乡镇学校以乡镇教育办公室统一管理，县属学校由学校独立管理。1994年，全县实施教师工资制度改革，教育经费支出6200万元，比1990年净增3215万元。其中，人员经费上升到4666万元，比1990年净增2821万元，人员经费净增数占全县教育经费支出净增数的87.7%。1997年，全县教育经费支出增设其他支出一栏。是年，其他支出项目金额2187万元，占全县教育经费支出的15.7%。当年人员经费8292万元，占教育经费支出的59.6%。此后，人员经费又回升到经费支出的65%左右。2000年调整学校财务管理模式和核算办法。乡镇学校由中心初中统一管理，财务会计实行县教委委派制，建立“校收、县管、校用”代办费管理机制。县属学校财务管理渠道不变。2001年，全县教育经费支出2.06亿元。其中，人员经费支出1.48亿元，占教育经费支出的71.9%；人员经费比上年净增1723万元，教育经费收支倒挂115万元。从此，全县教育经费收支连年赤字，人员经费占教育经费总支出的比重由60%多增加到73%左右。2005年，全县教育经费总支出3.30亿元，其中人员经费2.42亿元，占73.4%。是年，全县教育经费赤字4100万元。1990～2005年，全县教育经费总支出23.11亿元。

1990～2005年宝应县教育事业费支出统计

表27-2-3

项目 年份	人员经费		公用经费		其他支出(万元)	合计(万元)	生均教育事业费(元)
	金额(万元)	占比(%)	金额(万元)	占比(%)			
1990	1845	61.8	1140	38.2	—	2985	510
1991	1974	66.8	980	33.2	—	2954	583
1992	2458	79.8	1251	20.2	—	3809	353
1993	3090	71.7	1218	28.3	—	4308	690
1994	4666	75	1534	25	—	6200	762
1995	5696	73	2073	27	—	7769	878
1996	7208	74.3	2495	25.7	—	9703	1292
1997	8292	59.6	3445	24.7	2187	13924	1179
1998	9883	65.2	3988	26.3	1298	15169	1315
1999	11665	67.7	3961	23.0	1610	17236	1178
2000	13079	68.8	3579	18.8	2346	19004	1353
2001	14802	71.9	3217	15.6	2570	20589	1698
2002	16757	75.6	3289	14.8	2113	22159	1705
2003	18348	76.6	3413	14.2	2205	23966	1912
2004	20732	73	4862	17	2806	28400	2258
2005	24209	73.4	4799	14.6	3963	32971	2877

第三章　学前教育

第一节　规　　模

1990年,全县有各类幼儿园472所(3个班以上幼儿园45所、3个班以下幼儿园办学点427所)717个班,在园幼儿1.66万人,学前三年幼儿入园率52.8%,有教职工1120人。1992年,县文教局创办桃园小学幼儿园,1994年9月更名为城区中心幼儿园。1995年,县政府印发《关于改革发展幼儿教育的意见》,进一步明确幼儿教育的地位和发展目标。是年2月,县教育局创办泰山小学幼儿园。当年,幼儿园数增至458所,在园幼儿增至3.93万人,学前三年幼儿入园率提高至82.3%。全县开展创建市一类幼儿园活动,氾水镇中心幼儿园率先通过市一类幼儿园验收。1997年7月,县实验幼儿园迁至东门大街隅元巷,扩大办园规模,原址新建教育幼儿园。1998年3月,县实验幼儿园通过市一类幼儿园验收。1999年,全县开展创建市现代化幼儿园和省示范性实验幼儿园活动。是年5月,县实验幼儿园在县城园丁园建成新校区,并通过省示范性实验幼儿园验收。原址设县实验幼儿园分园。氾水镇中心幼儿园、黄浦乡中心幼儿园被评为市现代化幼儿园。2000年,城乡幼儿园实施新一轮新建、扩建计划。城区中心幼儿园迁至泰山西路100号(原教师进修学校)。曹甸镇中心幼儿园易地新建。县直机关幼儿园建成教学楼,并通过省示范性实验幼儿园验收。2001年,全县幼儿园实施规模布局调整,围绕扩大中心、减少布点、规模办园、提高效益的思路,按0.50万～1万人口布点标准重新规划幼儿园布局,缩减单班幼儿园,幼儿园数由2000年的227所调整为174所,其中村和集镇幼儿办学点99个。全县共有750个班,在园幼儿1.86万人,学前3年幼儿入园率提高至87%。2003年9月,城区中心幼儿园在世纪园开办分园。2004年,县直机关幼儿园在城南苏中南路56号开办分园,城区中心幼儿园升级为县托幼中心,泰山幼儿园更名为城区中心幼儿园。2005年末,全县有幼儿园46所,不作机构统计的独立幼儿班54个;在园幼儿2.06万人,学前三年幼儿入园率90.3%,比1990年净增37.50个百分点;有幼儿教师1218人;有省示范性实验幼儿园7所、市一类幼儿园18所、市现代化幼儿园11所。

1990～2005年宝应县幼儿教育基本情况一览

表27-3-1

年份＼项目	幼儿园(所)	班级(个)	学前三年幼儿(万人)	在园幼儿(万人)	学前三年幼儿入园率(%)	教职工(人)
1990	472	717	3.15	1.66	52.8	1120
1991	475	724	3.18	1.91	62.7	1155
1992	476	745	3.35	2.04	60.8	1231
1993	462	762	3.39	2.31	68.2	1236
1994	419	838	3.71	2.86	76.9	1357
1995	458	908	3.93	3.23	82.3	1531
1996	380	950	3.67	3.08	84.0	1665
1997	401	968	3.38	2.87	83.6	1758
1998	250	947	2.98	2.52	84.7	1661
1999	347	930	2.08	2.47	86.1	1857

续表27-3-1

项目 年份	幼儿园 (所)	班级 (个)	学前三年幼儿 (万人)	在园幼儿 (万人)	学前三年幼 儿入园率(%)	教职工 (人)
2000	227	837	2.44	2.09	85.9	1778
2001	174	750	2.13	1.86	87.0	1169
2002	107	742	1.79	1.79	89.1	1182
2003	100	746	2.20	1.94	88.0	1194
2004	86	653	2.19	1.96	89.6	1206
2005	46	552	2.29	2.06	90.3	1218

第二节　课程设置

1990年，全县幼儿园使用全国统编教材，设置语言、数学、常识、美术、音乐、体育、智力游戏等课程。1995年，部分幼儿园试用南京师范大学编印的健康、科学、语言、艺术、社会等5门课程教材，课程设置为语言、数学、科学、健康、艺术（含美术和音乐）、社会等7门。1996年在全县普遍推广。1999年，全县幼儿园引进北京、浙江、上海等地教材作为辅助教材，并将科学认读、水乡本土、趣味英语、快乐围棋、美术创新等园本课程逐步纳入幼儿园课程体系。2003年，县内实施新的《幼儿园教育指导纲要》，使用上海幼儿园多元整合活动课程教材。至2005年，全县幼儿园基本形成统编教材与园本课程相结合、注重幼儿发展和自主性学习的课程体系。

第三节　幼儿园选介

一、县实验幼儿园

始建于民国16年（1927）。1990年，园址位于县城小新桥25号（大成殿南侧），占地1200平方米，建筑面积700平方米，有6个班、在园幼儿330人、教职工13人。1991年5月，衡志凤获“全国优秀教师”称号。1992年4月为市幼教年会举办开放半日活动。1993年5月为全县幼儿园园长培训班提供观摩现场。1997年7月迁至县城东门大街隅元巷。开展课题《幼儿园关心他人情感教育的研究》活动。1998年3月通过市一类幼儿园验收。1999年，投资260万元，在县城园丁园易址新建，设有大型多功能厅、多媒体活动室、科学发现室、幼儿阅览室、保健室等功能室，各班配备空调、钢琴、彩色电视机、VCD以及有线广播、双向演播监控系统，户外建有多功能山坡、玩沙池、嬉水池、塑胶跑道和多种运动器械。该园有园歌、园徽、园花。园内草坪、种植园、植物长廊等相映成趣。是年秋，班级扩大到9个，在园幼儿400人，教职工增加到29人，通过省示范性实验幼儿园验收。2003年3月，为市幼儿教育科研会议暨水乡本土化课程构建研究提供观摩现场。2005年11月，县实验幼儿园建成网站，并开通论坛，进一步拓宽与家长的沟通渠道。是年，该园占地5456平方米，建筑面积3270平方米，有17个班、在园幼儿932人、教职工60人。

图27-3-1　实验幼儿园围棋比赛

二、县直机关幼儿园

建于1950年，前身为县直机关托儿所。1990年位于桃园三村116号，占地5028平方米，建筑面积1760平方米，有6个班、在园幼儿256人、教职工13人。1994年，投资27万元，在原教学楼增建1层，建筑面积500平方米；新建1幢2层午餐楼，建筑面积400平方米；配备晨检室、隔离室、体育器材室和设施现代化的厨房及儿童睡房。1996年，在全县率先试用南京师范大学教材，为全省幼教专家和全县同行上公开教学课。1997年，在“年轻妈妈爱读书”活动中，被全国妇联评为优秀组织奖。1999年，投入300万元，新建1幢教学楼，建筑面积2460平方米。有大型多功能厅、科学发现室、娃娃图书室、幼儿电脑房、娃娃游戏厅、小农庄、玩沙池、嬉水池和多种大型运动器械。建成800平方米塑胶操场，有液晶投影仪、彩电、VCD、空调、消毒柜等教学、生活设备。有1600平方米草坪。全园扩至15个班、在园幼儿895人、教职工35人。2000年，通过省示范性实验幼儿园验收。2002年，使用《多元整合活动课程》教材尝试主题教学，多次为省、市、县提供幼儿教育教学观摩现场。2004年，在苏中南路56号建立分园。是年，园本活动“我们的春游计划”在省第二届幼儿园优秀活动展评中获二等奖。2005年，该园占地5528平方米，建筑面积5120平方米，有21个班、在园幼儿1086人、教职工48人。

三、县托幼中心

建于1975年，前身为城区中心幼儿园。1991年位于城镇铁桥居委会内，有4个班、在园幼儿150人、教职工10人。2000年，该园借用原县教师进修学校1幢楼扩大办学规模，增设3600平方米户外场地，有草坪、沙地、嬉水池、种植园和绿化带。设置师生电脑房、“小鬼当家”厨房、美术劳动操作室、科学发现室、图书阅览室、多功能活动室、蒙氏活动室、感流训练室、舞蹈表演室、专用游戏室等。配备各种大型玩具和运动器械，安装攀爬墙，购置多功能塑钢大型组合玩具、平衡秋千、蹦蹦床、摇马、滚筒、多功能平衡木等。每班配备钢琴、消毒柜、空调、电脑等设施。2002年，被教育部教科所确定为“333”(一种学具3种颜色、3种材料、3种形状)素质教育课题研究试点园。是年，在参加省首届“333”题型操作邀请赛上获三等奖。2003年，县教育局投入168万元，购买县城泰山西路100号县教师进修学校原校区，投入335万元改建2幢教学楼、新建1幢亲子楼，建筑面积1000平方米。投入10万元购置亲子活动教玩具，加入南京东方智能亲子园，创办市内第一所亲子园。向0～3岁幼儿教育拓展，形成包括幼儿部、托儿部、亲子部在内的学前教育体系。是年起，每年投入专用资金5万元，培训教师，开办蒙台梭利(国际著名教育方法)特色班，申报教育部素质教育“东方智能”亲子园实验项目，建成省级实验幼儿教育基地，开展0～3周岁亲子活动课程和亲子活动研究。2004年9月更名为县托幼中心。是年被教育部确定为中国西部教育顾问单位。2005年，通过市现代化幼儿园、省示范性实验幼儿园验收。是年，县托幼中心占地7500平方米，建筑面积5580平方米，有16个班、在园幼儿760人、教职工54人。

四、曹甸镇中心幼儿园

建于1979年。1990年位于曹甸集镇，有6个班、在园幼儿235人、教职工11人。1993年前后，利用农村环境和古镇文化，推进幼儿课程改革，设定园本课程，先后编印园本教材《把绿色播撒进孩子的心田》《在希望的田野上》《美丽的沃土、幸福的源泉》《慧眼、慧心—幼儿良好行为习惯养成研究集》等。1996年，幼儿舞蹈《走进春天》参加市汇演获二等奖。2000年6月，投入230万元，在集镇中央路新征土地1.20万平方米，建成3层保教楼，建筑面积3380平方米。2005年，投入220万元，新建保教综合楼，建筑面积1280平方米，设置科学探索室、图书室、美术室、多功能教室，购置电脑、摄像机、放像机、电视机、钢琴、视频展示仪、消毒柜等设备，建成塑胶跑道、草坪、沙地、小土坡、嬉水池、长廊、蘑菇亭，校园实现香化、绿化、美化、儿童化，通过省示范性实验幼儿园验收。是年，有16个班、在园幼儿1238人、教职工48人。

第四章　小学教育

第一节　规　　模

1990年，全县有定点完全小学374所、初小（教学点）110所，计484所2518个班，在校学生8.28万人；有教职工4510人，其中专任教师4111人。学校总占地面积128万平方米，总建筑面积21.81万平方米。1991年起，全县小学整合师资、校舍资源，进行布局调整，撤初小，并完小，做大中心校，建好定点校。1993年，曹甸镇中心小学投入55万元，新建教学楼，增加教室面积1400平方米。1995年，全县实施九年制义务教育，全面实行方便就近入学。泰山小学在县城泰山路定点建校，征地6700平方米，投入158万元，建成教学楼1876平方米。此后，该校陆续实施二期、三期工程，增加校舍面积6726平方米。1997年，氾水镇中心小学易地新建，征地2.47万平方米，先后投入3400多万元，分3期建成1.64万平方米校舍，建筑规模是老校舍的6.07倍。2000年，城乡小学布局日趋合理，规模不断扩大。全县在进一步注重定点小学建设的同时，进行布局优化，小学校总数248所。2001年起，城乡小学规模质量全面提升。县城桃园小学先后投入1000多万元，新建教学楼3幢1.40万平方米。各镇中心校建设步伐加快。至2003年，全县有10多所中心小学和20多所定点完小分别新建扩建。是年，曹甸镇中心小学实施易地新建工程，占地面积4.26万平方米，建成校舍6289平方米，是原校舍的3.15倍。2005年，全县有定点完全小学82所、初小（教学点）5所，分别比1990年减少292所、105所；共有1325个班，在校学生5.20万人，分别比1990年减少1193个班、3.08万人；有教职工3338人，其中专任教师3211人；学校占地162万平方米、建筑面积28.75万平方米。

2005年宝应县小学教育基本情况一览

表27-4-1

项目 镇、局	学校 (所)	办学点 (个)	班级 (个)	在校学生 (人)	专任教师 (人)	校舍面积 (万平方米)
安宜	11	—	149	5455	367	2.62
氾水	5	—	120	4715	296	3.00
夏集	5	—	72	2607	197	1.86
柳堡	3	2	77	2688	195	2.20
鲁垛	4	—	45	1707	111	0.78
广洋湖	3	—	54	1928	121	1.11
小官庄	3	—	48	1923	115	0.83
望直港	6	1	97	3448	218	1.66
射阳湖	11	1	136	4993	315	2.66
西安丰	4	—	55	2328	124	0.81
曹甸	6	—	102	4126	227	2.60
泾河	7	—	89	3176	203	1.77
黄塍	3	—	44	1633	112	1.13
山阳	5	1	82	2852	184	1.59
县教育局直属	6	—	155	8470	426	4.13

第二节 学制与课程设置

1990年，全县小学为6年制学制。1998～1999年，县实验小学试行5年制学制(各5个班)。至2005年，县内小学仍沿袭6年制学制。

1990年，根据国家教委全日制中小学课程(教学)计划，全县小学实行每周40小时标准工作制，学生每周在校活动总量控制在30个课时以内，开设思想品德、语文、数学、音乐、美术、体育、自然、劳动技术课课程。1997年，全县小学统一执行省教委全日制中小学课程(教学)调整计划，每周增加课外活动、班队活动、科技文体活动、兴趣活动等内容。2001年，增设综合实践及校本课程，三年级开始增设英语。至2005年，全县小学课程设置未变。

第三节 教育教学

1990年，全县广泛开展小学生学雷锋做好事活动，教学上实行集中识字、大量阅读、分步习作法。各级各类小学开展创建市合格小学活动，曹甸镇中心小学率先通过市考核验收。1992年，根据国家教委全日制小学课程计划要求，围绕全国统一大纲，实行多种教材选择使用。同时，县实验小学、桃园小学、城中小学和氾水、曹甸镇中心小学等校推行校本课程，并适当安排选修课程和活动课程。1993年，城中小学教师孙祖凤、夏存新获“全国优秀教师”称号。1995年，全县教学工作会议后，城乡小学在日常教学中强化集体备课，明确教学目标、任务和方法，提高课堂教学质量。强化作业监控，做到有布置必收回、有收回必批改、有批改必分析、有分析必评价。柳堡小学率先在全县获“省模范学校”称号。1998年，县内改革小学课堂教学模式，坚持学生学习的主体地位，增强学生的思考与互动能力。1999年起，全县小学广泛开展骨干教师、学科带头人、名教师培养工程，先后评选小学各科名教师120多人，一大批名课件在县以上说课评比中获奖。县实验小学教师陈士才制作的数学课件《梯形的面积》获全国说课设计比赛一等奖。2000年，全县小学普遍开展创建市素质教育先进学校活动，氾水、夏集、小官庄等镇中心小学被评为市素质教育先进校。2001年，全县被省教委确定为课程改革实验县后，城乡小学执行县教育局《课堂教学评估标准》，学校教学基本形成“四多两少一转变”的教育教学新格局，即教师备课花的功夫多、运用现代教学手段多、引导学生积极思维参与教学过程多、指导学生的学习方法多，教师讲课和布置课后作业做到少而精，从教学生“学会”向教学生“会学”转变，提高学生的学习兴趣和课堂教学质量。2002年，城乡小学贯彻县教育局印发的《关于宝应县中小学校本课程的实施意见》，把国标实验教材与校本课程有机结合，逐步推行体艺2+1(2项体育技能+1项艺术技能)。2004年，全县小学推行先学后教的教学模式，激发小学生形成学习知识和技能的主体性和积极性。4月，氾水镇中心小学教师马式先语文课件《推敲》，在全省教师公开课比赛中被评为省小学语文说课一等奖。桃园小学、氾水镇中心小学被评为省模范学校和省实验小学。2005年，城乡小学推行新一轮课堂教学改革方案，转变教与学观念，以课堂教学为主阵地，以学生为课堂教学的中心和核心，促进小学生的学习个性健康发展，全面提高小学教育教学质量。至2005年，全县拥有省模范学校3所、省实验学校6所、省现代化示范学校2所、市合格小学38所、市素质教育先进学校20所。

1990～2005年宝应县小学教育基本情况一览

表27-4-2

项目 年份	学校 (所)	班级 (个)	在校学生 (万人)	入学率 (%)	毕业率 (%)	留级率 (%)	巩固率 (%)	教职工 (人)
1990	374	2518	8.28	99.7	99.7	3.6	99.9	4510

续表 27-4-2

年份＼项目	学校(所)	班级(个)	在校学生(万人)	入学率(%)	毕业率(%)	留级率(%)	巩固率(%)	教职工(人)
1991	373	2351	7.49	99.7	99.6	3.5	99.8	4318
1992	367	2189	6.73	99.8	91.6	3.2	99.7	4264
1993	361	2041	6.36	99.6	98.9	2.9	99.8	4044
1994	359	2025	6.31	99.8	98.4	1.6	99.6	4018
1995	347	2053	6.42	99.9	100.0	0	99.7	4031
1996	338	2115	6.89	100.0	100.0	0	99.8	4143
1997	316	2949	7.55	100.0	100.0	0	100.0	4140
1998	287	2177	8.13	100.0	100.0	0	100.0	4048
1999	269	2180	8.20	100.0	100.0	0	100.0	4031
2000	248	2157	8.24	100.0	100.0	0	100.0	4053
2001	223	2077	7.97	100.0	100.0	0	100.0	4244
2002	188	1952	7.41	100.0	100.0	0	100.0	3872
2003	161	1763	6.67	100.0	100.0	0	100.0	3876
2004	120	1534	6.02	100.0	100.0	0	100.0	3688
2005	87	1325	5.20	100.0	100.0	0	100.0	3338

说明：本表数字不含初小(教学点)。

附：全国优秀教育工作者——何献春

图 27-4-1　何献春

何献春　男，汉族，1957年出生，氾水镇人。中共党员，全国优秀教育工作者。

1975年始，任教于氾光湖渔业村，数十年如一日，刻苦钻研业务，关爱学生，奔波在方圆数十平方千米湖区的各教学点，决不让一个学生辍学。各教学点之间距离远的有七八千米，近的也有三四千米，跑路、备课、上课、改作业、课余辅导，经常每天工作12小时以上。1988年，被团中央表彰为全国优秀教育工作者。始终坚持单班复式教学，方便渔民子弟就近入学。主科、副科教学和家访一丝不苟，教育质量始终名列氾光湖乡前茅。每逢风雨雪天，将路途远的学生带回家食宿。利用寒暑假和节日，到村组、田头、湖滩、渔船家访，尽力说服困难家庭学生完成学业，还对特困家庭及时伸出援手，先后为数十名学生代缴学杂费、生活费及购买文具、书籍等，金额累计有10余万元。多次受县、市、省、国家教育主管部门的表彰奖励。2005年，参加市优秀教师先进事迹讲教团在全市巡回宣讲，县教育局号召全县教师向他学习。

第四节　学校选介

一、县实验小学

建于清光绪二十九年(1903)。1990年位于县城小新桥25号，占地2.60万平方米，建筑面积2780平方米；有25个班、在校学生1519人、教职工122人。是年，在全县率先开展小学低年级语文课堂教学研究活动。1994年起，用3年时间优化办学条件，建成组合式教学楼1幢，建筑面积1200平方米。1995

年，在全市率先开办公办民助班，为贫困家庭子女服务。在全县第一个开办英语教学实验班，同步推进语、数、外教学改革。1996年11月27日，全国政协副主席张怀西视察该学校，给予较高评价。是年，教师严兰芳的低年级识字教学录像课获教育部教科所优秀课评比一等奖。1998年，新建综合教学楼，建筑面积3000多平方米；完成操场改建工程，面积7980平方米。2001年3月，转制民营，加盟民办翔宇教育集团，仍租赁原校舍、设备办学。承办市小学数学年会，开展教育部"体艺2+1"科研课题。2002年9月，迁入县城白田中路58号新校区，占地3.48万平方米，建筑面积3万平方米。有教学楼3幢，附属楼、学生公寓各1幢，千人就餐厅、千人多功能报告厅等。建成长250米的4050平方米环形塑胶跑道和2880平方米人工草坪足球场。拥有科学实验室2个、计算机房2个、音乐室4个及信息中心、少先队活动室、语音室、舞蹈室、古筝室、木琴室、音乐器材室、围棋室、体育器材室、图书室、阅览室各1个，藏书量2万册。校园实施网络化管理，实现教师办公自动化和多媒体教学，4~6年级配备大背投及视频展示台。少儿足球代表队应韩国国际文化交流院邀请参加在韩国大田市举行的中日韩三国小学生足球友谊赛。2003年9月，承办市课改推进会，并介绍学校课改经验。是年10月，国务院台办副主任李炳才回母校视察。2004年8月承办全国第三届新教育实验研讨会。2005年有59个班、在校学生3437人、教职工185人，其中专任教师138人。

二、氾水镇中心小学

始建于清宣统三年(1911)。1990年位于氾水集镇五一路，占地8591平方米，建筑面积2706平方米；有20个班、在校学生1013人、教职工60人。1992年，编印校本课程《走近金氾水》，将学科、校本、环境三大课程相结合。1997年在集镇新区文化路征地2.49万平方米建设新校区。1998年6月投入800万元建教学楼东半部底3层，建筑面积5000平方米。1999年通过市合格小学验收。2000年被评为市素质教育先进学校。2001年投入1200万元，建教学楼东半部第四层及西半部4层，建筑面积8000平方米。2003年，投入1400万元建综合楼，建筑面积3400平方米。校园设立书香长廊。建有园林"十景"(古亭临风、青溪长廊、曲水观鱼、双虹卧波、樟桂溢香、幽篁叠翠、玲珑秀石、砚池听泉、蟠龙霓虹、柳浪闻莺)和雕塑《超越》。班班采用电视机进行课件教学。设有多功能教室，配置微机房2个、电脑54台。配备舞蹈房、音乐室、美术室、钢琴室、展览室、阅览室等，图书室藏书4.30万册。是年通过省实验小学验收。2004年，开展教研沙龙，开办课堂超市，创办教研通讯《新荷》等。完成省级科研课题《构建新一轮学校课程体系，创建成就教育特色研究》，被评为省模范学校。2005年，学校占地3.10万平方米，建筑面积1.64万平方米；有35个班、在校学生1773人、教职工122人，其中专任教师102人。

三、桃园小学

建于1990年。位于县城安民路，占地2万平方米，建筑面积2000平方米；有12个班、在校学生600人、教职工30人，其中专任教师29人。1993年被评为市合格小学。1995年被命名为市体育传统项目学校。1999年被指定为市素质教育现场会现场。2001年投入400万元新建教学楼，建筑面积6000平方米，设有音乐室、舞蹈房、图书室、教师阅览室、学生阅览室等。被评为市素质教育先进学校，获第七届全国中小学生绘画书法比赛组织奖，小学生女子足球队获第五届"省长杯"足球比赛冠军，男子足球队获市小学生足球赛冠军，先后有学生10人入选国家、省足球队，其中陈琳参加国家2008奥运之星队训练。2003年，投入600万元修建2幢教学楼及联系楼，建筑面积6000平方米。2004年，城北小学并入。建成2800平方米的标准化运动场和6道塑胶跑道，形成独立的学生运动区。投入50万元，建设计算机教室和校园网，实现班班通、室室通。增设电子阅览室、科学实验室、电子备课室、美术创作室、体育活动室和4个多媒体教室，配备7台视频展示台、7台液晶投影仪、2台数码摄像机等电教设备，配备科学、美术、音乐、体育、数学等各科教学器材，藏书量6万册，先后被命名为省模范学校、省实验小学、省现代化示范学校。2005年，小学生男女足球队双获"县长杯"足球赛冠军。是年，学校占地3.40万平方米，建筑面积1.40万平方米；有48个班、在校学生3117人、教职工133人，其中专任教师127人。

四、泰山小学

建于1994年,借用桃园小学2间教室。有2个(泰山)班、在校学生76人、教师3人。1995年在县城泰山路13号征地6700平方米,投入158万元新建泰山小学,建筑面积1876平方米。招生1～3年级6个班,在校学生325人,教师10人。1996年投入22万元建自然实验室,购置实验器材。1997年投入169万元新增校舍面积3076平方米。1998年,学校建成完全小学。2000年投入267万元,完成三期工程,建筑面积3650平方米。2001年投入95万元,征地6272平方米扩建操场。8月26日增挂"县教师进修学校附属小学"校牌。2002年被评为市素质教育先进学校。2003年投入67.20万元,建成电子备课室、自然实验室、多功能教室、微机房、音乐教室、舞蹈房、图书室、师生阅览室和煤渣跑道,购置图书3.85万册。省级科研课题《小学课外阅读教学模式研究》结题,省级科研课题《科技活动中培养小学生的实践能力教育》和国家级科研课题《传统教学基于信息技术环境下教学的优势互补研究》《网络教育教学方法与传统教育教学方法的优势互补研究》取得初步成果,通过市合格小学验收。2004年、2005年,先后被命名为省现代化示范学校、省实验小学。2005年,学校占地3.32万平方米,建筑面积1.10万平方米;有38个班、在校学生2442人、教职工87人,其中专任教师86人。

第五章　中学教育

第一节　规　　模

1990年,全县有高级中学(含完中,指有初一至高三年级的学校)11所、初级中学100所、在校学生3.44万人、教职工3206人,其中专任教师2260人。普通中学学校占地总面积113.05万平方米,建筑总面积14.61万平方米。其中,高级中学学校占地面积36.16万平方米、建筑面积6.28万平方米,初级中学学校占地面积76.89万平方米、建筑面积8.33万平方米。1991年起,县内普通中学逐步实施布局调整,设施不断配套,规模不断扩大,布局更趋合理。1993年8月,山阳中学撤销高中部;县城分别成立安宜、城西初级中学;城镇中学与城南中学合并,仍为完中,定名城镇中学。1994年9月,鲁垛中学、射阳湖中学实行高、初中分设,县体育运动学校成立。1995年9月,氾水中学、曹甸中学实行高中、初中分设,鲁垛、氾水、曹甸、城郊等乡镇分别建成初中中心校。1996年,安宜初级中学更名为画川初级中学。1997年,宝应县中学初中部划入城郊中学后成为县独立高级中学。1999年9月,夏集中学实行高中、初中分设。2000年9月,县实验初级中学在县教师进修学校开办。2003年9月,城北中学、城镇中学、城郊中学实行高中、初中分设。2005年9月,城镇、城郊高级中学合并,成立安宜高级中学,新校建成投入使用。城镇、城郊初中合并,在原城镇高级中学恢复成立安宜初级中学。是年末,全县有高级中学(含县体育运动学校)7所、初级中学29所,分别比1990年减少4所和71所;在校学生5.40万人,比1990年净增加1.96万人;有教职工3919人,其中专任教师3350人。普通中学学校占地总面积143.30万平方米,建筑总面积38.87万平方米。其中,高级中学学校占地面积47.70万平方米、建筑面积16.92万平方米,初级中学占地面积95.60万平方米、建筑面积21.95万平方米。

1990～2005年宝应县中学教育基本情况一览

表27-5-1

项目 年份	学校(所)			班级(个)			在校学生(人)			教职工(人)
		初中	高中		初中	高中		初中	高中	
1990	111	100	11	774	693	81	34440	29824	4616	3206
1991	106	95	11	797	715	82	36998	32472	4526	3022
1992	103	94	9	816	734	82	38517	34180	4337	3075
1993	94	85	9	814	732	82	37596	33456	4140	3185
1994	79	70	9	777	692	85	37325	32814	4511	3281
1995	63	54	9	752	656	96	37555	32288	5267	3262
1996	57	48	9	738	629	109	36489	30371	6118	3312
1997	51	42	9	694	573	121	34601	27757	6844	3184
1998	49	40	9	661	524	137	32090	24699	7391	3080
1999	48	39	9	669	526	143	32332	24976	7356	3008
2000	47	38	9	726	579	147	35687	28275	7412	3025
2001	46	38	8	802	655	147	40410	32553	7857	3505
2002	43	36	7	902	728	174	46252	36894	9358	3359
2003	42	35	7	967	765	202	51013	40222	10791	3704
2004	37	30	7	987	757	230	54064	41877	12187	3902
2005	36	29	7	987	726	261	54034	40026	14008	3919

2005年宝应县普通中学基本情况一览

表27-5-2

单位:人

类别	学校名称	在校学生	专任教师	毕业生	类别	学校名称	在校学生	专任教师	毕业生
初中	泰山初中	1429	115	499	初中	下舍初中	1404	69	525
	氾水中心初中	2325	145	768		泾河中心初中	1408	83	482
	石桥初中	767	44	272		黄浦初中	933	59	376
	夏集中心初中	1564	125	637		黄塍中心初中	1243	59	480
	郭桥初中	552	42	219		山阳中心初中	1538	86	556
	柳堡中心初中	1412	97	526		长沟初中	880	53	399
	芦村初中	565	37	235		实验初中	3068	242	917
	鲁垛中心初中	1186	65	458		城北初中	2840	114	976
	广洋湖中心初中	1599	89	635		城郊初中	1026	49	345
	小官庄中心初中	1281	73	483		城镇初中	666	38	169
	沿河初中	977	61	349		画川初中	1886	94	615
	望直港中心初中	1744	96	676	高中	宝应中学	3963	198	1080
	獐狮荡初中	619	34	247		安宜高中	4128	347	1082
	射阳湖中心初中	1349	73	530		氾水高中	1837	144	583

续表27-5-2

类别	学校名称	在校学生	专任教师	毕业生	类别	学校名称	在校学生	专任教师	毕业生
初中	天平初中	1066	60	438	高中	曹甸高中	1678	124	517
	水泗初中	1360	66	491		城北高中	1757	130	611
	西安丰中心初中	1451	80	506		鲁垛高中	535	43	278
	曹甸中心初中	1822	90	618		县体育运动学校	176	26	31

第二节　学制与课程设置

1990～2005年，全县普通中学实行初中三年、高中三年的“三三”学制。

1990年，普通中学课程设置执行国家教委和省教委规定，即初中阶段初一开设思想政治、语文、数学、外语、历史、地理、生物、音乐、体育、美术、信息技术和地方课程，初二增设物理，初三增设化学，同期调减生物、地理课程；高中阶段开设思想政治、语文、数学、外语、物理、化学、生物、历史、地理、体育和保健、艺术（音乐、美术）。2000年秋，高中增开信息技术课，并将体育和保健课改为体育与健康课。

第三节　教育教学

1990年，全县中学开展爱祖国、爱人民、爱社会主义、爱集体、爱劳动教育活动，加强初中、高中学生行为规范养成教育。教学上不断探索整体推进、单元合成，突出重点，突破难点。1993年，县内初中开始创建市合格初中活动，当年小官庄镇初级中学通过市合格初中验收。1994年，加强对全体中学生基础知识和基本技能教学，对部分学校薄弱学科实施个性化指导，邀请市名教师对宝应中学进行视导，发挥示范课堂教学引领作用，突出高中三年级教育教学工作的宏观指导。1995年，全县实施学科年级过关目标计划，组织骨干教师编辑高中各个学科和初中数学、英语两个学科的年级过关资料，为教师提高目标教学使用，每学期末采用统一试卷、统一阅卷、统一登记、统一分析方法，检验各学校教学质量，强化教师教学质量意识。1996年，各中学全面贯彻县教育局《关于提高课堂教学效益的意见》，普遍开展备课求严、讲课求实、作业求精、辅导求全、考核求真活动，中学教育教学工作呈现目标正、手段活、方法准、效果好新趋向。当年有一批学科教学课件在市以上教学评比中获奖，其中郭桥初中数学教师郭义兵参加全省初中数学教学比赛，课件《分式的通分》被评为全省初中数学课一等奖。1999年起，全县普通中学开展骨干教师、学科带头人、名教师培养工程和创建省示范初中活动，先后评选出中学骨干教师、学科带头人、名教师230多人。郭桥乡初级中学被评为省示范初中。2000年，县内开展课堂教学改革年活动，制定《课堂教学评估标准》，各学校基本做到备课透、内容精、教法活、课堂结构新、学生思维过程趣、实际操作能力实。2001年，实施省基础教育课程改革实验区计划，从初中一年级起使用新课程标准和新的实验教材，有序提升实验区教学质量。在学生中开展新世纪我能行、树立远大理想努力成为有用人才等活动，在高中和职业学校中适时举行18周岁成年人宣誓仪式等。夏集镇中心初中被评为省示范初中。2002年，宝应高级中学教师张广银语文课件《诗歌写作指导》参加全省高中语文公开课教学比赛，被评为高中语文课教学一等奖。是年，县实验初中、柳堡镇中心初中、望直港镇中心初中通过省示范初中验收。2003年，以省课程改革实验县验收为契机，全县学校坚持以人为本，教师讲课做到心中有“纲”、眼中有“人”、讲中有“据”、教中有“法”。氾水高级中学被评为省三星级高中。城北初中、画川初中被评为省示范初中。安宜镇泰山初中、曹甸镇下舍初中和广洋湖、西安丰、泾河等3个镇中心初中被评为市合格初中。2004年，小官庄镇中心初中教师蔡维参加全省初中数学课比赛，课件《从三个方向看》被评为全省初中数学课一等奖。曹甸、黄塍两个镇中心初中通过省示范初中验收。氾水、射阳湖两个镇中心初中和城镇、城郊、射阳湖镇天平与水泗初中通过市合格初中验收。曹甸高级中学通过省三星级高级中学验收。2005年，各级各类中学进一步明确课堂教学的中心地位、学生的核心地位、提升教育质量的首要地位。宝应高级中学被评为省四星级高中。安宜镇泰山初中、泾河镇黄浦初中和射阳湖、西安丰、泾河、山阳等4个镇中心初中被评为省示范初中。鲁垛镇中心初中和氾水镇石桥初中、望直港镇獐狮荡初中被评为市合格初中。至年末，全县有省四星级高中1所、省三星级高中2所、省示范初中15所，市合格初中15所。

附：宝应县高中毕业生升学情况

1990年，全县高中毕业生被大中专院校录取354人，其中本科占34.6%、大专占57.9%、中专高招占7.5%。1997年，参加全国高考学生1821人，录取人数1052人，录取率57.8%。1999年，全县中专高招停止，高校录取人数1676人，录取率76.2%。其中，本科生929人，占录取人数的55.4%。此后，县内高中生被大专院校录取率一直保持75%左右。16年间，全县共向中、高等院校输送人才2.06万人，其中本科0.96万人、大专1.07万人。

1990～2005年宝应县高中毕业生高考录取情况一览

表27-5-3

项目 年份	考生人数(人)	录取人数(人)				录取率(%)
		本科	专科	中专(职高)	合计	
1990		119	199	36	354	
1991		133	207	36	376	
1992		155	201	31	387	
1993		143	115	32	290	
1994		95	378	29	502	
1995		140	349	28	517	
1996		304	425	16	745	
1997	1821	478	516	58	1052	57.8
1998	2134	501	456	40	997	46.7
1999	2201	929	747	—	1676	76.2
2000	2289	975	795	—	1770	77.3
2001	2772	1128	960	—	2088	75.3
2002	2522	997	857	—	1854	73.5
2003	2810	920	1166	—	2086	74.2
2004	3532	1145	1498	—	2643	74.8
2005	4242	1444	1835	—	3279	77.3

说明：1990～1996年缺考生人数资料。

第四节　学校选介

一、高级中学

(一)宝应高级中学

建于民国17年(1928)。前身为宝应县中学,1990年位于县城叶挺东路西首,占地4.20万平方米,建筑面积9285平方米,有初中12个班、高中15个班,在校学生1636人,教职工110人,其中专任教师75人。1993年通过省重点中学验收。1997年,初中部划出,更名为宝应高级中学,仍为省重点中学。1999年,实施三年英语教学研究课题取得新突破,通过市教委专家组验收。是年12月,面向苏中地区举行公开教学活动。2000年1月,校长入选中国科学院国际合作局组织的中国教育考察团,赴美国考察基础教育。2001年3月转制民营,更名为翔宇教育集团宝应中学。9月迁入县城白田中路59号新校区。占地12.58万平方米,建筑面积9.63万平方米,其中校舍6.20万平方米,学生宿舍1.48万平方米,学生餐厅0.60万平方米,体育馆0.90万平方米,图书馆、电子阅览室0.45万平方米。图书馆有藏书18.66万册,报刊杂志313种,教学软件和音像资料604盒(张),有师生共享书库2个、电子阅览室1个。校园内有绿地草坪10处,鲜花景点6片,香樟大道、广玉兰大道各1条,绿化总面积6.80万平方米。建成以信息中心为主控的具有1000多个信息点的第三层次校园网,以校信息中心、电视台、广播电台为中心的双线路、双设备系统。拥有多媒体报告厅3个、实验室15间、学生微机房3个、数码工作室1个、语音室2个,电子计算机728台。2002年4月,制定《宝应中学课程改革发展规划》,10月成立校本课程开发中心,开发课程资源《安宜史话》《宝应乡情》《高一学生智慧性阅读课程》《二十四式太极拳》《心晴读本》《中华灯谜教程》等。全市教育工作会议在学校召开,其课程改革成果受到与会者好评。2004年,推行教与学方式改革,开展新课堂模式探究活动,课堂教学初步形成"课前导学—质疑讨论—反馈评点—迁移创新"教学思路。当年高考本科达线人数在市重点中学中名列第一,夏平以690分夺得市高考状元。体育课题组制作的《分腿腾越》《不仅看热闹,更要看门道》两份课件获省一等奖。在省数学奥林匹克夏令营中,获高中团体总分第一名,6人获一等奖。在全国高中数学联赛中,5人获一等奖。中央电视台《异想天开》栏目组在该校拍摄主题为《一天到晚游泳的鱼》——宝应中学学生科技创新专题节目,反映学校素质教育成效和学生素质教育水平,节目时长125分钟,在中央电视台科技频道、少儿频道黄金时间滚动播出。2005年,有85个班、在校学生3963人、教职工436人,其中专任教师198人。

图27-5-1　宝应中学体育馆

(二)曹甸高级中学

建于1956年,位于曹甸集镇中桥口北侧。1990年,占地2.86万平方米,建筑面积5607平方米,有初中、高中各6个班,在校学生692人,教职工78人,其中专任教师50人。学校被选为中国西部教育顾问单位,与山西省汶水县刘胡兰中学结对帮扶。1995年,初中部分设后成为高级中学,与新建的曹甸镇初级中学交换校址,位于镇中路142号。投入236万元新建学生餐厅、宿舍楼,建筑面积2912平方米。1999年,投入218.80万元,新建实验楼,建筑面积2950平方米。2002年,投入409.80万元,新建教学楼、学生公寓楼,建筑面积4602平方米。学校物理、化学、生物实验室达省一类中学标准,建成全县第一家校园网和闭路电视系统。建成400米环形跑道田径运动场、4片水泥篮球场、2片排球场、4片羽毛球场及6张室外乒乓球台,400平方米体育活动用房。是年,学生郝飞以659分获全县高考理科状元,被清华大学录取。通过省三星级高中评估验收。2005年,占地6.07万平方米,建筑面积2.63万平方米,有30个班、在校学生1678人、教职工176人,其中专任教师124人。

（三）安宜高级中学

2005年9月,由城镇、城郊高级中学合并成立安宜高级中学,位于白田路1号。2004年底,县政府投资1.30亿元,按省四星级高级中学标准开工建设。2005年8月,工程竣工并交付使用。校园占地13.48万平方米,校舍建筑面积6.40万平方米,配套设施有实验室、微机室、语音室、图书室、阅览室,有计算机458台、图书2.58万册、电子图书1200册。教学仪器设备价值4200万元,专业实验设备价值800万元,专业实习设备价值50万元。体育运动场2.50万平方米,内设400米6道塑胶环形标准跑道,篮球场8块,田径场、足球场、羽毛球场、网球场、人工湖各1个。体育馆大楼1幢,建筑面积8010平方米,设有室内游泳馆、乒乓球室、篮球场和羽毛球场。9月,学校开学上课,有73个班、在校学生4128人、教职工402人,其中专任教师347人。是年10月,全国人大常委会委员、副秘书长李连宁等视察学校。该校为北京师范大学远程教育基地、网络课程应用实验教育教学基地。

城镇高级中学　前身为城镇中学,建于1955年。1990年,学校在县南街和范家塘两地办学,有28个班、在校学生1527人、教师123人。其中,县南街高中部有12个班、在校学生709人、教师58人。1992年,学生徐亮参加市中学生田径运动会,打破200米栏市纪录。教师张宝海被评为全国优秀体育教师、全国教育系统劳动模范。1993年7月,高中部迁至南园路61号新校区,占地2.16万平方米,建筑面积4205平方米。1994年,高中部恢复招收农村学生,创办县体育运动学校。1995年2月,学校建立县内第一所中学生业余党校。1996年4月被苏、鲁、豫、皖4省教育主管部门确认为中学语文研究会常务理事学校。备课求严、讲课求实、作业求精、辅导求全、考核求真和教学目标要准、手段要活、方法要新、讲课要生动活泼的“五求”教学流程和做法受到好评。1999年5月,学校网加入省重点中学网,副省长王珉为学校题词:“充分利用名校资源,振兴江苏网教事业”。是年9月17日,《扬州日报》以《卧薪尝胆育桃李》为题,报道学校教学工作。2001年4月启动省级教科研课题“低起点、小坡度、分层次、严要求”课堂教学模式研究。学生卢茂春入选国家青年足球队集训队,陈琳入选省女子足球一队,王飞代表省舜天三队赴荷兰集训。2002年6月,学生施耿华被南京大学提前特招。2003年,学校被选为中国西部教育顾问单位,与新疆维吾尔自治区喀什第三中学签订合作协议。朱正明习作《武松打虎后传》被《语文周报》刊出,并获2003年全国中学生“红杉树杯”高中组特等奖。是年9月,城镇中学分设为城镇高级中学和城镇初级中学。城镇高级中学全面实施电子集体备课。至2005年6月,学校通过省二星级高中验收,被确认为市教科研基地,被评为全国中小学青少年教育先进学校、全国群众体育先进学校、省现代化教育技术工作先进集体、市德育先进学校。是年9月,与城郊高级中学合并成立安宜高级中学。

图27-5-2　2005年8月,安宜高级中学新校区落成典礼

城郊高级中学　前身为城郊中学,建于1976年。1990年位于县城安宜东路,占地2.21万平方米,建筑面积5663平方米;有12个班、在校学生700人、教师64人,其中高中6个班、在校学生388人。1991年,学校投资20万元,扩建田径场面积5000平方米。1999年,学校规模扩大,占地面积增至2.67万平方米,建筑面积增至1.48万平方米。2000年3月,开展“同学交往讲文明、校园卫生讲整洁、行为举止讲礼貌、爱护公物讲责任、节水惜粮讲自觉”和“按时就寝不喧哗、购物就餐不插队、生活俭朴不铺张、果壳

纸屑不乱扔、墙壁课桌不刻画”文明校风建设活动。2001年，在市高考语文、英语、综合3个学科中成绩排名均获第一，校长被省教委评为全省优秀德育工作者。2002年9月，城郊中学分设为城郊高级中学和城郊初级中学，通过省二星级高中验收。至2005年6月，学校被评为省青少年科技教育先进学校、省青少年法制教育先进学校、市文明单位、市德育教育先进学校、市绿化先进学校、市优秀家长学校，13名学生在省中学生数学、物理竞赛中获奖。是年9月，与城镇高级中学合并成立安宜高级中学。

二、初级中学

（一）画川初级中学

建于1958年，前身为城镇民办中学。1990年，为城镇中学分部，位于县城不见天井巷内，占地9235平方米，建筑面积3892平方米；有18个班、在校学生1080人、教职工83人。1993年，更名为安宜初级中学。1996年更名为画川初级中学。1997年，城东中学并入。1998年，中考创历史纪录，倪海键和莫詹坤分获县中考男女生状元。1999年5月，教师许国泰获“希望杯”全国数学邀请赛数学教育“优秀园丁奖”，胡菊慧获全国少年书画大赛“优秀园丁奖”。2002年，城西初级中学并入。校址迁至小新桥25号（原县实验小学）。校园占地2.25万平方米，建筑面积8232平方米。2004年，学校体育代表队在省县组（第二赛区）比赛中获团体总分第五名，获市田径比赛团体总分第二名。2005年，有多媒体教室34个和微机室2个（电脑124台）、扩音设备3套、电视机36台、多媒体设施35套。物理、化学、生物实验室达标，图书室藏书8.10万册。修建人工草皮运动场8900平方米，设有400米6道塑胶跑道。投资65万元建成校园监控系统。学校体育代表队获市田径比赛团体总分第二名、省县组（第一赛区）保A成功。在全县率先开办宏志班1个班，招收困难家庭学生53人，减免学费、书本费、社会实践活动费、体检费、校服费及伙食补贴等6.80万元。宏志班学生于莉在市中学生作文竞赛中获一等奖。是年，有34个班、在校学生1886人、教职工115人，其中专任教师94人。

图27-5-3　画川宏志班校友考入高校欢送会

（二）柳堡镇中心初级中学

建于1960年，位于柳堡集镇河南，时为柳堡初级中学。1990年，占地1.60万平方米，建筑面积2081平方米；有初中6个班、财会职业高中班2个，在校学生399人，教职工49人。1991年，廷柏初级中学、仁里初级中学并入。1997年秋，王通河初级中学并入。1999年7月撤销财会职业高中班。2000年，镇政府投入600万元，在柳堡集镇迎宾西路1号易地新建，占地3万平方米，建成教学楼、综合办公楼、学生宿舍楼和师生食堂各1幢，建筑面积7962平方米，设物理、化学、生物实验室各2个，多功能报告厅1个，多媒体教室2个，图书室藏书5.50万册，绿化面积1.33万平方米，运动场地9640平方米，设有足球场、羽毛球场、篮球场、280米环形煤渣跑道等。是年11月，更名为柳堡镇中心初级中学。2001年秋迁入新校区。2003年，倪永春、向婕荣获全国初中生化学竞赛三等奖，陆健、夏晨林、李静获省金钥匙科技竞赛一等奖。学校被评为市德育先进学校、全国读书育人特色学校。2004年9月，郑渡初级中学纳入镇中心初中分校管理。是年，省农村义务教育控制流生工作现场会在学校举行。2005年被评为市模范学校。有29个班、在校学生1412人、教职工122人，其中专任教师97人。

（三）城北初级中学

建于1983年7月，前身为城北中学，位于泰山西路4号。1990年，为完全中学建制，占地1.33万平方米，建筑面积1080平方米；有18个班、在校学生1017人，其中初中班12个、在校学生709人；有教职工

81人，其中专任教师61人。1991年成立青青校园文学社。1995年1月被确定为中国青少年服务中心扬州市电脑培训基地。翌年1月增挂"县计算机学校"牌子。1997年，市、县组织拍摄全国十佳少年(残疾)叶华事迹专题片。2003年，城北中学实行高中、初中分设。2005年，建成物理实验室、化学实验室各2个，生物实验室1个，仪器价值80万元；微机教室2个(计算机175台)、软件制作室、电子阅览室、电视广播控制室各1个，配备多媒体设备55套、手提电脑98台；艺术教室2个、师生阅览室各1个，图书室藏书2万册、报刊30种，文化长廊150米。建成300米塑胶跑道、羽毛球场4片、健身场1个。通过省示范初中验收。是年，占地3.26万平方米，建筑面积6.25万平方米，绿化面积8800平方米；有41个班、在校学生2840人、教职工130人，其中专任教师114人。

第六章　高等教育

第一节　县教师进修学校及高师函授班

建于1954年。1990年，位于车站北路，占地7700平方米，建筑面积4889平方米。承担全县中小学教师教育教学业务培训、普通话培训及测试等，负责全县高师函授教育，以及不定期开办或联办教育类大学本科、专科班和中专班。在学函授学员310人，是年毕业102人。至1996年，累计招收函授学员2452人，先后毕业2347人。1997年，在承办高师函授班的基础上，与扬州教育学院联办4个大专班，招生280人，有汉语言文字、数学、小学教育、学前教育等专业。1998年，自办全日制师范类英语大专、中专班各1个，招收应届高中、初中毕业生50人。与江苏教育学院、扬州教育学院联办小学教育数学、语文中师函授，中学数学、中文、英语专科函授，幼师(中师)函授等6个教师专业函授班，在籍学员490人。1999年春，学校迁至泰山桥东首，占地2.13万平方米，建筑面积1.42万平方米，总投入1300万元，建有多媒体教室、语音室、多功能厅、舞蹈室、琴房、机房等，成为全县教师进修、现代教育技术和普通话培训基地，获"省示范教师进修学校"称号。2000年，与扬州大学联办汉语言文学本科班，招生70人。是年底，停办高师函授班，高师函授班先后招生3594人，实际函授毕业3281人。联办、自办招生12个班890人，实际有大专、本科毕业生782人，中专毕业生30人。2002年1月，学校与县电大合并办学。2003年秋，加入县职业教育集团，挂"县教师进修学校"牌子。主要从事学历教育、非学历教育、师资培训、干部培训、普通话培训教学任务，兼办五年制大专、职业中专(高)班，逐步形成多渠道、多层次、多形式的办学特色。至2005年，共有高师函授、大专、本科学历毕业生4133人。

第二节　扬州电大宝应分校

建于1980年。1985年定名为市广播电视大学宝应分校(简称县电大)。1990年，大专班招生39人，设电气、工业企业管理专业；中专班招生225人，设化工、统计、财会、建筑施工管理、机电专业。有教职工36人。1991年1月，学校开办电视中专班，面向初中毕业生招生。1992年，迁至苏中路2号，占地2.13万平方米，建筑面积7500平方米，集教学、实验、藏书、办公于一体。11月成立县实用化工研究所。投入30万元，装备语言实验室、微机实验室，完善物理实验室和化学实验室，购置彩电、摄像机、面包车。征地1.25万平方米，建设体育场地。被评为省首批优秀县级电大。1993年6月，创办《电大青年》校刊，制定《教育管理工作实施细则》和《教学工作规范》。是年9月，学校增设培训处，成立县电大科贸实业公司和江苏通艺广告装饰公司宝应公司。1994年6月，投入270万元建成3600平方米实验楼、教学楼、宿舍楼、饭堂。1996年3月,全省县级电大评估验收经验交流会在县电大召开。1997年9月,县电大增设县广播电视学校,招收电视中专生。1999年1月,成立远距离教育研究室,参加中央电大人才培养模式和开放教育试点项目研究工程。2000年,县电大招收大中专学生308人,其中大专班学生254人(五年制大专班3个102人、普通大专班1个14人、春秋季开放大专班5个138人),有机电、法律、财会、计算机、环保等10个专业,39个班,在校学生1095人。至此,县电大累计招生7702人,大专毕业生3174人。2002年1月,与县教师进修学校合并办学,挂"市广播电视大学宝应分校"牌子。当年招生1123人。2003年,加入县职业教育集团,挂"市广播电视大学宝应分校"牌子。当年招收开放本科、远程本科、开放大专、普通大专、五年制大专学生719人。被评为市文明单位和省广播电视大学先进单位。2004年招收本科、大专、五年制大专学生791人。2005年招收大专、本科、五年制大专学生588人。以学生为中心的自主性学习模式改革取得成效,人才培养模式改革和开放教育试点项目通过省教育厅和中央电大总结性评估,获优秀奖,名列全市首位。1990~2005年,共招生1.05万人,大专毕业3895人、电视中专毕业4512人。

第三节　高等教育自学考试

1990年,高等教育自学考试由县自学考试办公室负责。自学考试辅导由县教师进修学校承担。1993年后,全县社会自学考试由县招生办公室负责。启动教师自学考试工作,县教师进修学校设小学教育文(理)科、学前教育、汉语言文学、教育管理、数学、化学、体育等专业教育专科自学考试;县内教育本科自学考试,由江苏教育学院组织辅导。1998年,县电大成立自学考试辅导站。2000年,县电大撤销自学考试辅导站,成立高等教育自学考试辅导中心。2003年后,教师自学考试纳入社会自学考试范畴,由县招生办公室负责。至2005年,全县累计有6.50万人报名参加自学考试,报考14.02万门次,实考7.02万门次,及格3.10万门次,有1627人取得自学考试毕业证书,其中本科毕业生900人。

1990~2005年宝应县高等教育自学考试情况一览

表27-6-1

项目/年份	报考		实考(门次)	及格(门次)	毕业人数(人)	项目/年份	报考		实考(门次)	及格(门次)	毕业人数(人)
	人数	门次					人数	门次			
1990	4392	8719	4632	1352	62	1998	5310	13275	6237	3185	113
1991	4428	8529	4231	1266	53	1999	5572	12946	5868	2440	87
1992	4544	9479	3727	1323	36	2000	6198	13456	6968	3304	124
1993	3207	4986	2815	1339	34	2001	5105	10940	5779	2489	141
1994	3167	8393	4338	1531	61	2002	3848	8990	4793	2616	207
1995	3239	6113	3011	1443	65	2003	3213	7047	3648	2007	134
1996	2814	5785	2692	1033	70	2004	3675	6525	3890	1678	179
1997	4156	10390	5092	2514	92	2005	2147	4584	2452	1449	169

第七章 成人教育与职业教育

第一节　成人教育

一、学校设置与师资

1990年,全县有25个乡镇成人教育中心校,配备专职校长、教师75人;5个乡镇配备专职辅导员各1人。氾水、石桥、小尹庄等乡镇成人教育中心校为县电大电视中专办班点,配备学历班教师20人。至1991年,全县22家骨干企业建有职工培训学校,418个村建有农民文化技术学校。1995年末,30个乡镇全部建有成人教育中心校,氾水镇成人教育中心校被评为首批省重点乡镇成人教育中心校。1996年,全县有16个乡镇实行职业教育与成人教育串联办学。至1999年,配备成人教育专职干部、教师212人,实现成人教育和职业教育的整合。2000年,石桥、郭桥、柳堡、望直港等乡镇建成省重点乡镇成人教育中心校,小官庄、黄塍、曹甸、子婴河、夏集等乡镇成人教育中心校建成市示范乡镇成人教育中心校。2003年,农民文化技术学校调整为236所。2005年,全县14个镇建有成人教育中心校,有专职正、副校长20人,专职教师69人;有22所职工培训学校、236所农民文化技术学校。

二、扫除青壮年文盲

1990年,全县有青壮年文盲1.45万人,县工农教育办公室制定扫除青壮年文盲5年计划,当年开办扫盲识字班54个,有1728名青壮年脱盲。1991年,各乡镇成人教育中心校运用村文化技术学校阵地,举办夜校、农闲班等,开展青壮年扫除文盲工作。当年办班72个,2437人脱盲。1993年,有21个乡镇基本扫除青壮年文盲,占70%。至1995年末,全县30个乡镇先后举办青壮年扫盲班416个,有1.43万人脱盲,非盲率98.6%,基本完成扫除青壮年文盲任务。是年,通过省政府基本扫除青壮年文盲工作检查验收,被评为全国扫除青壮年文盲工作先进县。

三、农村成人教育

1990年,县内全面启动农村实用技术培训活动。当年,共举办实用技术培训班386个,培训农村劳动力1.93万人。1991年,采取乡镇成人教育中心校与村农民文化技术学校联动办学,举办实用技术培训班950个,培训农村劳动力4.50万人。1993年起,为适应农村劳动力学习技术需要,举办成人高中文化补习班。至1995年,全县举办农村实用技术培训班5855个,培训农村劳动力28.30万人次,参加成人高中文化补习班学习2070人。1998年,农村劳动力人均受教育年限8.21年,并通过省农村劳动力文化程度调查专项检查验收。2000年,农村各级各类成人教育学校办培训班3080个,参加培训13.90万人次。2001年起,实施省"十五"期间农村成人教育"5112"(指转移500万名农村劳动力,培养100万农村致富骨干,重点推广1000个农村科技致富示范项目,培训200万名下岗失业转岗职工)教育富民工程,把农村劳动力转移培训、农科教结合示范基地建设、社区教育实验作为成人教育工作重点。是年,各级各类成人学校举办各种培训班3350个,参加培训17.40万人次。夏集镇建成市级社区教育实验区。2002年,泾河镇成人教育中心校棚式西瓜高科技示范基地项目被评为省级农科教结合示范基地。2003年实施"两后双百"(指初中毕业后、高中毕业后,百分之百参加职业技能培训、百分之百就业)工程。是年,组织农村劳动力转移培训8151人,输出6865人。11月,通过省教育厅专项督查。2004年,农村劳动力转移培训1.03万人,输出8051人。建成省级农科教结合示范基地1个、市级农科教结合示范基地3个。农村成人教育综合改革实验项目获市一等奖2个、二等奖2个、三等奖1个。是年7月,市教育局在宝应召开农村劳动力转移培训工作现场会。2005年,建成省级农科教结合示范基地1个、市级农科教结合示范基地5个、市级社区教育实验区1个。各级各类成人教育培训机构共培训16万人次，其中农村劳动力转移培训1.50万人、农副业实用技术培训12.70万人次、农村致富骨干培训6000人次、社区教育培训8000人次、“两后”培训4000人次，培训率100%，农村劳动力受教育年限9.11年。12个镇成人教育中心校建成农民科技图书馆，不定期印发《科技小报》，传播科学种养、农副产品流通、劳动力流动等致富技术和信息。1990～2005年，全县举办各类培训班1.93万个，培训116.90万人次，其中实用技术培训95.60万人次、农村劳动力转移培训6.90万人次、社区教育培训等14.40万人次。

四、职工教育

1990年，随着农村产业结构调整力度加大，农村剩余劳动力进厂务工者日趋增多。当年25个乡镇成人教育中心校举办职工文化、技术培训班187个，培训职工9500人。1991年，22个乡镇骨干企业建立职工培训学校。至1995年，全县举办职工岗位培训班1245个，培训职工6.20万人。1996年9月，改制动员大会后，下岗职工转岗转业培训成为职工教育的重点内容之一。1997年，全县培训职工3100人，其中改制企业职工转岗培训890人。2001年，贯彻全省下岗职工转岗培训计划精神，实行定单定向培训4500人，提高下岗再就业率10多个百分点。2005年，各乡镇成人教育中心校与企业职工培训学校办班134个，培训职工6000人。1990～2005年，全县共举办职工培训班2422个，岗位培训和下岗转业培训10.90万人次。

第二节　职业教育

一、学校设置

1990年，县内有宝应、子婴河2所职业技术学校，氾水、石桥、郭桥、小官庄、中港、鲁垛、夏集、沿河、小尹庄、曹甸、望直港、西安丰、射阳湖等13所乡镇成人教育中心校开办中等职业教育办学点，设电视中专、职业中专、职业高中班13个，共有在校学生1321人；专业有多种经营、机电、财会、幼师等。当年有毕业生235人，多在县内就业。1993年，县职业技术学校迁至叶挺东路23号，更名为县工业学校。1994年，县内开办职业中专学校2所，共有职业高中、职业中专在校学生1667人。是年，子婴河多种经营职业中学更名为县职业高级中学，1995年迁至县城租赁房屋办学，1997年新建校区。是年，县内实施“1148”（创建1个国家级重点职校、1个省级重点职校、4个培训基地、8个骨干职校）职业教育工程。职业教育专业设置由满足县内需要，向适应苏南等外地人才市场需求转变。当年有毕业生631人，其中近半数学生被校企合作单位录用。县工业学校被认定为省级重点职业高级中学。1998年，县工业学校更名为宝应职业教育中心校。1999年，县职业高级中学增挂“县旅游学校”牌子。2002年，实施“四改二”工程，市广播电视大学宝应分校、县教师进修学校合并办学，县职业高级中学并入宝应职业教育中心，形成两校三地办学格局。县旅游学校并入县职业教育中心校。夏集、望直港、氾水等镇成人教育中心校继续保留办班资格外，其余乡镇成人教育中心校停办职业班。2003年，市广播电视大学宝应分校（县教师进修学校）、宝应职业教育中心校（县职业高级中学）联合组建县职业教育集团。是年，创办中港职业高级中学。2005年11月，苏州光华集团及其所属苏州工业园区职业技术学院投资联办宝应（光华）职业技术学校，并在宝应经济开发区开工建设。是年，全县有中等职业学校4所、职业高中学校4所，开设职业中专、职业高中班的成人教育中心校等学校8所，共有职业中专、职业高中在校生6947

图27-7-1　县职教集团数控车床实习室

人。当年有毕业生1964人,在县内、县外和校企合作单位就业各占三分之一。1990～2005年,全县共招收职业高中、职业中专学生1.90万人,培养毕业生1.07万人。

1990～2005年宝应县中等职业学校情况一览

表27-7-1

项目 年份	职业高中					职业中专					在校学生总数(人)
	学校(所)	班级(个)	毕业生(人)	招生(人)	在校学生(人)	学校(所)	班级(个)	毕业生(人)	招生(人)	在校学生(人)	
1990	2	24	235	386	1321	—	—	—	—	—	1321
1991	2	25	275	431	1352	—	—	—	—	—	1352
1992	2	26	322	485	1373	—	—	—	—	—	1373
1993	2	26	375	512	1310	—	—	—	—	—	1310
1994	2	26	415	478	1435	2	4	—	232	232	1667
1995	2	26	453	527	1507	2	14	—	585	817	2324
1996	3	26	487	492	1435	3	25	—	651	1468	2903
1997	3	25	453	430	1392	3	36	201	402	1849	3241
1998	3	56	422	555	1954	3	55	560	490	1945	3899
1999	3	41	220	294	910	3	57	675	720	1260	2170
2000	3	20	224	45	461	3	83	499	759	2145	2606
2001	3	4	17	44	175	3	54	241	630	1946	2121
2002	4	9	41	335	376	4	51	522	955	1969	2345
2003	4	22	286	648	938	4	54	411	1269	2450	3388
2004	4	39	565	1146	1711	4	106	716	2358	4578	6289
2005	4	59	1291	1137	2964	4	99	827	2023	3983	6947

2005年宝应县中等职业学校(中专)设置情况一览

表27-7-2　　单位:人

校　　名	职业中专		职业高中	
	在籍学生人数	毕业生人数	在籍学生人数	毕业生人数
县职业教育集团	2158	745	1214	530
宝应(光华)职业技术学校	1271	—	—	—
中港职业高中	177	—	310	240
望直港职业高中	59	—	75	48
夏集镇成人中心校	149	82	92	50
氾水镇成人中心校	77	—	—	—
西安丰镇成人中心校	66	—	100	50
广洋湖镇成人中心校	26	—	—	—
鲁垛高中	—	—	66	—
柳堡镇成人中心校	—	—	63	—
射阳湖镇初级中学	—	—	115	78

续表 27-7-2

校　　名	职业中专		职业高中	
	在籍学生人数	毕业生人数	在籍学生人数	毕业生人数
山阳镇成人中心校	—	—	196	67
县总工会职工学校	—	—	58	20
曹甸镇成人中心校	—	—	81	—
县委党校职业高中班	—	—	91	—
县农业广播电视学校	—	—	503	208

二、学制、专业

县内职业高中根据培养目标确定学制，专业技能较难的专业一般学制三年，专业技能较易掌握的专业一般学制两年。职业中专(含成人中专)全部采用三年学制。

全县职业高中、职业中专设置的专业有财会、化工、建筑、机电、花卉、电子、计算机、水产养殖、林木果树、服装、幼师、护理、企业管理、财会电算化、电子应用技术、外贸、钳工、汽车修理、文秘、制丝、工业与民用建筑、建筑装潢、水电安装、生物制药等。

三、对口高考

1994年，县内始设对口高考教学班，招生106人。1997年7月，对口高考班学生首次参加普通高校单独招生考试，有90人达专科以上分数线，占考生人数85%。至2005年，全县有1103人参加对口高考，被普通高校录取960人，占考生人数87%，列市同类学校前茅。其中，166人成绩达本科录取分数线，794人达专科录取分数线。

第三节　学校选介

一、宝应职业技术学校

图 27-7-2　职校学生上刺绣实习课

创办于1985年3月。1990年，位于县城南园路，占地2.16万平方米，建筑面积4205平方米，有17个班、在校学生881人、教职工56人，设财会、电气、化工、机械等专业。1991年5月，创办县文教印刷厂，为学生提供实习场所。先后与宝胜集团、森萨塔科技(宝应)、柯尼卡美能达商用科技(无锡)、上海理光数码设备、日立显示器件(苏州)等10多家集团公司建立校企合作关系。1992年设立微机专业和预备役班。1993年8月，迁至县城叶挺东路23号，占地5.27万平方米，建筑面积7540平方米，在校学生2300人，开设办公自动化、外贸经济、机电、电气、机械、化工、钳工等专业。是年，更名为县工业学校。创办校刊《职业学校》。1994年5月挂"预备役学校"牌子。9月，学校投入390万元，新建学生宿舍楼、实验楼、实习车间、学生餐厅各1幢，计4060平方米；投入67万元添置各种实验器材。建成400米环形跑道田径场。1995年2月，梁正平、杨作峰2人研制的"泵浦电源"获国家科技发明二等奖，齿机灭菌器获全军科技发明一等奖。学校被认定为省级重点职业高级中学。1998年10月，县工业学校更名为宝应职业教育中心校，被县劳动局确定为国家职业技能鉴定所实习考核点，被省教委、省计经委认定为省合格职业教育中心校。1999年8月开办实验高中班。同年新办恒泰电器厂。2002年1月，县旅游学校并入宝应职业教育中心校，2月与县职业高级中学联合办学。2003年8月，与市广播电视大学宝应分校、县教师进修学校合并组建县职业教育集团。是年，毕业生就业率100%，对口就业率85%。2005年4月，与苏州光华集团及其所属苏州工业园区职业技术学院签订联合办学协议，共同投资建设宝应(光华)职业技术学校，易地建设新校区。是年末，建成区占地10.89万平方米，建筑面积1.16万平方米，全校27个班，在校学生3126人，有电子、机电、数控机械、模具设计与制造、电缆加工、物流管理、通信技术、电子商务、计算机等专业，有教职工286人。先后为社会输送毕业生8100人。

二、县职业高级中学

创办于1985年8月，前身为子婴河多种经营职业中学。1990年，位于子婴河集镇，在子婴河初级中学校园内办学，占地7500平方米，建筑面积1795平方米，有4个班、在校学生132人、教职工21人。专业有淡水养殖、特种水产、林木果树、多种经营。1994年5月更名为县职业高级中学。1995年7月，迁至县城，租赁乔家巷4号城镇针织厂厂房作校舍等。当年有4个班、在校学生195人，专业有文秘、制丝、汽车修理、工业与民用建筑等。1996年7月租赁县市政建设工程公司办公楼作为教室和学生宿舍。1997年8月，在安宜镇齐心村薛庄组征地1.79万平方米，新建教学楼、食堂4610平方米。是年9月迁入新校区上课。当年有11个班、在校学生420人，专业有汽车修理、工业与民用建筑、建筑装潢、财会、水电安装等。1998年8月，投入130万元新建校舍，建筑面积1700平方米。1999年5月增挂"县旅游学校"牌子。2002年1月，县旅游学校并入宝应职业教育中心校。2003年8月并入县职业教育集团。当年有17个班、在校学生451人、教职工52人。1990～2003年，累计招生2195人，毕业生1500人，成为省首批29家技能型紧缺人才培养基地。

三、泾河镇成人教育中心校

创办于1989年。1990年，学校占地1.20万平方米，建筑面积2600平方米，有标准教室4间、计算机32台、专职教师6人，有图书室、阅览室、实验室、电教室等。是年，以扫除青壮年文盲为主。1992年，实施农科教结合示范基地建设，建成塑料大棚60幢、建筑工培训基地1个，开办建筑专业职业高中班2个，学生116人，学制3年，毕业生就业率76%。至1995年，先后举办扫盲班260个，共扫除青壮年文盲3663人，基本实现区域内扫除青壮年文盲目标。1996年，在加强农村实用技术培训的同时，开展农村致富骨干培养工程。1998年，开展创建省级成人教育和社区教育农民图书室活动，后经验收达标。有各类图书8600册，农业科技图书占60%以上；有音像资料20套和配套设备等。2000年，开展应届初中毕业生创业培训，结业后发给合格证书。2001年，主要开展农村科技致富和农村劳动力转移培训活动，先后建立38所村(厂)成人教育分校，其中县示范成人教育分校18所、市示范成人教育分校8所。2004年，全镇青壮年非盲率99.9%，省级科研课题《实施农科教结合，促进万亩瓜园高科技示范建设实验》获市教育综合改革实验项目一等奖。1990～2005年，全镇共举办实用技术培训班596个，参加培训3.79万人次，转移农村劳动力2426人，培养致富骨干102人，推广农业科技致富项目8个。

第八章　特殊教育

第一节　事业概况

1990年，全县有特殊教育学校1所、在校就读残疾儿童52人、教职工12人；接收残疾儿童随班就读学校126所(小学96所、中学30所)，随班就读残疾儿童386人，兼职教师210人；残疾儿童入学普及率

70%；形成以随班就读为主体、以特殊教育学校为重点的残疾儿童义务教育格局。1995年，县教育局开展残疾儿童调查登记。开展特殊教育教师继续教育工程、名教师工程、现代教育技术和教师基本功培训工程。是年，全县残疾儿童入学531人，其中随班就读残疾儿童469人；接收残疾儿童随班就读学校114所（小学82所、中学32所）；有兼职教师258人。当年，宝应县被评为全国特殊教育先进县。2001年成立县残疾儿童少年随班就读工作领导小组。县特殊教育学校负责随班就读工作指导，定期开展巡回检查辅导，接受教师、家长咨询和开展随班就读教师业务培训等。当年，“三类”（盲、聋哑、弱智）残疾儿童入学普及率94%，启动六年制义务教育向九年制义务教育过渡工作，实行残疾儿童全免费教育。残疾儿童入学478人，其中随班就读残疾儿童393人；接收残疾儿童随班就读学校123所（小学87所、中学36所），有兼职教师219人。2005年，全县建立残疾儿童随班就读支持保障体系，实施教学设施、师资培训优先，入学普及率达标等，宝应县被确定为省随班就读工作支持保障体系实验县。是年，全县残疾儿童入学655人，其中随班就读残疾儿童544人；接收残疾儿童随班就读学校100所（小学72所、中学28所），有兼任教师275人；特殊教育学校1所，教职工29人，在校就读残疾儿童111人，入学率96%，比1990年提高26个百分点。县特殊教育学校通过省特殊教育现代化示范学校验收。

1990～2005年宝应县特殊教育基本情况一览

表27-8-1

项目	随班就读				县特殊教育学校				
年份	中学(所)	小学(所)	在校学生(人)	教师(人)	在校学生(人)	班级(个)	毕业生(人)	招生(人)	教职工(人)
1990	30	96	386	210	52	3	—	19	12
1991	33	95	395	215	52	3	—	—	13
1992	31	92	420	245	64	4	—	12	14
1993	32	90	418	220	54	3	10	—	15
1994	33	91	458	250	52	3	12	10	16
1995	32	82	469	258	62	4	—	10	15
1996	36	85	517	295	61	4	14	13	16
1997	34	81	526	298	61	4	—	—	16
1998	32	89	548	285	59	4	16	14	16
1999	31	83	594	300	69	5	—	10	18
2000	35	86	430	242	75	6	11	17	19
2001	36	87	393	219	85	7	—	10	20
2002	36	80	381	210	96	8	—	11	24
2003	33	80	348	201	100	8	—	13	25
2004	31	75	519	296	101	8	13	14	28
2005	28	72	544	275	111	7	15	15	29

第二节 学制与课程设置

1990年，全县残疾儿童沿用六年制学制。2001年，实行九年一贯制学制，1～3年级课程设置有语言训练、阅读、思想品德、数学、写字、律动（音乐舞蹈）、体育、卫生、美术，4～6年级增加语言叙述、自然常识、社会常识、劳动技术，初中增加作文、理科（生物、物理、化学）、电脑美术（自动化操作、图像处理、平面初步设计、网页制作）。

第三节　县特殊教育学校

建于1988年9月。1990年位于县城运河大桥西金宝路50号，占地2473平方米，建筑面积818平方米。学校以办班和随班就读学校教学指导为主，有3个班、在校聋哑学生52人、教职工12人，其中专任教师11人。1998年，县教委原宿舍区全部划归县聋哑学校，占地面积增加4227平方米，建筑面积增加718平方米。2001年，投入176万元新建建筑面积1200平方米教学楼，完善附属配套设施，改造食堂，绿化校园。同时，新征土地5500平方米，建设运动区。2003年，投入18万元购置教学设备，建立校园网。2004年，教育部“十五”特殊教育课题子课题《面向农村市场的聋生职业能力培养的研究》结题。2005年，投入148万元新建学生食堂、餐厅和浴室，建筑面积786平方米。每个教室配备视频展示台、电视机、电脑及多媒体讲台。建成多媒体教室、教师电子备课室及网络中心。建有律动教室、书画室、图书阅览室、微机室、卫生保健室、心理咨询室、培训室、体育器材室、展览陈列室、档案室、团队活动室及劳动技术教室，有成套教学参考书、工具书及各类图书1700册，各种教学挂图齐全，订阅报刊60种。学校占地面积1.24万平方米，建筑面积3600平方米；有7个班、在校学生111人、教职工29人，其中专任教师24人，专业教师占59%。5名教师为全国特殊教育研究会会员。1990～2005年，招收六年制、九年制残疾学生168人，六年制毕业生91人。

第九章　社会力量办学

第一节　发展概况

1977年，县文化馆在全县率先开办美术、书法班。1985年，县城始有书法、美术和中小学生课文辅导等有偿家教活动，规模很小，收费不多。此后，县城有人利用家庭院落开办幼儿园，吸收未到学龄幼儿。1990年后，家教活动日益普及，办学形式仍以个人家庭开办为主，办学内容逐步扩大到器乐、舞蹈、围棋、武术和中小学生作文、数学等。是年，县委党校开办行政管理函授大专班，招收学员41人，学制3年。1992年，开办经济管理函授本科班，招收学员29人，学制4年。此后，县委党校陆续开办公共事业管理、社区管理、市场营销等中专班、大专班、本科班，先后有1603名学员学完规定课程，并经考试合格，取得学历证书。1993年，社会力量办家教班规模不断扩大，仅中小学语文、数学家教班人数从三五人，逐步发展到数十人，有的发展到上百人。办学条件从因陋就简向正规教学方向转变，并对外公开招生。教学从个别辅导发展到一二十人、二三十人分班，定时轮流上课。部分私人幼儿园添置大型组合玩具，聘请幼师毕业生任教。家教项目进一步扩大，新增中小学生奥数、英语补习和钢琴学习等。1994年，县职工学校恢复办学，开办1个全日制职业高中班（计算机与文秘专业）和11家企事业单位职工高中班，分别招收学员56人和676人，学制两年。1995年，该校停止招生1年。1996年起，招生工作进入正常化，仍以全日制职业高中班和职工业余高中班为主。先后有435人和2911人分别学完职业高中和成人高中课程。1997年，县内企业改制后，100多家企业幼儿园陆续转让给私人办园。1998年，人民电脑学校开办，并经县劳动部门批准为电脑培训单位和计算机职业技能考核鉴定学校，先后开设中专班、大专班、全科就业班和远程教育班等，专业有商务文秘、硬件维修、平面设计、装饰设计、影视动漫、财务管理、办公自动化等20多个，学业结束经考试合格后，发给全国通用的计算机职业资格证书，先后培训7000多人。县永年职业培训学校成立，专业有数控车工、钳工、焊工、电工等，学制4个月到1年不等，先后被县劳动部门授予国家职业技能鉴定考核定点单位和县再就业培训中心、县总工会职业实践基地与示范基地。1999年，县内开展幼儿园清理整顿活动，提倡规模、规范办园，一大批私人幼儿园单班被裁撤。2001年，上海龙菱实业有限公司与县政府签约，对宝应高级中学、县实验初级中学、县实验小学由公办改制为民办，上海龙菱实业有限公司投资组建翔宇教育集团，成为宝应有史以来规模最大的社会力量办学机构。2005年，县内社会力量办学项目有书画、器乐、舞蹈、围棋、武术和中小学生文化补习等家教班(校)数百个，人民、大众、树人电脑培训学校3所，永年、宝翔职业培训学校2所，职工学校1所，兼职函授学历教育学校(县委党校)1所，私人办幼儿园(单班)37所，民办教育集团1家。

第二节　翔宇教育集团

2001年2月，县政府与上海龙菱实业有限公司就组建民办翔宇教育集团签约。3月，翔宇教育集团成立，下设有宝应高级中学、宝应实验初级中学、宝应实验小学(简称“三校”)。集团设在宝应中学内。先后投资2.30亿元，在县开发区易地新建高级中学校区，购置教育教学器材和设备等。是年9月，宝应高级中学校区建成，占地12.58万平方米，建筑面积6.20万平方米。宝应实验小学和宝应实验初中借用校舍办学。“三校”共设置87个班，在校学生4715人，教职工581人。2002年4月，宝应高级中学成立校本课程开发中心，印发《宝应中学课程改革发展规划》，改革基础教案、专用作业纸和课堂教学模式等，深化课程资源，优化教学效果。是年9月，宝应实验小学校区在县开发区易地建成，占地3.47万平方米，建筑面积3万平方米。学校运用现代化的教育教学设施，经常举办读书节、英语节、体育节、艺术节、科技节，提升学生的素质教育水平。宝应实验初中编印《教师手册》《学生手册》，规范教师备课、上课、批改作业、辅导学生、学科考试和学生上课、课间、上操、放学、晚自习等行为，提高教与学的效果与质量。2003年，宝应实验小学在全县六年级教育教学质量调研中，各项指标名列第一。宝应实验初级中学获省初中生数学夏令营竞赛团体冠军。是年9月，宝应实验小学承办市课改推进会。是年11月，翔宇教育集团代表队参加市“古川杯”首届青年教师电视辩论赛，获冠军，青年教师吕正军获辩论赛最佳辩手。宝应实验初级中学在第17届省初中数学竞赛中，79名学生获一等奖，列市同类学校之首。宝应高级中学冠名国家男子排球队。2004年5月，省第八届“五四杯”青年教师教育教学论文颁奖大会在翔宇教育集团举行。在全国初中生物理和省初中生化学竞赛中，宝应实验初中王霄等4人获全国物理竞赛一等奖，王文聪等9人获省化学竞赛一等奖。是年，淮安(今楚州)曙光双语学校加入集团。2005年，宝应实验小学校围棋队夺取市团体冠军，在市各类艺术比赛中获21个第一名。宝应中学在省数学奥林匹克夏令营中，再获团体总分第一名，6名学生获一等奖。在全国高中数学奥林匹克竞赛中，学生卢伟获一等奖，成绩名列全国第三。是年9月，湖北省监利县第一中学、监利中学、监利新教育实验学校加入翔宇教育集团。至此，翔宇教育集团在两省三地有7所学校。是年12月，翔宇教育集团在搜狐网、《中国教育报》、《中国青年报》等24家媒体联办的2005年中国教育年度总评榜中，被评为中国十大品牌教育集团。至年底，翔宇教育集团宝应“三校”有200个班、在校学生1.17万人、教职工762人。教师在省以上刊物发表论文341篇，其中32篇论文在评比中获奖；在课堂教

图27-9-1　翔宇教育集团宝应中学

学大赛中，有63人获奖。先后被评为中国小公民道德建设规划实施基地、全国少先队红旗大队、全国中小学生信息技术创新与实践活动先进单位、省级文明单位、省体育工作先进学校、省青少年科技活动先进集体、省贯彻学校体(育)卫(生)工作“两个条例”先进单位、省优秀家长学校、省绿色学校、省现代教育技术实验学校、省教育现代化示范学校、省和谐教育实验学校、省电化教育示范学校、省体育传统项目学校等。

第十章　教师队伍

第一节　队伍状况

一、教师规模

1990年，全县有教职工7893人，其中公办2902人、民办4991人，民办教师占教职工总数的63.2%。1996年，全县有教职工7809人，其中公办4587人、民办3222人，民办教师占教职工总数的41.3%，比1990年下降21.90个百分点。2001年，县内实施师范毕业生应聘上岗制度。至2005年，先后有大学本科毕业生559人、专科毕业生589人、中师毕业生80人应聘到中小学任教。2005年末，全县有教职工7543人。其中，公办7498人、民办45人，民办教师占教师总数的0.6%；幼儿园1218人、小学2120人、普通中学3919人、职业中学286人；专任教师6847人；中共党员1610人。

1990~2005年宝应县教师队伍情况统计

表27-10-1　　　　单位：人

项目/年份	幼儿园			小学			普通中学			职业中学			合计
		公办	民办		公办	民办		公办	民办		公办	民办	
1990	1120	99	1021	3390	982	2408	3206	1650	1556	177	171	6	7893
1991	1155	102	1053	3163	566	2597	3206	2094	1112	195	186	9	7719
1992	1231	109	1122	3033	810	2223	3274	2289	985	208	198	10	7746
1993	1236	109	1127	2808	561	2247	3345	2317	1028	190	170	20	7579
1994	1357	120	1237	2661	623	2038	3281	2419	862	356	318	38	7655
1995	1531	135	1396	2500	571	1929	3262	2438	824	386	346	40	7679
1996	1665	147	1518	2478	1222	1256	3312	2885	427	354	333	21	7809
1997	1758	155	1603	2382	2276	106	3184	3006	178	421	411	10	7745
1998	1661	166	1495	2387	2362	25	3080	3027	53	355	354	1	7483
1999	1857	184	1673	2174	2151	23	3008	2957	51	365	364	1	7404
2000	1778	194	1584	2275	2256	19	3025	2981	44	291	290	1	7369
2001	1169	202	967	3075	3061	14	3505	3463	42	201	201	—	7950
2002	1182	1182	—	2690	2677	13	3359	3319	40	178	178	—	7409
2003	1194	1194	—	2682	2671	11	3704	3666	38	178	178	—	7758
2004	1206	1206	—	2482	2473	9	3902	3864	38	249	249	—	7884
2005	1218	1218	—	2120	2112	8	3919	3882	37	286	286	—	7543

说明：2002年起，幼儿园公办人数含聘用人员数。

二、学历达标

1990年，县内开始鼓励中小学教师参加自学考试和中师、高师函授。1994年，全县学校贯彻省专任教师学历标准意见，组织教师通过在岗自学、函授、研修进修等多种形式，提高学历层次和文化水平。2001年，县内各类学校教师学历分别达到省定标准，其中高中和职业中学分别超过省定标准5个百分点和8个百分点。2005年8月，全县教师学历全部达标，其中有研究生2人、大学本科2312人、专科3034人、中专及高中1485人。小学、普通中学、职业中学教师学历均超过省定标准，其中高中教师超省定标准19.5个百分点，达89.5%；职业中学教师超省定标准32.3个百分点。

2005年宝应县各类学校专任教师学历达标统计

表27-10-2

类别		省定标准(%)	专任教师(人)					学历达标	
				本科毕业及以上	专科毕业	中专及高中毕业	初中毕业	人数(人)	达标率(%)
小学		95	3211	287	1457	1460	7	3205	99.8
普通中学	初中	85	2364	944	1410	10	—	2208	93.4
	高中	70	986	875	108	3	—	882	89.5
职业中学		60	286	208	59	12	7	264	92.3

说明：省定专任教师学历达标标准：小学为中专及高中毕业以上学历，初中和职业中学为专科毕业以上学历，高中为本科以上学历。

三、资格认定

1996年，县教育局首次对系统内教师开展资格认定，通过组织任课教师参加培训，经考核有7066人合格，发给教师资格证书。1997～2001年，县内未开展教师资格认定。2002年起，教师资格认定正常化、制度化。县教育局对1997年后九年制义务教育阶段中小学教师和系统内幼儿园教师1726人发放教师资格证书。2003年，教育系统外教师纳入认定范围。是年，有系统外教师138人领取教师资格证书。至2005年，全县有9543人取得教师资格，其中大中专毕业生2000人、教育系统外教师322人。

1996～2005年部分年份宝应县教师资格认定情况统计

表27-10-3　　单位：人

项目 / 年份	高中　职高教师			初中教师			小学教师			幼儿园教师			合计
	高中	职高	小计	系统内	社会	小计	系统内	社会	小计	系统内	社会	小计	
1996	411	146	557	2071	—	2071	4220	—	4220	218	—	218	7066
2002	138	47	185	686	—	686	750	—	750	105	—	105	1726
2003	75	10	85	52	14	66	19	19	38	—	105	105	294
2004	59	—	59	76	11	87	22	8	30	12	107	119	295
2005	55	9	64	30	6	36	6	3	9	4	49	53	162

四、职称评定

1990年，全县有1291名教师获专业职称。当年评定中级教师职称104人、初级教师职称210人。1991年，幼儿园教师纳入教师专业职称评定范围。1993年后，县内教师职称评定进入正常化。每年根据标准，教师申报任职资格，学校按教学需要聘任。是年，有809名教师分别被评定为初级、中级和高级职称。2005年，全县有职称教师5514人。1990～2005年，全县共评定教师职称1.39万人，其中高级教师329人、中级教师3511人、初级教师1.01万人。

1990～2005年宝应县教师职称评定情况统计

表27-10-4　　　　单位:人

项目/年份	幼儿园教师			小学教师			中学教师			其他教师			合计		
	高级	中级	初级	高级	中级	初级	高级	中级	初级	高级	中级	初级	高级	中级	初级
1990	—	—	—	—	50	90	—	52	97	—	2	23	—	104	210
1991	—	—	10	—	30	305	14	55	303	1	1	77	15	86	695
1992	—	—	10	—	4	2174	—	14	681	1	23	111	1	41	2976
1993	—	—	—	—	131	215	33	168	247	1	4	10	34	303	472
1994	—	—	—	—	215	306	45	400	212	—	3	2	45	618	520
1995	—	—	—	—	172	697	14	141	255	—	11	17	14	324	969
1996	—	4	—	—	82	305	19	101	236	—	7	9	19	194	550
1997	—	3	—	—	122	247	17	144	246	—	2	7	17	271	500
1998	—	—	—	—	152	185	7	65	160	—	2	3	7	219	348
1999	—	—	—	—	45	175	5	27	191	—	8	5	5	80	371
2000	—	17	—	—	150	279	15	86	304	—	6	3	15	259	586
2001	—	7	—	—	36	150	16	37	242	2	1	4	18	81	396
2002	—	9	—	—	84	162	21	80	189	3	3	—	24	176	351
2003	—	5	—	—	105	142	27	86	208	2	1	1	29	197	351
2004	1	8	—	2	128	110	39	103	362	2	6	8	44	245	480
2005	1	6	—	6	176	115	31	130	222	4	1	5	42	313	342

第二节　队伍建设

一、队伍管理

(一)编制与岗位管理

1990年,全县中小学教职工编制标准按省编委、省教育厅联合转发教育部《关于中等师范学校和全日制中小学、幼儿园教职工编制标准的通知》的下限执行,实际核定编制7800人。1992年,教职工队伍实行定编、定岗、定责,职务评聘分开,择优上岗,对任期内不能履行岗位职责的分别予以落聘、试聘、待聘或转岗。当年,76名教师落聘、38名校长落选。翌年,65名教师待聘、19名落聘,317名民办教师和临时代课人员被辞退,26名校长调离原单位。2000年,全县执行《江苏省中等师范学校、全日制中小学机构编制管理暂行规定》,规定每班平均教职工数和教师每周工作量。教师每周授课数:小学16～20节、初中12～16节、高中(职中)10～14节,核定编制7400人,实际余编30人。2001年,由于生源和布局调整,农村中小学教师普遍超编,县城中小学教师大多缺编;民办翔宇教育集团招聘教职工580多人。全县教职工人数由2000年的7369人增加到7950人。2003年,全县重新核定各校教职工人数7750人。至2005年,全县教职工编制数和实有人数回归正常范围。1992～2005年,教师落聘125人、试聘104人、待聘697人、低聘177人、转岗298人、辞退317人,校长147人落选、平调和降职。

(二)民办转公办

1985年,县内开始招考民办教师,充实公办教师队伍。1990年,全县有民办教师3970人。县政府印发《关于从优秀民办教师中选招公办教师的通知》。是年,有50名优秀民办教师被招录为公办教师。

1992年，民办转公办158人。1994年，加大民办转公办工作力度，招录民办转公办教师664人。1996年，招录民办转公办教师1396人。1997年，全县民办教师招录公办教师工作进入扫尾阶段，有54人被招录。1990～1997年，全县共有3198名民办教师转为公办教师。

（三）退（离）休制度

1990年，全县有离退休教师495人。2002年起，对男满58周岁、女满53周岁，体弱多病，不能坚持正常工作的教师由学校同意报主管部门审核，予以提前离岗，其工资、福利待遇按省人事部门有关规定执行。对患癌症、精神病、严重传染病的重大疾病患者经个人申请，单位审核，县教育主管部门备案，可病休。是年，全县有337名教师提前离岗，其中因病提前离岗94人。至2005年，全县教师的退（离）休制度、年龄规定、工资、福利待遇未变，有提前离岗教师850人、退（离）休教师2264人。

（四）奖惩

1990年，全县教职工队伍执行优胜劣汰、奖勤罚懒等规章制度，定期组织评优争先和纪律监察工作。至2005年，在教职工队伍中，被评为全国教育系统劳动模范、优秀教师等18人次，省劳动模范2人，省优秀教育工作者24人，省爱生模范1人，市优秀教育工作者135人，县优秀教育工作者600多人。同时，通过校长任职审计、群众举报、立案调查等，做到有案必查、有错必纠，先后查处奸污猥亵女学生、违反计划生育、赌博等违法违纪和违反社会公德8人，乱收费及责任追究9人，违反财经纪律6人，其他7人，共30人，其中警告15人、记过5人、记大过3人、降职5人、撤职2人。

二、队伍培养

（一）"五大"工程

青蓝工程 1995年，县教育局在青年教师中实施青蓝工程（又称一三五），即1年教学常规入门、3年教学业务达标、5年成为教学骨干。当年，各有关学校对新录用的215名教师分别进行传帮带。至2000年，3年应达标832人，实际达标760人，占91.3%；成为骨干教师的113人，占13.6%。2001年，实行师范生应聘制度后，县教育局进一步细化青蓝工程考核办法，根据1年、3年、5年目标，建立健全青年教师激励成长机制。至2005年，县教育局先后组织青年教师考核活动10次，有5532人次参加考核，其中通过考核5045人次，750人成为教学骨干。

名师工程 1999年，全县开展骨干教师、学科带头人、名教师培养工程。2000年9月，经推荐、总结、考核、审核，命名100名一线教师为县首批名教师，其中中青年教学骨干60人、学科带头人40人。2003年，实施第二批名师工程评比活动，评出各级各类名师260人，其中教坛新秀100人、中青年教学骨干100人、学科带头人60人。2004年，选送300名骨干教师分别参加市、省和国家教育行政主管部门举办的各类培训，开展"新荷杯"赛课和骨干教师300人课堂教学比武、论文竞赛等活动。是年，有84名骨干教师被命名为县优秀教师，有96人被评为市级骨干教师。2005年，县教育局组织50名市级骨干教师拍摄录像课、送教到镇，对农村教师进行教材培训、上示范课、专题辅导。至年末，有县级名师360人、市级名师96人。

图27-10-1 安宜高中名师展示课

师表工程 1999年，县教委、县教育工会联合开展主题为"爱生、敬业、奉献、为人师表"的师表工程建设活动。当年，有65人被评为县师德标兵。2001年，全县学校实施师德建设"百千万"工程，即百名机关干部进学校，服务事业发展；千名教师进家庭，与家长共商学生成长；万名教师学楷模，争当师德标兵。至2005年，先后评选产生县师德标兵205人。

名校长工程 2004年，在各级各类学校中开展名校长工程。通过举办创建书香校园、特色学校、开展课堂教学研讨班及主题培训等活动，提高校长业务能力和领导艺术。当年评选出首批县级名校长9人。2005年，组织56名中小学校长(园长)到南通跟班学习，选送200名校长到高校研修培训，选派3名校长出国培训，开展校长赛课及校长听课记录评比。至年末，有12人被评为县级名校长，其中4人被评为市级名校长。

强基工程 2004年，县内开展教师强基工程，对小学、初中、高一及高二专任教师进行专业文化知识考核。至2005年，有5339名专任教师达到强基工程要求，其中镇中心小学及县属小学教师1236人、村完小教师1713人、初中教师1995人、高一及高二教师395人。

(二)培训进修

1990年，全县教师培训主要以业务培训为主。1995年，县教育局启动新任教师岗前培训，每年对新参加工作大中专毕业生培训40个学时，合格后上岗。1996年，县教育局成立继续教育领导小组，启动中小学教师继续教育工程。通过县教师进修学校举办中师学历函授班、与高校联合举办专科及本科学历函授班、开展教师学历补偿教育等方式，每年培训师资3000人次。1999年，县教委举办首届计算机应用能力(初级)考核培训班，1800人参加培训考核。2000年，县教委制定《宝应县"民转公"人员继续教育工作规划》，是年培训师资4000人次。2001年暑期，采取闭卷考试、定性考核等方法，对2000名农村小学民办教师进行业务培训。2002年，根据省教育厅"先培训、后上岗"要求，县教育局启动新课改师资培训。通过辅导讲座，组织课程改革宣讲团巡回演讲，开展"走进新课程"教师沙龙活动及"翔宇杯"教师新理念、新体验竞赛等途径，6500多名专任教师培训合格上岗。2004年，县教育局实施新一轮教师进修培训计划，对532名新教师进行集中测试，同时选派16名高中青年教师赴南通跟班学习，组织5000多人参加各类培训，选送280名骨干教师到如皋师范附属小学等学校跟班学习。2005年，县教育局采用专题讲座、专题研讨、互动交流、教学案例分析、考核等形式，分年级分学科对各级各类学校5600名专任教师轮训一遍。至2005年，全县累计岗前培训新任教师1700人、现代教育技术培训8320人次、新义务教育阶段学校新课改师资培训6500人次、送培高中课改教师1500人次。

(三)师德教育

1991年，组织全体教师参加社会主义思想教育活动，举办"在党的关怀下成长、为党的事业奉献"演讲比赛。1992年，学习贯彻国家教委、全国教育工会《中小学教师职业道德规范》，开展"学陶(陶行知)师陶，教书育人"活动，县文教局建立教书育人、管理育人、服务育人评比表彰制度。1995年开展"创文明校风、树师表形象"主题教育活动。1996年评比表彰主题教育活动先进个人40人。1997年11月，县教委印发《宝应县中小学教师爱生敬业"十不准"》。先后组织最佳教师形象设计征文评比，开展讲文明、树新风教职工演讲比赛，爱祖国、迎回归教职员工书画展和师德建设经验交流会等。1998年，县教委实施"爱生、敬业、奉献、为人师表"工程，分类评出中、小学"十佳师德标兵"，编辑反映优秀教师事迹的报告文学集《无悔的追求》《荷乡烛光》等。2000年3月，组织学校干部、教职工7000人收看全省教育系统开展行风建设评议工作动员大会实况。聘请教育系统行风监督员100人，开展遏制拜金主义、享乐主义和极端个人主义现象活动，纠正赌博、有偿家教、体罚与变相体罚学生、乱收费等不良行为。是年暑期，县教委贯彻江泽民《关于教育问题的谈话》精神。10月，举办教职工培训班，学习《谈话》。2002年3月，县教育局采取学习宣传，制定教师、学生行为规范等措施，贯彻《公民道德建设实施纲要》。2003年，县人大、县教育局开展以人民群众满意为标准的行风评议活动，各级各类学校建立师德承诺制和师德考评制度，重点解决教育系统在职教师有偿家教和体罚学生等师德失范行为，进一步提高广大教职员工的行风意识和职业道德素质。2004年4月，县教育局提出加强"三风"建设具体要求，开展联系学生、联系学生家庭、联系社区，学生评议教师、家长评议学校、社会评议教育为主要内容的行风建设活动。当年，邀请县人大代表、政协委员走进学校，视察教育行风。是年10月，县教育局印发《关于对违反〈宝应县中小学教师爱生敬业十不准〉行为的处理办法》，规范教职员工从教行为和师表要求，并作为教师职业道德年度考核重要内容。2005年，县教育局开展"敬业爱生树师表，奉献教育铸师魂""创建优秀群体，构建和谐校园”等主题教育活动。

第十一章　教育管理与研究

第一节　教育教学管理

1990年8月，全县实行普通高中毕业会考制度。1992年4月，县文教局召开“两史一情”教育工作会议，学习贯彻国家教委印发的《中小学加强中国近代、现代史及国情教育的总体纲要》精神。1994年8月，贯彻中共中央《爱国主义教育实施纲要》《关于进一步加强和改进学校德育工作的若干意见》，在全县学校开展观看一百部爱国主义教育影片、阅读一百种爱国主义教育图书、建立一百个爱国主义教育基地和学唱一百首爱国主义歌曲等活动，充分发挥政教、团队干部、班主任队伍的德育教育功能。同时，贯彻《中小学生守则》《中小学生日常行为规范》，在学生中开展“五好”（文明礼貌好、遵纪守法好、学习习惯好、交通行为好、勤俭节约好）争创活动，使学生逐步规范自己的行为习惯和学习习惯。当年，对高中三年级工作进行宏观指导，组织“拉网式”调研视导，邀请市名教师对宝应县中学进行视导，对部分学校薄弱学科进行个性化指导。1995年，实施学科年段过关计划，学期末通过统一试卷、集中阅卷、统一登分分析，对各年级教学质量进行检测。1999年，贯彻第三次全国教育工作会议精神，全面落实《关于深化教育改革，全面推进素质教育的决定》，将教育评价由以简单的考试分数为标准，转变到以素质的全面培养为标准；从单纯的选拔性、终结性评价，转变到学生的发展性、形成性评价。2000年，制定《高中各学科教学指导意见》，编制示范性教学设计，举办教学基本功大赛。是年，建成“县、片、乡镇、学校”课改四级教研网络，并建立相应的备课、观摩、交流研讨、专题研究制度。总结推广望直港中心初中“三程序”（初备、统备、复备）集体备课法和“四定”（定时间、定地点、定内容、定中心发言人）、“五统一”（统一进度、统一要求、统一内容、统一作业、统一考查）的做法，形成集体研讨、分工备课、集体完善、形成个案、反思交流的备课模式，并在氾水中学召开集体备课现场观摩会。2002年，全县开展“3+大综合”高考模式研究，推行高三年级工作委员会“六个一”（蹲点一个班级、负责一个学科、带一名青年教师、每月参加一次质量分析会、每周至少听一节薄弱学科或高三教师的课、每周至少找一名教师或学生谈一次话）制度，启动校长“五个一”（任教一门主要学科、蹲点一个教研组年级组、组织或参加一个课题研究、写一篇适合本校教育教学实际的调研报告、带出一批具有较强敬业精神有一定科研意识与水平的教师）工程，并实行“每周一校”调研制度。县教研室被省教委授予教研工作先进集体。2005年，制定课堂教学质量标准，从县、片、镇3个层次进行人人过堂式的课堂教学质量评估，促进教师课堂质量；推行教育行政科室和督导室联合进行综合督导和专项督导模式，确保教学管理规范化。是年，全县学校建立质量优化机制，实行质量目标管理，完善质量考核评价体系，高考普通类达线率、全体考生达线率均列扬州市第一。

第二节　教学研究

1989年10月，县教育学会成立。1990年制定全县教育科学研究“八五”计划。1997年，县教委成立教育科学研究所（简称“教科所”），乡镇中心中、小学和县属学校成立教科室，初步形成以教科所为龙头、教科室为主体、课题组为骨干的三级教科研网络。1999年，县教委编纂的《百篇优秀教育教学论文》（上、下册）发行。2000年6月，县教委教科所聘请兼职（特约）教育科学研究员8人。2001年初编印《“九五”教育科学研究论文选辑》。2002年1月,县教委教育科学研究所更名为县教育局教育科学研究室。至2005年,全县教育科学计划立项研究课题共161个,其中国家级4个、省级24个。研究课题涵盖中小学教学管理、语文、数学、美术、体育,中学政治、物理、化学、生物、英语,小学自然,幼儿教育等。县特殊教育学校《面向农村市场聋生职业能力培养的研究》课题,参加教育部“十五”特教课题湖南浏阳结题会议,在会上进行汇报交流。全县教育科研立项的161个项目(含8个滚动项目)全部结题,共获省以上教科研成果奖24个,其中全国优秀课题奖1个,省特别课题奖、优秀课题奖4个。同时,有224篇论文在全国、省级评比中获奖。曹甸中心小学论文《当好小学校长的思索与实践》被收入《全国教育工作优秀论文选编》。至2005年,全县有1个省级、16个市级教育科研实验基地。

1991～2005年宝应县教育科学部分立项研究课题情况一览

表27-11-1

级别	研究课题名称	负责人	所在单位
教育部子课题	围棋活动的内在价值与开发幼儿潜能的研究	课题组	县实验幼儿园
	传统教学基于信息技术环境下的教学的优势互补研究	课题组	泰山小学
	网络教育教学方法与传统教育教学方法优势互补研究	课题组	泰山小学
	面向农村市场聋生职业能力培养的研究	课题组	县特殊教育学校
省教委规划立项	在班级管理中加强小学生生活指导教育的研究	陈金才	县实验小学
	农村高中心理健康教育模式的构建	许主军	曹甸高级中学
省教科所立项	小学数学开放式教学实验研究	陈士才	县实验小学
省教研室立项	小学生硬笔和毛笔写字能力协调发展研究	刘咏春	县教研室
	扩大低年级的识字量,以促进阅读能力提高的研究	刁仁荣	县实验小学
	“预习、尝试、精讲、训练”八字教学模式研究	李固立	县教研室
	提高体育课堂效率和效益的研究	杨大华	县实验小学
	小学开放式语文教学研究	张廷喜	曹甸镇中心小学
省教育学会立项	高中思想政治课“感知、求是、回归”教学法研究	吴永新	县教研室
	中等学校群体凝聚力的形成及机制的研究	朱寿宽、王劲松	城郊中学
	“低起点、小坡度、分层次、严要求”课堂教学模式研究	刘　俊、谢建国	城镇中学
	中学生自主创新学习策略研究	沈寿鸿	县实验初中
	小学生人格教育探索	陈士才、杨乃国	县实验小学
	小学语文课堂创新教育实验研究	刘寿华、周海琴	桃园小学
	中学英语教材英汉文化差异对比研究	王　俊	县教研室
省教委规划立项	中学学科教学与心理健康教育研究	郭华礼	城镇中学
	构建新一轮学校课程体系,创建成就教育特色的研究	马式先	氾水镇中心小学
省教研室重点立项	农村初中校本课程开发研究	徐如钊	射阳湖镇水泗初中
省教研室立项	高中数学新教材实践研究	谢建国	城北高中
	符合新课程理念的教学设计研究	朱启迪	桃园小学
省教委规划立项	水乡地域文化课程的构建	课题组	县实验幼儿园
	一日活动中科学认读的研究	课题组	县实验幼儿园
	小学课外阅读模式研究	课题组	泰山小学
	科技活动中培养小学生实践能力教育	课题组	泰山小学

第二十八篇　文化　体育

宝应历史悠久，文化源远流长。90年代初，加强企业文化、校园文化、社区文化、乡村文化建设，推动群众文化发展创新、文物保护利用和非物质文化遗产传承，文化事业进入普及发展阶段。1994年，新修《宝应县志》出版发行。1995年5月，宝应电视台开播。1996年7月，《宝应报》创刊。1997年，县政府印发《关于进一步加快文化建设若干经济政策的通知》，为文化事业发展注入新动力。1998年，周恩来少年读书处经全面修缮对外开放，先后建成省级群众文化先进乡镇12个，60%企业和村（社区）建有俱乐部、文化活动室。2000年后，文化建设向提高品位和质量目标努力。连续举办6届中国·宝应荷藕节大型文艺晚会和众多系列文化活动。2001年，《宝应年鉴》创刊发行，宝应博物馆建成开馆。2002年，县广电中心建成，城乡广播电视覆盖率100%。至2005年，朝鲜、俄罗斯等国家3个艺术团先后到宝应演出，一大批文艺作品在省级以上获奖，其中年画《春暖万家》获文化部第五届年画展金奖，歌曲《祖国在欢笑》获省"五个一"工程奖。文化单位建制齐全，文化市场繁荣发展。

宝应体育有传统、基础好。1990年起，每年举办中小学生田径运动会和足球、乒乓球等单项比赛，正常举办职工运动会和残疾人运动会，承办省、市级体育赛事24次。1995年起，全县贯彻《全民健身计划纲要》，全民健身蔚然成风。1998年，获"全国体育先进县"称号。2005年，全县体育人口超40%。16年间，获得市以上体育比赛金牌160枚。

第一章　文化单位与队伍

第一节　文化单位

1990年,有文化馆、图书馆、新华书店、淮剧团、影剧公司、大众电影院、影剧院、氾水影剧院等8家县直文化单位、30家乡镇文化站、13座乡镇影剧院和35个电影放映队,有工作人员632人。1993年起,受群众业余文化生活多元化影响,电影市场跌入低谷,影剧院、电影队陆续减少。1997年,县博物馆开工建设。1999年,县新华书店被省新华发行集团上收。2005年,全县有文化馆、图书馆、博物馆、淮剧团、影剧公司、大众电影院、影剧院等7家县直文化单位、14家镇文化站、12座镇影剧院和21个电影放映队,有工作人员373人。

一、县文化馆

1990年,位于县城叶挺路127号,建筑面积1200平方米,工作人员16人,开展美术、书法、音乐、舞蹈辅导,不定期组织书画展览和群众性演出、比赛。1993年,被省文化厅评为三级文化馆。1996年,成立县业余艺术学校,开展中小学生和幼儿艺术培训,10年间共培训3100人次。2002年,南京艺术学院在县文化馆设业余艺术考级宝应县考点,4年间有1260人次参加业余艺术考级。2005年4月起,编印《宝应群众文化》内刊,每期16开8版。

附:省劳动模范——潘如艾

图28-1-1　潘如艾

潘如艾　男,汉族,1935年6月出生,扬州市广陵区人。县文化馆工作人员,省书法家协会会员,曾任县书法家协会主席。

50年代初期参加工作,后由于书画技艺见长,调入县文化馆从事群众业余书画辅导和展览等工作。1977年起,参与县文化馆举办的公益性美术高考辅导班,10年时间,输送30多人升入高校美术专业,其后部分学生成为国内外书画名流。1985年,负责县文化馆业余艺术学校美术、书法班培训。由于工作认真负责、任劳任怨、务真求实,被群众誉为“提携后学、扶掖新人”的文化工作者。1988年,被评为省劳动模范。1995年后,经常开展送书画、送春联下乡活动,不定期组织书法交流、展览和笔会等。长期以来,他刻苦钻研书画业务,尤其擅长楷书、隶书研究与创作,功力深厚,先后有《满仓金谷满船歌》《祖国万年青》《水乡红莲》《新春彩灯照》等美术作品和数以百计的书法作品参加省、市、县展览,部分作品获大奖。数十幅春联和4幅美术作品由江苏人民美术出版社等出版发行。

二、县图书馆

1990年,位于县城叶挺路127号,建筑面积888平方米,工作人员10人,藏书7.18万册,其中古籍1.80万册,年图书流通量9.48万册次。县财政拨购书经费7500元。是年起,每年组织红领巾读书读报活动,先后征文3320篇,获县优秀征文557篇,省、市优秀征文285篇。1991～1993年,两度被评为省文明图书馆。1994年,被文化部评定为三级图书馆。2003年6月,少儿阅览室重新装修对外开放,同时实行全年无闭馆日制度。2005年,设外借处、综合阅览室、少儿借阅室、电子阅览室、古籍资料室、采编室、辅导室,有工作人员7人。县财政拨购书经费7.40万元,藏书11.12万册,其中《通志略五十二卷》《凌谿先生集十八卷》《国史经籍志六卷》等3种被列入国家珍贵古籍名录，《吕氏家塾读诗记三十二卷》《汉松堂全集十二卷附年一卷》《渔洋山人数华录训纂补十卷》等6种（含国家级3种）被列入省珍贵古籍名录。年图书流通量16.23万册次。

三、宝应博物馆

1997年，县政府投入300万元，在县城安宜东路89号兴建宝应博物馆，占地4400平方米，建筑面积3400平方米。2001年6月建成开馆，编制3人。馆内设6个展厅和1个文物库房，藏品4000余件，以汉代和宋代出土文物为主，其中国家一级文物3件、二级文物14件、三级以上文物300多件，拓片1000多件。《安宜春秋——宝应历史文化要览》为馆内基本陈列，共两个展厅，展区面积400平方米，展线长100米。要览以宝应建置、历史沿革和古运河为两条主线，用60多块彩喷版面和200多件珍贵文物，演绎宝应数千年文明史。2002年9月被命名为市爱国主义教育基地。2003年10月被评为省文物系统先进集体。2005年，有工作人员3人。至2005年，先后举办民间收藏品展、古代工艺珍品展、历代钱币展，以及反映宝应历史和现代建设成就等各类展览18次，接待观众近6万人次。

图28-1-2　宝应博物馆珍藏的古象牙

四、县淮剧团

1990年，位于县城安宜北路8号，有房屋建筑面积2000平方米（含影剧场），人员124人，其中专业演职人员43人、经营人员81人。有《狸猫换太子》《丁郎寻父》《赵氏孤儿》《九更天》《打金枝》《金水桥》《探寒窑》等12部传统剧目和《江姐》《心肝宝贝》等现代剧目。是年起，不定期组织编排新剧目在县内外演出。1992年，实施团办企业整顿，保留剧场和招待所。1994年，全面推行经济责任制。1997年8月，演出团推行全员聘用制和报酬浮动制，原工资进入档案，一律以“角色主次、表现优劣、贡献大小”打分记酬。同时，聘请表演艺术家、上海市淮剧团韩小友为剧团艺术指导。2004年，实行剧团演出经营权对外公开招标，苏州乐团中标，获得县淮剧团演出经营权1年。是年10月，拓展经营项目，成立县淮剧团礼仪公司。至2005年，先后上演新编剧目和传统剧目共129部，演出4497场，观众254.10万人次。是年末，有专业演职人员36人，剧场、招待所工作人员5人。

1990～2005年宝应县淮剧团主要新编、排和演出剧目情况一览

表28-1-1

项目 年份	新编　排剧目	演出剧目	演出（场次）	观众（万人）
1990	《赵氏孤儿》	《狸猫换太子》《九更天》《丁郎寻父》等	285	12
1991	《寻儿记》《芙蓉泪》	《赵氏孤儿》《狸猫换太子》等	292	15
1992	《珍珠塔》《杨柳湾》	《休妻记》《药茶记》《九更天》等	245	14.50
1993	《江姐》	《心肝宝贝》《牙痕记》《杨柳湾》等	310	16.50
1994		《御河桥》《赵五娘》《江姐》等	250	12
1995	《孔繁森》	《牙痕记》《休妻记》《珍珠塔》等	285	15
1996	《母子怨》《逃婚记》《吴汉三杀》	《孔繁森》《探寒窑》《金水桥》等	275	14.50
1997	《鸳鸯湖》《三篙恨》《母子怨》《冲天鸟》	《母子怨》《寻儿记》《冲天鸟》等	305	18.10
1998	《养蛇女》	《金水桥》《御河桥》《探寒窑》等	315	20.50

续表 28-1-1

项目 年份	新编　排剧目	演出剧目	演出 (场次)	观众 (万人)
1999	《碧玉簪》	《养蛇女》《打金枝》《珍珠塔》等	285	15
2000		《养蛇女》《心肝宝贝》《药茶记》等	268	14
2001	《金殿认子》《春雨情》	《心肝宝贝》《珍珠塔》《休妻记》等	292	16.50
2002	税法文艺宣传节目专场	《打金枝》《探寒窑》《春雨情》等	165	16
2003	《八宝的传说》	《心肝宝贝》《珍珠塔》《药茶记》等	315	18.50
2004	《悠悠柳河情》《奔向延安》《一路同行》	《打金枝》《探寒窑》《休妻记》《药茶记》等	400	21
2005	《水乡组曲》《未了情》《故乡行》《歌舞》	《药茶记》《赵五娘》《珍珠塔》《打金枝》等	210	15

五、县新华书店

1990年有6个门市部和安宜书画社,房屋建筑面积376平方米,中心门市部位于县城叶挺东路17号,工作人员58人。1996年投资100多万元扩建县城叶挺东路中心门市部,增加房屋面积2600平方米。门市部实行开架售书,图书品种从1万种增加到3万种。1997年投资近100万元新建泰山桥图书仓库、小尹门市部,建筑面积分别为1600平方米、600平方米。1998年,投资30万元购买县城南城根路商品房180多平方米,设立大桥门市部。1999年1月,县新华书店人、财、物权上收到省新华发行集团有限公司,其全民事业单位性质不变。2002年后,县新华书店门市售书、财务管理、图书进货和办公相继实现电脑化操作和全省书店网络化管理。2003年,新华书店被中国书刊发行业协会评为2001～2002年度全国书刊发行成绩优异、服务优良单位。2004年底,县新华书店实施改制,撤销音像书店、安宜书画社,人员纳入新华书店编制。对原离退休人员(包括按规定提前退休人员),实行"老人老办法",享受全民事业离退休人员待遇,养老金由县社会保险中心发放,人员划归所在社区管理。2005年,投资1200万元,购买时代广场商品房1600平方米(待装修开业);销售图书512.98万册3575.57万元,利润110万元。是年末,县新华书店有8个门市部,房屋建筑面积共8956平方米,工作人员49人。

六、影剧公司与院、队

1990年,群众业余文化生活载体多元化,电影市场开始萎缩,县内人均看电影只有13.46场次。1993年下降到3.04场次。此后,县影剧公司与电影放映单位采取礼仪电影、影企联姻、影教结合和主旋律影片放映等措施,但电影观众乃呈下降趋势。2003年,全县电影观众累计不足13万人次,人均年看电影不到0.14场次。2005年,电影放映单位和工作人员分别由1990年的54家、331人下降到39家、181人。

(一)县影剧公司

位于县城花城路,房屋(含职工宿舍)建筑面积1980平方米,工作人员34人。1991年起,每年组织放映单位放映1～5部主旋律影片。1992年,举办两期电影业务培训班,每期20天,共培训城乡电影放映、发电人员120人。1994年起,发行16毫米影片,取消35:65拆账比例,实行片包、月包和年包等新制度;35毫米影片由县影剧公司与市电影公司按"定拷贝、定发行收入、定分成比例"承包发行。1996年,组织10家35毫米放映单位实施每本影片600米大片盘及配套装置改造,实现与国际标准接轨。1999年起,连续7年组织放映《红流》《铁血大动脉》《二小放牛郎》等电影318部1955场次,观众63.56万人次。2002年,35毫米影片发行、放映实行院线制。至2005年,发行电影拷贝8791部,共放映13.13万场次,观众4875.62万人次,放映收入1641.23万元,发行收入656.49万元。年末,有离岗休息6人、在岗工作人员8人。

1990～2005年宝应县电影发行放映统计

表28-1-2

年份＼项目	放映（场次）	观众（万人次）	放映收入（万元）	发行收入（万元）	年份＼项目	放映（场次）	观众（万人次）	放映收入（万元）	发行收入（万元）
1990	25321	1321.41	208.11	83.24	1998	2386	18.98	38.48	15.39
1991	21793	890.61	200.17	80.07	1999	2012	22.54	45.07	18.03
1992	22278	828.46	204.53	81.81	2000	2209	33.15	66.30	26.52
1993	11297	280.04	108.26	43.31	2001	2552	38.28	114.84	45.94
1994	9985	426.08	142.66	57.04	2002	1022	18.38	59.85	23.94
1995	14028	726.29	151.74	60.69	2003	1180	12.99	41.64	16.66
1996	7125	142.50	114.00	45.62	2004	1151	23.73	41.31	16.52
1997	5200	60.46	40.83	16.33	2005	1762	31.72	63.44	25.38

（二）大众电影院

位于县城叶挺路125号，房屋建筑面积1560平方米，有硬座席位980个，松花江牌35毫米电影放映机2台和1套音响设备，使用氙灯光源，有工作人员27人。1992年5月18日，举办影片《血战落魂桥》首映式。1994年9月，自筹40多万元，新建局部3层的文化综合楼及停车场，房屋建筑面积500平方米。1996年5月，实行经理负责制。是年秋，县政府投资65万元，对影院实施升级改造，观众厅墙体软包装，安装铝塑吸音板吊顶，座位改造成675座软席，重新调整灯光线路，扩大舞台，增加剧团演出业务。1999年10月，大众电影院由私人组建的宝光影业有限公司承包经营。2002年1月起，县文体局将大众电影院委托给县影剧公司经营，并加入江苏盛世亚细亚院线。2005年末，有房屋建筑面积2060平方米，职工25人。

（三）宝应影剧院

位于县城安宜南路2号，有主场所和演出宿舍，房屋建筑面积2700平方米，有1506座五合板硬座席位，35毫米松花江牌电影放映座机两台和与之配套的音响设备，工作人员24人。以电影放映和戏剧演出为主。1994年后，电影放映、戏剧演出效益逐年下滑。1997年5月，影剧院主场所改造成迪斯科广场。6月，停止电影放映和戏剧演出，实施改造和承包。1999年初，影剧院收回主场所，对外分块出租。2000年，门厅楼收回对外出租。2005年末，有离岗休息14人、留守工作人员3人。

（四）氾水影剧院

位于氾水镇东园塘。1991年7月，该院在安全生产大检查中被定为危房，责令停业维修。是年，通过加固等措施，重新开业放映。1992年，增设录像厅，并将部分门厅改为食品服务商店出租。1993年，自筹资金新建1座3层楼房，建筑面积210平方米，后出租。2001年6月，再次被定为危房，关闭停业。2002年8月，氾水影剧院国有土地使用权公开挂牌出让，出让价125万元。是月，除1名留守人员外，其余10人下岗。

（五）城南电影院

位于县城安宜南路火星庙巷西首。1997年夏，连降暴雨，该院舞台、观众厅、附属用房木梁木柱腐烂，墙体倒塌。1998年拆除，并将土地使用权转让给省属大运河宝应航道站。

（六）城东影剧院

位于县城安宜东路城郊桥西首。1990年，由县影剧公司与城郊乡联合经营。2004年，因县城建设规划需要而拆除。

（七）宝淮影剧场

位于县城安宜北路8号，有主场所和演出宿舍，房屋建筑面积1300平方米。有35毫米电影放映机2台及音响、发电设备各1套，工作人员10人。日常除放电影外，还接待戏剧、歌舞、时装表演等艺术团体演出，宋祖英、韦唯、潘长江等及朝鲜、俄罗斯、库克群岛等国家和地区的艺术团曾在此演出。至2005年，宝淮影剧场4次被评为江苏省明星剧场，有工作人员4人。

(八)乡镇影剧院、电影队

1990年，全县有13座乡镇影剧院和35个电影放映队，有工作人员269人。是年，广洋湖乡建成1座700座位影剧院。1993年，泾河乡易地新建1座900座位影剧院。1997年和2003年，沿河乡和小官庄镇分别建成700座位影剧院。至2004年，广洋湖、泾河、射阳湖、西安丰、小官庄、望直港影剧院放映设备先后更新为35毫米放映座机。2005年，有12座乡镇影剧院和21个电影放映队，有工作人员90人。

七、乡镇文化站

1990年，全县有乡镇文化站30家，其中公办文化站9家、民办文化站21家，共有工作人员38人。其时人事权归属县文教局，经费由各乡镇包干。多数乡镇文化站常年开展书报刊阅览、黑板报橱窗宣传、老年棋牌、图片展览等，节假日期间举办演讲比赛、卡拉OK演唱、歌舞戏剧演出等群众文化活动。部分乡镇文化站还设有录像厅、电子游戏室和开展广告服务等，不定期举办区域文化联谊活动。1992年，氾水、夏集两个镇在全县率先建成省群众文化先进乡镇。至1998年，全县相继建成省群众文化先进镇12个。氾水、西安丰、望直港、柳堡、夏集、射阳湖、安宜、曹甸、泾河文化站相继建成乡镇万册图书馆。2000年12月，乡镇文化站随着区划调整和事业单位改革，合并为16个，其人事、经费由属地管理，性质为文化事业单位。2005年，全县有14个镇文化站，工作人员42人，其中全民事业单位性质人员36人、乡镇事业人员6人。

第二节 队　伍

1990年，全县文化系统有干部职工612人，其中全民、集体事业人员242人，乡镇影剧院、电影队人员269人，企业职工101人。1991年，县淮剧团招收学员11人，并送盐城鲁迅艺术学校淮剧专业班学习，学制4年，毕业后全部回剧团工作。1992年，县文化馆工艺美术厂停办，县淮剧团整顿团办企业，精简企业职工57人。是年，选派两名文化站工作人员到省文化干部学校群众文化中专班进修学习。1993年7月，县文教局委托省、市文化艺术学校代培群众文化专业学生4人。1994年后，城、乡影剧院上座率锐减，乡镇影剧单位人员逐年减少。1997年，县文化局选派1人参加省文化厅与南京艺术学院合办的创作专业大专班学习。至1998年，群众文化专业毕业生8人进文化站工作，省级群众文化先进乡镇文化站5名工作人员转为全民国家干部性质。1999年1月，县新华书店人事权上收至省新华发行集团有限公司。2005年末，全县文化系统有373人，其中全民、集体事业人员211人，乡镇影剧单位118人，企业挂靠人员44人。

第二章 文学艺术

汉迄明清，境内文艺人才辈出。据《宝应历代县志类编》录，载入史册者200多人，留世著述815种1970多卷(册)。新中国建立后，文学艺术活动逐渐活跃。1985年，县文艺(剧目)创作室成立。1991年，县文学艺术界联合会成立。1997年，县文化局成立县创作组织指导中心。2005年，县内有文艺社团20个、会员1378人。文学类著述出版活跃，校园文学报刊增多，一批现代淮剧、小戏、小品、歌舞类节目和书画、摄影作品在市以上参演、参展并获奖。

第一节　文　　学

1990年，县内有业余文学社团19个，不定期编印内部刊物10多种。1991年1月，县作家协会、县诗词协会成立。1992年，韩厉观、陈立平合著的《华克之传奇》出版。1993年，王富强、梁鼎成改编的电视文学剧本《华克之》，参加全省爱国名人系列电视剧本评选，获二等奖。1995年，县委宣传部组织创作《新柳堡的故事》电视文学剧本，并拍成电视剧在中央电视台播出。2001年，《宝应文学》（县文联主办）创刊，每年出版4期，每期刊载小说、散文、诗歌、书画、摄影作品50～100件。2005年末，有作家、诗词家、文艺评论家协会和白田诗社等文学社团5个，会员365人，其中省级以上会员134人。1990～2005年，县内文学艺术爱好者每年在《人民日报》《解放军报》《农民日报》《人民文学》《散文选刊》《短篇小说》《民间故事》《新华日报》《雨花》《钟山》《少年文艺》等数十家报刊发表文学作品近100篇。其间，校园文学兴起，广播电视大学宝应分校、宝应高级中学、县职业教育中心、安宜高级中学等17所学校先后编印以校园文学为主要内容的报刊22种，编印近500期；《宝应文学》出刊20期。县内另有31人出版散文、小说、诗歌等作品专集。

1990～2005年宝应县主要文学类书目出版情况一览

表28-2-1

类别	名　称	编著者	出版年份	出版社
散文集	《中国·有这样一位年画家》	王富强	1992	江苏人民出版社
	《莲藕世界》	陈宗道　陈　跃	1993	南京出版社
	《还娘乳》	王　垄	1999	辽宁教育出版社
	《情系荷乡》	徐汝清	2003	中国文联出版社
	《藕丝如梦》	赵征溶	2004	中国文史出版社
诗歌集	《红雨》	王　垄等	1990	北方文艺出版社
	《万里行》	范承祚	1991	华艺出版社
	《万里千诗》	范承祚	1996	北京出版社
	《朱国奎诗稿》	朱国奎	1996	天地出版社
	《醉静斋吟草》	樊心如	1998	人民出版社
	《紫藤叶》	王文教　王玉庆等	1999	金陵书社
	《生命之旅》	姜春雨	2002	青海人民出版社
	《海祭》	李健凤	2003	中国文史出版社
	《足迹吟草》	陈立新	2004	炎黄文化出版社
	《残人新咏》	朱国奎	2004	中国文史出版社
	《永恒的记忆》	鲁东霞	2004	人民日报出版社
小说	《青苹果》（微型小说集）	何开文	1994	漓江出版社
	《嫩藕枝》（微型小说集）	何开文	1995	漓江出版社
	《红辣椒》（微型小说集）	何开文	1996	漓江出版社
	《梦境揽奇》（中篇）	何开文	1997	金陵书社
	《延续生命》（微型小说集）	何开文	1998	金陵书社

续表 28-2-1

类别	名　　称	编著者	出版年份	出版社
小说	《宝应微型小说作者群作品集》	何开文等	2002	金陵书社
	《同好集》(微型小说集)	范学望　何开文	2003	青海人民出版社
	《风雨兼程》(长篇)	吴少津	2003	中国文联出版社
	《生命是条涌动的河》(长篇)	张建萍	2004	人民日报出版社
	《大唐秋风》(长篇)	赵征溶	2004	中国文史出版社
	《细无声》(微型小说集)	范学望	2005	中国文史出版社
人物传记	《华克之传奇》*	韩厉观　陈立平	1992	江苏人民出版社
	《让我们荡起双桨》	赵征溶	2001	人民音乐出版社
	《从放牛娃到大学教授》	王元林	2004	中国经济出版社
	《屋魂》	欧阳一丁	2005	中国文史出版社
故事集	《中国古代养生逸闻》	欧阳春早	2004	中医古籍出版社
	《幻象》	欧阳春早	2004	中国文史出版社
史料集	《群英谱—宝应》	仇学程等	1999	江苏人民出版社
	《芦荡烽火》	陈以和	2002	中国文史出版社
	《案头随笔》	欧阳春早	2005	中国古籍出版社
评论集	《评论者说》	何开文	2005	中国文史出版社
其他	《思》	郝立良	1994	中国文史出版社
	《无缘的婚照》	石　飞　何开文	1996	国际文化出版社
	《搏击声声》	张元顺	2001	学苑出版社

* 1998 年再版，书名改为《红色谍星》。

第二节　戏剧　小品

一、戏剧

图 28-2-1　　古戏台

宝应是淮剧发源地之一。淮剧为县内主要剧种，同时拥有较多京剧爱好者，并流行越剧、黄梅戏等。1990 年，县文艺创作室有创作人员 2 人。县淮剧团演出 285 场、观众 12 万人次，县外 12 个剧团到县内演出 118 场、观众 5.10 万人次。是年起，文艺创作人员整理、改编、创作的淮剧等剧本(目)及演出多次在全国或省内获奖。当年整理改编的古装淮剧《双玉蝉》(泰州市淮剧团演出)，入选中央电视台剧目评选，获全国“星光奖”二等奖。1992 年，大型现代淮剧《杨柳湾》获省第二届淮剧节优秀剧本奖等，后在省《剧影月报》发表。1994 年，大型戏曲剧本《柳巧莲》获市第四届《绿杨剧作》评比二等奖。1996 年，大型现代戏《月亮桥》获市第五届《绿杨剧作》评比二等奖。1997 年，县淮剧艺术促进会成立，有会员130多人，每年不定期开展淮剧艺术研讨、淮剧票友演唱和对外交流等活动。1998年，大型现代淮剧《养蛇女》参加省第三届淮剧节，获优秀剧目奖，并获市“五个一”工程奖。1999～2000年，《养蛇女》在县内外演出406场、观众23.20万人次。2001年起，县城画川书院、白田广场、城中社区等处群众性的淮剧清唱非常活跃，店铺开业、商业促销经常举办露天淮剧演唱，寿辰、婚庆之日举办喜宴淮剧等。2002年，大型现代淮剧《悠悠柳河情》获省第四届淮剧节剧目奖。2004年，县京剧票友联谊会成立，有会员30人，经常在节假日开展演唱活动。小戏《九张嘴赔情》获省小戏小品调演奖。至2005年，县内共创作大型现代戏剧本6个、小戏剧目20个，淮剧业余爱好者1人获省戏曲票友大赛十佳淮剧票友、十佳农民票友奖，8人获省淮剧票友优秀奖。2005年，县文艺创作室有创作人员2人。

附：大型现代淮剧《杨柳湾》剧情简介

《杨柳湾》是作者傅雨兴耳闻目睹改革开放前后农民思想道德变化而创作的大型现代戏曲剧目。全剧分序幕和还愿、风波、哭坟、劝嫁、诉情、追舟、洞房、忏悔等9场戏。1975年，因为贫穷，农民陈二毛母亲生病，借钱无门，途经杨柳湾路上拾款，无奈昧钱，最终治好母病，此后经常扪心自责。1985年，二毛勤劳致富后，带钱到杨柳湾寻主还“债”，方知当年失钱者丢的是队里买稻种的钱，因无力偿还而家破人亡。二毛决定留在杨柳湾，帮助柳花母子致富，补偿良心债。一年后，柳花家脱了贫，过上富裕生活。在致富的过程中，柳花对二毛产生好感，但二毛对柳花爱不敢爱、舍不忍舍。整个剧情扑朔迷离，高潮迭起，扣人心弦，最终以二毛痛诉实情，柳花理解、谅解，二人喜结良缘而圆满结束。1992年，该剧参加省第二届淮剧节获优秀剧本奖等。

二、小品

80年代，县内小品类节目流行。至1990年，初步形成20人的小品业余创作队伍。小品《禁止吸烟》在省《剧影月报》1990年第一期发表，《悬崖》在省《剧影月报》第五期发表，《“黑”孩子的笑声》《阴差阳错》《夫妻的神话》分别获市人口普查文艺汇演、市安全生产文艺汇演、市小品汇演一、二、三等奖。1996年，县文化局组织文艺工作者开展小品创作活动，并推荐《街上流行背带裙》等8个小品参加市“江阳杯”小品大赛，其中6个作品分获二、三等奖，获奖数列全市第一。翌年，《街上流行背带裙》被选调参加省“扬中杯”小品征集大赛获铜奖。2001年初，县文化局组织创作《典型村长》《雷声》《送你一束玫瑰花》《电工》等6个小品，被市推荐参加全国曹禺戏剧类小品、小戏评奖活动。2002年，小品《典型村长》在省《剧影月报》2002年第二期发表。2003年，小品《村口》获全国抗击“非典”戏剧曲艺摄影作品征集比赛三等奖。2005年，小品《灯》在省《剧影月报》2005年第一期发表。至是年末，全县共创作小品45个，其中在省以上报刊发表小品3个，在省、市汇(调)演中获奖小品19个。

三、曲艺

1991年，县预备役团文艺宣传队排演的表演唱《绿杨新旅之歌》参加南京军区预备役部队文艺调演，先后在中央电视台、江苏电视台播出。2001年，相声《三陪小子》获市计划生育文艺调演优秀创作奖，后获全国第五届“西岗杯”相声新人新品征文评比三等奖。至2005年末，创作表演唱、方言说唱、配乐诗朗诵、相声、器乐独奏等曲艺节目近100个，在市以上评比中获节目创作、表演奖共13个。

第三节　音乐　舞蹈

一、音乐

1990年，民歌手张友文演唱歌曲《哪有日子再碰头》《五月栽秧》，获全国农民歌手邀请赛“全国十佳农民歌手”称号。1991年，县委宣传部、县预备役团组织创作的《绿杨新旅之歌》录制成舞台艺术片，先后在江苏电视台和中央电视台播放，《解放军报》发表《水乡飘来的音符》专题评论。1992年，歌曲《水乡的雾》由中国人民解放军前线歌舞团葛军演唱，在江苏人民广播电台《每周一歌》栏目播出。1997年起，县内恢复以音乐类文艺节目为主要内容的农村文艺新作调演，每两年举行一次，每次有一二十首新作问世。1998年，《水乡处处竞妖娆》等5首歌曲，由江苏文艺出版社收入《新时代的歌声》歌曲集出版。2002年2月，《幸福日子唱着过》获省首届农民艺术节文艺晚会创作奖、演出奖，后又获得省五星工程奖。2003年，县文化馆组织创作的歌曲《祖国在欢笑》获省"五个一"工程奖。2005年，张爱民演唱的《儿行千里》获省青年文化节暨东方水城青春苏州青年文化展示活动——江苏水乡青年歌手大赛金奖。至是年末，县内创作发表歌曲21首，参加省、市新作调演、汇演获奖25首(次)。

二、舞蹈

1991年，县文化馆编排的《荷乡恋情》等舞蹈节目，入选市琼花艺术节专场文艺演出。1993年，县文化馆多次配合基层工会、共青团、妇联组织交谊舞培训班和比赛。此后，每天的早晚和节假日期间，县城各大市民广场跳交谊舞、国标舞人数与日俱增。1996年，县文化馆创作的舞蹈《醇》参加市第二届琼花艺术节，获创作金奖、表演银奖。至2003年，《班长和二妹子》《中国朝前走》《路之魂》《编织春天》《水乡姑娘》《新莲出水分外鲜》等6个舞蹈节目，连续参加市4届群众文化新作调(汇)演。至2005年末，县内共创作舞蹈类节目近100个，有13个节目参加市评比，获奖项21个。

第四节　书画　摄影

一、书法

1990年，县内幼儿、青少年和中老年人书法练习蔚然成风。1992年3月，圆通禅寺明波法师创作的周恩来名言书法条幅被淮安周恩来纪念馆永久收藏。1993年起，县政协、县文联、县文化主管部门每年组织幼儿、中小学生书法比赛和节庆书画展览3～5次，不定期推荐书法作品参加市以上书画展览或评比。1995年10月，赵文澜、尤寿昌楹联条幅，潘如艾书法中堂入选省里下河地区第二届书画联展。1997年6月，张泽民、尤寿昌的书法作品入选江苏《环境时报》举办的21世纪环保书画全国邀请展，获优秀奖。2002年，朱宇、赵进、潘如艾、李翔、邱迅平、李志春等9人书法作品入选省文化干部职工书画大赛，分获一、二等奖，薛明泓书法作品参加全国首届"杏花村杯"书法作品电视大赛获优秀奖。2005年，县内有书法家、青少年书法家协会2个，会员610人，其中中国书法家协会会员9人、省书法家协会会员60人。1990～2005年，县内有19人26件书法作品在省、市文化部门举办的书画展览中获奖。

二、美术

1991～1992年，县内先后举办一级美术师刘夜烽回乡书画展、高级美术师黄廷海山水画展、省老干部书画巡回展等。1994年县首届艺术节开始，美术展览多以书画联展为主，每年三五次不等，其中在省里下河地区第二届书画联展、县喜迎香港回归书画展和中国·宝应荷藕节书画展中，部分老干部和中青年美术作品有一定影响。1997年，书画名家、百岁老人王沂泉等人创作《苍松牡丹图》绢画，以宝胜集团名义赠香港特别行政区政府作回归纪念，后国务院港澳办将此画安排悬挂在香港回归交接现场。是年，工艺美术创作活跃，朱军成等参与创作的刺绣作品《归程》被省政府作为赠香港特别行政区政府纪念品。2001年，中国美术家协会会员、画家成砺志创作的年画《春暖万家》参加文化部第五届年画展并获金奖。至2004年的10多年间，他创作的《尊老爱幼福寿乐》《盛世祥和》《走进新时代》《天涯共此时》《海峡情思》等，分别参加第八、九、十届全国美术作品展，全国现代美术作品展，第四、五届全国年画展。2005年，县内有美术家、花鸟画家协会和国画院等绘画团体3个，会员114人，其中中国美术家协会会员1人、省美术家协会会员15人。1990～2005年，县内有18人35幅绘画、刺绣作品参加全国、省、市书画等展览并获奖。

附:全国年画展金奖获得者——成砺志

图 28-2-2　成砺志

成砺志　男,汉族,1954年12月出生,安宜镇人。中国美术家协会会员,国家一级美术师,省有突出贡献中青年专家,享受政府特殊津贴。

1974年开始出版年画作品。1978年起,致力于中国年画创作及艺术理论研究,有多幅作品入选全国美术作品展、全国年画展、现代中国美术作品展和日本巡展。1990年,《尊老爱幼福寿乐》获第四届全国年画展银奖。1993年,《盛世祥和》获第八届全国美术作品展优秀作品奖,后获第五届全国年画展银奖。至1998年,全国38家美术出版社出版其年画作品300余幅9亿多张(套)。1999年起历时5年,为纵棹园创作石雕、木雕、砖雕、铜雕作品。是年,《走进新时代》获第九届全国美术作品展优秀作品奖。2001年,《春暖万家》获第五届全国年画展金奖,后又获第十届全国美术作品展铜奖。至2005年,先后有《年画技法》《周恩来的世纪——一个伟人的故事》《成砺志画集》等专著、画册出版。《洒向人间都是爱》《情系故里》《盛世祥和》等被北京宋庆龄故居、淮安周恩来纪念馆、日本福冈亚洲美术馆收藏。《盛世祥和》《走进新时代》分别被《光明日报》《求是》刊载。其人被收入《中国美术年鉴》《中国新文学大系·美术集》《中国美术辞典》等。

1990～2004年宝应县美术作品在省以上展览获奖选录

表 28-2-2

项目 年份	作品名称	类别	作者	展览或比赛名称	奖项	备注
1990	《我们和书交朋友》	绘画	陆茅德	省群文干部美术书法摄影展	入选奖	
	《尊老爱幼福寿乐》	绘画	成砺志	第四届全国年画展	银　奖	
1991	《天使在人间》	绘画	钱振椿	全国城市电影橱窗作品展	二等奖	
1993	《盛世祥和》	绘画	成砺志	全国第八届美术作品展等	银　奖	出国展览、日本珍藏
1994	《楚天舒》	绘画	郃　恂	省群文干部美术书法摄影展	入选奖	
1996	《双鹤》	绘画	王宝珠	省美术青年画展	入选奖	
	《枫》	绘画	杨艾元	省美术青年画展	入选奖	
	《静物》	绘画	陆凤祥	省美术青年画展	入选奖	日本巡展
1999	《走进新时代》	绘画	成砺志	全国第九届美术作品展等	优秀奖	
2001	《春暖万家》	绘画	成砺志	第五届全国年画展	金　奖	
	《天涯共此时》	绘画	成砺志	第五届全国年画展	优秀奖	
2002	《梅花》	绘画	赵祥安	省农民艺术节	入选奖	
	《丰收》	绘画	昌　松	省农民艺术节	入选奖	
	《抱》	刺绣	朱军成	华东工艺美术精品展	金　奖	
	《等待》	刺绣	朱军成	华东工艺美术精品展	银　奖	
	《牧羊图》	绘画	杨艾元	省文化干部职工书画大赛	优秀奖	
	《皖南农家》	绘画	陈正国	省文化干部职工书画大赛	优秀奖	
	《村外草原》	绘画	陈正国	省文化干部职工书画大赛	优秀奖	
2003	《开国大典》	刺绣	华艺苑刺绣研究所	第三十七届全国旅游品工艺品交易会	二等奖	
	《放牧》	刺绣	华艺苑刺绣研究所	国际礼品和家用消费品博览会	优秀奖	

续表 28-2-2

项目 年份	作品名称	类别	作者	展览或比赛名称	奖项	备注
2003	《橡树林》	刺绣	华艺苑刺绣研究所	第四届中国工艺美术大师作品暨工艺美术精品博览会	金　奖	
2004	《父亲》	刺绣	华艺苑刺绣研究所	第五届中国工艺美术大师优秀作品暨工艺品博览会	金　奖	
	《海峡情思》	绘画	成砺志	全国第十届美术作品展览	入选奖	

三、摄影

1990年，中国摄影家协会会员薛水利作品《晨曲》《叶、花、藤》分别入选省群众文化干部美术书法摄影展和中国摄影家协会举办的沪江之花摄影展。2001年，《广场歌舞》《荡舟》《田畴似锦》《山庄》《晓》等摄影作品，分别获省首届社区艺术节和省企业家摄影作品展览奖。2002年，薛水利的《程控电话到田头》、邓连俊的《夕阳照水乡》《勤劳的农家女》、周鸣的《电脑进农家》、郝品的《采菱忙》等作品获市首届农民艺术节优秀摄影作品奖。2005年，县内有摄影家、人像摄影家协会2个，会员80人，其中省以上会员6人。

附：全国优秀摄影家——薛水利

图 28-2-3　薛水利

薛水利　男，汉族，1958年6月出生，安宜镇人。自幼爱好文艺，擅长摄影，毕业于上海机械学院光学技术与摄影艺术专业。1985年起，在县文化馆从事摄影辅导。他的多幅摄影作品入选省和全国摄影展并获奖，还有佳作刊于《江苏省企业家摄影作品集》。1988年，其摄影代表作品《撒》在文化部等6家联合主办的中国农村摄影大奖赛中获铜奖，1989年又在第五届国际摄影艺术展览中获银奖。在1991年抗洪救灾中，他顶风冒雨，涉水深入第一线，拍摄许多感人场面和大量灾情资料，多幅作品入选全国、省、市抗洪救灾影展和画册。先后举办《水乡风情》《皖南风情》《新疆风情》个人影展，与他人合作出版《荷之恋》摄影作品集。他注重发现和培养摄影爱好者，创办《宝应摄影报》，在老年大学摄影班任教多年。1997年，获市文联颁发的摄影艺术创作优秀奖。1999年入编《中国摄影家全集》。2004年被授予"中国优秀摄影家"称号。任市长虹广告有限公司总经理，多次参与县重大活动和对外宣传策划、创意。

第三章　群众文化

改革开放后，群众文化活动焕发青春，传统文艺发扬光大，电视、录像、卡拉OK、交谊舞等一批新的文化项目成为群众文化活动新载体。1990年，县文教局开展企业文化、校园文化、社区文化、乡村文化基地建设试点，推动机关、学校、企事业单位和村(社区)文化活动室、俱乐部、文艺宣传队及其功能作用建设。1997年，县政府印发《关于进一步加快文化建设若干经济政策的通知》，在规划、资金、政策方面为群众文化事业发展注入新的活力。至1998年，有60%村、社区、企事业单位建有俱乐部、文化活动室，各乡镇和部分企业建有业余文艺宣传队，以卡拉OK、交谊舞、职业礼仪等为主要内容的机关文化全面启动。1999年，有33篇群众文化论文入选《文化大视野—全国群众文化论文集》，参加省、全国群众文化理论研讨会。至2005年,企业文化为树立企业形象、培养企业精神和职工凝聚力建设提供新途径;校园文化初步实现校园文艺活动与素质教育有机结合;社区、乡村文化以文化环境优化等措施,引导、推动群众参与文化活动的积极性,增强人们社会生活的幸福感。

第一节　企业文化

1990年起,探索企业文化建设新途径。年初,县文教局在县机电、轻纺、供销、商业、供电、金融等10多个系统开展企业文化试点。氾水布厂建立职工俱乐部和业余文艺宣传队,自筹上万元资金,添置音响设备、乐器道具和书报刊等,经常开展企业宣传、读书读报、文艺演出、卡拉OK比赛和棋牌等活动。年底,县文教局在氾水镇召开企业文化基地建设经验交流会,参加会议的60多名企业代表参观并听取氾水布厂、氾水供销社等单位企业文化建设情况介绍。1993年5月,县文教局、县总工会等部门组织华联商厦、商业大厦、县电缆厂、宝应车辆厂、县纺织厂等20多家企业,召开企业文化观摩交流会,并开展专题研讨。1994年,县纺织厂、县供销社、县供电局、宝亚集团等30多家单位在县内率先推出厂歌、行歌。《纺织工人之歌》《一颗明珠照宝应》《这里是你我温馨的家》《加油歌》《新奇特之歌》等20首歌曲,在县厂歌、校歌大赛中获奖。全县70%企事业单位建立企业精神和"厂(行业)训、厂(行业)风、厂(行业)纪"。是年5月,县属企业和部分乡镇企业组成代表队参加市企业文化活动月,在企业家卡拉OK、曲艺、小品等文艺比赛中获最佳演出奖等,宝应县获优秀组织奖。1997年,县妇联、县供电局、亚细亚商城、供销大厦、县化肥厂等60多家单位,分别开展职工礼仪、舞蹈、健美操等培训,并在企业重大活动和节日中举办卡拉OK、书画展、演讲比赛、报告会、文艺演出等活动,逐步运用文化品牌树立企业形象。

1998年,全县企业改制进入攻坚阶段,重组的大中型企业和私营个体企业重视企业文化建设,宝胜集团、县供电公司、县人寿保险公司、亚细亚商城、苏果超市等一批现代企业深化企业文化建设内涵。是年10月,亚细亚商城组织文艺宣传队开着大篷车下乡巡回宣传演出,庆祝商城三周年庆典,被中央电视台记者抓拍,由《新闻联播》节目播出。2000年9月,县委宣传部、县文化局组织荷仙集团、五琼浆集团、宝胜集团等10多家大中型企业,开展"文企联姻"交流活动。县电信、邮政、供电、金融、保险、商贸等系统建立部门服务承诺制,提升部门社会形象。至2005年,宝胜、得宝、银宝、荷仙、龙安、宝亚、建安等上百家集团公司的企业文化阵地组织、项目、活动进一步完善和发展。

第二节　校园文化

1990年,县文教局在学校中开展校园文化基地建设试点,明确校园文化建设范围、条件、活动和目标等。是年,氾水镇中小学以"八有"(有组织、有领导、有队伍、有计划、有活动、有措施、有创新、有成果)为题,在全县群众文化基地建设经验交流会上作典型发言。学校定期举行中小学生文艺汇(调)演或书画比赛,建立班级图书角。各类学校校园文艺、书画活动以及校外文化交流等日渐丰富。校园文化建设从单一的唱歌、跳舞向德育、智育、美育协调发展和校园文化环境设计等方面转变。1994年,县实验小学开办业余艺术学校。翌年,城郊、氾水、西安丰等乡镇中心小学把业余艺校活动纳入学校工作内容,致力培养书画、文艺新苗。是年,校园文学、校歌创作等校园文化建设活动在县内学校流行。以"学会做人、学会

图28-3-1　学校文艺汇演

学习、学会做事”为主要内容的校风校纪在各地学校基本形成，各类学校各具特色。全县有15首校歌参加县厂歌、校歌大赛，并分别获一、二、三等奖。1996年7月，县文化局组织县实验小学和曹甸、汜水中心小学等学校组成代表队，参加市首届少儿艺术节，有36个(件)书画、文艺、摄影、演讲等节目(作品)参加艺术节的8大类比赛。

1997年，汜水中心小学根据现代校园文化与古镇文明交相辉映的思路易地重建，风格古朴且具有现代气息。1998年5月，县泰山小学率先在全县举办小学生素质教育校园文化专场汇报展演。2001年，黄塍中心校实施绿色学校建设，绿化、美化、香化校园。是年9月，民办翔宇教育集团宝应中学、实验小学新校舍建成。是年起，县实验小学实施“体艺2+1”(指体育技能2项、艺术技能1项)，定期组织学生有计划地开展丰富多彩的读书节、英语节、体育节、艺术节、科技节等特色活动，推动校园文化和学生素质教育全面发展。2005年，韦镇小学把校园环境建设、文艺活动与爱国主义教育紧密结合，组织学生人人学会唱一首革命歌曲。至2005年，宝应组织254个(件)节目连续参加5届市少儿艺术节，获一等奖37个、优秀创作奖16个、优秀组织奖5个。

附：县实验小学校歌

雏鹰飞翔

1=^{b}B 4/4
自豪、充满朝气地

蔡科明　陈士才　词
王亚伦　曲

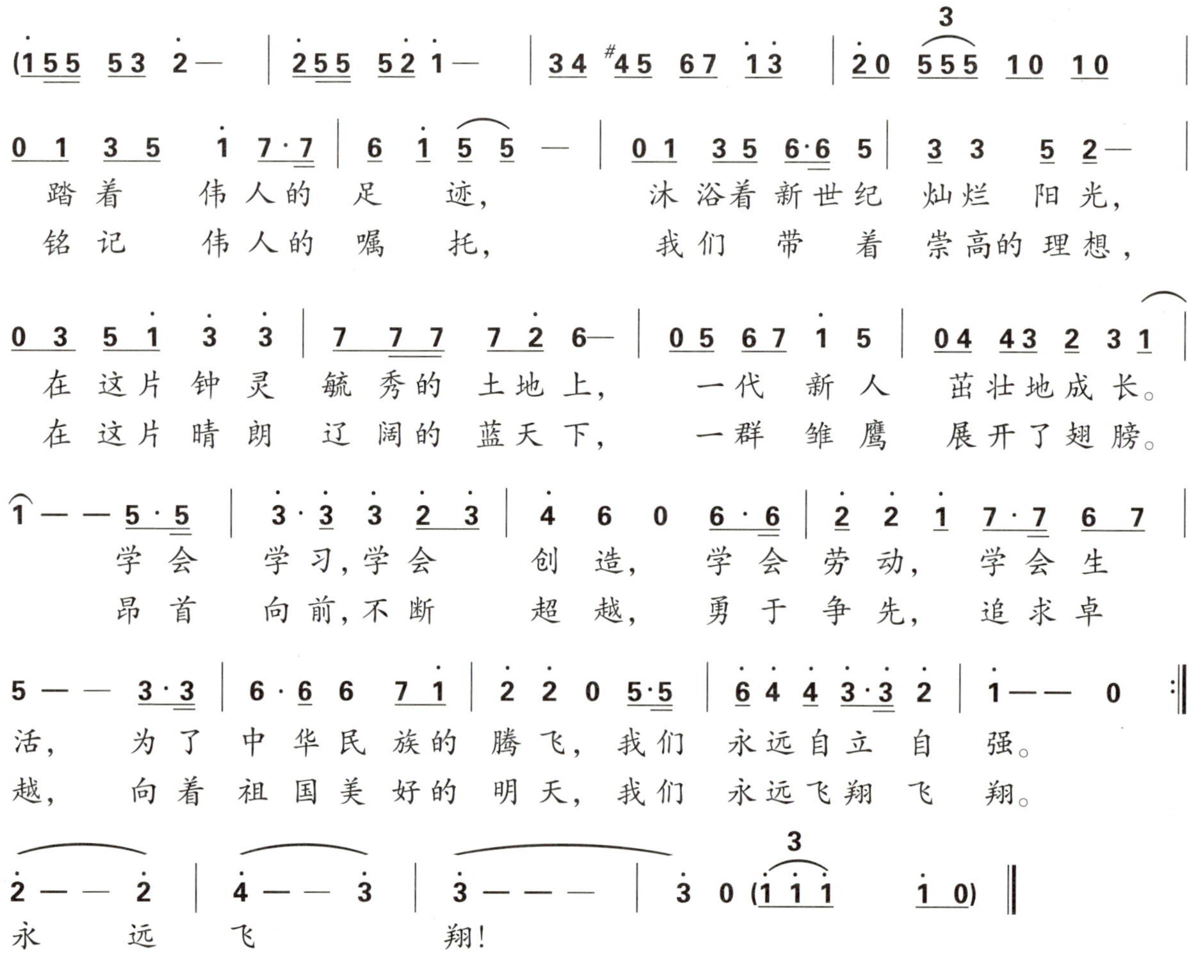

第三节　社区文化

1990年，县文教局围绕家庭文化建设和群众参与活动开展社区文化试点。1991年，宝应县“同台乐”家庭文艺调演在县城举行，20个家庭自编自演歌舞、小品、相声、戏剧等节目参加演出，深受群众欢迎。是年10月，县城老城区首建文化广场，占地4500平方米，树木花卉四季长青，长廊、石凳、彩色灯光荷花池、喷泉和象征宝应腾飞的标志物等配套齐全，成为人们休闲娱乐的集中场所。1992年春节，县文教局与县广电局联合，组织县城33支文艺宣传队在街头巡回演出，拍摄群众文艺专题片，参演者上千人，观看者数万人。1993年，县文化广场首次出现市民自发组织的广场舞蹈交谊活动。1994年10月，县举办经贸洽谈会暨宝应首届艺术节期间，部分乡镇组织舞龙、舞狮、蛤蚌舞、跑马灯、高跷、莲湘、秧歌、古代人物造型等16支传统文艺队伍进社区、进广场演出。1998年初，县城世纪园小区用1.05万平方米（占小区5.3%的建筑面积）兴建商业服务、文化娱乐、医疗卫生、邮政电信、幼儿园、会所等公共设施。小区市民广场占地1.46万平方米，有绿化带、花坛、草坪、假山、盆景、喷泉、灯饰等，方便群众开展文化、体育活动。

1999年，县委宣传部、县文化局印发《宝应县家庭文化建设规范》和《宝应县家庭文化考核标准》。安宜镇城中社区成立老年聊天站、戏迷队、夕阳红文艺体操健身队，开展丰富多彩的社区老年文体活动。《人民日报》作专题报道。2000年，县文化局与县司法局组织创作《较量》《纳税记》《归》《智擒盗贼》《牵手走夕阳》等淮剧、小品、评话、歌舞类法制节目，到社区演出。2001年，安宜镇文化站建立县内首个社区艺术团，在白田小区开展社区文化试点活动，建立图书室、健身点、老年腰鼓队、电影放映点等。2002年8月，安宜镇投入10万元，举办首届社区艺术节。艺术节期间有开幕式专场文艺演出、征文演讲比赛、家庭才艺大赛、戏曲演唱大赛、书画展、社区与共建单位联欢、广场大家乐、戏曲票友演唱会、特色文化系列展、免费送电影和图书进社区、闭幕式文艺演出等10多项系列活动，参演、参展、参赛群众近千人，观众数万人。2003年，县政府建成占地1.70万平方米的白田市民广场，配有竹园、石凳、土丘、小径、小溪、水池、喷泉、木桥、灯饰等，广场内树立的“建安七子”之一陈琳和京剧奠基人高朗亭的人物塑像惟妙惟肖、栩栩如生。淮剧票友和民间文艺爱好者每天聚拢其中演唱，观者络绎不绝，成为全县社区文化群众自发组织活动的一个缩影。至此，社区基本形成既有组织领导、又有群众自发参与的社区文化活动新格局。2004年10月，首届社区退休职工专场文艺演出在宝淮影剧场举行。参演节目45个，表演者100多人。至2005年，安宜镇社区艺术节连续举办4届，社区退休职工专场文艺演出连续举办两届。

图28-3-2　安宜镇民间文艺汇演

第四节　乡村文化

1990年，全县30个乡镇建成农村集镇文化中心28个，每个乡镇文化站有书报刊阅览、老年棋牌、橱窗画廊展览、录像放映、歌舞演唱等5～10个活动项目；有28支业余文艺宣传队，每年举办文艺演出、比赛活动120多场（次）；有210家乡村文化活动室（俱乐部）。是年，乡镇间区域文化联谊活动开始活跃，鲁垛镇文化站举办宝应县首届"荷花杯"歌舞大赛，18个乡镇文化站推荐参赛选手35人，观众1200多人。氾水、夏集、山阳、西安丰等乡镇还陆续举办"运河之春""潼河""绿草荡"等区域文化联谊活动。1991年起，各乡镇开展创建省群众文化先进乡镇活动。每年春节期间文化活动红火，部分乡镇文化站组织业余文艺宣传队到村庄巡回演出。1993年，县文化局组织一年一度的群众文艺会演，28个乡镇文化站组织业余文艺宣传队员400人(次)，排演100多个文艺节目，先在各自乡镇预演，然后分4个片会演，8个节目获优秀作品奖、15个节目获优秀演出奖、34人获优秀演员奖等。1995年，广洋湖、城郊、氾水、西安丰、夏集、泾河等乡镇分别举办书画展、社会经济建设成就展、史料展、演讲、知识竞赛、读书征文、文艺演出等活动，加强爱国主义教育，庆祝抗日战争胜利50周年。1996年，城郊、黄塍、水泗、韦镇等乡镇挖掘传统民间文艺项目，开展创建特色文化先进乡镇活动。城郊乡金湾村建立民间艺术团，整理、恢复蚌蚌舞、跑驴、舞龙等10多个传统节目，经常在县城、村庄表演。氾水镇威风锣鼓、黄塍镇跑马阵、西安丰镇招西龙和城郊乡金湾村蚌蚌舞等传统节目，不仅经常在县内演出，还多次被省、市邀请参加重大活动演出或比赛。1997年，为使乡村文化更好地为经济建设和广大农民服务，县内恢复中断10多年的农村文艺新作调演，24个乡镇创作小品、歌舞、表演唱等节目29个，参加在射阳湖镇举办的"得宝杯"农村文艺新作调演。后每隔2～3年举办1次。1998年，各乡镇文化站开展创建乡镇万册图书馆活动，先后建成乡镇万册图书馆9个。1999年，全县在黄浦乡举办宝应民歌大赛，30个乡镇32名民歌手演唱宝应地区和省内民歌30首。至2000年，全县先后建成省群众文化先进乡镇12个。是年，为配合农村法制教育，乡镇文化站10多名业余作者创作《劝父戒赌》《法制花开香万家》《迷途知返》《选村长》《绿色的呼唤》等19个文艺作品供业余文艺宣传队在乡镇排练演出，让广大农民在娱乐中接受法律知识教育。2003年，11个乡镇文化站创作、排练小戏小品节目10个，参加在夏集镇举办的全县小戏小品新作调演。2004年5月，西安丰镇举办首届水晶节暨都天庙会，镇文化站组织文艺专场晚会、舞龙、书画展、"三个文明"成就展、水晶之夜联欢和"绿草荡"区域体育联谊比赛活动。2005年，全县14个镇全部建成省二级文化站，61%村建有文化活动室。

附：区域文化联谊活动

1984年3月，山阳乡文化站发起"一波连三乡"(淮安县南闸乡、金湖县白马湖乡、宝应县山阳乡)区域文化联谊活动。每个文化站建立10人左右的文体轻骑队，在3个乡巡回开展文艺联欢、书画联展、乒乓球友谊赛等。这种资源共享的文化活动形式为省内首创，群众参与热情高，受到各地政府重视和省文化厅肯定。后参加联谊乡镇逐年增多。1987年3月8日，省白马湖区域文化联谊会成立，并制定活动章程，会员单位由扬州、淮阴(今淮安市)两地4个县(区)20个乡镇文化站组成。1991年10月，山阳镇文化站举办宝应县、金湖县、淮安市5个乡镇书画作品联展暨第七届白马湖区域文化联谊活动，历时15天，有100多幅书法、绘画作品和20多个文化节目巡展、巡演，观看展览和演出的群众1.5万人次。1992年10月，金湖县白马湖乡政府主办第九届白马湖区域文化联谊活动，参加活动的有宝应县山阳、长沟、黄浦，金湖县汊河、仁和、唐港、金北、吕良、陈桥、淮胜、白马湖、新农、涂沟、马集，淮安市南闸、林集、范集和国营宝应湖农场、白马湖农场等19个乡镇(场)文化站。1995年10月，山阳镇文化站举办白马湖区域"银丝杯"卡拉OK大赛，有宝应县、金湖县、洪泽县、淮安市15个乡镇28名业余歌手参赛，观众近1000人。1998年3月，山阳镇举办第十四届白马湖区域文化联谊活动暨群众文化理论研讨会，活动项目有乡镇经济发展探讨、群众文化论文交流等，参加活动的有15个乡镇领导、文化干部40多人。2004年2月5日，泾河镇主办第二十届白马湖区域文化联谊活动。参加的乡镇有楚州区南闸乡、平桥镇，金湖县前锋镇，宝应县曹甸、西安丰、黄塍、山阳等镇，参演节目20多个、观众1200人。1990～2005年，该联谊活动在县内共举办15届，参与活动乡镇200多个(次)。其中，宝应县山阳镇举办8届。

继白马湖区域文化联谊活动开展后，射阳湖、西安丰、夏集、鲁垛等乡镇创办射阳湖区域、绿草荡区域、潼河区域、荷花荡区域等文化联谊活动，淮安、盐城、泰州等市友邻乡镇文化站参与，至2005年共举办7次，参加乡镇84个(次)，有近1000名业余文艺工作者和数万名群众参与活动。

第四章　非物质文化遗产

宝应民间传说、故事，传统音乐、舞蹈、美术、戏剧和手工技艺等非物质文化遗产资源丰富。1962年，县文化馆搜集、整理宝应民歌130多首，其中20首被收入《中国民间歌曲集成·江苏卷》。1988～1990年，根据省文化厅统一部署，全县收集、整理民间故事、民间歌谣若干篇(首)和民间谚语、歇后语4500个(条)。2000年，宝应民间舞蹈《招西龙》《跑马阵》《三人花鼓》等被收入《江苏省民间舞蹈集成》一书。2004年9月，《宝应文化博览》一书收集数十种宝应传统手工技艺及老店名品。2005年，县内文史爱好者刘世昌搜集、整理宝应民间传说和故事195个、歌谣64首、谚语歇后语1160条、宝应俚语480句等，汇编成《宝应采风》一书正式出版。

第一节　民间传说与故事

一、民间传说

(一)张半仙背宝塔

张半仙原名张邋遢，宝应鱼市口一个卖鱼贩子。一天，他把买给双目失明老母亲度日的两个烧饼，给饿了蜷伏在大街上的铁拐李。铁拐李回赠他一块腿上烂肉，并告诉他，这块烂肉能让你心想事成。一天，有人聚众抢他这块烂肉，他一急吃了。果然，他想做什么，都能成功。宝应城西北古运河畔有座七层宝塔，高十三丈，挺拔而雄伟，据说是座公塔。高邮也有一座宝塔，端庄而秀丽，传说是座母塔。公塔想去求婚，可是立地生根走不动，夜里常常发出奇怪的叹息声。这声音普通人听不懂，只有张半仙一听便知。他想，不能让公塔害相思病，不如来个成人之美。于是，他用砻糠搓根长绳，把公塔背到高邮与母塔结秦晋之好。从此，高邮就有了两座宝塔，而宝应只剩下一个宝塔根。这个传说在宝应流传久远，并有"张邋遢，背宝塔，一背背到乔家闸。歇一歇，吃袋烟，屁股一烧两半边"和"砻糠搓绳的起头之人"等民谣和故事传世。

(二)赵匡胤抓灵鸡

相传赵匡胤攻打楚州期间，一日路过宝应，途经一巷，忽见飞起一只五彩斑斓的灵鸡。身后参军见了对他说："将军，灵鸡乃难得出现之宝物，食之必大贵。"匡胤闻言，立即扬鞭催马，追赶好一阵工夫，竟不见了灵鸡的踪影。这时迎面走来一位农夫，忙问道："老伯，您可见到一只五彩灵鸡吗?"农夫说："刚向东飞去。"于是，匡胤就一直往前赶。后来此地便名"往前赶"。因有河港相通，后就谐音为"望直港"。宝应城上灵鸡飞起的地方便名"灵鸡巷"，后来又称为"雄鸡巷"。眼看就要追上灵鸡，可是转了弯向北飞去，落在西荡边一家屋檐上。赵匡胤策马追上，伸手便把灵鸡抓住，不料灵鸡拼命挣脱，他只落得一手鸡毛，从此这个村便名"毛舍"，后来谐音"茅家舍"。匡胤追得实在累了，下马坐在路边的一座高墩上歇一歇，此地后来便名"马垛"。灵鸡向西又飞回宝应城，追到一个巷口，终于被他捉住，赶紧装进笼子。此巷便名为"回笼巷"。后来赵匡胤做了皇帝，人们认为他是"真龙天子"，就把此巷改成"回龙巷"。士兵们将灵鸡烧熟献上，赵匡胤吃完香喷喷的灵鸡肉，将鸡骨头随手往空中一摔，这根骨头直向东边飞去，落在一河沟之中，人们便名此地叫"骨头沟"，后来又谐音为"蛤拖沟"。吃到最后还剩个鸡心，匡胤不禁叹道，这灵鸡本是神物，如今被我吃了于心不安，就留一心供奉于此吧。令手下摆设香案，将鸡心供桌于街中央，点燃香烛，拜了三拜，便拔营而去。此街后来便叫"鸡心街"。这种地名与历代帝王的传说，在宝应有数十处之多。

二、民间故事

(一)隋炀帝白田觅奇菜

宝应古称白田。“大业邗沟”凿成后，隋炀帝杨广带上后妃、诸王、文武百官、僧尼道士巡游，有船只上千条，声势浩大，旌旗蔽野，千里沸腾。龙舟所到之处，劳民伤财。进入安宜县境，忙坏了县令，招集高手厨子制作上百种佳肴献上龙舟。可是隋炀帝并不如意，安宜县令无可奈何，只好令百姓每户献上一道菜。一天，有一位白发苍苍的老者献上一盘热气腾腾、清香四溢的地方菜。只见白玉般的方块经油炸出一道黄边，配上一种根红叶碧的蔬菜，真是色香味俱佳。隋炀帝平时吃的都是山珍海味，今天吃到这简单的新鲜蔬菜，反而清新可口，十分高兴，便问老翁此菜何名。这位老者灵机一动，便郑重其事地说：“启奏皇上，小民这道菜，名叫‘金镶白玉板，红嘴绿鹦哥’，是安宜名菜。”隋炀帝大喜，令太监赏赐，安宜县令也因此受到夸奖。过了高邮，隋炀帝又要吃“金镶白玉板，红嘴绿鹦哥”，但御厨们不知是何物，做不出来，个个被打四十大板。他又命文武百官四处去找。消息传到安宜，那位老者听到后说：“那天献上的那道菜就是菠菜烧豆腐。”乡亲们听了哈哈大笑。

(二)小癞子与蚌姑娘

相传宝应湖边有对母子，儿子是个癞子。一天，小癞子到柴滩上砍柴时，在水边拾到一只大河歪(蛤蚌)，足有七八斤重，就带回家。他本想把它吃掉，可是看到蚌壳上花纹很好看，就改变了主意，把它养在水缸里。从此，凡是家里没有人的时候，都会有人做好饭菜。一天，小癞子想看个究竟，躲在一旁，快到中午时，只见金光一闪，从水缸里跳出一个大姑娘直奔灶前，烧火做饭，不一会儿就香味扑鼻。小癞子把见到的事告诉妈妈。妈妈说，不要慌，只要塞个饭团子到姑娘嘴里，姑娘吃了人间五谷，就不会再变回去了。过了一天，小癞子又躲了起来，等到姑娘出来时，按照妈妈说的办法行事，果然如此，蚌姑娘再也不能变回原形了。蚌姑娘见小癞子娘儿俩蛮好的，于是用盆冷水把小癞子浑身一洗不癞了，就和小癞子成亲过日子。一家三口，过得很开心。时间一长，好色贪婪的县官大老爷耳朵里听到了小癞子捡个漂亮媳妇的事。于是，就借下乡之名从小癞子家门口路过，见到了如花似玉的小媳妇，便起了黑心。第二天，县老爷就把小癞子传来，问他是如何娶到这样漂亮的媳妇的。小癞子一五一十地告诉了大老爷，把大老爷听得口水直流，眼睛都直了。大老爷眼珠子一转，灵机一动心想：“不能硬抢，只能逼夺。”就对小癞子假惺惺地说：“你有这么漂亮的女人，却住这样破旧的茅草房子，太不像话。我限你三天之内砌一幢楼房，没得，她就不是你老婆，送进衙门侍候我老爷。”小癞子没得办法，哭哭啼啼回家了。蚌姑娘问他为什么哭，他就说了。蚌姑娘说：“没事，没事。你只要找些碎砖碎瓦来，定能做到。”碎砖碎瓦找来了，只见小媳妇把碎砖碎瓦东放放西摆摆，又拔出头上簪子在地上这一划那一划，吹一口仙气，立刻就是一幢楼房。三天后，县老爷来了，看见楼房真的砌成了，惊得目瞪口呆。又把小癞子叫来，对他说：“楼房是砌成了，不过家前屋后还应该有树木，没得树木，怎么能算得上庄子？限你三日之内房子四周要有树木，不然，你媳妇归我老爷。”小癞子又哭哭啼啼回家了。蚌姑娘晓得后，对小癞子说：“不难，不难，你替我拾些树枝来。”树枝找来了，她把树枝一段一段插入土中，吹口仙气，房子周围就长起了树木。三天后，县老爷又来了。他看到树木真的长成了，又刁难说：“没有鸟雀做窝，不能叫村庄。限你三天之内树上要有鸟雀做窝，不然你老婆归我老爷，还要重罚。”小癞子回去后又告诉蚌姑娘。蚌姑娘说：“不妨，不妨，你找点鸟雀毛来。”鸟雀毛找来了，她用仙气一吹，立刻一大群鸟雀叽叽喳喳地叫了起来，全飞到了树上。过了三天，县老爷果真又来了。他刚抬头望，恰好一沰雀屎屙到他的眼睛里，把他的眼睛弄瞎了。从此，县老爷再也不敢来了。小癞子一家三口过着幸福的日子。

第二节　传统音乐与舞蹈

一、传统音乐

(一)曹甸十番锣鼓

源于晚清时期，盛行于民国年间。是一项规模较大、参与人数众多的以打击乐为主体，融演奏、演唱为一体，曹甸地区独有的一种民间传统音乐。清朝末期，曹甸人杨雨亭根据宫廷昆曲曲牌旋律，运用丝竹伴奏，加入说唱，丰富和拓展曹甸“锣鼓家伙”（也称“锣鼓点子”）而成。曹甸十番锣鼓的乐器有板鼓、堂鼓、铜锣、钗、钹、号筒、碰铃、木鱼、搭板、笙、箫、管、笛、二胡、琵琶、三弦等，在音乐风格、锣鼓曲牌、乐器制作、演奏方式、演出形式等方面均有独特之处。曲目有《红楼撇子》《咏花》《到春来》等，曲调高雅，感情委婉细腻，文学性较强，使下里巴人的锣鼓点子得以升华，成为一种新的民间打击音乐，为宝应的传统音乐增光添彩。曹甸十番锣鼓的演奏形式一般分坐式和行式两种。坐式即在扎有五彩绸缎、各色琉璃灯具装饰的竹亭内演奏，10多名乐师头裹彩巾，身着彩衣，腰束彩带，各执不同的打击乐器，通过司鼓指挥，击打鼓心鼓边，演奏时而快如疾风骤雨，时而慢似行云流水。行式为行进演奏，规模有大有小，视其需要而定。小规模的由壮汉7人抬着竹亭演奏；大规模的由壮汉36人抬着竹亭，乐师在亭内演奏，气势雄壮，引人注目。每逢元宵灯会、农历三月初一，曹甸地区都天庙会、定善禅寺清明庙会，以及盛大节日庆典时，曹甸四支十番锣鼓队隆重登场，或坐式演出，或行走演出，声势浩大，场面壮观。表达人民群众祈求祥和、喜庆、幸福的美好愿望。新中国成立后，曹甸十番锣鼓经过重新挖掘整理，每次表演都受到观众或专家的好评。1956年8月，代表宝应县参加扬州专区民间音乐舞蹈汇演，获优秀表演奖。2000年和2004年两度参加县民间文艺汇演，获优秀演出奖。

（二）夏集车水号子

源于北宋景德年间，成形于明朝及清初，兴盛于清至新中国成立后。车水号子又称“锣鼓车”，是农民车水时，踩着锣鼓点子，踏着木屐子，应着木屐踫撞的节拍，和着“吱吱呀呀”车轮声和“哗哗”流淌的水流声而展开说唱的一种民间传统音乐。车水号子采用本地民歌曲调说唱。常用曲调有《绣兜兜》《二人花鼓》《十劝郎》《四句头》《五句半》《穿十字》《西凉月》《说头字》《锄头调》《凤凰调》等。唱词内容丰富，涉及到社会、政治、经济、历史、文化及百姓生活的方方面面，共有500多首。曲调质朴，歌词通俗，是贴近自然的原生态群众艺术，演唱美妙动听，被誉为“天籁”之音。夏集车水号子曲调和内容还分早、中、晚三种，具有应时变势、提神鼓劲的作用。演唱时，歌者身心合一，手脚联动，亦锣亦鼓，边敲边唱，是其区别于其他地区车水号子的一个重要特色。新中国成立后，重视夏集车水号子的挖掘整理。1956年，夏集民歌手郑诚以一曲《绣兜兜》参加全国第二届民间音乐舞蹈会演，受到党和国家领导人的高度评价。作曲家刘炽、北大教授段宝林等一批名人学者曾参与收集整理加工。80年代，先后有28首夏集车水号子词曲被收入《扬州歌谣谚语集》和《中国民族民间器乐曲集成·江苏卷》。至2005年，县内专业音乐工作者根据车水号子音乐元素和表演形式创作的《社会主义花开万年红》《同唱和谐幸福歌》《社会主义是金桥》等10多件文艺作品，深受专家、群众好评。

附：夏集车水号子《八说八唱》唱词

白：锣鼓一响，喉咙着痒，
打起锣鼓，放声歌唱，
出力车水，一步不让，
赶上季节，抢栽梅秧。
唱：早上来来我就来，莫把锣鼓冷了台，
冷了锣鼓犹之可，冷了水车水不来，
冷了亲戚不来往，冷了朋友不宽怀，
倘若冷了好姐姐，田里黄秧没人栽，
早上来来来得忙，草帽丢在姐厢房，
心想回头拿草帽，又怕误了好时光，
误了水车脱了水，田里无水误了秧，

抓住季节早下秧，早栽黄秧多打粮。

二、传统舞蹈

(一)宝应蛤蚌舞

起源于明清，流行于民国，兴盛于新中国建立初。是一项仿水乡渔民取蚌过程的民间舞蹈。蛤蚌以竹篾藤圈为支架，外包描绘成蛤蚌外壳颜色的布。舞者由蚌仙、老渔翁、小渔童组成，乐器有大锣、小鼓、铙钹、堂锣等。宝应蛤蚌舞来源于生活，使普通的擒蚌动作艺术化、朴素的愿望理想化，有一定的独创性，是宝应人民特别是广大渔民勤劳、智慧和向往美好生活的象征。宝应蛤蚌舞具有完整的故事情节。表演共分七场，以擒蚌为主线，分亮相、争斗、获胜三个组合。每个场面都从锣鼓点中起舞，有的用“七字锣”，有的用“慢走马”。舞者踩着锣鼓点子，用肢体语言把粗犷、细腻、夸大、诙谐的擒蚌动作表演得淋漓尽致，劳作气息十分浓郁。故事生动、情节感人，表演细微之处，有时使人振奋，有时使人提心吊胆，有时使人慨然叹惜，最终以一漂亮、贤惠的蛤蚌仙子实现来到人间天堂的梦想，满足人们追求完满幸福、心想事成的良好愿望。整个表演幽默、惊险贯穿始终，与全国的现存蛤蚌舞在创作理念、表演形式上不同，具有鲜明的地方特色和个性特征。1965年，宝应蛤蚌舞入选扬州地区民间文艺汇演，获一等奖。1982年，宝应蛤蚌舞参加在扬州举办的《中国民间舞蹈集成·江苏卷》编写汇演，受到省内外舞蹈专家高度赞扬，上海舞蹈学院专家称其是这次汇演节目中最棒的一个。《扬州日报》在首版刊登蛤蚌舞剧照。1995年7月，扬州琼花艺术节期间，蛤蚌舞作为展演节目，在瘦西湖公园连演数十场，中外游客为之耳目一新，赞不绝口。至2005年，该舞仍为城乡居民喜爱、传承的民间舞蹈之一。

(二)黄塍跑马阵

跑马阵又称跑马灯。据传，跑马阵源自西汉江都王之女远嫁乌孙国和昭君出塞故事，是以战马送亲、迎亲为原型的大型广场舞蹈，充分体现“以亲和邻、安邦治国”的战略思想。由参与江都王送亲的黄塍官员告老还乡后传入。黄塍跑马阵成形于唐，盛行于清朝和民国时期。马灯分前后两个部分，人置中间，酷似骑士骑在战马上。马灯用竹篾骨架，马“皮”用白布缝制，并用颜料勾画马的神态，辅以缰绳、铜铃、红缨等，扮演的马主要有赤兔马、黄骠马、白龙马、乌骓马和桃花马，形态逼真。马阵由28匹马组成，头旗、二旗为统领，马保子、骚辣子为马阵随从，演唱队8人，乐队伴奏5人，一般演出有45人。在鼓点指引下，马阵阵式有30多种，变化奇巧一般以元宝阵开头，五朵梅花阵结束，中间还有一字长蛇阵、八门金锁阵、双龙出水阵、八卦太极阵、大团圆转双开门阵等，场面雄伟壮观。跑马阵阵式多表现为人们对和平、和谐、风调雨顺、国泰民安、吉祥如意的企盼，内容上充分体现宝应人民“和为贵”的一贯思想和礼仪之道的传统道德理念，具有研究宝应风土人情的历史价值和人文价值。跑马阵从正月初一起灯，二月二落灯，这与本地灯俗一致。新中国建立后，黄塍跑马阵第四代传人江兆友，连年走村串庄表演，深受群众欢迎。1956年，参加扬州地区文艺会演，获优秀演出奖。1995年，参加市首届琼花艺术节民俗文艺表演。1999年，参加省民族民间文艺会演。2000年，黄塍跑马阵被收入《江苏省民间舞蹈集成》。至2005年，跑马阵仍为群众喜爱、黄塍传承最好的民间舞蹈之一。

图28-4-1　　黄塍跑马阵

(三)招西龙

招西龙(招西原名招携，因此地建有佛寺招携院而得名，后因位于西安丰之西而改名招西)又名安丰龙，源于元武宗年间(1308～1311)，成形于明正德年间。据传，元武宗年间，西安丰地区大旱，百姓扎草龙求雨，获天降甘露，从此西安丰人年年以草龙祭祀。与本地流传的自然崇拜、鬼神崇拜风俗一致。招西(即今西安丰镇天亭村)人把草龙改变为布龙，故得名招西龙，并由单纯的祭祀活动逐步演变为庆典娱人的传统文艺活动。招西龙以竹、木、藤为原料，制成龙头、龙尾、龙身和龙柄，外包布绘有传说中的龙纹，坠以龙须，身长20多米。舞龙的道具有龙球，乐器有锣、鼓、钗、钵，服饰有上衣、灯笼裤、头巾、腰带和胸、手腕、裤角等饰品。舞龙者一般为17人，2～3人轮流舞龙头，1人舞龙球，13人掌龙柄。招西龙为大型广场舞蹈，原先是出会祭祀、春节走村串户的表演，延续至今日，成为开业庆典、厂家剪彩、桥梁道路落成、集会开幕、迎送嘉宾的重要活动之一。整个表演由舞龙球者引导，打击乐配合。表演阵式有乌龙摆尾、圆门、龙蜕壳、龙宫借宝、懒龙赖窝、双招、龙追尾、龙开四门、滚龙、头尾双翘等10个。民国31年(1942)春，新四军为庆祝安丰区成立，举办有25条龙参加的庆祝大会，招西龙获舞龙大会第一名。此后，招西龙阵式又有创新，增加劈波斩浪、翻江倒海、龙盘玉柱、龙飞九天等，在解放区声名远扬。招西龙演出阵容强大，场面炽热，惊险刺激。招式千变万化，时而腾空咆哮，时而安逸沉静，惟妙惟肖，妙趣横生，逢到精彩处鼓乐大振，龙借鼓威，犹如飞龙在天，让人眼花缭乱、目不暇接。新中国成立后，招西龙以其深厚的艺术底蕴、精湛的艺术表演，经常受苏州、无锡、淮安、扬州等地邀请参加演出。1999年，获省世纪龙腾舞龙大赛铜奖。2000年入选《江苏省民间舞蹈集成》一书。2002年获市首届农民艺术节群龙会金奖。西安丰镇有舞龙队3支，队员51人，传承人有徐力胜、郭力权、梁鸽等。至2005年，招西龙仍为广大群众喜爱的一种传统民间舞蹈。

(四)三人花鼓

又称花鼓灯、花鼓舞，是一种道喜祝福的广场歌舞类传统节目。始于元末明初，兴盛于清末民国初年。三人花鼓由舞者3人、领班(领唱)和乐器手(兼对唱、和唱)5人组成，集打击乐、莲湘舞和民间小调于一体。表演道具有手帕、莲湘(俗称钱镲子)和黑纸扇或坏芭蕉扇，服饰有戏剧丑角、旦角的服装与饰品，乐器有响板、鼓、大锣、小锣、钹等。新中国建立前，表演者男角1人，为戏剧丑角扮相，名为骚辣子；女角2人，男扮女装，以戏剧旦角打扮，一般以小青、白娘子为原型。新中国成立后，女角改为女性，多为村姑扮相，器乐增加二胡、笛子、唢呐等。三人花鼓演出程式有开场、演出、收场3个部分，整个活动过程由领班指挥。开场以响板启动，锣鼓、鞭炮齐鸣，营造场地演出气氛，也称闹场。演出由抑扬顿挫的打击乐引领骚辣子以虎跳、小翻和女角莲湘舞上场，首先打开演出场地，也叫打圆场。莲湘阵形有大团圆、穿十字、葫芦阵、元宝阵、三角钱、长蛇阵等10多种，骚辣子穿插其中插科打诨、嬉笑逗趣，动作诙谐幽默。领班不时即兴创作，领唱民间小调，众人和唱或对唱，演唱的曲调有花鼓调、麒麟调、海棠花、梳妆台、虞美人等10多种。演出气氛热烈，高潮迭起，让观者心旷神怡。莲湘打的花式有前击地、后击地、左边花、右边花、后背花和上八盘、下八盘、中八盘等打法，舞步和技巧又分错步、荡湖船步、四方步和矮步打、单脚跳转等。唱词说事明理，短小精悍，一般四句一段，多为祝福恭贺、历史典故、礼仪教化、风土人情、生产生活等内容，表达人民期望政通人和、国泰民安、风调雨顺、人寿年丰的良好愿望。收场的打击乐热烈奔放、铿锵有力，动感十足的舞姿与阵形，激昂高亢、恭喜祝贺的民间小调，将整场演出推向高潮。三人花鼓有起灯、落灯仪式，基本与本地风俗一致。1982年，黄塍三人花鼓队应邀到镇江地区扬中县演出。此后，该队参加省民间舞蹈编写工作现场会展演。2000年，三人花鼓被收入《江苏省民间舞蹈集成》一书，传承人有江兆友、刁端凤(女)、董洪英(女)3人。至2005年，三人花鼓仍为宝应县及周边县(市、区)群众喜爱的民间传统舞蹈之一。

附：三人花鼓(和唱、对唱)唱词

领：一进华堂四角宽，步步踩的是金砖；

　　金龙盘在玉柱上，子子孙孙做高官。

和：子子孙孙做高官！

领:锣鼓一敲响仓仓,斗大福字贴中央;
　福星高照多兴旺,五福临门乐安康。
和:五福临门乐安康!
领:莲湘一打闹吵吵,祝贺二老精神好,
　福如东海长流水,寿比南山松不老。
和:寿比南山松不老!
领:什么开花节节高?什么开花结到梢?
　什么开花头朝下?什么开花刀对刀?
对:芝麻开花节节高,高粱开花结到梢,
　茄子开花头朝下,扁豆开花刀对刀。

第三节　传统手工技艺

一、泾河大糕制作技艺

东汉三国时有泾河,镇以河命名。明初,因泾河曾为中转盐城一带谷粮要道,南来北往者多,镇上郭记茶食店的大糕(方酥)渐有名气。至清嘉庆年间,其制作技艺日趋成熟。其传承有传男不传女一说。新中国建立后,泾河大糕有郭燮臣、郭燮棠2人传承。70年代,陈书元拜郭燮棠为师,学得泾河大糕制作技艺。1985年,泾河大糕建厂生产。主要制作原料为泾河及周边地区特有的香醇糯米,辅料有白芝麻、白糖、麻油、花生油、蛋清、小粉等,糕芯用桂花、金桔饼、青梅、黄丁、红绿丝等。制作泾河大糕一般经过糯米过筛、去碎去杂、温水淘洗、清水滤净、冷水浸泡、上碓舂粉、箩筛过细、制作熟芡、印粉吸潮、铁锅炒粉、辅料比兑、手工擦搓、木棰敲打、开水清炖、笼锅蒸煮、小粉滚团、糕箱存储、糕芯制作、芯入糕坯、制坯成形、糕坯切片、内外包装等20多道工序。泾河大糕色泽洁白、厚薄均匀、剥取易离、香醇可口、入口即化、细而不腻、折而不断、卷则可叠、点火可燃。1984年,参加省云片大糕评比获一等奖;1986年起,连续5年获省优质产品奖;1988年,获商业部优质产品奖和全国首届食品博览会银奖。1990年后,泾河大糕年产量高达100万千克。至2005年,泾河大糕厂仍为泾河大糕的主要生产厂家,陈书元为其代表人物。

二、宝应草编、蒲编、柴编技艺

宝应拥有五湖四荡,草、蒲、柴种类较多,草编、蒲编、柴编(简称“三编”)资源丰富。长期以来,宝应“三编”制品与人们遮身护体、生产生活息息相关,其制作技艺是宝应人民勤劳智慧的象征,具有研究宝应社会历史发展的人文价值。宝应“三编”有上百种。其中,草编类的品种有草鞋、草单鞋、草拖子、蓑衣、草帽、草礼帽、草绳、根子、拉犁辫子、笆斗络子、草条帚、草焐子、草帘子、草掀子、草席、草包、站窝子、睡窝子、草拜垫、蒸笼垫子,蒲编类的品种有蒲绳、蒲鞋、蒲毛窝子、蒲扇、蒲团、蒲包、蒲片、蒲席、蒲合,柴编类的品种有柴席、长龙、四六尺、旺席、折子、笼子、斗篷、篮子、兜子、筐、笆、帘子、柴把子等。宝应“三编”制品的最大特点是原生态、纯天然,一般不用添加原材料以外的辅助材料,也不需要任何的装饰装潢,自然、美观、朴实、大方、适用,具有较强的实用价值。如草绳、草帘子、草席、草包、蒲包、蒲片、蒲席、长龙、四六尺、旺席、折子等用于国防建设、工程施工、抗洪救灾、物品包装等。宝应“三编”制品,不仅在生产中使用,而且与人民的日常生活密不可分。草鞋、蓑衣、斗篷、草帽等可以涉水避雨遮阳,毛窝子、蒲合等是寒冬腊月人们保暖护足的上等佳品,睡觉柴席正反面合理使用冬暖夏凉,站窝子、睡窝子是千百年以来婴幼儿成长的伴侣。草拜垫子、蒲团不仅是人们祭祀跪拜的必备品,还是育龄妇女做月子起坐的至爱,没有任何副作用。折子、席子、帘子、柴把子等分别是宝应百姓婚庆喜事、盖房造屋、逢年过节风俗中宣示吉祥如意的必用品,寓意“节节高”“年年发财”,寄托人们对美好生活的向往。宝应“三编”制品一般要经过取材、选料、原料加工、制作等程序。这些程序均以手工操作完成,一般不需要复杂的辅助工具,有锤子、剪刀、薄鸡子(一根木棍上每隔一段距离,并列钉两根钉子)等简易工具即可。宝应"三编"的手工技艺主要有编织法、搓绞法、捆扎法、扣接法等,花纹有人字形、螺纹形、方格形等。不同制品有不同的式样,主要有"船"形、一字形、长方形、正方形、圆形、菱形、半圆形、笼子状、筒子状等。规格大小,视需要而定,其尺寸、面积和个件类型名目繁多、数不胜数,长的如折子有数十米,大的如旺席有四五十平方米,小的如儿童穿的蒲鞋、毛窝子只有巴掌大小。手工编制技艺队伍庞大,从漫长的农耕年代,至80年代末,几乎家家都有会编几样制品的人,多的人家老少三代齐上阵,个个都是编织能手。随着社会的进步,很多生产生活用品采用工业化生产,"三编"制品需求量不断下降,编制队伍逐年减少。至2005年,仅剩部分建筑工程需要的制品由专业户生产,生活类的"三编"制品已不多见。

第五章　文化市场

80年代初,始有图书出租、音像制品销售和营业性录像放映活动。1989年,县印刷业书刊发行业清理整顿办公室成立。1992年,设立县社会文化管理委员会,在县文教局设管委会办公室,行使印刷业书刊发行业和其他文化经营活动管理职能。1993年9月,县文化局成立,下设文化市场管理股。1998年3月,县文化市场稽查队成立,编制3人。2005年,县文体局文化市场管理科和县文化市场稽查队共有工作人员6人。

第一节　市场状况

一、娱乐市场

(一)卡拉OK歌舞厅

1985年,县文化馆开办全县首家营业性卡拉OK歌舞厅。1990年,县城有营业性卡拉OK歌舞厅6家。此后,卡拉OK歌舞厅发展较快,至1997年发展到55家。2000年后逐步减少。2005年末,全县有卡拉OK歌舞厅25家。

(二)音乐茶座

1993年,县城有3家音乐茶座开业。翌年,迅速发展至8家。1998年增加到16家。2005年末,县城有音乐茶座11家。

(三)游戏机室

80年代中期,一南方人带来转盘式游戏机,在县城影剧院门厅首开游戏机经营业务。此后,福建、广东人纷至沓来,在城乡开办游戏机室,本地居民开始效仿。1990年,全县有游戏机室30家。至1998年,游戏机室发展到80家。2005年末,全县有游戏机室65家。

(四)桌球室

80年代末,桌球活动在县城面市。1990年,全县有61家桌球室,并出现露天桌球点。1993年,有桌球室(点)126家。1995年取缔露天桌球。此后,桌球活动势头逐渐减弱。2005年末,县内仅有桌球室12家。

(五)演出市场

1990年,县内有演出场所16个,接待42个外地文艺团体演出,观众24万人次。主要以淮剧、歌舞、杂技和时装表演为主,且歌舞类节目较多。1993年,接待剧团61个,观众近41万人次。后观众上座率逐年减少。1997年,接待剧团62个,观众34万人次。1999年,有56个剧团到宝应演出,观众锐减到14

万人次。此后，剧团演出上座率大幅下降。2005年，接待外地剧团16个，演出85场，观众3.60万人次。

二、书报刊市场

(一)书刊出租

80年代初，县城不见天井巷一甫姓居民在家用1节书架100多本小说书对外出租。1990年，全城有书刊出租点12家。1997年，城乡书刊出租点发展到27家。2005年末，全县有书刊出租点29家。

(二)书报刊零售

1985年冬天，原新华书店60年代下放职工朱守宏在夏集老街首开个体书店。1990年，全县有个体书店20家，大部分代售报刊业务。1995年，城乡个体书店发展到58家。2005年末，全县有个体书店52家。此外，城乡有一大批书报刊亭和《扬子晚报》代售点。

(三)年画摊

80年代中期，春节前在县新华书店和部分集镇闹市口出现年画摊，主要销售年画、挂历、对联等。1990年，春节前城乡年画摊普及。2005年，春节前城乡年画摊星罗棋布，城区安宜南、北路各有1处年画摊集中区。

三、音像市场

(一)音像制品零售

80年代初，县新华书店率先销售音像磁带。1990年，全县有音像制品零售店(点)32家，经营品种由录音磁带发展到录像带。1997年，城乡音像制品零售店(点)发展到51家，经营品种又增加碟片等。2005年末，全县有音像制品零售店(点)35家。

(二)音像制品出租

80年代末，县城出现音像制品出租。1990年，县文化馆、县影剧公司和县广电局分别开设音像发行站，以录像带出租为主。是年，城乡共有音像制品出租点28家。1995年，全省统一录像带发行，实行专供制度，县影剧公司音像发行站停办。1998年前后，县文化馆、县广电局音像发行站先后歇业。2005年末，全县有音像制品出租点32家，以出租碟片为主。

(三)录像放映

80年代初期，县文化馆首开录像放映点。80年代中后期，城乡录像放映点迅速增加，且放映设备开始由单一的录放(放像)机向镭射机转换。1990年，全县有录像放映点40家。翌年，发展到55家。2005年末，城乡有录像放映点15家。

四、印刷市场

(一)打字复印

80年代中期，县城出现打字复印业。1990年，县城和部分乡镇有打字复印点12家。此后16年间变化不大，2005年仍为12家。

(二)印刷

1990年，全县有印刷厂15家，规模较大的有人民印刷厂、射阳印刷厂等。90年代中期，印刷企业迅速增加。1999年，城乡有印刷厂123家。2002年，开展印刷市场整顿，严格执行“两证(印刷许可证、票据准印证)一照(营业执照)”制度，一大批规模小、设备差的小型印刷厂歇业。2005年末，全县有印刷厂19家。

五、其他

(一)旱冰场

1990年，全县只有工人文化宫1 家旱冰场。至1997年，城乡开办旱冰场12家。2001年，出现轮滑旱冰鞋销售，营业性旱冰场逐步被广场或路面溜“冰”取代。2005年末，全县只剩1家旱冰场。

(二)健身房

1992年，县影剧公司在县城开办首家健身房，至1995年停办。1996年，出现私营健身房。1999年，县城新开办1家,共有健身房2家。2005年歇业1家,县城新开办健身美体中心1家。

(三)保龄球馆

1999年,苏中、华运保龄球馆相继开业。2001年均停办。

(四)网吧

90年代后期,县城出现家庭开办有偿上网。1999年经过整顿,全县有15家网吧对外营业。2005年末,全县有网吧43家。

(五)民间吹奏

1998年,县文化局对全县民间吹奏活动进行调查,有民间乐队35支、吹奏人员218人。是年,登记发证195人。2005年末,全县有民间乐队35支、吹奏人员263人。

第二节　市场管理与服务

一、管理

1990年,县文教局会同县广电局、县公安局、县工商局等部门对印刷书刊业进行清理整顿,并首次开展"扫黄打非"行动。1993年,县文教局制定卡拉OK歌舞厅、游戏机室、书报刊等地方性管理条例。1994年,县政府印发《宝应县文化市场管理通告》。1998年,县文化局制定《文化市场管理人员岗位责任制》《文化市场稽查制度》《稽查队员工作守则》等。9月26日,县政府在文化广场召开非法文化经营物品公开销毁大会。2000年7月,县文化局等单位制定《宝应县整顿和规范文化市场秩序行动方案》。至9月,对娱乐场所进行4次专项整治,重新审核、登记、发证300多家,关停电子游戏室40家,处罚证照不全的网吧、录像室、歌舞厅34家。2001年,县文化局制定《文化经营违法、违章告知制度》《行政执法检查制度》《行政执法和错案责任追究制度》,规范执法手续与程序,实施告知、立案、处罚档案化。同时,对离校园不足200米的录像厅、歌舞厅、电子游戏室和网吧开展专项清理,净化青少年成长环境。2002年底,省文化厅文化市场管理处暗访组在宝应城乡3天,暗访10多家歌舞厅、录像室、网吧、电子游戏室,无一例违章经营活动。2003年,组织全体文化经营户开展"软环境建设"活动,推行文明用语、优质服务规范等。2004年6~7月,为网吧经营户的营业性电脑全部安装监控软件,聘请"五老"(老党员、老干部、老革命军人、老退休职工、老模范人物)86人为文化市场义务监督员,在全省率先实行网吧技控和文化市场群防群管。是年,全县无1件违法、违章经营,举报为零。2005年1~6月,对全县印刷复印业进行全面清理,取缔无证无照和证照不全的印刷厂17家,查处违规印刷厂1家。暑假期间,县文体局组织网吧经营业主开展自查自律,中小学生到网吧上网得到有效控制。

二、服务

1994年,县文化局首次举办文化经营业主培训班。此后每年举办培训班,培训内容从文化市场管理规章、文明服务公约,逐步增加业务技术、行业标准、礼仪规范等。10多年间举办各类培训班55期,培训2860人次。1995年开始,每两年组织一次"创优争先"评比活动,引导规范经营和文明服务。先后共评选出守法经营户和文明服务单位108家,其中金叶歌舞厅、县新华书店、苏邮音像店、人民印刷厂等100家单位(个人)受到省、市表彰。1997年,县文化局向社会公开承诺免费开展咨询服务,帮助有意新办文化经营项目的单位或居民提供调研、论证和决策服务。1999年5月,县文化局印发《关于鼓励发展社会文化产业的通告》,鼓励兴办集体、个体、私营、股份合作制文化产业。是年,新发展文化经营户48家,为306名待业青年和下岗职工提供就业、再就业岗位。2005年末,全县共有文化经营户349家、从业人员1035人。

第六章　文物胜迹

第一节　文物调查与发掘

一、文物调查

(一)九里一千墩汉墓群

位于射阳湖集镇西南。1998年6月、1999年10月,县文化局和扬州博物馆先后两次进行勘测调查。2004年11～12月,县文体局、宝应博物馆和扬州博物馆进行为期1个月的全面调查。对重点土墩进行测绘,绘制土墩分布图纸,拍摄大量照片等,初步弄清土墩墓的形成历史及文化内涵。汉墓群多为西汉至东汉墓葬,形制有砖石墓、木椁墓,少数为唐宋元明清墓。墓葬平地起封,因墩而葬,多为家庭为主的聚棺丛葬。有土墩104座,其中保存较好的有14座,高度在3.50米上下,长宽100米～160米;破坏较为严重的有50座。同时,重新明确墓群保护范围:东到大三王河,西到天平集镇东侧,长约4.5千米;北起北泾河,南到盐金公路,宽约4千米;面积约18平方千米。

(二)南水北调工程宝应段

2003年9月至2004年5月,宝应博物馆和扬州考古队对南水北调工程宝应段(夏集镇双琚村至大运河宝应站)全长17.8千米进行考古调查。2003年9月,在夏集镇万民村齐心组工程段河床底发现1枚古象牙化石以及零星象体骨骼化石。象牙出土时呈东西向,其形似月牙状弯曲,表面呈浅白微黄色,面光滑,弯曲长370厘米,根部直径22厘米,埋深7米。此象牙化石为省内出土的最大古象牙化石,修复后长达400厘米。它的出土为研究江淮地区更新世时期古气候、古地理海岸线变迁和古动物群分布与生存状况及大型哺乳动物迁徙、灭绝等提供珍贵资料。同时,在调查中发现和清理元代夫妇合葬墓、明代墓等。元、明墓葬出土银质发簪、青花瓷碗、磁州窑褐彩大缸、铜镜等文物。

二、文物发掘

(一)清墓

1995年2月23日,沿河乡南窑村周庄组村民在高墩上取土,发现1座清代浇浆墓,由扬州博物馆发掘、清理,出土陶罐和金银器。棺具前刻:“刘公墓皇清例授修职郎义钗八品子”。

(二)北宋墓群

1995年10月和1996年5月,先后两次挖掘县城安宜南路建筑公司浴室工地墓群。1999年12月和2000年3月,白田路城郊中学建筑工地先后发现两处,共有墓葬26座,年代均为北宋早中期。墓葬形制较为单一,除少量有简易砖室外,大多为长方形的土坑木棺葬,且多为夫妇合葬。随葬物的组合具有一定规律。每墓棺首均放置青瓷罐,青瓷缸、白釉钵、青瓷碗(盏)、漆盒、漆碗盆、铜镜为其典型组合。女性一般随葬粉盒、银钗、银簪、金耳环、木(角)梳等日用品,男性随葬砚、墨、水注等文房用具。出土瓷器除景德镇窑生产的青白瓷外,另有耀州窑、临汝窑、定窑等北方窑系产品。墓群还出土一大批杭州等地生产的漆器。器形有盒、碗、盘、镜

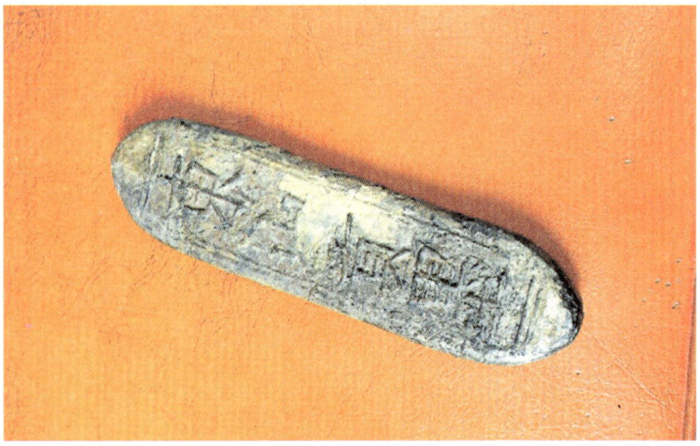

图28-6-1　　宋代东山贡墨墨锭

盒等，并有大量的朱砂铭记，反映当时漆器行业的发达。墓群中出土一批松烟铭文墨锭“东山贡墨”“千岁墨金”“烟细墨”和铭文歙砚、端砚等，极其珍贵。2002年4月17日，望直港镇牌楼村严庄组发现7座宋墓，均为土坑木棺墓。

（三）金牛墩

2000年3月22日，射阳湖镇元通村阚庄组金牛墩西北侧有一棺木裸露。由扬州博物馆调查发掘。金牛墩东西长36米，南北长55米，高2.80米。此棺有陶器、铜剑等文物出土。

第二节　文物保护

一、文物保护单位

1982年3月25日，九里一千墩汉墓群被省政府公布为省级文物保护单位。1990年9月，县政府公布射阳古城遗址等15处为第一批县级文物保护单位。1999年，县文化局会同县规划部门对全县文物遗迹和古建筑等进行踏勘调查，对第一批县级文物保护单位提出增补意见，受到省、市文物管理部门和专家的认可。2000年5月11日，县政府重新公布第二批县级文物保护单位31处。2002年10月22日，周恩来少年读书处被省政府公布为省级文物保护单位。至2005年，县内有省级文物保护单位2处、县级文物保护单位31处。

2005年宝应县县级文物保护单位一览

表28-6-1

名　称	时代	地　址	备　注
潘舍新石器文化遗址	新石器	射阳湖镇潘舍村	
射阳古城遗址	汉	射阳湖集镇西侧	
氾水汉墓遗址	汉	氾水镇胜利居委会	
曹甸汉墓	汉	曹甸镇古塔村	
广惠桥（小新桥）	唐至明	学宫东侧	
北宋墓群遗址	宋	县建筑公司院内、原城郊中学院内	共两处
学宫	宋至明	安宜镇小新桥25号	
抗倭战场遗址	明	安宜镇小南门外运河东堤	
八宝亭遗址	明	安宜镇县南街	
仲兰家族墓	明	泾河镇钱庄村	
得宝河遗址	明	安宜镇学墩巷	
泰山殿遗址	明	安宜镇北门大街	
张仙庙桥	明	安宜镇张仙庙桥	
忠祐桥（城隍庙桥）	明	安宜镇城隍庙街	2005年被拆除
蝴蝶厅	明	宁国寺旧址后进	
泰山殿石狮	明	现纵棹园门口	
定善禅寺石狮	明	曹甸烈士陵园内	
重修潼口禅寺碑记	明	夏集镇潼口村	
刘师恕墓	清	曹甸镇古塔村	
刘宝楠墓遗址	清	黄塍镇黄塍村	

续表28-6-1

名　称	时代	地　址	备　注
乔可聘墓遗址	清	氾水镇柘沟村	
朱氏家祠	清	安宜镇小石头街8号	
刘宝楠故居	清	安宜镇芦家巷28号	
纵棹园	清	安宜镇安宜东路2号	
朱氏兄弟三进士故居	清	安宜镇朱家巷	
刘氏五之堂	清	安宜镇姜家巷13号	
华家大院	清	原氾水镇政府西侧	2001年拆除
孙荫庭故居	民国	安宜镇磨子口7号	
苏中公学旧址	民国	曹甸镇金吾村	
曹甸革命烈士墓	现代	曹甸镇曹南村	
宝应县烈士陵园	现代	安宜镇叶挺东路31号	2002年易地重建

二、文物修复

1992年3月5日至6月15日，经省文化主管部门批准和市文物管理委员会同意投资15万元，对学宫大成殿(位于县城小新桥25号)进行落架维修。主要项目有屋面损坏修理和防漏等，市房地产公司古建筑维修队承修，维修面积248.25平方米。经市文物主管部门验收，达到修旧如旧要求，大成殿的明代建筑风格得到全面恢复。

1996年9月至1997年5月，经县政府、市文物主管部门批准投资40万元，大修周恩来少年读书处。维修前邀请省、市文物主管部门领导、专家进行实地指导，县文化局对房屋原有结构、风格进行调查勘探。修复内容有东宅院上堂屋和西宅院下堂屋各3间矫正、恢复过道照壁以及屋面、地面整修等。维修施工坚持修旧如旧，不改变原貌，不扩大面积，不增加项目，严格按照文物保护单位的维修要求施工，维修面积500多平方米。经市文物、县建筑工程主管部门验收，工程质量良好。

1996年，修复钱泳隶书对联、梁同书行书条轴、晋文思堂行书轴、王文治行书扇面等宝应博物馆馆藏字画10幅。1998年，特聘宝应籍文物保护专家胡继高修复在县城出土的两枚铭文墨锭。2002年，请南京博物院专家对县城出土的30余件漆器作脱水处理。

第三节　古迹遗存

一、古墓葬

(一)陈琳墓

汉代墓葬。位于射阳湖镇平江村南。《宝应县志》述："陈琳墓在射阳双墩"。朱彬在《平安庄石阙记》中云，"盐城西九十里为射阳城，汉末陈登为广陵太守，治此。是庄为在附郭地，故射阳墩垒垒相望。或曰陈孔璋墓在双女岗，当即孔璋墓"。此应为陈琳墓址另一说。

(二)乔莱墓

清代墓葬。位于射阳湖镇射南村。乔莱(1642～1694)，号石林，宝应人，官至翰林院侍读，参与修《明史》，纂修《三朝典训》，著有《应制集》《使粤集》《乔氏易俟》等。据清道光《宝应县志》载："翰林院侍读乔莱墓，在射阳庄。"墓呈覆釜形，长宽均为60米，存高4.5米。墩旁原有乔家飨堂废圮。

二、古建筑

(一)氾水华家大院

位于氾水集镇五一路西侧，为清代末期建筑。四合院布局，两进两院，砖木结构，坐北朝南，由正房、东西厢房、门房和穿堂等组成，共有大小房屋26间。后进正房5间，东西厢各2间，均为双层砖木结构楼房，东西厢房与门房穿堂相连，形成后院。前进有东厢房、门房、穿堂构成前院。后院双层木楼上下有完整的回廊，上层回廊有一周木质栏杆，梁、柱、山部位有数10处雕花木刻镶嵌，多为龙纹和花草纹等吉祥图案，雕花的门窗、格扇图案精美、古朴，为清晚期建筑特征。华家大院为清末扬州地主汪氏所建，用于农田收租、储存和生活方便。因华氏（氾水人）为其代管而得名华家大院。2001年12月被拆除。

（二）毛家当铺

位于县城保卫巷8号，为清末民初建筑。当铺范围南至发财巷，北到一人巷，东起保卫巷，西至中大街门面房后侧，占地1万平方米。原建筑有60多间房屋，主要建筑呈凵形，两层36间，为当物仓库，四周围墙高7米。新中国成立初期，前面（南侧）当铺营业厅被拆除，有少数房屋和遗迹尚存。西侧有住房和附属用房数间。西山墙顶有造型观音斗，原建筑一排12间分为两组，中间用防火墙相隔，为清晚期建筑特征。

（三）朱氏建筑组群

位于县城小石头街6号，朱氏家祠东南侧，为清代中期建筑。该建筑三进对中，后进两层，每层7间；前两进每进5间，曾为中共宝应工委负责人洪泽住所。东侧到朱家巷，有大厅、住房、退厅、书房、账房、厨房、轿房、门房等建筑，包括朱氏兄弟三进士住宅建筑，计有86间，现仅存少部分建筑。两层三进建筑格局较为完整，梁柱、隔扇、凭栏均为清中期建筑风格。

（四）刘氏五之堂

位于安宜镇姜家巷13号，为明代末期建筑，原系县城东门刘氏家族刘启彤的住宅，是宝应现存规模较大的民居建筑群之一。占地1270平方米。从南至北5进，后进两层体量较大、气势恢宏，砖雕、花窗、隔扇较为精致。“五之堂”取之《中庸问政篇》中“博学之、审问之、慎思之、明辨之、笃行之”，为刘氏历代家风。

（五）冯氏建筑组群

位于县城县南街1号和叶挺路30号，为清末民初建筑，是清朝光绪年探花、安徽巡抚冯煦宅第。大门朝西，对县南街，门楼上下8间，南侧上下4间。东侧一排由两组构成，中间有门道，均为双层，有14间。大门门檐制作有特色，南侧两间朝西的外山墙尖的马头墙，显示清晚期的风格。东侧一排两宅凭栏保存较好，造型简朴自然。窗扇下的墙壁用小旺砖斜面贴饰，富有晚清至民国特征。

（六）姜家巷朱氏宅第

位于县城姜家巷7号，坐落在“五之堂”西侧，为清代初期建筑，原为朱莲生五房住宅。六房住宅在此宅西侧，已拆除。该建筑形制为较典型的南方四合院格局，结构完整，由朝南大门、照壁（土地神）、回廊入口门、上下堂屋、厢房、院子和回廊组成。建筑面积233平方米。主房上堂屋建筑较为讲究，具有清乾隆时期建筑风格。堂屋厅房用平门隔扇将后堂隔开，山尖、斗拱、牛腿等用高浮雕、浅雕木刻装饰，纹饰精细流畅。门厅走廊双隔扇，屋面使用双层椽子、两层旺砖，在本地古建筑中较为少见。廊柱较粗，柱础呈覆盆式，厅内地砖斜铺，院内小刀砖铺地，梁柱均用麻灰做底，为清代早期风格。该建筑为宝应现存古建筑之一，距今有260多年历史。

（七）吴氏宅第

位于县城中大街76号，为民国初期建筑，系民国初年宝应商会会长吴石秋住宅，曾为“吴广兴”老字号南北货店。主要建筑由两宅上下层组成。西宅紧邻城市河边，每层5间，上下10间；东宅每层3间，上下6间。房屋高大，楼上凭栏、门扇装饰简洁朴素，为民国特征。东山墙尖为圆弧形，也叫“观音斗”，廊柱柱础用白石料做成。两宅之间楼上设有通道，西宅辟有后门，用为仓库。东宅为吴氏生活用房。至中大街有7间附属房屋，其中门厅天花的木椽搭成桥形，颇为少见。吴氏建筑年久失修，主体结构尚好。

（八）杜家大院

位于县城北门外西灯笼巷内，为民国时期建筑，房主杜志宽为地主。原大院面积较大，部分被占用,仅存坐北朝南凵字形的二层砖木结构建筑。朝南主楼为上下10间,东西对称两楼上下各6间,共22间。东西两楼与主楼有围墙相连,东西围墙墙壁饰有1.50米高、1米宽的漏窗。主楼与东西两楼之间有回廊连通。占地306平方米,建筑面积410平方米,东侧另有杜家祠堂3间。

三、县城古河道及桥梁

(一)城市河

初名夹耶渠,后称宋泾河。汉建安5年(200年),广陵太守陈登,凿渠名夹耶。唐初,安宜县治迁至今宝应城,夹耶渠纵贯县城。宋代改名宋泾河,为漕运要道。明初漕运改道城西,宋泾河即为城市河,河水由跃龙闸注入,环绕老城区至鱼市口转弯向东,流长5445米,经望直港流入射阳湖。

(二)窑河

位于县城芦松路西端。源出北门外五里桥,流经铁桥村通海桥,由花城路西端折转流向东南入中沟河,全长3000多米。

(三)迎秀桥

亦称状元桥,曾名玉带桥。南北向,位于学宫南泮池前。

(四)多子桥

曾名史桥。东西向,位于学宫西。

(五)爱莲桥

位于学宫西。东西向,桥下流水通爱莲池。

(六)小桥

又名通济桥、赵公桥。南北向,位于县城鱼市口南侧。始建于宋代宋泾河开凿之时,明郑缫书石碣,今不存。

(七)忠祐桥

位于安宜镇城隍庙街。明嘉靖四年(1799)修建,知县闻人诠撰碑记。南北向,跨城市河,桥面为弧形,下为砖拱成半圆形,长12米、宽6米,砖拱净跨4.30米、矢高2米。2005年建宁国寺时拆除。

(八)张仙庙桥

位于安宜镇五条街南侧。明建石板平面桥,南北向,长4.50米、宽2.70米。栏杆为石板制作,两头同石柱卯榫而合,栏杆高0.45米,石柱高0.75米,4根石柱内侧阴刻"张仙庙""送子桥""甲寅壬五月""邑人重建"字样。此桥为县城五条街的贯通要道。

(九)仓桥

位于县城大石头街西段,东西向。与老西门(即利成门)相接,附近有预备仓1所,名曰西仓,仓库30间,官厅3间,后厅3间,毁于倭寇。

(十)玉带桥

位于老县政府大院西侧叶挺路上,东西向。传说乾隆皇帝下江南时途经宝应,过桥时将玉带遗落水中,为当方土地爷拾得奉还,赐名玉带桥。

(十一)水门桥

位于老县政府大院东北角,北水关(池闸)注水由东向南折弯处,东西向。

第四节　纪念性建筑物与旧址

一、纪念性建筑物

(一)周恩来少年读书处

《宝应县志》名曰:周恩来纪念室。1997年,定名周恩来少年读书处。坐落在县城县南街水巷口3号,为周恩来外祖父宅第。周恩来9岁时,随嗣母陈氏到此居住,并与表哥陈式周同窗共读,结下浓厚情谊。此房屋为晚清建筑，分为东西两宅院，有房屋18间，占地792平方米，建筑面积400平方米，院外曾有一块空地。两宅院之间有巷道，大门朝北。东宅院陈设生活用具，有读书房、藏书房、卧房。西宅院辟为展览厅，陈列周恩来与母亲陈氏、表兄陈式周的照片及珍贵文物资料。1990年，县政府公布为县级文物保护单位。1996年，经省文化厅批准，全面实施修缮。1997年，周恩来少年读书处为市首批爱国主义教育基地。1998年3月对外开放。2002年，被省政府公布为省级文物保护单位。

（二）红枫园

位于西安丰集镇西南侧1千米处。2001年，西安丰镇政府和当地群众集资兴建。占地3500平方米，建筑面积1500平方米。园区内由红枫园纪念馆、裕亭、丰碑等建筑物组成。红枫园纪念馆陈列民国33年（1944）3月以后，苏中区党委、苏中行署、苏中军区暨新四军一师师部、苏中党校、苏中报社、江淮印钞厂等机构的100多件珍贵文物和图片资料。

（三）县烈士陵园

始建于1966年，原陵园位于苏中路与叶挺路交会处西北侧。2001年6月，易地重建，位于运西安宜镇大桥居委会南港，占地4公顷。分纪念瞻仰、烈士墓、青少年教育、综合服务4个功能区，房屋建筑面积3200平方米。2002年清明节建成并对外开放。革命烈士纪念碑由白色大理石装饰，主体碑高21米，正面书“革命烈士永垂不朽”八个大字。祭扫凭吊广场1万平方米，气势雄伟，视野开阔。两侧用白色大理石制成400米长的栏杆。纪念馆展览分为土地革命战争、抗日战争、解放战争和社会主义建设时期4个部分，共展出在宝应牺牲的100多名革命烈士生平史料和遗物。

（四）苏中公学纪念碑

位于曹甸镇金吾村。1994年春，省委拨款兴建，纪念碑于是年5月26日建成，于6月5日苏中公学创办50周年纪念日揭幕。纪念碑由“一主两附”碑组成，占地2331平方米。主碑体坐西北，面东南，占地150平方米，总高程13.30米，碑身高10.70米。正面有苏中公学原校长、中共上海市委书记处书记夏征农亲笔题写的“苏中公学纪念碑”七个铜质大字，碑顶设高1.50米铜质喷彩苏中公学校徽。左附碑镌刻苏中公学简介，右附碑刻有书、枪、松等图案。

图28-6-2　苏中公学纪念碑

二、革命历史纪念地

民国33年（1944）3月16日，苏中区党委、行署、苏中军区、新四军一师师部迁入西安丰镇太仓村后，一大批新四军办事机构陆续进驻曹甸、射阳湖等镇。民国35年下半年，解放战争开始，这些机构相继随新四军主力撤出宝应。

新四军在宝应活动旧址一览

表28-6-2

旧址名称	入驻时间	地　点	主要革命活动内容
苏中区党委驻地	1944.3	西安丰镇太仓村	设苏中区党委、行署，苏中军区，新四军一师师部等，苏中地区政治、军事指挥中心
苏中区党校	1944.3	西安丰镇林溪村	为华东地区及全国培养大批干部
华中造纸厂	1944.8	曹甸镇李沟村	为江淮印钞厂印刷抗币提供大量原料
黄公正起义地	1943.3	西安丰镇崔渡村	原国民党89军117师参谋部主任黄公正在此率部起义，后改为宝应支队

续表28-6-2

旧址名称	入驻时间	地　　点	主要革命活动内容
苏中军区暨新四军一师练兵场	1944年初	射阳湖镇王坤村	练兵场占地1.33公顷,设有靶场,一批又一批战士在此受训后走上战场
苏中军区后方总医院	1944.3	射阳湖镇落潮村	在近两年时间内抢救数百名伤病员
苏中银行	1944年底	射阳湖镇油坊村	承办根据地各项金融业务
新四军江淮印钞厂	1944.5	射阳湖镇林上村	承担根据地抗币印制任务
苏中报社	1943.12	西安丰镇太仓村和射阳湖镇射南村	至1945年10月停刊,共出刊270期,为宣传抗日、团结群众、打击敌人作出重要贡献
新四军华中军械处第一总厂	1945.9	射阳湖镇油坊村	生产子弹,研制成“五二式”、“七三式”小炮和“八二式”炮及炮弹
新四军苏中榴弹厂	1943	射阳湖镇戴堡村	承担榴弹生产任务

第七章　广播　电视　报纸

1990年,县内有无线电视和有线、调频(并存)广播。1992年,实现电视有线传输。1995年5月,宝应电视台开播。2002年7月,县政府投入700万元、县广电局自筹2100万元,建成建筑面积8800平方米的县广电中心。至2005年,全县广播电视固定资产总值9495万元;广播电视通村率98%,覆盖率100%;拥有广播喇叭1.29万只,有线电视用户12.65万户,入户率55%,其中农村入户率49.5%。

1994年9月,《宝应广播电视报》创刊,共发行240多期。1996年7月1日,《宝应报》重新创刊发行,至2005年,共出刊2233期。

第一节　广　　播

1990年,县内有宝应人民广播电台和29个乡镇广播放大站,有广播信号专线10对200.70杆线千米、317.63对杆线千米,乡镇至村水泥杆广播馈电线路1042杆线千米,村至组广播附挂线2039.55杆线千米。宝应人民广播电台有1台广播调频发射机,发射功率50瓦,频率101.2兆赫。每天早、中、晚播音3次,每天播出时间6个半小时,其中转播中央、江苏、扬州人民广播电台节目2个半小时,自办节目4小时。春节等重大节日,每天延长播音时间1～2个小时。自办新闻节目有《宝应新闻》和《八方经纬》(兄弟县市广播联播),《宝应新闻》每周6档;专题节目有《农民之友》《今日宝应》《凡人天地》《安宜之声》和《白田漫步》等,在听众中较有影响;服务节目有《天气预报》、广告信息;娱乐节目有《俱乐部》《娱乐大世界》,后又陆续开办《1036点歌台》和《一周歌台》等。1992年3月,添置1台调频发射机,发射功率增加到300瓦,频率改为103.6兆赫。7月,全县广播专线停止传送信号,29个乡镇全部采用调频接收。1993年,开始与有关单位联办商业性广告。1995年1月开通直播节目。8月,乡镇广播放大站统一更名为乡镇广播电视站(简称广电站),并由所在乡镇管理。是年,联办节目10多个,联办单位28家。1996年,宝应人民广播电台添置1台300瓦调频发射主机,使广播发射机形成“一主一备”。2000年2月,乡镇广电站重新收归县广电局管理。8月,乡镇区划调整,29个乡镇广电站合并为16个乡镇广电站。是年,联办节目合并为《运河两岸》1个节目。2001年起,每逢星期日增办1档《新闻广角》,实现全年365天都有自办的新闻节目。2003年,《八方经纬》节目停播。2004年,宝应人民广播电台购置全套数字化音频工作站1套,实现制作节目方便快捷、播出信号优质安全的目标。2005年,全套数字化音频工作站投入使用,广播节目全新改版,全天播出时间增加到8小时55分钟,其中转播中央人民广播电台节目1个小时、自办节目7小时55分钟。自办节目由4类增加到5类,即新闻、新农村专题、行风政风热线直播、社教、娱乐资讯等。《宝应新闻》改为每天播出5次,并开办《一周要闻》,逢周日或周一播出。新设《法制与生活》(周五、六)、《文学沙龙》(周日)等专题,每天播出4次;《健康导航》每天3次;《1036直通车》直播娱乐资讯节目,每天两次;《气象与信息》由原来每天播出《天气预报》3次,改为每天6次等。是年末,全县有宝应人民广播电台和15个乡镇广播电视站。

第二节　电　　视

一、无线电视

1990年,县内主要转播中央电视台、江苏电视台、扬州电视台节目。是年,电视发射机增至5台,并增设卫星地面接收设备3套,分别接收和传送中央电视台一套、二套电视信号。1992年8月,购进1台1千瓦48频道发射机,转播上海电视台(后改为转播扬州电视台)节目。1993年8月至1995年5月,先后添置1台50瓦8频道全固态电视发射机、1台1千瓦12频道电视发射机,分别作为全天转播中央电视台一套节目和发射宝应电视台自办节目的主机,并对电视发射机进行固态化改造。至2005年,县内无线电视接收和传送中央电视台、上海电视台、江苏电视台和扬州电视台节目。

图28-7-1　宝应电视台主控室

二、有线电视

1991年9月,添置1条编辑线和2台摄像机等设备。1992年,宝应电视开始自办节目,无固定名称和时间周期,配合县委、县政府中心工作,播放重要会议、重大节庆活动及抗洪排涝等突发事件现场报道和相关专题片。是年末,电视自办节目进入试办阶段。9月,县广电局成立城区有线电视系统工程指挥部,启动有线电视工程。12月27日,有线电视开播,播出10个频道节目,有线电视用户3100多户。

1993年8月,建立宝应电视台,自办节目有《宝应新闻》和点歌广告。1994年,氾水、射阳湖广电站建立300兆赫系统独立前端和有线电视网。后陆续建成乡镇独立前端24座。1995年1月,广播电视无线电缆(MMDS)全向微波系统通过技术论证。5月1日,宝应电视台开播,每周播出两档《宝应新闻》、一档专题节目,以及点歌、广告、电视剧等。1996年1月,全向微波系统开通使用,向城乡增加传送8套联网节目。是年,电视摄录编播设备全部更新为磁带录像机系列。《宝应新闻》改为1周3档,每周一、三、五播出新节目,二、四、六重播。5月1日后,每逢周日增加1档《一周要闻》。是年,专题节目改为《社会广角》《法制纵横》两档节目,每周各播出1档。1997年3月,开办《市场与生活》资讯类专题节目,后分别更名为《消费向导》《生活广场》《七彩生活》《生活视线》。1998年,添置1套自动播出系统,实现电视自办节目自动播出。7月起,《宝应新闻》增加到每周5档。10月,黄塍乡率先实现县乡光纤联网。1999年6月,县乡光纤联网工程杆线架设全部竣工。10月,各乡镇有线电视全部开通。是年起《宝应新闻》又增加到每周6档。2000年,《一周要闻》改为《新闻视野》评论节目,专题节目新辟《广角镜》《安宜风采》等栏目。专题节目每周播出2档《社会广角》、1档《生活广场》。2002年初,完成县有线电视前端750兆赫系统升级改造。7月25日,城乡光纤网络开通,传送24套有线电视节目。是年,摄录编播设备实现数字化,以数字摄像机系列为主要格式。2003年后,县内平均年增1个频道节目,先后购置48频道、1千瓦、

TVU316 和 12 频道、1 千瓦、全固态电视发射机作为转发扬州新闻频道与发射宝应电视台自办节目，添置非线性编辑线、数字摄像机、录放机、字幕机等设备。至 2005 年末，全县有线电视传送 27 套节目，自办节目有《宝应新闻》《新闻视野》《社会广角》《法制纵横》《消费向导》《生活广场》《七彩生活》《生活视线》《广角镜》《安宜风采》等 10 个，拥有有线电视用户 12.65 万户，入户率 55%(农村入户率 49.5%，通村率 98%)，覆盖率 100%。宝应电视台有一批节目被市以上电视台采用，其中《氾光湖游记》《荷叶上的故乡》分别获省县级台站节目一等奖、电视文艺“金凤凰”奖二等奖。

第三节　报　　纸

一、《宝应报》

1996 年 6 月，成立宝应报社，编制 10 人，性质为差额拨款事业单位。是年 7 月 1 日，《宝应报》出刊，为县委机关报，四开四版，辟有新闻、经济、社会和副刊等版面，周二刊。1997 年起改为周三刊，1998 年改为周五刊。2000 年 1 月，更名为《宝应日报》，周六刊。2001 年底，《宝应日报》改印彩色版，发行量最高为 2 万份。2002 年 1 月，《宝应日报》被转为内部资料性出版物，改名为《宝应日讯》。2003 年 1 月，《宝应日讯》挂《扬州日报》报头，为《扬州日报·宝应日讯》。2004 年起，《宝应日讯》几易其名，又转为内部资料性报纸，改为周五刊，免费赠阅。至 2005 年末，共出刊 2233 期。

二、《宝应广播电视报》

1994 年 9 月，县广电局创办《宝应广播电视报》，四开四版，首发 1 万份。1996 年初，发行量 2.50 万份。4 月，县内整顿报刊业时停办，共发行 86 期。1999 年底，宝应广播电视节目以《宝应广电信息》名称出版，至 2001 年末发行 100 多期。2002 年，《宝应广电信息》并入《扬州广播电视报》，占有 4 个版面，发行 52 期。2003 年停办。

第八章　档案工作

第一节　档案馆

1990 年，县档案馆位于县政府大院内，有工作人员 11 人。档案有全宗(1928～1987 年)110 个，其中新中国建立后档案全宗 98 个。整理编目档案 2.56 万卷、图书资料 100 种 6833 册，共有档案资料 3.24 万卷(册)。馆舍面积 500 平方米。1991 年 1 月，首批向社会开放满 30 年文书档案 2499 卷。6 月，在县政府大院建成局部 5 层(配有电梯)的档案大楼，建筑面积 1610 平方米，实用面积 1360 平方米，其中库区 1000 平方米。1992 年，接收县级机关各部门 1985 年前的文书档案 1.12 万卷，接收县委组织部已去世干部档案 51 份。是年，被省评为三级馆。1995 年，对馆藏的 50 个全宗进行调整，重新整理不规范的 4000 卷文书档案，并完善 42 种 788 册业务工作登记簿。是年升为省二级馆。1997 年，接收县区划办公室(撤销单位)文书档案 663 卷。1998 年，接收县统计档案 1000 卷；接收县级机关各部门档案 96 个全宗 1.39 万卷；接收工程技术档案，名、特、优产品档案和县农业普查、工业普查、人口普查档案，以及县财政局 1948～1983 年会计档案等共 9000 多卷(盒)。是年，升为省一级馆，被县政府批准为县爱国主义教育基地。2001 年，对民国档案进行抢救性裱糊和加固处理，复制档案 1100 卷 1.10 万页。2002 年，接收 14 个撤并乡镇永久、长期文书档案 5000 多卷。2003 年，县档案馆建立机关现行文件中心，将县委、县政府和县级机关 65 个部门 1000 多份文件和国家有关法规，同时向社会开放。至 2005 年，接收各类档案 4.08

万卷，馆藏档案118个全宗7.51万卷(册、件)，其中文书档案4.71万卷，科技档案641卷，专门档案1.08万卷(册)，图书、资料、报纸等1.66万本(册)。案卷排架长度1000米。1990～2005年，先后征集到国务院原副总理陈毅为宝应《曹甸烈士纪念碑》撰写的碑文手迹、蒋介石签发的《军官学校毕业证书》以及《宝应图经》《朱子年谱》《汉石例》《淮海英名录》等珍贵历史档案资料107件。接待查档9194人次，共调阅档案资料2.97万卷(册)次。

第二节　基层档案工作

1990年，全县有基层档案室114个，其中综合档案室49个，有专兼职档案员320人。1999年，县内有80多家档案室先后添置电脑，使用密集架，配备去湿机、空调。2005年，全县共有机关企事业单位、乡镇、行政村、学校档案室1100个，其中市三级标准以上档案室273个，有专兼职档案员1200人。

一、机关档案

1990年起，县档案局每年举办机关年度文书档案立卷培训和业务讲座。是年，县档案馆制定《机关档案室定级标准》，有15个机关档案室率先在县内通过标准化档案室验收。2002年，实施机关文书档案立卷改革，推广和使用永乐软件率100%。至2005年底，全县有35家机关单位档案室达市三级以上标准。

二、企事业单位档案

1990年，县档案馆指导企事业单位开展档案管理达标升级。是年，有7家企业单位档案室通过标准化验收。1994年，实施学校档案室达标升级试点工作，有2所学校档案室分别达市一、二级标准。1998年，宝胜集团档案室率先在县内企业档案室中使用密集架。2000年，县档案馆先后3次到徐州对宝应拾屯煤矿档案工作进行现场指导，并抽调档案专业技术人员9人，帮助该矿整理档案5000卷。是年末，该矿档案管理工作通过省级验收。2005年，先后对宝应协鑫生物质环保热电有限公司、国家南水北调工程宝应段进行建档指导。至年末，全县有93家企事业单位和101所学校档案管理工作通过县以上规范化档案室验收。

三、镇村档案

1990年，县档案局印发《乡镇档案考核检查评分细则》，明确规定年度文书档案归档要求和考核时间等。各乡镇每年以集中立卷和分散立卷的方法做好归档工作，迎接考核。1998年，氾水镇在乡镇档案室中首先使用密集架，实行规范化管理。1999年8月，县政府印发《关于加强农村档案工作意见》，县档案馆抽调专业技术人员15人，分3个组，用1个月时间，对29个乡镇、414个行政村文书档案工作进行实地考察，并指导240个行政村建立村级档案室。至2005年底，全县14个镇机关建有达标档案室，配备专兼职档案员30多人。233个行政村启动建档工作，其中60%村设专门档案室。

第九章　地方志工作

第一节　方志编纂

一、《宝应历代县志类编》

1985年，县编史修志办公室筹备编修《宝应历代县志类编》(简称类编)。1986年，县政府组建专门工作班子，完成类编纲目拟订。此后，历经3年，数易其稿，辑成类编。1991年4月，由江苏人民出版社出版,全书86万字,印数3100册,省政协秘书长洪泽为该书作序。类编根据7部旧县志和《宝应图经》等重要资料,去粗取精,合理归并,分为地理、经济、政治、教育、文化、人物、社会、特载、序目、附录10类进行辑录,每类又设若干章节,史料翔实丰富。

二、县志编纂

1983年,县委、县政府召开《宝应县志》编纂工作会议,各公社、各部门相继成立编纂领导班子和编写小组,启动首轮《宝应县志》编纂。

1985年2月,县编史修志办公室成立。8月,全县第一次修志工作会议召开,会上明确各单位修志任务、序时进度及有关要求等。11月,举办县地方志业务学习班,142人参加培训。1986年起,县志编修工作进入收集资料和整理资料阶段,并编辑《宝应县志资料》简报,每月1期。5月,召开县第二次地方志工作会议。10月,县地方志编纂委员会成立,并明确县编史修志办公室为其办事机构。1987年7月,召开县第三次地方志工作会议。至年末,全县完成资料收集和资料长篇编写工作。

1988年,拟定《宝应县志》编纂方案。先后两次聘请责任编辑15人,后来又陆续聘请3人,组成编辑班子。1989年,《宝应县志资料》简报改为《领导参阅资料》简报,每月1期,至编纂工作结束,共刊发54期。8月28日,县第四次地方志工作会议召开,总结表彰修志工作先进集体和先进个人,并向《宝应县志》首批责任编辑颁发聘书。至年末,形成《宝应县志》分纂稿。

1990年初,《宝应县志》进入总纂阶段。5月,县编史修志办公室更名为县地方志编纂委员会办公室。1991年底,完成《宝应县志》总纂合成,召开县地方志编委(扩大)会议,组织编委对志稿进行审查。1992年初经修改后,于4月初向省、市地方志办公室提交送审稿。是年4月下旬,《宝应县志》志稿评审会议召开,与会者93人,其中有省方志审稿小组、出版社、社科院专家、学者21人,市地方志办公室及兄弟县市同行22人,县地方志编纂委员会全体委员、县志办工作人员及特约审稿、责任编辑、特邀代表等50人。《宝应县志》送审稿通过审定、验收。7月,《宝应县志》编委会代表县政府与江苏人民出版社签订《宝应县志》出版合同书。1994年7月出版发行,共印5110册。《宝应县志》采取编、章、节、目式,共分27编163章,约165万字,由概述、大事记、沿革、专志、人物、附录(志余)等部分组成。上溯至公元前221年,下限为1989年(大事记下限延至1992年),全面记述宝应行政区域内自然、政治、经济、文化、社会等方面的历史和现状。是年10月,县政府举行首发式。

三、乡镇、部门志

1985年起,县内乡镇志、部门(专业)志编纂工作与《宝应县志》编修同时展开。氾水镇、射阳湖镇、县交通局、县邮电局、县文教局、县卫生局、县供销总社等10多个乡镇、部门先后成立编纂领导班子和编写小组。7月,县卫生局专门印发文件至各医药卫生单位,并分别建立由9人和12人组成的《宝应县卫生志》领导小组与编写小组,同时聘请顾问13人。1992～1997年,《宝应县交通志》《宝应县邮电志》《宝应县公安志》《射阳湖镇志》《氾水镇志》《宝应城镇志》先后出版。全县绝大部分乡镇和部门形成志书初稿,并油印成册作为内部资料保存。在扬州市志书评奖中,《宝应县交通志》《宝应县邮电志》《射阳湖镇志》获三等奖。2000年,望直港镇退休干部马庆驯在獐狮荡乡撤并到望直港镇时,主动独自承担编纂《獐狮荡乡志》工作,历经四个春秋,克服重重困难,于2004年完成30万字《獐狮荡乡志》,并自筹资金于2005年印刷。

第二节　年鉴编纂

2001年初,县委、县政府启动《宝应年鉴》编纂工作。是年4月,完成年鉴纲目拟定,征求各镇、各机关部门意见。5月,重新成立县地方志编纂委员会,编委会下设办公室。是日,县地方志办公室研究确定年鉴编辑部组成人员,设主编1人、副主编5人。召开全县地方志工作会议,全面部署年鉴编纂。11月,完成年鉴送审稿,召开编委会全体成员会议,对送审稿进行审查与修改。12月,交付南京人民印刷

图28-9-1　县地方志办公室编印出版的《宝应年鉴》

厂印刷。2002年1月，由江苏古籍出版社出版发行。《宝应年鉴》2001卷(创刊号)采用大16开精装本加红色护封，印数1200册，全书65万字，封面书名由中共中央政治局原委员、全国人大常委会原副委员长彭冲题写。《宝应年鉴》2001卷出版后，由于经费等原因而停刊4年。2005年，县委常委、常务副县长周玉宝分管地方志工作，批示重新启动年鉴编纂，列入政府正常工作范畴。《宝应年鉴》2005卷印数1000册，全书65万字，主要记载2001年1月1日至2004年12月31日宝应县各行各业新情况、新成就及大事、要事、新事、特事，同年9月由方志出版社出版发行，获省志鉴编纂优秀成果二等奖。

第十章　体　　育

1990年，全县体育事业进入一个新的发展时期，创建体育先进乡镇、先进单位和全民健身活动逐步兴起。1992年，学校体育实施中考改革，训练竞赛初步形成"业余体校+传统项目学校"的新格局。1993年，开展创建全国体育先进县活动。1996年，争创全国体育先进县活动进入全面实施阶段，全民健身活动做到有组织领导、有科学指导、有固定场所。至1998年5月，22个乡镇建成体育先进乡镇，新增篮球、乒乓球、羽毛球、农民、现代国标体育舞蹈5个体育协会，共有体育协会10个，全县体育人口40%。10月，宝应县被授予"全国体育先进县"称号。2000年4月，电脑型体育彩票在县城上市，至2005年共销售体育彩票4100多万元。2003年起，全民健身点(工程)建设起步；一批塑胶跑道田径场、人工草皮足球场、室内篮球场和体育馆投入使用；竞技体育新增少年男子柔道项目，徐鑫连续两年在省级比赛中夺冠；城镇中学、夏集镇、射阳湖镇等先后被评为全国群众体育先进单位。至2005年，全县建成全民健身(含晨、晚练)点77处、国家级和省级健身工程各1处；有体育传统项目学校25所，运动(足球)学校1所，学校田径水平进入"省县组"A组行列。1990～2005年，县内先后举办各2届职工运动会、残疾人运动会和16届中小学生运动会，参赛运动员1.84万人次；举办县级单项体育比赛274个项目次，参赛运动员9.15万人次；组队(或运动员)参加市以上体育比赛374次。

第一节　体育设施与队伍

一、体育设施

(一)县人民体育场

1965年3月，在县城东北角(今安宜北路南首西侧)新建县人民体育场。1990年，县人民体育场实施场地改造工程，建成350米6跑道带道牙的田径场1个，东西两侧建有简易看台，可容纳1000人观看体育比赛。1997年，县人民体育场进行扩建改造工程，投资100多万元，拆迁西侧居民住房上百间，占地面积比原来扩大1/3，达1.50万平方米，场地面积1.20万平方米。建成标准化400米带道牙8跑道田径场，有观众席位672座。2005年，县人民体育场投资20万元，改造场地草坪。

(二)田径场

1990年，县内田径场多为操场。是年，城郊乡中心小学在全县学校中率先实施学校操场改造工程，投入1万多元，建成带道牙煤渣田径场。至1996年，有10多所中、小学校实施带道牙标准化田径场改造。此后，氾水、中港、泾河中心小学和曹甸镇初中等，随着校舍改建、新建，田径场全部达标。2002年，翔宇教育集团宝应中学新建体育场1个，占地1.80万平方米，场地面积1.56万平方米，总投资700万元。设有塑胶面层400米带道牙跑道8条，观众座位2500座。至2005年，全县有田径场36个，占地41.40万平方米，场地面积31.36万平方米，设有跑道192条。

（三）游泳池

1993年，县自来水公司投资150万元，在县城苏中北路新建全县第一座露天游泳池，有配套的室内更衣室。泳池面积1800平方米，水深1.60米，设观众席100座。2003年，私营个体户投资40万元，在县城泰南路首华清池沐浴中心增建室内游泳池1座，占地450平方米，泳池面积250平方米，水深1.50米，有观众席位30座。县城苏中浴室投资120万元兴建游泳池，占地1565平方米，泳池面积1250平方米，水深1.80米。至2005年，全县有游泳池3座。

（四）篮球场

1990年，县内有露天篮球场22个。是年，夏集乡自筹经费1万多元，在乡文化中心内新建长28米、宽15米的水泥面层篮球场。1997年，县城灯光篮球场拆除，新建县体育馆室内篮球场。至2005年，全县有室内外标准化篮球场68个。其中，室内篮球场3个，占地4500平方米，场地面积2400平方米，全部为木质地板面层；露天篮球场65个，占地8.86万平方米，场地面积6.64万平方米。

（五）乒乓球馆（室）

1990年，县内有乒乓球室36个。是年，城中小学兴建乒乓球馆1座，占地606平方米，场地面积309平方米。1993年后，县实验初中、宝胜电缆厂、氾水高级中学先后新建乒乓球馆。1996年起，县自来水公司、县教育局、县新华书店等机关、企事业单位改建一批乒乓球室。至2005年，全县有乒乓球馆（室）100座（个），场地面积5.17万平方米，乒乓球桌（台）1000多张。

（六）足球场

1990年，县内有泥面足球场8个。1997年6月，江苏省宝应足球学校在县工业学校挂牌，筹集资金新建草坪足球场1个，场地面积1万平方米。1998年，曹甸初中、中港小学先后建成足球运动场各1个，占地面积分别为5250平方米和4500平方米，场地面积分别为4705平方米和4000平方米。2000年，泾河中心校在新校园建设足球运动场1个，占地7800平方米，场地面积7380平方米。2001年，翔宇教育集团实验小学和宝应中学分别新建人工草坪足球场，两个场地面积共1万多平方米。至2005年，全县有足球场85个，占地面积4.73万平方米，场地面积2.51万平方米。

（七）体育馆

1997年5月，县体育馆开工建设。2002年3月，县体育馆建成开馆。占地3070平方米，建筑面积1710平方米，场地面积646平方米，主场地长45米、宽38米，室内场地净高13米。馆内东、西两侧设观众硬板席位1670座。是年，翔宇教育集团宝应中学体育馆落成，占地4000平方米，建筑面积6600平方米，场地面积802平方米，主场地长32米、宽19米，室内场地净高21米。馆体为钢筋混凝土结构，圆体状，馆内四面设观众看台，有硬板席位3756座。

图28-10-1　县体育馆健身操表演

（八）其他体育设施

2005年，全县城乡有其他公益性体育场所26个，其中门球场1个、排球场10个、台球房1个、羽毛球场1个、旱冰场2个、武术房1个、棋牌室10个。全民健身（含晨、晚练）点内有单杠、双杠、太空漫步机、多功能训练架、肋木架、压腿矮肋木、平衡木、仰卧起坐平台、平行梯、梅花桩、鞍马训练器、伸腰训练器、压腿训练器、转体训练器、伸展器、臂力训练器等健身器材1200多件。

二、体育队伍

1990年，全县有中小学体育教师741人，其中专职体育教师181人，占24.4%；有等级裁判员137人。1993年，县内组建足球队11支、篮球队55支、乒乓球队70支、羽毛球队27支、围(象)棋队14支、武术队4支、桥牌队1支，共有运动员2158人。1997年，全县业余运动队增加到209支，运动员增至2440人。2005年，全县有足球队11支、篮球队38支、乒乓球队54支、羽毛球队27支、围(象)棋队25支、武术队4支、拔河队23支，共有运动员2565人；有体育教师384人，其中专职体育教师336人，占87.5%，专职体育教师比1990年净增63.10个百分点；有等级裁判员146人，其中国家级足球裁判员1人(梁建萍)、一级裁判员8人(足球4人、田径4人)、二级裁判员55人(足球17人、篮球9人、乒乓球4人、羽毛球1人、田径21人、武术2人、健美操1人)、三级裁判员83人；有足球、篮球、乒乓球、羽毛球、田径、体操、围棋、柔道等项目等级运动员582人，其中国家级运动健将1人(王莉)、二级运动员136人。

第二节　群众体育

一、职工体育

1990年，县级机关举办所属单位干部、职工乒乓球赛，有28支代表队参赛，运动员260人。汜水布厂在县内企业中率先创办工人之家，经常组织职工开展乒乓球、桌球、象棋等体育活动。1991年，县体委明确县邮电局、县化肥厂、县电缆厂、县纱厂为群众体育活动试点单位。县电信、文教、公安、商业、物资、机电、轻纺和县直机关等系统职工体育活动每年举办的项目有篮球、乒乓球、足球、围棋等。1994年，县直机关、企事业单位流行交谊舞、健身操、工间操。1998年9月，县卫生系统举办首届职工运动会，项目有乒乓球、羽毛球、田径、拔河等6个，34支代表队355人次参加比赛。是年10月，县工商局和县个体私营协会举办"光彩杯"拔河、象棋比赛，该比赛是县内组织的首个个体私营企业职工体育活动，共有20支代表队340人次运动员参赛。1999年，宝应浙江商会出资组织开展行业职工迎澳门回归千人长跑活动，共有23家单位组成方阵参加长跑。2002年，中外合资德仪公司举办职工足球赛，公司各部组成6支代表队参赛，历时5天，公司一队获冠军。是年，西安丰镇举办职工运动会，各企事业单位组成9支代表队参赛，项目有乒乓球、象棋、广播操、中长跑等，历时5天，参赛运动员527人次。2003年8月，县文体局开展"走向辉煌"万人长跑和千人晨练表演活动，年龄最大的84岁，最小的7岁。2005年，县直机关工委举办"潼河杯"机关干部、职工乒乓球赛，有24支代表队226名运动员参赛。至此，县直机关工委连续举办16届机关干部、职工乒乓球赛，参赛逾3000人次。1990～2005年，各系统(单位)和协会共组织职工体育活动946次，有5.90万人次参加比赛。

二、农民体育

1989年，中港乡渔业村举办渔民体育运动会，比赛项目有棋牌、自行车、游泳、赛跑等，运动员150人。1992年，射阳湖镇举办第一届农民运动会，有18支代表队360人次参加比赛。1993年始，县内每年有三五个乡镇举办农民运动会，其他乡镇节假日举办篮球、乒乓球、象棋等单项比赛。是年，水泗、獐狮荡、小尹庄等乡镇举办农民运动会，比赛项目有篮球、乒乓球、负重赛跑、拔河、象棋、扑克、自行车慢骑等10多个，参赛运动员一般在400人左右。至1996年，水泗乡连续举办4届农民运动会。1997年，韦镇、城郊等11个乡镇先后举办农民运动会，望直港、中港、水泗等26个乡镇举办单项体育比赛84次。1998年，中港乡渔业村举办第十届中青年农民篮球赛，参赛运动员60多人。1999年2月，柳堡乡举办首届体育艺术节，子婴河镇举行"火炬杯"体育运动会。3月，省委农工部、省农林厅、省体委等到西安丰镇拍摄农民足球队的生活、训练、比赛情况资料片。是年，市委农工部、市体委到该镇摄制农民广播体操录像带，参加省第四届农民运动会，获比赛优胜奖。2000年后，全县乡镇数从30个减至16个，每年举办农民运动会的乡镇有1～2个,多数乡镇举办乒乓球、篮球、象棋等单项比赛。2005年,射阳湖镇举办第三届农民运动会和单项体育活动4次,5个镇体育分会分别进行村间、乡镇间体育活动交流7次。是年,该镇被评为全国群众体育先进单位。1993～2005年,各乡镇共组织农民体育活动840多次,参加比赛7.60万人次。

三、老年体育

1990～1994年,县内老年人体育活动以自发为主。1995年,县老年人体育协会成立,有会员100多人。从此,县老年人体协每年组织3～5次老年人体育活动,项目有乒乓球、钓鱼、健身球、门球、木兰拳、秧歌等。1996年4月,举办千名老人健步走活动。9月,举办老年人门球比赛。1997年10月,县老年人体育协会、县老干部局、县体委在省第十个敬老日,联合举办千名老人健身表演,项目有健脑操、广播操、太极拳、木兰拳、木兰扇等。是年,城镇城中居委会成立夕阳红健身队。1999年12月,县老年人体育协会组织老干部、老职工100人参加迎澳门回归长跑活动。1995～2005年,共组织老年人体育活动40次,3000多人次参加活动。

四、残疾人体育

1990年,县内残疾人体育活动多以个人喜好为主,遇有残疾人体育比赛临时组队参赛。是年,县残疾人体育代表队参加市首届弱智人运动会,获金牌12枚、银牌7枚、铜牌1枚,列团体总分第三名。经选拔2人参加省弱智人运动会,获金牌1枚、银牌3枚;经选拔1人参加全国弱智人运动会,获金、银牌各1枚。2001年9月,残疾人运动员潘卫东、陈春、林文美3人入选市代表队参加省第五届残疾人运动会,获乒乓球、游泳、柔道金牌各1枚。10月,在市首届残疾人运动会上,宝应运动员获金牌30枚,总分居各代表队之首。是年,潘卫东在全国聋哑人乒乓球选拔赛中夺得个人单打、男子双打两项冠军。2002年5月,县残疾人运动队在省第六届残疾人运动会上,有9人夺得7枚金牌3枚银牌。2003年9月,在全国残疾人运动会上,叶华、潘卫东、王宏婵在轮椅击剑、乒乓球和举重项目中,获3枚金牌、3枚银牌和1枚铜牌。2005年7月,叶华参加波兰世界轮椅击剑锦标赛,夺得个人花剑、重剑B级2枚银牌。

附:身残志坚的轮椅运动员——叶　华

图28-10-2　叶　华

叶　华　女,汉族,1981年出生,安宜镇人,国家女子轮椅击剑队队员。幼年时患小儿麻痹症而身体变形、瘫痪。少年时身残志坚,在父母帮助下,自学完成小学课程。初中读书期间,虽连续两次施行身体矫正手术,但仍坚持刻苦学习和锻炼,成绩在班上名列前茅,曾被评为全县“十佳少年”。2000年9月,参加县首届残疾人运动会,在小儿麻痹组轮椅举重项目上崭露头角。2001年10月和2002年5月,被选派参加市、省残疾人运动会轮椅举重项目比赛,均获得优异成绩。2003年9月,入选省女子轮椅击剑队,并参加全国残疾人轮椅击剑比赛,与队友夺得女子轮椅击剑两个项目团体金牌和个人轮椅击剑1枚银牌。2005年6月,入选国家女子轮椅击剑运动队,参加波兰世界轮椅击剑锦标赛,获个人花剑B级、重剑B级和团体花剑3枚银牌。后作为国家女子轮椅击剑运动队队员,备战第七届全国残疾人运动会和北京残奥会。

五、全民健身

1995年8月,全县贯彻国家《全民健身计划纲要》,全民健身活动纳入全县体育工作议事日程。1996年春节期间,县体委组织腰鼓、秧歌、木兰拳(扇)、太极剑(拳)、健身球(操)、莲湘、广播体操等全民健身大会操,前后历时5天,每天参与者上千人。1998年6月,全县首次举办全民健身周活动。活动内容有启动仪式、科学健身宣传、健身项目表演、知识竞赛和评比等,有上万人次参加活动。此后,每年举行1次。是年,县内建成射阳湖、夏集、县城等成人体质测定站4个,每年测定一两千人。2000年起,全民健身周活动与中国·宝应荷藕节群众体育活动合并举行。至此,夏集镇、西安丰镇先后被评为省亿万农民全民健身活动先进乡镇。2002年5月,举办县第一届全民健身体育节,分开幕式与体育表演、办班与宣传、总结表彰3个阶段,历时3个月。此后,每年1届1个主题。2004年,县文体局在县城世纪园小区和望直港集镇实施全民健身工程建设。是年底,经省、市体育主管部门验收,分别被评定为国家和省级全民健身工程。是年,射阳湖镇被评为全国亿万农民全民健身活动先进乡镇。至2005年末,县内举办全民健身大会操和全民健身周活动共11次,全民健身体育节4届,建成国家级、省级全民健身工程各1处,全民健身点27处,晨(晚)练点50处,城乡形成规模的健身队伍90支,全县体育人口保持40%。

第三节　学校体育

一、幼儿体育

1990年,全县幼儿体育教学按照全国统编教材设置幼儿体育课程。是年起,县直机关幼儿园、县实验幼儿园等规模较大的幼儿园经常举办班级之间的幼儿体育比赛。1993年10月,县教育局组织全县幼儿园代表到县实验幼儿园观摩文体教学演示,并首次举办全县幼儿体育游戏运动会,参赛幼儿600人。此后,幼儿体育游戏运动会每隔一二年举办1次。1996年,全县幼儿园推行幼儿体操、快乐围棋等儿童体育项目。同时开展园本教材和幼儿体育教材研究活动,其中县实验幼儿园《围棋活动的内在价值与开发幼儿潜能的研究》被列为国家级教研课题。1999年,县实验幼儿园结合校址搬迁,实施幼儿体育游戏场地重建。除配备新兴的幼儿体育设施外,还新建多功能沙滩、嬉水池、塑胶跑道,并配齐幼儿体育活动的多种运动器械。2000年,县托幼中心扩建3600平方米户外场地,建有儿童攀爬墙、平衡秋千、蹦蹦床、摇马滚筒、多功能平衡木及各种运动器材。2004年,曹甸镇中心幼儿园加大投入,建成塑胶跑道、嬉水池及各种大型玩具,幼儿体育活动开展得有声有色。至2005年,全县举办幼儿运动会9次,共有幼儿4106人参加短跑、接力跑、围棋、体操等体育项目比赛。

二、中小学生体育

1990年1月,全县贯彻市《关于进一步加强学校体育工作意见》,制定《宝应县学校体育工作评估办法》,举办全县中小学生体育运动会,并开展冬季长跑、跳绳、踢毽子3项活动。中小学校全面落实"两课两操两活动"制度,同时每年自办校(农村为乡镇)运动会。1991年,县内有体育传统项目学校3所,其中田径项目1 所(宝应县中学)、足球项目2所(城镇中学、县实验小学),田径体育水平在"省县组"排名第59位。1992年,全县学校贯彻国务院《学校体育工作条例》,以建立县少年体校和培养体育传统项目学校等措施,形成"少年体校+体育传统项目学校"格局,强化体育竞赛训练活动,推进少儿足球和田径体育水平。从秋季招生起,实施初中招生加试体育改革,中考体育加试有50米短跑、立定跳远和掷铅球等项目,满分60分并计入中考成绩。1995年,体育传统项目学校增加到15所,其中足球2所,田径、围棋、武术、乒乓球等13所。是年,县教育局、县体委重新组建县少年儿童业余体校,并在体育基础好的学校分别联合成立县小学生训练中心、县体育运动学校、省培养足球人才基地重点学校,进一步明确少年儿童体育竞赛训练分工和体育人才培养目标。至1997年,县少年儿童业余体校3年训练足球、乒乓球、围棋、武术、田径运动员543人次,田径体育水平在"省县组"排名升至第46位。是年,县体委和县教委联合成立县学校体育工作考、评、聘领导小组,指导体育传统项目学校建设、体育项目竞赛训练及体育人才培训。2004年,中考体育加试总分降至30分。2005年,全县有体育传统项目学校25所,全县田径体育水平在"省县组"排名升至第27位,进入A组行列。1990～2005年,全县向高校、体校与省、市运动队输送体育人才167人,其中省级以上125人。中小学自办运动会564次,举办县级中小学体育运动会16届和单项比赛100多次。

附:全国优秀教师——吴磐

图28-10-3　吴　磐

吴　磐　男,汉族,1951年出生,南京市人。县实验小学体育教师、副校长,全国优秀教师。

1973年11月参加工作后,一直从事体育教学,尤其热衷于小学生足球事业。为培养少年儿童的足球兴趣与技能,科学安排训练课程,严格规范训练动作。经常放弃休息时间,辅导足球队员文化学习,促进全面发展。先后培养一批足球特长生,仅入选省级足球队的运动员就有29人。1985年,县实验小学被命名为省足球传统项目学校。1986年起,带领县小学生足球队,代表扬州市与日本厚木市小学生足球队进行友谊比赛,均取得较好成绩。1993年起,多次带领县小学生足球队参加省级小学生足球比赛,至2003年先后获奖11次,其中获前三名奖牌7枚。重视体育教学研究,先后完成国家级课题《快乐体育在小学体育课中的运用研究》和省级课题《提高体育课堂教学效率和效益的研究》等,《语言评价在小学体育教学中的运用》等论文在省、市获奖。

1990～2005年宝应县输送体育人才一览

表28-10-1

级别	年份	运动员名单
省级	1990	梁晓峰　张玲玲　乔建珍　张怀军　华占高　沈德超　陆汉成
	1991	陶书春　刘步巧　周殿章　严学海　庚庆荣
	1992	赵玉香　王红　梁强松　郭芳　高建　许兆勇
	1993	方伟　卞延林　周同定　谢兴俊　陈莉　杨宣　许浒　谭彬　高峰
	1994	刘飞　乔兴　傅平　郭红生　徐宏顺　郭强　孙兵　徐成
	1995	周静　丁春芳　杨锡娟　陈太峰　王寿华
	1996	王金宝　赵鹏　范青　徐浩然　仲铁成
	1997	汤敏　潘金荣　相玉芹　陆秀梅　汪锦松　赵达尼　张东霞　郑波　吕君　黄进　于爱春　张继忠　顾强　乔兴
	1998	戴洪斌　颜俊　徐伟　卢茂春
	1999	袁永全　潘金海　吉爱民　潘强　陈辉　顾军
	2000	曾荣　陈琳　陈肖　汤林彦　朱朝霞　张伟　朱伟　杨杰
	2001	卢茂春　朱薇
	2002	施耿华　张闯　孙娟　向海波　沈林　苗明　汪元　吉翔　袁超
	2003	徐鑫　李萍　吕晓雨　季莉　颜雪芸　成君　戚永飞　潘唯　石磊　曹健　程浩　吕倩
	2004	王攸　张晓　汤凌燕　马玲　杨莉　刘伟　陈啸　陈琳　张苗　周眉宇　唐寅　赵煦　杨静
	2005	王飞　杨杰　朱玮　嵇尧　吴宪扬　汤天　曹远　魏颜林　张晨　葛研　聂世亮　王龙飞
市级	1991	周红燕
	1992	郭丽　郑强　梁建萍
	1993	成金霞　殷静　刘建　梁炜　梁秋

续表 28-10-1

级别	年份	运动员名单
市级	1994	丁　芸　韦　骏
	1995	刘亚萍　王　伟　郑　丽　刘　娟　杨　勇　张　军
	1996	顾丽梅　王　艳　胡　勇　陈　建　张　香　刘金花
	1997	华　伟　卢　伟　杨　军　张　斌(大)　张　斌(小)　曹益东　王　嘉　马金潭　段福元　仇春春　陶　巍　吉国庆　张　剑　郑　明　李亚滨　陈丛梅　周家光　许　艳　胡方红

附:县体育运动(足球)学校

1994年,县体委、县教育局联合组建县体育运动学校,暑期招收新生30人。1997年6月,县体校改设在县工业学校,被省体委批准为江苏省宝应足球学校,与县体校为一套班子、两块牌子。暑期,宝应足球学校招生16人。9月,宝应足球学校被省体委确定为省培养足球后备人才重点学校。县体育运动(足球)学校树立"特色办学、特长育人、讲求素质、全面发展"的教育理念,培养足球等体育项目后备人才,多次组队参加市以上足球比赛以及与日本厚木市少年足球队的友谊比赛,屡获好成绩。1998年3月,宝应足球学校在中国足协注册,为省内第一家。2003年8月,县体育运动(足球)学校从县工业学校划出,并迁至县南街66号独立建校,增收高中一年级新生入学,全校4个班,教职工18人。2005年8月,学校迁至县城北门外大街109号(原城北小学),占地7600平方米,建筑面积3320平方米,有足球场、篮球场、羽毛球场和乒乓球室。根据"完中"格局,设置初一至高三年级6个班(含艺术),在校生270人,专任教师37人。至此,县体育运动(足球)学校为高校、体校及省市运动队等输送田径、武术、足球等人才共63人,其中足球人才50人。

第四节　体育竞赛

一、县内比赛

(一)职工运动会

1990年8~9月,县第十届职工运动会在县人民体育场举行,历时40天,比赛项目设足球、篮球、乒乓球、象棋、围棋、桥牌、拔河、田径等。参赛单位有县直机关、文教、邮电、商业、供销、工矿企业等20个系统,参赛运动员1500人次。1995年9~11月,县第十一届职工运动会在县人民体育场举办,历时两个月,比赛项目有乒乓球、篮球、足球、排球、桥牌、围棋、象棋、田径、游泳、广播操、负重赛跑、自行车和拔河等20个。比赛分预赛、决赛两个阶段举行,参赛的有县直机关、教育、文化、邮政、电信、商业、供销、粮食、计委、轻纺、机电、电缆厂和西安丰、氾水、城镇等21支代表队,参加比赛的职工有3000多人,其中副局级以上干部50人。

图 28-10-4　全县职工体育运动会

(二)残疾人运动会

2001年9月,在县城举办县首届残疾人运动会,设田径(赛跑、跳高、跳远、铅球、铁饼、标枪)、举重、乒乓球、盲人柔道、游泳5大类10多个项目,15个乡镇、4个单位(系统)参赛,运动员152人。2005年9月,县政府在县人民体育场、体育馆、华清池游泳池和大地健身美体中心举办第二届残疾人体育运动会，有20支代表队、残疾人180多人参加5个大项58个小项的角逐，县教育局、县直机关工委、氾水镇代表队分获团体前三名。

(三)中小学生体育(田径)运动会

1990年起，全县每年举办一届中小学生体育运动会或田径运动会。是年，县第29届中小学生体育运动会在县人民体育场举行，项目有田径、乒乓球、足球、篮球、武术等，有85支代表队840多名中小学生参赛。1995年，县中小学生田径运动会在县人民体育场举行，项目有短中长跑、110米栏、接力跑、竞走、跳高、跳远、铁饼、标枪、铅球等20多项，有89支代表队823名中小学生参赛。1997年，县第36届中小学生体育运动会比赛项目56项，有96支代表队1000多名运动员参赛，居历届运动会之首。至2005年，县内共举办中小学生体育(田径)运动会16届，参赛运动员累计1.36万人次。

(四)单项体育比赛

1990年，县内举办单项体育比赛7次，其中职工足球、篮球、羽毛球、围棋等单项比赛共4次，参赛1780人次；举办中小学生乒乓球、广播体操、武术等单项比赛共3次，参赛1127人次。1993年，全县举办单项体育比赛次数增加到17次，参赛3438人次。1997年，县级单项体育比赛次数、人次为历年之最，达36次1.40万人次，对象有幼儿、中小学生、职工、农民、老年人等，比赛项目有广播体操、田径、棋类、武术、拔河、自行车和全民健身的拳、剑、舞、操等。至2005年，先后举办县级单项体育比赛274次，有9.14万人次参赛。

1990～2005年宝应县单项体育比赛情况统计

表28-10-2

项目/年份	幼儿		中小学生		职工		农民		老年人		残疾人		全民健身	
	场次	人次	场次	人次	场次	人次	场次	人次	场次	人次	场次	人次	场次	人次
1990	—	—	3	1127	4	1780	—	—	—	—	—	—	—	—
1991	—	—	4	1240	3	355	—	—	—	—	—	—	—	—
1992	—	—	5	2088	4	396	2	310	—	—	—	—	—	—
1993	1	186	4	1992	8	565	4	695	—	—	—	—	—	—
1994	—	—	7	2054	8	492	1	200	1	50	—	—	—	—
1995	1	425	8	3941	4	4005	1	314	2	65	—	—	—	—
1996	1	1000	8	2532	5	717	2	450	2	1090	—	—	—	—
1997	2	860	10	4547	10	4217	7	1460	5	1280	—	—	2	1600
1998	2	918	4	1505	9	1297	4	815	—	—	—	—	1	1000
1999	—	—	7	2419	8	3103	6	1200	2	210	—	—	1	1000
2000	—	—	6	1694	4	1306	2	315	2	65	—	—	2	2000
2001	1	306	10	3013	4	1987	1	260	—	—	1	152	1	1000
2002	1	410	8	2412	7	1632	1	184	—	—	—	—	1	1000
2003	—	—	6	1814	5	2425	1	218	1	48	—	—	1	1000
2004	—	—	3	986	4	1563	3	495	3	215	—	—	1	1000
2005	—	—	7	2325	7	4356	3	516	2	78	1	180	1	1000

二、参加市以上比赛

1990年起，全县每年组织职工、农民、中小学生、老年人、残疾人代表队(或运动员)参加市以上田径、武术、足球、乒乓球、篮球、门球、围棋、柔道、信鸽、健身操等项目比赛。至2005年，先后共参加比赛

374次，获得前三名奖牌358枚，其中金牌160枚。

（一）足球

图28-10-5　小学足球基地揭牌

1986年，县少儿足球队代表市参加省第12届运动会（每隔4年1届）足球比赛。此后连续参加4届。1990年起，县少儿足球队备战省第13届运动会，相继参加全省热身赛7次，获得两个第二名。1993年，在省第13届运动会足球比赛中，县少年乙队获第三名、甲队获第六名。此后，县少年足球队在省第14届、15届、16届运动会足球比赛中，获亚军1个、第三名1个。1995年，宝应车辆厂职工足球队参加全国大型企业职工足球赛，获第三名。1996年，县职工足球队参加省大型企业足球赛，获第四名。1997年，宝胜女子足球队参加省“宝胜杯”女子足球赛，获第五名。1998年，县职工足球队参加省省长杯职工足球赛，获第七名。2000年起，王莉、张伟、朱薇、陈琳、朱朝霞、李萍、吕晓雨、季莉、戴清清、韩晓宇等10人，先后分别参加全国和世界联赛、锦标赛、全运会、大学生和中学生运动会等足球比赛。至2005年，共参赛31次，获前六名29个，其中冠军7个、亚军8个、季军2个。1990～2005年，县中小学生、职工、农民足球队（员）参加市以上足球比赛98次，获冠军11个。

1993～2005年宝应县足球队（员）参加省以上部分足球比赛获前三名情况一览

表28-10-3

年份 \ 项目	运动会或比赛名称	名次	参赛队(人)名
1993	省13届运动会少年乙组足球赛	季军	县少年足球队
1994	省女子少年乙组足球赛	季军	县少年足球队
1995	第三届全国城市运动会足球比赛	季军	刘　飞（南京队）
1996	省小学生足球赛	季军	县小学生足球队
	省少年足球赛	季军	县少年足球队
1997	省1987～1988年龄组足球赛	亚军	县少年足球队
	省中学生足球赛	季军	县中学生足球队
	省第七届“凤鸣杯”中小学生夏令营足球赛	季军	县夏令营足球队
	省14届运动会少年甲级足球赛	季军	县少年足球队
1998	省男子少年级足球赛	季军	县少年足球队
1999	省女子足球联谊赛	亚军	县女子足球队
	省“省长杯”中小学生足球比赛	亚军	县实验小学足球队
2001	全国女子足球联赛	冠军	王　莉（省队）
2002	省青年（女子甲组）足球比赛	亚军	县青年足球队
	全国少年足球联赛	冠军	张　伟　朱　薇（省队）
	全国第八届中学生运动会女子足球比赛	冠军	王　莉　陈　琳（省队）
2003	全国青年足球联赛	冠军	王　莉　陈　琳（省队）
	全国青年足球锦标赛	冠军	张　伟　朱　薇　朱朝霞（省队）

续表 28-10-3

年份	运动会或比赛名称	名次	参赛队(人)名
2003	全国大学生足球比赛	冠军	王　莉(省队)
2004	省"省长杯"(高中女子)足球赛	冠军	县高中女子足球队
	省"省长杯"青少年女子甲组足球赛	季军	县少年足球队
	全国青年足球联赛	冠军	张　伟　朱　薇　朱朝霞(省队)
	全国少年足球联赛	季军	李　萍　吕晓雨　季　莉(省队)
	全国少年足球锦标赛	亚军	李　萍　吕晓雨　季　莉(省队)
	全国大学生女子足球比赛	冠军	王　莉(省队)
	全国中学生运动会足球比赛	冠军	张　伟　朱　薇　朱朝霞(省队)
2005	省青年(女子甲组)足球比赛	季军	县少年足球队(省队)
	全国青年足球联赛	冠军	张　伟　朱　薇　朱朝霞(省队)
	全国少年足球联赛	亚军	李　萍　吕晓雨　季　莉(省队)
	全国少年足球锦标赛	亚军	李　萍　吕晓雨　季　莉(省队)
2005	全国中学生运动会足球比赛	亚军	张　伟　朱　薇(省队)
	世界大学生运动会女子足球比赛	亚军	张　伟(国家大学生队)
	第19届世界中学生女子足球锦标赛	亚军	朱　薇((国家中学生队))

(二)乒乓球

1990年,县残疾人体育代表队参加市首届弱智人运动会,在乒乓球项目比赛中,获聋哑组团体、单打两个冠军。此后,县残疾人乒乓球队(员)6次参加省和全国残运会比赛,共获前三名17个,其中金牌8枚,潘卫东先后获聋哑男子组个人单打金牌3枚。1993年,县农民乒乓球代表队参加市农民运动会,获女子团体冠军、男子团体第二名。1994年,县老年人乒乓球队参加市老年人乒乓球比赛,分别获男女团体第四名。是年,市举办中小学生乒乓球选拔赛,小学生邵林获男子组单打冠军。1995年,县局级干部乒乓球代表队参加市第四届局级干部乒乓球比赛,男队获团体第三名,女队获团体亚军。此后,该队共参加市局级干部乒乓球比赛10次,获前三名14个,其中男女团体冠军5个、男子单打冠军1个。是年,小学生吴冬、邵林、何炬参加市中小学生乒乓球比赛,分别获1982～1983年龄组男子单打冠军、季军、第四名。1996年,县小学生乒乓球代表队参加市1983～1984年龄段乒乓球比赛,获团体季军。1999年,县中小学生乒乓球代表队参加市中小学生乒乓球比赛,获男女团体冠军,男子单打、双打4个季军,女子单打、双打3个亚军。胡元君、何炬、李响代表市参加省少年儿童乒乓球团体赛,获团体冠军。2004年,县少儿乒乓球代表队参加市第十届运动会乒乓球比赛,获团体总分亚军。至2005年,县职工、农民、老年人、残疾人和中小学生乒乓球队参加市以上乒乓球比赛74次,获团体总分、个人单打、双打冠军32个。

(三)围棋

1991年,县围棋协会举办首届"宝胜杯"名人围棋邀请赛,聂卫平、马晓春、刘小光、邵震中、杨晖等5人进行快棋赛。全县上千名围棋爱好者观看比赛。1993年,县少儿围棋代表队参加省少儿围棋赛,分获儿童甲、乙组冠军,少年乙组亚军。1994年,县围棋代表队参加市比赛,儿童女子组获冠军,成人组和儿童男子组获亚军。1995年,县少儿围棋队参加市少儿围棋赛,获团体总分冠军,朱琗、张铷分别获少儿女子甲、乙组冠军。是年,县宝胜围棋队参加全国大型企业职工围棋比赛,获团体第五名。此后,宝胜职工围棋队多次与日本厚木市、爱知县围棋友好访问团进行友谊赛、对抗赛。1998年,县少儿围棋队先后参加市中小学生围棋赛、少年儿童围棋赛,共获6个冠军,其中居佳璐获两个比赛少儿女子乙组冠

图 28-10-6　聂卫平(右)参加"宝胜杯"围棋名人邀请赛

军。1999年,县内小围棋手王文聪、朱智宇、梁永伟被名誉棋圣聂卫平收为弟子。其后,王文聪参加2000年全国青少年围棋锦标赛,获少儿女子组第四名;姜咸成、梁永伟参加全国首届青少年棋院围棋比赛,分别获幼儿组第五名、儿童组第七名。2002年4月,县文体局在县体育馆门前广场组织在城幼儿围棋友谊赛,近百张棋桌数百名儿童对弈,观众熙熙攘攘,场面壮观。2003年,县少儿围棋队参加省少儿围棋赛、省"利昌杯"围棋赛,分别获幼儿组、少年组团体赛冠、亚军。2004年,县少儿围棋队参加市第十届运动会围棋比赛,分别获幼儿、少年组两个个人冠军和团体季军、第四名。至2005年,县职工、中小学生围棋代表队(员)参加市以上围棋比赛74次,其中冠军51个。

(四)田径

1990年起,县内中小学生在参加省、市田径运动会或比赛中,先后共创造县内少年、儿童男、女甲乙组田径项目纪录31项;在全县田径运动会或比赛中,共创造县内少年、儿童男、女甲乙组田径项目纪录69项。至2005年,全县中小学生在少年、儿童男、女甲乙组119个田径项目中,共打破1990年前的历史纪录100项。

2005年宝应县田径比赛(不分组)纪录一览

表 28-10-4

组别	项目	成绩	创造者	年份	运动会名称	地点
男子	100米	11″1	沈珂珂	2004	市第十届运动会	邗江
	200米	22″4	沈珂珂	2004	市第十届运动会	邗江
	400米	52″2	刘　毅	2002	市中小学生田径运动会	扬州
	800米	2′02″7	邱云星	2003	市中小学生田径运动会	仪征
	1500米	4′26″3	褚　景	2000	市中小学生田径运动会	扬州
	3000米	9′54″	金明智	1982	市中小学生田径运动会	扬州
	5000米	16′59″2	陈凤岐	1960	淮宝对抗赛	宝应
	10000米	35′56″8	金明智	1983	扬州地区"迎春杯"中长跑比赛	泰州
	110米栏	17″	赵　鹏	1994	县中小学生田径运动会	宝应
	10000米竞走	55′27″6	祁海龙	1988	县中小学生田径运动会	宝应
	4×100米接力	46″2	宝中队	1997	省第二届重点中学比赛	常州
	4×400米接力	3′44″1	宝中队	1997	省第二届重点中学比赛	常州
	400米中栏	1′11″7	郑　强	1992	市中小学生田径运动会	扬州
	跳高	1.90米	刘林涛	1989	县中小学生田径运动会	宝应
	跳远	6.77米	王树伟	2001	市中小学生田径运动会	扬州
	三级跳远	13.96米	刘林涛	1990	县中小学生田径运动会	宝应
	铁饼(2千克)	34.32米	凌殿飞	1985	市第九届运动会学生比赛	江都
	标枪(800克)	52.16米	杨　勇	1994	县学生短跨冠军赛	宝应
	铅球(7.26千克)	12.42米	凌殿飞	1986	县中小学生田径运动会	宝应

续表28-10-4

组别	项目	成绩	创造者	年份	运动会名称	地点
男子	十项全能	4940分	顾庆华	1974	市第六届运动会	扬州
女子	100米	12″3	何婷婷	2004	市第十届运动会	邗江
	200米	26″	何婷婷	2004	市第十届运动会	邗江
	400米	1′02″9	赵　梅	1987	市中小学生田径运动会	扬州
	800米	2′23″5	华雅静	2005	市中小学生田径运动会	扬州
	1500米	5′10″4	华雅静	2004	市第十届运动会	邗江
	3000米	12′05″6	刘素梅	1990	县中小学生田径运动会	宝应
	5000米	21′48″3	汤　霞	1990	县学生中长跑比赛	宝应
	100米栏	16″1	向莉莉	1994	市中小学生田径运动会	扬州
	5000米竞走	26′54″6	赵　菲	1988	县中小学生田径运动会	宝应
	4×100米接力	52″39	画川队	2003	县中小学生田径运动会	宝应
	4×400米接力	4′44″4	县　队	1974	市第六届运动会	扬州
	400米中栏	1′22″9	文　兵	1984	市工人运动会	扬州
	跳高	1.56米	成金霞	1994	市中小学生田径运动会	扬州
	跳远	5.22米	赵鹏宇	2004	省县组比赛	淮安
	三级跳远	11米	赵鹏宇	2004	省县组比赛	淮安
	铁饼(1千克)	33.08米	朱秀芹	1985	市第九届运动会田径赛	江都
	标枪(600克)	33.10米	钟　丽	1994	市中小学生田径运动会	扬州
	铅球(4千克)	11.60米	殷　静	1994	市中小学生田径运动会	扬州
	五项全能	2710分	祁春红	1985	市中小学生田径运动会	扬州
		2444分	祁春红	1983	省中小学生田径运动会	沛县

2005年宝应县少年甲组田径纪录一览

表28-10-5

组别	项目	成绩	创造者	年份	运动会名称	地点
男子	100米	11″1	沈珂珂	2004	市第十届运动会	邗江
	200米	22″4	沈珂珂	2004	市第十届运动会	邗江
	400米	52″7	刘　毅	2001	市中小学生田径运动会	扬州
	800米	2′02″7	邱云星	2003	市中小学生田径运动会	扬州
	1500米	4′26″3	褚　景	2000	市中小学生田径运动会	扬州
	3000米	10′2″7	朱　军	1990	市中小学生田径运动会	宝应
	5000米	17′24″9	朱　军	1990	市中小学生田径运动会	宝应
	10000米	38′32″1	朱金礼	1985	市第九届运动会学生比赛	江都
	110米栏	16″26	朱　坚	2000	县中小学生田径运动会	宝应
	3000米竞走	15′21″	祁海龙	1990	县中小学生田径运动会	宝应
	5000米竞走	26′22″4	祁海龙	1989	县中小学生田径运动会	扬州
	10000米竞走	55′27″6	祁海龙	1988	县中小学生田径运动会	扬州

续表28-10-5

组别	项目	成绩	创造者	年份	运动会名称	地点
男子	4×100米接力	47″60	宝中队	1991	县中小学生田径运动会	宝应
	跳高	1.90米	刘林涛	1989	市中小学生田径运动会	扬州
	跳远	6.77米	王树伟	2001	省县组比赛	仪征
	三级跳远	13.96米	刘林涛	1990	县中小学生田径运动会	宝应
	铁饼(1.5千克)	41.78米	周同定	1993	市中小学生田径运动会	扬州
	标枪(600克)	56.80米	杨　勇	1993	县中小学生田径运动会	宝应
	铅球(6千克)	13.22米	周同定	1993	市中小学生田径运动会	扬州
	手榴弹	67.36米	周　毅	1982	市中小学生田径运动会	扬州
女子	100米	12″8	何婷婷	2005	市中小学生田径运动会	扬州
	200米	26″96	何婷婷	2005	市中小学生田径运动会	扬州
	400米	1′02″9	赵　梅	1987	市中小学生田径运动会	扬州
	800米	2′23″5	华雅静	2005	市中小学生田径运动会	扬州
	1500米	5′29″3	郭　丽	1992	县中小学生田径运动会	宝应
	3000米	12′05″6	刘素梅	1990	县中小学生田径运动会	宝应
	5000米	21′48″3	汤　霞	1990	县学生中长跑比赛	宝应
	100米栏	16″1	向莉莉	1994	市中小学生田径运动会	扬州
	3000米竞走	17′4″6	吴素琴	1994	县中小学生田径运动会	宝应
	5000米竞走	26′54″6	赵　菲	1988	县中小学生田径运动会	宝应
	4×100米接力	52″39	画川队	2003	县中小学生田径运动会	宝应
	跳高	1.56米	成金霞	1994	市中小学生田径运动会	扬州
	跳远	5.01米	梁海青	1988	县中小学生田径运动会	宝应
	三级跳远	10.86米	韦　俊	1993	县中小学生田径运动会	宝应
	铁饼(1千克)	33.08米	朱秀芹	1985	市第九届运动会田径赛	江都
	标枪(600克)	33.10米	钟　丽	1994	市中小学生田径运动会	扬州
	铅球(4千克)	11.60米	殷　静	1994	市中小学生田径运动会	扬州
	五项全能	2710分	祁春红	1985	市第九届运动会学生田径赛	扬州
		2444分	祁春红	1983	省中小学生田径运动会	沛县

2005年宝应县少年乙组田径纪录一览

表28-10-6

组别	项目	成绩	创造者	年份	运动会名称	地点
男子	100米	11″74	房　刚	2000	县中小学生田径运动会	宝应
	200米	24″9	吴从华	1988	县中小学生田径运动会	宝应
	400米	55″8	吴从华	1988	县中小学生田径运动会	宝应
	800米	2′13″	孙　勤	1986	省中学生田径运动会	沙洲
	1500米	4′44″2	孙　勤	1986	市田径传统校田径比赛	扬州
	3000米	10′37″2	范宝川	1984	县中小学生田径运动会	宝应

续表28-10-6

组别	项目	成绩	创造者	年份	运动会名称	地点
男子	100米栏	15″7	赵　鹏	1991	县中小学生田径运动会	宝应
	110米栏	16″27	房　刚	2000	县中小学生田径运动会	宝应
	3000米竞走	16′08″6	罗安定	1994	县中小学生田径运动会	宝应
	5000米竞走	27′23″	王　华	1986	市中小学生田径运动会	泰州
	跳高	1.74米	孙　兵	1991	县中小学生田径运动会	宝应
	跳远	6.01米	王树伟	1997	市中小学生田径运动会	江都
	三级跳远	12.91米	戴　悦	1997	市中小学生田径运动会	扬州
	铁饼(1.5千克)	44.06米	李　鹏	2000	市中小学生田径运动会	宝应
	标枪(600克)	45.10米	曹寿明	1993	市中小学生田径运动会	宝应
	铅球(5千克)	12.71米	胡方宏	1997	市中小学生田径运动会	扬州
女子	100米	12″3	何婷婷	2004	市第十届运动会	邗江
	200米	26″	何婷婷	2004	市第十届运动会	邗江
	400米	1′05″5	陈　琳	1999	县中小学生田径运动会	宝应
	800米	2′27″9	华雅静	2004	市第十届运动会	邗江
	1500米	5′10″4	华雅静	2004	市第十届运动会	邗江
	3000米	12′14″3	汤　霞	1992	县中小学生田径运动会	宝应
	80米栏	12′8″	向莉莉	1992	县中小学生田径运动会	宝应
	100米栏	16″5	刘亚萍	1993	县中小学生田径运动会	宝应
	跳高	1.52米	王　艳	1994	省县组田径运动会	江都
	跳远	5.22米	赵鹏宇	2004	省县组比赛	淮安
	三级跳远	11.00米	赵鹏宇	2004	省县组比赛	淮安
	铁饼(1千克)	29.36米	殷　静	1992	县中小学生田径运动会	宝应
	标枪(600克)	28.84米	邵玉娟	1998	县中小学生田径运动会	宝应
	铅球(3千克)	12.56米	殷　静	1992	县中小学生田径运动会	宝应

2005年宝应县儿童甲组田径纪录一览

表28-10-7

组别	项目	成绩	创造者	年份	运动会名称	地点
男子	60米	8″2	赵树仁	1993	县中小学生田径运动会	宝应
	100米	12″8	胡　勇	1992	县中小学生田径运动会	宝应
	200米	26″8	胡　勇	1992	县中小学生田径运动会	宝应
	400米	1′02″1	于　杰	2002	县中小学生田径运动会	宝应
	800米	2′30″4	于　杰	2002	县中小学生田径运动会	宝应
	1500米	5′19″5	成雷伟	1994	县中小学生田径运动会	宝应
	100米栏	17″6	杨爱军	1997	县第二届小学生对抗赛	宝应
	3000米	16′57″7	潘　晋	1991	县中小学生田径运动会	宝应
	跳高	1.43米	朱　杰	2003	市中小学生田径运动会	仪征

续表28-10-7

组别	项目	成绩	创造者	年份	运动会名称	地点
男子	跳远	5.12米	郑　波	1994	苏北片小学生田径赛	泰兴
	铁饼(1千克)	31.66米	潘文山	2001	县中小学生田径运动会	宝应
	标枪(500克)	32.41米	杨国平	1997	县中小学生田径运动会	宝应
	铅球(4千克)	11.92米	徐　鑫	2001	市中小学生田径运动会	扬州
	垒球(25.42厘米)	67.44米	杨乃军	1993	县中小学生田径运动会	宝应
女子	60米	8″6	何婷婷	2001	县中小学生田径运动会	宝应
	100米	13″9	何婷婷	2002	县中小学生田径运动会	江都
	200米	29″2	马　艳	1991	县中小学生田径运动会	江都
	400米	1′09″8	陈　琳	1997	县中小学生田径运动会	宝应
	800米	2′38″7	季　莉	2001	县中小学生田径运动会	宝应
	1500米	5′49″1	张　琴	1985	县中小学生田径运动会	宝应
	100米栏	19″8	陈　娟	1992	县中小学生田径运动会	宝应
	3000米竞走	16′52″8	管婵昱	1991	县中小学生田径运动会	江都
	跳高	1.46米	张伟伟	1994	县中小学生田径运动会	宝应
	跳远	4.53米	李　颖	1983	县中小学生田径运动会	泰兴
	铁饼(1千克)	21.34米	古洪萍	1993	县中小学生田径运动会	宝应
	标枪(500克)	19.74米	陶婷婷	2004	县中小学生田径运动会	宝应
	铅球(3千克)	9.37米	古洪萍	1993	县中小学生田径运动会	宝应
	垒球(25.42厘米)	53.60米	古洪萍	1993	县中小学生田径运动会	宝应

2005年宝应县儿童乙组田径纪录一览

表28-10-8

组别	项目	成绩	创造者	年份	运动会名称	地点
男子	60米	8″31	张　彬	2004	县中小学生田径运动会	宝应
	100米	14″6	梁星龙	1998	县中小学生田径运动会	宝应
	200米	29″9	张　培	1994	县中小学生田径运动会	宝应
	400米	1′11″3	程海洋	1994	县中小学生田径运动会	宝应
	800米	2′44″06	姜振威	2000	县中小学生田径运动会	宝应
	50米栏	9″9	姜振威	2000	县中小学生田径运动会	宝应
	80米栏	15″	张　培	1994	县中小学生田径运动会	宝应
	跳高	1.26米	顾学友	1998	县中小学生田径运动会	宝应
	跳远	4.33米	郑　波	1992	县中小学生田径运动会	宝应
	铅球(3千克)	9.44米	陆芳健	2004	县中小学生田径运动会	宝应
	垒球(25.42厘米)	56.70米	顾学友	1998	县中小学生田径运动会	宝应
女子	60米	9″06	魏　维	2001	县中小学生田径运动会	宝应
	100米	14″4	陈　琳	1997	县中小学生田径运动会	宝应
	200米	31″5	王琳艳	1994	县中小学生田径运动会	宝应

续表28-10-8

组别	项目	成绩	创造者	年份	运动会名称	地点
女子	400米	1′09″8	陈　琳	1997	县中小学生田径运动会	宝应
	800米	2′43″7	林　森	2002	县中小学生田径运动会	宝应
	50米栏	10″76	王汝霞	1999	县中小学生田径运动会	宝应
	80米栏	15″8	郭　霞	1994	县中小学生田径运动会	宝应
	跳高	1.15米	张伟伟	1992	县中小学生田径运动会	宝应
	跳远	3.28米	田　甜	2000	县中小学生田径运动会	宝应
	铅球(4千克)	8.60米	卞　娟	1998	县中小学生田径运动会	宝应
	垒球(25.42厘米)	40.76米	李秀兰	1995	县中小学生田径运动会	宝应

三、承办省、市比赛

1990年12月，县体委与宝应酒厂联合承办省新闻系统“五琼浆杯”围棋赛。1997年3～10月，县体委先后承办市中小学生足球赛等赛事5次，接待运动队72支857人。2000年4～10月，县体委先后承办省第四届农民运动会木兰拳比赛等赛事5次，接待运动队50支704人。至2005年，共承办省、市体育比赛24次，先后接待参赛运动员、教练员、裁判员和领队3045人次。

1990～2005年宝应县承办省、市体育赛事一览

表28-10-9

级别	比赛时间	名　称	参赛队数(支)	参赛人数(人)
省级	1990.12	省新闻系统“五琼浆杯”围棋赛	8	56
	1995	省“加佳杯”少年乙组足球赛	7	85
	1996.7.14～18	省“亚细亚杯”中学生足球赛	16	196
	1997.8.9～13	省青少年甲组足球比赛	16	188
	1997.11～15	省“宝胜杯”女子足球选拔赛	10	115
	2000.4.7～9	省第四届农民运动会木兰拳比赛	14	263
	2000.5.20～24	省1987～1988年龄组女子足球主客场制赛	10	120
	2000.7.12～15	省优秀乒乓球运动员(89组)调查赛	—	26
	2000.7.18～21	省“省长杯”小学生足球赛	12	145
	2000.10.7～8	省第五届老年人“老渔翁杯”钓鱼比赛	14	150
	2003	省青少年女子足球赛	16	210
	2004.7.22～23	省“省长杯”女子甲组足球比赛	8	108
	2005.5.1～7	省第九届“省长杯”女子甲组足球赛	6	72
市级	1997.3.11～20	市中小学生足球赛	8	96
	1997.3.22～23	市中小学生乒乓球赛	12	143
	1997.3.29～4.1	市“人寿保险杯”儿童乙组足球赛	24	285
	1997.6.6	市老年人乒乓球赛	6	44
	1997.10.3～13	市青少年足球赛	22	289
	1999.5.8	市第八届机关局级干部“金融保险杯”乒乓球邀请赛	8	88

续表28-10-9

级别	比赛时间	名　　称	参赛队数	参赛人数
市级	1999.8.13～15	市少儿足球赛	5	56
	2003.11.25～27	市老干部象棋比赛	8	20
	2003	市第十届运动会青少年男子足球赛	10	126
	2004.9.18～23	市第十届运动会县(市、区)组足球比赛	6	84
	2005.9	市小学生足球赛	6	80

第五节　体育管理与交流

一、体育管理

(一)组织领导

1990年,县体委加强对创建体育先进乡镇工作领导,开展试点和考核工作。1992年,望直港镇、夏集镇分别建成市、省级体育先进乡镇。至1997年,西安丰、射阳湖、氾水等20个乡镇分别建成县、市、省级体育先进乡镇。是年,县体委建成秧歌舞、腰鼓、太极拳(剑)、健身球(操)等8个全民健身工作辅导站。1999年,县社会体育指导中心成立。2001年12月,县体委和县文化局合并,成立县文化体育局,增挂"县体育局"牌子。从此,乡镇文化站增加乡镇体育工作指导职能。2003年5月,县文体局增挂"县体育中心"牌子。2004年,县文体局实施农村体育年活动,通过宝应人民广播电台、宝应电视台、《宝应日讯》、体育画廊、文艺演出等,宣传《中华人民共和国体育法》和《全民健身计划纲要》,加强城乡联动,增强体育法律意识,推进全民健身工程建设进度,提升群众体育、学校体育、体育竞赛水平。2005年,全县基本形成县、镇、村(居)三级体育工作网络。宝应县被评为省群众体育先进单位。

(二)业务培训

1995年,县体委举办第八套广播体操领操员培训班2期,培训县城机关、事业、工矿企业单位代表64人。此后,又连续举办中小学校和乡镇机关、企事业单位第八套广播体操领操员培训班9期,累计培训合格领操员近1000人。1996年7月,县三级社会体育指导员评审领导小组成立。8月,县内首届社会体育指导员培训班开学,聘请体育工作者3人为任课老师,采用自编教材,对县城部分协会和单位体育骨干共35人进行培训。通过考查和评审成为县第一批三级社会体育指导员。1997年起,三级社会体育指导员培训工作全面启动,办班期数、培训人数逐年增加。至2005年,先后举办体育指导员培训班12期,共培训合格的三级社会体育指导员677人。

(三)体育经费

1990年,县财政拨付体育经费4万元,后逐年有所增加。2000年4月,电脑型体育彩票上市后,体育经费来源增加新渠道。2003年4月,县体育馆开馆,实行经营承包责任制,每年上缴16.80万元,以弥补体育经费不足。2005年,县财政拨付体育经费增加到29.99万元,上级体育主管部门下拨体育彩票公益金43万元,其他收入3万元,体育经费共计75.99万元,比1990年增长18倍。

附:创建全国体育先进县

1993年,全县开展创建全国体育先进县活动,县政府成立创建工作领导小组,县长和分管副县长分别任组长、副组长,在县体委下设办公室。根据创建工作标准排找差距,分别召开乡镇和部门座谈会、动员会,明确创建任务和目标。是年,县自来水公司投资150万元,建成1座1250平方米、深1.60米的露天游泳池,完成硬件设施建设目标。1994年暑假,县体育运动学校成立,招收体育特长学生30人。

年内,向省足球二队和省少年体校输送足球运动员3人,向市体育运动学校输送田径运动员2人。1995年,举办县第11届职工运动会;广泛开展《中华人民共和国体育法》《全民健身计划纲要》《奥运金牌计划纲要》(简称"一法两纲")学习贯彻活动;先后改选和成立群众性体育协会10个;城乡建设一批体育场地,以晨(晚)练为主的群众体育活动遍布街头巷尾;学校体育场地、设施、器械日趋完善配套;竞技体育长足发展,全面推进。1996年,县政府召开第二十六次常务会议,专题研究体育工作,讨论并通过《宝应县关于实施〈全民健身计划纲要〉的意见》及《宝应县体育事业"九五"规划和2010年发展目标》,成立县全民健身工作指导委员会和县全民健身工作指导中心。1997年,县政府召开体育工作会议,各乡镇、部门与县政府签订创建工作目标责任状。是年,县政府投资300万元,开工建设县体育馆;建成全民健身点10多处;篮球、乒乓球、足球、围棋、田径、武术等运动队扩建到209支,有运动员2440人。至1998年5月,全县建成县、市、省级体育先进乡镇22个、体育传统项目学校25所,夏集镇和城镇中学被评为全国群众体育先进集体。足球、围棋、乒乓球、武术项目成为宝应特色体育项目和对外体育交流重要项目。全县体育人口40%,比创建前净增5个百分点。至此,全县创建全国体育先进县工作在组织领导、硬件设施、体育队伍、地方特色、群众体育、学校体育、体育竞赛、人才输送、体育人口等方面全部达标。是年5月26～28日,国家体育先进县检查组对县人民医院、宝应县中学、华联商厦、县纺织厂和天平、西安丰、郭桥等5个乡镇进行创建活动考查。检查组认为宝应体育工作扎实,创建工作领导重视、措施得力、条件过硬,符合全国体育先进县标准。是年10月,宝应县被国家体委授予"全国体育先进县"称号。

二、体育交流

(一)国内体育交流

1990年起,县内每年组织有关运动队、体育协会成员出访三五次,加强与周边及外省市事业交流和技艺切磋。1994年,接待淮阴市少年足球队一行23人访问比赛,并开展少年儿童足球培养、训练座谈。是年,先后邀请省元老足球队和上海东方明珠少年足球俱乐部到宝应访问座谈,除举办友谊赛外,还就赛前训练等问题进行实际比赛演示,就足球人才发现及培养等问题进行探讨。1998年,举办宝应与淮阴足球互访赛。1999年,特邀南京女子足球队到宝应进行训练教学比赛。2000年,举办省、县女子足球队友谊赛。2004年,西安丰镇举办扬州、淮安、盐城3个市6个乡镇"绿草荡杯"农民体育邀请赛。1990～2005年,县内出访60次;接待省内外来访的体育组织68个,举行友谊比赛近100场次。

(二)国际体育交流

1986年,扬州市与日本厚木市结成友好城市后,县少年足球队每年在扬州与日本厚木市少年足球队进行比赛。1990年后,县围棋队不定期与日本爱知县围棋队进行友谊赛。1993年3月起,接待日本厚木市少年足球队访华团访问比赛改在宝应举行。2000年后,县少年足球队随市体育代表团两度回访日本厚木市。其间,在日本和韩国少年足球队进行友谊比赛。2002年5月,美国、俄罗斯篮球明星争霸赛访问团一行30人,在县体育馆举行争霸表演赛。1990～2005年,相继接待3个国家体育代表访问团,举办足球、篮球、围棋比赛28场次,观众逾3万人次。

第二十九篇　卫　生

1990年，全县有医药卫生单位39家、卫生技术人员1944人，其中高级职称9人、中级职称182人，每千人拥有卫生技术人员2.16人；有病床1125张，每千人拥有床位1.25张。此后，全县医药卫生改革步伐加快，医疗基本条件明显改观，门诊楼、病房楼日趋增多，钴60、CT、高压氧舱、生化分析仪、血球计数仪、彩超等一大批先进医疗设备陆续投入临床使用。1994年4月，县人民医院被评为二级甲等医院，29所乡镇卫生院相继被评定为一级甲等、乙等卫生院。卫生防疫、计划免疫、妇幼保健工作制度化、规范化，麻疹、百日咳、乙脑、流脑发病率逐年下降，麻风、血吸虫等地方病基本消灭。1995年9月，县人民医院被确认为国家级爱婴医院。1996年，宝应县通过省级爱婴县评审。1997年，县中医医院被评为二级甲等医院。1999年，宝应县被省政府授予首批初级卫生保健先进县。2000年建成省级中医工作先进县。2001年起，县内实施卫生产权制度改革。至2005年末，全县有公立医院(卫生院)21所、民营医院15所、其他医疗卫生单位和个体诊所136家；有卫生技术人员2246人，其中高级职称63人、中级职称516人，每千人拥有卫生技术人员2.44人；有病床1590张，每千人拥有床位1.73张。

爱国卫生运动常抓常新，城乡清洁管理队伍和卫生公共设施健全，除“四害”(老鼠、苍蝇、蚊子、蟑螂)工作达标，1996年通过省级卫生县城验收。至2005年，全县自来水受益人口90.30万人，普及率98.1%，建成卫生户厕家庭9.35万户，占全县总户数的30.6%，城乡新建标准化公共厕所273座。

第一章　卫生改革

第一节　体制改革

一、管理体制改革

1987年前，全县医药卫生单位由县卫生行政主管部门统一管理。是年，曹甸、小官庄、广洋湖3所乡镇卫生院进行县、乡分级管理试点。1988年，乡镇卫生院全部实行县、乡分级管理和以乡为主的管理体制。是年5月，县卫生局印发《关于整顿建设卫生院防保组的意见》，城郊乡率先建立乡预防保健所（简称防保所）。1989年3月，各乡镇设防保所，在乡镇卫生院挂牌。

1990年，县卫生局与乡镇政府贯彻《乡(镇)卫生院分工管理协议书》精神，在承担卫生任务、国家经费补助、人员性质、固定资产和流动资金所有权、职工福利待遇不变的前提下，乡镇政府负责卫生院基本建设，县卫生局负责智力投资、设备添置、专科建设和乡镇卫生院的业务技术考核、培训、检查、指导等，加快乡镇卫生院软件和医疗设备建设。各乡镇采取以工(商)助医、多渠道集资办医等措施，加大卫生院房屋改扩建力度。至2000年，乡镇卫生院建成门诊楼25幢、病房楼18幢。11月，县卫生局按照全县区划调整方案，实行乡镇卫生院分类改革，设氾水镇、射阳湖镇、西安丰镇等7所中心卫生院，设山阳镇、鲁垛镇、泾河乡等9所乡镇卫生院，被撤并的13所乡镇卫生院改为新建制乡镇的卫生分院。2005年，全县14个建制镇设镇中心卫生院7所、镇卫生院7所，仍实行县、镇分级管理和以镇为主的管理体制。

二、产权(经营权)制度改革

1990年，全县有公立(含乡镇卫生院)医药卫生机构36所(家)。2001年，对乡镇卫生院(含分院)和县直不承担公共卫生职能的医药卫生机构进行产权制度或经营权、所有权分离改革。是年7月，县医药公司实行产权制度改革，成立扬州宝应医药有限公司，与县卫生局脱离隶属关系。8月，黄塍镇卫生院改制为全县首家民营卫生院。2002年，《宝应县医疗卫生机构产权制度改革实施方案》出台，夏集镇中心卫生院友映、王营分院，柳堡镇中心卫生院芦村分院，氾水镇中心卫生院石桥、韦镇分院，望直港镇中心卫生院獐狮荡分院，射阳湖镇中心卫生院天平分院，县第三人民医院中港分院等8所卫生分院改制为私有民营卫生院。氾水镇中心卫生院实行租赁经营。2003年1月，柳堡镇中心卫生院郑渡分院改制为私有民营卫生院。是年8月，泾河镇卫生院、西安丰镇中心卫生院、山阳镇卫生院、县皮肤病防治院等实行合作经营。是年，南京天宇新公司获县第二人民医院经营权。2004年，县中医医院与香港新世纪医疗投资管理有限公司实行合作经营。至2005年末，县第二人民医院、博爱医院、县眼科医院和子婴河、郭桥、郑渡、芦村、石桥、獐狮荡、天平、黄塍、下舍、黄浦、中港、韦镇等15所医院(卫生院、卫生分院)改制为民营医院，县中医院、县皮肤病防治院、西安丰镇中心卫生院等3所医院(卫生院)实行合作经营，泾河镇卫生院、县第三人民医院、沿河卫生分院等3所医院(卫生院、卫生分院)实行租售(即不动产租赁、动产买断)结合经营，氾水镇中心卫生院实行租赁经营，夏集镇、柳堡镇、射阳湖镇、望直港镇、曹甸镇中心卫生院和广洋湖镇、鲁垛镇、山阳镇卫生院等8所卫生院实行风险抵押经营。全县初步形成公有制和多种所有制形式并存的多元化办医格局。

第二节 人事与分配制度改革

一、干部制度改革

1990年,县卫生系统各级各类干部仍全部实行任命制。1992年实行院(所、站、校)长负责制。1995年,县卫生局根据干部“四化”(革命化、知识化、年轻化、专业化)要求,选拔13名中青年干部任县和乡镇医疗卫生单位领导职务。1996年4月,聘任42名德才兼备的业务骨干任乡镇卫生院院长等。1998年,县直医药卫生单位实行中层干部竞聘上岗,经过公开职位、自荐推荐、述职演说、民主测评、组织考察等程序,76人任单位中层干部。2000年6月、9月,分别公开招聘县第二人民医院、汜水镇中心卫生院院长。2004年,采取“三推”(自已推、职工推、组织推)、“三考”(考试、考核、考察)、“三票”(职工测评票、民主选举票、组织表决票)制,在全县卫生系统公开选拔基层单位后备干部31人,分别被选派到外县、市医院跟班学习或到县内镇卫生院挂职锻炼。2005年末,11名后备干部分别任城区、乡镇医疗卫生单位副职。

二、人事代理

1990年,县内卫技人员继续实行统包统配的人事管理制度。1998年9月,全县卫生系统实行双向选择、自主用人、自我择业的人事代理制度。首次以市场运作形式实行双向选择,择优录用大中专毕业生54人,签订人事代理协议。2002年5月,成立县人事代理管理中心卫生系统人事代理分理处。在建立健全养老、医疗、失业保险和解聘、辞退、辞职以及最低工资报酬等制度的前提下,卫技人员由“身份管理”转变为“岗位管理”。身份置换补偿金采取“算断不买断”方式,实行全员聘用代理制,个人身份分别由“单位人”转变为“行业人”“社会人”。此后,各医疗卫生单位根据编制要求和岗位需要,按照公开、公平、竞争、择优和责、权、利相结合原则聘用卫技人员,签订1~5年不等的代理人事劳动合同。至2005年末,全县卫生系统2071人实行人事代理制。

三、分配制度改革

1985年,县内卫生系统干部、职工和卫技人员实行职务等级工资制。是年,乡镇卫生院实行奖金与单位效益挂钩的经济承包制。1990年,乡镇卫生院取消经济承包责任制,实行以职责等综合任务为考核标准的奖金分配办法。1991年,乡镇卫生院实行以德、能、勤、绩为主要内容的考核计奖办法。1992年5月,子婴河卫生院进行工资浮动制试点。1993年,全县卫生系统实行职务(岗位)工资制,职工收入由职务(岗位)工资、津贴、职务岗位津贴、综合补贴构成。乡镇卫生院全面推行工作考核、工资浮动制。职工收入依据工作目标完成情况上下浮动。1999年底,在夏集镇卫生院进行“以收定支、收支平衡”分配制度改革试点。2000年初,县卫生局印发《全县卫生事业单位分配制度改革指导意见》,各类医疗卫生单位普遍实行“绩效挂钩,按劳分配,平等竞争,奖勤罚懒”分配制度,原工资一律进入档案。职工收入由岗位工资、绩效工资和考核工资组成。2001年起,陆续有30家医疗机构或改制为民营,或实行风险抵押、租售结合、合作经营等模式,其分配制度呈现多样化。至2005年,职工收入分配形式主要有3种,即协议(年薪)工资,基础工资加院与科室业务分成的二次分配工资,由职称岗位工资、效益工资、考核工资、院长调节工资组合而成的合成工资。

第二章　机构队伍

第一节　机　　构

一、县级医疗卫生机构

(一)县人民医院

1949年8月建立。1990年,位于县城安宜南路3号。是一所集医疗、教学、科研为一体的综合性医院。有房屋建筑面积1.99万平方米,固定资产总值1680万元。内设办公室、门诊部、医务科、护理部、总务科、财务科、人秘科、信息科、保卫科、预防保健科、药剂科、医疗器械科、血库等13个职能管理科室和内、外、妇、儿、肿瘤等病区。有工作人员393人,其中卫技人员297人。年门(急)诊30.60万人次,有病床302张,年住院病人6439人次。是年,投入398万元,添置德国产CT机1套。1993年,县人民医院被省卫生厅评为1991～1992年度省文明医院。1994年,购置高压氧舱、生化分析仪等一批先进医疗设备并投入使用。4月,通过二级甲等医院评审。1995年1月,被卫生部评为全国卫生系统先进集体。是年9月,被确认为国家级爱婴医院。1996年,内科病房大楼建成,并陆续添置血球计数仪、800毫安X光机、彩色多普勒B超等。1998年底,病员服务综合楼竣工。2001年,被市委、市政府评为1999~2000年度市文明单位。当年起,相继添置全自动生化分析仪、GE螺旋CT、微电脑智慧型电动手术床等。2002年,在县城安宜东路3号投资5800万元建成1.30万平方米的门(急)诊大楼。2003年,心血管内科、消化内科、普外科被列为市重点专科。2004年被评为省医疗保险先进定点医院。2005年末,县人民医院有房屋建筑面积3.50万平方米,固定资产总值1.12亿元。有职工505人,其中卫技人员486人。年门(急)诊25.88万人次,比1990年减少4.72万人次。有病床355张,年住院病人1.01万人次。

附:省“三八”红旗手——徐国伢

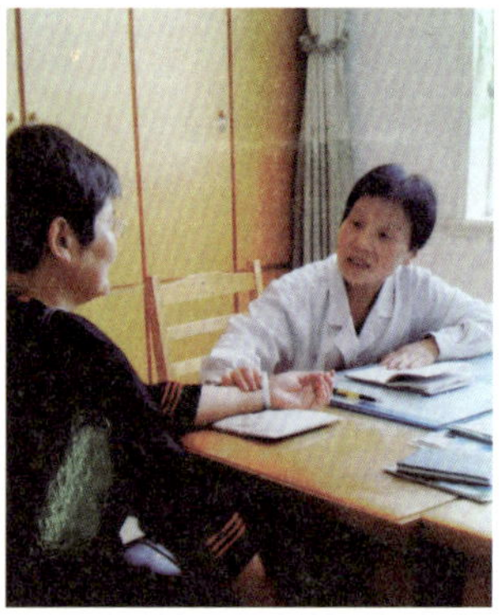

图29-2-1　徐国伢(右)

徐国伢　女,汉族,民国35年(1946)9月出生,江苏金坛市人。主任中医师。1970年,毕业于南京中医学院,分配至县人民医院中医科。从医30多年,理论基础扎实,临床经验丰富,精大小方脉,擅长妇科调理和治疗不孕症,尤精脾胃肾病和疑难杂症诊治,经治者无不奏效,在宝应地区享有较高声望,深受患者信赖。多篇论文在《江苏中医》《中国医学文摘》等刊物上发表。

牢记医者仁心的古训,事事处处为病人着想。从不开大处方、滥检查,尽量让患者少花钱、治好病。诊治时立方审慎、用药精当,提高疗效,减少复诊。每天慕名而来的求医者众多,但从不马虎,坚持细心诊治、耐心嘱咐。遇有偏远农村来的病人,主动与其他病人协商,让其先行诊治。1993年,获省“三八红旗手”称号,当选县十届人大常委会委员。1998年、2003年连续当选县政协第十届、第十一届委员会常务委员。

(二)县中医医院

1984年10月建立。1990年位于县城车站北路,是一所集医疗、教学、科研为一体的综合性中医医院。有房屋建筑面积2619平方米,固定资产98.20万元。内设门诊部、住院部、护理部、医务科、基层指导科、总务设备科、财务科、药剂科、治保科等10个职能科室。有工作人员97人，其中卫技人员91人。年门（急）诊9.25万人次。设病床30张，年住院1207人次。1992年购置奥林巴斯纤维胃镜投入使用。1996年投入99万元新建医技综合楼，建筑面积1236平方米，医院正门改建至泰山西路4号。1997年8月被国家中医药管理局评为二级甲等中医医院。1998年投入100多万元将原综合楼向东扩建，两楼连为一体，增加房屋建筑面积1600平方米。增设医技科室和妇、内、儿科病区。同时将临床科室扩至15个，医技科室扩至5个。1999年被省卫生厅、省中医药管理局评为省中医机构"九五"建设规划实施先进单位。2004年与香港新世纪医疗投资管理有限公司实行合作经营。2005年投入2485万元，新建7000平方米病房楼1幢。至年末，有房屋建筑面积2.19万平方米。有工作人员193人，其中卫技人员185人。年门（急）诊7.62万人次，有病床200张，年住院病人2038人次。肝胆病专科、中风急救康复科、针灸推拿科、肛肠科为市重点专科。

（三）县第二人民医院

1956年建立，原名城镇卫生院。1990年位于县城南城根路90号。有房屋建筑面积4915平方米，工作（卫技）人员155人，年门（急）诊近6万人次，有病床84张，年住院800人次。是年5月，城镇卫生院更名为县第二人民医院，性质不变，由城镇和县卫生局管理，以镇为主。1994年，投资200万元新建病房大楼和附属用房，建筑面积2646平方米。1996年9月升格为县直医疗单位。至2000年，陆续添置进口B超、500毫安X光机闭路电视显示系统、生化分析仪、血球计数仪等一批医疗设备。2003年实行售让招标，南京天宇新公司中标，转为民营。2005年，有房屋建筑面积9940平方米，有工作人员116人，其中卫技人员105人，年门（急）诊4.80万人次，病床105张，年住院病人1800人次。

（四）县疾病预防控制中心

1949年，卫生防疫由县人民医院兼管。1958年定名为县卫生防疫站。1990年位于县城安民路23号。有房屋建筑面积1609平方米。内设办公室、血防、寄生虫病防治、结核病防治、公共卫生、检验、消毒杀菌、宣传教育等11个职能科室，有工作人员83人，其中卫技人员66人。2004年3月，撤销县卫生防疫站，建立县疾病预防控制中心。2005年，县疾病预防控制中心有房屋建筑面积2836平方米。设卫生监测科、慢病职防科、血地寄防科、计划免疫科、传染病防治科、检验科、质量管理科、财务物资管理科、办公室等9个职能科室，有工作人员61人，其中卫技人员51人。

（五）县妇幼保健院（所）

1953年4月建立，原名县妇幼保健站。1983年2月，更名为县妇幼保健所。1990年设在县城叶挺路县卫生局综合楼内，有房屋建筑面积480平方米，有卫技人员27人，主要开展孕产妇保健、更年期保健、妇女病查治、婚前医学检查、婴幼儿保健、儿童口腔保健等业务。1993年，门诊增设医技科室。1997年，设产科和儿科病房，有病床20张。2003年4月，迁至县城安宜东路118号。6月，更名为县妇幼保健院，保留"县妇幼保健所"牌子。2005年，有房屋建筑面积5250平方米，有卫技人员51人，病床30张。

（六）县皮肤病防治院

1956年7月，县人民医院设麻风病防治组。1958年，县麻风病防治所成立。1984年改称县皮肤病防治院。1990年位于县城南门外大街17号（租赁）。有卫技人员36人，开展皮肤病防治和性病监测。此后，陆续在安宜路66号、大昌路、东门大街和原址等处设立门诊。至1992年，县皮肤病防治院连续4年被省卫生厅评为麻风病防治和皮肤病防治工作先进集体。2000年5月，租赁县城安宜东路预备役团驻地18间房屋作院部和门诊部。2005年，有卫技人员29人。

（七）县眼科医院

1988年9月，县眼病防治院成立，位于天平乡。1990年有卫技人员6人。1995年，在县城叶挺路东首新建医疗综合楼，建筑面积6000平方米。1996年1月，医院从天平迁至县城新址对外开诊。1998年，更名为县眼科医院。2005年，有卫技人员12人，设病床20张。

（八）县卫生进修学校

1986年11月成立,位于城乡接合部(今健康路)。编制15人。1990年,有教学楼、学生宿舍各1幢,房屋建筑面积1567平方米。内设办公室、教务处、学生科、财务科、总务科等职能科室,为扬州卫生学校和淮阴卫生学校办班点。至1997年,共招收医士、护士、中西医结合、计划生育、药剂、乡村医生等专业28个班1595人;同期,举办医疗卫生专业培训班48个,培训医技人员(包括乡村医生)3191人。是年底,建成综合楼1幢,建筑面积1600平方米。因卫生中专系列调整及体制等因素,县卫生进修学校不再招生。2004年5月,改为县卫生培训中心,部分房屋改作县卫生局办公场所。

(九)县药品检验所

1977年10月,筹建县药品检验组,后改称县药品检验所。1990年设在县城叶挺路县卫生局综合楼内,有工作人员5人,年平均检验药品600多批次。至2001年11月,先后查获假、劣药品400多批次,价值20万元。同期,划归宝应药品监督管理局管理。2005年,县药品检验所设在县城安宜北路宝应食品药品监督管理局内,有卫技人员6人。

(十)县卫生监督所

1998年,建立县卫生监督综合执法队。1999年改称县卫生监督执法大队,隶属于县卫生防疫站。2004年3月,从县卫生防疫站划出,单独建制,成立县卫生监督所,行使卫生监督综合执法职能。借用县城安宜东路118号县妇幼保健院四楼办公。2005年,有卫技人员40人。

二、基层医疗卫生机构

(一)镇中心卫生院

1990年,县内有氾水、射阳湖、西安丰3所地段卫生院。2000年,氾水、射阳湖、西安丰3所地段卫生院和曹甸、夏集、望直港、柳堡等4所乡镇卫生院一并改为镇中心卫生院。调整后的镇中心卫生院下辖10所分院。7所镇中心卫生院(不含分院)有工作人员543人,病床310张。2005年底,有工作人员413人,其中卫技人员385人,病床260张。年门(急)诊16.98万人次,年住院病人5376人次。

图29-2-2　曹甸镇中心卫生院

(二)镇卫生院、分院

1990年有乡镇卫生院26所。是年,城郊乡卫生院更名为县第三人民医院,其乡镇卫生院性质不变。2000年撤并乡镇后,县第三人民医院和广洋湖镇、水泗乡、鲁垛镇、黄塍镇、沿河镇、小官庄镇、泾河乡、山阳镇8所卫生院为乡镇卫生院。其余被撤并的13所乡镇卫生院更名为镇中心卫生院或乡镇卫生院分院(门诊部),分别是氾水镇中心卫生院韦镇、石桥、氾光湖分院,射阳湖镇中心卫生院天平分院,曹甸镇中心卫生院下舍分院,夏集镇中心卫生院王营、友映分院,望直港镇中心卫生院獐狮荡分院,柳堡镇中心卫生院芦村、郑渡分院,县第三人民医院中港分院,泾河乡卫生院黄浦分院,山阳镇卫生院长沟门诊部。9所乡镇卫生院及13所分院(门诊部)共有工作人员789人,病床483张。2001年,泾河乡卫生院更名为泾河镇卫生院。2003年,水泗乡并入射阳湖镇,水泗乡卫生院更名为射阳湖镇中心卫生院水泗分院。2005年,沿河镇并入安宜镇,沿河镇卫生院更名为县第三人民医院沿河分院。年末,全县有镇卫生院7所、分院15所,工作人员589人,其中卫技人员556人,病床560张。年门(急)诊30.06万人次,年住院病人7929人次。

(三)部门医院及厂校医务室

1990年有县商业局创办的商业医院1所,位于县城东风巷内,有工作(卫技)人员63人,设病床30张。有厂、校医务室54个,卫技人员78人。1994年,商业医院易址鱼市口新建综合楼1幢,建筑面积近4000平方米,设病床60张,并陆续添置CT、彩超、胃镜、碎石机、500毫安X光机及其电视系统、腹腔镜等医疗设备。1995年，商业医院更名为安宜医院，2002年改制为民营，更名为博爱医院。2005年，博爱医院有工作(卫技)人员70人，病床60张。有厂、校医务室31个，卫技人员59人。

(四)个体诊所

1990年有个体诊所26家。2000年有个体诊所21家，医技人员21人，其中助理级专业技术职称7人，诊疗科目以牙科、眼科、推拿为主。2005年末，全县有个体诊所102家，医技人员211人。

(五)村卫生室

1990年设村卫生室418家，乡村医生1074人。2000年村行政区划调整后，设村卫生室234家，有乡村医生1133人。2005年，县内在西安丰镇开展村卫生室向社区卫生服务站转型试点。至年末，全县设社区卫生服务站21家、村卫生室198家，有乡村医生944人。

第二节　队　　伍

1990年，全县有卫生技术人员1944人，其中大专以上学历177人，占职工总数的9.1%；高级职称9人、中级职称182人。每千人拥有卫生技术人员2.16人。此后，干部、职工通过系统内招、在职进修、函授自学等途径，不断提高学历层次和专业水平。通过申报、考试考核、评聘等，获取医药卫生专业职称者日渐增多。1995年，随着引进卫生技术人员力度加大，一批较高学历的卫生技术人才相继充实到各级医疗卫生单位。2000年，全县有卫生技术人员2732人，大专以上学历人数比1990年净增300人，高级职称人数比1990年增加50人，中级职称增加323人。每千人拥有卫生技术人员为历史最高，达2.98人。2001年县医药公司改制，医药卫生人员身份变化较大，但人员素质不断提高。至2005年，全县卫生技术人员中有大专以上学历720人，占职工总数的21.2%，比1990年上升12.10个百分点；高级职称63人、中级职称516人，分别是1990年的7倍和2.84倍。全县有医药卫生技术人员(不含村卫生室乡村医生)2246人，每千人拥有卫生技术人员2.44人，比1990年增加0.28人。

2005年宝应县卫生机构、人员构成情况统计

表29-2-1

机构类别	机构数(家)	职工(人)							
			卫技人员						行政管理
			医师	护士	药剂人员	检验人员	其他人员	小 计	
县级医疗单位	6	1022	346	258	82	47	135	868	154
乡镇(中心)卫生院	29	1002	426	238	100	51	126	941	61
企业医院	1	70	21	9	8	5	27	70	—
其他县级卫生单位	3	97	51	—	6	—	40	97	—
厂校医务室、个体诊所	133	270	270	—	—	—	—	270	—
村卫生室	219	944	—	—	—	—	944	944	—
合　计	391	3405	1114	505	196	103	1272	3190	215

第三章　卫生监督

第一节　食品卫生

1990年，县城有食品卫生监督员5人，乡镇有食品卫生检查员91人。县卫生防疫站不定期组织监督员、检查员开展食品生产加工、经营销售及高危食品监测和餐具抽检，食品卫生合格率88.1%，餐具消毒合格率86%。是年，发生食物中毒6起，食物中毒79人，均得到及时处理和救治。1991年，全面加强食品卫生管理。除增加日常监测密度外，还在元旦、国庆、中秋等重大节日对酒类、糕点、饮料、冷菜、熟食、月饼等重点食品进行专项监测。是年起，食品中毒事件大幅减少，1992年、1993年、1997年等3个年份为零发生，其他年份只有1起，中毒人数只有一二十人。2000年，对全县食品卫生监督员、检查员进行调整，县城食品卫生监督员增至10人，乡镇食品卫生检查员调整为55人。2001年后，食品卫生监测坚持定期检查与突击抽查相结合，食品合格率、餐具消毒合格率均保持95%左右。2005年，县城卫生监督员增至40人。食品卫生合格率92.6%、餐具消毒合格率96%。1990～2005年，全县共发生食物中毒18起，食物中毒297人，多为误食亚硝酸盐和沙门氏菌、变形杆菌、副溶性弧菌感染，无食物中毒人员死亡。

图29-3-1　食品卫生检查

第二节　饮用水卫生

1990年，对49家自来水厂进行枯水期和丰水期各1次源水(取水口入水)、出厂水水质监测分析，7～9月各加测1次末梢水(管网末端出水)水质监测，基本符合饮用水标准。1995年，县卫生防疫站和县房产管理处联合开展城区26个二次供水水箱清洗消毒活动，投放持续消毒器26个。随后对其中19个水箱水进行卫生指标检测，合格率100%。1996年，组织城区12家二次供水单位水箱监测，细菌总数超标率占91.6%，游离余氯低于卫生标准，其中铁水箱二次供水铁超标率占100%。经过彻底清洗、消毒，水箱水达生活饮用水卫生标准。2000年起，针对自来水厂发展较快实际情况，制订检测计划，分批实施。是年，对25家乡镇自来水厂进行水质检测。其中，出厂水游离余氯超标6家、氨氮超标1家、亚硝酸盐氮超标2家、锰超标2家、铁超标1家、细菌总数超标1家；末梢水水质分析，游离余氯超标6家、浑浊度超标1家、细菌总数超标2家。至2005年，绝大多数水厂使用地下水，出厂水、末梢水监测结果与2000年相比有所好转，部分项目未达标厂家均采取措施整改，全县198家自来水厂出厂水质基本达到饮用水卫生标准。

第三节 劳动卫生

一、工业劳动卫生

1990年，重点加强对苯、粉尘、噪声等有害因素检测，在22家单位设监测点197个，合格率68%。向县水泥厂、县布厂、县船厂、县粮食机械胶辊厂、县玻璃厂发出监督意见书5份。5家工厂根据意见书要求，落实防护措施，整改到位。1993年起，每年不定期邀请县人大代表、县政协委员进行工业劳动卫生监督。是年，县人大、县政协视察县车辆厂、县粮食机械胶辊厂、县染料化工厂、县磷肥厂、县水泥厂等8家有害有毒作业场所，推动改善劳动卫生状况。1994年夏，宝应船厂13名工人在船舱内刷油漆时，先后出现苯中毒症状，其中症状严重5人，经抢救无效死亡1人。事发后，经县卫生防疫站模拟苯中毒现场进行采样测试，发现苯超标120多倍。1995年，县卫生防疫站对10家有有害因素单位进行检测，合格率54.3%，为历年最低。对检测超标单位，责令其正视监测结果，采取措施，及时改变现状。此后，未发生职业中毒事故。2000年，全县开展劳动卫生检查，县卫生防疫站向县交通、机电、供销、粮食、化建5个系统和城镇、氾水、西安丰、小官庄4个镇下达监督意见书90份，各单位落实责任制，做到限期整改，全面展开声、毒、光、电防护，职工劳动卫生状况进一步好转。2005年，劳动卫生合格率70.1%。1990～2005年，对380家次单位进行有害因素监测，设监测点3115个，合格点2070个，合格率66.5%。

1990～2005年宝应县工业劳动卫生监测统计

表29-3-1

项目 年份	监测单位数(家次)	合计			粉尘因素			化学因素			物理因素		
		监测点数(个)	合格点数(个)	合格率(%)	监测点数(个)	合格点数(个)	合格率(%)	监测点数(个)	合格点数(个)	合格率(%)	监测点数(个)	合格点数(个)	合格率(%)
1990	22	197	134	68	68	42	61.8	55	40	72.7	74	52	70.3
1991	52	175	121	69.1	65	39	60	25	21	84	85	61	71.8
1992	49	210	154	73.3	42	25	59.5	24	14	58.3	144	115	79.9
1993	60	362	235	64.9	85	44	51.8	45	38	84.4	232	153	66
1994	13	261	170	65.1	44	14	31.8	24	16	66.7	193	140	72.5
1995	10	538	292	54.3	186	61	32.8	120	78	65	232	153	66
1996	11	160	103	64.4	32	19	59.4	35	24	68.6	93	60	64.5
1997	9	134	93	69.4	40	27	67.5	20	16	80	74	50	67.6
1998	12	139	103	74.1	41	30	73.2	52	41	78.9	46	32	69.6
1999	17	89	56	62.9	16	9	56.3	26	13	50	47	34	72.3
2000	8	121	87	71.9	14	10	71.4	35	28	80	72	49	68.1
2001	5	43	30	69.8	0	0	0	25	20	80	18	10	55.6
2002	9	106	73	68.9	6	3	50	36	29	80.6	64	41	64.1
2003	24	200	144	72	32	18	56.3	47	40	85.1	121	86	71.1
2004	37	176	132	75	32	18	56.3	45	35	77.8	99	79	79.8
2005	42	204	143	70.1	44	23	52.3	53	40	75.5	107	80	74.8

二、农业劳动卫生

1990年,农业劳动卫生以预防农药中毒为主。县卫生局制定防治农药中毒方案,建立农药中毒防治网络。县、乡镇利用卫生监督年会及相关会议,广泛宣传农药中毒防治知识,强化防护意识,落实综合防治措施。全县农药中毒615人,其中生产性中毒205人,占33.3%。1991年,全县农业劳动卫生保护工作初见成效,农药中毒降至363人,其中生产性中毒降至83人。1993年,县卫生局举办专题学习班,培训乡镇防保、植保人员,并将农药保管和中毒防治工作纳入年终考核内容。29所乡镇卫生院配备人员、药械,全力做好救治准备,降低病死率。是年,全县农药中毒184人,其中生产性中毒47人,分别是1990年的29.9%和22.9%。1994年,开始重视农村非生产性农药中毒问题。各乡镇严格农药保管制度,防止农药流失,非生产性农药中毒降至77人。此后,农药中毒人数逐年大幅度减少。1999年,生产性农药中毒16人。2001年,全县非生产性农药中毒人数首次少于生产性农药中毒人数。2005年,全县农药中毒71人,与1990年相比减少544人。1990~2005年,全县共有农药中毒2907人,其中生产性农药中毒922人,占农药中毒的31.7%。

1990~2005年宝应县农药中毒情况统计

表29-3-2　　　　单位:人

年份	生产性中毒人数	非生产性中毒人数	合计	年份	生产性中毒人数	非生产性中毒人数	合计
1990	.205	410	615	1998	48	185	233
1991	83	280	363	1999	16	149	165
1992	156	202	358	2000	15	62	77
1993	47	137	184	2001	87	27	114
1994	48	77	125	2002	14	74	88
1995	56	89	145	2003	21	55	76
1996	41	83	124	2004	23	19	42
1997	29	98	127	2005	33	38	71

第四节　学校卫生

1990年,全县学校开展头虱和疥疮查治活动,查治1.07万人次,头虱感染率7.9%,疥疮感染率占0.4%。1994年,县卫生防疫站明确专人分管学校卫生保健。1995年,全县开展7~18岁中、小学生生长发育状况抽样调查,共调查1.06万人。调查结果显示,学生身高、体重、胸围均值比1985年均有不同程度上升。其中,男生身高增高均值3.96厘米、女生身高增高均值4.35厘米,男生体重增长均值0.65千克、女生体重增长均值0.79千克,男生胸围增长均值0.51厘米、女生胸围增长均值0.52厘米。是年,高考体格检查资料表明,限制报考部分专业限考率有所上升,视力不良是限考主要原因,占74%。1996年,新建、改造校舍采光项目指标被纳入学校卫生工作检查内容之一。2000年,县卫生防疫站设立学校卫生科,进一步加强学校卫生保健工作指导。2001年,随着全县中小学危房改造工程结束,教室采光、墙壁反射系数、生均教室面积等均达到学校卫生要求。2004年,对2.40万名城区中小学生进行常见病体检。体检资料表明,沙眼率小学生5.8%、初中生9.5%、高中生21%,龋齿率小学生37.2%、初中生12.7%、高中生6.8%,脊柱弯曲率小学生3.8%、初中生8%、高中生10.3%。2005年,全县有专职校医18人、兼职保健教师68人,各乡镇防保所配备1名防保医生兼管学校卫生,基本形成学校卫生监督、监测网络。

1995年与1985年宝应县城区中小学生三项指标平均值比较一览

表29-3-3

性别	年龄(岁)	身高(厘米)			体重(千克)			胸围(厘米)		
		1995年	1985年	增长数	1995年	1985年	增长数	1995年	1985年	增长数
男	7	121.86	119.68	2.18	23.60	23.38	0.22	58.30	58.18	0.12
	8	121.61	121.96	-0.35	25.73	24.40	1.33	59.32	59.14	0.18
	9	130.93	131.16	-0.23	28.52	26.68	1.84	61.07	61.02	0.05
	10	135.81	132.40	3.41	30.94	29.97	0.97	62.45	62.28	0.17
	11	141.52	134.68	6.84	31.52	31.80	-0.28	64.68	64.50	0.18
	12	148.25	143.51	4.74	36.62	35.30	1.32	67.28	67.12	1.16
	13	154.79	151.29	3.50	40.26	40.08	0.18	71.89	70.30	1.59
	14	160.93	157.31	3.62	45.36	45.18	0.18	75.98	75.88	0.10
	15	167.56	161.71	5.85	50.24	50.15	0.09	78.17	77.68	0.49
	16	168.66	162.44	6.22	55.68	55.40	0.28	83.32	82.72	0.60
	17	170.42	166.00	4.42	57.21	56.42	0.79	85.76	85.71	0.05
	18	171.02	168.50	2.52	58.46	58.40	0.06	88.96	87.28	1.68
女	7	119.40	116.44	2.96	22.93	22.12	0.81	53.22	52.92	0.30
	8	125.34	120.80	4.54	24.42	24.40	0.02	54.16	53.68	0.48
	9	129.14	122.80	6.34	26.20	26.12	0.08	53.34	54.30	-0.96
	10	136.78	132.00	4.78	28.68	28.28	0.40	60.20	60.16	0.04
	11	146.32	139.60	6.72	31.26	30.90	0.36	67.11	66.75	0.36
	12	152.86	142.20	10.66	39.18	38.10	1.08	70.22	68.36	1.86
	13	156.24	149.68	6.56	45.04	43.94	1.10	73.63	73.28	0.35
	14	155.49	153.64	1.85	46.20	44.64	1.56	75.10	74.36	0.74
	15	156.47	153.86	2.61	47.36	45.47	1.89	76.66	76.37	0.29
	16	156.93	155.12	1.81	48.82	48.06	0.76	75.98	76.58	-0.60
	17	157.29	155.12	2.17	49.56	48.35	1.21	77.56	77.15	0.41
	18	157.66	156.38	1.28	50.12	49.86	0.26	78.94	78.55	0.39

第四章 医 疗

第一节 门诊、急诊与住院

1990年,全县门(急)诊143.57万人次。有病床1125张,每千人拥有病床1.25张,年住院病人2.88万人次。住院病人前10种疾病中(按县人民医院资料,下同),消化、呼吸系统疾病和损伤中毒病人位列前三位。1995年,全县门(急)诊131.21万人次。有病床1194张,每千人拥有病床1.31张,年住院病人2.87万人次。损伤和中毒病人取代呼吸系统疾病位列第二。2000年,全县门(急)诊122.75万人次。有病床1294张,每千人拥有病床1.41张,年住院病人2.82万人次。是年,损伤和中毒病人位次跃居第一,消化系统和呼吸科系统疾病分列第二、第三位,恶性肿瘤病人从1990年的第八位升至第五位。2005年,全县门(急)诊97.56万人次。有病床1590张,每千人拥有病床1.73张,年住院病人3.20万人次。住院病人前10种疾病排列与1990年相比发生较大变化,前三位排列为损伤和中毒、呼吸系统疾病、消化系统疾病,传染病从1990年的第五位退到第九位。1990~2005年,全县门(急)诊累计1959.28万人次,其中县级医院门(急)诊720.55万人次;全县住院病人累计45.84万人次,其中县级医院住院病人19.27万人次。2005年与1990年全县门(急)诊人次相比下降46万人次,住院人次上升0.32万人次。

图29-4-1　县人民医院门诊大厅

1990年、1995年、2000年、2005年宝应县人民医院住院病人前10种疾病构成情况一览

表29-4-1

疾病分类	1990年			1995年			2000年			2005年		
	病人数(人)	占比(%)	位次	病人数(人)	占比(%)	位次	病人数(人)	占比(%)	位次	病人数(人)	占比(%)	位次
消化系统	1523	23.7	一	1432	19.7	一	1565	18.6	二	1731	17.1	三
呼吸系统	1001	15.6	二	1104	15.2	三	1083	12.9	三	1867	18.5	二
损伤和中毒	785	12.2	三	1164	16	二	1732	20.6	一	2642	26.1	一
妊娠、分娩和产褥期并发症	699	10.9	四	780	10.8	四	886	10.5	四	1039	10.3	四
传染病	675	10.5	五	538	7.4	五	365	4.3	八	254	2.5	九
循环系统	308	4.8	六	456	6.3	六	541	6.4	六	963	9.5	五
泌尿生殖系统	306	4.8	七	321	4.4	八	376	4.5	七	374	3.7	七
恶性肿瘤	290	4.5	八	329	4.5	七	603	7.2	五	618	6.1	六
神经感觉系统	130	2	九	268	3.7	九	214	2.6	十	191	1.9	十
起源于围产期疾病	112	1.7	十	170	2.3	十	225	2.7	九	296	2.9	八
住院病人总数	6439	90.7		7258	90.3		8404	90.3		10114	98.6	

第二节　医疗技术

1990年,医疗单位内、外、妇、儿等科医疗技术和一批先进设备应用技术日趋成熟。大部分乡镇卫生院可施行外科下腹部手术和收治流脑、乙脑及其严重并发症病人。代表县内最高医疗技术含量的心血管科、呼吸科、消化科、神经内科等二级科室在县人民医院、县中医医院相继成立。1995年,医疗卫生单位人员业务素质进一步提高,大专以上学历人数从1990年的177人增至312人,达到医师专业技术职务的从1990年的182人增至311人,达副主任医师以上专业技术职务的从1990年的9人增至38人。

1998年5月，县人民医院重症监护室(ICU)建立，先后收治脑、胸、肝、骨、口腔、妇产等科危重病人782人，其中抢救好转457例，抢救成功率58.4%。2002年前后，柳堡镇、汜水镇中心卫生院和鲁垛等乡镇卫生院能开展导管介入治疗食道癌、肝癌、胃癌、肺癌和施行胃粘膜脱垂、胃息肉手术及消化道出血等重、难症治疗。至2005年，县人民医院先后推广和应用省内外先进医疗技术100多项。

一、内科

1990年，医疗单位设置内科(室)38个，成功实施临时起搏术和结肠镜检查技术。1991年，县人民医院采用血清球蛋白治疗小儿百日咳获得成功。1992年，县中医医院相继成立消化、神经、呼吸、心血管等二级内科(室)。县人民医院首次施行食道调搏、心脏电生理测定和肺功能测定新技术。1993年，县人民医院运用钴60治疗食管癌、肺癌等及静脉化疗技术，内镜下微波治疗和用量子血治疗脑梗塞技术取得效果。1994年，开展24小时动态心电图、动态血压测定，血液透析，内镜下注射硬化剂治疗食管—胃底静脉曲张，高压氧舱治疗脑血管病等。1995年启用放射免疫检测和经皮肝穿胆道造影(PTC)技术。首例应用呼吸机抢救重症有机磷农药中毒并发呼吸肌麻痹获得成功。自此，该抢救措施成为常规治疗方法，无一例患者因呼吸肌麻痹而死亡。1996年，成功安装埋藏式心脏起搏器。1998年，县放射免疫中心建立并投入使用，对多种内分泌代谢病的诊治技术有突破性进展。开展简易定向碎吸术治疗高血压脑出血、蛛网膜下腔出血脑脊液置换术方面取得疗效。1999年，县人民医院采用溶栓治疗急性心肌梗塞和血液灌流治疗中毒性急性肾衰。2000年，运用CCS-2方案治疗心肌梗塞、内镜下微波加局部注射化疗药物治疗消化道恶性肿瘤、血透治疗重症胰腺炎。2001年，消化科启用内镜下食管支架置入术与沙氏食管扩张术、电凝电切治疗消化道息肉技术。2002年，施行食管癌后程加速超分割放疗技术，采用腹水回输治疗肝硬化腹水等。2003年，开展HRV评估心肌梗塞预后、深静脉置管术及化疗泵技术。至2005年，医疗单位有内科(室)42个，县人民医院心血管内科、消化内科成为市重点专科。

二、外科

1990年，医疗单位设外科(室)37个。县人民医院施行乙状窦破裂修补、颅骨缺损涤纶网修补、心脏贯通伤修补、拖出式直肠癌切除、胰十二指肠切除、髋关节融合、前列腺扩张等手术获得成功，应用双腔四囊治疗前列腺和手术治疗婴儿先天性幽门梗阻症。1991年，县人民医院采用张力带缝扎术治疗髌骨、尺骨鹰嘴骨折，施行小腿腓肠肌肌皮瓣移植术和L型钢板治疗粗隆下骨折，采用骶后孔封闭术治疗遗尿症等。1992年，开展肝胆管十二指肠桥式内引流、小儿先天性直肠前庭瘘修补、输尿管切开取石、双丁管支架肾盂内引流、改进耻骨上经膀胱前列腺摘除和前列腺摘除窗外压迫止血技术全部获得成功。1993年，成功治疗食管自发破裂并发脓胸，完成阴茎阴囊型尿道下裂包皮内根带蒂皮管尿道一次成形术，开展人工股骨头置换、腰椎骨折伴不全瘫痪行椎板切开减压及自体植骨，将连续臂丛麻醉和改良单侧颈丛麻醉应用于锁骨骨折。脾移植及体液免疫功能研究获省科技进步二等奖。

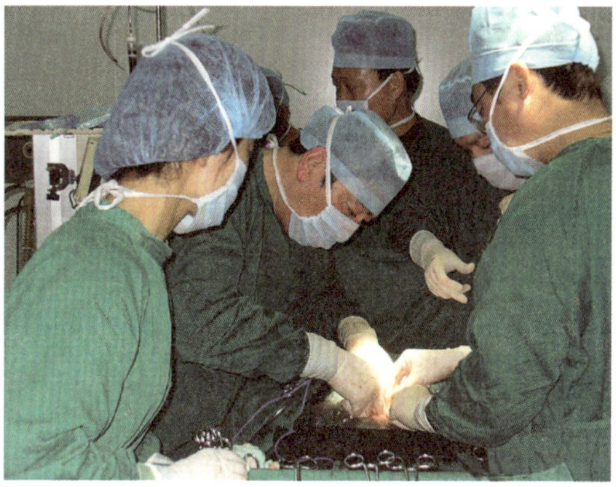

图29-4-2　县人民医院医生精心实施外科手术

1994年，施行小脑肿瘤、肝癌切除和胸腰椎骨折伴完全截瘫减压及DICK固定等。1995年，采用脑膜修补技术，成功治疗先天性脑膨出及脊髓脊膜膨出，施行狭颅症颅缝再造术、垂体肿瘤切除、高位无肛门腹腔会阴肛门成形术和大面积皮肤剥脱移植术。1996年，应用脑室外引流、尿素酶灌注治疗高血压脑出血和丘脑出血室内铸形新技术，推行食管贲门癌术后吻合狭窄扩张治疗技术，开展电视腹腔镜胆囊切除术、十二指肠空肠起始部癌扩大根治术、肾上腺髓性脂肪瘤肾上腺切除术、经尿道膀胱碎石术、脊髓型椎病前路开槽减压术和结核伴巨大寒性脓肠病灶清除加椎自体一期植骨。1997年，应用脑室、脑池腹腔分流术和自体颅骨返植，成功施行左腕离断再植术(断肢再植)、胫后动脉皮瓣移植和桡动脉皮瓣逆转治疗拇指套脱伤。首次应用微波治疗皮肤病。1998年，改良沙氏裁骨术治疗儿童先天性髋关节脱位，施行隆乳术。1999年，实施全结肠切除加回肠直肠上端吻合术，开展县内首例肝右叶切除术加胆管切开取石加总胆管空肠ROUX-Y吻合术，获得成功，填补县内普外科手术空白。开展拇指甲板游离移植拇指再造术(断指再植)。2000年，开展后颅凹巨大脑膜瘤切除、颈椎硬膜下肿瘤切除、隆鼻术小口开大矫正术和游离异体植皮术。应用电离子和超声波治疗皮肤病。施行肝癌合并门脉高压症联合手术。第二次成功抢救1名肝部严重外伤患者，并顺利施行半肝切除手术。2002年，开展纵膈肿瘤切除、颅内静脉穿刺和关节镜手术等。2003年，实施颈静脉使用曲马多镇痛术，效果显著。2004年，应用电切法治疗前列腺疾病。至2005年，医疗单位有外科(室)37个，县人民医院普外科为市重点专科。

三、妇产科

1990年，医疗单位设妇产科31个。乡镇卫生院普遍开展产妇上环、刮宫、引产和一般妊娠合并症治疗，地段卫生院和部分乡镇卫生院开展剖宫产手术。1992年，县人民医院应用药物终止早孕获得成功。1994年，广洋湖镇卫生院等应用二氧化碳激光机和微波治疗仪治疗宫颈炎等妇女病。1995年，县人民医院施行筋膜内子宫全切术。1998年成功采用以色列剖宫产手术。1999年应用米索前列醇助娩。2002年开展妇科恶性肿瘤根治术。2004年实施腹腔镜手术。2005年，各镇卫生院独立施行剖宫手术。氾水镇、县第三人民医院独立实施子宫切除和治疗卵巢囊肿、宫外孕、黄体破裂等手术。至年底，全县医疗单位有妇产科31个。

四、儿科

1990年，县人民医院和县中医医院设儿科，乡镇卫生院未设儿科，一般由内科代兼。1992年，县人民医院实施新生儿硬肿症血流变监测。1996年，县第二人民医院设儿科。1997年，县人民医院应用头皮针进行胸骨穿刺。至2005年，县内医院设儿科3个。

五、五官科

1990年，县人民医院设五官科。是年，施行右下颌牙龈根治术和牙龈癌术后斜面导板术。1991年，施行鼻腔肿瘤鼻侧切开术，应用微波高频电力治疗咽鼻腔血管瘤，氟脲嘧啶局部涂布与注射治疗喉、外耳道乳头状瘤等。1992年，运用氟碘液充填根管新疗法、舌癌根治术，对气管断裂进行气管喉补充。1993年，实施视网膜剥离修复术、现代白内障囊外摘除术、鼻腔泪囊吻合术。1994年，成功施行上颌窦癌扩大根治术，采用放射状角膜切开术PK治疗近视，同时进行联合人工晶体植入。1995年，成功施行舌癌扩大根治术。1996年，口腔科与神经外科、眼科合作成功实施颜面巨大神经纤维瘤摘除术，采用固定矫形器治疗安氏三类错牙畸形。1997年，实施舌癌根治胸大肌皮瓣再造舌获得成功。1998年，县中医医院、县第二人民医院、氾水和曹甸镇中心卫生院增设口腔科。1999年，县人民医院成功运用口腔铸造修复体。至2005年，县内设五官科(含口腔科)5个。

六、特色专科

新中国建立后，医院在治病救人实践中逐步形成一批疑难杂症治疗专科。1990年，特色专科有县人民医院骨科、心内科，县中医医院肝胆、脾胃专科，沿河卫生院精神病科，郭桥卫生院中医骨伤科，天平卫生院眼科等。1992年，郭桥卫生院中医骨伤科更名为郭桥骨伤医院。1994年，下舍卫生院设颈肩腰腿痛专科，后挂“县颈肩腰腿痛专科医院”牌子。1995年，天平卫生院眼科迁至县城独立建院，定名县眼科医院，并于1998年建成全国首家县级PRK激光诊疗中心。2002年，芦村卫生院改制为柳堡朱氏正骨医院，小官庄卫生院设不孕不育症专科，柳堡镇卫生院设肿瘤介入治疗专科，县妇幼保健院设乳腺病专科等。至2005年，县内有特色专科12个。

第三节　医疗设备

1990年，全县有1万元以上专用医疗设备200多台（套），价值1372.20万元。有医疗救护、卫生执法、防疫等车辆8辆。是年，县人民医院首用大型医疗设备CT和钴60。1992年，县中医医院首用大型医疗设备奥林巴斯纤维胃镜。此后，医疗卫生单位相继添置或更新较大功能X光机、心电图、B超、麻醉机、检验及外科常规器械设备等。县人民医院陆续添置C臂机、高压氧舱、生化分析仪、呼吸机、血球计数仪等大型医疗设备。1998年，县中医医院先后添置C-1型三维电脑牵引床、CT等大型医疗设备。

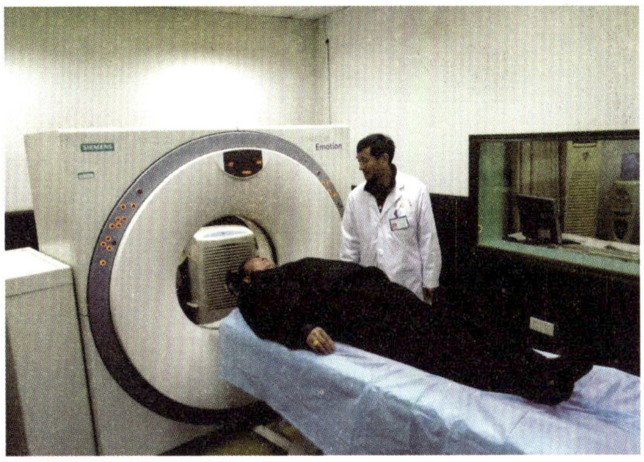

图29-4-3　县第二人民医院使用西门子螺旋CT机为病人诊断病情

2001年后，县内添置技术先进的大型医疗设备步伐加快。县人民医院新添置GE螺旋CT、全自动生化分析仪、彩超、微电脑智慧型电动手术床、碎石机、腹腔镜、数字脑电图等大型医疗设备。至2005年末，全县共有1万元以上医疗设备604台（套），价值7128万元，比1990年增加5755.80万元，增长4.20倍；首用的大型医疗设备有19台（套）；有医疗救护、防疫、卫生公务等车辆16辆。

1990～2005年宝应县部分首用大型医疗设备情况一览

表29-4-2

序号	首用单位	医疗设备名称	首用年份	序号	首用单位	医疗设备名称	首用年份
1	县人民医院	CT（德国产）	1990	11	县人民医院	彩色多普勒B超	1998
2	县人民医院	钴60	1990	12	县人民医院	全自动生化分析仪7170	2001
3	县中医医院	奥林巴斯纤维胃镜	1992	13	县人民医院	GE螺旋CT	2001
4	县人民医院	C臂机	1993	14	县人民医院	微电脑智慧型电动手术床	2002
5	县人民医院	高压氧舱	1994	15	县人民医院	慧康体外碎石机	2005
6	县人民医院	生化分析仪	1994	16	县人民医院	泌尿科前列腺电切镜及摄像系统	2005
7	县人民医院	血球计数仪	1996	17	县人民医院	史赛克腹腔镜系统	2005
8	县人民医院	800毫安X光机	1997	18	县人民医院	数字脑电图	2005
9	县中医医院	C-1型三维电脑牵引床	1997	19	县人民医院	OMS-90手术显微镜	2005
10	县中医医院	CT	1998				

第四节　护　　理

1990年，全县医院实行功能制护理，有护理人员335人，其中护师56人、护士243人、护理员36人。是年，县卫生局组织护理人员参加“三基”（基础理论、基本知识、基本技能）训练，考核合格率100%。1992年4月，县人民医院实施护理部、护士长二级护理管理体制改革，规范内科、外科疾病护理常规项目分别为43个和44个，并被推广到全县各医院。是年5月11日，县卫生局组织“5•12”国际护士节纪念

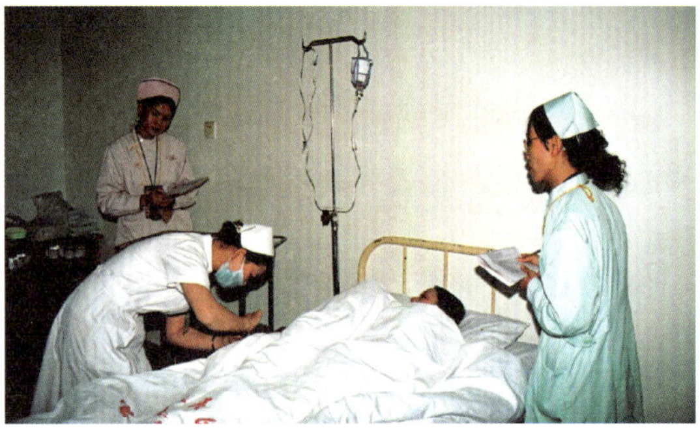

图 29-4-4　精心护理

活动，开展铺床、注射、静脉输液、鼻导管吸氧等护理操作技术比赛。此后，每年通过护士节纪念活动，提高护理人员业务水平。1994年，在市卫生局组织的护士微笑服务活动中，县人民医院护理部受到表彰。1997年，县内开展评选“十佳护士”“优秀护士”活动，共评选“十佳护士”10人、“优秀护士”59人。1999年，县卫生局组织开展护士学专业理论、专业法规竞赛活动，进一步增强护理人员专业理论和专业法规意识。2005年，全县有护理人员505人，其中护师84人、护士366人、护理员55人，占卫技人员的22.5%。

第五节　医学教育与科研

一、医学教育

（一）学校教育

1987年，县卫生进修学校（简称县卫校）招生。1990年，县卫校作为扬州、淮阴卫校宝应办班点招生，先后招收医生、护士专业4个班200人，学制3年。此后，与高邮职工中专联办护士、计划生育专业4个班，招收195人。受县卫生局委托开办药剂班1个，招收75人；乡村医生班5个，招收340人。县卫校自主招生护士、医士、中西医结合医士（职业高中学历）专业9个班608人。至1997年，县卫校共招收医生、护士、药剂、计划生育、妇幼保健等专业28个班1595人；受县计生委委托办计划生育短期培训班3个，培训191人。此后学校停办。

（二）短期培训

1990年，举办护理管理培训班1期，学期5个月。此后，每年办班3～5个。2000年，先后举办3～11个月短期培训班5个。至2005年，全县先后举办1周至11个月的卫生专业短期培训班45期，专业有护理、放射、药剂、B超、供应室、皮肤病防治、农药中毒防治、乡村医生中医“三基”培训、乡村医生业务培训、西医学习中医、中药等，参训人员近3000人次。

（三）在职进修

1991年，全县卫生单位注重人才培养，组织卫技人员在职进修，提高医疗专业理论水平。乡镇卫生院每年选派2～3人到县人民医院等地进修。县人民医院、县中医医院每年不定期组织数十人到上海、苏州、无锡、常州、镇江、徐州、南京、南通、扬州等地医院跟班学习。至2005年，全县外出进修卫技人员1600多人次。

（四）中医带徒

1987年，有在职医工子弟6人参加高邮卫校中医带徒班学习，学制两年半。1990年结业后分配到天平、山阳、黄塍、小官庄等乡镇卫生院从事中医临床工作。2005年，县中医医院名、老中医4人，各带徒1人，为期4年。

（五）函授自学

1991年，全县卫生人员参加函授和自学考试蔚然成风。县人民医院有40人通过护理大专自学考试，其他医疗卫生单位有近100人参加中医、中药、药学及护理大专自学考试。1999年，省自考办新设临床医学大专自学考试科目，乡镇卫生院参加考试人数骤增，西安丰、鲁垛、黄浦、天平等乡

图 29-4-5　中医拜师带徒仪式

镇卫生院参考人数平均10多人，汜水地段卫生院多达24人。至2005年，全县参加本科、大专自学及函授450人，其中有100多人取得毕业证书。

二、科研

1990年，县内卫生技术人员重视总结工作实践，撰写论文在医学报刊发表。县政府和县卫生局重视医药卫生科研管理工作。至1993年，有7个卫生科研成果获市、县政府科技进步奖。1994年，县卫生系统科研成果中有1项获省卫生厅科技成果二等奖，4项获市、县政府科技进步奖。1995～1999年，县内有10个科研成果分获省、市、县科技进步奖和科研成果奖。1999年，李则藩等人合著《农村中医诊疗手册》由南京大学出版社出版发行，获市科技进步一等奖。2002～2003年，全县有16个卫生科研项目获县科技进步优秀成果奖。2004～2005年，县人民医院、县中医医院、县皮肤病防治院以及部分乡镇卫生院36项科研成果获奖，其中获省卫生厅科技成果二等奖2项、市政府科技成果奖7项、市卫生局医学科技一等奖2项、县政府科技进步奖25项。至2005年，按县人民医院、县中医医院、县疾病预防控制中心（县卫生防疫站）3家统计，共发表论文1235篇，其中在国外杂志刊登5篇、国家级杂志108篇、省级杂志937篇。

图29-4-6　学术讲座

第五章　中医中药

第一节　中　医

一、常规科室

（一）内科

1990年，县中医医院设肝胆、脾胃、肾、心血管、老年病等专病、专科，肝胆、脾胃病专科门诊量较大。县人民医院和乡镇卫生院设中医内科，以治疗肝胆、脾胃、心、肺、肾等病为主。1997年起，县中医医院组织名、老中医研制协定处方和验方中成药用于临床。至2000年，按协定处方配制的内科中成药13种、自行研制的验方内科中成药15种。其中，扶正抑毒丸、疏肝利胆丸、慢肝抗纤丸在内科临床应用上有一定比重和疗效。县内中医内科不断有新的经验方用于临床。县中医医院中医运用白茅根、马兰（全草）、墨旱莲（全草）等3汁治疗急、慢性疾病所致的咯血、吐血、便血、尿血、皮下出血等各种血症，运用丹扼射郁汤治疗急性喉痹；望直港镇卫生院中医治疗脾胃病年门诊量6000多人次。2005年，县中医医院肝胆病专科、中风急救康复科成为市重点专科。

（二）外科

1990年，县内专业从事中医外科的为数不多。西安丰医院梁氏外科自制祖传秘方，以拔毒生肌见长。县第二人民医院中医外科对臁疮、带状疱疹、疮疖、痈、疽、毛囊炎等治疗有独特之处。1996年后，县中医医院中医外科自制外敷药生肌散、烫伤膏等治疗疔、疮、痈疡、烫伤，效果显著。2005年，县中医医院肛肠外科被评定为市中医特色外科。

（三）妇科

1990年，县人民医院、县中医医院设中医妇科，以中医内科医生兼治。乡镇卫生院无中医妇科门诊,一般由中医内科兼治妇女月经不调、崩漏、带下及产后诸疾病。望直港中心卫生院中医自制的治崩漏经验方注重调冲位、益气血、气血同治、攻补兼顾,效果明显。1997年起,县中医医院中医妇科对不孕症治疗形成自己的特色与疗效。2005年,中医妇科仍以县人民医院、县中医医院为主。

(四)儿科

1990年,县中医医院设中医儿科门诊,在治疗上多以中西医结合治疗为主。1997年,县中医医院用标准方研制生产小儿喜食糖浆治疗小儿咳嗽,有一定疗效。汜水中心卫生院中医用茅术、吴萸研末,加米醋调为糊状,敷于神阙穴治疗小儿腹泻,屡有效验。2005年,专职从事中医儿科的为数很少,由其他科中医兼治。

二、特色科室

(一)骨伤科

1990年,县中医医院、郭桥卫生院设中医骨伤科。从事骨伤科的多为祖传或师授。县中医医院中医骨伤科运用中药内服、外敷膏药和传统正骨手法治疗腰椎间盘突出、颈椎病、梨状肌综合症,疗效显著。1992年,县中医医院研制的腰痛1号、2号、3号方和吊伤膏、丁桂膏、风湿膏,对骨折、急慢性软组织损伤,具有消肿止痛快、软组织修复好的效果。1997年,县中医医院研制的颈宁胶囊用于治疗颈椎病,疗效明显。2002年,原芦村卫生院改制为柳堡朱氏正骨医院。2005年,县中医医院中医骨伤科、郭桥骨伤医院和柳堡朱氏正骨医院较有影响。

(二)针灸科

1990年,县人民医院、县中医医院设针灸科。县中医医院针灸科对偏头痛、偏瘫、面神经炎、慢性结肠炎、呃逆、小儿遗尿、股外侧神经炎、急性软组织损伤、风湿、类风湿等诸多病症采用针炙治疗,年门诊量3.50万人次左右。1995年,县人民医院针灸科业务不断扩大,年医疗人数增至2万人次。2000年,县中医医院采用小针刀治疗肩峰下滑囊炎、网球肘、三角肌下滑囊炎、腱鞘炎、骨刺等病症,效果显著。2005年,县中医医院针灸科为市重点专科。

(三)推拿科

1990年,县人民医院、县中医医院设推拿科。县人民医院推拿科以治疗颈、肩、腰、腿疼为主。至2005年,县中医医院推拿科对肌颈、斜颈、软组织损伤、腰椎间盘突出、颈椎病、小儿腹泻等病症治疗,具有特长。

(四)内病外治科

1990年,县中医医院设内病外治科,在某一特定部位采用药物或穴位敷贴,起到内病外治的作用。至2005年,县中医医院用斑蝥、白芥子等中药敷贴穴位治疗慢性支气管炎、支气管哮喘等症,疗效明显。

附:省名中医——李则藩

图29-5-1　李则藩

李则藩　男,汉族,民国21年(1932)出生,安宜镇人。中共党员、县中医医院主任医师、省名中医、省劳动模范。历任县中医医院首任院长、名誉院长、市中医学会常务理事、省人大代表等。

出身中医世家,继承家风,济世救人。60年代成为县内中医内科造诣较深的代表人物之一。对肝胆病、脾胃病诊治有独到之处,名声远扬,领军研制的扶正抑毒丸、慢肝抗纤丸等20多种中成药广泛用于临床,疗效显著。《新华日报》曾专门报道其健脾益气法治疗慢性乙型肝炎的经验,后入选全国肝诊治论文集。1992年3月起,在县老年大学义务执教10多年,讲授老年保健知识。1999年,在省中医工作先进县创建中,参与中医教材编写及培训工作。退休离岗后,仍有病人慕名登门求诊,从不收取分文。从医50年,培养多名中医医疗骨干,有30多篇学术论文在省级以上杂志发表;参与编写《淮河医苑文萃》《中医药研究与临床》等专著,主编的《农村中医诊疗手册》一书出版发行。县中医学会、县中医医院曾联合编印《李则藩临床经验撷萃》专集。

第二节 中西医结合

1953年,县内中西医结合工作起步。县卫生科组织中医41人,学习西医知识。1954年,选派9名中医到泰州参加"中学西"进修班。70年代后,县卫生局多次举办中西医结合培训班,组织公社卫生院医务人员和大队卫生室"赤脚医生"学习中医药知识,推广"三土"(土医、土方、土药)、"四自"(自种、自制、自采、自用)和针灸疗法等,运用"一根针、一把草"为群众治病。1974年,推选西医人员离职学习中医。至1976年,先后组织西医10名系统学习中医药知识,成为全县中西医结合主要骨干。1986年起,县卫生局不定期举办短期培训班,组织乡镇卫生院西医和村卫生室乡村医生学习中医、中药知识,提高全县中西医结合业务技术水平。

1990年,县中医医院设中西结合科,在继承传统基础上,运用西医理论知识和先进医疗设备,探索中西医临床会诊、中西药临床应用新内容、新方法、新思维,初步形成以中医特色为主体、中西医有效结合的综合性中医医院。县人民医院和乡镇卫生院中医、西医把中医辨证、西医辨病的诊断、治疗方法有机结合,运用到临床实践。如运用益肾活血法治疗肾病、化石去瘀法治疗胆结石、清热利疸法治疗胆囊炎、健脾益气法治疗慢性肝炎等疾病,疗效显著。1992年,县中医医院进一步细化科室设置,加大添置新型医疗设备力度,明确中西结合责任制等,加强中医诊断和中西药互用临床效果检验与实践。该院添置的B超、500毫安X光机、奥林巴斯纤维胃镜等大型设备在配合中医诊治方面发挥重要作用。郭桥卫生院中医骨伤科运用X光机等设施诊断骨伤病,治疗效果显著提高。1995年,县卫生进修学校开办中西医结合医士班(职业高中),招收学员60人,学制3年。1999年,各乡镇卫生院推荐58名西医人员参加"西学中"培训班。2000年,中西医在疾病诊断方面,充分发挥X光机、生化分析仪、B超、心电图、CT等大型先进设备作用,采用双重诊断方法,提高望、闻、问、切传统诊断手法实际效果;在临床用药方面,中医开西药处方、西医用中成药治病成为普遍现象。进入新世纪,中西医结合在疾病诊断和治疗用药上探索出许多新途径、新成果。至2005年,县中医医院运用中西医结合方法,治疗坏死性小肠炎、心肺肝胆病、不完全性肠梗阻、急性单纯性阑尾炎等。还以古方新用的方法,成功治疗前列腺增生。县人民医院中医采用西医诊断加中医辨证施治的方法治疗肝硬化腹水。汜水镇中心卫生院中医科运用中医经络学说、采用西药进行穴位注射治疗肿瘤病人化疗后白细胞减少症等均取得良好的治疗效果。

第三节　中　药

一、中药管理

1990年,县中医医院、县人民医院和30所乡镇卫生院设中药房、中药库。县医药公司在县城及下属批发站设中药房8家。全县有中药药剂员近100人。县卫生局加大对假劣药材的管理力度,规定全县医疗单位购买外地中药材必须送县药品检验所检验合格后,方可入库和投入临床使用,从源头上杜绝假劣药材流入县内市场。县医药公司根据省《中药饮片炮制规范》,对果实、种子类药材加工全部实施小包装。1991年,县医药公司中药材小包装加工品种400种,中药饮片逐步成品化、规范化。1993年,实行中药材包装合格证制度,中药饮片质量明显提高。县医药公司在市中药饮片质量两次评比中,分别获第一名和第三名。2000年,县医药公司有中药房13家,经营品种以中药饮片及中成药为主。县内中药房对天然中药的临时炮制如醋炒、蜜炙、酒炒等不复存在,中药丸、散、膏、丹加工配制面临绝迹。2001年,县医药公司改制,与县卫生局脱钩,改由宝应药品监督管理局管理。2005年,全县卫生系统有中药房、中药库各31个,社会药品零售企业连锁门店中药房、中药库各18个。有中药药剂人员157

人，其中主管中药师18人、中药师82人、中药士(员)57人。

二、中成药研制

1996年，县中医医院为进一步保持中医传统特色和中药方便服用需要，筹建中药制剂室，年末通过市、县卫生部门检查验收合格，并领取制剂许可证。1997年起，县中医医院充分发挥名、老中医骨干作用，组成专门班子，挖掘、整理标准方，并根据名、老中医多年临床用药经验，抢救、总结出一批切实可行、疗效显著的验方，作为中成药原粉胶囊和丸剂的生产准备。至2000年，县中医医院经过反复实践，在保证中药材精细加工过程中的有效成分的基础上，根据标准方、验方具体要求，进行各种中药成分比重的科学勾兑，先后制成29种中成药用于临床。其中，标准方中成药有活血止痛胶囊、金嗓利咽胶囊、胃益胶囊、慢肝养阴胶囊、乙肝解毒胶囊、补肾强身胶囊、化瘀祛斑胶囊、降糖灵胶囊、止咳宁嗽胶囊、宁心安神胶囊、和胃合剂、安眠补脑糖浆、小儿喜食糖浆、加味麻杏糖浆等14种，自行研制验方生产的中成药有琥珀胶囊、益康胶囊、降脂胶囊、水蛭胶囊、护肝降酶胶囊、颈宁胶囊、溶石胶囊、益肾壮骨丸、扶正抑毒丸、温痹丸、疏肝利胆丸、慢肝抗纤丸、化瘀定痛液、三七胶囊、盆炎净等15种。2001年，县中医医院又根据验方研制胃炎口服液、升白合剂等中成药。至2005年，县中医医院研制中成药31种，经过多年临床检验，这些中成药在健脾益气、清热利胆、益肾活血、化石治瘀等方面取得良好疗效。

三、中药材

1990年，中药材以采集为主。人工种植的中药材有板蓝根、白术、丹参、黄芪、红花、泽泻、生地黄、薏仁、薄荷等20多种，面积30公顷。1991年后，人工种植药材价格低而不稳，品种、面积逐年下滑。至1996年，县内中药材种植面积不足20公顷，品种不到10种。1997年12月，县政府成立中药资源普查领导小组。1998年，经过4个多月的普查，完成野外普查和标本采集。经过资料整理、数据分析，形成《中药资源普查技术报告》和《中药名录》。县内药用资源有133科376种，其中植物类101科338种、动物类32科38种。运西湖圩地区以蒲黄、益母草、墨旱莲、青箱子、芡实、鳖甲、珍珠、地鳖虫为多，中部高平田地区以泽兰、水蛭、鱼腥草、半边莲、蛇莓、蒲公英、紫花地丁为多，东荡地区以蒲黄、泽兰、旋复花、藕节、杜仲、辣蓼、紫背浮萍为多。野生资源药材蕴藏量约365万千克，重点品种有蒲黄、泽兰、芡实、藕节等。家种药材有白术、丹参、红花、泽泻、薏仁等20个品种。2000年，黄浦乡种植板蓝根、丹参、黄芪、白术、生地黄和红花等药材13.33公顷，沿河、射阳湖和鲁垛3乡镇种植丹参5.33公顷。此后，中药材种植品种、面积锐减。至2005年，无专业种植。

第四节　创建省农村中医工作先进县

宝应中医源远流长。清末民国初，流行3个医派，即淮城医派用药刚柔互济，攻补兼施；兴化医派用药偏于辛凉清透；南河医派擅长温补。新中国成立前，初步形成县城、东荡、南乡、北乡四大中医世家。

新中国成立后，特别是改革开放后，宝应中医通过进修深造、以师带徒、专业培训等方法得到继承和发展。90年代初，县中医医院设置基层指导科，负责全县乡镇、村中医业务指导。乡镇卫生院建立中医科，由乡镇卫生院中医业务骨干任科长，负责本院及所辖村卫生室中医管理工作。初步形成县、乡、村三级中医队伍网络、业务技术网络和管理网络。1996年，县政府制定《宝应县中医药事业发展“九五”规划》。1997年，县政府成立振兴中医工作领导小组，在建成市农村中医工作先进县以后，创建省级农村中医工作先进县。

1998年，县政府印发《关于加快中医改革和发展的意见》和《宝应县创建省农村中医工作先进县工作规划》，乡镇政府相继成立振兴中医工作领导小组，县政府与乡镇政府签订目标责任书。县卫生局加强中医宣传和对各医疗单位中医工作进行检查、指导与管理。宝应电视台、宝应人民广播电台和《宝应日报》开展名中医、名医院、名科室和德技双馨老中医事迹宣传。望直港、射阳湖、西安丰等12个乡镇建成中医工作示范乡镇。对415名村卫生室医务人员和乡村医生分6期进行中医业务培训。1999年，举办在职中医药人员中医知识培训班5期，培训288人。组织高中级中医人员编印《农村中医诊疗手册》。该书获1999年市科技进步一等奖。县中医医院更新诊疗设备，乡镇医疗机构改善中医基础设施，加大投入，增强中医药服务功能。建成中医特色专科专病科室16个。其中，县中医医院肝、胆病专科年诊疗1万人次以上；望直港卫生院脾胃病专病中医门诊年门诊量6000多人次，占该院中医门诊总量的近50%。在村卫生室中配备30种以上中成药，并开展针灸、拔火罐等中医医疗业务。

2000年，全县有中医药人员329人（包括西学中、中西医结合人员），其中高级职称18人、中级职称77人。县、乡镇两级医疗机构年门诊总量116.58万人次，其中中医诊疗39.87万人次，占门诊就医人次的34.2%。是年12月，宝应县被省中医药管理局授予“省农村中医工作先进县”称号。

第六章　疾病预防控制

第一节　预防接种

一、计划免疫

1988年，在沿河、氾水、城郊等乡镇实行计划免疫保偿金制度试点，并逐步向全县推广。1989年，县卫生防疫站对流动人口儿童开展计划免疫接种现状调查。调查结果显示全县有0～7周岁儿童7.31万人，其中外出2571人、寄居623人，共3194人，占全县0～7周岁儿童总数的4.4%。在这些儿童中，计划免疫建证率29.8%、建卡率42.7%、“四苗”（卡介苗、脊髓灰质炎疫苗、麻疹疫苗、百白破三联疫苗）覆盖率32.6%。1990年，县卫生局组织县和乡镇防保人员对未按计划免疫程序而漏种的3194名流动人口儿童，进行全面突击追踪补种。1991年，制定创建计划免疫规范化门诊规划。3月，宝应县被抽样参加世界卫生组织、联合国儿童基金会、卫生部联合开展的全国儿童计划免疫接种率目标评审。全县30个乡镇，抽样27个乡镇30个村，走访2405户，调查211名儿童，除下舍乡有1名儿童百白破疫苗接种未合格外，其余均合格。通过评审组实地查看和账、卡、表、册对照认为，宝应建卡率、建证率和卡疤率均为100%，“四苗”无一苗漏种，覆盖率99.5%，超过规定标准14.50个百分点，居全省抽样调查单位首位。1992年，全县实行计划免疫保偿金乡筹乡管。县卫生局首先在城郊、沿河、西安丰等乡镇，开展计划免疫规范化门诊考核、评分。至1995年末，全县30个乡镇防保所计划免疫门诊被认定为市计划免疫规范化门诊。1996年，县卫生局印发《宝应县妇幼保健、儿童计划免疫系列保健保偿金实施细则》，儿童计划免疫、妇幼保健保偿实行统一合同、统一票据、统一报账，保偿金由乡筹乡管改为乡筹县管。是年，相继推广使用流行性腮腺炎疫苗和风疹疫苗，计划免疫保偿率95%。1997年，将乙肝疫苗纳入计划免疫项目，取消卡介苗加强免疫程序，改变麻疹疫苗加强程序及乙脑灭活疫苗、流脑胶糖体菌苗基础免疫和加强免疫程序。1999年，市卫生防疫站对县计划免疫工作进行年终考核，预防接种建卡率、建证率均为100%，“四苗”覆盖率95%以上。2000年起，县内计划免疫信息逐步实行计算机处理。至2005年，县疾病预防控制中心和14个镇全部实行计划免疫计算机信息化管理。脊髓灰质炎、白喉未见病例报告，麻疹、百日咳、乙脑、流脑发病逐年减少。但病毒性肝炎、肺结核等传染病未能得到有效控制。传染病发病率从1986年的50.11/万降至2005年的18.16/万。

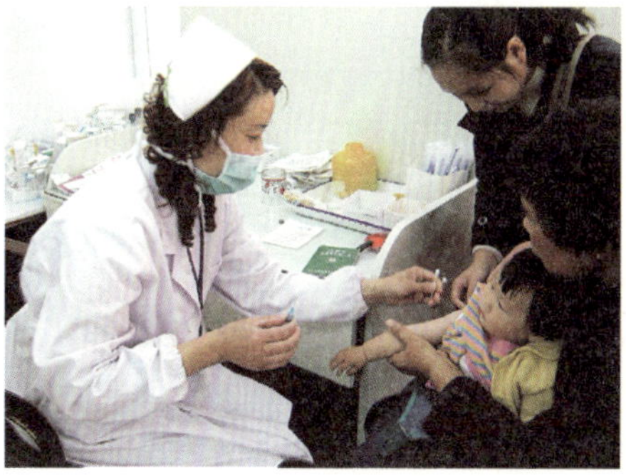

图29-6-1　为儿童免费接种疫苗

1990～2005年宝应县预防接种人数统计

表29-6-1　　单位:人

年份 项目	1990	1991	1992	1993	1994	1995	1996	1997	1998	1999	2000	2001	2002	2003	2004	2005
卡介苗	14041	18196	29561	27703	27919	27039	17545	5239	6445	6590	6956	6798	6650	6727	7803	6615
百白破三联疫苗	45241	42959	13012	10844	13075	10400	11947	6413	13766	13274	13063	14942	15670	14353	15164	16018
小儿麻痹糖丸	46623	42092	112918	74681	54577	88914	70475	71535	39463	12995	23714	19710	19122	20216	20962	21830
麻疹疫苗	14885	14573	22282	22719	24053	10393	15140	15817	34647	13280	12709	11659	12051	12119	12442	12395
流脑疫苗	47929	47595	45167	45084	44702	39032	39212	43240	19797	12320	15040	14649	11327	12088	11781	14571
乙脑疫苗	75114	80425	72754	47905	45754	41794	46483	17296	31970	16865	22418	22433	18746	19017	16508	20742
乙肝疫苗	7436	6491	—	12591	8716	8484	8599	5805	7600	6205	6461	8141	7683	6643	7013	10104
甲肝疫苗	—	—	—	—	—	—	—	11160	18200	16575	15799	—	—	—	—	—
伤寒单价苗	2696	—	59250	61404	—	—	—	—	—	—	—	—	—	—	—	—
伤寒Vi菌苗	—	—	—	—	41118	3451	3287	2000	17081	16363	2576	—	—	—	—	—
精制白喉类毒素	11573	9532	9013	11996	13664	10026	15140	—	2633	—	—	—	—	—	—	—
精制破伤风类毒素	—	9116	1195	1378	—	—	—	—	—	—	—	—	—	—	—	—
白破二联疫苗	13714	16058	12647	11458	—	5419	8037	14843	7517	12519	10046	—	7510	—	—	—
风疹疫苗	—	—	—	—	—	—	—	183	7200	12786	11928	3066	5424	5203	3952	—
腮腺炎疫苗	—	—	—	—	—	—	—	2471	6800	13085	12137	5180	4243	3835	3952	—

二、强化免疫

1990年,全县共查出1~3周岁儿童应服未服糖丸2.69万人,补服2.46万人,补服率91.4%。1991年,对0～6周岁儿童实施强化普服糖丸,应服6.07万人,实服5.85万人,服苗率96.4%。1992年,全县相继贯彻执行《五省消灭脊髓灰质炎联合行动1990～1993年工作方案》和《全国1995年消灭脊髓灰质炎行动计划》,先后开展两轮0～4周岁儿童脊髓灰质炎强化免疫活动日活动。根据省、市《关于开展消灭脊髓灰质炎"扫荡式"免疫活动的通知》精神,对邻近县、市交界地区和城乡接合部的重点乡镇及流动人口较多的集镇等地区,进行两轮0～5周岁儿童消灭脊髓灰质炎免疫活动。1992～2005年,全县先后开展28轮强化普服脊髓灰质炎疫苗,应服儿童73.11万人次,实服儿童70.31万人次,服苗率96.2%。

1990～2005年宝应县脊髓灰质炎疫苗强化服苗情况统计

表29-6-2

项目 年份	第一轮			第二轮		
	应服人数(人)	实服人数(人)	占比(%)	应服人数(人)	实服人数(人)	占比(%)
1990	11661	10315	88.5	—	—	—
1991	60672	58519	96.5	—	—	—

续表 29-6-2

项目 年份	第一轮			第二轮		
	应服人数(人)	实服人数(人)	占比(%)	应服人数(人)	实服人数(人)	占比(%)
1992	50592	44943	88.8	51561	49931	96.9
1993	46479	45775	98.5	49121	47294	96.3
1994	45238	42828	94.7	46668	44173	94.7
1995	40703	38657	95	41065	39853	97.1
1996	36160	34568	95.6	37199	35907	96.5
1997	33148	32376	97.7	33849	33228	98.2
1998	31094	29785	95.8	31792	30424	95.7
1999	6232	6050	97.1	7115	6901	97
2000	35439	35178	99.3	35985	35572	98.9
2001	3067	2899	94.5	3451	3278	95.2
2002	1895	1814	95.7	2159	2104	97.5
2003	1917	1881	98.1	2353	2305	98
2004	2859	2792	97.7	3209	3113	97
2005	24648	23994	97.3	25462	24833	97.5

第二节 血吸虫病防治

一、查螺

1987年，县内实现消灭血吸虫病目标。1990年后，全县坚持长期监测，非流行村建立查螺组，原流行乡镇建立查螺队，每年春季开展查螺，巩固血防成果。至2005年，全县累计用工日22.24万个，调查面积1.38万平方米；开展重点环境螺情监测，铲土筛螺2640筐，动用观察船只6466艘，打捞漂浮物5670.40千克，投放诱螺帘1.50万块，均未发现活钉螺。

图 29-6-2 查螺

二、查病治病

1990年，在流动人口中查出血吸虫阳性病人32人，对查出病人及时给予疗程短、疗效好的吡喹酮治疗。在清理补课、门诊检查中，发现血吸虫阳性病人35人，其中34人被纳入初治病人参与治疗。1997～2004年，均未查出阳性病人。2005年，在流动人口和门诊查病中共检查1420人次，查出阳性病人2人。1990～2005年，全县综合查病共12.05万人次，查出阳性病人183人。累计治疗827人，其中初治180人、复治647人。有晚血病人151人，尚需继续治疗50人。同期，查耕牛2139头次，解剖野鼠376只，查猪355头、山羊325只，均未发现阳性；对流行区7～14岁中小学生累计查病3.88万人次，未查出阳性，无新感染血吸虫病人发生。

1990～2005年宝应县血吸虫病病情监测统计

表29-6-3

项目 / 年份	查病人次数(人次)	阳性数(人)	查病(人)						新阳性			治病(人)		
			流动人口		清理补课		门诊检查		人数(人)	阳性率(%)	累计病人数(人)	人数	初治人数	复治人数
			人数	阳性数	人数	阳性数	人数	阳性数						
1990	13487	67	1328	32	1008	32	2490	3	37	0.3	23849	95	66	29
1991	16377	30	6284	8	397	0	4436	22	23	0.1	23872	39	30	9
1992	8698	23	4619	17	181	0	762	6	18	0.2	23890	32	23	9
1993	9769	16	3821	2	431	0	2430	14	8	0.1	23898	61	16	45
1994	9502	27	5152	5	—	—	3850	22	10	0.1	23908	70	27	43
1995	8450	13	5537	8	—	—	2500	5	13	0.2	23921	43	13	30
1996	6800	5	3270	2	—	—	2800	3	5	0.1	23926	215	5	210
1997	6100	0	4126	0	—	—	1399	0	0	0	23926	45	0	45
1998	3585	0	2820	0	—	—	62	0	0	0	23926	91	0	91
1999	3489	0	1648	0	—	—	62	0	0	0	23926	50	0	50
2000	3078	0	894	0	—	—	35	0	0	0	23926	25	0	25
2001	1947	0	1329	0	—	—	60	0	0	0	23926	30	0	30
2002	1463	0	1224	0	—	—	71	0	0	0	23926	20	0	20
2003	2335	0	2006	0	—	—	20	0	0	0	23926	5	0	5
2004	2506	0	419	0	—	—	23	0	0	0	23926	5	0	5
2005	1420	2	370	1	2004	0	30	1	0	0	23926	1	0	1

第三节　传染病防治

一、消化系统传染病防治

(一)副霍乱

1990年,县内发病1例。1994年,全县有7个乡镇发病7例。这8例副霍乱病例,通过病原菌株血清鉴定,有小川型7例、稻叶型1例,均得到及时诊治。此后,未发现病例。

(二)伤寒

1990年,县内伤寒发病1538例,是1988年4629例的33.2%。此后,全县伤寒发病率逐年大幅度下降。1994年,在重点人群中接种伤寒Vi菌苗,经过连续7年菌苗接种,防治成果显著。2000年,全县伤寒发病60例,发病率0.66/万。2002年起,伤寒发病率持续走低。2005年,伤寒发病9例,发病率0.10/万。

(三)病毒性肝炎

1990年实行病毒性肝炎分型报告。是年发病1245例,发病率13.86/万,其中甲肝发病871例,占病毒性肝炎总数的70%。1991年发病1921例,是病毒性肝炎发病最多的一年,发病率21.38/万,其中甲肝1548例,占80.6%。是年,全县在重点地区采取饮用水、疫点消毒处理,病人隔离治疗等防治措施。县卫生防疫站对疑似病人周围人群及有病人的学校、工厂等单位人群接种甲肝疫苗,遏制病毒性肝炎高发病态势。1992年,对病毒性肝炎开展压春峰、压秋峰防治活动。1994年,病毒性肝炎发病率大幅度下降。1995年,发病566例,发病率6.22/万,其中乙肝262例,占总数的46.3%。1999年,发病230例,其中乙肝143例,占总数的62.2%,乙肝病人首次超过甲肝病人。2000年发病219例,发病率2.39/万。2005年,发病545例,发病率5.92/万。全县病毒性肝炎疫情仍不稳定。

二、呼吸系统传染病防治

(一)麻疹

1990年,全县麻疹发病6例,发病率0.06/万。1991～1992年,局部地区发生小流行,分别为62例和75例。1993年起,全县麻疹发病率一直走低。1997年发病22例,发病率0.25/万。此后,麻疹病处于低发病率。2005年发病16例,发病率0.17/万。

(二)百日咳

1990年发病14例。1995～2000年均无病例报告。2001发病1例。2002～2005年,全县未见病例报告。

(三)流行性脑脊髓膜炎

1990～2005年,该病为间断零星发生,除5年未有病例报告外,其余最多年份3例、最少年份1例,年均发病率0.01/万,达到省、市0.10/万以下控制指标。

(四)猩红热

1990年,全县共发病27例,主要发生在城镇、氾水、山阳等乡镇幼儿园和小学。1991年起,在流行季节,各医疗卫生单位开展宣传猩红热防治知识活动,做到早发现、早报告,及时隔离治疗,重点人群进行预防服药,取得较好效果。至2000年,除1999年无病例报告外,其余年份均为散在发生,最多年份6例,最少年份1例。2001～2005年,共发病5例,年均发病率0.01/万。

三、虫媒及动物源性传染病防治

(一)流行性乙型脑炎

1990年,全县发病18例,发病率0.20/万。1991年,结合爱国卫生运动,开展乙脑防治知识宣传,采用中西医结合,就地隔离治疗,降低病死率。同时,实行乙脑疫苗计划免疫程序接种,做好流动儿童疫苗补种,落实疫点消毒和10岁以下儿童采用中草药预防服药等措施。至1995年,全县累计发生乙脑病例33例,年均发病率0.07/万。1996～2001年,除1997年、1999年无病例报告外,其余4年共发病15例,年均发病率0.04/万。2002～2005年无病例报告。

(二)流行性出血热

1990年,县内报告病例3例,发病率0.03/万。1991年在抗击特大洪涝灾害中,宣传流行性出血热防治知识,动员群众灭鼠、防鼠,加强个人防护,防止或减少感染。当年发病15例,发病率0.17/万。1992～1995年,疫情略有下降,共发病27例,年均发病率0.08/万。1996～2000年共发病6例,除1997年无病例报告外,其他年份1～2例,年均发病率0.01/万。2002年、2005年各发病2例,年发病率0.02/万。

(三)狂犬病

1990～2000年,全县无狂犬病病例报告。2001～2005年,发生狂犬病9例,均死亡。

1990～2005年宝应县部分传染病发生情况统计

表29-6-4　　单位:人

病名＼年份	1990	1991	1992	1993	1994	1995	1996	1997	1998	1999	2000	2001	2002	2003	2004	2005
副霍乱	1	—	—	—	7	—	—	—	—	—	—	—	—	—	—	—
肝　炎	1245	1921	1913	1631	815	566	517	341	258	230	219	211	393	466	453	545
痢　疾	561	810	435	198	418	381	192	93	59	71	73	50	10	22	30	25

续表 29-6-4

年份 病名	1990	1991	1992	1993	1994	1995	1996	1997	1998	1999	2000	2001	2002	2003	2004	2005
伤　寒	1538	893	683	440	431	326	196	133	134	58	60	103	33	28	18	9
淋　病	—	—	—	—	—	—	55	77	154	217	169	31	57	227	208	77
梅　毒	—	—	—	—	—	—	12	21	42	72	92	27	67	27	24	50
麻　疹	6	62	75	4	3	5	1	22	7	2	15	—	22	8	4	16
流　脑	1	—	2	—	2	—	2	3	1	—	1	1	2	1	1	—
猩红热	27	4	5	5	2	6	3	2	1	—	1	1	2	—	1	1
出血热	3	15	5	13	4	5	2	—	1	1	2	—	2	—	—	2
乙型脑炎	18	12	4	8	4	5	4	—	2	—	7	2	—	—	—	—
百日咳	14	4	1	6	2	—	—	—	—	—	—	1	—	—	—	—
狂犬病	—	—	—	—	—	—	—	—	—	—	—	2	2	3	1	1

第四节　结核病防治

一、流行情况

1990年，据县结核病防治所(简称县结防所)门诊资料统计，年内新登记肺结核病424人，其中涂阳(痰涂片检查阳性)病人62例，登记率4.72/万，涂阳新登记率0.69/万。1996～1997年，全县新增肺结核病突发走高，分别达543人、696人。1998～2001年，新增肺结核病人数走低，一般年份发生200人左右。2004年，全县新增肺结核病869例、涂阳422人。2005年，新登记肺结核病人557例，其中涂阳病人317例。根据1990～2005年全县肺结核病疫情状况分析，肺结核病未能得到全面控制。

1990～2005年宝应县活动性肺结核病例登记情况一览

表 29-6-5

项目 年份	年内新登记病人数(人)		病例新登记率(1/万)	涂阳新登记率(1/万)	涂阳检出率(%)
	总人数	痰涂阳病人数			
1990	424	62	4.72	0.69	14.6
1991	469	50	5.21	0.56	10.7
1992	433	47	4.80	0.52	10.9
1993	364	30	4.03	0.33	8.2
1994	413	33	4.54	0.36	8.0
1995	329	33	3.61	0.36	10.0
1996	543	19	5.99	0.21	3.5
1997	696	40	7.66	0.44	5.8
1998	212	29	2.33	0.32	13.7
1999	216	95	2.37	1.04	14.0
2000	234	80	2.56	0.87	34.2
2001	174	54	1.89	0.59	31.1

续表 29-6-5

项目/年份	年内新登记病人数(人)		病例新登记率(1/万)	涂阳新登记率(1/万)	涂阳检出率(%)
	总人数	痰涂阳病人数			
2002	340	149	3.71	1.62	43.8
2003	571	144	6.21	1.57	25.2
2004	869	422	9.47	4.59	48.6
2005	557	317	6.05	3.44	56.9

二、防治措施与效果

1990年对新登记的424名肺结核病人全部给予投药治疗，治愈330人。1991年，根据卫生部有关结核病管理办法规定，全县对肺结核病疑似者、非住院治疗肺结核病人转至县结防所统一确定诊断、督导服药与管理；对住院肺结核病人按全国结核病防治手册规定，统一治疗方案，进行全程督导；对未愈出院病人及时转到县结防所继续实施治疗，完成规定疗程。10月1日起，对全县结核病患者实行归口系统治疗管理，新发现初次菌阳病例，由县结防所实行统一确定诊断、统一治疗管理、统一疗效考核。对结核病诊治实行专人、专室、专用处方、专职医生使用抗痨药品。肺结核病归口管理后，治管疗效显著，但疫情仍严峻。1993～1998年，全县肺结核病痰涂片阳性184例，其中接受全程治疗137例，治疗结束后痰菌转阴127例，痰菌阴转率92.7%。1999年4月，宝应县被确定为省级肺结核病控制项目县。2000年5月，宝应县被卫生部确定为全国加强与促进肺结核病控制项目县，规定肺结核病人治管模式，由县和乡镇联合治管改为县结防所专科门诊直接治管，治管重点为涂阳肺结核病人。是年，县卫生局印发《宝应县实施卫生部加强与促进肺结核病控制项目县细则》，全县肺结核病治管工作更为规范。2001年4月1日开始，县结防所专科门诊对结核病痰检阳性者、新发空洞粟粒性肺结核病人均免费提供抗痨药物。2005年，317名痰涂阳病人经治疗后全部转阴。1990～2005年，全县新登记结核病6844人，均实施投药治疗。有痰涂阳病人1604人，其中施行满疗程规则化疗1381人，转阴率93.1%。

图 29-6-3　县结核病防治工作会议

1990～2005年宝应县肺结核病人治疗管理情况统计

表 29-6-6

项目/年份	年内新登记病人(人)	新登记率(1/万)	投药病人(人)	投药率(%)	疗程结束病人(人)	临床治愈人(人)	治愈率(%)	涂阳结核人(人)	涂阳病人满疗程规则化疗病人(人)	涂阳病人疗程结束痰菌转阴人(人)	痰菌转阴率(%)
1990	424	4.72	424	100	339	330	97.4	62	36	36	100
1991	469	5.21	469	100	420	420	100	50	46	46	100
1992	433	4.80	433	100	407	407	100	47	30	30	100
1993	364	4.02	364	100	293	293	100	30	27	27	100
1994	413	4.54	413	100	321	321	100	33	26	26	100
1995	329	3.61	329	100	329	329	100	33	33	33	100

续表 29-6-6

项目 / 年份	年内新登记病人(人)	新登记率(1/万)	投药病人(人)	投药率(%)	疗程结束病人(人)	临床治愈人(人)	治愈率(%)	涂阳结核人(人)	涂阳病人满疗程规则化疗病人(人)	涂阳病人疗程结束痰菌转阴人(人)	痰菌转阴率(%)
1996	543	5.99	543	100	370	370	100	19	12	9	75
1997	696	7.66	696	100	492	492	100	40	15	13	86.7
1998	212	2.33	212	100	176	159	90.4	29	24	19	79.2
1999	216	2.37	216	100	121	118	97.5	95	78	62	79.5
2000	234	2.56	234	100	149	140	94	80	63	50	79.4
2001	174	1.89	174	100	—	—	—	54	50	40	80
2002	340	3.71	340	100	—	—	—	149	81	65	80.3
2003	571	6.21	571	100	—	—	—	144	121	91	75.2
2004	869	9.47	869	100	—	—	—	422	422	422	100
2005	557	6.05	557	100	—	—	—	317	317	317	100

第五节　麻风病、性病、艾滋病防治

一、麻风病防治

1990年末，全县有麻风病现症病人26例，其中当年新发现6人。此后，每年新发现病人1～2例。1995年，宝应县被卫生部列为中英第二阶段麻风畸残康复试点项目县，由英国麻风病救济会资助项目资金5万元，实施麻风畸残病人自我护理康复504例，其中穿防护鞋67例。经考核，符合项目计划要求。1997年11月，通过省卫生厅考核评审，确认宝应县达到卫生部制定的基本消灭麻风病标准。2000年3月，中英第三阶段麻风畸残康复试点活动开始，英国麻风病救济会资助资金15万元，市卫生局拨款1万元，麻风畸残病人自我护理康复399例，其中穿防护鞋100例。其康复成果受到国际麻风病救济会官员好评。2005年，县内麻风病例零发现，现症病人减至7人，患病率、发病率分别控制在0.10/万和0.05/万以下。

二、性病防治

1988年，全县建立性病登记报告制度。1989年10月，县性病监测中心成立。1990年查出病人65人。1997年，县卫生局对全县11家医疗单位核发性病诊治许可证。1999年，县政府办公室印发《关于进一步加强性病防治工作的通知》，查出性病患者289人。2000年，县卫生局、县公安局联合印发《关于对特殊人群、高危人群性病监测工作的通知》，明确各部门性病防治工作职责，重点对卖淫嫖娼人员强制实行性病检查。是年，先后查出性病患者261人。2001年后，加大性病监测工作力度。至2004年，对性病高危人群监测2100人次，共查出性病病人1189人。2005年查出性病患者127人。1988～2005年，门诊累计登记性病患者2426人，其中查出性罪错病人130人，均予以治疗。

三、艾滋病防治

1997年1月28日，经省艾滋病检测中心确认，县内男性1人呈HIV阳性。患者系河南省人，后返乡接受治疗。同年3月发现2例，其中城郊乡1人(女性)、射阳湖镇1人(男性)，均接受治疗。2000年1月，经省艾滋病检测中心检测发现女性患者1人，系子婴河人。该患者于当年3月死亡。是年，县卫生防疫站根据省、市疾病控制部门统一部署，加强艾滋病疫情监测与筛检。2002～2003年，经筛检确认分别有6名女性和1名男性病人，均接受治疗。2004年，发现女性患者1人，9月死亡。2005年，发现艾滋病患者6人，其中女性2人当年死亡，其余4例均接受治疗。1997～2005年，共发现艾滋病患者18人。

第六节　职业病防治

1990年，贯彻卫生部、农牧渔业部《乡镇企业劳动卫生管理办法》和省《职业病防治条例》《尘肺病防治条例》《劳动保护条例》等文件，强化职业病防治意识。明确体检人员范围从有毒有害作业人员逐步扩大到涉及工业噪音、放射等作业人员，对职业病做到早发现、早防治。1993年起，县卫生防疫站与宝应人民广播电台、宝应电视台联合行动，加强企业劳动卫生和职业病防治工作舆论监督。1995年，县卫生防疫站组织银宝集团挡车工进行听力测试，检查1542人，其中听力正常837人、观察对象102人、听力损伤444人、轻度耳聋154人、中度耳聋4人。体检发现挡车工朱某患双侧外周性耳聋，县卫生防疫站立即下发工种调换通知书。该厂及时将其调到食堂工作。这是县内首例依据国家规定，对患职业禁忌症职工予以调换工种。为减轻噪声对工人健康的损害，银宝集团及时给一线工人发放耳防护塞。2000年，县人大代表对8家国有、私营、外资企业劳动卫生工作进行视察，发现患Ⅰ期矽肺病2人、尘肺病1人、疑似矽肺病9人，并就地召开尘肺病防治专题座谈会，监督企业制定计划、落实措施，增强职业病防治意识，维护职工身心健康。2001年，全县职业病防治工作建立长效机制，职能部门、新闻媒体和企业密切配合，发现问题，及时解决。至2005年，未发生粉尘、噪音、放射等职业病防治问题维权案件。

第七节　其他疾病防治

一、寄生虫病防治

(一)疟疾

1990年，以休止期根治、现症疟疾病人和发热疑似病人治疗为重点，在乡镇居民和流动人口中采取流行季节预防服药(即一防三治压高峰)和防蚊灭蚊等措施。1991年夏季，针对特大洪涝灾害蚊虫易孳生、繁殖的特点，对移居灾民、抗洪民工进行预防服药和居住点环境灭蚊，防止疟疾流行。先后预防服药106.76万人次。当年发生疟疾22例，发病率0.25/万。1992～1994年，全县发生疟疾20例，年均发病率0.10/万以下。1995～1997年，全县未有疟疾病例报告。1998～2000年发病6例，年均发病率0.02/万。2001～2005年共发病14例，年均发病率0.03/万。

(二)丝虫病

1990年，全县丝虫病防治处于监测阶段，对血微丝蚴阳性率较高、晚期丝虫病人较多、既往调查被遗漏的乡镇、村开展复查补课。至1996年，共查29个乡镇，血检6.24万人次，均未发现阳性。1997年10月，市消灭丝虫病考核组检查考核认为，宝应县达到卫生部消灭丝虫病标准。此后，为巩固丝虫病防治成果，至2005年，对18个乡镇(次)、40个村(次)开展病原学调查，未检出血微丝蚴阳性。

(三)肠道寄生虫病

1994年，全县开展全民肠道蠕虫驱虫工作，当年服药5.54万人。1997年7月，选择尚未开展全民驱虫的下舍乡3个村居民进行肠道蠕虫感染情况摸底调查，共检成人1512人，有阳性809人，总感染率53.5%。调查结果显示，下舍乡为肠道蠕虫感染严重地区。至2003年，全县累计有118.90万人次接受肠道蠕虫病治疗。2004年12月，省卫生厅对宝应县肠道蠕虫病防治效果进行考核验收，确认宝应县达到基本控制肠道蠕虫病标准。

二、碘缺乏病防治

1989年开始，县内每年对7～14岁中小学生和重点人群补服碘油丸。1992年，省地方病调查组对西安丰小学学生进行甲状腺肿大复查，共查617人，肿大67人，肿大率10.9%。1996年，建立县碘盐卫生监督监测网络。3月25日开始，全县进行居民食用碘盐普查。同时，全县开展碘缺乏病本底调查，共查1206人，甲状腺肿大者229人，肿大率19%。1998年5月，全县开展碘缺乏病防治效果自查自评，共查学生1129人，甲状腺肿大22人，肿大率2%。是年，碘盐普查表明，全县各层次碘盐样检测合格率均在95%以上。2000年4月，省、市专家组对县内进行消除碘缺乏病考评，确认宝应县达到国家消除碘缺乏病阶段性目标。2001年后，继续对重点人群补碘，开展碘盐卫生监督监测，加强健康教育，提高全民防治意识，巩固碘缺乏病防治成果。1990～2005年，全县累计补碘94.92万人次，其中7～14岁中小学生65.56万人次、重点人群29.36万人次。

三、慢性病防治

全县慢性非传染疾病（简称慢性病）防治工作起步较晚。1997年，县卫生局把慢性病防治纳入全县卫生工作议事日程，成立慢性病防治领导小组和技术指导组，县卫生防疫站设立慢性病防治科。是年6月，县卫生防疫站选择黄塍乡大李庄村为高血压病、脑血管病、糖尿病（简称"三病"）流行病学调查试点。该村1942人，其中15～74岁1614人，实查696人，查出高血压病2例，患病率0.3%；血糖阳性20人，阳性率2.9%；脑血管病4例，患病率0.6%。是年8月，对黄塍、黄浦两乡进行"三病"流行病学调查。两乡总人口5.48万人，实查8649人，其中高血压病632例，患病率7.3%；脑血管病65例，患病率0.8%；糖尿病153例，患病率1.8%。2000年7月，市卫生局确定望直港镇为市级慢性病综合防治工作试点单位。8月，选择望直港镇蛤拖村进行小样本试点，对高危人群676人进行调查，全部建立家庭健康档案。2005年9月，县疾病预防控制中心在氾水、射阳湖、望直港、黄塍、山阳5个镇开展慢性病基础调查，实查4863人，查出慢性病539例，其中高血压393例，占72.9%；冠心病63例，占11.7%；脑卒中24例，占4.5%；糖尿病18例，占3.3%；恶性肿瘤41例，占7.6%。总患病率11.1%，其中高血压占实查人数的8.1%，心血管病1.8%，糖尿病0.4%，恶性肿瘤0.8%，高血压发病数是其他4种慢性病总数的2.70倍。对慢性病侧重于调查和防治知识上的宣传，其正常治疗仍以患者自己为主。

附：抗击非典型肺炎纪略

2002年11月，广东省佛山市发生非典型肺炎（简称"非典"）首例病例，至2003年3月，迅速蔓延到全国各地。4月初，县委、县政府成立县非典型肺炎防治工作指挥部，紧急动员全县人民开展防"非典"工作。根据县政府提出的沉着应对、措施果断、依靠科学、有效防治、加强合作、完善机制的决策要求，各行各业全力以赴、通力协作，基本形成上下联动、职责明确的立体式防御体系。县、乡镇、村成立健康教育小组，强化"非典"防治知识宣传及健康教育活动，做到宣传工作铺天盖地、健康教育人人参加、防"非典"知识家喻户晓。县防"非典"指挥部印发《"非典"防治宣传工作方案》《公共场所监督检查方案》《预防输入性病例工作方案》《防治工作检查督导方案》。县卫生局印发《宝应县非典型肺炎控制预案》《非典型肺炎病例临床诊断标准及推荐治疗预案》《消毒工作指南》和《标本采集与调查提纲》等业务工作材料。4月19日，县级专家组9人作专题授课，培训各级医疗卫生单位相关人员，建立一支纵向到底、横向到边的防"非典"专业队伍，配备专用器械设备、急救车辆、药品等，医务人员全天候待命。县人民医院为非典型肺炎病人集中收治定点单位，县卫生防疫站和城乡22家医疗卫生单位负责对"非典"疫情的监测，并纳入法定报告传染病监测范围，实行每日零报告制度。4月20日，县卫生局、县卫生防疫站、县人民医院分别开通24小时值班电话，随时接受上级指令、疫情信息、群众咨询等。在"非典"防治工作中，突出"堵、控、防、监"几个重点环节。4月20日起，组织公安、卫生、交通等部门，在进出县境的7个交通道口和县汽车站设立检查站，对来自疫区以及途经宝应停留的车辆和人员一律进行登记、体检、车辆消毒。对长途客货车、公交车、出租车和车站、商场、宾馆、饭店等人员聚集场所组织专人每天进行消毒。4月27日起，全县所有文化娱乐场所暂停营业，浴室、休闲中心保留淋浴服务，其他服务项目一律取消，对宴席和聚餐进行申报限制，确保饮食安全。对返乡人员登记、体检、监控、监测、消毒做到5个百分之百。至5月23日，查验出入境人员4万多人次，其中小官庄、柳堡、鲁垛、泾河等乡镇堵截曾与"非典"或疑似病人有过接触的返乡人员4人，实行就地隔离观察。至6月23日，全县未发现“非典”病例和疑似病例。

第七章　卫生保健

第一节　初级卫生保健

1991年1月，县政府召开全县初级卫生保健工作会议，县初级卫生保健工作委员会成立，在县卫生局下设办公室。全县30个乡镇先后成立初级卫生保健领导小组。2月，县人代会审议通过《宝应县初级卫生保健概略规划》，县政府与职能部门和乡镇按照规划目标签订目标责任书，根据序时进度进行定期督查或专项评比。3～5月，县卫生局开展村卫生室基础设施建设、农村合作医疗管理制度、乡村医生队伍、落实初级卫生保健任务检查活动。各村卫生室实现集体办医、村办乡管、队伍稳定、有医有药、能防能治初级卫生保健目标。1992年，初级卫生保健责任部门加强分工协作，县卫生局推进各医疗卫生单位创建等级医院，加强防疫保健队伍建设，完善防疫保健功能；县农经部门落实每年卫生防疫保健经费；物价部门调整和统一村卫生室、合作医疗、预防保健劳务收费标准；县广播电视部门在“两台”开设健康专栏；教育部门把健康教育课纳入学校教学计划；村建、土管部门严格执行建房改厕押金制度；工商、公安等部门协助卫生执法检查。至1994年，县卫生局举办乡村医生培训班5期，培训340人。县政府用于县级医院、卫生单位基础设施建设资金500万元，每年安排改水改厕专项基金30万元。是年底，全县达到国家制定的“2000年人人享有卫生保健”宽裕地区最低限标准，并通过省级评审。1995年5～8月，县卫生局进一步加强乡村两级预防保健网络建设，巩固初级卫生保健工作成果。1996年，县政府印发《宝应县初级卫生保健“九五”计划》。11月，宝应县被省政府授予“初级卫生保健合格县”称号，并经国家计委、卫生部、农业部等部委复核认可。1997年，全县建成17个小康型初级卫生保健合格乡镇、13个基本合格乡镇。1999年3月，宝应县被省政府授予首批“农村初级卫生保健工作先进县”称号。

第二节　妇女保健

一、孕产妇系统管理

1990年，全县有孕产妇1.38万人，产前检查1.12万人，检查率80.6%；产后访视1.10万人，产后访视率79.5%；住院分娩1.11万人，住院分娩率80.4%。1991年完善孕产妇系统管理三级网络体系。县、乡镇配齐专职妇保医生，专门从事孕产妇系统管理。1992年，对孕产妇实施卡片管理制度，为9456名孕产妇建立登记卡，建卡率90.4%。1996年把产后出血纳入孕产妇系统管理，加强对产妇产前、产中、产后观察，确保产妇分娩安全。1999年，孕产妇系统管理工作进一步优化，孕产妇建卡6182人，建卡率99.6%；产前检查6141人，产前检查率98.9%；产后访视5893人，产后访视率94.9%；住院分娩6191人，住院分娩率99.4%。

图29-7-1　县妇幼保健院揭牌仪式

2001年，孕产妇保健工作实行产前5次检查、高危孕妇筛查、住院分娩、产后访视、42天健康检查，还相继开展新生儿疾病筛查和弓形虫、两对半、血糖等检查。2002年3月,县内启动产前筛查,应筛查1415例,实查884例,新生儿疾病筛查率62.5%。2005年,全县有孕产妇6201人,建卡率100%,产前5次检查率99.3%,产后访视率94.2%,住院分娩率100%,产后出血监测率100%,新生儿疾病筛查率80.3%。

二、孕产妇死亡监测

1990年,县围产期保健协作组加强孕产妇死亡监测。是年,孕产妇死亡人数10人,死亡率7.28/万。1992年,孕产妇死亡6人,死亡率5.53/万。此后,孕产妇死亡人数逐年下降。1996年,把产妇产后出血纳入孕产妇死亡监测内容之一,县妇幼保健所制定产后出血监测操作办法,对6787名产妇实施产后出血监测,监测率100%。由于产后出血防治措施规范,产妇死亡率进一步降低。至1999年,无孕产妇死亡。2000年5月,为全面加强孕产妇死亡控制,举办产科质量培训班,有202名妇产(儿保)科医生参加培训。当年,孕产妇死亡率继续为零。2001年,全县建成孕产妇死亡监测网、0～4岁幼儿生命监测网,还增设婴儿出生缺陷监测网。2002年9月,宝应县加入全省"三网"监测电脑网上直报工作。2005年,全县婴儿出生缺陷率稳中有降,孕产妇死亡1人,死亡率1.60/万,与1990年相比下降5.68/万。

1990～2005年宝应县孕产妇死亡与新生儿出生缺陷情况统计

表29-7-1

项目 年份	孕产妇人数(人)	孕产妇死亡人数(人)	死亡率(1/万)	新生儿出生缺陷	
				发生人数(人)	发生率(1/万)
1990	13836	10	7.23	—	—
1991	12884	14	10.87	—	—
1992	10460	6	5.74	—	—
1993	9813	5	5.09	—	—
1994	8956	4	4.47	—	—
1995	8262	3	3.63	—	—
1996	6787	2	2.95	—	—
1997	6616	2	3.02	—	—
1998	6297	1	1.59	—	—
1999	6207	0	0	—	—
2000	6569	0	0	—	—
2001	6661	2	3	32	0.48
2002	5908	0	0	22	0.32
2003	6884	1	1.45	22	0.32
2004	7615	0	0	25	0.33
2005	6201	1	1.61	20	0.32

三、妇女病查治

1990年起,全县实施妇女病查治工作,每个乡镇每年查1～3个村,县直企事业单位按系统分块普查,普查过程中发现疾病及时通知治疗。至1995年,通过妇女病查治,疾病检出率逐年降低。1996年,妇女病查治工作面扩大。至2000年,全县应查妇女27.09万人,实查21.81万人,检查率80.5%,查出患妇科病5.14万人,其中患滴虫性阴道炎2.32万人、宫颈糜烂2.81万人、淋病3人、尖锐湿疣31人、宫颈癌1人、乳腺癌3人、Ⅱ度以上子宫脱垂2人。2001年,全县推行省人口计生委生殖道感染综合防治工程,开展妇科检查、实验室检查等,应查8.72万人,实查6.26万人,检查率71.8%,查出患妇女病9432

人，其中患滴虫阴道炎1298人、宫颈糜烂8133人、宫颈癌1人。2005年，县妇幼保健院组织安宜镇及县直单位开展生殖道感染综合防治工程普查，应查妇女1.89万人，实查1.01万人，检查率53.4%，查出患妇科病3903人，其中患滴虫性阴道炎1112人、宫颈糜烂2787人、尖锐湿疣1人、宫颈癌1人、乳腺癌2人。根据1996～2005年妇女病查治资料分析，发现县内妇科疾病谱发生变化，由原来滴虫、霉菌、子宫脱垂居多，转变成慢性宫颈炎、乳腺疾病、妇科生殖器肿瘤及性病增多。

1996～2005年宝应县妇女病查治情况统计

表29-7-2

年份	应查人数（人）	实查人数（人）	查出妇科病人（人）	滴虫性阴道炎		宫颈糜烂		淋病		尖锐湿疣		宫颈癌		乳腺癌		Ⅱ度以上子宫脱垂	
				例数（例）	治疗（人）	例数（例）	治疗（人）	例数（例）	治疗（人）	例数（例）	治疗（人）	例数（例）	治疗（人）	例数（例）	治疗（人）	例数（例）	治疗（人）
1996	57299	37523	9727	5236	5146	4482	4305	—	—	7	7	—	—	2	2	—	
1997	41784	41784	11504	5661	5567	5831	5560	—	—	11	11	—	—	1	1	—	
1998	38865	38865	9941	5151	4923	4783	4594	3	3	4	4	—	—	—	—	—	
1999	68235	51710	12044	6082	5893	5953	5576	—	—	7	7	1	1	—	—	1	1
2000	64690	48198	8149	1117	1117	7029	7029	—	—	2	2	—	—	—	—	1	1
2001	87200	62563	9432	1298	1298	8133	8004	—	—	—	—	1	1	—	—	—	
2002	65667	24530	7489	2454	2415	5032	4935	—	—	—	—	—	—	—	—	3	3
2003	83513	67835	24646	4807	4807	19838	19838	—	—	—	—	1	1	—	—	—	
2004	66666	17026	3470	365	363	3103	3090	—	—	—	—	—	—	2	2	—	
2005	18901	10123	3902	1112	1112	2787	2787	—	—	1	1	1	1	2	2	—	

第三节 儿童保健

一、托（幼）机构卫生保健管理

1990年，县妇幼保健所对县城幼儿园婴幼儿饮食生活、安全、健康检查、卫生消毒、家长联系等制度进行考核，乡镇防保所对乡镇幼儿园进行考核。1993年，县卫生防疫站、县妇幼保健所联合在县城幼儿园推行幼儿家长学校做法，普及婴幼儿保健和防病知识。1997年，县卫生局举办全县幼儿园保健教师培训班，参加培训300多人。1999年起，县卫生局、县教委执行《江苏省托儿所、幼儿园卫生保健管理办法实施细则》，对全县幼儿园实行卫生保健合格证、工作人员健康证、新生体检合格证等制度。各乡镇中心幼儿园、城区公办幼儿园配齐专兼职保健老师1～2人，配备保健室、隔离室、三用磅秤、消毒柜、紫外线灯、常用药品等。不定期举办幼儿园保健老师、园长培训班，城区幼儿园规定每月5日为卫生保健例会日。2001年，县卫生局对幼儿园进行卫生保健合格评审，全县174所幼儿园有126所合格，合格率72.4%。2005年，全县46所幼儿园有34所卫生保健评审合格，合格率73.9%。1990～2005年，全县先后举办幼儿园保健老师、园长培训班65期。组织幼儿老师健康检查3.10万人次，有传染病者调离工作岗位。

二、婴幼儿保健

1990年1月1日起，全县开展小儿急性呼吸道感染监测，氾水、夏集、城郊、望直港、獐狮荡5个乡镇被列为监测点。是年3月，县儿童保健协作组成立，组织儿科医生培训，指导儿童保健管理工作，婴幼儿保健覆盖率93.6%。1991年，对婴幼儿保健实行系统管理，做好健康检查、体弱儿管理、新生儿访视、早期发育咨询及智力测定等,婴幼儿保健工作正常化、规范化,受到省儿童保健中心表扬。1998年,全县儿童保健门诊扩大服务内容,相继开设眼保健、口腔保健等专科项目。韦镇、下舍、氾光湖3个乡镇被列为市0～4岁婴幼儿生命监测点。1999年,对县城婴幼儿发放保健卡、科学育儿材料等,普及婴幼儿保健知识。2000年,全县0～4岁婴幼儿生命监测点扩至15个乡镇。2001年,婴幼儿保健工作进一步规范化,城乡有专兼职儿童保健医生,实行婴幼儿健康检查、体弱儿管理、新生儿访视、早期发育咨询等系统管理,婴幼儿保健覆盖率95.9%。2005年,婴幼儿保健覆盖率97.2%,比1990年上升3.60个百分点。

1990～2005年宝应县婴幼儿保健情况统计

表29-7-3

年份＼项目	7岁以下儿童数(人)	受检人数(人)	受检率(%)	年份＼项目	7岁以下儿童数(人)	受检人数(人)	受检率(%)
1990	74939	70173	93.6	1998	54225	5286	97.5
1991	81222	75550	93.0	1999	53291	52012	97.6
1992	84918	80292	94.6	2000	49814	49256	98.9
1993	84634	79006	93.4	2001	47179	45236	95.9
1994	82594	78564	95.1	2002	44590	42175	94.6
1995	79021	75786	95.9	2003	42177	41731	98.9
1996	71719	69252	96.6	2004	41879	41477	99.0
1997	60404	5872	97.2	2005	42019	40850	97.2

三、儿童疾病防治

1990年,将儿童营养缺铁性贫血、小儿腹泻、活动性佝偻病、小儿肺炎4种疾病列入防治工作范围。是年11月,世界卫生组织和卫生部妇幼保健专家、领导到县妇幼保健所和獐狮荡乡卫生院,考察小儿急性呼吸道感染监测工作。1991年,宝应县开展世界卫生组织、联合国儿童基金会和加拿大、中国儿童基金会联合资助小儿急性呼吸道感染、龋齿防治项目,在氾水、獐狮荡2个乡镇20个村进行小儿急性呼吸道感染项目监测,疾病监测登记2107人。其中,小儿急性呼吸道感染800人,占38%;腹泻734人,占34.8%;其他疾病573人,占27.2%。在800名小儿急性呼吸道感染患儿中,感冒咳嗽610人,占76.2%;轻度肺炎182人,占22.8%;重症肺炎8人,占1%。此后,儿童疾病防治实行常态化管理。1995年,全县儿童保健门诊全部达市标准化儿保门诊。2001年,县内建成0～4岁儿童生命监测网。2005年,县妇幼保健院对全县在园儿童进行两次龋齿防治,检查1.34万人,防治率75.8%。儿童疾病按顺序排列为乳牙龋齿、活动性佝偻病、湿疹、营养不良、肥胖、贫血。婴幼儿死亡率从1990年1.3%降至0.6%。

附:创建爱婴县和爱婴医院

1994年6月,全县开展创建爱婴县工作,县、乡镇和医疗单位层层建立创建爱婴县、爱婴医院领导小组,并明确专门工作班子。县卫生局设县创建工作办公室。是年7月,印发《宝应县创建爱婴县实施方案》。县人民医院加大投入,改善妇产科条件,提倡母乳喂养,建立妇幼医生、科室责任制等。1995年,县人民医院经过省、市专家检查验收,被确认为国家级爱婴医院。其他医院和乡镇卫生院根据爱婴医院标准排找差距,学习县人民医院经验,完善设施和服务。县卫生局多次邀请省、市有关专家为全县医疗单位负责人和妇产科、儿科、护理业务骨干等进行专业培训。1996年,创建爱婴县活动进入攻坚阶段,县和乡镇政府把创建爱婴县列入年度工作目标。县内4～6个月婴儿母乳喂养率85%。是年末,全县31家有妇产儿科的医疗单位均被认定为县级爱婴医院。1997年起,全面实行母乳喂养统计年报制度。当年婴儿出生至出院纯母乳喂养6030人，占出生婴儿总数的90.6%。是年，宝应县通过省政府专家组对创建爱婴县工作的检查验收。1998年1月，县卫生局对县级爱婴医院核发母婴保健技术服务执业许可证，实行长效管理。2003年，母乳喂养统计年报制度改为4个月母乳喂养情况报告。是年，实查5370人，母乳喂养5358人，其中纯母乳喂养5227人，母乳喂养率、纯母乳喂养率分别为99.8%、97.3%。县妇幼保健院、县第二人民医院通过省卫生厅组织的爱婴医院考核验收。2005年，县内组织婴儿母乳喂养情况检查，实查7105人，母乳喂养6662人，其中纯母乳喂养6329人，母乳喂养率、纯母乳喂养率分别为93.8%、89.1%。

第八章　爱国卫生

第一节　环境卫生

1990年6月，县爱国卫生运动委员会（简称县爱卫会）、城镇政府联合开展“宝城之夏”卫生竞赛活动，全面进行环境卫生整治。城区主要地段基本达到无杂草污物、无垃圾瓜皮果壳、无积水、无碎砖瓦砾、无生活废弃物，下水道通畅。全县医院、卫生院统一规范污水处理，符合规定要求。1991年夏季，遭受特大洪涝灾害，县委、县政府成立抗灾防病指挥部，动员全县人民投入以环境卫生为重点的救灾防疫工作，实现大灾之年无大疫。1993年8月，县政府组织开展城市管理月活动，县卫生局抽调42人，组成7个城市卫生整治监督工作组，进行环境卫生整治监督检查，县城和集镇环境卫生面貌一新。1994年，突出理发美容行业环境卫生监督整治，通过宣传教育、逐户梳理，初步改变消毒设备不配套、从业人员体检率偏低的状况，理发美容行业卫生条件得到改观。1995年，旅馆、浴室等行业通过省卫生城检查团检查，各项卫生指标全部达标。1996年，县城区被命名为省级卫生城。夏集、郭桥、广洋湖、西安丰、柳堡等乡镇被评为市卫生集镇。2000年，医疗单位污水处理基本实现无害化。全县各类社会公共场所环境卫生工作实施档案化管理，524家单位（户）全部按省统一格式建档，环境卫生合格率和从业人员体检率均达95.8%以上。宝应中学、县自来水公司和下舍乡等被评为省爱国卫生先进单位。2002年9月，县爱卫会在全县开展秋季爱国卫生运动，重点加强城市（集镇）道路、绿化、河道、城郊接合部等部位卫生死角清理整治，建立健全健康行为教育、清除白色污染及垃圾倾倒、存放和收集等制度。2003年4月，县爱卫会、县卫生局组织开展春季爱国卫生运动，解决公共卫生和疫情控制问题。2004年，全县春、夏、秋3季开展以清扫环境、清理死角、清除污染为主要内容的群众性爱国卫生运动，推动创建卫生镇、卫生村活动。至2005年，氾水、曹甸、望直港等9个镇被评为市卫生集镇，安宜镇金湾村、渔业村和柳堡镇仁里村等被评为省卫生村，柳堡、夏集2个镇被评为省卫生集镇。

图29-8-1　农村环境整治

专记：1991年救灾防病工作

1991年6月底7月初，接连几场特大暴雨瓢泼而下，农田围水，村庄被淹，洪水茫茫，浊浪排空，垃圾粪便到处漂浮，河水发黑变臭，抗病防疫形势十分严峻。7月初，县政府组织开展救灾防病。

7月3日，县防疫指挥部召开成员会议，要求一边开展城区自来水保护、监测和环境、饮食卫生管理，一边开展农村疫情监测和饮用水消毒。会后印发《关于做好当前洪涝灾害期间卫生防疫工作的紧急通知》，县、乡镇、村成立救灾防病工作领导小组。乡镇召开防病工作三级干部会39次、村主任会49次、卫生室长会71次、其他会议54次，进行全面宣传发动。全县先后开展电视、广播、宣传车宣传456次，出专栏948期，张贴、悬挂标语3.30万条，印发各种宣传材料11.40万份，召开各类群众会2377场次。防疫工作做到家喻户晓。

7月10日，县卫生系统成立抗灾防病指挥部，建立协调工作办公室，组成卫生宣传、卫生防疫、医疗救护、疫情监测、医药供应、系统内救等6条专线，深入灾区，开展防病救护。同时，启动县、乡镇、村三级防保组织网络，投入疫情监测、饮用水消毒。对运西4个乡镇及邻县部分地区转移的10多万名灾民居住的棚户区，县卫生局增派20个防护小分队，组织200多名医疗骨干开展医疗、防疫、宣传一条龙服务。先后发放宣传材料1万多份，治疗病人5000多人次，绝大多数灾民吃上消毒水。棚区每隔50米挖一个粪坑、垃圾坑，及时进行覆盖处理。卫生部门做到人、药、车全天候零距离待命。全县13万名转移群众，没有一名病人耽误治疗，没有发生一起流行病例。7月15日，国务院工作组到宝应检查指导抗洪救灾工作，提出防大疫新要求。次日，县政府召开县部委办局及城镇、郊区有关乡镇负责人会议，部署全面整治环境任务，建立"一排二清三消毒"(即排除积水、清理垃圾、室内外消毒灭杀)责任制。为搞好饮用水消毒，县卫生部门到望直港镇进行调查和试点，并帮助总结饮用水消毒规范化做法，即以生产组配备经培训合格的专职消毒员，实行定户、定缸、定量、定时投药入缸；以乡村医生统一配制消毒母液，每天按时分发，保质保量；村组一户建立一套台账，逐日记载，实行质量控制，做到不漏一户、不漏一缸、不漏一次、不漏一天，剂量准确，方法准确。及时推广望直港镇"一统四定一本账"和"两准确四不漏"的饮用水消毒经验，共配备消毒员4781人，平均每组1.1人；乡镇派到村的指导人员261人；共耗用漂白精片、漂白粉30多吨，统一全县饮用水消毒要求，收到较好效果。同时，开展环境整治与消毒灭杀。水退到哪里，环境整治就到哪里，消毒灭杀就到哪里。乡镇开展卫生突击活动上百次，消毒灭杀工作深入千家万户，蚊蝇密度显著下降。严格加强食品卫生管理。西安丰镇多次组织食品卫生检查，对过期失效、腐烂变质等不符合食品卫生法要求的26个品种405件食品全部销毁。县城60多名防疫人员检查200多个食品生产、销售点，查出33.4吨过期霉变、伪劣食品，并公开在影剧院门前进行销毁。卫生系统建立每日上报疫情制度。开展疫情监测和传染病人隔离收治，发现部分地区肝炎、疟疾略有上升后，卫生部门及时加强隔离收治，做到发生一例、收治一例，村卫生室不截留传染病人。全县伤寒收治率100%、甲肝收治率90%以上。在暴发点和高发区，县、乡镇卫生部门主动展开疫情搜索，进行医学观察，收治疑似病人，对密切接触者注射丙种球蛋白2000人(份)，保护易感人群，有效控制疫情蔓延。

至10月20日，全县卫生系统共组织150多支医疗队、防疫队，直接投入600多名医护人员、150多名防疫人员、1000多名乡村医生，完成抗灾防疫救护任务，受到卫生部，省、市政府和卫生部门及社会各界一致好评。是年，全县未发生急性肠道感染病和食物中毒事故，伤寒、疟疾、乙脑等疾病比1990年分别下降39.7%、68.4%和30%。

第二节　农村改水改厕

一、农村改水

1989年，县政府划拨2万元改水补助经费，推进农村改水。是年8月，市政府在西安丰镇固晋、安丰、吉丰等村召开农村改水流动现场会。1990年，农村改水经费实行"谁收益、谁负担"原则，采取农民自筹为主、乡镇政府和县政府补助为辅办法，新建自来水厂13座。1991年，宝应县改水工作受到时任全国爱卫会副主任陈敏章高度赞扬。他在全国农村改水工作会议上说："江苏省宝应县已经建成44座农村自来水厂,20多万农民吃上自来水。在这次百年未遇的洪涝灾害中,40多家水厂克服重重困难,供应农民经过消毒的饮用水,没有发生水传染疾病流行。”1992年,新建自来水厂15座。1995年,新建自来水厂数创历史新高,达27座。1998年,全县改水工作从追求数量向追求规模、追求升级、追求水质转变。至2000年,全县有水厂197座,受益人口70.66万人,自来水普及率77.6%,基本达到自来水普及县标准。

2001年,县委、县政府将农村改水纳入扶贫工作重要内容,安排18个部门、4个乡镇帮扶10个村提升自来水厂规模,新增受益人口2.59万人。曹甸镇自来水厂被评为省农村先进水厂。2002年,县政府把农村改水工作列入政府100件为民办实事项目。望直港镇政府投入100多万元进行二次改水,将县自来水公司主管道延伸到集镇。泾河镇个体业主投入140多万元,改扩建刘上村康源自来水厂,惠及5个村群众饮水。黄塍镇从盐城引入民资,投入150万元建水厂,有4个村近8000人受益。2003年8月,县政府贯彻省《关于加快推进农村改水工作的意见》,实施农村3年改水攻坚计划,印发《宝应县农村改水实施意见》,县财政安排25万元,结合省财政按受益人口人均25元和市财政按受益人口人均5元的补助资金,全面提高农村自来水质量。至2005年,经过3年改水,新增自来水受益人口14.51万人。1990～2005年,全县累计投入资金1.34亿元,建成集镇水厂28座、村级水厂170座,供水人口90.32万人,占总人口97.1%,完成农村改水目标。

1990～2005年宝应县农村改水情况统计

表29-8-1

项目 年份	新建水厂数 (座)	新增受益人口 (万人)	累计水厂数 (座)	累计受益人口 (万人)	资金投入 (万元)
1990	13	3.73	49	17.84	596.48
1991	22	4.08	71	21.92	653.23
1992	15	6.07	86	27.99	971.07
1993	12	5.03	98	33.02	804.80
1994	22	5.01	120	38.03	800.83
1995	27	6.39	147	44.42	1150.87
1996	25	6.01	172	50.43	1081.80
1997	15	5.96	187	56.39	1072.31
1998	6	6.24	193	62.63	1122.62
1999	4	5.03	197	67.66	905.38
2000	0	3.00	197	70.66	539.32
2001	0	2.59	197	73.25	372
2002	0	2.56	197	75.81	580
2003	1	4.36	198	80.17	909.61
2004	0	4.08	198	84.25	734.94
2005	0	6.07	198	90.32	1092.62

二、农村改厕

1991年4月,县爱卫会组织有关人员到浙江省德清县参观、考察农村改厕工作。1992年,子婴河、氾水、韦镇、沿河等乡镇进行沼气式、三格式、双瓮式、双缸式厕所建设试点,县政府召开流动现场会,推广他们的改厕经验。是年,全县新建沼气式、双瓮式、双缸式、水冲式、三格式厕所190座,拆除露天粪缸改建卫生厕所447座。1993年5月，县农村改厕领导小组成立，用1个月时间，对水泗乡鹅庄村、山阳镇南圩村、鲁垛镇韦庄村、下舍乡下舍村、獐狮荡乡北沙村开展调查，先后调查2553户1.07万人，完成市农村改厕和粪便处理试点县调查任务。1995年，县政府把农村改厕工作纳入年度目标任务，与乡镇政府签订责任状，加快农村改厕速度。至1998年，全县建成家庭卫生户厕4.17万座，农村拆除露天粪缸改建卫生厕所3000多座，沿河乡船闸村、望直港镇吴堡村、城郊乡东升村、山阳镇吴坝村、夏集镇蒋庄村、氾水镇胡成村、射阳湖镇走马坊村等20个村完成农村改厕任务。2000年，沿河乡刘庄村、安宜镇渔场、氾水镇复兴村、泾河乡祝阳村、西安丰镇梁庄村等12个村先后被市爱卫会命名为农村改厕普及村。

2004年5月，县爱卫会、县建设局、县卫生局联合印发《关于加强农村新(翻)建住房配套改厕工作的通知》，各镇把改厕工作纳入村庄规划和新型小城镇建设内容，农村建房全部配套无害化卫生间。至2005年，全县共建成市农村改厕普及村46个，居民家庭卫生户厕9.35万座，城区和集镇新建标准化公共厕所273座。

第三节　除“四害”

1990年，全县开展新一轮除“四害”(老鼠、苍蝇、蚊子、蟑螂)，其中春季和秋冬季开展两次大规模灭鼠活动。1993年5月，省、市除“四害”考核组到城区考核灭鼠工作，城镇被命名为市首批灭鼠先进镇。至1995年3月，氾水镇、夏集镇、曹甸镇、射阳湖镇、郭桥乡被评为市灭鼠先进乡镇。1996年4月，县创建指挥部召开“四灭一禁”工作会议，县成立灭蟑技术指导小组和灭蟑检查监督队。嗣后，举办灭蟑螂技术培训班，培训骨干近100人。9月，城镇和氾水镇采取统一投药、环境整治、去除卵鞘和用水泥、石灰堵塞、抹平洞墙缝隙等措施，开展集中灭蟑螂活动。经市爱卫会灭蟑考核鉴定组检查考核，认为符合国家灭蟑标准，被命名为市灭蟑先进镇。1998年11月，西安丰镇、广洋湖镇被评为市灭鼠达标镇。2003年11月，柳堡镇、曹甸镇被命名为市灭蟑先进镇。2005年8月，经市爱卫会灭蝇效果认定组考核，认为县城灭蝇各项指标基本达到全国灭蝇先进城镇标准要求。

第四节　创建省级卫生城

1995年，成立县创建省级卫生城领导小组及其办公室，分管副县长任创建办主任。组织100多人次到张家港市学习创建文明卫生城市经验。建立健全创建工作网络，建立9个专业组分工负责，协同作战。县卫生局建立联络员制度，加强相关乡镇和有关单位的创建工作指导。县爱卫会开展健康教育、食品卫生、灭害防病等工作，成立健康教育所，开展全民健康教育，做到居民小组有健康教育员、户有健康教育手册、巷有健康教育栏、月有健康教育例会，居民健康教育入户率100%，健康知识知晓率和健康行为形成率90%以上。县城管部门加强社会卫生设施规划建设和市容市貌整治，新建和改造水冲式厕所50座，新砌封闭式垃圾箱150座，建成占地面积分别为1800平方米、2万平方米的垃圾中转站和处理场，做到垃圾日产日清、粪便无害化处理。有关单位和街道实施门前“五包”、门内达标卫生保洁制度。城区除“四害”工作达标，禁养家禽、家畜，摊点划行归市，交通井然有序。环境受到保护，污水被治理，烟尘受控制，噪音被监管，城区绿化覆盖率22.5%，人均占有绿地2.70平方米。11月28日，创建工作通过省验收。1996年3月被命名为省级卫生城。

第九章　卫生管理

第一节　医政管理

一、创建活动

(一)创建文明医院

1990年,城乡医疗单位围绕院容院貌、服务质量等方面开展文明医院创建活动。1992年,把创建等级医院作为创建文明医院活动重要内容。1993年,县人民医院被省卫生厅评为1991～1992年度省文明医院。1998年,县卫生局拓展创建文明医院和文明行业活动内涵,把内部改革、行风建设和社会监督纳入考核细则和评比办法,聘请18名医德医风监督员参与检验创建成果。城乡医疗单位美化、绿化、亮化环境,实行服务公示制、社会承诺制,开展送医下乡、扶贫就医活动等。至2000年,县人民医院、县中医医院被评为市级文明单位,县第三人民医院、县妇幼保健所被评为县级文明单位。2003年,县卫生局被评为市级文明行业。1990～2005年,全县有3家县级医疗单位和12所乡镇卫生院被评为市、县级文明单位。

(二)创建等级医院

1992年,乡镇卫生院开展创建市等级卫生院,县人民医院开展创建省二级医院活动。1993年11月,氾水镇地段卫生院、下舍乡卫生院建成市一级甲等卫生院。1994年4月,县人民医院通过省二级甲等医院评定。是年8月,广洋湖镇、望直港镇、鲁垛镇、泾河乡卫生院和西安丰镇地段卫生院建成市一级甲等医院。至1997年1月,有23所乡镇卫生院分别建成市一级甲等、乙等和丙等卫生院。是年8月,县中医医院通过省二级甲等医院评定。至此,全县33所医院(乡镇卫生院、眼科医院)全部建成等级医院,其中省二级甲等医院2所,市一级甲等医院19所、一级乙等医院7所、一级丙等医院5所。

1992～1997年宝应县创建等级医院情况一览

表29-9-1

单位	评定等级	评定时间	单位	评定等级	评定时间
氾水镇地段卫生院	一级甲等	1993.11	沿河乡卫生院	一级甲等	1995.12
下舍乡卫生院	一级甲等	1993.11	小尹庄乡卫生院	一级甲等	1995.12
县人民医院	二级甲等	1994.4	县第三人民医院	一级甲等	1997.1
广洋湖镇卫生院	一级甲等	1994.8	山阳镇卫生院	一级乙等	1997.1
泾河乡卫生院	一级甲等	1994.8	水泗乡卫生院	一级乙等	1997.1
望直港镇卫生院	一级甲等	1994.8	韦镇乡卫生院	一级乙等	1997.1
鲁垛镇卫生院	一级甲等	1994.8	石桥乡卫生院	一级丙等	1997.1
西安丰镇地段卫生院	一级甲等	1994.8	柳堡乡卫生院	一级丙等	1997.1
县眼科医院	一级甲等	1994.8	中港乡卫生院	一级丙等	1997.1
射阳湖镇地段卫生院	一级甲等	1995.10	曹甸镇卫生院	一级乙等	1997.1
小官庄镇卫生院	一级甲等	1995.10	天平镇卫生院	一级乙等	1997.1
黄浦乡卫生院	一级甲等	1995.10	獐狮荡乡卫生院	一级乙等	1997.1
郭桥乡卫生院	一级甲等	1995.12	县第二人民医院	一级乙等	1997.1

续表 29-9-1

单位	评定等级	评定时间	单位	评定等级	评定时间
黄塍乡卫生院	一级甲等	1995.12	氾光湖乡卫生院	一级丙等	1997.1
芦村乡卫生院	一级甲等	1995.12	长沟乡卫生院	一级丙等	1997.1
夏集镇卫生院	一级甲等	1995.12	县中医院	二级甲等	1997.8
子婴河镇卫生院	一级甲等	1995.12			

二、医疗质量管理

1990年,各医疗单位推行各级各类人员卫生职责、诊疗护理技术操作常规和乡镇(中心)卫生院消毒隔离常规及供应室工作制度,乡镇卫生院全面实行消毒隔离程序和技术操作常规。1991年2月,县卫生局制定各级医师手术范围规定,建立和完善术前讨论、交待、谈话等制度,提高手术质量。1992年,全县开展“三基”训练、“三基”知识竞赛、护士操作大比武和医政“三基”查岗等活动。有1647人分别参加30个专业考试考核,总合格率90%。1996年,全县推广戊二醛消毒液。1997年3月,全县开展医疗安全月活动。1998年,县卫生局召开麻醉工作会议,严格麻醉工作制度和人员职责。县人民医院麻醉科从外科分离,成为独立科室。1999年,19所一级甲等卫生院和县级医院检验科纳入市医学检验中心质量控制范围,县人民医院室内质控和室间质控名列全市前茅。是年,全县停止使用玻璃注射器,全部采用一次性注射器。对使用后的一次性用品,按照消毒隔离办法建立毁形、浸泡或焚烧处理制度,严防交叉感染。2001年,组织正常开展上腹部手术的20所医院(卫生院)“五室”(供应室、手术室、抢救室、分娩室和治疗室)标准化建设,并从功能、建设标准、人员职责、科室制度和技术操作规程等方面进行考核验收。2004年3月,全县卫生系统开展医疗质量安全月活动,通过自查整改、现场评议、监督检查,有17所医院(卫生院)医疗文件书写质量达规范化标准,病历检查合格率90%。

三、执业管理

(一)医疗机构执业管理

1994年,全县先后举办一二级医疗机构院长、社会医疗机构及厂校医务室负责人培训班,学习医疗机构执业标准,填写医疗机构执业申报书,落实国务院《医疗机构管理条例》精神。1998年,县人民医院、县中医医院和乡镇卫生院等33所医院领取医疗机构执业证书。1999年,全县合格的367所村卫生室领取执业许可证。2002年4月,县卫生局印发《宝应县一级医疗机构执业规范管理规定》,进一步规范医疗机构执业资格、执业范围。

(二)医生执业管理

1998年6月,全县对已取得医士及以上专业技术职务任职资格者并曾从事医疗、预防保健工作的1254人(包括医疗、预防、保健机构中离退休人员)直接认定执业资格。1999年9月,组织没有执业医师资格者参加全国首次执业医师统考。全县有205人报名参加临床、口腔、公共卫生、中医科目考试,经实践技能和理论考核考试,有149人合格,合格率72.7%。2000年,县内有185人报考,132人合格,合格率71.4%。2005年,全县有执业医师1114人。

图 29-9-1　医生执业培训

(三)护士执业管理

1995年,组织1994年及是年毕业的大中专护理专业毕业生参加全国护士执业统考,报名26人,全部一次通过,取得护士执业证书。是年12月,县卫生局进行护士执业登记,全县首批直接认定护士执业资格的有384人(包括离退休及不在岗人员),首次注册357人。至2005年,全县通过认定和护士执业资格考试合格

751人,再次注册456人。

(四)个体诊所执业管理

1990年,全县有26家个体诊所。1994年,组织个体诊所人员参加全市统一考试,对19家考试合格者予以登记注册,发放执业许可证。2000年,对个体医生实行医师资格考试,报名参加25人,7人取得助理医师资格。2002年,县卫生局印发《宝应县个体诊所管理规范》。2003年,组织个体诊所22人参加市个体开业考试,21人考试合格。2004年,县卫生局组织个体诊所58人参加开业考试,有12人考试不合格,后经过补考,全部通过。至2005年,个体诊所发展到102家。

四、医疗事故纠纷处理

1988年,县医疗事故技术鉴定委员会成立,负责全县医疗单位医疗事故技术鉴定。1993年5月,山阳镇山阳村卫生室接诊带状疱疹患儿发生医疗事故,经鉴定为利多卡因中毒死亡。1994~1995年,天平、沿河乡卫生院各发生一级医疗事故1起。1998~1999年,小官庄、下舍、石桥等乡镇卫生院共发生3起医疗事故。2003~2005年,县人民医院、广洋湖镇和黄塍镇卫生院各发生1起医疗事故。至2005年,全县共发生400多起医疗事故纠纷,多数由医患双方自行协商解决;经县医疗事故技术鉴定委员会鉴定为二级以上医疗事故9起,均作妥善处理。

第二节　药政管理

一、医院药事管理

1990年,全县各级医疗单位建立健全药品采购、使用、管理制度,保证临床用药质量。1991年3月,县卫生局在全市率先推行村卫生室药品由乡镇卫生院统一代购制度。1996年,在山阳、泾河、西安丰等乡镇分别召开代购药品工作经验交流会。1999年7月,县卫生局查处水泗乡卫生院购药无计划、渠道不正规、药品保管人员工作失职,造成过期药品报损13.35万元问题,对有关责任人作出行政处分和经济处罚,并通报全县。2000年,全县村级卫生室药品代购率90%以上。2003年6月,县政府召开乡镇卫生院为村卫生室代购药品管理工作会议。2004年12月,西安丰镇组织乡村卫生机构一体化管理试点。至2005年,14个镇全部建立村卫生室代购药品管理制度,并聘请药品协管员125人。

二、药品生产与经营管理

1989年,县人民医院制剂室完成净化系统改造。1990年,县内有制药厂1家。县卫生局重新核发医院制剂许可证,县人民医院制剂室和县皮肤病防治院外用药制剂室领取新证,其他医院制剂室被关停。1992年,县制药厂二类新药氨力农注射液获批上市。1993年,县人民医院研制成功气管插管油。县葡萄糖厂获大输液葡萄糖制剂和口服葡萄糖生产许可证。29家供销社开始经营药品零售业务。1994年,县卫生局对外来药品零售实施注册登记送检制度。1995年,县人民医院研制生产肺炎1号口服液。1996年,县中医医院领取中药原粉胶囊剂、丸剂等生产制剂许可证。1997年,实行药品零售企业预先立项审批制度。县人民医院费氏透析液投入生产。1998年,县人民医院配置孟氏液用于消化道出血口服、内镜下注射,氧氟沙星注射液等获批生产并用于临床。至2000年,县人民医院制剂品种达120种。扬州中宝制药有限公司(原县制药厂)生产药品68种,其中片剂18种、糖浆剂10种、大容量注射剂16种、小容量注射剂21种、原料药3种。2002年5月,药品零售市场放开,受理立项申请65份,正式立项26家,发放零售药品经营许可证19份。2005年11月,领取药品经营许可证实行网络审批制度,经网络审批发证8家,变更药品经营许可证4家。至是年末,全县有制药企业1家、药品经营企业132家(其中批发企业1家、零售连锁门店27家、零售企业104家)、医院制剂室3家。

第三节 血液管理

1990年，全县有偿献血量180万毫升。1995年，为提高血液有效率，实行成分输血，成分输血率3%。1996年3月，县中心血库建立，隶属于县人民医院检验科。是年，有偿献血量280万毫升。1997年5月，全县实行统一设置血站、统一管理采供血、统一临床用血制度，所有医疗机构停止采血，临床用血统一由县中心血库采集和供应，在射阳湖、西安丰及汜水3个地段卫生院设立贮血点，保证其周围乡镇卫生院紧急用血。是年，县中心血库从县人民医院检验科划出，直属县献血办公室管理。成分输血率大幅上升，达14%。

1997年8月，全县启动无偿献血，有偿献血量逐步减少。县医药公司职工杨海鸥、王迎春夫妇同时献血，成为全县无偿献血带头人。1998年，全县召开无偿献血工作会议，部署无偿献血任务。西安丰镇组织教师、医务人员、镇村干部及部分农民120人，开展无偿献血。县中心血库通过省中心血库第一周期评审，领取采供血许可证。全县成分输血率25%。无偿献血2053人次，献血量41万毫升。1999年，无偿献血3600人次，无偿献血量占临床用血量的65%。县人民医院成分输血占50%，达国家二级医院标准，被评为市无偿献血先进单位。2000年后，全县无偿献血人次和献血量逐年上升。是年，成分输血率34%。2003年，无偿献血5700多人次，无偿献血占临床用血的90%。2004年，县中心血库人员编制、经费划归市中心血站，宝应成立分站，由市中心血站管理。2005年，无偿献血占临床用血比例105.6%。

图29-9-2　义务献血现场

第四节 经费管理

一、财务管理

1990年，全县卫生财务实行预算管理体制，县财政投入经费310.60万元，由县卫生局统一核算。其中，县卫生防疫站、县药品检验所、县妇幼保健所、县皮肤病防治院、县卫生进修学校为全额预算管理单位，县直医院、乡镇卫生院等医疗机构为差额预算管理单位。县人民医院率先实行挂号、收费、药品、财务计算机网络系统管理。1991年，发生特大洪涝灾害，县委、县政府3次下拨救灾、防病、防疫经费共78.93万元，无偿调拨水泥50吨。1992年，市财政局下拨捐赠款13万元，其中灾区特困单位补助3万元、乡镇卫生院危房建设10万元。1993年，乡镇卫生经费由乡镇财政负担，县直卫生单位经费由县财政负担。1997年8月，县卫生局成立财务审计股，印发《宝应县卫生系统内部审计工作规定》等规章制度，开展财务收支、财经纪律、药品采购等审计及领导干部离任审计，先后审计57家单位，其中县直单位6家。2000年8月，取消全额和差额卫生预算管理体制，卫生经费实行公共卫生事务和卫生机构两大块管理。2000年，全县卫生事业费投入1080万元，是1990年的3.48倍。2002年7月，全县实行会计集中核算。2003年，县、乡财政共计补助“非典”防治经费32.70万元。2004年开始，县财政局对卫生经费实行部门预算，县直单位经费直接由县财政拨付。2005年，全县投入卫生事业费923.40万元，是1990年的2.97倍。各医疗卫生单位全部实现会计电算化。1990～2005年，全县共投入卫生事业费1.24亿元。

1990～2005年宝应县卫生事业经费统计

表29-9-2　　　　　　　　　　　　　　　　　　　　　　　　　　单位：万元

项目 年份	县直卫生事业单位经费										乡镇卫生院	机关事业	合计
	疾病防控	卫生监督	县人民医院	县第二人民医院	县中医医院	妇幼保健	皮肤病防治	药品检验	卫生培训	小计			
1990	43.56	—	56.80	—	5.00	5.34	15.98	2.90	8.30	137.88	142.00	30.75	310.63
1991	45.00	—	67.60	—	10.50	23.10	19.90	2.10	11.90	180.10	169.10	46.40	395.60
1992	40.80	—	61.40	—	13.29	15.10	19.91	2.30	9.90	162.70	158.60	64.39	385.69
1993	38.30	—	71.10	—	18.10	12.20	19.70	2.80	6.50	168.70	150.20	91.90	410.80
1994	50.10	—	165.70	—	26.82	13.50	28.18	3.80	10.00	298.10	220.80	112.42	631.32
1995	52.80	—	135.80	—	38.00	21.30	27.49	4.90	10.10	290.39	254.70	115.31	660.40
1996	64.90	—	185.80	—	47.78	12.60	31.80	5.50	23.50	371.98	298.70	136.30	806.98
1997	74.00	—	149.00	—	61.00	26.10	39.50	7.00	50.00	406.60	278.70	163.30	848.60
1998	77.00	—	107.00	80.70	59.00	17.00	42.00	8.00	23.00	413.70	300.20	249.80	963.70
1999	92.60	—	115.00	83.00	60.00	20.00	61.00	8.00	26.00	465.60	317.75	277.72	1061.07
2000	98.20	—	115.00	82.60	57.00	21.00	47.00	8.00	58.00	486.80	341.10	252.00	1079.90
2001	98.42	—	115.00	83.70	75.00	23.00	49.00	7.50	35.00	486.62	238.21	290.87	1015.70
2002	115.80	—	75.00	75.10	53.60	20.00	32.00	—	55.00	426.50	197.98	350.00	974.48
2003	88.00	45	80.00	90.00	33.00	20.00	70.00	—	25.00	451.00	184.97	335.40	971.37
2004	83.00	78	95.00	30.00	46.00	25.00	70.00	—	14.50	441.50	155.58	334.90	931.98
2005	90.00	140	103.00	36.00	35.00	30.00	20.00	—	50.00	504.00	147.00	272.40	923.40

二、基本建设

1990年，全县医疗卫生单位有房屋建筑面积7.65万平方米，门诊、病房多为平房建筑。此后，乡镇政府按照分级管理职责，采取财政投入、以工(商)助医和多渠道集资办法，加强乡镇卫生院门诊、病房等房屋建设。至2000年，全县基本建设累计投资3849万元，其中设备投资1691万元、人才培训投资170万元、房屋投资1988万元；新建房屋建筑面积3.20万平方米，改造危房近1万平方米；建成门诊楼25幢、病房楼18幢。2001年起，全县基本建设项目陆续投资1.03亿元，建成房屋建筑面积4.32万平方米，改造危房4860平方米。至2005年，全县医疗卫生单位共有房屋建筑面积18.49万平方米，是1990年的2.42倍。1990～2005年，全县卫生基本建设项目投资总额1.42亿元，其中中央补助资金57万元、国债资金50万元、省级投资303万元、市级投资45万元、县财政配套1256万元、乡镇投资331万元、单位自筹1.21亿元。

2005年宝应县医疗卫生单位基本建设统计

表29-9-3

项目 单位	占地面积(平方米)	建筑面积(平方米)		固定资产总值(万元)	
			业务用房面积		房屋建筑物
县人民医院	14718	34953	29721	11193.53	8258
县中医医院	13456	21881	19089	2636.67	2595

续表29-9-3

单位＼项目	占地面积(平方米)	建筑面积(平方米)		固定资产总值(万元)	
			业务用房面积		房屋建筑物
县疾病预防控制中心	2476	2836	1997	274.33	204.16
县妇幼保健院	800	5250	4800	958.49	836.69
县皮肤病防治院	38622	4600	2517	411.40	381.80
县卫生培训中心	5300	4172.66	4173	337.93	283.51
县第二人民医院	4175	9940.46	5000	722.35	614.29
氾水镇中心卫生院	11838	5716	3804	409.62	294.16
射阳湖镇中心卫生院	4560	4702	3328	291.08	166.39
西安丰镇中心卫生院	14007	5050	2365	211.62	124.40
广洋湖镇卫生院	9990	3573	2193	209.50	134.30
水泗卫生分院	16667	1815	1000	49.35	28.80
鲁垛镇卫生院	8085	2840	1564	125.00	54.00
望直港镇中心卫生院	8991	7276	6862	277.38	211.87
曹甸镇中心卫生院	5340	4691	2020	366.61	264.13
泾河镇卫生院	6720	3683	2110	171.78	96.74
柳堡镇中心卫生院	7333	6686	4419	526.13	410.29
县第三人民医院	6500	3556	3156	258.12	145.28
夏集镇中心卫生院	6927	3860.20	2906	130.78	88.00
小官庄镇卫生院	13000	3998	2781	194.66	135.69
沿河卫生分院	12540	4653	3467	304.57	263.15
山阳镇卫生院	7153	5864	2779	262.75	211.93
天平卫生分院	4800	2000	1400	162.60	107.00
獐狮荡卫生分院	4800	2430	1870	97.00	77.00
黄浦卫生分院	3900	3584	2222	167.00	128.00
黄塍镇卫生院	6847	2727	1295	102.23	61.23
下舍卫生分院	3764	3057	2573	154.03	108.78
子婴河卫生分院	4420	2216	1417	67.45	37.25
芦村卫生分院	7000	2582	1582	93.05	69.00
中港卫生分院	4863	2642	1754	121.03	95.22
郭桥卫生分院	10005	2576	1612	139.17	92.29
郑渡卫生分院	4096	2100	1200	117.99	94.47
韦镇卫生分院	3482	2320	1542	57.89	30.20
石桥卫生分院	3254	2057	1463	57.15	39.38
氾光湖卫生分院	4028	2154	1282	40.33	31.02

第三十篇　社会生活

中共十一届三中全会后，在经济加快发展的同时城乡居民生活质量明显改善，生活水平逐步提高，至1992年基本实现初步小康。全县精神文明建设得到快速发展，尊老爱幼、扶贫济困、拾金不昧、助人为乐、见义勇为等成为时代新风尚。2001年，全县实施富民兴镇强县战略，人民生活水平逐步迈向全面小康。2005年，城镇职工年人均工资收入13028元、农村居民年人均纯收入4900元，分别是1990年的8.34倍和8.06倍；家庭消费日趋理性，代表人民生活水平和质量的恩格尔系数（食品消费占生活总消费比重）变化明显，与1990年相比，城镇居民食品消费由56.5%降至47.2%，农村居民食品消费由58.9%降至46.1%，分别下降9.3个百分点和12.8个百分点；居住、医疗保健、交通通信、文教娱乐等方面的消费持续上升，城镇居民由17.9%升至34.2%，农村居民由24.8%升至38.6%，分别提高16.3个百分点和13.8个百分点。

1990～2005年，全县传统生活、生产、岁时、礼仪等风俗习惯逐步演变，形成新特色。语言在保留地方特色的同时，一大批新词语广泛运用，普通话得到进一步推广。民族宗教事务纳入法律法规和政策轨道，青少年教育和老年工作形成制度。

第一章　精神文明建设

第一节　宝应精神

一、宝应精神的形成

中共十一届三中全会后，全县实行改革开放，人民群众迫切期望尽快改变经济社会发展落后状况。1990年，县委、县政府进一步理清发展思路，加快振兴宝应经济。1992年2月，全县贯彻中共中央《关于传达学习邓小平同志重要谈话的通知》(简称谈话)精神，迅速掀起学习谈话的热潮。邓小平关于“发展是硬道理”和“敢闯”“敢冒”“敢试”等重要指示，进一步激发全县人民不甘落后、奋勇争先的斗志。1993年，县委、县政府提出“学苏南、赶沿江、超邻县”的口号，全县涌动起自强不息、奋起直追的开拓大潮。1994年，县委、县人大、县政府、县政协一致认为，顺时应势形成一种催人奋进的宝应精神时机成熟。在总结历史经验和借鉴外地经验的基础上，是年9月，县精神文明建设活动委员会、县委宣传部在全县广泛开展征集宝应精神活动，历时两个多月，收集宝应精神建议近100条。11月，县委决定把“团结拼搏、艰苦创业、开拓争先、务实奋进”作为宝应精神。此后，宝应精神在全县广为弘扬，成为加快发展的强大动力之一。2001年，全县实施“富民兴镇强县、全面推进二次创业”战略，县委根据不断深化改革、又好又快发展的实际需要，决定把宝应精神的文字内容进一步精炼，经县第九次党代会集体酝酿并通过，确定“团结、创新、务实、争先”为新时期宝应精神。

二、宝应精神的宣传

1994年底，宝应精神形成后，城乡各地通过横幅、标语，宝应人民广播电台、宝应电视台开辟专栏，县文联、县文化局组织文化活动，多形式宣传宝应精神。1996年1月，县委宣传部、县文联组织创作歌曲《宝应精神之歌》，特邀南京军区前线歌舞团、省歌舞剧院歌唱家演唱，制成1000盒磁带，分发全县各地。是年7月，《宝应报》复刊后，不定期宣传宝应精神。2001年5月，县委宣传部印发《弘扬宝应精神，推进二次创业，加快实现富民兴镇强县的奋斗目标——宝应精神宣传提纲》，把“团结、创新、务实、争先”新时期宝应精神宣传系统化。是年7月，县委召开“新世纪宝应人新形象”大讨论动员大会，进一步加大宝应精神宣传力度。2002年起，新时期宝应精神宣传与文明创建、先进表彰等活动有机结合，成为宝应人民创业、创新、创优的精神动力。此后，全县每年围绕宝应精神宣传开展多种活动。至2005年，新时期宝应精神宣传从形式到规模、从广度到深度得到进一步发展和升华。

三、宝应精神的影响

1994年后，全县在发扬优良传统基础上践行宝应精神，形成求作为、比贡献、抓落实、促发展的局面。至1999年，宝应有一批专项工作进入全国、全省先进行列，先后建成全国体育先进县、全国科学技术工作先进县、全国扫除青壮年文盲工作先进县、全国农村电气化县、中国荷藕之乡、省首批农村初级卫生保健先进县、省卫生城等。2000～2005年，宝应又先后建成全国城市环境综合整治优秀县、国家级生态示范区、国家有机食品基地示范县、全国无公害农产品生产示范基地达标县、全国计划生育优质服务先进县、全国科普工作示范县和省文明城市、省社会治安安全县、省双拥模范县等。

第二节　思想道德教育

一、社会公德教育

图30-1-1　公民道德教育宣传

1991年，县委、县政府号召全县弘扬团结协作、顽强拼搏、英勇献身的抗洪精神，以当年抗击特大洪涝灾害的先进个人、先进集体为榜样，进行集体主义教育。1994年，全县开展写史立标活动，县教育局等部门以本地革命斗争史实为教材，进行爱祖国、爱家乡教育。1997年，县委宣传部开展"三德"(社会公德、职业道德、家庭美德)教育，宣传一批典型，如望直港镇军师村蒋开昌主动将被火烧瞎双眼的刘四妹接到家中像对待母亲一样服侍，曹甸镇陆庄村葛成发夫妇主动奉养年过七旬的抗美援朝烈士家属20多年等。1999年，全县组织展示新成就、创造新业绩、迎接新世纪活动，加强国情教育和成就宣传。2001年，县委宣传部印发《公民道德教育简明读本》1.50万册，组织全县干部群众学习贯彻《公民道德建设实施纲要》。2002年，全县开展"9•20"全国第一个公民道德宣传日活动，县委宣传部、县文体局、县交通局、安宜镇等10多家单位先后举办全国道德建设先进典型"柳堡二妹子模范民兵班"、"商海骄子芮和荣"事迹报告会和大型展览、演讲比赛、专场文艺演出等活动，进一步强化人们的社会公德意识。2003年，县委宣传部在全县开展"树立宝应精神、塑造宝应形象"大讨论，参加全国公民道德知识答题竞赛，参赛率名列省、市前茅；县总工会、团县委、县妇联举办公民道德知识竞赛和中华传统道德故事述评比赛，安宜镇制作"现代家训"巡回展览，夏集镇召开以法建镇动员大会，县电信公司、县交通局、县供电公司等部门举办道德规范建设骨干培训班。2004年9月20～26日，全县统一开展公民道德宣传教育周活动。2005年，全县有1万名志愿者登记注册，建立10家自愿者服务站，常年开展志愿者服务活动。

二、职业道德教育

1990年，全县开展印刷、书报刊业清理整顿，并逐步展开戏剧演出、娱乐场所等行业专项治理，建立行业服务标准，推行守法经营、文明服务。1992年，围绕贯彻中共十四大精神，各行各业举办报告会、培训班等，加强社会主义市场经济职业道德教育。1994年，全县组织学习《中华人民共和国消费者权益保护法》，县工商局和商贸行业等开展职业道德教育，增强对消费者权益的保护意识。1998年，全县机关、企事业单位、学校参加纪念周恩来百年诞辰活动，回顾、座谈、研讨周总理的公仆精神，强化干部、职工全心全意为人民服务的观念。2000年，全县服务经济的窗口行业开展职业道德标兵竞赛，首次评选并表彰十佳职业道德标兵，推动全县干部、职工提升爱岗敬业精神。2001年，县委宣传部开展爱岗敬业、诚实守信、办事公道、服务群众、奉献社会的职业道德规范教育，推行文明用语，开展优质接待和满意服务活动。是年7月，出租车司机徐洪祥通过失落在车内的证件找到失主，把9600多元现金和3万多元发票归还给乘客，并婉言谢绝酬谢。2003年，全县贯彻《宝应县公民道德教育实施意见》，安宜镇开展"力争'两个'率先，我为安宜作贡献"大讨论；夏集镇在镇村干部中开展"真诚待人、踏实干事、清白为官"的思想道德教育。2004年，全县评选"百城万店无假货示范店"，县国税局、县地税局、宝应工商局、宝应质监局、宝应药监局、县烟草公司等部门及银行业系统对相关企业和个体工商户实行质量信用档案管理制度，进行信誉等级评价。2005年，全县开展"我为共铸诚信作贡献"活动，各级政府和行业管理部门全面实行诚信服务承诺制。

三、家庭美德教育

1990年起，县委宣传部每年开展尊老爱幼、家庭和睦、勤俭持家、邻里团结教育，推行科学、文明、健康的家庭生活方式。1991年，县文教局、县广电局、县妇联、县文联联合举办"同台乐"家庭文艺调演，寓教于乐。1995年，安宜镇举办首届家庭文明节。1998年，全县在县城组织"五好家庭"评选、在农村开展"十星级文明户"评比活动，表彰家庭美德楷模。2001年5月，县委宣传部举办"现代家训"展览。是年底，县教育局印发80个字的《公民道德建设实施纲要》主体内容5万多份，组织小学生为亲朋好友背诵，使10多万人受到公民道德教育；黄塍镇退休干部万国光新编公民道德"千字文"在全镇巡回宣讲。2004年，县委宣传部开展优化工作进家庭试点活动。2005年，望直港、安宜等镇组织评选"好婆媳、好姑嫂、好妯娌、好邻居"活动，推动家庭和睦、社会和谐。

附：全国孝亲敬老之星—— 王步英

王步英　女，汉族，1961年出生，射阳湖镇人。

图30-1-2　　王步英

70年代后期，与母亲瘫痪在床的同村青年沈文明相恋，不顾家人及亲友劝阻，毅然与之结婚。婚后义不容辞地承担起伺候婆婆的责任，每日按时将三餐端到婆婆的床前，经常帮助擦洗身子、更换被褥、涂抹药膏、整理房间，保持窗明几净、内外清洁。节衣缩食省钱给老人治病，无论刮风下雨，还是酷暑寒冬，都及时请医生上门为婆母治病。数十年如一日伺候婆母，赢得邻里乡亲的普遍赞誉。邻居们夸她："她做到了亲闺女做不到的事情，是一个只有上班没有下班的好护士长。"乡亲们都说，如果没有这样的好媳妇，一个40岁就瘫痪在床的人，是很难活到81岁的。2005年4月，获得中央宣传部、全国妇联授予的"全国孝亲敬老之星"称号。

四、爱国主义教育

1990年2月，全县贯彻省委宣传部等部门联合印发的《关于充分挖掘和运用乡镇革命史迹、革命文物，进行爱国主义、社会主义和革命传统教育的通知》精神，研究部署全县挖掘和运用革命史实工作，搭建青少年爱国主义教育平台。至1996年底，全县先后新建和修复苏中公学纪念碑、周恩来少年读书处、郭氏桥战斗纪念碑等。1997年2月18日，经县委、县政府批准，周恩来少年读书处、宝应革命烈士陵园、苏中公学纪念碑、曹甸"四零"烈士墓、郭氏桥战斗纪念碑、江苏宝胜集团、江苏银宝集团为县首批青少年爱国主义教育基地。是年10月8日，经省、市批准，苏中公学纪念碑为省首批青少年爱国主义教育基地，苏中公学纪念碑、周恩来少年读书处、宝应革命烈士陵园为市首批青少年爱国主义教育基地。1998年12月7日，县文明委命名县档案馆为县第二批青少年爱国主义教育基地。2001年，西安丰镇党委、政府和当地群众集资兴建红枫园。是年，经县委批准，红枫园和宝应博物馆为县第三批青少年爱国主义教育基地。是年6月，县委、县政府决定易地新建宝应革命烈士陵园，内设纪念瞻仰、烈士墓、青少年教育、综合服务4个功能区。至2002年清明节，建成并对外开放。2005年底，全县有省级青少年爱国主义教育基地1处、市级3处、县级10处。

1997～2005年宝应县爱国主义教育基地一览

表30-1-1

序号	名　称	级别	获批时间	批准单位
1	周恩来少年读书处	县级	1997.2	县委、县政府
2	宝应革命烈士陵园	县级	1997.2	县委、县政府

续表 30-1-1

序号	名　　称	级别	获批时间	批准单位
3	苏中公学纪念碑	县级	1997.2	县委、县政府
4	曹甸“四零”烈士墓	县级	1997.2	县委、县政府
5	郭氏桥战斗纪念碑	县级	1997.2	县委、县政府
6	江苏宝胜集团	县级	1997.2	县委、县政府
7	江苏银宝集团	县级	1997.2	县委、县政府
8	周恩来少年读书处	市级	1997.10	市文明委
9	苏中公学纪念碑	市级	1997.10	市文明委
10	宝应革命烈士陵园	市级	1997.10	市文明委
11	苏中公学纪念碑	省级	1997.10	省文明委
12	县档案馆	县级	1998.12	县文明委
13	红枫园	县级	2001	县文明委
14	宝应博物馆	县级	2001	县文明委

附:《我送亲人过大江》照片原型——颜红英　颜根兄

图 30-1-3　我送亲人过大江(摇橹者为颜红英)

颜红英　女,汉族,1930年出生。颜根兄　女,汉族,1932年出生。她俩是同胞姐妹,广洋湖镇人。

1949年2月起,颜红英、颜根兄与父亲颜建法驾驶木船拥军支前。3月中旬,她们报名参加渡江训练。4月中旬某日夜间渡江演习时,被敌军舰上的探照灯发现,炮弹落在她俩驾驶的木船旁,颜红英快速将船划入安全水域,使全船战士脱离险境。因此,颜红英的耳朵被敌弹震得几乎失聪,落下终身残疾。4月22日下午,颜红英的木船载着两个班全副武装的解放军战士参加渡江战役,被随军新华社摄影记者邹健东拍下姐妹俩的珍贵历史照片,题名为《我送亲人过大江》。在半月后扬州地区召开的渡江战役表彰会上,颜红英和颜根兄都被评为二等功,后回乡务农。照片在《新华日报》刊登后引起轰动,后被中国革命军事博物馆、南京渡江战役胜利纪念馆收藏。1999年,在纪念渡江战役胜利50周年时,经媒体多方寻找,照片上她俩的身份才为天下所知。

第三节　未成年人教育

1984年10月,县关心下一代工作协会(简称县关协)成立。1993年,撤销县关协,成立县关心下一代工作委员会(简称县关工委),下设基层关工委30个、关工小组346个。2000年后,基层关工委随乡镇区域调整而合并。2005年,全县有基层关工委14个、关工小组337个;有“五老”(老党员、老干部、老革命军人、老退休职工、老模范人物)志愿者2650多人,全县基本形成关心下一代工作组织网络。

一、青少年思想道德教育

1990年,县关协经过调查研究,向县委、县政府提出改进和加强青少年教育工作意见。1993年,县关工委制定未成年人教育工作规划。1995年,县委宣传部印发《关于贯彻〈中华人民共和国国旗法〉意见》,全县中小学校利用升旗仪式和思想道德课对中小学生进行爱国主义和革命斗争史教育。1996年,县委宣传部与县教育局联合在全县中小学校开展爱国主义教育，召开爱国主义教育经验交流会；邀请全国优秀校外辅导员王遐方为中小学生作报告；组织中小学生8万多人参加全国中华正气读书活动，并举办读书报告会11场，获全国中华正气读书活动组织奖学校8所、获教书育人特色奖学校17所。1997年，县关工委开展迎接和庆祝香港回归宣传教育，组建宣讲团、举办图片展和知识竞赛，开展文艺汇演和影视活动。是年，周恩来少年读书处和江苏宝胜集团等7处爱国主义教育基地接待青少年参观10多万人次。1999年，县委宣传部、县关工委、县教委、县文化局印发《宝应县中小学影教结合工作实施办法》，在各所学校每学期放映1～2部爱国主义教育影片。此后6年间，放映《红流》《铁血大动脉》《大战沪宁杭》《二小放牛郎》等影片318部1955场次，中小学生观众65.56万人次。2000年，县关工委组建爱国主义教育报告团22个，作报告1144场，受教育14.42万人次。2005年，全县构建学校、家庭、社会“三位一体”青少年教育网络，实施教书育人、阵地育人、活动育人、环境育人“四项工程”，建立青少年思想道德建设长效机制。县委宣传部与县总工会、团县委、县妇联举办小公民道德建设计划启动仪式，在白田中学进行小公民道德教育情况调研总结并在全县教育系统推广其经验。县关工委开展革命传统教育，组建18个报告团宣讲110场，组织“五老”198人参与校外辅导员活动700多人次，协助组建家长学校328所、举办家长培训班逾1000期。

二、青少年法治教育

1993年起，县委宣传部每年与县工商局、县广电局、县公安局、县文化局联合开展全县文化市场综合整治，先后收缴数以万计的黄书黄碟、非法盗版书刊及音像制品、赌博机等，并公开销毁，优化、净化青少年健康成长的社会环境。1996年，县委宣传部与县司法局联合组织全县中小学生开展“三五”普法学习教育活动。2000年，县委宣传部和县关工委组织法制报告团20个，举办报告会761场，受教育青少年10.54万人次，帮教失足和辍学青少年1500多人。2004年，县文体局聘请“五老”网吧义务监督员86人，加强对未成年人出入网吧监管。2005年，县关工委组建法制报告团16个，报告员100人，宣讲法律知识610场，受教育青少年9.50万人次；建立帮教小组40个，参与帮教志愿者130多人，帮教失足青少年210多人，转化率100%，且无回潮现象。

图30-1-4　未成年人道德法治教育培训

第四节　现代“三大”教育工程

一、现代市民教育工程

1995年前，全县市民教育主要由各乡镇、居民委员会以召开居民会议的形式进行。1996年，县委宣传部与城镇党委、政府开办市民学校，建立市民教育阵地。是年8月23日，全市第一所市民学校在县城城中居委会挂牌开学。市民学校有校委会、教师（聘请辖区有关专业人员和退休教师）、教室、课务安排和教案，开设思想道德、法制、人口家庭、健康知识等课程，有计划、有步骤地开展教育活动。此后，镇各居委会相继建立市民学校。市委宣传部和市文明办在全市推广宝应市民学校经验。至1999年，安宜镇建成23所市民学校。2000年4月，县委宣传部和安宜镇印发《安宜镇现代市民教育实施意见》和活动方案，8所市民学校率先实施公民道德、法制、人口、计划生育、健康教育等集中教育计划，举办各类培训班90期，4500多人参加学习培训，并在县城窑河菜场举办清除白色污染、创造清洁环境主题活动，向市民散发倡议书近1000份，增强市民环境保护意识。2001年，县委宣传部组织学习《现代市民教育读本》，加强市民理论、政策、形势、法律、道德、科普等教育。6～7月，组织县城市民、企事业单位职工近1万人参加现代市民教育知识竞赛。7月1日，县委宣传部、县文明办、县文体局联合举办现代市民心向党家庭演唱会和以家庭美德为题材的首届市民书画展。7月6日，县委宣传部组织开展“新世纪宝应人新形象”研讨座谈活动。安宜镇不老松志愿者服务站组建老干部合唱队、老年健身队和老年腰鼓队，常年开展现代市民教育宣传活动。县直文化单位制定现代市民教育活动服务计划，送文艺辅导、送图书、送电影到小区。2002年8月，安宜镇举办首届社区艺术节，有开幕式、闭幕式、文艺演出、征文比赛、戏曲演唱、广场大家乐、家庭才艺大赛、社区与共建单位联欢、展览等活动，参演参展参赛市民近1000人。此后每年1届。2004年，县委宣传部、县司法局组织开展创建民主法治示范社区活动，创新“四进”（文艺、卫生、科技、法律）社区活动形式，提高现代市民教育质量和效果。至2005年，县城24个社区全面开展市民教育活动，做到组织、领导、计划、措施四落实。

二、现代农民教育工程

1991年2月，全县贯彻中共中央宣传部、组织部《关于在农村普遍开展社会主义思想教育的意见》。3月，在沿河乡进行社会主义思想教育（简称社教）试点。11月，抽调县级机关干部58人组成14个社教工作组进驻长沟、山阳、泾河、曹甸、西安丰、望直港、小官庄、氾水、石桥、子婴河、夏集、郭桥、韦镇、城镇等乡镇，开展社会主义制度优越性、党的基本路线、党的现行农村政策、爱国主义、集体主义、民主法治等教育。翌年，各乡镇全面铺开。在社教活动中，县乡干部、社教队员针对农民普遍关心的问题到联系村组宣讲2028场次，听众近40万人次。各乡镇针对社会现象运用本地典型，编排戏剧、小品、相声、表演唱等文艺节目829个，演出1584场。至1992年底，全县30个乡镇、993个基层党支部为民办实事，新建、修建一批桥梁、公路、敬老院、学校、卫生院、小自来水厂、广播室等。经市委农村社教工作组验收，全县农村社教工作全部合格。1998年5月，县委宣传部与县司法局联合在西安丰镇开展“万家学法”试点，后通过举办宣传、司法干部和普法骨干培训班，全面开展“万家学法”活动。2000年初，县委制定实施新农民教育工程意见，成立新农民教育工程领导小组，在县委宣传部下设现代农民教育工程办公室。是年4月，县委宣传部首先在夏集、西安丰2个镇开展试点，然后全面推行。夏集、西安丰2个镇党委从骨干学习入手，开展村情民意大调查、万人“双思”（思源、思进）大讨论，运用上大课、开讲座、出专栏、演节目、发教材、办演讲等形式教育广大农民。夏集镇党委做法和经验在全市大会上作交流发言。2001年，全县进一步深化现代农民教育工程活动。夏集镇党委选择20名带头致富农民先进事迹，编印《夏集镇现代农民风采录》，分发到各村组；山阳镇党委组成青年销售服务队、农民业余宣传队、计划生育宣传队、科技知识普及队等到村组宣传；望直港、射阳湖等镇分别组建先进典型、现代农民教育宣讲团到村组宣讲；黄塍镇党委到农户开展谈心活动，变“上访”为“下访”。至2002年，举办理论、文化、技术培训班446期，受教育12.60万人次。2003年4月，县委宣传部印发《关于在全县进一步开展现代农民教育工程的通知》，并组织实施新一轮现代农民教育工程目标计划。7月，在沿河、水泗等乡镇分片召开两次座谈会，专题研究新一轮现代农民教育工程。氾水镇开展奔小康万户行主题教育活动；泾河镇举办瓜果蔬菜等方面科技培训班，先后培训1.80万人次；西安丰镇通过丰富多彩的群众文化活动，推进现代农民教育工程。2005年，各乡镇发挥农村基层党校、农民学校作用，结合创建科普文明村、民主法治示范村、环保进农村等活动，对农民进行现代科普知识、法律法规、致富技能教育，提高新时期农民整体素质。

三、现代职工教育工程

1990年，县城近100家企事业单位进行职工政校建设，为开展职工爱国主义、集体主义、社会主义思想教育提供基本条件。1992年，县委宣传部培训企事业单位政工干部600多人，建设现代职工教育工作队伍。1993年，41家新办企业陆续新建职工政校，并开展以企业文化建设为中心内容的职工教育活动。1994年，为动员和引导广大企业职工进一步解放思想，更新观念，理解和支持企业改革，企事业单位围绕“突破五十亿、加快奔小康”目标，开展职工教育活动。1996年9月，围绕企业改制，采取话改革讲形势、谈发展说厂情和加强技能培训、解决职工切身利益等办法,开展企业职工支持改制、投身改制思想教育,先后帮助2.90万人下岗再就业。1998年,县委宣传部连续在企业职工中开展"整体推进、重点突破、再创辉煌""爱我中华、兴我企业、看我贡献"和"建功在'九五'、贡献在岗位""加强道德建设、提高职工素质、展现主人风采"以及"看成就、话改革、争贡献"等主题教育活动,宝胜集团和江苏恒兴麦芽有限公司等一批企业介绍职工教育工作经验。2000年,县委宣传部组织实施现代职工教育工程,在江苏恒兴麦芽有限公司进行抢抓发展机遇、迎接世纪挑战、共创美好未来教育工作试点。是年8月,在该公司召开全县现代职工教育工程现场会,推广其做法和经验。2001年,全县企业组织干部职工学习"三个代表"重要思想,开展现代职工形象大讨论,全面推进现代职工教育。2003年,县内开展学习"三个代表"、力争"两个率先"学习教育活动,各行各业推行服务承诺制。2005年,县委组织全体党员开展保持共产党员先进性教育活动,推动企事业单位加强学习型机关、学习型单位建设,增强广大党员干部、职工的现代服务意识。

第五节　文明创建活动

1990年,全县社会主义精神文明建设活动由县委宣传部负责。县委宣传部每年开展"两个文明"先进单位(乡镇、村、站、所)评选、表彰和群众文化、科技、法制先进乡镇评比、表彰。1994年,全县开展文明城市创建活动。1997年8月,县委成立县精神文明建设指导委员会(简称县文明委),下设办公室(简称县文明办),与县委宣传部合署办公。1998年,全县细化文明创建活动,县级评选、表彰每年1次,市以上评选、表彰每两年1次。至2005年,省、市、县表彰的文明单位、文明行业、文明镇村、文明社区1437个次,十星文明户18万多户次。

图30-1-5　全县"三个文明"表彰大会

一、文明城市创建

1994年,全县启动文明城市创建,首先在县城实施精神文明建设工程。至1995年,县城职工6万人次、居民10万人次投入文明城市创建活动,评选"三优"(优良秩序、优美环境、优质服务)窗口单位30家、"十佳"行业10个、"四职"(敬职、爱职、履职、守职)标兵100人、文明市民50人。1996年,全县把创建省级卫生城作为文明城市创建重头戏,全党动员、全民行动、城乡联动,塑造宝应形象,提升城市品位,改善经济投资环境。是年,宝应被评为省卫生城市。此后,全县从控制秸秆焚烧、加强绿化建设、清除白色污染和建立文明公约等方面,提高文明城市创建水平,力求天更蓝、地更绿、水更清、人更文明。1999年,通过全国城市环境综合整治优秀县验收。2000年,全县组织爱我生态县、共创美好家园环境宣传日活动。2004年,城区成立省级文明城市创建指挥部,强化环境整治和开展长效管理。2005年初,全县召开创建省级文明城市动员大会,抽调骨干加强对创建工作的指导,把思想道德建设贯穿创建文明城市全过程。是年,宝应被评为省治安安全县、省文明城市。

二、文明单位、行业创建

(一)文明单位创建

1990年,全县继续开展文明单位创建活动,年终评比1次,表彰50家单位。至1997年,先后共评选表彰县级文明单位386家次。1998年,县委宣传部、县文明办从领导班子、业务工作、思想道德、文化建设、民主管理、环境整治等方面入手,把创建文明单位活动引向深入。至1999年,全县被评为市级文明单位51家、县级文明单位148家。2000年,县委宣传部、县文明办加大创建文明单位力度,开设创建文明单位业务讲座，宣传县汽车站、拾屯煤矿、公安“110”报警服务台、亚细亚商城等文明单位先进典型，进一步推动创建工作开展。2001年2月，全县有省级文明单位8家、市级文明单位52家、县级文明单位144家。2002年，完善评选细则，围绕服务规范化和群众满意度探索新做法，深化评选细则。将评选内容由物质文明、精神文明扩展到经济发展、领导班子建设、思想道德建设、环境卫生、民主法治建设等6大类18项。2003年，县委宣传部与县廉政办、县优化办联合开展群众满意基层站所和执法大队创建活动，经评比，建成群众满意基层站所35个、群众满意执法大队27个。各系统、各单位普遍开展“文明细胞”工程，把文明班组、文明科室、文明职工创建活动纳入文明单位建设内容。是年，全县有省级文明单位9家、市级文明单位58家、县级文明单位152家。2004年，全县创建工作以增强公民素质教育、文明程度和构建和谐社会为目标，提高文明单位创建要求。1998～2005年，全县共创建省级文明单位35家、市级文明单位223家、县级文明单位621家。

（二）文明行业创建

1998年，县文明委把创建工作从城乡法人单位扩展到各个行业。县国税、地税、金融、工商、公安、交通等系统开展创建文明行业活动，县邮电、供电、卫生等7个行业率先通过省、市文明行业规范验收，9个行业为县文明行业。1999年，全县开展文明行业创建年活动。县金融、国税、地税、供电系统先后开展优质服务百日竞赛、税收与服务同行、满意在地税等活动，提高文明行业创建水平。县人大在县交通、公安、教育、工商、财政、建设、司法等系统和部门开展行风评议，推动行业作风进一步好转。2000年，县委宣传部、县文明办坚持标准、强化指导、严格验收，推进文明行业创建在组织领导、行业效益、文化特色等方面取得新成效。县国税、电信、邮政、气象4个行业被命名为省文明行业，县卫生、地税、交通等10个行业被命名为市文明行业，县国税、电信、邮政、地税、供电、人寿保险6个系统被命名为县文明行业。2004年，全县有11个行业被评为省文明行业、16个行业被评为市文明行业、13个行业被评为县文明行业。至2005年，全县创建省级文明行业28个、市级文明行业38个、县级文明行业39个。

（三）学习型机关创建

2004年，县委、县政府开展学习型城市启动年活动。县委宣传部深入县卫生局、县交通局、县国税局、县劳动和社会保障局、安宜镇展开调研，县教育局、县国税局创建学习型机关经验材料被《扬州宣传》刊用。是年11月，县文明委组织部分单位、乡镇到全国创建学习型单位先进典型徐工集团学习取经。2005年，创建学习型机关活动在全县展开。

三、文明镇村、社区创建

（一）文明镇村创建

1998年，全县启动文明镇村创建活动。是年，建成市级文明镇4个、文明村13个，县级文明镇16个、文明村118个。1999年，县委宣传部、县文明办在夏集镇召开文明村镇创建工作现场会。是年，夏集、氾水镇被命名为省文明乡镇，黄浦曹坝村、夏集双琚村、氾水复兴村被命名为省创建文明村工作先进村。2000年，全县广泛开展文明村镇创建活动，进一步加大经济发展、思想道德、科教文卫、镇容镇貌、和谐社会建设力度，安宜、氾水、夏集、小官庄、望直港、柳堡等6个镇被命名为县级文明镇，小官庄镇南场村等39个村被命名为县级文明村。2002年，县委宣传部制定文明村镇创建工作意见，夏集、柳堡、山阳等镇开展集镇文明一条街创建活动，丰富文明村镇创建活动内容。是年，创建省级文明镇3个、市级文明镇7个、省级文明村6个、市级文明村25个。2003年，全县拓展文明村镇创建活动内容，开展城乡、农工、警民、科教文卫同创共建。2005年，安宜镇渔场村获“全国创建文明村工作先进村”称号。至是年末，全县共建成全国文明村1个，省级文明镇、村27个，市级文明镇、村84个，县级文明镇、村273个。

（二）文明社区创建

1998年6月，启动文明社区创建活动。是年底，经县委政法委、县建委、县民政局、县文化局、县妇联等部门考核验收，县电缆厂住宅小区首获“县文明小区”称号。2000年，安宜镇以白田社区为典型，带动全镇文明社区创建工作。白田社区建有全天候治安巡逻和卫生、保洁、垃圾清理制度，有老年活动室、文化室、阅报栏、老年健身队，每天市民晨练、文艺演出、治安巡逻成为城区独特风景。是年，白田社区被评为县文明社区。2001年5月，县委宣传部召开社区、单位共建文明小区座谈会。翌年，有2个小区被评为市级文明小区。2004年，县委宣传部、县文明办组织“四进社区”和优化工作进家庭试点。至2005年，全县建成省级文明社区1个、市级文明社区7个、县级文明社区16个。

四、文明家庭(市民)评选

1990年，全县开展“五爱”(爱共产党、爱祖国、爱社会主义、爱集体、爱本职工作)“三评”(爱国守法户、五好家庭户、文明户)活动。“三评”要求以爱国守法户为基础，作为“五好”家庭评比必备条件，“五好”家庭又作为文明户必备条件。评比分自报互评、审核小组审核、乡镇政府批准等步骤。至1994年，全县共评选出爱国守法户、“五好”家庭户、文明户4.61万户，其中文明户1.59万户。1995年，在实施精神文明建设“3115”工程中，县城各居委会开展争当文明市民活动，有50名市民被评为县文明市民。1998年初，“五爱三评”活动改为评选“十星”(义务星、致富星、守法星、计生星、和睦星、养老星、教子星、文化星、新风星、卫生星)文明户，在柳堡乡召开评选“十星”文明户活动现场会，并印发《宝应市民文明公约》《宝应市民守则》和《乡规民约》。是年，全县评选出星级文明户10.50万户，参评率53.8%，其中“十星”文明户2.75万户，占星级文明户的26.2%。此后，星级文明户评选由各乡镇每年开展1次。2000年，望直港、安宜等乡镇以创建文化中心户、文化特色户推进“十星”文明户评选活动。全县在评选“十星”文明户基础上开展“十星”文明户标兵评比活动。是年，27人被表彰为县“十星”文明户标兵。1998～2005年，全县累计评选星级文明户60多万户次，其中“十星”文明户18万户次。

附：

宝应市民文明公约

热爱祖国，热爱家乡，团结和睦，文明礼貌。
热爱劳动，勤俭节约，爱岗敬业，诚实守信。
遵纪守法，维护秩序，见义勇为，弘扬正气。
美化市容，绿化家园，讲究卫生，保护环境。
关心集体，爱护公物，热心公益，维护公德。
尊师重教，崇尚科学，自强不息，提高素质。
敬老爱幼，礼待宾客，尊重妇女，助人为乐。
移风易俗，计划生育，健康生活，增强体魄。

宝应市民守则

不随地吐痰，不乱扔杂物，不乱停乱放，不乱贴乱画，不破坏绿化，不损坏公物，不违反交通法规，不妨害公共秩序，不说脏话和粗话，不在公共场所吸烟。

第六节　树文明新风

一、破除陈规陋习

1990年，全县开展“三提倡”(提倡文明、科学、勤俭)、“三反对”(反对赌博、封建迷信、大操大办)活动，推行殡葬改革，在清明节前后集中清理乱埋乱葬。1993年，县、乡联动，对非法宗教活动进行清理整顿，制止封建迷信活动。1996年，县委宣传部组织“三提倡、三反对”、移风易俗典型宣传活动，推广城郊乡红白理事会、泾河乡妇女禁赌协会等群众自治组织的经验。各乡镇、村建立移风易俗理事会、红白理事会、禁赌协会等近1000个。是年，全县殡葬火化率99%。1997年新建骨灰存放室5处、公墓299个、存放墙1座。2000年，县妇联推荐5对新人参加市新世纪大型婚典活动。是年11月，县政府制定民间吹奏管理办法，禁止吹奏黄色庸俗曲调。县文化局、县民政局、县公安局等部门通过以会代训、突击检查等方法，遏制民间吹奏活动中的封建迷信色彩。2001年，全县开展婚育新风进万家活动，倡导婚事从简和生男生女都一样等婚育观。2004年，县委、县政府印发《关于开展"关爱女孩行动"的通知》，县妇联、团县委等部门将关爱女孩与春蕾行动、希望工程有机结合，落实具体关爱措施。2005年，县委宣传部与县妇联组织开展万名妇女学技能、万名妇女学法律、万名妇女学健身、万名妇女学上网等活动，消除男女有"别"的封建残余思想。全县殡葬火化率和公墓安葬率均为100%。

二、弘扬文明新风

(一)尊老爱幼

1993年，安宜镇西港村卖肉老汉薛高清每周向当地敬老院免费送肉两次，从不间断。在他的带动下，同行万德山也加入送肉行动，使敬老院老人隔天就能吃到荤。1995年夏天，韦镇乡柘沟村村民陈云彩利用村小学校舍办起培智学校，免费招收弱智儿童26人，被当地村民誉为弱智儿童的特别"父亲"。1999年，县航运公司退休职工陈鹤琴不仅孝敬公婆，还关爱社区孤寡老人生活起居，不嫌不弃，精心照料，相继"送走"3名老人，被评为县"孝亲敬老十佳之星""县十佳文明市民"，江苏教育电视台作专题报道。至2005年，全县涌现坚持活动30年的小官庄镇赖南小学红领巾敬老队与服侍烈属活到近百岁的夫妇葛成发、黄玉兰等一批先进集体和个人。

(二)扶贫济困

1990年，西安丰镇肖正洪写信给中国儿童少年发展基金会，主动捐助贵州省贞丰县长田乡长田村布依族贫困失学儿童余邦纯每月100元，而给自己在常州上大学的儿子每月仅寄80元，坚持5年，直至余邦纯考入贵州省工业管理学校。1995年，水泗乡刁夷村村民陈锦芳丈夫去世，翌年自己又患胆结石穿孔，村干部得知后自觉捐款，村民主动参与，及时为她凑足救命钱。1996年春节前，曹甸镇周管村个体工商户吉致广向全村个体工商户发出"致富不忘众乡亲、捐款慰问特困户"的倡仪，得到个体工商户30人支持和响应，两天时间为"五保户"、孤儿、烈属和特困户捐款3850多元。1997年春节，在山阳镇承包水面的夏集人老祁，主动捐出7000元和105箱苹果给山阳镇敬老院及部分特困户。是年3月，一位署名"莫寻根"的共产党员向中港乡教育办公室汇寄500元，表达自己"为贫困孩子上学奉献一点微薄之力"的愿望。2001年5月，安宜镇东升村仇长英患病，急需5万元医疗费，村民自发为之捐款，短时间内筹集1.25万元。

(三)拾金不昧

1995年，县检察院干部杨绪登拾到手提包1只，内有1万多元票据和1276.20元现金及价值1.40万元的手机、身份证等。他立即向失主单位和警方报告。丹阳市的失主带着锦旗到宝应领取失物，并送600元表示酬谢。杨绪登夫妇婉言谢绝。1996年2月，夏集镇蒋庄村村民王绍元拾到手提包1只，内有现金1003元、定活两便存单1张计9500元和失主的结婚证、独生子女证等。在其长子帮助下，他当晚步行5里多路送到失主家中。3月，县供电局抄表班职工顾广富拾到皮包1只，内有手机1部、股票7500元、内衣1套等。回家后，他在股票中找到失主的姓名和地址，及时将皮包完璧归赵。夏集供销社职工程维荣打扫店堂时，发现丢弃的烟盒里有一团纸，放开一看是5张存款单计1500元。老程在门前贴出招领启事，连续几天无人认领。老程与高邮市临泽川青储蓄所联系，终于找到失主。原来失主是哑巴，当他拿到失而复得的存单时千恩万谢。5月，县城华联商厦员工姚家明下班时发现自行车旁有1根金手链，价值数千元。她在附近等候1个多小时，未见有人寻找。第二天，她张贴招领启事，失主见到心爱的金手链后激动万分，拿出重金酬谢，被姚家明婉言谢绝。10月，城郊乡兽医站职工鲁东洋外出办事途中，拾到装有2.80万元现金及6万元票据的皮包，经多方寻找，终于将巨款送回失主手中。1999年6月11日，县城西中学刘学慧等3名女学生到邮局寄信，路上拾到2000元现金，拨打"110"电话，在民警帮助下很快将钱归还失主。9月，县武警中队司务长吴猛在徐州开往扬州的双层卧铺客车上发现1部手机，问遍车上乘客无人认领，回中队后经多方联系，终于将价值5000多元的手机交还失主。2000年3月，县城镇中学特困生李春明路上拾到500元现金，一到学校就将钱如数交给老师。8月，县环卫处清洁工潘星凤、王巧兰在楼道保洁时，发现皮包1只，内有手机1部、现金支票3万元和发票、现金、身份证等，当天归还原主。2001年7月，出租车司机徐洪祥发现乘客将包遗落车上，内有9600元现金和3万多元票据。根据包内线索找到失主。失主为表示谢意，印制徐洪祥的2盒名片分发给亲朋好友，介绍大家乘坐拾金不昧好司机的出租车。2003年4月，氾光湖小学学生徐世晨到浴室洗澡，拾到内有3000元现金和信用卡的皮夹，他一直在路边等到夜幕降临，终于等来心急如焚的失主。

（四）助人为乐

1990年，氾水镇牌坊村种养大户华占海致富不忘乡邻，订阅150份《农家致富》发给周边群众，拿出30万元帮扶15户困难家庭脱贫致富。1991年，望直港镇吴堡村青年农民李柳普为抢救脾脏破裂的病人，主动献血350毫升，使病人获得第二次生命，并谢绝800元献血费。柳堡乡郑渡村养殖大户陈瑞仁先后帮扶20多户乡邻进行水产养殖，使他们脱贫致富，还捐款3.50万元给村里建桥、修路、安装自来水、慰问孤寡老人。1995年，柳堡乡柳堡村恒温设备厂厂长夏玉新每年拿出5000元设立烈军属优抚金，还捐资18.90万元帮扶11户贫困户脱贫。1996年春节期间，长沟乡徐庄村在外打工的30多名村民自发筹款1万多元和砖瓦、木料，80多名村民帮工，仅用5天时间就为因病致贫的一户村民建成一栋新瓦房。1997年1月，县晨光化工厂职工鲁连贵在家中听到呼救声，寻声跑到村旁的小河边，跳入冰冷的水中救起86岁的落水老太，背回家中悉心照料，第二天将其送回淮安家中。2000年4月，常州兴荣公司董事长朱剑萍夫妇（望直港籍）得知老家尚未通公路，资助6万元为家乡建成一条水泥路。是年10月，一年轻女子在里运河氾水段投河轻生，船民刘二虎打破传统的“弄船人不救落水人”的旧风俗，迅速救起这位有5个月身孕的女子。2003年11月，县交巡警大队氾水中队民警听说一长途客车上有位孕妇有早产症状，情况紧急，他们立即将孕妇抬上警车，并通知医院做好接产准备，最终使孕妇安全产下一女婴。

（五）见义勇为

1991年夏天，宝应发生特大洪涝灾害。一日凌晨5点多钟，小尹庄乡任庄村五星闸突现险情，凶猛的河水直冲内河，眼看闸口就要崩裂，200多公顷农田岌岌可危，700多户村民生命财产受到严重威胁。村民吴德标见此险情，不顾自己身患严重气管炎，毫不犹豫地扛起草包冲向闸口，冒着被湍急的水流卷入河底的危险，第一个跳入水深流急的河中，10多次潜入河底用草包堵塞漏洞，并与随后赶来的200多名干部群众共同奋斗，终于堵漏除险。1992年3月27日下午，县淮剧团在演出转场途中，发现高邮市三垛镇西河面上2条挂桨船相撞，其中一条船正在下沉，船上7人全部落水。见此情景，指导员孙茂昌和演职员严兆祥、杨杨、孙彰云、李春栋、曹恒圣等人不顾个人安危，立即跳进水流湍急、冰冷刺骨的水中救起5名落水者。1993年6月，青岛市前海污水泵站突然发生作业职工意外中毒事件，加盟北京城建集团的县安装公司驻青岛施工队队长陈玉祥闻讯赶到，面对浓烈的毒气，奋不顾身，上下往返8次，和其他人一道救出4名中毒职工。其英雄事迹受到北京市精神文明建设领导小组和青岛市表彰，县委、县政府号召向陈玉祥学习。1995年6月，城北中学高二学生刘晓剑正在家中吃午饭，听到外面传来呼救声，立即赶赴现场，一头扎进2米深的水中，从水底将小孩托出水面，自己也被赶来的安宜压铸厂工人王洪波救上岸。1999年5月，鲁垛镇鲁庄初级中学初二学生葛文成上学路上，发现大河中有个小孩正在水中挣扎，情况十分危急。他奋不顾身跳入水中，抓住小孩的手奋力游向岸边，顾不得挤干湿漉漉的衣服，将小孩送回家后，悄悄离去。2000年7月，驻厦门海军某部宝应籍战士徐万生临危不惧，将抢劫的士、伤害司机的歹徒当场擒获，使公安部门及时破获一起重大抢劫的士连环案，立三等功。2001年12月，扬州电视台《关注》栏目采访报道县城北中学学生张方友见义勇为事迹。2005年，扬州商业学校宝应籍学生孙玉龙与歹徒英勇搏斗光荣献身，被省政府批准为革命烈士。

附:省见义勇为英雄——陶镇沂

图 30-1-6　陶镇沂

陶镇沂　男,汉族,1947年6月出生,安宜镇人。1996年8月17日晚,家住县城北郊的陶镇沂在户外纳凉。有人发现县糕点厂职工宿舍一职工家中钢瓶液化气泄漏起火,随时可能发生爆炸,危及周围居民生命财产安全。他和原县柴油机厂职工李永昌闻讯后,立即奔跑过去,不顾一切地冲进现场,用力拧紧角阀阻止泄漏,并迅速将钢瓶拎到安全地带。自己却被突然腾起的大火包围,造成大面积烧伤,幸亏左右邻居奋力扑救,并及时将陶镇沂和李永昌送往医院抢救治疗,才得以脱离生命危险。

陶镇沂和李永昌等人的壮举,避免一场恶性爆炸事故的发生,保护了一方居民群众的生命财产安全。县委授予他们"舍己为人英雄"称号,表彰他们奋不顾身的勇敢行为。1998年6月,省政府授予陶镇沂"见义勇为英雄"称号。

第二章　人民生活

第一节　城乡居民收入

一、农民家庭收入

1990年,全县农民年人均纯收入608元,其中经营性收入532元、工资性收入64元、转移性收入11元,分别占87.5%、10.5%和1.8%。

1992年起,全县深化农村经济体制改革,调整优化农村产业结构,大力发展乡镇企业,大批农村剩余劳动力从第一产业转移到第二、第三产业。农民收入逐年增长,并呈现多元化,工资性收入有较快增长。1996年,全县农民人均纯收入升至2803元,其中工资性收入942元,占33.6%,是1990年的14.72倍。

2004年,农村取消农业税和农产品特产税,落实一系列"惠农、支农、扶农"政策,农民家庭收入增速明显加快。全县农民年人均纯收入升至4402元,其中工资性收入2110元,占47.93%,是1990年的37.92倍。2005年,农民年人均纯收入4900元,是1990年的8.06倍,其中转移性收入首次达100元。

1990～2005年宝应县农民年人均纯收入统计

表30-2-1　　单位:元

年份	工资性收入	经营性收入	财产性收入	转移性收入	合计	年份	工资性收入	经营性收入	财产性收入	转移性收入	合计
1990	64	532	1	11	608	1998	1229	1861	12	58	3160
1991	55	465	2	25	547	1999	1300	1849	13	59	3221
1992	214	529	2	11	756	2000	1318	1866	13	68	3265
1993	255	696	2	22	975	2001	1322	2120	14	66	3522
1994	573	849	8	53	1483	2002	1448	2180	20	64	3712
1995	800	1222	8	55	2085	2003	1710	2103	52	37	3902
1996	942	1794	10	57	2803	2004	2110	2144	61	87	4402
1997	1128	1819	10	48	3005	2005	2419	2282	99	100	4900

二、城镇居民家庭收入

1990年,城镇居民年人均可支配收入1184元。其中,非工资性收入290元,占24.5%;工资性收入894元,占75.5%。城镇职工年人均工资收入1562元,是城镇居民家庭可支配收入主要来源。

1993年,全县改革开放进一步深入,按劳分配和社会保险制度进一步完善,城镇居民收入增长打破徘徊局面,城镇居民年人均可支配收入增至2106元,比1990年增长77.9%。城镇职工年人均工资收入2516元,比1990年增长61.1%。1995年,城镇居民年人均可支配收入增至3107元,比1990年增长1.62倍。其中,非工资性收入957元,占30.8%,比1990年提高6.3个百分点。城镇职工年人均工资收入4210元,比1990年增长1.70倍。

1997年开始,县内企业改制力度加大,城镇居民家庭中下岗职工不断增多,城镇职工年人均工资增幅放缓。城镇职工年人均工资收入5123元,比上年只增加369元,比前4年年增工资额少200～500元不等。1998年,县委、县政府实施下岗再就业工程,进一步健全养老、失业、工伤等保险制度,加之工资改革和增资政策兑现等因素,城镇居民家庭年人均可支配收入增至5606元,城镇职工年人均工资收入5433元,分别比上年增长719元、310元。

2000年,城镇居民年人均可支配收入5223元,比上年下降571元,但非工资性收入增长较快,增至2031元,占38.9%,比1995年提高8.10个百分点。2001年,城镇职工年人均工资收入8089元,比上年增加582元,拉动城镇居民年人均可支配收入超过6000元。2005年,城镇居民人均可支配收入突破8000元大关,为8084元,比1990年增长5.83倍。其中,非工资性收入首次超过工资收入,达4260元,占52.7%,比1990年提高28.20个百分点,比2000年提高13.80个百分点。城镇职工年人均工资收入1.30万元,比1990年增长7.32倍。

1990～2005年宝应县城镇居民家庭收入统计

表30-2-2　　　　单位:元

项目 年份	城镇居民 年人均可支配收入	职工年人均 工资收入	项目 年份	城镇居民 年人均可支配收入	职工年人均 工资收入
1990	1184	1562	1998	5606	5433
1991	1495	1759	1999	5794	7019
1992	1617	2004	2000	5223	7507
1993	2106	2516	2001	6006	8089
1994	2720	3304	2002	6049	9212
1995	3107	4210	2003	6850	9749
1996	3887	4754	2004	7412	10839
1997	4887	5123	2005	8084	13028

第二节　城乡居民消费

一、食品

1990年,农民家庭年人均食品支出328元,城镇居民家庭年人均食品支出656元,恩格尔系数(食品消费支出占生活消费支出的比重)分别为58.9%和56.6%。随着城乡居民家庭收入的增加,食品消费由数量的简单增加转向质量的全面提升,主食消费比例逐年减小,副食品消费及服务性消费比重不断增加,恩格尔系数逐年下降。2000年,农民家庭年人均食品支出821元,恩格尔系数42.7%,比1990年下降16.2个百分点;城镇居民年人均食品支出1756元,恩格尔系数49.8%,比1990年下降6.8个百分点。城乡居民食品消费结构从以粮食为主转为以副食为主，消费质量和渠道讲究营养化、方便化。2005年，全县农村居民人均食品消费支出1396元，恩格尔系数46.1%，比1990年下降12.8个百分点。食品消费支出中，主食品（含谷物、薯类、豆类食品）消费330元，占食品消费支出比重23.6%；副食品及其他食品占76.4%，副食品及其他食品成为食品消费的主流。城镇居民年人均食品支出2468元，恩格尔系数47.2%，比1990年下降9.4个百分点。食品消费金额比1990年增长2.80倍，年均增长9.2%。城镇居民年人均消费粮食83千克，比1990年的134千克下降38.1%；猪、牛、羊等肉类和禽类人均消费38.60千克，比1990年的25.50千克增长51.4%；鲜蛋人均消费12.20千克，比1990年的5.30千克增长1.30倍。城乡居民家庭鲜牛奶等绿色食品人均消费量明显增加，各种方便食品、速冻食品、快餐及在外就餐日渐增加。

二、穿着

1990年，城乡居民衣着式样、色彩、料质等与10年前相比发生很大变化，普遍告别"补丁摞补丁、一衣多季"现象，人们的衣着消费观念幡然更新。农村居民衣着人年均支出45元，占生活消费的8.1%；城镇居民衣着年人均支出166元，占生活消费的14.3%。1995年，城乡居民衣着彻底摆脱式样单一、色彩单调、料质粗硬的状况。农村居民衣着人年均支出155元，城镇居民衣着人年均支出394元，分别是1990年的3.44倍和2.37倍。此后，城乡居民衣着超越保暖的需要，农民穿着从色彩、款式到料质不亚于城镇居民。时尚、中高档服饰成为城乡居民穿着的首选，各类品牌服装成为青年男女的追求，每个人分季节服装少则两三套，薄、靓、柔服饰逐步成为城乡居民衣着消费主流。2005年，农村居民衣着人年均支出191元，是1990年的4.24倍；城镇居民年人均衣着支出417元，是1990年的2.51倍。"一季多衣"的人群比例和成衣化趋势大幅攀升，普遍追求着装式样美观、时尚和衣料质地高档、舒适。

三、居住

图30-2-1　农民别墅区

1990年，农村居民人均住房居住面积14.60平方米（为抽样调查数据，下同），年人均住房开支62元。城镇居民人均居住面积11.47平方米，年人均住房开支59元。1995年，随着城乡居民家庭收入持续快速增长和城镇化水平逐步提高，农民居住条件大为改观，人均住房开支215元，农家小楼越来越多。城镇居民居住面积也进入一个新的增长期，人均居住面积上升到12.45平方米。2000年，农村居民住房不仅讲究面积的扩展，更讲究质量的提高和视觉的舒适，室内外装饰装潢越来越讲究。城镇居民人均居住面积升至15.75平方米，比1990年净增4.28平方米。2005年，农村居民人均居住面积36.60平方米，比1990年增加22平方米。其中，人均拥有楼房面积16.30平方米，占居住面积的44.5%；砖瓦平房面积20.30平方米，占55.5%。城镇居民人均居住面积增至23.58平方米，比1990年增加12.11平方米。在百户城镇居民调查中，单栋楼房住宅占7%、普通楼房住宅占13%、三居室占11%、二居室占28%、砖瓦平房占41%。城镇居民住房设施中有洗浴、卫生间的占60%，比1990年的4%净增56个百分点。电话、电视、空调、自来水、液化气等设施普及，住房配套率50%。

四、家庭耐用品

1990年，自行车、缝纫机、钟表和收音机作为城乡居民家庭耐用消费品的"四大件"被淘汰，彩电、洗衣机、摩托车和电冰箱成为新的"四大件"。农村居民家庭用于购买家庭设备等耐用品的人均支出38元，城镇居民用于购买家庭设备等耐用品的人均支出96元。1996年，热水器、电动车、空调等新的耐用消费品逐步走进寻常百姓人家，家庭设备及耐用品消费人均支出农村居民105元、城镇居民355元，分别是1990年的2.76倍和3.70倍。城镇居民家庭开始把彩电由18寸更换为25寸乃至29寸以上，洗衣机由普通型向全自动型转变，摩托车、音响、影碟机、电脑、空调也在一般家庭普及。城乡居民拥有固定电话家庭占42%，液化气用户占32%。城镇居民家庭自来水用户增至94%，农村居民家庭自来水用户增至55.4%。1998年，城镇居民家庭设备及耐用品消费人均支出水平创历史最高，达1940元，比1990年增长19.20倍。1999年，微波炉、电磁炉等新型小家电成为农民家庭消费时尚，农村居民家庭设备及耐用品消费人均支出151元，是1990年的3.97倍。2000年，据百户城镇居民调查，拥有洗衣机94台，电冰箱、冰柜80台，彩色电视机110台，摩托车28辆，音响16套，影碟机32台，家用电脑6台。此后，城乡居民家庭设备及耐用品消费趋于理性，支出平稳，拥有数量持续增加。2005年，据百户农民家庭抽样调查，拥有洗衣机91台、电冰箱46台、空调20台、微波炉25台、热水器24台、摩托车43辆、彩电100台。家用设备的现代化使越来越多的农民家庭梦想成真。每百户城镇居民拥有摩托车25辆，洗衣机96台，电冰箱、冰柜77台，微波炉60台，彩色电视机142台，影碟机56台，录音机、放像机53台，音响25套，空调70台，家用电脑17台。

五、文教、交通与通信

1990年，农村居民家庭人均用于文教娱乐消费55元、交通与通信支出12元，分别占家庭消费的9.9%和2.2%；城镇居民人均用于教育文化娱乐服务方面的消费支出74元、交通与通信支出60元，分别占家庭总消费的6.4%和5.2%。1995年，农村居民家庭人均用于文教娱乐消费123元、交通与通信支出26元，分别是1990年的2.23倍、2.17倍；城镇居民家庭年人均教育文化娱乐服务方面的消费支出181元、交通通信支出66元，分别比1990年增长1.45倍和10%。2000年，农村居民家庭人均用于文教消费256元、交通与通信支出172元，分别比1990年增长3.65倍和13.33倍；城镇居民人均用于教育文化娱乐消费303元，比1990年增长3.09倍，平均年递增15.1%。随着城市生活节奏加快，人们对交通与通信的需求也日显提高，人均交通与通信支出190元，比1990年增长2.17倍。2005年，据百户农村居民住户家庭抽样调查，以教育费用为主的文化教育娱乐消费支出位列农村居民八大消费支出第二位，人均399元，占全部生活消费的13.2%，比居住支出还多142元。百户农民家庭中固定电话90部、移动电话101部，平均每3.80人就拥有一部移动电话。全县农民人均交通与通信服务支出319元，比1990年增长25.58倍。城镇居民用于教育文化娱乐服务消费的人均支出627元，比1990年增长7.47倍，年均增长15.3%；城镇居民人均交通与通信支出356元，比1990年增长4.93倍，年递增12.6%，分别占消费支出的12%和6.8%。

1990～2005年宝应县农村、城镇居民家庭生活消费年人均支出统计

表30-2-3 单位：元

项目 年份	食品		衣着		居住		家庭设备用品及服务		交通和通信		文教娱乐用品及服务		医疗保健		其他商品和服务消费		合计	
	农村	城镇	农村	城镇	农村	城镇	农村	城镇	农村	城镇	农村	城镇	农村	城镇	农村	城镇	农村	城镇
1990	328	656	45	166	62	59	38	96	12	60	55	74	9	15	8	35	557	1161
1991	353	943	44	191	76	63	32	104	14	86	55	106	10	6	9	43	593	1542
1992	350	922	49	175	78	59	32	154	10	65	38	87	16	11	11	32	584	1505
1993	397	1086	36	208	113	675	40	585	11	237	49	578	24	18	13	62	683	3449
1994	590	1422	51	335	126	516	51	1151	17	279	68	731	32	51	15	114	950	4599
1995	774	1659	155	394	215	204	51	159	26	66	123	181	53	77	50	119	1447	2859
1996	1001	1882	117	475	185	310	105	355	57	172	147	272	62	51	37	140	1711	3657
1997	1427	1964	104	470	194	1783	107	1285	61	727	149	1099	55	135	33	202	2130	7665

续表30-2-3

项目 年份	食品		衣着		居住		家庭设备用品及服务		交通和通信		文教娱乐用品及服务		医疗保健		其他商品和服务消费		合计	
	农村	城镇	农村	城镇	农村	城镇	农村	城镇	农村	城镇	农村	城镇	农村	城镇	农村	城镇	农村	城镇
1998	1053	2157	118	421	292	1623	110	1940	69	534	93	1162	54	101	34	216	1823	8154
1999	1039	2244	130	396	353	1161	151	981	73	640	114	1174	46	178	45	270	1951	7044
2000	821	1756	82	257	253	332	60	300	172	190	256	303	137	204	142	183	1923	3525
2001	900	1910	83	313	199	921	77	936	114	869	212	1038	160	221	73	279	1818	6487
2002	900	1744	84	375	208	327	70	299	128	313	221	640	172	175	67	125	1850	3998
2003	974	1990	90	426	279	512	51	445	159	498	298	914	141	261	46	169	2038	5215
2004	1300	2274	146	436	299	518	71	386	250	470	350	1014	155	216	102	161	2673	5474
2005	1396	2468	191	417	257	476	182	312	319	356	399	627	174	332	109	242	3027	5230

第三章　民族宗教事务

宝应是汉族居住区，佛教是县内信众较多的教派。改革开放后，县内外人员流动频繁，少数民族人口比重增加。1990年后，县内民族宗教事业发展较快，民族宗教事务管理日趋规范，少数民族权益和合法宗教活动受到保护。1996年，27个乡镇成立宗教管理小组，对多次违反教规的7人给予批评教育处理。2002年，县民族宗教工作领导小组和县民族宗教事务局成立。是年5月，县委、县政府印发《关于进一步加强宗教工作意见》，进一步明确各乡镇民族宗教工作领导小组职责和乡镇统战干部宗教事务管理职能，建立健全县、乡镇、村（居委会）三级宗教工作网络。2005年，县宗教执法队成立，编制3人。全县民族宗教事务进入正常、有序和法治化轨道。

第一节　民族事务

一、少数民族概况

新中国成立前，县内少数民族只有回族，且人数不多，大多居住在县城。新中国建立后，因工作调动、婚嫁等因素，部分少数民族人员迁入宝应生活。1990年，县内有少数民族16个422人。此后，县内外出务工经商者与少数民族子女通婚后迁入者渐增；外地到宝应务工经商的人群中，也有不少少数民族人员与县内居民联姻成家。至2005年，全县少数民族有回族、壮族、苗族、彝族、土家族、布依族、白族、蒙古族、朝鲜族、傣族、满族、维吾尔族、哈尼族、藏族、侗族、瑶族等29个，共2900多人。在少数民族人口中回族人数最多，达800人；藏族人数最少，只有2人。少数民族人口较多的镇有安宜、氾水、泾河、西安丰、夏集、柳堡、望直港等。

二、少数民族工作

1990年起，县委统战部根据县委、县政府少数民族工作意见精神，陆续制定少数民族困难家庭救助和脱贫致富工作计划。至1995年，先后对12户少数民族生活困难家庭实施救助。是年，利用广播、电视等，宣传《江苏省少数民族权益保障条例》和《江苏省清真食品监督保护条例》（简称两个条例），把少数民族工作纳入依法行政内容。1996年，县内投入资金1.74万元，落实致富项目20个，在子婴河、泾河、水泗等乡镇明确11户少数民族贫困户为第一批重点扶贫对象，当年脱贫致富10户。县委统战部被评为省少数民族扶贫工作先进集体。1997年，全县召开贯彻两个条例座谈会，检查落实两个条例贯彻情况。1999年，县内召开少数民族代表人士座谈会，了解少数民族心声和各项优惠政策落实情况。2002年，县民族宗族局与乡镇民族宗教助理、乡镇民族宗教助理与村干部签订少数民族脱贫致富责任书，帮助21户少数民族困难户当年脱贫致富。2003年，县委统战部、县民族宗教局采取多种形式、多种渠道帮助少数民族困难户解决脱贫问题。在柳堡镇新塘村木业加工厂建立少数民族帮扶基地，吸收少数民族困难户子女6人进厂做工；会同县电信局资助回民李娜在中央民族学院学习费用4800元；筹集资金2万元建立县少数民族子女助学基金会，当年为少数民族贫困子女发放助学金1.16万元。2004年，县内向上争取扶贫资金3.5万元，与15个镇签订帮扶少数民族脱贫致富责任书。当年脱贫致富30户，占全县54个少数民族贫困户的55.6%。

三、民族事务管理

1990年起，县内各单位对回民实行清真伙食补贴；县教育部门实行少数民族子女非义务教育阶段升学加20分和就读县职业中专、高中的学杂费减免一半等优惠政策；县劳动部门实行少数民族人员及其子女优先安排就业等政策，10年内安排少数民族人员及其子女就业126人。1995年，回民马云仙出席省第二届少数民族表彰大会，并被评为省少数民族工作先进个人。2001年，县委统战部开展县内少数民族人员变化情况调查，并登记造册。2004年8月，县民族宗教局会同县公安局、县国保大队和画川派出所联合调查县城兰州清真拉面馆被砸事件，闹事者3人当面认错，并依法处罚1500元罚款。

第二节　宗教事务

一、宗教教派

(一)佛教

东汉末年，佛教传入宝应，后日趋兴盛，有寺庙和佛教组织。新中国建立后，正常的佛教信仰和佛事活动受到尊重和保护。"文化大革命"中，寺庙被拆除，佛事活动停止，1978年起逐渐恢复。1990年，县内有佛教组织和定点佛事活动。县内信仰佛教者众多，每月农历初一、十五和佛教节日，是信众到寺庵烧香拜佛和做佛事的日子。时有居士近100人。1992年，撤销8个片区，重新组建为14个佛教小组。在僧尼中实施会员证和佛事许可证制度，共发放两证3600本。1993年，召开县第一届佛教代表会议，成立县佛教协会，并选举产生第一届理事会，明波法师当选会长。推荐优秀年轻僧尼4人进佛学院学习，组织居士27人受五戒。2003年7月，县佛教协会换届，贤愿法师当选第二届理事会会长。一批中青年佛教职业人员担任常务理事、理事等。是年，根据县政府《关于在全县农村推行佛事进点的意见》，开展佛事专项治理，规范佛事活动秩序，撤销佛事督查组，解散稽查人员16人，首批认定佛教教职人员72人；废止和收缴佛事许可证和会员证791本，处理严重违规违戒的僧人和协会会员10多人；严肃处理射阳湖、广洋湖等镇4起少数村民非法建庙问题；选送佛教职业人员10人到宝华山受具足戒。2005年，县内有庵堂、寺庙48座，有居士8万人、教职人员120人、五戒人员800多人。

(二)伊斯兰教

清代起，县内回民多从山东济南、镇江、扬州、淮阴等地迁居而来，其时建有清真寺1座。新中国建立后，伊斯兰教活动受到党和政府重视。"文化大革命"期间，教会活动一度停止。1979年，伊斯兰教活动恢复。1990年，县内有伊斯兰教信徒60多人。1993年，清真寺管理小组成立，并制定组织、财务、活动等规章制度。1997年，县政府出资3万元，收回县城南门外罗巷口清真寺。2001年，县政府重建罗巷口清真寺。2005年，县内有清真寺1座，有伊斯兰教阿訇1人、教徒500多人。

(三)基督教

清光绪年间传入县城，解放前夕有教徒70多人。新中国建立后，成立中华基督教学习小组等。"文化大革命”期间，教会活动一度停止。80年代后期，基督教信仰者增多。至1990年，县内有基督教徒1600多人。1993年，县委统战部等部门认定基督教教职人员8人。1996年11月，县基督教自治自养自传爱国运动委员会、县基督教协会成立，吴之瀛当选县基督教协会会长。至2005年末，县内有基督教活动场所17处，有基督教信众2000多人，其中长老2人、传教人员8人、义工传道员15人、义工156人、受洗信徒150人。

二、宗教场所建设与修复

1992年，扩建小官庄基督教活动场所1处。成立重建宁国寺筹备处。1993年，兴建汜水、曹甸佛教活动场所2处；县城水门桥圆通禅寺修复竣工，对外开放。1994年，实施宁国寺附近文化用品厂拆迁。1995年，修建柳堡镇福田庵和县城基督教教堂。1999年，依法收回佛教房产（猪鬃厂）和原清真寺房屋。是年4月，宁国寺大雄宝殿开工兴建。2001年，举行宁国寺大雄宝殿落成暨佛像开光仪式。是年，原址新建清真寺。2002年，曹甸、泾河、汜水分别设基督教临时活动场所，取消私设点。夏集潼口寺、山阳观音庵新建殿堂，翻新改造清真寺门楼和走廊。2004年，聘请专业规划设计人员对全县13座佛教寺庙进行统一规划、设计，新建西安丰、广洋湖、汜水基督教教堂。2005年，县政府落实城区基督教新堂址。

图30-3-1　宁国寺

三、宗教事务管理

1991年，县委统战部、县公安局联合行动，取缔台湾不法人员在县内擅自设立的20个基督教聚会点，并责令其限期离境。1992年，组织僧尼开展评比表彰活动，365人参加评选，表彰先进僧人26人。1993年，县、乡联动，查处天平、郭桥2个乡镇假僧、假道和汜光湖乡私设小庙骗取群众钱财等行为。县委统战部指导佛教、基督教、伊斯兰教制定组织、财务、安全等项规章制度，协助县佛教协会举办第一期佛教人员培训班，系统学习党的宗教政策和国家宗教法规，参训者86人。1995年，依法对全县35处宗教活动场所进行调查，其中依法登记27处、临时登记4处、暂缓登记2处、不予登记2处。取缔浙江箫山市“小群派”地下聚会点骨干在小尹庄乡的非法传教活动和泗洪县“呼喊派”地方教会在长沟乡合心庄的违法活动，摧毁非法组织“被立王”在黄浦、城郊2个乡的据点。1996～1997年，县委统战部、县公安局联合查处和取缔非法组织“对灵重建教会”在汜水、石桥、沿河、望直港等地的6个活动点和邪教头目左坤在大陆印刷非法宣传品黑窝点1个，依法劳教4人、行政拘留26人、罚款32人、具结悔过60人，并收缴一批非法宣传品。1997年，县委统战部开展爱国爱教先进评比活动，评出先进僧人66人。1998年，举办佛事活动人员培训班，进行考核考评和爱国爱教教育，参加考核考评和系统学习的有300多人。2000年10月，县佛教协会会长明波法师一行3人应台湾基隆灵泉禅寺邀请，赴台进行佛教文化交流。2001年，查处违规受戒人员6人。2002年5月，县委、县政府印发《关于进一步加强宗教工作意见》，并召开全县宗教工作会议。县民族宗教局印发宗教政策法规汇编本1200册，供民族宗教助理和宗教界人士学习。印发《宝应县依法查处非法宗教活动工作细则》，县民族宗教局会同县法制办联合举办宗教行政执法培训班。2005年，开展国务院《宗教事务条例》宣传活动，在县委党校举办培训班，各镇民族宗教助理和部分宗教职业人员185人参加培训。县宗教执法队开展行政执法15次，查处泾河、曹甸、山阳等镇一批外地假僧、假道跨地区非法从事佛教活动案件，以及本地佛教教职人员违规违戒行为等。

第四章　老龄工作

1986年6月,县老龄问题委员会成立。1990年起,县政府每年召开一次老龄工作会议。1994年6月,县老龄问题委员会更名为县老龄工作委员会,在县民政局设办公室(简称县老龄办)。1996年,《中华人民共和国老年人权益保障法》纳入“三五”普法计划。1997年,30个乡镇成立老龄工作委员会。至1998年,建立村老年协会429个、县直和基层单位老年工作机构315个。2000年,随乡、村区划调整,老年工作机构同步落实到位。至2005年底,全县有县、镇老龄委15个,老年大学1所,老干部、退休干部、退休职工活动中心各1个,敬老院15所,村级老年协会229个,单位、社区老年活动室236个,老年人医疗服务点22个。全县老年人基本实现老有所养、老有所医、老有所学、老有所乐。

第一节　老年人口

一、人口老龄化

1991年,县内有60周岁以上老年人8.16万人,占全县总人口的9.3%。此后,全县老年人口逐年上升,且占总人口的比例愈来愈大。1993年,有老年人口8.74万人,占全县总人口的10%。至2005年末,老年人口13.20万人,占全县总人口的14.4%。

1991～2005年部分年份宝应县老年人口统计

表30-4-1

年份	老年人口数(人)	占总人口比例(%)	年份	老年人口数(人)	占总人口比例(%)
1991	81578	9.30	1999	103690	11.79
1993	87434	10.00	2000	107319	12.04
1995	90494	10.35	2001	111075	12.39
1997	96805	11.10	2005	131952	14.40

二、百岁老人

2005年末,县内有健在的百岁老人10人。其中,曹甸镇下舍村南社组万施氏,女,生于农历清光绪31年(1905)4月6日,生育2男5女,均健在,大女儿83岁,小儿子62岁。老人心情开朗,劳作不闲,一生少病,百岁时说话清楚,喜欢与人交谈,乐善好施,有早睡早起习惯,能做简单针线活,冬天气温较高时,老人有时坚持在家洗澡,日常饮食好吃荤菜,不多吃蔬菜,不吸烟,不饮酒。安宜镇安宜居委会闫作海,男,清光绪32年(1906)生,独身居住,生活基本自理,思维清晰,语言表达清楚,为人和善,常年早起活动筋骨,好吃荤菜,一日能吃三四个鸡蛋。1990～2005年,县内累计有百岁老人45人,最高年龄106岁。

2005年宝应县百岁老人情况一览

表30-4-2

姓　名	性别	出生时间	家庭住址	姓　名	性别	出生时间	家庭住址
赵张氏	女	1899	县城五子堂巷1号	万施氏	女	1905.4	曹甸镇下舍村
成朱氏	女	1902	县城邮电局宿舍	沈登顺	男	1905.4	射阳湖镇林上村

续表30-4-2

姓　名	性别	出生时间	家庭住址	姓　名	性别	出生时间	家庭住址
赵德英	女	1903.2	泾河镇曹坝村	邵永安	男	1906.2	泾河镇泾河居委会
刘史氏	女	1904.8	泾河镇张桥村	李寿明	男	1906.11	安宜镇学墩居委会
陈潘氏	女	1905.3	县开发区金湾村	问作海	男	1906.11	安宜镇安宜居委会

第二节　老龄事业

一、老年生活保障

新中国成立后，县内各级政府对无劳动能力、无生活来源、无赡养人或其赡养人无赡养能力的老年人，实行“五保”供养。1990年，全县有“五保”供养老人4529人，人均年供养标准251元。1991年，年供养标准增至432元。此后，“五保”老人供养标准多次提高。1997年，全县205名企事业单位离休人员离休金实行社会化发放。县财政每年对发放离休金有困难的企事业单位实行专项补贴。1999年起，县政府对百岁老人每月增发生活补助费100元。射阳湖等镇对95岁以上老人每月增发生活补助金50元。至2005年，县内“五保”老人人均年供养标准增至1760元。

二、老年福利事业

1988年10月，县政府转发县老龄问题委员会《关于建立宝应县老年福利基金会的请示》，各级各类单位老年福利经费逐步落实。成立县老年康复中心，有固定资产40万元，设家庭病床260张。1990年，县老干部活动中心设桥牌、象棋、扑克、麻将、门球、乒乓球活动项目。1991年，县人事局成立退休干部管理中心。启动乡镇和村级敬老院（福利院）建设计划，连续5年投入资金500多万元，建成敬老院45所，其中村级敬老院15所。1992年起，机关和企事业单位实施离退休人员入学县老年大学学习费用报销制度。1997年，县劳动局建立退休职工活动中心。1999年，县内第一家私人托老所——夕阳红托老所成立，有房屋11间、床位30张、服务人员5人。2000年起，县财政每年安排100多万元专项资金，解决离休干部医疗经费统筹问题。是年7月，学习广陵区以社区为载体建设老年人活动场所经验和做法，制定全县“星光计划”三年发展规划。当年，氾水镇和夏集镇建成社区老年活动站5个。2001年，各镇实施新一轮敬老院改建、扩建、新建计划，撤销25个村级敬老院，将老人统一收归到镇敬老院集中供养，改善集中供养老人的食宿、娱乐条件和生活环境；先后投入1100万元，建成15所花园式、公寓型、现代化敬老院，其中安宜、夏集、鲁垛等3个镇敬老院被评为省文明敬老院。2002年，安宜镇老龄委在泰山东村社区进行“星光计划”试点，投入资金8万元，改造装修房屋7间，实用面积150平方米，设社区老年活动站，有棋牌室、阅览室、健身房等文化体育设施。至2003年，安宜镇先后投入资金74万元，建成世纪园、泰山东村、罗巷、学墩、铁桥、城中、闸北等7个标准化社区老年活动站，其中世纪园社区老年活动站被市“星光计划”检查验收组赞誉为市一流水平的社区老年活动站。在实施“星光计划”三年中，全县改造、扩建、新建社区老年福利设施和活动场所56个、社区老年医疗服务点22个。2005年，全县有老年活动室（中心、聊天站）236个。

三、敬老活动

1988年，全县统一规定每年重阳节（农历九月初九）为“敬老日”。节日前后，各单位组织走访老年人活动，或召开座谈会、报告会、表彰会等，或开展助老帮扶活动。1991年后，全县把国际老人节活动与敬老日活动合并，为老年人办实事做好事。1996年，宝应人民广播电台、宝应电视台、《宝应日报》开辟专栏，集中宣传老年人权益法。1998年，县老龄办印发老年人权益法小册子4.6万册、图片1350多份，分发至各单位和部分城乡居民家庭，先后举办老年人权益法培训班12期、知识竞赛8场。1999年8月，县政府印发《关于进一步做好老年人社会优待与服务工作的通知》，重申60周岁以上老年人在“五保”供养、农村义务工摊派、就医、入学、游园、参观文物景点、观看戏剧电影展览、乘车乘船、营业性服务、电话和有线电视安装、体锻晨练、节日慰问、长寿补贴、老年社会福利设施建设、维权等方面的各项优惠政策和服务要求。至2004年，共办理老年人优待证2.12万本。氾水镇京杭村10多年如一日，每年敬老日召开全村老人庆祝大会，表彰敬老好儿媳、模范敬老夫妇、老有所为等先进典型，对老人发放纪念品等。2005年，县教育、卫生部门在办理退休证的同时，为每名退休人员一并办理好老年人优待证，全县办理市老年人优待证974份。至年末，全县累计签订赡养老人协议书9432份，基本无毁约纠纷，无一例赡养诉讼案件。

第三节　老有所为

1990年起，县委、县政府每年表彰一批不图名、不图利、好善乐施、不怕吃苦的老干部、老职工，每年受县委、县政府表彰的有50人左右。1996年，小尹庄乡离休干部冼金成离而不休、休而不歇，常年免费办班培训农村青年学科技，年培训养殖、种植专业人员500多人，还帮助42人养鸭11万只，使21户家庭脱贫致富。1997年5月，城镇城中居委会在都天庙巷创办全市第一家老年聊天站，每天都有老人聚在一起读书看报，聊大事、话发展、谈家常、说健身，《人民日报》《新华日报》等10多家报刊作专题报道。1998年，安宜镇组织退休人员50多人成立老年文艺宣传队(后改称老年艺术团)，常年活跃在街头巷尾，多次参加市、省、全国老年人文艺、健身球操比赛，并获奖。2001年，鲁垛镇贾林村党支部原书记刁仁贵在全村开展“三和杯”(家庭和美、邻里和睦、代际和谐)竞赛活动，为全村和谐社会建设、经济发展、平安创建发挥重要影响和作用。2004年，县劳动和社会保障局会同县老龄办、安宜镇在县城举办退休职工文化节，数百位退休人员参与文艺演唱和健身项目表演。安宜镇老龄委组建“不老松”老年志愿者服务队，得到全镇100多位退休人员响应，组成法治宣讲、环境护绿、治安护巷、道德宣讲、文艺演出、体育健身、琴棋书画、戏剧票友等8个小队，为文明城市、和谐社会建设作贡献。2005年，县老龄委会同县文明办等7个部门开展“孝亲敬老十佳之星”评选活动，涌现出王步英、陈鹤芹等一批“孝亲敬老之星”。

图30-4-1　老年志愿者服务站文艺演出

第五章　风俗民情

宝应风俗民情既受北域齐鲁文化影响，又受南方吴越风情浸润。境域周边地区风俗民情北受淮安市楚州区，东受盐城市建湖县、盐都县，南受高邮市的影响，与县内大多数地区既有联系又有区别。经过近数十年的同异相习，总体上趋于进步、文明、时尚。

第一节　生活习俗

一、服饰

（一）衣着

新中国成立后，随着人们生活水平逐步提高，大多数人衣着由遮体防寒、经济实用向讲究美观、追求时尚、青睐品牌、体现个性的方向发展。90年代起，县内服装变化节奏加快，在流行西装、牛仔服基础上，继而流行羽绒服、风衣、皮装、运动服、休闲装等，从业者流行标志服、职业装。服装色彩、面料、款式、工艺百花齐放。服装色彩每年都有流行色，各种颜色迭出不尽，春夏秋冬浅色、深色交替变换，众彩纷呈，服装"清一色"的时代成为过去。面料新品层出不穷，棉、麻、皮、涤、腈、绸、毛等应有尽有，棉布在化纤产品风行后重新受宠。服装日趋注重功能，春夏秋冬各有专门服装，内衣外套俱全。冬季保暖内衣、羊毛衫裤、羽绒服等，不少人有两三件轮换。城乡家庭的四季衣服连年更新，不破也不太旧的衣服丢在家里无人问津。服装制作多为工厂生产，成品服装成为人们的首选，原来的家用缝纫机多被闲置，兴时多年的缝纫机店部分歇业转行，品牌服装备受人们喜爱。引领服装时尚潮流的主力军是青年，尤其是女性青年。女性服装款式更替迅速，衣着越来越时装化，短、薄、露、奇服装司空见惯，穿男式拉链裤被中青年女性认可，着欧、日、韩装者日趋增多。曾受欢迎的毛线衣遭到冷落，补丁衣服一去不复返。青年人以在牛仔裤的臀部泛白、裤脚做毛、膝部做旧甚至做出窟窿状为时髦。中年以上男性服装相对稳定，西装、夹克、运动服、休闲装、羽绒服依然流行。老年人服装不甘寂寞，除个别高龄女性仍穿大袄褂子、高龄男性穿中山装外，一般爱穿T恤衫、衬衫、夹克、休闲服、羽绒服、西装等。

（二）帽子

历史上，帽子不是平常百姓的主要衣着用品。穿着考究的男性戴礼帽，后改戴解放帽，农村老年人戴棉线织的帽子防寒。一般女性裹青布头巾，老年女性戴"两片瓦勒子"，后来女性改扎机织的三角巾。到60年代前后，这些习俗逐渐淡化。80年代后，中青年男性平时戴帽子者仍不多，中青年女性戴帽子成为装饰和时尚，常与披肩、有色眼镜、鞋子等搭配。女性帽子品种较多，质地有毛、毡、布、草、毛线等。老人和小孩戴帽子主要是防寒，其次是装饰。90年代初，老年人流行戴手工织成的毛线帽子，也曾时兴戴礼帽、鸭舌帽等，戴四片瓦东北帽、解放式棉帽的人难得一见。儿童帽子式样不断翻新，品种繁多。常戴帽子的人群，不少与职业需要有关。在外劳作的人多戴大边草帽，后逐渐被小边草帽取代，还有人戴盖帽、安全帽等。以本地芦苇为材料编织的斗笠被现代遮阳避雨用品取代而销声匿迹。

（三）鞋袜

60年代前，农村大多数人穿草鞋、蒲鞋、毛窝子和高低板（雨雪天用），很少人穿袜子。城里人多数穿布鞋纱袜，少数人穿皮鞋、钉鞋（雨雪天用）。至80年代，钉鞋、草鞋、蒲鞋、毛窝子、高低板逐渐绝迹，手工制作、修补鞋袜的居民大幅度减少，布鞋、胶鞋、解放鞋、球鞋、皮鞋、塑胶鞋、人革鞋、运动鞋、胶靴、栽秧靴子和纱袜、棉袜、尼龙袜等逐步进入寻常百姓人家。一度流行纱袜帮棉袜底，既美观又结实。鞋子品种、式样、质地变化较大，布、棉、皮、人造革与橡胶、塑料、胶塑、牛筋等有机结合，平跟、中跟、高跟与圆头、平头、尖头式样齐全、品种异彩纷呈。女性鞋袜变化最大，仅袜子长短就分有短筒袜、高筒袜、连裤袜等。鞋袜功用因季节需要，鞋子有布鞋、皮鞋、休闲鞋、凉鞋、保暖鞋、皮棉鞋之别，袜子有单袜、丝袜、棉袜之分。儿童鞋袜更是争奇斗妍，不但式样翻新，而且作用出奇。尤其是鞋子，走动时有会发光的，有会出声的，有的甚至会播放音乐。

（四）首饰

80年代前，普通人家只在孩子满月、百露和姑娘出嫁时添置一些首饰，平常只能购买红头绳、鬏网子、扣手线之类小配饰。人们配戴的常见饰品有簪子、耳环、项圈、锁片子、手镯、脚镯、戒指等，多为银品，为数不多的人戴真金，不少人戴的是包金。80年代后，人们使用首饰的观念发生变化，银质饰品降温,黄金首饰成为首选,白金、宝石类饰品备受人们青睐。簪子绝于市,项圈日渐稀少,取而代之的是金项链或珍珠项链,以及与本人生肖相关的玉石类挂件。戒指、耳环多带钻石,且式样较多,许多女性以手链代替手镯,脚饰取代脚镯。

(五)发式

传统发式上,中青年男性多为平顶头和分头,老年人剃光头,姑娘梳辫子,中老年妇女束鬏,幼儿以剃光头留小辫子为多。至70年代末,老年男性剃光头的锐减,女性留鬏者渐少而时兴"二道毛子",幼儿风行留"毛头"和脑门或后脑勺留一撮毛。其后,发式变化较大,尤以青年男女最为显著。一般男青年理西装头、大包头,部分女青年和少数老年女性喜欢青年头,小女孩多留短发或脑后扎成"马尾巴",并以五花八门的小饰件点缀。少数男青年发式新潮,剃光头、留长发或烫发,还有的辅以头饰,让人难以分辨性别。女青年发式修理、发式用品变化更多更快,从用加热的发钳烫发,到用电热的卷发器自烫,再到专业的美发店美发(含洗发、护发)。使用头发造型的工具有电刷、卷发器、滚梳、干发器等,烫发的名称有螺丝烫、加罩烫、锂子烫等;发型有长发型、分层直发型、齐肩长发型、齐耳短发型、流行卷发型、编结发式型等10多种,发式有波浪式、瀑布式、爆炸式、高抛式等数十种;护发定型的产品有发乳、发胶、发油、摩丝、香波、润发液等,常用的发饰品有发夹、发带、发针、发花等。染发成为一种时尚,老年白发人和"少年白"者时兴染成黑发,部分黑发的青年男女染成彩色,颜色一般有橙色、茶色、焦黄、浅棕、金色等,少数人还把头发染成五颜六色。

(六)化妆

60年代前,女性一般不化妆,仅用"刨花水"搽头、"歪歪油"护肤,即使外出也仅是梳洗清爽,少数女性扑鸭蛋粉、搽胭脂、涂口红。60年代后,渐以搽头油代替"刨花水",润肤膏代替"歪歪油",雪花膏、鸭蛋粉、胭脂等化妆品逐渐进入大众人家。80年代后,化妆在社会上日渐流行,专为人们化妆的美发室、美容院、影楼迅速兴起并形成一定规模。美甲业也先后面市。化妆成为不少女性生活内容之一。早霜、晚霜、防冻霜、防晒霜、面膜和眉笔、唇油、唇膏、香水以及一些美发、美眉、美甲品及其工具等,成为年轻女性的寻常用品。

二、饮食

(一)主食

传统主食以大米为主,兼以面粉制品。70年代前,由于米面等不充足,常以"瓜菜代"或其他杂粮辅之。80年代后,农村实行家庭联产承包责任制,家家有余粮。1993年4月,城市定量供应取消,粮食品种日趋丰富,城乡瓜菜半年粮的人家不多见。进入新世纪后,人民生活水平初步实现小康,开始吃饭讲营养,主食一日三餐仍以大米为主,食量只有过去的一半左右。早餐要吃好、中餐八成饱、晚餐要吃少成为人们共识。其中,早餐主食变化最大,不再是大米粥、汤饭、杂粮稀饭,而是牛奶、鸡蛋、面包、营养饼干、方便面、面条、油条、包子、蛋糕、豆浆等食品交替食用。

(二)副食菜肴

60年代中期前,一般家庭日常生活无法讲究就餐菜肴,菜蔬以瓜、角、茄、菜和自家腌制的咸菜为主,鱼肉平时不进门,只有逢年过节见到。普通百姓办喜事以"八大碗"(8碗烧菜)招待亲朋好友。其后,随着生活水平逐渐提高,副食菜肴日趋丰富。1990年后,普通家庭副食品用量、质量和品种发生很大变化。早餐吃稀饭用生咸菜的家庭明显减少,取而代之的是熟咸菜、榨菜、咸蛋、酱菜、腐乳等副食品。中午佐餐注重荤素搭配,其品种、数量因家庭规模大小和习惯而定,三口之家一般两三个菜一个汤,人口多的家庭五六个菜一个汤,中晚菜蔬一个样。野水芹、谷谷丁、枸杞头、菊花脑等野菜被部分家庭作为应时菜肴调剂食用,野鸡、野鸭、野生水产品及一些山货、海鲜被越来越多的家庭逢年过节享用,过去被人们吃厌的蕃瓜、山芋、玉米等杂粮名为"五谷丰登"端上餐桌,请客吃饭多为"四冷四热八大菜"(4个冷盘、4个炒菜、8个烧菜)。制作菜蔬的佐料繁多,少则十数个,多则数十个,讲究吃得精美合理,有滋有味有营养。口味除传统的维扬风味外,又逐渐喜欢川菜的麻辣口味。婚丧喜事招待亲朋好友,城镇居民时兴到饭店，乡村通行请厨师或专业队伍上门烹调服务。

（三）烟酒饮料

50年代前，居民饮酒者较少，中老年人以用旱烟袋吸烟为主，少数人用水烟袋吸烟。50年代中后期，抽卷烟者渐多，抽旱烟袋的人锐减，水烟袋被淘汰。70年代后，城乡居民逐步形成饮酒习惯，䅟子酒、“八角冲”（山芋干酒）、宝应二曲成为首选。80年代后，抽烟、喝酒、喝茶的人增多，麦乳精、米甜酒、雪碧等饮料流行。90年代中期起，县内生产的莲藕汁饮料走进寻常百姓人家。随着烟、酒、茶和饮料的包装、配方不断变化，品种越来越多，档次越来越高，价格也越来越贵。烟酒价格从两三元到几十元以至上百元不等。高价烟酒不仅成为一种礼品，也成为公务接待和亲友聚会的必备物品。无酒不成席等热情待客之礼流行至今。城乡居民烟酒茶的消费习惯逐步发生变化，白酒由高度低档为主改为低度中高档为主，有人还喜欢喝啤酒、葡萄酒；焦油含量适中的卷烟普遍受到人们喜爱，价格在七八元到二十元左右一包的卷烟最为畅销。进入新世纪，县内生产的荷叶保健茶面市，多数人仍以喝绿茶为主，少数人青睐红茶、铁观音、普洱茶等。最初流行的麦乳精、米甜酒无人问津，矿泉水、纯净水、冰红茶、营养快线等开始风行，餐桌上常见雪碧、可乐、果汁、莲藕汁和牛奶等。

三、住房

宝应居民房屋不论大家小户历来喜欢选择坐北朝南向，大门忌对别人家山头、屋爪、烟囱和大树、路口等，否则在门头上悬八卦或小镜子反射其物。这些习俗至今尚存。新中国成立前，穷富人家住房规模差别很大。一般人家住低矮的土墼墙、笆墙草房，穷人家住山头开门的“一头灌”，富裕人家住瓦房、楼房，有的还有宽敞的院落。新中国建立后，平常人家房屋多为土木（竹）结构草屋。80年代后，大多数人家住房砖木结构（一度时期流行水泥梁、水泥山），少数人家建砖混结构正房3间或4间平房，经济条件较好的人家还在正房前面左右两侧砌厢房或锅屋一两间，建围墙、盖门房。进入新世纪，居民住房习俗变化明显。大多数年轻人彻底改变过去人们“故土难离”和遮风避雨的旧观念，农民进城购买商品房，或单门独院，或小别墅。建房风行高大敞亮、钢筋混凝土结构的单门独院。讲究大客厅、小卧室，并和厨房、卫生间、书房、车库配套，考究室内外装饰装潢，并多请专业人士先设计后施工，注重美观、适用、豪华。一般居民住房客厅、厨房、卫生间铺地砖，卧室、书房铺实木地板，吊天花、做墙角线、门套、窗套、文化墙，太阳能热水器、灯饰、家用电器、家具、沙发、书橱、桌椅、厨具配套齐全，安装防盗门、防盗窗、防盗锁，房屋环境做到美化、绿化、亮化、香化。

四、出行

宝应地处水网地区，历史上人们出行多以水路船行或旱路步行。新中国成立后，随着交通事业不断发展，人们外出逐步使用自行车、手扶拖拉机、机帆船等。1990年后，特别是实施村村通工程之后，陆路交通四通八达，原来的土路、砖头路、石子路全部改建成柏油路或水泥路。进入新世纪后，人们出行工具和方式发生很大变化。进城下乡一般人乘坐公交车，开摩托车、骑电动车、坐出租车或开私家车的人逐年增多，骑自行车的人大为减少，乘坐手扶拖拉机和机帆船的人寥寥无几，步行赶路的人基本绝迹。在城区出行，大多数人选择公交车、的士和三轮车，或自己骑自行车、电动自行车、摩托车及自驾车。

五、用物器具与燃料

（一）家具

新中国成立前后，一般人家堂屋有条几、八仙桌、长凳，房间有床、箱子、马桶、脚桶、梳头桌、窝子（摇篮）等；殷实人家有老爷柜、架子床、踏板等，多为杉木、什树质地；富裕人家桌、椅、条、台、床、橱、箱、柜等一应俱全，多用柏木、红木、黄花梨等硬质贵重木材，制作工艺考究，桌、椅、床、橱、柜、台或用浮雕或用镂空装饰。家具涂真漆为最好，常见颜色有荸荠色、大红、金黄或土黄色，一般用熟桐油或青桐油。80年代后，新式家具如高低床、大衣橱、五斗橱、床头柜、写字台、碗橱和脸盆架等步入城乡居民家庭。90年代起，多数家庭家具变化较大，从品种、数量、样式到材料、制作、颜色等，城乡逐步缩小差距。

木器家具多以水曲柳、松木为框架，三合板、木工板、石膏板、密度板、装饰板为面料，制作工艺一改过去凿、砍、刨的方式，多用木螺丝、气压钢钉、化学胶水黏合，以化学合成漆、清漆为涂料，一度时期流行做木纹和贴木纹。请木匠打家具者渐少，从市场上订购、选购成品家具增多。进入新世纪，因住房格局变化，家具种类面目一新。除配套的家用电器外，客厅家具一般有陈放彩电、影碟机、座式饮水机的低柜、组合音箱、沙发等，房间有组合衣橱、组合床或席梦思床、床头柜、电视柜、低柜等，饭厅和厨房家具有矩形餐桌、灶台柜、吊柜等，卫生间有坐便器、燃气或太阳能热水器、浴霸、洗面池、墙面镜等。住“人”字山老式房屋家庭的家具一般也与时俱进，传统的家具逐渐被淘汰。

(二)灶具炊具与燃料

新中国成立前后，城乡家庭使用的灶具、炊具为传统的土灶、铁锅、铜勺、锅铲、水缸、水瓢、竹篮、淘米箩和陶瓷碗盘等，燃料一般有柴草、稻麦秸秆、树枝等。50年代末60年代初，农村家庭风行使用风箱灶、烧蕻。60年代起，县城和农村集镇人家流行烧煤炭，煤炉、水吊子、钢精锅等逐步进入寻常人家。80年代起，城镇居民逐渐使用液化气及灶具，电饭锅、高压锅开始流行。塑料制品桶、盆、篮、淘米箩、砧板在城乡家庭普遍使用，原来的一些竹、木质之类日用品逐渐被淘汰。90年代后，农村推行沼气做燃料或照明，液化气、电饭煲、微波炉、电磁炉、电水壶、抽油烟机和不锈钢炊具等在城乡家庭日趋普及，餐具仍以传统的瓷质碗、盘、碟、勺为主。进入新世纪，城乡居民流行烧液化气，城市部分地区居民开始使用管道天然气。烧煤炉的人家急剧减少，烧土灶的在农村为数不多。

(三)床上用品

新中国建立前后，一般人家置备的床上用品只有棉被、柴席(或蒲席)、枕头等，夏天用麦瓤子熏烟驱蚊，冬天席子下面铺穰草取暖。富裕家庭冬天垫褥子(俗称垫被)、夏天有蚊帐、春天睡细席。钩被子是城乡居民家庭的传统习俗。被面多由粗土布染成紫色、淡蓝色，或染坊手工印制的青底白花布；子女结婚时，被面讲究选用吉祥之意图案喜鹊登梅、鸳鸯戏水、麒麟送子、鲤鱼跳龙门等，被里多为白布，被胎绝大多数为手工弹成的棉花胎，并由红、蓝、白色棉纱网成。60年代后，随着纺织工业发展，被面种类、质地、花色不断翻新。细席渐渐进入城乡百姓家庭。80年代后，被胎材料发生很大变化，太空棉、紧缩棉、鸭绒、蚕丝等先后加入被胎行列。冬天的垫被、被单、电热毯，夏天的凉席，日常用的枕套、被套等寝具在城乡家庭逐步流行。90年代中后期，寝具市场化程度提高，被子、被单、床套、被套、席子、枕头等花色品种繁多。床上用柴席、铺稻草绝迹，中青年妇女会钩被子的也不多见。

第二节　生产习俗

一、农业

(一)耕种

古来邑人以农耕为主，兼及副业生产糊口度日。农业生产风行的开犁、落谷、开秧门、开刀门、敬蝗蝻菩萨等生产习俗，前志有记载，故不重述。

50年代，农村推行初级农业合作社后，许多生产习俗悄然变化，开犁、开秧门、开刀门等习俗渐渐被县、区、乡生产动员会、现场会等形式所取代。1958年，实行人民公社化后，一年四季每天的农活由大大小小的干部派工。一度时期，流行人力拉犁耕田。60年代中后期，湖荡和洼田地区实行沤改旱，农业生产模式统一为一年两熟。随着集体化生产发展，“女主内”生产习俗被改变，农

图30-5-1　农耕开犁祭祀

村妇女走出家门,和男人一样成为农业生产的主力军,男女同工同酬。1982年,全县普遍推行家庭联产承包责任制,农村劳动力大解放。一般男劳力外出打工,大忙回乡抢收抢种;女劳力操持家务,负责日常的农作物管理。由于农业生产推广新工具、新方法、新技术,传统的布种行秧、薅草除杂、栽插收割、田间管理、施肥治虫、脱粒扬锨、飞犁走耙、开沟理墒、挨肩磨担等农活,有的被淘汰,有的被省时、省力、效率高的机械所替代。农业生产在统分结合的机制下,亲帮亲、邻帮邻蔚然成风。90年代,东荡和西湖地区荷藕生产迅速形成规模,淘藕成为一个重要的生产习俗。进入21世纪,随着大型农业机械快速发展和农业新技术普及应用,传统的耕牛、犁、耙、农船、水车、风车、石磙、粪兜、笆斗、折子等生产工具和浸种、焐种等生产技术弱化或消亡。许多农民在农业机械、植保等农村经济合作组织引领下,掌握浅耕、免耕、机插秧、麦套稻等一批先进科学技术,旧的农副业生产习俗不复存在。至2005年,全县流行规模生产粮食、种植反季节蔬菜、培育贵重花木等,粮食生产连年丰收,经济收入不断攀高,农业生产习俗更加文明、健康、科学。

（二）捕捞

历史上,渔民每年开捕之日,举行大王会或童子会,以整猪、整羊、公鸡、鲤鱼、香烛、鞭炮、黄元等祭祀神灵,祈求捕鱼丰收。人民公社化后,此俗淡化消失。渔民造船考究,上船头板时,必选良辰吉日,板下垫有"顺治""太平"字样的铜钱,忌闲言杂语,说喜话,亲友送贺礼,船主用猪头、鲤鱼、公鸡、馒头、大糕、鞭炮、红烛等祭拜诸神,以图吉利。新船下水时,船头挂"喜红"、贴对联、鸣鞭炮、焚香烛,以示庆贺。平时在船上作业生活,有诸多禁忌,如避沉、陈、成、盛、伞、翻、花等字眼,坐船时腿不能挂船帮,脱下的鞋子不能顺摆只能倒置或横放,跳板不能坐人等风俗依然存在。捕捞方式和工具变化很大,打旋网捕鱼、鸬鹚捕鱼难得一见,卡、叉、罾、罩等传统捕鱼工具近于绝迹,鱼簖、竹箔等取鱼手段转变为养殖户护鱼的工具,内湖捕捞多改为海洋捕捞。

（三）养殖

宝应农村家庭历来有散养鸡、鸭、鹅和圈养猪的习惯,多为自繁自育。80年代后,全县养殖业迅速发展,畜禽类有猪、羊、兔、鸡、鸭、鹅等,水产类有鱼、蟹、鳖、虾等,其他还有牛蛙、蚂蚁、乳鸽、野鸡等,品种上百种。一家一户散养家禽的习惯基本改成圈养,畜禽土种和禽类自繁方式消亡,引进新品种和专业化规模养殖成为潮流。水产养殖是宝应的一大特色。业主在坚持科学养殖的同时,也不乏沿袭一些旧的传统习俗,如开挖渔塘、新接塘口、捕捞上市时,烧斗香、放鞭炮,以示庆贺。养殖前,一般每年春天要清塘、耕翻、晒塘、消毒,然后放水放苗。养殖时,根据不同品种和阶段,每天投放青草、麦禾、复合饲料等。新世纪起,水产养殖风行喂食机喂养,以节约饲料、降低养殖成本。部分养殖户推行"饲料喂猪、猪粪喂鱼"的食物链养殖法和蟹塘栽草、放田螺等经济养殖法。捕捞时,业主清晨起来净手后先烧斗香、供贡品、放鞭炮,然后捕捞,以图吉利和庆祝养殖成果。

二、商业

（一）店铺

自古以来,店铺多集中在县城和农村集镇,本钱多、店面大的称店,本钱少、店面小的称铺。人们习惯称之为做生意的、开店的或开铺子的,店主一般被称为掌柜或老板,店员被称为伙计、雇员,或学徒(旧称相公)的、跑堂的。不论饭店、客栈(或旅馆)、布店、茶社,还是百货、日杂、药铺、古玩,考究店名店招、门面装饰、商品陈列和接待服务之道。店面讲究用题联挂幛、文人墨迹为店铺增辉。店铺开业之日,必选良辰吉日,俗称开张。门面多贴"生意兴隆通四海、财源茂盛达三江"等内容的对联,店主吉时开门,鸣放鞭炮,点烛焚香,猪头三牲供奉财神,恭迎宾客,设宴款待恭贺者,让利或赠送礼品给顾客。此俗(猪头三牲供奉除外)仍在流行。新中国建立后,城乡商业不断发展,特别是1956年对私营工商业改造后,原来的私营商业变为公私合营股份制,或集体、国营商业性质。原以吉祥兴隆信义德行寓意命名的店铺称谓被淡化和革新,代之而起的县城有公司、商场、商店等,农村则为供销社、供销站、代销点、小卖部和合作商店等,负责人称为经理、主任,中层干部称组长、柜组长,管账、钱、物的为会计、出纳,工作人员称销售员、服务员、保管员等。80年代后，各种经济成分商业迅速发展。90年代中期，全县百货、五金、副食品等公司和供销社、集体商业全面改制，个体私营商业遍布县城和农村集镇的每个角落，乡镇以下的代销店、小卖部星罗棋布，超市等大型卖场迅猛发展，旅馆、饭店档次攀高，新兴行业、项目层出不穷，店招称谓名目多样，装饰装潢豪华靓丽、不断更新。

(二)行商

行商分为两大类：一类为长途贩运者，生意有大有小；一类是沿街走村叫卖的货郎和小贩，均为小本经营。新中国成立前后，行商名目繁多，如卖鲜鱼水菜、萝卜干子大头菜、针头线脑、烧饼油条、汤圆馄饨、卖糖收荒等。他们走街串巷、走村串户、赶集赶会，方便群众需求。流动中，他们以各种独特的吆喝声或笛、梆、鼓、锣的吹奏击打招揽顾客。"文化大革命"中，这些经营活动被禁绝。80年代后，部分项目不适应时代要求而消亡，部分项目重新恢复，而吆喝声多以电喇叭代替。

(三)经纪人

新中国成立前后，经纪人俗称开行的，常见于粮食、牲畜、蔬菜、烧草、土地、房屋等类交易中。开行的常用手语商定买卖价格。80年代后，经纪人职业重新兴起，其习俗变化较大，范围扩大到农、林、牧、副、渔产品，房屋等二手商品以及征婚、网上交易等，且有门面或固定场所。名称有经纪人和中介之别，手语习俗消亡。

三、工业、手工业

新中国成立前后，工业多为作坊，开业和逢年过节有鸣放鞭炮、点烛焚香、猪头三牲供奉财神等风俗。手工业门类繁多，一般称手工业者为手艺人或某某匠，主要有瓦匠、茅匠、木匠、箍桶匠、石匠、铁匠、铜匠、锡匠、银匠、皮匠、白铁匠、扎匠、篾匠等，直呼其手艺名称的还有理发的、擦背的、修脚的、补锅锔碗的、生缸补坛子的、铲刀磨剪子的、煮黑的等数十种，人们一般以师傅尊称。各种门类手工业者，在各自的生产活动中形成各自的习俗。木匠尊鲁班，瓦匠尊张班，银匠、铜匠、铁匠、锡匠尊李耳，鞋匠尊孙膑，煮黑的尊梅福、葛洪为祖爷，逢年过节多有供奉。铁匠特别珍惜自己的手艺信誉，产品一般打上店铺的印记。补锅锔碗的具备在瓷器上刻字的本领。50年代后，非匠类的手工编织流行，打席子、编柴帘、织蒲包，城乡几乎家家户户有能人巧手。80年代后，特别是县镇村工业兴起后，不少工业企业流行岁末年初按销售额发红包、评比销售状元、慰问销售人员家属和春节后欢送销售人员出征等新风俗。随着社会进步，一大批手工行业如扎匠、篾匠、锡匠、铜匠、煮黑等为数极少，手工编织业也难得一见。至1990年，县内木匠、瓦匠、理发、修脚、擦背、铲刀磨剪子等手工业尚存。木匠、瓦匠的工具忌人乱动，盖房造屋说喜话的习俗依旧。此后，新兴的电动车、摩托车、汽车、液化气灶具、家用电器、手机、电脑等维修业和尊师爱徒、包修包用等新习俗应运而生。

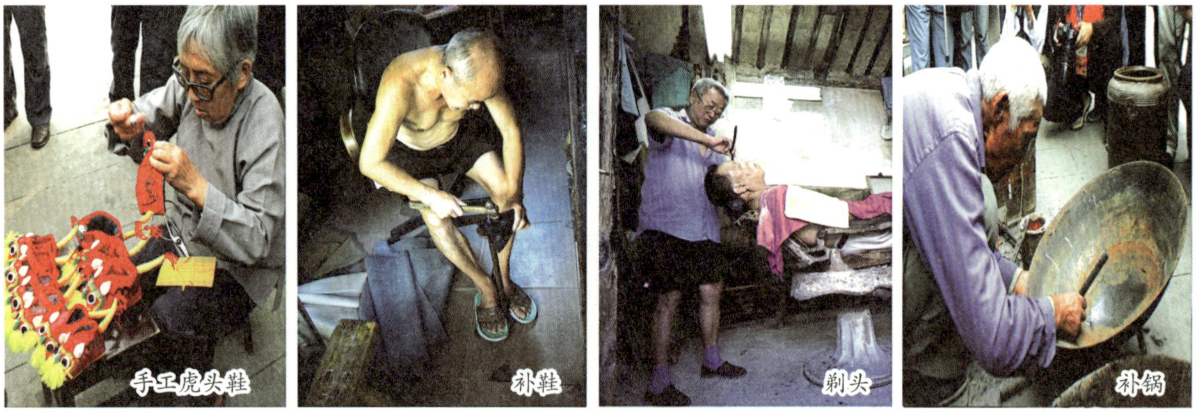

图30-5-2　老手艺

第三节　岁时习俗

一、农历传统节日

（一）送灶

宝应有送灶的传统习俗。官宦人家、平民百姓、三教九流，从腊月二十三至二十八都有各自的特定送灶日，三十晚上（小月为二十九）统为接灶神。最有代表性的是官宦人家腊月二十三、普通百姓腊月二十四为送灶日，故称“官三民四”。当日白天家家打扫除，俗说掸尘、扫尘。是日晚，人们用灶糖饼（糖稀做成的一块圆饼）、灶饭等供奉灶神，点香烛、放鞭炮、烧纸钱，祈求灶神“上天言好事，下界保平安”，即为送灶。

90年代后，大多数百姓以腊月二十四为送灶日，掸尘和置办年货之习仍然盛行，供奉等习俗淡化。

（二）除夕

农历年的最后一天，俗称三十晚上（小月为二十九）。新中国成立前后，是日是年节中最忙的一天。早晨起来开门的第一件事“着狼烟”，早餐有的地方吃“千岁粥”（碎米粥），有的地方吃圆子。白天素菜供奉、烧纸化钱、圆坟祭祖、贴春联、忙年夜饭、做新年菜肴、装水缸，室内外布置一新，晚上敬灶神、吃守岁酒、打“石灰屯子”、架元宝盆、分开口糕、给压岁钱、封门（用红纸块或图形贴门栓子的地方）、接天地等。

80年代后，除祭祀祖先、贴对联、吃年夜饭和给压岁钱等习俗依然如前外，其他习俗不同程度的淡化和简化，但年夜饭的丰盛程度非昔日可比。大多数人家吃年夜饭后收看中央电视台春节联欢晚会节目，也有打牌娱乐，但守岁到天亮者不多见。进入21世纪后，县城部分人家年夜饭以邀亲朋进宾馆、饭店联欢为时尚，压岁钱数额大为增加。

（三）春节

指农历正月初一至初五，且有过大年和过小年的习俗。大年即正月初一、小年为正月初五。新中国成立前后，大年初一，各家选定凌晨吉时开门，堂屋正中点燃由松枝、砻糠、木柴、柴把组合而成的元宝盆，点烛焚香烧黄元，用三碗汤圆、聚宝盆、摇钱树敬奉神灵，鸣放鞭炮，以示迎新，俗称接天地。然后将元宝盆中的柴把放到大门外，意即出门见财。小辈拜年要给长辈磕头，如果长辈不在现场，还要说“头磕了堆在那里”等吉利话。50年代后期推行移风易俗后，过年祭拜神灵和磕头的风俗逐渐淡化。

80年代后，过春节习俗不断发展演变，带有封建迷信的习俗渐被人们抛弃，富有吉祥如意的习俗仍然沿袭。早晨，燃放开门鞭炮，全家老小穿戴一新。下床前吃大糕、糖果，寓意步步登高、甜甜蜜蜜。家人相互道喜。早餐吃汤圆或弯弯顺（水饺），表示团团圆圆、万事顺心。早餐后出门，人们见面相互恭喜，并作拱手礼。午餐菜肴比较丰盛，有鱼不吃，意为年年有余（鱼），素菜有豆腐、水芹菜，寓意新年都富（豆腐）、路路通。饭后到附近亲友家拜年，拜年的客人上门，各家皆用糕、糖、花生、瓜子和烟茶招待。这一天人们不打扫、不洗衣、不挑水、不下生，意在新年享清福。小辈给长辈拜年，长辈要给压岁钱。进入新世纪，拜年流行寄贺卡、打电话、发短信等。正月初五为小年，也称财神日，各家清晨点烛焚香、燃放鞭炮，俗称接财神。早餐吃汤圆，午餐也很讲究。

请年酒是春节期间的重要习俗之一，从正月初二起亲戚朋友之间相互邀请，设酒宴礼客，一直延至正月底。正月初二，同时还兴出嫁的姑娘带着女婿、子女回娘家拜年的习俗。新婚不到一年的媳妇则在正月初六回娘家拜年。

（四）元宵节

农历正月十五为元宵节，俗称正月半，有“上灯圆子落灯面，正月十五赛小年”一说。除家庭饮宴之外，主要以赏灯为趣，故又称灯节。是日，商家张灯结彩，街道上表演舞龙、舞狮、荡湖船、跑马灯、蚌蚌舞等传统节目，兔子灯、蛤蟆灯、荷花灯、鲤鱼灯、西瓜灯、走马灯、人物灯等争奇斗艳。进入新世纪，花灯制作塑料化、电动化、艺术化，声光齐备，精美逗人，传统手工制作灯品不多见。晚间，城区熙熙攘攘，人头攒动，灯光月光交相辉映，猜灯谜、放鞭炮、看花灯、观烟火，万人空巷、万民同乐。

(五)二月二

农历二月初二，传说是土地爹爹生日。有“二月二龙抬头，家家带活猴”(“带活猴”即带女儿女婿一家人吃饭)习俗。此习尚存。

(六)清明节

农历二十四节气之一，也是民间祭祖的日子，俗称上坟。新中国建立后，各机关团体、学校组织集体祭扫烈士墓、参观烈士纪念馆，缅怀革命先烈。居民百姓仍延续祭祖烧纸之风和清明前后十天修补、祭扫祖坟的习俗。90年代后期，出现用鲜花、花篮祭祖的新俗。

(七)立夏

农历二十四节气之一。民间有给小孩披单衣的习俗，谓之“穿单衣”。是日，人们还有称体重、吃青蚕豆和咸鸡蛋等习俗。旧俗是日大人小孩不能坐门槛，坐了整个夏天会打瞌睡。此习俗逐渐因人们居住条件变化而淡忘。

(八)端午节

农历五月初五，俗称五月节。民间有包粽子、插菖蒲艾草、洒雄黄酒驱蛇蝎蜈蚣、赛龙船等习俗。小孩额头上用雄黄酒写“王”字，脖子上挂“龙虎符”或彩色绒线结成的鸭蛋网，脚穿虎头鞋，手腕足腕上系彩色丝线结成的“百索子”，以避邪驱毒祈求长命百岁。中午准备丰盛的菜肴，饮雄黄酒，食红萝卜、炒苋菜、炒虾子、炒鸭蛋等红色菜肴。午时前后晒萝卜、蒜头、明矾、雄黄、扣手线等物，称为“晒午”。第二天，带姑娘、女婿及孩子吃饭，即为吃馊粽子。90年代后，赛龙舟中断，“晒午”、小孩系“百索子”等日渐淡化，其余习俗犹存。

图30-5-3　端午节文艺汇演

(九)七巧日

农历七月初七，俗称乞巧节。源自牛郎织女鹊桥相会的传说，还有七月七看巧云的习俗。此习俗在冷落一个时期后，90年代后期起，年轻人以“中国情人节”而逐渐流行。但摆香案、敬水果、穿针引线习俗不存，被赠送鲜花、发短信等现代文明方式所取代。

图30-5-4　中秋节敬月

(十)七月半

农历七月十五，俗称鬼节。民间有“七月半的亡人等不到中”的说法，即不到中午，大家小户提前供食、焚纸化钱，祭祀祖先。旧时做“盂兰盆会”，请和尚放焰口(佛事)，在河中放荷花灯，超度孤魂野鬼、溺鬼，祈求太平。90年代后，尚存烧纸化钱祭祖习俗，余习不存。

(十一)中秋节

农历八月十五，俗称八月节，又叫中秋节、团圆节。民间有吃月饼、敬月亮习俗。晚上，大家小户设香案、点红烛、焚斗香,燃放鞭炮敬月亮。香案上供品有莲枝藕、月饼、鸡头(芡实)、菱角、芋头、水果、一碗清水和人物、动物造型工艺品等,称之为“敬月亮”。当晚,全家老幼吃团圆饭,酒菜丰盛,一边饮酒一边赏月,其乐融融。第二天,带姑娘回娘家吃饭,谓之“吃馊饼”。80年代后,百姓过中秋节习俗愈发盛行。

(十二)重阳节

农历九月初九。有吃重阳糕的习俗,意为步步登高。1989年后,此日为敬老日。许多部门单位请离退休老人开茶话会、吃午饭或游玩,有的组织体检等。

(十三)冬至

农历二十四节气之一。古有“大冬大似年”一说。早晨家家放鞭炮,食“驴打滚”(鸭蛋形菜馅汤圆),中午酒菜丰盛。80年代后,此习俗盛行。泾河、曹甸一带延续是日烧纸化钱、祭祀祖宗的习俗。

(十四)腊八

农历腊月初八。一般人家用糯米、鸡头米、菱角米、豇豆、绿豆、红小豆、枣子等多样食品煮粥,俗称腊八粥。有吃了此粥能得神佛保佑,来年国泰民安、五谷丰登一说。90年代后,此习俗日渐淡化。

二、公历节日

(一)元旦

即公历1月1日,俗称阳历年。新中国建立后,全国统一以公历1月1日为新年,法定假日1天。是日,城乡机关、学校、团体、企事业单位门前张挂“欢度新年”“庆祝元旦”等横幅,升国旗、插彩旗,举办各种联欢、聚餐(加餐)和文娱活动等。进入新世纪后,各种联欢、文艺活动依旧,单位聚餐渐减,但在元旦之前寄贺卡悄然兴起,且日渐盛行。

(二)国际劳动妇女节

公历3月8日,俗称三八妇女节。新中国成立后,县政府和企事业单位、妇联于是日召开纪念会、座谈会、庆祝会,表彰社会各界妇女中的先进人物。女职工放假半天,并以多种文化、体育活动庆祝节日。

(三)植树节

公历3月12日。1979年2月23日,全国人大常委会决定每年3月12日为全民“植树节”。此后,机关干部、工人、农民、学校师生等均在是日开展植树活动,绿化、美化、净化环境。至2005年,此节活动正常开展。

(四)国际劳动节

公历5月1日。原为法定假日1天,90年代后期增为3天,加之调休临近2个双休日,可享受7天长假。节日期间,城乡单位升国旗、挂横幅和组织表彰、展览、文艺、体育活动庆祝节日。普通百姓利用长假外出旅游者日趋增多。

(五)中国青年节

公历5月4日。1949年12月,中央人民政府公布每年5月4日为中国青年节。是日,全县各级团组织组织表彰、联欢等活动。至2005年,节日活动内容不断丰富发展。

(六)国际儿童节

公历6月1日。是日,城乡中小学校、幼儿园和少年先锋队组织开展读书报告会、游戏、文艺演出等活动,丰富少年儿童精神文化生活。80年代后,党政部门、社会团体流行为小学生和婴幼儿办实事,家长向其子女赠送纪念品。至2005年,此节活动日趋丰富。

(七)中国共产党成立纪念日

公历7月1日,俗称党的生日。是日,各级党组织召开纪念会、表彰会、座谈会,举行新党员入党仪式,请老党员、老英雄讲党史、讲传统、讲党的基本知识,组织各种竞赛、演讲和文艺活动等。至2005年,节日庆祝活动日趋隆重热烈。

(八)中国人民解放军建军节

公历8月1日，简称八一建军节。是日，县委、县政府和县人武部召开庆祝会、座谈会和联欢会，开展拥军优属活动，进行国防教育，表彰“双拥”先进单位和个人等。至2005年，节日活动内容越来越丰富。

（九）教师节

公历9月10日。1985年1月21日，全国人大常委会决定每年9月10日为中国教师节。是日，县委、县政府、县教育行政主管部门和各中小学校举行庆祝活动，表彰优秀教师，为教师颁发奖品、慰问品、纪念品等，部分家长和学生向老师赠送鲜花、贺卡等。

（十一）国庆节

公历10月1日。原来法定假日2天，90年代后期，法定假日改为3天，加之调休临近的2个双休日，共享7天长假。是日，党政机关、社会团体、企事业单位升国旗、挂横幅标语和大红灯笼等，县委、县政府召开庆祝大会，举行大型展览、文艺演出等活动，各部门、各单位组织报告会、座谈会、联谊会、文体活动等，谈形势、谈发展、谈未来。其间，办婚事和外出旅游的逐年增多。

三、外来节日

（一）情人节

公历2月14日。原没有过此节的习俗，90年代中期兴起，一般由男青年向恋人赠送鲜花或约会。新世纪后，情人节流行。是日，鲜花摊摆上通衢要道和街头巷尾，情人之间赠送鲜花、巧克力等。

（二）圣诞节

公历12月25日。90年代后，信奉基督教者增多，开始多为基督教徒相聚在家中过节。新世纪起，不少商家以圣诞老人模型、圣诞树等圣诞用品布置门面、店堂，为圣诞节制造气氛促销商品，一部分青年男女借此节聚会娱乐。

第四节　礼仪习俗

一、婚嫁

历史上，婚配讲究门当户对，皆听父母之命、媒妁之言。婚嫁多循封建礼教，主要有托媒、提亲、访亲、相亲、定亲、送日子、办嫁妆、暖房、正日、回门、做朝、双带等10多道程序和数十种礼节。《中华人民共和国婚姻法》颁布后，男女婚姻自由成为新风，自由恋爱逐渐增多，礼仪习俗虽然仍沿袭，但其繁文缛节渐被人们淡化、简化。

90年代后，自由恋爱渐成主流，未婚同居渐成习惯。在农村定婚习俗依然存在。一般由男方约定吉日，置办酒席，购买“三金”（金项链、金手镯或手链、金戒指）、服装、鞋袜、摩托车，准公婆给见面礼等，花费少则上万元，多则三四万元。参与吃酒的至亲好友要给“喊人钱”，少则百元，多则千元。结婚用品和家用电器多由男方出资操办，也有男女双方共同筹办的，彩电、冰箱、洗衣机、空调、组合音响、组合家具、席梦思床、实木或真皮沙发基本普及。进入新世纪后，自制家具大幅减少，电脑、手机、摄像设备等列入结婚采购清单。女儿陪嫁之风愈行愈盛，县城出现陪嫁轿车的人家。结婚用房条件越来越高，不少女方要求男方到集镇或县城购买商品房。结婚日期仍以农历的“黄道吉日”为主，但也有不少青年人选择“五一”“国庆”“元旦”。暖房、正日吃三道茶（糖茶、枣子茶、圆子茶）、双带等习俗仍流行，正日、回门、做朝（有的地区称会亲）由原来的两三天合并为一天。婚前大多数花费上千元以至上万元拍婚纱照，正日当天新娘穿婚纱、专业化妆和请伴郎伴娘成为新的习俗。带新娘子不再用轿子、拖拉机、机帆船，而是用轿车，少的几辆，多的十多辆。做朝一般用中巴车。婚宴规模几桌至数十桌不等。农村大都是请厨师上门做菜，城镇则到宾馆、饭店（酒楼），档次较高，并且呈现不断攀升之势。婚礼时尚聘请礼仪公司服务和聘请有一定职位的人主婚、证婚。县城还时兴男女双方同办婚宴、婚礼。新娘进门走柴把、跨元宝盆、吃富贵饭、捣窗户等旧的习俗逐渐被人们淡化或革除。

二、丧葬

至1990年，城乡居民去世后均实行火化和到规划点安葬。办丧事报丧、守灵、收殓、安葬时请阴阳先生做佛事、守七等习俗依旧。戴孝县城多为佩黑袖章，农村重新流行披麻戴孝。丧事多由家庭和乡邻操办，农村开始由红白理事会帮办，县城出现丧事一条龙有偿服务。进入新世纪，死人在家停灵大多数仍为3天时间，少数地方改为4天，部分人家亲属拿钱雇人哭丧。斋饭摆"八碗八盘"酒席的屡见不鲜。送葬规模不断扩大，一般人家有灵车、中巴车、乐队车等三四辆，有的甚至小轿车就有十多辆以至数十辆。死人老衣"五领三腰"(上身穿5件，下身穿3件入殓)的习俗淡化。过去的"七箱"、"库"(佛事焚烧品)之类的祭品逐步由纸制楼房、电视机、洗衣机、汽车等现代丧事用品代替。亦有去火葬场的路上亲属摆路祭。"头七"六天，"六七"换饭，百日、周年祭奠和做冥寿等习俗仍存。

三、生育

居民有催生、报喜、送月子礼、做满月、填塘(即生小孩满月后，娘家带女儿及小孩回家生活数日)、做百露、抓周等传统习俗，城镇居民还有满月过"三桥"(多智桥、状元桥、玉带桥)。至2005年，此类习俗尚存。在做满月所送红蛋时，为食用方便，鸡蛋不再煮熟染红，数目为单数，数量10多只以上。月子礼不再是昔日的烧饼、馓子、肚肺、红糖，而是老母鸡、桂圆、人民币等。做满月、百露、抓周宴席都有几桌甚至几十桌，且在宾馆、酒楼操办，农村家办宴席也由厨师掌勺，礼金百元以上。优生优育、只生一个好成为新的生育习俗。

四、过生日

邑人多以农历出生日为生日，且常以虚岁的整数举办整生日庆祝仪式。90年代后，以公历出生日为生日者逐渐流行。小生日一般以小家庭庆贺为主，整生日则置办酒席宴请亲朋。小孩子过小生日，在家办一两桌酒菜，宴请近亲属及赠送生日礼物的礼节较为通行。从10岁开始，做整生日习俗盛行，酒宴规模和宴请范围较过去扩大许多，"人情"大小依关系远近而定，至少百元，多则上千元，有的娘家人或岳父母还送洗衣机、彩电、冰箱、空调等家电。另有"出门的姑娘向婆家交生日"的习俗和"男不做三(30岁)、女不做四(40岁)"一说。小孩过10岁和20岁生日备受家长重视，父母过60岁及以上的生日普受子女关心。90岁和百岁老人过生日，流行家庭与单位合办，或县老龄办上门祝寿等。

五、建房

砌房盖屋、乔迁新居仍沿袭"上梁"和"贺搬"的习俗。动土开槽和"上梁"必择良辰吉日，流行焚香磕头、张贴福禄寿喜财和对联、鸣放鞭炮、说喜话、散喜烟、款待亲朋工匠等礼节。砌房盖屋酒席多与乔迁合二为一。宴请之日，至亲办鱼、肉、糕、粽、馒头、鞭炮六样水礼恭贺，有的根据家庭需要置办家用电器。是日，亲朋好友送礼金，酒席一般一二十桌，多则三五十桌，且城乡差别日渐缩小。

附:贺搬喜话一例

宝应说喜话的规矩一般为一人领唱，众人附和，喊"好"！

领:一进门，亮堂堂，宝应又添新华堂；众:好！

领:二进门，好气派，脚下踩的紫金阶；众:好！

领:三进门，进财门，日进斗金发大财；众:好！

领:四进门，进楼房，楼上小姐赛凤凰；众:好！

领:五进门，进厨房，五味调和饭菜香；众:好！

领:六进门，进书房，养儿必中状元郎；众:好！

领:七进门，进后堂，满堂酒席请客尝；众:好！

领:八进门，进穿堂，瑞气萦绕花满廊；众:好！

领:九进门，进车房，宝马轿车排成行；众:好！

领:十进门，进卧房，男女主人精神爽；众:好！

领:家庭乔迁多和谐,幸福生活万年长。众:好!

六、开业

80年代后,私营个体企业迅速发展,工厂开工、商店开业必择吉日的习俗依旧。吉日多以“6”“8”和“五一”“国庆”“元旦”为首选。吉时一般为早晨8时58分,取“发、我发”之意。一般店铺开业时,鼓乐齐鸣,鞭炮、烟火齐放,亲友致贺,送鲜花、花篮等礼品及礼金。工厂开工和大型商店开业庆祝仪式更加隆重,彩旗遍地、竖幅林立,请领导或重要客商剪彩、摄像,做电视专题片,打电视字幕,组织文艺演出或大型文艺晚会等,取祥和、喜庆、生意兴隆、财源广进之意。

第六章　语　　言

第一节　方言词汇

宝应方言属官话大区、江淮方言洪巢片。县境西部、京杭运河西的安宜镇金湖渔业村和氾水镇大汕子、朱港等地有一方言岛,为中原官话蔡鲁片方言。

宝应方言词汇丰富,涉及到人们生活的方方面面。前志“方言编”分类列出词汇500多条,本节选录前志以外的词汇近千条,以作补充和完善。所选词语按自然地理、植物动物、农事农具、食品用品、人体疾病、称谓别称、乡风民俗、口语土话进行分类。意义和用法基本相同而说法不同的词语同列为一个词条。词语中找不到的字,有同音的用同音字代替,有音无字或一时写不出的汉字用“□”表示。一般词语作扼要注释,一个词语有多种意思的归一处分别注释,少数词语注释不清的举例说明,以“～”代替本词语。

一、自然地理

[月箍]月晕

[穿星、火星]陨星、流星

[杠(音)]彩虹

[雷打霍闪]雷电交加

[烂天]雨天

[六月心里]泛指大伏天

[秋老虎]立秋后的炎热天

[着天了]下雨前的阴天

[蒙虫雨]毛毛雨

[人头田]口粮田

[土墩子]土丘

[十荒地]废弃的边角地

[斜(音)个、瞧(音)个]前天

[后个]后天

[□(音:K)黑子]拖一会儿

[先大头]早先一点

[那(哪)块]那(哪)里

[日箍]日晕

[扫帚星]慧星

[嘣(音)]雾凇,也称“树挂”

[起风]开始刮风

[掼风信]寒流

[腊月心里]泛指大寒季节

[份子田]入股田

[万子]指墒沟分开的条状田块

[阴七鬼冷]阴冷

[河崖(音:癌)]河堤

[窟里洼塘、窟里瓦块]地面不平整

[庄房]屋基地

[梅(音)个]明天

[昨个]昨天

[八更八点]①很晚;②下决心

[这块]这里

[一脚头]直达

[地(音)头]终点
[打起手]起初
[霍托]突然
[堆□(音:反)子]指坡脚与水面一段
[上趟]①田间最左边栽的一趟秧;②左边人栽的秧
[下趟]①开始下田栽秧;②右边人栽的秧
[五更头]黎明前
[找魂]无目标找东西

二、植物动物

[滚麦]元麦
[小米子]谷子
[洋山芋]马铃薯,也称“土豆”
[七七稭]一种野草
[荞荞]麦田中的一种野豆
[灰头菜]一种野菜,可食
[歪歪菜]一种野菜,可食
[螺螺藤]一种野草
[药葵]向日葵,也称“葵花”
[核桃乌]黑菜,也叫“乌菜”
[汤菜]小白菜
[大菜]用于腌制的大白菜
[荷叶芋]芋艿,也称“芋头子”
[星蜓子]蜻蜓
[獾狗子]獾
[马皮瓜]一种小的球形野瓜
[老太爷、乌嘴子、狐大仙]狐狸
[隔蚤]一种会咬人的小虫
[虱子]寄生在人、畜身上的小虫
[夹夹虫]蠼螋
[夜猫子]猫头鹰
[老鸹、脏嘴货]乌鸦
[自由罐子]一种小鱼
[水游子]水黾
[格冬子]秧鸡
[蓑衣虫子]蚰蜒
[抹蚱]蝗虫
[螺螺]田螺
[刮锅子、麦黄鸟、黄麦早割]布谷鸟
[鼻涕虫]蛞蝓
[钩子]蝎子
[几柳]蝉
[青儿郎]天牛
[芦粟]高粱
[啥浪(音)]一种稻田野草
[稗子]水稻田中一种野草
[苕帚头]一种野菜,可食
[馍头草]一种野草
[桑树果子]桑葚
[蒲棒头]蒲草果实
[扬花萝卜]小萝卜
[烧瓜]菜瓜中一种
[高瓜]茭白
[小青子]青菜
[牯牛]公牛
[九里香]大青豆
[指甲花]凤仙花
[叫驴子]蝈蝈,也叫“螽斯”
[蒙虫子]一种会飞的小虫
[放屁虫]一种触物放屁的虫子
[吊吊虫]一种软体小虫
[骚气娘娘]一种多足有异味的虫
[盐老鼠]蝙蝠
[老□(音:哇)]鸬鹚
[罗汉狗子]一种野生小鱼
[山蛮子]灰喜鹊
[鹁鸪鸪]斑鸠
[叫天子]云雀
[水鸡子]青蛙
[田鸡乌子]蝌蚪
[地皮蛇]腹蛇
[旱螺]蜗牛
[细细蛛]蜘蛛
[土蚕]地蛆
[樟木虫子]蟑螂
[沙拉婆子、纺织娘]络纬

三、农事农具

[刹垡]破碎田间土块
[下秧]把稻芽子下入秧池田

[乱插棵]传统手栽秧方式
[泥塔(音)头]一种做秧池方法
[打秧]挑秧、撒放秧把农活总称
[打场]牛或机械拉石磙子脱粒农作物
[打耙]秧田耘耥
[堆把]堆放农作物
[干塘] 捕捞水产品
[做坯]制作砖头半成品
[裁土笨子]稻田土压实后裁成长方形土块
[清塘]渔塘清理、翻晒、消毒等总称
[七大八]事情做得差不多
[纳跟脚]房屋基础工程
[碓碗子]石臼
[拉犁辫子]草编,拉犁用
[鹤板]水车提水木片
[了原、收尾、找尾子]工程或事情行将结束
[起秧]拔秧
[掼把]粮食作物一种脱粒方法
[戽麦(稻)种]撒麦(稻)种
[闹稭]专指收取小麦掼把后的麦粒
[草塘泥]青草、河泥合成肥料
[无土育秧]温室秧盘育秧
[突龙沟]深挖河道的汲水工程
[翻塘]鱼类一种病害现象
[泥合子]戽掀
[按场磙子]小的且没有沟槽的磙子
[犁蚕头]犁底尖子上铁件
[磨单子]拉磨工具
[砻子]破稻壳的一种传统工具
[小笆斗]戽种和家用柳制品
[车拐]车水脚踏部件
[做场]耕翻、整平、泼水、压实、砀灰农活总称

四、食品用品

[大米]粳稻米
[油扎鬼]油条
[麻棍]圆柱形油炸食品
[素油]植物油
[水糊子]小麦带水磨成的糊状食品
[忽(音)度子、马虎粥]糊状稀饭
[接顿子]晌午或傍晚用餐的说法
[藕饼]藕与糯米粉做成的饼
[全藕席]藕做成的全桌菜肴
[捧盘]托盘
[牙凳]面下带牙条的长板凳
[闷灶子]有锅框无烟囱的灶
[灯捻子]灯芯
[猫叹气]圆形有盖器皿
[水焐子]热水袋
[对子]对联
[糟面饼、粘饭饼]米面发酵做成的饼
[裹头手巾]妇女扎头的布
[球裤]一种棉织较厚的内裤
[毯子]床单
[窝鬏]妇女的一种发型
[辫梢子]辫子的装饰物
[钉鞋]有钉防滑的鞋具
[木刹子]木制拖鞋
[蒲扇]用蒲编成的扇子
[小米]中稻米
[麻团]球形油炸食品
[油端子、油痴子]萝卜丝做馅的油炸小食品
[荤腥]指鸡鸭鱼肉等
[疙瘩]面粉或米面做成的熟食
[摊饼]用面粉做薄饼
[火叉]烧火棒
[藕夹子]藕夹肉糊子炸成的食品
[牛舌头]米面发酵做成椭圆形的饼
[棉袍子]长棉袄
[加褂子]罩衫
[护袖]衣袖防护物
[针线匾子]盛针线用具
[夹袄]有面和里子的上衣
[汤壶]装热水取暖的铜或铁质器具
[挂落、门前]贴在门眉框上的剪纸
[夹裤]有面和里子的裤子
[三角巾]妇女扎头的方巾
[球衫]一种棉织较厚的内衣
[勒子]老年妇女扎头用
[鬏网子]窝鬏用
[高木屐子]蒲鞋底钉木块的鞋子
[蒲鞋]蒲草或麻袋丝编成的鞋子
[毛窝子]用草与芦花编成的鞋子
[霉得了]①食品霉变;②不知时事

[柴帘子]用小柴编成的帘子

[火媒子、熏子]用草纸卷成燃着保存火种

[闷(音)得了]变质,例:这团线～,一拽就断

[虚(音)子]米等粮食磨成的粒状食物

[忽(音)得了]腐烂,例:这根梁～,不能再用

[上冒(音)了]食品变质长出白色物质

五、人体部位与疾病

[手马盖子]指甲

[膈肌头子、菠萝盖子]膝盖

[白蛇贡子]得白化病的人

[颈项脖子]颈部

[屁股尖子]臀部

[小膀子]前臂

[萎头奋颈]无精打采的样子

[冲吨]打瞌睡

[慈姑愣]睡醒后发呆

[心口]胃部

[眼泡子]眼带

[奶□(音:忽)子]乳腺小叶

[螃蟹眼]手指盖、脚趾旁的小脓包

[天宁盖子]泛指幼儿头顶凹处一块

[砍头疮]一种颈部外症

[出痘儿]天花

[大肚子病]肝腹水

[潮人、醋心]胃不舒服

[老巴干疆]瘦小没发育开

[脚马盖子]脚趾甲

[哈马鼓子]下巴

[滚肠痧]结肠炎

[鼓拐子子]踝部

[大膀子]上臂

[膀儿弯子]肘部

[兔子眼]斜视眼

[腰眼子]腰部

[肚子]腹部

[掀板子]背部

[偷眼针]眼皮内小脓包

[气堂管子]呼吸气管

[歇夏]夏天消瘦

[蛇箍疮]腰部带状疱疹

[出花儿]疹子

[护痒]怕痒

[不好过]身体不舒适

[大脖子病]甲状腺肿大

六、称谓别称

[老老太爷]高祖父

[外婆奶奶]外祖母

[两山一水]同母异父

[姑子]对丈夫姐妹的统称

[下表] 舅对姑家子女的合称

[补锅锔碗的]修补锅碗的人

[赶脚的]赶骡马的人

[铲刀磨剪子的]磨剪子的人

[下手把子]辅助工

[掌柜的]店铺主事人

[大老倌]有身份的人

[夯货]不知自己斤两的人

[过嘴快]会传话的人

[红人]做月子的妇女

[下人、下眼睛皮子]直系亲属晚辈

[甩料]不会办事人

[哇子]爱钻牛角尖的人

[冷脸子]无笑容、难以捉摸的人

[老老太]高祖母

[一山两水]同父异母

[舅老爷]妻子的哥哥或弟弟

[上表]姑对舅家子女的合称

[大老亨、大老巴子]最小儿子

[煮黑的]挑担染布的人

[生缸补坛子的]修补坛坛罐罐的人

[掌作的]做手艺的领班人

[学手艺的]徒弟,也叫“徒儿”

[跑腿的、打杂的]小伙计

[怪(音)护篓的]取鱼人的帮手

[头梢子]生养的第一个小孩

[公鸡猴子]泛指小男孩

[上人、上眼睛皮子]直系亲属长辈

[帮人家的]佣人,多指女性

[胎黄子、小红人]未满月的婴儿

[巴脚鬼]拼命劳作闲不住的人

[二依(音)子]男不男女不女的人

[机灵鬼]做事活络的人
[闲老倌]没有事做的人
[精明鬼]聪明人
[拖油瓶]再婚女人带到男方的孩子
[跑堂的、走堂的]泛指饮服业服务员
[小乖乖、娇养的、宝宝]对晚辈的昵称
[万金油]各样都会点,但不专业的人
[老拐子]人贩子
[大烟鬼子]身体消瘦的人
[窝边秀]上不了场面的人
[没脚蟹]没有大用的人
[死心眼、一根筋]说死话的人
[若塌油]做事不认真的人
[辣括]心毒手狠
[识宝回子]什么东西都当好的人
[尖聪鬼]不会吃亏的人
[刷括人]做事干净利落的人
[耗财星]喜欢瞎用钱的人
[无二鬼]说话办事不地道的人
[能干豆子、充雄]显能的人
[红冲子]肯上前且莽撞的人
[大掼布]什么事情都肯做的人
[背口乌、背后嘴]当人面说不出话的人
[石猴子]顽皮的小孩子
[内巴子]①外行;②做事拖后腿的人
[八脚毛]技术不精的人
[草鸡毛]做事浮躁的人
[癞乌龙]肮脏邋遢的人
[没魂大帝]做事不得根的人
[看家狗、看着烟囱狠]外面打不开局面的人

七、乡风民俗

[谈人家]介绍婚姻
[下礼、过礼]聘礼
[双请]请新媳妇父母哥嫂的一种习俗
[送日子]告知女方结婚吉日的旧俗
[开锁]发嫁妆时钥匙交接仪式
[合婚]婚配旧俗
[压箱钱]娘家给女儿出嫁的钱
[开槽]开挖新建房屋墙基
[散糯米饭]生男孩的一种风俗
[竖柱]木结构房屋框架施工
[平磉]平整、清理新砌房屋地基
[人情、份子]礼金
[双带]娘家带新人回家的习俗
[改怀]结婚多年后怀孕
[散糯米粥]生孩子一种风俗
[刹丁]封闭棺木一种仪式
[守七]一种祭祀亡灵仪式
[翘辫子]人死了
[富贵饭]结婚正日晚上夫妻在洞房吃的饭
[做满月]办满月酒的一种说法
[看坟地]看风水
[定亲、定婚]确定婚姻的仪式
[照衣裳]清点陪嫁衣物
[添箱]主要亲戚给出嫁女的钱
[上梁]木结构房屋中梁施工
[捏锁封]交接嫁妆钥匙的回赠
[送房]结婚之夕乡邻贺喜的一种礼仪
[捣窗户]结婚正日晚上的最后一道仪式
[谢媒]请媒人吃饭
[进门喜]结婚即怀孕
[放线]建房时的平面放样
[长尾巴]过生日
[起程]安葬前的一种旧俗
[回杠饭]送葬后的斋饭

八、口语土话

[吃鳖]碰壁混不开
[抢忙]帮忙
[洋盘]不值得
[抽干]办事活挣命
[撇清]解释
[咪马]拖拉
[来丝]能干
[抵款]顶用
[什呢]什么
[局气]运气
[哑味]拿人开心
[咬嚼]吃东西的一种感觉
[走时]好运气
[□(音:忽)度]一时想不起来
[缓算]骚扰人
[捣鬼]①耳语;②捣蛋

[夹种]全部
[悠秋]幽默
[功成]火候
[上街]进城
[能呕]会说
[麻]不知天高地厚
[相嘴]接吻
[怒来]性格温和
[一当]有条不紊
[活套]灵活
[八乡底]穷乡僻壤
[癞乌龙、忽老二]差的
[卡油、沾光]要好处
[不作兴]不应该
[水透了]水烧开了
[做怪子]口不应心的举动
[浪个的]表不高兴语气
[赤拉污]差极了
[吃冬瓜]挨批评
[快嘴闺娘]多嘴多舌
[找雀疤]吹毛求疵
[吃闷鼻子]碰壁
[眨眼玲珑、眨眼动灵]神气
[不□(音:鹤)心]不贴心
[作搞]小孩之间挑斗
[炮筒子]说话直来直去
[簇骨寿]阴险
[里外里]反正
[扯他去]放任不管
[现括现]当场兑现
[玩意帐]不当一回事
[要昏]表惊讶语气
[铁头犟]固执
[消遣人]拿人咂味
[馋捞捞]馋相
[酸溜溜、酸不拉叽]表酸的程度
[咸蘸蘸、术古纳淡]表咸淡程度
[稀尕尕、一颜颜、一弥弥]表少、小、短
[油嘴滑舌、胡大孽嚼]随便瞎说
[泥打鬼秋、哇污骨儿]脏
[狠五狠六]乱发狠
[傻里骨儿]傻
[花招、花头精]点子多
[拉倒]作罢
[推板]得罪人
[难为]谢谢
[欧抠、熬道]不爽快
[该派]应该
[小俏]谦虚热情有礼貌
[后首翘]后来居上
[板整]做事规范
[老霉]跟不上形势
[尖颂]会讨便宜
[雀巴]产生矛盾
[说寡话]说批评的话
[晓不得]不晓得
[活折皱]不顺利
[甜不丫虾]表甜的程度
[不来丝]不行
[吃糍粑]遇到抵制
[挪糟人]麻烦人
[没面纱]羞怯
[出不猛]缩手缩脚
[乌鸦嘴]开口没好话
[不太海]没出息
[不违心]不放心
[倒□(音:堵)子]反悔
[划马点]有点数
[做拦停]调解说情
[一沰鸡、一沰痴]一次性
[辱绝人]挖苦人
[木□□(音:血)]麻木
[大划马]大约
[不□(音:汗)定]不一定
[簇崭新]新的
[拎草鞋]不如人
[缩头夹颈]①怕冷;②怕事
[辣呵呵]表辣的程度
[扭头缩颈]妖怪相
[将龙就龙]将就
[穷神烂面]穷相
[不得捞摸]没事难过
[直肠子]有话直说
[帮七邦八]差不多

[吓人打怪]吓人
[来头失魂、丢头搿尾]没记性
[一时半干]偶尔
[神之无知]不知深浅
[六角铮铮]故意作态
[行不郎当]全部
[千刁万促]刁滑
[出奇出格]与众不同
[古里怪文、丫里不虾]古怪
[窝死缠蛮]纠缠
[阴里不七]阴险
[扎起板子]截止
[盐潮卤腊]潮湿不干爽
[小人咸气]小气
[蛮儿隔郎]难以沟通
[黑古隆冬、乌漆黑秃]没有光亮
[歪里不拽]不相关
[对了拐子]合适
[一屁股了烧]穷困潦倒
[幽里不秋]幽默
[尖头爬拉稀]小尖
[陈年古八代]老旧
[板板六十四]有序但又刻板
[到嘴不到肚]吃的不过瘾
[炸巴六齐手、揸手托脚]不会做事的样子
[三鞭打不出个闷屁来]不作声
[石狮子磨出屁来]指小孩顽皮程度
[眼一眨老母鸡变成鸭]变化快
[亨里不吞、呕里不扣]不爽快
[抖抖活活]①对婴幼儿呵护状;②战战兢兢
[手停脚不住、丢了叉子拿扫帚]能忙、勤劳
[老皮干味、吊儿郎当、老油不条]老三老四
[假不溜秋、假个溜个]骄傲的样子
[孽嚼大三关、活嚼大头蛆、嚼舌头根子]信口胡说
[筋筋绊绊]①事情不顺利;
②指食物,例:这块肉～的
[七老八十]充老
[老实干难]过于老实
[洋大二真]注意力不集中
[能角角的]多指小孩会做事
[七拱八翘]不配合、不一致
[麻里木足]麻木
[呢呢拉拉]不利索
[打水不浑]力度太小
[哇里骨儿]痴
[乃实乃情]不虚假
[盐坛摸到酱罐]到处乱摸
[索东拐西]①没有正形;②不稳重
[白儿纳味]没味道
[泼头散银]零乱
[滑儿革奋]滑腻
[隔壁旮旯]细微处
[嗡里不动]不明了
[眼屎踢锅腔]①未洗脸;②脏相
[走头六怪]唱反调
[鬼话胡子绕门经]胡弄人
[虚个乐朝天]不稳重
[斜眼吊麻钱]斜视
[吹塘灰找裂麻缝]吹毛求疵
[抠人脑子扣人心]说话刻薄伤人
[颠不平摆不稳]不持重
[鼻塌嘴歪]无言以对
[眼一翻认不着张老三]翻脸不认人
[□(音:攀)起来]争执
[一塌满湖沙]胡乱
[蓬头拉稀]未梳洗
[呆个若儿、呆个六顿、痴里哈气]不尖聪
[苦叽叽、苦叽纳歪]①表苦的程度;②苦相
[一股邋遢、一遢刮子、七股八杂、行不郎当]全部,一股脑儿
[做关目、做郭道]①一种封建迷信活动;
②不直爽、推三阻四
[不晓得是个圆和尚还是个扁道士]
①对人评价说不准;②对事物发展不明

第二节　普通话推广

1990年，县内小学统一执行教育部《全日制六年制小学教学计划(草案)》，一年级汉语拼音教学开始普及。1995年，全县中小学全面执行国家教委调整的全日制中小学课程(教学)计划，加强汉语拼音教学和普通话推广工作。因教师语言水平参差不齐和地方音韵词汇影响，普通话整体水平不高。1998年，县教委和各乡镇教育办公室分别成立普通话测试领导小组。是年5月，县普通话测试站成立，选派16名教师参加省语言文字工作培训，其中15人获得省级普通话测试员资格，并负责全县普通话测试站业务工作。在教师队伍中开展1957年6月30日以后出生的教师排查摸底。县教委统一为测试对象订购《普通话水平测试》《现代汉语词典》等书籍4000册，普通话语音练习磁带300套，分别达到人手一册和每个小组一套。在县教师进修学校建立县普通话辅导站。是年5～6月，先后举办教师普通话测试培训班4期，有283人参加培训测试，达标合格174人，其中二级甲等90人、二级乙等84人。暑假期间，县教委举办教师普通话培训班10期，700人参训，达标合格430人。1999年，县教委印发《关于开展全国推广普通话宣传周活动的通知》，举办师生员工普通话大赛、《推广普通话，促进语言文字规范化》读书演讲和街头宣传咨询活动。是年，各类学校设立普通话培训站。共举办培训班8期，参加培训测试586人，达标合格357人。2001年，县教育局把教师普通话达标合格纳入聘用、职务晋升、评奖评优必备条件之一。是年7月，县教育局举办普通话测试培训班6期，参加培训测试教师312人。至此，1957年6月30日以后出生的1881名教师的普通话测试培训工作全部结束。暑假期间，县教育局实施1954年6月1日至1957年6月30日期间出生教师的普通话测试培训工作，共举办培训班5期，培训300人。

2002年，全县机关、企事业单位普通话推广工作启动，先后举办普通话测试培训班3期，165人参加，其中公务员101人、其他企事业单位工作人员64人。各类对外服务窗口单位普遍设置“请讲普通话”提示牌。2003年，全县举办公务员普通话测试培训班10期，培训924人；地税系统职工普通话测试培训班1期，培训60人。2004年，全县举办普通话测试培训班15期，1493人参加，其中教师4期551人、学生6期471人、公安干警1期48人、公务员3期300人、事业单位工作人员1期123人。2005年，全县举办普通话测试培训班9期，培训897人，其中公务员3期260人、教师2期365人、学生4期272人。至2005年底，全县共举办普通话测试培训班71期，有5720人参加，其中教师3097人、学生743人、公务员及企事业单位工作人员1880人，达到普通话相应等级的4086人，达标合格率71.4%，其中一级乙等4人、二级甲等1002人、二级乙等1359人、三级甲等1350人、三级乙等371人。

第三节　流行新词语

改革开放后，随着社会、政治、经济方面深刻变化，各种新观点、新说法、新词语和一些借喻词、外来词应运而生，而且通过人们的交往和各种媒体迅速流传。至2005年，一大批新词、新语(含旧话新说)在人们社会生活中广泛运用，选录部分，略记其盛。

一、大政方针

改革开放搞活、实践是检验真理的唯一标准、一个中心两个基本点、四项基本原则、四个现代化、新长征、关于党的若干历史问题的决议、社会主义初级阶段、社会主义市场经济、建设有中国特色社会主义、发展是硬道理、又好又快发展、简政放权、法治社会、小康社会、和谐社会、社会主义新农村建设、允许一部分人先富起来、率先达小康、九二共识、一国两制、回归、三通、邓小平理论、三个代表、科学发展观等。

二、党风、政风、反腐倡廉

执政党、执政能力、三讲、反对资产阶级自由化、清除精神污染、农村社会主义思想教育、南巡讲话、企业党建、八荣八耻、关注民生、了解民意、票决制、差额选举、任前公示、监督岗、举报中心、机构改革、能力作风建设、小政府大社会、政务公开、透明度、阳光操作、公务回避、承诺制、接待日、一站式服务、保姆式服务、政务热线、电子政务、公开公正公平、收支两条线、政府采购、会计核算中心、政务中心、廉政制度、廉政建设、廉洁从政、反贪、反贪局、反腐败、反腐倡廉、双规、诫勉谈话、权钱交易、官商勾结、以权谋私、关系网、官倒、官商、跑官、买官、卖官、人情案、权力股、三乱、吃拿卡要报、吃喝风、一票否决制、公款消费、有偿新闻、关系学、感情投资、长官意志、拍脑袋决策、首长工程、一号工程、政绩工程、豆腐渣工程、阳光工程、暗箱操作、曝光、黄牌警告、警戒线、高压线、收红包、拿回扣、小意思、泡妞、性贿赂、门难进脸难看事难办等。

三、军事、政法

国防生、国防教育、预备役、预备役团、志愿兵、军地两用人才、军民共建、拥军爱民、拥政爱民、双拥模范城、模拟军演、学生军训、依法治县、依法行政、以法律为准绳、法律援助、律师、律师事务所、公证处、公证员、法治员、法律咨询、法治校长、法制天地、法制广场、调解日、普法、学法用法知法守法、社会治安综合治理、平安创建、居民身份证、第二代居民身份证、暂住证、绿卡、荣誉市民、110、报警电话、警务区、黄赌毒、严打、打黑除恶、职务犯罪、网络犯罪、车匪路霸、缉毒、毒枭、走私、蛇头、行政诉讼、行政复议、民告官、追诉、反诉、抗诉、人民陪审员、合议庭、庭外调解、程序公证、实体公证、犯罪嫌疑人、法人、自然人、意外伤害、正当防卫、无罪推定、拘役、解除劳教、帮教结对、法律面前人人平等、经济侦查、监视居住等。

四、人事、劳动与社会保障

干部四化、打破大锅饭、砸三铁、奖勤罚懒、奖优罚劣、优胜劣汰、岗位责任制、劳动合同制、聘用制、人事代理、人事租赁、竞聘上岗、优化组合、全员合同制、公务员、异地交流、干部分流、第二职业、脑体倒挂、手术刀不如剃头刀、造原子弹不如卖茶鸡蛋、人才流动、人才市场、人才交流中心、引进人才基金、筑巢引凤、人才开发、跨世纪人才、专业技术职务、人才库、双向选择、跳槽、炒鱿鱼、解聘、留职停薪、下海、浮动工资、结构工资、职级工资、岗位津贴、增收节支奖、目标管理奖、上不封顶下不保底、改制、下岗、事改企、人力资源、劳动力市场、岗前培训、弱势群体、人文关怀、再就业服务中心、零就业家庭、福利院、康复中心、光彩事业、托管代理、医疗保险、养老保险、失业保险、生育保险、新型合作医疗、农村社会养老保险、失地农民基本生活保障、最低生活保障、社会统筹、社保中心、医疗保险管理处等。

五、思想道德

五讲四美三热爱、两个文明一起抓、两手都要硬、三个文明、双文明户、文明单位、文明守则、精神文明奖、送温暖、温暖送功臣、净化社会空气、守一方净土、思想道德修养、行风热线、青少年教育基地、青少年道德修养、公民道德教育、学雷锋、学赖宁、礼仪培训、手拉手、心连心、雏鹰行动、蒲公英计划、成人宣誓仪式、志愿者、青年文明岗、青年文明号、青少年维权岗、从政守则、医德医风、文明用语、自我形象、两公开一监督、十佳公仆、服务忌语、优质服务、党员模范岗、党员先锋岗、文明窗口、文明服务示范户、文明经营户、行风建设年、社会公德、职业道德、家庭美德、市民守则、村民守则、村规民约、企业精神、团队精神、宝应精神、抗洪精神、校训、校风、校纪、献爱心、结对帮扶、厂校挂钩、捐资助学、市民学校、人口学校、守法经营户、双文明户、十星文明户、十佳标兵、创建卫生城、园林绿化城、平原绿化县、贤内助、三八红旗手、全国五一劳动奖章、巾帼英雄、十佳婆媳、优生优育优教、尊老爱幼、敬老日、文明卫生楼、文明村、文明镇等。

六、经济工作

入世、WTO、招商引资、打假、不公平竞争、经济体制、经济效益、经济过热、经济杠杆、经济体制改革、经济法、经济合同、经济开发区、经济增长点、经济增长方式、外向型经济、泡沫经济、个体户、私营经济、个体私营业主、非公经济、民营企业、外资企业、合资企业、股份制企业、公司热、总公司、子公司、分公司、联合公司、外贸公司、三角债、现代企业制度、社会总产值、国民生产总值、国民收入、地区生产总值、工农业总产值、增加值、现行价、可比价、不变价、劳力密集型产业、知识密集型产业、高科技产业、支柱产业、第一产业、第二产业、第三产业、朝阳产业、假日经济、市场经济、市场化、小商品市场、自选市场、农贸市场、荷藕批发市场、要素市场、房地产市场、买方市场、卖方市场、市场体系、市场机制、市场预测、市场分析、市场筛选、市场割据、市场疲软、市场占有率、加工工业、工业园区、三资企业、外引内联、横向联合、责权利、承包经营、租赁经营、所有权与经营权分离、转换经营机制、股份制、关停并转、资产重组、抓大放小、兼并、收购、倒闭、破产、强强联合、跨地区联合、优势互补、规模效益、名牌效应、拳头产品、名牌产品、龙头企业、利税大户、全面质量管理、安全生产、零库存、风险经营、负债经营、挖潜增效、扭亏增盈、简政放权、松绑、优化组合、下岗分流、减负增效、退养、职工安置、企业文明、企业精神等。

七、"三农"工作

家庭联产承包责任制、分田到户、万元户、专业户、农村经济体制改革、农村区域经济、农业经济合作组织、延长土地承包期、土地流转、规模经营、花木基地、特种水产、水产养殖、口粮田、种粮大户、农村产业链、一条龙服务、有机农业、绿色大米、免耕法、麦套稻、稻套麦、无土育秧、杂交棉、杂交稻、抛秧、机插秧、复合肥、地膜、大棚、生态农业、有机稻、反季节蔬菜、泾河西瓜、盐渍藕、藕汁饮料、荷叶茶、太空蔬菜育种、稻飞虱、赤霉病、基本农田保护、联合收割机、开墒机、插秧机、弥雾机、村民委员会、海选村干、村务公开、村级经济、减轻农民负担、粮食直补、种粮补贴、空壳村、专业村、小康村、科技示范村、农民专业协会、农技函授、农民专业技术职称、示范户、养殖大户、农民企业家、农业产业化经营、龙头企业等。

八、商贸服务

国有、民营、联营、连锁经营、超市、专卖店、打折、特价、营销、传销、期货、加盟、中介、经纪人、售后服务、终身保修、促销、广告、房地产公司、装潢公司、汽车出租、汽车美容、保修点、干洗店、休闲中心、泡脚馆、美容院、洗头房、美甲屋、美容美体、焗油、染发、发艺、婚纱摄影、鲜花店、小吃店、冷饮店、快餐店、海鲜馆、火锅城、家具城、肯德基、冰淇淋、有意思、旅游公司、旅行社、礼仪服务、礼仪公司、劳务公司、婚姻介绍所、家政服务、快餐、套餐等。

九、城建交通

村村通、黑色路面、水泥路面、砂石路面、立交桥、斑马线、红绿灯、测速区、高速公路、服务区、收费站、高速道口、高速绿岛、公务车、大篷车、黑车、公交车、农公车、联运、快递、代客送货、集装箱、的士、打的、大巴、中巴、空调车、私家车、拼车、轿车租赁、省际班车、京沪高速、盐金国防公路、城市化、城乡规划、小城镇规划、旧城改造、城乡接合部、抗震设防、烂尾楼、半拉子工程、集资建房、商品房、解困房、廉租房、居民小区、别墅、单门独院、安居工程、楼盘、旺铺、按揭、首付、街心广场、马路绿岛、街头广告、公交车站、绿化美化亮化、马路清扫机、洒水车、规划红线、控制地带、工程招标、投标、中标、二手房、房贷、三线落地、改水改厕、收费公厕、天燃气管道、物业管理、玻璃幕墙、墙砖、地板砖、钢窗、铝合金门窗、塑钢门窗、防盗门、客厅、卧室、书房、卫生间、厨房等。

十、财政金融

地税、国税、费改税、纳税人、增值税、消费税、利息税、个人收入调节税、减免税、分税制、贫困县、吃饭财政、分灶吃饭、收支两条线、小金库、争取资金、驻京办事处、驻外办事处、保值储蓄、通存通兑、国债、国库券、外汇、信用卡、购物卡、牡丹卡、长城卡、小额抵押贷款、低息贷款、扶贫贷款、担保公司、电子银行、自动取款机、实名制、密码、不良资产、人身保险、资不抵债、金融大案、骗汇、套汇、逃税、洗钱、期货、寿险、财险、担保、抵押、股民、炒股、配股、原始股、二手股、指数股、A股、B股、股本、牛市、熊市、黑马、平仓、套牢、解套、走强、下挫、反弹、狂泻、震荡、涨停、指数、理财产品、基金等。

十一、教育教学

九年制义务教育、教育体制改革、学历教育、素质教育、特色教育、远程教育、终身教育、幼儿教育、成人教育、民办教育、职业教育、电化教学、充电、补习班、自学考试、电大、成人学校、职业高校、职业高中、职业中专、贵族学校、民办学校、学历热、文凭热、高考、代考、3+X、专升本、五年制大专、托福、考研、集资办学、校办企业、校企挂钩、教育基金会、希望小学、教师节、特级教师、高级教师、外籍教师、教坛新秀、名师执教、名师名校、教育资源、教师专业技术职称、民转公、乱收费、计划外招生、自费生、平价生、议价生、小班教学、特色教学、捐资助学、招生市场、网上录取、园丁新村等。

十二、科技环保

科技热、科技县、科技周、科技村、科技示范户、科技副县长、科技兴县、科技兴农、科技兴业、科技进步、科技产业、高新技术产业、科技交流、科技成果转让、科盲、技改、技改基金、环境科学、生命科学、火炬计划、星火计划、知识产权、专利保护、产学研结合、网络、网站、网名、网址、网页、网迷、网恋、网龄、网络社会、虚拟空间、上网、网友、网虫、粉丝、博客、计算机病毒、黑客、熊猫烧香、千年虫、网上媒体、网上情人、网上垃圾、网上银行、网上购物、BB机、计算机、大哥大、手机、移动电话、数字化、程控电话、小灵通、二手机、短信、短消息、网聊、聊天室、因特网、局域网、手提电脑、电脑、电脑桌、视频、鼠标、猫、U盘、硬件、软件、主机、IC卡、集成电路、微波中继、电子邮件、镭射机、数码相机、录音带、录像带、荧光屏、显示器、液晶电视、电子产品、打字机、复印机、传真机、刻录机、邮箱、电传、登录、下载、可视会议系统、可视电话、信息高速公路、内存、文件夹、菜单、三废、垃圾袋装化、垃圾填埋场、白色污染、水污染、噪音、分贝、电子辐射、电子垃圾、环境污染、环境保护、环境治理、废旧电池回收、臭氧层、温室效应、暖冬、生态意识、生态工程、生态平衡、生态农业、生态县、平原绿化先进县、无烟工厂、绿色行动、绿色产业、环保志愿者、有机农业、有机食品、世界环境日、地球日、爱鸟周等。

十三、文化体育

文化热、文化圈、文化带、文化园、文化人、文化内涵、文化品位、文化视野、文化大餐、荷文化、水文化、绿文化、茶文化、酒文化、健康文化、精神文化、高雅文化、主流文化、流行文化、饮食文化、特色文化、经济文化、企业文化、校园文化、社区文化、家庭文化、农村文化、乡土文化、区域文化、节日文化、街头文化、服饰文化、旅游文化、先进文化、文化搭台经济唱戏、送文化下乡、纯文学、地方文学、成人童话、明星写真、另类事物、追星族、琼瑶热、金庸热、三毛热、出书热、签名售书、个体书店、租书点、影剧滑坡、宝应文学、娱乐圈、梅花奖、金鸡奖、百花奖、韬奋奖、大片、巨片、贺岁片、搞笑片、争议片、三级片、主旋律、巨星、大腕、影后影帝、两栖名星、作秀、炒作、走穴、票友、非法出版物、盗版、黄色书刊、扫黄打非禁盗、卡拉OK、碟片、书画之乡、书画拍卖、书画大奖赛、通俗歌曲、校园歌曲、劲歌劲舞、摇滚乐、清唱、城市民谣、音乐电视、校园艺术节、老年大学、乡村艺术团、乡镇万册图书馆、炒地皮、斗地主、砌长城、呼拉圈、娱乐城、保龄球、霹雳舞、伦巴、探戈、交谊舞、轻歌曼舞、奥运会、亚运会、全民健身、健身点、晨练点、晚练点、社会体育指导员、跆拳道、健身球、健身器材、门球、漂流、热身赛、残疾人运动会、强体健身、体育产业、赞助商、冠名权、俱乐部、体育彩票、体育市场、体育改革、夺冠、蝉联、黄牌、短平快、桥牌等。

十四、医疗保健

职工基本医疗保险、社会医疗保险、农村初级卫生保健、新型农村合作医疗、私人诊所、民营医院、乡村医生、社区卫生服务站、非处方药、心脏搭桥、移植、生命科学、禽流感、疯牛病、基因、生物技术、医保定点医院、B超、彩超、骨髓移植、血透、核磁共振、基因工程、克隆、男性学、女性学、行为医学、亚健康、计算机病、空调病、电视综合征、麻将综合征、舞厅综合征、宠物病、艾滋病、癌症、老年痴呆症、忧郁症、糖尿病、冠心病、高血压、肥胖症、减肥、非典、红眼病、健康投资、健康食品、保健按摩、营养品、保健球、性保健、健美、健身操、吸脂、瘦身、有害食品、绿色食品、营养午餐、推拿、理疗、食疗、药膳、休闲、空气浴、太阳浴、洗洁精、消毒液、灭蚊灯、污水处理、红包、药品食品安全等。

十五、婚姻家庭

早恋、征婚、试婚、大龄青年、婚前同居、婚姻介绍所、集体婚礼、旅游结婚、度蜜月、金婚、银婚、傍大款、嫁老外、婚外恋、第三者插足、外遇、小秘、情人、包二奶、丁克家庭、离异家庭、单亲家庭、空巢家庭、代沟、一家两制、家庭妇男、床头跪、妻管炎、夫轻松、胎教、小皇帝、小公主、母乳喂养、只生一个好、优生优育、计划生育、人口爆炸、基本国策、少生优生、避孕、刮胎、引产、超生游击队、剖腹产、人口自然增长率、独生子女、四二一家庭、计划外怀孕、计划生育辅导站、计生助理、避孕药、避孕套、老龄社会、老龄委、夕阳红、老年公寓、老年证、临终关怀、安乐死等。

十六、居民生活及用品

吃讲营养、穿讲漂亮、住讲宽敞、用讲高档、行讲便当、大礼拜、小礼拜、黄金周、生存型、温饱型、小康型、火腿肠、加碘精制盐、84消毒液、黑芝麻糊、豆奶粉、快餐、脑白金、富硒康、黄金搭档、早餐好中餐饱晚餐少、AA制，菜篮子工程、送温暖工程、扶贫工程、脱贫致富、劳务收入、财产性收入、小康生活、小康家庭、货币分房、城镇住房制度改革、住房公积金、大套、小套、中套、别墅、防盗门、防盗锁、防盗网、装修、吊顶、厨具、洁具、实木地板、录像机、放像机、录放机、VCD、DVD、摄像机、背投、热水器、沼气、液化气、天然气、饮水机、电冰箱、电磁炉、光波炉、微波沪、洗衣机、空调、电动车、摩托车、洗面奶、洗发精、护发素、发乳、摩丝、防裂膏、金手链、金脚链、全毛、全棉、毛涤、化纤、牛仔衫、牛仔裤、休闲装、休闲裤、文化衫、T恤衫、滑雪衫、真空棉、保暖内衣、保暖衬衫、羽绒服、喇叭裤、太子裤、比基尼、踩脚裤、连衣裙、旗袍裙、背带裙、连裤袜、直筒袜、保暖鞋、自驾游、驴友等。

十七、称谓与职业名称

老公、帅哥、帅呆、铁哥们、靓仔、靓姐、靓妹、的哥、的姐、老总、董事长、总经理、头儿、男士、女士、蓝领、白领、农民工、钟点工、空姐、空嫂、歌星、明星、巡视员、调研员、主任科员、收银员、促销员、保洁员、巡警、保安、联防队、护工、保姆、公关小姐、售楼小姐、二奶、三陪小姐、大盖帽等。

第四节　谚　　语

一、时政事理类

刨树要刨根
眼怕手不怕
习惯成自然
打蛇打七寸
打铁先得自身硬
人随王法草随风
扯动荷花带动藕
十个指头有长短
跌个跟头学个乖
小窟里爬不出大蟹
锅不热，饼不靠
吃回苦，学回乖
血汗钱，万万年
敲锣卖糖，各管一行
箍紧必炸，狗急跳墙
小洞不补，大洞吃苦
会者不难，难者不会
不怕天常变，就怕政策变
灯不拨不亮，理不辩不明
盖房三担米，拆屋一顿饭
不怕不识字，就怕不识世
不听老人言，吃苦在眼前
隔行不隔理
贪多嚼不烂
有嘴就有路
四两拨千斤
当方土地当方灵
没有不透风的墙
一锹挖不出个井来
锥子不得两头快
癞和尚做不出好斋
不死人，不见鬼
蛇无头不走，鸟无头不飞
谁害病，谁吃药
生不带来，死不带去
不怕县官，就怕现管
人靠衣装，佛靠金装
主意不定，拿钱送命
开水不响，响水不开
好事不出门，坏事传千里
吃的盐和米，讲的情和理
穷人得一口，富人得一斗
人往高处走，水往低处流
只要行得正，不怕影子歪

大路上说话，草棵里有人
会看看门道，不会看看热闹
喊破嗓子，不如做出样子
有理走遍天下，无理寸步难行
秀才不怕衣衫破，就怕肚里没得货
书到用时方恨少，事非经过不知难

二、人生修养类

久病床前无孝子
无影造西厢
臭肉惹苍蝇
墙倒众人推
先进山门为师
明人不做暗事
看人挑担不吃力
懒牛上场尿屎多
满瓶不动半瓶摇
人心不足蛇吞象
黄金有价情无价
心病还要心药治
一坨鸡屎坏缸酱
苍蝇不叮无缝蛋
让人三分不吃亏
占小便宜吃大亏
狗肚里不得四两油
心不偷，凉飕飕
好记性不如烂笔头
八十岁学个吹鼓手
要得好，问三老
有则改之，无则加勉
得之不喜，失之不忧
抓了芝麻，丢了西瓜
人怕伤心，树怕伤根
当面是人，背后是鬼
知错不改，错上加错
只要行得稳，哪怕浪来颠
有事不怕事，没事不惹事
不贪意外财，勿饮过量酒
人不知己过，牛不知力大
人是一口气，佛是一柱香
宁走十里远，不走一里浅
墙头一棵草，风刮二面倒
要得人不知，除非己莫为
刀不磨生锈，人不学落后
嘴像个蜜罐，心像个大蒜
进了师傅门，修行在个人
人在人前闯，刀在石上砀
耳不听心不烦，眼不看嘴不馋
吃人家的嘴软，拿人家的手短
拎起来不像粽子，奋下来不像糍粑
为人不做亏心事，半夜敲门不吃惊
当家方知柴米贵，养儿才知报娘恩
心慌吃不得热粥，性急看不了三国
会说话的两头瞒，不会说话的两头盘
天上下雨地下流，小夫妻打架不记仇
玩归玩，笑归笑，动手动脚没家教

三、社会事态类

枪打出头鸟
雨过地皮湿
有奶便是娘
狗不咬空声
一步三个谎
打狗看主人
客散主人宽
船小好掉头
不打不成交
狗眼看人低
官大不压四邻
光棍怕的愣头青
好了疮疤忘了疼
办饭容易请客难
胳膊扭不过大腿
膀节弯子朝里拐
有约无请礼不周
恼个邻居瞎只眼
指着和尚骂秃驴
饱汉不知饿汉饥
君子旁边有小人
隔层肚皮隔层山
一人不抵二人计
人怕狠，鬼怕恶
人比人，气死人
邻居好，赛如宝

亲兄弟，明算账
萝卜青菜，各有所爱
让人一步，得理一方
宁少一庄，不丢一家
舌头没得四两重，沤在人身上重千斤
坛口好封，人嘴难捂
言多必失，礼多不怪
听话听音，锣鼓听声
行大欺客，客大欺行
阎王好见，小鬼难过
卖肉的哥哥啃骨头
在家靠父母，出门靠朋友
打人不伤脸，骂人不揭短
困难像弹簧，你弱它就强
事急无君子，人穷礼不周
好坏不开口，神仙难下手
有嘴说别人，无嘴说自身
学个羊儿疯，过河不要钱
跟好人学好人，跟叫花子学流浪
冷菜冷饭好吃，冷言冷语难听
家不和被邻欺，夫妻不和被奴欺
一个不多，十个许多
骨头连筋，十指连心
有借有还，再借不难
肉包打狗，有去无回
君子动言，小人动拳
饥不择食，骂不择言
力大为王，劲大扑强
前门拒虎，后门进狼
软刀子杀人不见血
黄鼠狼专拣病鸭子拖
吃的灯草灰，放的轻巧屁
山不转水转，早不见晚见
救人救到底，送佛送上天
喊人不蚀本，舌头打个滚
事不可做绝，话不可说绝
鼓不打不响，话不说不明
没钱打肉吃，睡觉养精神
人到屋檐下，哪个不低头
猪尿泡打人不疼，实在有点怄人
火车不是推的，牛皮不是吹的
害人之心不可有，防人之心不可无

四、家庭生活类

从小看八十
儿多老命苦
馋猫鼻子尖
心定自然凉
小伢无假病
药补不如食补
老要时样少要乖
有钱不买半年闲
吃鱼不得取鱼乐
小暑长鱼赛人参
伤筋动骨一百天
三翻六坐九爬爬
要得巧，买临了
家作懒，外作勤
阴天驮穰草越驮越重
虱多不痒，债多不愁
早起三光，晚起三慌
不干不净，吃了害病
一人有福，带起一屋
皇帝是假，福分是真
亲家远的香
伞破骨子在
隔河千里远
身大力不亏
财去人安乐
有钱难买回头望
夫妻没有隔宿仇
一钱逼死英雄汉
九里天黑菜赛羊肉
黄泉路上无老少
穷虽穷，家里还有三担铜
若要发，放趟鸭
鱼生火，肉生痰
染缸里捞不出白布
冻死懒汉，饿死闲人
吃着碗里，看住锅里
病从口入，凉从脚起
一钱要省，十钱要用
三分吃药，七分调理
穷没得根，富没得苗

亲不过郎丈,嫡不过姊舅
棒打出孝子,娇惯忤逆儿
晴天防阴天,积谷防荒年
众人省一口,养条大黄狗
笆门对笆门,板门对板门
外头充胖子,在家盖帐子
吃了端午粽,才把棉衣送
食饱无滋味,饥饿饭菜香
舍命陪君子,拼死吃河豚
人少好过年,人多好种田
饭后百步走,活到九十九
耳不掏不聋,眼不揉不瞎
人活八十八,不知瘸和瞎
病来一大片,病去一条线
吃过黄连苦,才知蜜糖甜
打是亲,骂是爱,揪揪掐掐更相爱
君子淡尝滋味,小人胀死不休
笑笨笑拙不笑苦,笑懒笑馋不笑难
身安不如神安,心宽胜似屋宽
粗茶淡饭身体好,青菜豆腐保平安
站如松,坐如钟,睡如弓,走如风
儿孙自有儿孙福,莫为儿孙砌瓦屋
好狗不撵鸡,好男不打妻
人勤地不赖,人懒地生草
不要吃了算,而要算了吃
冷水要人挑,热水要人烧
在家不敬月,出门遭雨雪
种了别人地,荒了自己田
少吃多滋味,多吃少滋味
宁喝三顿稀,不挨一顿饥
麻油拌咸菜,各有各喜爱
在家千日好,出门处处难
大蒜是个宝,常吃生病少
大个门前站,不做也好看
牙疼不是病,疼得要人命
饿不死伤寒,胀不死痢疾
娘夸不为夸,婆夸一枝花
十个指头有长短,一娘生九等
新老大,旧老二,补补衲衲给老三
外头有个挣钱手,家里要有聚钱斗
要得小儿安,常带几分饥和寒
田是人种出来的,路是人走出来的
背时的先生看病头,走时的先生看病尾
勤快勤快,有饭有菜;懒惰懒惰,忍冻挨饿

五、自然气象类

春冷有雨
热极生风
立了春,赤脚奔
霜前冷,雪后寒
雨夹雪,落不绝
打春三天,百草排芽
鸡冷上窝,鸭冷下河
一日春雷十日雨
霜下东风一日晴
春分秋分,昼夜平分
清明断雪,谷雨断霜
清明要晒,谷雨要盖
惊蛰不动风,冷到五月中
春分麦起身,一天长一寸
春天伢子脸,哭笑经常变
麦秀遍地风,稻秀连天雨
春秋东南风,有雨不会空
七九六十三,行人路上把衣单
九九南风都不怕,送九南风干一夏
雾结为霜
惊蛰闻雷
送灶风,接灶雨
霜天雾,风折树
春东风,雨祖宗
腊雪药虫,春雪调虫
春霜不过三日雨
霜下南风连夜雨
雨水下雨百日阴
清明前后,种瓜点豆
植树造林,莫过清明
清明要明,谷雨要雨
春不分不暖,秋不分不凉
清明麦子怪,三天长一筷
春雾雨水多,夏雾晒破头
春寒必有雨,夏旱井底干
春打六九头,家家买水牛
立春动了风,三月比正月冷得凶
麦怕清明连夜雨,稻怕寒露一朝霜

春霜不过三日雨，三天春霜旱到底
九尽花开寒不来，就怕尽九倒春寒
立夏两边豆
大瓦风，小瓦雨
五月雾，水漫路
蛙声急，雨天息
蝉儿叫，晴天到
蛤蟆叫，大雨到
蛇拦路，雨如注
烟扑地，雨连天
早雾阴，晚雾晴
早看东南，晚看西北
天低云浓，风雨相逢
乌龟背潮，下雨前兆
芦柴开花，蚊子归家
蜘蛛收网，天水必淌
盐罐转潮，大雨难逃
长不过夏至，短不过冬至
芒种两头忙，割麦又栽秧
梅风吹一吹，胜似垩交灰
早霞不出门，晚霞行千里
日落云里走，雨在半夜后
水底泛青苔，必有大雨来
清早宝塔云，下午雨似盆
日落乌云抬，雨从半夜来
晚上息风早，明天莫晒草
南风吹到底，北风来还礼
风是雨的脚，风止雨就落
雷暴雨好过，蒙蒙雨难挨
一场秋雨一场凉，三场秋雨换衣裳
天上勾勾云，地上雨淋淋
虾多逢旱年，蟹多水灾愁
田螺浮水面，有雨也不远
乌鸦成群闹，必定有风暴
草灰结成饼，将有大雨淋
立夏雨不下，无水洗犁耙
三伏不受旱，秋收多几担
大伏天西北风，四九天冷得凶
早出黄云晚落雨，晚出黄云五更雨
头伏萝卜二伏芥，三伏里头种白菜
梅里芝麻莳里豆，处暑萝卜白露菜
闷热闷雷有暴雨，炸雷过后天放晴
清明谷雨两相连，耕田浸种莫迟延
春分前后怕春霜，一见春霜麦受伤
久阴必久晴
云绞云，雨淋淋
野鸡啼，晒破皮
泥鳅跳，风雨到
猫啃草，阴雨到
蚂蚁搭桥要发水
地转潮，有雨到
朝霞阴，晚霞晴
小满三天看麦黄
星星眨眼，有雨不远
蚂蚁拦路，大雨如注
蠓虫扑脸，下雨不远
蜘蛛结网，天要晴朗
柱石出汗，雨后再干
天火要烧，地火要浇
小暑到大暑，热得无处躲
过了端午节，锄地不能歇
吃了端午粽，才把棉衣送
日出东南红，无雨也有风
雨打清明节，干到夏至节
杠高日头低，早晚穿蓑衣
日落火烧云，来日晒死人
早雷不过午，夜雨不终日
晚上起东风，明天暖烘烘
天上流云快，地上有风灾
雨前刮大风，来者也不凶
有雨天边亮，无雨顶上光
一场秋雨一场凉，十场秋雨穿上鞋
夏季东南风，来日好天空
小鱼水面游，雨水淋破头
蚂蝗水面游，不久天要漏
燕子飞得低，赶快备蓑衣
寸麦不怕尺雨，尺麦就怕寸雨
早上雾沉沉，中午晒死人
小暑不见日头，大暑晒破石头
五月南风雨不停，六月南风朝朝晴
小暑头上一点漏，拔去黄秧种绿豆
伏天浅锄划破皮，赛似秋天耕一犁
初二十六点雨星，一月要有半月阴
旱年东风不下雨，水年西风不晴天

夏夜星密来日热，冬夜星密来日寒
谷雨早，小满迟，立夏种棉正当时
缸出汗，地转潮，咸菜滴水有雨到
秋不凉，谷不黄
西风响，蟹脚痒
云里夹红，冰雹随从
立秋雷响，百日无霜
大麦不过小满，小麦不过芒种
立秋十八日，百草种籽出
过了白露节，夜冷白天热
寒露麦落泥，霜降麦头齐
秋天怕夜晴，夜晴日不明
立秋知了催人眠，处暑葵花笑颜开
八月初一雁门开，孤雁头上带霜来
小雪挑腌菜
立冬拔菜，免受冻害
冬至多风，寒冷年丰
吃了中秋饭，快把棉衣赶
闲田冻一冬，虫少土又松
大寒天气暖，寒到二月满
腊雪百虫向下，春雪百虫向上
立冬若遇西北风，来年肯定五谷丰
小寒大寒雪满天，来年必定是丰年
立冬晴，一冬晴；立冬阴，一冬阴
三天南风起得晚，睡觉不用盖被单
莳梅天，莳梅天，蓑衣斗篷不离肩
立了秋，北风溜
白露种，寒露栽
立秋有雾，晴到白露
立秋种葱，白露栽蒜
霜降拔葱，不拔就空
立秋一声响，天下少收粮
白露身不露，早晚添层布
处暑雨连天，米粒满谷尖
久晴大雾阴，久阴大雾晴
天空红云冒，必定有冰雹
白露过去是秋分，忙过秋收忙秋耕
燕来不过三月三，燕走不过九月九
腊雪如黄金
晴冬烂年，广种百田
冬雪是宝，春雪是刀
小雪雪满天，来年必丰年
小寒节日雾，来年五谷丰
霜重见晴天，雪多兆丰年
东北风看雨雪，西南风看日月
大雪多逢霜雪雾，过冬菜麦有益处
冬天雪盖一尺被，来年枕着馒头睡
春雾暖，夏雾热，秋雾凉风寒雾雪

六、生产经营类

好种育好苗
秋干出黄金
麻雀赶稻场
有水必有鱼
粪多萝卜粗
过了年，长一田
三分种，七分管
清明麻，谷雨花
小麦秀，茼蒿臭
一泡尿，三担灰
要得富，多栽树
腊月羊，上杀场
春钓浅，夏钓深
菜花黄，钓鱼忙
长木匠，短铁匠
早浇萝卜晚浇菜
韭菜吃的头和尾
秧好半年稻
收麦如救火
春风抬老牛
水清无大鱼
过了冬，长一葱
水是命，肥是劲
清明到，麦管叫
谷雨前，好种棉
冬长根，春长身
要得发，养趟鸭
三月蛋，好当饭
黄昏虾，半夜蟹
要得富，先修路
紧拉鱼，慢拉虾
蚕老麦黄一伏时
葱怕雨淋蒜怕晒
人无笑脸休开店

货问三家不吃亏
正月过年，二月种田
麦怕春雪，棉怕秋霜
有粪无水，庄稼撅嘴
人靠饭养，苗靠水长
种田不垩，白苦一夏
一粒下地，万粒归仓
人胖肉多，秧壮谷多
地是活宝，越种越好
深耕细耙，赛如肥垩
勤排勤灌，多收一半
人哄地皮，地哄肚皮
苗多欺草，草多欺苗
责任到户，种田致富
造林栽树，穷能变富
娶女看娘，种树看秧
栽桑插柳，不愁没有
养猪没巧，圈干食饱
窝暖食饱，牛不落膘
牛喂三九，马喂三伏
黄豆开花，捞鱼摸虾
清明前后，种瓜种豆
三分裁剪，七分做工
生意法则，礼貌待客
只有错买，没有错卖
本大利宽，薄利多销
鸡要卖叫，鱼要卖跳
是田都长粮，万事靠人忙
节气不饶人，一刻值千金
寒露无青稻，霜降一起倒
肥是田中宝，肥足产量高
人瘦面皮黄，地瘦不长粮
种地不要问，深耕多上粪
伏水贵如金，农民要留心
稻子生得乖，无水不怀胎
身大力不亏，秧壮苗儿肥
好稻叶盖穗，好麦穗遮叶
好种出好苗，好树结好桃
地是刮金板，人勤地不懒
冬天不耕田，春天喊青天
秋后不深耕，来年虫又生
三耖抵一垩，再耖肥效大
荒年饿不死手艺人
暖气早来，螟虫为害
三伏不热，五谷不结
种田没巧，粪足水饱
孩怕断奶，秧怕断水
底肥要足，追肥要速
种子肥壮，子孙兴旺
只有懒人，没有懒地
精耕细耙，长到下巴
儿要亲生，地要深耕
田不翻冬，来年草凶
清水浸种，深水栽秧
旱田靠沟，水田靠抽
科学种田，越种越甜
植树造林，莫过清明
三九四九，沿河插柳
养猪养兔，勤劳致富
小猪要奔，大猪要困
前高后洼，飞犁走耙
冬牛不瘦，春耕不愁
钓鱼要等，捉鱼要狠
豆三麦六，菜籽一宿
编筐编篓，全在收口
买卖公平，童叟无欺
漫天要价，就地还钱
随行就市，水涨船高
人勤地不懒，黄土变成金
节气抓不好，一年算拉倒
冬前三场雪，庄稼稳似铁
庄稼一枝花，全靠肥当家
种地不垩粪，等于瞎胡混
油足灯光亮，肥足粮满仓
春雨贵如油，多了也发愁
水是庄稼血，没它谷不结
水是稻的娘，苗无它不长
没有万棵苗，难打千斤稻
奶多伢子胖，肥多禾苗壮
积肥如积粮，粮在肥中藏
冬前多布粪，庄稼高一寸
冬耕深一寸，春天省堆粪
耕耙不精细，种子难出齐
庄稼要换茬，换茬抵一垩

宁愿田等秧，不要秧等田
墒沟理三锹，赛如大粪浇
棉花不治虫，秋后一场空
人怕老来病，稻怕虫钻心
晴天不除草，阴天忙不了
种麦不开沟，庄稼难丰收
麦收有五忙，割挑打晒藏
到处绿葱葱，旱涝影无踪
家中富不富，先看宅旁树
养猪不赚钱，回头望望田
上灯不离油，耕田不离牛
钓鱼钓到虾，赶快搬搬家
油菜三遍浇，产量一定高
人有前后眼，富贵一千年
猪是农家宝，种田少不了
化肥管眼前，猪粪管来年
有收无收在于水，多收少收在于肥
做天难做四月天，秧田要暖麦要寒
不费七十二道手，粮食不会吃到口
当天耙田当天插，当天不插秧不发
浅水浅栽苗发旺，精耘细耕苗发胖
桃三杏四梨五年，苹果六年就见钱
千把锄头万把锹，不如老牛伸个腰
清明螺蛳端午虾，九月重阳吃爬爬
宁叫蚕老叶不尽，不叫叶尽蚕不老
货真价实信誉好，店居深巷客不少
有货不愁无处卖，但愁假货卖人钱
春争日，夏争时，百事宜早不宜迟
鱼无水不游，鸟无翅不飞，树无根不长，苗无肥不壮
播前把种晒，播后发得快
治虫如治病，保苗如保命
种麦拾稻根，害虫无处生
草是五谷病，不除苗送命
秋前不搁稻，秋后要懊恼
小麦种到冬，大麦种到年
割麦不割青，来去百把斤
现在人养林，日后林养人
家有十棵桑，不愁年成荒
牛是农家宝，种田少不了
钓鱼不钓草，等于瞎胡闹
有菜半年粮，无菜半年荒
要想多结瓜，就得花套花
二月雨不脱，稀麦变稠麦
肥源到处有，只要勤动手
肥不过春雨，瘦不过寒霜
三月清明菜不老，二月清明老了菜
有水无肥少收谷，有肥无水望天哭
抗灾抗到丰收日，保粮保到粮进仓
好马不吃回头草，种田不栽隔宿秧
麦要种深谷要浅，芝麻黄豆盖一脸
母猪种好好一窝，公猪种好好一坡
鸡吃三合鸭半升，鹅食一天二三升
早钓鱼，晚钓虾，中前午后钓蛤蟆
三交芝麻四交棉，五交大豆颗颗圆
做好生意千条路，谁有信息谁先富
会走路不怕路窄，会经营不怕店多
田不讲话，不垩也罢，等到收割，分出上下

第五节 歇后语

船头插板锨—扬舟(州)
两个胖子成亲—合肥
飞机送信—高邮
鹰不逮兔—饱鹰(宝应)
饮汤洗脸—饭(氾)水
季榜眼上任—坑死人万千
罗汉请观音—客少主人多
灶老爷上西天—有一言说一句
土地庙子门朝北—多管一方
对过两张床—二铺(堡)
茅匠吃晚饭—朝下爬
卖布的不带尺—存心不量(良)
长袖子不卷—盖手(界首)
嘴上抹石灰—白说
棺材肚里伸手—死要钱
张果老倒骑毛驴—怕见畜生面
阎王老爷出告示—鬼话连篇
看戏淌眼泪—替古人担忧

刘备借荆州—有借无还
张飞穿针—大眼望小眼
徐庶进曹营——言不发
梁山上军师—吴(无)用
杨五郎做和尚—半路出家
王羲之爱鹅—慢慢消磨
赵匡胤做包子—御驾亲蒸(征)
朱洪武扫地—各归原位
王小二下面—看人兑汤
老奶奶不吃烂面—又下了
怀着身子放屁——团伢子气
皮匠不带锥子—针(真)好
木匠拉大锯—有来有往
六月里大蒜—根焦叶烂心不死
六月心里穿棉鞋—热脚(孽嚼)
六月心里戴棉手套—保守(手)
草堆巷里扛木头—直来直去
水缸里捞菩萨—定定神
草帽没边—顶好
九曲桥散步—尽走弯路
饭锅头上的茄子—拣软的叉(欺)
灯草拐棍—做不得主
阴沟里的鸭子—顾嘴不顾身
打死老鼠喂猫—恼一个,好一个
黄鼠狼拖鸡—越拖越稀
床肚里养仙鹤—有食吃难抬头
老鼠舔猫鼻子—找死
乌龟垫桌腿—硬撑
乌龟看绿豆—对上眼了
乌龟的屁股—龟(规)腚(定)
泥螺眼戴眼镜—多一层不如少一层
踏板上的蚊子—不在帐内
脱裤子放屁—多费一交事
吊死鬼搽粉—死要脸
八字胡子吃炒米—推得开开的
二分钱一双草鞋—溜之大吉
头生日打棺材—早办现成
癞蛤蟆跳进秤盘里—自称自贵
小桍(音:亮)没把子—饭桶
麻雀掉在烟囱口—有命无毛
麻布口袋装枣核—冒了尖
三尺长的梯子—搭不上檐(言)
心口贴膏药—胃(为)气(己)
诸葛亮与魏延—近不得离不得
梁山上的兄弟—不打不相识
潘金莲的竹杆子—惹祸的根苗
伍子胥过昭关——夜白头
程咬金卖耙子——路横行
包公斩包勉—大义灭亲
孟姜女拉住个刘海儿—有哭有笑
外甥子打灯笼—照旧(找舅)
大姑娘坐轿子—头一回
公公驮媳妇—吃力不讨好
铁匠扒炉灰—散火(伙)
瓦匠干活—拖泥带水
穿钉鞋带拐棍—步步扒滑
六月心里借扇子—不是时候
痨病鬼子哭哥哥—前走后跟
冬天不戴帽子—冻冻(动动)脑子
澡堂灯笼—天天挂
出门戴口罩—嘴上一套
毛豆米子炒小藕—光光让眼子套住
黄连树下弹琴—苦中作乐
钢珠掉在铜盆里—响铛铛
老鼠养儿子—替猫欢喜
老虎不吃人—恶名在外
驴屎蛋子—外面光
猪尿泡打人—不疼人气人
鳖壳打眼—定龟(规)
乌龟吃秤砣—铁了心
乌龟吃大麦—活糟踏粮食
旱地里的螺蛳—有口难开
没头的苍蝇—乱转
雪地尿尿—黄(惶)孔(恐)
扁担没榫子—滑头
开水浇祖坟—欺了祖(主)
醉鬼掉进酒缸里—醉(罪)上加醉(罪)
二姑娘做糊涂事—倒贴
癞蛤蟆垫桌腿—死撑活挨
癞蛤蟆戴眼镜—无处生根
照相不按快门—白浪费感情
玻璃缸里金鱼—前途光明,出路不大
蕃瓜田里栽山芋—东扯西拉
四两棉花八把弓—细弹(谈)

五月初六的粽络—过时货
房顶上支碓—冲家
老虎头上拍苍蝇—胆大包天
三天没得了两个伢子—来了拐子
沈万山打死人—钱送命
毛竹筷子—削(学)出来了
外公死儿子—没舅(救)
西瓜淌水—坏了
三十晚上看皇历—没日子
两个哑巴睡一头—没话说
砻糠搓绳—找起头之人
粪堆边子打架—离屎(死)不远
猪八戒照相—自找难看(堪)
药店里的甘草—少不了的一味(位)
黄连酿酒—苦打成糟(招)
瓦房上的脊瓦—后来居上
燕子尾巴—两叉
圆顶的帐子—没门
咸菜烧豆腐—有盐(言)在先
西瓜田里散步—左右逢圆(源)
狗头上长角—装羊(样)
秃子头上的虱子—明摆
卖麻团跌跟斗—有多远滚多远
打着灯笼拾粪—找屎(死)
既娶媳妇又嫁姑娘—双喜临门
土地庙没后墙—神撑
九十岁老太太打呵气——望无牙(涯)
胸口挂钥匙—开心
走路甩鞋子—玩脚
小葱拌豆腐——清二白
红娘被人怪—成全好事
屁眼插鸡毛—假充大公鸡
进门喊大嫂—没话找话说
飞机上吹笛子—高调
属鸡子的—吃一爪搂一爪
跳加官穿高木屐子—吃力不讨好
麻布口袋绣花—底子差
灯草搓绳—白费芯(心)
猪八戒招亲—黑灯瞎火
洗锅帚子戴帽子—也算个人
麻布洗脸—粗(初)会面
高山上打鼓—四方闻鸣(名)
快刀打豆腐—二面光
客栈里的蚊子—吃客
旱烟袋的杆子—黑心
一吊铜钱少一个—九文(久闻)
北风刮蒺藜—连风(讽)带刺
狐大仙冈嗓——派狐(胡)言
卖豆腐跌跟斗—不知哪块对那块
卖铜勺充军—走到那里响(想)到那里
头顶生疮脚底淌脓—坏到底
土地庙长青草—荒(慌)了神
外婆奶奶生双子—两舅(就)舅(就)
啄木鸟死在树洞里—全吃嘴的亏

第三十一篇　各镇概览

1990年，全县有8个镇、22个乡，辖434个村、21个居委会。1991年12月，子婴河、天平、夏集3个乡撤乡建镇。1993年12月，鲁垛乡撤乡建镇。1995年1月，广洋湖乡撤乡建镇。1998年，城郊乡与城镇合并建立安宜镇。2000年4月，全县乡镇进行区划调整，29个乡镇撤并为16个，413个村调整为236个。5月，黄塍乡撤乡建镇。2001年12月，泾河乡撤乡建镇。2002年12月，沿河乡撤乡建镇。2003年10月，水泗乡并入射阳湖镇。2005年10月，沿河镇并入安宜镇。2005年末，全县有14个镇，辖236个村、54个社区居委会(其中7个为村居合一)。

1990年后，随着经济和政治体制改革逐步深入，全县农村经济建设和社会各项事业得到长足发展。至2005年，各镇农业总产值46.85亿元、工业总产值141.67亿元，分别比1990年增长5.75倍、29.33倍；集镇建成区面积(不含安宜镇)22.37平方千米、镇村道路总长566.50千米、房屋建筑面积679.55万平方米，分别比1990年增长3.84倍、7.08倍和2.25倍；农民年人均纯收入4900元，比1990年增长8.06倍。农村面貌显著改变，农民生活水平和生活质量明显提高。

第一章　安宜镇

第一节　区域概况

南朝齐置安宜县，以县治临近安宜溪得名。位于北纬33°07′50″～33°16′20″、东经119°12′ 10″～119°21′55″，为县政府驻地。东与县开发区相接，南与氾水镇为邻，西与山阳镇接壤，北与泾河镇毗连。镇政府驻安宜东路6号。隋开皇三年(583)，境域统一为安宜县。南宋嘉定年间(1208～1224)始建镇。民国29年(1940)11月，新四军东进部队进驻后，在镇成立抗日民主政府。1958年改称城镇人民公社。1962年撤销公社复为城镇。1998年，城镇、城郊乡合并建立安宜镇。2000年，中港乡并入。2005年10月，沿河镇并入。是年，辖22个居委会、25个村委会，下设194个村(居)民小组。总面积165.20平方千米，其中耕地7121公顷、林地445.80公顷、水域1928.50公顷、建设用地4808.80公顷、其他用地2215.80公顷。人口215500人，其中农业人口77183人；男性107992人、女性107508人，性别比100.45∶100。总劳力4.64万人，劳务输出1.53万人，占总劳动力33%。全镇有402个姓，王姓最多，有15940人，占总人口7.2%；乙姓最少，只有1人。镇域民族以汉族居多，还有回、苗、彝、土、侗等10个少数民族429人。大专以上文化5925人、高中文化8650人。有百岁以上老人5人，其中赵张氏107岁。人口计划生育率99.2%、人口自然增长率3.58‰。

图31-1-1　安宜镇四下乡活动

第二节　经济建设

1990年后，安宜镇不断加大改革开放力度，突出工业强镇、三业并举兴镇、建设商贸大镇、打造文化名镇，推动工业化和城市化建设进程。2005年，实现地区生产总值11.34亿元，其中第一产业1.80亿元、第二产业4.94亿元、第三产业4.60亿元，农民人均纯收入5448元，城镇居民人均可支配收入8150元。

2005年安宜镇主要经济指标一览

表31-1-1

项目	单位	数量	项目	单位	数量
地区生产总值	亿元	11.34	粮食总产量	万吨	4.59
第一产业	亿元	1.80	工业企业数	家	851.00
第二产业	亿元	4.94	工业总产值	亿元	25.82
第三产业	亿元	4.60	建筑业产值	亿元	5.50
财政收入	万元	8249.00	外贸出口额	万美元	2292.63

续表31-1-1

项目	单位	数量	项目	单位	数量
农业总产值	亿元	3.54	农民人均纯收入	元	5448.00

一、农业

1990年,粮食种植面积(含被撤并乡镇,下同)1.04万公顷,其中夏粮4792公顷、秋粮5608公顷,粮食总产量5.38万吨。油菜种植面积479.20公顷,油菜籽产量657.50吨。棉花种植面积262公顷,产量172吨。水产养殖面积723.67公顷,水产品产量2383吨。出栏生猪3.27万头、家禽31.08万羽。实现农业总产值1.07亿元。1991年,运西实施黄淮海农业综合开发,至1992年6月,完成中低产田改造363.30公顷,开垦宜农荒地106.70公顷,造林904公顷,新增水产养殖面积633.30公顷。1993年,中港乡金湖渔业村水产品产值过1100万元,为全县多种经营第一村。此后,对农业结构进行调整,实施退粮还水。至1995年,粮食种植面积比1990年减少1700公顷。1998年,中港乡金湖渔业村朱宝同在宝应湖进行围网养殖,每公顷水产品产量15吨,创全县水产养殖单产之最。1999年,安宜镇渔场利用253.30公顷大水面进行主体多品种养殖,每公顷产量3000千克,获市大水面科技养殖三等奖。2001年,花庄村推广科学养猪,达到户均60头、人均16头,成为养猪专业村。沿河乡潘桥村钱春江建成存栏8万羽养鸡场。东升村与镇江农科院合作,开发草莓种植基地6.67公顷,年收入300多万元。2003年,建成宝旺牌中华绒螯蟹省级无公害农产品基地666.67公顷。2004年,建成中华绒螯蟹有机养殖基地74.90公顷。北港村蔬菜种植面积70公顷,年产2万吨,在县"菜篮子"工程的扶持下,95%以上农户采用防虫网、遮阳网、钢材大棚,生产反季节蔬菜,被省农林厅认定为绿色无公害蔬菜种植基地。2005年,运西733.30公顷水产养殖区被农业部认定为水产生态健康养殖示范区,建成万亩河蟹高效养殖区。是年,粮食种植面积0.70万公顷,其中夏粮3187公顷、秋粮3813公顷,粮食总产量4.59万吨。油菜种植面积374.47公顷,油菜籽产量921吨。水产养殖面积1841.80公顷,其中池塘精养面积1466.70公顷。水产品总量5900吨,其中河蟹产量2950吨。蔬菜种植面积756.33公顷,蔬菜大棚3300个110.70公顷。黑桃乌蔬菜种植基地面积300公顷,建成千亩榨菜、千亩防虫网无公害蔬菜种植基地。经农业部和中国绿色食品发展中心认证,建成朗亭牌蔬菜基地373.30公顷、草莓种植基地250公顷。是年,出栏生猪5.31万头、家禽60.66万羽。实现农业总产值3.54亿元。

二、工业

1990年,全镇有工业企业76家,总产值7791万元,利税346万元,其中民营企业2家,产值180万元。1992年,沿河乡创办县铜材厂,年产值1205万元。1995年,全镇158家企业中有民营企业67家。1996年开始进行工业经济体制改革,并发动全民创业。至2000年末,集体企业全部改制为民营企业,全镇有工业企业514家,产值8.60亿元,利税2500万元,外贸成交额503万元。2002年建成2家电缆料厂,新增年产值1773万元。宝泰米业有限公司生产的安宜牌大米在中国优质米博览会上获金奖。2003年根据县城总体规划,镇政府投入2亿元,在县城北部创建安宜工业园,规划用地666.70公顷。2004年5月,在安宜工业园内开工建设创业园。翌年,建成19幢标准化厂房和1幢综合写字楼,建筑面积6万平方米,有17个投资1000万元

图31-1-2　迅达电磁线生产车间

的项目落户创业园。安宜工业园建成区面积233.30公顷,进园项目61个,其中外商独资项目2个、中外合资项目7个、民资项目52个。是年,建设城南工业园,规划用地200公顷。至2005年底,建成标准化厂房2.30万平方米,入园企业46家。2005年,全镇有工业企业851家,其中产销过500万元企业46家、产销千万元以上企业22家、2000万元以上企业8家,迅达电磁线、宝泰米业年产销均过1亿元。全年实现工业总产值25.82亿元,其中电线电缆产值8亿多元,占工业总产值的30%以上。全镇形成以电线电缆为主导,以管件阀门、汽摩配件、玻璃水晶为重点,医疗器械、轻纺服装、农产品加工、新材料等8大行业近1万个产品的新型工业产业格局。

三、建筑业

1990年,全镇实现建筑业施工产值652万元。1995年,建筑业施工产值9104万元。1996年,沿河乡建安公司改制为县银河建安公司(民营)。1997年,城郊建安公司改制为县广厦建筑安装公司(股份制企业,简称县广厦建安公司)。2002年,县广厦建安公司与城镇、中港建安公司合并,仍称县广厦建安公司,为三级施工资质企业。2005年,拥有大型机械45台(套),机械设备原值1820万元,总功率750千瓦,实现施工产值5.50亿元、增加值1.53亿元。

四、商贸服务业

1990年,全镇有商业网点806个,其中国营网点77个、集体网点720个、私营网点9个。集体商业网点主要是旅社、饭店、浴室、洗染、刻字、文印、广告业等,商品销售额5亿元,利税0.50亿元。1993年,粮油市场放开,私营粮油店出现。1994年,统配物资市场放开,私营金属化工、木材建材、生产资料等商店陆续出现。是年起,商业大厦、华联商厦、供销大厦、苏中宾馆、亚细亚商城相继开业。1996年元旦,苏中贸易城建成开业,占地8.90公顷,共有12条街689个门点。2000年,商贸服务业实行体制改革,钢瓶灶具城、安宜商贸城、邗沟路农贸市场、大桥农贸市场、齐心蛋禽交易市场、铁桥果蔬批发市场等相继建成,苏果、时代、家得利、忘不了等超市和汇银家电、苏宁电器、天元大酒店等相继开业,社区家政、卫生、维修、托幼、医疗、物业等各种服务配套齐全。至2005年,全镇拥有私营粮油购销点23个、粮油兑换点6个、百货商店207家、商业个体户3680家、旅社60家、宾馆8家、大型酒店10家、休闲中心41家、理发店48家、洗染业49家、浴室53家、维修点101个、文印店60家、出租业125家、广告业45家。是年,实现商品销售额15.24亿元。

第三节　社会事业

一、镇村建设

80年代初,城区向北发展,开辟东窑、芦松墩以北通道。1990年后,城区建设向东向北发展,结合老城区改造,对195条街道切块整治,铺设水泥路面。在新城区新建中小街巷200多条。至2000年,累计改造113个地段,拆迁1700多户,拆除房屋7800间14.90万平方米,新建改造道路16条,形成“七横九纵”道路骨架。2001年后,镇村建设进入快速发展新时期。至2005年,铺设通村(场)水泥道路107.87千米,沿河集镇形成“三纵三横”主干道,中港集镇成为宝金路、宝汜路、机场路交通枢纽。运西种植成片杨树林445.80公顷,境内栽种各种树木面积2182公顷。城区3米宽以下的947条中小街巷路面全部改造为水泥路面,改造面积120万平方米。新建道路93.63千米,新增绿化面积80万平方米,建成住宅小区23处55万平方米,新建房屋145.10万平方米。城区面积由1990年6.50平方千米扩至26.50平方千米,人口由1990年6.93万人增至20.50万人,其中城市人口12.80万人,人口密度为全国乡镇之首,相继通过省级文明镇、文明城市、卫生城市、园林城市等创建验收。供电入户率100%,自来水普及率100%,城区共有水冲式公厕93座、三格式户厕6650座,农村居民改厕率62%。境内共有3个邮电支局,固定电话用户6.13万户,移动电话用户6.72万户,互联网用户1.60万户。金湖渔业村为省百佳生态村。

二、文化教育卫生

1990年，全镇有文化站4个，业余文艺宣传队4个；中学、小学78所（含县教育局直属），在校学生2.34万人，幼儿园38所；乡镇卫生院3所，病床107张，村卫生室35个。1991年，镇文化站重建。1994年，县城区开通有线电视。1995年，有线电视开始在农村安装。1998年，城郊乡被命名为市首批小康文化示范乡镇。2002年，举办镇首届社区艺术节，获省群众文化先进集体，建成万册图书馆。2004年，安宜书画院成立。2005年有文化站1个，文化活动团体8个，全民健身点51个；中学、小学29所，在校学生3.62万人，幼儿园12所；镇卫生院2所，病床82张，村、社区卫生室42个，个体诊所72个；有线电视用户1.02万户，入户率65%。

第四节　人民生活

1990年，城市居民年人均可支配收入657元，农民年人均纯收入622元。1990年后，有计划地对全镇城乡居民旧房拆迁改造。1995年，农村结束住草房、土坯房历史。至2005年，全镇累计拆除5300多户旧房（县城区拆迁2659户），新建农民别墅小区21个，22%农户住进别墅区，农民人均住房面积37平方米。县城区建成住宅小区23个，人均住房面积31.23平方米。至2005年，城区基本养老保险、基本医疗保险、失业保险覆盖面均达90%以上。全镇1.50万名企业退休人员养老金按月足额发放，参加职工医疗保险2100人，参加职工企业养老保险1.40万人，对800户城镇居民实行最低生活保障；5.30万人参加农村新型合作医疗，占农村应保人口的90%。551户农村居民实行最低生活保障。全镇居民储蓄存款余额11.30亿元，人均7070元。城镇社会福利院、爱德福利院、沿河福利院3所敬老院建筑面积2680平方米，供养老人113人。城镇居民年人均可支配收入8150元、农民年人均纯收入5448元，分别是1990年的12.40倍和8.76倍。

第五节　特色选介

安宜镇社区艺术节　2002～2005年，举办4届社区艺术节，活动内容由单一的舞台、广场演出扩展到书画、摄影、图片展，火花、邮票、特色文化展，健身操（舞）展示，免费送电影、送图书进社区，家庭才艺大赛，征文演讲比赛，社区共建单位联欢，民间舞蹈踩街，戏剧票友演唱等。每年8月举办，与一年一度的中国宝应荷藕节交相辉映，形成安宜独特的文化风景线。2005年，安宜镇举行第四届社区艺术节，参演文艺节目78个，参展书画作品74件，送图书进社区2000多册，免费送电影进社区35场，21个社区居委会和驻社区单位参与艺术节活动，参演、参展、参赛市民1000人，观众数万人，形成千人唱万人和的盛况。

华艺苑刺绣研究所　创始人朱军成，1966年出生，1987年毕业于淮阴师专美术系。1989年到常州向首创乱针绣的艺术家杨守仁学习，并专业从事乱针绣作品研究、开发和生产。是年，在安宜镇创建华艺苑刺绣研究所（简称华艺苑），有绣房1500平方米，刺绣工300多人，获省高级技师职称56人，为社会培训刺绣工数千人。华艺苑先后创新三角针、斜纹针、枫叶针、松叶针等针法。1997年，华艺苑参与刺绣的作品《归程》由省政府赠送香港特别行政区。2003年，绣品《橡树林》获第四届中国工艺美术大师优秀作品暨工艺美术精品博览会金奖。2004年，绣品《晨曦》被人民大会堂收藏陈列。

三里村　位于安宜镇东首，与县经济开发区毗邻。村域面积6平方千米，13个村民小组，1251户4829人。2005年，工农业总产值5.56亿元，其中工业总产值5.10亿元，利税4995万元，农民年人均纯收入8270元。村工业经济集中区引进项目6个，引资1690万元。全村拥有各类工商企业104家，与中国台湾客商合资兴建扬州金玫瑰园，推动全村50多户农民从事花卉种植，户均年增收近1万元。全村

2937个劳力中有1451人从事三产服务业，占49.4%。村里先后建成马庄、赛兴、下庄、三里、毛庄5个农民高档别墅小区，1500多户居民入住。集体投资239.50万元完成硬质化道路建设1.40万米，农户室外硬质化道路通达率100%，卫生户厕率100%，村民饮用安全水普及率100%，新型农村合作医疗普及率100%，林木绿化覆盖率25.2%。三里村先后获“省卫生村”“市新农村建设示范村”“市文明村”“省巾帼示范村”等称号。

第六节　并入乡镇简介

沿河镇　位于县城南5.80千米处，里运河东侧。明代属孝义乡，清代先后属槐楼庄、瓦甸庄。民国期间先属南一乡，后属第五区。1949年属刘堡区。1958年建立沿河乡，同年改为公社。1983年改公社为乡。2002年撤乡建镇。政府驻南窑村。2005年10月并入安宜镇。

1990年，农业总产值3138万元，粮食种植面积4608公顷，总产2.61万吨，油料202吨，棉花127吨，多种经营主要是饲养畜禽、种植薄荷与莲藕以及编织、烧窑。工业产品主要有电线电缆、纺织、铝压铸体、铜材等，工业总产值1400万元，其中村办工业产值750万元。南窑生产的砖瓦，质地优良，素有“南窑砖头北窑瓦”之美称。2004年，全镇有11个村、1个居委会，128个村民小组，人口40015人，面积48平方千米，耕地2600公顷。全年实现地区生产总值2.03亿元(第一产业0.55亿元、第二产业0.77亿元、第三产业0.71亿元)、农业总产值0.97亿元、工业总产值3.69亿元、财政收入1436万元，农民年人均纯收入4358元。

城郊乡　位于县城东1.70千米处。清代属卞家湾庄和松袁庄。民国期间先属南一乡，后属第四区。1949年后，先属望直区，继属沿河公社。1961年建立城郊公社。1983年改公社为乡。政府驻民便桥。1998年撤销城郊乡，与城镇合并为安宜镇。

1990年，农业总产值1941万元，粮食种植面积3009公顷，总产1.65万吨，油料177吨，棉花3.50吨。多种经营以饲养畜禽、种植蔬菜为主，三里沟、七里沟一带栽培的水芹菜，清香脆嫩。工业产品主要有灶具、齿轮油泵、模具、建材、钣金等，工业总产值1210万元，其中村办工业产值566万元。1998年，全乡有15个村，人口34252人，面积35平方千米，其中耕地1693.33公顷，水域600公顷。实现农村社会总产值5.87亿元，其中农业产值1.01亿元、工业产值3.30亿元、建筑业和第三产业产值1.56亿元。农民年人均纯收入3221元。

中港乡　位于县城西南2.20千米处，里运河西，宝应湖东侧。清朝，北部属镇湖铺，南部属槐楼庄。民国期间，北部先属第一市，后属第一区；南部先属南一乡，后属第五区。1949年，北部属城区，南部属刘堡区。1964年建立中港公社。1983年改公社为乡。政府驻中港集镇。2000年撤销中港乡并入安宜镇。

1990年，农业总产值2521万元，粮食种植面积2739公顷，粮食总产量1.12万吨，油料340吨，棉花41吨。多种经营以饲养家畜家禽、栽培水生植物以及水产养殖为主。工业主要行业有化工、造船、橡胶等，工业总产值1059万元，其中村办工业产值591万元。1999年，全乡有9个村，人口17939人，面积63平方千米，其中耕地1659公顷、水域2660公顷。实现农村社会总产值4.16亿元，其中农业产值2.46亿元、工业产值1.20亿元、建筑业和第三产业产值0.50亿元。农民年人均纯收入3450元。

第二章　氾水镇

第一节　区域概况

明万历十二年(1584)开宏济河，建氾水闸，镇以闸名为氾水。2002年3月更名为范水。位于北纬33°02′30″～33°10′55″、东经119°17′20″～119°27′30″。地处县域南部，东与柳堡镇接壤，东南与夏集镇相连，西南濒高邮湖，西隔宝应湖与金湖县涂沟镇相望，北与安宜镇毗邻，东北与小官庄镇相接。镇政府驻东园社区东园路，距县城18千米。汉代形成村落。唐代，集镇初具规模。元代称氾水寨、范氏寨。明洪武年间建镇，旧镇位于里运河西。嘉靖年间(1522～1566)属曹邨乡。由于屡遭洪涝等灾害，旧镇被洪水吞没。万历十三年(1585)，新镇在运河东岸北迁2千米于现址。清道光年间(1821～1850)为氾水庄。民国元年(1912)，氾水为第三市。民国17年为第二区。民国31年为抗日民主政权湖东行署氾水区。民国34年4月、民国35年2月、民国37年2月，氾水区先后三次划属高邮县管辖。1949年1月，氾水区划分为氾水、芦村2区。1949年3月复归宝应县。1957年2月撤区建立氾水乡。1958年9月撤乡建立氾水公社。1962年1月，石桥公社并入，划出氾光湖、瓦甸两个生产大队，成立氾光湖公社。1962年7月，氾水镇从氾水公社中划出为县属镇。1973年2月复归氾水公社。1982年3月，氾水公社划分为氾水、石桥2个公社。1983年3月改置为氾水乡。1985年7月撤乡建镇。2000年4月，石桥、韦镇、氾光湖3个乡并入氾水镇。2005年，下辖21个村、7个居委会、248个村(居)民小组。总面积161.21平方千米，其中耕地8340.70公顷、林地360.50公顷、水域526.20公顷、建设用地4270.50公顷、其他用地2623.50公顷。人口83880人，其中农业人口62731人；男性41691人，女性42189人，性别比98.82∶100。全镇有317个姓，王姓最多，有7304人，占8.7%；刁姓最少，只有1人。镇域民族以汉族居多，有土家、苗、回、蒙古等12个少数民族156人。大专以上文化836人、高中文化8390人，青壮年非文盲率99.9%，劳动力受教育年限8.97年，人口计划生育率100%、人口自然增长率-0.27‰。

图31-2-1　氾水镇人民广场

第二节　经济建设

1990年后，氾水镇农业保持稳定发展，工业调整产业结构，走上健康发展轨道，商贸服务业日益繁荣。2005年，地区生产总值7.77亿元，其中第一产业2.19亿元、第二产业3.02亿元、第三产业2.56亿元。农民年人均纯收入5132元。

2005年氾水镇主要经济指标一览

表31-2-1

项目	单位	数量	项目	单位	数量
地区生产总值	亿元	7.77	粮食总产量	万吨	7.36
第一产业	亿元	2.19	工业企业数	家	478.00
第二产业	亿元	3.02	工业总产值	亿元	17.20
第三产业	亿元	2.56	建筑业产值	亿元	2.47
财政收入	万元	4833.00	外贸出口额	万美元	117.37
农业总产值	亿元	4.47	农民人均纯收入	元	5132.00

一、农业

1990年，粮食种植面积1.10万公顷，其中夏粮5375.80公顷、秋粮5672.47公顷，粮食总产5.88万吨。棉花种植面积940公顷，产量768吨。油菜种植面积501.73公顷，油菜籽产量764.50吨。水产养殖塘口471个，养殖面积635公顷，水产品产量1069吨。出栏生猪8.12万头、家禽20.54万羽。实现农业总产值8080万元。1992年开始加大农业结构调整。1995年，粮食种植面积减至9493公顷，棉花种植面积比1990年增加566公顷，达1506公顷。2000年，在宝应湖、小汕渔场等地建设130公顷无公害水产养殖基地。2002年发展河蟹、中华鳖、青虾和具有地方特色的“六小品种”养殖，水产养殖面积大幅增加。至2005年，水产养殖塘口927个，水产养殖面积1678公顷，水产品总量0.90万吨。是年，粮食种植面积恢复到1.10万公顷，其中夏粮4922.80公顷、秋粮6077.13公顷，粮食总产量7.36万吨。油菜种植面积421.06公顷，油菜籽产量931吨。棉花种植面积降至13公顷。出栏生猪5.04万头、家禽134万羽、肉鸽3700羽。实现农业总产值4.47亿元。

二、工业

1990年，全镇有工业企业162家，职工5126人，总产值6616万元。纺织业为主导产业。1993年，氾水布厂组建江苏银宝纺织集团(简称江苏银宝集团)。1995年，江苏银宝集团产值过1亿元。1996年，江苏银宝集团与汉阳特种汽车制造厂合资成立汉阳特种汽车制造厂江苏分厂，生产汉阳牌各种吨位集装箱半挂系列运输车和厢式货车。1997年开始对工业企业实施全面改制，江苏银宝集团等改制成股份制企业。2000年后，政府鼓励农民自主创业，相继建成棉纺、车辆配件等工业集中区，通过招商引资，骏升科技(扬州)有限公司等10多家外(合)资企业落户氾水，工业得到快速发展。2005年，全镇有工业企业478家，职工10218人，总产值17.20亿元。其中，规模企业18家，产值4.17亿元，初步形成以纺织业和电工电器为支柱的特色产业。

图31-2-2　骏升科技奠基

三、商贸服务业

1990年，全镇有商业服务网点409家。1993年，粮油市场放开，私营粮店出现。1995年，供销合作社建成大型农贸市场。1996年，供销社、粮管所改制，并划归镇政府管理。2001年建成首个大型超市和高档休闲中心。2005年，全镇有个体商业户1462家，商品销售额4.78亿元；个体服务业80多家，年营业额800多万元。全镇有个体粮油零售商店9家、粮食收购调运户7家。

第三节　社会事业

一、镇村建设

1990年后，加快集镇规划和改造步伐。至2005年，基本形成“四纵三横”主街道格局，建成工业、商业、文化教育和居住四大功能区，集镇建成区面积3平方千米，居住人口2.76万人，建成农民集中居住点83个，64%农村居民住上楼房。建设通村公路80千米，基本实现村村通公路。建成林地360.50公顷，“四旁”植树44万株。基本完成农村改水工程，有自来水厂5家，自来水入户率80%；改造农村厕所2490个，改厕率75%。全镇有高低压送配电线路685千米、变压器416台，供电入户率100%。有邮电支局3个，固定电话2.89万部，入户率98%，宽带入网733户，每百户拥有移动电话99部。为市环境优美镇，新河村、迎丰村为省百佳生态村。

二、文化教育卫生

1990年，全镇有文化站4个，象棋、集邮、钓鱼、球类等业余活动团体10多个；中学、小学60所，在校学生1.12万人，幼儿园50所、成人校4所；乡镇卫生院4所，村卫生室46个，病床45张。1992年建立广播电视站。同年被命名为省群众文化先进乡镇。1994年在全县率先开通农村有线电视。1998年建成万册图书馆，易地新建镇中心小学。2002年，氾水地段中心医院改制后实行租赁经营，石桥、韦镇、氾光湖卫生院改制成民营医院。2004年，镇中心小学通过省实验小学验收。2005年，全镇有文化站1个、镇图书馆1座、文化活动团体8个、全民健身工程1个、健身点21处，添置健身器材63台(套)，月参加健身人数约1.50万人次；中学、小学12所，在校学生0.97万人，幼儿园5所、成人校1所，氾水高级中学为省三星级高中；镇卫生院1所、卫生分院3所、个体诊所9个、村卫生室21个，病床45张；安装有线电视1.43万户，入户率70%。

第四节　人民生活

1990年，农民年人均纯收入617元。90年代中期，农村居民基本结束住草房和土坯房历史，空调、太阳能、计算机、汽车等逐步进入农民家庭。至2005年，农民年人均纯收入5132元，64%农户住上楼房，建成农民集中定居点83个，人均居住面积由1990年的13.50平方米升至28.50平方米，95%家庭拥有彩色电视机，近60%家庭拥有摩托车或电动车，有拖拉机、卡车等3549辆，计算机1709台，太阳能热水器4366台，空调3277台。9.6%农村居民参加社会养老保险，75%农村居民参加新型农村合作医疗保险，660户1735人享受低保待遇。年人均储蓄余额0.26万元，镇敬老院供养“五保”老人和寄养社会老人170多人。

第五节　特色选介

中宝德园有机农场　1999年，南京客商伏贤怀在运西湖心岛建立中宝德园有机农场，发展有机农业，把“天人合一，相克相生”传统农耕哲学思想与现代科学技术相结合，严格实行有机农业技术标准，探索实践不使用农药、化肥取得成功。至2005年，种植面积由30多公顷发展到170公顷。产品由单一的有机稻米发展到有机大豆，有机猪、鸭等系列产品。2005年，有机农场通过国家中绿华夏有机食品认证中心认证。8月，获国家工商总局有机食品证书，成为全市唯一获国家有机食品认证的有机农场，是省内最大的有机稻米生产基地，获“省有机食品基地”“国家有机食品基地”称号，地作牌有机大米为国家免检产品。

新民村 位于汜水镇南端，面积3.75平方千米，人口3488人。1996年开始中心村建设，修建“三纵一横”水泥路面主街道，建设村中心居民小区和配套设施。至2005年，村中心居民区农户有160户，人口1028人，水电设施全面配套，有线电视全部入户。建有移动通信营业部、商店、发屋、浴室等商业服务业网点10多家和村委会、完全小学、幼儿园、卫生服务站、自来水厂、农民文化活动中心、花园广场等10多个公共设施。文化活动中心有篮球场、乒乓球室、图书室等设施。花园广场600平方米，植有观赏树木近1万株。2005年，全村经济总收入2688万元，农民年人均纯收入5200元。

第六节 并入乡镇简介

汜光湖乡 位于县城南15千米，里运河西。清代属汜西庄。民国期间，先属第三市，后属第七区。1949年属汜水区。1961年建立汜光湖公社。1983年改公社为乡，乡政府驻牌坊。2000年撤销汜光湖乡并入汜水镇。

1990年，农业总产值1981万元，粮食种植面积2449公顷，总产1.05万吨，油料153.10吨。多种经营以编织业、养殖业为主，芦苇折席和鱼、虾、螃蟹畅销大江南北。水产养殖面积590公顷，产量741吨。工业有饮料、毛毡、服装等产业，工业总产值604万元，其中村办工业产值201万元。1999年，全乡有10个村，人口14477人，面积63平方千米(不包括县属柴滩面积)，其中耕地1533公顷、水域3473公顷。实现农村社会总产值2.37亿元，其中农业产值1.46亿元、工业产值0.62亿元、建筑业和第三产业产值0.29亿元。可分配净收入5878万元，农民年人均纯收入3286元。

韦镇乡 位于县城东南21.40千米，芦汜河、大潼河之间。1982年，芦村公社划出8个大队，建立韦镇公社。1983年改公社为乡。乡政府驻韦镇沟。2000年，撤销韦镇乡并入汜水镇。农副业以粮棉生产和畜禽养殖为主。

1990年，农业总产值813万元，粮食种植面积2619公顷，总产1.45万吨，油料254.90吨，棉花184.50吨。水产养殖面积10公顷，产量29吨。工业有食品制造、竹藤制造、金属矿物制品、造纸等产业。工业总产值370.20万元，其中村办工业产值291万元。1999年，全乡有8个村，人口15857人，面积28平方千米，其中耕地1295公顷、水域400公顷。实现农村社会总产值2.01亿元，其中农业产值1亿元、工业产值0.81亿元、建筑业和第三产业产值0.20亿元。可分配净收入5271万元，农民年人均纯收入3356元。

石桥乡 位于县城东南14.20千米，运河东侧。明代属曹村乡，清代属瓦甸庄。民国期间，先属南二乡，后属第五区。1949年属汜水区。1959年建立石桥公社，同年末并入汜水公社。1982年与汜水分开，成立石桥公社。1983年改公社为乡。乡政府驻盘岔口。2000年，撤销石桥乡并入汜水镇。

1990年，农业总产值2688万元，粮食种植面积3369公顷，总产1.92万吨，油料226.20吨，棉花231吨。水产养殖面积13公顷，产量55吨。工业主要有机械、服装、纺织、玩具等产业，工业总产值1104万元，其中村办工业产值710万元。1999年，全乡有16个村，人口23544人，面积38平方千米，其中耕地2200公顷、水域540公顷。实现农村社会总产值2.88亿元，其中农业产值0.88亿元、工业产值1.50亿元、建筑业和第三产业产值0.50亿元。可分配净收入8009万元，农民年人均纯收入3202元。

第三章　夏集镇

第一节　区域概况

元至正年间建成东岳庙(又称天希庙),立夏前后香客尤多,进而形成农历“三·二八”庙会,集市兴旺而得名。位于北纬33°02′46″~33°08′15″、东经119°22′10″~119°35′10″。地处县域东南部,东接高邮市临泽镇,南连高邮市界首镇,西以淮江公路子婴闸段为界,西北与氾水镇交界,东北与柳堡镇毗邻。镇政府驻夏集集镇郭夏路东段北侧,距县城49千米。明初形成村庄,弘治年间称夏家集。清道光二十五年(1845)称南程东村。民国19年(1930)称肖陵乡,属第五区。抗日战争期间称夏集乡,属夏集区。1949年为夏集区夏集乡。1953年,夏集区划归高邮县管辖。1958年9月建夏集公社,12月划归宝应县。1983年改置为夏集乡,郭桥乡从夏集乡析出。1991年撤乡建镇。2000年4月,郭桥乡、子婴河镇并入夏集镇。2005年,有16个村、3个居委会、1个果园场,230个村(居)民小组。总面积124.77平方千米,其中耕地7203.50公顷、林地298.50公顷、水域306.50公顷、建设用地3208.10公顷、其他用地1460.20公顷。人口60481人,其中农业人口51086人;男性30202人,女性30279人,性别比99.7:100;总劳动力32278人。全镇共有姓氏300多个,其中王姓最多,有4735人。镇域民族除汉族外,还有土家、苗、水、蒙古、彝、布依、满、黎、白、回等10个少数民族133人。高中以上学历2816人,高级技术职称9人,人口计划生育率100%、人口自然增长率-0.2‰。

图31-3-1　夏集镇集镇一角

第二节　经济建设

1990年后,夏集镇坚持以工业为主导、农业为主体、商业为主流,兼顾多种经营,一二三产业统筹兼顾、协调快速发展方针,以打造载体、整合资源、做好特色为抓手,经济总量不断攀升,各项社会事业取得长足进步。2005年,地区生产总值5.61亿元,其中第一产业1.88亿元、第二产业1.85亿元、第三产业1.88亿元。农民年人均纯收入5286元。

2005年夏集镇主要经济指标一览

表31-3-1

项目	单位	数量	项目	单位	数量
地区生产总值	亿元	5.61	粮食总产量	万吨	7.45
第一产业	亿元	1.88	工业企业数	家	449.00
第二产业	亿元	1.85	工业总产值	亿元	15.06

续表31-3-1

项目	单位	数量	项目	单位	数量
第三产业	亿元	1.88	建筑业产值	亿元	2.50
财政收入	万元	2348.00	外贸出口额	万美元	46.05
农业总产值	亿元	4.12	农民人均纯收入	元	5286.00

一、农业

1990年，粮食种植面积9410.90公顷，其中夏粮4723.40公顷、秋粮4687.50公顷，粮食总产量5.25万吨。油菜种植面积721.40公顷，油菜籽产量1272.50吨。棉花种植面积1457公顷，产量1458吨。水产养殖面积92.80公顷，水产品产量478吨。出栏生猪2.27万头、家禽30.95万羽。实现农业总产值8398万元。由于植桑养蚕、荷藕种植和水产养殖面积扩大，1995年，粮食种植面积降至6489.43公顷。是年，植桑667公顷，年产蚕茧200吨，为历史最好年份。此后，由于植桑养蚕效益下降，农民逐年减少植桑养蚕，逐步恢复种粮。2000年，全年粮食种植面积升至1.21万公顷。当年，子婴河畜禽养殖公司内联350家养鸡大户，实行产加销"一条龙"，养殖肉鸡205万羽。2005年，粮食种植面积1.02万公顷，其中夏粮4510.53公顷、秋粮5698.33公顷，粮食总产量7.45万吨。油菜种植面积823.93公顷，油菜籽产量2271吨。棉花种植面积133公顷，产量160吨。水产养殖面积483公顷，水产品产量5710吨。全镇有畜禽养殖大户360家，出栏生猪5.44万头、家禽509.51万羽。实现农业总产值4.12亿元。

二、工业

1990年，全镇有镇村工业企业211家，年产值6479万元，主要有纺织、化工、机械、建材等产业。此后不断加大工业技改投入和发展民营工业经济。1996年，工业企业实施产权制度改革。至2000年，全镇36家镇属工业企业完成改制，拥有个体和民营企业375家，年产值4.70亿元，占全镇工业经济总量的78%。2003年，金夏纺织集团有限公司投入3334万元新上1万锭环锭纺项目。2004年，该公司转制为民营。2005年，全镇有工业企业449家，其中规模企业11家，工业总产值15.06亿元，形成电线电缆、纺织轧花、电子电器、服装鞋业和精细化工5大主导产业，建成蓝天工业集中区和道口工业园区。

图31-3-2　夏集工业集中区

三、商贸服务业

1990年，全镇有商业网点215家，商品销售额3709万元。1993年后，粮油市场放开，国营粮油管理所(站)改制为集体或私人承包经营。1999年，基层供销社转为属地管理。2001年，商贸服务业全面改制，供销部门下属社、站点、门市等出售转为私人经营，超市、专卖店等出现。2003年在振兴路大寨河三桥南端西侧重建农贸市场，面积2300平方米，年成交额2200多万元。2004年举办首届宝应·夏集水乡商贸节。2005年，全镇有商业网点402家，商品销售额6400万元。

第三节　社会事业

一、镇村建设

1990年，夏集集镇形成"二纵二横"主街道格局。1992年实现村村通电，普及程控电话。1997年建成省级用电标准化镇，基本实现农民住宅砖瓦化，双琚村获"全国绿化先进十佳村"称号。2000年，集镇建成“三纵六横”主街道。至2005年建成新型中心集镇1个，建成区面积2.40平方千米，被评为省新型示范小城镇。卫星集镇2个，中心村8个，重点中心村2个，农村居民集中居住点66个，建成镇村公路54.20千米，基本实现村村、组组通公路。2005年，有供、用电线路189.93千米，供电量2932万千瓦时；有自来水厂3家，自来水入户率100%；改建卫生厕所9620个，改厕率79%；有邮电支局3个，固定电话1.49万部，移动电话7120部，宽带入网562户。为市环境优美镇，翠沟村为省百佳生态村。

二、文化教育卫生

1990年，全镇有文化站3个、文化体育活动团体6个；中学、小学58所，在校学生8247人，幼儿园22所；乡镇卫生院3所、村卫生室35个，病床30张。1992年获“省体育先进乡镇”和“省群众文化先进乡镇”称号。1995年开始办理有线电视业务，入户2700户。1997年建成文化活动中心大楼。1998年被评为省亿万农民全民健身活动先进乡镇。2000年建成夏集中心卫生院，郭桥、子婴河卫生分院由个人承包经营。2002年建成万册图书馆。2005年，全镇有文化活动中心站1个、文化体育活动团体8个；中学、小学8所，在校学生4964人，幼儿园7所，成人中心校1所，培训1.23万人次；有中心卫生院1所、卫生分院2所、村级卫生室16个、个体诊所3个，病床30张；有线电视入户1.09万户，入户率72%。

第四节　人民生活

1990年，农民人均纯收入684元。1991年，蒋庄村建起老年活动室。1997年，农村居民全部住上砖瓦房或小楼房。2000年，农村居民年人均纯收入上升到3343元，是1990年的4.89倍。是年，子婴河建成敬老院，全镇拥有敬老院2所。彩色电视机、空调、电冰箱等现代家用电器逐步进入农村居民家庭。2005年，农民年人均纯收入5286元，1.36万人参加社会养老保险，91.5%农村居民参加新型农村合作医疗，881人实行最低生活保障。家家户户有彩色电视机，85%家庭用上洗衣机，五分之一家庭装上空调，拥有固定电话和移动电话2.20万部，电动车、摩托车1.80万辆，汽车、拖拉机773辆。农民人均住房面积36平方米，比1990年增加12平方米。镇敬老院供养老人50人。

第五节　特色选介

蒋庄村　2005年有21个村民小组，1256户3459人，面积8平方千米，其中耕地473.60公顷。工农业生产总值8998万元，人均纯收入5276元。有集体林场20公顷，水产养殖年产值20万元，村办工业发展迅速，在镇蓝天工业园区建成标准化厂房2幢，占地4000多平方米。有电器、服装、化工、再生绒等企业8家，年产值1280万元。村劳务输出起步早，外出打工人员主要集中在上海、苏南等地，人均年收入2万元，全村劳务输出年收入2000多万元。全村农户改建三格式无害化户厕934座，占90%以上。该村利用南水北调集体补助资金修桥筑路，兴修水利。按新农村建设标准，对全村实行环境综合整治，新建封闭式垃圾箱96座，平均每15户1座，实行专人清扫、拖运管理。村部设有老年活动室、图书室、警务室、微机室、支部活动室、村务公开栏等。

第六节　并入乡镇简介

子婴河镇　位于县城东南32.40千米处。王营以南中八伍、中十伍原属高邮，清末划归宝应。王营以北亦属高邮，清末隶武宁乡二总，民国时属第六区，抗日战争期间划归宝应。1949年属氾水区。1958年，建立王营乡，同年改为公社。1959年更名子婴河公社。1983年改公社为乡。1991年撤乡建镇。镇政府驻王营集镇。2000年撤销子婴河镇并入夏集镇。

1990年,农业以种稻、麦为主,兼植棉花、油菜。多种经营以饲养家禽及猪、羊、蚕为主,并种植杞柳、胡桑。农业总产值3714万元,粮食种植面积3360公顷,总产2.01万吨,油料414吨,棉花465吨。工业主要产品有缫丝、皮件、服装、建材等,工业总产值2016万元,其中村办工业产值1083万元。1999年,全乡有16个村,人口23544人,面积44平方千米,其中耕地2111公顷、水域633公顷。实现农村社会总产值2.70亿元,其中农业产值1.30亿元、工业产值0.93亿元、建筑业和第三产业产值0.47亿元。可分配净收入7822万元,农民年人均纯收入3291元。

郭桥乡 位于县城东南26.50千米处。1982年,夏集公社划出8个大队建立郭桥公社。1983年改公社为乡。乡政府驻郭氏桥。2000年撤销郭桥乡并入夏集镇。

1990年,农业以粮棉为主,副业以蚕桑及畜禽为主。农业总产值2332万元,粮食种植面积2886公顷,总产1.60万吨,油料431吨,棉花444吨。工业主要有建材、食品、造纸等产业,工业总产值1572万元,其中村办工业产值684万元。1999年,全乡有9个村,人口18975人,面积36平方千米,其中耕地1752公顷、水域653公顷。全年实现农村社会总产值3.28亿元,其中农业产值0.91亿元、工业产值1.71亿元、建筑业和第三产业产值0.66亿元。可分配净收入5607万元,农民年人均纯收入3248元。

第四章 柳堡镇

第一节 区域概况

原名留坝头,因电影《柳堡的故事》而得名。位于北纬33°06′50″～33°11′50″、东经119°23′30″～119°35′30″。地处县域东南部,东与兴化市沙沟镇连接,南与夏集镇相邻,西与氾水镇接壤,北与鲁垛、小官庄两镇毗连。距县城38千米。今境南部原属高邮县,民国元年(1912)后先属东三乡,后属第六区。民国32年,县抗日民主政府成立,柳堡分属夏集区、陶林区。1949年,分属夏集区数乡。1958年建柳堡人民公社。1982年,析分为柳堡公社和小尹庄公社。1983年改置为柳堡乡和小尹庄乡。柳堡乡政府驻郑渡村。2000年4月,柳堡乡与芦村乡、小尹庄乡合并,定名为柳堡镇,镇政府迁驻小尹庄集镇。2005年,柳堡镇辖17个村、3个居委会,189个村(居)民小组。总面积116.78平方千米,其中耕地6282公顷、林地100公顷、水域1037.80公顷、建设用地2381.80公顷、其他用地1876.20公顷。人口53479人,其中农业人口46194人;男性27019人,女性26460人,性别比102.1:100。总劳力31545人,其中劳务输出14279人,占劳动力的45.3%。全镇共有姓氏267个,其中前10位姓氏分别是王、郑、李、张、姜、夏、陈、居、赵、刘等。镇域民族以汉族居多,还有壮、回、苗、彝、土家、布依、维吾尔、白、傣、侗、蒙古、满、哈尼、朝鲜等14个少数民族78人。大专以上文化1789人、高中7678人、初中17601人、小学17010人,计划生育率98.9%、人口自然增长率5.4‰。

图31-4-1　柳堡镇镇标

第二节　经济建设

1990年后，坚持以加快发展为第一要务，推进工业化、城镇化建设，逐步形成农业稳步发展、工业强劲发展、建筑业与服务业蓬勃发展的产业格局。2005年，地区生产总值5.71亿元，其中第一产业2.32亿元、第二产业1.73亿元、第三产业1.66亿元，农民年人均纯收入5326元。

2005年柳堡镇主要经济指标一览

表31-4-1

项目	单位	数量	项目	单位	数量
地区生产总值	亿元	5.71	粮食总产量	万吨	6.64
第一产业	亿元	2.32	工业企业数	家	445.00
第二产业	亿元	1.73	工业总产值	亿元	14.11
第三产业	亿元	1.66	建筑业产值	亿元	1.30
财政收入	万元	3162.00	外贸出口额	万美元	432.24
农业总产值	亿元	5.08	农民人均纯收入	元	5326.00

一、农业

1990年，粮食种植面积8659.80公顷，其中夏粮4235.20公顷、秋粮4424.60公顷，粮食总产量4.60万吨。油菜种植面积417.60公顷，油菜籽产量693吨。棉花种植面积825公顷，产量708吨。水产养殖面积666公顷，水产品总量1876吨。出栏生猪1.68万头、家禽18.62万羽。实现农业总产值6209万元。此后，加快农业结构调整、退粮还水，发展水产养殖和水生蔬菜种植。2000年，水产养殖面积超过1000公顷，荷藕种植面积591公顷。2005年，粮食种植面积9400.70公顷，其中夏粮4239.60公顷、秋粮5161.10公顷，粮食总产量6.64万吨。油菜种植面积527.20公顷，油菜籽产量1594吨。水产养殖面积1794公顷，水产品总量2.14万吨，荷藕种植面积419公顷。出栏家禽170.22万羽、生猪7.21万头。实现农业总产值5.08亿元。

二、工业

1990年，全镇工业企业31家，总产值4185亿元。电工绝缘、电子陶瓷等为主导产业。1992年，电器设备厂成为规模企业，郑渡村工业产值1048万元，为全县第一个工业产值过1000万元村。1995年，电子陶瓷产品占国内市场份额的60%，并出口到泰国、日本等国家。1997年，小尹庄天宝滑线厂年产值4000万元。2000年启动工业集中区建设。至2005年，建成电子陶瓷、电工电器、电子绝缘3个工业园区，招商引资4.50亿元，入园项目22个。是年，全镇有工业企业445家，总产值14.11亿元，外贸成交额2201万美元。形成电工电器、滑线、电子陶瓷、绝缘材料、食品加工等特色产业。建筑业施工产值1.30亿元，国外劳务输出1250人。

三、商贸服务业

1990年，全镇有商业网点246家，商品销售额1388万元。有芦村、小尹庄、柳堡3家粮管所，1个国家粮食储备库。粮油市场放开后，镇内有6个粮油销售点。3家基层供销社下设9个供销站，每个村设立代销点。2000年3月，供销系统体制改革，各类民营商店开业。镇内建成6个农贸市场，总面积1.60万平方米，年成交额7500多万元。2005年，全镇有商业网点746家，商品销售额4890.50万元。

第三节　社会事业

一、镇村建设

1990年前，境域农村居民居住的自然村庄多而分散。1990年后，在加大集镇建设力度同时，启动农村居民居住点建设，加快住房改造步伐。至90年代中期，农村居民基本住上砖瓦房和楼房。2000年撤并乡镇后，制定《宝应县柳堡镇总体规划》和《宝应县柳堡镇土地利用总体规划》，镇村建设有序发展。至2005年，建成1个中心集镇和两个片区集镇，中心集镇建成区面积2.12平方千米，居住人口1.16万人，建成74个农村居住点，节省土地面积209.43公顷。建成通村公路63.74千米，基本实现村村通公路，有镇自来水厂1家，自来水入户率100%。改建卫生厕所500座，完成改厕30%。有高低压送配电线路458.57千米，供电入户率100%。邮电支局3个，固定电话1.29万部，电话入户率100%，宽带入网398户。为省卫生镇和市新型小城镇建设示范镇。

二、文化教育卫生

1990年，有文化站3个、文化中心户20个、文化活动场所4个、图书室3个；中学、小学45所，在校学生7354人，幼儿园17所，成人中心校1所；镇卫生院3所、村卫生室46个。1991年，有线广播普及。1995年开通有线电视。1997年起相继新建郑渡、芦村小学和小尹庄中心小学教学楼。1998年，柳堡乡建成文化站活动中心楼，1999年被命名为省群众文化先进乡镇。2000年12月，举办“美瑞华”杯10个乡镇文化联谊活动，建成万册图书馆。2003年获“省教育现代化乡镇”称号。2005年，全镇有文化站1个、文化中心户45个、文化活动场所12个、全民健身点12处；中学、小学8所，在校学生4458人，幼儿园3所，成人中心校1所，培训8219人次；市一级甲等卫生院1所、卫生分院2所、病床110张，村卫生室19个；有线电视用户1.03万户，入户率75.5%。

第四节　人民生活

1990年，农民年人均纯收入572元，农村居民储蓄5160万元。随着经济建设发展，人们生活水平逐年提高，彩电、冰箱、空调等现代家用电器及汽车逐步进入寻常百姓家。90年代中期，开始实施社会养老、医疗保险等制度。2005年，全镇农民年人均纯收入5326元，农村居民储蓄3.60亿元，人均住房面积34.11平方米，基本实现户户有电视机(或彩色电视机)，有空调3450台，摩托车、电动车等3万多辆。参加农村养老保险1.59万人，企业职工养老保险578人，职工医疗保险180人。农村居民新型合作医疗4.46万人，参保率96.4%，有438户700人实行最低生活保障。敬老院供养老人53人。

第五节　特色选介

柳堡“二妹子”模范民兵班　参见第二十三篇“政法军事”第六章“军事”专记“柳堡‘二妹子’模范民兵班”。

仁里村　位于柳堡镇最北部，与鲁垛、广洋湖两镇接壤，村域面积6.47平方千米，其中耕地面积241.30公顷、仁里荡面积206.70公顷。2005年，全村有6家工业企业，12个村民小组，845户、2930人、1561个劳动力。该村把发展工业经济作为壮大集体经济、致富一方百姓的第一要务来抓，全村经济建设和社会各项事业得到长足发展。实现三业总产值1.56亿元，其中工业产值占67%、农业产值占8.9%、运输业及其他产值占24.1%，农民人均纯收入6399元，村级集体可支配收入56万元。相继获得“省卫生村”“省百佳生态村”“市文明村”“市村民自治模范村”“县文明村”“县经济建设排头兵村”等称号。

第六节　并入乡镇简介

小尹庄乡　位于县城东南24.30千米处，芦氾河两侧。1982年，柳堡公社划出9个大队，建立小尹庄公社。1983年改公社为乡。乡政府驻小尹庄集镇。2000年撤销小尹庄乡，与柳堡乡、芦村乡合并设立柳堡镇。

1990年，农业以稻、麦、棉花、油菜为主，多种经营以猪、鸡、鸭、鹅及蚕桑、莲藕为大宗。农业总产值2588万元，粮食种植面积3562公顷，总产1.89万吨，油料334吨，棉花268吨。乡村工业较发达，主要产品有绝缘材料、服装、电器、电热材料、针织等。工业总产值2281万元，其中村办工业产值1247万元。1999年，全乡有9个村，人口23797人，面积43平方千米，其中耕地1896公顷、水域1127公顷。实现农村社会总产值4.18亿元，其中农业产值1.47亿元、工业产值2.40亿元、建筑业和第三产业产值0.31亿元。可分配净收入8882万元，农民年人均纯收入3332元。

芦村乡　位于县城东南20千米处，芦氾河两侧。明代属军下乡，清代属芦村庄。民国期间先属第三市，后属第二区。1949年后属芦村区。1958年建立芦村公社。1983年改公社为乡。乡政府驻芦村集镇。2000年撤销芦村乡，与小尹庄乡、柳堡乡合并设柳堡镇。

1990年，农业以稻、麦、棉花、油菜为主，多种经营以猪、鸡、鸭、鹅为大宗。农业总产值1884万元，粮食种植面积3142公顷，总产1.70万吨，油料263吨，棉花233吨。工业主要产品有霓虹灯变压器、铰链、水泥制品等，工业总产值666万元，其中村办工业产值473万元。1999年，全乡有10个村，人口17259人，面积32平方千米，其中耕地1827公顷、水域487公顷。实现农村社会总产值2.66亿元，其中农业产值1.03亿元、工业产值1.21亿元、建筑业和第三产业产值0.42亿元。可分配净收入5740万元，农民年人均纯收入3225元。

第五章　鲁垛镇

第一节　区域概况

相传明洪武九年(1376)，苏州阊门鲁氏三兄弟到宝应落户时，在大土垛上搭棚立户，开荒种地，繁衍后代，形成村落，取名鲁垛。位于北纬33°30′30″～33°14′35″、东经119°23′10″～119°32′20″。地处县域中部，东连广洋湖镇，南接柳堡、小官庄两镇，西与望直港镇毗邻，北与射阳湖镇接壤。镇政府驻鲁垛集镇政通路27号，距县城东南20千米。清末先后属高邮州、宝应县。民国元年(1912)属东三乡、东四乡。民国23年属五区、六区。民国32年，属县抗日民主政权大望区、高邮县临泽区陶林办事处。翌年春建抗日民主政权鲁庄区。民国

图31-5-1　鲁垛镇

35年1月改为宝应县陶林区。民国36年3月为鉴青区。民国37年1月为陶林区。1958年4月撤区建鲁垛乡,9月并入獐狮荡公社。1961年11月析出建鲁垛公社。1983年9月改置为鲁垛乡。1993年12月撤乡建镇。2005年,该镇辖12个村、115个村民小组,1个居委会、11个居民小组。总面积61.47平方千米,其中耕地3920.70公顷、林地12公顷、水域299.70公顷、建设用地1172公顷、其他用地742.90公顷。总人口34420人,其中农业人口27507人;男性17591人,女性16829人,性别比104.53:100。总劳力20974人,其中劳务输出10445人,占劳动力的49.8%。全镇共有姓氏217个,其中张姓最多,有2635人,占总人口数的7.7%,皮姓最少,只有1人。镇域民族除汉族外,还有苗、壮、回、土家、哈尼、蒙古等9个少数民族40人。大专以上文化352人、高中文化4064人,人口计划生育率99.99%、人口自然增长率-8.6‰。

第二节 经济建设

1990年后,扎实推进工业化和城镇化建设,坚持一二三产业协调发展,国民经济保持快速增长。2005年,地区生产总值2.11亿元,其中第一产业0.77亿元、第二产业0.69亿元、第三产业0.65亿元,农民年人均纯收入4980元。

2005年鲁垛镇主要经济指标一览

表31-5-1

项目	单位	数量	项目	单位	数量
地区生产总值	亿元	2.11	粮食总产量	万吨	3.82
第一产业	亿元	0.77	工业企业数	家	174.00
第二产业	亿元	0.69	工业总产值	亿元	3.46
第三产业	亿元	0.65	建筑业产值	亿元	1.15
财政收入	万元	1646.00	外贸出口额	万美元	—
农业总产值	亿元	1.70	农民人均纯收入	元	4980.00

一、农业

1990年,粮食种植面积4688.27公顷,其中夏粮2146.27公顷、秋粮2542公顷,粮食总产量2.68万吨。棉花种植面积347公顷,产量300吨。油菜种植面积295.93公顷,油菜籽产量541.50吨。水产养殖面积365公顷,水产品总量553吨。荷藕种植面积224公顷,产量2354吨。出栏生猪1.07万头、家禽9.88万羽。实现农业总产值3502万元。1992年,东湖水产养殖公司发展特种水产养殖,建成特种水产自繁、自养、自销"一条龙"生产线。2000年后,实施品牌战略,分别于2003年、2004年建成133公顷中华鳖生产基地和54公顷中华绒螯蟹生产基地,被确认为省无公害有机水产品生产基地,其中三林荡牌中华鳖、中华绒螯蟹被国家工商总局注册。2005年,粮食种植面积5240.06公顷,其中夏粮2222.86公顷、秋粮3017.20公顷,粮食总产量3.82万吨。油菜种植面积328.27公顷,油菜籽产量850吨。水产养殖面积560公顷,水产品总量2054吨。荷藕种植面积283公顷,产量4464吨。出栏家禽45万羽、生猪1.53万头。实现农业总产值1.70亿元。

二、工业

1990年,全镇有工业企业15家,职工381人,总产值2162万元。1992年,华扬电气有限公司生产的电气控制设备形成规模。90年代中期,企业改制,私营个体经济占主导地位。2000年,在集镇创建工业集中区,占地27公顷,新建标准厂房1.38万平方米,入园工业企业18家。全镇私营个体企业90家,职工714人,总产值1.16亿元。2001年,招商引进宝南木业、贝斯特电器等规模企业,工业经济发展加快。2005年,培强培大木业加工、乱针刺绣等特色产业。工业企业174家,职工2539人,总产值3.46亿元。形成以木业、电工电器生产为主的特色产业。有规模企业4家,产值6349万元。

三、商贸服务业

1990年,全镇有国有、集体、个体商业网点270家,商品销售额1635万元。1995年有个体商业户356家,商品销售额850万元。2000年新建超市1家,商品销售额188万元,个体商业户554家,商品销售额3622万元。2005年有个体商贸服务业1229家,商品销售额6400万元,其中超市10家、沐浴及休闲业13家。

第三节　社会事业

一、镇村建设

1990年起,鲁垛集镇相继兴建商场营业楼,农行、信用社营业楼,工商税务办公楼,高中教学楼等20多幢,初步改变集镇面貌。1998～2000年,集镇向西延伸,获"市示范小城镇"称号。同时,推进农村居民住房改造、居住点建设和通村公路建设。至2005年,集镇建成区面积1.44平方千米,比1990年扩大3.14倍,形成"五纵五横"主街道格局,集镇人口7500人,建成农村居民居住点22个,基本实现住房砖瓦化,26.5%农村居民住上楼房。建成通村公路44.80千米,实现村村通公路。用电量733万千瓦时,供电入户率100%。有镇自来水厂1家,自来水入户率100%。改造卫生厕所5585座,改厕率73%。有邮电支局1所,固定电话7510部,移动电话7195部。陶林村为省百佳生态村。

二、文化教育卫生

1990年有文化站1个、图书室1个、影剧院1座、电影队3个;中学、小学25所,在校学生5488人,幼儿园20所,成人中心校1所;卫生院1所、村卫生室19个,病床22张。1991年新建卫生院门诊楼。1992年建成1150个座位影剧院。1993年异地新建镇中心初中。1994年开通有线电视。1996年获"省群众文化先进乡镇"称号。2000年异地新建镇中心幼儿园。2004年获市"群众体育先进乡镇"称号。至2005年有文化站1个、图书馆(室)6个,图书1.60万册,影剧院1个;中学、小学7所,在校学生3494人,幼儿园3所,成人中心校1所;卫生院1所、村卫生室14个,病床40张;有线电视用户5270户,入户率58.6%。为市广播电视先进乡镇。

第四节　人民生活

1990年,农民年人均纯收入645元。2003年秋投入80万元兴建两层900平方米老年公寓宿舍楼,供养45名"五保"老人。2005年,农民人均纯收入4980元,农村居民人均住房面积38.89平方米,比1990年扩大近1倍。参加农村养老保险2916人,年保险额125万元,职工医疗保险586人,农村新型合作医疗2.80万人,占农村人口的95.3%。427户贫困户全部实行低保。鲁垛敬老院有瓦房38间,有17名"五保"老人入住。

第五节　特色选介

乱针刺绣　鲁垛乱针刺绣起源于苏北里下河地区民间刺绣工艺,后结合苏绣、湘绣和扬绣工艺特点,经过几代人努力,逐步形成鲁垛乱针绣以情施针、以线明意的宝应水乡独特风格。80年代,鲁垛乱针刺绣从民间作坊逐步向产业化转变。镇党委、政府多次组织绣姑到苏州、常州等地参观考察,博采众长,在原有基础上,运用计算机等现代科技,使鲁垛乱针绣摆脱传统的构思模式。绣品既不失密集其针、排比其线的传统风格，又充分体现水乡村姑纯真朴实的审美情趣。绣品工艺“乱而不杂、密而不堆”。绣品多一分真实美感，少一分躁气。作品由原来的单一花草风景，拓展到人物肖像、世界名画、摄影等10多个品种。绣品层次清楚、栩栩如生、呼之欲出，富有强烈的立体感和西洋油画的光色透视效果，具有较高收藏价值。产品远销欧美、日、韩、东南亚10多个国家和地区。其代表作品《归程》《长城》《九寨沟》分别被省政府赠送给中国香港、澳门特别行政区，作为回归贺礼。参加省首届农民艺术节展览的《长江万里图》和为省政协外事厅所作的《锦绣江南》，观赏价值很高。北京人民大会堂上海厅陈列的10米巨绣《浦江两岸尽朝晖》，受到专家们较高评价。2002年4月，省委宣传部将鲁垛乱针刺绣列入省文化精品。鲁垛乱针刺绣继玉器、漆器之后，成为全市第三大民间工艺制品，也是宝应县首次进京展出的民间工艺品。2005年，全镇拥有乱针刺绣企业24家，绣姑近3000人，年创效益数千万元，成为鲁垛镇农民增收致富的支柱产业。

图31-5-2　乱针绣车间

第六章　广洋湖镇

第一节　区域概况

因广洋湖（又名汪洋湖、博支湖）而得名，沿用至今。位于北纬33°09′55″～33°15′10″、东经119°31′20″～119°42′51″。地处县域东南部，东与兴化市沙沟镇接壤，南与柳堡镇隔湖相望，西与鲁垛镇毗邻，北与射阳湖镇连接。镇政府驻集镇兴洋路8号，距县城32千米。汉武帝元狩六年（前117），属射阳县。清代属宝应县。民国16年（1927），属第六区。民国32年，在西决溪（今西溪村）成立射南区抗日民主政权，属射南区。民国34年，属沙沟县射阳区。民国36年，属宝应县射南区。1958年2月撤区并乡，定名广洋湖乡，9月建立公社。1959年12月更名为鹤儿湾公社。1960年复名广洋湖公社。1983年改置为广洋湖乡，驻地一里村。1995年1月撤乡建镇。2005年辖12个村、1个居委会，116个村（居）民小组。总面积91.13平方千米，其中耕地4167.90公顷、林地17公顷、水域2580.30公顷、建设用地1340.50公顷、其他用地1007.10公顷。总人口37612人，其中农业人口30633人；男性19399人、女性18213人，性别比106.51∶100。总劳力18261人，其中劳务输出13440人，占劳动力的73.6%。镇域民族以汉族居多，还有苗、壮、彝、蒙古、回、瑶、侗、白8个少数民族。前十大姓分别为王、张、陈、周、刘、杨、李、潘、朱、顾。大专以上文化98人、高中2117人，计划生育率99.99%、人口自然增长率1.5‰。

图31-6-1　广洋湖镇镇标

第二节　经济建设

1990年后，广洋湖镇实施工业强镇、招商引资、全民创业战略，着力推进经济发展。1992年，农副工三业总产值首次突破1亿元，达1.08亿元，成为全县第一个亿元乡。2005年实现地区生产总值3.30亿元，其中第一产业1.62亿元、第二产业0.99亿元、第三产业0.69亿元。农民年人均纯收入5402元。

2005年广洋湖镇主要经济指标一览

表31-6-1

项目	单位	数量	项目	单位	数量
地区生产总值	亿元	3.30	粮食总产量	万吨	3.48
第一产业	亿元	1.62	工业企业数	家	293.00
第二产业	亿元	0.99	工业总产值	亿元	6.11
第三产业	亿元	0.69	建筑业产值	亿元	1.01
财政收入	万元	1437.00	外贸出口额	万美元	54.87
农业总产值	亿元	3.14	农民人均纯收入	元	5402.00

一、农业

1990年，粮食种植面积4834.60公顷，其中夏粮2148.73公顷、秋粮2685.87公顷，粮食总产量2.44万吨。油菜种植面积172.4公顷，油菜籽产量272吨。水产养殖面积511公顷，水产品产量1372吨。荷藕种植面积161公顷，产量1671吨。出栏生猪0.65万头、家禽11万羽。实现农业总产值3324万元。90年代初期，调整农业结构，退粮还水，扩大水产养殖和荷藕种植。1995年，粮食种植面积降至3870.67公顷，荷藕种植面积增加500公顷，水产养殖面积增加近1000公顷。2002年建成千亩青虾养殖基地。2003年，宠物犬养殖初具规模，存栏良种种犬500多条，年出栏幼犬2000多条，年销售额400万元。成立兴洋宠物犬养殖合作社，会员100多户。2005年，粮食种植面积4759.73公顷，其中夏粮1703.80公顷、秋粮3055.93公顷，粮食总产量3.48万吨。油菜种植面积439.67公顷，油菜籽产量1187吨。水产养殖面积2761.20公顷，水产品总量1.65万吨。荷藕种植面积893公顷，产量1.67万吨。出栏家禽34.81万羽、生猪1.72万头。实现农业总产值3.14亿元。

二、工业

80年代后期，工业发展迅速，先后办起弹簧厂、农具厂、塑料软管厂、管件厂、煤矿机械厂等20多家乡镇办企业。1990年，有乡、村办工业企业45家，职工1403人，产值3101万元。1992年，广洋湖弹簧厂产值过1000万元。1993年，创办市管件厂(后更名市石化管件厂)和县振兴染织机械厂。1998年，朱瑞以780万元竞标取得市石化管件厂产权，为县内第一家转制为民营的工业企业。2000年，民营企业迅速崛起，有工业企业101家，职工1938人，产值2.03亿元，石化管件、食品加工、印染机械、钢圈成为四大支柱产业。2005年末，有工业企业293家，职工3283人，总产值6.11亿元，其中规模工业企业10家，

图31-6-2　江苏兴洋管业(原扬州石化管件厂)

产值2.99亿元。

三、商贸服务业

1990年,向阳路为主要商业街,有五金交化、家电、服装、食品等各类商店20多家。随着商业零售业发展,超市应运而生。1999年末,基层供销社划归地方管理。2005年末,集镇有上海华联超市、苏果超市、联华超市等大小超市近10家,其中上海华联超市广洋店由原供销社商场改建而成,营业面积300 平方米。

第三节 社会事业

一、镇村建设

1990年,集镇建成区面积0.49平方千米,居住人口2500人。农村居民居住分散,有自然庄台98个。1995年复建白鼠邮电代办所。2005年,集镇建成区面积0.88平方千米,居住人口1.05万人。建成农村居民居住点13个,住房实现砖瓦化。建设通村公路30多千米,实现村村互通。供电入户率100%。有镇自来水厂1家,自来水入户率90%。有邮电支局1家,宽带上网130户,固定电话入户率100%。

二、文化教育卫生

1990年,有文化站1个、影剧院1座、电影队3个;中学、小学32所,在校学生4808人,幼儿园28所,成人教育中心校1所;镇卫生院1所、村卫生室13个,病床34张。1995年开通有线电视。1998年创建成市卫生镇。2003年建成私人诊所2家。2005年有文化站1个,图书馆、影剧院及文化活动团体4个,全民健身点4处;中学、小学5所,在校学生3553人,幼儿园6所;镇卫生院1所、村卫生室13个、私人诊所2家,病床46张;有线电视用户5200家,入户率58%。

第四节 人民生活

1990年,农民年人均纯收入473元,为全县最低。随着工业经济发展,逐步改变农民单纯靠农业收入局面,农民生活水平逐年提高,彩电、电脑、空调等现代家用电器逐步进入农民家庭。2005年,农民年人均纯收入5402元,人均住房面积21.20平方米,90%家庭拥有彩色电视机;拥有空调1281台,电动车、摩托车等1500多辆,汽车300多辆。参加农村养老保险4800人,职工医疗保险250人。农村新型合作医疗2.61万人,参保率88%,121户228人享受低保。

第五节 特色选介

管件产业 广洋湖镇管件产业起源于80年代初期,三联村周炳谦等人从兴化将业务带回,由县化工机械配件厂从兴化请来技术人员,生产管件。后添置大型中频弯头推制机、液压机等设备,有职工130人。1990年,产值626万元,销售收入518万元。此后,县化工机械配件厂相继更名为市管件厂、市石化管件厂。1998年1月,改制为民营。改制后的企业发展迅速,有完善的营销队伍,其产品广泛运用于国家核电和化工重大工程,在华东市场占有重要份额,在全省、全国同行中有较高知名度,是华东地区最大的管件制造厂家。2005年,兴洋管件注册资本由改制时的388万元升至2319万元,总资产7948万元,利税1327万元,工业总产值和销售收入均突破1亿元大关。经过数年发展,兴洋管件在国内市场上有较高知名度、美誉度,市场份额逐年扩大。广洋湖管件业的蓬勃发展,有效带动当地经济发展。在广洋湖从事管件加工业的职工有近1000人,营销人员数百人,年销售额超过1000万元营销大户10多家。

第七章　小官庄镇

第一节　区域概况

因与大官庄相对得名。位于北纬33°08′55″～33°13′20″、东经119°21′20″～119°27′20″。地处县域中部，东与鲁垛镇接壤，南与柳堡、氾水镇交界，西与安宜镇隔涧沟河相望，北与望直港镇毗邻。镇政府驻集镇圣诞路1号，距县城15千米。1949年前，分属多个行政区域，且变动频繁。1949年后，先后分属陶林、刘堡、望直港等区和獐狮荡、芦村、氾水、沿河等公社所辖。1959年5月，从獐狮荡、芦村、沿河等公社析出建立官庄公社。1966年3月更名东风公社。1981年12月复名官庄公社。1983年9月改置为小官庄乡。1989年撤乡建镇。2005年，小官庄镇辖9个村、1个居委会，107个村（居）民小组。总面积46.22平方千米，其中耕地3019.60公顷、林地21.10公顷、水域91.40公顷、建设用地1179公顷、其他用地310.40公顷。人口30774人，其中农业人口26949人；男性15383人，女性15391人，性别比99.95∶100。总劳力17937人，其中劳务输出8870人，占劳动力的49.4%。全镇有190个姓氏，王姓最多，有1950人；樊姓等14个姓最少，各只有1人。镇域民族以汉族居多，还有壮、苗、回、侗4个少数民族18人。大专以上文化368人、高中文化2650人，境域人口计划生育率100%、人口自然增长率1.0‰。被市政府评为2002～2003年度计划生育红旗乡镇。

第二节　经济建设

1990年后，小官庄镇实施开放开发、工业强镇、玻璃名镇、经济兴镇战略，着力推进工业化和小城镇化建设，形成以玻璃工艺品为主导、建筑业蓬勃发展、服务行业繁荣昌盛的产业格局。2005年实现地区生产总值2.29亿元，其中第一产业0.64亿元、第二产业0.98亿元、第三产业0.67亿元，农民年人均纯收入5432元。

2005年小官庄镇主要经济指标一览

表31-7-1

项目	单位	数量	项目	单位	数量
地区生产总值	亿元	2.29	粮食总产量	万吨	3.32
第一产业	亿元	0.64	工业企业数	家	278.00
第二产业	亿元	0.98	工业总产值	亿元	5.92
第三产业	亿元	0.67	建筑业产值	亿元	1.58
财政收入	万元	1502.00	外贸出口额	万美元	2815.53
农业总产值	亿元	1.32	农民人均纯收入	元	5432.00

一、农业

小官庄镇地处县境腹部，主要以旱地作物为主。1990年，粮食种植面积4660.73公顷，其中夏粮2220公顷、秋粮2440.73公顷，粮食总产量2.50万吨。油菜种植面积274.67公顷，油菜籽产量395吨。种植棉花311公顷，产量224吨。出栏生猪1.10万头、家禽11万羽。实现农业总产值2691万元。1994

年，发展稻田养蟹等129公顷。2000年退粮种草600多公顷饲养牧草鹅等。2004年饲养牧草鹅20万羽。2005年，粮食种植面积4609.46公顷，其中夏粮2111.33公顷、秋粮2498.13公顷，粮食总产量3.32万吨。油菜种植面积216.2公顷，油菜籽产量562吨。出栏家禽73万羽、生猪2.81万头。实现农业总产值1.32亿元。

二、工业

1990年，全镇有工业企业26家，产值1605万元，玻璃工艺制品为特色产业。1995年，中美合资企业扬州美瑞华圣诞工艺礼品有限公司落户该镇。是年起，对工业企业进行体制改革，个体民营企业发展迅速。2000年，全镇有工业企业163家，玻璃工艺制品占半壁江山，玻璃工艺圣诞礼品出口6136万元。是年5月，启动玻璃工业集中区建设。至2003年，工业集中区建成面积93公顷，入区企业20多家。2005年，全镇工业企业278家，产值5.92亿元，其中玻璃工艺制品企业246家。

图31-7-1　美瑞华圣诞工艺礼品公司

三、商贸服务业

1990年，小官庄粮油管理所收购粮食6500吨。1991年，粮油市场放开，私营粮油购销店出现。1996年，小官庄供销合作社筹资160万元兴建金鑫商场；民营商业得到发展，有民营商业网点71个，年销售额915.2万元，占全部商品销售额的46.5%。1999年，供销社实行属地管理。2001年完成改制，个体民营商业成为主体，商品流通呈现购销多渠道、花色品种丰富、经营方式多样化繁荣局面，集镇出现超市和服装、家电、建材、农机等专卖店、连锁店。2001年，粮油体制改革，市场进一步放开，除国库收购储备粮外，全部实行市场经营。2005年，全镇有商贸服务业1410家，商品销售额5181万元，其中超市26家、沐浴休闲业16家。

第三节　社会事业

一、镇村建设

1990年起，镇村建设按镇总体建设规划有序实施，逐步加大投入，在集镇相继建成265家商住两用楼房，并加快农村居民住房改造和居住点建设。2003年启动镇村通达工程建设。至2005年，集镇建成区由1990的0.80平方千米扩至0.97平方千米，集镇居住人口由5150人增至1.22万人。农村居民住房实现砖瓦化。建成镇村道路51千米，实现镇村和村村互通。植树171万株，达到生态小康镇标准。改造供用电线路200多千米，供电入户率90%。改建卫生厕所700座。有邮电支局1家，安装固定电话7100部，入户率85%。

二、文化教育卫生

1990年，全镇有文化站1个、文化体育活动团体2个；中学、小学25所，在校学生3825人，幼儿园18所，成人教育中心校1所；镇卫生院1所、村卫生室18个，病床20张。1996年开办有线电视业务。2001年投资300万元建成文化活动中心。2003年投资100多万元新建影剧院。2005年，全镇有文化站1个、文化活动团体2个、全民健身点12处；中学、小学4所，在校学生3204人，幼儿园4所，成人中心校1所；镇卫生院1所、村卫生室18个，有病床25张；有线电视用户5960户，入户率77%，宽带网用户251户。为省广播电视先进镇。

第四节　人民生活

1990年，农民年人均纯收入523元，随着经济建设发展和社会保障制度不断推行，农民生活水平日益提高。2005年，农民年人均纯收入5432元，农民人均住房面积31.02平方米，彩电、电冰箱等逐步进入农民家庭，农民家庭使用彩电率90%、使用电冰箱率75%。有汽车319辆、电动车3581辆。参加农村养老保险708人，职工医疗保险560人，农村新型合作医疗保险2.56万人，医保率92.9%，有228户享受农村最低生活保障待遇，镇敬老院供养“五保”老人52人。

第五节　特色选介

玻璃圣诞礼品　玻璃制品是小官庄镇传统工业产品，因生产规模小、产品档次低，多年来发展不快。1995年，镇政府引进美籍华人陈嵩生创办中美合资扬州美瑞华圣诞工艺礼品有限公司（简称美瑞华），专业生产玻璃挂件等圣诞礼品，直接销往美国市场。自此，小官庄镇玻璃制品行业开创礼品化、外向化、规模化发展新时期。一大批加工点应运而生，并陆续引进配套产业。玻璃圣诞礼品在国内独领风骚、闻名遐迩。随着美瑞华独资经营和台商独资企业落户，玻璃制品产业加快转型升级，从不起眼的小产品发展为当地举足轻重的大产业。2005年，全镇有玻璃工艺品规模企业6家、加工点400多处，从业人员近1万人，年销售4亿元，占全部工业销售的67.7%。是年，中央电视台第7频道《致富经》栏目以《吹出来的4个亿》为题专门报道小官庄镇玻璃制品产业。

第八章　望直港镇

第一节　区域概况

相传宋太祖赵匡胤追赶“灵鸡”至此，说“望前一直赶”，此地由此称望直赶。后因常有船只停靠此集镇码头，改名为望直港。位于北纬33°12′25″～33°17′05″、东经119°20′20″～119°29′55″。地处县域东部，东与射阳湖镇相连，南和鲁垛、小官庄两镇毗邻，西为县经济技术开发区，北接黄塍、曹甸两镇。镇政府驻望直港集镇为民路1号，距县城3千米。民国36年（1947）年前属安丰区。是年，从安丰区划出建立望直港区。1958年分属沿河、獐狮荡两公社。1959年析出建望直港公社。1966年改为红卫公社。1981年恢复原名。1983年改置为望直港乡。1990年撤乡建镇。2000年4月，獐狮荡乡并入。2005年，辖19个村、2个社区，204个村（居）民小组。总面积89.96平方千米，其中耕地5172.50公顷、林地23.50公顷、水域783.40公顷、建设用地2119公顷、其他用地897.30公顷。人口59484人，其中农业人口50770人；男性30429人、女性29055人，性别比104.73∶100。总劳动力3.53万人，其中劳务输出2.02万人，占劳动力的57.1%。全镇有姓氏近400个，以王、张、李、吴、傅姓居多。镇域有15个民族，以汉族居多，还有回、壮等8个少数民族21人。大专以上文化2624人、高中1.11万人，青壮年非文盲率99.7%，计划生育率99.01%、人口自然增长率7.3‰。

第二节　经济建设

1990年后,望直港镇以经济建设为中心、以富民强镇为目标、以工业化和小城镇建设为第一方略,培育汽配、食品加工两大支柱产业,素有“汽配之乡”美誉。2005年实现地区生产总值4.85亿元,其中第一产业1.47亿元、第二产业1.82亿元、第三产业1.56亿元。农民年人均纯收入5128元。

2005年望直港镇主要经济指标一览

表31-8-1

项目	单位	数量	项目	单位	数量
地区生产总值	亿元	4.85	粮食总产量	万吨	5.21
第一产业	亿元	1.47	工业企业数	家	335.00
第二产业	亿元	1.82	工业总产值	亿元	8.72
第三产业	亿元	1.56	建筑业产值	亿元	1.61
财政收入	万元	1635.00	外贸出口额	万美元	1000.00
农业总产值	亿元	2.94	农民人均纯收入	元	5128.00

一、农业

1990年,粮食种植面积6449.40公顷,其中夏粮2833.20公顷、秋粮3616.20公顷,粮食总产量3.54万吨。油菜种植面积592.40公顷,油菜籽产量963吨。棉花种植面积311公顷,产量197吨。水产养殖面积376公顷,水产品产量627吨。荷藕等水生蔬菜种植面积793公顷。出栏生猪1.88万头、家禽18.78万羽。实现农业总产值5225万元。1998年,对和平荡、獐狮荡进行改造、开发建成水产养殖基地。2001年起,分3次投入1300万元,在南沙村、仲墩村建成荷藕科技生态园。2004年12月,200公顷荷藕种植基地通过省农林厅无公害农产品基地验收,240公顷荷藕生态园通过国家环保总局有机农产品认证。2005年,粮食种植面积6984.74公顷,其中夏粮2839.67公顷、秋粮4145.07公顷,粮食总产量5.21万吨。油菜种植面积720.73公顷,油菜籽产量2177吨。水产养殖面积823公顷,荷藕等水生蔬菜种植面积555公顷。全镇2666公顷水稻通过省农林厅无公害农产品验收,17公顷有机水稻通过国家环保总局有机农产品认证。出栏生猪2.56万头、家禽102.01万羽。实现农业总产值2.94亿元。

二、工业

1990年,全镇工业企业38家,总产值2426万元,以汽车配件、食品加工为主导产业。1995年有工业企业86家,产值9330万元,年产值过1000万元企业有5家。1996年起对镇村两级集体企业进行体制改革。2000年起,相继启动镇工业集中区、耿耿工业园、汽车配件工业园和食品工业园建设,工业生产水平得到较大提升。2001年后,加大招商引资力度。至2005年,43家外商投资企业先后投资近5亿元,推动工业产品结构升级换代。2005年,全镇有工业企业335家,总产值8.72亿元,外贸成交额1000万美元,规模企业20家,总产值5.60亿元,形成以汽车配件、荷藕制品为特色的工业产品结构。其中,汽车配件企业62家,实现产值1亿元。荷藕加工有4大系列200多个品种,远销日本、韩国及东南亚等国家和地区,江苏荷仙食品集团为国家级农业产业化龙头企业,产值1.14亿元。

三、商贸服务业

1990年,全镇有商业网点35个。1991年,粮油市场放开,出现私营粮油购销店。1997年,望直港镇粮油管理所改制,集镇东、西开设28个粮油销售点。1996年,望直港老大桥两侧建成农贸市场,占地550平方米,摊位75个。建獐狮荡荷藕批发市场,有73个服务组进场交易,年销量5000吨。1999年,基层供销社实行属地管理。2001年,个体民营商业蓬勃发展。集镇出现超市和服装、家电、建材、装潢、农机等专卖店、连锁店。2002年投资300万元新建苏中装饰城,经营陶瓷洁具、石材木业、油漆涂料、五金灯具等。2005年有个体工商户1600户,其中超市23家、沐浴业12家,商品销售额6321.90万元。

第三节　社会事业

一、镇村建设

1990年,集镇形成"三纵三横"主街道格局。此后相继兴建商场、影剧院、学校等楼房190幢,同期加快农村居民住房改造、改水、改厕等步伐。2005年,集镇建成区面积由1990年的0.80平方千米扩展到2.07平方千米,居住人口8370人,集镇公共绿地面积2.07万平方米,建成镇村公路57.70千米,基本实现村村互通。全镇自来水入户率100%,改厕1660座,82%农村家庭使用卫生厕所,供电到户率99.5%,有邮电支局1家。固定电话入户率100%,移动电话1.60万部。北沙村为省百佳生态村。

图31-8-1　望直港镇上海花园住宅小区

二、文化教育卫生

1990年,全镇有文化站1个、文化体育活动团体2个,图书馆藏书1500册;中学、小学39所,在校学生7620人,幼儿园28所,成人教育中心校1所;镇卫生院2所、村卫生室26个,病床45张。1991年新建镇卫生院病房、门诊楼。1992年被评为市体育先进乡镇。1994年,镇初级中学异地新建。1997年被命名为省群众文化先进镇。1998年建成万册图书馆。1999年为省体育先进镇。2005年 全镇有文化站1个、文化活动团体2个、全民健身点2处;中学、小学9所,在校学生5945人,幼儿园16所,成人中心校1所,镇卫生院1所、村卫生室21个,病床40张;有线电视用户5531户,入户率34.8%,宽带网用户3000户。为省、市广播电视先进镇。

第四节　人民生活

1990年,农民年人均纯收入545元,95%农村居民住草房。随着经济建设的发展,农民生活逐年提高。至2005年,农民年人均纯收入5127元,农民住房改造全部完成,60%农村居民住上楼房,人均住房面积34.91平方米,彩电入户率75%,有汽车667辆、电动车5197辆。参加农村养老保险3000人,职工医疗保险380人。参加农村新型合作医疗3.60万人,参保率92.9%,338户农村居民享受最低生活保障待遇。镇敬老院供养"五保"老人70人。

第五节　特色选介

荷藕生态示范园　于2003年建成,位于獐狮荡,占地240公顷,投入近3000万元,是国家荷藕试验示范基地。园内建有亭、台、拱桥、碑林、假山,设有荷花观赏区、荷藕种植区、芡实种植区、有机稻米种植区、特种水产养殖区、游客休闲区。园区道路四通八达,一派"接天莲叶无穷碧,映日荷花别样红"的天然景观,让人流连忘返。碑林墙正面上书“国家荷藕试验示范基地”,背面刻有历代诗人咏荷的名篇佳作30首。其中县邑文人乔崇烈的“十里清波带日归,布帆风饱浪花肥。青黄朗咏苍溪句,惊起船头野鸭飞”更是獐狮荡自然生态的真实写照。

第六节　并入乡镇简介

獐狮荡乡　位于县城东17.80千米处。明代属三阿乡和永宁乡。清代属草积庄。民国期间先属东一乡,后属第六区。1949年后分属陶林区和望直区。1958年建立獐狮荡乡,同年改为公社。1983年改公社为乡。乡政府驻地牌楼。2000年,撤销獐狮荡乡并入望直港镇。

1990年,农副业以稻、麦、油菜和莲藕、慈姑等为主。农业总产值1787万元,粮食种植面积1854公顷,总产1.06万吨,油料395吨。工业主要行业品有焊接机械、变压器修造、服装、副食品加工等,出口产品有盐渍莲藕等。工业总产值745万元,其中村办工业产值96万元。1999年,全乡有12个村,总人口17255人,面积35平方千米,其中耕地977公顷、水域1507公顷。实现农村社会总产值1.78亿元,其中农业产值0.62亿元、工业产值0.83亿元、建筑业和第三产业产值0.33亿元。可分配净收入6338万元,农民年人均纯收入3252元。

第九章　射阳湖镇

第一节　区域概况

因地处射阳湖西岸而得名。位于北纬33°14′05″～33°22′20″、东经119°26′05″～119°42′15″。地处县域东部,东与盐都县楼王镇、建湖县恒济镇隔湖相望,南与广洋湖镇接壤,北与淮安市楚州区流均镇、建湖县九龙口镇毗邻。镇政府驻集镇宋泾路1号,距县城32千米。西汉设古射阳县于此。南齐时废县。元、明及清初分属三阿、五野二乡。民国元年(1912)后相继为县第六区、射南区、射阳区。1949年设射阳镇。1958年成立射阳湖公社。1959年,广洋湖、天平析出,成立射阳湖、广洋湖、天平3个公社。1961年水泗公社析出。1983年改置为射阳湖乡。1985年撤乡建镇。2000年4月,天平镇并入。2003年10月,水泗乡并入。2005年末,全镇有30个农业村、1个渔业村、297个村民小组、3个居委会、22个居民小组。总面积195.29平方千米,其中耕地9869.50公顷、林地9.60公顷、水域2437.10公顷、建设用地2955.60公顷、其他用地4257.10公顷。人口92521人,其中男性47936人、女性44585人,性别比107.52:100。劳务输出2.55万人,占总劳力的56.8%。全镇共有姓氏319个,徐姓人口最多,有7088人。全镇有12个民族,除汉族外,还有苗、壮、彝、土家、黎、回、布依、白、瑶、傣、佤等少数民族11个89人。大专以上文化3043人、高中文化2.67万人,计划生育率100%、人口自然增长率3.1‰。

图31-9-1　臧陈旧址

第二节　经济建设

1990年后，射阳湖镇加大改革开放力度，着力推进工业化和小城镇建设步伐，以经济建设为中心，以招商引资为突破口，全面实施"工业强镇、水产大镇、商贸新镇、文化名镇"四大战略，形成钢瓶、绳缆制造、藕制品、玻璃水晶加工、荷园旅游、温泉开发的产业格局。2005年实现地区生产总值7.32亿元，其中第一产业3.23亿元、第二产业2.28亿元、第三产业1.81亿元。农民年人均纯收入5023元。

2005年射阳湖镇主要经济指标一览

表31-9-1

项目	单位	数量	项目	单位	数量
地区生产总值	亿元	7.32	粮食总产量	万吨	6.30
第一产业	亿元	3.23	工业企业数	家	658.00
第二产业	亿元	2.28	工业总产值	亿元	12.16
第三产业	亿元	1.81	建筑业产值	亿元	1.56
财政收入	万元	1984.00	外贸出口额	万美元	1717.11
农业总产值	亿元	5.98	农民人均纯收入	元	5023.00

一、农业

1990年，粮食种植面积8160.67公顷，其中夏粮3013.40公顷、秋粮5147.27公顷，粮食总产量4.42万吨。油菜种植面积1395公顷，油菜籽产量2439吨，为县内油菜种植第一大镇。水产养殖面积1539公顷，水产品产量2949吨。荷藕、慈姑种植面积2121公顷，荷藕产量2.80万吨。其中，水泗乡荷藕产量1.47万吨，为县内荷藕主产区。出栏生猪1.62万头、家禽19.83万羽。实现农业总产值9482万元。1992年起，加大农业结构调整力度，发挥水资源丰富的优势。1996年，水泗乡荷藕种植面积2666公顷，为全县和历史之最。在发展河蟹、虾类等特种水产养殖的同时，逐步推行高效养殖和规模化养殖。2000年，水产养殖面积5117.50公顷，其中高效渔业面积2266.60公顷，年产优质水产品2.80万吨，产值5000万元。其中，小龙虾养殖面积1000公顷，占全县小龙虾养殖面积50%。全镇形成以万亩河蟹、万亩鳖、万亩龙虾为支柱的水产养殖业。2001年起调整水产业结构，以特种水产养殖为主，建成无公害生产基地3333.30公顷。2005年，粮食种植面积8624.40公顷，其中夏粮2300.73公顷、秋粮6323.67公顷，粮食总产量6.30万吨。油菜种植面积2839.33公顷，油菜籽产量8949吨。水产养殖面积4588公顷，水产品总量2.68万吨，水生蔬菜种植面积2480公顷。出栏家禽134万羽、生猪2.77万头。实现农业总产值5.98亿元。

二、工业

1990年，全镇工业企业71家，总产值5524万元。主要有钢瓶制造、食品加工、轻纺机械、玻璃制品等产业。天平绳缆厂是县内化纤绳缆生产龙头企业，1992年产值1000万元。1994年，县钢瓶厂改制更名为江苏安益压力容器制造集团（简称安益集团），产值过1亿元。1996年，扬州得宝集团向日本出口盐渍藕50吨。2000年，全镇313家工业企业中有个体民营企业282家，液化石油气钢瓶和食品加工成为主导产业。是年，扬州华贵食品有限公司成立，年产盐渍藕1200吨。2001年，安益集团以1800万元收购宝应车辆厂全部资产，成立江苏玉华容器制造有限公司。2003年，镇政府在集镇西侧建设工业集中区，规划面积133.30公顷，建设食品加工产业园、玻璃制品产业园和机电产业园分区。2005年，全镇有工业企业658家，总产值12.16亿元，其中规模工业企业11家、产值3.28亿元。

三、商贸服务业

1990年，全镇有商贸服务业网点298家。1995年，推进多种服务体系建设，休闲娱乐、餐饮等行业发展迅速，特别是洗浴休闲、歌厅、餐厅等第三产业发展较快。2000年，镇粮管所、供销社相继进行体制改革，实行属地管理。是年，有商贸服务业网点721家，商品销售额9790万元。2005年，商贸服务业网点发展到884家，商品销售额1.25亿元。

第三节　社会事业

一、镇村建设

1990年后，镇村建设依据总体建设规划有序推进，相继建成集镇主干道16.50千米，同步加快农村居民房屋改造、改水、改厕等步伐。至2005年，集镇形成“三纵四横”主街道格局，建成区面积2.50平方千米，公共绿地面积30公顷，基本实现农村住房砖瓦化。建成通村公路65千米，实现村村互通，彻底改变水网地区行路难的局面。自来水入户率100%，建成公共厕所26座，改厕率80%，供电入户率100%。有邮电支局3家，安装固定电话2.16万部，移动电话1.50多万部，宽带上网734户。高夏村为省百佳生态村。

二、文化教育卫生

1990年，全镇有文化站3个、文化活动团体6个；中学、小学66所，在校学生1.19万人，幼儿园44所，成人教育中心校3所；乡镇卫生院3所、村卫生室48个，病床35张。1996年投资250万元异地新建镇中心小学，镇卫生院获“全国爱婴卫生院”称号。1997年举办县“得宝杯”农村文艺新作调演。2002年建成万册图书馆。2004年分别获得省和全国“亿万农民全民健身活动先进乡镇”称号。2005年获“全国群众体育先进乡镇”称号。是年，全镇有文化站1个、文化活动团体5个、万册图书馆1个、全民健身点12处；中学、小学15所，在校学生8883人，幼儿园18所，成人教育中心校1所；有中心医院1所、卫生分院2所，村卫生室34个，病床40张；有线电视用户1.25万户，入户率43%。

第四节　人民生活

1990年，农民年人均纯收入669元。随着经济建设发展和农民生活水平逐年提高，彩电等现代家用电器相继进入农民家庭。2005年，农民年人均纯收入5023元，农民人均住宅面积30平方米，比1990年增加15平方米。拥有彩电2.32万台、计算机1450台、汽车1305辆、电动车2900辆。参加农村养老保险6000多人，职工养老保险3125人，失业保险1800人。参加农村新型合作医疗保险8.84万人，参保率95%，771户农村居民享受低保，镇敬老院供养“五保”老人36人。

第五节　特色选介

射阳古城遗址　射阳自汉惠帝三年(前192)至晋武帝太康元年(280)三次置县，古射阳县前后有近600年历史。东汉建安五年(200)，广陵郡太守陈登治射阳城，这里成为广陵郡经济中心。射阳古城遗址方圆1平方千米内，到处是汉砖、汉瓦和汉井。清宣统三年，邑人偕龙竿寺僧在集镇驻马街、官巷口东侧建一座砖门楼，门楼正面上方刻有“臧陈旧址”4字，背面上方刻有“古射阳”3个大字。

射阳湖黄荡温泉　位于射阳湖镇黄荡村。该村在打深井为居民提供自来水时，发现自来水温度较高，常年能用来洗澡。2004年，经省国土资源厅批准勘探。2005年1月开钻，5月输出泉水。泉水温度73摄氏度，日出水量2000立方米以上，为偏硅酸温泉，含金属锶较高，有较好的开发利用前景。

四联村 总面积5.24平方千米，7个村民小组，576户2156人。2005年，工农业总产值5648万元，人均纯收入5158元。为标准居民点建设村，建成一条东西走向长约2000米、两旁排列300多户农民住宅的商业街，平房与楼房错落有致，有超市、商店、理发店、修理店、肉案等。多年来，四联村村组收入200多万元，农民种田不用上缴一分钱，所有税费由村统一上缴，农民按人口平均每户得到补贴450元。全村有线电视入户率98%，自来水到户率100%，每天10多班次小型公共汽车往返于村镇之间，方便农民出行。

第六节 并入乡镇简介

天平镇 位于县城东北26.80千米处，宋泾河两侧，北临射阳湖。明代属三阿乡，清代属天平庄。民国期间先属东四乡，后属第六区。1949年属射阳区。1958年建立天平乡，同年改为公社。1983年改置为天平乡。1991年撤乡建镇。政府驻天平集镇。2000年撤销天平镇并入射阳湖镇。

1990年，农业总产值3068万元，粮食种植面积3249公顷，总产1.79万吨，油料306吨。柴、蒲、莲藕、慈姑是当地传统农副产品，生猪、家禽以及水产养殖业较为发达。工业主要产品有玻璃、织带、绳缆等，工业总产值1496万元，其中村办工业产值200万元。1999年，全镇有17个村，总人口31516人，面积63平方千米，其中耕地1719公顷、水域2640公顷。实现农村社会总产值3.04亿元，其中农业产值1.50亿元、工业产值1.03亿元、建筑业和第三产业产值0.51亿元。可分配净收入9546万元，农民年人均纯收入3185元。

水泗乡 位于县城东北26.50千米处，射阳湖西南，大溪河横穿东西。水泗原属宝应、盐城两县。民国期间，北部属盐城第十区和第十一区，南部属宝应第四区及第六区。民国32年(1943)，属盐城部分划入宝应。此后分属射阳、天平、安丰等区(乡、公社)。1961年建立水泗公社。1983年改置为水泗乡。乡政府驻鹅尚庄。2003年10月撤销水泗乡并入射阳湖镇。

图31-9-2 荷园

1990年，农业总产值4026万元，粮食种植面积2211公顷，总产1.18万吨，油料1875吨。副业较为发达，以莲藕种植、料蒲、柴草编织和水产养殖、捕捞为主。多种经营产值1014万元，为县内油菜种植、水产养殖第一大乡。工业主要产品有化纤绳缆、塑料电线、玻璃仪器、藕粉、龙须粉丝等，工业总产值640万元，其中村办工业产值266万元。2002年，全镇有12个村，总人口34038人，面积83平方千米，其中耕地1496公顷、水域4707公顷。实现地区生产总值4.58亿元(第一产业2.76亿元、第二产业1.33亿元、第三产业0.49亿元)，财政收入910万元，农民年人均纯收入3688元。

第十章　西安丰镇

第一节　区域概况

西汉时,吴王刘濞驻兵、屯粮于此,取“平安、丰收”之意,名安丰(仓名),后取为地名。位于北纬33°19′50″～33°24′55″、东经119°24′20″～119°32′05″。地处县域东北部,东与建湖县九龙口镇接壤,南与射阳湖镇相连,西与曹甸镇毗邻,北与淮安市楚州区泾口、流均、施河3个乡镇交界。镇政府驻西安丰集镇兴安路31号,距县城32千米。民国32年(1943)前,分属淮安、盐城、宝应3个县。民国32年5月,境内建立抗日民主政府,淮安、盐城所辖部分划归宝应,建立安丰区。1949年为安丰区安丰镇。1958年撤区为安丰乡。1960年成立安丰公社。1981年改名西安丰公社。1983年改置为西安丰乡。1989年撤乡建镇。2005年,西安丰镇辖10个村、3个社区居委会,100个村(居)民小组。总面积58.55平方千米,其中耕地2741.90公顷、林地5公顷、水域553公顷、建设用地857.20公顷、其他用地1698.30公顷。人口36669人,其中农业人口32752人;男性18790人、女性17879人,性别比105.09:100。劳务输出6738人,占劳动力的52.1%。全镇有226个姓,梁姓为最多,有2968人。镇域民族以汉族居多,还有苗、白、彝、壮、瑶、布依等11个少数民族87人。大专以上文化227人、高中文化2106人,计划生育率100%、人口自然增长率2.1‰。

图31-10-1　红枫园

第二节　经济建设

1990年后,西安丰镇实施“全面开放、工业强镇、质量立农、集镇拉动”四大战略,着力推进工业化和小城镇化建设,形成以水晶玻璃工艺品为主导,农副产品加工、建筑业、服务业齐发展的产业格局。2005年,地区生产总值2.46亿元,其中第一产业0.85亿元、第二产业0.83亿元、第三产业0.78亿元。农民年人均纯收入5102元。

2005年西安丰镇主要经济指标一览

表31-10-1

项目	单位	数量	项目	单位	数量
地区生产总值	亿元	2.46	粮食总产量	万吨	2.11
第一产业	亿元	0.85	工业企业数	家	168.00

续表31-10-1

项目	单位	数量	项目	单位	数量
第二产业	亿元	0.83	工业总产值	亿元	5.18
第三产业	亿元	0.78	建筑业产值	亿元	0.38
财政收入	万元	2755.00	外贸出口额	万美元	724.34
农业总产值	亿元	1.81	农民人均纯收入	元	5102.00

一、农业

1990年，粮食种植面积3427.73公顷，其中夏粮1469公顷、秋粮1958.73公顷，粮食总产量2.31万吨。油菜种植面积141.07公顷，油菜籽产量251吨。荷藕、慈姑种植面积111公顷，水产养殖面积92公顷，水产品产量688吨。出栏生猪0.67万头、家禽8.83万羽。实现农业总产值2802万元。1992年起，加快农业结构调整，发展水产养殖和水生蔬菜种植业。1996年开发稻田养蟹334公顷，年产量2000吨，产值1400万元。建成1333.33公顷精养渔场，养殖龟鳖、青虾、鳜鱼等特种水产。2000年规划建设农业科技示范园区600多公顷。2005年，粮食种植面积2941.60公顷，其中夏粮1169.13公顷、秋粮1772.47公顷，粮食总产量2.11万吨。油菜种植面积244.73公顷、油菜籽产量673吨。水产养殖面积1227公顷，总产量4641吨。荷藕等种植面积338公顷，出栏家禽11万羽、生猪0.54万头。实现农业总产值1.81亿元。

二、工业

1972年，朱郭村创办光学仪器厂，水晶工业起步。1990年有工业企业61家，产值956万元，水晶工艺品为主要特色产业。1992年建成县东方水晶工艺品厂，1996年更名为扬州龙安集团。1998年创建水晶玻璃工业集中区。2000年 扬州龙安集团引进水晶镭射雕刻工艺，提升产品档次。2001年开通水晶网上营销业务。2004年举办首届中国·扬州(西安丰)水晶节。2005年，全镇有工业企业168家，工业总产值5.18亿元，水晶、建材、电缆等为主导产业，其中水晶工艺品制造企业160多家，产值占全部工业产值的75%。

三、商贸服务业

1990年，全镇有商业网点162家，商品销售额1914.2万元。1991年，粮油市场放开，出现私营粮油购销店3家。1999年，供销社实行属地管理。2001年，完成改制，私营个体商业成为主体，集镇出现超市和服装、家电、建材、农机等专卖店、连锁店。2000年，全镇有商业网点561家，年经营额3615.6万元。2004年建成1万平方米的农贸市场。2005年，全镇有商贸服务业网点1300家，其中超市17家、沐浴休闲业12家，商品销售额4080.8万元。

第三节　社会事业

一、镇村建设

1987年11月动工建设兴安大道。至1990年，在兴安路两侧建设298家商住楼房。此后，依据镇总体建设规划，有序实施镇村建设，同步开展农村居民住房改造和改水改厕等。2005年，集镇建成区面积1.36平方千米，完成农村居民住房改造工作，规划并建设农村居民居住点30个，建成通村公路30千米，实现村村互通。供电入户率100%，自来水入户率100%，改厕7520个，改厕率75%。有邮电支局1家，安装固定电话7406部，移动电话1.18万部，宽带上网286户。

二、文化教育卫生

1990年，全镇有文化站1个、文化体育活动团体4个；中学、小学24所，在校学生4996人，幼儿园1所，成人教育中心校1所；镇地段卫生院1所、村卫生室19个，病床40张。1992年异地新建地段卫生院。1997年新建镇文化站。1999年建成万册图书馆，被命名为省群众文化先进乡镇。2003年，小品《村口》获全国抗击“非典”征文三等奖。2005年，全镇有文化站1个，文化活动团体5个，全民健身点2处；中学、小学5所，在校学生3945人，幼儿园5所，成人中心校1所；镇地段卫生院1所、村卫生室8个，病床36张；有线电视用户5655户，入户率60%。为市广播电视先进镇。

第四节　人民生活

1990年，农民年人均纯收入667元。随着经济建设发展和人民生活水平逐年提高，彩电等现代家用电器逐步进入农民家庭，农村社会养老保险有序推进。2005年，农民年人均纯收入增至5102元，人均住房面积30.92平方米。70%农民家庭有彩电，有汽车308辆、电动车3393辆。参加农村社会养老保险4219人、职工医疗保险430人。参保新型农村合作医疗2.97万人，参保率95%，275户贫困户享受农村低保。镇敬老院供养“五保”老人61人。

第五节　特色选介

中国扬州(西安丰)水晶节　西安丰镇是中国水晶之乡。2004年5月6日(农历三月十八)至8日，与“3·18”传统庙会相结合，举办首届中国扬州(西安丰)水晶节，充分展现企业风采、产业特色和水乡风貌。活动以项目签约为主线，穿插丰富多彩的系列文化活动，吸引100多位客商参加，达成15个正式和意向协议项目，投资额6000多万元。节庆活动汇集大量人流、物流、信息流，集镇各类摊点1000多个，人流量8万多人次，商品交易额1000多万元。《扬子晚报》、江苏电视台等国内多家媒体报道。至2005年，举办两届水晶节。全镇从事水晶产业5600人，水晶玻璃企业(加工点)160多家，水晶玻璃产业对工业经济贡献份额75%。

图31-10-2　扬州奥特异水晶工艺品有限公司

第十一章 曹甸镇

第一节　区域概况

相传三国时曹操屯兵于此，始得地名。位于北纬33°15′30″～10°22′15″、东经119°19′55″～119°27′20″。地处县域东北部，东与西安丰镇、射阳湖镇接壤，南和望直港、黄塍两镇交界，西与泾河镇毗邻，北和淮安市楚州区施河镇相接，地形稍呈斜边四边形。镇政府驻曹甸集镇兴曹路3号，距县城14.40千米。唐隶楚州，北宋为曹甸坊，明清两代均属淮安府山阳县。民国17年(1928)，属淮安县第七区，区治始设今曹甸镇古塔村，后设今曹甸集镇。民国32年划归宝应县抗日民主政府管辖。1949年6月为曹甸区曹甸镇。1958年2月为曹甸乡。同年9月成立曹甸公社。1960年，下舍公社析出。1983年

10月改置为曹甸乡。1987年3月，撤乡建镇。2000年4月，下舍乡并入。2005年，全镇辖22个村、2个居委会、220个村(居)民小组。总面积98.93平方千米，其中耕地6491.30公顷、林地29.90公顷、水域195.60公顷、建设用地2079.40公顷、其他用地1096.30公顷。全镇人口70527人，其中农业人口62340人；男性35976人、女性34551人，性别比104:100。劳务输出25744人，占劳动力的67%。全镇有211个姓氏，王姓和郝姓最多，分别有5357人和4229人。镇域民族以汉族居多，还有苗、壮、土、蒙古、傈僳、回、傣、侗、彝、布依、白、维吾尔等少数民族193人。大专以上文化487人、高中文化4487人，计划生育率100%、人口自然增长率1.3‰。

第二节　经济建设

曹甸镇充分发挥地方优势，培植区域特色，在稳定提高农业经济基础上，壮大工业经济规模效益，开拓第三产业，充实经济总量，加快小城镇建设，拉动经济增长。2005年，地区生产总值5.39亿元，其中第一产业1.71亿元、第二产业2.21亿元、第三产业1.47亿元。农民年人均纯收入5368元。

2005年曹甸镇主要经济指标一览

表31-11-1

项目	单位	数量	项目	单位	数量
地区生产总值	亿元	5.39	粮食总产量	万吨	5.33
第一产业	亿元	1.71	工业企业数	家	467.00
第二产业	亿元	2.21	工业总产值	亿元	10.37
第三产业	亿元	1.47	建筑业产值	亿元	2.76
财政收入	万元	2477.00	外贸出口额	万美元	289.47
农业总产值	亿元	3.68	农民人均纯收入	元	5368.00

一、农业

1990年，粮食种植面积7804.93公顷，其中夏粮3369.87公顷、秋粮4435.06公顷，粮食总产量4.54万吨。油菜种植面积680.73公顷，油菜籽产量1111吨。水产养殖面积259.40公顷，水产品产量494吨。慈姑种植面积605公顷，产量7552吨，下舍乡为县内慈姑主产区。出栏生猪2.19万头、家禽21.96万羽。实现农业总产值6629万元。1995年开发低洼水稻田养蟹，扩大水产养殖面积350公顷。1996年发展大棚蔬菜和家禽养殖大户。2000年调整农业产业结构，扩大水产养殖150公顷。2005年，粮食种植面积7129.47公顷，其中夏粮2592.07公顷、秋粮4537.4公顷，粮食总产量5.33万吨。油菜种植面积1074.53公顷，油菜籽产量3042吨。水产养殖面积870.93公顷，荷藕、慈姑种植面积455公顷。出栏家禽168万羽、生猪8.14万头。实现农业总产值3.68亿元。

二、工业

1990年，全镇有工业企业185家，产值2655万元，精细化工、文体教玩具等为主要特色产业。90年代初期，加快发展文体教玩具产业。1995年，文体教玩具企业72家，其中周管村有24家，成为文体教玩具专业村。1996年创建工业集中区，以文体教玩具为主导产业。2003年为市、县镇工业示范园区。2005年，工业集中区建成区面积73.30公顷，入区企业62家。是年，全镇有工业企业467家，产值10.37亿元，其中扬州晨化科技集团有限公司产值1.60亿元，为县内精细化工产业龙头企业。

三、商贸服务业

1990年，全镇有商业网点243家，从业人数2924人。90年代初期，粮油市场开放。90年代后期，基层供销社改制，实行属地管理，大力发展个体私营商业，商贸经营品种日趋繁荣并多样化，超市、专卖店相继落户集镇。2005年,全镇有个体工商户917家,商业店铺600家,其中超市4家、浴室休闲中心5家、农贸市场2个。

图31-11-1　扬州晨化科技集团

第三节　社会事业

一、镇村建设

曹甸集镇为古镇。1983年开始规划集镇建设。1990年后加快集镇建设步伐。至1995年,建成“四纵四横”主街道格局,同期实施农村居民住房改造和改水改厕等。2005年,集镇建成区面积2.33平方千米,完成农村居民住房改造工程,人均住房面积29.10平方米,建成农村居民居住点117个。建成通村公路69千米,自来水入户率100%,改厕9341个,改厕率45.7%,供电入户率100%。有邮政支局2家,安装固定电话1.43万部,移动电话9506部,宽带上网559户。为市级卫生城镇、新型小城镇。

二、文化教育卫生

1990年,全镇有文化站2个、文化体育活动团体6个,影剧院1座、固定放映点1个,电影队2个;中学、小学50所,在校学生9960人,幼儿园45所,成人教育中心校2所;乡镇卫生院2所、村卫生室43个,病床70张。1996年开通有线电视。1997年被命名为省群众文化先进镇。2001年,镇中心幼儿园异地新建。2004年建成万册图书馆。2005年,全镇有文化站1个、文化活动团体12个、全民健身点24处;高中1所、初中2所、小学6所,在校学生9030人,幼儿园2所,成人教育中心校1所,培训8359人次;镇卫生院2所,村卫生室22个,病床150张;有线电视用户8642户,到村率95%。

第四节　人民生活

1990年,农民年人均纯收入557元。随着经济建设发展和人民生活水平逐年提高,彩电等现代家用电器逐步进入农民家庭,农村社会保障制度同期有序实施。2005年,农民年人均纯收入5368元,人均住房面积29.10平方米。全镇有彩电2.16万台、电冰箱4864台、电动车1万多辆。农村社会养老保险率64%,新型农村合作医疗参保率98%,655户1045人享受最低生活保障,镇敬老院供养“五保”老人35人。

第五节　特色选介

曹甸小粉饺　创于清代,相传是靠捏面人为生的手艺人所发明。某年冬天,大雪封门数日,一捏面手艺人困居家中生活难以为继。他急中生智，用面人原料捏成水饺，后反复多次做成蒸饺。捏面人想以此出售度日，苦于无钱购买原料，便去找富绅求助，向其说明原委。富绅听说很感兴趣，令其与家厨陆汉章共同制作，由厨师配料做馅，果然好看。饺皮细白如玉，透见内馅颜色，入口嫩鲜味美。从此，陆汉章学到制作小粉饺技法并在馅上不断创新，在不同季节制作不同馅心，小粉饺品种逐步多样化。如冬季水晶饺、夏季翡翠饺、枣泥为馅的玛瑙饺等。1949年后，饮服行业合作经营。从此，普通群众也能品尝到小粉饺美味，其技艺流传至今。小粉饺制作技艺被列入县非物质文化遗产。

曹南村　地处曹甸集镇泾河南侧，有10个村民小组、834户、2846人、1635个劳力。95%劳力从事二三产业。全村面积3.20平方千米，其中耕地125公顷。1991年，规划建设西桥、河东、河西、刘成4个农民住宅小区。1995年起，村办企业改制，浴室、饭店、纸箱厂、建材厂公开招标发包。村里筹集106万元，在工业园新建2幢2800平方米标准厂房租赁给上海、浙江客商办厂，年租金24万元，增加村集体经济收入。1997年种植大棚蔬菜、西瓜等13.30公顷，养殖鱼、蟹等18.33公顷。2000年发展二、三产业，与镇劳动所、成人教育中心校联办多种技能培训班，输出县外劳动力625人、国外17人、县内915人。帮助临街100多户村民经营商业，引导村民多渠道增加收入。2001年新增幸福花园、幸福别墅区、鑫丰新农村住宅3个示范小区，50多户农民住进别墅。2003年，中央电视台3次到曹甸采访报道。曹南村率先进行机插秧试验成功，带动全镇推广机插秧。2004年成立机插秧合作社。2005年，全村农民种田全部实现机械化。是年，异地运土填平废河塘，根除脏乱差，新建农民住宅74套，集体净增收入100万元。投资12万元引导农民改厕，全村有三格式厕所475座、垃圾筒20个，利用边远废塘作垃圾填埋场。投资16万元改造水利设施。投资35万元铺设6条村组水泥路1650米，投资30万元建成315米沿中央路幸福段绿化带。2005年，三业总产值1.48亿元，农民年人均纯收入5632元。

第六节　并入乡镇简介

下舍乡　位于县城东北14.90千米处，跨大溪河南北。东南部属宝应，明代属永宁乡，清代属蚬墟庄，民国期间先属东二乡、后属第四区。西北部原属淮安第七区，抗日战争时期划入宝应县，全境分属黄浦区、射阳区。解放战争时期分属曹甸区、安丰区。1949年后，分属曹甸区、望直区和安丰区。1958年，建立下舍乡。同年改为公社。1983年改置为下舍乡。2000年撤销下舍乡并入曹甸镇。

1990年，农副业以稻、麦和畜禽养殖及慈姑、莲藕种植为主。下舍乡是县内慈姑重点产区，慈姑远销日本。农业总产值3375万元，粮食种植面积3541公顷，总产量1.95万吨，油料487吨。工业主要产品有丝织、旅游鞋、水泵、五金等。工业总产值1105万元，其中村办工业产值461万元。1999年，全乡有19个村，总人口33964人，面积47平方千米，其中耕地1990公顷、水域1240公顷。实现农村社会总产值4.01亿元，其中农业产值1.66亿元、工业产值1.01亿元、建筑业和第三产业产值1.34亿元。可分配净收入1.17亿元，农民年人均纯收入3262元。

第十二章　泾河镇

第一节　区域概况

因东汉三国时开挖泾河而得名。位于北纬33°15′50″～33°21′30″、东经119°12′55″～119°21′00″。地处县域北部、里运河东岸，东与曹甸镇连接，东南与黄塍镇、宝应开发区相邻，南与安宜镇接壤，西临

S237省道,隔运河与山阳镇和淮安市楚州区南闸乡相望,北与楚州区平桥镇、施河镇毗连。镇政府驻泾河集镇,距县城13千米。西汉元狩六年(前117),隶射阳县。东晋义熙七年(411),置山阳郡及山阳县,归属山阳并沿袭千年。清康熙时,属和乐四乡,称泾河东坊。民国3年(1914),山阳县改称淮安县,置泾河镇,属第六区。民国32年年5月,县抗日民主政府成立,泾河镇从淮安县划归宝应县,先后属张桥、黄浦两区。民国34年,泾河镇属张桥区,12月,张桥区改称泾河区。1949年11月,泾河、黄浦两区合并为泾河区。1958年4月撤泾河区分设泾河、黄浦两乡。1958年9月,泾河乡改称泾河公社。此后,泾河、黄浦两公社合并为虹桥公社。1962年1月,虹桥公社划分为泾河、黄浦两公社。1983年改置为泾河乡。2000年4月,黄浦乡撤销并入泾河乡。2001年12月撤乡建镇。2005年,全镇辖18个村民委员会、3个居民委员会,180个村(居)民小组。总面积84.08平方千米,其中耕地5427.70公顷、林地97.30公顷、水域131.80公顷、建设用地2355.60公顷、其他用地395.40公顷。人口60277人,其中农业人口47824人;男性30330人、女性29947人,性别比101.28∶100。劳务输出18310人,占劳动力的62.6%。全镇有221个姓氏,张姓最多,有4664人。全镇民族除汉族外,还有回、苗、壮、瑶、彝、傈僳、土家、水、白、傣等少数民族93人。大专以上文化695人、高中文化7227人,计划生育率100%、人口自然增长率-1.7‰。

第二节　经济建设

1990年后,实施工业化、城镇化两大主要战略,加大招商引资,全力融入环城经济圈。2005年,地区生产总值4.07亿元,其中第一产业1.37亿元、第二产业1.36亿元、第三产业1.34亿元。农民年人均纯收入5140元。

2005年泾河镇主要经济指标一览

表31-12-1

项目	单位	数量	项目	单位	数量
地区生产总值	亿元	4.07	粮食总产量	万吨	4.66
第一产业	亿元	1.37	工业企业数	家	259.00
第二产业	亿元	1.36	工业总产值	亿元	6.81
第三产业	亿元	1.34	建筑业产值	亿元	6.50
财政收入	万元	1829.00	外贸出口额	万美元	508.82
农业总产值	亿元	2.95	农民人均纯收入	元	5140.00

一、农业

1990年,粮食种植面积8005.06公顷,其中夏粮3797.73公顷、秋粮4207.33公顷,粮食总产量4.49万吨。棉花种植面积578公顷,产量338吨。油菜种植面积410.2公顷,油菜籽产量587.5吨。出栏生猪1.89万头、家禽16.24万羽。实现农业总产值5100万元。1993年推广肉鸽饲养,年出栏肉鸽100万羽。1997年建成"久久"鸽场,获省良种肉鸽繁育基地,注册商标劲久牌。2000年,在县内率先推广大面积大棚西瓜种植,6个村种植300公顷。2005年,粮食种植面积

图31-12-1　泾河松竹西瓜园

6937.54公顷，其中夏粮3032.47公顷、秋粮3905.07公顷，粮食总产量4.66万吨。油菜种植面积317.27公顷，油菜籽产量863吨。全镇有畜禽规模养殖户75户，1个万羽鸡场。是年，出栏家禽130万羽、猪8.14万头、羊6万只。出栏肉鸽100万羽，加工25万羽。西瓜种植面积143公顷。实现农业总产值2.95亿元。

二、工业

1990年，全镇有工业企业113家，产值2448万元，主要产品有水泵、汽摩配件、建材、服装等。1993年，黄浦乡创办工业泵厂。1994年生产水泵9322台。1995年，水泵生产企业发展到4家，黄浦水泵厂改制为江苏迎浪科技集团。2001年启动工业集中区建设。2002年，江苏迎浪科技集团被认定为省高新技术企业。2005年，全镇工业企业259家，产值6.81亿元，主导产业为机械制造业，主要生产水泵、汽摩配件、石化机械等。传统食品泾河牌大糕为部优产品。

三、建筑业

泾河镇为县内建筑业大镇。1989年，首次组队到阿联酋施工。1990年有建筑施工队伍4500人，施工产值1650万元。此后，与中国铁路工程公司合作，组团赴中东和东南亚地区施工，并北上北京、青岛，南下广州、深圳，逐步打入上海、南京等长江沿线建筑市场，承包北京亮马河大厦、上海南浦大厦、深圳火车站等数十项大中型工程，相继获得"琼花杯""鲁班奖"等。2005年，完成施工产值6.50亿元、"双包"建筑工程面积18万平方米。

四、商贸服务业

1990年，全镇有商业网点36家，从业人员117人。此后，随着经济体制改革推进，私营个体商业得到较快发展。1995年有个体工商户100多家。1999年，供销、粮食系统完成改制，私营个体商业成为主体，超市、专卖店等相继落户，经营范围不断扩大，经营品种日趋丰富。至2005年，全镇有工商业户282家，从业人员2461人，完成商品销售额6145万元。

第三节　社会事业

一、镇村建设

1990年，集镇建成前街、后街、十字街、白龙路、泾安路等主要街道。是年起，根据总体建设规划，加大投入，有序推进集镇建设和村级基础设施建设。至2005年，集镇建成区面积1.30平方千米，形成"三纵四横"主街道格局。完成农村居民住房改造工作，人均住房面积35平方米，建成集中居住点200个，建成通村公路100千米，实现村村互通。有镇村自来水厂5家，自来水入户率85%。改厕2850座，改厕率65.7%。有邮电支局2家，安装固定电话1.35万部、移动电话2950部，宽带上网382户。曹坝村被省环保厅列为首批农村人居环境建设和环境综合整治试点村。

二、文化教育卫生

1990年，全镇有文化站2个、文化体育活动团体4个；中学、小学47所，在校学生8262人，幼儿园23所，职业高中2所，在校学生210人；乡镇卫生院2所、村卫生室23个，病床35张。1992年，泾河广播电视站办公楼建成。1995年开办有线电视业务。1997年被命名为省群众文化先进乡镇。2001年，泾河卫生院实行质押承包经营，黄浦卫生院改制为民营。2004年建成万册图书馆。2005年，全镇有文化站1个、文化活动团体6个、全民健身点2处；初中2所、小学8所，在校学生5517人，幼儿园9所，成人教育中心校1所；镇卫生院1所、卫生分院1所、村卫生室18个，病床60张；有线电视用户8000户，入户率70%。

第四节　人民生活

1990年,农民年人均纯收入474元,处于全县较低水平。随着经济建设发展和改革开放推进,社会保障体系逐步建立,人民生活水平逐年提高。2005年,农民年人均纯收入增至5140元,有彩电6963台、计算机1264台、汽车869辆、电动自行车9493辆。参加农村养老保险1316人、职工医疗保险750人、新型农村合作医疗4.63万人(参保率95%),435户农村居民享受低保待遇,镇敬老院集中供养“五保”老人70人。

第五节　特色选介

“金禾”西瓜　80年代初期,泾河乡大同村农民学习外地经验种植露天西瓜。2000年受大棚种植蔬菜启发,该乡在县内率先种植大棚西瓜266.67公顷、露天西瓜400公顷。大棚西瓜比露天西瓜提早1个月上市,成为市场抢手货,经济效益明显提高,极大地调动农民种植大棚西瓜积极性。随着“特小凤”“特小兰”“黑美人”等优良品种推广应用,泾河西瓜以成熟早、品质优畅销省内外。2001年,“金禾”商标获国家商标局批准注册。2002年,“金禾”商标被评为市知名商标。2003年,金禾牌西瓜被评为省级无公害农产品。2004年,成功解决西瓜连作所带来的枯萎病危害。2005年,全镇种植西瓜240公顷。西瓜成为致富一方的特色产业。

第六节　并入乡镇简介

黄浦乡　位于县城北9.7千米处,运河东侧,溪河以南。明代属白马乡,清代属龙首庄和殷黄庄。民国期间,先属北一乡、后属第四区。溪河以北原属淮安县第六区,民国32年(1943)划入宝应。1949年属泾河区。1958年建立黄浦乡,同年改为公社。1983年改公社为乡。2000年撤销黄浦乡并入泾河乡。

1990年,农业总产值2027万元,粮食种植面积3185公顷,总产量1.80万吨,油料225吨,棉花134吨。工业主要产品有丝织、水泵、玻璃钢制品、耐火材料等,工业总产值1408万元,其中村办工业产值558万元。1999年,全乡有13个村,总人口26045人,面积33平方千米,其中耕地1579公顷、水域467公顷。实现农村社会总产值3.47亿元,其中农业产值1.07亿元、工业产值1.75亿元、建筑业和第三产业产值0.65亿元。可分配净收入8464万元,农民年人均纯收入3215元。

第十三章　黄塍镇

第一节　区域概况

因驻地黄塍沟而得名。位于北纬33°15′40″～33°19′35″、东经119°18′10″～119°21′30″。地处县城东北部,东邻望直港镇,南接安宜镇,西靠泾河镇,北与曹甸镇毗邻。镇政府驻黄塍集镇通和路66号,距县城9千米。明代属永宁乡,清代属殷黄庄。民国元年(1912),先属北一乡,后属第四区。1949年分属曹甸区和望直区。1956年置黄塍乡。1958年划入虹桥公社。1959年4月析出建黄塍公社。1983年改

图 31-13-1　黄塍镇集镇夜景

置为黄塍乡。2000年5月撤乡建镇。2005年，全镇辖8个村、94个村民小组，1个居委会、9个居民小组。总面积42.44平方千米，其中耕地2671.20公顷、林地57.60公顷、水域177.70公顷、建设用地1092.60公顷、道路用地244.80公顷。人口28123人，其中农业人口24450人；男性14361人、女性13762人，性别比104.35∶100。劳务输出6020人，占劳动力的44.3%。全镇有姓氏213个，其中王姓最多有1889人。镇域民族以汉族居多，还有回族1人、苗族9人。大专以上文化413人、高中文化1918人，人口计划生育率100%、人口自然增长率2‰。

第二节　经济建设

1990年后，黄塍镇以经济建设为中心，实施工业经济为突破、集镇建设为拉动、财政增幅为目标、富民强镇为根本的战略方针，着力推进工业化、农业产业化和城镇化建设。2005年，实现地区生产总值1.95亿元，其中第一产业0.74亿元、第二产业0.63亿元、第三产业0.58亿元。农民年人均纯收入5221元。

2005年黄塍镇主要经济指标一览

表31-13-1

项目	单位	数量	项目	单位	数量
地区生产总值	亿元	1.95	粮食总产量	万吨	2.29
第一产业	亿元	0.74	工业企业数	家	173.00
第二产业	亿元	0.63	工业总产值	亿元	3.69
第三产业	亿元	0.58	建筑业产值	亿元	0.11
财政收入	万元	1392.00	外贸出口额	万美元	118.42
农业总产值	亿元	1.38	农民人均纯收入	元	5221.00

一、农业

1990年，粮食种植面积3745.20公顷，其中夏粮1657.47公顷、秋粮2087.73公顷，粮食总产量2.17万吨。油菜种植面积281.20公顷，油菜籽产量416.50吨。种植棉花241公顷，产量193吨。水产养殖面积30公顷，水产品产量113吨。出栏生猪1.26万头、家禽12.97万羽。实现农业总产值2790万元。1992年，种植胡桑163公顷，年产蚕茧35.50吨。1994年退耕还水发展水产养殖业，稻田养蟹70公顷。2000年种植牧草饲养四季鹅110万羽。2005年，粮食种植面积3148.53公顷，其中夏粮1361公顷、秋粮1787.53公顷，粮食总产量2.29万吨。油菜种植面积120.20公顷，油菜籽产量285吨。水产养殖面积211公顷，水产品产量1236吨。出栏家禽138万羽、羊700头、猪1.95万头。实现农业总产值1.38亿元。

二、工业

1990年，有工业企业18家，工业行业主要有砖瓦、水泥制品、面粉、制酱、印刷、玻璃钢、机械配件等，产值624万元。1995年，私营个体企业兴起，创办塑料、食品、纺织、玩具、金属铸造等49家企业，产值4714万元。1996年，铜棒、仪表配件等成为主导产业。1998年，县安宜阀门总厂破产改制为民营企业，落户黄塍镇。是年创建黄塍工业园区，投入资金732万元，建成园区面积80公顷，入区企业42家，其中规模企业8家、外商独资企业3家、合资企业2家。2005年，招商引资1.36亿元，引进和新建工业项目26个。全镇有工业企业173家，职工6492人，产值3.69亿元。燃气具、阀门等为主导产业。有规模工业企业8家，产值2.42亿元。

三、建筑业

1988年组建黄塍建筑公司，到深圳、北京等地以单项承包施工，年承包建筑面积4万平方米。1997年开始承接总承包项目工程，建筑面积2.70万平方米。2005年在西安、太原等地开发"双包"工程，成立市兴成建设工程有限公司，职工4258人，项目经理18人。在北京、深圳、甘肃、山东、河南等地设立12个工程项目部，年"双包"工程面积30万平方米。

四、商贸服务业

1990年，有商业网点115家，商品销售额1452万元。1991年，粮油市场放开，出现私营粮油加工企业2家、营销点4家。1997年在通和路建成973平方米农贸市场，有摊位110个。2001年，供销部门完成改制。2005年有商贸服务业网点311个，其中超市4家、沐浴休闲业4家，商品销售额2303.40万元。

第三节　社会事业

一、镇村建设

1990年，集镇皇城路铺设砖路，道路两侧建124幢商住楼房，形成街道农贸市场。此后，集镇区向外扩展，相继建成通和路、龙腾街和信用社、医院大楼、水务站、农电站等。1993年，在通和路与龙腾路之间建农贸市场。向阳小区建60幢二层楼房，形成商业一条街。1997年，集镇向南拓展，在朝阳路和光阳路建成工业集中园区。2003年，通村路改建成水泥路面。至2005年，集镇建成区面积0.90平方千米，形成"三纵七横"主街道格局。集镇人口6500人，建成通村道路45.21千米。完成农村住房改造，建成集中居住点18个。供电入户率100%，自来水入户率75%，改厕率78%。有邮电支局1家，安装固定电话4200部、移动电话1.14万部，宽带上网132户。

图31-13-2　黄塍镇"爱心家园"创建宣传活动

二、文化教育卫生

1990年，全镇有文化站1个、文化体育活动团体2个；中学、小学23所，在校学生3676人，幼儿园15所；镇卫生院1所、村级卫生室18个，病床36张。1995年开通有线电视。1996年完成学校布局调整。1998年被评为市爱国卫生先进乡镇。2001年，镇卫生院改制为民营。2004年被评为市体育工作先进乡镇。2005年，全镇有文化站1个、文化活动团体5个、全民健身点3处；中学、小学4所，在校学生2876人，幼儿园7所，成人教育中心校1所；镇卫生院1所、村级卫生室8个，病床28张；有线电视用户4200户，入户率60%。

第四节　人民生活

1990年,农民年人均纯收入578元。1992年建成镇敬老院。1995年起推行农村社会保障制度。2003年投入52万元改建敬老院,占地3135平方米,建筑面积613.3平方米,供养“五保”老人30人。2005年,农民年人均纯收入5221元,农民住房由楼房和砖瓦房代替过去的茅草房、土墙房,人均居住面积35.50平方米。参加农村社会养老保险125人,职工医疗保险371人。农村新型合作医疗2.31万人,参保率94%。215户贫困户全部实行低保。

第五节　特色选介

针业　1996年,黄塍针业起步,资产50万元,职工数十人,年产值100万元。针业投资额不大,就业人数多。恒达针业有限公司形成规模后,黄塍针业迅速发展,建飞工艺品厂、通能针业有限公司、坤林服装辅料用品有限公司、银珠针业有限公司、陆军针业有限公司等相继建立,年产值4000万元。有分厂、加工点24个,分布于各村,在厂职工1240人,厂外加工人员600人。许多年轻妇女一边在厂里上班,一边为孩子陪读烧饭。很多家庭把半成品领回去,既可种责任田,早晚又可加工。黄塍针业遍地开花,为农民增收,成为黄塍工业一大特色。

踩高跷　黄塍踩高跷实为花鼓跷,与北方高跷有很大区别。高跷队一般20人左右,随着四五名文场人员的打击乐节奏在街头、场头、广场等宽敞地方进行表演。踩高跷角色因为各自身份不同,造型各异,高低不一,有的木脚高1米多,有的木脚高0.50米。踩高跷技艺性强,形式活泼多样,浓妆艳抹,且歌且舞,流行于黄塍南北乡村,具有一定的影响力。每逢春节和重大节日,高跷队和其他文艺团体在锣鼓声中走街串村。高跷队列在街头行进中,一般摆一字长蛇阵的单列,在繁华拥挤地段采用双人并列队形。队形灵活多变,头旗既是尾旗,尾旗也可作头旗。表演时,由于是低跷,动作比较灵活,能做翻身、劈叉等难险动作。演出节目有老渔翁钓鱼、逛京城、淮剧段子等。高跷队每到一个地方,各地放鞭炮,摆上茶水、点心表示慰劳。

第十四章　山阳镇

第一节　区域概况

相传明代时,山阳集镇上有三个汪塘,终年积水不干,故称为三眼沟,后以谐音山阳沟而得名。位于北纬33°09′30″~33°17′25″、东经119°07′43″~119°16′15″。地处县域西北部,东与安宜镇相接,南与安宜镇和金湖县前峰镇接壤,西靠洪泽县汊河镇,北与淮安市楚州区南闸乡为邻。镇政府驻山阳集镇建龙路29号,距县城16.50千米。20世纪初,属淮安县第九区,抗日战争时期归属淮宝县,1950年,划入宝应县,设山阳区。1958年7月撤区置山阳、万缘两乡,不久,合并建山阳公社。1983年改置为山阳、长沟两乡。1987年撤乡建山阳镇。2000年4月,长沟乡并入山阳镇。2005年,辖16个村、2个居委会、1个场,280个村民小组。总面积125.19平方千米,其中耕地6054.90公顷、林地52.40公顷、水域1821.60公顷、建设用地2784.60公顷、其他用地1805.10公顷。人口57234人,其中农业人口51217人;男性28892人、女性28342人,性别比101.94:100。劳务输出1.29万人,占劳动力的41.3%。全镇有254个姓,杨姓最多,有4707人。镇域民族以汉族居多,还有侗、彝、土家、朝鲜、满、哈尼、黎、苗、怒、壮、布依、傈僳、傣、白14个少数民族76人。大专以上文化1765人、高中文化1.04万人,人口计划生育率99.35%、人口自然增长率-1.02‰。

第二节　经济建设

1990年后,山阳镇实施工业强镇、特水养殖兴镇、多种经营富镇战略,坚持以工业为主导、农业为基础,形成绿色农业优质化、集镇服务经营化、水产养殖连片化、各行各业齐发展的产业格局。2005年,地区生产总值5.17亿元,其中第一产业2.53亿元、第二产业1.32亿元、第三产业1.32亿元。农民年人均纯收入5440元。

2005年山阳镇主要经济指标一览

表31-14-1

项目	单位	数量	项目	单位	数量
地区生产总值	亿元	5.17	粮食总产量	万吨	5.00
第一产业	亿元	2.53	工业企业数	家	199.00
第二产业	亿元	1.32	工业总产值	亿元	7.06
第三产业	亿元	1.32	建筑业产值	亿元	3.36
财政收入	万元	1102.00	外贸出口额	万美元	—
农业总产值	亿元	5.37	农民人均纯收入	元	5440.00

一、农业

1990年,粮食种植面积6830.07公顷,其中夏粮2879.67公顷、秋粮3950.40公顷,粮食总产量4.42万吨。油菜种植面积345.46公顷,油菜籽产量741吨。出栏生猪1.70万头、家禽26.26万羽。有湖荡水面4000多公顷,水产养殖面积1087公顷,水产品产量2454吨,为县内水产养殖大镇。实现农业总产值6572万元。1992年推广植桑养蚕,年产蚕茧600吨。1993年发展工厂化水产养殖业,建温室2万多平方米,年产龟鳖100多吨,人工孵化龟鳖成功。1997年,全镇中华鳖养殖面积1000多公顷。2000年,春光村发展花卉种植43.30公顷。2005年,全镇粮食种植面积7226.86公顷,其中夏粮2942.13公顷、秋粮4284.73公顷,粮食总产量5万吨。油菜种植面积343.87公顷,油菜籽产量766吨。水产养殖面积3329公顷,总产量1.79万吨。出栏生猪3.07万头、家禽114.87万羽。农业总产值5.37亿元。

图31-14-1　山阳镇龟鳖苗种繁育基地

二、工业

1990年,集镇有毛纺、缫丝、羊毛衫、羽绒等10多家企业,工业产值1662万元。1995年,集体企业全部改制为民营企业。1999年,山阳镇实施工业强镇战略。2002年在宝应运河二桥西建立城西工业集中区,建成区面积55公顷,基础设施投入3600多万元,建成标准化厂房7万平方米。2002年起,集中区引进项目43个，总投资额2.42亿元，落户企业41家，其中规模企业13家。2005年，全镇有各类民营企业199家，总产值7.06亿元，初步形成羊毛衫针织、羽绒制品、机械制造、电工电器、玻璃工艺、建筑材料等6大产业。

三、建筑业

1983年成立乡建筑安装工程公司，先后在北京、上海、南京、深圳、内蒙古等地承建工程。1987年，全镇建筑业从业人员1万人，其中乡建筑安装公司在册职工3128人，专业技术人员112人，有建筑工程师职称的10人。公司具有独立承建高层级、大跨度、多面积、精装修等结构复杂、技术难度大的建筑能力。2005年，工程结算收入1.20亿元。

四、商贸服务业

1990年，全镇有商业网点32家，粮管所收购粮食1.90万吨。1993年新建山阳、万缘2个农贸市场。1995年设东西2个生猪屠宰场，年宰生猪1.10万头。2000年，山阳、长沟2个粮管所合并。2003年，山阳镇供销社全面改制，商业网点逐渐增多，有超市3家，美容、洗浴中心32家，网吧3家，餐饮业33家。2004年，镇粮管所改制，全镇增加66家个体粮油交易点，经营米、面、油、杂粮和饲料，并代办粮油加工兑换等业务。2005年，全镇有个体工商经营户493家，商品销售额3500万元。

第三节　社会事业

一、镇村建设

1990年，集镇由中心路向西延伸，镇政府、有线电视广播站、农机站、农经站、财政所等单位相继新建和扩建办公楼。90年代中期加快农民住房改造步伐。2000年，集镇形成“三横四纵”主街道格局。2003年，加快道路建设步伐，有水泥路面62千米、沥青路面30千米、砂石路面65千米，实现县镇公路沥青化、镇村公路水泥化、村组公路砂石化，村通公路100%、组通公路90%。2005年，集镇建成居民住宅楼3.98万平方米，集镇建成区面积1.10平方千米，农村居民供电入户率100%，自来水入户率60%，改厕率20.6%。有邮电支局2家，安装固定电话1.36万部，入户率87.4%，移动电话2.97万部，宽带网用户332家。光辉村为省百佳生态村。

二、文化教育卫生

1990年，全镇有文化站2个、文化体育活动团体6个；中学、小学26所，在校学生7784人，幼儿园12所，成人教育中心校2所；乡镇卫生院2所、村级卫生室18个，病床20张。1994年获省群众文化先进乡镇。至2001年共举办8次白马湖区域4县(市)16个乡镇文化联谊活动。2005年，全镇有文化站1个、文化活动团体8个、镇图书馆藏书5000册、全民健身点2处；中学、小学7所，在校学生5270人，幼儿园2所，成人教育中心校1所，培训8130人次；镇卫生院1所、卫生分院1所、村卫生室18个，病床30张；有线电视用户820户，入户率40%。

第四节　人民生活

1989年，南圩村村民程春煦第一个盖起3层住宅楼。1990年，农民年人均纯收入516元。1995年，推行农村社会保障制度。2000年，农民居住条件改善，30%以上农户住进新楼房，农村居民人均居住面积27.62平方米。电视机、洗衣机、电冰箱、空调机、热水器等大型家电陆续进入百姓家。90%以上家庭用上电饭锅、液化气炉。2005年，农民年人均纯收入5440元。办理农村养老保险1.55万人；参加新型农村合作医疗保险4.50万人，占全镇人口85%；低保420户，发放低保资金29.28万元。是年，投入200万元，征地1.25万平方米，兴建山阳镇敬老院、老年公寓楼2200平方米，供养老人60人。

第五节 特色选介

杨河石工技艺 山阳镇杨河村石匠以其精巧的石制品雕刻和高难度的石壁、护坡建筑而闻名省内外。杨河石工技艺世代相传，至今有近200年历史。新中国成立后，杨河老石匠康仁兆、梁德和等组建的石工队，分赴各地从事水石工程，先后参与承建二河闸、三河闸、扬州施桥船闸、石港闸和淮河入江水道、里运河、大汕子隔堤块石护坡等重点水利工程水石施工，其工程质量曾得到全国政协原副主席、水利部原部长钱正英好评。南京栖霞山玻璃厂120米高烟囱、秦淮河闸以及南京长江大桥修建等水石工程更是杨河石工队的代表之作。80年代初，杨河村牵头组建有200多名石工的杨河水石工程公司，面向市场承包各类水石工程，90年代后期解体。又有王鹤朋、张宝国等一批石工新秀，重新组建成18家共1200多人的石工队，主要在省水利厅第一、第二工程处调度下，从事水石工程建筑。2005年，18个工程队直接经济收入2000多万元。

兴同村 地处宝应湖与白马湖之间，面积4800公顷，14个村民小组，1086户4648人。1991年，兴同村对南湖580公顷滩涂进行综合开发利用，实施绿色农业示范工程。村党总支部书记王春城带头承包16.70公顷滩涂，其中利用13.30公顷水面进行有机稻米种植和生态水产养殖。该村在南湖区域按照不同层次生态食品生产标准，落实生态农业发展规划，控制污染，保护环境，加快土地生态转化，普及运用生态种养技术，推行有机稻米种植、藕田套养、稻田养蟹、鱼鳖蟹混养等生态种养模式。利用食物链原理防治病虫害，减少农药、化肥用量，保持生态平衡。在蟹塘、鳖塘普及种植苦草、轮叶黑藻等植物，投放贝类、螺类等动物生态饵料，提高经济生态效益。以田间道路、沟渠、河道堤岸为主，推行农田林网建设，营造良好的生态环境。1996年，兴同村南湖农场被定为省生态农业示范区，以南湖区域为示范，推进全村生态建设。该村种植的稻麦和菱角、芡实、莲藕等水生植物以及河蟹、中华玉鳖、鳜鱼等特水产品，在市场上备受广大消费者青睐。2005年，全村三业总产值3900万元，人均收入8400元。涌现种植、养殖专业户82户，建成有机稻米基地200公顷、无公害水产养殖基地650公顷，年粮食产值360万元、水生植物产值800万元、特种水产品产值1000万元，兴同村是山阳镇康安牌无公害大米、宝应湖牌大闸蟹、水神牌中华鳖等绿色品牌主要种养基地。

第六节 并入乡镇简介

长沟乡 位于县城西北6.20千米处，运河西侧。1982年，从山阳公社划出8个大队建立长沟公社。1983年改公社为乡。2000年，撤销长沟乡，并入山阳镇。

1990年，农业以粮食、油料生产为主，副业有特种水产养殖、编织等项目，为水产养殖大乡。农业总产值3504万元，粮食种植面积3286公顷，总产量2.09万吨，油料478吨。工业主要行业有橡胶制品、整流器、电光原件、农业机械、五金装潢等，工业总产值802万元，其中村办工业产值525万元。1999年，全乡有9个村，总人口28783人，面积60平方千米，其中耕地1836公顷、水域2313公顷。实现农村社会总产值3.99亿元，其中农业产值2.61亿元、工业产值1.04亿元、建筑业和第三产业产值0.34亿元。可分配净收入1.02亿元，农民年人均纯收入3405元。

第三十二篇　人　　物

本志主要记述1990～2005年应入志人物，前志应入志而未入志者，适当予以补记。本篇共收录人物1025人，其中传略52人、简介26人、表录947人。

第一章　人物传略

本传略主要收录已故且符合下列条件之一者：担任县级副职（实职）以上的且政绩突出领导干部、事迹突出的革命烈士、具有一定社会影响且口碑好的见义勇为者、省级及以上事迹突出的劳动模范（或先进工作者）、县级及以上党政部门向全社会号召学习的英雄模范人物、具有正高级专业技术职称且有突出贡献者、在行业中独树一帜且有突出贡献者、在社会上有恶劣影响的反面人物、前志应入志而未入志者。本章共收录52人，以卒年先后排序，卒年相同者以生年先后为序。

陈　婴

陈　婴（？—前184年）　秦东阳人。原东阳令史，素有诚信严谨的美名。秦二世二年（前208），东阳少年杀死县令，聚集数千人，拥陈婴为首领，队伍很快发展到两万人。时异军苍头突起，声震江淮（成语“异军突起”源出于此）。其母得知后对陈婴说，自从我嫁到陈家，未听说你的祖先中出过贵人，如今你突然获得大名，恐有不祥。不妨跟随他人，事成可封侯，事败也不至于落下骂名。因此陈婴不敢为王。当时项梁带领吴中八千人渡江西进，听说陈婴占领东阳，便派使者商谈联合事宜。陈婴说，项氏世代将门，在楚国很有名望，欲举大事，非其人不可。我随从他，定能取得反秦斗争胜利。于是率众归附项梁。同年六月，项梁在民间找到为人牧羊的楚怀王之孙，立为楚怀王，定都盱眙。七月，陈婴任楚国的最高武官上柱国，封五县。项羽死后归汉，定豫章、浙江、都渐等地。汉高祖六年（前201）封堂邑（今安徽天长）侯，相楚元王12年。汉高后四年（前184）辞世，谥“安”。

陈　登

陈　登（生卒年月不详）　字元龙，东汉末年下邳（今江苏邳州）人。学通古今，知识渊博，文武双全，智谋过人，少有扶世济民之志。25岁时，举孝廉，任东阳（今金湖县西）县长。他体恤民情，扶弱育孤，深得百姓敬重，被徐州牧陶谦提拔为典农校尉。他考察土地状况，兴修水利，灌溉农田，使粳稻丰收，百姓摆脱饥荒。后得曹操赏识，建安二年（197）升任广陵郡太守。他明赏罚、重威治，使多年松弛的吏治为之一振。同时，注意安抚民众、发展生产。陈登善于用兵，因亲率精兵剪除吕布有功，进封伏波将军。建安四年，孙策发难，派重兵跨江进攻陈登部，他镇静自若，严阵以待，出奇兵冲向敌阵，使众多来不及登船的敌兵溺水而亡。不久，吴军卷土重来，陈登又设计破敌，大获全胜。刘备在和刘表谈论天下英雄时，认为他是胆志超群的俊杰。建安五年，陈登将广陵郡移治射阳县(今射阳湖镇)。因邗沟多处淤塞，经射阳湖入淮曲折迂远。陈登调集军民，自樊良湖(今高邮湖)径直往北开挖，沟通津湖(今界首湖)和马濑湖(今白马湖)，开辟邗沟西道夹耶渠，还疏浚东西走向的黄浦溪，兴航运与灌溉之利。后调任东城(今安徽省定远县东南)太守。民众感念其恩德，扶老携幼为他送行。

王敬则

王敬则(435—498年)　临淮射阳(今射阳湖镇)人，南齐武将，官至大司马。少时家贫，以屠狗贩卖谋生，寄居于南沙县(今常熟市西北)。初以武术高超补为宗侠毂队主(侍卫官)，继为暨阳(今江阴东)县令。因智擒盗首，平定乱寇，受百姓拥戴。元徽二年(474)随萧道成出征，平息桂阳王刘休范叛乱。元徽五年，宋后废帝刘昱荒淫暴虐，宫廷内乱。杨玉夫等杀死刘昱后，王敬则护卫萧道成入殿定策，总揽朝政。昇明三年(479)助萧道成杀死宋顺帝刘准，建立齐国，因功出任都督。建元二年(480)改封都官尚书，迁吴兴太守。他威令严明，境内安定。永明二年(484)为会稽(今浙江绍兴)太守时，发动兵民保护湖海沿边塘役有功，次年晋封征东将军。

王敬则出身寒门，不以功臣自居，富不淫，贵不骄，为人机警，遇事果断。他出使北魏，于住所植柳，魏人视为甘棠。永明三年(485)，被齐武帝萧赜封为掌管军政大权的开府仪三司。永明十一年七月，齐武帝萧赜病死，其长孙萧昭业继位。齐高帝次兄子萧鸾辅政，阴谋篡位，王敬则迁为会稽太守。是年七月至十月，萧鸾连杀昭业、昭文二帝，自称齐明帝后，内杀尽高帝子孙，外置兵监视高帝功臣。对王敬则外表尊重，内多猜忌，一面封官，一面派平东将军张瓌遣兵，并内外散布欲处置王敬则的传言。王敬则惶惶不安，自言："不能坐以待毙！"于永泰元年(498)，以旧将举事，百姓追随者有十多万人。兵至武进陵口见高帝旧居，痛哭流涕。后因战败被杀，漆其首藏于武库。三年后齐亡。天监元年(502)梁武帝萧衍创建梁国后，由原在齐国为官的夏侯檀表请收葬。

贾　涉

贾　涉(1178—1223年)　字济川，浙江天台人。起初为洗父冤，奔走陈情，十年不懈，毅力超人，有贤孝之名。南宋嘉定八年(1215)任宝应县令。他察觉局势紧张，恐宋、金两国战事再起，未雨绸缪，上书请求筑城，以固边防。获准不久，母丧，返里料理丧事和守孝。嘉定十年，金兵取道光州(今河南省潢川市)大举南下，淮边告急，朝廷复起用贾涉主政宝应，筑成县城。至此，宝应始有抵御兵匪和阻挡洪水的屏障，人气渐旺。他妥善接纳大量山东忠义军，用韩侂胄被抄没的田产安顿其人马，使之不再扰民，并利用这支武装作为恢复故土和危急救援的力量。他还呼应朝廷外交政策，联合蒙古，牵制金国，使淮东地区少受战火。贾涉在县城内西北隅建县宇，迁县治还旧基。在县署南广惠桥西首建学宫，开礼乐教化风气之先。调集民力疏浚古邗沟，拓展东去望直港的宋泾河，沟通射阳湖，以利农田灌溉。继而通判真州(今仪征)，知盱眙军，擢少府少卿。卒后，被追封为龙图阁学士、光禄大夫。

朱应登

朱应登(1477—1526年)　字升之，号凌谿先生，宝应县城人。明弘治、正德年间诗人和学者。他幼时即通声律，熟读词章。15岁通晓经史百家言，著《申臆赋》，以表少年壮志。20岁时中进士。其文以秦汉为宗，诗承风雅，继采盛唐，格调高古，兴一代之体，引领风骚。初与李梦阳、何景明等称"七才子"，又为“弘治七子”之一，还与顾璘、陈沂、王韦并称为“金陵四家”。朱应登虽为文人，然精于吏事，知延平府（今福建省南屏市）多善政。擢陕西提学副使时，建正学书院，培育人才。迁云南参政后依然故我，知世俗难容，辞归故里。隐居城北泾上园，精研经史，推订历律。淮安吴承恩经常登门求教，朱应登“爱之如己子”，把藏书分一半给吴，让他“尽读天下书”。著有《凌谿先生集》，后收入《四库全书》。

耿随龙

耿随龙（生卒年月不详）　河南滑县人。明万历十四年（1586）进士，同年任宝应知县。当时宝应天灾人祸不断，百姓贫困。耿随龙以“去害马、活涸鳞”为己任，大胆革除弊政，提出“六事兴革”，裁撤冗员、减轻民负。仅革坊长、里长和廒头、廒皂两项，每年即省银四千多两。其他如革里夫、革耆民、革官农和革灯夫诸善政，皆为百姓解除负担，民困大苏。同时大兴开垦荒田，惠及百姓。察知王敬、朱友、曹鳌、陈和、季春、汪玉学、陈全、王隐等40多名年过30的光棍无力娶妻，他助以钱粮，帮其成家；给银外流户陆科、葛山银等人，助其赎妻。每至冬天踏雪寒门，看望孤老和贫苦农民200多人，日供米1升，直至开春。万历十六年（1588）大旱，瘟疫流行，耿在四城施药，救人无数。耿随龙之德政得到省、府褒奖，特命建“六事兴革碑”于县衙内，让继任者永为遵守。

季　愈

季　愈（？—1710年）　字退如，亦字秋圃，宝应县獐狮庄北沙头季家庄（今望直港镇境内）人。自幼聪颖好学，博览群书，机敏过人。清康熙二十三年（1684）甲子科乡试，考中举人第二名。康熙三十九年庚辰科会试，考中贡士第二名。随后他参加殿试，获鼎甲一甲第二名进士（榜眼）。他三次参加科举考试均为亚元，因此，自刻印章一枚，镌曰“处处让人一步”，亦以“退如”作字。进士及第后，授翰林院编修，得康熙皇帝所赐御书一副，裔孙世守谨藏于家，不久升庶子（太子侍从官）。康熙四十五年，为会试同考官。康熙四十七年十月，任顺天（今北京一带）武举乡试正考官。参与修纂《渊鉴类函》，升詹事府庶子，官至广东学政，督学广东道。康熙四十九年春日回乡祭祖，赴任途中溺水而死。

吴春潨

吴春潨（？—1784年）　字郎溪，浙江钱塘人，进士出身。清乾隆四十八年（1783）补宝应知县。因运河穿邑而过，漕灌争水由来已久。曾任宝应知县的赵南觐为扬河通判，到宝应借贷遭拒后怀恨在心，大旱之时以保漕运为由，致使数万顷良田连年无收。吴春潨到任后甘冒风险，下令开启界首至黄浦一线所有闸洞放水，赵南觐出面制止，亦不予理睬。当年秋季农户始有收获。邑人朱彬在射阳平家庄发现“孔子见老子”汉石门画像，吴春潨即邀请同乡好友金石学家钱大昕等人前来考察调研。他公务之余到射阳湖畔巡视，寻求让水荡地区百姓致富的门径。写下五言七十二行的《藕粉诗》，对藕粉制作工序和作为贡品的质量标准，以及口味、用途、方法、经济价值和艰辛的种植生产过程均作具体描述。全诗文字洗练，俗中见雅，充分展示作者能把寻常物品、琐碎生产过程化为生动艺术形象的卓越才华，可谓宝应荷文化的奠基之作。吴春潨勤政爱民，鞠躬尽瘁，长期积劳成疾，在任仅一年有余，即卒于官。

王凯泰

王凯泰（1823—1875年）　原名敦敏，字幼轩，号补帆，宝应县城人。清道光三十年（1850）进士，任翰林院庶吉士。清咸丰二年(1852)后,历任翰林院编修、国史馆纂修、翰林院侍读等职。咸丰十年夏,母死回乡守孝,不久,受命佐理江北团练,因治军有方,加四品衔。清同治二年(1863)入李鸿章军幕,同治五年任浙江按察使,同治六年任广东布政使,同治九年任福建巡抚。其间,他修浚绍兴三江间,浚广州六脉渠,监福建乡试,并兴学、禁械斗、禁溺女等。同治十二年上疏,陈请停止捐例、裁汰冗员、限制保举、恢复廉俸、重视学额、建立练营,受同治皇帝嘉许并诏见。次年赴京,至苏州疾发,乞假治病。因日本窥伺台湾,受命负病回任。清光绪元年(1875)五月十一日,王凯泰由福州东渡,十七日抵达台湾,作为清廷首任驻台大吏主持大局,征兵筹饷,兴利除弊,一改台岛孤悬海外之境地,使日本退兵,议和息争,后人赞誉其为“开台”。在台5个月积劳成疾,兼以瘴疠致饮食不进,于同年十月十一日扶病返闽,二十日病逝。清廷视总督例(正二品)下葬,谥“文勤”,并命于福建省城和台湾府城建祠祭祀。次年归葬宝应城北龙首村殷家庄。

郝夫人

郝夫人(生卒年月不详)　女,汉族,曹甸郝佩臣之三女儿。20岁时嫁于安徽贵池人刘含芳。清光绪十九年(1893),刘含芳调补山东登莱青兵备道,郝氏随夫至烟台。清光绪二十年8月,中日甲午战争爆发,年底大连、旅顺相继失守,次年2月日军攻陷威海卫,北洋舰队全军覆灭。刘含芳势孤无援,仍迂回抗敌、料理军储、坚守不离。有人劝眷属撤离,郝夫人说:“国家之难至此,吾虽妇人,义当报国。官眷若去,民心惶惑动摇,士气亦必涣散。”刘含芳与郝夫人置鸩酒两盅于前,准备敌至共饮,并对众人说:“我夫妇将以此毕命,汝等有愿去者,听其便。”众皆流泪不忍离。郝夫人在墙上大书:“地存臣存,地亡臣亡;夫妇殉节,忠义成双。”夫妇俩对城内军民慷慨陈词,誓与城共存亡,终使人心大定。不久议和,烟台转危为安。在烟台的外商说:“如果领兵者都像邓世昌,守城者都像刘含芳,日军岂能侥幸取胜?”刘公对夫人说:“我二人无福,不获杀身以成仁。”夫人说:“那样沿海百姓怎么得了!我二人无福,正是民众有福!”郝夫人平时勤俭,尤好施予。刘公莅任之初即建广仁堂,接济贫民。为提供寒衣,夫人亲操尺刀,督率缝纫。后遭水灾,夫人带头捐巨款赈民,说“与其积财留给子孙,不如施惠给民众快乐”。数年后刘公病故,夫人哀伤过甚,不久亦亡。烟台绅商感其德,为刘公建专祠,祭祀郝夫人神位,并立碑以记其事。

孟佐天

孟佐天(1881—1911年)　男,汉族,原名钱山,建湖县孟庄人。世代务农,起初在家乡当塾师。《辛丑条约》的签订,激起他对清政府丧权辱国的无比义愤,毅然投笔从戎,到南京南洋陆军第九镇当兵。不久参加同盟会,为表达辅佐孙中山创建共和的意愿,更名为“佐天”。清光绪三十四年(1908),他襄助熊成基发动安庆起义,失败后只身返回故里,与宝应天平杨田庄杨振五等人来往,在宝应东乡秘密进行革命活动。辛亥革命爆发后,孟佐天到安徽民军领袖柏文蔚手下供职。清宣统三年(1911)11月,受柏文蔚委派,前往海州组织起义。他和杨振五等7人进入宝应县城筹集军饷时,不幸被捕快发现。孟佐天等人出示证件亮明身份。但伪装革命的军政长王棣山等人拒不理睬,诬说证件纯系伪造,于民国元年(1912)1月某日清晨,在宝应孔庙泮池东首广场上,将孟佐天、杨振五等7人杀害。临刑时,孟佐天面对喝得酩酊大醉的王棣山仰天大笑道:“你们真是夫子庙前斩孔孟!”等到柏文蔚来电解释时,7人早已头颅落地。同年春,南京临时政府追认孟佐天等人为革命烈士。民国16年,国民政府追授孟佐天为陆军中将,并拨款抚恤其家属。

朱寿镛

朱寿镛(1834—1915年)　男,汉族,原名朔生,字曼伯,号剑河,晚号寄鸥老人,宝应县城人。年15入泮,附贡生。漕运总督张之万慕其名,聘为幕僚。河南郑州附近黄河决堤,多年未堵。朱受张派遣前往治理,运筹周密、督工精细,终使决口合龙,被张保举为候补道。不久补任信阳道台。任内清理地方众多积案,秉公执法,泾渭分明,深受百姓感戴。为发展教育事业,他带头捐银5000两,豫南各府、州、县官绅跟着解囊,购买民房,新建斋房共130余间,添置图书典籍,创办豫南书院。后连调河南各道,皆有惠绩,擢升河南藩台,继而调任广东臬台,复调河南,升任巡抚。在豫为官15载,清正廉洁,克己奉公,直至辛亥光复,告老归里。朱寿镛情系家乡、感恩故土。为扶贫济困,于清同治九年(1870)捐出在豫所得俸银,在朱家巷东(今大众菜场)建惠济仓,后又在朱家巷铺设石板路。接着又出资献田,创办贞节堂。清廷废科举后,他献出大片粮田、柴田和42间住房,创办私立敦睦小学,为地方教育事业倾注心力。

朱耐根

朱耐根(?—1936年)　男,汉族,宝应县城人。清朝末年至民国初年京剧票友。时随祖父寓居北京,酷爱皮黄,曾得有"御戏子"之称的京剧大师谭鑫培真传。后以票友身份在上海、杭州、武汉等地义务演出,与另一票友王君直齐名,有"南朱北王"之称。当时的戏剧评论家苏少卿在《剧评》中赞其声腔"如浮云遮月,媲美小余(余叔岩),其传音区区,更为炉火纯青",极为推崇。中年以后,寓居上海,与王颂臣、许良臣等人过从甚密,票界称他为"耐二爷",并尊为宗师。朱氏精擅谭派声腔,曾在扬州、常州等地票房传艺。宝应研习京剧者颇多,盖受朱氏影响。其唱腔曾由高亭、百代两公司灌制3张唱片:《法场换子》(独唱)、《梅龙镇》(与其妻"金钢钻"对唱)、《探母回令》(与陈小田对唱),现存上海图书馆。因谭鑫培未灌制唱片,故成为研究谭派声腔艺术的宝贵音响资料。朱耐根夫人魏雅兰,别名"金钢钻",京剧名旦、票界名宿。在沪、杭等地演出颇受好评,有"女梅兰芳"之称。在一次堂会中曾以票友身份,与梅氏合演《五花洞》,珠联璧合,成为艺坛佳话。

宁克功

宁克功(1915—1939年)　男,汉族,山西省大武县人,国民党爱国军人。民国28年(1939)10月,日军占领宝应县城后,在画川书院构筑工事,设立据点,并向东门外炮轰数日。国民党军117师702团部分官兵要求杀敌报国,成立"奋勇队",派王维坤、温光荣为正副队长,宁克功为第一班班长。宁克功和王维坤等人化妆成小贩潜入宝应县城内,侦察敌情,然后制定作战部署。10月19日夜晚,宁克功等人臂佩标志,手执大刀,从北门搭人梯翻身入城,迅速运动到画川书院,砍死敌哨兵后冲入日军营房,举起钢刀向酣睡中的日军猛砍猛杀。日军遭此突然袭击,顿时乱作一团,哇哇大叫,慌忙进行反抗。在混战中王维坤身负重伤,被几个日军摁倒在地。宁克功见状猛冲过去,奋力拼杀,救出队长,自己却被十多名日军团团围住。宁克功毫不畏惧,且越战越勇。终因寡不敌众,决心舍生取义,毅然拉响缚在腰间的手榴弹,与日军同归于尽。

傅兆明

傅兆明(1880—1945年)　男,汉族,鲁垛镇后徐舍人。在荡口乡有耕地86.70公顷、房产70余间。

民国20年(1931)秋发大水,里运河高邮县马棚湾段倒坍,县内河堤多处决口,造成大灾。荡口乡的农田全都淹没,稻谷颗粒无收。洪水退后,他向民国县政府提出的筑堆(堤)防水建议遭拒绝,便与后徐舍徐氏族长秀才徐如青及佃户商议,决定将荡口长10千米的老圩口加高拓宽,使圩内333.40公顷农田免遭水患。次年春组成以保甲长为主的筑圩协会,请熟知地理、懂水利的能人作指导,并雇用国民军和纠察队数十人来回巡视,处理纠纷。为解决筑堆费用和取土用地,傅兆明先后献田6公顷、补偿挖废农田20多公顷。每天2000多人参加筑堆,经过48天起早摸黑苦干,一条长10千米、宽4米、高2.30米的大堆终于筑成。为方便行人,在长堆上造大木桥5座、小木桥10多座。因有军人参加筑堆,故称"军圩堆",后人讹传为"均圩堆",并逐步演化为地名。

梁巨魁

梁巨魁(1878—1950年)　男,汉族,字健卿,西安丰镇人。他自幼习武,立志尚武报国。清光绪二十三年(1897)乡试中武举人。次年春赴京会试中会士,殿试中武进士第四名,赏戴花翎,封御前侍卫,钦加三品衔。光绪二十六年8月14日,八国联军攻陷北京,慈禧太后和光绪帝等逃往西安。梁巨魁一路护驾西行,一年之后又随同返京。此后他屡屡上书,要求出京外任,获准入南洋陆师学堂进修,毕业后被任命为徐淮巡防步队第五营管带,不久提升为狼山中军游府,代理狼山总兵,成为苏常道(下辖沿江十县)统管马兵、步兵和水师的绿营兵高级武官。辛亥革命时,梁巨魁顺应时代潮流,响应武昌起义,拥护民国政府,被授予陆军中将衔和三等文虎勋章。袁世凯称帝后,他自动弃官归里,南通人专程送万民伞到安丰,以表去后思念。民国32年(1943)日军袭击安丰,他带领民团奋勇抵抗,失败后他的传胪府与其兄梁占魁的举人宅均被焚烧成一片瓦砾。梁巨魁隐身宝应县城,被宪兵队抓捕入狱,受尽毒刑折磨,后来其亲属变卖房产,花巨资打通关节,才得出狱。1950年病逝于南京。

毛振琮

毛振琮(1915—1959年)　男,汉族,安宜镇人。抗日战争期间,远赴贵州遵义求学,入浙江大学电机系就读。民国30年(1941)留校任教。民国32年入昆明西南联合大学,于清华无线电研究所攻读研究生。民国33年考入教育部留英实习生,在英国马拉德电子管公司研习光电管和荧光灯制造技术。民国36年学成回国,应聘上海亚浦灯泡厂,于民国37年研制成中国制造的第一支荧光灯,从点亮之日起昼夜不熄,直至20世纪60年代,仍光亮如初。新中国成立后,毛振琮奉调到长春工作,被任命为中国科学院东北分院机电研究所副研究员。他白手起家,自己动手制作多种设备,其中的银氧铯光电阴极最为精到。北京电影局闻讯,派人前来洽谈,希望仿制放电影声带的锑光电管。毛振琮仅凭一支样管,查找资料分析研究,几经测试,终于在短时间内制成带有一级倍增的锑光电管,经试用性能良好。因工作需要,他自学俄语,翻译普式直著《氧化物阴极中的物理现象》、查廖夫著《电子管的结构与计算》等书。因为其科研成果丰硕,1955年被提升为研究员。1956年,以毛振琮为骨干的国家电子学研究所建成后,即调至北京。1957年,受中科院委派,到苏联科学院电子所学习交流。他强忍病痛坚持工作,直至卧床不起,于1958年10月回国,住入北大医院。经专家会诊为晚期胃癌,1959年6月3日去世,安葬于八宝山革命公墓。

赵连科

赵连科(1894—1963年)　男,满族,原姓爱新觉罗,后姓肇。辛亥革命后,改为汉姓赵。辽宁省辽中县人，世居小新民屯张福安堡。清宣统元年（1909）考入北京汇文中学，宣统三年以优异成绩考入北京协和医学校，民国4年（1915）协和改为医科大学，次年协和改组，随之转往齐鲁大学，继续攻读医学。毕业后，被学校推荐到江苏仁慈医院任医师，因不满教会对医院的专横把持愤而辞职。民国11年经友人引介到宝应城大南门私立同仁医院。由于他是宝应第一位具有高等学历的西医，能做截肢、剖腹产等手术，治愈不少疑难病症，使民众对西医刮目相看。他热心公益，常年为县育婴堂、孤儿院、贞节堂、残废老人堂的鳏寡孤独免费诊病。中国佛教会济生会宝应分会附设的施诊所，也聘其主持西医方面的诊务。他以带徒方式培养后辈，先后接受7名学生，融教育和实践于一体，让学生尽快掌握各种医疗技能。民国22年，宝应县政府设立戒毒所，赵连科为特约医师。民国28年5月，戒毒所改为县立医院后，他接任院长。同年10月，日军侵占宝应城，医院迁往鲁垛周戚庄，他在艰难的条件下坚持医疗救护。民国30年，国民党县政府瓦解，县立医院宣布解散，他又赴镇江、丹阳一带继续行医谋生。赵连科洁身自爱，从未与日伪沾边。解放后回到宝应。后于1952年参加工作，任镇江康复医院、镇江防疫站主治医师，曾被评为镇江市社会主义建设积极分子。后被划为右派，开除公职。1963年病故于苏州长女溥芹处。1979年3月，中共镇江市委作出决定，为赵连科改正平反，恢复名誉，落实政策。

杨少贤

杨少贤（1899—1963年）　男，汉族，氾水镇人，幼年随父迁居今望直港镇狮庄。6岁入学，17岁为塾师，20岁师从兴化中堡石松樵学中医，学成后在狮庄坐堂开业。他为人正派，行医思微知机，诊察细致。擅于内科杂症，有独到之处，尤其是治疗湿温，更有心得。常以孙思邈“人命至重，贵于千金”一语自警。选方用药加减去取，必斟酌推敲，所以每每一便方而除沉疴去痼疾。行医名扬宝应东乡，远及兴化、盐城、建湖等地。每日登门求医者少则二三十人，多则八九十人，应接不暇。他一视同仁，不分贵贱，遇有贫苦病人常免费诊治，其医技医德有口皆碑。1956年参加陶林区联合诊所前，他每日诊金收入100元以上，参加后每月工资73元，他也欣然接受。1957年，他受聘到县人民医院工作。由于年过花甲，体弱多病，每天上下班颇感吃力，不到3年又回狮庄诊所。他先后带徒10人，常以“业精于勤荒于嬉”“庸医杀人不用刀”等古语劝勉门生。1962年2月，杨少贤被省卫生厅评为省名老中医。他曾任县第三届人大代表和县政协第一届委员。

梁梦舟

梁梦舟（1891—1968年）　男，汉族，名凤昌，字梦舟，西安丰镇人。他7岁入私塾读书，后转入宝应敦睦小学，21岁时进淮安第九中学。毕业后考入上海法政学堂，第二年因胃部出血辍学回家，从其父式阳先生学习中医。民国10年（1921）开始坐堂应诊，先后悬壶于宝应、建湖、上海等地。家乡解放后，梁梦舟于1949年回安丰开设医案。1953年响应政府号召，参加联合诊所。1956年进安丰区卫生所任中医师。他好学不倦，精通古汉语，喜好书法，行医之暇临池不辍，爱写诗词楹联，善画水墨兰竹。平日衣冠整洁，一派儒雅气度，为世人尊崇。其中医继承家学，博览群典，融会贯通，又能吸收他人之长，善于总结临床经验，治病用药往往有奇效。梁梦舟常说：“学医先学德”。他对患者高度负责，病人之病，如在自身，悉心诊治，不肯丝毫大意。他性情急躁，有时不免厉声厉色，因出于同情关心，病家多能笑而忍之。平日他洁身自好，生活俭朴，贫苦人就诊不计较诊费，遇有特殊困难者，并能资助药费。高尚的医德、高超的医术使梁梦舟声名远播。安丰方圆数十里乃至兴化、建湖、盐城、阜宁、淮安等县的病人慕名而来，每日门诊有时多达百人以上。夏秋之际，病家之船聚集，阻塞河道，有重病者登岸艰难，他即上船切脉探视，曾说：“我跳一世船头。"1962年被省卫生厅评为省名老中医。他关心时事政治,拥护社会主义,是县第三、四、五、六届人大代表,多次被评为先进工作者。"文化大革命"中受迫害不食而死。1979年4月,安丰公社为梁梦舟举行追悼会,恢复其名誉。

郝更生

郝更生(1899—1975年) 男,汉族,原名延俊,曹甸镇人。幼年在淮城(今淮安市楚州区)勺湖学习游泳时水草缠身,被渔民救起,遂改名更生。民国8年(1919)赴美国哥伦比亚大学学习土木工程,转春田大学专攻体育。回国后先后出任汉口青年会体育部主任、中国滑翔协会总干事、苏州东吴大学体育教授。民国16年起在北平清华大学等校执教。民国20年"九一八"事变后,任山东大学体育系教授兼教育主任、国民政府教育部体育督学、体育学院院长、中华体育协进会理事长等职。民国25年,中国体育代表团准备赴柏林参加第十一届奥运会,由于政府给的经费太少,郝更生筹募十万大洋后才得以成行。抗战期间,在重庆参与制订《各级学校体育实施方案》《国民体育法》《体育工作条例》,规定每年9月9日为"体育节"。民国31年前后,在重庆设计建成远东第一座跳伞塔,推行机关工间操和球类、游泳等体育活动,对体育学术研究有建树者和体育论文比赛优胜者给予奖励。民国33年在重庆复兴关主办规模较大的运动会,对鼓舞军民抗战到底的决心发挥积极作用。民国37年在上海江湾体育场主办第七届全国运动会。他积极倡导群众性体育运动和开展体育学术研究工作,为振兴中国体育事业做了许多有益的工作。1975年10月12日,因车祸在台湾去世。

梁星乙

梁星乙(1906—1984年) 男,汉族,字黎青,自署其室为白石草堂,西安丰镇人。自幼聪颖,初承家学,从族祖梁茂才攻古文诗词,后因家贫辍学。其童年即帮父亲代课,16岁时设馆课徒。民国24年(1935),应县城江氏之邀为家庭教师。不久自行办学,以育才为乐,历时11年。日军占据宝应期间,授课以国学为本,抵制奴化教育。执教于宝应中学时,某女生参加《雷雨》演出,被反动社团视为异端并欲加害。梁星乙仗义执言,使她得以解脱。后设馆于镇江长安里,继以舌耕糊口。新中国成立后,梁星乙与友人共同创办长安初中补习班,亲主其事,并兼任语文课。辛勤耕作十余载,历届升学率均与正规中学并进,因而声誉卓著,受到市教育局重视。

梁星乙曾自谓"有金石翰墨之癖",一生游于书艺。初以颜柳入手,后转涉秦汉魏晋,倾心汉碑,以《西岳华山庙碑》浸润最久,领悟独到,遂以隶名世。客居镇江20年,书迹遍于京口。特别是为金山、焦山、北固山等名胜所书楹联,气势磅礴。1972年参加江苏书法展,其作品与当代草圣林散之之作比肩而悬。1978年居京时,在北海团城子园与赵朴初同堂为鲁砚题辞。梁星乙热爱诗文,经常作诗填词讴歌新事物,抒发其拥护社会主义的真挚情感,多有情韵双胜之妙。若干首遗作被其弟子赵文澜编入《白田草堂诗词佚稿》一书中。1986年,镇江市文化界举办星乙先生书法遗作展。有《梁星乙书法集》等著作存世。

金春藻

金春藻(1907—1984年) 男,汉族,淮安县(今淮安市楚州区)平桥镇人,民国10年(1921)随家人迁居泾河。民国37年美军实行海上封锁,国内柴油奇缺,树木也因战争砍伐殆尽,他经营的永裕米厂因无

燃料而瘫痪。当时解放军南下在即，急需加工大批军粮。金春藻苦心研究和改装试验成功用稻糠作燃料的砻糠机，每日辗稻100担，为后勤军粮提供保障。《文汇报》作专题报道后，一时砻糠机迅速在全国水稻产区推广应用。1954年，苏北受洪水侵害。为保运河大堤安全，沿运涵洞和闸门全部关闭，造成严重的东旱西涝。金春藻探索，用虹吸原理管道引水，缓解运东旱情。省长惠浴宇闻讯率苏北农学院的教授到泾河考察，认为简便易行，立即部署在沿运地区推广，效果显著。因此他获得省政府表彰。1958年，金春藻改造大运河黄浦耳洞，建成苏北沿运河第一座卧式水轮机发电站，白天加工粮食，晚上发电照明，省内外参观者络绎不绝。同年被县政府任命为县科技小组组长、县第十辗米厂副厂长，并被推选为县工商联会员和县政协委员。

王石桥

王石桥（1909—1989年）　男，汉族，氾水镇人，中共党员。画室名为易俗轩。1958年担任宝应报刊头和插图设计，1963年调至县文化馆负责美术工作。少时曾从陈务人学习书画，打下扎实功底。嗣后每日练习不断，技艺日进，声名渐起。他诗、书、画皆精，尤擅兰竹、芦雁、蟹虾、虫鱼，常以水生动植物入画，多为写意之法。所画墨竹用笔遒劲挺拔，水墨酣畅淋漓，享誉里下河地区。亦长于篆刻，以刀为笔，方寸中显现学养和功力，求其治印者甚众。画成后爱将自撰诗词、楹联或佳句题写其上，并钤有自刻印章，"四绝"集于一纸，有较强的艺术感染力。世人视为珍宝，求索者甚众。作品多次在省内外参展，悬于城乡人家厅堂者难以数计。平日不私所秘，义务辅导求教者，众多弟子在其指授下健康成长，为社会造就许多书画人才。

徐国栋

徐国栋（1933—1990年）　男，汉族，泰兴县长生乡人。幼年丧父，家境贫寒，早年就读于泰兴南园小学、泰兴中学，高中毕业后考入扬州医科专业学校，1961年毕业后分配至县人民医院任外科医生。后在氾水地段卫生院、射阳地段卫生院工作，曾任射阳地段卫生院副院长、院长。1982年晋升为外科主治医师。1983年被省卫生厅表彰为"江苏省优秀卫生工作者"。1987年调回县人民医院，先后任外科副主任、医教股股长等职。徐国栋长期从事临床外科，工作认真负责。1982年7月在苏北人民医院作胆囊切除手术后，引流口还没有完全愈合即坚持上班，在手术台上一站就是几个小时，忘记自己也是患者。他不但潜心钻研医疗技术，而且有良好的职业道德，尊重和同情病人。他一生从事外科，所做手术数以万计，敢于承担风险，从不计较个人得失，从不推诿，更不马虎了事，深得同道和病人赞许。

郝立芹

郝立芹（1928—1991年）　男，汉族，曹甸镇溪北村人。平时以急公好义闻名乡里。他是一位普通农民，曾冒着生命危险冲进浓烟滚滚的着火房屋中抢救集体财产，义务照顾本组一位孤寡"五保"老人

13年。1991年夏季暴雨不断，河水猛涨，他多次跳入水中打坝抢险。是年7月3日凌晨，溪北圩外大部河水位2.96米，超过历史最高水位，随时有塌方倒闸的危险。当时下舍乡领导决定迅速加高闸门，并委派郝立芹等人到乡林场伐树，突击制作闸门板挡水。下午5时许，郝立芹等人将树木运至林场大桥旁，到电锯船上制作闸板时，郝立芹负责撑船，看到别人搬运树木很费劲，不顾自己年老体弱和连日抗灾的疲劳，主动帮助把树段搬上锯台。此刻风大雨猛，船身不停摇晃，船板雨淋水滑。他赤脚搬树，一个踉跄跌倒在飞速转动的电锯上，霎时头颅的右部被带锯削去，当场光荣献身。7月6日，县委、县政府作出决定，号召全县人民向郝立芹学习。8月24日，省政府批准郝立芹为革命烈士。

陈铁凡

陈铁凡(1911—1992年)　男，汉族，原名陈会古，安宜镇人，祖居县城状元桥畔。民国17年(1928)入宝应中学读初中，民国22年到上海与楼适宜等人组织"反帝非战大同盟"，被捕入狱，以华衣纹为笔名，撰写《参观之一日》等文稿宣传抗日。第二次国共合作后，释放归里。民国30年考入厦门大学中文系，随校辗转于福建省崇安、三元等地，毕业后任江苏师范学院助教。抗战胜利后，应聘到台湾师范学院任中文系讲师，旋即升任副教授。1960年升任台湾师范大学教授。1963年应邀任新加坡南洋大学及马来西亚大学教授长达13年之久。1972年，在文莱岛发现古老的华文碑刻，经他考证为12世纪中叶宋朝出使南洋官员之墓，从而改写南洋华侨史。

陈铁凡著作宏富，其中著名的有《辛弃疾评传》《祖甲卜辞选释》《朱子与四书》《文字学与小学》《红楼梦外文多译述略》《清代学者地理分布概述》《汪中行谊考征》《汪容甫著作考》《从龟版文字到甲骨学》《敦煌本易书诗考略》《左传本考》《日本儒林志略》《孝经学源流》《苏联藏敦煌卷简目译丛》等。他多次应邀出席堪培拉、巴黎、伦敦等国际汉学大会，发表论文60多篇，为传播中华文化和中外文化交流作出特殊贡献。1975年退休，1978年应邀任温哥华维多利亚大学中国文学研究员。1985年返里探视，登机前写下"梦久成真境，飞舟横九天；今朝西陆发，明日画晴川"的诗句，抒发他渴望回到家乡的迫切心情。1988年定居美国，1990年秋身患肿瘤，两年后在旧金山去世。

吴于廑

吴于廑(1913—1993年)　男，汉族，原名吴保安，祖籍安徽休宁，出生于宝应县城。中共党员。民国20年(1931)考入东吴大学，毕业后被美方校长挽留在附属中学任教。抗日战争爆发后，他几经辗转，于民国27年到达昆明，入西南联大南开经济研究所读经济史研究生。民国30年又以特优成绩考取清华大学留美公费生，进哈佛大学文理科研究院学习，民国35年获哲学博士学位。次年学成回国，到武汉大学任历史系教授。新中国成立后，他从事著述活动，撰写论著数十种，其中影响最大的是他与北京大学教授周一良共同主编的四卷本《世界通史》，以及配合此书的辅导教材《世界通史资料选辑》。他还单独主编《外国史学名著选》9种，填补全国高等学校史学专业教材空白。

吴于廑首先倡导世界史学科应该在研究人类历史纵向发展过程的基础上，着重研究人类历史横向发展过程，逐步形成关于世界史自成体系的新看法。1964年，他针对外国史学中的西欧中心论，发表《时代和世界历史——试论不同时代关于世界历史中心的不同观点》的论文，主张以世界为全局，而不以主观规定的某一地区或某一种族为中心来考察世界历史。1978年在全国文科教材座谈会上，他作《关于编纂世界史的意见》的发言。同年他组建世界史研究室，主攻课题是"郑和和哥伦布时代的西方世界"。与同事一道撰写多篇论文，由他主编成《十五、十六世纪东方历史初学集》。1982年，他在云南社科院所作的《世界历史上的游牧世界和农耕世界》学术报告，与《世界历史上农本与重商》《关于世界历史上工业世界的涌现及其带来的世界历史的巨大变化》成为研究世界历史运动的三个姐妹篇，勾画出一部新世界史的轮廓。在1983年新著《世界史学科概论》和1985年在呼和浩特举行的一次学术会上所作题为《世界史学科前景杂说》的发言中，他关于世界史的新构思，得到进一步发挥和明确化。他曾任武汉大学副校长、湖北省政协副主席、国务院学位委员会历史学科评议组成员、湖北省人大常委会委员、九三学社中央常委、九三学社湖北省主任委员等职务。

郃让之

郃让之（1919—1993年）　男，汉族，曾用名郃逊传、郃谦，安宜镇人。出身于教育世家。早年学医，曾就读于苏州国医专科学校和上海新中国医学院。民国35年（1946）经共产党人洪泽介绍，先后与二分区秘工部及中共宝应县委社工部联系，利用其在国民党县党部任职之便，搜集军事情报。民国37年冬县城解放后，被聘为宝应中学教师，寒假起任县公安局课员，参与审判工作。次年4月，又回宝应中学任教导主任，直至1965年。他尊重知识、尊重人才，不单纯以政治面貌取人，千方百计为每位教师营造相对宽松的教学环境，让多数人能在合适的岗位上为教书育人发挥聪明才智，后调任县文教局教研室副主任。“文化大革命”期间，因历史问题受到不公正待遇。1977年12月至1979年12月，郃让之应聘为《汉语大辞典》扬州地区编写组成员。后又任《宝应历代县志类编》编纂委员会委员，并负责审校工作。1980年，郃让之奉召回宝应中学，任副教导主任、校长顾问。他不顾年事已高，为发展宝应经济与教育，多次奔波于京沪宁间，并利用其人脉关系和校友信息联系项目。他曾任县政协第三、四届委员，第五、六届常委。1981年参加中国共产党，1985年、1988年两度被评选为优秀党员，1985年被评为优秀教育工作者。1990年冬，郃让之因公顶风冒寒赴宁，回宝应后染疾。其时正值他负责的县政协高考复习班期终考试，原安排他作考前动员。他不顾亲人劝阻，说：“我不能在家坐着等死，要死我就死在教育岗位上！”抱病作报告，天黑踉跄而归，一病不起，不久践前所言，走完他的人生里程。

陈守言

陈守言（1926—1993年）　男，汉族，字云逸，鲁垛镇人。早年为乡村塾师，博览群书，尤喜地方文史研究。1949年7月参加工作，50年代初加入中国共产党。先后在陶林区公所、望直区公所、宝应报社、农工部从事文秘工作。“文化大革命”中，因曾在《宝应报》如实发表关于三年困难时期饿死人现象的文章，被打成叛徒，下放回老家劳动。“文化大革命”后期被安排到县委政策研究室。1978年平反后，被安排到县外贸组、县外贸局工作。1983年离休后，应县地方志办公室之聘，执笔编纂《宝应历代县志类编》，耗时7年，遍访杭州、南京、北京、扬州等地档案馆、图书馆，搜集大量史料。不辞辛劳，字酙句酌，认真负责，于1990年年底完稿出版。在编志过程中，他广搜博采，所获资料十分丰富，志书用之不尽，乃独力整理，撰成《宝应史事》《宝应历史人物辞典》《白田布衣》《杂著》《白田风雅拾零》《白田放歌》等6册，自费打印刊行。县档案馆、市档案馆、天一阁均有收藏。

万国青

万国青(1972—1993年) 男,汉族,西安丰镇人。1992年12月入伍,中国人民解放军某部后勤部农场战士。

1993年11月11日清晨,他带着警犬在执行鱼塘巡护任务时,听到枪声和犬叫声,立即朝枪声方向跑去。当发现歹徒将警犬打死并往麻袋里装时,他冲上去抓住歹徒。歹徒企图逃脱,对准万国青脑袋打了几拳。万国青忍着疼痛,仍抱住歹徒不放。此时,歹徒见闻讯的官兵很快就要赶到,用猎枪对准万国青胸膛并威胁说:“再不放手,我就要开枪了。”万国青临危不惧,仍死死抓住歹徒不放。歹徒狗急跳墙,向万国青开枪后逃离现场。赶来的官兵急忙将万国青送往医院抢救,终因伤势太重,抢救无效光荣牺牲。万国青牺牲后,中国人民解放军某部政治部为他追记一等功,总政治部批准他为革命烈士。

黄冶平

黄冶平(1921—1994年) 男,汉族,又名黄义通,曹甸镇人。自幼随父居住南京,先后就读于南京夫子庙小学、私立南洋补习学校、交通无线电传习所。民国26年(1937)11月起至1949年4月,在国民党部队学医并从事医疗服务。1949年5月回宝应,在县城北门大街开设私人诊所。1951年7月进入县人民医院工作,任内科医师、主治医师。他临床经验丰富,诊治病人细致入微,热情周到,深受患者好评。1958年起兼县卫生学校教导主任,热心执教,为人师表,在广大师生中留下良好印象。1962年任县人民医院副院长后,诊余协助院部处理各项事务,埋头苦干,任劳任怨,为医院建设和发展尽心尽力。黄冶平自1956年起连续担任县政协第一届至第七届副主席、县第一届至第六届人民委员会委员。1983年当选市人大代表。在担任县政协领导期间,认真贯彻党的统战政策,热心参政议政,为全县医疗卫生事业的发展建言献策。

乔一凡

乔一凡(1895—1995年) 男,汉族,安宜镇人。出身于书香门第,其父为孙中山领导的中国同盟会会员,革命失败后迁居海外。民国7年(1918),乔一凡以华侨子弟身份入暨南学校(暨南大学前身)学习。民国8年爆发“五四”爱国运动,上海学界联合商界罢课罢市时,他为暨南学校学生会会长,带头策动南京和长江中下游区域内各校一致响应,形成浩大的声势。事后学校解除9名教授聘约,并责令乔一凡毕业离校。后遵其父嘱,民国10年入刚成立的东南大学继续学业。

民国13年(1924)他在南京创办中学,成绩显著,引起各方重视。民国16年主持南京教育会时,促成东南大学改组,并入河海工科大学等8所高等学校,易名为第四中山大学,民国17年又改称中央大学(新中国成立后改为南京大学)。民国23年,他率南京中等学校校长考察团赴日本考察,有感于新闻媒体之重要,回国即着手筹办《南京日报》。随国民政府西迁重庆后,他时时为各类学校重文轻武导致军事人才匮乏而忧虑,大力倡导文武合一教育,培育抗战军事人才。民国26年就此向国民政府上万言书。抗日战争胜利后,乔一凡无意官场,以从事教育为乐,后当选国民政府立法委员。他潜心研究孙中山著述多年,立志作孙文思想理论家和三民主义实践者。他认为“无民族文化则无以立国,无现代科学则无以立国”。其著作有《音律概论》《论语教育比义》《孝经、大学、中庸三通义》《中国文化大纲》《大学文选》等书。到台湾后的几十年中，乔一凡利用多次出访之机宣扬中华文化，在三军联大等院校任教授。病逝于美国。

郜道传

郜道传（1914—1995年） 男，汉族，安宜镇人。民国26年（1937）到上海大夏大学求学。抗日战争爆发后，回乡参加宝应学界战时服务团，从事抗日救亡活动，不久即从事教育工作，先后在新声中学、钟南中学、画川中学任教。1949年8月到宝应县中学任教，1952年受县教育主管部门委派，与刘茂华等人创建氾水初级中学，先后任教导主任、副校长等职。1958年增设高中班，成为完全中学。1960年，氾水中学被评为省先进集体，郜道传被县委宣传部授予“社会主义建设先进工作者”称号，并作为先进集体的代表，出席省文教群英会。1963年，他贯彻教育部颁发的《全日制中学暂行工作条例（草案）》，坚持以教学为主，纠正“大跃进”时期学生劳动过多的偏向。在教学中加强基础知识学习和基本技能训练，取得显著成绩。

在40年教学生涯中，郜道传爱岗敬业，家住校内而不理“家政”，被传为佳话。他治学严谨，教学认真，方法灵活，施教效率高。他潜心钻研业务，知识渊博，兼及多门学科。他工作任劳任怨，经常为请假的老师代课。平时为人谦和，与同事关系融洽，受人尊重。他关心爱护学生，平等对待学生，学生有话愿意和他谈，有事愿意找他商量。他忠于人民教育事业，不但自己为此献出毕生精力，还鼓励子孙多人从事教育工作。郜道传于1979年退休。1993年4月，县政府赠送首块“教育世家”匾额，祝贺他80寿辰，氾水中学为他举办80寿辰庆典。1995年12月，郜道传因病去世。

陈鉴远

陈鉴远（1916—1995年） 男，汉族，曾用名陈定侯、田象文，曹甸镇人。民国29年（1940）毕业于中央大学（今南京大学）化学工程系，获学士学位。民国36年赴美留学，翌年获美国依阿华州立大学研究院化学工程专业硕士学位，1950年获美国叙拉古大学研究院化学工程系哲学博士学位。

1950年9月，陈鉴远拒绝美国所给予的优厚待遇，克服重重阻力回国，在上海任华东工业部化工处设计室主任。1954年奉调进京，任化工部北京化工设计院设计室主任、总工程师、院长，并先后担任中国化学学会名誉理事、北京化工学院名誉教授、国家科委科技进步奖评委、中国科技专家名人传略编委会化工卷主任委员、中国大百科全书化工编委、全国发明奖评委、国务院学位委员会第一届学科评议组成员、《化工百科全书》编委会副主任等职。1956年9月加入中国共产党。50年代中期，国家重点发展化学肥料及酸、碱等化工产品时，他投身法硫酸、塔式法硫酸、钙镁磷肥和大型过磷酸钙等项目设计和生产。1958年，中共中央作出研制原子弹、氢弹的战略决策，国防化工设计开发的重担落在陈鉴远肩上。他带领一支队伍，隐姓埋名，致力工艺和工厂设计，吃住在现场，七个春节没有回家。在他主持下，先后成功开发核材料——重水、火箭高能化学推进剂——扁甲二肼、液态氢，以及潜水下产氧剂——超氧化钾（钠）等20多项重要国防军工配套化工新材料，并由此带动有机胺类、有机氟类、离子交换树脂类及低温工程技术、精馏工程技术和计算辅助设计技术等一系列新技术、新产业的开发应用。

陈鉴远受到国家多次表彰。1966年国庆节，他作为参与研制国家第一颗原子弹爆炸成功的主要代表之一，登上天安门城楼。1978年在全国科学大会上获“重大贡献先进工作者奖”。1985年获“743”工程国家科学技术进步一等奖，同年被建设部授予“中国工程设计大师”称号。1990年获“国家设计大师”

称号,享受国务院特殊津贴。1993年当选中国科学院院士。1995年获国家计委、国家科委、国防科工委、国家经贸委授予的"国防军工协作配套先进工作者"称号。同年5月26日因突发心脏病在北京去世。1999年,国家新闻出版署向他追授"全国优秀科技图书奖"。

郑　诚

郑　诚(1920～1996年)　男,汉族,原名郑连璧,夏集镇人。自幼爱好文艺,青年时代以种田和做鞋匠为生,逢年过节,积极参加玩灯、打花鼓和演戏等文娱活动。他是车水号子的唱歌能手,田间忙碌时,他经常手敲小锣小鼓,口唱号子,为大家解乏消遣。民国31年(1942)任乡文化教员,组织业余剧团,擅长编打油诗、顺口溜、快板诗。民国35年,他随共产党武装北撤,后任县农民剧团指导员。1953年,郑诚任夏集乡文化站长。他演唱的《车水号子》经过县、专区和省层层筛选,于1957年5月参加在北京举办的全国第二届民间音乐舞蹈汇演获得成功,受到党和国家领导人的亲切接见,并合影留念,同时获国务院颁发的奖状和奖品。同年,应邀在南京参加保加利亚贵宾访华招待演唱会。嗣后,应上海红旗歌舞团邀请,在国际剧场登台演唱,再次引起轰动。1960年,郑诚出席省文教群英会,受到省政府表彰。1964年,他编演民歌《社会主义是金桥》,参加专区社会主义教育文艺汇演,获特别奖。1986年10月,县政协文史科邀请他演唱民歌,录成四盘磁带,并回忆整理宝应民谣200余首,印成单行本。1992年后,郑诚编写多个戏剧演唱节目,热情讴歌改革开放新时期的新人新事新气象。1996年7月,他自知癌症晚期,余日不多,便自作遗嘱,谱写一曲《丧事简办,从我做起》的民歌。同年9月26日去世。

郁念纯

郁念纯(1912—1997年)　男,汉族,字熙如,安宜镇人。青年时代就读于扬州中学、上海大夏大学国文系。博学多才,曾通读《十三经》《道藏》《大藏经》,于哲学、文学、史学无所不晓,能文、工诗词,积稿盈尺,又精于曲,善弹琵琶、古筝。屡为他人著作校勘、写序跋、题诗词,美籍华裔学者陈铁凡请其为所著写序、编年谱,台湾学者范耕砚请其为所著补正、写跋,文名远播。初为盐城中学国文兼数学教员,新中国成立后任扬州中学高中数学教员,后任扬州工学院数学学科委员会主任。

郁念纯喜欢藏书,收藏颇丰。曾受聘为《中国戏曲音乐集成·江苏卷》编委和《昆曲曲牌及套数范例集(南北部分)》副主编,任扬州昆曲研究班、扬州师范学院戏曲研究班教师。他倾毕生精力,收集大量昆曲及京剧史料,于1990年编纂成《佚存曲谱》,填补中国昆曲史空白,对继承传统昆曲艺术,推动昆曲事业发展作出积极贡献,以突出成果获文化部嘉奖。著述还有《宝应疑年录》《宝应县志书目校补(与成永合作)》《风韵古乐》《三中词》《韩斋诗抄》等。因其终身职业为数学教师,专职之外多有建树,故有"扬州奇人"之称。

陶金如

陶金如(1923—1997年)　男,汉族,曾用名惟金,安宜镇人。毕业于南京师范学院中文系(函授),中学高级教师。历任宝应师范、宝应县中学语文教师。为人好学上进,精于历史、古文、诗词、书法、音乐、绘画等,堪称多才多艺。对于这些专长,他不事张扬,认为是做教师者应当具备的知识结构。平日性恬淡,寡交游,一生以读书、教学为乐。他背课充分,课堂教学时,语言丰富生动,极富魅力,往往使学生沉醉于其精心营造的意境之中。批改作业认真仔细,特别是批改作文,多有点睛之笔、勉励之辞,谆谆善诱,似与学生促膝交谈,堪称"诲人不倦"。教风严谨,于平凡中见神奇,其人品和敬业精神为同仁所共仰。陶金如退休前后间有撰述，除在省级以上报刊发表文章外，还著有《安宜人文述略》《王式丹年谱》《教坛拾边地》等。他曾当选县第五、六届人大代表，县政协第六、七届委员，被评为文教战线社会主义建设先进工作者及优秀教育工作者，出席县文教群英会和首届教师节优秀教育工作者表彰大会。

李长生

李长生（1954—1997年）　男，汉族，安宜镇人。他原在城郊乡政府任秘书，后调至县委办公室工作，历任秘书、科长和副主任等职，多次被评选为优秀共产党员和先进工作者。1994年4月，被任命为新成立的县地税局党支部书记兼主持日常工作的副局长。他到任后，跑遍各个基层所，了解人员状况，深入各个企业，开展税源调查，学习税收业务，制订税收计划，县地税局工作很快步入正常轨道。

李长生身患肝病，但一直带病坚持工作，未住过一天医院。他不但不给亲属任何照顾，还不允许利用自己的职位和影响谋取私利。他3次把组织上分配给自己新房子让给困难户，全家人在矮小的旧屋中安身。他平时提倡艰苦朴素、勤俭节约，生活上一直坚持低标准。在生命垂危之际，还再三叮嘱妻子，赶快还清自费建房所欠债务。李长生时时、事事、处处严格要求自己。患肝癌去世后，县委和市地税局先后作出决定，号召向李长生学习。市委组织部和宣传部为纪念建党80周年而编辑出版的《风帆》一书中，有专稿《他的别名叫清贫》，追记他的感人事迹。

华克之

华克之（1902—1998年）　男，汉族，原名华皖，曾用名张建良，氾水镇人。民国5年（1916）在县安宜高等小学读书，民国8年考入南京一中，民国12年保送金陵大学深造。早年信仰孙中山的“三民主义”。民国14年“五卅惨案”发生，他与共产党人宛希俨等组织后援会，声援上海人民的爱国斗争。后为国民党南京市党部青年部长、南京市学联负责人之一。民国16年“四一二”反革命政变后，他组织国民党左派人士抗议蒋介石的反动暴行，严辞拒绝蒋的拉拢，几次遭蒋逮捕入狱，均遇营救获释。“九一八”事变后，华克之寻求反蒋抗日救国道路的同时，暗中帮助共产党人陈处泰开展革命活动。民国23年秋，华克之团结一批爱国志士，成立南京晨光通讯社，实施刺杀蒋介石的计划。民国24年11月1日上午，在华克之指挥安排下，晨光社记者孙凤鸣进入国民党四届六中全会会场。当与会人员合影完毕时，孙凤鸣见蒋介石没有出场，便临时改变计划，对准国民政府行政院长汪精卫连开3枪。震惊中外的“刺汪”事件发生后，蒋介石悬赏10万大洋捉拿华克之，均未能得手，但晨光社其他同仁和大量无辜人员遭到逮捕和杀害。华克之反思惨痛教训，认定只有共产党才能救中国。民国26年他投奔延安，受到毛泽东亲切接见，后任延安与华南之间的“行人”。民国28年秋，经廖承志、潘汉年介绍，由毛泽东亲自批准参加中国共产党，成为隐蔽战线上的一名战士。在廖、潘直接领导下，华克之经常化装成商人、记者、教授、将军等各种人物，往返于沪、港之间，出入于日、伪、顽的高门大宅。他担任过中共中央与宋庆龄、李济深、陈铭枢等人的秘密信使；多次营救被捕同志，获取绝密军事情报，先后筹措约合4000多两黄金的巨额资金交给中共地下党组织；利用敌顽两军矛盾，为浙东新四军三五支队解围；智赚日军大批军火送往苏北解放区；从国民党国防部智取大批军用地图以作解放全国之用。华克之多次出生入死，完成艰险任务，在抗日战争和解放战争中，为党和人民屡建奇勋。

新中国成立后,因受潘汉年冤案株连,华克之于1955年5月被捕入狱。先在北京监禁11年,后押送徐州交群众监督改造,直到1978年因潘汉年冤案昭雪而得以彻底平反、恢复名誉。1980年组织上补发他24年的工资,他只拿几千元,除用2000元修缮房屋外,其余全部送给晨光社同仁后人。在担任国家安全部顾问期间,他不顾年老体弱,坚持为党的事业积极工作,埋头苦干,表现了一位老情报人员"受气不叫、吃苦不说"的优秀品质。1998年1月7日,因患心肌梗塞抢救无效,在北京去世。

王　力

王　力(1921—1999年)　男,汉族,原名王光宾,曾用名王光彬、王犁,曹甸镇崔堡人。民国24年(1935)参加中国新民主主义青年团,民国28年加入中国共产党,次年调往山东任《大众日报》记者、编辑部主任,后任中共山东分局党刊《斗争生活》主编,民国34年调任中共华东局宣传部教育科长。民国36年任山东渤海区土改工作总团团长兼党委书记。

新中国成立后,王力调往上海任中共华东局宣传部宣传处处长,常为《解放日报》撰写社论。1953年被派往越南,任越南劳动党宣传文教顾问组组长。回国后任中共中央国际活动指导委员会副秘书长。1958年,中共中央理论刊物《红旗》杂志创刊,被任命为编委、副总编辑,分管国际评论。1960年起列席中共中央书记处会议,参加起草中央文件。1963年起担任中共中央对外联络部副部长,参加起草8篇关于国际共产主义运动争论的重要文章。是年6月14日发表由其在杭州参加起草的中共中央给苏共中央的复信。是年9月6日起连续发表主要由王力和吴冷西、姚溱起草的"九评苏共中央公开信"。1964年起列席中共中央政治局常委会议,参与起草关于人民公社和农村社会主义教育运动的相关文件。1966年11月单独起草《毛泽东同志致阿尔巴尼亚劳动党第五次代表大会的贺电》。1966年6月"中央文革小组"成立,王力名列其中。1967年1月任中央宣传组组长。是年7月,在武汉发生"七二〇"事件后,以"反党乱军"罪关押于秦城监狱。1982年1月获释,享受师级待遇,从事马列主义理论研究。后患贲门癌,于1999年病故。

季肇瑞

季肇瑞(1918—2000年)　男,汉族,字海康,出身于扬州杏林世家,祖籍望直港镇北沙村。他自幼受家庭熏陶,立志悬壶济世、治病救人。18岁时自立门户,在扬州开设全科西医诊所。民国28年(1939)迁至宝应行医,挂牌"同德诊所"。民国35年初春,面对流行性脑脊髓膜炎在宝应城区蔓延的状况,他毅然关闭自己的诊所,在位于县城中心小桥庵民众教育馆开办义诊中心,用门板搁成病床,给患者做腰椎穿刺抽取脑脊髓液诊断病情,有针对性地使用不同剂量璜胺药,取得惊人疗效。因感染钩虫而导致严重贫血的"黄病"是宝应地区的常见病和多发病。他通过对每位患者的望闻问切,用心观察病员身体各部位变化,从个案到一般,不断分析总结,掌握通过眼、舌、手心和指甲判断感染钩虫的时间长短和病情程度的绝招,因人制宜、对症下药、适时驱虫,并强调三分吃药、七分调理,使城乡许多患者转危为安很快康复,被誉为"黄病"专家。同德诊所挂号分成几类小竹牌。除急诊和正常门诊外,有一种竹牌是专为穷人准备的,上面写一个"贫"字。对待穷人他总是少收或不收费用,有时还为饥寒者提供食品和衣物。抗战期间,日伪政权要他当军医,被严词拒绝。后来又有人劝他到国民党军队,也未从。新中国成立后,应共产党人张汉文邀请,他放弃丰厚收入,创办宝应县中学医务室。他每年给学生做体检,血丝虫幼虫夜间才能查出,他便要学生晚自习后在教室关灯休息,然后再逐一抽取血样。他有一本全校师生名册，上面记载着每个人的健康状况。1956年，被省人民委员会授予“优秀教师”称号。

“文化大革命”学校停课期间，季肇瑞自我进修，先后自学英语、日语，攻读外文医学书刊。关进牛棚后，他再三叮嘱妻子收藏好《中华医学杂志》。每年征集新兵，县人武部聘其为主检医生。离开宝应县中学后，他退而不休，继续无偿为城乡病员服务，直至终老。

李亚如

李亚如（1919—2003年）　男，汉族，安宜镇人。民国34年（1945）参加革命工作，民国36年7月加入中国共产党。历任宝应县实验小学校长、宝应县射阳民众教育馆馆长兼农民剧团团长、华中二地委《人民画报》主编、泰州报社副社长、苏北区党委宣传部指导员、苏北农学院宣传科科长及科研办公室主任、扬州专员公署文化局局长、中共扬州地委统战部副部长、扬州市（县级）人民政府副市长、扬州市（县级）政协副主席、扬州市国画院院长、名誉院长等职。李亚如出身于书香门第，自幼受到艺术熏陶。博学多能，才智超群，艺术上有多方面造诣。50年代，他的中篇小说《小虎》多次获奖。60年代，他主持创作的扬剧《夺印》在全国产生很大影响。通俗读物《小俩口入社》、儿童读物《两个小通讯员》、短篇小说集《考试》以及《扬州园林》等均为群众喜爱。在诸种艺术中，李亚如的书画成就尤高。其书法以篆隶入草，自成一家。国画苍劲古朴，雄健豪放，曾在中国美术馆举办画展，是国家一级美术师。出版有《李亚如画辑》和《李亚如书法篆刻集》，被誉为“扬州八怪”杰出传人。

芮和荣

芮和荣（1955—2003年）　男，汉族，安宜镇人。1972年参加工作。曾任县商业集团总公司副总经理，宝亚实业有限公司董事长、总经理，兼任亚细亚商城总经理。1995年起，他带领全体职工锐意进取、搏击商海，把一个资产负债2000万元的企业，发展成为连续4年销售额过1亿元，并拥有8000平方米面积的大型商城。他重视企业文化建设，正常开展各类文体活动，热心公益事业，关怀弱势群体，多次捐资助学，重视塑造企业的社会形象，使亚细亚商城成为城乡广大消费者的首选。

芮和荣曾被评为县“十佳党员干部”、市劳动模范和优秀共产党员。他突发心脏病去世后，县委决定在全县党员干部中深入开展向芮和荣学习活动。他的事迹在扬州市巡回演讲。

王沂泉

王沂泉（1906—2004年）　男，汉族，斋号东湖草堂，安宜镇人。自幼钟情绘画，初学花鸟，继而得客居宝应的陈琴舟亲传，画艺益进。人物、山水、走兽、蔬果等无不涉猎。平日练画十分刻苦，被同伴戏称为“画痴”。成年后，王沂泉到状元斋茶食店当学徒。得益于习画，他制作的各种生肖形糕点，刚出蒸笼烘锅即销售一空。老板破例，准许他工余时作画。这种亦工亦艺的生涯，一直延续20多年。

新中国成立后，王沂泉的绘画艺术更得到社会的尊重。1954年，县文教部门为他举办个人画展。次年又被工人文化宫聘为画师，在充满花草盆景的庭院内辟一雅室，供他潜心创作。他主张集百家之技为我所用，采百家之长补我之短。绘画师古而不泥古，构图新颖、形象生动、敷色鲜嫩不腻、风格松秀明丽。至1965年，他进入创作高峰期，几乎每天有新作问世。“文化大革命”期间，年逾花甲的王沂泉饱受折磨，以莫须有的罪名被单位清退，而他最痛心的是10年没有握笔。改革开放后，政府落实有关政策，为他安排宿舍和画室。他更加勤于绘事，参加各种展览和公益活动，创作出一批精品力作。1990年，县政协为他举办个人画展。1997年，中国香港回归时，县文化部门再次为他举办画展。2000年后，这位耄耋寿翁不言老，依然每日伏案挥笔，尽力把自己的艺术献给人民。

潘大白

潘大白(1918—2004年) 男，汉族，曾用名潘玓，字白也，号射阳湖畔一书生，射阳湖镇人。出身于师塾世家，自幼酷爱书法、诗词和棋艺。民国24年(1935)考入省立界首乡村师范，民国26年以全校第一名成绩毕业，后留校任教。同年回到宝应，任世界红十字会第14难民收容所文书兼难童识字班老师。后又在崔堡、射阳、小施河等校任文书和会计。民国34年，射阳第一次解放，他任射阳区政府文教委员。民国35年任沙沟市射阳中心小学校长、沙沟市教育科编辑、沙沟市齐心小学校长，后调至新四军建专学习，并任文化教员。民国36年，蒋介石围剿解放区，建专学员分批疏散，潘大白辗转至南京，在双塘、浦口、二条巷、老虎桥等学校任教师、教导主任、校长。此间，多次为地下刊物《生活通讯》写稿，积极参加护校，迎接南京解放。新中国成立后，当选南京小学教师协进会积极分子、南京市教育工会第一届会员代表，成为新华日报社第一批通讯员。1951年任南京四牌楼区抗美援朝委员会主任委员。1952年，他应宝应县中学校长张汉文邀请，投身家乡教育事业。退休后应聘至扬州电大宝应分校教学。

他擅长作诗填词、撰写楹联，著有《咏物香奁新体》《白澜诗词选》和《白澜浮想集》(与人合作)、《近体诗格律要旨》、《谈古典诗词的阅读》、《大白诗词》等。其书法融王羲之和郑板桥的风格为一体，独具特色，多次在全国各类比赛或展览中获奖。千幅作品被亲友和喜爱者索取，有的传至美国和中国香港、台湾等地，或被博物馆和寺庙收藏。曾任省语言学会会员、省语文教学研究会会员、省诗词协会首届理事、县老干部书画协会副会长、白田诗社副社长、县政协委员、县政协联谊会理事等职。

夏　雨

夏　雨(1918—2005年) 男，汉族，别名耿耿，柳堡镇人，中共党员。民国28～30年(1939～1941)，在高邮、宝应从事中共地下党活动，先后任中共省立临泽乡村师范学校党支部书记、中共临泽工委副书记等职。民国31～38年，先后任中共宝应县工委组织部部长，临泽、射阳、夏集等区区委书记，宝应县、沙沟县县委民运部长等职。1949～1954年，先后任中共扬州地委农委副书记，高邮、兴化、江都、邗江等县县委书记。1954～1957年，先后任中共扬州地委秘书长、常委兼秘书长、副专员等职。1957～1965年，先后任中共高邮县委第一书记、代理书记，中共扬州地委书记处书记，中共高邮县委书记等职。1978年，调省民政厅工作，任党组副书记、副厅长，主持工作。1982年12月离休。

1957～1960年，他坚持实事求是原则，抵制错误倾向，客观如实地向上级党委反映县情，却受到批判斗争，被戴上反党反社会主义帽子，两度遭受被撤销职务的不公正待遇。1962年、1982年，省委先后作出撤销对他处分的决定和对他进行彻底平反的批复。决定和批复分别称，“夏雨同志抵制‘大跃进’中的‘五风’(违反客观规律的共产风、浮夸风、瞎指挥风、命令风、特殊化风)是正确的”，“在当时情况下是难能可贵的”，“过去对他的批判和处理是错误的，应予彻底平反，恢复名誉，推倒一切诬蔑不实之词”。

孙玉龙

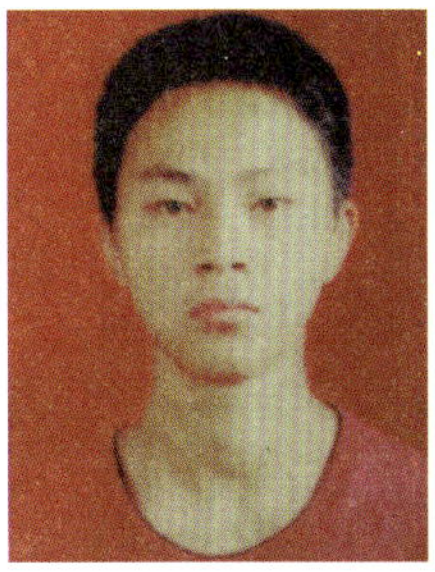

孙玉龙(1986—2005年)　男,汉族,柳堡镇人。扬州商校电子班学生。2005年8月14日凌晨,孙玉龙与父亲孙维亮在扬州某住宅小区巡逻时,发现有窃贼在13号宿舍楼前撬盗自行车。父子两人遂分头包抄窃贼。窃贼仓皇弃车向西逃窜,与迎面赶来的孙玉龙撞了个正着,跌倒在地。孙玉龙勇敢地扑过去欲将其制服,谁料窃贼掏出一把锋利的匕首向孙玉龙挥舞,并脱身逃跑。父子俩毫不畏惧,追上去与其搏斗。孙维亮左腹部被捅伤,顿时鲜血直流。孙玉龙见状,奋不顾身又扑上去抓住窃贼双肩。窃贼拼命挣扎,匕首又刺伤了孙玉龙的左胸部。孙玉龙强忍着剧痛,紧抓住窃贼不放。穷凶极恶的窃贼又朝孙玉龙左颈部猛刺一刀,刺破了主动脉,顿时血流如注。附近群众发现后,随即报警并迅速将孙维亮父子送往医院抢救。孙玉龙终因伤势太重,失血过多,壮烈牺牲。2007年,省民政厅批准他为革命烈士。

刘仁香

刘仁香(1927—2006年)　男,汉族,安宜镇人。民国30年(1941)参加新四军,民国32年加入中国共产党。历任战士、班长、排长、连长、营长、副团长、师司令部管理科长、师副参谋长等职。在战争年代里,他勇猛顽强,机智灵活,不畏艰险,不怕牺牲,奋勇杀敌,屡建奇勋。莱芜战役中,有一支敌军固守某村,使解放军大部队进攻受阻。他主动请战,决心拔掉这颗钉子。在向敌人的暗火力点隐蔽接近时,敌军的机枪响个不停,手榴弹一个接一个在身边爆炸。他冷静观察,发现距自己2米处有一手榴弹正在冒烟,就纵身跃起,抓起那枚手榴弹奋力向敌人投去。在爆炸的一刹那间,他飞快冲到暗火力点的矮墙下。这时,敌人的机枪又开始射击,退出的弹壳像雨点落在他头上。他突然伸出双手,夺下滚烫的机枪,转身一阵猛烈扫射,当场10余名敌兵应声倒下。他一面大喊"缴枪不杀,优待俘虏",一面招呼"同志们,快上"。其余的50多名敌兵被吓懵了,纷纷举手投降。他缴获机枪3挺、小炮2门、冲锋枪5支、步枪20支,以及若干箱子弹和手榴弹,被评为"战斗英雄"。

刘仁香随部队转战南北,先后参加抗日战争、解放战争和抗美援朝战争。参加过38次战斗,9次负伤,曾立一等功一次、二等功两次、三等功两次、四等功五次,两次被评为团级战斗模范、一次团级战斗英雄。1950年9月,出席全国战斗英雄代表大会,中央军委授予他"全国战斗英雄"荣誉称号,获得三级独立自由勋章和解放勋章,受到毛泽东主席和周恩来总理的亲切接见。

刘夜烽

刘夜烽(1920—2007年)　男,汉族,原名刘文忱,字蕙风、抑锋,别号暗香室主人、无半车书斋主人,安宜镇人。民国27年(1938)12月投身革命,民国28年3月参加中国共产党。同年8月,他和洪泽受中共苏北特委派遣,回宝应县秘密建立党的组织。民国30年1月任中共宝应县工委组织委员。同年11月,打入伪警察局任课员。民国33年冬奉命撤离宝应县城,先后任宝应县委秘工部副部长、高邮市委青年科科长等职。新中国成立后,调往安徽省工作,历任肥东县委宣传部部长、巢湖地区党校副校长、南陵县委书记、安徽省委宣传部办公室主任、安徽省文化局副局长、安徽省文联委员、安徽省文联顾问、安徽省作家协会理事、安徽省语言学会副会长。1980年后任中国书法家协会理事、安徽省书法家协会名誉主席、中华诗词学会常务理事、安徽省诗词学会会长、安徽书法函授院名誉院长等社会职务。

刘夜烽出身于书香门第,自幼酷爱诗词书法,以隶书著称于世。笔墨厚重,结体方正,融篆、行草笔法,自成风格。多次参加安徽省内外和国际书展。1985年在日本京都举办的中国当代书画展中被列为首位。《中国现代书法选》《名家墨迹》等书刊及《书法》、《书法报》、《中国书画报》、《人民日报》(海外版)等报刊均发表其作品。为多处风景名胜、名人纪念馆、博物馆、美术馆书写作品100余幅,绝大多数为自作诗词和联语。除编写书法教材外,还撰有《隶书浅探》《试论书法外工》《邓石如的艺术总评》《试论郑板桥三绝》《馆阁体浅谈》《评司徒越的书法艺术》等书论问世。在全国各类报刊上发表诗词近1000首,著有《李白及其诗歌》《夜烽诗词选》《诗学门径》《现代黄山诗选》《黄山诗话》等。

明　波

明　波(1917—2009年)　男,汉族,字月静,俗名金成林,射阳湖镇人。民国15年(1926)在射阳白衣庵出家,后入当地私塾就读。民国21年毕业于宝应嘉祥佛学研究社。民国25年在句容宝华山隆昌律寺受具足戒后留山参学,历任知客、知众、引礼、律学院监学等职。此后,又调任空青山宝藏寺监院、江都张纲宝镇寺监院、宝应一宿庵监院。1949年后,复至宝华山隆昌律寺任维那。改革开放后,至常州天宁寺、安徽凤阳龙兴寺、甘肃甘谷永明寺等处任传戒法会开堂师。1999年应晴虚法师之邀,率团至台湾灵泉禅寺举办传戒培训班。2000年秋再次赴台,参加该寺开山一百周年庆典,任传授三坛大戒开堂阿闺黎弘戒大德,为促进海峡两岸佛教界联系和交流作出贡献。

明波曾任县佛教协会会长兼宁国寺筹建处主任、管理小组组长、宝华山佛学院教授。历任县政协第八、九、十届委员,县红十字会理事,市佛教协会常务理事等职。2005年升座为宁国寺住持。他擅长诗词,书画功底深厚,系白田诗社会员,市美术家协会会员,宝应国画院名誉院长。

洪　泽

洪　泽(1917—2009年)　原名朱积成,安宜镇人。民国26年(1937)肄业于扬州国学专修学校。民国28年2月参加中共地下党组织。同年3月参加新四军挺进纵队,任教导队政治干事、区队长等职。同年8月在苏北临时特委第一期党训班学习结束后,受派遣从江都吴家桥到宝应开展党的秘密工作,初为党小组组长,后任党支部书记。民国30年起历任宝应县工委书记、秘密工作部部长、宣传部部长、副县长,多次出生入死,勇敢机智地与敌、伪周旋。1949年渡江战役后,任中共镇江地委秘书长、地委秘书主任。1951年任中共华东局统战部科长、副处长。1955年任中共中央书记处二办研究员。1957年任《江海学刊》主编。1966年任省政协秘书长。

“文化大革命”期间,洪泽受到不公正的待遇和无情打击,70年代下放宝应农村劳动。1977年恢复工作后,任省政协第四届委员会委员、常委、秘书长,1983年任省政协第五届委员会委员,1985年离休。洪泽学习周恩来严于自律的品格,处处事事严格要求自己。自周恩来于1976年逝世后,他每年填写“景周词”一首,数十年从未间断。他一直关心家乡建设,无偿为宝应地方史志撰稿乃至担任编审,为《宝应历代县志类编》倾注许多心血。有《洪泽诗词》一书存世。

第二章　人物简介

简介主要记述在世人物且符合下列条件之一者:省级及以上劳动模范(或先进工作者)且事迹突出者、县级及以上党政部门向全社会号召学习的英雄模范人物、一等功臣且事迹突出者、行政厅级或正高级以上职称且有突出贡献者、在国家级行业比赛或展览中获得金牌或重大奖项者、在国际重大比赛或展览中获奖者。共收录人物57人。其中,在县内工作生活的31名入志简介人物于专志各篇内随文附记。本章集中记载在县外工作生活的26名宝应籍人物,以姓氏笔画排序。

马俊如

马俊如　男,汉族,民国23年(1934)出生,安宜镇人。1953年考入复旦大学物理系,后转入北京大学。在中国科学院半导体研究所从事晶体管、集成电路和超微细加工研究近30年,历任研究所课题组组长、研究室主任,研究员。

80年代初在美国国家亚微米研究中心和康乃尔大学进修。1985年任中国科学院微电子中心副主任。1986年起任国家科委基础研究高技术司副司长、司长,国务院国家高技术研究发展计划领导小组办公室主任,负责国家基础研究发展计划、国家高技术研究发展计划(863计划)启动工作。1991年7月任国家外国专家局局长、国务院引进国外智力领导小组办公室主任,负责国家人才智力引进工作,并兼任中国国际人才交流协会副主席兼秘书长。是年,在正负电子对撞机工程中,提出光刻实验室设计思路和目标被采纳,获国家突出贡献证书。1992年,担任防汛遥感应用试验系统研究项目主要负责人,该成果获国家科技进步一等奖。1995年,当选为国际欧亚科学院院士。1997年从事科学技术发展的战略研究和科技咨询工作,被聘为国家重大基础研究规划专家顾问组顾问、国家高技术研究发展计划(863计划)专家顾问组顾问、常务副组长,并在中国科技大学兼职高技术学院院长,北京大学、南京大学、清华大学教授、博士生导师。发表学术著作和编著4种,论文报告数百篇。

王元林

王元林　男,汉族,民国16年(1927)出生,广洋湖镇人。自幼家庭贫苦。民国32年参加革命。民国35年加入中国共产党。历任武工队队长、总务科科长、苏中二地委文工团副指导员。1951年主动要求进苏北工农速成中学读书,1954年考入南京农学院畜牧兽医系,1958年以全优成绩毕业,后攻读在职研究生。《新华日报》《人民日报》曾介绍其苦学七年从文盲到大学毕业的事迹,并翻译成朝鲜语出版。毕业后就职于南京农学院,历任畜牧兽医系助教、副教授,兽医院副院长、院长,兽医学教研室主任,农业部畜牧局南京农业大学全国畜牧业专业户培训中心常务副主任等职。先后为全国培养6万多名基层兽医人才,建立兽医预防治疗网。1959年被评为全国劳动模范,赴京出席国庆10周年观礼。1960年出席省和全国文教卫生先进工作者会议。1964年3月起,遭受审查、批斗长达17年。其间,坚持科学研究和著书立说,解决多种疑难杂症。主编与参编著作近60部,参译学术专著3部,发表论文64篇。1990年离休后,埋头整理长期积累的兽医病案,完成200万字的《兽病大全》等专著7部。曾国家科技进步二等奖和省科技进步二等奖、三等奖各1项。

尹泽勇

尹泽勇　男,汉族,民国34年(1945)2月出生于重庆市,原籍江苏宝应。1967年毕业于西北工业大学飞行器结构力学专业,后进入中航工业航空动力机械研究所工作,1990年获北京航空航天大学航空发动机工学博士学位。任中国航空工业集团公司六〇八研究所总设计师,兼任国防科工委航空动力项目专家委员会委员、国家军工定型产品专家咨询委员会委员。曾担任国家第一种设计定型并批量交付使用的涡扇发动机的总设计师,实现国家涡扇发动机研制从无到有的突破;担任国家第一种自行设计的涡轴发动机及二型直升机传动系统的总设计师,并负责其他有关重点项目;长期从事先进结构强度研究工作。曾获国家级科技进步二等奖2项,部级科技进步一等奖1项、二等奖3项,其中涡扇发动机研制及应用获国防科技工业武器装备研制金奖、国防科技进步奖一等奖、国家科技进步奖二等奖。出版《现代燃气轮机转子循环对称接触应力分析》等专著3部、《有限元法》等译著6部,发表论文60余篇。1992年被评为国家级有突出贡献中青年专家。2005年当选中国工程院院士。

卢之超

卢之超　男,汉族,民国22年(1933)出生,安宜镇人。1956年就读于中国人民大学哲学系,1959年毕业留校读研究生,不久调入红旗杂志社任编辑。“文化大革命”初期因向中央文革小组组长兼红旗杂志主编陈伯达提意见而受打击,后下放到石家庄农村“五七”干校劳动。粉碎“江青反革命集团”后奉调回京,历任中共中央书记处研究室政治组组长、中共中央宣传部理论局局长、中共中央文献研究室室务委员、研究员。

1979年3月,撰文《冷静下来的思索》在《人民日报》发表,为中共中央平反冤假错案决策作舆论先行。此后,长期参与中央有关重要文献《建国以来党的若干历史问题的决议》、中共十二大政治报告等文件起草工作,以及修改党章、宪法文字工作。配合党的方针政策宣传,发表许多理论宣传文章。1988年任全国政协副秘书长,连续几年担任全国政协会议新闻发言人。

冯亦同

冯亦同　男,汉族,民国30年(1941)出生,柳堡镇人。中国作家协会会员、省作家协会理事、南京市作家协会副主席兼秘书长,文学创作一级。省诗词协会顾问、省中华诗学研究顾问。

1959年考入南京师范学院中文系,在《新华日报》《少年文艺》《雨花》等报刊发表诗歌、散文。1963年任教于南京第九中学,继续进行业余写作,后因“文化大革命”被迫中断,70年代后期重新执笔。1981年底调入南京市文联任专职作家,发表大量诗歌、散文和各种评论作品,出版个人诗集《相思豆荚》《男儿岛》,诗与诗评合集《正午的瞳孔》《人生第五季》,传记文学《郭沫若》《徐志摩》,主编诗集《诗人眼中的南京》,散文集《名家笔下的南京》《秦淮恋》《金陵诗丛》等著作。1989年,诗作

《莫高窟写意》获首届金陵文学奖。1997年,诗集《男儿岛》获南京市第二届文学艺术奖。1999年,广播散文剧《朱自清之歌》获省1998年度广播剧一等奖,并获2000年度省“五个一工程”奖。

乐玉成

乐玉成　男,汉族,1963年出生,安宜镇人,中共党员。1977年进江苏省旅游学校学习,毕业后在南京旅游饭店工作。1982年就读于南京师范学院俄罗斯语言文学系,后供职于外交部苏联东欧司。1991年后任中国驻苏联和俄罗斯使馆三等秘书、二等秘书,1994年任外交部东欧司副处长、处长。1998年任中国常驻联合国代表团参赞,2002年任外交部东欧中亚司副司长,2004年7月任中国驻俄罗斯大使馆参赞、公使。在莫斯科和纽约工作期间,亲历“8•19”事变、苏联解体、炮打“白宫”、“9•11”恐怖袭击等重大历史事件,撰写一系列研究报告。多次应邀在中国、美国和俄罗斯的大学和研究机构发表演讲,先后在国内外相关媒体发表国际问题评论和论文若干篇。

刘明高

刘明高　男,汉族,1957年出生,曹甸镇人,中共党员。1986年入伍,先后任南京军区后勤第16分部汽车32团战士、排长、副连长、连长、综合修理所副所长、所长,曾多次被评为优秀战士、优秀共产党员,立三等功一次。

1994年2月11日,在回家乡探亲途中,经过淮阴市拆建公司工地,发现有人盗窃钢材,立即上前制止,最终在与10多名歹徒殊死搏斗中身负重伤,后经医院抢救,才脱离生命危险。他的事迹经新闻媒体报道后引起强烈的社会反响。1994年2月25日,南京军区为刘明高记二等功一次,并作出向刘明高学习的决定。同年3月21日,县委、县政府决定开展向刘明高学习活动。2004年转业,任南京市交通局运政稽查大队大队长。

刘新生

刘新生　男,汉族,民国26年(1937)出生,安宜镇人,中共党员。曾就读于北京外国语学院英文系和北京大学东语系印尼语专业,并赴印尼大学文学院留学进修。1961年进入外交部工作,任中国驻印尼大使馆政务参赞。1993～1998年任中国首任常驻文莱大使。2001～2003年任外交部西藏事务办公室主任。现为中国文莱友好协会副会长、中国人民对外友好协会理事、中国东盟协会理事、中国国际问题研究基金会研究员。

1998年与夫人合著《和平之邦　一方乐土——出使文莱琐记　》,2003年与徐明远合编《国际政坛女杰》,2004年编著《飞向“世外桃源”》《中国—印度(画册)》,2005年编著《列国志:文莱》。其间,在报刊杂志发表外交题材文章多篇。

朱庆裴

朱庆裴　男，汉族，民国27年(1938)出生，安宜镇人。教授级工程师，享受国务院特殊津贴。曾任中国微生物学会常务理事兼工业微生物专业委员会主任委员等职。

1962年从复旦大学生物系微生物学专业毕业后，在中国食品发酵工业科学院从事科研和科技情报工作，进行"菌种保藏方法和工业微生物优良菌种选育"等课题研究，组建全国食品与发酵工业信息中心，并开展一系列软课题研究，获轻工业部科技进步二等奖2项。"生物技术发展政策"(轻工与食品工业领域)的软课题，经国务院批准，列为《中国科学技术蓝皮书》。主编的《食品与发酵工业》杂志，曾获中国轻工总会优秀期刊一等奖、国家科委优秀期刊三等奖。编写出版《酶制剂生产及其在食品和发酵工业中应用》《酶制剂工业》等专著和译著，参与多部大型专业辞典编纂，在国内外专业研讨会和全国性报刊上发表论文多篇。

朱庚成

朱庚成　男，汉族，民国11年(1922)4月出生，安宜镇人。民国29年参加中共地下工作，次年加入中国共产党，后受党组织指派打入汪伪宝应县党部，历任社会服务处干事、股长，汪伪宝应日报社记者、编辑部主任、印刷部主任，以公开身份作掩护开展党的地下工作。民国34年4月为新四军取得三垛河伏击战胜利提供重要情报。1949年初，受镇江中共地下党组织指派，打入国民党镇江城防司令部，获取江防情报，为解放军顺利渡江南下提供情报支持。

镇江解放后，任镇江市人民文化馆第一任馆长、镇江市美术家协会主席、镇江中国画院第一任院长，创建镇江市雕塑创造室，是镇江多景诗社主要创始人之一，并曾任省诗词协会理事、镇江市诗词协会顾问、美国纽约四海诗社名誉社长、中泠印社顾问、多景诗社名誉社长。60年代初参加淮海战役纪念塔浮雕部分的集体创作，并任雕塑处业务组长兼行政组长。任镇江中国画院院长期间，组织画家深入生活，并在北京中国美术馆举办《新四军征途画展》。先后塑造兴化郑板桥纪念馆郑板桥像、镇江焦山公园三诏洞焦光像、金山公园法海洞法海像、梦溪园沈括故居纪念馆沈括像和南山文苑《文心雕龙》作者刘勰像等等。作品《镇江三山》汉白玉浮雕，作为镇江与日本津市结为友好城市的象征，镶嵌在日本津市文化广场大厦。担任多届镇江市政协委员、人大代表。

张　杰

张　杰　男，汉族，民国22年(1933)1月出生，夏集镇人。笔名章节。1949年参加工作，长期供职省文化、新闻出版部门。曾任江苏美术出版社副总编、中国书法家协会理事、省书法家协会副主席兼秘书长、省楹联研究会副会长、省诗词协会艺术顾问、省文联委员。国家一级美术师。

书法行楷清丽飘逸，秀而不媚；汉隶融行草笔意，仪态清和，骨法刚健，师古求新，自成风貌。作品多次参加全国性书法展，并有书作先后在日本、英国、法国等10多个国家及中国港澳台地区参展，亦赴日本进行书艺交流。出版专集《章节诗联隶书帖》《章节诗联书法作品集》，大量书法作品被收入各种选集或被制成碑林、碑廊刻石和美术馆、博物馆、纪念馆收藏。多年来创作诗词近千首、楹联数百副。作品清新自然、韵味浓郁，被收入各种选集、辞书或在专业报刊上发表并获奖。他先后被收录于《中国现代书法家人名辞典》《中国当代诗词家人名辞典》《中国对联宝典》《江苏对联集成》《中国出版人名辞典》等辞书。江苏电视台对其进行专题采访，称他为“诗书合璧、联墨同芳”诗联书法家。2005年组织书法家、楹联家为家乡纵棹园创作楹联和书法作品。

周文彰

周文彰　笔名弘陶，男，汉族，1952年出生，曾用名红桃，小官庄镇人。1977年就读于南京大学哲学系，1985年考入中国人民大学攻读博士研究生，1988年任南京大学哲学系讲师。

1989年春，调入海南省政府发展研究中心，撰写《绿岛傻想》《并非傻想》《特区导论》《跨世纪的选择：经济特区二次创业》等著述及文章，主持编写《海南省情概要》等书籍，参与组织国际学术交流和研究活动。享受政府特殊津贴，并被授予有突出贡献的中青年专家。1996年被破格提拔为海南省政府经济发展研究中心副主任。1997年进中央党校一年制中青班学习，所撰《我们思想上还需要哪些超越》一文入选《影响中国政策开放二十年的重要文章》一书。主编《国际惯例书库》和《国际惯例丛书》，后者获中国图书奖。1998年任中共海南省委宣传部副部长，2002年任海南省委常委、宣传部长。

范承祚

范承祚　男，汉族，民国20年(1931)4月出生，安宜镇人。早年先后就读于画川初中、宝应中学和扬州中学，1953年考入北京大学，1954年被公派到阿尔巴尼亚地拉那大学人文学院留学，1957年回国进外交部工作。后几度被派往中国驻阿尔巴尼亚、希腊大使馆工作，历任职员、秘书、参赞等职，1986年任驻阿尔巴尼亚特命全权大使。曾多次为毛泽东、周恩来、刘少奇、朱德、邓小平等老一代党和国家领导人作翻译服务，互译中阿重要文献百万字，翻译阿尔巴尼亚文学、政治、经济著作多部，2001年被授予新中国首批“资深翻译家”称号。

50年代起，在《人民日报》《光明日报》等多家媒体发表纪事文学、长篇通讯、译文、诗词作品，出版《阿尔巴尼亚通讯集》《山鹰之国纪念诗文集》和诗集《万里千诗》《乡情诗》等，以责任编委和主要执笔人编著出版64万字的《改革开放以来的中国外交》专集。应聘任上海交通大学、武汉科技大学、扬州大学兼职教授。曾当选中华诗词学会首届理事。

房　柱

房　柱　男，汉族，1936年出生，安宜镇人。1953年从镇江医校毕业后任连云港淮北盐工医院和疗养所医生。1956年研究利用蜂毒治病，使许多盐工关节炎和膝踝肿胀、疼痛消除。1959年发表第一篇蜂疗论文，参加莫斯科蜂疗学术会议，引起中外医学界注目。1959年被聘为中国农业科学院养蜂研究所特约研究员。“文化大革命”期间坚持科研，撰写论文《关于蜂胶医疗效用的研究》，首次提出蜂胶片是防治高血脂症的有效药物，1978年在南斯拉夫召开的国际蜂疗学术会议上发表。1980年任连云港市蜂疗医院院长、蜂疗研究所所长、主任医师，并组建中国养蜂学会蜂疗保健专业委员会。1986年后应邀出国(境)讲学交流逾30次，主持并完成省重点科研和开发项目多项。1991年始任国际蜂疗保健和蜂针研究会、国际蜂疗和蜂产品协会会长。先后在国内外发表蜂疗著述逾60部约140万字。1985年获全国总工会“优秀科技工作者”称号和“五一”劳动奖章，1988年被授予省“有突出贡献的中青年专家”称号，1992年获国务院特殊津贴，1995年被授予“江苏省中西医结合专家”称号。

居乃琥

居乃琥 男，汉族，民国27年(1938)10月出生，安宜镇人。1957年起在北京大学完成生物化学专业本科和研究生学业。毕业后历任上海市工业微生物研究所所长，全国工业微生物科技情报中心主任，《工业微生物》杂志主编，国内及德、美、英等国大学、公司兼职教授、客座教授、资深研究科学家、总工程师、总监等职。多年来在从事与食品和医药有关的生物技术应用研究、教学、科技领导和管理岗位上，屡获创新性成果。先后到美国、日本、法国、英国、德国等20多个国家从事科学研究，参与科技合作，参加国际会议、讲学、考察。在国内和美国完成10多个酶工程和发酵工程方面科研项目，发表120多篇论文，著有《黄曲霉毒素》《工业微生物学》《固定化酶的理论与应用》《酶工程手册》等14部专著和译著。“固定化酵母细胞快速发酵啤酒”项目获轻工业部和上海市科技进步奖。参与编写的《新英汉词典》获上海市优秀图书一等奖。由其任主编并承担四分之三编写任务的224万字的《酶工程手册》，是国内出版的第一部酶工程手册，也是第一部由中外专家合作编写的酶工程书籍，获第四届中华优秀图书奖提名奖。

赵振宇

赵振宇 男，汉族，民国34年(1945)12月出生，安宜镇人。1968年9月毕业于上海外国语学院英语系。1968年12月至1970年4月在安徽城西湖解放军农场锻炼。1970年4月入外交部，先后在北京外交人员服务局、中国驻加拿大使馆、外交部美洲大洋洲司和中国驻多伦多总领事馆等部门工作，任科员、三等秘书、二等秘书、一等秘书和政务参赞等职。1999年至2003年3月任中国驻巴布亚新几内亚大使。2000年5月指挥救援生命财产受到严重威胁的旅居所罗门的116位中国侨胞，开创新中国外交史上首次从未建交国撤回侨民的先例。2003年4月任中国驻牙买加大使兼中国常驻国际海洋管理局代表。译著有美国厄尔·比格斯著小说《黑骆驼》、英国威廉·柯林斯著小说《白衣女郎》和荷兰高罗佩著《大唐狄公案·柳园园》(合译)。其他著作有《中国同加拿大的关系》等。

俞秋水

俞秋水 男，汉族，民国13年(1924)7月出生，西安丰镇人。少年时得其家传，在诗画方面打下较为扎实的基础。民国29年携画卷参加宝应县书画展，此后在宝应、扬州、南京、杭州等地卖画谋生。1950年先后在长春师范、旅顺中学、北京五中任美术教师。1957年被错划右派。1979年返京复职。1984年退休后，集中精力投入到国画人物和山水画创作中，吸取中国文人画传统精髓，致力于南派小写意青绿

山水的探索和创新。其创造的“龟纹皴”技法，表现出山石因长年风雨剥蚀状如龟裂的特殊效果，在画坛享有盛誉，被称为“俞派山水、创派画家”。先后在宝应、扬州和北京中国美术馆等处举办个人画展、父子画展及全家祖孙三代六人画展，作品发表于《人民政协报》《光明日报》《新华日报》等多种报刊。出版山水和人物画各1辑、题画诗词1册、山水基本画法录像带1辑。2001年出版《俞秋水诗书画集》。

胡继高

胡继高　男，汉族，民国19年(1930)出生，安宜镇人。1956年被国家选派到波兰哥白尼大学学习文物保护专业。1962年获硕士学位回国，分配到文化部工作，不久奉派参加敦煌莫高窟考察工作组。他克服设备简陋、外国技术封锁等重重困难，研究配制出既有良好的胶粘性，又具有无眩光、不变色和可逆性的粘合剂，还研究出适合敦煌壁画实际情况的特殊操作修复工艺，成功地抢救严重龟裂起甲的壁画1000平方米。此后，青海乐都翟坛寺和新疆库木吐拉石窟壁画采用该工艺均得到有效保护。在经历27年时间考验之后，敦煌壁画修复项目于1986年通过鉴定，专家们认定具有国际先进水平，1987年在全国文化科技评奖会上获一等奖。多年来主持完成50多项文物保护项目，其中12项为国内首创，5项达世界先进水平，为国家挽救数以千计的国宝。

自幼喜爱绘画，师承国画大师李苦禅，多以雄鹰、墨荷等为题材，笔墨简洁、大胆泼辣、酣畅淋漓，先后两次应邀赴波兰华沙举办个人画展。曾任全国政协委员、文化部科技委员会委员、中国文物保护科学技术研究所研究员。

陶恒甲

陶恒甲　男，汉族，民国22年(1933)2月出生，射阳湖镇人。中共党员。1951年4月进入上海市公安局劳改处从事监狱看守管教工作。1959年初被评为上海市公安、检察、司法先进工作者，同年5月赴京出席全国公安、检察、司法先进工作者大会，受到党和国家领导人接见。1960年5月被共青团上海市委授予“红旗青年突击手”称号。在警务工作中，一贯忠于职守，多年如一日，认真执行《劳改工作条例》。改革开放后，按照“教育、挽救、感化”的方针，对青年服刑人员“像父母对待有病的孩子一样，像教师对待学生一样，像医生对待病人一样”，在劳教工作中取得显著成绩。1992年，司法部授予其一级警督警衔。

袁祖谋

袁祖谋　男，汉族，民国29年(1940)12月出生，氾水镇人。法国参议院工作人员文化体育协会太极拳教练，法国太极拳协会副主席、国际手搏联合会主席。

早年在国内获全国古典式摔跤冠军。1985年赴法国，先在俱乐部任职，后在西欧各国定期举办培训班，推广中国式摔跤。在其推动下，常年学习中国式摔跤和太极拳的法国人6000多人。1990年起，将中国式摔跤与散打糅合在一起，推出一个新的武术竞技运动——现代手搏，2003年被列入第六届巴黎“市长杯”中国式摔跤国际邀请赛的正式比赛项目。2004年，胡锦涛主席访问法国时，作为华侨华人代表，出席中国驻法使馆举行的招待会。他不仅在海外推广中国式摔跤，推动国内对这一传统体育项目的重视，还先后在北京、沈阳、天津等地举办国际邀请赛，推进中国式摔跤成为国际体育交流的运动项目。曾获得国家体育总局颁发的中国式摔跤重大成就奖。

郭世綖

郭世綖　男，汉族，民国27年(1938)1月出生，安宜镇人。1964年毕业于南京师范学院中文系。1965年起，在新疆建设兵团从事中学教育教学工作19年，任教导主任、校长、宣传科科长等职。平时勤奋好学，孜孜以求，“文化大革命”期间，因图书被焚、资料短缺，奋笔抄写《辞源》，持续年余，每日不辍。1984年调入石河子教育学院后，从事大学教育教学工作22年，任中文系教授、教研室主任、院科研处处长、学报主编等职。著述有教材《实用秘书学》、自传《奋进》、杂文集《语重心长》以及《石河子大学大事记》、《石河子大学校史》和41篇学术论文、39篇文艺创作等。被农业部评为先进教师，被兵团评为优秀共产党员，被新疆自治区新闻出版局评为优秀主编。1997年起享受国务院颁发的政府特殊津贴。

钱旭红

钱旭红　男，1962年2月出生，安宜镇人。博士生导师、教授、国家“973”首席科学家、大学校长。

1982年7月获华东化工学院(现华东理工大学)石油化工系学士学位，1985年4月获华东化工学院精细化工系硕士学位，1988年7月获华东理工大学工学博士学位，1990年8月获美国德克萨斯州拉玛尔大学博士后，1991年12月获德国巴伐利亚州维尔兹堡大学洪堡基金(AvH)博士后，1995年9月任华东理工大学校长助理，1996年3月任华东理工大学副校长，2000年9月为大连理工大学教育部长江学者奖励计划特聘教授，2004年7月任华东理工大学校长。至2005年，先后获得上海市科技精英、德国洪堡基金会学术大使、英国女王大学荣誉博士等称号，兼任国务院学位委员会委员、国家自然科学基金化学部咨询委员、亚洲及太平洋化工联盟主席、英国皇家化学会会士等职。

曹明毅

曹明毅　男，汉族，1955年6月出生，夏集镇人。中共党员。1975年就读于中国人民解放军外国语学院。毕业后，历任总参谋部第三部参谋、总参谋部政治部干事、总参谋部军事法院庭长、总参谋部军事检察院检察长等职。国家一级高级检察官。

参加工作后，陆续在中共中央党校、中国人民大学法学院、国家高级法官学院、解放军政治学院等院校学习深造，时为全国第一批、全军第一位同时具有法律硕士学位和高级法官任职资格的法官。多次立功和受嘉奖，四次被评为先进工作者，两次被评为优秀共产党员，被授予“官兵满意的好法官”称号，被总参谋部评为勤政廉政先进个人。在担任总参谋部军事检察院检察长期间，他所领导的检察院多次被评为全国和全军先进单位。

萧 雅

萧 雅 女，汉族，1963年出生，原名朱剑梅，安宜镇人。国家一级演员。1982年毕业于上海戏曲学校，进上海市虹口越剧团为生行演员。在表演艺术家尹桂芳指导下，主演《沙漠王子》《盘妻索妻》和《一支梅》等10多部越剧，多部被拍摄成电视剧，其中《玉蜻蜓》获第15届“飞天奖”。首唱歌曲《月亮走我也走》，影响广泛。1991年起旅居美国。1998年回归上海、重新登台，把歌唱的气声、轻声和美声的唱法糅进尹派唱腔，形成独特的演唱风格，并拜师学习昆剧艺术，提升演技和品位。2001年应上海越剧院特邀主演《早春二月》，成功地塑造萧涧秋形象。2002年6月成立萧雅艺术工作室后，以爱心捐赠设立慈善基金，资助生活困难的戏曲老演员和家境贫寒但品学兼优的戏校学生。以民营公司的新型运作模式，排演原创越剧《状元未了情》和现代越剧《秋海棠》，屡获好评。2003年获第21届中国戏剧表演“梅花奖”。

谢少承

谢少承 男，汉族，1963年7月出生，望直港镇人。南京大学艺术硕士生，中国书法家协会会员。他在全国第八届书法篆刻展览中，以总分第一的佳绩，得到“行书状元”的美誉，获金奖；在全国青年书法篆刻展中获作品最高奖；在全国第二届行草书作品展览中获三等奖；在全国第九届书法篆刻展览中获提名奖；在第十二届文化部“群星奖”比赛中获优秀作品奖。曾获“鱼水情”全国首届双拥书法展一等奖、新世纪全球华人书法大赛铜奖、全军第五届书法展一等奖、全军廉政文化书法展一等奖等。他的作品还入选故宫博物院举办的当代书画名家作品展、北京国际书法双年展、中国中青年获奖书法家作品展等有影响的展览。1987年4月被中国人民解放军总政治部表彰为全军学习科学文化培养军地两用人才先进个人，1990年6月获南京艺术学院“刘海粟奖学金”，2005年5月立二等功1次，后被评为省优秀青年国画家、书法（篆刻）家。今为南京军区美术书法研究院秘书长。

蒋景曈

蒋景曈 男，汉族，民国29年（1940）8月出生，安宜镇人。1958年毕业于南京地质学校制图专业，1966年毕业于北京电视大学数学系。1981年至1983年作为访问学者先在联邦德国法兰克福应用测量研究所研究计算机地图制图，后在联邦德国汉诺威大学研究遥感数字图象处理。1987年任国家测绘局测绘科学研究所国土研究室主任，1995年任国家基础地理信息中心副主任。在国内最早开拓并长期研究地理信息系统和地理信息标准化两个新领域，主持建成的国家基础地理信息系统中、小两个尺度国家级大型空间数据库居世界一流水平，在国家、省级部门和全社会得到广泛应用。主持或共同主持制定11项国家标准，有4项是首批地理信息国家标准，具有开创性意义。通过参与国际标准研制，引进地理信息国际标准新模式和结构化体系等，有效改变国内原有相对落后的模式。先后发表论文90多篇，主编、合编和编译书籍15种。获国家科技进步二等奖1项和三等奖1项、省部级科技进步一等奖3项和二等奖3项。1993年起享受国务府特殊津贴，2005年获全国科学技术名词审定委员会突出贡献奖。

第三章　人物表录

本章收录省部级以上劳动模范、副高级以上专业技术人员和宝应籍在外工作的县处(团)级以上领导干部、高级专业技术人员等947人,其中劳动模范33人、副高级以上专业技术人员684人、在外乡贤230人。

第一节　劳动模范表

本节收录1990～2005年省部级及以上劳动模范33人。按姓氏笔画排列。

表32-3-1

姓名	工作单位	授予单位
马振泰	宝应开关厂	省政府
王安有	县环境卫生管理处	建设部
王锦和	县教育局	教育部
卢玉元	江苏银宝集团	省政府
孙祖凤	城中小学	教育部
刘　义	安宜镇渔场小学	省政府
刘士霞	县宝工发展总公司	省政府
任宝生	氾水镇潘桥小学	教育部
朱文龙	县无线电厂	省政府
陈瑞仁	柳堡镇郑渡村	国务院
陆庆荣	县化肥厂	省政府
吴　磐	县实验小学	省政府
李才扬	县教育局	教育部
张　萍	华联商厦	省政府
张立志	夏集镇丰收村	省政府
张宝海	宝胜集团	省政府
杨继业	县水利局广洋湖水务站	省政府
杨瑞东	射阳湖镇中心小学	教育部
严士虎	县环湖特水养殖公司	省政府
苗挺龙	小官庄镇小官庄村	省政府
苗启生	县农业银行	省政府
昌作顺	柳堡镇仁里村	省政府
昌恒富	拾屯煤矿	省政府
相咸珍	江苏银宝集团	省政府
夏存新	桃园小学	教育部

续表32-3-1

姓名	工作单位	授予单位
徐长珍	氾水镇牌坊村	省政府
徐建林	县卫生局	省政府
耿行健	县无线电厂	省政府
殷龙海	安宜镇花庄村	省政府
盖洪生	江苏五琼浆集团	省政府
雍立泰	县公安局	公安部
雍有东	夏集镇万民村	省政府
蔡春道	县人民法院	省政府

第二节　高级专业技术人员表

本节收录1990～2005年在县内工作的高级专业技术人员684人，其中工程技术类78人、经济财会类43人、医疗卫生类105人、教育类387人、农林类61人和其他类（档案、文艺等）10人。按姓氏笔画排列。

表32-3-2

类别	姓名	工作单位	职　称
工程技术类	丁宝喜	县建管局	高级工程师
	万　进	县建管局	高级工程师
	万福祥	县建管局	高级工程师
	于子洲	扬州晨化科技集团	高级工程师
	于国鸿	县科协	高级工程师
	于笔钧	宝应开关厂	高级工程师
	马俊慧	县公安局刑警大队	高级工程师
	马振泰	宝应开关厂	高级工程师
	仇家斌	宝胜集团	高级工程师
	王　飞	县科委	高级工程师
	王文才	县委农工部	高级工程师
	王乃庄	县建设局	高级工程师
	王庆甫	县建管局	高级工程师
	王成元	小官庄建安公司	高级工程师
	王寿民	县经委	高级工程师
	王居国	江苏天宇建设工程有限公司	高级工程师
	王绍森	县水产技术指导站	高级工程师
	王家军	县水产局	高级工程师
	车静荣	县乡镇企业管理局	高级工程师
	卢志华	宝应电器厂	高级工程师
	包瑞民	拾屯煤矿	高级工程师

续表 32-3-2

类别	姓名	工作单位	职　称
工程技术类	冯百钧	县粮食工业总公司	高级工程师
	冯景霞	县环保局	高级工程师
	仲伟功	县人大常委会	高级工程师
	仲孝久	县建管局	高级工程师
	孙玉泉	县轻纺公司	高级工程师
	孙锦汉	县气象局	高级工程师
	成贻俊	县水产技术指导站	高级工程师
	朱洪青	县政协	高级工程师
	朱家华	江苏天宇建设工程有限公司	高级工程师
	刘志清	县林特产技术指导站	高级工程师
	芮家效	县林特产技术指导站	高级工程师
	汤建萍	县经委	高级工程师
	邵云聚	县农业机械化技术推广服务站	高级工程师
	张仁鉴	县委农工部	高级工程师
	张正平	县水务局	高级工程师
	张怀信	县金钱豹橡塑制品有限公司	高级工程师
	张光辉	县机电公司	高级工程师
	张湘平	县科协	高级工程师
	张嘉怀	县水利局	高级工程师
	张德宽	江苏天宇建设工程有限公司	高级工程师
	李　泉	县粮食工业总公司	高级工程师
	李永海	县建管局	高级工程师
	李增环	县科委	高级工程师
	苗在章	县化肥厂	高级工程师
	杨润祜	县水利局	高级工程师
	杨维琪	江苏天宇建设工程有限公司	高级工程师
	杨绍桐	县建设局	高级工程师
	陈　奇	县乡镇企业管理局	高级工程师
	陈　晓	县农业机械化学校	高级工程师
	陈处达	县科协	高级工程师
	周维林	县机电公司	高级工程师
	庞玉春	宝胜集团	高级工程师
	姚长江	县建管局	高级工程师
	施大年	宝应电器厂	高级工程师
	施永春	县水利局	高级工程师
	赵亮中	县科委	高级工程师
	郝思文	宝应电器厂	高级工程师

续表32-3-2

类别	姓名	工作单位	职　称
工程技术类	徐学军	江苏天宇建设工程有限公司	高级工程师
	徐昭扬	县经委	高级工程师
	徐景阳	县经委	高级工程师
	唐连智	县乡镇企业管理局	高级工程师
	唐崇健	宝胜集团	高级工程师
	唐朝荣	宝胜集团	高级工程师
	郭伦柱	县环保局	高级工程师
	夏寿华	县水务局	高级工程师
	梁继福	县审计局	高级工程师
	蒋玉华	县经委	高级工程师
	蒋振龙	县金钱豹橡塑制品有限公司	高级工程师
	程宝良	县水产技术指导站	高级工程师
	鲁邦秀	宝胜集团	高级工程师
	鲁衍伟	泾河建安公司	高级工程师
	詹惠平	县水产技术指导站	高级工程师
	简春国	安宜建设集团公司	高级工程师
	简洪江	江苏天宇建设工程有限公司	高级工程师
	管登学	县化肥厂	高级工程师
	蔡顺章	县林特产技术指导站	高级工程师
	戴建国	县人大常委会	高级工程师
经济财会类	方文杰	县审计局	高级审计师
	王立祥	县财政局	高级会计师
	王庆和	县审计局	高级审计师
	王生保	县经委	高级经济师
	王达祥	县财政局	高级会计师
	尹兆祥	县经委	高级经济师
	卢玉元	县经委	高级经济师
	朱　静	县职教集团	高级经济师
	刘爱云	扬州中宝制药有限公司	高级经济师
	孙成林	扬州中宝制药有限公司	高级经济师
	孙新民	县建筑工程管理局	高级会计师
	孙振华	宝胜集团	高级经济师
	许金明	县经委	高级经济师
	吕家国	宝胜集团	高级经济师
	江　玲	宝胜集团	高级经济师
	成映清	县供销合作总社	高级会计师
	张在元	县审计局	高级审计师

续表32-3-2

类别	姓名	工作单位	职　称
经济财会类	张贞坤	鲁垛供销社	高级统计师
	陆成斌	县劳动和社会保障局	高级统计师
	沈龙广	县财政局	高级会计师
	李永定	江苏恒兴麦芽有限公司	高级经济师
	李庆祥	县供销合作总社	高级经济师
	苗　农	县检察院	高级审计师
	杨进发	江苏天宇建设工程有限公司	高级经济师
	肖庆忠	泾河镇财政所	高级会计师
	周　羽	县经委	高级经济师
	金昌明	扬州中宝制药有限公司	高级经济师
	岳建华	永顺泰(宝应)麦芽有限公司	高级经济师
	顾为民	县供销合作总社	高级经济师
	夏礼诚	宝胜集团	高级经济师
	徐伟强	宝胜集团	高级经济师
	徐学文	江苏天宇建设工程有限公司	高级经济师
	唐春桂	县财政局	高级会计师
	郭锡山	县财政局	高级会计师
	接虎松	县财政局	高级会计师
	黄国华	县经委	高级经济师
	蒋　彬	江苏天宇建设工程有限公司	高级经济师
	程公生	县园林处	高级经济师
	鲁源东	县粮食局	高级经济师
	翟立锋	宝胜集团	高级经济师
	蔡　金	江苏天宇建设工程有限公司	高级经济师
	蔡汉阳	县交通局	高级经济师
	潘晨曦	县经委	高级经济师
医疗类	刁春荣	县人民医院	主任医师
	王　慰	县人民医院	主任医师
	王杏伯	县中医医院	主任中医师
	刘春盛	县人民医院	主任医师
	朱恭华	县人民医院	主任医师
	吴其勤	县人民医院	主任医师
	张长顺	县中医医院	主任中医师
	金凤麟	县人民医院	主任医师
	郜南山	县人民医院	主任药师
	徐祖吉	县人民医院	主任医师
	徐国伢	县人民医院	主任中医师

续表 32-3-2

类别	姓名	工作单位	职　称
医疗类	贾寿松	县人民医院	主任医师
	郭家芳	县妇幼保健所	主任医师
	丁晓燕	县妇幼保健院	副主任医师
	丁福民	县人民医院	副主任医师
	马云仙	县人民医院	副主任医师
	王长才	县人民医院	副主任医师
	王兆军	县人民医院	副主任医师
	王向阳	县人民医院	副主任医师
	王同来	县卫生防疫站	副主任医师
	王树杰	县人民医院	副主任医师
	王贻珩	县人民医院	副主任医师
	王文元	县人民医院	副主任医师
	王日旭	县人民医院	副主任医师
	倪正白	县人民医院	副主任医师
	井桂芝	县人民医院	副主任医师
	乐云霞	县人民医院	副主任医师
	冯　芳	县人民医院	副主任医师
	仲继丰	县妇幼保健所	副主任医师
	刘立新	县人民医院	副主任医师
	向德鸿	县中医医院	副主任中医师
	成利华	县妇幼保健院	副主任医师
	朱义广	射阳湖镇中心卫生院	副主任医师
	朱士伏	氾水镇中心卫生院	副主任中医师
	朱士顺	县第二人民医院	副主任中医师
	朱天明	县药品检验所	副主任药师
	朱思祯	县人民医院	副主任医师
	朱效成	夏集镇中心卫生院	副主任中医师
	朱俊山	县人民医院	副主任检验师
	成蔼生	县人民医院	副主任药师
	许景亮	县中医医院	副主任医师
	严　忠	县中医医院	副主任中医师
	严永祥	县人民医院	副主任医师
	严国萍	县人民医院	副主任医师
	何广富	县人民医院	副主任医师
	何海燕	县第二人民医院	副主任医师
	沈开福	县人民医院	副主任医师
	吴士宏	县中医医院	副主任医师

续表32-3-2

类别	姓名	工作单位	职　称
医疗类	吴长秀	县人民医院	副主任医师
	吴顺英	县人民医院	副主任医师
	吴德平	县中医医院	副主任中医师
	邵建中	县人民医院	副主任医师
	张　烽	县人民医院	副主任医师
	张义海	射阳湖镇中心卫生院	副主任医师
	张兰玉	县卫生防疫站	副主任医师
	张亚平	县中医医院	副主任医师
	张定国	县中医医院	副主任中医师
	张坤一	县第三人民医院	副主任中医师
	张秉志	安宜镇沿河卫生院	副主任中医师
	沈　冰	县人民医院	副主任医师
	沈培源	县中医医院	副主任中医师
	李万章	山阳镇卫生院	副主任中医师
	李秀风	县中医医院	副主任医师
	李家祥	县人民医院	副主任医师
	李海良	县人民医院	副主任医师
	杨　飞	县人民医院	副主任医师
	杨正平	县人民医院	副主任医师
	杨宝中	县人民医院	副主任技师
	杨晓东	县人民医院	副主任医师
	杨惠民	曹甸镇中心卫生院下舍分院	副主任医师
	陈书恒	县人民医院	副主任医师
	陈长春	氾水镇中心卫生院	副主任中医师
	陈序友	小官庄镇卫生院	副主任中医师
	陈美琳	县人民医院	副主任护师
	周士军	县人民医院	副主任医师
	周育志	县卫生防疫站	副主任医师
	周茂松	县人民医院	副主任医师
	居　进	县人民医院	副主任医师
	居发明	县人民医院	副主任医师
	房启良	县人民医院	副主任医师
	姜雨同	县人民医院	副主任医师
	姜晓成	县中医医院	副主任中医师
	侯先茂	县第二人民医院	副主任医师
	姚初开	县人民医院	副主任医师
	姚惟昊	县人民医院	副主任医师

续表32-3-2

类别	姓名	工作单位	职　　称
医疗类	倪夕朗	县中医医院	副主任中医师
	徐建林	县人民医院	副主任医师
	袁茂祥	望直港镇中心卫生院	副主任中医师
	袁桂龄	县人民医院	副主任中医师
	唐　玲	县人民医院	副主任医师
	顾　卂	县人民医院	副主任医师
	顾玉明	县中医医院	副主任中医师
	顾全之	射阳湖镇中心卫生院	副主任中医师
	凌国平	氾水镇中心卫生院	副主任医师
	梅存选	县人民医院	副主任医师
	夏存坤	夏集镇中心卫生院	副主任医师
	夏存养	县皮肤病防治院	副主任医师
	章建中	曹甸镇中心卫生院下舍分院	副主任中医师
	黄永年	县人民医院	副主任医师
	童国俊	泾河镇卫生院	副主任医师
	谢恩洪	县人民医院	副主任医师
	鲍长玉	县第二人民医院	副主任医师
	蔡安章	县人民医院	副主任医师
	颜友仁	县人民医院	副主任中医师
	阚永和	县人民医院	副主任医师
教育类	丁　京	宝应县中学	中学高级教师
	丁分全	安宜高级中学	中学高级教师
	丁长华	翔宇教育集团宝应中学	中学高级教师
	丁立书	小官庄镇中心初中	中学高级教师
	丁保中	曹甸高级中学	中学高级教师
	刁端庆	城镇中学	中学高级教师
	万　钧	安宜高级中学	中学高级教师
	马　澄	城北高级中学	中学高级教师
	马式先	氾水镇中心小学	中学高级教师
	于殿贞	氾水镇中心初中	中学高级教师
	文　兵	县职教集团	中学高级教师
	方长明	氾水镇中心初中	中学高级教师
	王　玉	翔宇教育集团宝应中学	中学高级教师
	王　俊	县教育局	中学高级教师
	王开叶	氾水高级中学	中学高级教师
	王文才	射阳湖镇中心初中	中学高级教师
	王正建	县教育局	中学高级教师

续表 32-3-2

类别	姓名	工作单位	职　称
教育类	王永俊	县教育局退管办	中学高级教师
	王如琪	城北高级中学	中学高级教师
	王庆福	曹甸高级中学	中学高级教师
	王有信	县文化体育局	中学高级教师
	王传贵	安宜高级中学	中学高级教师
	王丽华	曹甸高级中学	中学高级教师
	王同和	县教育局	中学高级教师
	王劲松	安宜高级中学	中学高级教师
	王寿国	安宜高级中学	中学高级教师
	王步勇	氾水高级中学	中学高级教师
	王学琴	翔宇教育集团实验小学	中学高级教师
	王秉前	曹甸高级中学	中学高级教师
	王春元	宝应县中学	中学高级教师
	王春兰	翔宇教育集团宝应中学	中学高级教师
	王秀平	翔宇教育集团宝应中学	中学高级教师
	王奉玉	县教育局退管办	中学高级教师
	王建生	城镇初级中学	中学高级教师
	王帮恩	县职教集团	中学高级教师
	王桂喜	曹甸高级中学	中学高级教师
	王继松	曹甸镇中心初中	中学高级教师
	乐金科	县教育局	中学高级教师
	卞敬存	县教育局退管办	中学高级教师
	尹正新	县教育局	中学高级教师
	包春华	翔宇教育集团实验初中	中学高级教师
	卢玉国	县教育局退管办	中学高级教师
	卢玉海	宝应县中学	中学高级教师
	卢志文	翔宇教育集团宝应中学	中学高级教师
	石发锦	城镇初级中学	中学高级教师
	史长国	西安丰镇中心初中	中学高级教师
	史永富	曹甸镇下舍初中	中学高级教师
	叶春亮	翔宇教育集团宝应中学	中学高级教师
	叶锦秀	县教育局退管办	中学高级教师
	乔广良	安宜高级中学	中学高级教师
	乔东生	城郊初级中学	中学高级教师
	乔惟德	县教育局	副教授
	乔善东	安宜镇泰山初级中学	中学高级教师
	刘　俊	县教育局	中学高级教师

续表 32-3-2

类别	姓名	工作单位	职　称
教育类	刘广群	泾河镇黄浦初中	中学高级教师
	刘士民	安宜高级中学	中学高级教师
	刘文雷	氾水高级中学	中学高级教师
	刘加联	安宜高级中学	中学高级教师
	刘导琏	县教育局退管办	中学高级教师
	刘咏春	县教育局	中学高级教师
	刘金峰	安宜高级中学	中学高级教师
	刘宝砚	县教育局退管办	中学高级教师
	刘恩德	鲁垛高级中学	中学高级教师
	向东飞	山阳镇成人教育中心	中学高级教师
	向寿荣	城北高级中学	中学高级教师
	吕安良	氾水高级中学	中学高级教师
	孙立华	安宜高级中学	中学高级教师
	孙元国	氾水高级中学	中学高级教师
	孙云霞	氾水镇中心初中	中学高级教师
	孙克足	安宜高级中学	中学高级教师
	孙宝祺	县教育局退管办	中学高级教师
	孙宜林	氾水高级中学	中学高级教师
	孙维华	氾水镇中心初中	中学高级教师
	孙耀坤	翔宇教育集团宝应中学	中学高级教师
	朱　严	城郊初级中学	中学高级教师
	朱文凯	县教育局	中学高级教师
	朱正兴	县职教集团	高级讲师
	朱光强	县教育局	中学高级教师
	朱启广	鲁垛高级中学	中学高级教师
	朱启龙	县职教集团	中学高级教师
	朱寿宽	安宜高级中学	中学高级教师
	朱志宏	县教育局退管办	中学高级教师
	朱志玲	画川初级中学	中学高级教师
	朱金春	翔宇教育集团宝应中学	中学高级教师
	朱泽如	县职教集团	高级讲师
	朱恩和	氾水高级中学	中学高级教师
	朱常生	宝应县中学	中学高级教师
	朱恒高	宝应县中学	中学高级教师
	许　亮	山阳镇中心初中	中学高级教师
	许　诺	城北高级中学	中学高级教师
	许文龙	县职教集团	中学高级教师

续表 32-3-2

类别	姓名	工作单位	职　称
教育类	许祖军	曹甸高级中学	中学高级教师
	许顺泉	县教育局退管办	中学高级教师
	许继刚	城北初级中学	中学高级教师
	毕定良	夏集镇中心初中	中学高级教师
	吉　玲	城北初级中学	中学高级教师
	华　瑶	县教育局退管办	中学高级教师
	华道宽	氾水高级中学	中学高级教师
	纪开来	柳堡镇成人教育中心	中学高级教师
	纪长伦	翔宇教育集团宝应中学	中学高级教师
	齐家谈	县教育局	中学高级教师
	严　强	翔宇教育集团宝应中学	中学高级教师
	严顺喜	安宜高级中学	中学高级教师
	何文佳	鲁垛高级中学	中学高级教师
	何金莲	安宜高级中学	中学高级教师
	何恩洲	县职教集团	中学高级教师
	何殿才	翔宇教育集团宝应中学	中学高级教师
	汤玉璋	安宜高级中学	中学高级教师
	吴万政	城北高级中学	中学高级教师
	吴永红	县教育局退管办	中学高级教师
	吴永新	县教育局	中学高级教师
	吴其杰	县教育局退管办	中学高级教师
	吴国太	城镇初级中学	中学高级教师
	吴振明	县教育局退管办	中学高级教师
	吴翕然	县职教集团	中学高级教师
	吴德厚	安宜高级中学	中学高级教师
	郇　惟	县职教集团	高级讲师
	郇雨春	宝应县中学	中学高级教师
	郇炎孝	宝应县中学	中学高级教师
	邱洪波	安宜高级中学	中学高级教师
	邹秀华	城郊初级中学	中学高级教师
	邵明义	安宜高级中学	中学高级教师
	张　晴	安宜高级中学	中学高级教师
	张　扬	安宜高级中学	中学高级教师
	张　煜	翔宇教育集团宝应中学	中学高级教师
	张　融	县教育局退管办	中学高级教师
	张士余	县职教集团	中学高级教师
	张士建	安宜高级中学	中学高级教师

续表 32-3-2

类别	姓名	工作单位	职　称
教育类	张士钦	宝应县中学	中学高级教师
	张于福	县教育局退管办	中学高级教师
	张广俊	县职教集团	高级讲师
	张仁俊	城郊初级中学	中学高级教师
	张文林	县职教集团	中学高级教师
	张开桂	氾水高级中学	中学高级教师
	张同符	县教育局退管办	中学高级教师
	张传俨	安宜高级中学	中学高级教师
	张亚霖	黄塍镇中心初级中学	中学高级教师
	张连喜	安宜高级中学	中学高级教师
	张宏军	氾水镇中心小学	中学高级教师
	张宝海	县体育运动学校	中学高级教师
	张宝浒	宝应县中学	中学高级教师
	张建坤	宝应县中学	中学高级教师
	张金宝	翔宇教育集团宝应中学	中学高级教师
	张彦昊	安宜高级中学	中学高级教师
	张彦瞳	安宜高级中学	中学高级教师
	张国斌	翔宇教育集团宝应中学	中学高级教师
	张秉衡	安宜高级中学	中学高级教师
	张荣善	城镇中学	中学高级教师
	张焕新	县卫生进修学校	中学高级教师
	张焕清	柳堡镇中心初中	中学高级教师
	张爱玲	望直港镇中心初中	中学高级教师
	张爱珍	曹甸高级中学	中学高级教师
	张桂芝	县教育局退管办	中学高级教师
	张恒秀	画川初级中学	中学高级教师
	张裕光	县教育局退管办	中学高级教师
	张德明	氾水高级中学	中学高级教师
	张德均	县教育局退管办	中学高级教师
	张德楷	县供销合作总社职工学校	中学高级教师
	张鸿基	安宜高级中学	中学高级教师
	沈　玲	画川初级中学	中学高级教师
	沈龙平	宝应实验初中	中学高级教师
	沈学礼	翔宇教育集团宝应中学	中学高级教师
	沈明庭	安宜高级中学	中学高级教师
	沈寿鸿	翔宇教育集团实验初中	中学高级教师
	沈寿椿	县职教集团	中学高级教师

续表 32-3-2

类别	姓名	工作单位	职　称
教育类	沈真惠	县职教集团	中学高级教师
	李一林	县职教集团	中学高级教师
	李志勇	县教育局	中学高级教师
	李治平	安宜高级中学	中学高级教师
	李步振	宝应县中学	中学高级教师
	李呈富	夏集镇中心初中	中学高级教师
	李宏彪	小官庄镇中心初中	中学高级教师
	李固立	县教育局教研室	中学高级教师
	李胜杰	县教育局退管办	中学高级教师
	李映华	安宜高级中学	中学高级教师
	李树荣	氾水高级中学	中学高级教师
	李斌生	城北高级中学	中学高级教师
	杜　振	城郊初级中学	中学高级教师
	杜士明	翔宇教育集团	中学高级教师
	杨　峻	翔宇教育集团宝应中学	中学高级教师
	杨大华	翔宇教育集团实验小学	中学高级教师
	杨为民	城西初级中学	中学高级教师
	杨发余	氾水高级中学	中学高级教师
	杨永根	宝应县中学	中学高级教师
	杨玉叶	宝应县中学	中学高级教师
	杨步年	山阳镇中心初中	中学高级教师
	杨光培	城镇初级中学	中学高级教师
	杨茂春	安宜高级中学	中学高级教师
	杨祝三	山阳镇中心初中	中学高级教师
	杨寿松	安宜高级中学	中学高级教师
	杨学志	翔宇教育集团宝应中学	中学高级教师
	杨学玲	县教育局	中学高级教师
	杨泽祥	安宜高级中学	中学高级教师
	杨顺河	城北初级中学	中学高级教师
	杨宽荣	翔宇教育集团宝应中学	中学高级教师
	杨春年	山阳镇中心初中	中学高级教师
	杨德玉	翔宇教育集团	中学高级教师
	杨震云	曹甸高级中学	中学高级教师
	肖　征	县职教集团	中学高级教师
	花培元	县教育局	中学高级教师
	汪培英	县教育局退管办	中学高级教师
	汪维忠	安宜高级中学	中学高级教师

续表32-3-2

类别	姓名	工作单位	职　称
教育类	苏　艺	县教育局	中学高级教师
	苏阳生	城北高级中学	中学高级教师
	陆　展	安宜高级中学	中学高级教师
	陆方斌	黄塍镇中心初中	中学高级教师
	陆正梅	翔宇教育集团宝应中学	中学高级教师
	陆有明	翔宇教育集团宝应中学	中学高级教师
	陆芳喜	曹甸高级中学	中学高级教师
	陆俊媛	城郊初级中学	中学高级教师
	陆家桢	县职教集团	高级讲师
	陈　文	安宜高级中学	中学高级教师
	陈　谷	曹甸高级中学	中学高级教师
	陈　芸	县教育局退管办	中学高级教师
	陈　刚	氾水镇韦镇小学	中学高级教师
	陈　袭	县教育局	中学高级教师
	陈　雄	城镇初级中学	中学高级教师
	陈万清	翔宇教育集团实验初中	中学高级教师
	陈士才	翔宇教育集团实验小学	中学高级教师
	陈士俊	安宜高级中学	中学高级教师
	陈以和	西安丰镇中心初中	中学高级教师
	陈书斌	安宜高级中学	中学高级教师
	陈友林	画川初级中学	中学高级教师
	陈仕刚	县职教集团	中学高级教师
	陈可与	县职教集团	中学高级教师
	陈志群	县教育局退管办	中学高级教师
	陈学奎	射阳湖镇中心初中	中学高级教师
	陈树德	县职教集团	中学高级教师
	陈寿官	曹甸高级中学	中学高级教师
	陈振朗	泾河镇中心初中	中学高级教师
	陈袭锦	望直港中心初中	中学高级教师
	陈德宜	县职教集团	中学高级教师
	周乃标	泰山初级中学	中学高级教师
	周龙沧	城北初级中学	中学高级教师
	周正清	曹甸高级中学	中学高级教师
	周红梅	县教育局教研室	中学高级教师
	周身荣	县职教集团	中学高级教师
	周克新	柳堡镇中心初中	中学高级教师
	周恭尚	安宜高级中学	中学高级教师

续表 32-3-2

类别	姓名	工作单位	职　称
教育类	周桂珍	画川初级中学	中学高级教师
	周凌霄	县教育局退管办	中学高级教师
	周勤芳	县教育局退管办	中学高级教师
	季寿槐	县教育局退管办	中学高级教师
	宗玉梅	安宜镇中港小学	中学高级教师
	宗兆宏	翔宇教育集团宝应中学	中学高级教师
	宗传兰	县教育局退管办	中学高级教师
	居继顺	县教育局	中学高级教师
	尚有信	翔宇教育集团宝应中学	中学高级教师
	房兆芳	城北初级中学	中学高级教师
	房善民	县教育局退管办	中学高级教师
	欧同亮	曹甸镇下舍初中	中学高级教师
	武建文	县职教集团	中学高级教师
	金　珫	县职教集团	中学高级教师
	金安仁	城北高级中学	中学高级教师
	金慰生	安宜高级中学	中学高级教师
	冼绍章	县教育局退管办	中学高级教师
	苗　菲	安宜高级中学	中学高级教师
	苗善性	鲁垛高级中学	中学高级教师
	苗嘉琳	氾水高级中学	中学高级教师
	郑俊凤	城北初级中学	中学高级教师
	林　菊	翔宇教育集团宝应中学	中学高级教师
	孟凡贵	望直港镇中心初中	中学高级教师
	郑恒通	城北高级中学	中学高级教师
	范端勋	安宜高级中学	中学高级教师
	胡　玲	城北高级中学	中学高级教师
	胡正虎	小官庄镇中心初中	中学高级教师
	胡定芳	宝应县中学	中学高级教师
	姜文成	城北高级中学	中学高级教师
	姜永松	县职教集团	高级讲师
	姜跃贤	小官庄镇中心初中	中学高级教师
	查永超	翔宇教育集团宝应中学	中学高级教师
	姚炳辉	翔宇教育集团宝应中学	中学高级教师
	施惊燕	安宜高级中学	中学高级教师
	相荣富	氾水高级中学	中学高级教师
	赵庆成	画川初级中学	中学高级教师
	赵征尧	县教育局	中学高级教师

续表32-3-2

类别	姓名	工作单位	职　称
教育类	赵征溶	县职教集团	高级讲师
	赵振涯	县教育局	高级讲师
	柳　骥	县职教集团	中学高级教师
	郝　勇	曹甸高级中学	中学高级教师
	郝名新	黄塍镇中心初中	中学高级教师
	郝宝群	县职教集团	中学高级教师
	郝跃华	翔宇教育集团宝应中学	中学高级教师
	倪　军	城北初级中学	中学高级教师
	殷天赦	县职教集团	中学高级教师
	殷兆洪	县职教集团	中学高级教师
	殷自力	县教育局退管办	中学高级教师
	殷崇富	安宜高级中学	中学高级教师
	殷德平	县职教集团	高级讲师
	侯锦绣	曹甸高级中学	中学高级教师
	柏震廷	画川高级中学	中学高级教师
	柏懋乐	县教育局退管办	中学高级教师
	徐乃华	翔宇教育集团宝应中学	中学高级教师
	徐永宜	鲁垛镇中心初中	中学高级教师
	徐正如	城北高级中学	中学高级教师
	徐正周	翔宇教育集团宝应中学	中学高级教师
	徐世模	城北初级中学	中学高级教师
	徐尧咨	县教育局退管办	中学高级教师
	徐伟成	城北高级中学	中学高级教师
	徐守刚	安宜高级中学	中学高级教师
	徐志龙	曹甸高级中学	中学高级教师
	徐志香	夏集镇中心幼儿园	中学高级教师
	徐志凌	泰山初级中学	中学高级教师
	徐青山	画川初级中学	中学高级教师
	徐柏林	望直港镇中心初中	中学高级教师
	徐树阶	城郊初级中学	中学高级教师
	徐殿荣	县职教集团	高级讲师
	徐肇健	县职教集团	中学高级教师
	桑秀丽	县教育局退管办	中学高级教师
	真　跃	县职教集团	高级讲师
	耿万沂	氾水高级中学	中学高级教师
	耿学东	安宜高级中学	中学高级教师
	袁卫星	翔宇教育集团	中学高级教师

续表32-3-2

类别	姓名	工作单位	职　　称
教育类	顾正华	翔宇教育集团宝应中学	中学高级教师
	顾毓宏	翔宇教育集团宝应中学	中学高级教师
	谈盈峰	翔宇教育集团宝应中学	中学高级教师
	谈鸿文	安宜高级中学	中学高级教师
	郭永森	泰山初级中学	中学高级教师
	郭光禄	县教育局退管办	中学高级教师
	郭华礼	县教育局	中学高级教师
	秦诒芳	县教育局退管办	中学高级教师
	聂天池	县教育局退管办	中学高级教师
	高寿桐	安宜高级中学	中学高级教师
	高品荣	安宜高级中学	中学高级教师
	高建章	县教育局退管办	中学高级教师
	高舒凤	安宜高级中学	中学高级教师
	班同卫	翔宇教育集团实验初中	中学高级教师
	崔兆基	城郊初级中学	中学高级教师
	陶觐珏	城北初级中学	中学高级教师
	盛明华	城郊初级中学	中学高级教师
	夏寿平	城北高级中学	中学高级教师
	夏期和	安宜镇中港初中	中学高级教师
	夏新洪	山阳镇初级中学	中学高级教师
	梁　坤	画川初级中学	中学高级教师
	梁　鸿	翔宇教育集团宝应中学	中学高级教师
	章寿明	县职教集团	中学高级教师
	黄其英	县职教集团	中学高级教师
	黄爱民	县教育局	中学高级教师
	戚启东	宝应县中学	中学高级教师
	龚朝勃	城北高级中学	中学高级教师
	曹　春	翔宇教育集团宝应中学	中学高级教师
	眭洪滨	安宜高级中学	中学高级教师
	蒋卫东	翔宇教育集团宝应中学	中学高级教师
	蒋主强	县教育局退管办	中学高级教师
	蒋志昌	安宜高级中学	中学高级教师
	蒋荣富	城镇初级中学	中学高级教师
	蒋景华	县职教集团	中学高级教师
	董　强	县职教集团	中学高级教师
	董乃银	县特殊教育学校	中学高级教师
	童华英	安宜镇泰山初中	中学高级教师

续表32-3-2

类别	姓名	工作单位	职　称
教育类	谢祝邦	曹甸高级中学	中学高级教师
	谢建国	城北高级中学	中学高级教师
	傅发荣	城镇中学	中学高级教师
	程鹤龄	氾水高级中学	中学高级教师
	曾永庆	县职教集团	中学高级教师
	韩以忠	安宜高级中学	中学高级教师
	韩国志	县职教集团	中学高级教师
	韩励观	县职教集团	中学高级教师
	曾达林	安宜镇沿河初中	中学高级教师
	鲁东海	安宜高级中学	中学高级教师
	雍守炎	宝应县中学	中学高级教师
	虞金华	城郊初级中学	中学高级教师
	翟国忠	县职教集团	中学高级教师
	缪松柏	城北高级中学	中学高级教师
	蔡　军	安宜高级中学	中学高级教师
	蔡　猛	安宜高级中学	中学高级教师
	蔡正时	安宜高级中学	中学高级教师
	蔡秀忠	翔宇教育集团宝应中学	中学高级教师
	蔡宜民	宝应县中学	中学高级教师
	谭寿祥	县教育局	中学高级教师
	潘　刚	县职教集团	中学高级教师
	潘文新	翔宇教育集团宝应中学	中学高级教师
	潘必宝	县教育局	中学高级教师
	潘建华	翔宇教育集团宝应中学	中学高级教师
	潘锦荣	射阳湖镇天平初中	中学高级教师
	潘寨春	望直港镇中心初中	中学高级教师
	樊树人	画川初级中学	中学高级教师
	霍顺林	安宜镇城郊初中	中学高级教师
	戴仁俊	安宜高级中学	中学高级教师
	戴家余	县教育局	中学高级教师
	薛昌明	县职教集团	中学高级教师
	衡兆来	山阳镇中心初中	中学高级教师
	衡清芬	安宜高级中学	中学高级教师
	衡清婷	安宜镇叶挺桥小学	中学高级教师
	魏　娟	县职教集团	中学高级教师
	魏全德	县卫生进修学校	中学高级教师
	魏顺华	安宜高级中学	中学高级教师

续表32-3-2

类别	姓名	工作单位	职　　称
农业类	王中发	县畜牧兽医站	正高级农业研究员
	万琴华	县蚕桑技术指导站	高级农艺师
	王永标	县农林局	高级农艺师
	王从明	县农林局	高级畜牧师
	王明霞	县畜牧兽医站	高级兽医师
	王敬海	县畜牧兽医站	高级畜牧师
	尤其杰	县农业技术推广中心	高级农艺师
	史金松	县农业技术推广中心	高级农艺师
	冯兆华	县科协	高级农艺师
	朱万明	县农业干校	高级农艺师
	许美刚	县农业技术推广中心	高级农艺师
	许志明	县政协	高级农艺师
	邢向元	县蚕桑技术指导站	高级农艺师
	吕鸿珍	县农业干校	高级农艺师
	华道乡	县农林局	高级农艺师
	何连琪	县畜牧兽医站	高级畜牧师
	何国俊	县林特产技术指导站	高级农艺师
	谷启荣	县农业技术推广中心作物栽培站	高级农艺师
	邵耕耘	县农业技术推广中心	高级农艺师
	张精一	县科协	高级农艺师
	束　鸿	县人大常委会	高级农艺师
	沈汉庭	县人大常委会	高级农艺师
	李锦霞	县农业技术推广中心	高级农艺师
	陈金宏	县农业技术推广中心	高级农艺师
	陈荣来	县科协	高级农艺师
	陈春峰	县农业技术推广中心	高级农艺师
	陈继涛	县蚕桑技术指导站	高级农艺师
	昌金美	县畜牧兽医站	高级兽医师
	周志宝	县农业技术推广中心	高级农艺师
	周均培	县农业技术推广中心	高级农艺师
	周春明	县农业技术推广中心	高级农艺师
	周新华	县人大常委会	高级农艺师
	季万红	县农业技术推广中心	高级农艺师
	范云生	县畜牧兽医站	高级兽医师
	陶有龙	县农业技术推广中心	正高级农业技术推广研究员
	姚家成	县委农工部	高级农经师
	胡晓林	安宜镇畜牧兽医站	高级畜牧师

续表 32-3-2

类别	姓名	工作单位	职 称
农业类	荣家继	县农林局	高级畜牧师
	姜克信	县发改委	高级畜牧师
	赵伯晋	县畜牧兽医站	高级兽医师
	袁亚夫	县畜牧兽医站	高级兽医师
	徐 青	县农业技术推广中心	高级农艺师
	徐 珠	县人大常委会	高级农艺师
	秦 文	县农业技术推广中心	高级农艺师
	顾大隆	县农林局	高级农艺师
	顾文然	县农业技术推广中心	高级农艺师
	顾茂才	县农业技术推广中心	高级农艺师
	高书泰	县农业技术推广中心	高级农艺师
	高剑波	县种子管理站	高级农艺师
	梁永晔	县畜牧兽医站	高级农艺师
	阎刁贵	县种子管理站	高级农艺师
	戚 宝	县种子公司	高级农艺师
	黄如宾	县蚕桑技术指导站	高级农艺师
	蒋炳海	县农业干校	高级农艺师
	韩学宽	县农业技术推广中心	高级农艺师
	韩洪锦	县蚕桑技术指导站	高级农艺师
	缪建国	县农业技术推广中心	高级农艺师
	傅成才	县农业技术推广中心土肥站	高级农艺师
	葛亚洲	县委农工部	高级农艺师
	裴金楠	县农业技术推广中心	高级农艺师
	潘永勇	县农业技术推广中心	高级农艺师
其他类	刁成路	扬州宜天律师事务所	二级律师
	仇学程	县委宣传部	副研究员
	王鼎良	县地方志办公室	副研究馆员
	成砺志	县文化体育局	国家二级美术师
	苗广远	县档案局	副研究馆员
	郑自薇	县教育委员会	副研究馆员
	杨世春	县科技局	副研究员
	徐 梅	县广电局	副研究馆员
	蒋亚菊	县档案局	副研究馆员
	魏 萍	县档案局	副研究馆员

第三节　宝应籍在外乡贤名录

本节收录1990～2005年部分宝应籍在县外任县(处、团)职以上干部、高级专业技术人员、文化人士、企业家和海外华侨、中国港澳台名人等,共230人。分镇按姓氏笔画排列。

表32-3-3

所在镇	姓名	性别	出生年份	工作单位、职务(职称)
安宜镇	丁晋澄	男	1938	解放军第二军医大学附属长海医院主任医师
	马俊如	男	1934	国务院外国专家局原局长、中国科技大学高技术学院原院长
	于笔耕	男	1960	海军北海舰队航空兵后勤部卫生处处长
	乐玉成	男	1963	中国驻俄罗斯大使馆公使
	卢之超	男	1933	第七届全国政协副秘书长、研究员
	卢　彦	男	1963	北京市商委副主任、北京市东城区区长
	刘新生	男	1936	中国首任常驻文莱大使、外交部西藏事务办公室主任
	华宏鸣	男	1940	上海复旦大学教授、工会副主席
	朱庆裴	男	1938	中国食品发酵工业科学研究院研究室主任、教授级高级工程师
	朱庆森	男	1938	扬州大学农学院教授、博士生导师
	朱　琳	男	1964	河北省国画院院长
	朱雨亭	男	1933	上海大学文学院教授
	朱家庆	男	1951	天津市南开区政协秘书长
	朱家琥	男	1940	兰州市化学工业公司高级工程师
	朱家瑾	男	1936	重庆建筑工程学院教授
	祁士华	男	1963	中国地质大学(武汉)环境学院副院长、教授
	许惟贤	男	1933	南京大学中文系教授
	何军民	男	1959	解放军二炮司令部干部处处长
	李春国	男	1966	扬州市水利局局长
	李炳才	男	1945	中共中央台湾事务办公室副主任、常务副主任 国务院台湾事务办公室副主任
	陈允丰	男	1946	中共江苏省纪委办公厅副主任
	陈孔安	男	1940	铁道部17局高级工程师
	陈处舒	女	1919	中纪委副部级离休干部
	季家凤	女	1938	扬州市第一人民医院原副院长、内科主任、教授
	季家钧	男	1936	武汉海军工程学院师级教员
	季家凰	女	1948	美国山姆休斯敦州立大学计算机系终身教授
	居乃普	男	1926	上海大学美术学院院长
	居乃琥	男	1938	上海市微生物研究所研究员
	房　柱	男	1936	淮北盐务局工人医院连云港蜂疗研究室副书记、副院长
	范承祚	男	1931	中国驻阿尔巴尼亚大使馆原大使,外交部国家政策研究室原主任
	胡继高	男	1930	国家文物局文物研究所研究员、国家级文物保护专家、全国政协委员

续表32-3-3

所在镇	姓名	性别	出生年份	工作单位、职务(职称)
安宜镇	贺云翱	男	1943	南京大学历史系教授
	赵庆家	男	1950	南京市教育局处长
	赵振宇	男	1944	中国驻牙买加特命全权大使
	秦玉林	男	1939	扬州市台办原主任
	郭世綖	男	1938	新疆石河子大学教授、中文系原主任
	顾祖毅	男	1937	清华大学无线电系教授
	萧　雅	女	1963	上海越剧院国家一级演员
	程正义	男	1950	上海警备区干部科(团级)
	蒋景瞳	男	1940	国家测绘局测绘科学研究所教授、副主任
	雍守义	男	1970	山东烟台市海军航空学院高科技研究中心主任
	雍启昌	男	1952	《文汇报》记者
	戴国斌	男	1963	上海体育大学武术学院院长、教授
	戴建晶	男	1970	上海市奉贤区区委副书记
氾水镇	华　清	男	1970	国务院新闻一处(正处)
	华占豪	男	1965	北京海淀区政府办公室主任
	华安春	男	1954	杭州市司法局局长
	华庆国	男	1930	广西柳州军分区原司令员
	华茂文	男	1974	上海大众汽车研究中心高级技师
	毕金贵	男	1943	东南大学土木工程学院高级工程师
	成际贵	男	1955	中共江苏省委组织部(正处)
	成延鳌	男	1938	北京农业科学研究所研究员
	成晓明	男	1963	山东省烟台市司法局(正处)
	朱云翔	男	1955	铁道部第五工程处处长
	江学伍	男	1955	中共江苏省委组织部后勤处处长
	祁占忠	男	1968	扬州市外贸公司总经理
	许德宾	男	1961	扬州教育学院学生处处长
	吴洪涛	男	1962	南京航空航天大学机电工程学院副院长、教授
	张美仁	男	1966	兰州军区空军部队(团职)
	张永年	男	1960	浙江省委办公厅文印中心主任
	张怀廉	男	1947	盐城市供电局局长
	杨秀华	男	1960	国务院新闻办处长
	陆兆喜	男	1956	浙江省宁波市审计局局长
	陈　昆	男	1961	沈阳军区某部大校
	陈才余	男	1936	沈阳军区后勤部基建营房部原部长
	陈永海	男	1959	解放军二炮司令部通信总站团政委
	陈洪发	男	1962	北京市海淀区城建局拆迁办主任
	周顺达	男	1956	中共石家庄市纪委副书记

续表32-3-3

所在镇	姓名	性别	出生年份	工作单位、职务(职称)
氾水镇	徐长发	男	1955	华中科技大学文华学院教授
	高炳海	男	1962	农业部市场信息司处长
	董如森	男	1967	浙江宁波海曙区技监局局长
夏集镇	于国民	男	1964	省粮食局副局长
	王学华	男	1955	浙江省军区政治部主任(少将)
	叶寿仁	男	1954	水利部太湖管理局副局长
	刘美龙	男	1964	上海市发展计划委员会处长
	张　杰	男	1934	省书法家协会副主席
	张存友	男	1963	山西省清徐县军需农场(副师级)
	张春宏	男	1964	公安部八局政治处副主任
	张锦淦	男	1959	国家税务总局扬州税务进修学院党委书记
	杨廷桂	男	1954	泰州市技术学院党委书记
	芦尔瑞	男	1943	广东省移动信号局原局长、高级工程师
	陈福星	男	1964	省水利厅处长
	周国庆	男	1961	湖北襄樊市工商局局长
	姚佩伦	男	1939	扬州市交通局原局长
	夏　平	男	1965	南京市建设银行行长
	夏心明	男	1956	无锡军分区后勤处处长
	徐安才	男	1950	天津市安全生产监督管理局副局长
	曹明毅	男	1955	解放军总参谋部军事检察院检察长
	黄金田	男	1956	盐城工学院教授
	蒋伏虎	男	1949	中共扬州市委党校教授
柳堡镇	王凭慧	男	1960	解放军总装备部系统所主任
	刘玉洪	男	1959	科技部机关事务局处长
	汤玉先	男	1960	石家庄市交通局副局长
	张家俊	男	1934	上海社会科学院新闻研究所所长、教授
	杨桂馥	男	1941	扬州市政法委原副书记
	苏永东	男	1961	苏州市精密陶瓷厂厂长
	陈金山	男	1959	镇江市农业银行行长
	陈锴竑	男	1966	扬州市广陵区区长
	李洪儒	男	1951	武警总部北戴河疗养院(上校)
	居加顺	男	1962	北京光大集团副总经理
	苗建东	男	1973	南京市总工会组织部部长
	夏顺文	男	1964	南京机床厂副厂长、高级工程师
	夏顺仁	男	1948	浙江大学教授
	夏期玉	男	1944	南京自动化研究院主任
	解启乐	男	1964	交通部桥梁司处长

续表 32-3-3

所在镇	姓名	性别	出生年份	工作单位、职务(职称)
鲁垛镇	刁仁昌	男	1968	南京市劳动局副局长
	王茂松	男	1941	大兴安岭林业管理局高级工程师
	朱启良	男	1969	广东省中山市元峰实业有限公司副总经理、高级工程师
	朱步良	男	1968	上海警备区装备处处长(上校)
	祁一飞	男	1977	解放军二炮后勤部审计事务所所长(上校)
	何　级	男	1955	山东省精神病院副院长、教授
	宋江宝	男	1967	全国人大办公厅庐山干休所所长
	李春龙	男	1965	山东烟台第一干休所所长(上校)
	陈寿柏	男	1931	四川成都大学航空学院教授
	苗善本	男	1955	武汉铁路局地产管理处副处长、高级工程师
	相志佳	男	1948	北京军区司令部管理局局长
	程士高	男	1972	仪征化纤股份有限公司高级工程师
	戴志兵	男	1966	仪征化纤股份有限公司高级工程师
广洋湖镇	王元林	男	1927	南京农业大学教授
	周福文	男	1963	北京军区司令部干部处处长
	房启超	男	1945	江南航天工业集团公司3412厂厂长、高级工程师
	胡安兵	男	1966	省交通规划设计院总工程师
	姜福安	男	1939	解放军陆军第31集团军副军长、少将
	蒯崇山	男	1965	海军南海舰队汕头水警区司令员
	潘永亮	男	1965	徐州师范大学政法学院党委书记
	潘永跃	男	1968	南京电视台技术部主任、高级工程师
小官庄镇	沈正平	男	1960	徐州师范大学教授
	周文彬	男	1943	江苏人民出版社主任编审
	周文彰	男	1953	中共海南省委常委、宣传部部长
	姜汝海	男	1942	南京陆军指挥学院军务处处长
	徐赴前	男	1953	扬州市质监局局长
	高瑞元	男	1950	南京市水产局办公室主任
	高瑞芹	男	1952	扬州市维扬区区委书记
	高德明	男	1928	空军政治部纪委原副书记(少将)
	慧　明	男	1968	上海市佛教协会副会长
望直港镇	乔善楼	男	1968	日本中部大学教授、医学博士
	吴志红	女	1944	电子工业部四〇二医院主任医师
	马国山	男	1966	人民日报社投资公司董事长
	马国东	男	1971	北京正大公司董事长
	朱长标	男	1971	远车集团副总经理
射阳湖镇	刁人明	男	1948	中国石化集团管道储运公司纪律检查委员会主任
	刁品庆	男	1969	省审计厅行政处处长

续表32-3-3

所在镇	姓名	性别	出生年份	工作单位、职务(职称)
射阳湖镇	王仁荣	男	1962	省海洋与渔业局主任
	王扣余	男	1965	南京军区空军部队司令部处长
	王连山	男	1963	解放军二炮司令部副师长
	吕响日	男	1958	解放军第十二集团军后勤部副部长
	庄义春	男	1955	南京军区司令部直工部部长
	庄义祥	男	1967	解放军总参二部(师级)
	许定峰	男	1964	国家能源部司级
	杨桂馥	男	1942	原轻工业部食品机械研究所研究员
	陈鹤锦	男	1940	中共江苏省委党史工作办公室原副主任
	周正伟	男	1963	上海警备区干休所处长
	周宝林	男	1954	徐州工程兵指挥学院(师级)
	柏传儒	男	1954	苏州市园林管理局原局长
	徐建立	男	1965	扬州客车制造有限公司高级工程师
	徐洪涛	男	1964	泰州市人民医院院长、党委书记
	徐春仲	男	1964	泰州市畜牧兽医学院后勤处处长
	徐树鹏	男	1963	省农发行纪委监察处处长
	贾　彬	男	1936	扬州市人大常委会原代主任
	潘金宝	男	1956	武警南京总队政治部主任(副师级)
	潘金龙	男	1963	南京陆军指挥学院(团级)
西安丰镇	仇华飞	男	1957	复旦大学教授
	何　权	男	1957	省政府副省长
	胡立德	男	1944	电影制片厂导演
	赵春智	男	1962	石家庄市国资委(正团级)
	赵顺高	男	1963	南京市粮食局(正处级)
	俞秋水	男	1927	北京市老年书画协会画家
	徐兆书	男	1961	高邮市预备役团政委
	梁　岭	男	1952	成都军区拉萨雷达情报站(大校)
	梁　磊	男	1962	上海电力学院教授
	梁吉祥	男	1963	镇江市税务局(正团级)
	梁继涛	男	1932	省矿务地质研究所高级工程师
	梁祥军	男	1971	安徽省教委招生办(正团级)
	梁鼎豫	男	1938	山西省地质矿产厅测绘队高级工程师
	梁赞顺	男	1949	石家庄武警部队煤矿(正团级)
	梁赞霞	男	1936	云南省昆明市科委主任、高级工程师
曹甸镇	从德洋	男	1955	南京市中级人民法院纪检监察室主任
	邓延君	男	1966	海军装备部人事劳动管理办公室主任(副师级)
	刘明生	男	1950	省中医学院人事处处长(正师级)

续表 32-3-3

所在镇	姓名	性别	出生年份	工作单位、职务(职称)
曹甸镇	孙凯荣	男	1954	南京市雨花区政协副主席(副师级)
	汤建武	男	1954	省武警医院主任医师
	张锦道	男	1967	省人大常委会法工委主任
	邵小平	男	1966	省军区装备处处长
	邵鸿顺	男	1965	电子工业部电视设备厂总工程师
	陈夕标	男	1959	广州森林公安局局长(正处级)
	陈玉清	男	1956	上海市港务处处长
	周玉标	男	1949	武警河北省总队副总队长
	郑洪元	男	1947	中共江苏省委办公厅机要处(正处)
	施　峰	男	1952	国防科技工业保密认证中心主任
	郝名和	男	1947	武警总部北戴河疗养院院长
	郝名喜	男	1944	南京军区原后勤十六分部部长
	郝达富	男	1964	南京中医学院后勤处处长
	郝方照	男	1933	美国波音研究所研究员
	郝正友	男	1942	安徽省工商行政管理学院原院长
	郝柏村	男	1918	中国台湾“行政院”前院长
	郝思平	男	1961	浙江省台州市椒江区人武部部长
	柴　富	男	1953	铁道部十六局工会主席
	唐永贵	男	1934	扬州市粮食局原局长
	黄廷海	男	1945	南京市文联一级画师
	龚士贵	男	1963	省侨联主席
	常日升	男	1935	扬州市农行原行长
	董洪标	男	1967	英国皇家学会工业会员兼斯特大学工程系博士生导师
	韩国志	男	1953	省国家安全厅行政处处长
	谢秀兰	女	1951	中央纪律检查委员会巡视专员(副部级)
泾河镇	丁志坚	男	1957	南京市信访办主任
	王巨祥	男	1960	中共江苏省委农村办公室处长
	王永富	男	1965	南京海军指挥学院副院长
	朱仑山	男	1945	扬州市公路管理处高级工程师
	朱光远	男	1966	省政府办公厅信息督查处处长
	张怀国	男	1966	广东顺德美的集团副总经理
	陈宝善	男	1938	新华社安徽分社原副社长
	陈毓圭	男	1961	全国注册会计师协会秘书长
	周仰文	男	1937	中共九江市委原副书记，九江市原副市长、九江市政协原副主席
	钱学技	男	1966	澳大利亚斯威本科技大学博士生导师
	黄晓伯	男	1953	中共江苏省委组织部处长
	管又飞	男	1965	北京大学医学部生理与病理学系教授

续表 32-3-3

所在镇	姓名	性别	出生年份	工作单位、职务(职称)
泾河镇	管群飞	男	1970	上海市园林绿化处处长
黄塍镇	张　杰	男	1962	南京军区通讯总站政委
	范开春	男	1962	北京解放军301总医院科室主任
	杨　志	男	1962	扬州市维扬区人武部政委
	陆坊言	男	1968	苏州大学教授
山阳镇	王大和	男	1944	中共北京市委党校高级经济师
	王春生	男	1979	南京市建筑安装总公司高级工程师
	刘道成	男	1957	兰州军区华山基地主任(正师级)
	汤　杰	男	1958	复旦大学教授
	张国华	男	1966	南京海军指挥学院(团职)
	李永干	男	1970	浙江省宁波机场处长
	陆金龙	男	1937	徐州矿务局党委原书记
	周永新	男	1963	解放军军事医学科学院毒物药物研究所生化药理研究室主任、研究员
	周学恒	男	1939	扬州市广陵区原区长、市房改办公室原主任

附　　录

一、重要文件选目

（一）“三农”工作

宝委发〔1990〕35号　《关于贯彻〈国务院关于切实减轻农民负担的通知〉的意见》
宝委发〔1990〕36号　《关于贯彻省委、省政府〈关于加快乡、村农业服务体系建设的通知〉的意见》
宝委发〔1992〕1号　《关于加快发展村级集体经济的意见》
宝委发〔1992〕2号　《关于进一步加强乡村农业社会化服务体系建设的意见》
宝委发〔1993〕1号　《关于加快实现农村小康的有关问题的通知》
宝委发〔1993〕3号　《关于积极推行“两田制”的意见》
宝委发〔1993〕25号　《关于切实控减农民负担的紧急通知》
宝委发〔1994〕20号　《关于转发扬州市委、市政府〈关于完善和健全农业投入机制的若干规定〉的通知》
宝委发〔1994〕25号　《关于发展“三高”农业的意见》
宝委发〔1995〕50号　《关于大力推进农业产业化的意见》
宝委发〔1996〕17号　《关于批转县委农工部、县监察局〈关于全面实施农民负担监督卡制度的通知〉的通知》
宝委发〔1996〕46号　《关于进一步控减农民负担的意见》
宝委发〔1997〕19号　《关于贯彻〈中共中央国务院关于切实做好减轻农民负担工作的决定〉的实施意见》
宝委发〔1997〕43号　《关于进一步加强土地管理，切实保护耕地的意见》
宝委发〔1997〕58号　《关于切实加强村组财务管理工作的决定》
宝委发〔1998〕13号　《关于加强农民承担费用和劳务管理的意见》
宝委发〔1998〕14号　《关于进一步稳定和完善农村土地承包关系，搞好土地第二轮承包工作的意见》
宝委发〔1998〕39号　《关于切实做好当前减轻农民负担工作的通知》
宝委发〔1998〕49号　《关于鼓励加快推进农业产业化经营的政策性意见》
宝委发〔1998〕52号　《关于批转县委农工部〈关于切实做好农村集体债务清理和偿还工作的意见〉的通知》
宝委发〔1998〕59号　《关于进一步加快水利建设的意见》
宝委发〔1999〕10号　《关于批转县委农工部〈关于完善农民负担一定三年不变的意见〉的通知》
宝委发〔1999〕48号　《关于进一步加快农业结构调整工作的意见》

宝委发〔2000〕69号　《关于做好新一轮农业结构调整工作的意见》
宝委发〔2001〕28号　《关于实施农民致富工程的意见》
宝委发〔2001〕47号　《关于切实加强农村集体资产管理工作的意见》
宝委发〔2002〕19号　《宝应县农业标准化“十五”发展计划》
宝委发〔2002〕65号　《关于进一步做好化解村级债务工作的意见》
宝委发〔2003〕53号　《关于做好农村税费依法规范定点征收工作的意见》
宝委发〔2003〕84号　《关于加快国家有机食品基地建设,打造“生态宝应”的工作意见》
宝委发〔2003〕86号　《关于进一步加强农村劳动力转移输出工作的意见》
宝委发〔2003〕97号　《关于加强村级集体资金管理的意见》
宝委发〔2004〕33号　《关于做好二〇〇四年度农村帮扶工作的意见》
宝委发〔2004〕39号　《关于进一步严格土地管理,规范房地产市场秩序的意见》
宝委发〔2005〕34号　《关于开展“三村”联创活动,推进农村小康建设的实施意见》
宝委发〔2005〕38号　《关于组织新一轮农村帮扶工作的意见》

宝政发〔1990〕37号　《关于进一步加强土地管理工作的意见》
宝政发〔1990〕77号　《关于组织清理全县建设用地审批情况的通知》
宝政发〔1991〕51号　《宝应县乡(镇)级土地利用总体规划编制工作考核办法》
宝政发〔1992〕34号　《关于一九八七年以来新征(使)用土地确权发证的批复》
宝政发〔1992〕54号　《关于批转〈关于规范农业承包合同管理意见的报告〉的通知》
宝政发〔1992〕104号　《关于发展村级集体经济的竞赛办法》
宝政发〔1993〕110号　《宝应县土地利用总体规划实施办法》
宝政发〔1993〕154号　《宝应县行政事业单位向农民收费的管理办法》
宝政发〔1994〕60号　《宝应县村庄和集镇规划建设管理规定》
宝政发〔1994〕135号　《宝应县城镇国有土地使用权出让和转让暂行办法》
宝政发〔1994〕136号　《宝应县国有土地使用权有偿有期出让工作意见》
宝政发〔1994〕160号　《关于开展农业竞赛的意见》
宝政发〔1994〕185号　《关于批转县多种经营管理局〈关于实施畜牧业“一村一场”、“一组一户”工程的意见〉的通知》
宝政发〔1994〕211号　《关于实施乡镇分税制财政管理体制方案的通知》
宝政发〔1996〕70号　《关于加快全县农业机械化发展的意见》
宝政发〔1996〕124号　《宝应县扶贫工作意见》
宝政发〔1996〕210号　《关于批转县农经委〈关于全县1996年小康村考评验收工作实施意见〉的通知》
宝政发〔1996〕214号　《关于加快我县滩地水面资源深度开发利用的意见》
宝政发〔1997〕135号　《关于全面推行村物资配送工作的通知》
宝政发〔1997〕236号　《关于批转县农经委〈关于完善全县小康村综合评价指标体系及1997年小康村考核工作意见〉的通知》
宝政发〔1998〕76号　《关于实施种子产业化工程的意见》
宝政发〔1998〕131号　《关于加强野生动物保护管理的通知》
宝政发〔1998〕132号　《关于加强林木管理坚决制止乱砍滥伐的通知》
宝政发〔1998〕150号　《宝应县企业改革中划拨土地使用权处置暂行办法》
宝政发〔1999〕110号　《宝应湖保护与开发管理暂行办法》

宝政发〔1999〕167号 《关于批转县清理整顿农村合作基金会工作领导小组〈农村合作基金会清产核资工作有关具体问题处理的意见〉的通知》
宝政发〔2000〕53号 《关于推进林业产权制度改革的意见》
宝政发〔2001〕223号 《关于批转〈县计委、县国土管理局关于全县窑业矿业资源管理秩序治理整顿工作的实施意见〉的通知》
宝政发〔2003〕18号 《关于深入开展农村扶贫建房活动的通知》
宝政发〔2003〕45号 《关于加强农村信息化服务系统建设的意见》
宝政发〔2003〕118号 《宝应县林木和林地权属登记管理办法》
宝政发〔2003〕124号 《宝应县"十五"期间农产品质量建设工作意见》
宝政发〔2004〕5号 《关于贯彻落实省、市人民政府〈关于加强和改进农技推广和农经服务体系建设有关问题〉的意见》
宝政发〔2004〕85号 《关于进一步加强基本农田保护工作的意见》
宝政发〔2004〕156号 《县级储备粮管理暂行办法》
宝政发〔2005〕120号 《宝应县征地补偿和补偿征地农民基本生活保障办法(试行)》

(二)工　业

宝委发〔1991〕52号 《关于进一步搞好县、乡重点骨干企业的意见》
宝委发〔1992〕23号 《宝应县经济开发区鼓励投资若干问题的暂行规定》
宝委发〔1993〕38号 《关于鼓励扶持民营经济进一步发展的决定》
宝委发〔1996〕33号 《关于进一步加快江苏省宝应经济开发区建设的意见》
宝委发〔1997〕101号 《关于进一步加快发展个体、私营经济的十条规定》
宝委发〔1998〕3号 《关于批转县工商局等28个部门〈关于进一步加快发展个体、私营经济的十条规定〉实施细则的通知》
宝委发〔1998〕35号 《关于加快发展个体私营经济工作意见》
宝委发〔2000〕30号 《关于扶持全县重点工业企业(集团)发展的意见》
宝委发〔2001〕16号 《关于进一步优化经济发展环境的意见》
宝委发〔2001〕26号 《关于加快实施工业强县战略的意见》
宝委发〔2001〕45号 《关于加快发展私营个体经济的意见》
宝委发〔2001〕97号 《关于鼓励机关干部外出边创业边招商引资的实施意见》
宝委发〔2002〕6号 《关于进一步开展优化经济发展环境工作的意见》
宝委发〔2003〕8号 《宝应县2003年招商引资工作意见》
宝委发〔2003〕30号 《关于进一步加强优化经济发展环境工作的意见》
宝委发〔2003〕95号 《宝应县招商引资项目优惠政策》
宝委发〔2004〕37号 《关于进一步加快民营经济发展的意见》
宝委发〔2005〕7号 《关于加快工业技术创新推进二次创业的政策意见》
宝委发〔2005〕62号 《关于进一步优化经济发展环境的七项规定》
宝委发〔2005〕79号 《关于加快推进全县工业"三重"工作的意见》

宝政发〔1990〕59号 《宝应县鼓励发展对外经济贸易优惠措施和奖励办法》
宝政发〔1990〕114号 《关于批转县体改委、县经委、县农经委、县地方工业局〈关于坚持和完善乡镇工业企业承包经营责任制的意见〉的通知》

宝政发〔1990〕116号 《关于促进乡镇工业企业上规模、上水平的奖励办法(试行)》
宝政发〔1990〕138号 《关于强化地产品营销、压缩库存商品搞活资金的若干政策意见》
宝政发〔1991〕127号 《宝应县鼓励发展出口创汇、引进利用外资的若干暂行规定》
宝政发〔1992〕9号 《关于批转县经委〈关于修订"宝应县技术改造、技术引进等管理(暂行)办法的意见〉的通知》
宝政发〔1992〕109号 《关于促进工业经济上规模上效益的奖励意见》
宝政发〔1992〕122号 《关于印发〈关于加快我县技术改造工作的意见〉的通知》
宝政发〔1992〕167号 《关于鼓励引进利用外资兴办"三资"企业的奖励意见》
宝政发〔1997〕103号 《关于印发〈宝应县企业解困资金筹集使用管理暂行办法〉的通知》
宝政发〔1997〕131号 《关于加快发展我县电工行业的意见》
宝政发〔1998〕218号 《关于争创名牌商标,发展名牌产品的意见》
宝政发〔1999〕96号 《关于个体私营经济招商引资的奖励意见》
宝政发〔1999〕155号 《关于扶持重点私营企业发展的意见》
宝政发〔2000〕103号 《关于开展治理企业经济发展环境工作的意见》
宝政发〔2000〕154号 《关于实施"企业上网工程"的意见》
宝政发〔2001〕66号 《宝应县行政机关、事业单位涉及企业收费管理办法》
宝政发〔2001〕128号 《关于外商投资企业行政审批制度改革的意见》
宝政发〔2002〕8号 《关于进一步加快乡镇工业园区建设的意见》
宝政发〔2005〕170号 《宝应县加快工业技术创新推进二次创业的政策意见实施办法》
宝政发〔2005〕181号 《关于进一步加强工业企业用工服务的意见》

(三)建筑业、商贸服务业

宝委发〔1992〕39号 《关于加快发展第三产业的意见》
宝委发〔1995〕10号 《关于加快发展第三产业的政策决定》
宝委发〔1996〕19号 《关于加快发展全县建筑业的意见》
宝委发〔2002〕18号 《关于加快全县建筑业发展的意见》

宝政发〔1991〕148号 《关于加强全社会商业管理的通知》
宝政发〔1991〕168号 《关于加快发展我县建筑业的意见》
宝政发〔1992〕62号 《宝应县城乡建筑市场管理暂行规定》
宝政发〔1992〕85号 《关于批转〈关于加强多种经营生产社会化服务体系建设的意见〉的通知》
宝政发〔1993〕8号 《宝应县建筑工程质量监督管理暂行规定》
宝政发〔1993〕176号 《关于商品交易市场登记管理暂行办法的通知》
宝政发〔1994〕113号 《关于加强对居民基本生活必需品和服务价格监审的实施意见》
宝政发〔1994〕202号 《关于加强菜篮子工程建设的政策性意见》
宝政发〔1995〕23号 《宝应县建筑业发展基金暂行办法》
宝政发〔1995〕28号 《宝应县房地产开发管理暂行办法》
宝政发〔1995〕71号 《宝应县建筑市场管理规定》
宝政发〔1995〕88号 《宝应县查处餐饮、衣着、娱乐业不正当价格行为和暴利行为的实施细则》
宝政发〔1996〕14号 《宝应县出售公有住房实施细则》
宝政发〔1996〕94号 《关于发展贸工农一体化经营"九五"规划》

宝政发〔1997〕16号　《关于建设和培育商品交易市场的若干意见》
宝政发〔1997〕161号　《宝应县经济适用住房建设供应暂行办法》
宝政发〔1998〕157号　《宝应县农村建筑市场管理暂行办法》
宝政发〔1998〕224号　《宝应县物业管理暂行办法》
宝政发〔1998〕239号　《关于进一步加强工程建设监理工作的意见》
宝政发〔1999〕120号　《关于全县市场规划与建设的意见》
宝政发〔2000〕143号　《关于促进金融机构增加有效信贷投入支持经济增长的工作意见》
宝政发〔2000〕191号　《宝应县城区户外广告管理办法》
宝政发〔2000〕193号　《宝应县房地产开发管理办法》
宝政发〔2000〕232号　《宝应县"打假"联合行动方案》
宝政发〔2000〕237号　《宝应县民间营业性演艺活动管理办法》
宝政发〔2000〕250号　《宝应县房地产交易管理办法》
宝政发〔2001〕8号　《宝应县工程建设项目审批程序规定》
宝政发〔2001〕20号　《关于加强农贸市场动物及其产品检疫管理的通知》
宝政发〔2001〕113号　《关于建设工程行政审批制度改革的意见》
宝政发〔2002〕59号　《关于加强荷藕无公害生产加工的管理意见》
宝政发〔2002〕134号　《宝应县农村建筑市场管理办法》
宝政发〔2002〕135号　《宝应县城市房屋拆迁管理暂行办法》
宝政发〔2002〕143号　《关于加快城区餐饮服务业管理的工作意见》
宝政发〔2005〕58号　《关于印发〈2005年宝应县农资打假专项治理暨"红盾护农"行动实施方案〉的通知》

(四)经济体制改革

宝委发〔1992〕11号　《关于工业企业深化改革意见》
宝委发〔1996〕48号　《宝应县企业改制工作方案》
宝委发〔1996〕54号　《宝应县改制后企业干部人事制度实施办法(试行)》
宝委发〔1998〕50号　《关于鼓励机关干部直接从事经济工作的意见(试行)》
宝委发〔1999〕59号　《关于进一步深化国有集体企业改革的意见》
宝委发〔1999〕64号　《关于基层供销社(企业)深化改革的意见》
宝委发〔2002〕9号　《2002年县属企业改革工作意见》
宝委发〔2003〕74号　《关于生产经营型事业单位改制的政策性意见》

宝政发〔1992〕205号　《宝应县关于县属工交企业第二轮承包续包工作的实施意见》
宝政发〔1993〕142号　《宝应县关于企业实行全员劳动合同制试行办法》
宝政发〔1994〕84号　《宝应县关于组建企业集团的意见》
宝政发〔1998〕205号　《关于印发〈宝应县属企业下岗职工管理暂行办法〉的通知》
宝政发〔1999〕113号　《宝应县关于进一步扩大对外开放、加快发展开放型经济的政策意见》
宝政发〔2000〕245号　《关于进一步深化国有集体企业改革的意见的补充意见》
宝政发〔2001〕47号　《关于贯彻执行〈江苏省企业集体协商和集体合同规定〉的实施意见》
宝政发〔2001〕182号　《关于进一步规范企业改革工作的意见》
宝政发〔2003〕1号　《关于下岗失业人员再就业享受有关优惠政策的通知》

(五)城乡建设、社会事业

宝委发〔1990〕30号　《关于加强和改进中小学思想政治工作的意见》
宝委发〔1991〕5号　《关于进一步开展创建"双拥县"活动的意见》
宝委发〔1992〕18号　《宝应县创建双拥模范县工作规划》
宝委发〔1993〕49号　《关于加快教育改革和发展若干问题的决定》
宝委发〔1995〕41号　《关于进一步加强环境保护工作的意见》
宝委发〔1997〕3号　《关于"九五"期间加速科技进步的若干意见》
宝委发〔1997〕103号　《关于加快发展全县卫生事业的决定》
宝委发〔1998〕21号　《关于实行计划生育一票否决制的决定》
宝委发〔1999〕38号　《关于进一步贯彻党的全心全意依靠工人阶级指导方针和加强工会工作的意见》
宝委发〔1999〕47号　《关于深化学校内部管理体制改革的意见》
宝委发〔1999〕52号　《关于进一步加快小城镇建设的意见》
宝委发〔2000〕50号　《关于引进和使用人才的若干意见》
宝委发〔2001〕4号　《关于全县乡镇事业单位人事制度改革的实施意见》
宝委发〔2001〕86号　《关于进一步加强统一战线工作的意见》
宝委发〔2001〕90号　《关于进一步规范机关事业单位人事管理工作的若干意见》
宝委发〔2001〕119号　《关于加强社区建设工作的意见》
宝委发〔2002〕28号　《关于进一步做好城镇居民最低生活保障工作的意见》
宝委发〔2002〕41号　《关于加快全县卫生改革的指导意见》
宝委发〔2002〕66号　《关于进一步加强宗教工作的意见》
宝委发〔2003〕61号　《关于进一步做好下岗失业人员再就业工作的实施意见》
宝委发〔2003〕71号　《关于全面建设小康社会的工作目标及实施意见》
宝委发〔2004〕44号　《关于全面推行县级政务公开工作的实施意见》
宝委发〔2004〕62号　《关于进一步做好新形势下双拥工作的意见》
宝委发〔2005〕33号　《关于深入开展创建省级文明城市工作的意见》
宝委发〔2005〕52号　《关于引进工业、建筑业科技人才的若干意见》
宝委发〔2005〕64号　《关于对经济特困的计划生育群众实行优惠帮扶的实施意见》

宝政发〔1990〕65号　《关于全面实行乡财政递增包干和开展乡级国库试点工作的通知》
宝政发〔1990〕89号　《宝应县流动人口计划生育管理实施细则》
宝政发〔1990〕109号　《关于公布宝应县第一批文物保护单位和加强文物保护工作的通知》
宝政发〔1990〕131号　《关于批转县科委〈关于在全县开展"科技兴农"工作的意见〉的通知》
宝政发〔1990〕152号　《宝应县医药责任市场管理规定》
宝政发〔1990〕155号　《关于进一步治理整顿运输市场的通知》
宝政发〔1991〕18号　《关于同意子婴河等六个乡镇宣布实施初等义务教育的通知》
宝政发〔1991〕55号　《关于实施初级卫生保健、加强农村卫生工作的意见》
宝政发〔1991〕73号　《关于恢复征收契税工作的通知》
宝政发〔1991〕101号　《宝应县初级卫生保健概略规划》
宝政发〔1991〕180号　《关于批准〈宝应县城区总体规划调整完善方案〉的通知》

宝政发〔1991〕192号　《宝应县城市房屋拆迁管理办法》
宝政发〔1992〕24号　《关于加强乡镇渡口船舶安全管理工作的通知》
宝政发〔1992〕57号　《关于批转县计委〈关于控制我县城镇人口机械增长的意见〉的通知》
宝政发〔1992〕112号　《宝应县烟尘控制区管理暂行办法》
宝政发〔1992〕119号　《宝应县农村合作医疗管理暂行办法》
宝政发〔1992〕148号　《关于批转县文教局〈关于深化学校内部管理改革的意见〉》
宝政发〔1992〕166号　《关于批转县民政局〈关于开展农村社会养老保险工作的意见〉的通知》
宝政发〔1992〕168号　《关于对残疾人实行优惠政策的若干暂行规定》
宝政发〔1993〕26号　《关于我县执行扬州市"县长环境保护目标责任状(1990～1992)"情况的报告》
宝政发〔1993〕29号　《关于批转县劳动局〈关于完善企业职业基本养老保险制度的意见〉的通知》
宝政发〔1993〕69号　《关于组织引进资金的奖励办法》
宝政发〔1993〕114号　《宝应县军人抚恤优待办法》
宝政发〔1993〕163号　《关于进一步完善预算外资金管理的意见》
宝政发〔1993〕214号　《宝应县机关事业单位职工养老保险暂行办法》
宝政发〔1993〕222号　《宝应县商品房价格管理暂行办法》
宝政发〔1993〕225号　《关于认真贯彻实施〈中华人民共和国教师法〉的通知》
宝政发〔1994〕22号　《宝应县道路运输车辆强制维护规定》
宝政发〔1994〕43号　《关于进一步加强消防工作的意见》
宝政发〔1994〕59号　《宝应县城市规划建设管理规定》
宝政发〔1994〕61号　《关于批准〈宝应县城抗震防灾规划〉的通知》
宝政发〔1994〕68号　《关于解决城镇居住困难户住房问题的实施意见》
宝政发〔1994〕157号　《宝应县生育社会保险实施细则、宝应县企业职工工伤社会保险暂行办法》
宝政发〔1994〕158号　《宝应县企业职工养老社会保险暂行办法》
宝政发〔1994〕210号　《关于下达今冬明春扫除青壮年文盲和扫盲后续教育的通知》
宝政发〔1994〕220号　《关于批转县农委、人事局、财政局、教育局〈关于民办教师工资制度改革实施方案〉的通知》
宝政发〔1994〕222号　《关于加强全县农村社会养老保险工作的意见》
宝政发〔1995〕59号　《宝应县环境噪声污染监督管理办法》
宝政发〔1995〕97号　《关于加快改革和发展幼儿教育事业的意见》
宝政发〔1995〕144号　《关于在全县实行生猪定点屠宰管理的通知》
宝政发〔1996〕44号　《宝应县初级卫生保健"九五"计划》
宝政发〔1996〕106号　《关于批转县劳动局〈关于宝应县实施再就业工程的意见〉的通知》
宝政发〔1996〕107号　《关于深化职工社会养老保险制度,改革完善养老保险政策性措施的通知》
宝政发〔1996〕163号　《宝应县"全民健身计划"实施方案》
宝政发〔1996〕182号　《宝应县人户分离人员计划生育管理暂行规定》
宝政发〔1996〕185号　《关于批转县农经委等七个部门关于〈宝应县乡镇农技八大站管理实施细则〉的通知》
宝政发〔1996〕197号　《宝应县流动人口管理暂行办法》
宝政发〔1996〕221号　《关于实施生态示范区建设的通知》
宝政发〔1996〕224号　《关于大力引进科技人才的若干意见》
宝政发〔1997〕36号　《关于深化殡葬改革、清理墓葬用地的工作意见》
宝政发〔1997〕97号　《宝应县按比例安排残疾人就业实施细则》

宝政发〔1997〕127号　《宝应县职工劳动保护办法》
宝政发〔1997〕144号　《关于批转县科委〈关于宝应县科技进步奖评审暂行办法〉的通知》
宝政发〔1997〕184号　《宝应县公有资产管理暂行办法》
宝政发〔1997〕193号　《宝应县农民最低生活保障制度实施意见》
宝政发〔1997〕194号　《宝应县加快发展社区服务若干规定》
宝政发〔1997〕210号　《关于进一步加快文化建设若干经济政策规定的通知》
宝政发〔1997〕254号　《宝应县国防教育实施大纲》
宝政发〔1997〕257号　《关于农村五保供养工作的实施意见》
宝政发〔1997〕258号　《宝应县农村合作医疗管理办法》
宝政发〔1998〕82号　《宝应县劳动力市场管理暂行规定》
宝政发〔1998〕108号　《关于事业单位改革的意见》
宝政发〔1998〕109号　《宝应县事业单位全员聘用合同制管理暂行办法》
宝政发〔1998〕133号　《关于批准县文化局〈关于农村文化市场分级管理的意见〉的通知》
宝政发〔1998〕140号　《关于加强社区卫生服务行业管理意见》
宝政发〔1998〕178号　《宝应县实行政府采购制度暂行办法》
宝政发〔1998〕228号　《宝应县城镇居民最低生活保障暂行办法》
宝政发〔1999〕123号　《关于转发县卫生局〈关于进一步加强药品监督管理的意见〉的通知》
宝政发〔1999〕131号　《关于严格控制中小学生流失问题的意见》
宝政发〔2000〕17号　《关于加快发展和完善农村合作医疗制度的意见》
宝政发〔2000〕42号　《关于实施乡村卫生机构一体化管理的指导意见》
宝政发〔2000〕102号　《宝应县乡镇学校校舍建设管理暂行规定》
宝政发〔2000〕133号　《关于加强文物保护工作和重新核定公布县级文物保护单位的通知》
宝政发〔2000〕181号　《关于进一步扩大社会保险覆盖面的通知》
宝政发〔2000〕189号　《宝应县城区计划生育管理办法》
宝政发〔2000〕211号　《关于增加城市建设投入方面的意见》
宝政发〔2001〕69号　《宝应县重点优抚对象医疗保障实施办法》
宝政发〔2001〕203号　《宝应县城市规划建设管理规定》
宝政发〔2001〕209号　《关于在私营企业中进一步扩大社会保险覆盖面的通知》
宝政发〔2002〕2号　《宝应县中医事业“十五”发展计划》
宝政发〔2002〕55号　《宝应县农村居民大额费用合作医疗管理章程》
宝政发〔2002〕118号　《关于进一步加快文化建设若干经济政策的意见》
宝政发〔2002〕129号　《宝应县个体门诊室管理暂行办法》
宝政发〔2003〕24号　《宝应县“质量兴县”工作实施意见》
宝政发〔2003〕31号　《宝应县企业退休人员社会化管理服务工作实施方案》
宝政发〔2003〕52号　《关于进一步做好非典型肺炎防治工作的通告》
宝政发〔2003〕78号　《关于进一步推进科技创新的意见》
宝政发〔2003〕94号　《宝应县城市规划建设管理规定》
宝政发〔2003〕163号　《关于加强基础教育课程改革的意见》
宝政发〔2003〕190号　《关于进一步做好全县中小学布局调整工作的意见》
宝政发〔2004〕13号　《宝应县动物高致病性禽流感应急预案》
宝政发〔2004〕26号　《关于贯彻实施〈中华人民共和国行政许可法〉的通知》

宝政发〔2004〕73号	《宝应县城镇破产、改制企业退休人员和享受低保待遇下岗失业人员参加医疗保险的实施意见》
宝政发〔2004〕87号	《关于实施科技创新奖励工程的意见》
宝政发〔2004〕218号	《宝应县行政许可听证程序暂行规定》
宝政发〔2004〕220号	《宝应县行政许可过错责任追究暂行规定》
宝政发〔2005〕10号	《宝应县人口与计划生育管理实施办法》
宝政发〔2005〕21号	《宝应县新型农村医疗管理办法》
宝政发〔2005〕42号	《关于农民科技书屋建设工作意见》
宝政发〔2005〕85号	《宝应县城区生活垃圾袋装化管理规定(试行)》
宝政发〔2005〕99号	《关于进一步加强基层文化建设的意见》
宝政发〔2005〕138号	《宝应县农村居民最低生活保障实施办法》
宝政发〔2005〕147号	《关于推行农村部分计划生育家庭奖励扶助制度的实施意见》
宝政发〔2005〕176号	《宝应县农村医疗救助暂行办法》

(六)党的建设

宝委发〔1990〕19号	《关于加强县委常委自身建设的有关规定》
宝委发〔1993〕50号	《关于贯彻实施中央和省市委近期反腐败斗争工作部署的意见》
宝委发〔1994〕14号	《关于建立全县宣传思想工作党政联席会议制度的通知》
宝委发〔1995〕21号	《宝应县1995～1997年村级组织建设工作规划》
宝委发〔1995〕25号	《关于继续抓好领导干部廉洁自律工作的通知》
宝委发〔1995〕53号	《宝应县跨世纪领导干部培养选拔规划》
宝委发〔1996〕21号	《关于在全县基层党组织和广大党员中开展"致富兴县奔小康建功立业"活动的意见》
宝委发〔1996〕41号	《关于狠刹公款大吃大喝及婚丧喜庆大操大办的规定》
宝委发〔1997〕35号	《宝应县党政机构改革实施意见》
宝委发〔1997〕36号	《宝应县党政机构改革"三定"工作实施意见》
宝委发〔1997〕37号	《关于认真学习〈中国共产党党员领导干部廉洁从政若干准则(试行)的通知〉》
宝委发〔1997〕96号	《关于贯彻落实党中央、国务院〈关于党政机关厉行节约制止奢侈浪费行为的若干规定〉的通知》
宝委发〔1998〕19号	《关于进一步加强乡、镇党委建设的意见》
宝委发〔1998〕55号	《关于建立领导干部廉政谈话制度的实施意见》
宝委发〔2000〕1号	《关于进一步加强农村基层干部队伍建设的意见》
宝委发〔2000〕15号	《关于贯彻落实〈关于实行党风廉政建设责任制的规定的实施办法〉的意见》
宝委发〔2000〕19号	《关于在县级领导班子、领导干部中开展"三讲"教育的实施意见》
宝委发〔2000〕22号	《关于实施〈领导干部选拔任用公示制度〉的通知》
宝委发〔2000〕39号	《关于加强全县思想政治工作的意见》
宝委发〔2000〕40号	《关于进一步加强干部教育管理的意见》
宝委发〔2000〕41号	《关于严明领导干部廉洁自律有关规定的通知》
宝委发〔2000〕42号	《关于认真学习贯彻江泽民同志"三个代表"重要思想的通知》
宝委发〔2000〕56号	《关于加强和改进思想政治工作的决定》
宝委发〔2001〕56号	《关于加强思想政治建设的意见》

宝委发〔2001〕104号　《关于印发〈中共宝应县委常委会任免干部票决制试行办法〉和〈中共宝应县委全体会议无记名投票表决干部任免试行办法〉的通知》
宝委发〔2001〕122号　《宝应县党政机构改革实施意见》
宝委发〔2002〕75号　《关于加强"双带型"农村基层干部队伍建设的意见》
宝委发〔2002〕82号　《宝应县党建带团建工作八项制度》
宝委发〔2002〕93号　《关于加强社区党建工作的意见》
宝委发〔2003〕36号　《宝应县县直机关部门党委会(党组)任免干部票决制试行办法》
宝委发〔2003〕59号　《宝应县干部监督工作联系通报制度》
宝委发〔2003〕67号　《宝应县乡镇部门党政主要负责人述职述廉制度(试行)》
宝委发〔2004〕48号　《宝应县村级干部核编定员、竞争上岗工作意见》
宝委发〔2004〕60号　《关于贯彻〈中共中央关于加强党的执政能力建设的决定〉的意见》
宝委发〔2004〕61号　《关于建立县管干部谈话谈心制度的通知》
宝委发〔2005〕51号　《宝应县人民政府机构改革实施方案》

宝政发〔1990〕157号　《关于加强廉政建设、纠正行业不正之风的意见》
宝政发〔2003〕125号　《关于转发县财政局、监察局〈关于深化财政改革、从源头上预防和治理腐败的工作意见〉的通知》

(七)精神文明建设

宝委发〔1991〕48号　《关于在全县农村开展社会主义思想教育的意见》
宝委发〔1996〕73号　《关于加强社会主义精神文明建设的意见》
宝委发〔2000〕27号　《关于在全县开展"致富思源、富而思进"教育活动的意见》
宝委发〔2000〕48号　《关于在全县农村实施新农民教育工程的意见》
宝委发〔2001〕1号　《关于在全县开展"三个代表"重要思想学习教育活动的实施意见》
宝委发〔2002〕92号　《关于认真学习贯彻党的十六大精神的意见》
宝委发〔2003〕32号　《关于开展向柳堡"二妹子"模范民兵班学习的决定》
宝委发〔2003〕52号　《关于在全县开展"学习'三个代表',力争'两个率先'主题教育活动"的实施意见》
宝委发〔2003〕63号　《关于在全县兴起学习贯彻"三个代表"重要思想新高潮的通知》
宝委发〔2004〕36号　《关于建设学习型城市的意见》
宝委发〔2004〕49号　《关于加强和改进全县未成年人思想道德建设的实施意见》
宝委发〔2005〕3号　《关于开展以实践"三个代表"重要思想为主要内容的保持共产党员先进性教育活动的实施意见》

(八)政法、军事、安全

宝委发〔1991〕49号　《关于实行社会治安综合治理一票否决制的规定(试行)》
宝委发〔2000〕38号　《关于进一步维护社会稳定的意见》
宝委发〔2001〕108号　《2001～2005年依法治县规划》
宝委发〔2003〕77号　《关于开展"建设平安宝应,创建最安全地区"活动的实施意见》
宝委发〔2004〕53号　《关于建立县处理信访突出问题及群体性事件联席会议制度的通知》

宝政发〔1990〕67号　《关于学习贯彻〈中华人民共和国行政诉讼法〉的实施意见》
宝政发〔1991〕109号　《关于进一步发挥民兵预备役部队在抗洪救灾中突击作用的通知》
宝政发〔1991〕176号　《宝应县军事设施保护暂行办法》
宝政发〔1991〕187号　《宝应县全民国防教育实施办法》
宝政发〔1994〕48号　《关于进一步加强政府法制工作的意见》
宝政发〔1995〕100号　《宝应县治安联防队管理暂行规定》
宝政发〔1995〕182号　《关于加强县民兵应急分队建设的意见》
宝政发〔1995〕186号　《关于批转县司法局〈关于深化乡镇法律服务工作改革的意见〉的通知》
宝政发〔1997〕86号　《宝应县依法治县实施方案》
宝政发〔1997〕228号　《宝应县烟花爆竹安全经营管理办法》
宝政发〔1999〕61号　《宝应县行政执法违法责任和错案责任追究暂行办法》
宝政发〔2001〕35号　《宝应县征兵工作实施办法》
宝政发〔2001〕90号　《关于印发〈宝应县人民政府行政复议工作规划〉的通知》
宝政发〔2003〕26号　《关于安全生产工作考核奖励的意见》
宝政发〔2003〕130号　《宝应县重大安全事故应急救援预案》
宝政发〔2003〕155号　《宝应县行政领导安全生产责任规定》

二、重要文件选录

关于在全县农村开展社会主义思想教育的意见

宝委发〔1991〕48号

各乡镇党委，县各部、委、办、局：

根据中共中央、国务院的决定和省、市委的部署，我县农村社会主义思想教育将在试点的基础上，分期分批地在面上展开。为确保全面完成社会主义思想教育的各项任务，现结合我县具体实际，对全县农村开展社会主义思想教育提出如下意见：

一、在农村开展社会主义思想教育的目的和重大意义

从现在起，相对集中时间和力量，在全县农村进行一次普遍、系统、深入的社会主义思想教育，目的是要在农村进一步贯彻落实党的基本路线，加强和改善对农村工作的领导，搞好农村基层党组织和政权的建设，推动农村经济发展，维护农村社会治安，巩固农村社会主义阵地。认真开展好这次思想教育，是做好党的农村工作的根本性建设，对于加强农村思想政治工作，从根本上提高农村广大党员、干部和群众的社会主义觉悟，加快农村的经济恢复和发展，推动农村社会主义精神文明建设，进一步密切党同农民群众的联系，都具有重要意义。全县各级党组织一定要把这项工作放在全局工作的重要位置上，切实抓紧抓好。

二、农村社会主义思想教育的指导思想、主要内容和着重解决的问题

农村社会主义思想教育总的指导思想是：以党的基本路线为指导，密切联系实际，普遍、深入、系统地进行爱国主义、集体主义、社会主义教育，进一步提高农村广大党员、干部和群众的思想觉悟，坚定社会主义信念，充分调动各个方面的积极性，继续深化农村改革，发展集体经济，加强党的建设，推动农村两个文明建设，促进农村社会全面进步。

农村社会主义思想教育的主要内容是：(1)进行社会主义的必然性、基本特征和优越性的教育；(2)进行农村改革的社会主义性质和党的现行农村政策的稳定性、连续性以及深化改革的任务的教育；(3)进行爱国家、爱集体、爱社会主义，正确处理国家、集体、个人三者关系，项固发展壮大集体经济、走同共富裕道路的教育；(4)进行农业基础地位的教育；(5)进行社会主义道德风尚和民主法制教育；(6)进行为人民服务根本宗旨和群众观点、群众路线的教育。在教育过程中，还要紧密联系当前的实际，结合有关专题，充实反和平演变、"八五"计划的宏伟目标、抗洪救灾精神、水利是农民的命脉、人口与计划生育等教育内容。乡镇企业要紧密结合职工的思想状况和企业的生产经营活动，教育干部职工坚定社会主义信念，充分认识乡镇企业的社会主义性质及其在国民经济中的重要地位和作用，走依靠集体经济实现共同富裕的道路；帮助干部职工树立爱社会主义、爱国家、爱集体、爱企业的风尚，培养良好的企业精神，促进我县乡镇企业更快地发展。

农村社会主义思想教育，要坚持以思想教育为主线，以推动经济发展为中心，以加强基层组织建设为重点，着重解决好三个问题：一是向干部群众进行社会主义思想教育，增强爱国主义意识，培养集体主义精神，树立社会主义必胜的信念，项固和发展农村的社会主义思想阵地，筑起抵御和平演变的钢铁长城，培养和造就一代"有思想、有道德、有文化、有纪律"的社会主义新农村的建设者。二是全面正确地贯彻落实党在农村的各项方针政策，在进一步稳定和完善家庭联产承包责任制的基础上，建立健全统分结合的双层经营体制，完善和发展社会化服务体系，理清发展壮大集体经济思路，逐步增强集体经济实力，引导农民坚定地走共同富裕的道路。三是加强以党支部为核心的村级基层组织的配套建设，充分发挥党支部的核心领导作用和党员的先锋模范作用。对软弱涣散的基层组织，要在思想教育的基础上，认真搞好组织整顿，不断提高战斗力。

三、农村社会主义思想教育工作步骤和方法

全县农村社会主义思想教育，由县委统一部署，乡(镇)党委组织实施，以村为单位开展。每期教育的时间，一般用四至五个月。

根据市委的要求，我县农村面上的教育，在完成沿河乡试点的基础上分两批进行。第一批从今年11月中旬进行开始至明年5月结束，第二批明年下半年开始。

集中开展社会主义思想教育，一般可分为五个阶段：一是调查准备阶段。主要是建立领导小组和工作班子，制定实施计划，搞好调查研究，摸清乡(镇)情、村情，找准问题，编写专题宣讲材料，培训宣讲骨干。二是宣传教育阶段。主要是联系农村实际，通过集中党员、干部和召开各村村民大会等形式，多阵地、分层次、分专题地组织宣讲、座谈、讨论。三是务实办事阶段。主要是从实际出发，量力而行地解决当地急需解决而又能够解决的一些实际问题，为民办实事、做好事。尤其要因地制宜，逐村理清发展集体经济的思路，研究制定发展集体经济的规划和措施。四是组织建设阶段。主要是全面加强村党支部的建设和其他村级组织的配套建设，建立各项规章制度，为实现村级规范化管理奠定基础。五是工作总结阶段。主要是发动群众，认真总结这次教育取得的成果、经验以及存在的问题，明确今后的努力方向，把社会主义思想教育引向深入。

开展社会主义思想教育，要充分利用现有的阵地和形式，借鉴以往的成功经验，启发、引导干部群众自我总结、自我教育、自我提高。除注重面对面的宣讲外，还可采用回忆对比、典型示范、文娱宣传、图片展览等多种方式，形成思想教育的气氛，增强教育的说服力和感染力。

四、农村社会主义思想教育的组织领导

我县农村社会主义思想教育，在县委统一领导下进行。县委成立农村社会主义思想教育领导小组，下设办公室，并根据开展教育工作乡、镇的具体情况，由县委选派机关、企事业单位的干部，组成工作组，培训后派往有关乡、镇，协助党委抓好教育工作。各级政府部门和群团组织，也要发挥各自的职能作用，积极主动地配合党委开展农村社会主义思想教育，在全县形成一个关心、支持农村社会主义思想教育的局面。

开展社会主义思想教育的乡、镇，党委也要相应成立领导小组和工作班子，并从乡镇机关、直属部门选调力量，达到每个基层党支部至少有两人，经乡、镇党校培训后，作为乡、镇开展教育的骨干。对少数软弱涣散的基层党组织，要整顿充实，为搞好农村社会主义思想教育提供有力的组织保证。

开展社会主义思想教育的乡、镇，各级领导，特别是主要领导干部要以身作则，带头调查研究、带头编写宣讲材料、带头向群众宣讲、带头为民办实事，确保社会主义思想教育健康、顺利地开展。

五、农村社会主义思想教育过程中需要注意掌握的几个问题

1. 开展社会主义思想教育，必须把思想教育贯穿始终，坚持正面教育为主、自我教育为主的原则，着眼于调动干部群众社会主义积极性，推动农村的各项工作。

2. 坚持理论联系实际，注重教育效果。各地要在深入调查研究的基础上，结合国内外形势和党在农村的方针政策，抓住农村改革和发展中存在的问题以及干部群众普遍关心的重大问题，有针对性地开展思想教育。

3. 坚持思想教育与为群众办实事相结合，既不要空对空地讲道理，也要防止和克服单纯办实事而忽视思想教育的倾向，做到“既讲道理，又办实事”，尤其要把发展集体经济作为最大的实事来抓。

4. 讲究工作方法，注意掌握政策。这次农村社会主义思想教育，不是搞政治运动，不是整干部，也不是整群众，而是通过正面教育，提高觉悟，振奋精神，团结一致，发展经济，推动改革，建设有中国特色的社会主义新农村。

5. 派往有关乡、镇的工作组成员，要认真学习党的方针政策，明确任务和责任，严格组织纪律，坚持在当地党组织统一领导下开展工作，自觉服从统一安排，不打乱当地正常的工作秩序，积极支持、配合、协助当地党组织开展教育工作，对带有政策性、倾向性的问题，要及时请示汇报，确保农村社会主义思想教育健康发展。

6. 要统筹安排好各项工作，把社会主义思想教育工作与经济工作以及其他工作紧密结合起来，通过社会主义思想教育，促进经济工作和其他各项工作的发展。

各地开展社会主义思想教育的安排部署、进展情况、取得的经验以及存在的问题，要及时上报县委社会主义思想教育领导小组办公室。

中共宝应县委员会
一九九一年十一月十四日

关于加快发展第三产业的意见

宝委发〔1992〕39号

各乡镇党委、人民政府，县各部、委、办、局：

为加快我县第三产业的发展，根据中央2号文件和5号文件精神，结合我县实际情况，特制定如下意见：

一、加快发展第三产业的指导思想和战略目标

（一）加快发展第三产业的指导思想

（1）解放思想、转变观念，确立社会化、现代化大生产和社会主义市场经济的观念，充分认识第三产业的发展水平是衡量现代社会经济发达程度的重要标志。

(2)深化改革、扩大开放、放手发展、放开经营，坚持国家、集体、个人一起上的方针，建立充满生机和活力的第三产业发展机制。

(3)强化基础产业，提高传统产业，开发新兴产业，推动第三产业企业全面发展，逐步建立和完善市场体系、城乡社会化服务体系和社会保障体系。

(二)发展第三产业的目标

(4)“八五”期间及整个九十年代，全县发展第三产业的总体目标是：在国民生产总值年平均增长20.3%的情况下，第三产业增加值平均每年增长29%以上，到1995年达到5.2亿元，占国民生产总值的比重为26%；第三产业就业人数的比重占社会劳动者人数比重的20%。

二、发展第三产业的重点

(一)优先发展交通、通信、供电事业

(5)交通运输以加快交通工程建设、形成综合运输网络为重点，逐步实现陆、水、空联运，加快淮江公路临城段公路实施进程和城乡公路网络建设。“八五”期末，50%的乡镇实现村村通公路，并逐步实现县乡公路路面黑色化，组建大型运输车船队，进一步发展联合运输，形成综合运输体系。

(6)邮电通信以“发展程控，数字联网”为重点，积极发展具有高、新技术特点的移动电话和光缆通信。“八五”期末，全县各乡镇全部实现程控电话自动化，总数达到1.5万门；80%乡镇实现光缆通信；电话普及率达到每百人2.42部，其中城市电话普及率达到每百人17.65部。

(7)供电以城区和集镇现有配电网络结构改造为重点，加快宝应220千伏变电所的筹建工作，确保明年一季度实施，以片筹建35千伏变电所，在工业基础较好的乡镇建成工业用电专线；同时搞好县城配供电小区设施的更新改造。

(二)加强网点建设，兴办城乡各类市场

(8)以深化流通体制改革为重点，坚持多渠道、少环节，城乡一起上，大力发展商品流通组织。“八五”期间，宝应县城要形成若干条具有专业特色的商业街，建成10个具有一定特色、档次较高的商品交易中心、购物中心。

(9)以组织工业原辅材料为重点，积极发展物资业。“八五”期间，要在全国各地建立一批煤炭、钢材、木材、建材等稳固的原材料购销基地。积极向外延伸开拓，扩大外购外销业务。

(10)按照“大市场、大流通、大开发”的要求和“合理规划、依托产地、串连成网、健全机制”的原则，积极兴办各类市场。“八五”期末，重点建成完善区域性的并与全国大型批发市场联网，具有一定规模和辐射能力的、各具特色的专业批发市场。以乡镇集镇为中心，建立和完善具有一定规模和特色的集贸市场和工业品市场；沿运乡镇要利用水、陆交通便利的优势，积极兴办第三产业，逐步建成“沿运第三产业带”。

(11)积极培育和发展金融、证券交易等要素市场，争取参加全省性资金市场网络，发展城市信用社，扩大信托投资业务，通过建成城乡居民共同发展基金引导资金投向，增强群众的金融意识和投资意识。

(12)按照“地产管住、房产放开，综合开发，一体化经营”的要求，加快土地制度改革，大力开发房地产业。国有土地一级市场实行政府垄断。二、三级市场放开搞活。采取协议、招标、拍卖等形式有偿出让土地使用权，吸引中外客商从事房地产开发经营。

(13)加快发展保险事业，拓宽保险服务领域。全面开办企业保险、职工待遇保险和医疗保险，并试办投资保险、新产品开发保险，促进科学技术转化为生产力，逐步建立起以养老、待业、医疗保险为主要内容的社会保障体系和统一的、平等有序的保险市场。

(三)不断推进城乡服务社会化

(14)积极发展与科技相关的信息、咨询、技术服务等新兴行业。“八五”期末基本建成县级经济信息管理系统和科技服务体系，重点开发科技、经济、“三外”等信息资源，逐步建立能为全县经济运行服务的信息库、数据库，为促进更多的科技成果转化为现实生产力提供必要的服务。

(15)努力发展为城乡居民和职工服务的社会化服务行业。大力兴办各种类型的服务性经营实体，以满足人们日益增长的物质和文化生活的需要。

(16)进一步发展为农业产前、产中、产后服务的行业。围绕调整农业结构和扩大农副产品流通，搞好配套服务。在继续发挥现有为农服务组织作用的同时，建立健全村级农业综合服务站和农工商实业公司，实现产供销、种养加、农工商一体化经营。发展商品农业和创汇农业，增加农民收入，加快农村奔小康步伐。

三、加快发展第三产业的政策措施

(一)鼓励多种经济成分一起上

(17)坚持国家、集体、个体一起上，充分调动各方面的积极性。除交通、通信、供电等基础设施建设，主要由政府牵头主办外，其他一般性建设项目全部放开，实行“谁投资、谁所有、谁得益”，打破城乡、行业、部门及所有制的界限，坚持公平竞争。

(18)允许机关和企事业单位的干部职工在做好本职工作和不侵犯单位技术权益的前提下，发挥专长，依法从事第二职业；允许有专业知识和技术特长的机关、企事业单位干部职工采用调离、停薪、留职、辞职等方式去承包、租赁、领办、创办信息服务、技术开发等新兴第三产业；允许机关企事业单位利用现有的设施安置富余人员兴办第三产业；允许工业企业特别是处于关停并转下的企业，利用自有的科技、设备、服务设施转办第三产业；允许第三产业企业跨部门、跨行业兼并关停的工业企业，经国有资产管理部门批准，可实行资产协议转让或有偿划拨。

(19)鼓励城镇待业人员从事第三产业。允许农村剩余劳动力进城、进镇从事商业、运输、饮食、修理业和家庭服务业，对依法经营、按章纳税的可发给临时居住证，并在工商登记、银行开户、购买和租用房地、子女入托等方面提供方便。

(20)工商行政管理部门对国家、集体、个人、私营企业开办的经营性实体在登记、发照等方面要灵活变通，简化手续，做到随到随办。县城和集镇沿街建筑要优先安排第三产业网点，对规划沿街新建的建筑物，底层都要开设第三产业门点。工业开发区要统筹安排好第三产业网点的配套建设。结合老城区改造，对占据县城和集镇主要街道两侧的围墙、空地和不对社会开放的房屋的机关、学校企事业单位，既不兴办第三产业，又不转让拍卖的，要征收商业用地闲置费，同时由县政府交有关部门统一开发。

(二)进一步放开第三产业企业的自主权

(21)放开经营范围。打破批零界限，实行一业为主，综合经营，除国家明令禁止和省有特殊规定的外，一般行业和商品取消限制，放开经营；允许个体工商户从事批发业务，对申请从事国家既未明令禁止，又未明确允许的经营活动，县工商部门可核发短期或一次性营业执照；允许经营单位采取市场所允许一切行之有效的经营方式，灵活经营；允许企业主管部门对小微亏的企业实行拍卖、兼并、转让、合股、个人承包等，以优化经营组织结构。

(22)放开经营价格。除少数需要由国家管理的商品价格外，放开绝大多数商品的价格，放开大部分经营、服务性收费，属于放开的价格和收费由企业或经营者自行定价，随行就市。

(23)改革用工分配制度。企业用工打破人员性质和企业性质界限，积极推行聘任制和合同制，实行辞退、辞职制度、实行就业双向选择；对不需财政拨付经费的事业单位用人放开，自定编制；对财政拨付经费的事业单位适当放宽编制，新增人员经费自理。在保证国家多得、企业多留的前提下，依据职工对企业贡献的大小、工资收入实行上不封顶，下不保底，拉开职工分配档次。

(24)鼓励机关兴办第三产业，积极鼓励行政人员从机关分离出来，从事第三产业，坚持政企分开的原则，与原单位脱钩，独立核算，自主经营，自负盈亏，参与市场平等竞争。机关人员进入实体后，不再以党政机关的名义或党政干部的身份从事经营活动，机关因开办实体而减少人员不再增补。

(三)增加对第三产业的投入

(25)金融部门要逐年增加对第三产业投入,用于扶持重点行业的发展,财政也要给予必要的支持。

(26)银行和城乡信用社要对符合政策、具备贷款条件的房地产业、居民服务业、信息咨询业、技术服务等新兴行业予以支持,在开户结算、信息咨询等方面提供方便,并向经济效益好、有偿还能力的集体、私营、个体的第三产业发放流动资金贷款、小额固定资产和简易设备维修贷款;对被兼并企业转入第三产业的,被兼并企业的债务由兼并企业承担,经银行批准,自开业之日起,所欠老贷款,实行二年停息,三年减半收息。

(27)多渠道筹集资金,扩大投入资金来源。对第三产业基础设施项目,有条件的企业经批准可向社会发行债券,也可采取内部集资、拆借融通、申请发行短期融资券等渠道筹集资金,经济效益好的企业可加速折旧30%,积聚资金用于更新改造;积极推行股份合作制,扩大资金来源,鼓励个体工商户集资购买商业网点。大胆利用海外资金、技术和销售渠道,发展外向型的第三产业。对配套人民币不足的资金,金融部门应积极给予支持。

四、利用税收杠杆扶持第三产业的发展

(28)对新建的各类专业和批发市场暂按零的税率征收固定资产投资方向调节税,在开办初期纳税有困难的,2年内免征所得税,3年减半征收,营业税按市场销售定额减征,并选择1-2个市场试行税费统一征收的办法,以增强市场还贷能力。

(29)对集体、个人兴办的信息咨询及其他知识、技术密集的第三产业,在开办初期1-3年内可申请税务部门批准,减征营业税,免征所得税。

(30)对党政机关安排富余人员或转换职能新办的独立核算的第三产业企业,对工业企业优化组合下岗人员、企事业单位留职停薪的人员、关停并转的企业职工自愿组合、自筹资金、合股合作兴办的第三产业,纳税有困难的,经税务部门批准减免1-3年所得税;对第三产业兼并关停的工业企业,2年免征所得税,3年减半征收,用于企业还贷。

(31)对新建的商业网点,允许其税前还贷;对投资500万元以上的大中型商业网点,免收其城市建设配套费,经税务部门批准,再减免3-5年的营业税。

(32)沿街个体工商户按城市规划部门要求进行门点改造,并符合标准的,经税务部门批准定额减征营业税1-2年。

五、采取激励措施促进第三产业的发展

(33)对兴办第三产业有贡献的人员实行奖励政策。对通过诚实劳动、合法经营、效益高、纳税多的企业负责人和贡献突出者给予表彰奖励。

六、加强对第三产业的领导

(34)各级党委和政府要充分认识加快第三产业发展的重要性和紧迫性,切实加强对第三产业的领导,要象抓第一、第二产业那样,把第三产业作为一项重要战略产业抓紧抓好,各乡镇、各部门要明确负责同志分管第三产业。强化对第三产业发展的目标考核,建立责任制,层层分解,责任到人,并作为考核各乡镇、各部门主要负责人政绩的重要内容。

(35)强化对第三产业的规划和管理。各乡镇、各部门要根据全县第三产业发展总体目标和本地的实际情况,修订加快发展第三产业的规划和意见,并纳入"八五"计划。有关职能部门要加强管理和监督,注意规范企业行为和市场行为,各行各业,社会各个方面都要为加快全县第三产业的发展创造一个宽松的外部环境,努力促进我县第三产业健康发展。

各乡镇、各部门特别是工商、税务、物价、银行、人事、劳动等部门要尽快制定好与本《意见》相配套的具体政策和措施,相互监督,密切配合,主动服务,积极创造条件,确保上述各项政策意见落到实处。

中共宝应县委员会

宝应县人民政府

一九九二年十一月十七日

关于加快实现农村小康的有关问题的通知

宝委发〔1993〕1号

各乡镇党委、人民政府，县各部、委、办、局：

实现小康，既是党中央的宏伟战略目标，也是广大农民的迫切要求。为了确保中共宝应县七届四次全委会决议中提出的“1997年达到小康水平”的目标完成，现对我县农村实现小康的有关问题通知如下：

一、我县农村小康的主要标准

根据市委提出的小康目标，结合我县实际，提出乡镇、村、户达小康的标准：

（一）乡镇达小康的标准：

1. 农村人均国民生产总值达到2400元。

2. 第三产业增加值占国民生产总值的比重达30%。

3. 农村人均社会总产值按90年不变价达6500元。

4. 农村人均占有生产性固定资产积累1500元。

5. 农民人均纯收入1300元。人均生活消费1000元，其中食品消费支出50%以下，农民人均文化用品及文化生活服务支出15%以上。

6. 农民人均钢筋砖木结构居住面积20平方米，饮用安全卫生水人口占总人口的90%以上。

7. 农村计划生育达标。计划生育率在99%以上，晚婚、晚育率80%以上，人口自然增长率控制在10‰以下。健康水平提高，村有卫生室，人人享有初级卫生保健，人均期望寿命72岁。

8. 社会公益事业发展。乡乡通公路，70%的村通公路；农民用电照明普及率100%；乡乡有敬老院，五保老人集中供养率达30%。

9. 精神生活比较充实。普及九年制义务教育，基本扫除青壮年文盲；普通教育、职业教育、成人教育基本上与经济协调发展；农村广播电视混合覆盖率达100%；乡镇、村有农民文化娱乐场所；基本扫除封建迷信，社会风气良好。

10. 社会治安良好。刑事案件发案率控制在万分之五以内，无重大刑事案件、无民事纠纷酿成的刑事案件、无重大灾害性事故的村达80%以上。

（二）村达小康的标准

1. 农民人均纯收入1500元。人均生活消费1100元，其中食品消费支出50%以下，农民人均文化用品及文化生活服务支出15%以上。

2. 农村人均社会总产值按90年不变价达到4000元。

3. 农村人均占有生产性固定资产积累1500元。

4. 农民人均钢筋砖木结构居住面积20平方米，饮用安全卫生水人口占总人口的90%以上。

5. 无计划外生育，晚婚、晚育率分别达80%，村有卫生室，人人享有初级卫生保健。

6. 村通公路，农户用电照明普及率达100%。

7. 普及九年制义务教育，基本扫除青壮年文盲。广播电视混合覆盖率达100%，有农民文化娱乐场所。

8. 村民自觉遵守村规民约，基本扫除封建迷信、陈规陋习，社会风气良好，人们思想健康向上。

（三）、户达小康的标准

1. 人均纯收入1800元。人均生活消费1200元，其中食品消费支出50%以下，农民人均文化用品及文化生活服务支出15%以上。

2. 人均钢筋砖木结构居住面积20平方米。

3. 自觉执行计划生育规定。

4. 适龄儿童入学,家庭成员(15-45岁)无文盲。

5. 遵守村规民约,无违法乱纪的现象。

按照上述标准考核,在全面达标的基础上,必须有85%以上的户实现小康的村方评为小康村,80%的村实现小康的乡镇方能评为小康乡镇。

二、认真制定实现小康规划

全县1997年实现小康,这是总体要求。各地要本着既积极提前,又因地制宜的原则,层层制订规划,明确提出本地区实现小康的时间,有条件的地方要大跨度超前达小康。乡镇规划要把逐年达小康的村排出来,村规划要把逐年达小康的组、户排出来,以便对照检查。从今年起,全县每年要有一批户、村跨入小康行列。从1995年起,每年要有一批乡镇实现小康目标。规划不但要有达小康的时间,还要提出奔小康的主要途径和措施,特别是大力发展本地优势产业的措施。

农村达小康,户是基础。要结合推行"两田制"发动每家每户制订小康计划,从户情出发,明确发展路数,落实奔小康的具体途径,扎扎实实向小康迈进。

三、建立小康考评验收制度

要建立每年验收、命名一批小康户、小康村、小康乡的制度。为此,县建立小康考评小组,由县委、县政府负责同志牵头,县委办、研究室、政府办、组织部、农工部、宣传部、计生委、统计、文教、卫生、公安、广播电视、交通、地工局、城建、审计等部门参加,统一负责小康考评工作。考评小组下设办公室,办公室设在农工部。

小康考评工作要采取逐级验收、命名的办法。小康乡镇由县验收、命名,小康村由乡镇验收、命名,小康户由村验收、命名。小康村、户要分别向县、乡镇备案。

四、切实加强对农村实现小康的领导

实现1997年全县达小康的奋斗目标,任务艰巨、时间紧迫。全县各级党委、政府要把奔小康作为头等大事来抓,强化领导,提高这项工作的组织程度。农村广大党员、干部要在带领群众奔小康的活动中充分发挥模范带头作用。

要坚持分类指导,抓住重点突破,选择一批村、户率先达小康,并从中总结经验,及时加以推广。要善于发现,培养一批农村能人,大力发展能人经济,带领广大农民拓宽增收门路。

要进一步放宽发展农村市场经济的政策,积极发展集体的同时,鼓励个体和私营经济发展,搞好农村流通,发展农产品加工,用政策调动奔小康的积极性。

小康目标不单是经济指标,还有精神文明要求。在带领农民奔小康的进程中,要切实加强精神文明建设,坚持"两手抓、两手硬",提高农村的整体素质。

要充分运用报刊、广播、电视等宣传媒介,采取多种形式,广泛进行奔小康的宣传活动,形成上下左右,万众一心奔小康的氛围,把各方面的积极性调动起来,为实现小康县目标而努力奋斗。

中共宝应县委员会

宝应县人民政府

一九九三年一月九日

关于鼓励扶持民营经济进一步发展的决定

宝委发〔1993〕38号

各乡镇党委、政府，县各部、委、办、局：

为加快社会主义市场经济体制的建设，根据省市有关精神，结合我县的实际情况，现就鼓励、扶持民营经济发展作如下决定：

一、放宽从业人员。鼓励有经济能力的城镇居民、待业青年和农民从事个体经营、开办民营企业；允许党政机关和企事业单位的停薪留职、辞退人员和停工待业人员，从事个体和民营企业经营；支持企事业单位富余人员、特困企业停薪留职职工从事个体经营活动。

二、放宽经营范围和方式。除了国家明令禁止个体民营企业经营的商品、项目和方式外，均允许个体、民营企业生产经营。允许批发经营和从事代理、代销、经纪等业务。同时，积极引导个体民营经济发展生产型、科技型、服务型、劳务型的行业；积极鼓励从事小商品、农副产品、地方工业品等产品长途贩运；积极为个体民营企业在外设立窗口、从事经营活动提供条件；积极扶持兴办股份合作制企业和三资企业。

三、放宽注册登记条件和企业名称限制。个体工商户、民营企业的注册资金、除开办公司外，原则上不作具体规定。为简化手续，提高办事效率，凡申请从事个体、民营经营的，可凭居民身份证或户口簿直接向工商行政机关申请、登记、领照，工商部门必须在一周内办结；对暂不具备登记注册条件的，可立即发放临时营业执照，待条件具备后，换发营业执照。坚决取缔无照经营。允许有条件的个体工商户、民营企业使用“经理部”、“经营部”、“商行”、“公司”等名称。

四、打破区域界限。欢迎农民、外地人员来县城、集镇跨地区开厂办店，从事个体、民营经营，并与当地个体工商户、民营企业享受同等政策待遇。个体工商户、民营企业经商建厂使用场地问题，工商、城建和土管等部门，要积极统筹安排。允许具备条件的个体工商户、民营企业经工商、税务等部门批准，增设摊点，设立分支机构。支持个体、民营企业到县外、省外经商、办企业。要在城镇地区适宜经营的地方，安排个体、民营企业招商场所；划出一块地方，吸引个体民营企业，兴办“民营经济小区”。

五、鼓励个体民营企业租赁、承包、兼并、购买全民、集体的小型企业。对租赁、承包、转让、拍卖的小型企业，面向社会包括个体、民营企业，实行公开招标，平等竞争。

六、放宽税收政策。对民营生产型、科技型以及从事种养加的企业，经批准可减征或免征所得税，对纳税确有困难的，可减征营业税、产品税。个体、民营企业购买专利、技术转让费和按有关规定交纳社会养老基金和劳动保险费可在税前列支。因业务需要经批准，可使用大额发票。

七、不准乱收费、乱摊费、乱罚款。实施“一个局收税，一个头收费”的办法。凡向个体民营企业收费，必须出示县物价部门颁分的《收费许可证》和财政部门统一制定的收据。县物价部门要制定统一的收费项目和标准，并向工商户发放收费登记簿。收费人必须在收费登记簿上签名、登记。否则，个体工商户有权拒绝付费和向物价、监察部门举报。

八、实行信贷扶持政策。专业银行、城乡信用社，要按国家信贷原则和利率政策，安排个体、民营企业生产经营所需的贷款，并根据规模和效益状况，允许发放小额固定资产和简易设备维修贷款。

九、鼓励上规模、上水平。每年评出一批先进个体、民营企业，由县给予一定奖励。对个体、民营企业产品鉴定、职称评定，视同全民、集体企业；在科技进步中作出贡献，而户口在外地的人员，可参照企事业单位外来科技人员的待遇，给予入户。

十、保护合法权益。个体民营企业要做到合法经营，按章纳税，服从管理，讲求信誉。对个体工商户、民营企业在政治上同其它企业一视同仁；不准任意改变企业性质，平调个体经济财产，引导挂集体牌子的个体民营企业恢复企业原来性质。不准干扰企业正常生产经营和合法的分配方式。有关执法部门要进一步强化公仆意识，加强廉政和行风建设。个体、民营企业合法权益受到侵害时，有权检举、控告，有关部门要及时受理查处。

县工商、税务、物价、城建、土管等职能部门要根据本决定，制定实施细则，以保证本决定精神的贯彻落实。

中共宝应县委员会
宝应县人民政府
一九九三年八月二十四日

关于大力推进农业产业化的意见

宝委发〔1995〕50号

各乡镇党委、政府，县各部、委、办、局：

为认真贯彻中央十四届五中全会和省委徐州会议精神，加快全县奔小康步伐，现根据宝应实际，对推进农业产业化提出如下意见：

一、充分认识产业化的战略意义

农业产业化，是以市场为导向，以效益为中心，围绕基础产业，对农业和农村经济实行区域化布局、专业化生产、一体化经营、社会化服务、企业化管理，形成以市场牵龙头，龙头带基地，基地连农户，集中种养加、贸工农、农科教为一体的经营组织形式。

推进产业化，是全面发展农村经济，实现农业新跨越的战略举措，是加速传统农业向市场农业和现代化农业转变的必由之路，具有广泛的意义。它有利于解决发展市场农业面临的小生产与大市场，稳定家庭承包与发展规模经营，分散经营与科技推广等诸多矛盾；它有利于解决农业产加销相互脱节比较效益低，内在发展动力不足等深层次问题；它有利于城乡工农之间优势互补和生产要素优化配置，加快城乡一体化进程和农业剩余劳力转移。

推进产业化，是我县加快奔小康的突破口。通过产业化，可以把农产品的生产、加工、销售有效地结合起来，有利于二三产业之间的优势互补和利益互补，拓展二三产业的发展空间，使农民分享加工流通环节的利益，扩大收入来源，提高农业的比较效益，加快奔小康的步伐。

二、推进产业化的指导思想和发展目标

指导思想是，在稳定发展粮棉生产的前提下，以国内外市场为导向，以流通加工为牵动，以本地优势为依托，因地制宜，分层推进，发展"龙"型经济，形成"群龙齐舞"的农村发展新格局，加快全县奔小康步伐。

发展目标是：用五年时间，重点发展荷藕、水产、林园、畜禽、棉花等五大系列的产业化，形成50亿元的产值；建设一批龙头型企业，其中培育10个年销售超亿元，或年税利1000万元，或年出口创汇500万美元的县级龙头骨干企业；农民人均收入比"八五"期末增长一倍以上。

三、加快实施龙头带动战略

推进产业化，龙头是关键。龙头企业一头连国内外市场，一头连基地农户，具有引导生产、开拓市场、深化加工、综合服务的功能，是联结农业与市场的桥梁和纽带。因此，要把培育各类龙头企业作为推进产业化的牛鼻子来抓。龙头企业应具备下列条件:(1)有稳定的农副产品基地;(2)有一定的加工能力;(3)有较强的吞吐能力,对基地生产的农产品吃得进、销得出;(4)有较高的技术含量,能引进繁育优良种苗,进行示范推广,加工的技术装备先进,产品有较强的竞争能力;(5)有为基地和农户提供种苗、种养技术、产品收购等全过程服务的能力。

龙头企业可以是加工企业,也可以是流通企业,还可以是科技服务企业。培育龙头企业要着重从以下三个方面增强其辐射带动功能。

第一、不断壮大龙头企业规模。要坚持多轮驱动,大力兴办各个层次的龙头企业,造就群体优势和总量规模。县有关部门要制订产业发展规划,克服加工企业规模过小和低水平重复等倾向。要通过推进联合使龙头企业朝集团化方向发展。对龙头企业集团要强化班子建设,健全内部管理体制,建立灵活的运行机制,增强集团的整体实力和辐射功能,有条件的可以跨地区建立自己的分支组织或商品基地。要扩大龙头企业外向度,大力引进外资、兴办中外合资企业,争取自营出口权,直接参与国际竞争。

第二、注重提高龙头企业的科技含量。一方面要加快培养自己的技术队伍,一方面要积极与大专院校,科研单位联合,寻找技术靠山,融产加销研为一体,不断提高企业开发新产品能力。要加大龙头企业的技改投入,提高技术装备水平,发展农产品系列加工、深度加工、精加工和综合利用。

第三、理顺龙头企业与农民的关系。可以通过合同这一形式,建立较为稳定的供求和利益关系,将加工流通各环节的利益进行合理分配;可以通过对农副产品实行保护价或为农民提供种苗、饲料、技术和发放扶持金等来保护农民利益;也可以通过建立风险金来减少企业和农户的市场风险,还可以引导组建股份制、股份合作制等一体化经营实体。不管什么形式,都应当体现利益均沾、风险共担的原则,使龙头与农民结成真正的利益共同体。

兴办龙头企业要坚持因地制宜,分层推进,多头发展。提倡县乡村组户齐动手,国家、集体、个体、联合体一起上,造就群龙齐舞的生动局面。不管规模大小,不管联结松紧,只要有利于农产品加工增值,有利于生产和市场衔接,有利于增加农民收入,都应鼓励大力发展。对部门、事业单位、集体或私人兴办的龙头企业,县、乡要积极引导,鼓励支持,促进其加快发展。

四、加快市场和商品基地建设

产业化最显著的特点是,以市场为导向,实行生产、加工、销售一体化经营。推进产业化须搞活流通,加强市场建设。在农产品集中产区、销区,要按照以市建场的原则,兴建、扩建一批辐射范围广、交易量大的专业市场。县里重点加快苏中农副产品批发市场基础设施配套建设速度,为城区荷藕进场交易、规范管理创造条件,同时积极筹建县水产品交易市场。有关乡镇要抓紧规划筹建荷藕专业市场和其他市场。供销、外贸等部门要发挥主渠道的作用,积极兴办流通型的龙头企业。乡村集体经济组织要运用各种方式,组织农产品运销。同时要鼓励农民直接进入流通领域,发展一批规模较大、效益较好,特色明显的运销专业户专业村。

商品基地是产业化的基础,龙头企业的依托,只有形成较大规模的商品基地,才能保证农产品成批量地均衡供应,提高市场占有率,保证龙头加工企业的原料供应。在基地建设上要做到四化:(1)布局区域化。本着因地制宜、发挥优势、保持特色、相对集中的原则,统一规划、合理布局,形成“乡有特色、村有一品”的与资源分布相适应的区域格局。(2)生产专业化。龙头企业要围绕主导产品,用定向投入、定向服务、定向收购的方式,引导农民逐步发展适度规模经营,提高集约化经营水平。(3)服务系列化。按照“配套、有效、及时”的要求,加强服务组织和服务设施建设,逐步形成上下配套的服务体系。努力做到产前统一供种,产中提供有效的技术服务,产后统一收购、加工、储运,保证产得出、销得掉、效益好。(4)产销合同化。由龙头企业与农户签订合同,规定种养规模、交售数量、产品规格质量和收购的价格,用经济、法律手段约束双方的行为。

加强市场和商品基地建设的管理。切实加强管理,规范交易行为,打击扰乱市场秩序的不法行为;要本着“谁收益、谁投入”的原则,逐步改善市场设施。要因地制宜,加强对商品基地建设的科学规划;

加强商品基地配套设施建设，改善生产、交通等条件，制定落实商品基地激励扶持政策，调动基地农民商品生产积极性。

五、推进产业化的政策措施

(一)多渠道筹集产业化发展资金

1. 建立产业化发展基金。基金来源：一是从财政预算内支农资金、财政性农发基金、农业合作发展基金中划出一定比例；二是从县副食品基金、粮食风险金、市场建设基金中划出一定比例。基金主要用于培育发展上规模、上水平的龙头企业，建设专业市场。

2. 有关综合部门和金融部门要积极帮助龙头企业申报专项，积极争取商品粮、优质棉基地，三高农业示范区，黄淮海开发等方面的资金。对兴建龙头企业、生产基地的贷款投放，要给予重点倾斜。

3. 大力发展农村合作基金会，重点为生产基地农户提供当年生产费用。

4. 积极发展股份合作制，广泛争取和引进县外资金、国外资金，兴办合资合作企业。

(二)实行税收优惠政策

对联结紧密的贸工农一体化经营组织，实行按最终产品征税，在国家税法允许范围内，积极争取税收优惠照顾。对新办的从事农副产品加工、贮存、保鲜、运输等集体企业，在开业初纳税有困难的，报经税务机关批准，可给予1～3年的减免所得税照顾。农林特产税要按规定的项目和税率计征，70%用于发展生产的投入。同时，对龙头企业的建设用地，尽可能减免县内有关费用。

(三)调动各方面推进产业化的积极性

要按照产业化的要求，改进对科技人员的管理和使用，鼓励科技人员积极参加贸工农一体化经营的技术承包和推广示范活动，实行报酬和产出挂钩，也可以实行技术入股，对在科研和推广中贡献突出的要给予重奖。

对有基地、有加工企业的乡镇，允许加工企业直接收购国家定购以外的农产品，减少中间环节；对有基地，暂时没有加工企业的乡镇，要坚持自愿互利的原则，挂靠加工龙头企业。

六、加强对推进产业化的领导

推进农业产业化，是发展农村经济，带领农民致富奔小康的战略措施，是当前和今后一段时期农村改革和发展的方向。各级领导要进一步统一思想，提高认识，切实加强领导，列入目标管理责任制。党政一把手要亲自动手抓，分管领导要集中精力专门抓，认真总结推广这方面的新鲜经验，及时解决发展过程中的矛盾和问题，实行分类指导，注重实效，引导健康发展。

各地推进产业化要因地制宜，发挥优势，认真规划，狠抓落实。要做到一条龙有一名负责人挂帅，有一个专门工作班子，有一套实施办法。县重点推进的五大产业，分别成立五个领导小组，由县政府负责同志牵头，有关部门负责人参加。同时，成立宝应外向型农业综合开发区管委会，加强宝应地区农业综合开发工作。

农业产业化，事关我县经济发展全局，需要全县上下形成共识，方方面面密切配合。农业部门、涉农部门要积极兴办龙头企业，搞好推进产业化服务工作。其他部门都要服务于这个大局，为推进产业化多做扎扎实实的扶持工作。除必要的资金扶持以外，体改委要组织引导龙头企业发展联合、组建集团，并为集团(公司)进行股份制改制服务。计委、经委、外经委要在龙头企业申报技改项目、争取国家专项、申请出口自营权、出口配额等方面做好服务工作。对龙头企业需要的各类人才、尤其是国际贸易和经营人才、科技人才，组织人事部门要优先从县内调配，并积极帮助从外地引进。

为便于掌握和研究情况，县里明确县委农工部为推进产业化牵头单位，负责情况综合，工作协调、政策研究和督查工作。

中共宝应县委员会
宝应县人民政府
一九九五年十一月一日

关于加快发展全县建筑业的意见

宝委发〔1996〕19号

各乡镇党委，县各部、委、办、局：

为进一步提高我县建筑业整体水平，增强竞争能力，充分发挥支柱产业作用，推进全县经济加快发展，现结合我县实际情况，就加快发展全县建筑业提出如下意见：

一、进一步明确建筑业发展的指导思想和目标任务

建筑业是国民经济重要的物质生产部门，具有很强的相关性和带动作用。要把建筑业作为国民经济的支柱性产业来抓。实践证明，建筑业的发展对于转移和消化我县农村剩余劳动力，增加农民收入，加快农村奔小康步伐，增强国民经济综合实力，推进社会进步，具有重要的意义和作用。

今后一个时期，我县建筑业的发展要以国家产业政策为向导，以规模经营为方向，以经济效益为核心，深化企业改革，加速结构调整，优化要素配置，加强管理，使建筑业逐步走上技术密集、集约经营、内涵提高的路子，全面提高企业的整体素质和建筑经济的运行质态。“九五”期末，全县建筑业施工总产值突破50亿元，增加值达到12亿元，职工总数6万人，县外施工4.5万人，装备投入6000万元，建成省级“建筑之乡”。

二、大力开拓市场，培植规模经济

建立统一、开放、竞争、有序的县内建筑市场，全面推行工程招标管理，严禁无证设计、无证施工、越级承包和非法转包等行为。进一步拓展县外市场和国际市场，县外施工人数要达到职工总数75%以上；瞄准大中城市和国家规划内的大型工程项目，组织优势力量，重点突破；扩大成建制队伍对外输出，增强在国际市场上的竞争能力。

大力培育规模企业、规模市场、规模工程。“九五”期末，施工产值超亿元乡镇和企业要建成15个以上，其中5亿元以上的企业达2个。在市场培育上，6000人以上的市场2个，4000人以上的市场4个。高层双包工程占总施工面积的比重逐步达到40%以上。

三、坚持科技进步，提高企业资质

争取每年开发和应用一批“四新”成果，使建筑业新增产值和效益中的科技含量占20%以上。要加大机械装备和人才培训的投入。建筑业每年用于生产性投入人均净值应在500元以上。到“九五”期末，人均技术装备费达到5000元以上。10层以上的高层建筑全部采用塔吊化施工。全县建筑业人才培训投入在“九五”期间达到1000万元以上。努力办好县建筑工程学校和各类专业技术培训班。鼓励大中专毕业生到建安企业特别是乡镇建安企业工作。“九五”期末，有学历、职称人员占职工总数比例在5%以上，工人平均技术等级在4级以上；采用现代化管理手段和方法促进生产力发展，二级资质以上企业逐步推行微机管理，建筑设计院绘图设计全部实现微机化。

加强企业硬件建设和软件资料积累，为企业资质升级做好充分准备。“九五”期间，县、乡企业要全面晋升1-2个资质等级，力争形成1个一级企业、3个二级企业。通过加速发展，改组联合，逐步减少等外级企业。

四、深化企业改革，严格内部管理

认真贯彻落实公司法，逐步建立产权清晰、权责明确、政企分开、管理科学的现代建筑企业制度。县属建安企业逐步改组成有限责任公司或股份有限公司；乡镇建安企业根据实际情况，发展股份合作制，有条件的逐步组建成规范化的有限责任公司。进一步深化企业人事、劳动和分配制度改革，经济分配实行“工资、质量、效益”挂钩，最大限度地调动干部职工积极性。

加强企业科学管理，全面实施《建设工程质量管理办法》，健全质量监督保障体系，坚定不移地走质量兴业之路，工程质量合格率要确保100%，优良品率在40%以上。增强各级领导和职工安全意识，利用法律、行政、经济等多种手段，保障各项安全规章制度落实到位，安全事故频率控制在1.2‰以内。认真贯彻实施《企业财务通则》和《企业会计准则》，加强核算，节约成本，压缩不合理资金占用和开支，提高资金使用效率。逐步调整企业利益分配关系，重视企业积累，使集体资产每年有较大幅度的提高。各驻外施工企业要实行统一账号、统一票据，定期组织财务审计和财务互审；各建安企业必须按规定设置财务会计机构，配备有较高素质的财务人员，如实核算和反映盈亏。

加强企业思想政治工作。积极创造条件丰富职工的业余文化生活。充分发挥企业的基地作用，帮助解决职工的后顾之优，努力造就一支适应市场经济需求的思想好、业务精、作风正的企业家队伍和职工队伍。

五、强化行业管理，加速结构调整

县建筑工程局是全县建筑业行业管理的职能部门，要做好全县建筑业的统筹规划、组织指导、协调和监督服务工作。县建工局驻外办事处对各自区域内施工队伍要按照有关规定和要求，实行统一管理和服务。

大力调整优化建筑业结构，形成以县乡重点骨干企业为龙头，一般等级企业为主体，等级企业和私营企业为补充，使管理层、施工层、作业层相互依托、相互促进的组织结构和经营机制。立足现有基础，强化机电仪、水卫暖、装饰装潢等专业队伍建设，形成专业优势。坚持“一业为主、多元经营”的发展方针，拓宽经营领域，增强企业综合实力，二级以上建安企业多元化经营产值要占企业总产值15%以上。

六、完善激励机制，健全保障体系

以年度指标为依据，对县、乡建安企业分档实行百分考核，多超多奖。对长期在外施工的企业骨干人员，要在水利、农忙等方面给予照顾。每年评选一批优胜乡镇、先进单位、创优工程队和先进个人，由县委、县政府给予表彰奖励。逐步制订一系列配套政策，鼓励更多的人员为加快发展建筑业多做贡献。

县内建筑工程的建筑职工劳保统筹费用不得减免。县外建设工程的劳保统筹费用返还部分由县建工局驻外办事处代收代缴，并入后方统一结算。

七、切实加强领导，提供优质服务

各乡镇要明确一名负责同志分管建筑业，专司其职；充实县、乡建安企业的领导力量，特别要重视企业主要负责人、技术负责人和财务负责人的考察选配工作。

县计划、经济、财税、金融、工商等部门，对建筑业发展要主动关心，积极扶持。税务部门既要督促企业依法纳税，又要在政策允许范围内，给予照顾、优惠。对于重点建安企业的装备更新和承担国家及地方重点建设任务的企业流动资金，金融部门在贷款上要给予优先安排。

切实减轻企业负担。乡镇建安企业上缴乡镇政府用于村镇建设和社会福利性支出的费用，要严格按省市有关文件规定执行；上缴主管部门和驻外办事处的行业管理费，按省财政厅劳财综(94)第243号、省物价局苏价制(94)第400号、省建工局建财(94)号第39号文件规定执行。

中共宝应县委员会

宝应县人民政府

一九九六年三月十八日

关于加强社会主义精神文明建设的意见

宝委发〔1996〕73号

各乡镇党委，县各部、委、办、局：

根据党的十四届六中全会精神和省、市委扩大会议部署，当前和"九五"期间全县社会主义精神文明建设的指导思想是：坚持以邓小平同志建设有中国特色社会主义理论和党的基本路线、基本方针为指导，以培育社会主义"四有"公民为目标，突出四项重点工作，大力加强思想道德建设，大力发展教育科学文化，大力弘扬宝应精神，着力提高公民素质和城乡文明程度，为把宝应建设成为经济繁荣、科教发达、生活富裕、社会文明的县份而努力奋斗。为落实这一指导思想，现就加强文明建设，主要是思想道德和文化方面的建设，提出实施意见。

一、深入持久地组织学习邓小平理论

(1)用邓小平理论武装党员、教育干部群众。要把用邓小平理论武装党员、教育干部群众作为精神文明建设的首要任务来抓。努力拓展学习的广度和深度，全面准确地把握邓小平理论的科学体系和基本观点。始终坚持联系人们的思想实际和改革建设的工作实际，运用邓小平理论的立场、观点和方法，研究新情况，解决新问题。通过学习，引导人们树立正确的世界观、人生观、价值观，进一步增强建设宝应、振兴宝应的积极性和创造性。

(2)领导干部要带头学好邓小平理论。各级领导干部要带头认真研读邓小平同志的著作，全面系统地理解和掌握邓小平理论的精神实质，同时要学习市场经济理论、科学技术以及法律知识，增强把握全局和解决实际问题的能力。党委中心组要坚持定期学习，每月一次，每次一个专题。要健全学习组织，制定学习计划，定期组织学习交流。从现在起到党的十五大召开之前，要把十四届六中全会精神列成专题、深入学习。要坚持一把手带头学，一级抓一级，层层抓落实。

(3)充分发挥各级党校和农村冬训的作用。各级党校、干校和政校要成为学习邓小平理论的主阵地，把《邓小平文选》作为教学的主要内容，制定周密的教学计划，提高教育教学的质量。县委党校要办好主班次，今冬明春对各乡镇、局的负责同志和村支书普遍进行轮训，集中组织学习十四届六中全会精神。各基层党校、企业政校也要拿出计划，认真组织骨干培训。要重视抓好一年一度的农村冬训工作，每年冬训要花5到7天时间，采取以点带面、会训结合的方法，突出主题，联系实际，生动活泼地进行教育。1997年底前全面完成党员"双学"轮训任务。认真组织好群众性学习，通俗易懂地普及邓小平理论的重要观点和主要内容。

二、继续深化爱国主义教育

(4)全面贯彻落实《爱国主义教育实施纲要》。按照纲要的要求，经常向人民群众进行形势和任务的教育、历史和国情的教育、革命传统和民族美德的教育。要把爱国与爱岗、爱家乡、关心大事、维护大局结合起来，教育人们正确处理国家、集体、个人三者利益之间的关系，把人民群众激发出来的爱国热情、报国之志，引导到立足本职、做好工作、为国家、为家乡多作贡献上来。

(5)重点抓好青少年的爱国主义教育。要紧紧抓住学校这个爱国主义教育的重要阵地，切实加强学校德育教育工作，把爱国主义教育贯穿到课堂教学的实际内容中去。各类学校要广泛开展"忠心献给祖国、爱心献给社会、关心献给他人、热心献给家乡、信心留给自己"的主题活动。要向广大青少年学生不断进行艰苦创业、勤俭节约的革命传统教育。注重增强学生的劳动实践观，开设劳动课，开辟学工学农实践基地，培养青少年学生的优秀品德和自学、自理、自护、自律、自强的能力。广泛开展表彰、宣传各类优秀学生活动，激励广大青少年积极进取、健康成长。加强对广大教育工作者的师德教育，提高爱生敬业、为人师表的素质。

(6)在各行各业渗透爱国主义教育。新闻宣传单位和文化教育部门要有计划地推出以优秀电影、优秀图书、优秀歌曲为内容的爱国主义教育活动。各级党政组织和群众团体要注重利用各种纪念日、重大历史事件、重大社会活动、民族传统节日和重要庆典活动等，对群众进行生动的爱国主义教育。我国将相继对香港和澳门恢复行使主权，要以此为契机，在全县深入开展爱国主义教育。

(7)强化爱国主义教育的社会氛围。党政机关、企事业单位的重要场所、重要会议要规范地插挂国旗、党旗。在升国旗仪式和大型集会等活动中，要奏国歌、唱国歌。坚持全日制中小学升国旗制度。教育部门及共青团、少先队组织要坚持入团入队仪式、16岁发放身份证仪式和18岁成人仪式。抓紧“写史立标”工作，1997年编辑出版《宝应人民革命斗争群英谱》。全县命名一批以革命斗争遗址和两个文明建设形象工程为重点的爱国主义教育基地。

三、大力加强思想道德建设

(8)积极倡导社会主义思想道德。社会主义道德建设要以为人民服务为核心，以集体主义为原则，以爱祖国、爱人民、爱劳动、爱科学、爱社会主义为基本要求，以社会公德、职业道德、家庭美德为主要内容。要根据不同层次、不同职业和不同年龄的对象，选准“三德”教育的切入点，将先进性要求同广泛性要求结合起来，把思想教育和行为管理结合起来，旗帜鲜明地倡导集体主义的价值观和为人民服务的道德精髓，使社会主义思想道德成为我们的时代精神。

(9)大力加强“三德”建设。社会公德教育要从有益社会、不妨害他人入手，努力形成遵纪守法、文明礼貌、爱护公物、助人为乐、见义勇为的社会风尚。职业道德教育要从爱岗敬业入手，努力形成诚实守信、办事公道、服务群众、公平竞争的职业道德规范。家庭美德教育要从孝敬父母入手，努力形成尊老爱幼、家庭和睦、勤俭持家、邻里团结的良好风气，建立科学、文明、健康的生活方式。大力弘扬江泽民同志倡导的新时期64字创业精神和县委提出的16字宝应精神，引导人们自觉抵制拜金主义、享乐主义和极端个人主义。机关企事业单位要厉行节约、勤俭办事，反对铺张浪费，形成励精图治、克勤克俭的良好风尚。同时要把群众的消费引导到科学合理的方面来。各级党政部门要注重发现、培养典型和树立、运用典型，宣传文化和新闻舆论部门每年要推出反映城乡各行各业、代表不同侧面、具有鲜明特色的先进典型。继续开展文明致富演讲和月度新事评选活动，大力宣传表彰见义勇为、舍己为人的先进人物，形成学有榜样、赶有目标的氛围，不断弘扬社会主义的道德风尚。

(10)切实解决干部群众普遍关心的突出问题。政法部门今冬明春要开展禁黄、禁赌、禁毒和打击社会邪恶势力的专项治理。由工商部门牵头，积极开展服务承诺制和无假货活动，坚持反对假冒伪劣、坑蒙拐骗等不正当竞争行为，采取自查自纠、群众监督和行政执法相结合的方法，纠正损害群众利益的行业不正之风，力争在短期内见到成效。加强对群众进行“无神论”“唯物论”的宣传教育，树立与现代文明相适应的思想观念。积极倡导科学、文明的生活方式，制止一些地区滥建坟庙的现象。民政部门要牵头抓好殡葬改革，总结推广城郊乡金湾村红白理事会、沿河乡船闸村设立骨灰存放室的做法。坚决刹住乱建坟墓现象，国道、省道、县道两侧的坟墓必须抓紧清理。大力加强移风易俗宣传教育，做到喜事新办、丧事简办、神事不办，遏制封建迷信蔓延，取缔非法宗教活动，让社会主义新风尚进入千家万户。

(11)强化“三五”普法和依法治县工作。要按照“三五”普法规划的部署，建立健全普法工作网络，进行多媒体、多阵地、多形式的法制宣传。各级领导干部要带头学法执法，努力提高自身的法制观念和依法行政水平。教育部门要重视做好在校生的法制教育，培养青少年遵纪守法的良好习惯。司法部门对广大群众要落实教育内容，提高教育效果。要针对新的状况，切实抓好流入人口和待业人员的普法教育工作。实施依法治县，做到依法决策、依法行政、依法管理各项事业。进一步落实社会治安综合治理领导责任制，严格实施“一票否决权”。严厉打击严重刑事犯罪和严重经济犯罪活动，使案件的总量和恶性案件的发生有所下降，不断增强人民群众的安全感，建设一支素质高、业务精、作风正的执法队伍，坚持纠正有法不依、执法不严、违法不究、滥用职权等现象，做到严格执法、文明执法。

四、扎实开展群众性精神文明创建活动

(12)城区以创建卫生城为重点，以创“三优”为龙头，以市民学校为基础，深入开展建设文明城市、争当文明市民活动。要巩固省级卫生城创建成果，深入持久地开展以优质服务为带头的创“三优”活动，积极向全国卫生城目标迈进。要在市民中推行《文明市民守则》和《公民行为规范》，着力抓好以“五讲”“十不”为主要内容的文明礼貌活动，建设一批文明单位、文明小区、文明街道。坚持建文明城与育文明人相结合，利用市民学校等有效载体，对市民开展文明意识的普及教育。继续搞好文明市民、文明居委会、文明个体工商户的评比表彰活动。

(13)农村以建设小康村为重点，以“三提倡、三反对”为龙头，以文明家庭为基础，深入开展建设文明村镇、争当文明农户活动。各乡镇要抓好集镇建设，发挥中心辐射作用，以镇带村，全面抓好两个文明协调发展的小康示范村建设工作。广泛深入开展文明家庭争创活动，做到不断完善，常创常新。大力倡导党员“三带头”，积极开展“三提倡、三反对”教育活动，树立先进，弘扬正气，引导和激励人们自觉抵制各种愚昧落后、不道德、不文明现象。各地要针对一些经常出现的不良风气，采取措施，集中治理。同时，认真实施“扶贫工程”“送温暖工程”“希望工程”“光明工程”，机关企事业单位要与贫困村组结对开展扶贫助困活动，不断弘扬社会主义道德风尚。全县每年要有计划地建设一批卫生集镇、文明集镇和文明村。

(14)各行各业以优质服务为重点，以培育企业精神为龙头，以规范行业行为为基础，深入开展建设文明单位、争当文明“窗口”活动。各行各业首先是“窗口”行业要加强行风建设，制定行业规范和岗位规范，不断提高规范服务的达标率和优质服务的普及率。大力表彰文明职工，树立行业标兵，弘扬企业精神，着力抓好文明“窗口”建设。机关和各行各业要抓住优质服务这个重点，对干部职工普遍进行世界观、人生观、价值观教育，进行职业责任、职业道德、职业纪律教育，弘扬敬业精神，加强岗位培训，提高职业技能，树立行业良好形象。全县要有计划地创建一批市、省、国家表彰的文明单位。广泛开展军民、警民等各种文明共建活动。加强国防教育和对双拥工作的领导，深入开展拥军优属、拥政爱民活动，巩固双拥模范县创建成果，“九五”期间努力建成全国双拥模范县。

五、不断繁荣和发展文化事业

(15)着力提高文化事业的整体水平。要坚持“两为”方向和“双百”方针，坚持把社会效益放在首位，弘扬主旋律，提倡多样化。一是继续以“五个一工程”为龙头抓创作。积极引导文艺工作者深入生活、深入群众，努力创作融思想性、艺术性、观赏性为一体的文艺精品。二是继续以大力发展群众文化为目标抓创建。坚持普及与提高相结合，建设社区文化、村镇文化、企业文化、校园文化，各乡镇要建好文化活动中心，用一大批人民群众喜闻乐见、健康向上、雅俗共赏的精神产品丰富文化生活。三是继续以开展丰富多彩、各具特色的文化活动为载体抓创新。适应新形势新要求，推进文化体制改革，组织文化下乡、文企联姻，开展对外文化交流，办好三年一届的宝应文化艺术节，提高全县文化活动水平。四是坚持一手抓繁荣、一手抓管理。大力扶持健康的文化产品，提高国办文化的主导地位，充分发挥文联各协会的作用；坚持不懈地开展“扫黄打非”斗争，不断清除文化垃圾。五是提高城市建设的文化品味。城区要抓紧建好县博物馆和周恩来少年读书处，并及早发挥其社会效益。要完善纵棹园，新建一批街头雕塑，保护好一批古建筑、古街巷、古遗址，规范装饰店名招牌、灯箱广告，设置一批公共阅报栏。农村要因地制宜，发挥特色，按照东荡挖掘汉文化、西湖建设旅游区、南部抓好示范集镇、北部推出苏中老区纪念地的思路进行规划发展。

(16)进一步强化新闻舆论工作。要坚持新闻宣传的党性原则，坚持团结、稳定、鼓劲和正面宣传为主的方针，把握正确的舆论导向。新闻媒体要发挥各自优势，积极改进方法，注重宣传质量，加强热点引导和舆论监督，不断提高舆论引导水平。加强对全县重要任务、重点建设、重大项目的宣传，加强对外宣传工作，不断提高宝应的知名度。“九五”期间，继续建设好农村有线广播电视网，积极发展村级广播室,进一步提高广播入户率、通响率和电视覆盖率,把《宝应报》办成日报。

(17)加快医疗卫生、全民健身、计划生育事业的发展。加强以讲究卫生、预防疾病,增加自我保健能力为重点的全民健康教育。控制地方病,降低传染病发病率,深入开展爱国卫生运动。逐步健全农村合作医疗制度,继续巩固农村初级卫生保健成果。加快职工医疗制度改革和社会保障体系的建立。要加强全民健身活动的指导工作,充分发挥各体育协会的作用,组织和吸引更多的人参加经常性、多样化的体育锻炼。抓好学校体育达标,发展“五小”传统特色体育项目,办好足球学校。“九五”期间力争建成全国体育先进县。继续坚持计划生育工作党政一把手亲自抓、负总责,严格实行计生目标管理责任制和“一票否决权”,力争“九五”期末,全县计划生育率提高到98%。

(18)切实抓好城区和集镇的环境质量。坚持经济建设、城乡建设和环境建设同步规划、同步实施、同步发展的原则和预防为主、防治结合的方针,科学安排、合理布局,落实可持续发展的关键措施。要继续开展以创建文明城市和集镇为重点的环境建设,全面整治“脏、乱、差”现象。环保部门要认真实施“蓝天、碧水工程”,加大监控力度。城区重点工业污染源要逐步达到达标排放,扩大烟尘控制区,提高垃圾无害化处理率,噪音得到有效控制。各乡镇继续搞好改水、改厕工作,提高饮用水质达标率。加强绿化建设,扩大城区居民小区绿化覆盖面。要全面开展环境意识教育,进一步切实抓好常效性的规范管理,树立“爱护环境,人人有责”的社会风尚。

六、切实加强党对精神文明建设的领导

(19)各级领导要把精神文明建设紧紧抓在手中。各级党政组织必须始终坚持“两手抓、两手都要硬”,建立健全“一把手抓两手”的领导体制,把精神文明建设纳入党委和政府工作的总体布局,真正做到两个文明一起规划、一起部署、一起落实、一起考核。建立县精神文明建设指导委员会及其办事机构,担负起组织、协调、指导、监督全县精神文明建设的工作职责。各乡镇、各部门也要切实加强对精神文明建设工作的组织领导,不断提高精神文明建设的领导水平。

(20)认真搞好党风政风建设。各级党组织要切实加强以“讲学习、讲政治、讲正气”为主要内容的党风廉政教育。各级领导干部要进一步坚持党性原则,提高政治思想素质,坚定共产主义信念。共产党员要在全社会发挥表率作用,党的领导干部要在全党发挥表率作用。每个共产党员和干部要坚持忠实实践党的根本宗旨。领导干部要自重、自省、自警、自励,以身作则,言行一致。要不断发扬勤政务实、廉洁奉公的优良党风政风,教育干部把好“权、钱、色”三关,制止一些机关和干部中存在的消极腐败现象,对群众反映强烈的问题必须一抓到底、抓出成效。各级党组织要加强对党员特别是领导干部的严格要求、严格管理、严格监督,继续深入开展反腐败斗争。

(21)建立健全精神文明建设运行机制。一是目标管理责任制。对精神文明建设的目标、任务,要层层分解,落实责任人,形成层层有人抓、事事有人管的工作格局。二是协调管理机制。精神文明建设要实行齐抓共管和分管负责相结合的制度。妇联着重抓文明家庭和巾帼建功活动,工会着重抓文明职工和岗位成才活动,共青团、关工委着重抓青少年教育和青年志愿者活动,工商联着重抓创建文明工商户活动,文联着重抓文艺创作活动,科协着重抓科普教育活动。三是考核奖惩机制。继续认真执行县委、县政府制订的两个文明建设双百分考核奖惩办法。提拔、任用干部要考察两个文明建设的实绩和本领。四是监督约束机制。制定各项规章制度,实行群众监督、职能部门监督和舆论监督相结合,规范、约束人们的行为。充分发挥人大、政协在精神文明建设中的法律监督、工作监督和民主监督作用。

(22)切实加大对精神文明建设的投入。一是把精神文明建设纳入经济和社会发展的总体规划,明确财政投入比例,并使其增长幅度高于财政收入增长幅度1到2个百分点。对精神文明建设的机构、编制、人员等要定位、定责、定量。二是坚持从实际出发,全面规划,分步实施,抓好文化、广播、电视、报社、德育教育等标志性工程建设。“九五”期间要新建的广播电视中心、青少年宫、体育馆、科技馆等重点工程的经费投入要多渠道抓好落实。三是认真贯彻落实中央、省、市关于发展宣传文化事业的经济政策,鼓励社会力量捐助宣传文化事业,按规定减免宣传文化事业的各种规费。四是要对宣传文化阵地建设、精神产品生产、精神文明建设重大活动等加大投入,确保精神文明建设各项工作的正常运转。宣传文化部门要坚持勤俭办事业的原则,努力提高资金使用效益。

(23)努力建设一支高素质的宣传文化工作队伍。要按照政治强、业务精、作风正的要求,配备好各级领导班子,注意后备力量的培养和选拔,制定实施跨世纪人才规划。要建立新的用人机制,有计划地引进宣传文化人才,进行合理的交流和流动,促进队伍整体素质的提高。宣传文化干部要加强学习,努力提高政治和业务素质。各级党政组织要切实帮助从事宣传文化工作的同志解决工作和生活中的困难和问题,保证精神文明建设工作的协调运转。

中共宝应县委

一九九六年十二月二十八日

关于进一步加快农业结构调整工作的意见

宝委发〔1999〕48号

各乡镇党委、政府,县各部、委、办、局:

为了进一步调整优化农业结构,提高农业比较效益,增加农民收入,促进全县农业和农村经济发展,特提出如下意见:

一、指导思想

以党的十五届三中全会精神为指针,以"三增收"为主线,继续按照"445"农业结构调整目标,进一步加大组织领导力度,优化农业内部结构,加快农业由数量型向质量型、集约型、效益型转变,走"优质、高产、高效"之路,促进农业增效和农民增收,推动全县农业和农村经济持续健康发展。

二、目标思路

1. 适应市场需求,调优生产结构。坚持以市场为导向,发展优质高效高产新品种,是结构调整的首要任务。种植业方面,按照"稳秋活夏、缩粮扩经、优化品种、积极稳妥"的思路,调整内部结构。今年秋播、明年春播布局实行"一减五扩",即:调减粮食种植面积(小麦面积减少15~20万亩,水稻面积减少10万亩左右);扩大甘蓝型油菜,扩大荷藕、慈姑等水生作物,扩大马铃薯、大蒜、洋葱、瓜类、豆类等旱地鲜果蔬菜,扩大花卉、药材、林果、薄荷等多样化经济作物,扩大水产养殖(含稻、藕田套养)。同时大力发展间套复种。通过努力,力争使全县粮经比例达1:1。畜牧业方面,着力提高三元杂交猪、蛋禽、水禽、食草畜禽的养殖比重,明年生猪出栏力争50万头,其中三元杂交商品瘦肉型猪占80%以上;蛋禽力争突破850万只;水禽达500万只;食草畜禽在畜禽养殖总量中占20%以上。水产业方面,大力发展稻、藕田套养,明年套养面积力争15万亩,比今年增加5万亩。

2. 发挥资源优势,调优区域结构。坚持走"县有区域、乡有特色、村有一品"的发展思路,做到以区域促规模,以规模赢市场。要求地面真高在1.5米以下的粮田实施退粮还水,发展水生作物和水产;真高在1.8米以下的粮田,积极扩大稻田和藕田养殖。东荡、西湖地区着力发展"三水"种养业。东荡、沿运地区适当扩大油菜面积。沿运腰部地区积极发展经济作物和蛋鸡生产。通过调整,形成一批土豆种植基地、瓜类种植基地、藕慈复种基地、"六小品种"套养基地、稻藕田养殖基地、蟹虾混养基地、生猪和蛋禽及食草畜禽养殖基地。

3. 围绕科技兴农,调优品种结构。坚持科技兴农,大力引进新品种、推广新农艺,着力提高农业生产力。在粮油种植上,今年秋播仍以“扬麦158”当家,积极种植花皮小麦“苏9356”、“96G25”,稳步开发白皮小麦种植。全面推广杂交油菜,示范种植“油研”系列;引进种植优质水稻、专用小麦和双低油菜。在蔬菜种植上,重点发展耐储藏、易运输、市场大的大宗品种,如荷藕、慈姑、土豆、洋葱、包心菜、大蒜及各种瓜类,着力推广以茄果类鲜果蔬菜为主的棚式栽培。在畜牧业上,全面推广三元杂交瘦肉型商品猪,淘汰劣质种公猪,引进约克夏、杜洛克、长白等外血种公猪;积极引进美国落地王鸽和隆昌鹅,推广隆太杂交鹅和良种山羊。在水产业上,积极引进基围虾、加州鲈鱼、大口胭脂鱼、斑点叉尾鮰等新品种,加快发展宝应湖青虾和地方“六小品种”的养殖和繁育,不断提高全县水产养殖效益。要充分发挥我县良好自然生态环境的优势,利用“中国荷藕之乡”和5个绿色食品品牌,大力发展名特优新农产品,做到“人无我有、人有我优,人优我特、人特我新”。同时,大力发展立体种养,提高种养效益。

三、保障措施

1. 强化宣传发动。农业结构调整既是布局、品种、种养模式的调整,也是发展农业思想观念的调整和对农业、农村工作领导方法、工作方式的调整。我们必须认清形势,更新观念,进一步加大宣传引导的力度,坚持凡是能够亩增效益300元以上的或明显高于一稻一麦种植效益的种养业项目都可以推广的原则,用身边的人、成功的事来教育启发广大农民,并通过算账对比,使他们看到调整的效益,增强调整的信心,变“要我调”为“我要调”。各乡镇主要负责同志为结构调整第一责任人,必须精心研究,认真实施。

2. 加大农业投入。增加农业投入,是保障结构调整顺利进行的重要措施。要采取农发基金拨一点、乡镇财政挤一点、村组和农户筹一点的办法,以确保必须的资金投入。要高度重视农业科技投入,实施科技兴农战略。一是建立良种繁育基地,引进、试验、示范推广优良品种,提高良种覆盖率。二是加强农业技术服务。农业部门要转变观念,加快知识更新步伐,鼓励开展技术承包,搞好田头技术指导服务,进一步提高农业生产技术部门的服务水平。基层农科站要有专职站长负责蔬菜生产,要用50%的技术人员指导服务蔬菜生产确保优质高产。三是强化农业实用科技培训,推广实用新技术,积极实施农民绿色证书工程,将农业科技转化为现实生产力。同时,进一步加大农田水利建设投入,确保稳产高产。

3. 认真做好信息和流通服务。农业结构调整的重要一环就是狠抓信息引导、市场流通,更好流通,更好地“引导农民调、指导农民种、帮助农民销”。要建立农业信息中心,及时发布新品种、新技术、新知识以及市场容量、市场价格等信息,通过信息引导、市场带动,使农民“调得出、长得好、卖得掉、赚得多”;要设立农副产品销售驻外办事处,加强大中城市市场开拓,采取租赁摊位、设立窗口等措施,提高县外市场的占有份额;分管农业的领导和全体蹲村干部要专司其职,集中精力,带头走向市场,研究市场,指导生产,定期不定期地向农户发布生产销售信息;要成立农副产品销售协会和分会,继续强化农民经纪人队伍建设;积极物色有商路、有能力、有实力的单位或大户,作为本地大宗农产品的代理商;各基层支部书记要积极带领本村一班人,参与农产品流通服务;县有关部门要顺应形势变化,转变工作职能,成立农副产品营销组织,更好地为农业和农民服务。

4. 积极发展农产品加工。目前,我县农副产品加工企业数量不少,门类也较多,关键是将其规模盘大、市场盘活、实力盘强,培育龙型经济。要解放思想,积极寻求技术、资金、人才等方面的依托,加强横向联合,积极挂靠国内外同类名牌企业,借助其品牌、信誉、市场等方面的优势,求得快速发展。加强同类加工企业的联合和管理,形成整体优势。围绕市场需求,发挥资源特色,每年抓一两个重大加工项目组织实施,推进产业化步伐。

5. 加强部门配合。农业结构调整是一项面广量大的社会工程,需要相关部门的密切配合。农口部门要切实转变工作职能,把农业结构调整作为义不容辞的责任,充分发挥人才和技术优势,深入农村一线指导工作,帮助农民解决结构调整中遇到的各种难题,加快农业实用技术的推广和应用;涉农部门要以为农服务为宗旨,加强宏观管理,并面向基层、面向农民开展各项服务活动,提高服务质量;有关部门要以治理“三乱”为重点,规范农副产品市场运作,开辟农副产品销售“绿色通道”;新闻部门要加大正面典型的宣传力度，形成良好的社会氛围；金融部门要加大资金投放，积极支持农业结构调整。通过各部门的共同努力，形成调整合力，促进全县农业结构调整工作顺利进行。

中共宝应县委员会
宝应县人民政府
一九九九年八月六日

关于进一步深化国有集体企业改革的意见

宝委发〔1999〕59号

为进一步深化国有集体企业改革，根据党的十五届四中全会和省、市文件精神，结合我县实际，制定如下意见：

一、加快现代企业制度建设

1. 重点企业改革以建立现代企业制度为方向，按照产权清晰、权责明确、政企分开、管理科学的要求，实行规范化的公司制改造。

2. 积极推进投资主体多元化。通过个人资本、法人资本和外商资本投入，建立多种经济成分的混合型企业。

3. 加快建立规范的法人治理结构。进一步明确股东会、董事会、监事会和经理层的职责，使其各负其责，形成协调运转、有效制衡的运行机制。

4. 规范企业集团运行。核心企业净资产在5000万元以上或接近5000万元的企业集团，要按照国家关于发展和整顿企业集团的规定进行规范化公司改制改造，企业集团内部要加大资产整合力度，通过对紧密层企业控股、参股，真正形成以资产为纽带的企业联合体。对核心企业净资产在1000万元以上、产品技术含量高、市场前景良好的，力求改制为股份有限公司，创造条件争取上市。对净资产数额较小、近期难以达到规定要求的企业集团，应从实际出发，分别对核心企业和紧密层企业进行其他形式的改制。

5. 鼓励重点企业对中小企业实施兼并、收购、控股、参股，进一步优化资产结构，加快企业扩张。

6. 公有和公有控股企业积极推行经营者年薪制（具体办法另行规定）。

二、进一步放开中小企业

7. 对已组建为有限责任公司的企业，公有股权要向经营者和管理、技术、营销骨干以及社会法人、自然人等投资主体转让，鼓励经营者买断公有股权，实现公有资本的全额退出。一次性出让不了的部分可以产权转债权。

8. 对已改制为股份合作制的企业，职工股权允许流动，鼓励经营者收购职工股权和公有股权，转为私营企业。经营者不能全部收购的，剩余部分鼓励管理、技术、营销骨干或其他投资主体收购，改组为有限责任公司。职工股未收购部分，组成职工持股会，以社团法人名义参股。职工持股会要建立内部章程，委派股权代表进入公司股东会或董事会。公有股权未被收购部分可以实行产权转债权。

9. 对已实行租赁、承包经营的企业，鼓励承租者或承包者购买所经营企业的公有产权，一次性购买有困难的可分期、分块购买。购买部分第一次出额不得少于购买总额的40%，剩余部分转为购买者债务，三年内还清。

10. 改制为有限责任公司的企业，对经营者任职时间长、公有资产增值多并保持稳定发展的，经审核批准,可将经营者任职期间企业公有净资产增值部分按不超过10%的比例,折成股份奖励给经营者,3年以内只享有分红权,经营者使企业净资产继续保持增值的,3年以后享有所有权,经营者获得奖励的股份按不低于1:1的比例投入现金股,以提高经营者在企业的持股比重。对其他有突出贡献的人员,也可实行奖股,奖股总额不得超过对经营者奖股额的50%,获得奖股人员按不低于1:1的比例投入现金股。企业可以从技术开发等净收入中提取不超过20%,折算成股份奖励给有关科技人员。

11. 企业净资产较多的,经营者和高级管理人员、科技骨干、营销骨干可以认购一定数量期股,即在规定的年限内以签订合同时的价格购买企业的股份,提前拥有股权,促使经营者持大股或控股。认购期股者首次交款额不得低于认购股金的50%,未尽足部分作为个人债务入账,按同期银行利率承担利息。分期付款时间不超过三年,在此期限内不论企业所有者权益增减,原订股价不变。

三、加快困难企业转化

12. 对亏损严重、生产经营难以启动的困难企业,可根据企业实际情况,采取出售、租赁、破产等形式进行改制,也可采取"新建租旧"的办法,由新组建的企业部分或全部租用原企业资产进行经营活动。原企业收回的租赁金优先用于安置职工生活。

13. 鼓励购买困难企业资产存量。对购买困难企业资产,一次交清产权转让金确有困难的,经有权部门批准,可分批缴纳,第一次先交付不低于40%的转让金,剩余部分转为购买者债务,三年内还清。

14. 特困企业通过多种方式盘活存量资产,应给予税费方面的优惠照顾。经批准,可免收国有集体资产变更登记费、房产交易费、土地变更费等,收取的土地出让金、城建配套费返还给企业。企业这部分收入,主要用于解除职工劳动关系和向劳动部门缴纳职工社会保险费用。

15. 改制企业与职工解除劳动合同关系,应给职工一次性生活补助费。生活补助费可按职工工龄每满一年以1个月工资的标准计算发放,所需资金从资产变现中解决。特困企业资产变现后,不足支付职工生活补助费的部分,由系统负责统筹。仍无法解决的,可由企业申请、经主管部门确认、劳动部门审核、报县政府批准,按批准给该企业的下岗指标,提前预付一年的下岗职工基本生活保障金来解决。

四、完善社会保障体系

16. 进一步扩大社会保险覆盖面。把养老、失业、医疗、工伤、生育保险的覆盖面扩大到国家规定的范围。

17. 加强保险组织机构建设。进一步建立健全保险工作机构,理顺保险管理体制,逐步建立起高效的保险管理体制和运行机制。

18. 强化社会保险费收缴。企业剥离的职工社会保险费应及时汇缴保险机构。企业出让或破产,职工社会保险费和离休人员预交养老金应优先安排、及时汇缴。企业按规定需要缴纳的各种保险基金应该及时足额缴纳。对不按时缴纳的,劳动部门应采取行政、经济、法律等手段强制收缴。

19. 职工与企业解除劳动合同关系后,原有的劳动保险关系保留给个人。继续缴纳保险费的,保龄可连续计算,到达退休年龄时,按规定享受养老待遇。

20. 对有条件的企业,逐步实行养老保险社会化发放;对破产、倒闭企业,在按规定缴纳养老保险费的基础上,由劳动部门直接发放离退休职工养老金。

五、加强公有资产管理与营运

21. 改制企业必须按规范要求进行清产核资、资产评估和产权界定。

22. 公有资产出让等收益归产权所者所有。国有、县属集体资产由县国资局负责清收管理,乡镇集体资产由乡镇政府负责清收管理。

23. 积极组织公有资产营运试点。

六、着力营造改革环境

24. 对企业债权加大依法清收力度,政法部门帮助困难企业清收债权应先清收、后收费。

25. 各部门都要关心、支持、服务企业改革,帮助企业理顺税收、信贷、劳动以及资产权属等各方面的关系，按照改制后的企业性质，及时换发有关证照。

26. 对企业改制过程中涉及的有关收费，要从低收取，能收工本费的只收工本费，确需收取的规费，最高不得超过应收规费标准的30%。

1996年县企业改制指挥部关于《宝应县企业改制若干问题的意见(试行)》，继续适用于企业改革，与本意见相悖的，以本意见为准。

本意见由县体改委负责解释。

中共宝应县委员会
宝应县人民政府
一九九九年十一月十八日

关于加强全县思想政治工作的意见

宝委发〔2000〕39号

各乡镇党委，县各部、委、办、局：

为认真贯彻中央〔1999〕17号文件，切实加强思想政治工作，保障全县改革发展健康推进，现制定如下工作意见：

一、深入进行思想政治教育。以理想信念教育为核心，大力开展党的基本理论、基本路线、基本纲领教育，爱国主义、集体主义、社会主义教育，世界观、人生观、价值观教育，讲学习、讲政治、讲正气教育，科学知识、科学思想、科学方法和科学精神教育。组织读好《毛泽东邓小平江泽民思想政治工作》一书。当前，尤其要抓好“致富思源、富而思进”“三个代表”“三个想一想”以及形势政策、民主法制和社会稳定的教育。通过教育，进一步坚定广大群众对马克思主义的信仰、对社会主义的信念、对改革开放和现代化建设的信心、对党和政府的信任。

二、坚持以活动为载体推进思想政治工作落到实处。在创建文明村镇、文明行业、文明小区、文明单位等活动中，把着眼点放在提高城乡文明程度和群众思想道德、科学文化素质上。坚持开展群众欢迎、参与面广的科技、文化、卫生“三下乡”“十星级文明户”“青年志愿者”“巾帼建功”等活动，积极引导规范群众自治组织的各项活动，搞好群众的自我教育、自我管理。针对企业、农村、社区不同实际，在全县推开现代职工教育工程、现代农民教育工程和现代市民教育工程。同时，注重抓好学校思想政治工作，全面实施素质教育；抓好老年人的思想政治工作，使老年人“老有所养、老有所教、老有所乐、老有所为”；抓好下岗职工、流动人员及新经济组织的思想政治工作，对他们进行集中教育。

三、注重运用先进典型影响和带动群众。各乡镇、各部门、各单位要注意发现和总结各个方面、各个层次的先进典型，特别要通过培植、宣传“物质、精神都富有”的典型，让大家学有榜样，赶有目标，在全社会形成崇尚先进、学习先进、争当先进的良好风气。

四、着力把思想政治教育与严格管理和解决实际问题相结合。坚持一手抓繁荣，一手抓管理，组织开展丰富多彩、生动活泼的群众文化活动、读书活动、节日庆典活动，发挥文化馆、图书馆、博物馆、体育馆、影剧院等公共文化设施社会教育功能，深入持久地开展“扫黄打非治恶”斗争，打击各种封建迷信和“黄、娼、赌、毒”等丑恶现象，逐步形成扶正祛邪、扬善惩恶的良好环境。坚持解决思想问题与解决实际问题相结合，既讲道理，又办实事，倾听群众呼声，了解群众情绪，关心群众疾苦，多做得人心、暖人心、稳人心的工作,真正把党和政府的温暖送到群众心坎上。

五、充分发挥新闻媒体的重要作用。各种宣传媒体要始终坚持党性原则,坚持团结、稳定、鼓劲和正面宣传为主的方针,把握正确的舆论导向。县“一报两台”要开辟思想政治工作宣传专栏,认真做好典型宣传、“以案说法”、热点引导和舆论监督。注重应用互联网等新型媒体,加强信息的分析和引导,扩大正面宣传。

六、加强思想政治工作阵地建设。加大思想政治工作的硬件投入,进一步巩固和发展以基层党校、职工政校、农民学校、市民学校等为主体的教育培训网络,以报纸、广播、电视等为主体的新闻宣传网络,以文化中心(站)、图书馆、文化广场等为主体的文化活动网络。加强阅报栏、板报、橱窗、公益广告牌、各类纪念场馆、教育基地建设。

七、建立思想政治工作责任制。县委成立思想政治工作领导小组,建立思想政治工作联席会议制度,每半年召开一次会议,专题研究思想政治工作。各级党组织一把手要切实担负起第一责任人职责,行政负责人要做到一岗两责,在抓好业务工作的同时,抓好思想政治工作,其他成员也要明确责任,落实任务,形成一级抓一级,一级带一级的领导责任制。建立健全职责明确、齐抓共管、覆盖全社会的工作机制,建立完善调查研究制度、形势报告会制度、社情民意信息通报制度、思想状况定期分析制度、领导干部联系点制度、谈心交心制度,提高思想政治工作的主动性、预见性和敏锐性。

八、切实抓好思想政治工作队伍建设。按照中央和省市委对企业、农村、街道等政工人员配备要求,重点把人员配备好,把应享有的待遇解决好,充分调动基层政工人员的积极性和创建性,确保把主要精力集中到思想政治工作和精神文明建设上来。抓好思想政治工作培训。今年对乡(局)级领导干部、行政村和企事业单位支部书记以及政工干部进行专题培训。加强干部交流,实行政工干部和经济管理干部岗位轮换制度,切实解决思想政治工作后继乏人问题。保证宣传思想工作经费投入,并逐年有所增加。

九、进一步加大思想政治工作考核力度。思想政治工作能否取得明显实效,有以下几条标志:一是各级党委贯彻“两手抓,两手都要硬”方针的自觉性明显增强,对思想政治工作和精神文明建设的领导力度明显加大;二是思想政治工作和精神文明建设舆论氛围更加浓郁,社会正气明显上升;三是广大党员和干部群众的“四信”(信仰、信念、信心、信任)明显增强;四是群众性精神文明创建活动有明显进展。对照以上要求,制定好全县思想政治工作的考核目标、标准。今后,县委每三年对思想政治工作进行一次考核,并对先进单位和先进个人进行表彰。

中共宝应县委员会
二〇〇〇年五月二十九日

三、前志补遗

(一)宝应地区反右派斗争扩大化纪略

1957年5月,县委根据中共中央《关于整风运动的指示》和省委、地委有关整风运动的文件及会议精神,成立县整风领导小组,设办公室,制订整风计划,部署整风工作,在全县进行一次反对在工作上的官僚主义、组织上的宗派主义、思想上的主观主义的整风运动。为切实开展好党内整风,县委发动党内外人士和广大人民群众帮助整风,号召他们采用大字报形式进行大鸣大放,要求大家大胆放、坚决放、彻底放,有什么说什么。经过鸣放,共收集到1.30万条意见,其中涉及县委5403条、县人委690条、县直部门1999条、各区委2394条、区直部门1104条、乡党支部1833条,涵盖粮食统购统销、农业合作化、物资供应、工农关系、领导作风、工作方法、生活作风、干部福利、劳动就业、法制执行和党的知识分子政策等诸方面问题。6月8 日,中共中央发出《关于组织力量反击右派分子猖狂进攻的指示》,《人民日报》同时发表《这是为什么?》的社论。一场大规模的反右派斗争在全国迅速展开。县委根据中央、省委、地委部署,先是结合党内整风,按机关、学校、工商分口组织驳斥、批判、声讨右派言论。11月6日,开始收集整理整风、反右派斗争有关资料,开展大是大非问题辩论,系统地批判右派分子。1958年1月23日,县委整风领导小组制定《宝应县县直机关反右派斗争的大体部署》,全县反右派斗争分三批进行。第一批:县委、县人委机关和县粮食局,各确定一个对象先行一步,1月21日到28日进行试点,26日到30日全面推开,31日到2月2日结束;第二批:政法、工业、商业、交通、银行、供销社6个系统,从1月25日到30日进行试点,31日到2月3日全面推开,2月4日到5日结束;第三批:其他未开展的所有单位。经过上述各阶段反右派斗争的推进,至4月末,全县确定右派分子325人,其中县直机关96人、工商部门73人、工业交通部门60人、财贸部门41人、宣传教育部门55人;另作为重点批判对象的还有156人。这些被打成右派的人,原本出于听党话、帮助党整风的良好愿望,向各级领导提出许多有益的批评和建议,讲了一些真话、实话,结果被打成右派。他们分别被开除公职、下放监督劳动、撤销职务、降级降薪、留用察看或改做其他工作,是党员、团员的一律被开除党籍、团籍。1978年4月29日,为贯彻中央(1978)11号文件精神,县委成立摘掉右派分子帽子工作办公室,开展纠错。至1979年10月末,全县被错划为右派及受到重点批判的人员全部得到改正、平反,有131人被重新安排工作。

(二)“宝应事件”始末

1957年10月,中共中央印发《一九五六年到一九六七年全国农业发展纲要(修正草案)》(简称《40条》)。年底,县委制定《宝应县1956~1967年全县农业发展纲要》(初稿)。1958年1月,县委印发《关于奋斗三年实现粮食亩产800斤,苦干五年实现宝应〈农业发展纲要〉的规划》。6月,县委贯彻地委兴化会议(贯彻总路线、争取水稻双千斤)精神,县委主要负责人提出宝应县1958年基本完成亩产800斤的任务(1957年耕地粮食亩产363.40斤),把国家计划实现《40条》的时间提前了8年。7月,县委又提出保证亩产双千斤的口号。是年,在以“五风”(共产风、浮夸风、强迫命令风、干部特殊化风、生产瞎指挥风)为主要标志的“左”的错误思潮严重泛滥的大背景下,宝应“大跃进”不断升温。

1959年春季,县委没有认真贯彻执行中央政治局郑州扩大会议精神,没有解决人民公社所有制和纠正“共产风”等问题,“五风”愈演愈烈,社员生产情绪低落,导致当年粮食减产三成。县委在向省委、地委报产量时,坚称比1958年增产,上报产量比实际产量高出1倍多。由于上报产量过高,导致国家征购过多,社员口粮留得过少,甚至连种子都没能留下来,全县人民出现严重饥荒。但是,县委主要负责人仍然把社队干部上报粮食产量上升到两条道路斗争高度,反复强调“粮食问题是两条道路斗争的焦点”,进一步助长一些基层干部脱离实际高报粮食产量、对农民实行高额征购的歪风,并在全县范围内大搞反“瞒产私分”,提出“先完成任务、后检查政策”的错误口号。对上必须完成征购任务,对下采取多种措施向农民征购粮食,从县到公社相继召开10次大会,批斗基层干部群众,出现挨家挨户、翻箱倒柜搜查粮食的错误行动。有一名县领导在芦村公社30多个大队进行大搜查,把集体留的种子和社员家里很少的口粮,甚至连少量的芝麻、葵花籽都一扫而光。全县农民严重缺粮,以青菜、胡萝卜充饥,不少地方靠挖野菜、剥榆树皮、吃稻糠度日,出现饿死人的现象。县委主要负责人对此提出“四不报”的要求:荒田不报、灾情不报、病情不报、死人不报。在县委主要负责人的催压下,各公社对下压制、对上隐瞒灾情。而对部分讲真话、不肯多报产量的干部,县委采用“反右倾”“拔白旗”等方式进行打击迫害。至7月,全县被处分、停职检查和“靠边休息”的45名干部中,有31名干部就是因为反映粮食的真实问题遭到打击,造成广大党员干部不敢讲真话的局面。

在宝应普遍断粮的紧要关头,省、地委主动给宝应调拨2600万斤统销粮。县委主要负责人漠视人民生活困难,埋怨上级领导对他不信任,迟迟不向下分配,还批评要粮的公社党委书记是“伸手派”。后虽下拨502万斤统销粮,每人每月仅2.30斤。但县委又随后部署各公社以评定“自给户”为名,再次进行反"瞒产私分",把他们认为的社员手中还有二三十斤粮食坚决要搜出来。10月开始,全县饥荒严重蔓延,出现人口非正常死亡、生病、外流和弃婴事件,严重到发生"路倒"(因病、饿而在路上倒地死亡)和在县城强抢熟食等情况。1959年10月至1960年4月,全县死亡人口占农村人口总数的6.2%,其中绝大多数属于非正常死亡,患浮肿病、消瘦病的病人最多时占总人口的42%,全县农村由于死亡、生病、外流等损失的劳动力占总数的30%。1960年人口比1959年减少57920人,1961年又比1960年减少18654人。非正常死亡人数35396人,外流6万多人,病倒10多万人。时任省委组织部副部长的韩培信后来在回忆录中写到:"省委书记江渭清让我到宝应了解情况,在宝应,看到街上有人挑一担糠,老百姓看到后,抓起喂猪的糠往嘴里送。到了农村,发现情况更为严重,农村严重缺粮,许多农民被活活饿死了。"

宝应的做法以及出现的严重问题引起省委、地委的重视。1960年5月初,省委第一书记江渭清到扬州督查"宝应事件"的处理。地委书记胡宏会同省委工作组到宝应,先后召开县委常委会、公社党委书记和大队干部会议,对县委主要领导成员在粮食问题上对上应付、欺骗,对下压制、打击,漠视社员生活困难,以及严重的教条主义、个人主义等错误进行严肃、系统的揭发批判。省委、地委还协调周边地区在粮食、资金、物资和人力等方面给予宝应大力支持。安排每人每天能吃到1斤粮(原粮);省委调来200多名干部,帮助农村安排生活,稳定人心;从南京、南通等地派来40多名医生,帮助治疗浮肿病人;从福建、浙江、上海等地调运大批种子,确保夏插任务全部完成。5月25日,省委第一书记江渭清亲临宝应召开全县三级干部大会,对时任县委主要负责人所犯严重错误作极其深刻的批评。6月,省委、地委决定,宝应县委主要负责人调扬州停职检查。7月,扬州地委向省委正式提交关于"宝应事件"的报告,认为宝应出现如此严重的情况,县委主要负责人有不可推卸的责任。尽管全国普遍存在浮夸风,宝应不可能不受影响,但在省委、地委发现宝应严重缺粮并下拨统销粮的关键时刻,县委主要负责人却漠视人民生活困难,还推托、拖延、克扣粮食下拨计划,这是严重的官僚主义、主观主义和个人主义,给党和人民的事业带来重大的损失。省委、地委对县委主要负责人和多名领导成员作出开除党籍、撤职等处分,调整县委领导班子。1960年末,全县人民人心基本稳定,生产逐步恢复。到1962年,全县工农业生产和人民生活恢复正常局面。

(三)宝应县知识青年上山下乡简况

1963年12月4日,县城11名初高中毕业生带头响应知识青年上山下乡号召,被安置在夏集公社新河、杜巷大队插队落户,拉开县城镇知识青年(简称知青)上山下乡序幕。是年,扬州市50多名知青分两批到县鱼种场(位于广洋湖)插场落户,性质为全民职工,第一年每人每月15元工资。当年,全县有272名知青插队(场)。1964年5月起,城镇500多名知青先后到广洋湖、芦村、官庄公社插队落户。6月29日,射阳湖公社街道25名知青到该公社赵家大队柴墩生产队插队落户,开集镇知青上山下乡先河。9月,首次接收上海市到宝应投亲靠友知青100多人。10月,首次接收南京白下区初高中毕业生750人,安置在城郊、沿河、氾水等公社插队落户。1965年暑假期间,南京市白下区5名高中毕业生主动要求到宝应插队,安置在黄浦公社新建大队刘上生产队。10月,县内动员城镇、集镇知青1700多人下乡插队,分别安置在安丰、曹甸、射阳湖、天平、中港等公社。1968年8月18日,毛泽东发出"知识青年到农村去,接受贫下中农再教育"的号召。9月6日,县革命委员会印发《关于做好中小学毕业生下乡插队工作的通知》。此后,全县知识青年上山下乡掀起高潮,大批"老三届"(1966年、1967年、1968年初高中毕业生)被动员下乡插队、插场。10月,宝应"老三届"1000多人到山阳、城郊、中港、射阳湖等公社插队。10～12月,共接收南京"老三届"为主的知青4100多人,分别安置在黄浦、黄塍、氾水、城郊等公社。是年,为知青插队人数最多的一年。1969年,先后两批接收南京知青540人,安置在安丰、曹甸等公社。至此,在宝应插队落户的南京知青共有5337人。知青人数较多的有夏集公社753人、氾水公社696人、黄塍公社694人、城郊公社657人、黄浦公社572人。1971年3～5月,县内先后组织3批城镇初高中毕业生和城北农场、航运农场职工子女共300多人,到江苏生产建设兵团四师二十三团(位于金湖县)插场。性质为全民职工。1975年秋，县内组织初高中毕业生到位于槐楼湾的县属宝应农场插场，其性质为农场集体职工。1977年10月，县内最后一批知青到县城北农场插场。1963～1977年，宝应县共有插队、插场知青10532人，其中宝应知青4160人、南京知青5337人、上海知青774人、其他县市知青261人。另有宝应知青到外地插队插场的共746人。1978年，不再动员知青下乡插队插场。

知青插队当年，每人安置费230元，由县财政拨发，用于建造知青点住房，添置生活、生产用具和购买供应的粮油。粮油供应时间一年，每人每月大米38斤、食油4两。生产队按社员标准划分自留田、菜地，由知青集体耕种。一年后，知青参加生产队年终分配，按劳动工分计酬，用于支付分配的口粮。

宝应县各级领导对上山下乡工作十分重视。1964年，县精简安置办公室更名为县知识青年上山下乡办公室，专门负责插队知青安置管理。相关公社、大队明确专人分管知青工作，有的地方还成立再教育领导小组。1965年，时任县委书记史成仁在省委扩大会上专门介绍宝应县做好上山下乡工作经验。知青所在地干部和农民，更是表现出极大热情，从政治、思想、生活、劳动等各方面给予插队知青无微不至的关心、爱护和照顾，不仅手把手教农活，还心贴心拉家常，生活上更是问寒问暖，体贴入微。在这样的氛围下，插队知青逐步适应农村新环境，自觉地和当地农民打成一片，融入其中。许多人很快学会割麦栽秧、掼把脱粒、施肥除草、撑船罱泥等基本农活，学会在知青点房前屋后长瓜种菜、养鸡喂猪。经过一段时间锻炼，表现好的一批知青很快被发现并受到启用。有些人当上生产队会计、记工员、保管员、饲养员，有些人被大队抽调当扫盲辅导员、农技员、耕读教师、赤脚医生、拖拉机手等，知识文化派上用场，知青的作用得到充分发挥。每到农闲季节，特别是春节前后，知青文娱宣传队十分活跃，巡回演出所到之处，人头攒动，深受欢迎，丰富了当地农村的文化生活。在农村这个广阔天地里，许多知青在艰难困苦的环境中锻炼成长，先后有1000多人走上各级领导岗位。

1965年冬季征兵中，首次有知青应征入伍。此后，每年都有，参军入伍知青共有205人。1970～1977年，通过招工、招干、推荐上大学、病退、顶替等多种渠道，共有3663名知青先后离乡返城。1978～1980年，对尚留在农村的知青统筹安排回城，主要由知青父母所在系统负责安排就业，共安排5000多人。其间，外县市知青由原县市负责安排回城就业。1980年末，插队知青返城工作基本结束。

(四)宝应地区“文化大革命”纪实

1966年5月，中共中央政治局召开扩大会议，通过《中国共产党中央委员会通知》(简称“五一六”通知)，号召“高举无产阶级文化大革命的大旗，彻底揭露那批反党反社会主义的‘学术权威’的资产阶级反动立场，彻底批判学术界、教育界、新闻界、文艺界、出版界的资产阶级反动思想，夺取在这些领域中的领导权。”6月中旬，县委按照省委、地委部署，决定在全县分期分批有计划、有步骤开展无产阶级文化大革命(简称“文化大革命”)运动。其总体安排是：秋收前先从县属文化、教育单位开始，然后由上而下城乡单位分批开展，争取在1967年秋收前结束。6月22日，县委召开农村中学所在地公社(镇)党委书记会议，研究部署农村中学如何开展“文化大革命”和加强对其领导的问题。翌日，县直机关召开声讨“三家村”大会。6月24日，县委举行有1000多人参加的县直机关干部大会，就积极投入“文化大革命”运动，提出四项要求：(1)要更好地活学活用毛主席著作，用毛泽东思想武装头脑；(2)要大搞思想革命化，破“四旧”(旧思想、旧文化、旧风俗、旧习惯)、立“四新”(新思想、新文化、新风俗、新习惯)，加强思想改造，防止和平演变，时刻不忘阶级敌人用“糖衣炮弹”向无产阶级进攻；(3)要永远遵照党中央指示，做到念念不忘阶级斗争、念念不忘无产阶级专政、念念不忘突出政治、念念不忘高举毛泽东思想伟大红旗；(4)要搞好生产，用事实回击反党反社会主义分子的猖狂进攻，促进无产阶级文化大革命的发展。在县委发动和部署下，全县小学教职工、中学师生开始大鸣、大放、大揭发，校园内到处张贴大字报，矛头主要指向执行“资产阶级反动路线”以及“封、资、修”教育路线的人。随着形势发展，大批判局面越来越难以控制。是月，全县掀起学毛主席语录、背毛主席语录、用毛主席语录、唱毛主席语录歌的群众高潮。7月上旬，县委选调人员组成40多个工作组(每组3～5人)，分别进驻城乡各中学。工作组得到大部分师生支持和拥护，学校秩序有所好转，但也有部分学生对工作组产生抵触情绪，少数学生开始到外校串连。7月28日,县委将派到各中学的工作组撤回。“四大”(大鸣、大放、大字报、大辩论)期间,全县向“钻进党内、机关事业单位内的资产阶级代表人物、走资本主义道路的当权派(简称‘走资派’)”发起进攻的大字报有20多万张,涉及对象1590人,“走资派”被批斗。7月中旬到8月上旬,县委在县城区先后两次召开在城机关干部、企事业单位职工及各中学师生参加的万人大会,号召广大群众积极投身到“文化大革命”运动中去。8月11日,县委书记史成仁在全县学习毛主席著作积极分子大会上,就运动的性质、意义以及怎样把运动进行到底等问题发表讲话,并要求在参加“文化大革命”的同时,坚持抓革命、促生产,完成和超额完成全年农业增产计划,创造农业生产新水平。8月19日,县委召开有1.40万人参加的庆祝中共八届十一中全会胜利召开的大会,贯彻《中国共产党中央委员会关于无产阶级文化大革命的决定》(简称“十六条”)和毛主席《炮打司令部——我的一张大字报》,对这场史无前例的“文化大革命”再次进行宣传发动,并组织干部群众集会游行大造声势。此后,全县中小学停课“闹革命”。在全县“文化大革命”势头高涨之际,县委召开全委扩大会,传达中央有关文件,部署面上“文化大革命”工作,并设立“文化大革命”接待站,派出工作组或联络员到各中学。8月24日,宝应县第一个“红卫兵”组织在宝应县中学成立。此后全县各学校相继成立“红卫兵”组织。8月28日,鲁垛中学100多名师生到县委请愿,要求撤销该校校长的职务,并给该校长戴上高帽子游街示众。9月上旬,青少年学生们出于对毛泽东主席和中国共产党的热爱、对革命理想的热烈追求,以激昂的热情投入到“文化大革命”运动的“造反”行列中。在“中央文革小组”煽动的所谓捍卫毛主席、捍卫毛泽东思想、捍卫毛主席革命路线的号召下,打着“造反有理”的旗号,县内许多红卫兵不顾一切地冲向文化教育界、党政机关和社会,对他们所认定的“封、资、修”进行大清理,并以简单、粗暴、蛮横的行为打击他们认定的“牛鬼蛇神”和“走资派”,使“打倒”“火烧”“砸烂”等口号和行为风行一时。红卫兵走上街头,走村串户,张贴大字报,集会演讲,并以大破“四旧”的名义,对传统文化进行大破坏。他们跑到庵堂、寺庙,把神像、菩萨等乱砸乱烧一通,对砸不掉、烧不了的就埋掉;他们对被怀疑为“牛鬼蛇神”的522户实行抄家,每到一家就翻箱倒柜,有的甚至挖墙刨地,查找“封、资、修”黑货,把很多古玩字画等文物以及家具、器皿上的传统图案全部撕毁或砸烂;他们废除浴室里擦背、修脚等服务,取消街上人力三轮车;他们视女性穿高跟鞋、穿裙子、烫发、化妆为资产阶级思想的表现,进行歧视、干预甚至侮辱,无论男女都以穿上军装式制服、配戴红袖章为荣;他们把所谓的“走资派”、“修正主义分子”、“反动学术权威”、“四类分子”(地富反坏)、“牛鬼蛇神”及不符合“无产阶级口味”的人,拉上大街游行示众,戴上高帽子批斗,进行体罚或变相体罚,甚至人身摧残。9月23日,县委、县人委根据中共中央、国务院通知精神,联合印发《关于组织中等学校革命师生赴京参观若干问题的通知》。县委对全县开展“文化大革命”运动再次作出部署,总的要求是:以毛泽东思想为武器,以“十六条”为行动指南,打倒“党内走资本主义道路的当权派”,革除一切剥削阶级的旧思想、旧文化、旧风俗、旧习惯,挖掉修正主义根子,让毛泽东思想占领一切思想阵地,促进思想革命化、机关革命化、作风革命化,以利于巩固和发展社会主义制度。运动时间暂定3个月,分学习揭发、斗争批判和整改建设3个阶段进行,每个阶段1个月左右。10月15日,县内有500多名红卫兵代表到北京串联,并同全国各地赴京红卫兵一起在天安门广场接受毛泽东主席的检阅。10月下旬,在红卫兵“造反”浪潮的强烈冲击下,各级组织领导干部甚至是居委会干部都成为“造反派”批斗对象,全县范围内出现新一轮批斗之风,到处有批斗场,天天有批斗会,遭到批斗的有3606人。城乡各企事业单位和农村生产大队相继成立“战斗队”“造反纵队”“造反兵团”“造反司令部”等群众组织,县直机关各部门和各个公社(镇)也先后成立各种名目的“造反”组织。据不完全统计,当年县内农村中有25个公社116个大队成立红卫兵组织,参加红卫兵人数1.60万人。同时,社会上一些投机分子、不法之徒趁机成立“造反组织”。11月底,县城较大的造反组织有“红色造反司令部”和“南昌主力军司令部”。12月2日,县委书记史成仁代表县委作在部分中学开展“文化大革命”中所犯的“方向、路线错误”的检查。12月下旬,宝应县中学红卫兵连续两次冲击县委、县人委机关,县委、县人委机关无法正常工作。12月31日,县毛泽东思想革命工人造反总部成立。

1967年1月3日，县委成立“文化大革命”领导小组，下设办公室和接待站。1月10日，县委成立县农业工作小组（9人组成）和县工业财贸工作小组（11人组成），坚持抓革命、促生产，但仍无法控制局面，无法实施领导。2月，在“上海一月风暴”影响下，县内一些单位造反派开始向所谓的走资本主义道路的当权派“夺权”。在造反派“夺权”后，县委、县人委及其部门工作相继陷于瘫痪状态，全县广大党员被迫停止组织生活。为防止红卫兵冲击县委、县人委机关，抢走档案室机密文件等，县委领导采取堵、防、躲、保等措施加以应对，加高县委机关围墙，增加人员值班保卫，选派人员分别做有关红卫兵工作，组织小型工作组到各公社传达部署县委对工农业生产的意见安排，将县委、县人委档案室档案资料转移到水荡地区秘密保管，用专线上下联系，选择隐蔽地点召开县委常委会和公社书记会议等。3月末，县内造反派（包括红卫兵在内）分成两大派：一派称“宝应县反复辟联络站”（简称“反复辟”，9月更名为“宝应县反复辟指挥部”），一派称“宝应县六一串联会”（简称“六一”，7月更名为“宝应县六一指挥部”，11月更名为“宝应县八二七串联会”）。此后，两大派组织之间笔战、舌战不断，大字报铺天盖地，辩论场到处都有。4月初，从县城到农村、从县级机关到生产大队，掀起全面夺权、批斗“当权派”和派性斗争的歪风。原各党政机关、企事业单位和农村公社、大队公章全部被作废，取而代之的是各“造反组织”的公章，全县各级领导机构完全瘫痪，生产和社会秩序严重混乱。4月上旬，中国人民解放军宝应县人民武装部春耕生产办公室成立，由县人武部政委张仲义任办公室主任。4月15日，中国人民解放军江苏省宝应县军事管制委员会成立（简称县军管会），下设革命委员会、生产委员会和办公室，接管县委、县人委、县公安局、县邮电局、县广播站及其他重要部门，各公社（镇）党委也被所辖人武部接管。县军管会由县人武部政委张仲义、部长李源涛等9人组成，张仲义任主任，李源涛等为副主任。县军管会成立后，立即召开组成人员会议，对全县抓革命促生产等有关工作作出决定，并对在军事管制期间县直各机关部门的印章和行文权限问题作出规定。会议确定当前工作的主要任务是：组织与推动广大群众活学活用毛泽东著作，发动群众进行斗、批、改，依靠团结广大群众实行大联合，促进“三结合”（即由群众组织、革命干部、人民解放军三方面代表组成），巩固革命秩序，全力完成全年工农业生产任务。5月，随着“斗、批、改”运动向纵深发展，县内生产、经营机构处于瘫痪状态。全县发生较大工伤事故10多起，重伤2人，触电死亡1人。6月上旬，县军管会反复宣传贯彻中共中央6月6日发出的通令（简称“六六通令”）和省军区的紧急呼吁，纠正“打、砸、抢、抄、抓”歪风，强调反对武斗坚持文斗。7月下旬，在“中央文革小组”“文攻武卫”“揪军内一小撮”口号的煽动下，县内两大派兴起“文攻武卫”“揪军内一小撮”，两派之间冲突不断，武斗升级，冲击军事机关和县军管会的事件时有发生。8月16日，县城两派组织武斗时，工人费继唐被刀戳死，10多人被打伤，宝应酒厂、宝应造船厂和宝应砖瓦厂等单位被冲砸。一派抬尸上街游行，要求惩办另一派杀人凶手，闹得全城不得安宁。在“八·一六”两派武斗后，县军管会及时印发《关于坚决制止武斗的紧急通知》，呼吁全县人民立即行动起来，坚决反对武斗，反对任何组织参与外单位打群架，反对“打、砸、抢”等违法活动。后又印发《关于制止武斗，保障“四大”的紧急通知》，对控制局势、制止动乱、稳定秩序起了一定作用。9月19日，县内200多名“造反派”到县公安局看守所，抢走县公安中队各种枪支227支、子弹400多发和摩托车1辆、照相机3部（在中共中央“九五”命令下达后陆续上缴）。9月20日，两派组织为恢复发电问题发生武斗，造成工人唐国祥死亡。11月4日，县军管会要求各公社成立经济清收小组，对“文化大革命”期间擅自私分储备粮、公共积累、生产资金，以及违反财经制度提高标准滥发、增发、补发工资奖金和预支预借钱、粮、物等行为，进行全面制止、全部清收。由于社会秩序混乱，两派观点对立，工作难以开展，清收成效不大。11月8日，县邮电局内“造反派”组织间发生冲突，致使邮电业务一度中断。12月6日，一派造反组织在宝应机械厂配制炸药时发生爆炸，宝应县中学1名红卫兵当场死亡，2名红卫兵受伤。该造反组织谎称是另一派造反组织用“八二”炮轰击造成的，抬尸在全城游行。次日，一些“造反派”又抬尸到县军管会，将县军管会主任张仲义纠缠到县公安局，向县公安中队要武器组织“文攻武卫队”。张仲义在制止冲突时不幸被枪弹误击，当即牺牲。此时，一派造反组织成员全部撤到城北宝应电厂，另一派占据宝应县城，并在许多街巷堆砌街垒，设置路障，大街小巷到处可见头戴柳条帽、肩扛棍棒的“文攻武卫队”。自此，全县两派武斗事件不断，社会秩序遭到严重破坏，群众人心惶惶，无法正常工作和生产，无政府主义泛滥成灾。

1968年2月18日，县军管会成立县清理阶级队伍领导小组(简称县清队小组)，下设指挥部负责具体实施。在县清队指挥部直接领导和指挥下，城镇以6个街道办事处为单位组建6个指挥所。“清队”工作开展后，全县范围内掀起新一轮大揭发、大批判、大斗争高潮。由于指导思想上受“左”的错误路线影响和派性干扰，导致“清队”工作扩大化，把不少干部已作过结论的历史问题重新翻出来，定为“叛徒”“特务”“历史反革命分子”等，并对他们进行无休止的批斗和人身迫害；将普通群众中原属人民内部矛盾的一些错误言行上升为“反党”“反社会主义”，当成现行反革命分子进行批斗，有些甚至被公安部门逮捕法办。在“清队”过程中，往往是轻证据轻调查、重揭发重口供，有的甚至是捕风捉影，全县被错误地劝其退党的有80人，被开除党籍的有95人，还有不少人蒙受不白之冤。3月4日，经过县军管会及“三支两军”(支左、支农、支工，军管、军训)人员努力，县内两派负责人在北京签订《宝应县两派大联合十条协议》，筹备建立“三代会”(工人、贫下中农、红卫兵代表大会)，并各自表态与省、市各派群众组织彻底脱钩，停止一切派性活动。但两派之间派性一时难以消除，仍时有磨擦发生。3月中旬，县军管会号召在彻底批判党内头号“走资派”的同时，揭开县委阶级斗争盖子，把县委内一小撮“走资派”揪出来交给“造反派”联合批斗，并由县军管会和毛泽东思想宝应革命“造反派”斗批联络站共同着手解决领导干部问题。县军管会先后举办两期县、社两级部分当权派的毛泽东思想学习班，弄清一些干部的政历等问题，并做好他们的思想工作，先后“解放”(结束批斗，恢复工作)公社副社长以上干部114人，为成立县革命委员会及各公社革命委员会等干部参加“三结合”的领导班子准备条件。4月10日，县革命委员会(简称县革委会)成立，隶属扬州专区革命委员会领导。同时，撤销县军管会，保留县公检法军事管制委员会。县革委会成员由领导干部代表、驻宝军队代表和“造反组织”群众代表“三结合”组成，县革委会下设政治部、生产指挥部、办公室。5月29日，两派组织负责人本着各自“斗私批修”、求大同存小异原则，再次达成协议。协议明确指出：为巩固和发展革命大联合的大好形势，加强团结，共同对敌，双方在两天内一律解散已集中的“武卫”人员。这些人员迅速回到原单位抓革命、促生产。同时，上缴遗留下来的武斗器械(包括武器弹药)，拆除一切武卫工事。为保证协议落实，双方协商推派同等数额代表，并由解放军3人、县革委会1人共同组成协议监督小组。至此，县城区及全县农村社会秩序得到有效控制，开始好转。6月，县革委会印发《关于更加广泛深入地开展活学活用毛泽东思想运动的通知》，要求全县各公社、各单位、各行业广泛开展“三忠于”(忠于毛主席、忠于毛泽东思想、忠于毛主席革命路线)、“四无限”(对毛主席无限忠诚、对毛主席无限热爱、对毛主席无限信仰、对毛主席无限崇拜)活动。县革委会组织有关部门干部、企业职工、下放干部和知识青年(含回城知青)参加的毛泽东思想宣传队，进驻县属企、事业单位，宣传学习毛主席最新最高指示，帮助搞好“斗、批、改”，建立老中青“三结合”领导班子。7月上旬，县公安部门破获并取缔“同善社”组织，捕判10人。7月15日，县革委会召开全县公社干部会议，公布“同善社”案情，部署追查工作。会后，各公社革委会成立专门班子，组织训练骨干，发动群众大鸣大放、大检举、大揭发、大控诉。由于部分公社对这项工作没有很好加强领导，失去控制，不少大队出现乱抓人、乱关押、乱审查，大搞逼、供、信，造成扩大化，涉及22个公社233个大队，致使1412人受审查。7月下旬，安丰公社向阳大队干部徐某某企图长期霸占社员衡某某之妻，借“清队”之机捏造“为民党”，并诬告衡某某是其反革命组织成员。衡某某在严刑拷打逼供下，招认自己和他熟悉的一些人参加过“为民党”，由此造成宝应县和淮阴地区金湖、淮安县13个公社数百名干部群众被怀疑为“为民党”成员，其中安丰、水泗、天平、下舍、曹甸、泾河6个公社23个大队288名干部群众被怀疑审查，因受刑致伤致残39人、致死4人。9月，广洋湖公社潘夏大队在审查李某某搞投机倒把时，怀疑其在大丰县参加过特务组织。李在严刑拷打逼供下，被迫交待自己参加反革命组织“新华党”，涉及到射阳湖、天平、夏集、子婴、沿河等公社。其中，39个大队受审查的有115人，内有大队干部17人，教师、医生9人。宝应在清查反动组织“同善社”和侦办假案“为民党”“新华党”过程中出现扩大化，共涉及到县内25个公社

(镇),遭受审查迫害的干部群众有2183人,其中致伤500人、致残67人、致死48人。10月,县革委会组织机关干部认真学习毛泽东主席关于干部下放劳动的指示,全县掀起由上而下的干部下放劳动运动。11月20日,县革委会召开全县公社(镇)革委会领导成员会议,号召继续开展“三忠于”“四无限”活动。会后,城乡各地掀起早请示、晚汇报、天天读和跳“忠”字舞热潮。人人随身携带《毛主席语录》、人人佩戴毛主席像章、人人遇事先念毛主席语录,一日三餐或开会等集体活动前须站在毛主席像前进行请示或汇报。在大搞“红海洋”的热潮中,机关、单位、店铺和临街民房外墙用大红漆写上毛主席语录,在主要街道和要道口等处竖起巨幅毛泽东画像。每当毛主席“最新最高指示”发表,都要集会游行,敲锣打鼓,燃放鞭炮,并提倡做到宣传最高指示不过夜。12月11~18日,县革委会召开全县第一届活学活用毛泽东思想积极分子代表大会,交流“三忠于”学习经验。

1969年2月开始,县革委会调整并更名县级有关职能部门名称。3月中旬,县革委会印发《关于做好整党建党工作的通知》,要求把全县的整党建党工作同革命大批判、清理阶级队伍和本单位的斗批改等运动结合起来。3月下旬,县革委会建立县整党建党办公室,各公社(镇)、各部门以及工厂、学校等基层单位建立整党建党领导小组。4月,全县整党建党工作由点到面逐步推开。至年底,经过开门整党,全县被开除党籍的有95人,被劝其退党的有80人,新吸收入党的有756人,选拔充实到各级领导班子中的有522人,党员恢复组织生活的有1.15万人,占全县党员总数的91.3%。全县重新建立基层党支部493个、党委24个,地管、县管干部被“解放”的占原有干部总数的89.6%。县革委会组织毛泽东思想宣传队宣传学习中国共产党第九次全国代表大会精神,推动“文化大革命”深入开展。后又抽调一批机关干部下乡,组织社、队毛泽东思想宣传队开展路线斗争教育,推动农村“斗、批、改”运动向纵深发展。11月3日,中共宝应县革命委员会核心领导小组成立。在整党建党过程中,始终与清理阶级队伍紧密结合起来,在所谓阶级斗争、大是大非问题的风口浪尖上培养锻炼党员,进行“吐故纳新”,并采取由下而上办法逐步建立各基层党组织。11月9日,县“五七”干校在中港公社南闸大队南侧宝应湖公共滩地上建成。首批被送入“五七”干校参加集体劳动的800多人,均为原县各级党政机关干部,约占原来干部总数的2/3。他们白天参加劳动,晚上或雨天集中学习,或开批判会。许多干部被迫交待“问题”,作深刻“检查”,被“监督劳动”,让他们参加“斗、批、改”,进行劳动改造,使他们经受一场政治磨难,身心受到严重摧残。

1970年1月9日,县革委会成立县批判资本主义倾向办公室。是月,全县中小学校教职员工不放寒假,集中到县城学习毛泽东思想、搞“斗、批、改”。2月12~18日,县革委会召开三级干部大会,传达、学习中共中央《关于打击反革命破坏活动的指示》《关于反对贪污盗窃、投机倒把的指示》、《关于反对铺张浪费的通知》(简称“一打三反”),学习“两报一刊”《元旦社论》以及省革委会扩大会议精神。会议期间,县革委会又召开县万人誓师大会,要求广大党员、群众立即行动起来,积极参加“一打三反”运动。2月下旬,县革委会从经济部门入手,组织大学习、大宣传、大发动,克服麻痹轻敌情绪,解决与己无关的思想,动员党员、干部、群众投入运动。3月下旬,突出重点,打击现行反革命,狠抓大、重、要案件侦破,掀起群众性大鸣大放、大字报、大辩论高潮。4月7日,县革委会召开清查“五一六”反革命集团的万人大会,要求全县各级领导要放手发动群众,开展大检举、大揭发、大清理、大批判群众运动,把深挖“五一六”运动与“一打三反”运动紧密结合起来,达到挖出敌人、清除隐患、纯洁队伍、教育群众的目的。清查工作初期以县革委会机关、县属企事业单位、“五七”干校为重点,后将清查范围扩大到集镇和农村。9月21日,新成立的县委决定组建毛泽东思想“革命大批判”小分队,在氾水、芦村等12个公社巡回批判资本主义倾向。1971年5月,县委举办第一期“批陈整风”学习班。5月20~24日,中国共产党宝应县第四次代表大会召开,肯定“文化大革命”,要求继续广泛深入地开展活学活用毛泽东思想群众运动,在全县进行思想和政治路线方面教育,认真搞好斗批改,完成整党建党任务等。1972年2月5~12日,县委召开批林整风三级干部大会。在全县范围内开展批林整风运动。由于受到“左”的错误路线影响,仍然坚持以“阶段斗争为纲”,继续开展“一打三反”和深挖“五一六”运动。在开展“一打三反”和深挖“五一六”运动期间，各部门、各单位采用封闭式的举办所谓重点对象“路线教育学习班”的形式，大搞逼、供、信，相继审查1009人。怀疑对象被隔离审查，进行批判斗争，致使许多人屈打成招。由于政治上背包袱、精神上受折磨、身体上受摧残、家庭成员受牵连，造成不少死、伤、残的恶果。原副县长戴某某、造反组织头头孙某、潘某某等7人，因受体罚、逼供而上吊、投井、投河等自杀身亡。全县上下人人自危，深怕自己被人指认为“五一六”分子或与“五一六”分子有关系。清查“五一六”运动，是“文化大革命”中干部、职工、群众含冤受害面广量大的又一次重大冤假错案(1975年春，根据中央、省委有关文件，全部予以平反)。

1974年1月31日，县委按照地委部署要求，召开各公社(镇)党委书记、宣传干部和县级机关干部、企事业单位全体党员大会，全文宣读中共中央1974年1号文件的中央批语和前言，县委书记李源涛在会上进行“批林批孔”(批判林彪、批判孔孟之道)运动总动员。2月15～18日，县委召开县、社、队三级干部和党员负责人大会，与会人员1089人。大会传达中共中央文件和省委会议精神，要求全县迅速开展批林批孔运动。2月21日，县委在县城召开“批林批孔”万人批判大会。2月26日，县委对农村“批林批孔”运动又重新作出部署。3月1日，县委决定派第一批“批林批孔”工作队进驻8个公社，运动时间1年。10月24日，县委成立县“批林批孔”运动办公室。此后从县城到农村，从机关、学校到工矿企业都联系单位阶级斗争、路线斗争实际，狠批林彪“克己复礼”及其复辟资本主义的罪行，揭发修正主义路线思潮种种表现，并把“评法批儒”学习班办到车间、店堂、田头，城乡“批林批孔”运动再度高涨。在整个“批林批孔”运动中，有些干部群众批判着连自己也说不清楚的“孔孟之道”，不少人对“评法批儒”不甚了解也不理解，联系实际往往出现许多牵强附会的现象。为学习“儒法斗争史”，全县人民耗费许多财力和精力。

1976年1月8日，周恩来总理逝世。3月10日，县委举办有600多名各级领导干部参加的学习班，传达学习中央“打招呼”的文件，历时16天。4月27日，县委召开近2万人参加的全县“反击右倾翻案风”动员大会，传达学习中共中央1975年23号、26号文件，传达中央有关领导人在省、市、自治区和各大军区负责人会议上的讲话，要求在全县立即掀起批判邓小平“右倾翻案风”斗争新高潮。大会后，县内立即追查为怀念周恩来贴出大标语和传播“政治谣言”的人，并把有关人员都定性为“现行反革命”(1979年，县委对因悼念周总理、反对“江青反革命集团”而受到迫害的人，一律宣布平反，恢复名誉)。在批判、声讨“右倾翻案风”过程中，有些人把经济工作中注重经济效益斥之为“经济主义”“修正主义利润挂帅”，把狠抓工农业生产当成“唯生产力论”，把正常的各项管理制度说成“管、卡、压”，把发展农村家庭经济视为“发展资本主义”等，使干部群众思想上造成极大混乱。9月9日，毛泽东主席逝世。10月21日，县委在县城举行盛大群众集会，热烈庆祝粉碎江青反革命集团伟大胜利。10月下旬，县委召开常委会议，研究决定着手纠正“文化大革命”期间及其以前的错误。12月末，县委召开全县干部大会，传达中共中央关于揭批“江青反革命集团”的指示，部署开展揭批“江青反革命集团”的斗争。至此，“文化大革命”运动基本结束。

(五)自强不息的一等功臣——苗挺龙

苗挺龙，男，汉族，1964年10月出生，小官庄镇人。1984年10月应征入伍，1985年赴老山前线参加对越自卫反击战。1986年在“111”高地战斗中身负重伤，双目失明。立一等功，为一等伤残军人。

后 记

《宝应县志(1990～2005)》编修工作起始于2006年,历经组织发动、资料收集、志稿编纂、终审验收等阶段。

2006年11月14日,县委、县政府召开全县地方志工作会议,全面部署县志编修工作。县政府与各镇、各部门签订编纂《宝应县志(1990～2005)》工作责任状。会后,各镇、各篇牵头单位成立修志工作领导小组,各承编部门组建修志队伍。县地方志办公室印发《宝应县志(1990～2005)》篇目(征求意见稿),相继召开县地方志编纂委员会和各篇组成单位会议,讨论修改县志篇目。2007年4月,县地方志办公室印发《宝应县志(1990～2005)》基本篇目。至此,全县二轮修志工作进入资料收集阶段。2009年,部分单位完成资料收集和初稿编纂,县地方志办公室适时启动承编部门志稿"三审"(初审、复审、终审)工作。2010年5月,县委、县政府召开全县地方志工作会议,总结前一阶段修志工作情况,对全县下一阶段修志时间、质量要求等工作进行部署。2011年1月,县志篇目通过市级评审。12月,县地方志编纂委员会召开会议,协调解决部分单位修志工作严重滞后等问题,研究制定入志人物标准,决定县志编辑部组成人员。县委办公室、县政府办公室印发《关于推动〈宝应县志(1990～2005)〉编纂工作有序进展的通知》,进一步明确各承编部门主要负责人为修志工作第一责任人,对部分未完成单位限期完成。2012年5月,全县完成县志初稿编纂和部门"三审"工作。7月,转入志稿分纂工作阶段。12月,完成分纂,并对志稿进行总纂。同期,组织修志年限内历任县级领导和各部门主要负责人对志稿进行复审。2013年5月,完成县志稿复审修改和总纂工作,《宝应县志(1990～2005)》(终审稿)报送市地方志办公室,7月18日通过市级终审。11月底完成终审修改,向市地方志公办室申请验收。12月30日通过市级验收。验收专家组认为:《宝应县志(1990～2005)》(验收稿)政治观点正确、主旨明确,全面、系统、客观地记述了宝应县1990～2005年自然风貌、经济发展、政治建设、文化教育、社会生活等方面的基本情况,结构合理、内容全面、资料丰富、特色鲜明、记述清晰,是一部相对成熟的志稿。2014年4月完成验收稿修改,提请方志出版社出版审稿,审稿意见认为:"宝应县志为人们了解、研究宝应提供了有重要价值的历史资料,'资政、存史、育人'的功能极强,是一部近年来编纂较为成功、质量很高的志书。"

本部志书为新中国成立后宝应县第二部志书,其篇目设置及组稿,坚持以改革开放为主线,以地情个性为根本,传承并发展前志。全志采用中篇体式,由前志27篇增至32篇,其中保留前志人口、水利、农业、工业、中共地方组织和群众团体、人大政府政协、民政、科学技术、教育、卫生、人物等11篇,撤销建置区划、地理环境、林牧副渔、能源、交通邮电、商业、财政金融、城乡建设建筑业、计划统计工商管理、公安司法、人事劳动、军事、文化、体育、社会、方言等16篇,重组设置建置区划自然环境、城乡建设、交通电力、邮电信息化建设、建筑业房地产业、商贸服务业、金融业、财政税务、经济综合管理、政法军事、人事劳动和社会保障、文化体育、社会生活等13篇。为彰显宝应地域特色和时代特征,本志新设经济综述、经济体制改革、开放开发等3篇,环境保护、国土资源管理、水产业、各镇概览等4篇由前志章、节升格成篇,将荷藕、慈姑、水芹菜等合并升格组成水生蔬菜业篇,与水利、水产业等篇一并集中展示宝应水资源强县的地域特色。在邮电信息化建设篇中设信息化建设专章记述全县信息化建设基本概况；开放开发篇中设园区建设章，从县级以上经济开发园区、环城工业经济圈和镇域特色工业集中区等方面立体记述全县经济园区开发工作；工业篇中设专章介绍电缆和宝胜集团。此类体现时代特征和地方特色的内容，在其他篇内章、节、目中都有相应反映。另外，为体现人民创造历史的主人翁精神，在相关篇内附记贡献突出的先进模范代表人物。全志随文配图，以增强可读性。

《宝应县志(1990～2005)》编纂，实行主编负责制。主编张磊领导并主持修志工作，对县志负总责且总纂其稿，分工负责概述、大事记、环境保护、人物等篇分纂。副主编王鼎良协助主编开展修志业务工作，分工负责篇目设置和建置区划自然环境、水利、各镇概览等篇分纂及大事记初稿、图片编辑、索引编纂。副主编徐洪权分工负责人口、政法军事等篇初稿编辑、分纂和出版志稿校对。责任编辑陈广林负责经济体制改革、人事劳动和社会保障、科学技术、教育、文化体育、卫生、社会生活等篇初稿编辑、分纂和4篇志稿分纂后修改，责任编辑王学宏负责城乡建设、交通电力、建筑业房地产业、商贸服务业、金融业、财政税务等篇初稿编辑、分纂和前志拾遗编纂，责任编辑张兆祥负责概述、经济综述、工业、经济综合管理等篇初稿编辑、分纂和1篇志稿分纂后修改，责任编辑刘长海负责水利、农业、水生蔬菜业、水产业、人大政府政协、中共地方组织和群众团体、各镇概览等篇初稿编辑和5篇志稿分纂，责任编辑杨素娟负责民政篇分纂、附录编纂和出版志稿校对，责任编辑仇春树负责建置区划自然环境、人口、环境保护、国土资源管理、政法军事、民政等篇资料收集和部分篇章初稿编辑，责任编辑夏寿平负责邮电信息化建设、开放开发等篇初稿编辑，责任编辑梁鼎成负责人物篇资料收集和初稿编纂，刘佑宣参与工业、开放开发、邮电信息化建设、经济综合管理等篇部分资料收集。陈国光参与本轮修志前期领导工作。

在本轮修志工作中，始终得到县委、县政府的高度重视，县委、县政府主要负责人和历任分管负责人经常关心指导县志工作，及时帮助解决人员、经费等问题，推动全县修志工作健康有序发展。全县各镇、各部门和社会各界在本轮修志过程中，在收集资料、审稿把关等各方面给予积极配合和大力支持。省、市地方志部门和本县部分老领导给予多方指导与帮助，县志顾问宗金林、沈汉庭、高德黔、华占全、仇学程、张新武和特约审稿姚震、刘扣林以及侍琴、王妮姗等人在业务上给予悉心指导，对志稿进行审读点评。在此一并致以由衷的感谢。

限于编者水平，《宝应县志(1990～2005)》仍存有诸多疏漏和不尽人意之处，敬请指正。

宝应县地方志编纂委员会

2014年9月

索　　引

该志设主题、图照、表格、人名四种索引，均按汉语拼音顺序排列，阿拉伯数字或英文字母开头的用“其他”单列其后。

主题索引

A

B

C

D

E

F

J

M

O

P

Q

Y

Z

图照索引

随文图片

A

B

C

D

F

G

表格索引

人名索引

K

L